淡泊以明志
寧靜以致遠

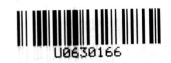

南懷瑾大學堂

庄子諵譁（上）

——南怀瑾 讲述

人民东方出版传媒
東方出版社

图书在版编目(CIP)数据

庄子諵譁/南怀瑾讲述.—北京:东方出版社,2022.1

ISBN 978-7-5207-1146-3

Ⅰ.①庄…　Ⅱ.①南…　Ⅲ.①道家②《庄子》-研究　Ⅳ.①B223.55

中国版本图书馆 CIP 数据核字(2019)第 185282 号

庄子諵譁

南怀瑾　讲述

责任编辑：王夕月　张莉娟
出　　版：东方出版社
发　　行：人民东方出版传媒有限公司
地　　址：北京市东城区朝阳门内大街 166 号
邮　　编：100010
印　　刷：北京明恒达印务有限公司
版　　次：2022 年 1 月第 1 版
印　　次：2023 年 5 月第 3 次印刷
开　　本：650 毫米×960 毫米　1/16
印　　张：40.25
字　　数：484 千字
书　　号：ISBN 978-7-5207-1146-3
定　　价：89.00 元(全二册)
发行电话：(010)85924663　85924644　85924641

编者的话

南怀瑾先生是享誉国内外，特别是华人读者中的文化大师、国学大家。先生出身于世代书香门第，自幼饱读诗书，遍览经史子集，为其终身学业打下了扎实的基础；而其一生从军、执教、经商、游历、考察、讲学的人生经历又是不可复制的特殊经验，使得先生对国学钻研精深，体认深刻，于中华传统文化之儒、道、佛皆有造诣，更兼通诸子百家、诗词曲赋、天文历法、医学养生等等，对西方文化亦有深刻体认，在中西文化界均为人敬重，堪称“一代宗师”。书剑飘零大半生后，先生终于寻根问源回到故土，建立学堂，亲自讲解传授，为弘扬、传承和复兴民族文化精华和人文精神不遗余力，其情可感，其心可佩。

一九八一年秋，南怀瑾先生在台北十方书院开始讲解《庄子》，本书即由其讲解记录整理而成。

《庄子》在战国诸子百家中所占有的重要地位，及其对中国文化的深刻影响在此不必赘言。作为中华文化最伟大不朽的经典之一，《庄子》自魏晋玄学盛行以来就成为上层社会和读书人的必读书；唐天宝年间，庄周被诏以南华真人，《庄子》遂被尊为《南华真经》。自古至今，注家众多。即便如此，其汪洋恣意的气势、博大精深的内容和奇诡瑰丽的想象，一直让读者在惊叹感佩之余，终难参透其究竟。

《庄子》分《内篇》、《外篇》和《杂篇》。学界一般认为，《内篇》为庄子本人所著，代表了其思想的精髓；《外篇》、《杂篇》为其门人、后学之作。本书讲解的是《内篇》的七篇，但南师再三提醒大家注意，对中国文化影响最大的是《外篇》和《杂篇》。

南怀瑾先生遍研诸子百家之学，对经藏道法又有多年的亲身修证，故对于《庄子》，颇有心得。南师讲《庄子》，自有一格，颇得《庄子》精髓——不执著于个别语译的精确与否，而是在旁征博引的同时，重在对文章妙趣和精义的提示及精神内涵和意旨的阐扬，文思敏捷灵动，语言生动活泼，阐述通俗明白，实为当代读者接近《庄子》的最好读本。

我社与南怀瑾先生结缘于太湖大学堂。出于对中华优秀传统文化的共同认识和传扬中华文明的强烈社会责任感、紧迫感，承蒙南怀瑾先生及其后人的信任和厚爱，独家授权，我社遵南师遗愿，陆续推出南怀瑾先生作品的简体字版，其中既包括世有公论的著述，更有令人期待的新说。对已在大陆出版过的简体字版作品，我们亦进行重新审阅和校订，以求还原作品原貌。作为一代国学宗师，南怀瑾先生"通古今之变，成一家之言"，毕生致力于民族振兴和改善社会人心。我社深感于南先生的大爱之心，谨遵学术文化"百花齐放，百家争鸣"之原则，牢记出版人的立场和使命，尽力将大师思想和著述如实呈现读者。其妙法得失，还望读者自己领会。

东方出版社

二〇二一年十二月

目　　录

上　册

出版说明

（一）

这本书的出版，过程颇为曲折复杂，距今廿多年前，在一九八一年的秋季，南师怀瑾先生讲解《庄子》于台北十方书院。数年后，听众中的圆观师和永会师，即由录音记录成文字，编者旋即开始文字整理工作，惟于完成首篇后而因故暂停，企盼另有他人挑起重任。

及至六七年前，忽有大陆简体字版出现，书名为《南怀瑾先生讲庄子听记》。该书内容文字，或因录音效果及语言障碍等诸多因素，致使有些关键处或错意、或偏差。外加整理工作者多处重加组合编辑，阅之虽觉整齐方便，但原意和精神却在不知觉中流失了。

为此之故，老古公司即准备急速整理讲记，以正视听。先是宏忍尼师积极整合推动，邀约台湾、香港、上海以及新加坡等地同修多人，于二〇〇五年九月间，齐聚苏州庙港“净名兰若农科”，共同配合工作，耗时三月，终至完成初步的文字整理。而最重要者，后蒙南师指示，于多处再加修整。

（二）

按南师怀瑾先生，讲课数十载，所重视者，为旨意之阐扬与发挥，而不斤斤于微末细节。由于讲述涉及各类学养，浩瀚广廓，故而文字整理工作极为不易。同修等虽勉力而为，难免经年累月，耗费时日，为此常引起读者之不满，或更有违法编整印行出售之事出现。

不久前，《花雨满天维摩说法》出版后，即有读者传真抱怨说："南老师廿多年前所讲的，你们现在才出版，想看这本书的人早已经涅槃了……"由于读者大众的热心和关怀，整理讲记工作更须慎重严谨。文以载道，如有误差的内容流传，对读者对文化，反而成为负面影响了。

就以《庄子》讲记有个别书商擅自整理印发而言，其动机或有与大众共享之美意，然而轻忽作成，漠视他人权益，对原讲人毫无尊重可言；只此种种，皆为世法所不容，更何况因果之患哉！

类此事件，尚有多起，尤以未得许可而印行南师所讲《宗镜录》一事，更为严重，因内容多处偏离原意，尚须详加订正，故而南师迄未许可在台出版。偏有大陆以学佛者自称之人士，竟枉顾法理，轻忽因果若此，可悲可叹！

（三）

《庄子》这本书，《四库全书》归类于道家，且道教尊之为修持所倚之《南华经》；但千古以来，有识之士咸认其为诸子百家之重要地位，内容涵盖世间、出世间一切观念法则，以及实际修养身心之道，故而认为是中华文化最伟大不朽之作。更有美国一九七七年诺贝尔奖得主普利高津（Ilya Prigogine），自称七十年代起的物理重大浑沌理论，却与庄子的浑沌说相吻合等等。西方最新科学的浑沌理论，后来继续发展，产生了对中华文化的新评价和新观点，所以《庄子》一书所受的重视可见一斑。《庄子》虽经千百年时空移转，其所言始终屹立不摇。

但是，不论庄子的文章气势多么优美高雅，对现代人来说，仍是艰深难明、莫测高深。参阅近代多家有关注解，或语译，或注释，多数惟字面解说或汇集他家注解而已，对一般读者而言，实难从中获益。

更因文哲学者，以解说世间法为主，难解出世间之道途；而另方面专家，则以出世部分的研究为重，鲜少两全兼备之者。

（四）

现南师怀瑾先生，既于青年时期遍研诸子百家之学，自立之年，又深入经藏道法，历经多年身体力行实证，故于《庄子》之讲解，游乎经史子集之中，不论出世入世，评比精义，正说反说，更提示《庄子》出入禅道的旨意。且以通俗话语，深入浅出，为读者听众开启门户；如称南师所讲为别具一家风格，似不应为溢美之辞。

再说南师讲述之特点，因不拘小节，不重训诂，故常遭学术欠精确之议。盖南师所专注者，宗旨大义而已；《西厢记》也罢，《红楼梦》也罢，孙叔敖也可，他人也行，惟以言谈内容为重，故识者亦有瑕不掩瑜之说。

诸如此类一切，对南师而言，呼牛呼马并不介意，但从文字整理工作而言，吾辈必应深自检讨改进，以不负读者之所企盼。

另有特别须向读者说明者，是本书内容，有数处讲解似有前后不同之处，虽曾求解于南师，终维持原意。在此特敬告读者，不必执定一端，他日当另有悟解，不然，付之一笑也可。

再者，南师讲课方式，遍作分析、讲解、比喻，但如不作结论的禅宗教育法；留为听众了解后的自作结论，才是真悟解。或有读者误认为南师是“故意留一手”，不向读者明说，在此也特别敬告读者。

至于本书题目，曾有多方建议，但南师一生特性，素来不以学者自居，更不喜欢重看自己讲的著作，而且在过去几十年的讲说成书时，每每题名谦让，如讲论语叫别裁、讲孟子叫旁通、讲老子叫他说，都是表示不入学术正统，只是边缘的外行话而已。所以对于本书，也特别取名为：庄子諵譁。问南师原意，但说是譁啦譁啦，諵諵自语罢了！

（五）

参与协助此次工作的友朋们，首以宏忍师电脑改正文稿最为辛劳，张振熔先生担任主要资料的查证，亲证尼师及阎璋燕女士重新核听原始录音，另外李素美居士细心校误，以及许江先生、南荣荣小姐，马宏达、谢福枝、谢锦扬、欧阳哲诸位先生同修等，或打字、或查资料、或校对，皆热心参与；在此书印行之际，特向各位致上最高的谢忱。

又书中小标题为编者所加。

刘雨虹 记

二〇〇六年二月 台北

开场白

为人为己之争
温柔敦厚与空灵洒脱
从容潇洒的人们
外篇杂篇的影响力

关于《老子》与《庄子》这两本书，在整个中国文化的体系上，所占的分量非常之重，而且熟悉这两本书的人也很多。历代对《庄子》的注解更是不胜枚举，不过，观点与解释各有不同。现在我们重新来研究的时候，首先要把《庄子》在中国文化历史上的位置以及它所占的分量，特别提出来，先作说明。

我们都晓得，战国的时候，所谓诸子百家的学术思想，非常蓬勃发达；有两个人物为代表，春秋末期是孔子，到了战国时代是孟子。当时的中国天下大乱，春秋战国先后乱了三四百年之久。这是我们历史上最混乱的时期，但是在学术思想方面却是最发达的时期。不过有一个观念，青年同学们要搞清楚，所谓学术思想最发达，并不是说学术思想最自由；那个年代无所谓自由不自由，而是各种思想蓬勃的自由发展。

在春秋战国的时候，文化与文字没有完全统一，尤其政治体制所形成的诸侯各霸一方，造成了学术思想的歧异。但是不能否认的，这仍然属于一个中国文化系统的学术思想。

为人为己之争

我们看到《庄子》这本书，就可以联想到《孟子》。在《孟子》这本书里，从来没有抨击过《庄子》；但是孟子颇为批判墨子及杨子。这两人都是属于道家的人物，墨子主张摩顶放踵，以利天下，也就是没有自我，只有救世救人。由头顶到足心，都可以牺牲了，以利天下。所以墨子是主张贤人的政治。杨子的思想跟墨子刚好相反，他是彻底的个人自由主义者，拔一毛以利天下不为也。为什么不为？因为每个人应该自己自尊，我不能拔一根毛有利于你，但是我也不想在你身上拔一根毛有利于我，各人自己管自己。

这两个人的思想，一个是绝对无我为公，忘己为人；一个是绝对为己的个人主义，自由主义。这是属于哲学思想的大问题。事实上，天地间的人，没有一个可以做到绝对的大公。譬如说，我们现在在这个十一楼，我们所照应的是这个楼上自己的人，下面同楼的人做什么，我们不管，也没有办法照应。所以这个公，只在这个楼的范围内。如果扩充一点，我们照应到台北市，但没有办法照应到整个台湾；能照应到整个台湾，也没有办法照应到整个的世界。所以所谓公，都是比较的，要说绝对为公，只能说有这个理念，而很少有这个事实。

相反地，如果走杨子的路线，绝对为私好不好呢？也不可能。因为天下也没有一个人可能绝对地为私。我的东西你不要碰，你的东西我也不会拿，做不到。如果说我的东西你不能碰，你的东西就是我的，倒有不少人是愿意的。所以绝对做到自我为私，也不可能。孟子所抨击的这两位，就是讲这两点。

孟子代表儒家思想的为公，是可了解的，那是适当地保留个人一点自我与自私，是走中间的路线，属于中庸之道；认为只有如此，社会才可以安定。孟子在他的著作中，批评了墨子、杨子，但是并没有批评庄子。因此，有人认为庄子是在墨子之后，或者孟子是在庄子之前。这属于历史学术的考证范围，我们不去深究。不过，有一点我们可以确定的，就是孔、孟的文化思想，是代表周朝的文化，是齐鲁这个系统。尤其应该说是鲁国系统，是北方系统的文化思想。

温柔敦厚与空灵洒脱

我们中国人都念过《四书》，为了要写好文章必须要背《孟子》，更要背《庄子》。苏东坡曾经说过，如要写好文章，《孟子》与《庄子》及司马迁的《史记》，这三部书一定要熟背，才可以做大文章。《四书》的文章及它的文学境界，与《老子》《庄子》是两回事，孔的文章孟的著作，敦厚严谨，也很风流。这个风流，不要搞错了，不是浪漫！《老子》《庄子》是代表南方思想，是楚国的文化，它的文学境界是空灵洒脱的，后世认为，它又代表了道家。中国所谓道家的思想，同儒家思想，也是迥然有别的。

老庄之后，所谓南方楚国，在中国文学上极负盛名。代表性的作品有屈原的《离骚》、《楚辞》等。这一类的文章，与老庄都是同一系统，文章的气势与北方系统不同。表面上看来像是神经病说话，东一句西一句，像《庄子·齐物论》所讲的“吹”，这个字眼是庄子先开始用的。虽说是“吹”，但是他吹得非常有味道。千古以来，中国的大文学家，大思想家，表面上都骂《老子》《庄子》，实际上，每个人的文章，都偷偷在学他们。只有清朝这位文学思想家怪人金圣叹，才公开提出来推崇，把《庄子》列入他的六才子书，就是《庄子》《史记》《离骚》《水浒传》《杜甫律诗》《西厢记》。他认为这是中国六位大才子的著作。如果懂了六才子书，所有文章的技巧都学完了，这种说法也是很有道理的。

我们现在说回来，《庄子》的文章思想是那么汪洋博大，但当时被视为正统文化的是齐鲁文化。不过在《孟子》一书里，却很少提到过孔子，而在《庄子》一书中，倒有很多提到孔子的地方。表面上看起来，庄子是在骂孔子，实际上规规矩矩，庄子都在捧孔子，捧得很厉害。要了解这一点，就要懂得文学的技巧了。

《庄子》这一部书，我们晓得它代表了道家，并且影响了中国几千年文化和知识分子。它内在潇洒，所讲的人生境界，形成了东汉到南北朝三四百年间特殊的文化思想境界。更有意思的是，直到现在我们仍然受到它很大的影响。

从容潇洒的人们

举例来说，东汉末期的三国时代，当时蜀国的诸葛亮，文武兼备，出将入相。但是，历史上描写也好，唱戏表演也好，他没有穿过军服，始终穿一件长袍，头上系上了一条逍遥巾，这是名士派，书生的代表。他手里拿了一把鹅毛扇，悠哉游哉，这是我们历史上塑造的一个人物，非常美。在前方打仗的时候，诸葛亮坐在一个人推的车子上。去过四川的都晓得，那种车子，四川人叫鸡公车，是一个轮子的，推的时候嘎叽嘎叽地响。诸葛亮坐在车上，一面摇扇子，一面指挥部队打仗。杜甫在诗中描写他："万古云霄一羽毛"，风度极端的潇洒、高超。仔细研究这几百年的情况，不管是政治、军事、社会、教育，都是这种风气，也就是老庄思想影响所造成的。

除了诸葛亮以外，南北朝时代很多都是类似的作风。譬如晋朝一位名将羊祜，他帮助司马炎统一了中国。这位羊祜，在前方当大元帅的时候，有名的是"轻裘缓带"。像这样一个上将军，在前方作战指挥的时候，居然是"轻裘"，穿的就是冬天的皮袍，并不穿军服。“缓带”，就是古代文官武将，腰里拴的那个皮带。有事的时候，拴紧一点，平常都松松地挂下来。就是在京戏里看到的那个腰带，挂在肚子以下，这就表示“轻裘缓带”，是很舒服的。京戏唱到周瑜、关公时，半边穿的窄袖子，那是武将的袖子，另半边大袍子，衣服挂得很大，这样一个人代表的是文武双全；一半是文人的代表，轻裘缓带，一半是武将的代表，窄袖是准备拿刀作战的。戏台上是如此，古代的衣冠也就是这样穿法，因为古代是文武合一的。所以很多读书人，外面穿的是长袍，碰到作战的时候，长袍一脱，里面就是武装，而且随身都带着剑的。剑露出一半表示可以打仗，要读书写文章，我也可以，就是这么个味道。

南北朝的历史，读起来很有趣，那些人物在前方作战，都有些悠哉游哉的味道。另一个南北朝有名的谢安，淝水之战，打败了苻坚八十万大军的时候，当接到了前方胜仗的报告时，他正在下棋，但一动都不动，实际上他心里高兴极了，表面上要表示庄子的逍遥和轻松。等到棋下完了，立刻跑到房间去，跑得太急连鞋跟都跑掉了。可见他外表从容逍遥，内心仍极兴奋。

另有一个古代考功名的父亲，考了一二十年也考不取，后来有一次跟儿子一起考，放榜时，这个父亲很紧张，就跑到房间洗澡，儿子在外面喊道：“爸爸！我考中了。”父亲在里头洗澡回答说：“小小的一点功名，考取了有什么了不起，紧张什么！”儿子接着说：“爸爸，你也考取了！”他爸爸“啊！”了一声把门一开，衣服都忘记穿，光着身子就跑出来了。

我们看到过去的好多考试做事，那些假装从容，也是这个文化的一种反面形象，许多学者文人，不管他的从容是真是假，都是受了《庄子》的影响。

外篇杂篇的影响力

《庄子》一书分《内篇》《外篇》及《杂篇》。《内篇》只有七篇，有学者们考据，认为《内篇》是真正庄子自己所写，《外篇》同《杂篇》则靠不住，认为是后世人加上去的。《内篇》固然非常有名，但是大家忘记了，对中国文化影响最大的却是《外篇》与《杂篇》，而不是《内篇》。所有中国做皇帝的帝王之学，军事学、谋略学、作战的谋略、做人的谋略，都是受《外篇》《杂篇》的影响。历代大政治家，创业的人物，甚至如曹操等一班人，明显看得出，都受了《外篇》的影响。《外篇》影响了我们中国文化几千年，是所有一切谋略学的鼻祖。除此之外，它对我们人生的启发，修道上的启发，也非常巨大，这一点要特别注意。

逍遥游第一

北冥有鱼，其名为鲲。
鲲之大不知其几千里也。
化而为鸟，其名为鹏。
鹏之背不知其几千里也；
怒而飞，其翼若垂天之云。

逍遥解脱的人生

现在我们先开始研究第一篇逍遥游。逍遥两个字，并不是西门町那个洗澡的地方逍遥池。不过，那个逍遥池也有一点取《庄子·内篇》的意味。在中国文化里，逍遥这两个字，是庄子先提出来的。我们现在常说，人要逍遥逍遥，这个逍遥，常常是指修道人的理想，如何去逍遥，等于学佛的人，要求得解脱一样。在我看来，许多修道人，不但不逍遥，并且看他们愈来愈苦。那些修道打坐的人，又吃素，又守戒，这样那样，这叫做道吗？看他是一点都不逍遥。学佛的人也是一点都不解脱，你说这是何苦呢？所以我们看了《庄子》的题目，特别要注意。

《庄子》第一篇提出来逍遥游。逍遥是逍遥，游是游。因为逍遥，才可以游。借用佛家的观念，人生能够解脱，才能够得游戏三昧，才敢在人生境界里游戏。如果人生不得解脱，这个人生根本就是一件痛苦的事，如何能够逍遥呢？从哲学观念来讲，什么是人生？我们可以给一个答案，就是痛苦的累积叫做人生。那么，痛苦如何解除呢？就是要得到逍遥的解脱，也就是庄子所提出来的逍遥游这个东西。《逍遥游》全篇的内涵，首先就是人生要具有高见，就是普通我们讲见地、见解、眼光、思想。一个人没有远见，没有见解，如想成功一个事业，或者完成一个美好人生，是不可能的事。后来中国的禅宗，也首先讲求“具见”，先见道才能修道，如果修道的人没有见道，还修个什么道呢？等于说我们见到了金子，才想办法把金子做成东西，如果连黄金都没有看到，只在那里瞎想，有什么用！不仅是修道人必须先要见道，就是普通人也要真正了解了人生，才能够懂得如何做一个人。所以，庄子首先提出来“具见”。

具见和比喻

那么具个什么见呢？《逍遥游》里告诉我们，具个解脱的见。人生不要被物质的世界、现实的环境所困扰，假使被物质世界所限制，被现实环境所困扰，这个人生的见解已经不够了。刚才我们讲，人生是痛苦的累积，那是指普通人，如果能够具备了高远的见地，如果不被物质世界所限制，如果不被人生痛苦环境所困惑，则人就可以超越，就能够升华。

这一篇里有两大重点，八九处的譬喻，告诉我们人生以及真正的修养方法。谈到庄子的比喻，我们知道，世界上最高深的道理，与人的感情一样，是没有办法用任何言语文字表达得出来的。我常说人与人之间有误会，只因言语文字不能充分表达。当一个人的情感，没有办法表达出来时，只好哭！因为一个人哭了，别人才知道这个人多情、伤心！他不哭，我们就不知道他的情感。不然就哈哈大笑，笑得昏过去了，别人晓得他高兴，高兴死了嘛！这个道理，也就是人生的哲学。

另外也有最高明的办法，把不能表达的东西，转个弯，用譬喻表达。所以世界上，最高明的几个大宗教家，如释迦牟尼佛以及耶稣，都是善于用譬喻的。庄子也常用譬喻，因为有许多地方，不用譬喻无法表达。譬如说一个人很漂亮，漂亮到什么程度呢？比杨贵妃还漂亮，杨贵妃究竟有多漂亮，我们也没有看过，不过拿那个来譬喻，就说明了那个漂亮的程度，这样旁人就懂了。所以庄子的逍遥游有两个重点，用很多的譬喻，第一个重点是具见，第二个是物化。

物化 被化 自化

物化是中国文化中一个大题目，道家认为宇宙中所有的生命，所有的一切万物，都是物与物之间互相的变化。譬如我们人，也是物化，是由一个男人与一个女人，再变化出来那么多的人。另外我们生命活着，是靠牛肉啊！白米饭啊！面包啊！青菜萝卜啊！变化出来的。我们的排泄物又变成肥料，肥料又变成万物，一切万物互相在变化，而且又非变不可，没有任何东西是不变的，这就是物化。所以，在道家的观念中，整个的天地宇宙，是时空形成变化的一个大锅炉，我们在这个变化的锅炉里，不过是一个被化、受化的小分子而已。我们只是宇宙万化中，掉下来最小一点点的所化之物。大到宇宙，小至微生物，最初与永恒起能化作用的是谁呢？要把握那个能化的，把那个东西抓到了，就得道了，就可以逍遥了。不然我们始终还是被化的，我们做不了变化之主，做不了造化之主；要把握住造化之主，才能够超然于物外，也就是超过了万物变化的范围以外。

不过庄子也告诉我们，人也是万物之一，人可以自化。在我们没有得道以前是被化，如果有了具见——见道了，我们可以自化，可以把这个有限的生命，变成无限的生命，也把我们有限的功能，变成无限的功能。

物化的道理，我们慢慢地再讨论，在第二篇中告诉我们真正的变化是什么。人类可以把自己升华成一个超人，但是怎么变成超人呢？超人就在最平凡中变；要做到这个，才真正达到了逍遥。我们先把这个原则把握住，再来讨论，在座的诸位先生，诸位同学们，研究过《庄子》的很多，我现在只是报告我的意见而已。现在看原文。庄子有很多优美的文辞，也是非常高的文学境界。

大禹治水

北冥有鱼，其名为鲲。鲲之大不知其几千里也。化而为鸟，其名为鹏。

这本书上，北“冥”这个字，没有三点水，别的书有三点水，尤其道家的书上，都有三点水。中国道家有一部最古老的，讲世界地理的书，名叫《山海经》，现在美国很流行了，有人拼命在研究。根据《山海经》的叙述，我们的老祖宗大禹，治水曾到过美国，现在美国也有人相信，因为看了《山海经》的缘故。

根据《山海经》的记载，大禹治水一共九年，不但到过美国，还到过欧洲，到过中东、红海、地中海一带。

研究大禹治水，从历史上简直看不出来经过的情况。那时全国的人口，大概比现在的台湾多不了多少。但是他能在九年当中，打开了长江、黄河，把全国的洪水放流到大海去，这可是不容易做到的啊！况且在《山海经》那个传记中，东南亚各国，他都到过的，他究竟怎么去的？当时又没有飞机；据道家讲，他是骑在龙背上，飞到各处去的，这类的神话太多了。又说当他要打开黄河上游那个龙门的时候，只要符咒一画，天上就有个巨灵人下来。那巨灵人按照大禹的指示，手搭到华山这一边，两脚蹲在黄河对岸，不晓得怎么样一推，龙门就打开了。这个过程当然很快，只要几分钟，所以他九年当中，能把全国的大水治好。

我们现在听起来蛮好玩的，究竟是科学？是神话？仔细想想，这个里头有很多的问题。上古连机械都不发达，不要说打开龙门，就是以全国的人力去挖长江的一截，给你三十年也做不到，为什么九年治水就成功了呢？像这些资料，都在中国《道藏》里，要从大禹的传记中找才有。

《山海经》愈看愈神怪，演变出来说到全世界的人类中，有个穿心（贯胸）国，人生下来，身上有个洞。贵人才有洞，不是贵人没有洞，或者洞也小一点，这个洞是对穿的，贵人吃了饭要走路，下面人拿个杠子，两边一套，两个人就抬走。除了穿心国，还有各色各样的国家，各样人类。现在倒不是我们在搞《山海经》，是外国人在研究，研究过来研究过去才知道，大禹是到过美国的，最近还发表论文等。有个美国同学问我：老师啊！台湾买不买得到《山海经》啊？我说买得到呀！我告诉他地方，他买一部赶紧要研究。

北冥的鱼

《山海经》上所讲的北冥地方，等于我们现在讲地球的北极。这个要注意啊！可见道家的传说，在上古的时候，观念比我们广阔，学术思想境界也比我们大；反而我们后世，把北冥说成了什么渤海，把范围缩小了。庄子说北冥那里有一条鱼，叫做鲲鱼，这个鲲鱼有多大呢？不晓得有几千里大。

庄子说这一条鱼啊，奇怪了，突然一个变化，从海里头飞上天，变成鸟了，叫做大鹏鸟。它的背呢？庄子用的文字非常科学的啊！鹏之背，讲这个鸟的背有多大，“不知其几千里也”。这个就很奇怪了，我们先讨论这个问题，这就是中国古代的科学观。你们年轻人听了一定笑，认为我们乱吹科学。实际上，我们自己老祖宗的文化，在世界的科学史上是领先的。当我们有科学的时候，西方文化还没有影子呢！当然我们现在又落后了几千年，都是不求进步，现在非跟人家学不可。我们还有许多的科学理论，你们听了也许更要笑，但是真的假的，还不知道，还不要轻易笑。我们晓得头上有角的那个鹿，据说海里的鲨鱼到了年龄，会跳上沙滩，一打滚，就跑到山里变成鹿了。信不信由你，讲不讲由我，我也是在古人的书里看到的。

但是，有一些东西的确会变的。苍蝇、蚊子是蛆和孑孓变出来的，譬如蚕蛾是蚕变出来的，都是物化的道理。我们人也是变来的，是精虫卵子变来的。有一部道书叫做《化书》，是唐末五代时一个神仙谭峭所著的，专门讲物化的道理，什么变成什么，一切都在变。所以，人也在变！每一个人思想年龄都在变。男女到了更年期，一个老实的人，突然变成刁钻古怪神经病，因为都在变嘛！照心理学来说，不是人变坏了，是变病了！对不对？你看我们坐在这里，大家都在变嘛！本来每人都是妈妈怀里的小婴儿，现在，变得古里古怪，像我一样，头发也变白了，都在变啊！

所以，他说，海里头有条鱼，突然一变，飞上天，变成一只大鹏鸟。这里提出来两件事，“沉潜飞动”四个字。沉下来，潜在深海里头，忽然一变，远走高飞。就是这两件事。

庄子一开始，已经告诉了我们人生的道理，当一个人倒霉没有办法的时候，沉潜在深水里头，动都不要动。深水里头本来有动物，海底的动物多得很哪！深海里头生物都很庞大，而深海里头是黑的，没有亮光。深海里头的动物，本身都带光、带电，头上或翅膀上都有亮光。所以，道家的知识非常渊博。一个人在年轻的时候，或者修道没有成功，需要沉潜，修到相当的程度就变化了，飞动升华；道家告诉我们这个意义，道家也有这个事实。

有很多年轻人喜欢修道，什么是北冥呢？在我们身体上来说，丹田、海底之下，叫做北冥。道家又说什么是南冥呢？在头顶上。所以炼精化气，炼气化神，炼神还虚，炼到了顶上，照佛家讲，就是千百亿化身的道理。道家佛家解释《庄子》，是向这一面解释的，但是我们不管这些，只是把知识介绍给大家。

鹏之背不知其几千里也；怒而飞，其翼若垂天之云。是鸟也，海运则将徙于南冥。南冥者，天池也。

庄子说这条鱼，变成鸟，鸟的背，同鱼的本身没有变之前一样，也不晓得几千里大。可是它变了以后，比原来是鱼的时候还厉害，鸟背就有几千里，还没有算两个翅膀。那两个翅膀一张开啊！像天上的云一样，把天的两边都盖住了。说有多大呢？把东半球、西半球都遮住了。这是庄子的文章，要学吹牛，要学写文章，就要学庄子。据说唐代有名的诗人杜甫，想作诗，就说："语不惊人誓不休。"要说话说得惊人，就要学庄子吹牛那么大。有兴趣写作的青年同学，要特别注意庄子的文章，还有他写作的境界。

怒而飞

刚才讲到大鹏鸟要飞了，庄子有一句话来形容：“怒而飞，其翼若垂天之云。”

怎么飞呢？“怒而飞”。这个怒，好像突然发了脾气，气就鼓起来了。在《易经》里，孔子也常在形容充满时，用一个打鼓的“鼓”字，“鼓万物而不与圣人同忧”。如果我们研究自己中国文字，就知道鼓就是充满。所以，气充满了，“怒而飞”，一怒气而飞，不怒就不飞。这一个怒，不一定是发脾气。怒是形容词，就像努力的努一样，生命到了充满的最高点，它起飞了。

大鹏鸟的翅膀那么大，那个身子从北极起来，不知几千里，南北极已经被占了一半。然后它两个翅膀一张，东西两半球又给它包括进去了，等于《佛说阿弥陀经》上形容，诸佛说法时，“出广长舌相，遍覆三千大千世界”。现在这个大鹏鸟，飞的时候也是这样。

“是鸟也，海运则将徙于南冥。”海运可不是报关行，也不是交通部办的。海运就是大运，运者动也。庄子没办法，只好造一个名称“海运”。这个宇宙间有一个动力，生命有个动能，这个动能像海一样的大。“运”是转动，这个动能一转动，它的生命非变不可。

本来是在北极深海中的一条鱼，一变而变成大鹏鸟，怒而飞。要飞是要有条件的，我们晓得现在飞机起飞时，如果风向不对，风力不对，是会阻碍起飞的。鸟也一样，连人也一样，要飞就要有一个东西，这个东西是什么？这个东西在旋转，宇宙间有个力量，在佛家讲是轮回旋转，这个力量正在动，所以推动了它起飞。飞到哪里？飞到南冥，飞到南极去了，“海运则将徙于南冥”。重点要注意“海运”二字，大家往往轻易把它读过去了。

所以后来道家解释修道，佛家和印度瑜珈学派，解释身上的气脉，由海底发动了，要升华达到头顶很难，必须要有个东西帮助，等自己气脉修成就了，就有这个帮助的东西了。

“南冥者，天池也”，南冥同北冥不同，北冥是地球的根根，南冥是虚空与太空连接处，叫做天池。我们现在科学发达了，世界的科学家都联合起来探险，北极的探险还只有一点影子而已，因为到现在谁也没有搞清楚，当飞机飞到北极上空的时候，指南针失灵了，方向盘也没有办法了，它是旋转的，那就是“海运”。所以飞机到了北极上空，一切都没有用了，都是在边上转一下就回来。科幻小说家说，如果飞机再冒险一点飞进北极去，就会被地球内部吸力吸进一个洞里去了。这个洞像我们身体的嘴巴，一吸进来就从另外一端出去，到南极去了。科幻小说是那么说，中国小说也早就那么讲，同我们身体一样，地球是两头通的。究竟是小说？是科学？还不知道。

南极究竟怎么样？现在也不敢说，目前科学也不能回答，只知道一些表面上的情况而已！庄子也只说出来“南冥者，天池也”这么一句话。

神奇古怪的记载

> 《齐谐》者，志怪者也。《谐》之言曰：鹏之徙于南冥也，水击三千里，抟扶摇而上者九万里。去以六月息者也。

有一本书《齐谐》，是齐国人的笔记小说。齐国人是姜太公的后代，“谐”是专门讲些听来的传奇故事。这本书现在看不见了，庄子当然是看过的，这本书等于我们现在看的《山海经》。

“志”就是记载，专门记载古代那些神奇古怪的事情。

庄子说，你们不要认为我吹牛，有《齐谐》这本书为证。这本书上讲，这个大鹏鸟要飞到南极的时候，“水击三千里”，两个翅膀一打下来，海水冲上去就是三千里高空！吓人吧！如果翅膀再提上去六千里高，这样拍翅三十下就是九万里高了，你看这个鸟多会飞啊！水击三千里，然后这个翅膀一打下来，把大西洋、太平洋的海水打上去，我们早发出台风警报了。那么这个鸟呢？自己像飞机一样飞上去了。

“抟”字的写法，好像跟风搏斗。“扶摇”是大风的名字，现在人都给台风取个名字，古代人也给大风取名字，这个大风叫扶摇风，不晓得有多大。大鹏鸟这两个翅膀一打，身子一上去，就起了一个大台风，叫扶摇风，一冲而上高空。这个鸟，在九万里的高空，我们都看不见了，不是我们看不见鸟，我们只看见天气变了，看不见太阳，白天变黑了，太阳被它遮住了。

好了！庄子的文章，东一下，西一下，你不信吗？他引一段古书给你听，是自说自话，说他自己的话是真的，不是假的。

六月的飞行

“去以六月息者也”，问题来了，这个大鹏鸟比我们享福，六月间，我们还在这个地方研究《庄子》，大鹏鸟放暑假，它到南方去凉快了。这个话，古人听了一定不相信，南方热得要死，大鹏鸟怎么飞到南方来呢？现在人都会相信了，知道南极是零下不晓得多少度，冻得要死。大概大鹏鸟觉得这个世界发烧了，也许北极冰山化了，人类乱搞，它要到南极那个大冰山去凉快凉快。问题是为什么不在五月，不在八月，七月半也可以呀！但它为什么一定要在六月去呢？

读书要注意啊！这个六月的问题，学过《易经》的就知道了。就是那个十二辟卦，夏至一阴生，接着是六月。十二辟卦代表一年十二个月，就是代表了地球气候整个的旋转。这个气运的旋转，显示地球及宇宙物理的变化。

什么叫“息”呢？要注意中国的文字。息不是完了啊！息是成长，所以“消息”两个字要注意。消是放射的，是消耗，是完了。息是回转来成长，是充电，充了电再放射！所以它六月到那里是补充，是充电。这个“息”跟“消”，两个道理要搞清楚。

我们再回转来看，庄子提出来的，首先是沉潜飞动，说明一个大鱼化成鹏鸟，就是说明了物化的开始，万物都在变化。下面讲到六月，消息来了，他告诉我们消息。

生命的力量

野马也，尘埃也。生物之以息相吹也。

什么叫“野马”？要注意，不是一匹马。野马就是佛经上所讲的阳焰，太阳光的一种幻影，也就是古代书上所谓的海市蜃楼。我们航海的时候，忽然看到前面就像是某一个地方，也看到都市，有人来往。事实上是假的，是海市的幻影；沙漠地带也有这个现象。我们在座的人，夏天都坐过车子在高速公路上行驶，太阳大的时候，从上面照下来，前面那一段路看过去都是水。但是，当你真走到那里，一点水都没有，那就是阳焰，是太阳的反影。马路上的这个反影，照在海面上，就是海市蜃楼，也是物理的变化现象。拿现在文学名辞来说，就是“投影”，“野马”就是指这个东西。

“尘埃也”，尘埃是讲物质的最微尘，佛经常用微尘两个字。庄子说尘埃到了最小，看不出是灰尘。这是形容的两句话，描述一切物理的状况。

世界上的生命，大的像这条大鱼，变成大鹏鸟那样大。人类还够不上大，但是也不是最小的，因为最小的像一粒尘埃那么小。另外还有一种，像是幻影一样的生命。

这些影子，这些生命，在这个世界上，靠一个力量而活，“生物之以息相吹也”。他点题了，这个力量就叫息，也就是后世修道人所讲的“气”（炁）；没有这个气就死了。但是，这一股气，并不是空气的气。所以“野马也，尘埃也。生物之以息相吹也”。是生命这股炁，就像小孩子吹泡泡糖一样，把它吹得大大的，这个生命就充实了。没有这个炁，就扁了，扁了就是老化，老化最后就是死亡。

这个气吹大了呢？就“怒而飞”，就鼓起来了，就可以升华了。像这样一个物理作用，大家要注意啊！吹牛之吹，也是庄子吹出来的，吹气之吹也是真吹，生命是这么一个东西。

庄子的文章，东一句西一句，看起来似乎毫不相干，其实是处处相干的。不过，现在人的读法就没有味道了。要以念古文的念法，就像殡仪馆念祭文一样地念，以前读书都是那么念的。要那么念出来，才晓得他的文章是一气呵成，中间没有断过。

多蓝多远的天

天之苍苍，其正色邪？其远而无所至极邪？其视下也，亦若是则已矣。

他提了三个问题给我们，他说我们仰头看天，看到天上那个晴天，一点云都没有，青青的，那个叫苍苍的颜色，我们认为那个是蓝天。他说，我问你，天真的是蓝色吗？你爬到天上看过吗？他说那个蓝色的叫做天吗？那么今天夜里这个黑色的不叫做天吗？也是天呀！明天早晨太阳出来，天上看到白白的那个白光，也是天呀！你看庄子多么科学，多么逻辑！

他提出第一个问题问我们，你认为青苍这个天，就是天的正色吗？“邪”字就是感叹式的问号。换句话说，天究竟是什么颜色，你没有办法断定它！因为天在变化，因为它是空的，没有一个固定的颜色。所以读《庄子》的时候要注意他提的问题，问题后面还有很多问题。

第二个问题：“其远而无所至极邪？”你认为这个宇宙是无限大吗？远到没有办法再远吗？对这个问题，他没有给答案。所以后世人讲，中国禅宗完全受了《庄子》的影响，禅宗的教育法，永远不给你答案，要你自己来作答。他说：你认为宇宙是远到没有底吗？你如果说是，他说那么我们站在这里，也算是一个宇宙的起点了，我还摸得着呢！宇宙就在这里，你怎么还说它是没有底的呢？这是逻辑问题了。所以，白马就非马，白马非白，那就辩不完了。

第三个问题：“其视下也，亦若是则已矣。”他说，当他在高空里头，看我们在下面，就像上方世界看我们下方世界，你说也像是从下往上看一样吗？这是问题了。现在很多人坐过飞机，飞上了几千公尺的高空时，看下面，看台湾，这个海岛的画面，好像小孩子的作业图一样，蛮好玩的。看到这些高楼建筑，像洋火盒一样大，绝不是我们站在地面上所看的这个高楼。立场不同，观点就两样了。他这两个问题没有批驳任何人，可是，已经把我们的境界都推翻了，否定了。你不要认为你的知识够了，你的观念可能是错误的，不一定对也不一定不对。你认为这个鱼没有变成大鹏鸟吗？有的。你认为这个宇宙是这样吗？不是这样的。但是，他不那么讲，那么讲就不是庄子了，他只提几个问题，这几个问题一研究，你把自己全部观念都会推翻了。所以，人不能固执成见，以为自己都是对的。

大海般的胸怀

且夫水之积也不厚，则负其大舟也无力。覆杯水于坳堂之上，则芥为之舟；置杯焉则胶，水浅而舟大也。

他又说一个故事，另是一个道理。他说大海里的水，如果不是那么充满，那么深厚，就没有办法行驶大船。多少万吨的船，要在海中浮起来走，假使没有那么深厚的水，行吗？他作了一个比方，假使我们装一个玻璃杯的水，“覆杯水”，就是把这杯水倒出来，拿指甲在地上挖一个小坑，把这杯水倒在那个小坑里，这个小坑里的水，能不能载几万吨的大船？只有小孩玩的时候，把芥菜子假设是英国大邮轮，才能放在那个小坑的水中漂浮。

他说，如果把一杯水倒进水杯一样大的坑里，然后把这个圆杯放在上面，把它当船，当然也浮不起来！动不了，胶住了，因为水浅，杯子大。你看庄子之会说话，通过了《庄子》就会参禅了，这么一件事，好几个层次。第一，他明白告诉你，水要深厚，像大海一样，才可以容下大鱼、大船在里头走。如果没有深海一样的容量，那个小坑坑装一杯水，浮一个小芥子，那是小孩子眼里的伟大，如果把那个杯子再放上去，就走不动了。一切都是容量大小的问题。

这就是在讲人生的见解、眼光、思想、见地；每个人的气度、知识、范围、胸襟，都不同。你要成大功、立大业，就要培养自己的器度，像大海那样大；培养自己的学问能力像大海那样深。你要修道，要够得上修道材料，先要变成大海一样的汪洋。所以佛经上形容，阿弥陀佛的眼睛“绀目澄清四大海”，又蓝又大，就像四大海一样。而我们的眼睛太小了，有时连眼白还看不见呢！当然，观点和气魄都不行了。这几句话透露了极多的意义，他回转来再讲大鹏鸟飞起来的条件。

大风高飞

风之积也不厚，则其负大翼也无力。故九万里，则风斯在下矣。而后乃今培风；背负青天而莫之夭阏者，而后乃今将图南。

“今”字有人主张照原文读今；古书主张加一点，就是命令的令，所以我让大家知道，两方面都可以解释。他说这个大鹏鸟要飞的时候，非要有风不可，如果风力不够，两个翅膀都没有办法展开，就飞不起来。大鹏鸟飞到九万里高空以上，大气层都在它下面。庄子是很科学的，学过航空学的人都懂，飞机要起飞，风向不对不能起飞；乱流中间不能起飞，直升飞机会掉在那个乱流中。飞机碰到乱流，赶快要往上飞，要超过那个乱流。鸟要起飞，下面要靠风力，风力愈大，起飞的时候愈容易，翅膀快速一打，就起飞了。假使我们将来修道修成功，要起飞也一样，也要藉一下风力，就可以飞起来了，这是同一个道理。

拿这个道理比喻人生，你要想事业成功，就要本钱，本钱就是你的风。有许多青年，要这样，要那样，讲了半天你有资本没有？一点钱都没有，你就是没有风，当然飞不起来。那你就乖乖地在家里打坐吧！不要飞多好呢！要想飞就要培养这个风力，风力愈大，飞得愈高。所以，年轻人要想做一番事业，你的学问，你的能力、才智都要去养成，那就是你的风。风力愈大，愈能飞上九万里的高空，往下面一看，就是所谓的驰骋天下，天下万物都在你的下面，非常渺小。那个时候，你已经不觉得自己伟大了，没有伟大可讲了。

在高空上看下面，如果有个英雄站在那里，穿着长袍，弄个大刀在手，你在高空上还以为这个小孩子不知干什么的。你想想那个境界，那种人生境界有什么意思！如果在高空上，看两个人在下面吵架，就像看到两个蚂蚁打架，说不定拿指头一捏，就把他两个解决了。试想想这个人生境界！这其中一层一层的道理还多得很！都是禅宗的话头。

下面接着讲：因为风力这样大，所以这个大鹏鸟飞上去了，背对着青天。青天有多远呢？“而莫之夭阏者”，不晓得多远！无量无边！在这样一个空灵的环境中，它才“图南”，才可以到达南极。道家讲南极是长生不老之地的象征，所以称寿星为南极仙翁。这个大鹏鸟飞的环境，有这么空灵，才有这么样的成就。如果一个人的思想，器度不空灵，那就完了，等于那个杯子在小坑的水里当船，永远动不了。有高远的、空灵的境界，才可以在这个人世间，这个宇宙里，自由自在地飞，才能得到逍遥，否则那是消耗的消，发抖的摇，消耗完了，只好发抖了。庄子所谓的逍遥，是真逍遥，读了《庄子》这本书，自己的胸襟就会高飞扩大。

记得一二十年前有一个人，地位也很高，他从南投来看我。他讲话都是“哼”“哈”的，所以我们叫他哼哈二将。他说最近烦恼得很，打坐也解决不了问题，怎么办？我就建议他读《庄子》，后来他告诉我，读了《庄子》舒服极了，有个解脱之感，现在也不哼也不哈了。

大鹏与小鸟

> 蜩与学鸠笑之曰：我决起而飞，枪榆枋，时则不至而控于地而已矣。奚以之九万里而南为？

蜩就是个虫，什么虫呢？知了——蝉。庄子讲每一个东西，都提到物化，中药里头有一味药叫蝉蜕，这个知了夏天在树阴里叫得很好听，到了秋天变化脱壳而出，留下这个空壳壳，我们叫它蝉蜕，用来做药。喉咙哑了，蝉蜕可以退火，可以像知了一样出声。还有学鸠，是一种小鸟，小虫与小鸟都没有看到过大鹏鸟，只听人家说过这么一件事。小鸟与小虫听了大鹏鸟的事就笑，那个大鹏鸟真多事，何必飞那么远，到南极去呢？像我啊，“决起而飞”。

注意庄子的文章，像大鹏鸟飞是“怒而飞”，飞得很高，小鸟是“决起而飞”，就是“咚”一声飞过去了，“咚”一声又跳过来了。我们形容一个家伙，“咚”过去了，这一声就是形容飞也飞不远，对不对？如果形容大鹏鸟，“咚”一下到南极去，就不对了。所以，形容词很有关系，怒而飞与“咚”而飞不一样。决起而飞，就是“咚”而飞，小鸟也很得意自己的“咚”而飞。“枪榆枋”是从这棵小树，飞到那个草上来，也很远嘛！从这个楼上飞到后面，一下子就飞过来了，也很痛快。“时则不至”，万一我飞不到，掉下来，“而控于地而已矣”。不过是掉在地上而已，也跌不死，这就是小鸟的飞。

一只老母鸡，被我们赶急了的时候，也会“咕咕咕”！它也“咚”而飞，飞个两三步，就到前面去了。它也觉得自己很了不起，觉得自己很伟大。人生境界那么多的不同，所以，小鸟笑那个大鹏鸟，这个老兄多余嘛！“奚以之九万里而南为?”飞个九万里到南极去干什么呢?

庄子就讲这么一段，不说了，没有了，只告诉你，这个小鸟笑大鹏。大家注意啊！大家不要做小鸟，世界上有些了不起的人，当他没有出头的时候，有人对他东笑，西笑，就是小鸟的胸怀，历史上看到很多。唐朝末代，篡国窃位，开启残唐五代号称梁朝的皇帝朱温，还没有当皇帝的时候，可怜得很，妈妈带他三兄弟给人家帮佣，他自己也要帮人家做事。那个老板天天骂他，你这个家伙，个子大大的，一天做工也懒得做，光吹牛。朱温被他骂气了说，你们这些田舍翁，乡巴佬，光晓得盖房子买财产，哪晓得我们大丈夫之志！那个老板就要打他。老板的妈妈看了说，不能打，这个家伙前途无量，要好好对他。那个老板就如同小鸟一样。这个老太太就问朱温，你这样不肯做，那样不肯干，你究竟想干什么？他说，你最好给我打猎的武器，我去山里头给你打猎！弄点好野味给你吃吃。老太太说，好吧！你要什么，统统帮忙你。所以朱温后来当了皇帝，把老太太同自己的妈妈一起接来，就是为了感谢她。而对那个老板，恨不得把他宰了，这个家伙，眼光那么小，看不起人。所以大家看人，眼光放大一点，不要变成这个小鸟。这一段，庄子不详说，我就拿历史故事说出来了。

计划之旅

> 适莽苍者，三餐而反，腹犹果然；适百里者，宿舂粮；适千里者，三月聚粮。之二虫又何知？小知不及大知，小年不及大年。奚以知其然也？

什么叫“适”？就是走路由这里到那里。早晨的天色，古文形容叫“莽”，晚上的天色叫“苍”。南北朝的时候，有一首诗：“天苍苍，野茫茫，风吹草低见牛羊。”那是在西北地方，晚上的境界。在台湾早晨那个境界是莽，是太阳刚刚要上山的时候，因为气候不同就是两种形容。他说，一个人准备早晨出门，傍晚回家，“三餐而反”，是吃了早餐才出门，中午在朋友那里吃一餐，晚上就准备回家来吃晚饭了。“腹犹果然”，他说那个肚子还饱饱的。假使准备走一百里路呢？就不同了，就要带一点干粮了。路远一点，说不定两三天回来了，如果走一千里的话，准备又不同了，要带三两个月的干粮。

好像庄子很会旅行，告诉我们出门怎么准备，换句话说，就是告诉我们人生的境界。前途远大的，就要有远大的计划，眼光短浅的人啊，只看现实，抓住今天就好了，没有明天。有些人眼光宽一点呢，只抓住明天，不晓得有后天。有些人呢！今天、明天、后天都不要，他要有个永远的。因此又说：“之二虫又何知？”结论来了，这两个小东西又懂个什么！它的知识范围又如何！它也飞过，像那只老母鸡一样飞过三步啊！所以说“小知不及大知”。

“知”是见地，一个知识的范围，包括学问、眼光、器度。一个人生没有眼光的，只看到现实，再看远一点也是有限的；一个有远见、有高见的人，才有千秋的大业，永远的伟大。所以“小知不及大知”，智慧大小都有范围。“小年不及大年”，寿命有长有短，有些人自己不能把握生命，活了几十年，充其量八九十年，一百年也就死掉了。不晓得把握生命，就不能把握时间，这是“小年不及大年”。

前面讲到《逍遥游》的要点，第一部分先提出来物化。物化的作用，第一要点就是沉潜飞动。这就是中国古代生物、化学的科学观念，只属于古代的科学，不要拿现在的科学观念来比较。至于对与不对，另待求证。庄子的意思是讲变化的道理，并且以鲲鱼变成大鹏鸟作说明。

第二个要点，是说一切生物，万有的生命，之所以变化，因为中间有一个东西而使之变化。庄子对这个东西提出来一个名称，就是“息”。息就是消息，是《易经》上的消息。后来的道家称之为“气”，万物皆是气化。庄子文章的表达方法，所说的道理，把人世间一切学问、知识都归之于佛学名词的比量，而不是现量的境界。

所谓现量，就是呈现出来那个真实的东西。我们现在借用佛学名称，就了解了庄子所说的那个道理。他说人类的见解与知识，生活的经验，都是比量，不是真实。所以，同样一个气候，同样一个空间，同样一个时间，同样一个颜色，同样一个饮食，而每个人感受程度并不一样。这都是比较性的，都属于比量。比较的不是绝对的，不是真正的。庄子认为有轻重的比量、智慧的比量、大小的比量。每一个人，根据自己的知识范围，看事物都不相同，都是比较的。

庄子的文章太美，看起来，东说一句西说一句，如果把全篇的逻辑搞清楚了，它是非常有条理的，他旁敲侧击，嬉笑怒骂，正面反面地来说；因为寿命时间长短的不同，人的智慧、境界、了解大小也就不同。

“奚以知其然也?”“奚以”是古文的写法，从秦汉到清代，都用这个写法，就是现在的何以，白话文就是“那，怎么样”。“奚以知其然也”，就是那怎么晓得这个道理呢？下面举一个例子。

生命的长短

朝菌不知晦朔，惠蛄不知春秋，此小年也。楚之南有冥灵者，以五百岁为春，五百岁为秋。上古有大椿者，以八千岁为春，八千岁为秋。而彭祖乃今以久特闻，众人匹之，不亦悲乎！

“朝菌不知晦朔”，他拿这个菌类的香菇作比喻，下大雨后，阴暗潮湿的地方，第二天一早，树根上长些白色的菇类，这是植物菌类的化生。这一类的东西，“不知晦朔”。晦是每一个月底，朔是每一个月初一。换句话说，这一类生物，寿命不到一个月，假使它是月初生的，它见不到月底，所以它不晓得人世间有一个月的时间。

另外有一种虫叫惠蛄，像蝉一样变化。蝉是活在夏天的生物，秋天以后就死了。秋后天冷它就叫不出声了，古人叫它“寒蝉”，中国文学说“噤若寒蝉”，形容人被环境吓住了，一声不敢响，像冷天那个蝉一样。这些生物只活一季，不知一年中有春天与秋天，“惠蛄不知春秋，此小年也”。还有些更小的细菌，只有几分钟的寿命，或者几秒钟的寿命。我们觉得它们很可怜，因为我们活了七八十年，认为自己颇为伟大。其实那些几秒钟生命的也是活了一辈子，也很快活。这个感受的境界，各人不同，每个生命都不同。小的我们容易懂，但是大的就不大容易相信了。

“楚之南有冥灵者，以五百岁为春，五百岁为秋。”活了一千年的这个冥灵是什么东西呢？实际上是一种乌龟，大乌龟。我们送给人家祝寿的不是乌龟的标记，就是白鹤的标记。这两种生物都活得很长。千年乌龟可以不死，因为它们可以食气，有时候吃些小生物和细菌而已。

在墙角上压一个乌龟，它几十年、一百年不吃东西，也死不了。但是它要呼吸，把头伸出来，遇到小虫到它前面就吞，吞一个小飞虫就够了，等于我们到馆子吃一顿大餐。当它饿了，头伸出来吸一口气，又缩回去，再憋很久，所以可以活得很长。

有些书上解释，冥灵是一种植物，这是不大恰当的。冥灵就是乌龟的一种，乌龟有很多种，这一种大龟像海里的玳瑁，在长江以南比较多，所以说“楚之南有冥灵者”，它们可以活一千年，五百年算是春天，五百年算是秋天。

“上古有大椿者，以八千岁为春，八千岁为秋。”以我们的寿命来看，一千年很了不起了，但是事实还不止于此，上古有一种树，叫大椿，以八千岁为春，八千岁为秋，它的生命一共是一万六千年。这个大椿，在道家看来并不稀奇，因为道家认为人可以炼精化气，养气的工夫修成功了，可以与天地同休，日月同寿；寿命可以达到与宇宙同样的久，跟太阳月亮同样的长。

中国有些学者，对于大椿不敢相信，他们认为大椿是庄子假说的，不管庄子说的是假是真，反正生物的寿命是有几千年的，阿里山上的神木就是一个例子。

“而彭祖乃今以久特闻”，彭祖是中国有名的长寿人，都晓得他活了八百岁。彭祖是尧时候的人，他姓篯（音簪）名铿，尧封他在彭城，所以也称彭祖，是南方楚国人。虽说活了八百岁，在上古讲起来，这个寿命与老子相比，并不算长。在道家的传记上，老子不晓得活了多少岁，因为每一个时代他都出现，每一个时代都变一个姓氏。我们现在所讲的老子，是周朝时的名字。他实际上的寿命，就无人知道了。

彭祖活了八百岁，是历史上有证明的，所以庄子提出来说，像彭祖的寿命最长了，“以久特闻”，是以最长久特别闻名的。“众人匹之，不亦悲乎！”以彭祖的年龄来讲，活了八百年，叫我们一般人来跟他相比，实在太渺小了，活了几十年已经被称老太爷老太太了，真是可怜又可悲。从前有个笑话，说寿筵上客人祝寿星老太爷寿比彭祖，老太爷说：“你小看我了，彭祖才八百岁，我要活一千岁。”客人说我找不出这种记载啊！老太爷说：“你读书太少，没听过吗？好人不长命，祸害活千年啊！”

庄子这一段，还在说大鹏鸟，不过中间插了许多其他的故事，用比喻说明因为人的知识范围有限，以致每人境界智慧的比量不同。寿命的长短，也是根据人知识的比量来的。古人赞叹庄子的文章汪洋浩荡，也就是博大的意思，像大海里的波涛，不知道有多多少少的波涛，但归结起来，还是一个大海。庄子的文章，看到后面忘了前面，其实自有逻辑和规律。对于物化，他再作一个反说明，引用古代历史的一个经验。

北冥的天池

汤之问棘也是已。穷发之北有冥海者，天池也。有鱼焉，其广数千里，未有知其修者，其名为鲲。

“汤之问棘也是已”，商汤当时问一个高明、有学问、有道德修养的人，他名叫棘。由这件事情可以证明，庄子所讲的北冥有鱼，忽然变成大鹏鸟向南极飞去是真的，不是假的。

宋朝大文学家苏东坡，大家戏称他为苏东皮，他的文章也是嬉笑怒骂，都是学的庄子，也是东一句西一句。这里庄子说的“穷发之北”是哪里呢？先说什么叫穷发，是地皮上的头发，也就是草。北方民族，在极北的地方，连草也没有的地方，就是所谓穷发，那是指俄罗斯到北极；所以称俄罗斯人为穷发之民。这一点要研究《山海经》及中国上古史就会了解。在这一段文章里，证明庄子所讲的北冥就是北极，在俄罗斯的北面，到极北的地方。所以穷发就是这个地名，古代也是民族的名称。穷发之北是最北方，“有冥海者”，那里有个冥海，就是庄子开头所提的北冥。

"天池也。"庄子上面提到过，大鹏鸟向南飞，飞到了南冥，是天池，现在又转过来，为什么说北极也是天池呢？

关于这一点，研究中国上古的科学、物理就会知道。到了北极再继续向前走，就是南极。南极跟北极是连着的，因为地球像个皮球一样，是圆的，走到了北极，再走就是南极，南极走到了，再走就是北极。但是，真到北极南极那个地方，你出不来了，因为地心有个吸力，把你吸进去了。据说地球内部还热闹得很，还有个世界，比我们还好，进去了以后永远长生不死，还不止活一万六千年，问题是很难进得去。

据说在中国的甘肃，我们老祖宗黄帝的坟后，有个洞，从那里可以进到地底里面。另外西藏的高原里，四川及陕西华山上等处，都有几个洞，可以达到地心去。究竟如何？我们只好暂且不管这些神话。

这一段故事，庄子为什么重复引用呢？他就是讲人的知识有限，所以小境界的不知道大境界，人的寿命、经验有限，所以没有机会看到大的境界。说了半天以后，然后说他有考古的经验，提出历史的证明。在我们上古文化，商汤当年也问过同样的问题，可见上古流传这个问题。他说北冥有一条鱼，它宽广，不晓得几千里，"未有知其脩者"。脩就是长，不知道这条鱼有多长。现在文学中形容一个人很修长，"脩"同"修"字是通用的。这条大鱼的名字叫鲲。

大与小

有鸟焉，其名为鹏，背若泰山，翼若垂天之云，抟扶摇羊角而上者九万里，绝云气，负青天，然后图南，且适南冥也。斥鴳笑之曰：彼且奚适也？我腾跃而上，不过数仞而下，翱翔蓬蒿之间，此亦飞之至也。而彼且奚适也？此小大之辩也。

庄子在这里又重复这个故事。扶摇是风的名称，我们前面已经讲过。羊角也是风，什么叫羊角风呢？不是指有些人昏倒在地，嘴歪、发抖、口吐白沫那个羊角风。这个羊角风就是龙卷风一类的风，由地面向上冒出来，像羊角一样旋转吹的。

扶摇风是从海底来的，从海上面吹起来，现在叫做台风之类的风，所以这两种风是不同的。上古的风都有名字，像现在台风有名字一样。这个“抟”（搏）字很妙，不是搏斗那个搏，但也是搏斗的意思，是跟风相争，把风卷在一起，大鹏鸟的翅膀把大风都包围了，所以飞上了九万里的高空。

“绝云气”，到了最高处，大气层在它的下面，所以叫绝云气。高空上面没有云，就到了太空的边缘。“负青天”，最高空不但没有云，连空气都没有了，但是太空上面还有的那个，我们中国文学称为青天，有时候也叫青冥。

讲到这里，我们谈谈中国文学同上古的文化，那是很妙的。怎么妙呢？所谓冥，太空青冥之天，上面没有东西，看不见。现在我们科学到达了月球，在超过地球以外有一段黑暗，其实就是中国上古所了解的青冥。那是黑黑的，什么都没有，空洞的这一段，就在我们地球与其他星球之间，所以也叫青天，也叫青冥。这一段正说明了这个“然后图南”，企图向南方飞，向南极飞，“且适南冥也”，到了南极。

“斥鴳笑之曰：彼且奚适也？”“斥鴳”就是小雀鸟，“奚适”，就是说何必到那里。小雀鸟笑大鹏鸟，何必到达那个南极去呢？“我腾跃而上，不过数仞而下，翱翔蓬蒿之间，此亦飞之至也。”小鸟说，何必飞得那么辛苦呢？像我一样，一跳跳了几尺高，一飞几丈高，也很好了。飞下来在那个蓬蒿乱草之间站一站，这不也是飞吗？也飞得很痛快呀！何必一定要飞那么高远呢？“而彼且奚适也？”大鹏鸟何必飞那么远到那里去呢！庄子在这段最后说“此小大之辩也”。这是结论了。

我们假使用逻辑来看这篇文章，庄子由第一句话“北冥有鱼”开始，到这里作了一个结论，他说一般人不相信物化，为什么不相信呢？“小大之辩也”，智慧、境界、大小不同，所以不相信这个道理。

前面我们曾提到过，人类可以解脱宇宙物理世界的束缚，而找到自己生命真正的自在与自由。同时也说明，人世间不管做人做事，乃至于修道，首先是要见地高超，有远见才能有成就；见地不高，知识范围不高，成就也就有限。那种有限的成就，可能与这个小鸟一样，跳一跳，飞个几丈高，休息下来，在乱草堆上一站，随风摇一摇，也很悠哉游哉。有人要来捉的时候，“咚”一跳，就飞到那棵树上去了。这一种人生境界，也活了一辈子，也活得很快活。

这也像是小孩子玩水一样，茶杯里放一片小小的树叶，或者弄一个黄豆壳，在水上面漂一漂，两个小孩子可以玩一天；你看我的船开到纽约了！你看，靠岸了。用嘴呼呼吹，大风来了！两个小孩子，玩得很高兴。他那个境界，与我们现在做生意，赚一千万美金一样的舒服啊！境界也是一样的。爱吃辣椒的人，辣得满头大汗，同那个爱吃甜味的人，那个舒服境界都一样，只是辣得不同，甜得不同而已。

鹏程万里

庄子说的这个故事，在生活的小地方，不知影响中国多少年，多少人，连取名字都离不了它。岳飞，号鹏举，就是这一篇来的，取大鹏鸟之意。也有些人取名图南，宋朝的神仙陈抟，我家中挂了一副对子，“开张天岸马，奇异人中龙”，是他写的。他的名字陈抟，就是从“抟扶摇羊角而上者九万里”来的。陈抟的字叫“图南”，自号“扶摇子”，也就是庄子这一篇中的文字。古今以来名叫图南的，叫鹏的，不晓得有多少。又如贺人出门读书的，叫鹏程万里等，庄子影响之大难以形容。

再举一个例子来说，南唐时代有一位文学家，名叫高越，当这个人没有得志以前，他的文学境界已经很高了。南唐是五代十国的时期，当时天下很乱，军阀专权，各霸一方，一个中国的土地上，有八九个国家，个个称王称帝。高越归顺南唐后，最初投奔鄂帅张宣，可是很久都没有得到赏识，高越就写了一首诗，套用庄子这个典故：

雪爪星眸世所稀　摩天专待振毛衣
虞人莫谩张罗网　未肯平原浅草飞

他形容自己像一只大鹏鸟一样，大鹏鸟的爪子是雪白的。星眸，大鹏鸟的眼睛像天上的星星一样，亮极了。两个翅膀，就是庄子所讲，飞上九万里，绝云气，而负青天。这样的飞在文学境界叫摩天而飞，跟天相摩擦。所以“振毛衣”，羽毛张开飞得那么高。“虞人莫谩张罗网”，虞人是中国古代的官制，管山林里头动物的园长，就是现在的农林部部长，或者是野生动物园的园长一类的官职，你不要想把网张开，把我这个大鹏鸟捉去。“未肯平原浅草飞”，老实告诉你，你这个地方太小了，还不够我翅膀拍一下呢！小地方飞不上去，不想在这里飞。这一首诗，表达志气非凡，倒霉一点没有关系，将来反正要“绝云气，负青天”。万一掉下来，现在有太空梭会把你拉住，年轻人一定要有这个志气才行。

中国文学多半都是从《庄子》里头套出来的；有一幅古人的画，只画了一只鸟站在树枝上，嘴巴闭着不动，就是这么一只鸟。中国画的境界，一定要配上文学，自己再会题诗写字才好。这个人拿起笔来一题，把这幅画题绝了，也是拿鸟的故事来形容：“世味尝来浑是蜡，莫教开口向人啼。”世间的味道，一点意思都没有，像吃白蜡一样。但是，人虽艰难困苦，也不要向朋友去诉说，更不要向人去埋怨；要闭着嘴巴，像这只鸟一样。这是真的啊！你肚子饿了三天没有吃饭，跟人家讲，人家不一定同情你，也许还会笑你。只有自己想办法，去找面包就是了，没有面包，找渣子吃，那也是“未肯平原浅草飞”。

像这一类的故事，都是从《庄子》里头出来的，在诸子百家，尤其是佛家道家中，这类的故事非常多。如果你书读多了，就会发现中国文化，在很多地方都与《庄子》的《逍遥游》有密切的关联，尤其是大鹏鸟，关联更为密切。

你是什么材料

故夫知效一官，行比一乡，德合一君，而征一国者，其自视也亦若此矣。而宋荣子犹然笑之。且举世而誉之而不加劝，举世而非之而不加沮，定乎内外之分，辩乎荣辱之竟，斯已矣！彼其于世未数数然也。虽然，犹有未树也。

《庄子》这篇《逍遥游》，从物的变化说起，现在到了第二段，是谈人的变化，也就是从物化到达人化。换句话说，前面提到的是物理世界万物自体的变化，下面提到精神世界心的变化。

讲到心的变化，在人的知识领域中，有境界、智慧、比量程度的不同。我们青年同学这一代，要能够挑起承先启后负载文化的任务，所以对文字要特别留意。今年开始，特别要求同学们注意文字的学习，大家程度太差了，差得已经没有办法再文学革命，因为没得命了，不需要革了。所以现在要把文化的命根重新栽起来。

其实这一段很容易懂，每一句，每一个字都要留意，我先从国文方面来说。“故夫”，拿现在白话文就是“那么”，这两个字没有什么关系，是个虚字。但是为什么一定用虚字呢？庄子的文章，以及其他古文是要念的，念的时候像唱歌一样，平仄音韵，是铿锵朗朗然。要唱得下去，中间就要换气，换气的中间不加一点“呜呼！”“故夫！”就念不下去了，那就会像吵架一样，音调不对了。文字的境界是柔和的，像很美的音乐，所以它拖长音调。

“知效一官”，注意这个“效”字，有些人的知识有用处，用处就是成效、效果。他的学问知识范围，他天生的才能，如果是做官，做个公务员的材料，让他做官就很有效；叫他做别的，就不行了。譬如我们许多搞文学的，写文章的，你叫他写文章讲道理，都会很好；水管坏了，你叫他去修一修，他会把水管搞断的。换言之，他的知效是写文章，没有办法修水管。“知效一官”就是有做一个官的知识能力。

“行比一乡”，你要写古文，跟写白话文一样，每一个字都是逻辑。思考要清楚，下的定义要确实，除了写新闻文章，因为机器在动了，下一分钟就要印出来，管它什么话，报道出来，能看清楚就算了，反正五分钟寿命，看过报纸就丢了。如果要留久一点，这个文章就不能马虎了。这是题外的话。

有些人的行为，可以“行比一乡”，就是在这个乡里之中比较拔尖。这个情况中国外国一样，走到一个乡下地方，你打听一下，哪个人最出名，不管他是绅士也好，流氓也好，他的行为，在这个乡村里比起他人，算是呱呱叫的，可以有点领导作用；就算选不上参议员，也可以当一个里民代表，那也是不容易的，因为他在这个乡村里是老大，是顶尖人物。

不过在一个乡里算顶尖的人，拿到全国一比就不行了，因为全国人才就多了。有些人知识程度的效能可以做官，而且做官可以当到宰相，但却不能当皇帝，所以他一定要在一人之下。历史上很多宰相了不起，如果让他当了皇帝，那就完了。另有一些人能做官，但只能做个小官，你把他升做大官，他就完了，把他压死了。

第一个是“知效”，第二个是“行比”，下面第三个是“德合”。“德”并不是光讲道德好，“德”就是指一切思想行为，做人做事都好。“德合一君”，配合那个皇帝、老板，两个人搭档刚好。你看古今中外历史上的人物，有汉高祖就有萧何，萧何如果遇不到汉高祖，汉朝能否成功就不知道了。但是他两个是合不来的，虽然合不来，却像一对夫妇，天天吵架，但吵得很艺术；没有这样吵来吵去，也不会过一辈子。有些夫妇之间吵来吵去，忽然去了一个，另外一个也活不长了，因为没有吵的对象了。另外找一个来，也都没有味道，打架打得也没有味道，这就是合的道理。所以说，“德合一君”，有人的德性刚好同这个皇帝，或者老板配合得很好，他两人在一起，可以做一番大事业。你叫他下台另换一个人，怎么都用不好，这是人生历史的经验。做生意也一样，这个老板有一个帮手当总经理，他自己当董事长，就配合得好，换了一个就搞不好了。

“而征一国者”，征是经验，有人的聪明智慧才能，能够治理国家，或者当领袖，或者当第二人，一人之下，万人之上。如果叫他下来去开个小店，他绝对蚀本，一点也不会；他只会大的，不会小的。这就是人化，人的智慧的比量、才能，各有不同。所以下面庄子加一句话，“其自视也亦若此矣”。

自视很高的人

每个人的境界，知识境界，比量不同，看法不同，不过自己看自己，却都像那个小鸟一样，觉得很不错，咚一声，跳到那棵树上了，这有什么了不起啊！每个人都是这样的看法。我们常说某人自视甚高，自己看自己很高，那是你自己看的啊！自己看自己愈看愈伟大。我们拿个镜子来看一看，每个人都是自己愈看愈漂亮，愈看愈像样子，看看别人都不如我，自己看自己真可爱，没有一个人讨厌自己的。所以，从这里可以了解人性，人看自己都很可爱，而且愈想愈伟大，偶然做错了事脸红一下，过三个钟头一想，自己还是对的；是别人错了。庄子从生物世界的道理，讲到了人的方面，“其自视也亦若此矣”，也像那小鸟一样，都是自视甚高。

这几句话里提到了几等人，“知效一官”“行比一乡”“德合一君”“而征一国者”，一共是四等人才。这四等都是人才，而且都是领导人才。什么叫领导？是出人头地，比人家高明一点。有些人做个小老板，开个馆子，蛮好。像我有几个同乡朋友，开馆子发大财，慢慢地也做大公司了，最后不到三年就一塌糊涂，蚀本了，什么都没有了。还有一个人，爱国奖券中了二十万，我说你要小心了；他中了二十万，一下就做大生意，还不到八个月，二十万花光了，最后还去坐牢。只好说他这个命就是二十万。所以这四等人，他的范围就是如此。可是这些人却都自视甚高，“其自视也亦若此矣”。

出格的高人

“而宋荣子犹然笑之”，庄子知道另外有个高人，这个人叫宋荣子，这一类的高人，古人叫做出格的高人，是出了人格范围的人，不算是人，因为他没有固定的格，就是没有范围可以范围他，他应该算是超人，所谓出世的人。“犹然笑之”，宋荣子就笑这四种人，看不起他们。这个道理，就是庄子在下面推崇的一种特殊隐士思想，也就是影响我们历史的道家思想。在国家民族到了最艰难困苦的时代，这一类人，在幕后都起了巨大的作用，就是所谓的隐士、高士。这些隐士们，连孔子也怕。

孔子在《论语》上提到，碰到这些隐士，像楚狂接舆等，对每一个人都骂的，把孔子骂得更是晕头转向，最后孔子只有赞叹一番。孔子说，“鸟兽不可与同群”，照儒家的观念，认为孔子骂这些隐士是禽兽，不愿跟他们在一起。这个观念等于把书完全读错了，事实上孔子也佩服这些隐士。什么叫鸟兽不可与同群？鸟是会飞的，它飞掉了，兽是会跑的，四个脚跑得很快，它跑到山里面去了。我们人跟不上它们呀！孔子是走人道的路线，这些高人该飞的飞了，该入山的入山了，我们呢？还是规规矩矩做一个人，所以说鸟兽不可与同群。这是孔子捧隐士的话，可是历代都把他解释成孔子骂隐士，认为孔子把隐士当成禽兽。孔子只讲鸟兽不可与同群，他没有说这些人是禽兽啊！这是后世人乱加的意思！这就叫读书不老实；做学问要老实才行。

像宋荣子这一类隐士的思想，就更伟大了，下面庄子把他们的人格，以及经由自学修养转变成高人的情况，加以申述。

第五种人

庄子又提出了另一种人格，这一种人格就很难了，在古今中外的历史上都难找到。这种人真是厉害，“举世而誉之而不加劝”，全世界人都恭维他了不起，喊万岁，全世界人跪下来捧他，认为他了不起，他理都不理。因为他也不想了不起，他听了恭维的话，等于在听冷气机的声音一样，毫不相干。“举世而非之而不加沮”，全世界的人反对他，骂了他，他也绝不改变方向。这个太难了。

你们听过《易经》的啊！孔子就在“潜龙勿用”那一卦爻里，提到潜龙就是有独立超然的人格，不受任何时代环境所影响，这就是潜龙勿用。可见儒家和道家思想是同一道理，同一的人格修养标准；特别是庄子，用他美妙的笔法，把文章写得更美了。老庄文章飘逸潇洒，汪洋浩荡，而孔子只说了“鸟兽不可与同群”一句话；这就是齐鲁的文章，方正朴实。

像“举世而誉之而不加劝，举世而非之而不加沮”的这一类人啊！他的智慧，他的学问，已经确定了他的人生观。“定乎内外之分”，不是分开的分，是分量的分。什么是我，什么是他，什么是物，什么是心，什么是外在世界的一切，什么是我自己应该做的事。智慧、道理，以及做人的道理，他都看得很清楚。

“辩乎荣辱之竟”，他对于人世间的两种现象，也看得很清楚，一种是光荣，一种是倒霉；倒霉就是侮辱，他对于什么叫做真正的光荣，什么叫做真正的耻辱，看得很清楚，绝不会受现实社会的影响。当然，钱多了很光荣，倒霉了人家看不起，他不管，一概不管。因为这是现象，这个现象同他本身独立的人格毫不相干，所以他能够辨别，辨别得很清楚。庄子讲到这里说，“斯已矣”，他说这些人了不起啊！做人做到这个样子多么了不起！我们儒家所标榜的圣人、贤人、君子，庄子也非常佩服，人做到了这样，算是做到极点了。

“彼其于世未数数然也”，这一句话妙了，庄子这一句话可以做两面解释，一面的解释是：这一类人几百年出一个，很不容易看到，“未数数然也”，不是随时可以看到的。历史上的高人、隐士不是随时有的，很少见，可以这么解释。这一句话是什么原意呢？我们只好问庄子了。不过，第二个解释，“彼其于世未数数然也”，虽然如此，他们对于这个世界，还有些地方是不同意的。数数是没有常常认为，换句话说，他对于世界的一切，对于现实世界的许多情况并不同意。

所以隐士思想，就是西方文化政治思想里的保留票，不同意权。这个并不是反对票，他并不反对，可是也并没有同意。这是这句话的第二个解释。也可以说，他有许多地方不同于现实世界。

陈抟老祖

关于隐士思想，在这里我们再插一段闲话。刚才提到我们这里挂的这副对子，是陈抟的，后来道家称他为陈抟老祖。这位老祖对于《易经》象数的学问，高深莫测，未卜先知。他在华山修道，到了五代的末期，几个皇帝都找过他，最后找他的是五代的后周皇帝，历史上称他为周主（世宗），因为够不上称真正的皇帝。周过了就是宋，赵匡胤出来了。

这个周主，很精明，很了不起，当时他几乎可以统一了中国。他像年轻的唐太宗一样，应该说是几乎像，可惜三十九岁就死掉了。当时这个周主找过陈抟，请他出来帮忙，可是他说什么都不肯出来。见面以后陈抟对周主说，你做得很好了，何必要我，像我这个人没有用，还是希望你帮忙，让我回到华山高卧吧！

陈抟一天到晚睡觉的，所以我们听小孩子讲话，“彭祖年高八百岁，陈抟一睡一千年”。一睡就睡一千年，他睡醒后问：“我那个老朋友彭祖呢？”别人对他说彭祖早死掉了，他说短命鬼！才活了八百岁就死了，这就是陈抟。我们这里挂的这副对子就是他写的啊！他写的字都是神仙味道。后来这个周世宗，下一道命令给华山县长及陕西省主席，凡是陈先生在山上所需要的，要什么给什么，尽量地照应好。这就是隐士，他是有名的一个，后来他回到华山题了一首诗：

十年梅迹踏红尘　为忆青山入梦频
紫陌纵荣争及睡　朱门虽贵不如贫
愁闻剑戟扶危主　闷听笙歌聒醉人
携取旧书归旧隐　野花啼鸟一般春

他也希望国家天下太平，但是，他看不惯那个时代，就是庄子所讲的那个样子，“紫陌纵荣争及睡”，紫陌就是到京城之路，所以后来宋太宗请他当宰相、当军师，他都不干。古代做大官穿着紫袍，所谓锦袍玉带。唱京戏那个皮带，好像有水桶那么大，围在腰里，并不是为了把衣服捆住，那只是个阶级的装饰品而已。“朱门虽贵不如贫”，发了大财很有钱，大门房子都漆最好的红油漆。这虽然好，但是世界上最享福的却是穷，什么道理？无牵挂。

“愁闻剑戟扶危主”，他知道周世宗活不长，武功很好，中国几乎被他统一了，但是陈抟已经知道他活不长。再看到街上那些跳舞厅啊，夜总会啊，他最讨厌了。“闷听笙歌聒醉人”，他说这些环境吵死人，没有意思，听得都发闷，所以不如“携取旧书归旧隐，野花啼鸟一般春”。这个是陈抟有名的一首诗，是隐士思想的代表作。像这一类思想，事实上是介乎道家、儒家之间的。后来宋朝的大儒邵康节，就是他的徒孙辈，《易经》的学问，也是邵康节接手的。

有一次当他见到赵匡胤，就哈哈大笑，笑得从驴子上跌下来。后来赵匡胤黄袍加身，他大笑说从此天下太平，中国有两三百年安定了，他高兴的就是这个事。万事都可未卜先知，这一类的人，就是庄子所讲，“彼其于世未数数然也”。知道了这些历史的故事，对于庄子这一句话，读起来就有味道了。

这一段庄子提出来所谓人化，拿佛学的比方，就是人世境界的比量，人的思想范围，人的一切观念范围。道家思想同佛家思想有相通之处，这属于俗谛，不是真谛，是世俗的范围。

“虽然，犹有未树也。”这里庄子的文章又转了一个气势，这类人还没有找到人生生命的真价值，他还没有建树，还没有建立一个东西；换句话说，还没有得道呢！

第六种人

夫列子御风而行，泠然善也，旬有五日而后反。彼于致福者，未数数然也，此虽免乎行，犹有所待者也。

这是第六种人，这个了不起了。道家讲列子是庄子的老师，但是也另有不同的说法，不管孔子也好，老子也好，管你孙子、老子，庄子一概把他们包括在这种人之内了。历史上讲列子御风而行，自己会飞起来，成仙了，到达了地仙之分。

神仙分五等，大罗金仙、天仙、地仙、人仙、鬼仙。地仙就是不要走路，可以在地球上飞。所以列子是会飞的，也像大鹏鸟一样，不过没有大鹏鸟飞那么高。列子御风而行，“泠然善也”，“泠”字三点水，不能读成冷气机的“冷”。“冷”字是两点，多加一点读作“零”。这个泠是什么？人在高空里飞，像画上飞的天女，因为有功夫不怕冷，风吹来凉快。其实也不是凉快，是冷气机刚刚打开时那个感觉，开久了就是冷！刚刚打开时“泠泠然”很舒服。杭州有个“西泠印社”，就是这个“泠”。如果不懂读成“西冷”，老一辈子就胡子一摸，看看你这个年轻人，就讲，这个家伙肚子里头没有墨水，就那么骂了。现在无所谓，冷也好，泠也好，反正这个字是形容词。

列子在空中飞，那个空中的泠风吹到他，泠然，好舒服！“善也”就是好舒服。在空中飞多久呢？飞了十五天，旬就是十天，一旬加五天就是半个月。如果我们写文章，说飞了半个月就完了嘛！但是这样说一点意思都没有。庄子的文章把它变成诗境了，偏不那么写，而写成“旬有五日”，这不是别扭吗？十天又加五日，分明是半个月；这就叫文艺，文字加上写作的技巧，懂了吧！所以你们懂了这个，应该就会写文章了。列子飞呀飞！“旬有五日而后反”，他飞了半个月又飞回来。这个味道多好！人修到这个地仙之分，也活得蛮有趣味了。

庄子又说：“彼于致福者，未数数然也。”你们一般人，天天要吃素啊！拜拜求福啊！上帝保佑我啊！菩萨保佑我啊！天天求福报，你求得到这个境界吗？你总求不到飞起来吧！你不相信，去拜一万年看看，看能不能拜得你会飞起来。但是庄子下面结论来了：会飞，这没有什么了不起。

“此虽免乎行，犹有所待者也。”所谓飞得起来，不过是不要走路！但是还需要靠另外的东西。没有风你飞不起来，没有空气你飞不起来，同鸟一样，同滑翔机一样，没有风就有问题了。所以，他说列子啊！虽然“免乎行”，免掉了走路，但是还是要飞，还要一个东西帮忙你，要风来帮忙，要空气来帮忙。这就是道家、佛家所讲的小乘境界；虽然看起来好像得道了，修到了神通具足会飞了，仍是小乘境界，不是大乘，没有什么了不起。小乘境界被庄子看到了，马上把你拉下来，他说你有什么了不起啊！这还是有条件的。

有些人说，打坐能够空得了，才有这样的境界，如果你空不了呢？坐在那里五心烦躁而已。普通讲盘腿打坐是五心朝天，两个手底心，两个脚底心，加上一个心都朝天。实际上，你空不了的时候是五心烦躁。所以说，这个没有什么，这第六种人也不算什么了不起。现在第七种人来了。

第七种人

> 若夫乘天地之正，而御六气之辩，以游无穷者，彼且恶乎待哉！

吓！这一种人没有见过！不过满地都是。他说这种人是什么？他走的是大乘，乘的什么？天地的正气。这个气字是我们加上的啊！庄子没有讲这个气字。

“乘天地之正”，什么是天地之正呢？照禅宗话说，那就要参了，什么叫正？我们坐着也很正啊！并不歪啊！我们也算乘天地之正吗？这个正是什么东西？勉强用孟子的话来说，就是叫浩然之气，那算是天地之正气。他说这一类人也不要飞，也不去作怪，普普通通乘这个天地的正气。“而御六气之辩”，这六种气有两种说法，一种是中国医学的说法，风、寒、热、湿、燥、火。像我们台湾这个天气，常常叫同学们小心啊！顶着太阳回来，或有些人鼻子敏感，容易感冒的（夏天的感冒是热伤风），要戴口罩，骑摩托车的，都要小心！

另一种说法与《易经》的十二辟卦有关。一年十二个月，六个月阴、六个月阳，是由乾、坤两卦变化的。一年十二个月，五天是一候，三个候是一气，六个候是一节，所以一年有二十四个节气。节气变化都不同，影响我们的生命。

我们都生活在这个世界上，受这个空气、大地、天地的环境影响。天有阴、阳、风、雨、晦、明六气，所以人有生、老、病、死。如果有一种修养的人，懂得了修行，可以达到一种不再受物理世界支配的境界，反而能支配物理世界。所以“御六气之辩”，是说可以适应天地间六气的变化，气候什么时候变化，他看得很清楚，这个物理世界起什么变化，他的身心都有准备，因为他有一套修养功夫，不受物理世界的侵害。但是本身首先要养成正气，他说这一类人“乘天地之正，而御六气之辩”。驾御就是不受物理世界的影响，反而能把握了物理世界，他的生命就有这样伟大！

“以游无穷者”，他活在世界上很好玩，一切在游戏三昧中，什么都是好玩的，什么也都是玩，悠哉游哉，那才是真的游了。游什么呢？游到无穷。因为无量无边的空间时间不能控制他，他已经超越了物质世界。

“彼且恶乎待哉！”人生到达这个样子，这个生命，已经自己升华到这样一个境界，才是绝对超然而独立。“恶乎待哉！”没有相对的。这等于佛家那个教主释迦牟尼生下来所讲的两句话：“天上天下，唯我独尊”，这是绝对的。释迦并不是讲这个普通的“我”啊！他讲的是我们生命中那个超然独立的我，超越了物质世界的我。

庄子呢？另外一个说法，“恶乎待哉!”绝对不要相对的。我们生活在这个世界上，这个物质世界宇宙之间，一切都是相对的，人要超越这个宇宙，才是达到了那个真正的绝对。那要怎么样做到呢？下面庄子的文章就要点题了。文章到了这里，我们可以先给他安个名目，就是庄子所讲的大乘境界。

大乘境界是什么道理呢？真俗不二。拿佛学的名词来说，“真”就是出世，“俗”是世间，真俗就是所谓的真谛与俗谛。不二是不二法门，不二就是没有两样，并不是一，因为有一就有二。怎么样做得到呢？

至人 神人 圣人

故曰：至人无己，神人无功，圣人无名。

这三句话是点题啊！那也就是老子所讲真正的无为。不过呢，老子讲原则原理，庄子却建立了真俗不二；就是一个普通凡人升华了，成为一个非凡的人。

庄子在这里提出几个名词，第一个名词是“至人”，至者到也，人达到了；换句话说，达到称为一个人的标准了。如果我们没有达到这个境界，不算人，至少不算至人。人要能达到把握自己的生命，才叫做至人，做人做到了头。“至人无己”，达到至人境界就无我，没有我自己，这个难了，人生到达无我，太不容易。我们坐在这里，谁能做到无我啊？只有睡觉的时候无我，但那是昏头不是无我。还有民权东路关帝庙旁边，那些进去了的朋友，他才无我，可是他死亡了。要活着做到无我才算，这个无我不是理论，而是工夫。什么工夫呢？能够“乘天地之正，而御六气之辩，以游无穷者，彼且恶乎待哉”，这样才能做到“至人无己”。

至人还有程度的不同，等于后世道家讲神仙有鬼仙、人仙、地仙、天仙、大罗金仙五种，这种观念也是脱胎于老庄。至人是最高的，另外一种人在中间，是超人、神人。墨子也提到神人这个名称。什么叫“神人无功”呢？好在后世印度佛学过来，我们可以有一个参考了。

佛学讲，一个人修到第八地以上的菩萨位，叫做无功用地，一切无所用功，那就是老子所讲的“无为”。换句话说，这种神人，上帝也好，菩萨也好，他救世界，救了世界的人类，人类看不到他的功劳，他也不需要人类跪下来祷告，拜拜，感谢他！那是你感谢自己，同他毫无关系。真正到了神、菩萨境界，他是无功的，无功之功是为大功。他像天地一样，像太阳一样，永远给你光明，他不需要你感谢他，所以“神人无功”。这类人，也可以勉强给他一个名称，叫他为圣人。“圣人无名”，叫他圣人是假号、代号，说这个叫圣人，那个叫圣人，像我也是圣人啊！什么圣人啊！算账算下来那个剩余的剩。剩人是多余的人，活着对社会没有什么贡献，死了也没有什么损失的剩人，同音不同字。真正的圣人无名，他不需要名。所以世界上圣人、菩萨、神人很多啊！我经常发现社会上很多人，很普通的人，他们做了好事，做了很了不起的事，谁都不知道。所以我常常看到圣人，那些才是真圣人。

庄子这个地方提出来第七种超人的真正榜样，比那些神仙还要高。但是在哪里呢？他告诉你，在最平凡的当中，越是这样的人，越是最平凡。所以神仙、神人，了不起的人在哪里找？就在这个现实世界，最平凡的世界中去找。因为“圣人无名”！他是个菩萨，是个神人，绝不会挂一个招牌；如果挂了招牌，那是广告公司的事情，同他没有关系。

如果我们要研究中国的学术思想，人人都知道在春秋战国阶段，都说是百家争鸣的时期；例如和庄子先后同时代的孟子，也有一段话，是对所谓圣人和神人之间的说明，几乎是同一个规范。孟子对于这个问题，界定为六个步骤，他说："可欲之谓善（一），有诸己之谓信（二），充实之谓美（三），充实而有光辉之谓大（四），大而化之之谓圣（五），圣而不可知之之谓神（六）。"明白了这个道理，可知中国文化在秦汉以前，儒道本不分家，统称为一个"道"的内涵。

《逍遥游》这一篇，前面讲过物化、人化、气化，现在正讲到第四个重点，就是神化。关于神化，他提出来三个原则，就是"至人无己，神人无功，圣人无名"。在圣人无名这个观念上，我们看到老子、庄子学术思想的合流，我们由此也就了解到老子所讲"圣人不死，大盗不止"这句话的真正含义了。一般粗心的人把这句话随便读了过去，都认为老子是骂圣人。不错，老子是在骂圣人，是骂一般标榜自己是圣人的假圣人。真正的圣人非常平凡，自己也不会承认是圣人；如果觉得自己有道，是个圣人，这已经不是圣人了。所以老子是骂那些假圣人，那些只有标语、口号的圣人，那些圣人是假设的，是没有用的。

现在庄子这一句"圣人无名"，正是对老子思想的说明，圣人无名，更无所谓圣人不圣人。换句话说，最伟大的人是在最平凡里头，能够做到真正的平凡，就是无己、无我、无功。就算已经功盖天下，自己也觉得很平凡；就算道德到达圣人境界，自己仍觉得很平常。下面他举出一个事实，是中国上古历史上的一件传闻。

隐士的故事

尧让天下于许由，曰：日月出矣，而爝火不息，其于光也，不亦难乎！时雨降矣，而犹浸灌，其于泽也，不亦劳乎！夫子立而天下治，而我犹尸之，吾自视缺然，请致天下。许由曰：子治天下，天下既已治也，而我犹代子，吾将为名乎？名者，实之宾也。吾将为宾乎？

我们先说一个历史故事，这在史学家们记录的正史上，没有记载，但在散见的一般资料里，非常重视这个传闻。尧、舜、禹，这几位都让过天下，所以那个时候中华民族是公天下，天下不是属于哪一家的。夏朝以后，三代以下，变成了家天下。当尧年纪大了，差不多一百多岁时，他觉得应该让位了，想找一个继承人。他听到有两个人了不起；实际上了不起的，当时不止两个人。最有名的一个叫许由，还有一位许由的好朋友，叫巢父；另外还有几位，都是隐士。

尧听说了许由，就要请他出来当皇帝，在山里找到了他，结果许由就说："你来找我干什么呢？"尧说："我年纪大了，你是圣人，这个天下国家要请你出来，接位当皇帝。"许由一听当然推辞了，推辞的话各个书上记载不同，反正推辞了。许由把尧送下山后，心中很烦，觉得耳朵听了这个话，很脏，请我当皇帝多脏啊！他就跑去溪水中洗耳朵。刚好他的朋友巢父，牵了一条牛过来看他："你老兄发神经啊！今天怎么在这里洗耳朵？"许由说："唉！你不知道，刚才我听了一个脏话，所以把耳朵洗干净。"巢父问是什么话？许由说："那个尧啊！年纪大了，他要请我来接位当皇帝，你说这个脏不脏啊？"巢父说："你老兄真讨厌，真够自私的，你在水里洗耳朵，水被你洗脏了，我那个牛要喝什么呢？算了，我这个牛不在这里喝了。"一面说着，就把牛拉走了。这是历史上有名的故事。

但是我们要晓得，我们的民族国家，为什么这样推崇古代的隐士？这在文化上有非常重要的原因。这一类的人，所谓隐士、高士之流，到了清朝，也称为处士，他们在民族国家历史上，占有非常重要的地位，他们都是属于无所不包的道家。在我们历史上，每碰到变乱的时候，都是这一类人出来拨乱反正；也就是说在历史上，从幕后出来拨乱反正的，都是这一类的隐士。等到天下安定了，就找不到他们，都溜掉了，所以称为高士隐士。这也就是庄子所提的“至人无已，神人无功，圣人无名”，这类人都是这种作风。我们知道了这个故事以后，现在来看《庄子》的本文之中，也提到这一段。

阳光和时雨

庄子说：尧让天下给许由的时候，当时有一套说辞，“日月出矣，而爝火不息”，这一段如果我们翻译成白话，意思是尧对许由说：你先生要知道，太阳月亮出来了，在太阳光、月亮光下，还点蜡烛的话，“其于光也，不亦难乎”！这个蜡烛的光明不是太渺小了吗？太阳是那么大的光明，在阳光下点蜡烛，有什么益处呢？这是很难过，很讨厌的事。尧比方自己像蜡烛，推崇许由像太阳、月亮一样的伟大。

下一个比方，“时雨降矣”，像这两天热得要命，及时下了大雨，就是时雨。这个大雨下来，街上都满是水，“而犹浸灌”，结果大家还在水井里打水灌溉。“其于泽也，不亦劳乎！”这个小井的水又算什么呢？这不就是多余疲劳吗？

他作这两个比方很有道理，一个是比方一位了不起的人，如日月的光明。另一个比方是说，人有功德，在这个社会世界，就像天上的大雨下来了。我们历史上（小说上也有），经常用这个恭维许多皇帝。你们注意，《水浒传》上每个外号都是哲学意义。梁山泊的头子宋江，外号就叫及时雨。那个及时雨，夏天热得要命下来的雨，多好啊！结果呢！这个家伙宋江，送到江里去了，这个雨没有用了。所以《水浒传》中的外号，跟名字配起来，都在骂人。梁山泊那个军师是智多星，智多星多好啊！智慧那么高，办法又多，像天上的星星一样；但是他的名字叫吴用，就是无用，智多星无用。每一个绰号和他的本名连起来，你就可以哈哈大笑。再加上历史、小说的描写，每个人的个性、人品等，非常有意思。所以，这就是说明，历史文化上，不管是正史，不管是小说，都把这个及时的雨，比喻为是施给人类恩惠的事。

尧作了这两个比喻后，他讲自己“夫子立而天下治”，古代尊称别人夫子，就是今世所称的先生。他说你先生在这个世界，只要在那里一坐、一站，不必讲话不要有什么行动，就天下太平了。但是，你先生不肯出来，结果我来当皇帝，“我犹尸之”。什么叫“尸之”呢？我们中国文化常用的四个字，“尸位素餐”，尸就是象征祭拜时用的偶像，换句话说，这个字代表傀儡。我啊！尸位素餐。他说我好像被人捧起来当傀儡一样，在上面当皇帝，实际上是白吃人世间的饭，像偶像一样占住那个位置。我反省自己，“吾自视缺然”，缺点太多，“请致天下”，所以想把天下让给你，请你出来当皇帝。

这一番话尧说得很客气，这个许由，还没有去洗耳朵的时候，就答复他说：

“子治天下，天下既已治也”，你治天下国家，治得很好嘛！这个国家治得很太平。“而我犹代子”，你现在叫我来接班，来代理你，请问你，“吾将为名乎？”我为了出名吗？“名者，实之宾也”，他说一个人的名，是实际行为成果的一个附属品，实际的功劳才是主体，有功劳才有大名。譬如一个人，他真有道德，因而有名受赞赏，那个名跟实是一样的，是相同的。如果没有这个事实，只有这个名，这一种名，我们文学上称它为虚名，是假的，不是真的。他说你把天下治得很好，叫我来治，我不必嘛！我为什么？为名吗？“名者，实之宾也”，真正的名，要有事实，要有功劳，那样名满天下才是对的。假定我出来，天下你已经治好，我出来当皇帝，只担一个虚名，“吾将为宾乎？”我岂不只是为一个虚名吗！

这个理由是许由的理论，是一个逻辑的道理，也就是哲学的道理，认为自己不应该出来。天下你治好，叫我出来干什么呢？你没有治好，我出来给你抬轿子，我还有一点功劳，还应该出来，现在你已经治好天下了，轿子也不需要人抬，我出来干什么呢？这是一个理论，哲学的原则。我们要注意的是，“名者，实之宾也”。人不要求虚名，要求实际，要事实做到才行。真正天下的大名，要真正有道德的事实，才是真的，这是告诉我们原则。上面讲理论，下面讲一个事实。

大境界 小境界

> 鹪鹩巢于深林，不过一枝，偃鼠饮河，不过满腹，归休乎君！予无所用天下为！庖人虽不治庖，尸祝不越樽俎而代之矣。

“鹪鹩巢于深林，不过一枝”，鹪鹩是小鸟，至于说是哪一种鸟，这个考据起来很麻烦了，现在我们不管这个，反正是只小鸟。小鸟藏在森林里，只要有一棵树枝给它立足，就很高兴了。它站在树枝上，风一吹，一摇一摇，那个鸟在那里又唱歌又闹，两个眼睛滴溜溜，到处转，在那个境界中，它觉得整个天地都属于它的，非常自在。我想青年同学们也常有这种境界，尤其联考过后，刚刚出了考场到树林里去，找一块石头坐下来或躺下来，那个时候，你觉得天地属于自己，觉得很伟大。这里讲的，就是那个境界。

“偃鼠饮河，不过满腹”，偃鼠是田里的老鼠，田鼠口干了，跑到河里去喝水，它只要喝一点点水就饱了，肚子就胀了。这两句话，拿两个生物界的现象来比喻，一个飞的，一个在土里头钻的；不管是土里钻的，或者空中飞的，小人物，小境界，只要自己觉得满足就够了。一定要说哪一个环境美，哪个情况满足，是不能绝对下定义的。我想你们青年同学们，境界看得不多，当年我们在大陆时，游山玩水，有些高山走不动，譬如爬峨眉山吧！两边是万丈悬崖，看都不敢看，那个时候，不要说血压高，连低血压都没有了。结果都不行了，只好找本地的背子。背子是一个人背个箩筐，挂在肩膀上，我们就反转来背对着背子坐在上面，看着后面，他就把你背上去了。

我们坐在那个上面，只能拿佛学一句话来形容，惭愧！非常惭愧！还要靠这些女的背子把你背上去。我们坐在背子的后面，使人想起封神榜那个申公豹，他的后脑在前面，面孔在后面。我们那个时候，觉得自己变成申公豹，专门看走过的路，两边不敢看，看下去要发晕的。有些人觉得这才舒服啊！这种境界，在半空中，向下面看到的都是云，黑的。黑的云里头有些亮光，走来走去，只听到下面，“得尔隆咚得尔隆咚”，就是那么一个声音。其实下面在打大雷，我们就在雷的上面，太阳光照着，风景很好，很舒服。

等到了有个地方，那些背子太太们，也有些背累了，她们要休息一下，我们嘛，也坐累了，也要下来休息一下。当然我们下来，在石头旁边一坐，树边一坐，看风景很舒服。她们嘛，也很舒服。她们不大坐的，有一根十字木头放下来那么一靠，然后点一支叶子烟像雪茄一样，一毛钱买好几根，那个烟一吸一吐，我看她们那个神情啊，那个时候，叫尧来请她去当皇太后，她也不干。舒服得很啊！虽说劳累，但等一下到了庙子，钱就拿到了，买几个馒头一吃，肚子就吃饱了，再凉水一喝，那个境界，与你当皇帝，发大财，一样的舒服。所以，人生境界各自不同，不管别人要怎么样才觉得了不起，我，只需要我现在的这个舒服境界。

许由最后说："归休乎君！"你读这几个字就会想到许由那个样子，像唱京戏那个味道，把袖子一拂，说：嗟！你回去吧！"予无所用天下为！"真正有道之士，何必要出来干什么天下事呢！你回去吧！就是这样一句话。

说完了这个以后，许由下面又讲了一句："庖人虽不治庖，尸祝不越樽俎而代之矣。"这一句的文章很有味道，你仔细一读就会知道，庄子引用每个典故，每个笑话，都是有道理的，不要轻易读过去。我们都晓得，庖人就是厨子，什么叫尸祝呢？古代就是巫师，现在讲可以说是神职人员，天主教叫神父，基督教叫牧师，佛教叫法师，伊斯兰教就是"阿訇"，古代讲这些人等为"尸祝"。"祝"就是祷告。他说厨房的厨师，尽管不煮菜了，不管厨房，但是当神父、法师的，总不能到厨房占他的位子，替他做菜吧！那样是不行的。

这里面有三层观念，还不止三层观念，甚至有四五层观念。第一层，庄子为什么引用厨师呢？大概我们中国人，自古以来讲究吃的，而且中国历史，有好几个名厨师。第一个好厨师是伊尹，就是商汤的宰相。在他没有当宰相以前，为了要跟皇帝见面，他故意请求当厨师，因为菜做得很好。把菜做好有几个条件，吃了可口、营养好、有益身体健康，当然你要胖的就胖起来，要瘦的吃了就会瘦。等于过去卖梨膏糖的人嘴里高唱着：“老太婆吃了梨膏糖，就长生不老了；年轻人吃了梨膏糖，马上就长高了；联考的人吃了梨膏糖，马上就考上了；想要考不取的，吃了梨膏糖，一个字都写不出来了。”那个梨膏糖就有那么大的效果。好的厨师，也有那么大的效果。易牙就是个厨师，是个坏厨师，后来也当了宰相，使人亡国。但是，厨师的确很难，要使大家吃了都满意，在厨房里够苦了，是汗流浃背，等到把好菜做出来，他自己都吃不下了，所以名厨师喜欢吃一点酱瓜配饭。

一般人都晓得需要好的政治，但是一般人吃饱了，还不晓得饭菜是厨师怎么辛苦做出来的。好的政治社会安定，人们不晓得那个当厨师一样的领导人，是多么辛苦做出来的。所以古人有两句诗说：“洛阳三月花似锦，多少工夫织得成。”宋朝首都有一度在洛阳，洛阳三月的时候百花似锦，整个变成了花都了，但要多少工夫才能组织起来啊！我们去看一个花园，看一个地方，你只欣赏它的成果好看，那个创业，那个使我们享受的，又是多么困难！所以庄子用庖人来形容。

现在这个厨师，就是指尧，做了几十年饭菜，只把好东西做出来给天下人吃饱，自己嘛！苦死了，累死了。现在他想不干了，许由说：我呢？对不起，我不会煮饭，光会念经的，尸祝，只晓得南无、南无，或者是祷告上帝啊！圣母玛利亚啊！菜，我不会做啊！我没有办法来管厨房。所以，“尸祝不越樽俎而代之矣”。这事我来啊，管不好的，各有一行。就是这么几个道理，包含了很深的意义。

世俗和出世的解脱

庄子为什么讲到这一段呢？中间引用了许由的故事，就是说想做一个超越的人，必须要摆脱世俗的枷锁，这个枷，就是使人受罪，夹在背上那个枷。摆脱不了世俗的枷，就为名所累。除了名外，利当然也困人；又因为这个利很重要，当然难解脱，那是一个事实。譬如很多人讲，他什么都放得下，只是生活嘛……有什么办法！乍一听是真理，为了生活有什么办法！好像是真理，却不一定是真理。实际上我们人生，做一辈子人，都没有为自己生活，都在做厨师，都是煮给别人吃的。做父母是煮给儿女吃；做儿女啊，也是煮给人家吃，都是厨师。所以必须要解脱了世俗的枷锁，才可以不为名所累，然后可以做到“圣人无名”。

他讲了世俗的解脱，许由这个故事，我们看来已经很高了，连皇帝都不想当的人，这个多高啊！但是在庄子观念里告诉你，这个人的超越升华，也只是世俗的解脱而已，还没有达到出世的解脱。下面一段就引出来一些出世解脱了。

> 肩吾问于连叔曰：吾闻言于接舆，大而无当，往而不反。吾惊怖其言，犹河汉而无极也，大有径庭，不近人情焉。连叔曰：其言谓何哉？曰：藐姑射之山，有神人居焉，肌肤若冰雪，淖约若处子。不食五谷，吸风饮露。乘云气，御飞龙，而游乎四海之外。其神凝，使物不疵疠而年谷熟。吾以是狂而不信也。

这段文章，在古文的章法很美。“肩吾”是个人名，也有人说，《神仙传》上说他姓施，叫施肩吾，是上古时代一个神仙。“连叔”也是后来变成神仙的。大概庄子写他的时候，他还在修道，仍是普通人。有一天肩吾对连叔说，我听到一个人，疯子，乱讲话，他名叫接舆。《神仙传》上说他姓陆，陆接舆。这个人在哪里见过呢？在《论语》上，孔子挨过他的骂，称他为楚狂接舆。这是楚国的一个狂人，有名的半疯，像济颠和尚一样，狂人。究竟是不是这样，我们没有在陆家家谱上找，就不管了。

肩吾告诉连叔说，我刚刚听了陆接舆那个疯子告诉我的话，他的话大而无当，那个牛啊！吹得大得没有影子了。“往而不反”，他说话不兑现的，说过了就忘得没有影子。所以我们骂人，你这个人吹牛大而无当，就是根据这个地方来的。

“吾惊怖其言”，我听到他的大话，觉得好笑都听昏了。惊怖并不是害怕，就像我们讲，听了他吹牛，头都昏了。他说惊怖什么呢？“犹河汉而无极也”，“河汉”不是黄河、汉水，严格地依道书解释，是说天上的银河。河汉是没有边，没有终点的。若依中国古代的地面来讲，像长江、黄河那样，像汉水一样，不晓得源头从哪里来，他的话，他自己都摸不到边，“犹河汉而无极也”。

“大有径庭”，径就是门外的路，庭是门关起来那个客厅，客厅同外面当然两样，所以“径庭”两个字，就是内外不同的意思。我听了他的话，跟我们观念上，内外完全不同，总而言之，那个家伙不近人情，疯子，不懂人事。肩吾就这样把接舆骂了一顿。连叔听他骂完了，就说：“其言谓何哉？”他跟你讲什么呢？使你认为那么不对！

藐姑射山的神仙

“曰：藐姑射之山，有神人居焉”，接舆说，藐姑射之山住有神仙。这个山，我们历来的注解，都算它在山西，究竟在山西的什么地方，也讲不清楚。反正山西有个山，不管是什么山都不必管了，就有这么个山。藐就是很遥远。

有一件很奇怪的事，不论是中国的神话，或印度的神话，所有神仙住的境界，不管你站在地球哪个角落，都是向西走的。这就是一个大问题，也是非常奇妙的事情。我们中国古代道家的神仙，都住在西方，昆仑山再西去，有王母娘娘在那里，到了昆仑山顶，再向西方去，不晓得去到哪里了。

他说这个山上，有一个神人，这个神人，也是我们人变的啊！这个人修成功了，神化了，叫做神人。这个人“肌肤若冰雪”，那个皮肤又细又漂亮，又白又嫩，反正比冰淇淋、冰霜冻还要好看。“淖约若处子”，那个身材之苗条好看，就像十三四岁非常健美的女孩子、处男、处女、童子。

这个已经很了不起了，更妙的是这个神人是不吃饭的，不食五谷，麦啊！米啊！大米！小麦！大豆！高粱！什么都不吃。那他吃什么？吃西北风，“吸风”。喝什么呢？不喝茶的，只喝天上的露水，“饮露”。他是这样一个人，就住在那个山上，他怎么出去玩呢？高兴的时候手一招，天上的白云就来了，当然黑云也可以，“乘云气”，这是随便玩玩的。要走远一点呢？他用摩托车了，手一招，天上的龙来了，龙就是他的摩托车。骑在龙背上，要到哪里，龙就飞到哪里了。

“乘云气，御飞龙，而游乎四海之外。”古人也晓得，这个地区的边界是四大海，到四大海的外面去玩。拿现在的观念强调来说，超过地球到太空外面去玩去，“游乎四海之外”，讲他的生活很舒服。那么这个人呢？“其神凝”，你要看到他的人啊！不像人，他那个精神，始终很凝定，不散不乱，一望就是个菩萨，是个神仙。反正不像我们这些人，你多看他一眼，他眼睛就眨眨起来了，再不然表情就来了。

他那个凝定的精神，只要在那里一站，那个地方就太平了。“使物不疵疠而年谷熟”，所有万物接触他那个范围里，就不会有毛病。疵疠是两个意思，疵是小毛病，疠是大毛病。他这个人到那里一站，那个地方不管物质也好，稻田也好，下雨也好，太阳太热也好，都会安定下来。不但人舒服，所有的物质，只要一接触他的神光，小病大病都没有了。换句话说，谁要看到他，生老病死都可以逃过了，就是这样一个人。他在那里一站，人不必劳作，谷子也会长出来，稻子也自然熟了。他描写的，就像佛经上说的另外一个世界，叫北俱卢洲，人在那里，思衣得衣，思食得食。

“吾以是狂而不信也。”肩吾说陆接舆这个家伙，他说些疯话给我听，那我怎么相信呢？世界上不会有这样的人。连叔听了以后却说，他说的对啊！怎么对呢？

知识的聋盲

连叔曰：然。瞽者无以与乎文章之观，聋者无以与乎钟鼓之声，岂唯形骸有聋盲哉！夫知亦有之。

这是第六节，连叔听了以后，说：“然”，对的。肩吾以为连叔同意他，也认为接舆是疯子。可是不然，连叔接着就开始骂了，他说接舆讲的对啊！那是真的，“瞽者无以与乎文章之观”，一个瞎子是没有办法看见世界上的文采、艺术。你说今天太阳好啊！太阳放光啊！那个树是绿的，瞎子是看不到的。

文章并不是说写的文章，而是文采，大自然的美丽就是文采；大自然美丽构成一个图案，叫做章。文就是文采、采丽。后来我们把文字组织起来，就叫做文章。这个观念要搞清楚。

“聋者无以与乎钟鼓之声”，聋者呢？打钟、打鼓、打雷，没有办法听到，最好的音乐也都听不见。“瞽者无以与乎文章之观，聋者无以与乎钟鼓之声”，那只是形体上的聋和瞎，他说我告诉你，“岂唯形骸有聋盲哉！夫知亦有之”。世界上最可悲的，是知识上的聋子，知识上的瞎子。

你看，这些神仙骂人的艺术多高明，骂人转了三个弯。肩吾报告完了，连叔还说“然”，肩吾以为与自己的想法一样。结果他却说世界上不仅五官有聋子瞎子，很多是知识的聋子瞎子。他骂人不带脏字，也没有明白骂对方，但把对方却批驳完了。

心能转物和禅定

肩吾与连叔的谈话，就是关于“神人无功”的这个神人。这一篇有一个重点，强调这么一件事，这么一个人。就是说凡人是可以成为神人的，每一个人都可以做到；人之所以做不到，是因为知识学问上的聋盲。下面接着说出一个道理，一个理论。

> 是其言也，犹时女也，之人也，之德也，将旁礴万物以为一世蕲乎乱，孰弊弊焉以天下为事！之人也，物莫之伤，大浸稽天而不溺，大旱金石流土山焦而不热。

当时陆接舆告诉你这个话，说世界上有这么一个人，“犹时女也”。老实讲，当时是对你而说的；换句话说，你的知识范围太低了，而他说的又太客气了些，他当时的话并没有说完。“之人也，之德也”，德是成就的意思，不是后世所说道德的德。他说这个人的成就到什么程度呢？“将旁礴万物以为一世蕲乎乱”，旁礴是形容词，就是现在说的溶化，溶化了万物。这个人你说他是人也可以，是物也可以，是心也可以，他能与万物融合为一体了，不是万物把他融化为一体。换言之，这就是心能转物，心把物转变了。蕲就是安定的意思，他在那里一站，这个世界就安定下来了，这就是神。所以啊！像这样一个人，“孰弊弊焉以天下为事”！“弊弊”就是很轻视小看的意思，谁还愿意劳神出来治理国家天下！事实上治理国家算一件小事，他使整个世界人类安定下来还不算数，甚至能够融化了万物。

“之人也，物莫之伤”，连叔接着说，接舆告诉你的这个人，物理世界的任何东西没有办法伤害他。什么叫“大浸稽天”呢？假使地球北极的冰山化了，大水涨起来，整个地球洪水滔天，“而不溺”，他淹不死，他不过觉得水龙头开了，正好洗个澡。“大旱金石流土山焦而不热”，如果碰到这个世界大旱天，地球上的山都化了，矿物都变成了液体，土山都烧焦变成灰，变成煤炭，那时他只觉得暖气开了，他在那里烤烤火，很暖和，还觉得是最舒服的事。这就是描写这个人，物理世界已经不能伤害他了。这是庄子所讲的神化之极的神人境界。

另外一个神话，是佛经上所讲的禅定，什么叫禅定？拿庄子的说法来讲，就是三个字“其神凝”。这个“凝”字就是定。所以我们很多人学瑜珈，学道，修定，没有做到“其神凝”，都谈不到定。佛经也告诉你，禅定的这个神凝有程序：初禅、二禅、三禅、四禅。所以谈宇宙世界，佛学讲得最清楚。这个地球是要毁灭的，整个大地毁灭时有三灾，大三灾是地球的大劫。

第一个劫是火劫，火劫来时太阳不止一个，太阳的力量增加十倍，等于十个太阳一并出来，整个地球火山爆发了，地球自己燃烧了，这个燃烧到达初禅天与二禅天之间。二禅天的人，火灾来的时候不怕，水灾来的时候，却没有办法抵抗。我们打坐修道也一样，要经过身体火劫，有时候热得使人受不了，简直要爆炸了。

第二个是水劫。水劫来的时候，北极的冰山化了，整个的地球被水淹了。但是这个水淹到什么地方呢？淹到二禅天三禅天之间的地方。如果得了二禅定的人，水灾来时是怕的，还是要被淹死的，他在那里打坐入定也没有用。所以打坐有时候流汗，身上生疮，动感情，欲念冲动，分泌荷尔蒙，这都是人体上欲界的水灾。

第三个劫是风劫。风劫来的时候，整个地球好像化成气流一样，三禅天还怕风劫。比三禅天再高，到了四禅，三灾八难就都不怕了。

庄子那个时代，佛学还没有传来中国，中国和印度的文化没有交流，而庄子却讲到了四禅的境界，这就很奇妙了。他说火灾害不了他（二禅天），水灾害不了他（三禅天）。这个神人，可以乘云气御飞龙，就表示风大对他也没有影响（四禅天）。我们再扩大研究这个道理，世界上有几个古老的国家，像埃及的文化等，对上古那些神人的说法，也都差不多；甚至西方的神秘学，也是同样的说法。可见我们人类虽有人种、地区的不同，但最初的老祖宗，在上一次地球灾劫前，文化似乎是一个。

生命的境界的确会有这样高，就是看你自己做不做得到。所以庄子在这个地方借别人讲，“之人也物莫之伤”，物理世界对他没有伤害，因为他心能转物。火灾、水灾、地球毁坏了，对他都没有关系。这种修养，使人升华生命的价值，解脱物理世界的束缚，达到了超越的成就。

圣人与帝王

是其尘垢秕糠，将犹陶铸尧舜者也，孰肯以物为事！

“尘垢秕糠”就是渣子。我们吃的谷子，壳皮就是米糠，麦子的皮就是麸皮。我们打个比方说，你们都看过济公和尚的小说，济公和尚一天到晚不洗澡的，人家生了病，他就在身上摸摸汗渣子搓一搓，给人拿去吃。人家问他，这个是什么药，他说这个是伸腿瞪眼丸，吃下去，两腿一伸，眼睛一瞪就会死了，你敢吃就吃。结果人家吃了它，病都好了。这就“是其尘垢秕糠”，他身上脏的东西拿下来，“将犹陶铸尧舜者也”，都可以造就出一个入世的圣人。尧、舜、禹、汤、文、武、周公、孔子，在这个观念中，都叫做入世的圣人。他说，修养到这个样子，变成神了，他身上的汗渣子流出来，搓成药丸，给你吃一吃，你都可以变成一个入世的圣人，治世的帝王。因此啊！你想想看，生命价值提高到这种境界，“孰肯以物为事”！他怎么会把物理世界的东西看在眼里。

肩吾本来告诉连叔，想博取他的同情，骂楚国的陆接舆，狂人、疯子，随便吹牛，说世界上哪会有这样的人。结果反被连叔骂了一顿说，本来有这样的人，你不知道，你是个知识的聋子，是个知识的瞎子。骂完了，再说一个道理。他说：

> 宋人资章甫而适诸越，越人断发文身，无所用之。尧治天下之民，平海内之政，往见四子，藐姑射之山，汾水之阳，窅然丧其天下焉。

这是连叔补充自己的理论。他说宋国的人，到野蛮地区做生意。为什么提到宋国呢？那是战国时候，不提鲁国，也不提齐国，偏偏要提宋国，因为宋人是殷商之后，封地于宋，宋代表殷商的文化。孔子也是宋国人的后裔，宋国文化最高。“资章甫而适诸越”，宋国人要做生意，带着礼服、礼帽到越国来。越国就是江苏、浙江、福建等地。台湾那个时候有没有人，有什么人，还不知道，是属于越国外边的人。“越人断发文身”，我们现在正是越人的本色，头发剪短不梳起来，中国古人的头发是梳起来的。身体发肤受之父母，在座这里几位留长头发的，是合乎中国文化。像我们是西方文化，野蛮文化，断发。“文身”，身体上都刺花的。结果宋人把礼服、礼帽带到没有文化的地方，一个都卖不出去。“无所用之”，这有什么用啊！高度文明的东西，带到那个最原始的地方，是没有用的。

“尧治天下之民”，几十年过去了，天下太平，已经“平海内之政”，那就是盛世帝王，千古万古的名望，那还得了，这是圣人皇帝，结果呢！“往见四子”，尧跑去看四个人，哪四个人？不知道。不过后来各家对《庄子》注解时，把庄子所说的四个怪人，都拿出来凑数。如果乱凑这四子，他见到许由是一个，许由的朋友巢父站在旁边，他大概看到了，两个了，再看两个很容易，不过文字上没有点出来。再看看藐姑射那个山，“汾水之阳”，向西方走，向山西看一看，翠华山上再看一看，像这样的人不止一个，两个，三个，四个。“窅然丧其天下焉。”他觉得作为天下的帝王，本是天下第一个人，天下的万民都是他的子民，把万民治好了，算是很伟大；但是看看这些神人，却发现自己非常渺小，治好了天下又算什么？太渺小了。

我们读到这一节，就晓得庄子讲到这里，首先把生命的价值直接指出来，那就是神化；可以说是自己具备的精神，经由自我的修养而变化，就是神化。换句话说，精、气、神这个心的作用，可以自己使自己生命的功能，变成超神入化。神化了以后，可以做入世的圣人，齐家、治国而平天下。然后呢？就要出世。我们注意中国的历史就会知道，这不是神话。

大家讲中国文化要特别注意！我们中国文化开始就是那样标榜的，是谁呢？就是我们老祖宗黄帝。黄帝治国平天下，安顿了万民以后，乘龙而上天，出世去了。黄帝乘龙而上时，把他的干部大臣都带走了。因为挂在龙上的人太多，有几个小干部，没有办法上去，只好抓住龙的胡子，就从半空掉下来了。掉下来的这几个人，一直到汉朝、宋朝都还在世，宋朝以后就不知道了。所以攀龙附凤的典故，就是这样来的。

但是，我们要注意啊！透过中国远古史这个神话，就证明了我们文化的中心，始终把人的生命价值提高到两个阶段：一个是入世的圣人；一个是入世成功以后，功成名遂身退，再成为出世的圣人。这是我们中国文化的总结，这一段，庄子把神化的要点都点了出来，每一个生命都有神化的功能，可惜我们自己的智慧不够，把这个功能丧失了。

大瓜与祖传秘方

惠子谓庄子曰：魏王贻我大瓠之种，我树之成而实五石，以盛水浆，其坚不能自举也。剖之以为瓢，则瓠落无所容。非不呺然大也，吾为其无用而掊之。庄子曰：夫子固拙于用大矣。

现在庄子举出来一个人，是与他同时的惠子，惠子是当时的名家。古代文化所谓“名”，就是逻辑，也就是说，任何一个思想，定一个名称，说一个观念，都要合乎条理。有条理，也就是后世西方所谓的逻辑。惠子就是当时讲论辩的逻辑名家。惠子与庄子非常要好，惠子是宋国人，在梁国做宰相，有一天他告诉庄子说：魏王送了我一个大瓠瓜的种子，因为是皇上送的，我就把它种起来，结了一个大瓠瓜有五石大。

五石很大，比我们这个讲台还要大个三四倍。如果把它做瓠瓜菜来吃，我们满堂大概也够吃了。从前农村社会，常常把瓠瓜切开晒干，做水瓢用。

惠子说：如果切开干了做水瓢用，太大拿不动，况且水缸也没有那么大。所以他说这个东西大是大啦，真伟大，真过瘾，但是它却没有用。

庄子说：你啊！“夫子固拙于用大矣”，你这个家伙，逻辑专家，当然比博士还要博，比教授还要会叫，你了不起，可是你啊！光会讲空洞的理论，不会实际去用。庄子就给他讲一个故事。

> 宋人有善为不龟手之药者，世世以洴澼絖为事。客闻之，请买其方百金。聚族而谋曰：我世世为洴澼絖，不过数金，今一朝而鬻技百金，请与之。

宋国有一个人，家里有个祖传秘方叫“不龟手”。台湾冬天不冷，在大陆天冷的时候，手都会冻裂。我们小的时候，不晓得不龟手是什么药，乡下只晓得羊油、猪油。乡下人找点油，把手裂开的地方擦一擦，以免再裂开。北方尤其冷，从外面进到房间里烤火，千万不要先摸鼻子，因为鼻子都冰冻了，一摸就掉下来，也不痛，过一会暖和起来，流了血才会痛。所以有人鼻子冻掉了，耳朵冻掉了，都是真实的事。

他说宋国有一个人，有祖传的秘方，可以使手不裂，这家人世代做些什么呢？漂布。现在的人没有看过漂布，我们小的时候都看过，自己家里布织好了先染，然后要漂。漂布是要站在流水里头漂的，脱光了衣服站在流水中，一天都站着。冬天来了，站在水里头冰得很，所以最好有这个药擦在身上，就不怕了。在我们南方呢！不是外擦的药，而是有一种内服的药，吃了这种药，脱光了跳进深海里，一点都不感觉冷。如果吃了这个药，冬天下大雪的冷天，不跳下深海里的话，这个人会烧死的。跳下深海里头几个钟头都不会冷，过了几个钟头上来，穿上了衣服就刚好。

他说这一家有这么一个“不龟手”的药方，被别人听到了，就出价要买他这个祖传的秘方。这一家人开一个家庭大会议，讨论的结果，认为虽有祖传秘方，世世代代只是做漂布的苦工吃饭，一个月也不过是几千块钱，现在人家出价，就像现在的百万美金，我们全族的人，从此可以到台北开一个观光饭店，或者一个工厂，可以发财了，再也不必漂布做苦工，所以就把这个秘方卖了。

> 客得之，以说吴王。越有难，吴王使之将，冬与越人水战，大败越人，裂地而封之。能不龟手，一也；或以封，或不免于洴澼絖，则所用之异也。

这个人买了秘方以后，到南方去见吴王，那时正是吴越之战，冬天要打仗。他向吴王建议训练海军，从浙江湖面打过去，他有本事使每一个海军下水都不怕冷，都不会冻裂。吴王接受了这个计划，打了一个大胜仗，吴王对他“裂地而封之”。古代对有功劳的人，分封一片土地，归他收税，就是裂地分封。他说，同样的一个小秘方，有智慧的人，用这么一个小办法，可以称王称帝；有些学问了不起的人，却一辈子穷，甚至饿死了。这就是说，知识技能没有大小，全靠你自己的智慧应用。也等于岳飞论用兵一样，“应用之妙，存乎一心”。庄子讲了这个故事，接着就批评惠子。

瓜船

> 今子有五石之瓠，何不虑以为大樽而浮乎江湖，而忧其瓠落无所容？则夫子犹有蓬之心也夫！

你现在家里有这么大的一个瓠瓜，太好了，你怎么怕没有用处呢！你要晓得，古代的交通，不是这样方便，要搞只船很难啊！你就把那个瓠瓜弄干了，挖成空心，你坐在里头，像坐大船一样，浮呀浮呀！很舒服嘛！随便去哪里不用花钱，不要买轮船票，到处都可以玩。结果你还这样担心，那样担心，怕这个东西太大了，没有办法用。“则夫子犹有蓬之心也夫！”庄子这一句话，不但骂了惠子，还骂了古今中外天下人。你那个心，你那个脑子里都是蓬草，是个大草包，大笨蛋，所以后世骂人，文学上讲作蓬心，这个典故就是这里来的。

这一节我们借用佛学的观点，给他作一个小结论，这是讲智量、境用的异同。世界上的事，无所谓大小，同样的一样东西，也无所谓好坏，区别是在它的作用。一个小事情，一个不相干的人，如果碰到智量大、见地、境界应用高的人，可以将之应用到齐家、治国、平天下。修道也是同样一个道理，见地、智量高的人，一个不相干的方法，可以使他达到了超越的境界。反之，如果他的智量、境界、应用见地不够的话，最了不起高明的东西，对他也没有用处。

以庄子来说，他本身很高明，写了一部书，结果呢？我们后人学者只为拿学位作些论文而已。这就把庄子用小了，也把庄子变成惠子的瓠瓜了，很可叹！

大树和狐狸

惠子谓庄子曰：吾有大树，人谓之樗，其大本拥肿而不中绳墨，其小枝卷曲而不中规矩，立之涂，匠者不顾，今子之言，大而无用，众所同去也。

惠子说：我家里有棵大树。我们也可以想象，庄子这篇文章，写的像是他谈话的一个记事剧本。庄子跟惠子素来是好朋友，又是抬杠的好对手，碰面就抬杠。惠子说到自己家里的一个瓜太大了，无用；庄子就说，你这个家伙有大瓜不晓得用，你真是个大傻瓜，所以你的头脑不清，草包一个。

惠子挨了他的骂，没有生气，倒转来又骂庄子说："我告诉你啊！我还不止有那个大傻瓜呢！我家里还有棵大树，这棵树叫樗。"这种树是杂木，南方都有，福建很多，比榕树还容易种，福州就多榕树，因为榕树很容易种，随便都会长大的。惠子说：这棵樗树很大，"其大本拥肿"，它的根根臃肿松软，"不中绳墨"。

绳墨是什么呢？几十年前木工用的古代的规矩，就是标准。现在做木工的不用了，过去做木工的用一条绳线，一个墨斗，把一条黑绳线从墨斗拉出来，当作尺子测好，用指头拉线，这么一弹，划成笔直黑线，那个就叫绳墨。规矩是圆规方矩。惠子在这里说他家一棵大树，树根树枝弯弯曲曲的，也不能用墨绳去量。换言之，怎样量都不合规矩。所以这棵树长在路旁，"匠者不顾"，无论木材店的大老板，或是木工，看都不看。而且这种杂木，味道又不好闻，所以人家都不要。这个惠子骂人，也是不带脏字，因为他挨了庄子的骂，他也转骂过来。他又说：老兄啊！你的话"大而无用"，你啊！也光吹大牛，同那棵树一样，"众所同去"。我看你啊！讨厌得、臭得也同那棵树一样，谁看到你，头都要歪一歪走掉的。两个人就这样对骂。

庄子曰：子独不见狸狌乎，卑身而伏，以候敖者；东西跳梁，不辟高下；中于机辟，死于罔罟。

“子独不见狸狌乎”，庄子说，这有什么稀奇啊！你有没有看到过小狐狸呀！狌是狌，狸是狸，两种动物同狐狸差不多。我们普通在南方看到的，多半是狌，不是真正的狐狸，算是假狐狸。狌另有个名字叫野干，所以研究庄子很麻烦，植物动物标本都要看，我们现在只讲道理，不讲那个文字。他说这两种动物是有名的狡猾，为什么说狸狌而不提出来狼狗呢？狸狌这个动物多疑，性情狐疑不定。一个人多心病，头脑多猜疑，就是狐狸个性，所以文学上形容为狐疑，狐疑不定。狐狸狡猾又多疑，“卑身而伏”，它走起路来，矮矮地，偷偷地，慢慢地过来，人都看不见。它以为自己聪明，做了的事情，讲了的话，以为别人不知道，结果啊！“以候敖者”，高明打猎的人，都晓得它的毛病，利用它的弱点，把它给捉住了。狸狌、狐狸这些东西，自己玩它的小聪明，有时候它也觉得自己很伟大。“东西跳梁，不辟高下”，在树上跳过来跳过去，屋顶上跳过来跳过去，它觉得自己也跳得很高啊，也很有本事，也不怕，以为没有人看见。结果人当然看得见，人聪明，把机关埋伏在那里，等它一跳，“咚”掉进去了。“中于机辟，死于罔罟”，结果捉它的机关，捕它的网，都布置好了，最后还是被人捉去。

庄子都没有骂脏字，但他就是当面骂惠子，你这个家伙，就像狐狸一样，就像小猴子一样，你以为你有什么了不起？庄子就是这样骂，不像我们骂得很笨蛋，一定很难听，最后说不定打起来了。而庄子与惠子两个人，一边喝酒一边谈着，一边对骂，好像蛮舒服的样子。

无何有之乡

今夫斄牛，其大若垂天之云，此能为大矣，而不能执鼠。今子有大树，患其无用，何不树之于无何有之乡，广莫之野，彷徨乎无为其侧，逍遥乎寝卧其下。不夭斤斧，物无害者，无所可用，安所困苦哉！

庄子说：你啊！简直是个小乡巴佬！你以为你逻辑讲得好，知识就是那么高！你看那个斄牛，中国的大牛。

牛有好几种名称，斄牛的名称出在中国的西北、山西、陕西一带，靠近西康、青海一带，那里的大牛就叫做斄牛，这个属于西陲一带的。有些地方叫犛牛、氂牛、旄牛、髦牛。古代对于牛的名称，累积下来，总有十几个不同名称。他说那个牛那么大，“其大若垂天之云”，就是形容它大得不得了，把天都遮住了。牛固然大，有什么用，又不能捉老鼠。

庄子先骂他，小器、狡猾得好像狐狸，但是没有用。你以为你聪明能干，结果还是给人家捉住。你以为自己伟大，伟大得像一条斄牛，老鼠也捉不住。你家里不是有棵大树吗？大树有什么不好？有了树，有了大瓜，多好呢！你真是个大傻瓜，你把树栽在那个地方，在“无何有之乡”，什么都没有的那个地方。

这个，庄子更吹得大了，你把那棵大树栽在那个什么都没有的地方，了不可得的那个地方，本来无一物，一物皆无的地方。“广莫之野”，无量无边的地方，你把那棵大树栽在那里。然后那个地方，无量无边，万物都看不见，了不可得！你嘛！把这棵大树种出来，一天到晚在那里悠哉游哉，逍遥自在。在那里才真是逍遥。

你在这个地方栽了一棵大树，晴天当斗笠遮太阳，下雨可以当雨伞，什么都管不到你。然后你睡在树下，谁都不来看你，万物都不会来扰害你，蚂蚁都怕臭，树上也不做窝。什么人都不理你，然后你在这无何有之乡，才真得自在，真得逍遥。

真正的逍遥

所以啊！大鹏鸟飞了半天，那个逍遥不是真逍遥啊！庄子说的逍遥是要神化。神化到哪里呢？到了一个极乐世界。极乐世界在哪里呢？在那个你看不见，摸不着，什么都没有的地方。但是，那个地方的确有个东西，你到那个了不可得的境界里，才真得逍遥。这是庄子讲到神化才点出来，逍遥就在那里逍遥，不是大鹏鸟飞起来才逍遥，那样就搞错了。这是庄子对逍遥下的结论。

我们可以拿佛学的观点，解释庄子的结论。不管世间法、出世间法都一样，一个人要得大机大用，必须要具备真知灼见，所以禅宗要具见。见什么东西呢？见智。佛学的名词，真知灼见所见的那个智慧的智。所以啊，真知灼见是见智之所见，非心思之所思，这不是一般心、一般意识所能够了解。他讲的是神化，精神的神，变化到达无何有之乡，才真得逍遥自在。也就是佛家讲的真解脱。这里只讲到解脱，还没有讲到解脱起用，到了下一章《齐物论》，他才讲到气化，就是解脱起用。实际上《庄子·内篇》的七篇是连贯的，也等于我讲《论语别裁》二十篇是连贯的一样。

在《逍遥游》里，由北海的鲲鱼变成大鹏，向南极飞这个故事开始，最后指明了真正的解脱，证到本体，证到这个道，归到无何有之乡。这等于后来禅宗所讲的“了不可得”“本来无一物，何处惹尘埃”，同一个道理。在到达了真正的无何有，了无一物可得的时候，才能真正得到逍遥。这是讲到真正的解脱，必须要了解本体，佛学的名词叫法身。真正的逍遥，必须要到达这个法身的境界。所谓法身，也无所谓一个身，只是假定的名称，一个代名词而已。

齐物论第二

南郭与颜成
交臂非故
忘我与齐物
地球的呼吸
纪晓岚的经历
依他起的风
吓人的音声
泠风　飘风　厉风
人籁　地籁　天籁
吹万不同
无主宰　非自然

神　气　智慧
惶恐可怜的人
心态　情态
生命存在与意识流注
主宰是谁
迷悟不二
谁是　谁非
真正的是非
言语是什么
道与言语
道被遮住了

是非对错
生死　死生
圣人如何　如何得道
天地万物一匹马
最终的一同
平凡的高智慧
暮四朝三不习惯
懂得调和的人
宇宙万有开始前后
音乐与道
专心实证

昔者庄周梦为胡蝶，
栩栩然胡蝶也，
自喻适志与！不知周也。
俄然觉，则蘧蘧然周也。
不知周之梦为胡蝶与，
胡蝶之梦为周与？

现在这一篇是《齐物论》，素来研究《庄子》最头痛，问题最复杂的，就是这一篇。而庄子的文章思路，最“汪洋博大，惝恍迷离”的，也是这一篇。这八个字是古人对庄子的批评，实际上，一点都不迷离，条理很清楚。

首先我们来讨论这篇的题目《齐物论》。宇宙万有本来是不齐的，不平等的，一切现象，千差万别，各自不同；现在庄子却提出来齐物，就是万有平等。《齐物论》讲万物皆齐，皆没有差别。

这一篇《齐物论》所讲的，是我们人如何从物理世界的束缚中解脱，而到达真正无差别，真平等的那个道体。开头是讲如何去求证这个无差别的道理，最后说明无差别里的差别道理，以及差别又是怎么来的。

南郭与颜成

> 南郭子綦隐机而坐，仰天而嘘，荅焉似丧其耦。颜成子游立侍乎前，曰：何居乎？形固可使如槁木，而心固可使如死灰乎？今之隐机者，非昔之隐机者也。

南郭子綦是一个人名，是庄子所提到的，后世也就把这个人列入道家的神仙传、隐士传里面去了。南郭是复姓，子綦是名字。我们现在假设是看电影或者电视，出现一个镜头，有一个人叫做南郭子綦，管他是个老头子呀，中年呀，不管是什么人，他是一个人。

怎么叫“隐机而坐”呢？我们要注意啊！在庄子那个时代，没有凳子，没有椅子，不像我们现在。我们看到过日本人坐榻榻米，上面放一个矮茶几，大家盘腿坐在席子上，这就是我们中国古代的生活，那个时候就是这样。“隐机”不是这样趴着，而是软下去了，人这么一溜就软下去了，好像茶几都把他盖住的样子，这叫隐机。像同学们在教室做功课累了，就趴在桌子上睡，那就叫做伏机而坐了，不是隐机。南郭子綦坐在席上，人向下面溜，似坐不坐的软下去，好像神气懒散得不得了，把头一翘，“仰天而嘘”。

这个里头有道理啊！嘴里头嘘一口气。要注意这个嘘，到了魏晋的时代，不叫做嘘了，所有的神仙传、隐士传上，就把这个嘘叫做仰天长啸。魏晋时代有一个隐士叫孙登，善啸。究竟怎么啸呢？老虎叫叫做啸，难道一个人坐在那里学老虎叫吗？不是的。古人所谓啸，同庄子的仰天而嘘是一件事，就是吹口哨，吹一个很长的口哨。有许多同学口哨吹得好，西门町，中山北路、电影院门前，年轻人吹口哨吹得很好，这个就是长啸。

“荅焉”，这个答不是答话的答，而是头一低，人向茶几下面一溜，头仰起来，吹一个很长的口哨。这样把气一吹，心里所有一切都吹出来了。头一低，“似丧其耦”，好像丧失了一个东西。这个“耦”不是夫妻配偶的偶，这个耦是指所有的外境，相对的东西。一切外境都没有了，人就那么一软，就下去了。你说他死了，不像死，活么也不像活，反正是懒洋洋的，懒得没有骨头那个样子。

庄子第一篇讲《逍遥游》，由一个鲲鱼变成大鹏鸟，九万里高空南飞说起，最后到达了无何有之乡，了不可得，一无所有，就是《逍遥游》。第二篇《齐物论》开始，不像《逍遥游》。这里一开始，讲南郭子綦这个人也不是灰心，也不是死亡，好像懒散到了极点，什么都没有。第二个镜头就出现，南郭子綦的学生颜成子游，站在他旁边，颜成也是复姓，子游是名字。“颜成子游立侍乎前。”我们注意，那个时代，没有桌子椅子，只有茶几，榻榻米席子，所以，对长辈，不是站着，而是有事情跪着做。古书历史上常见膝行而前的字句，就是在要紧的时候长辈叫，你就用膝盖头走路，趴着就过来了，这个叫膝行。到过日本的就知道，平常都是双膝跪在榻榻米上，最恭敬的是站着等着，恐怕长辈吩咐什么事。

现在子游“立侍乎前”，站在前面，他看到这个老师这么一个情形，就问：“何居乎？形固可使如槁木，而心固可使如死灰乎？”他的话翻译成白话就是：“先生啊！老师啊！你干什么啊！你这个样子吓死人的。好古怪！我今天看到你，整个外形都变了，一个人变得像一块干枯的木头，没有生气了，内心像冷灰一样。”煤烧成渣子，渣子还可以点燃再烧，如果烧成了灰，就一点火气都没有，冷冰冰的。人怎么身心可以到达这个样子，“老师啊！你今天干什么?”他下面又补充了两句。

交臂非故

“今之隐机者，非昔之隐机者也。”我们要特别注意这两句话，“今之隐机者”，老师，你从前也有这样懒洋洋的休息一下，你今天特别不同，你今天靠在茶几上休息，这个状况“非昔之隐机者也”，与从前你每次靠在茶几上休息的情况完全两样。我照文字解释是这样。

如果只照这样文字的解释读《庄子》，一定把庄子冤枉了。庄子在这句话里，已经点题了。我们照古文讲叫做点题，点出那个题目，画龙点睛。魏晋期间，名画家张僧繇，画龙通常都没有点睛，只要他把龙睛一点上，画的这一条龙，立刻变成真龙飞走了。画龙点睛，破壁而飞，就是说这件事。

庄子的文章，这个时候在画龙点睛。“今之隐机者，非昔之隐机者”，要了解《齐物论》，首先要了解这个地方。当你第一秒钟坐下来的时候，第二秒钟仍在这里，但是已经不是第一秒那个我了。所以庄子后面就提到，孔子告诉颜回四个字：“交臂非故”。两个人对面走过来，你过来，我过去，我们两个膀子刚刚碰了一下，你向这边走，我向那边走，交臂而过，已经不是原来那个你我了。任何时间，任何地区，一切的事情，在一刹那之间都已经变化，不会永恒存在的。我们第一秒钟坐在这个椅子上，第二秒钟已经不是第一秒钟的你了，第三秒钟更不是第二秒钟的你。每一分每一秒，宇宙间万事万物都在变化。两个手臂一碰，我们拉个手，放开手，再拉一次的话，已经不是原来的我们两个了。所以交臂非故这一句话就是“今之隐机者，非昔之隐机者也”。

当我们刚刚靠上座位一坐的时候，当下一刹那就过去了，借用佛学一句话，刹那无常。刹那是梵文的名称，翻译成中文变成这两个字。一弹指之间包含六十刹那。刹那很快，一刹那之间就过去了，就是无常，不会永远存在的。

庄子借用颜成子游的嘴说出来《齐物论》，没有分别，万物皆平等。平等也是个名词。忘记了外境，内外进入了《逍遥游》最后的无何有之乡，了不可得。至于怎么样进入的，就是这一段描写的情况。他的老师南郭子綦回答说：

忘我与齐物

> 子綦曰：偃，不亦善乎，而问之也！今者吾丧我，汝知之乎？女闻人籁而未闻地籁，女闻地籁而未闻天籁夫！

南郭子綦就说，是的，你问得好！“不亦善乎”，你觉得我这样不好吗？换句话说，我这样很好嘛！“而问之也”，有疑问吗？“今者吾丧我”，我告诉你，现在此时此刻，我已经没有我了，忘我了。“汝知之乎？”你知道吗？就答复了问题。

换句话说，这个地方更是点题了，一个人要真解脱物理世界的困扰，真解脱一切的烦恼，而到达真正的逍遥，唯有丧我、忘我。没有到达丧我、忘我，不能了解万物不齐之间，有超乎形而下，到形而上的齐物的境界。所以庄子在《齐物论》这篇，开头就求证齐物，万物不齐之上，有一个境界，那是了无一物，无何有之乡，了不可得，那个境界的本相是齐一的，那个是绝对的。而万物不齐，有差别，却是相对的。

要怎么求得呢？开头就点出来，要真达到忘我，才可以谈《齐物论》。事实上，这几句话已把《齐物论》讲完了，下面都是空话，是引申的发挥。如果拿禅宗公案来说，许多禅宗祖师讲到这里就不讲了，问你懂不懂。看你愣眉愣眼，还站在那里的话，就给你一棒，去你的，没有脑筋，不懂，就不讲了。南郭子綦不是这个作风，颜成子游问了以后，他就告诉子游，我已经入到无我的境界，“汝知之乎”？你懂不懂？如果要加一句形容词的话，就是颜成子游傻不郎当，还站在前面，不懂，当然不懂。

南郭子綦再说道：“女闻人籁而未闻地籁，女闻地籁而未闻天籁夫！”庄子特别提出来三种境界，后来中国文学上用得特别多，就是人籁、地籁、天籁。这个“籁”字，是要赖的赖，不过上面加个竹头，好像是有音声。人籁是人境界，人世界的音声。南郭说，你听到了人境界的音声，但是你没有听到地境界的音声。地下热闹得很，古人有办法听到。我们中国古人睡的枕头，是木头做的，或者是竹子做的，那个里头是空的，所以睡上去，地下音声听得很清楚，至少地面上的音声听得很清楚。这个地籁，只有趴在地下听。他说，你假定懂得地籁，也没有办法懂得天籁，也就是自然的音声。下面这个“夫”字，是拉长问号，表示你根本不懂。

这里我们注意啊！《齐物论》包含两个重点，首先告诉我们，万事万物随时都在变化，是无常的，不永恒存在。就是“今之隐机者，非昔之隐机者”。换句话说，今之听话者，非前一秒钟的听话者。看到我们好像坐在这里，我们已经不坐在这里。所以，大家做工夫，求忘我；你不要忘我，它本来忘掉你的。你想求到忘我，还是你自己在捣乱，你那个我并不存在，它每一秒钟自己就忘掉了你，过去了，这个道理要把握住。然后，他说你要懂这个道理，先要达到忘我的境界。既然不能忘我，那已经是形而下了。形而下的万有的现象界，分三个层次，就是天、地、人三层。不过他用音声，用音乐的境界来描写。

值得注意的有一件事情，不论中国外国，很多哲学上，尤其是宗教哲学方面，最喜欢引用音声来表达形而下到形而上。宇宙间的音声和光，是自然界范围最广，最容易使人进入另外一个世界的引导力量，所以他提出来，天、地、人三种音声。

地球的呼吸

> 子游曰：敢问其方。子綦曰：夫大块噫气，其名为风。是唯无作，作则万窍怒呺。

"敢问其方"，方就是方向，敢问是下辈对上辈礼貌谦虚的话。敢问其方，就是请问天、地、人这三种音声的关系，并且请指示我一个方向，告诉我一个头绪。

这里首先提出来一个气的问题，形而下第一个发生作用的，就是中国道家思想所说的气化。这其中有一个问题，学哲学的特别要注意。我们晓得人类对于宇宙万有的起源，东西的哲学有几个说法，希腊的哲学、埃及的哲学、印度的哲学，都各有说法。宗教家也都各有一套说辞，一个是神创造这个世界，还有神拿个泥巴和点水，捏起来创造人类等。像这样各种各样的说法，如果追究下去，问问你那个神是谁创造的？就不能问了。宗教家到此谢绝参观，到此止步，不能问，信就得救，不信就不管你了，这是宗教。

后来哲学家说，你叫我信可以，你要把理由告诉我。就是说，上帝创造也好，神创造也好，菩萨创造也好，开始是先创造哪一样东西呢？因此就开始摸索，产生了哲学。说法虽有几种，但是大部分说法，都认为宇宙开始创造的是水。先有水，有水才生长万物。印度与埃及的文化，认为是四种元素，地、水、火、风，就是热能、水、气、泥巴，和在一起。这是哲学，这一种哲学是属于唯物论的。对于最初宇宙创始的说法，由宗教方面的追究，渐渐成为哲学性的对宇宙人生根本的研究，于是哲学脱离了宗教。

在中国呢？我们中国道家的思想，认为第一个形成的是气，万物皆是气化，这个气并不是风，庄子提出来叫做气。现在我们书上看到这个“气”，在最初古本的《庄子》，那个气字不是这样写，所谓无火之谓“炁”，因为写那个炁，不太容易懂，很难解释。拿我们现在的观念来解释，就是个能，是宇宙的能量，中国过去无以名之，把它叫做“炁”。大块是什么呢？这只有讲扬州话，或南京话才容易懂。大块就是这一大坨，这个大块，不一定指地球啊！不过王羲之的《兰亭集序》上，把这个大块拿来代表地球。庄子所讲的大块，不是《兰亭集序》所讲的大块；这个大块是个假定名词。这个宇宙，这一大块东西“噫气”，怎么叫噫气？不是叹气，不是打嗝打出一个气，打嗝的气是肠胃不清，至少食道管不清，呃出来一口气。

“噫气”，这一口气出来以后，呼出来变成风。注意啊！这是两层，不要认为大块噫气就是风，这里头有层次的不同。“大块噫气，其名为风”，就产生了中国后代道家地球物理的思想。

中国原始物理思想，同现在科学路线不同，但是也不能不承认它是古代的科学。中国过去对于地球物理的科学看法，当然并不是由庄子来的，但在庄子同一时代，中国道家的科学思想已经非常发达了。那个时候，北方的燕国、齐国，山东一部分，充满了一班方士，后世称他们为道家。拿现在来讲就是科学家，是讲方技的科学家。这一班人炼丹、修道，实践超越生命物理束缚的技术。所以庄子也受了他们的影响。从中国传统文化上来看，连孟子也受方士科学家的影响，所以孟子讲养气之学，也是这个时候的事。

在一般中国道家方士们的看法，养气炼气是有很高价值的。我们的文化，看地球是一个活的，是一个整体的生命，而我们活在这个地球上的人类，不过是地球上的细菌而已。等于我们生了皮肤病，有些细菌活在我们的表皮上一样。因为道家认为地球是个完整的生命，它有活力，它就有噫气，因为它也有呼吸。

譬如江河海洋，是地球的肠胃、血管。照道家的思想，认为地球的中心整个是通的，等于人身血脉都是相通的。人如果有机会到达地球的里面，可以不死，不晓得多少万年都不死，在里头悠哉游哉，有吃有玩。现在西方科学神话小说，正向这方面走，认为地球是通气的，这都是有书可证的，不过这些书名都很难听到。既然地球是噫气的，地球的呼吸当然最重要的是在西北。

纪晓岚的经历

清朝有一个大文豪纪晓岚，他不太迷信，并且是很讲实证主义的。纪晓岚就是编纂《四库全书》的人，不过他也喜好记载这些奇异的事情。但他也是个怀疑主义者，是讲实际经验的。他在《阅微草堂笔记》中记载，有一次他被贬官到新疆吐鲁番。他的运气很好，发现那里有一个风穴，土人都认为这就是大块噫气，是地球的嘴巴要叹气，每年在一定的时间，人兽都要避开这个地方，还要逃得远远的。

当地球快要叹气的时候，听到地球里头的呼呼哈哈……那股气出来了，似乎是庄子讲的“大块噫气，其名为风”。那股气出来不得了，任何人、牛马骆驼一碰到这股气，就被吹得无影无踪。这一股气一直出来，说向西伯利亚走，走到哪里不知道。过几天以后，这股气又走老路回来，这一条路大家都要避开的。回来以后又到了这个洞口，好像人的吸气一样，倒吞回去，咽下去了，又恢复平静。纪晓岚亲自记录下来这个情景。

纪晓岚这一段记载，就证明了中国传统道家的学说，认为地球是个活的生命。所以地球的物理，是不准破坏的；破坏得厉害了，地球要出毛病，是会毁灭的。这是中国古代的说法。这里庄子所提的“大块噫气，其名为风”，还不是刚才我们引用纪晓岚亲眼所见的那个情形；庄子是讲地球本身有它的生命，地球在出气，这口气出来以后，一变化，就形成了风。

庄子这句话，我们现代的青年想想，对不对？地球上的气是有限度的，在一定高空以外，空气完全稀薄了，那就不是地球的气了。地球的气只能达到某种的高度，到了太空里就不是地球的气了，太空那个是空的。

地水火风空的变化，譬如下雨，是地气上升，上到高空遇到冷气，冷热一接触下雨了。雨下来，这一股热气又上去，这个是地球的气，噫气。高空上面那个冷气，属于地球气的表层，超过那个气再向上面，没有空气了，那个更不属于地球的气了。所以庄子所讲的，有科学的道理，值得研究。“大块噫气，其名为风”，这是属于地球的气。

我们人呼吸的气，也有一定的范围。凡是我们呼吸时，气可以达到的范围，就是体外的光度也达到的地方，现在科学可以用照相机照出那个光芒。一般来说，人体的光芒，就是两臂伸开画一个圈那么大，那么多。也就是说，呼吸所放射的范围，也就是那样大。除非你经过修持，或者经过打坐得道，像南郭子綦一样，达到忘我的境界，那个光照和气的放射才会不同。

依他起的风

人体放射的气到达外面，这个作用叫做风。这一段比较麻烦、吃力一点，先要把它搞清楚。这其中有三个阶层，与南郭子綦打坐忘我那个境界不相干。先让南郭子綦隐机而坐，让他去忘我，现在我们先讲气的问题。到达忘我的时候，没有谈气不气的问题，那是解脱的境界，与《逍遥游》最后无何有之乡是连带的。

现在第二篇《齐物论》开始，到了南郭子綦忘我以后，接近于形而上这个本来解脱这一段，先把它摆下。现在转过来，从有我的境界开始。有我的境界，第一是意动了就有气，气动了就形成风。

“是唯无作，作则万窍怒呺。”庄子开始形容了，他说这股气变成风以后，除非不起作用，如果它动了，起了作用，那厉害了。厉害到什么程度呢？“万窍怒呺”。窍就是洞，有洞的地方就响，发出声音来；没有空洞的地方，显示不出风的音声。

青年同学们注意啊！你说风有形体吗？风没有形体。我们感觉到风吹在脸上，那是我们的反应。风没有声音，我们听到的风声是风碰到了东西，摩擦发出来的声音，不是风本身的声音。至于风的形态，风没有形态，大风与小风，是我们感受的形态。所以说，读《庄子》也要留意了，“是唯无作”，除非不起作用，“作则万窍怒呺”，起了作用的时候，碰到物质，就发出来各种声音。

很多研究佛学多年的人，要特别注意这两句话，你看庄子讲形而上的本体，无何有之乡，了无所有，了不可得；但讲形而下起用，就只讲到这里，这是什么意思？是依他而起，就是佛学所说依他起。如果不靠外物，不依他，本体的功能呈现不出来。一切都靠外物，靠作用，靠现象，本体的功能才能显现得出来。万有的用，都是本体的用，万有的现象就是本体的现象，都是依他而起。“是唯无作，作则万窍怒呺”，就是这两句话，说明由形而上到形而下。

吓人的音声

> 而独不闻翏翏乎？山林之畏佳，大木百围之窍穴，似鼻、似口、似耳、似枅、似圈、似臼、似洼者、似污者。

这些都是庄子的文学境界了，也是真的，像是一幅画面。现在他说风这个东西，静态的时候，什么都看不出来；等它一有动态，什么现象都出来了。这是讲风，讲这个气，同时也形容我们人的境界。当我们心理状态平静的时候，什么现象都没有，意念一动，什么怪现象都来了，喜怒哀乐，也同庄子形容风一样，开始“而独不闻之翏翏乎”！

当我们站在阿里山顶上，高山上那个风吹到耳朵里，便有声音，翏翏然，好舒服啊！这个时候，人是很平静的。慢慢的，第二个形容，“山林之畏佳”，畏佳是山崀，山的转弯，凹谷，或突出的地方。我们到了山林中，那个有高山岩石的地方，庄子没有说下去了。“山林之畏佳”，高山上，山林转弯凹谷的地方，风才大啦！各种各样的怪叫声都有，听到会吓死人；凸出来的地方，声音也会怕死人。尤其到了夜里，再加上一点雨，手电筒也没有，坐在那里，真吓死人。山上的风大，“山林之畏佳”，可不是好听的声音，并不是天风翏翏然；注意啊！“而独不闻之翏翏乎”，是很好听，也很清雅的声音。

“大木百围之窍穴”，跑到原始森林去听那个声音，那些原始森林中的大木，一百围的大木，树上有洞，都是窍穴，风吹起来，嘘……像鬼叫。庄子形容那些洞穴好像人的鼻孔，又像嘴巴一样张开，又像耳朵，又像“枅”，就是横木一样，又像一个圈圈，又像捣臼一样，有些深深地洼下去。这个要以画面描写，做成模型才容易了解。这许多的洞穴，庄子还没有形容完呢，庄子很艺术吧！

我们要是在山里找一棵大树根，那个树根东一个洞，西一个洞。每一个小洞，像庄子描写的有的像嘴巴，有的像耳朵，有的像枅关，有的像洼，有的像洞。那些东西，碰到空气一吹，百声齐发，百家争鸣。如果把那么多洞的大树根，放在黑暗的房间里，用大风一吹，电灯也熄了，外面又下大雨，你在里面会吓死了，因为各种怪叫的声音齐鸣。

这是庄子玩的文学技巧，形容物理世界被风所吹的现象。不过中间有个重点，我们先来看它的文字。

泠风 飘风 厉风

> 激者、谪者、叱者、吸者、叫者、譹者、宎者、咬者，前者唱于而随者唱喁。泠风则小和，飘风则大和，厉风济则众窍为虚。而独不见之调调，之刁刁乎？

“激者、谝者、謞者、吸者、叫者、譹者、宎者、咬者”，这些都是形容风吹百窍洞穴发出来的声音，“前者唱于而随者唱喁”，于，就是嘴巴尖起来于……的声音。后者唱喁，就是喉咙发出来的声音。

“泠风则小和，飘风则大和”，这个和，不是和平的意思，而是各种声音混杂的合音。所谓泠风，不是天气冷的冷，是高空里头的风，是三点水的“泠”，与零碎的零同音。高空里的声音叫泠风，“则小和”，声音和得比较轻巧高雅。“飘风”是大风，就大和。和声是很复杂的，大小两种风平常都有。有时候大风吹，有时候小风吹，我们一天到晚都有这个境界。再加上大台风来，就是怪风，“厉风济”，真碰到大风来的时候，这种厉风怪风一吹，所有的洞穴都吹了，“众窍为虚”，风太大闷住了一样，反而一点声音都没有。

所以讲这个道理，又是一个物理的现象。我们经常听到古人的两句诗：“山雨欲来风满楼”，“万木无声知雨来”，这是夏天容易看到的现象。夏天热极了，天气闷得很，我们人的呼吸都出不来。你看树叶子动都不动，一根草都不摇，“万木无声”，一点声音都没有。“知雨来”，闷一阵要下大雨，热气蒸到了极点，到了高空碰到冷气，大雨就下来了。所以，山雨欲来风满楼，万木无声知雨来，文学境界很舒服，很好；科学的境界，则像蒸笼一样，闷死人了。所以，文学境界与科学境界，各有不同。

现在讲到这里就是说明，“厉风济则众窍为虚”，力量太大的风吹过来，把那些小洞穴封住了，“众窍为虚”，反而没有风了。难怪苏东坡这些人，都学庄子的文章，这种地方才是诀窍。你看他形容一个东西，形容那些风，第一句话：“作则万窍怒呺，而独不闻之翏翏乎”，形容风吹来翏翏然。尤其在高空，我们在这个高楼的顶上，到夏天的夜晚，太阳下山了，天风翏翏然，很舒服。

最后他形容，各种洞穴有各种风声，每一个洞，扁的、长的、深的、浅的，发出来的声音都不同。吹了一阵就把这个音声调和下来。“前者唱于而随者唱喁，泠风则小和，飘风则大和”，把风的那个境界都形容透彻了。“厉风济则众窍为虚”，一阵最有力的厉风来，则万籁无声，没有声音了，把你闷了一阵。闷过去了以后，像音乐一样，风声又来了。“而独不见之调调，之刁刁乎？”

你们注意啊！前面一句话，“而独不闻之翏翏乎”，是耳朵里听的。“而独不见之调调，之刁刁乎？”则是眼睛所看到的。小风大风过后，一阵和风吹来，水波不兴，一点点小风，那个草啊！树叶子啊！慢慢地飘啊，飘啊，摇啊，摇啊，都是眼睛看到的。他讲到这里，讲完了。

所以，庄子全盘是禅宗，后世禅宗说法就是学他的，然后给你大盖一阵，那真是盖，会说评书的人，嘴巴快速，哼啊！哈啊！一路吹到这里，然后轻轻地，飘啊飘，摇啊摇，好了说完了，下文呢？没有了。

人籁 地籁 天籁

子游曰：地籁则众窍是已，人籁则比竹是已。敢问天籁。

下面点题了，他的徒弟颜成子游，听到南郭子綦躺在那里，半睡半醒的嘴里在盖，盖到这里以后，子游曰：“地籁则众窍是已，人籁则比竹是已。”他说：老师啊！你讲了半天，我懂，刚才讲风吹的声音是地籁，是地球表面的现象。这个天、地、人三才，风是地的作用；人呢？他也不要老师讲了，人籁是什么？子游就自己说“比竹是已”。

人籁，人的感情啊！喜怒哀乐，怎么看得出来呢？用吹箫或者弹琴表达。古代的许多乐器，都是用竹子做的，在竹子上可以表达人的感情，叫做比竹。这个比字用得非常妙，换句话说，人籁的境界，人的心理情绪种种变化，产生人世间的是非善恶，也同风一样，是在肚子里乱吹的。

我们借用佛学唯识学的名称来说，那都不是绝对的，而是属于比量的境界，是比较出来的。那个声音好不好听，都是比较性的；换句话说，都是依他起，是比量的境界。所以说人籁不必谈。这样一讲，颜成子游又懂了。

他说：师父啊！地籁我晓得了，刚才您描写了半天，就是地球现象，人籁您也不要说了，比竹是也。人的感情变化，如果生气打起鼓来，声音就很难听；人发脾气时，骂人的声音就会像狼叫一样的难听，这些都是人籁，我也懂，唯一不懂的是天籁。

现在，我们暂且不讲这个天籁，先来研究一下，为什么《庄子》这本书被道家及修道人那么看重？道家有三经，《老子》为《道德经》，《庄子》为《南华经》，《列子》为《冲虚经》。《道德经》为大经，《南华经》与《冲虚经》为小经。后来道家修行的人们，也都以老庄为必读的典籍。但是我们看了半天，《庄子》里头并没有传你工夫；可是有一点，如果你读到《齐物论》，庄子讲“大块噫气，其名为风”这一段，就要留意了。

我们在座许多人，打坐、学佛、学瑜珈术、学密宗、学道的多得很。你们要注意，我们这个身体就是个地球，打起坐来，所谓上面打嗝，下面放屁，都是“大块噫气，其名为风”。甚至于身体里咕噜咕噜的动啊！什么任督二脉通啊！都是属于这一段的范围。

但是你也要认清楚，那都是现象，都是气不能调和所造成；气真到了调和的境界，“泠风则小和，飘风则大和”，那时气充满了，到了“厉风济则众窍为虚”，身体上气就不动了。所以佛家讲打坐修禅定工夫，到了禅定的最高境界，就是“气住脉停”四个字，也就是“众窍为虚”。那个时候，身体感觉轻灵了，再也不会打嗝放屁，肠子里头也没有咕噜咕噜的动，耳朵里也不会听到声音叫了。

说到这里，许多人打坐都坐成精神病了，耳朵听到声音叫，叽……好像万华那一带，听到夜里卖面茶，嘘……打坐经常会发生那种情形。那都是身体内部的气动，不必理它，那只是现象。等到“厉风济则众窍为虚”，充满了，你自己看到“见之调调，之刁刁乎”，身上那个气机走得很轻顺，很自然，到了那个时候，你可以说由人本位的人籁达到了地籁的境界。你这些气走通了以后，慢慢情绪变化了，思想的本位慢慢升华了，但是还谈不到道。再进一步，第三步由人籁、地籁，才到达天籁。

吹万不同

> 子綦曰：夫吹万不同，而使其自己也，咸其自取，怒者其谁邪！

注意啊！《齐物论》这个要点，高明得很，庄子都点出来了。什么叫天籁？天籁是庄子提的名词。我们这个生命，宇宙万有，生命的本来，庄子把它取了一个名词，叫做“吹万”。我们现在的人，就叫它吹牛，这个“吹”字，就是从《庄子》来的。

讲到这里，我想起年轻时在四川青城山，山上都是道家的庙子，有个庙子叫上清宫。那个道观很大，墙壁很高，上面有一幅画，我们站在那边看了半天，每个人都笑得不得了。那幅画画了一条牛，又画了很多人，抓住牛的尾巴吹，抓住牛耳朵在吹，抓住牛的脸吹……就是把“吹牛”这两个字，画成一幅画。有些人抓住牛腿吹，那个牛一伸腿就蹬过去了，那幅画画得真好。

庄子不讲吹牛，讲吹万，吹牛跟吹万一样。什么叫“吹万不同”？宇宙万有这个生命，就是这一股气吹出来的。以前我们小的时候看吹糖人，一个人把一块糖用嘴巴一吹，要什么就捏成什么，一口气就吹出来了。

宇宙万有的生命，也就是上帝那么一吹，把我们给吹出来的。庄子称之为吹万。形而下这股生命怎么来的？地气所生，是一股气来的。你不要把它当成风啊！也不要当成空气的气，这个气只是个代名词。一股气吹出来，万有现象不同就是“吹万不同”。所以我们在座这么多人，每个人健康不健康，男女老幼，胖瘦高矮，各种样子不同，就是吹万不同。

但是天籁是宇宙万有的开始，是宇宙间形而下第一个作用，不是形而上的。形而上是无我，无何有之乡，本来无一物，何处惹尘埃。形而下就是这一股力量吹出来的，“吹万不同”，吹出来万有不同的现象，“而使其自己也”，一吹出来不同的现象，万物就不齐了。

每一个人得到一个生命，但是每人自己的变化却各自不同，而原始相同的地方，就是这一口气吹出来的。吹出来以后，每一口气又分散成万气，变成万气以后，你有你的狗脾气，我有我的牛脾气，他有他的老虎狮子脾气，各人不同，因为吹万不同。

庄子说，“咸其自取”，哪有主宰啊！没有一个人做得了主宰的，上帝也做不了主宰，神也做不了主宰，菩萨也做不了主宰。因为是“咸其自取”，都是你自己，没有别人。天堂地狱，喜怒哀乐，善恶是非，都没有；都是你自己造的，都是你自己吹出来的，吹万不同，咸其自取。

“怒者其谁邪！”这个怒，不是讲发脾气，这个怒是形容词，就是吹的时候，脸涨起来的样子，所以我们叫“鼓吹”。你看把泡泡糖嚼完了，就吹气，那个球吹得愈大，你的脸就愈涨得红，两边都鼓起来，好像发怒一样。怒者其谁邪？这个吹气的人是谁呀？是上帝吗？是上帝的外婆吗？都不是，还是你自己。这是《齐物论》的要点，都点出来了。

这几句话，“吹万不同，而使其自己也”，成其个人的自我。

其实没有我，一股气吹出来，变成这个生命以后，你自己抓住这个，就变成万气的不同，万个人各自不同。这个生命之来，“咸其自取”，都是自己的事。

这个气等于大海的水，你的量大一点，多舀一点水，量小少舀一点。所以有人抓多一点，气就多一点，有些人气魄则小一点。有些人小气，有些人邪气，有些人正气，有些人阴阳不正之气，有些人半阴半阳之气，各种各样，就是所谓万气不同。

至于说谁做主宰？无主宰！自然来的吗？非自然！而是“咸其自取”。所以庄子这个道理，同佛说《楞严经》一样。

无主宰 非自然

《楞严经》的话：“清净本然，周遍法界，随众生心，应所知量，循业发现。”没有主宰，不是自然，而是清净本然，周遍法界；随众生心，应所知量；应就是感应，你所知的范围，量有多大，他吹的气就有多大。随你自己的业力发现，既没有主宰，也不是自然。

佛说《楞严经》的时候，是在印度，究竟是庄子以前，或以后，无法考证。虽是两方面的说法，但是原理却是一个，只是表达的不同而已。所以禅宗后来提出来一个参话头的方法，参究念佛是谁？我是谁？其实庄子早给你说出来了。

这个生命先有气——“吹万”，如果一口气不来不吹了，这个形体就不属于我们了。这个形体不是我们的，是依他而起的，当然没有他可以依赖的时候，你那个东西跑哪里去了？那个东西不属于气。有一口气依傍这个形体，我们才有这个生命。庄子《齐物论》这一段，讲到最要点的地方，下面告诉我们知见上要懂。

神气智慧

大知閑閑，小知閒閒；大言炎炎，小言詹詹。其寐也魂交，其觉也形开。

这就是庄子的文章，岂不是说空话吗！“大知閑閑，小知閒閒”。那个閑，好像是台南盐场的盐，后面的閒，好像是化学的盐（众笑）。前面这个閑，门字里头一个栏杆，是拦阻的；下面这个閒，门字里头一个月亮，悠閒的閒。这两个字严格讲起来是有差别的。后来虽是通用，但是原始中国文字，这两个字并不通用。

因为古人盖房子没有门的，等于原始的房子盖起来，像碉堡一样，下面开门，下一层养牛养猪，上一层住人。这个情况到西南、西北边疆就看到了。西南边疆还保持这个形态多一点。落后地区文化没有开发的地方，晚上牛羊一进来后，总用个木头的架子挡住大门，所以门字里一个木架子。古代叫做鹿角，像鹿头上那个角一样；现在叫木马，拿木马来挡就挡住了。所以閑者，有防止的意思。

下面一个閒呢？晚饭吃完了没有事情，在门里坐着，看看月亮。门缝里头，月亮照进来，悠哉游哉，这个当然是很清閒的閒。所以这两个字代表的意义不同，上面这个閑是防閑之閑，下面这个閒是清閒之閒。庄子这个时候，用这两个字是有道理的，不是乱用的。

“大知閑閑”，真有大智慧的人，他是有范围的，有道德的标准。换句话说，閑閑是形容思想条理清楚；真智慧什么都搞得清楚，界线划分，穷本溯源，样样都搞得清楚。“小知閒閒”，小聪明的人，閒閒，玩小聪明，懂了一点点，自己以为了不起。

那到底是有限公司，不行的，那是小智。

“大言炎炎”，说大话的人发言，这个“炎炎”，不要当作发炎的意思看。炎者，炎光也，火烧得很大，光明很大，所以也是炎光。说的大话大道理，等于放光动地。“小言詹詹”，小道理詹詹，看起来好像有所建立，但并不究竟。

“其寐也魂交，其觉也形开”，寐是睡觉，许多老年人睡不着，中国医学养生的道理，老年人睡不着是因为火水不相济。火水为什么不相济？因为心肾不交。心火，那个思想情绪的火，不能沉下来，肾水不能上升。肾水就是荷尔蒙，以及维他命等，不够的话，肾水不能上升，造成心肾不交，就睡不着了。

养生之道先要培养脾胃，把心神凝定，自然就睡着了。所以老年人爱睡觉的，是长寿之相。火水不相济，就是心肾不能交，在理论上讲是魂魄分开了。魂是灵魂，就是思想意志。魄是生理上的，包括气啊！血啊！肌肉啊！荷尔蒙啊！营养啊！维他命啊！蛋白质等加起来，叫做魄。

有些人身体衰老了，变成骷髅形状，看到人哼哼啊啊，那是魂跟魄分开了。年轻的时候，魂魄两个是在一起的。所以中国人讲生命的道理，认为睡着时，魂没有离开身体，还在身上，归到某部分。魂归到后脑就做梦，魂到了前脑就醒了，如果藏在心肌之间，就睡得很安详；魂一旦离开了身体，那就是做大梦了。中国古代的说法，认为人做梦的时候，从自己头顶上就出去了。

所谓“魂交”，是魂跟气交。气就是魄，所以我们叫气魄。“其寐也魂交”，真正睡着了，神气两相交，所以第二天精神饱满；没有睡好的话，神气没有交媾，那样就不行了。“其觉也形开”，睡醒了像花一样，神跟气都充沛了，因为他两个相交了一夜。睡够了，咚，起来，充满了气与神，花一样张开了。

“大知閑閑，小知閒閒；大言炎炎，小言詹詹；其寐也魂交，其觉也形开。”前两句讲智慧的境界，知识的境界；中两句讲说话的境界；后两句讲睡着了及醒了的境界；这六句话好像不相干，现在说明你就懂了。六句话其实都相关的，神气充足的人智慧就高，精神充沛有大智，不充沛只有小智。神气充足的人，就是大言，不充足的人小言。这都是由神与气两个东西来的。所以思想用过度，写文章多了，魂跟魄不相交就睡不着了。如果多炼气，养气，气充足了一定就会睡着。气把那个魂吸收回来，人就睡着了。下面形容一个人思想用多了，用心过度魂魄分开了。

与接为构，日以心斗。缦者，窖者，密者。

这是形容心理状况，它说普通一个人，不懂神气相交的道理，所以睡醒后，一接触到外界的环境“为构”，就整天用心思，勾心斗角。“日以心斗”，一天到晚，自己的心里在斗争，自己跟自己过不去。斗到什么程度呢？庄子形容得很妙，形容人都在欺骗自己。“缦者”，好像把东西密封起来，外表涂上油漆，自己欺骗自己。自己坐在那里越想越得意，我准备今天到股票市场，买它一千块钱，三天以后涨成三万，自己坐在那里胡思乱想。“窖者”，赚了钱怎么办？哎呀！放在银行靠不住，还是放在某一个公司，四分利息。嘿！靠不住，还是放在保险柜……心中不停地在打主意。“密者”，有时候自己想得笑一笑，你问他笑什么？嗳……没有什么，他在那里保密。缦、窖、密者，庄子一句话“日以心斗”，自己在那里捣鬼，心里闹斗争。

惶恐可怜的人

小恐惴惴，大恐缦缦。其发若机栝，其司是非之谓也；

其留如诅盟，其守胜之谓也；其杀若秋冬，以言其日消也；其溺之所为之，不可使复之也；其厌也如缄，以言其老洫也；近死之心，莫使复阳也。

“小恐惴惴，大恐缦缦。”人生一天到晚有一个恐惧、害怕的境界。佛学上也用过“恐怖”这个名词，《心经》上面提的就是这个东西。一个人活着每天在恐怖中，恐怖自己钱掉了，恐怖自己生病了，恐怖自己没有事情做，恐怖没饭吃了，一天到晚伤脑筋。庄子这么一形容，活着没有一天是痛快的。

“其发若机栝，其司是非之谓也”，开始一念之间一动的时候，像手指按开关一样。这个机关，在某一个小问题上稍稍一动，就引起了大烦恼，接着就变成了一大堆的是非利害。如果开关不向外呢？“其留如诅盟，其守胜之谓也”，留在里头的如“诅盟”，自己在那里捣鬼，心里自己在骂架、打架、打官司。

“守胜之谓也”，守胜是个什么呢？道家解释为“厌（音掩）胜”。譬如今天运气不好，到民权东路恩主公关帝庙去，买两根香蕉几根香几个馒头，去拜拜，也属于厌胜。或者叫人画一道符放在家里，或者去哪个地方点个灯呀！乡下庙子里很多。乡下人到成都路那个城隍庙，经常搞这个事，包一包香灰回去，那都叫厌胜。厌胜的道理是要求把坏的一面去掉，一天到晚总想人生得到真正的胜利，想达到成功的目的。

“其杀若秋冬，以言其日消也”，人的一生就在这个心理状况中过日子，好可怜啊！不晓得这种情况都是自杀的玩意，促成自己早死，像秋天冬天一样，万物凋零得很快。我们的生命本来是很长的，为什么凋谢得像秋天的落叶那么快？像冬天一样千山鸟飞绝，万径人踪灭！就是因为自己内斗而造成的生命消耗。等到生命消耗得差不多时，人也老了。

“其溺之所为之，不可使复之也”，消耗掉的，及失去的东西，不可能再恢复。“其厌也如缄，以言其老洫也”，魂魄精神都没有了，所以对这个世界万事都很讨厌，灰心到了极点，嘴巴也封起来了，问他什么都懒得回答，摇摇头，没有兴趣了。

“近死之心莫使复阳也。”快要死的那个心，一点阳气都没有。这一段，庄子形容人如何消耗自己的神与气，到达了那可怜的境界。

心态 情态

喜怒哀乐，虑叹变慹，姚佚启态；乐出虚，蒸成菌。

这几个名词，四字一句，就是所谓春秋战国南方文章的做法，也可以说是道家文章的做法。《老子》《庄子》以及后来《楚辞》、《离骚》，都是这个做法。我们再三提起大家注意，这与齐鲁文学孔孟的文章，有很大的不同。这一句话提到四个要点，就是开头的喜、怒、哀、乐，很值得我们研究。中国儒家的一本书《中庸》，上面也提到这四个字。后世都在这四个字上做学问，讲哲学的道理，讲心理的状态，“喜怒哀乐之未发谓之中，发而皆中节谓之和”。我讲《中庸》的时候，你们也听过，《中庸》这个中，不是中央的中，应该照北方话念“仲”才对。就是中奖了，打中了的念法。如果把《中庸》一定解释为中央的中，也可以；实际上，“喜怒哀乐之未发谓之中（音仲）”才算对。

在子思写《中庸》的时候，也正是庄子的前后时期，相差不会太远。在这几十年当中，由春秋到战国，哲学思想走入了科学范围，就是要求实证。为了追求实际，产生了一种修养的方法，结果也就产生了后世的道家。

可是，《中庸》所讲的喜怒哀乐，后世把它解释为心态，用现在的新名词来说，就是心理的思想形态、意识形态。这种千古以来的解释，是有些问题的，因为喜怒哀乐不是心态，而是情态；是由人的情绪所发的，而心态是不属于喜怒哀乐的。

《礼记》上提到的是七情六欲，七情就是喜、怒、哀、乐、爱、恶、欲；六欲则是后世所加的，但是《中庸》与《庄子》，只有前四个字，下面三个没有，因为爱、恶、欲这三个所包括的，纯粹属于心态。这也就说明了喜、怒、哀、乐是属于情态的范围，是情绪的作用。

什么又叫情绪呢？情绪有许多是生理影响的，换句话说，就是气的作用。譬如喜，很高兴；怒，发脾气；哀，心里难过的时候，看什么都想掉眼泪，很悲伤；乐，高兴起来时，快乐得很。这四种状况，不是理智所能控制的。虽然我们认为不要轻易发脾气，也不要傻乎乎地笑，但是自己情绪的变化，连带产生的关系和气的作用，理性是禁止不了的，因为它是自然发出来的。

所以《中庸》上的喜怒哀乐，如果完全把它当成心态来讲，我们对《中庸》的了解就有错误。事实上，这一点同《庄子》这里正相符合。《庄子》这里喜怒哀乐是讲情态，这四个典型，我们每天经常都会表现出来的。

“虑”是思虑、思想；“叹”是思想引起的感慨，由感叹发出声音来，所以由虑而到叹；再由心理的变化进而到了“慹”，就是佛学所讲的执著，抓得很紧。由于内在的执著，而表现于外的形态，就是“姚佚启态”。“姚”就是放任，也就是我们现在讲的浪漫，开放，随便；“佚”就是懒惰；“启态”就是变成生活的各种形态。

“喜怒哀乐，虑叹变慹，姚佚启态”，这十二个字，描写人的姿态。如果一个很好的艺术家，就可以画几十幅画面，由心态及情绪的变化，表达到外面各式形态。脸上的喜怒哀乐，身体四肢的动作，各个不同。这种由心理变化而形成为生理身体活动状况之间，有一个东西，书上没有讲，大家都不要被它瞒过去了，它只有六个字“乐出虚，蒸成菌”。

有时看庄子的文章，虽说汪洋惝恍，气势如银瓶泻水，很难抓住它的中心，但实际上，它的逻辑非常严谨。“近死之心，莫使复阳也”下面，接着又起个高潮，描写心态与生活状态。他说出一个原理，“乐出虚，蒸成菌”，两个相反的作用。乐出虚的乐字，后世读法有两种，可以读成乐（岳），音乐的乐；可以读成乐（勒），快乐的乐。乐出虚是个物理的状态，是接着前面吹万来的。

前面描写大风起来，碰到物理的现象，这里一个洞，那里一个凹，就发出来呜……嘘……各种声音。音乐的声音，也需要个乐器才能发出来，乐器是空的，也就是虚的。尤其我们吹箫吹笛子，弹琴奏乐的时候，心灵也要很清虚空灵，没有杂念，然后才能发出优美的音乐声。这就是乐出虚的道理，是一种观念。历代解释庄子的，大部分是从这一方面来解释的。

道家的解释则不同，认为是乐（勒）出虚，一个人心里太高兴的时候，气散了虚了；高兴到极点，或悲哀到极点，都可以造成人的死亡。这两种说法都成立，重点在于不管是乐（岳）出虚，或者是乐（勒）出虚，只要人的心理同生理作用，向外发展得越厉害，就越空虚。尤其是高兴，越高兴气越虚，心境也越虚；如果向内收缩，闷在里头，则“蒸成菌”。一阵大雨过后，阴暗潮湿的地方，香菇细菌最容易生长。譬如我们大家喜欢吃白木耳，培养白木耳的地方，必须闷得又热又湿，一天到晚都是潮湿不透风，才能培养成功，这就是蒸成菌的道理。

这两句话，为什么夹在情态同心态的变化中间呢？因为心理的作用，使生理产生了变化。我们郁闷的心境久了以后，生理上容易产生许多的病。这两句话，道家很重视，认为是修道的要点，所以修道的人要念头清净，要空，就是因为乐出虚之故。这个空的情境，使人容易进入那个清虚的状况，容易接近形而上道。如果一天到晚有所为，有一个东西在心中转来转去，慢慢的真会变成一个东西。“乐出虚”这一句话，是讲由“有”变成“空”，也就是心能转物的说明。“蒸成菌”这一句话，是以物理的状况说明，由“空”可以产生“有”。

生命存在与意识流注

日夜相代乎前，而莫知其所萌，已乎，已乎！旦暮得此，其所由以生乎！非彼无我，非我无所取。是亦近矣，而不知其所为使。

他说我们这个生命，就是由空变成有。譬如我们很高兴的时候，高兴到极点，乐极必生悲。高兴笑过了头，不是肚子笑痛，就是眼泪笑出来。说不定笑弯了跌一跤，跌伤了还要去缝两针。心理状态也是如此，所以每当一个情态心理达到极端时，会产生另外一个现象。我们的心理与生理，互相变化，昼夜相代。一个大运动后，疲劳过度就需要休息，休息替代了动能。但是休息久了又受不了，必须要起来活动，一切心态和生理状况，就这样的昼夜彼此互相替代。这个“代”字，等于彼此互相交流。

“而莫知其所萌”，可是我们人很可怜，自己找不出来心理变化作主的是谁，什么使我起了思想？什么使我身体衰老？什么使我有生命？这一切是怎么样萌芽的？自己永远找不出它的来源。“已乎，已乎！”他说算了吧，算了吧！找不出来嘛！真可怜，算了吧！“旦暮得此，其所由以生乎！”既然找不出生命的来源，也不知道早晨醒来第一个思想怎么来的，一天活到晚，更找不出来主宰思想、运动、作用的是什么，只好把昼夜活着的既有现象，当成人生就是这个样子了。这是庄子所说的。

“非彼无我”，彼就是他。不是他，没有我。“非我无所取”，不是我，抓不住东西，“是亦近矣”，这样差不多吧！这讲的什么话呢？如果翻成白话，只能这样翻。这三句话像是男女讲恋爱写情书用的。庄子到底讲些什么？

庄子告诉我们心物两者是一个作用。彼就是物，我们现在的生命存在，就是生理身体；非彼，没有他（身体），显不出我的作用。我又是什么？人虽然有个形体活着，如果没有“我”这个灵魂在身体内，则这个身体只是肉架子，一点用都没有。“非我就无所取”，你能够这样去了解的话，“是亦近矣”，就差不多了。

如果在宗教哲学立场来比较说明，“日夜相代乎前，而莫知其所萌。已乎！已乎！旦暮得此，其所由以生乎！”这几句就是佛学所讲的：生命的存在是意识的流注，意识流注就是我们的意识、思想，像河流一样的不停地流。从早晨醒来第一个念头，就像河水里那个浪花，东跳西跳，不晓得跳到哪里去了。外表看起来，永远有个我存在这里；实际上，这个我是假的，我们的思想情绪，不过是意识流注而已。那个真的我，却找不到。

但是这个意识的流注，也必须要借着物理才行；没有生理和物理，是不能表现出来的。除了人的生命不停地流注外，宇宙的生命，也是意识的流注，而形成了万象。有关这一点，庄子在后面说得很多，我们在这里仅略作了解。至于他所提到的“非彼无我，非我无所取。是亦近矣”，就是后世禅门临济宗的宾主之说。用西方哲学观点来说，宾主就是主观与客观。主观跟客观是相对的，没有我的主观，也就无所谓客观的环境。他说，你能这样去了解就差不多了；还不是完全对，只是差不多而已。

“而不知其所为使。”他说为什么说差不多呢？到底是哪里还差一点呢？因为你并没有找出来生命的主宰，因为你不知道“其所为使”，能够使我们思想的，能够使我们身体有感觉的，拨动机关，指挥你动的那个是什么。所以只能说差不多。

主宰是谁

> 若有真宰，而特不得其眹。可行已信，而不见其形，有情而无形。百骸，九窍，六藏，赅而存焉，吾谁与为亲？汝皆说之乎？其有私焉？如是皆有为臣妾乎？其臣妾不足以相治乎？其递相为君臣乎？其有真君存焉？如求得其情与不得，无益损乎其真。一受其成形，不亡以待尽。

“若有真宰，而特不得其眹。”假定有人说，这个生命里头有个主宰，就是宗教家所说的上帝、神、菩萨，这种说法，我们是不敢随便冒昧相信的。我们如果求求上帝菩萨，把我们的感情停止一个钟头，让我们轻松一下，他一定不会答应，还是照样机关开动，使我们停止不了。所以说，上帝、神、菩萨不是这个主宰。

既然不是上帝，那么这个作主的究竟是谁？是我自己吗？我又是个什么东西？所以说，“而不知其所为使”。开始指示我来的那个是什么？就是生命怎么开始的，要我来投胎的那个是什么东西？若说有一个作主宰的，我们找找看，“而特不得其眹”。眹是找不到一点影子，找不出一个真的我来。眹也代表我，找不出一个真正的我在什么地方。

“可行己信”，你说找不出生命的真正主宰，而主宰又是个什么东西呢？只有在我们每天生活中，好像有个思想，有个行动在动。“己信”，好像觉得我是在动啊！这个东西好像就是我。“而不见其形”，但是又找不到他的形状。真主宰找不到，灵魂又是个什么样子？心是个什么样子？心不是心脏啊！心脏换一个还可以活。如说是脑，现在的科学进步，脑部动一下手术还是可以思想，可见也不是脑，这个主宰是不见其形的。

“有情而无形”，人的生命真奇怪，我们很爱自己这个身体，我们最有感情的是对这个身体。譬如说，我们对父母的爱也好，男女之爱也好，嘴里说我爱你，都靠不住，我还是爱我自己最重要。可是真正是爱我自己吗？又不一定！医生告诉你这一块要拿掉，你才可以活下去，那就不要好了，把这一块割掉算了，自己也不爱了。究竟爱的是什么？还找不出来，所以说，虽然是有情但是无形。

“百骸”，他讲这个身体百骸，是很多的骨头凑拢来的。“九窍”，人身上有九个洞，两个鼻孔、两个眼睛、两个耳朵、一个嘴巴，七个在头部，身体下面两个，一共九窍。“六藏”，身体子里头有五脏：心、肝、脾、肺、肾；六腑：大小肠、胃、胆、膀胱、三焦。“赅而存焉”，把这些东西合起来，变成一个机器叫做人。庄子这个说法，与以后传来的佛学说法一样。佛经上说，人体是三十六样东西凑拢来的，分成三类，外相十二：发、毛、爪、齿、眵、泪、涎、唾、屎、溺、垢、汗。身器十二：皮、肤、血、肉、筋、脉、骨、髓、肪、膏、脑、膜。内含十二：肝、胆、肠、胃、脾、肾、心、肺、生脏——大肠、熟脏——肠、赤痰、白痰。

“吾谁与为亲？”刚才说过，哪一样是自己最亲爱的？如说是眼睛，那好吧，把你耳朵割掉，你绝不干。现在大家坐在椅子上，听课乱想，两只脚坐在这里没有用，叫你们拿掉，你们也不干。这个时候我在讲，最重要的是嘴巴，没有嘴巴讲不出来了，但是你叫我把耳朵拿掉，我也不干。究竟哪一样是我最亲爱的？

“汝皆说之乎？其有私焉？”或者是说，你这个生命存在的一根头发，一个指甲，全体自己都很喜欢。“皆说之乎？”这个“说”字，同“悦”是一样的。“其有私焉？”或者说，特别爱眼睛？特别爱嘴巴？我们自己想想，“如是皆有为臣妾乎？”如是，像这样仔细研究下来，没有一样喜欢，也样样喜欢，因为那都是属于我的，是我的生命。这等于一个皇帝，万臣子民都属于他的，都是他的孩子眷属。

换句话说，这个身体是生命存在暂时之所属，等于房子及财产的产权是属于我的，但是他毕竟非我之所有，生命结束了，它也就不属于我了。所以说这个身体，生命的存在，“如是皆有为臣妾乎？”或者说，“其臣妾不足以相治乎？”这个形容得很妙，这一句话就是政治原理。一个领导万民的人，下面都是他的臣子、臣妾、子民。理论上讲，这些子民个个都很可爱，但是他们彼此之间，“不足以相治乎？”彼此都不服气，彼此都不友爱。当我们用手去拿东西，脚走不动的时候，那个脚就很讨厌手。当我们犯了罪，被拉去打屁股的时候，屁股就很讨厌头脑，犯罪的是你呀！怎么害得我挨打呢？所以这个臣妾之间，不足以相治也，他们彼此都不和爱，这就说明了生命的不平衡。今天头痛，明天又牙齿痛，刚刚把头痛治好，又拉肚子了，把拉肚子治好了，又便秘了，彼此互相不能统治，不相称。

“其递相为君臣乎？”这是说身体的内部互相作主，是民主的。今天你当主席，我听你的，明天我当主席，你听我的。看书的时候，眼睛当主席，其他都不要管事。弹琴的时候，指头在当主席，其他不能管事，所以“递相为君臣”，为宾主。

说了半天，我们看了《庄子》这一段，好像看《楞严经》的上半部一样，都是在找心在哪里，灵魂在哪里，找了半天，身体上都不是。“其有真君存焉？”找找你的身体，看里面是不是有一个真正作主的东西存在？“如求得其情与不得，无益损乎其真。”庄子同禅宗一样，处处是话头，讲到某一个地方，给你一个问题，他不给答案。他有没有答案？好像又有答案。

迷悟不二

他接着又说，你找找看，在我们这个生命存在中，有没有一个真正的主宰呢？你找找看。“如求得其情与不得”，假定你找出来了，好像找到了，有一点影子，或者是找不出来生命的主宰，“无益损乎其真”；他说都没有关系，找到了，对现有生命不会多出来什么；找不到，对现有生命也少不了什么，还是照旧地活下去。对于那个真正生命主宰来说，不管你找不找得到它，对它都没有损益。

这几句话，等于后世禅宗所讲的迷悟不二。开悟了与不开悟一样，表面上看起来是一样的，迷悟不二，不二是没有两样。换句话说，这个生命真宰是不垢不净，不生不灭，不迷不悟，不多不少，不死也不生，永远就是这样。不管你懂不懂得它，它仍是一样。我们听了庄子这话很安慰，可是上当了；既然迷悟不二，我何必悟道呢！迷掉也一样嘛！找这个真宰干什么？为什么又想要懂得它呢？这些理由在什么地方？

下面告诉你，如果找不到的话，“一受其成形，不亡以待尽”。一有了父母给我们这个身体，有了这个生命，你觉得自己是活着，实际上是活着在等死。你一百岁死，不过等了一百年，八十岁死是等了八十年。你没有死，活着在干什么？活着在等死！“不亡以待尽。”这是庄子的话，对与不对，我不知道，也许你知道。

刚才我们讲到，庄子在述说生命存在的心理生理关系，他说一句重要的话：“一受其成形，不亡以待尽。”接着他说：

与物相刃相靡，其行尽如驰，而莫之能止，不亦悲乎！

这段他说，我们现在这个生命，看起来是存在，实际上，说白一点就是活着在等死。如果不这样讲，就是佛学讲的“流注生，流注住”。流注，生命像水流一样，不断地连接起来。佛学这个名称，在唯识学里头讲得很好听，不像庄子说的“不亡以待尽”那么露骨。如果我们这一句话看通了，活得会有点伤感。但是下面他又讲了一个现象，我们这个生命活着，“与物相刃相靡”。与外界的万有，与物质世界的一切，彼此像一把刀一样，互相在争斗，互相在克制，也互相在欺骗，也互相在侵害。在侵害的当中，彼此又觉得很享受，所以相刃相靡。

这个道理，中国文化的阴阳家认为，是生克变化，相生相克，也就是后世道家所讲，“天地是万物之盗，人是天地之盗”。道者盗也，就是说，所谓修道的人就是盗，就是小偷、土匪。打坐练工夫呀，练气功呀，练太极拳呀，炼丹呀，都是把天地的精华偷过来，由父母帮忙，再加上一个我，三个联合起来，偷了天地的精华，才有了我们现在的生命。我们觉得现在是存在吗？他说与万物相刃，像一把刀一样，彼此对杀争斗。表面上看起来相靡，互相很好，实际上，我们这个生命，“其行尽如驰”，“行尽”一天天向前走，走向那个尽头；“如驰”像马跑一样的快。你想把生命停留在年轻阶段不向前跑，做不到。生命永远像马一样在跑，“而莫之能止”，停止不了，没有办法把生命永远停留在这个现实的世界。“不亦悲乎！”多可悲哪！这是从消极的方面看。不过你不要听他骗，他并没有把人生看得那么惨。

终身役役而不见其成功，苶然疲役而不知其所归，可不哀邪！人谓之不死，奚益！其形化，其心与之然，可不谓大哀乎？

这一段，把人生都描写完了，一辈子忙忙碌碌，做什么呢？“役役”做别人的奴隶，做物质的奴隶，做自己身体的奴隶。我们一天三餐下厨房，做的牛排、面包、饭啊，劳苦得要命，就是为这个身体。一下肚子饱了，一下又饿了，然后也为别人做奴隶，为儿女为孙子，终身都在服役。成果在哪里呢？“而不见其成功”，最后啊，一无所成地跑掉了。所以《易经》坤卦有一句话，“无成有终”。没有成功，一生看不到成功，但是有没有结果呢？有结果，总算儿女讲起来，当年我的爸爸，我的妈妈怎么样，总算有一点结果。那么，《易经》还算讲好的一面，虽然没有成功，而有结果的。庄子这里，干脆把内幕都给你拉开了，“终身役役而不见其成功”。

“苶然疲役而不知其所归，可不哀邪！”苶然，这个苶是形容。苶然，就是这样的。“疲役”，为生命疲劳到极点，这一辈子做奴役都在疲劳状态。“而不知其所归”，结果我们真正的归宿在哪里？找不到。“可不哀邪！”上面来一句，可不悲乎，这里又来一句，可不哀邪。这个令人听得双泪直下，生命的价值，被他这一段批驳得一塌糊涂。这个还不算数。

“人谓之不死，奚益！”假定人修道修到了长生不死，又有什么用处呢？多活一万年，不过多等了一万年，不亡以待尽。多活一千万年，不过多等一千万年。这个形体的生命，毕竟非究竟，不是真道。所以，“人谓之不死，奚益”，一个人活到长命百岁万岁，活着有什么用呢！

“其形化，其心与之然，可不谓大哀乎？”他说，你活了一百岁的时候啊，那个心情同小孩的心情完全两样。我们明天的心情同今天的心情，也都两样。所以今天晚上吃饭的时候，我们这几个老朋友坐在一起，我就讲，老了就是不行，做事心有余力不足，不耐烦。这个不耐烦，就是体能不够；年轻时愈烦的事情愈有兴趣，格老子，非撞他一下不可，老了撞不动了，就不行了。就是庄子说的“其形化”，形体变化，“其心与之然”，你心理随着体能的影响也变化了。我们现在看花，喝酒跳舞听歌，绝对不是你十九岁听歌跳舞那样；十九岁听歌跳舞啊，管他唱得好不好，反正那么唱跳就对了。老了就不同，中年又不同，今天同明天又不同。所以“其形化，其心与之然，可不谓大哀乎？”所以，你活长了又有什么用呢？长生不老，修个神仙，又值得几毛钱？这是真正的大悲哀。接着就讲：

人之生也，固若是芒乎？其我独芒？而人亦有不芒者乎？

那么谈起来人太悲哀了。下面这一段就是禅宗讲的“转语”，庄子讲到这里，自己就转了。他说人生啊，就是这样的莫名其妙，茫茫然吗？“人之生也，固若是芒乎？其我独芒？”或者是说，只有我自己没有明白，没有悟道，是茫茫然莫名其妙的。“而人亦有不芒者乎？”人类中也有人找到生命的本来，并不茫茫然的吗？这样的人才活得有意义啊！因为他找到了生命的真谛。

谁找到了生命的真谛呢？这等于禅宗的一个话头，你去参吧！下面他话头又转了说，有些人认为自己开悟了、找到了，有些人认为懂得真理了；世界上所谓宗教、哲学，各有不同，下面是庄子的批评。

谁是 谁非

夫随其成心而师之，谁独且无师乎？

一个人如果跟着自己的心理状态，成立了一个观念，各有立场，各有主观，“而师之”，认为自己这个是对的，是最高明的，然后用自己这个高明的观念，解释一切。譬如每个宗教，每一个哲学家，解释生命的根本，都有各自的理论。乃至于佛法，小乘、大乘，各宗各派，都有各自解释的方法。这些理论都是“随其成心而师之”，是把自己的心理，构成了一个心理情态。拿现在新的哲学观念，就是构成了自己意识思想的形态，再拿自己这个意识形态来判断一切，观感一切。如果认为这样是了不起的真理，认为自己就是大师的话，“谁独且无师乎？”哪个人心里没有一个老师啊！所以，都看不起别人，因为都自认有高明之处！而且我的高明不传给你呀。

奚必知代而心自取者有之？愚者与有焉。

每个人，都认为自己有一套真理，有一套理论，认为自己都很高明，悟道了。这一种心理状况，“奚必知代而心自取者有之？”他的这个道理啊，不需要另外拿一个逻辑或思辨的方法，来研究替代。总而言之，统而言之，都是你自己心理作用，“而心自取者”。这是观点上面的自取，构成了一套理论，构成了一套哲学。下面一句话，整个的分数给你打零分。“愚者与有焉”，愈笨的人，愈认为自己的理论高明，愈认为自己对。

未成乎心而有是非，是今日适越而昔至也。是以无有为有，无有为有，虽有神禹，且不能知，吾独且奈何哉！

“未成乎心”，假使一个人，心里没有一个主观的观念，没有成心“而有是非”，借用西方哲学的观念，绝对客观地看一切的事物，看一切的现象，庄子就说了一句名言，“今日适越而昔至也”。假定当时庄子这篇文章在楚国写的，在湖北、河南之间，要到南方越国浙江去，就是说，今天动身到越国，不能说今天到，而说从前就来到了。这个讲的是什么话？换句话说，就是你今天去美国，刚刚到了美国下了飞机，人家问你几时来的？你却说我没有动过呀，我从前就来到这里，就是这个话。你说庄子这个说法通不通？“是今日适越而昔至也”，我一万年前就在这里，没有动过。

后来佛家有位了不起的人物，僧肇法师，是鸠摩罗什法师的弟子，他的名著《肇论》，在中国哲学史上分量最为重要。其中有一篇很权威的论著，叫做《物不迁论》，说明宇宙万有没有迁动。其中的名句：“旋岚偃岳而常静，江河竞注而不流。”“旋岚”是大台风的名称，那个风转起来，把山都吹垮了，所以叫旋岚风。“偃岳”，大风来，把阿里山啊，五岳都吹倒了；好像大地震来的时候，把地球都震垮了。僧肇法师说，这个时候，都常静没有动过。“江河竞注而不流”，他说那个流水，长江黄河的水，昼夜长流，如果你懂了，悟到了物理万变不离其宗的道理的话，这个水没有流动。这篇文章说物不迁，中间的重点也提到，“今日适越而昔至也”的理由和发挥。

后来到了明朝，禅宗憨山大师，他在山上住茅棚好几年。他悟道了，是什么时候悟的呢？有一天打坐起来小便，一下子看到自己的小便，“江河竞注而不流”，哈，开悟了！禅宗的悟很难懂啦！古人读书都是背的，憨山大师把僧肇法师这些名文，背得很熟，因此在那个时候一启发，开悟了。

“今日适越而昔至也”，现在拿新的物理观念，不作哲学的观念解释，譬如我们今天晚上十点零一分，在台北车站买一张票到高雄，或者快车五个钟头，慢车七个钟头，明天到了高雄。我们可以说，昨夜十点钟上车，今晨到了高雄，可是我们没有动过，还在台北。因为我们在台北上了车，火车在开动，但这个地球在转，在动，转了半天，还是转到原来的地方了，所以没有动过，一切都没有动。我们在地平面上看火车开到了高雄，实际上，地球转得很快，还是在台北那个地位，你永远没有动过。用科学的道理，我们大概可以了解，但他现在提出来“未成乎心而有是非，是今日适越而昔至也”，却产生一个问题，人世间哪个是真理？哪个是“是”？哪个是“非”？哪个对？哪个不对？对与不对，都是人的师心自用。就是说一个人有成见，有主观的观念，自己认为这样对，就是对，都叫做师心自用。有许多同学写报告，写日记给我，写成“私心自用”，写错了，应该是这个“师”。

可是天地间有没有是非的存在呢？这又是一个逻辑观念。也可以说有个是非。这个是非像什么呢？就像你今天开始动，到美国去的时候，实际上，并不是今天动，过去已经到了。这就是说，一切的是非，都是因为空间时间观念而产生的。这是形而下的是非，是空间时间加上人的情感与思想，而产生的是非观念。至于形而上那个真正的真理，那个是非，就是万象都在动，它始终没有动过。有没有是非的存在？有是非。那个是非是泯除了是非而称做的是非，是看起来没有是非的是非。这个是哲学最高的观点了。因此后面就讲：

真正的是非

“是以无有为有，无有为有，虽有神禹，且不能知，吾独且奈何哉！”你懂了这个道理，最高的那个是非，不是师心自用来的，它是泯除了形而下一切是非以后，所建立的真理。那个真理中间，自然有它的是非，这就是主要的“因果不灭论”。一般那个是非存在，是形而下的是非，不是真正的是非，形而下的是非靠不住，是师心自用的。形而上绝对的那个真理，泯除形而下的是非之外，别有是非；叫做是非善恶也可以，不叫做是非善恶也可以。因此他说“是以”，就是所以，“无有为有”，在那个形而上的本体上，真理方面没有东西，了不可得，就是《逍遥游》的无何有之乡，也就是《齐物论》开头南郭子綦所讲“亡我”；这个时候，无有是空的。但是真的是空吗？宇宙万有怎么来的？真空生的，从真空里头来的，无有变成有，是无中生有。这个宇宙是这样来的，生命也是这样来的。但这不是唯物论那个思想“无有”，那个“无有”是断见。“无有为有，虽有神禹，且不能知”，真空里头怎么样生出一个妙有呢？我告诉你，就像智慧最高的大禹王那样，他都不能了解。

为什么这里“有神禹”呀？在我们中国的文化史上，大禹王是位大科学家，他的科学是神化，神人的科学。这要研究上古神话史了。大禹王把洪水治下去，历史记载，只晓得九年治好。我们曾提过在道家上古保留的资料，认为大禹王有神通，有各种各样的法术，所以中国上古文化，称大禹王为神禹。他有无比的神通，智慧之高不是一般人所能及的。但是庄子提出来，纵然有大禹王那样的智慧，那样的神通，他都不能了解真空变成妙有，“吾独且奈何哉！”那么叫我们一般人有什么办法懂呢！

这一段引出来什么呢？现在还是庄子文章的波浪、过程，后面有个主题，还摆在那里，那个目标还在前面，并没有搞乱了。等于说，一个主题中间譬喻了长的，譬喻了短的，由天上譬喻到地下，在那里转圈子，可是没有转乱了。我们自己却转乱了，看到他的文章，好像没有逻辑，其实非常有逻辑。他现在讲人世间的智慧，因为了解形而上本体的道，都不透彻，以致产生世界上各家的学说，辩论那个是非。现在接着辩论形而上的学理，所产生各家的是非。

言语是什么

> 夫言非吹也，言者有言，其所言者特未定也。果有言邪？其未尝有言邪？其以为异于鷇音，亦有辩乎，其无辩乎？道恶乎隐而有真伪！言恶乎隐而有是非！道恶乎往而不存！言恶乎存而不可！道隐于小成，言隐于荣华。

“夫言非吹也，言者有言”，注意啊！怎么说“言非吹”呢？如果翻成是我们讲话不是吹牛，那就不对了。庄子的名词，“吹万不同”，有各种的声音吹出来，实际上庄子开头就在骂人，骂春秋战国以来各家的学说，百家争鸣，都是只懂了一点道理；懂大一点的吹大一点，懂小一点的吹小一点，都在吹，都是吹万不同。同我现在一样，也坐在这里吹；诸位听了，心里也在吹。不过我是吹出来，大家是在心里慢慢吹，吹小声一点，自己听得见。但言语不是吹，不是像大风吹到洞里发出音声一样，言语不是音声。“言者有言”，这个话怎么翻译呢？我们把古书翻成白话，意思就是告诉你，言语的本身，并不是像物理那样只发出音声，因为言语后面有个语意。所以现在世界上，有一门新学问叫“语意学”。言语的本身，每一个音声，都有它包含的内意。因此说言者有言，非吹也，不是那个大风吹声音，乱叫的。

“其所言者特未定也”，每个人所发出来的言语，绝对有一个确定性；但是，每一句话说出来，真有一个逻辑不能变的真理吗？他说，不一定。所以人一天到晚吃饱了饭，无事可做，辩论的事情就多了。你看人讲是非的时候，各说一套理论，公说公有理，婆说婆有理，但都没有确定的道理。现在他提出来，语意学的哲学论点。

“果有言邪？其未尝有言邪？”他又推翻了前面讲言语的本身不是吹的说法喔！因为每一句话说出来，都有它的语意的真实性存在。跟着又说，“果有言邪？”怎么说呢？真的吗？每一句话，都有它语意真实性存在吗？不一定！“其未尝有言邪？”因为每一句话所代表的真实性，说了就说了，都靠不住的。因为言语的本身是个空洞的东西，说过了就没有了，这个里头有个道理的。

“其以为异于鷇音”，我们人呢，尤其是搞逻辑的学者们，自己认为讲出来的这个理论是真理，是绝对的真理。庄子说啊，他听起来像真理，但与蛋壳里鸟叫的声音是一样的，没有什么两样。

“亦有辩乎，其无辩乎？”这个道理，他说你懂不懂？你再来辩论一下，用逻辑来推理一下，还能够再产生一个逻辑吗？或者说，此言语存在的真实性，这个逻辑是到此为止呢？或是最高的真理呢？他岔进来这一段。所以研究《庄子》，没有办法用各家的注解，至少我的本事不够，学问不够。我认为只有拿后代的佛学来解释，比较容易明白，但是对佛学要真正的了解才行。

“夫言非吹也，言者有言，其所言者特未定也。”等于佛学所讲“旋陀罗尼”，就是总持法门。言语音声是个总持法门。佛学名词叫旋陀罗尼，一切咒语都叫旋陀罗尼，所以咒语不能解释。譬如说嗡啊嗡啊嗡啊，念去就是了，娑哈怎么哈去都可以。这个旋陀罗尼是什么道理呢？等于我们中国人看到人时，“嗨！”你就笑了，这个嗨我不一定是叫你啊！可是“嗨”一声，你就懂了，这就是旋陀罗尼。这个音声发出来没有意义，但都懂了。譬如我们对动物有一种音声，一发出来它就懂了，也是旋陀罗尼。音声有它的作用，所以言非吹也。但是这个声音究竟吗？等于一般学密宗的，把念一个咒子当成不得了啦，以为这个咒子就是佛法了，这个咒是不传之密。但是佛在因明上告诉你，声是无常。唉！完了，这个咒子又统统推翻了，旋陀罗尼统统都旋开了。庄子也提到声是无常。

“果有言邪？其未尝有言邪？其以为异于彀音，亦有辩乎，其无辩乎？”了解了《庄子》，就了解了声是无常，前面了解了旋陀罗尼，最后又推翻了，声是无常，一切声音说过了就过去，不存在。那么他说这一段话，是什么意思？是说文字言语，只是指导你了解形而上道的，你不可以执著文字言语；如果执著了文字言语，你就糟了。所以他下面说：

道与言语

“道恶乎隐而有真伪，言恶乎隐而有是非！”先提出这两个原则，前提是道无所不在，“恶乎隐”，没有哪个地方是遮起来的，实际上道是普遍存在的，应该任何人都了解，真理是永远不变的，你拿到也是真理，我拿到也是真理。“道恶乎隐”，因为它是天下之公道，没有秘密。为什么世界上的人会说，我这个是正道，他那个是邪道；这个是真道，那个是外道、歪道；为什么有这些是非出来呢？“言恶乎隐而有是非！”他又说，言语说出来，本来就是要你懂嘛，可是人类很可怜，不管中文、日文、英文，哪一种文字语言，都没有办法表达人类的思想，所以人与人之间永远有误会。如果我说，你长得真漂亮，你误会了就会生气，心想这个家伙耻笑我；有时候很亲切地故意骂一句，这个家伙真可恶，可是他听不懂，气得非杀人不可。所以言语没有办法完全表达人类的思想与情感。言语的本身，本来应该是没有保留地使人懂，可是人因为听了言语，反而不懂了，变成有是有非。

世间上有了一个道，于是各家都讲道，下面他骂孔子有孔子的道，墨子有墨子的道，做强盗的也说有道，每一个都说有道，各有各的道，哪个是真道呢？他说：“道恶乎往而不存！言恶乎存而不可！”这两句话，特别注意。“恶乎”，就是“哪里”，“恶乎往”道到哪里？向哪里去找一个道，道也没有向别的地方去啊！“恶乎往而不存！”它本来就在这里啊！我们看庄子的文章，觉得文句很美，但很难理解，因为他的文字有他的逻辑，有他文字的美感。那么如何懂他这一句话呢？你读了《金刚经》：“如来者，无所从来，亦无所去，是名如来”就懂了。“道恶乎往而不存”，意思就是无所从来，亦无所去，永远在这里，故名如来。如果我们要懂《金刚经》说的这三句话，就拿庄子这一句话解释，也就懂了嘛！道恶乎往而不存呀，对吧！

“言恶乎存而不可”，这个言语在哪里存在呢？刚才说了，佛在因明上说的，声是无常，言语讲过了就没有了，就空了。所以佛经上说如谷响。“恶乎存”，这话说过就过去了嘛。过去心不可得，现在心不可得，未来心不可得，何必一定要说你的话不对，我的才是真理呢！这个太笨了。但是呢，世界上的是非与真理，尤其对于这个道，哪个不好胜争个真假呢！庄子有两句话，道理说得是最清楚："道隐于小成，言隐于荣华。"

道被遮住了

道，本来是天下的公道，无所不在，到处都存在，无古今，无中外，无来去，无生灭，不垢不净，不增不减。但是既然这个道存在，我怎么不能悟道呢？因为"道隐于小成"之故。一般人智慧小，度量又小，心想那个道啊，一定打坐起来，头顶像电灯泡一样放光，或者身上会摇起来，再不然会跳起来，再不然有天眼通，这些都是小成小玩意；小玩意来了，大道反而隐了。道隐于小成，所以你永远不能了解大道。"言隐于荣华"，言语文字本来代表真理，结果呢？大家被言语文字的美遮住，言语文字背后的真理反而找不到了。《金刚经》上的话，"一切有为法，如梦幻泡影，如露亦如电，应作如是观"。大家都会背，懂了吗？不懂，让四句偈子蒙住了，被优美的言语文字蒙住了。所以说"言隐于荣华"。因此，庄子骂人说：

> 故有儒墨之是非，以是其所非而非其所是。欲是其所非而非其所是，则莫若以明。物无非彼，物无非是。自彼则不见，自知则知之。故曰彼出于是，是亦因彼。彼是方生之说也，虽然，方生方死，方死方生；方可方不可，方不可方可；因是因非，因非因是。

"故有儒墨之是非"，因此啊，乱七八糟，世界上有那么多学术讲这个道，儒家有孔子的道，墨家有墨子的道，诸子百家各有各的道，争来争去。"以是其所非"，以我主观的是，看你一切都是非。“而非其所是”，推翻了你一切的不是，成立我主观的对。把你们一切都批驳完了，只有我的才对。“欲是其所非而非其所是，则莫若以明”，他说你真想搞清楚，究竟哪个对，哪个不对，哪个真正是道，哪个不是道，最好你先把道弄明白，明心见性，开悟了，那时你才会真正懂得什么是道了。

《齐物论》全篇的系统，是根据第一篇《逍遥游》来的，然后讲到宇宙万有的现象不齐，不齐中间，是不是真正有一个绝对的、万物归一平等的齐物？庄子首先提出来一个观念，虽没有明显地讲，但是说，如果有人想要求证，先要做到亡我的境界。然后提出来说万物之所以永远不齐，因为那是道所呈现的现象与作用，是属于形而下的。关于这一点，他用物理世界的气和风作说明，风是气的一个现象，气一吹就是风，但所接触到各种空穴，发出声音的这些现象不同。因此在同一个风的作用之下，发出来风的声音，有百千万亿不同的变化。这个说明我们人的心理状况、思想观念，也与这个道理一样。这中间还有个道理，怒者其谁？“咸其自取”，一切都是每一个人自己在捣鬼。等于佛学《楞严经》所讲：“随众生心，应所知量，循业发现。”后面接着就讲，每一个人，因为自我的观点不同，所以理解不同，言论不同。所以在春秋战国的时候，诸子的学说，百家争鸣，讨论由形而下到形而上的道体，有各种的是非对错。墨家和儒家，当时这两个大家争得很厉害，因此有他们的是非，每一个人都站在自己的观点，看人家都是错的。所以要想摒除一切是非，庄子说唯有一个办法，就是真正能够明道，才能够摒除了万有的不齐，而归于齐一的道体。

“物无非彼，物无非是。”第一句话，“物无非彼”，如果照文字来翻，“物”，就是这个东西，这个东西啊，没有哪一样不是它。这个话，你说他讲的什么？第二句：“物无非是”，这一样东西，没有哪一样不是的。如果这两句话这样翻译的话，我们用古文的四个字来批判：不知所云，不知你讲些什么。实际上庄子是南方楚国文学，他在古文的写作技巧上，文艺造诣是相当高的。年轻同学们要注意！高在什么地方？一种自然科学的东西，或者一种纯理论，纯逻辑的东西，要变成文学化是非常困难的。例如我们现在学校里念的课本，假使物理学、化学、电机机械学，要把它文学化，怎么变？除非这个人的头脑，比较科学，比较机械，这一方面容易接近才行。如果这个小孩的个性是喜欢文学的，对于数学一类的东西，没有办法接近，这就是我们现在学问的新名词，要研究儿童的“性向”；就是个性的趋向。其实这些现代的科学、科技的东西，要变成文学化，并不是很困难。过去我们也曾经试过，有几位同学，大学毕业到中学去教课，我也要求他做到这样，结果他做得很成功，用文学的境界，讲一首诗啊，或讲一首词呀，然后进入了一个化学公式里。不过他也很痛苦，他说这个工作很难；可是在教育上，他真成功了，使差不多百分之八九十的学生，都有高度的兴趣，对于科学的理解，更深刻了。所以，这不是做不到的。

是非对错

现在庄子的文章，是讲一个纯逻辑的问题，“物无非彼”，就是说每一样物质，每一样东西，各有它单独的存在特性；水就是水，水不是火，火就是火，火不是风。换句话说，我们看到万物，认定这个叫灯光，这个叫黑板，那也就是佛学的唯识法相学所讲，是我们心里的观念，一切都是依他而起。因为有外境界一个现象，我们心里就产生了一个东西，有了一个观念。所以第二句话说：“物无非是”，没有哪一样东西不属于我。属于我的什么？心，一切都唯心，这是最高处形而上心物一元的道理。但是形而下呢？物就是物，物质就是物质，心灵就是心灵，两个分开。可是归根究柢是一个。所以说，“物无非彼”，每一个东西，都有它单独各自存在的一个现象，不是它自己的自性。每个东西它无自性，是撮合拢来的。第二句话，“物无非是”，是个什么呢？一切是我们自己的观念，是唯心所生，不是唯物。

“自彼则不见，自知则知之。”人受到外物的影响，跟着外物的环境转，只在物理上去追求形而上这个道体，那是永远找不到的。对形而上这个道体的研究，所谓修道，或者求证，不像自然科学是求证于外物，而是必须回转来，向内追求自己。我们想要知道的这个道是个什么，必须要回转来自知，才能找到这个东西。所以说，“自彼则不见，自知则知之”，从外面找不到，要从自己内心找才能知道。

“故曰彼出于是，是亦因彼。”它，因为我自己主观观念认定了，这个事就定出来了。譬如手表，因为人类的发明，由外文翻译成中文，就叫“手表”，假使一开始就把这个东西叫成水桶，我们现在的手表就叫水桶了。“彼出于是”，那些是我们人类自己知识认定的。但是我们的主观认定是哪里来的呢？依他而起，“是亦因彼”，所以我们主观认定这个就是这样，它就是这样了，这就是依他而起，依外在的物质环境而起。

这些道理，我们听起来蛮简单，但是今天世界之所以有战争，就是唯物思想与唯心思想在战争。唯心思想，好像被唯物思想打垮了，在新的唯心哲学方面，这个时代是交白卷，几乎站不住的。但是，我们回转来找自己的文化，在《庄子》的里头，已经很明显讲到心物一元，他论辩的道理，认为都是个人主观、意识形态所形成的。所以唯物思想的人，喜欢用一个名称——“意识形态”，批驳了别人。但是你的思想，你的观念，你的是非，庄子说，都是你的意识形态形成的。别人往往被他盖住了。实际上，他讲别人那个是意识形态，他自己也是一个意识形态；也就是“彼出于是，是亦因彼”而来的。现在庄子又批评下去。

生死 死生

“彼是方生之说也，虽然，方生方死，方死方生；方可方不可，方不可方可；因是因非，因非因是。”这一段完全是逻辑的论辩。庄子为什么写这一段文章？在战国时代，我们文化里有名理之学，就是我们现在西方翻译过来的逻辑、论辩。逻辑的东西是怎么发生的呢？我们必须要有一个简单的了解。人类世界最初的文化，都是宗教来的，艺术也好，其他各方面都是。因为人生下来都是哲学家，每一个人都怀疑过自己怎么生下来的。天地间第一个人是怎么来的？我的生命在没有出生以前又是怎么样？我死了以后到哪里去？这些问题，任何一个人都想过的。不只我们如此，一切众生，据我想，同样的观念连动物也可能迷糊过，也会想过的，这一点我们不敢下断语，因为我们不是动物，又怎么知道动物有没有思想？这就是论辩的问题。

所以，世界上的一切学问是宗教来的，后来演变成哲学。因为宗教有些问题，是直接的权威性，只要相信就行了。可是人类的智慧是不肯满足的，你叫我信，可以！你告诉我理由才行，至少把门打开给我看看。但人类的宗教，素来是把大门关着的，到此止步，不要多问。哲学家不干，就要在门外敲一个洞看看，究竟里头生命来源怎么样？所以哲学后来就产生了本体论，就是宇宙生命的来源。这个学说几千年前，在希腊、埃及、印度，同时存在，大体上分为两派，一派是唯物之说，几千年来跟另一派唯心之说争论。唯物的理论，认为宇宙最初只是一个元素，是水；

有些认为宇宙开始是风；有些认为是地、水、火、风。我们上古也有说法，认为是金、木、水、火、土五行。搞了半天，这一种哲学就对形而上道产生了唯物的论定。

后来人的知识愈来愈开放，哲学家认为不够，你怎么可以认定呢？宇宙到底是什么做的？不管宇宙是上帝造的，或者不是上帝造的，你怎么晓得啊？因为你有智慧，这是由你的思想来的，但先请问一下，我们的思想靠得住靠不住？思想的本身是个什么东西？我们先要辩论一下了。所以啊，论理学就产生了。这个有关智慧的本身，就产生了所谓知识论。但是，知识的本身是不是靠得住？如果靠不住，你用知识认定的事就可能是错的。如果你的工具是思想来的，那么你这个思想就必须要研究研究了，要论辩清楚了；所以由知识论慢慢演变成逻辑的方法。

在印度，古代的逻辑叫因明，佛学里头有，所以学佛的第一就要学会因明。大乘菩萨道如果不懂因明，就不能学菩萨道。因此世界上的学问又有两派了，一派认为印度佛学的因明，是受了希腊的逻辑影响而产生的；另一派的说法相反，认为希腊的逻辑哲学家，是受了印度因明的影响而产生的。这个里头又是逻辑了，永远在论辩、在考据，到现在也无法弄个清楚。

在战国的时候，西方哲学发展产生了两派，一派是知识论，学问到了就行；一派认为只靠知识的理想，没有实证求证是靠不住的，非实证不可。实证的这一派就叫经验论。我们了解了西方，再看自己文化《庄子》这一段，与西方的论辩一样，只不过，我们的文化喜欢简化、简单罢了。

《庄子》这里提出来一句话，“彼是方生之说也”。“彼”就是上面我们所讲的代表一切外面境界的万物，“是”就是我认定的，主观的，不管是我们的主观认定，或者是因外物，依他而起所产生我们的思想，都属于方生之说。这是庄子提的一个名词，用文字讲就是刚刚生起。所谓是非、心物，都不是外物的关系，用禅宗的观念来讲，就是一念之所生；观念产生就是方生之说。但是他下面马上推翻了自己，“虽然”如此，但是“方生方死，方死方生”，一个东西刚刚生下来，就没有了，就死亡了。

所以，一般人讲修道，尤其讲禅宗说了生脱死，现在看了庄子的话，很可以了然。庄子认为，当我们刚刚生下来的第一天，不叫做存在，因为第一天过了，第一天的生命就完了；第二天是第二天的生命，所以方生就方死。这个生死是两头的现象，那个能生能死的，不是在生死上面，这两头都是现象而已，不相干的。等于晚上刚刚在黑夜，是明天的开始，刚刚天亮是夜里的开始，这是个逻辑思想的问题。所以，我们自己是被现象骗了，认为天亮了叫做白天，夜里睡着了叫做夜里。生命的存在也一样是方生方死；当一个东西刚刚生下来，就是死亡的开始，我们认为它是死亡的时候，却是另一个生命的开始。庄子的文章，没有落在一边的，刚刚讲了“方生方死”，接着就讲“方死方生”，两头都说完了，如珠子走盘，不着边际。

接着又讲到人的观念问题，“方可方不可”。当我们认为这一件事情可以的时候，讲了“可以”，这一句话已经没有了，过去了，方可方不可。当你主观肯定的时候，它本身这一念已经否定了。“方不可方可”，你认为否定了，你只是产生了另一个新的观念，另一个肯定而已。所以，没有真的所谓主观、客观。所有天下的是非，因为我主观认定“是”，所以产生不同于我的看法的，叫做“非”，“因是因非”。那么，我们的对是哪里来的呢？相对的，因为觉得别人不对，所以认为我的对，这还是自我的一念主观来的。所以是非、善恶、因缘，都互为因果，都靠不住。

我们看了这一段，留下一个问题，在庄子的时代，印度的佛学绝对没有过来，几百年后印度佛学传来，才有缘生之说。印度佛学也是走一样的路线，万物不自生，不是自己来的，生命不是自生的，种瓜得瓜，种豆得豆；不他生，不是主宰能够造得出来；也不共生。所以，不自生，不他生，不共生，不无因生，也不是没有原因来的，是名为“缘生”，一切的因缘所生。这个观念就是佛学的中观，与当时庄子有相通之处，方生之说，也就是缘生性空的道理。

圣人如何 如何得道

是以圣人不由，而照之于天，亦因是也。是亦彼也，彼亦是也。彼亦一是非，此亦一是非。果且有彼是乎哉？果且无彼是乎哉？彼是莫得其偶，谓之道枢。枢始得其环中，以应无穷。是亦一无穷，非亦一无穷也。故曰莫若以明。

“是以圣人不由，而照之于天，亦因是也。”进一步，他又否定了一切，这就是庄子的逻辑。所以说圣人，得道的人，不由自主地不作后天的主张；而是很自然地照之于天。这个天代表形而上的道，以天体天道自然一照。但是，虽然认为自己现在是非都不动，也不管对，也不管不对，也不落空，也不落有，已经得道了；你当心！庄子说“亦因是也”，如果认为你这个就是道，仍然是一个主观，仍然是你自己认定的。“是亦彼也”，你这个主观的认定，还是属于依他而起。这个彼是外界，因为外界认为你的不对，我才对。“彼亦是也”，他的对，也是因为你的不对他才对。所以，客观主观是相对的。

我们经常听人讲：“我很客观地告诉你”，你说这话已经是主观了，自以为是客观，这就是主观，“是亦彼也，彼亦是也”。

所以庄子说，“彼亦一是非，此亦一是非”。所以世界上的思想、观念，各人有各人一套对错。“果且有彼是乎哉？果且无彼是乎哉？”究竟哪个是真正的对呢？哪一个又是真正的不对呢？下面一段，是他批评当时的学术思想。

“彼是莫得其偶，谓之道枢，枢始得其环中，以应无穷。”偶就是相对。他说真正的道，不是相对而是绝对。既不是空也不是有，既不是是也不是非，既不是恶也不是善。离开了一切的相对以后，可以说得到了“道枢”，就是把握了道的那个中心枢纽了；如果认为这就是得了中观，那就落偏了。换句话说，用庄子的道理来讲，这不过是个道枢，一个机器的中心点而已。不过呢，得了这个道枢有个好处，“枢始得其环中”。环就是一个圆圈，圆的中心点，环中就是枢。

等于好几年以前，大家玩的那个“呼拉圈”，人站在中间做一个枢点，摇动那个圈子。这个宇宙也就是这样，生命、万物都是无始无终像一个圆圈，不过圆圈有个中心点，你要把握。把握到这个中心点时，出世入世可以“以应无穷”，因为无始无终。无穷的观念不要搞错了，我们一看到无穷，觉得无量无边，在观念上一定会尽量地扩大，却忘记了边际正在这里呢！所以，无穷也是无开始，不要忘记了，这个起点就是无始无终。所以庄子的文章说得很妙，“枢始得其环中，以应无穷”。我们晓得学佛的拿念珠，是一百零八颗，而道家是一个连环圈，木头做的，两个圈圈连环套在一起，拿在手里玩来玩去的，这个东西就是环中。过去在大陆看到很多道士，手上喜欢带一个风藤，天然的植物，两个圈圈长在一起，是否雕刻的，搞不清楚。《封神榜》中就叫做乾坤圈，这个东西就是环中作用。其实，人体也是这么两个环中，这个上半圈（胸部）是一圈，下半圈（腹部）这里也是一圈。

所以有些人传道，给人那么一点，嗯！道在那里，对其中宫，守其环中，即是道也。有没有道理呢？是有它的道理，密宗也用这个地方。现在我这样说出来，是因为我认为它无所谓，不是什么秘密，这只是小孩子玩意，没有什么了不起；但在道家和密宗却认为不得了的。我素来喜欢公开地提，因为这不是道，充其量只是用这么一个方法，使你能够向这个方向钻而已。中宫是什么东西呢？这里头是胃，有两根神经就是了。这有什么道理呢？他是要我们做到心物相忘，人能够真正修养到心物相忘，外境与自我都相忘，才可以归到那个环中的境界。

“是亦一无穷，非亦一无穷也。故曰莫若以明。”这就讲到了学术观念，也等于人生的观念，包括政治哲学，社会哲学，经济哲学，一切都在内。一切的观念理论，就是我们中国最高哲学的两句老话：“公说公有理，婆说婆有理，有理说不到底。”庄子的文字，就是“是亦一无穷，非亦一无穷也”，都是无穷无尽。

“故曰莫若以明。”所以说最好是明道，明道了以后，是非皆明。因此古人有两句诗：“自从三宿空桑后，不见人间有是非。”不三宿空桑，是佛教的戒律，出家人修头陀行，不住庙子，一天到晚在外面行走，房子里面都不住，夜里打坐，就在桑树底下一坐。在同一棵桑树底下不能坐上三个晚上，因为再多坐下去，会对这棵树木有感情，会留情了；修行人要离开一切情，抛弃了一切的欲望，使自己对于生命不会有拖累，所谓：“离情弃欲，所以绝累也。”所以这两句话就与庄子的观念有相同之处，离情弃欲，抛弃了是非、空有等等的观念，才可以明这个道。

天地万物一匹马

以指喻指之非指，不若以非指喻指之非指也；以马喻马之非马，不若以非马喻马之非马也。天地一指也，万物一马也。

这是庄子的两句名言，后来的人，因这两句话悟道的也很多。“天地一指也，万物一马也”，这一段文章在中国文化思想上，文学、哲学上，几千年来分量都很重。实际上是庄子文章的写法，文字上看起来很啰唆，翻来覆去的。学文学的同学，能不能简化呢？当然可以。

说到简化，就要提到宋代主持修唐史的欧阳修，当时在他旁边帮忙的，都是翰林大学士，学问好得很。既然明天就要开始修史工作，今天大家放假，出去郊游郊游吧！郊游的时候，正好一匹马发疯了乱跑，咬断了缰绳冲过来，路上正有一条狗，疯马一脚就把狗踏死了。欧阳修要大家把这一幕记下来，实际上，他这个主编是在考这几位编辑。结果有一个人写了二十多字，说马发疯了，把绳子咬断了，跑过来把狗就踏死了。有一个很节省写了十几个字，历史上都有记载。欧阳修叹气说，照诸公这样写文章呀，一部唐史，不知道要多大一个房子来堆啊！大家问他该如何写，他说：“马逸毙犬于途”，六个字就完了。欧阳修这六个字，现在年轻人一定很不满意，可是懂得古文一读，这个意思就懂了。马逸，就是马乱跑，马一乱跑，毙犬于途，就说清楚了。所以呀，一部几百年的历史，堆在案头也就那么一小本。古人写历史，是很困难的，我们几千年历史，如果照现在白话文来写，那实在不得了。但是照庄子的文章来写，也不得了，喻指又非指，非指又喻指，喻马又非马，非马又喻马的，搞了半天，究竟你指马呢？还是马指你？搞不清楚。也有人专门讨论，对于这个“喻指非指”，我就看了很多文章了，而且现代学者也讨论，认为这个指不是指头的指，是宗旨的旨，以指喻“旨”，还引经据典。因为现在写论文就是这个办法，苏格拉底怎么说的，孔子怎么说的，某一本书怎么说的，反正有关指头的，看到书上一根半根指头，通通把它抄上去，然后引证我看了些什么书，好像学问很渊博。实际上，你自己的意思呢？我没有意思；结论呢？留给别人去作吧！现在很多文章，都写成这样。

庄子这个“指”很简单，就是指头，这一段讲什么呢？讲逻辑，讲论辩。有关论辩，我们晓得一定有五样东西，以因明来讲，有所谓宗、因、喻，另加上正合、反合。以指喻指这个“喻”是比喻，印度因明非常注重比喻，西方逻辑并不讲。由于人类语言文字，无法真正表达人的思想、意识形态，故而用比喻。比如说我会绘画，要把我的意识画出来，那个画已经不是你的意识，而是三四层以后的意识了。为了要表达人类的意识，所以佛学因明的逻辑，非常注重譬喻。那么世界上善于用譬喻的是什么人呢？所有宗教的教主，都很会用譬喻。最善于用譬喻的是释迦牟尼佛；其次是基督教的《圣经》里头，很多都是用譬喻。为什么宗教的教主会喜欢用譬喻？因为最高形而上的道理，很难讲出来，只好讲一个譬喻。所以，我们假使问某人长得如何？听到回答说那个家伙的脸像马一样，我们就一笑，反正就是脸长了，这就是譬喻。人们经常喜欢用譬喻，所以，譬喻在论辩上，是表达情识最好的方法。庄子当时的一般名理学家，像惠子、公孙龙他们这些喜欢论辩的人，都提出来说，庄子的这个譬喻不好，这叫做“引喻失义”，你用了譬喻以后，反而使人家不懂真正的意义。

我经常讲诸葛亮的《出师表》，年轻同学都念过，其中有一句就是劝他的皇帝阿斗，不可引喻失义。我们看了诸葛亮这篇文章，就了解刘备的儿子阿斗，他是非常聪明，很会论辩的；做错了事，他会盖得很好。换句话说，很会乱盖。因为他父亲当年交待他，把诸葛亮当干爹看，所以在《出师表》中诸葛亮教训阿斗，说他经常引喻失义，所用的譬喻丧失了真正的意义。

现在庄子这一句话，“以指喻指之非指”，有点引喻失义。但他并不是用指头来作比方，这个不是指头的道理。所以后来的禅宗大师及《楞严经》上的翻译，也用“指”，是“以指指月”，比庄子用得高明。禅宗后来有一部书，叫《指月录》，以指头指月亮，叫你看月，不是看指头，不要把指头当月亮。现在研究禅学的人非常多，都是抓住了指头当月亮的；拿庄子的话来批评，“以指喻指之非指，不若以非指喻指之非指也”。如果你研究禅宗公案而讲禅的话，不如你绝口不谈禅，或者还可进入禅。

“天地一指也，万物一马也”，这是庄子的名言，很多人因之而悟道，庄子这句话是表达心物一元的道理。这个心物一元，既不是唯物，也不是唯心，但也可以说是纯粹唯心，不过这个纯粹的唯心，并不是西方唯心论的唯心。

庄子为什么那么用譬喻呢？因为当时一般讲逻辑论辩学的这些人，惯用一些譬喻，所以他拿来批判一番，影响后世很大。佛法到了中国之后，产生了大乘佛学，唐代的时候，共有十宗。唐朝武则天时代，华严宗鼎盛，第三代祖师叫贤首大师，法名法藏。他有一篇影响中国哲学思想的著名文章，就是《金师子章》。贤首大师当时，在宫廷里上课，宫廷的前面，摆了一个金狮子，他就用这个狮子来比方。贤首大师用金狮子，说“天地一指，万物一狮子”。这个宇宙万物等于一个狮子一样，狮子全身，有头有尾有脚，有无数的毛，每一根毛都代表了这个狮子，但是每一根毛，也都不是这个狮子，牙齿也是一样，说明华严境界十玄门，所谓“帝网重重无尽”的道理。这同庄子以马做譬喻的观念，是一样的。

所以庄子的归纳，“天地一指也”，这个天地是一指，不是这个指头，而是这个指头所指的。“万物一马也”，宇宙万物，不过是一匹马一样。不是这一匹马，是同这个马的作用一样，这是譬喻。因此，明朝的憨山大师，有两句有名的诗：“身世蜩双翼，乾坤马一毛。”这个观念，也是从庄子的“天地一指也，万物一马也”来的。下面接着庄子由逻辑的道理，继续批判是非观念。

最终的一同

> 可乎可，不可乎不可。道行之而成，物谓之而然。恶乎然？然于然，恶乎不然？不然于不然。物固有所然，物固有所可。无物不然，无物不可。故为是举莛与楹，厉与西施，恢恑憰怪，道通为一。

他说是非观念使我们产生认定，认定应该或不应该，“可乎可，不可乎不可”。这个可以不可以，都是我们的主观来的；是我们的念头认为可以就可以，不可以就不可以。宇宙间没有离开心以外的是非观念。他的结论告诉我们，“道行之而成，物谓之而然”。我们要想成这个道，想返回到形而上道里头，只有实行。这里我们看到庄子讲实验，偏重于经验论，只有真正行道才能成道，要到达形而上道不是靠空洞理论，如果拿论辩思想来当作道，那就完全错了。等于现在讲道讲佛学，都变成一种思想学问，那就不对了。“物谓之而然”，宇宙万物我们认定对就对了，不对就不对。认定这个东西叫什么，就叫什么，一切都是唯心作用。所以形而上的道，“行之而成”，是要修行才做得到；形而下的万物是人为的，认为怎么样就怎么样，就是“物谓之而然”。下面庄子的文章，波澜汹涌。

“恶乎然？然于然，恶乎不然？不然于不然。”他说：“恶乎然？”怎么样才叫对了呢？“然于然”，你的观念认为对了，它就对了，还是唯心作用；用白话翻过来很简单，给庄子一写啊，我们就眼花缭乱。“恶乎不然？”怎么样认为不对呢？“不然于不然。”这个不然是你的观念认为不对就不对。虽然那么讲，你不要被庄子的文字骗了，他上面来一个花样，像我们打拳一样，花拳绣腿，东一拳西一拳，实际上，他一到中心就杀出来了。做文章就是这样，“恶乎然？然于然，恶乎不然？不然于不然”，都不相干。

“物固有所然，物固有所可。”天地万物都有它的所以然，既然宇宙万物形成了，电就是电，成了电灯它发亮了；它通过了发声的地方，成了录音机、收音机了。“物固有所然”，物体都有它所以然的特别性能；“物固有所可”，所以万物，都有它应该的本位和立场。

在现象界来讲，当形而上道形成了万物后，各有各的性质，水跟火两个就不同，两个都是物，但水火不能相容的。“物固有所可”，水有水的用处，火有火的用处，形而下是这样。但是从形而上来讲，“无物不然，无物不可”。归到道体呢，水火都变成原来那个能量，只是一个能量，因此它说明一个道理：“故为是举莛与楹，厉与西施，恢恑憰怪，道通为一。”

所以啊，由于这个形而下、形而上的道理不同，在这里产生一个现象。在现象上来讲，“莛”是茅草的一个秆秆，等于是扫帚头上一枝茅草秆。莛这个茅草很细，很脆弱，很轻微；“楹”是一根大柱头，大殿里头那个大柱头，大木头，很粗很大，很贵重。这是两个相反的东西。“厉与西施”，“厉”是一个非常丑的丑八怪；“西施”是古代第一美人，最漂亮，也是两个相反。至于人的现状、个性、心理等都不同，他只讲了四大类：“恢”，是胸襟豁达，很宽大，什么事情都不在乎；“恑”，胸襟很狭小；“憰”，很奸巧；“怪”，很怪异。这四种是外在的现状，各有各的不同。这一个道理是什么？就是说“物固有所然”，丑的是丑的，漂亮是漂亮，细的是细的，粗的是粗的，胸襟大的就是大，窄的就是窄的，奸巧就是奸巧，古里古怪的就是古怪的，各个不同，现象不同，作用也不同，就是“物固有所然，物固有所可”。

但是，“道通为一”，形而上讲起来是一个东西。譬如一个人，好看的与不好看的，死了以后都变成白骨，白骨变成灰，漂亮与不漂亮都一样，都是空，那个是“一”；茅草秆同大柱头，化成了灰也是一样，这也是“一”。所以恢、恑、憰、怪，到了最后，还是“道通为一”。在这个里头，又产生形而上、形而下的道理。

其分也，成也；其成也，毁也。凡物无成与毁，复通为一。唯达者知通为一，为是不用而寓诸庸。庸也者，用也；用也者，通也；通也者，得也；适得而几矣。因是已，已而不知其然，谓之道。

“其分也，成也；其成也，毁也。”这也就是物理的道理。一个东西分化了的时候，也就是成功的时候。譬如稻子割下来，加工磨成粉，分化开了，可以分做成很多好吃的东西，“其分也成也”，分散开就是另外一个生命的开始。等于夫妻结婚，生了十几个孩子，这两个人的分化成了一个大家庭。但是，“其成也毁也”，就是“方生方死”之死。当成功的时候，也就是开始毁坏的时候。譬如这个房子，当我们盖成功开幕的时候，这一天已经开始在毁坏了，慢慢地坏，这个房子总归要坏。所以结论是“凡物无成与毁，复通为一”。天地万物，没有哪个叫做成功，没有哪一个永远存在的，也没有永远毁坏的。空久了以后，自然会形成有。这个形成的有，加上许多因缘的构合，自然会有，是自然的有，最后还是归到一。下面接着，有一个中国文化重要的问题来了。

平凡的高智慧

“唯达者知通为一，为是不用而寓诸庸。庸也者，用也；用也者，通也；通也者，得也；适得而几矣。”我们晓得几千年来，中国儒家的文化思想占了最重要的一环。而儒家的文化，到了宋朝以后，所谓《四书》里头的《大学》《中庸》，大家都知道，个个都会背。像我们当年读书，小孩子是非背不可，不背就要打手心，那手心打起来很肿的，就像熟螃蟹的盖子那么红肿，很可怜。关于《中庸》，有大学者提出考据的意见，认为子思的时代比庄子还后一点。子思的思想是根据庄子的思想来的，所以著《中庸》；因为《中庸》之庸字，是庄子这里先提出来，据说如此。这个考据学问很难了，几千年以后的人，考据几千年以前的事，如说这个资料绝对准确，我不大相信。现在根据一点古董，根据一点死人的骨头，就断定几千年以前的人是这个样子，那个样子，我只能说，“可乎可，不可乎不可，是者为之是也，非者为之非也”，就是引用庄子的话，很难说。

不过，他这里是提到庸的作用，讲天地间的事情，从形而上道体上讲，没有成败是非善恶。而形而下万有的现象是不齐的，形而上是齐的，“复通为一”。“唯达者”，只有真正得了道，通道的人，“知通为一”，归到形而上是一体的；这个一也不是一，而是绝对的。所以得了道的人，“为是不用而寓诸庸”，始终是不用。因此有许多人学了庄子，都学坏了。过去几十年前，我看了老一辈的朋友，年龄都比我大几十岁，学问很好，一辈子喝喝酒，悠哉游哉。他上通天文又下知地理，问他世界那么乱，你为什么不出来做一番事？他说你不晓得，我是学庄子的，无用之用是为大用。我年轻时，经常跟这些老朋友们开玩笑，我叫他们的外号，就是《水浒传》上那个智多星，吴（无）用。

所谓“为是不用而寓诸庸”，这就是《中庸》的庸。这个庸也就是“用”的意思。庄子的“庸也者，用也”，又是用，这怎么解释？这是古文，是很难解释。如我们把《庄子》内七篇全部搞通了，其实他并不主张完全不用世，虽然还是在用，用而恰当，用而适可。他下面就有“庸”字的解释。所以不管《大学》《中庸》，其实庸字都来源于《庄子》。只能说那个时代是变乱到极点，那个时代的思想都有些相通之处。处乱世人容易变成乡愿，逃避现实；人虽逃不开现实，怕现实，只有想办法，善于用现实。用得好，就是庄子这里所讲的“用”；用得不好，就变成乡愿了。

乡愿是孔子说的，他最看不起乡愿作风，这些人表面上看起来，做人处处都对，有道德，又不得罪人，处处都好。问他同意不同意？不反对。问他反对不反对？我也……是这个样子啦！是不是这样？差不多，大概吧！究竟怎么样，好嘛好嘛！这个就是乡愿的态度。所以孔子说“乡愿者，德之贼也”。但是庄子所讲的不是这个意思，他说，“庸也者，用也；用也者，通也；通也者，得也”，只有通了道的人，才得这个庸，中庸之庸的作用。为什么呢？他自己这里有话解释，“适得而几矣”。得到了这个，也就是上面所讲，“得其环中，以应无穷”。圆的中心是直的，直道而行，不是走弯曲路。“适得”，得到了这个道理。“而几矣”，几者，是差不多了。这一段是关于逻辑的论辩，讲到是非成败。

“因是已，已而不知其然，谓之道。”什么叫“不用而寓诸庸”呢？庸不是马虎，不是差不多，而是得其环中，恰到好处。换句话说，庸也不是后世所讲的庸庸碌碌，叫笨人为庸人的庸。高度的智慧，高到了极点，但是看起来很平凡，这个才是庸的道理，得其环中之应用。一个国家的领袖，只要指头在那里一按，原子弹就出来了，地球就可以毁掉了多少，只要那么一点，最困难的一点，你懂了这个以后，“因是已，已而不知其然，谓之道”。这个机关在这里，高度的智慧，用起来是极简单，极容易。但是中间包含的是智慧，全部的智慧，最高的智慧。那么，当我们有了这个道，最后在用的时候，不觉得是道，也不觉得自己是智慧，而是很平凡的用。下面他拿道的用，说明一般人的用。

暮四朝三不习惯

劳神明为一而不知其同也，谓之朝三。何谓朝三？曰：狙公赋芧，曰：朝三而莫四。众狙皆怒。曰：然则朝四而莫三。众狙皆悦。名实未亏而喜怒为用，亦因是也。是以圣人和之以是非而休乎天钧，是之谓两行。

这一段是骂世人的，也是最高明的警告世人。刚才讲到庸，我们人就不晓得用这个庸，自以为聪明的人，都喜欢乱玩弄自己的聪明，所以聪明反被聪明误。笨人吃亏在哪里啊？不晓得玩弄自己的笨，所以更笨。聪明的人玩弄自己的聪明，所以也笨。那么这些人为什么笨？“劳神明为一而不知其同也”，都是把自己的精神和聪明，向一点上钻。这个一，不是道复通为一的一啊！不要搞错了，那是向牛角尖那一点上钻。“而不知其同也”，而不晓得向大同方面钻。这些人叫什么？就叫朝三暮四。中国文化经常骂人朝三暮四，就是出于《庄子》。什么叫朝三暮四呢？

从前有一个狙公，就是养猴子的老头，动物园的园长，他养了好多猴子。那些猴子喜欢吃板栗，养猴子的老头，本来早晨喂四个，晚上只喂它们三个。有一天这个老头子忽然好玩，对那些猴子讲，明天开始，早晨喂你三个，晚上喂你四个。哗！全体猴子吵了起来，这个不行，受不了，会饿。他说，不要吵，不要吵，还是照旧早晨喂四个，晚上喂三个。猴子于是乖乖地说好，这样可以。

这里庄子骂世界上的人，都是像这一批被高明的人玩弄的猴子；反正是七个板栗给你吃就是了，时间安排的不同，位子安排的不同，你不晓得有多高兴！骂你一声混蛋，你就气得要命；喊你一声老太爷，您好您好，对不起，您天下第一，万岁，你就高兴了。实际上啊，都是被人家玩弄。这就是朝三暮四，暮四朝三的道理。所以他最后的一句结论，“名实未亏”，等于这个喂猴子的老头一样，板栗一天还是喂了七个，并没有变，只把观念变一变，大家就受不了啦。你不要看这是个故事啊！这就是社会学、经济学、政治学，什么哲学都在里面。所以政治上的道理也一样，一个时代转变，当政策要转变时，领导政治的人很困难，明明新办法对人民社会有利，开始老百姓绝对反对，因为不习惯。要叫人改变坏习惯，他也会觉得不习惯。所以，我们读了历史，非常感叹！

历史上有几桩事，都是“民曰不便”，老百姓不方便，闹起来造反。实际上闹了半天，照样改变了，就是“狙公赋芧”。我当年在四川，知道重庆要修马路的一个故事，古代都是石头路，下了雨，路上两边都是泥巴，房子屋檐很低。但重庆当时也像成都有地方势力，有所谓五老七贤，是从清朝到民国的，地位高，名声大，学问好，社会力量很大，财产很多。修什么马路？他们走路很舒服啊，坐坐轿子，有黄包车，为什么拆房子，修那么宽的路？马路给马走的，同我什么相干？结果有一位先生，此人后来在台湾这里过世的，后人叫他军阀，他真有办法。有一天，他就请五老七贤来赴盛大的宴会，有鸦片可吸，有赌可玩，菜很好又很恭敬，一边请吃饭，一边派他的部队，拆了那些人的房子。等他们吃完饭回去，房子也拆了，马路也修了。后来四川的朋友告诉我，瞎子讲，哎呀！真好，某伯伯修了这样宽的路，现在走路都不要手棍了。所以由这个故事看到，天下事有时要改变很难，有时必须违反大众的意思，坚持正确的政策，要有这个担当，要大众体谅那是为了长远的公利；也有的时候，在执法上和自己的私欲冲突，那只好忍痛牺牲，这也是难能可贵的。

一个时代一个环境，譬如这个环境，我们坐的位置这样布置，假使下一次来，位置改变了，许多人一定觉得"民曰不便"。我当时坐的那个地方蛮好，怎么弄到这里！所以啊，不能动。其实都是心理作用，所以社会上很多的事情，不但是政治社会如此，家庭也如此。你那个孩子习惯了不用功，以后你想叫他改变得用功一点，"民曰不便"，他也不给你用功的，都是同样的道理。所以这个故事，所包含的哲学意义，对于人生的实用，有太多的道理。你不要当成一个笑话听过去，那样就辜负了庄子，很可惜。

懂得调和的人

"是以圣人和之以是非而休乎天钧，是之谓两行。"形而上的道无是亦无非，无善亦无恶；形而下有是非，有善恶。那么得道的圣人处形而下道，人与人之间，怎么处呢？一个字“和”之以是非，是非善恶要调和。这个“和”就是中庸的“庸”。所以有人提出来，《中庸》是根据《庄子》来的。《中庸》又提到中和这个“和”，“致中和，天地位焉，万物育焉”。所以得道的圣人，晓得形而下有是非，而且愈来愈尖锐，所以只有调和它，把是非中和了。能中和了，在形而下的人道，就好多了。

但是，还要进一步“而休乎天钧”。这是庄子的名词。天就是代表形而上道；钧就是平衡；像天地一样的公平。这样的公平怎么调和？这就是智慧之学。依我们看，天地并不公平；天地为什么在我们要热时，偏要冷起来！当我们要冷时，偏要热起来？很不公平啊！怎么叫做天地一样的公平呢？有了白天给你闹，还有夜里给你休息呢！这又是很公平了。这个中间的调和，要参透天地之间的造化，而休乎天钧，庄子说这叫做“两行”。

这个两行的道理，拿我们现在的观念，庄子是主张双轨的。有许多东西，都是走双轨的路线；但双轨的路线，往往发生矛盾，发生争斗。实际上，两行的道理，不是双轨，也就是《中庸》讲的一句话，“道并行而不悖”，道并行而不相违背的意思。

讲到这里，我们不要被庄子的文章迷住了，说了半天，现在还是由逻辑讲起。古人各说自己一番理，公说公有理，婆说婆有理，然后批评了每一个人所用的逻辑方法，都是由主观形成的，天地间没有真正的是非，形上、形下都讲遍了。庄子的文章啊，等于我们去看一个喷水池，万花筒喷出来的水，被灯光一照，五光十色，水池里头波浪起伏，就是这么一个画面。你不要被他骗住了，我们还是要看水，不要看那个现象，看现象已经上了庄子的当。他现在始终讲一个东西，形而上的道，还没有讲到中心，还在转。下面他又提到道的影子了。

宇宙万有开始前后

古之人，其知有所至矣，恶乎至？有以为未始有物者，至矣，尽矣，不可以加矣。其次以为有物矣，而未始有封也。其次以为有封焉，而未始有是非也。是非之彰也，道之所以亏也。道之所以亏，爱之所以成。果且有成与亏乎哉？果且无成与亏乎哉？有成与亏，故昭氏之鼓琴也；无成与亏，故昭氏之不鼓琴也。

对当时的那些学者，有关道的研究，形而上与形而下之辩论，庄子提出来，“古之人”，中国的上古文化，早就有人懂得形而上的道。“其知”，他的智慧“有所至矣”，高到了极点。“恶乎至？”他高到什么程度？“有以为未始有物者，至矣”，有人认为，宇宙万有，“尽矣，不可以加矣”。在万物没有开始以前，没有世界，没有天地，没有月亮，也没有地球，一切都没有的那个时候，是形而上的道体，认为这个到了家了。中国文化后来就叫做无极，在佛家就是空，古人早已经知道形而上的道体是空，是无极。庄子又提到，中国上古的老祖宗，能够晓得形而上道是空的，我们宇宙万有生命，是由真空所变的妙有来的。

怎么变？这是个大问题了。那么庄子又讲：“其次以为有物矣”，等而下之有了万物，我们老祖宗们，也晓得宇宙万物有东西开始。现在我们站在庄子学问的立场，庄子这一段的观念，可以作为世界上哲学的评论；就是说，上古的人，已经晓得万物没有开始以前是空的。那个空的东西，可以叫它是唯心，或者是心物一元。再其次呢，有一些人，晓得万物开始以后，物质的力量很大，物理的作用很大。或者先有水，由液体变成热能；或者由气体变成风；或者地水火风，金木水火土，一起开始运动，是由物在变化。但是，这个物质一变出来，形成这个世界以后，“未始有封也”，并没有界限。中国政治哲学思想，社会学思想，经济学思想，都提到这个，这个根根。庄子这里提过，孔子也提过，譬如这个地球形成以前，拿社会观念讲，没有什么叫做财产制度的观念。这个财产制度，也不能说这个是私有，那个是公有，这些观念都没有。等于一个人到荒岛上去开荒，未始有封也，没有说这个界限属于你的我的。到了人类人口慢慢多了，生活的需要，引起人的私心来了，我有我的范围，你有你的范围，有了界限，有了封界。最早的时候，人类社会人口还不太多，私心还不太大，所以还没有争斗。

“其次以为有封焉，而未始有是非也。”那时人口还少，虽然说你有你的界限，我有我的界限，还没有为了争多一点，闹是非争斗；人类还能互让，还很有礼貌。我经常给同学们讲，人们常说时代在进步，但在哲学逻辑的观点来看，时代究竟在进步，还是在退步，是很难讲的。在东方我们固有文化，素来认为人类的文明是衰落的，愈到后世愈乱，愈堕落、愈退步。佛家的文化也是这样认为。所以如果严格讲哲学，这个逻辑上有差别，我们现在只能说，人类的物质文明发展算是进步的，至于人类道德精神文明，不一定进步，而是在堕落退化。现在庄子也是这个观念。

“是非之彰也，道之所以亏也，道之所以亏，爱之所以成。”有是非就有争斗，这个事情一演变发展，人与道就愈来愈远了。为什么看到古书上，古人得道，或者学问成功的人，好多好多，又快又好。为什么愈到后来愈差呢？昨天我还接到国外一位学生来信，就是问这个问题。他也觉得自己很用功，很努力，修了那么久的道，一点影子都没有；为什么古人一修就会？老师啊，我有点不相信，是不是古书上骗我们的？这封信现在压在案头上，还没有回他，因为这一回起来，要写长文章，我实在没有时间。其实古人并没有骗我们，物质文明愈发达，人类社会愈复杂，思想愈紊乱，是非善恶观念更复杂，这些都是障道的因缘。而且人的教育普及了，知识开发了，学问愈没有基础了。知识并不一定是学问，我是站在庄子这个立场，说明这个道理。所以他说："是非之彰也，道之所以亏也。道之所以亏，爱之所以成。"这个爱，代表了私心的偏爱，私心的爱好愈来愈严重，人的自私心也就愈来愈严重。

现在还是在《齐物论》。我们再提一下全篇的宗旨，实际上内七篇是一个连贯性的。尤其是《齐物论》，是指道体——宇宙万有本体，本来是绝对，是同一的，是一体。当这个体起用的时候，一切万类的现象就不同。所谓不同，只是现象、作用不同，道体是一样的。比方说水，它的性能就是湿，至于水有清水，有浑水，或者变成各种咸淡等味道不同，但是水的性能不变，只是作用、现象变了。这个原则，我们必须要把握，读《齐物论》，晓得内容是一贯的。因为它的内容引用了太多太热闹了，我们容易被他的譬喻，或者说明所骗，所以觉得漫无头绪，实际上是很连贯的。

比方，上次我们讲到中国文化里惯用的一个典故，就是"狙公赋芧"，朝三暮四，暮四朝三。在观念、现象上一变，大家就被这些现象观念搞迷糊了，引起人情绪上好恶是非的不同。这个故事，因为譬喻得太好了，反而使人忽略了"道体是一"的道理。因为大家的观念不同，所以儒家、墨家、道家，各家说法都不同，应用的方法也不同，因此现象把人们迷住了，忘记了本来。庄子的重点在这里。

这个重点把握住了，它同佛经上引用"众盲摸象，各执一端”的道理一样。一只大象站在那里，有一班瞎子来摸这个象，摸到象鼻子的，摸到耳朵、嘴巴、腿、尾巴，各人不同，但认为自己所摸的那一个部分就是象。所以众盲摸象，摸到的是象的一部分，不能说不是象，毕竟不是整体的象。佛经还有一个比方，禅宗里头常用的，“分河饮水，各立门庭”。世界上，水都是一样，因为海洋、江河性质不同，所以水的味道不同，有咸淡、浑清、硬软等等。一般人在自家附近的江河喝水，就以偏概全，概括天下的水都是这样。佛学里引用这两个例子，与庄子所讲的是同一个道理，只不过庄子表达的方法很美而已。

我们前面讲到这里，他说最好两边都放下，取其中道而行之，不过他没有建立中道这个“中”字，庄子说了一个“庸”字，《中庸》那个“庸”字。在前面的结论，说到“两行”并存时，我们也引用过《中庸》上说的，“道并行而不悖”。他引申这个理由，就讲到人对于道体形而上的知见，开始要追求原始生命的来源。因为追求道体最初的来源，理论知识愈来愈进步，是非辩论也愈多了，私心和偏见也就愈多。结论是“是非之彰也，道之所以亏也。道之所以亏，爱之所以成”。接下来他又引用一个故事，说明一个道理。

“果且有成与亏乎哉？果且无成与亏乎哉？”这就是庄子的文章，像宋朝有名的苏东坡，也是采用庄子的笔法。接着明朝的这一班文学家，尤其跟禅有关的，包括袁中郎、李卓吾、冯梦龙等等，以及清朝金圣叹、李笠翁这一类人，都走庄子的文学路线；再加上佛学、禅学路线，都是综合的文章格式。你看庄子的文章，没有一句话说固定的，他不把话说死，都说得活，所以后世有人说，庄子就是禅宗一个开山祖师。禅宗禅师的文学，以及禅宗大师们的讲话，多半都是这个样子。

“果且有成与亏乎哉？”世界上，果真有所谓成功与失败吗？

“果且无成与亏乎哉?”果真没有成功与失败吗?其实是一个观念，但是用逻辑来讲是四面的。所以庄子不但文学美，逻辑也很清楚。下面讲一个事实。

音乐与道

“有成与亏，故昭氏之鼓琴也，无成与亏，故昭氏之不鼓琴也。”先提出来这一个人的事。“昭氏”，昭是古代的姓氏，名字为文，据说是鲁昭文，是鲁国音乐家。他的琴艺已经出神入化了，所谓近乎道的境界。他的琴一弹，可以使人听了忘我，忘掉了一切万物。人只要听他弹琴，就进入道的境界，就升华了，变成神了。“有成与亏，故昭氏之鼓琴也”，这就是说，昭文在弹琴的时候，他的琴音在表达世上有盛衰成败。这个世界花开花落，春来了春又去了，人生出来又衰落，又死亡;这个成亏之间，生灭变化之间，使人引起很多的感慨。表达这个感慨的情感，所以“昭氏之鼓琴也”。当他弹琴到最后一声，这个手一停，声音也静寂了，没有了，人也忘我了，什么都没有了，天地皆空，不需要弹这个琴了，所以“昭氏之不鼓琴也”。这就是描写昭文弹琴，他的琴艺近乎道的境界，当他有感于人生宇宙万有成亏，成败盛衰的许多感情来的时候，他才弹琴;等到弹完琴的时候，一声不响，所谓天地人物皆空，这个时候，是合于道的体。那么，在这个时候，世界上也没有所谓盛衰成败，一切皆空。庄子先提出来这个，同时又提了两个音乐家。

昭文之鼓琴也，师旷之枝策也，惠子之据梧也，三子之知几乎!皆其盛者也，故载之末年。唯其好之也，以异于彼，其好之也，欲以明之。彼非所明而明之，故以坚白之昧终。而其子又以文之纶终，终身无成。若是而可谓成乎？虽我亦成也。若是而不可谓成乎？物与我无成也。是故滑疑之耀，圣人之所图也。为是不用而寓诸庸，此之谓以明。

“昭文之鼓琴也，师旷之枝策也”，“枝策”是一种乐器。像八仙里头的曹国舅，拿两个竹片，手里一捏就发出声音，枝策就是这个东西，也可以说是拍板吧。师旷是晋国的一位名音乐家，他的乐器是板，音乐的造诣也到达了最高峰，同昭文的弹琴境界一样。“惠子之据梧也”，惠子是有名的论辩学家，讲逻辑的，跟庄子同时，孟子也经常提到他。“据梧”就是弹古琴，等于我们今天的古琴大师孙毓芹教授一样，是七弦琴古琴独一无二的专家了。我们把惠子一换，换成孙子之据梧也一样。当他在弹琴的时候，长袍一穿，摸到琴弦，他自己胡子长在哪里都忘记了。就是说他那个境界非常超越。庄子提了三个人，音乐造诣都到那种高的境界，但我们要特别注意，为什么他要提出音乐境界来？因为音乐、绘画，或者诗歌等等，一切的艺术都是人的感情发挥。在感慨、喜怒悲欢之间，用这个艺术乃至歌舞表达出来，都是同一个道理。情绪的变化，照古代归纳叫喜怒哀乐，照现在分析起来就更多了。人的整个喜怒哀乐，就是成败盛衰这四个大字；在成败盛衰之间，引起人的喜怒哀乐。

这三位音乐大师音乐的境界极高，他们的音乐，随着喜怒哀乐的情感变化，表达出抑扬顿挫、轻重缓急的不同，是万物作用的不齐。而当曲终人散后，江上数峰青，天地万物寂寥时，以及未弹琴前，那么高雅，那么空旷，那么高远，没有盛衰成败，也没有喜怒哀乐，此心很平静，如同道体的平齐。他们就用音乐的境界表示出这一切。这一段因为与音乐有关系，开始就先讲大风之吹，万窍怒号。下面他做结论。

“三子之知几乎！皆其盛者也，故载之末年。”他说这三个人，历史上的名音乐家，不是普通讲的音乐家，他们已经由音乐的境界进入了道的境界，此曲只应天上有，人间哪得几回闻，到达那个境界，成了神仙了。他说这三个人，音乐到达的境界，“知几乎”！这个“几”是机关的“机”。这三个人是“知几”的境界。这个“几”在哪里呢？当情感来的时候，把握这个情感，以他的高明技术表达出来，简直跟天地变化一样。他能把握住这个机，当风云雷雨一过，宇宙万象清明的时候，他一声都不响，就同天地的空灵是一样。所以这个知机，拿音乐艺术的境界讲，现在人就叫做灵感，要把握这个灵感，这是从小的方面来讲。

大的方面来讲呢，他下面有句结论，“皆其盛者也，故载之末年”。都是在他精神及技术造诣到最高境界的时候，把握了成功的演奏。所以在当时能成功，历史上也留名千古。如果等到精神老化，人要衰败的时候，纵然有高度的理想，也做不出事来了，表达不出来了。譬如弹琴吧，脑子想到某一个手法怎么样弹，某一个声音应该很好，可是风湿病啊！两个手神经不对，发抖了，弹起来也不行了。所以啊，他有一句做结论，世间法、出世间法都一样，修道与做人都是一样，人要晓得知机，把握自己生命的重点。不知机的话，就是对自己开玩笑，没有用。

知机的道理呢？庄子点题了，“皆其盛者也，故载之末年”。当他鼎盛的时候，登峰造极的时候，就是他成功的那一刹那，再不能有第二下了，因为没有那个精神了；这个机一过，一切都过去了。世法的成功与修道的成功，都是一样。他引申这一段，是他自己所引用的理由。接着又进一步讲。

“唯其好之也，以异于彼”，他拿这三个人来讲，昭文、师旷、惠子为什么音乐的造诣到达神仙的境界？因为每个人的喜好不同，偏爱不同。每个人有所好的，这也是机啊！要把握自己这个长处，专搞这一项，没有不成功的。所以任何学问，任何事情，爱之者不如好之者，好到什么程度呢？入迷了，好到发疯似的，一定成功；因为世界上外在的一切东西，都不在话下，都不在心目中，这个就是人成功之路。

专心实证

“其好之也，欲以明之。”万世留名的专家，了不起的人物，都因为对于某一件事有所偏好，而能死死地钻进去，硬要把这个问题弄透彻明白，这就是能成就的原因。下面他又批评，“彼非所明而明之，故以坚白之昧终”。他说，可是有些人，尤其对于他的朋友惠子来讲，因为惠子非常好辩；所谓好辩，好研究逻辑及思想的方法问题，也就是用方法去思想。那么庄子认为，这些都是浪费时间。天地间思想这个东西妙得很，不去研究思想的本身，光去研究思想的这个方法，“彼非所明而明之，故以坚白之昧终”。坚白，是惠子他们辩的，就是所谓“坚石非坚，白马非马”这些问题，将来庄子下面会说到。他们这些人始终在自己这个逻辑里，把自己套住了；逻辑讲了半天，他本身最不逻辑。世界上有许多事在理论上绝对讲得通，但是事实上是行不通的，也就是这个道理，所以说“以坚白之昧终”。

“而其子又以文之纶终，终身无成。”可惜啊，这一般人，认为自己学问很好，讲逻辑的人，他们将“以文之纶终”。在逻辑的理论上写书，发表文章，发表逻辑的逻辑，愈来愈不晓得逻辑到哪里去了。结论是“终身无成”。搞了半天，自己修道也好，人世间做事也好，都没有成功的。

“若是而可谓成乎？虽我亦成也。若是而不可谓成乎？物与我无成也。”庄子两边都说完了！绝不留一个尾巴给你拿的。这一段他批判用逻辑思想去推测道是个什么，道究竟怎么样？那个是永远搞不清楚的。他已经骂了，用逻辑的方法或推理去求道，认为思想就是道，根本错了。他又说，“若是而可谓成乎？虽我亦成也”。假使一天到晚坐在那里讲空话可以成功，那我早成功了。

庄子这句话就像《三国演义》里诸葛亮，在东吴骂一班读书人：“坐议立谈，滔滔不绝，临机应变，百无一能。”你们啊，了不起！讲学理都有一套。临机应变，百无一能，那有什么用呢？诸葛亮这个口才讲法，好像也是从庄子来的。庄子也讲，“若是而可谓成乎？”如果认为坐议立谈无人可及，就叫做学问，也叫成功的话，那么庄子也幽默地，也很傲慢地，也很谦虚地说，“虽我亦成也”。他说，那我早就成功了。“若是而不可谓成乎？”那世界上什么叫有用的？“物与我无成也”，天地万物与我，本来没有一个结论的，都无所谓成功。上帝创造了宇宙，创造了半天，多少年后又变成了一塌糊涂而毁灭，这不是多余吗？这叫做终身无成。

人盖了房子，千百年后，它还是变成灰尘，天地万物同我们一样，都没有结论；但也不要认为学问论辩没有结论，就无所谓成功。你说庄子，究竟站在哪一边讲话？你看看他，两边都说完了。你认为这样是对的，以偏概全，错了；你认为那样是对的，也是以偏概全，都错了；你说我偏也不偏，概也不概，全也不全，对不对？你又错了，这就是庄子的道。那么要如何不错呢？庄子勉强告诉我们一条路。

圣人追求的境界

“是故滑疑之耀，圣人之所图也。”庄子提出来这个名词要了命了，叫做“滑疑之耀”。“滑疑”是个什么东西？又是滑头的滑，又讲出一个怀疑的疑，那我们后人看来，一个滑头一个怀疑，两个搭在一起，没有用的东西，很可恶；下面又来个“之耀”，发了光明，这是个什么东西？他说“圣人之所图也”，圣人要走的就是这个境界，走实证的路线。走到哪里呢？到“滑疑之耀”这个境界就对了。他说到达这个境界“为是不用而寓诸庸”，那就离开了一般世俗的应用，到达用而不用，一切无为而为之，就是道的境界。“此之谓以明”，这样叫做明道，悟了道。那些用理论来推理求道的，永远不是；思想妄念不断的，都不是，而必须要求证。

什么是滑疑之耀呢？我们现在都借用别的东西来讲，滑疑这个东西是似有似无，非真非假，是内心自然光明的这么一个境界。不假借别家的解释，庄子说了这么一个东西，他自己也没有办法讲出这个境界是什么。他就造这个名词“滑疑”。这个“滑”字，严格地讲要研究战国时楚国的南方土音。所以我一直留意湖北人与河南边界这一带的话，一定有一句非常土非常土的话，同这个音一样。

如果借用别家的解释，就容易懂了，像佛家《楞严经》所讲的，“脱黏内伏，耀发明性”。这个时候，一切六根六尘脱开了。内伏，不是身体以内，这个内也是假定的，到了那个道体以内了，那么自性的光明就出来了。庄子所发挥的这一段，说明道的境界，不是推理的，而是要实证到的，也就是《楞严经》上的这两句话。

讲到这里又来了，庄子跟惠子，两个是好朋友，但对于惠子喜欢以推理来学道，以逻辑思想来讲道的人，他是痛恶的。另一点我们看出来，在战国的时候，各家学术争鸣，思想发达。可是思想发达，论辩太多了，大家反而茫茫然无所主。我们历史上有三个阶段，学术思想非常发达，可是当哲学发展到很高的时候，就是天下大乱的时候。一个是战国时代，也就是庄子这个时代；一个是魏晋南北朝，所谓清谈，三玄之学的时代，其实也不止三玄啦；另一个是南北宋的时候。我对于宋朝，不叫它宋朝，那是第二个南北朝。因为实际上，宋朝只是半个中国，另半个中国是辽、金、元，他们也有高度的文化；可是我们研究历史，以汉人为主，往往把辽、金、元忘记了，这是不对的。南北朝时候，也是理学最发达的时候，学术一发达，历史上沾到痕迹的都很悲哀，天下都是很乱的时候，可以说是社会被思想扰乱了。所以庄子在这个时候，痛恶这一班搞论辩，搞哲学思想的。

今且有言于此，不知其与是类乎？其与是不类乎，类与不类，相与为类？则与彼无以异矣。虽然，请尝言之。

庄子前面讲到一个实证的境界，他提出一个名词，“滑疑之耀”，先摆在这里，这就是庄子的禅。后来禅宗许多大师也这样，讲到最重要的时候，一点题，刚刚点一句，等于我们现在照相一样，你注意，笑一下，笑笑，卡喳一亮，你已经被他照完了。庄子的教育手法，就是这样子。镁光灯一亮，你懂了一点也行，你不懂也这样，下面又推开了，看起来不相干，却仍是连带的。

“今且有言于此”，他说我先声明，“不知其与是类乎？”不晓得我讲的同你们讲逻辑的是否相同？这是一个异议。他的文章很活，也可以解释为：不晓得我说的对不对？“其与是不类乎？”或者我讲的话，合不合你的逻辑，这是另一个解释，或者我说的与你的不对。下面他的结论来了“类与不类，相与为类”，管他同于你的也好，同于他的也好，或者与两家都不同，那就是我的，我也是一家。这在论辩上，就是正反合的论辩方法了。“则与彼为以异矣”，这句话，把自己的逻辑观念所建立的文字，又推翻了。总而言之，我现在要说一句话，不晓得对不对？你们的观念认为合不合逻辑，都不管。如果你们都否定我，我自己也成立一个体系。虽然如此，也同你一样乱七八糟。“则与彼无以异矣”，我又多此一举了。

这几句文字非常简单，我们看庄子的文章，如果我们是国文老师，这几句话很可以拿红笔把它划了，好像多余的。可是真正懂逻辑的人，乃至懂得写逻辑文章的话，一个字都不能动，他讲得非常清楚。换句话说，一个人学会了这样一个论辩术，就很高明了。我现在先要同你讲一句话，不晓得中听不中听，不管中听也好，不中听也好，反正我讲了，你一定要听，听了对不对嘛，反正是狗屁的话，听过去就算了。就是这个话。你说他有道理吗？没有道理吗？他非常有道理，道理都对了。

“虽然，请尝言之。”“虽然”这两个字就是“但是”。上面文章“则与彼无以异矣”。一句结论推翻了一切。虽然不要说话，但是“请尝言之”，我还是多啰唆一点，结果他还是要说。

太极 无极 太太极

> 有始也者，有未始有始也者，有未始有夫未始有始也者。

这就啰唆了，庄子说你要问到道啊，就是哲学家，希腊哲学所要研究的：先有鸡先有蛋？先有男的？先有女的？究竟宇宙从哪一天开始？也就是宗教哲学所要研究的，上帝从哪里来的？上帝的外婆谁生的？就是这些问题了。所以我说这是西方哲学。要讲中国哲学，没有一个单独成立的系统，所以大家学中国哲学史，是个很笑话的事；因为中国哲学和文学、历史、政治四样东西是连在一起的。第一是文哲不分，文学家都是哲学家，一个中国哲学家，要想懂哲学，先要懂《诗经》与《易经》。《诗经》里头都是哲学，文哲素来不分，他不像西方哲学家、科学家、诗人，都是独立的。其次是文史不分，文学家同历史家不分的；再其次是文政也不分，一个大文豪，往往又是大政治家，也是史学家。这个政治不是讲普通主观的政治，而是同人生实际做人做事分不开的。所以文哲、文政、文史，都分不开的，通通连着。

其实中国的哲学早就有了，譬如我们随便举一句文学上有名的，像隋唐之间的一首诗《春江花月夜》，这一篇长歌长诗，充满了哲学问题。最有名的两句："江上何人初见月，江月何年初照人。"比你先有鸡呀先有蛋，好多了。管它鸡呀，蛋呀，我们中国人把鸡炖起来，加一点香菇很好吃，哪有时间问你先有鸡先有蛋！可是碰到这个文学境界，"江上何人初见月，江月何年初照人"，这个味道，比先有鸡先有蛋有意思多了。乃至我们经常说的苏东坡，现在来讲他的笑话，苏东坡早就想当太空总署的署长，为什么这么说呢？那个时候，还在宋朝，看他作的词啊，"不知天上宫阙，今夕是何年？"他很想坐火箭上去看看。这些就是说明，中国的哲学思想，充满在文学的著作里。如果在中国人的文学著作，文章、诗词、歌赋、对子中，把哲学的东西找出来，那不得了，那多得很。

庄子这里提了这个问题，就是这个天地间，未开始以前，当还没有男人女人，连一个蛋都还没有时，"有始也者"，应该有一个东西开始。如果说是个空，照佛家来讲，对呀！这不要再谈了。假使是一个讲逻辑哲学的人，他就要问了，这个空，谁使它空起来的呢？这个空是自然空出来？还是有人造出来的呢？这个问题很重要。假使是自然空起来，最后必定也归于空；既然这空本来自然，那我何必要修道呢？我等自然到那一天，自然就空了，何必辛苦白修一场！你说不是自然，那么这个空谁造的呢？你说没有人造的，这个空又是哪里来的呢？这个问题不能再问，如果再问下去，会把人问疯了的。所以学哲学的人，因为问不出来究竟，很多都学得跳江了。“未始”，就是说没有开始以前，“有始也者”，最初开始那个是什么东西？是谁？

这里有四段假设的问题，一段一段向前面追的。“有始也者，有未始有始也者。”如果拿我们中国文化来作注解，那还好办，因为名称多嘛。“有始也者”，就是开始的，那么叫太极。太极前面嘛，后来的人又加了一个名称，“有未始有始也者”，叫做无极。“有未始有夫未始有始也者”，无极前面，又进一步了，我看，只好把它再取一个名称叫太太极了。又有人这样注解：“有始也者”，万物之始。“有未始有始也者”，这个叫太极。“有未始有夫未始有始也者”，这叫无极。那么拿中国文化来注解，这是三段。看庄子的文章，青年同学们自己研究他文字上的技巧，蛮有意思的啊！看他蛮啰唆，我们就啰唆不出来。

“有始也者”，有个开始的。“有未始有始也者”，有一个没有开始以前的那个有开始的。“有未始有夫未始有始也者”，有一个没有开始，虽没有开始，好像又有一点开始的那个东西。他就那么讲话；这个讲话一半带精神性的，像是神经质的讲话。拿佛家归纳起来，在释迦牟尼佛以前的印度佛学，有些学派的论辩也是这样，所以释迦牟尼佛，像中国的孔子一样，删诗书，订礼乐，把那些学理裁定了。其中就有“能”、“所”的问题，譬如佛学所讲的八识，在释迦牟尼佛以前，有讲到十识、十一识、十二识的，后面再引申的很多；释迦牟尼佛就归纳性地裁定为八识，这些都是学术的建立。庄子这一套也是这样，代表了中国上古这一套思想。

有有也者，有无也者，有未始有无也者，有未始有夫未始有无也者。

“有有也者”，有一个有。“有无也者”，有一个没有。那么有跟无，两个是相对立的。“有未始有无也者”，有一个有无都没有开始的那个。“有未始有夫未始有无也者”，有一个“有”跟“无”还没有开始之前，就是刚才所讲的“能所”两个字。这一段，我们简单地就说过去了，要详细说的话，还有一堆的说法，很耽误时间。我们都是中国脑袋，中国的个性，老祖宗的传统不喜欢太啰唆，大概懂了就行啦。

俄而有无矣，而未知有无之果孰有孰无也。

“俄而有无矣”，他说天地间，当万物还没有发生以前，空空洞洞，忽然之间，生出一个“有”一个“无”，一面有一面空。“而未知有无之果孰有孰无也”。但是我们还不知道，这个有与空，究竟是真的有吗？还是真的空？这个问题来了，比较科学实际了。我们说空，这个空是空空洞洞像空间一样的空呢？还是说，这个空代表了绝对的没有，是什么都没有的这个空？这是两个观念啊！我们进到一个空的房间，这是空间的空，站在高山绝顶上，觉得这个天地太空那么空，那个是大空间的空，都是一个空间的空。那么另有一个空呢？是理念上的空，没有了叫做空，跟空间的空是两样的。所以所谓有跟空“孰有孰无”，怎么样叫做有？怎么样叫做空？空是哪个空？

今我则已有谓矣，而未知吾所谓之其果有谓乎，其果无谓乎？

庄子说：因此我现在提出一个理论，所谓宇宙开始，有个有，有个空，我告诉你，讲句老实话，我也不知道；我所讲空，或者是讲有，“果有”或者“果无”，究竟是有吗？还是没有？我搞不清楚。

他为什么讲这一段呢？上面所讲的，讨论这些“类与不类”，宇宙万有有个开始，有个没有开始，不管有没有开始，两个观念归纳了就是一个空一个有。不管是空是有，在我们没有求证到空有以前，只能够说是你思想中的假设主题，因为你没有实证到这个道。假设的主题是唯心所造，是你的思想搞出来的，但是思想本身是虚玄的，靠不住的。你把《庄子》研究到这里，全篇前后一兜拢，就搞清楚了，他原来说的是这个！他的文章啊，吓！那个手法之高明，一上来是花拳绣腿，接着真功夫，真刀真枪上来，使人看不清了，实际上他告诉你的很清楚。

下面他提出一个重点，这些理论思想，对修道都没有用，换句话说，我们可以归纳一句话，天地间的一切学问，不管是宗教、哲学、科学的诸子百家，有一个大原则，也就是说，这一切的学问，如果与我们人的身心性命没有关系的话，是不会存在的。你说预言、卜卦、算命，这些同我们没有多大关系吧？有关系啊！因为我们要晓得自己生命究竟怎么样，就因为有这么一点关系，所以几千年来它仍然存在。有人说七月半有鬼，套用庄子话说：果其有鬼何哉？果其无鬼何哉？果其有鬼之与无鬼又何哉？你晓得有鬼没有鬼？谁知道！可是它同人的身心性命有关系啊！当你无法解释的时候，会说撞到鬼了。所以它是有关系的，因此鬼神之说也存在。反过来说，与身心性命无关的学问，是不会存在的，它会自然被淘汰。什么是与这个身心性命有关的呢？庄子现在提了出来。

大小 寿夭 为一

天下莫大于秋豪（毫）之末，而大（泰）山为小；莫寿乎殇子，而彭祖为夭。天地与我并生，而万物与我为一。

庄子的《齐物论》又点题了，同前面的好几个高潮一样，都点题告诉我们。从“天地一指也，万物一马也”一个大结论，到这里高潮结论一起来，好像台风，又好像海水倒灌到这里，水流到平地，水也都没有啦，接着又来一个高潮，最后呢？说“天地与我并存，万物与我为一”。这代表了中国文化那个道，又一个高潮起来到了最高峰，这就是庄子。

那么原文怎么讲呢？其中还谈到逻辑，他批驳惠子这一班人讲逻辑，都是乱七八糟，辩驳了半天都没有用。实际上，庄子本身就是大逻辑，他说“天地莫大于秋豪（毫）之末”，天下最大的东西是秋天的毫毛。我们的头发不叫毫毛，我们身上的毛才叫毫毛；小孩子生下来时有细毛，那种细毛叫毫。秋天的毫更细，因为人到了秋冬，有人香港脚烂了，或者手指甲脱皮了，人跟动物一样，春秋两季要换一层皮，所以春秋两季洗澡下来的水特别脏。秋天脱了皮毛也掉了，刚刚长出来新的毛是秋毫，细得不得了，看都看不见，最小；但庄子却说天下最大东西是秋毫，泰山不算大，算是小。你说他讲的是什么话？

大小没有绝对的标准，你说什么叫大？这样大，那样大，大到那个无所说处最大，大到无法理解才算大；那也就是最小，就在眼前。小到没有办法再小的，看不见了，那就是最大，同虚空一样大。如果用逻辑来讲，没有办法讲；因此他讲实际，也是真的事情。所以大小、是非、善恶，都是唯心所生，没有毕竟的，也就是“天下莫大于秋豪（毫）之末，而大（泰）山为小”的道理。

“莫寿乎殇子”，古人把生下就死的孩子叫做“殇子”，这也有几种说法，反正未成年的小孩死了，就叫殇子。小孩子生下来不久就死，庄子却说他的寿命最长；“而彭祖为夭”，彭祖，我们的老祖宗，活了八百年，那算是短命。寿命的长短，空间的大小，这些都是人为的观念，都属于唯心所造的范围，没有绝对的标准。绝对的标准在哪里呢？要我们去求证。

他又说：“天地与我并生，而万物与我为一”，这个是道，这两句话也没有办法解释了，大家读了也懂，大家都得道了，因为都懂了嘛！

“天地与我并生”，并不是说天地就是我，也不是说我就是天地，天地还是天地，天、地、我，就是天地人一起来的；万物同我本来是两个，不是一个，但都是那个东西的一份子，所以说是“为一”。

我看了许多人的注解、引用，都把“天地与我并生”，说成天地就是我；“万物与我为一”，好像做馒头，放点盐巴放点糖，都和在一起就叫做咸甜馒头，完全错了。注意啊！天地与我并生，是共存的意思。万物与我可以说是同一的，毕竟不是一个，物是物，我是我，天还是天，地是地。这个重点搞错了，这一错错大了，差之毫厘，失之千里。所以今天我们特别提出来告诉大家，千万记住这两句文章。天地与我是同存的，万物与我是同一个原体来的，所以我们跟万物一样的，都算是一份子。这个是文章的高潮。

既已为一矣，且得有言乎？既已谓之一矣，且得无言乎？

“既已为一矣”，既然是一体，“且得有言乎”？那就没得话说了。这就是逻辑的道理。我们中国人学禅宗，觉得禅宗很玄妙，禅宗的祖师就是高明的逻辑大师，没有一句话，没有一个动作，不合逻辑的，都非常合理。你看了《庄子》都懂了，你就懂了禅。既是为一，“且得有言乎”？既然是一体，还有什么话讲？既然是一体，为什么没有话讲？对吧！我既然不对了，你何必骂我呢？既然不对了，骂骂你有什么关系呢？那么我既然不对了，骂与不骂都没有关系，因此所以，骂你也可以，不骂你也可以，就是这个道理。

中国的哲学，现在喜欢用西洋哲学文化的引证，这一百多年来，关于道这个名称，都习惯用西洋哲学思想的翻译，叫“本体”。所谓本体论、知识论，这些翻译的名称是西方文化进来的，实在有些不大恰当。可是现在呢，经济学这个名词也用了一百多年了，事实上我们中国人过去所讲的经济学，那个观念可大了。古代的文学，有一副对联是：“文章西汉双司马，经济南阳一卧龙”，诸葛亮才是经济大家。什么叫经济？经纶天下，济世之才，救人救世，这个学问在古代叫经济之学。后来西方文化一来，口袋空空的人，把东西弄出来卖卖，变出来钱就叫经济。这一下，中国的这个“经济”观念完了。

闽南语的发音叫“哲学”如“铁盒”，我说还有“铜盒”啦！你要晓得，那些哲学、经济、本体论、知识论，都是日本人翻译的。日本人原来就是中国人，用中国文字的，所以用中文一翻译，我们看日本人已经翻好了，就把二手货拿过来了！哲学啊，经济啊，就是这样来的。我们现在也用了一百多年，习惯了。这个“道”字，也就拿西方翻译过来的“本体”。但是，现在我们有了这个名称以后，研究哲学一讲到本体，已经不是“道”那个境界了；思想观念里头就有了个东西，就偏向于唯物的思想去了。所谓本体，是个唯心的，抽象的，就很难弄了。为什么说这一段话呢？因为同庄子这一节有关系。他不是说天地与我并生，而万物与我为一吗？既已为一，既然共同存在，是一个东西，且得有言乎？何必讲呢？既然是一个，为什么不讲呢？那么就讲吧！庄子就讲了。

三以后是什么

一与言为二，二与一为三。自此以往，巧历不能得，而况其凡乎！

“一与言为二”，说一个一，已经是两个了，对吧？这是逻辑的道理。等于说，那个地方有几个？一个，但这个观念里头是两个，关键是什么呢？主观客观的问题。告诉你只有一个，批驳了你两个，你不要认为是两个，只有一个，所以这一句话讲出来，就有三个，对不对？说一个，是对那个二而言，一既然对二而言，我又讲了这句话，不是三个吗？所以同一句话，三个存在，因此说太极含三。禅门临济说：“一语中须具三玄门，一玄门须具三要义”，一句话里头有三个玄门；一玄门中有三要义，其理由、道理，都是逻辑。所以庄子也提出来，一与言为二，等于说，我现在客观地告诉你，这个客观就是他的主观，所以“一与言为二，二与一为三”，这个是老子的道家思想。

老子《道德经》说：“道生一，一生二，二生三，三生万物。”这是宇宙三层次；宇宙发生的这三个层次的道理要研究起来，那可以写一篇博士论文了。不管小题大作，大题小作，都一定成功的。那么，这个一就有三个，基督教中圣父、圣子、圣灵三位一体；佛家是法、报、化三位一体；道家是玉清、太清、上清，一气化三清，也都是三位一体。反正啊，天地间万事不过三。中国文化则是天、地、人三个符号。庄子从三以后不谈了。老子讲“道生一，一生二，二生三，三生万物”。庄子讲的也是老子的观念，三以后变成多少？那这个数字连电脑都数不清了。

“自此以往，巧历不能得”，什么叫巧历？就是数学家。注意啊！中国文化讲科学最早，几千年以前就有，是在西洋还没有发展以前。中国科学第一项发展是天文，为了发展天文，必须要发展数学，数学也是中国最早。中国上古的文化不叫做数学，而叫做历算。历算是干什么？算天文的。所以黄帝尧舜，就算二十八宿，太阳月亮五星的行度与我们地球的关系，因而建立了一年十二个月，一月三十天；一年七十二个候，二十四个气节，这是几千年前建立的。这个天文历算，也叫做历数。将来西方的科学发展，我可以大胆地预言，将来数学进步到了最高处，就不用数字了；或者产生一个新的八卦，新的什么代号之类。中国上古的历算没有数字，只有一个字就代号了；数字太多了，分析归纳起来只有一个，所以叫历数。那么庄子这里讲“巧历”，就是最巧妙、最高的数学家，也永远搞不清。天地间，一生二，二生三，过了三这个数字以后，无穷尽的发展，巧历都不能得，都下不了一个结论。“而况其凡乎！”最好的第一流的头脑，懂得天文数字的都不能了解，更何况一般的凡夫呢！

故自无适有以至于三，而况自有适有乎！无适焉，因是已。

注意这个宇宙的来源，当万物没有开始以前，究竟有没有，不去管它，那是个问题。如果你听了这个话，真的认为万物开始以前是个没有，那已经错了。不过现在为了了解这个道体，宇宙的来源，佛学也好，科学、哲学、宗教也好，只好先把它切断，“无”前面那一段是“有”？是没有？我们先不要下结论，暂时保留在这里。“故自无适有”，从万有变出来“以至于三”，它层次的变化，以三为最有力的基础。

从无变到有，是三个阶段，所以中国的《易经》，画爻，画卦，开始三爻为卦，后来画成六爻，是后人加上的。他说从无到有，很容易找得到，是三个层次；但要由有转到无，那可难了。“而况自有适有乎！”就更难了，从“有”至“有”永远向前面发展，那就没有底了，没有结论可言，那么佛家有个名词做结论，叫无量无边，无穷无尽。研究佛学的注意啊！无量无边，无穷无尽，是“有”的发展，不是讲空。但是一般学佛，把这个名词当成空的观念，所以又错了；禅宗讲又要吃棒子，因为解释错了。所以《易经》从天地开始，最后一卦是“未济”，下不了结论，所以永远也不要作结论。那你说，没有结论的东西怎么办？那就是结论。这就是庄子的话。

“无适焉，因是已。”适就是到的意思，到达那里。“无适焉”，既然到不了底，“因是已”，就切断到现在为止。接着他不是讲他的逻辑，不是空泛的讨论，而是根据道是一，是绝对的；但是为了我们喜欢用思想去推测，所以他用逻辑表达。

道可道 非常道

夫道未始有封，言未始有常，为是而有畛也，请言其畛：有左，有右，有伦，有义，有分，有辩，有竞，有争，此之谓八德。

这个道，他说这个未始，不是开始的意思，它真正没有一个什么界线，“封”就是界线。“言未始有常”，人的言语，就是我们讲话啦，也代表了所有的理论文字思想，没有任何文字、思想是永远存在的。没有一个永远存在的事，“为是而有畛也”，言语、文字都不是确定的，如果可以确定，就永远不变了。实际上我们人类的言语，三十年一变，再过六十年，说不定我们讲的话，后面人都听不懂，又变成古文了。所以“言未始有常，为是有畛也”，畛也就是界，畛界；那么不得已，把人文建立一个区，建立一个田坎一样的区界。

“请言其畛：有左，有右，有伦，有义，有分，有辩，有竞，有争，此之谓八德。”这是庄子所提出来的八德，我们用《易经》归纳为四个字，“群分类聚”，就是一群一类。《易经》里孔子的观念告诉我们，“方以类聚，物以群分”。孔子先提出这个“方”字，有些人解释文字的，说“方”就是猴子，就是最初的猿猴的意思，这个理由不能成立，不去管他啦！方就是方位，东西南北四方，东西南北半球，每个方位都不同。人类也好，物类也好，植物一类，矿物一类，都不同。“方以类聚”，一类一类分开。“物以群分”，万物是一群一群地分。庄子这八德讲什么呢？特别注意！庄子的逻辑就用这八个方法，八个程序，把惠子、公孙龙这一班战国时候的逻辑名家，辩得一塌糊涂，始终在庄子的前面站不住。西方来的逻辑，有三段论辩法；印度因明有五段的论辩法，所以有各种各样的论辩法。不过，有人说中国的《易经》也是三段；我说不要乱讲，《易经》是十段论辩法，那是有凭有据的，现在暂且不讲了。但庄子提到的是八段论辩法，其实也不是什么八段论辩法，而是一个圆的论辩法。

禅宗走的也是这个路线，如珠子走盘，像一颗弹珠在盘里滚一样，没得边际的。这个逻辑论辩到了这个程度，没得边际可以给你拿的，没有尾巴可以给你抓到的。

但是庄子在这个普通的论辩上，他提出来说，“请言其畛：有左，有右，有伦，有义”，这个“有左有右”是讲物理世界的次序；“有伦有义”是人文世界的次序；“有分有辩”是理念世界的次序；“有竞有争”是人类社会的现实。这八个论辩，归纳为群、分、类、辩。我们晓得孔子被人家挖苦得最可怜，那就是道家的人！这个孔圣人一碰到道家的人物啊，每个都幽默他几句。但是天地良心，道家每个人都很捧孔子，只是大家不懂得道家的幽默，不懂他们的机锋，以为他是骂孔子，都搞错了。骂孔子骂得最厉害的是庄子，但是捧孔子捧得最厉害也是庄子，所以可以说庄子是孔子的知己，是最捧孔子的。现在又开始有点捧了。

六合之外，圣人存而不论；六合之内，圣人论而不议。春秋经世先王之志，圣人议而不辩。

现在大家到处在叫中国文化，中国文化是个什么东西？现在下不了一个定义。是馆子店的辣椒炒豆腐吗？故宫博物院多了不起！说是我们中国文化。但那是老祖宗们留下来的。我经常告诉同学们，了不起的是我们祖宗耶，那不是你画的，对不对？所以要惭愧！惭愧。当人家问到中国文化，你就把他带到故宫博物院，怎么不把他带到你的书房去啊！因为你书房里没有东西，只好找老祖宗来撑面子。所以中国文化，下不了一个定义。讲中国文化哲学问题，宇宙生命的来源，先有鸡？还是先有蛋？“江上何人初见月？”上帝怎么样创造世界？都是文化问题。庄子说：

“六合之外，圣人存而不论”，大家不去研究，因为搞这个会去搞逻辑，搞逻辑会搞得发疯，搞了五千年，也还没有搞出结论来；那是“未济卦”，永远得不了结论。如果拿现实来论，我们的老祖宗们蛮聪明，“六合之外圣人存而不论”，什么叫六合？东南西北上下，叫六合。有些文学叫八方，东南西北加四个角，合起来叫八方。等到佛教进入中国叫十方，是八方再加上下。十方是佛学进入以后，中国文化里关于宇宙天地的观念。八方是比六合后期一点的观念。

最早的上古文化，庄子所提出来的六合，就是老祖宗们对宇宙看法的代名词。“六合之外”，天地以外还有没有世界？人类究竟是不是外星球过来的？这是中国文化，以及佛经里讨论最厉害的事情，有凭有据的。人类从哪个外星球来，佛学里都明确地指出，怎么来的，坐什么东西来的，来了以后如何流落在地球上，变成我们老祖宗的。老祖宗在这个地球流落得很可怜，因为贪吃盐巴（地味、地肥）搞坏了，所以流落在我们这个地球上。

这个六合之外的事情，他说上古文化，“圣人存而不论”。你们注意，一个“存”字，不是冒昧地说没有这个问题，这问题永远存在，不过暂时不去追问它，所以说“存而不论”。那么宇宙间的人事呢？“六合之内，圣人论而不议”，只是讨论研究，不加批判，不做一个严格的结论。在这两个原则之下，就显示了我们的历史比任何国家民族都早，都完备。像许多国家，许多民族，都没有历史，是后世来慢慢追溯的。印度就是如此，到了十七世纪以后，英国人在印度了，才找旧资料，由英国人、德国人写的印度史。

其实大部份翻译成中文的佛经中，都有印度史的资料，但西方人故意不承认，在我们《大藏经》里所有的印度历史，都没有采用，很是可惜。印度有几个东西不大讲究，没有历史观念，没有时间观念，也没有数字观念。他们的民族文化就是如此，究竟好不好呢？很好，很解脱嘛！人被这些历史的包袱，时间的包袱，数字的包袱捆住了，很痛苦耶！所以修道蛮好，悠哉游哉，饿了摘根香蕉吃吃，然后打个坐，没有裤子衣服穿，树叶子弄一片，遮一遮就蛮好啦！不过讲人文文化就不对了。

孔子的春秋

只有我们中国！从远古开始就建立历史观念，这个历史叫春秋。青年人注意啊！中国文化历史叫春秋，不叫冬夏，这有它的道理。天地之间只有一个现象，一个冷，一个热，这是太阳、地球跟月亮的关系。冷到极点是冬天，热到极点是夏天。秋天是夏天进入冬天的中间，是最舒服的时候，不冷也不热。春天呢！正是由冬天进入暖和天气的中间，不冷也不热。所以在我们的季节上，一年有二十四个节气。春分与秋分那两天，白天夜里一样长短，不差一毫。夏至是白天最长，夜里最短；冬至是夜里最长，白天最短。只有春分跟秋分一样长短，这个太阳下去，刚刚地球面一半，夜里也一半，我们穿的衣服不冷也不热，刚好。所以春秋是世界最和平、最公平，持之平也！而历史是个“持平”的公论，所以叫春秋，不叫冬夏，春秋的道理是如此。

中国文化的开头，是历史的观念。中国为什么开始那么注重历史文化呢？历史是给人类留下人生的经验，这个经验是经济之学，不是学校经济系的经济。前面我报告过的那个经济，叫做“经世”之道，是救世救人的学问。也就是把人类过去的成败盛衰、善恶是非的经验，留给后人做榜样，使后人了解我们祖先的文化，对人类的和平安乐是怎么样的。只是后世的子孙不肖，把社会天下人类弄成这样的痛苦，这就并非是先王之志。所以

“春秋”是“经世”之学，是“先王之志”。但是孔子著《春秋》“议而不辩”，所以春秋的道理，只是责备贤者，而不是批评普通老百姓。春秋要批评的是历史上负责的人，社会搞坏了，那是领导者的责任，与老百姓无关；因为百姓是被教育者，负责人是教育老百姓的人。所以春秋责备贤者，不责备一般人。因此孔子“一字褒贬”，一个字下去，就把领导者万代罪名判下了。

庄子前面讲到中国文化的人伦之道，“六合之外，圣人存而不论；六合之内，圣人论而不议。春秋经世先王之志，圣人议而不辩”。这几句话，几乎成为中国文化，儒释道三家几千年来不易之论。也就是说，后来文化一切的观点，对于东方历史、哲学的看法，都是由这几句话做基础的。虽然各方面都加引用，尤其儒家更是很严重地引用，可是大家忘记这是出于庄子的思想，也可以说是属于道家的思想。

说了半天，庄子的本题，现在还是在讲逻辑观念，文化思想的论辩问题，各有各的看法。现在他提出来，对我们传统文化，人伦道德伦理的看法，以及人生哲学、一般哲学、历史哲学的看法，下面是他对这一节的结论。

故分也者，有不分也；辩也者，有不辩也。

这两个“分”字，上面这个字是念“分量”的“分”，下面这个分是“分辩”的“分”，不能当做“分割”来看。所以各部分的看法，有些是不可分割的，要整体地看，所以“分也者，有不分也”。接着是“辩也者，有不辩也”，天地间的道理讲不完，如果拿逻辑观念来推理的话，论辩下去，没完没了，辩到了最后呢？是无言之辩，没有话可讲了。最后真正的理，是无话可说，那才是真理，一个字都没有，一点道理都没有。换句话说，本体、道体是空的，等于佛家说的不可思议，乃至《维摩诘经》上讲的同庄子这个“不辩”，不说之说，不论之论观念是一样的，都到了最高处。譬如佛学有两句名言，“言语道断，心行处灭”。尤其是学禅的，道理到达最高处，形而上的理，没有文字，没有语言，什么都谈不上。到了那里，一切都石沉大海了，它本身也包罗了一切文字，一切语言，一切思想。

庄子提出这个问题的时候，佛学尚没有进入中国，可见东西方的高人、圣人、有道之士，见解都是一贯的。所以说“辩也者，有不辩也”，无法可辩。因此如佛家问答的，论辩的最高处，就是如释迦牟尼佛的方法，是置辩、置答，没有什么可辩的，也没有什么可答的。他说这个道，既然无可辩，无可答，他说：

曰：何也？圣人怀之，众人辩之以相示也。故曰辩也者，有不见也。

什么理由呢？“何也？圣人怀之”，这个圣人代表得道的人，真正了解学问到最高深，真正证到形而上道的“怀之”，只有在胸怀里自己知道，也等于佛学的观念，所谓“如人饮水，冷暖自知”。只有自己知道到了那个程度，那个境界。“众人辩之”，一般人呢，不在自己身心内在去体会，只在思想上，靠嘴巴在论辩，“以相示也”。以表示自己见解的高明。所以他的结论，“辩也者，有不见也”。他说，这些道理，所谓道，如果用推理，从伦理思辨上去求，这个道越辩越糟糕，离道越远。“故曰辩也者，有不见也”，越辩越看不见道了，距离越远，心思越散乱。

因此，他连带着讲一段，由“道”讲到“德”，在春秋战国的时候，道德两个字，大部分的书上不合并用；譬如《老子》，上半部都是讲道，下半部讲德，所以德字同道字，各有单独的一个内涵。这个德是讲用，人生的行为、言语，人伦道德的作用，现在他由道说到德字的道理。

仁义道德是什么

夫大道不称，大辩不言，大仁不仁，大廉不嗛，大勇不忮。

这是庄子对于当时文化所流行的口头禅、标语，属于知识分子所号召的，加以严厉的批评，也指出了一个准确的路线。因为在春秋战国的时候，老子也批评过，到处看到标榜仁义、道德，事实上呢？那个时代局面非常混乱，可以说是最不仁、最不义的。由这一点，我们自己应该反省，中华民族这个文化，从古以来号称是礼义之邦，行忠孝仁义之道，事实上，深入了解研究后，对这几句话是非常难过的，很痛心的。

要晓得，孔子提倡孝，可见社会上都不孝，因此才提倡孝；等于说社会有了病态，他所以因病给药；大家都不仁，所以他提出了仁。我们标榜的忠孝仁爱等等，实际上，几千年文化，一样都没有做到。例如刚刚庄子所提过的，“春秋经世先王之志”，拿孔子所著《春秋》四百二十多年的历史，儿子杀父母的，部下叛变的，不晓得有多少！我们这个自称是礼义之邦的，非常不礼义，令人非常痛心。那么才知道《老子》《庄子》所提这个道理，正是针对文化学术上、教育上这些目标、口号，加以批评，认为这些标榜有什么用？结果社会很多人的行为，都是完全相反的。

因此，他在这里也提到，“夫大道不称”，真正的道是没有理由，没有什么名称的！不像我们的社会讲了几千年的道，而这个社会上，充满了狭义的宗教的道，除了佛教、道教、基督教、天主教这些等等以外，现在民间的各种教，起码有一百多种；加上各种的迷信，每家都说自己有道。全世界的宗教有五六百种，包括外国，每一个都说自己有道，而且都说自己证得了道。如果拿庄子的观念，“大道不称”，真正得道的人，自己也不标榜已经得了道，所以大道是没有名称的。

“大辩不言”，这是针对当时如惠子一般讲逻辑、讲思想的人说的。他说真正的道理到了最高处，是没有话讲。譬如历史上，宋朝赵匡胤开始当皇帝时，南方尚未统一，南唐李后主文学很好，“车如流水马如龙，花月正春风”，就是李后主的词。南唐的人才很多，文学家也多，赵匡胤当了皇帝以后，南唐就派了一位大使徐铉来了。赵匡胤晓得徐铉是鼎鼎大名的大文豪、文学家，学问很好，宋朝由哪个来接待他呢？这个就着急了。等于现在，世界有名的学者来做大使，派哪一位学问好的来接待呀？赵匡胤说：不要忙，我已经有人选了。结果找了一个相貌堂堂，一个大字都不认识的卫士，去接待这位徐铉大使。这卫士接受了命令，也只好装起来，坐在上面。大使跟他谈哲学啊！经济啊！科学啊！谈了半天，他只嗯嗯嗯！是是是的！请喝酒吧！好好！你好！有道理。搞了好几天应酬下来，这个徐铉也得不到一句话！徐铉想，宋朝赵匡胤是有一套，派了一个接待我的人，我讲了好几天，他一句话也不批评我，也不赞成我，摸不到他的底子，学问到底有多好不知道，心理就垮了。

这一个故事，说明“大辩不言”，赵匡胤这一手很厉害，一下就把别人打垮了。你的学问再好，派一个没学问的人跟你交谈；当然这个人也稳得住，如果是没学问又爱谈的，那就糟了。所以“大辩不言”，正是这个道理。佛家也有一句话，“是非以不辩为解脱”，这都是很有道理的。你们青年人爱讲禅宗，禅宗是注重行为的，并不完全注重打坐。所以百丈禅师的丛林要则，“疾病以减食为汤药”，一个人生病了，最好是少吃东西，肠胃先清理一下。“是非以不辩为解脱”，是非越辩越糟糕，所以“大辩不言”。

“大仁不仁”的道理呢？这句话就牵涉到道家的思想了。老子有句话：“天地不仁，以万物为刍狗。”一般的解释，认为老子这句话，是讲宇宙很残忍，上天没有什么仁慈，他把万物都看成刍狗一样。刍狗是草做的狗，用完了就把它烧了。我们的老祖宗是吃狗肉的，所以广东人吃狗肉，保持我们传统文化。上古祭祖宗，也有用狗祭的，后来废掉了吃狗肉。可是祭天地祖宗的时候，拿草做一只假狗，等于我们现在祭拜的时候，拿米做一个猪头代表一头猪。老子这句话表面看起来是说，天地不仁慈，把万物当成刍狗一样玩弄，但他不是这个道理，而是同庄子这个话一样，“大仁不仁”。天地并没有仁与不仁的观念，这就是“大辩不言”“大道不称”的道理。

天地生万物，说仁慈是非常的仁慈；好的也生，坏的也生，稻谷也生，毒药也生，包容万象一切，都是它所慈爱的。所以天地并没有像人一样，特别有个观念，我要做好事，因此光生好的，没有这回事。下雨也一样，好地方也下，坏地方也下，像太阳光一样。所以天地看万物都是平等。如果把人当成刍狗的话，万物也是刍狗；如果把刍狗当成人，人也就是刍狗，反正天地是无心，是自然而来的。所以庄子的大仁不仁是说，故意有心为善，有心求一个仁的话，这个人已经不是大仁了，因为那是做出来的。真正的大仁，是普遍的、自然的，并没有对某一点特别的仁。

“大廉不嗛”，这个“廉”就是廉洁了。我们这个文化里，标榜人伦的道德要非常廉洁，要求公务员，做官的一定要是清官，清官就廉洁，廉到什么程度呢？一清到底，连稀饭都吃不起，那是不对的；真正的廉，不是表面的，而是心地上的纯洁。

有一次电视台正在演包公，有个单位把我拉去作专题演讲，你说这个东西怎么讲？《包公案》大家都看过，那么就讲包公的历史吧。宋史上的包公，大家都晓得是铁面无私，中国文化的小说也好，历史也好，清官都是“铁面无私”。什么是铁面？读了包公的历史传记就知道，包公啊！一天到晚没有笑过，亲戚朋友不往来，那个脸板得铁板一样。这样一个铁面，老实讲，包公的学问是好，人品也了不起，如果他活着，我不会跟他做朋友，因为没得味道！一个人的脸板板的像块铁一样，一天到晚发青，不要说红润没有，黄颜色都没有一点，大概有肝病啊！不晓得什么病啊！当然他无私，亲戚朋友一概不往来，家里很穷，穷到这个样子当然很廉洁。实际上，《包公案》这本小说，把历史上好多个清官的故事，统统集中到包公的身上去了。

包公固然了不起，但是更了不起的是包公的老板宋仁宗，他是赵匡胤兄弟的后代子孙；因为宋仁宗的支持，他当然可以铁面啊！没有这个老板的话，你肉面都不行，你凉面也不行。有老板支持他，你去干，你尽管怎么做，我负责，我支持你，当然我们也可以铁面起来啊！不然也铜面一下嘛！对不对？后面有一个好老板支持，每一个公务员都会做到铁面无私，不是做不到，是时代的环境许不许可。

再说“大廉”，真正大廉的人，“不嗛”没有谦让，这个字，同谦虚的谦是相通的。“大廉不嗛（谦）”，怎么叫不嗛呢？譬如说廉洁的人不爱贪钱，贪钱不好。关于这个问题，他说一般知识分子标榜做清官，连个钱字都不敢提，所以中国的这个钱字还另有一个别号，叫“阿堵物”，是南北朝的事。当时有一个人很清高，做了大官以后，人家给他送钱送红包，一概不要，太太及家里的人生活要紧啊！想弄些钱。后来家里人没有办法了，等他睡着后，摆些钱在他床前面，隔天早上下床，总要讲把钱拿开吧！结果他醒来一看，哎哟！他说把这些“阿堵物”拿开，阿堵的东西堵住了，还是不谈钱，所以叫做阿堵物。

但是到了清朝袁子才，一句诗就把千古这个“大廉不嗛”的道理说完了。他说：“不谈未必是清高”，这个钱字谈都不肯谈，未必是真正的清高，因为你心中还有钱字的观念在，还有怕与不怕。真做到了最高处，无所谓了，谈钱就脏吗？爱钱不爱钱不在这个地方。“廉洁”这个廉，当然是不爱钱；岂止不爱钱啊！真正的廉洁就是人生“冰清玉洁”，任何的行为做到一清二白，并不一定是指不要钱。一个人真正做到了冰清玉洁的时候，他反而没有什么嗛；这个嗛，不是说他不谦虚，而是他用不着标榜自己这个叫廉洁了，所以是大廉不嗛。

我经常说一个笑话，这个道理拿猪来比，实际上，世界上最爱干净的是猪，研究生物学的人都懂。你看那个猪，一天到晚用嘴来拱大便啊！泥土啊！因为猪讨厌脏的，看到脏的就拱开。所以人人以为猪是脏，其实是最爱清洁，一点脏都看不惯，结果，它越拱越脏。由这一个生物性情的爱好，我们可以了解，人生真做到了冰清玉洁，一尘不染，不一定是真正的清廉。倒是那些在浑浊的世界打滚，心里头不着外面一点形像的人，反而可以做到大廉，这就是庄子所讲大廉不嗛的道理。

“大勇不忮”，真正有勇气的时候，不忮。怎么叫忮呢？就是特别古怪。比如说，有力气的人，他到处会打架，身体好，力气大，随便站在哪里都要摆这么一个姿势才会过瘾。我们年轻都做过这个事，手上带一个扁钻还要拍一下，告诉你我有扁钻在身上，这个就已经不是大勇了。大勇的人看起来温文柔弱，他没有特别的奇特表示。这是上面他说的原则，也就是人伦之道。

我们不要忘了！庄子讲了半天还是“吹万不同”啊！《齐物论》怎么吹到这一面来了呢？注意，他提出来天籁、地籁、人籁，这一段都是讲人籁，人籁就是人道。因为他这篇文章长，引用的十方八面，汪洋博大，如被他的文章迷住了，就会以为他讲的同《齐物论》不相干！

道昭而不道，言辩而不及，仁常而不成，廉清而不信，勇忮而不成。五者园（圆）而几向方矣，故知止其所不知，至矣。

“道昭而不道”，“昭”是无所不在，他说这个道啊，很明白，你不要去找；这个道，昭昭灵灵无所不在，没有一个固定的方法，所以昭而不道。你说佛说的，老子说的，庄子说的，孔子说的，孟子说的，耶稣说的，穆罕默德说的，都对，都是那个道理，是全体的道的某一点个体。下面要注意哦！既然是道无所不在，随时随地都在那里，也都在人人的心灵中，明明白白的“而不道”；而你却说，只有你这个才叫做道，那就不对了。每个宗教，每个修道的，都认为只有自己的那个才是道，别人那个就不是道。实际上“道昭而不道”，道是明明白白的，是无私的，所以是绝对不道。

“言辩而不及”，天地间最高的理论，到了最高处，没得话讲，讲出来都不是。譬如说我们人，如果身上有痛苦有高兴，我们表达出来，哎哟，好痛唷！那不算痛；等到痛到了极点，没得话讲，痛死了，那才是真痛。你说你高兴不高兴，我高兴极了，那是有限的，真正高兴到了极点，会把你喜欢死了，笑死了。世界上的人，情绪到了最高处时无话可讲，那就是言辩而不及。

“仁常而不成”，什么叫真正的仁？仁慈、慈悲，那很平常；说你冷了，我还有件衣服给你加上，很平常；你饿了，我正好有个面包你吃吃吧！很平常；如果说你饿了，我拿个面包给你吃，喂！你吃我的面包，你要知道，因为我是学佛，这是我慈悲你啊！这就完了。所以，“仁常而不成”。天地间哪个人没有仁心啊！人人都有爱人之心，就是每一种生物，虽然对别的生物有抵抗，有残害，残害的心理是防御，但是对自己的同类有时候都有一种仁爱之心，所以仁道是常道，并不是不平常。仁常而不成，是说没有一个成规在那里。

“廉清而不信”，真正廉洁的人，自己是很清高，但是这个信字呢？不是没有信用；真正廉洁，真正清高，外面没有信号，没有标榜的，不展示出来给你看到的，清高就是清高。

“勇忮而不成”，大勇的人，处处标榜自己有力气，或者会打人，会救人，这个已经不是真勇了。真勇的人，看起来没有什么勇的样子。所以庄子反复地说这两件事。

“五者园（圆）而几向方矣。”五者就是大道、大辩、大仁、大廉、大勇，这五个条件完备的人，“几向方矣”，差不多摸到向道的方向了。所以我们注意啊！庄子由讲“吹万不同”，天籁、地籁，这一段讲人籁，最后下面再加一个严重的结论。

“故知止其所不知，至矣。”这是这一节的总结论。所以真正了解道的人，所有的智慧、知识、思想，都没有用处；用知识用思想来推测道理，那不是道，与道不接近。道，最后到达无念之境，无道可道。真正的智慧到了最高处是无知。佛家也有这个说法，南北朝的高僧僧肇法师，在他的《肇论》中，最重要的一篇叫《般若无知论》。他说智慧到了最高处，没有智慧可谈，那才是真正的智慧，是道的智慧。这个观念，同庄子所说的道理一样，“故知止其所不知”，到了最高处而不知。

所以《论语》上也看到孔子学生问他，他说我一无所知，什么都不会，因此能够样样会。如果一个人在某一样有个专长，有一个最高的境界，那会挡住了一切。所以道到了最高处，像禅宗经常标榜的，真智慧“如珠走盘”，没有方所，没有固定，一无所知，因此无所不知，就是这个道理。所以庄子说：“故知止其所不知，至矣”，就到了最高处。

下面这一段还是讲人籁，人伦之道，要把人伦之道讲完了，才说出由地籁到人籁，乃至超越人世的道。因此他说人伦之道，由一个普通人怎么样去修道，庄子有一个观念：

道的宝库

孰知不言之辩，不道之道？若有能知，此之谓天府。注焉而不满，酌焉而不竭，而不知其所由来，此之谓葆光。

他说假使在你的思想理解上，懂了这个道理，一切言语思想到最高处所不能到达的，是“不言之辩”，没得理论，没得文字可讲。“不道之道”，形而上那个道，没有法则，也没有道理可讲。道在哪里？就在平凡，非常平凡，非常现成中。“若有能知”，假使有人能知道了这个，修道方向弄清楚了，“此之谓天府”。“天府”是庄子定的名称，这个天字不是讲天文上的现象的天，而是理念世界的天；这个天府，就是宫殿，代表了道的那个宝库，道的那个渊源。

“注焉而不满，酌焉而不竭，而不知其所由来，此之谓葆光。”你懂了这个道，修养到这个境界“不言之辩”，就无话可说。真是讲做工夫的话，修道、修禅、修佛都是一样。譬如青年人现在最流行瑜珈术的打坐，修道的打坐，修佛的打坐，大家坐起来干什么？坐起来在那里辩论，自己跟自己辩论，哎哟，这个不对吧！这个恐怕不是道吧？这个不大正吧？这个不是工夫吧？这些气脉没有通吧？都是闭着眼睛坐在那里思辨。“不言之辩”，到达了内心没有诤论，所谓无诤的境界，脑子没有思辨，心里就绝对的清净；也不管什么方法，都不管了，“不道之道”，那么你道的初步到了，就是庄子讲的“此之谓天府”，已经与道的宝藏接近了，与上天接近了。修养到了这个境界的话，“注焉而不满”，像流水一样，永远把水灌进去也灌不满。所以老子也讲，这个时候才叫做“虚怀若谷”。这个心中空空洞洞，像山谷一样，流水尽管灌，一万年、一亿年的流水灌进去都不满，因为没有底的。“酌焉而不竭”像流水一样，把水每天挑走一担、一车，永远也舀不完。那就是不增不减。

那么这个心里的能量、道的能量、身心的能量，是哪里来的呢？无所从来，亦无所去，不知道来源，不知道去处，“而不知其所由来”，这个样子就叫做“葆光”。你们修道，不管你修道家，密宗、禅、瑜珈，你们讲修养的、讲打坐的，能做到这样就对啦！“此之谓葆光”，生命的光明，永远是辉煌，永远是存在。庄子现在传我们这个道很好，不要打坐，不要念咒子，免得一个咒子学来还要花五千块钱，划不来。这个里头没有咒子，万一你要咒子，念他几句，“注焉而不满，酌焉而不竭，而不知其所由来，此之谓葆光”就行了。这是庄子的咒子。庄子“天府”“葆光”这些名词，后来道家经常引用。这个是讲内养之学，每个人内在的修养，也就是修道了。下面讲外用之学，就是仁道。

人伦之道

故昔者尧问于舜曰：我欲伐宗脍、胥、敖，南面而不释然。其故何也？舜曰：夫三子者，犹存乎蓬艾之间。若不释然，何哉？昔者十日并出，万物皆照，而况德之进乎日者乎！

要研究中国三代以上上古史，庄子这里的资料，不是根据孔子那里来的，而是他自己找来的资料。他说我们上古的历史，在尧当皇帝的时候，是所谓公天下，尧要培养一个继承人，就是舜了。舜跟随他从政，在旁边做事，由小职员上来当了副皇帝，差不多做了五十年。尧到了一百多岁交位给他。有一天尧问舜："我欲伐宗脍、胥、敖。"西南方的边疆落后地区，还有三个小的国家，宗脍、胥、敖，他们不听教化，我想出兵去讨伐，因为文的教化不行，要武的教化，强的教化。由于尧是圣人，尧是以道德从事政治的，心里头却还有这个出兵的观念，也是实在没有办法，道德教化不了，只好出兵去教训。所以"南面而不释然"，中国古代帝王素来坐北朝南，南面是形容帝王的境界，读古书读到南面称王，就是所谓王者的形容词。

中国古代方向有一定的，几千年帝王专制的时代，老百姓房子不准向正南，总要偏一点。如果向正南那不得了，你想当皇帝吗？所以只有政府机关，还有庙子，可以坐北朝南，老百姓房子正南，就有南面称王的嫌疑，有人报上去你就吃不消。

尧告诉舜说：我想出兵打宗脍、胥、敖。当我坐向南面作决定时，心里头总是难过，"其故何也？"这是什么理由呢？如果这一段历史是真的，我们也看到尧舜传位之间的情况。尧讲这个话有两段的意思，那时实权已经都交给舜了，不过主要的事情都还是给尧讲一声。一方面测验舜接位以后有没有仁慈的心，一方面也代表尧的心，虽然到达圣人境界，但对于不满意的事情，还是很难平下去。所以"南面而不释然。其故何也"？你看是什么原因啊？

"舜曰：夫三子者"，关于宗脍、胥、敖，古书上说是三个小国家，他们是被我们上古老祖宗赶出家门的宗族，也是我们的同胞，因为不听话，被赶出去了，流落边疆。现在另外有的说法是西藏、云南边境、彝区这一带都是。是不是不知道。

舜答复说："夫三子者，犹存乎蓬艾之间。"这三个小国的同胞流落边疆，是很可怜的。凡是人类都是我们的同胞，他们在边疆，文化落后，过着原始野蛮的生活，如同禽兽一样。"若不释然，何哉？"舜说你心里过不去，我心里也过不去啊！"昔者十日并出，万物皆照"，他说上古时代，天上有十个太阳，光明遍照万物，你的心里也是像太阳这样，凡是人类你都要爱护。现在他们这样可怜，你心里当然很难过；但是他们又不听教化，所以你想出兵打；又不愿意杀，这是当然的，这就是仁慈。"而况德之进乎日者乎！"何况你爱天下万民的道德心理，比太阳还要光明，所以这个事情使你心里当然放不下啦！这一段讲人伦之道。

庄子的论辩

现在我们研究到《齐物论》这一段所谓人籁，这是借用庄子自己的名词，庄子在这一篇讲到人伦之道，差不多告一段落，跟着提出人超越平常的生命，而找回自己真正生命的道理。

> 啮缺问乎王倪曰：子知物之所同是乎？曰：吾恶乎知之！子知子之所不知邪？曰：吾恶乎知之！然则物无知邪？曰：吾恶乎知之！虽然，尝试言之。庸讵知吾所谓知之非不知邪？庸讵知吾所谓不知之非知邪？

这一段很有意思的。啮缺、王倪这两位，上古时代都列入《高士传》，即所谓隐士，在道家都算做神仙。古代的神仙，《高士传》里的人物，都是上古修道的人。

啮缺问王倪曰："子知物之所同是乎?"你晓不晓得天地万物到了最高处基本都是相同的，是绝对的，同一的那个东西？王倪的答复是："吾恶乎知之!"他说我哪里知道！换句话，我不知道。那么啮缺又问他："子知子之所不知邪?"你知道不知道你那个时候不知道呢？王倪说："吾恶乎知之!"我也不知道啊！啮缺又问："然则物无知邪?"宇宙最后最高处是无知的吗？王倪说："吾恶乎知之!"那我也不知道。三样都不知道，这就是我们中国文化后来一个成语，"一问三不知"。换句话说你懂不懂得道？他说我不知道！你晓不晓得你为什么不懂得道？他说我也不知道。那世界上没有道啰？也没有智慧啰？我也不知道。就是一问三不知。

讲到这里，这个王倪回答了，就讲话了。哎！他说你既然这样问，虽然我实在不知道，不过呢？"尝试言之"，我给你讲："庸讵知吾所谓知之非不知邪?""庸讵知"这三个字是庄子的文法，白话讲就是，你哪里知道？历代很多的大文豪都引用庄子这个文法，尤其是苏东坡的文章，常常来个"庸讵知"。其实这三个字也没有什么稀奇，就是说你哪里知道。

王倪说："吾所谓知之"，我如果告诉你，这些我都知道，"道"我也知道；那个知道的这个知，"非不知邪"，并不是不知道。但知道越多，就是无智慧、愚痴，懂得越多，他的愚笨越厉害。就是这个话，我所谓"知之非不知"，那是真正的无知。

"庸讵知吾所谓不知之非知邪?"他说你哪里知道，我说一切都不知道，这个才是真知道。这就是庄子，说了半天，这也就是禅，不知道才是真知道，知道的不一定是真知道。这个我们可以给他一个结论叫“智辩”，一个人智慧的论辩，辨别是非的辩论“尽于知止”。这个智辩，最高的智慧，最高的学问，论辩那个“尽于知止”，一切到那里无知，智辩是尽于知止。这是我给他的一个结论。换句话说，我们在座学佛学道的人注意啊！认为自己懂得佛法，懂得道，懂得修道，懂得什么中国哲学等等，你认为知道的，就是你最笨，所以你的道不成功，就是头脑懂得太多。太聪明是最笨的事，人本能的那个自然的灵感，那个真智慧，不是从学问思想聪明来的；所以“智辩尽于知止”，这是我给他的结论，这个话也是采用古文的章法。

现在，再进一步，我们晓得读了《庄子》以后，人不外乎两个东西，一个知觉，一个感觉。我们的知觉思想到了最高处，完全宁静，无所不知里头，实在好像无知，那个是最高的境界。现在他把知觉与感觉，又连起来讲，庄子说了一个很有趣的比喻，看起来他在狡辩。

且吾尝试问乎汝：民湿寝则腰疾偏死，鳅然乎哉？木处则惴慄恂惧，猿猴然乎哉？三者孰知正处？民食刍豢，麋鹿食荐，蝍且甘带，鸱鸦耆鼠，四者孰知正味？

“且吾尝试问乎汝”，他说答复了上面这一段话，下面就是他借用王倪的嘴巴告诉啮缺说：你既然问到这里，我再给你讲，“民湿寝则腰疾偏死，鳅然乎哉？”“民”就是代表我们人类。“湿寝”在水里头，或者睡的地方太潮湿了，或在冷气间里头过久了。“则腰疾偏死”，腰也痛，肩膀也痛，风湿病就来了，结果风湿病会害得你死掉。“鳅然乎哉？”但是那个泥鳅同水里的蛇呢？一天到晚睡在水里，也没有腰痛也没有风湿痛，他说可见是感受不同。

“木处则惴慄恂惧，猿猴然乎哉？”他说一个人，如果把你绑在高高的大树上，哎呀！你会吓死了，心脏病都发了，害怕掉下来会摔死。可是猴子呢？愈爬高愈好。你看庄子这个论辩很巧妙，人睡在泥地上久了会得风湿病，那个泥鳅呢？黄鳝呢？都在泥巴里头长大，它也没有风湿病！人爬高了怕跌死，猴子呢，跳得愈高愈好。“三者”，人、泥鳅、猴子三样。“孰知正处？”你说说看，究竟哪一个感觉是对的？哪一个是正道？知觉感觉都不同。换句话说，人所禀赋的生命，功能不同，习惯不同，一切感受思想不同。

“民食刍豢，麋鹿食荐，蝍且甘带，鸱鸦耆鼠，四者孰知正味？”“民食刍豢”，他说我们人类吃的青菜啊！空心菜啊！山东白菜啊！饭啊！也要吃一点肉，素的荤的合拢来。“麋鹿食荐”，麋像鹿一样，但身躯比鹿还庞大。荐就是草；那些山里头的麋鹿是吃草的。“蝍且甘带”，蝍且是有一种虫，大蜈蚣一样，它喜欢吃蛇。甘：吃起来味道很好。带：就是蛇。“鸱鸦耆鼠”，空中有一种飞鸟很凶叫老鸱。老鸱与老鸦喜欢吃老鼠，尤其是死老鼠，越臭的死老鼠越好吃，等于我们喜欢吃臭豆腐一样。他说这四样，人们喜欢吃菜吃饭；牛啊鹿呀喜欢吃草；有些东西是喜欢吃蛇，吃毒的；有些是喜欢吃臭的、烂的动物，我们认为有细菌不得了，它们吃下去是营养品。这四类比起来，“孰知正味”，哪个才是真正对的呢？他第一讲感受的不同，第二讲饮食的不同。第三个：

猿猵狙以为雌，麋与鹿交，鳅与鱼游。毛嫱丽姬，人之所美也；鱼见之深入，鸟见之高飞，麋鹿见之决骤。四者孰知天下之正色哉？

猴子有好几种，有猿、有猵狙，等于牛一样，有犛牛，有黄牛，有水牛，各类的分别。猴子里头，有一种是同性恋。猵狙长得像猿但是狗头，喜欢和雌猿交。他说麋跟鹿两个恋爱，互相交配，没有父母，没有兄弟姊妹的分别。鱼呢？水里头的蛇与鱼两个做好朋友，甚至于它们互相交配，这个是生物的现象。庄子对于生物很了解，常常引用到这些东西。“毛嫱”“丽姬”是古代两个大美人，历史上名女人，名美人。“人之所美也”，大家晓得这两个名女人长得很漂亮，等于现在在美国长堤选美，选出来的美人，三围也标准，人又长得漂亮，口红抹得特别红的，眉毛特别画得长。他说，那么美的美人，你叫水里头的鱼看看，鱼就溜下去不敢看啰！你叫她仰起头给鸟看看，鸟就赶紧飞掉了，你叫他跑到山里头给野兽或动物园给麋鹿看看，那个麋鹿蹄子咚咚咚跑掉了。他说：“四者孰知天下之正色哉？”你说说，哪样叫漂亮？哪样叫不漂亮？你认为漂亮，别的东西还认为不漂亮，怕死了。

看到庄子的诡辩，他骂人家逻辑诡辩，他的诡辩比人家还厉害。这些叫做不伦不类的比喻。但是呢？拿我们现在的观点来看，都是有很深的科学道理，并不简单。我们现在是简单讲过去，每一样东西，把专门的资料加以分析的话，叫一个生物学家、物理学家来研究，就发现庄子所讲的非常对。总而言之，统而言之，他这里三段，第一提出感受的不同；第二提出饮食的不同；第三提出好恶的不同。

其实佛经上也有这种比喻，不过比喻与庄子的说法不同，讲得比庄子讲得还要玄。譬如说水，我们看到是水，佛经上说饿鬼看到不是水是火，所以饿鬼口干但不敢喝水，即使水喝进嘴里去，水会变成火，是烧的。像我们不会喝酒的人，喝一口高粱酒，嘴里烧得要死。高粱酒也是水啊！不能说不是水啊！怎么会发烧呢？还有佛说的，像我们人世间吃的饮食，自己认为最好的美食，欲界天以上的天人，觉得是臭得不得了；当我们吃了最好的饮食，他说天人到我们面前要把鼻子捏住，闭眼而过，看都不敢看，觉得人这个动物怎么吃这样脏的东西。这种比喻同庄子的比喻有什么两样？佛经上所说的比喻是“事出有因，查无实据”的，我们也无法找天人来对证，饿鬼也不可能站出来证明；但是庄子这些引用，如果研究生物，倒是有些道理。

他这三段第三节就是讲人性、人类之间好恶的不同，因此他辩论的结果，是推翻春秋战国一般诸子百家的学说。他说儒家啦！墨家啦！你们都讲怎么样可以救国，怎么样可以救世，怎么可以救人，等于美国人天天讲人权，结果是搞得世界上又不人道，又不人权。

自我观之，仁义之端，是非之涂，樊然殽乱，吾恶能知其辩！

所以环境不同，感受就不同，教育环境的不同，自己生理禀受的不同，思想观念就不同。有色盲的人，同正常眼睛比起来，不晓得是他的正常，还是我们的正常！等于我们到了精神病院一看，我经常站在那里傻了，究竟是我神经？或是他神经？当精神病人从四面八方围着你的时候，好像我们是神经，他们才是正常，分别不清了。

庄子说，以我看起来，你们天天讲“仁义之端，是非之涂（途）”，你们辩来辩去，“樊然殽乱”。物质文明越发达，知识越普及，人类的智慧越低落，文化越衰败。所以我“恶能知其辩”，你叫我来论辩，我讲不出来哪里是真理，真理究竟在哪里，我不知道，我也懒得辩。你注意哦！这一段话是庄子说的，不过庄子没有自己说，他借啮缺问王倪，王倪答复的话，用他们两个对辩作的结论。

至人的境界

啮缺曰：子不知利害，则至人固不知利害乎？王倪曰：至人神矣！大泽焚而不能热，河汉沍而不能寒。疾雷破山风振海而不能惊。若然者，乘云气，骑日月，而游乎四海之外。死生无变于己，而况利害之端乎！

啮缺说："子不知利害，则至人固不知利害乎？"你不晓得人世间什么叫对，什么叫不对，你既然不晓得利害，至人也不知道利害吗？"至人"就是得道的人。

我们晓得庄子提了三个名词，后来中国文化、道家、道教常引用的，第一在《逍遥游》提出来"神人"，第二在这一节提出来"至人"，后面还有提出来"真人"。关于人的价值，他提了这三个名字。以庄子的观念，我们这个人现在不是人，虽然活着，但是把人的本钱玩掉了。人有本钱真可以变成神人，能够超神入化，超出这个物质的世界，升华到精神物质统一。人做到了那样就是至人；至人再进一步就是真人。我们人活在世间，没有做到人的真正价值，没有达到这个人的标准，道家叫自己是"行尸走肉"，我们是个尸体在走，里头空洞没有东西，只是几十斤肉在街上跑罢了。所以有时候同学来说笑，老师您越来越瘦了，我说这所谓标准的"行尸"，胖一点叫标准"走肉"。但是人做到了不是行尸走肉，那才叫做做人。好！现在把人籁讲完了，下面由人籁又到达了天籁。

"王倪曰：至人神矣！"中国文化里头，生命的价值，庄子在这里都讲完了。一个人能做到的话，在印度佛教就是成佛了，在中国就是成神人了。王倪说：嗳！你老兄不要问这个问题，当然我们是普通人，行尸走肉；至于至人，真正达到了道的境界，可以神化。“大泽焚而不能热”，整个的四大海洋火山都爆发烧起来，他一点都不热；在上篇《逍遥游》提过，他觉得是到三温暖里洗个澡而已。“河汉沍而不能寒”，整个的北极冰山化了，他觉得像吃了冰淇淋，在冷气间里坐坐，凉快凉快。“疾雷破山风振海而不能惊”，整个地球震开裂了，山河动摇，海水干了，在他都一点没有感觉，也不害怕，觉得是小孩子把泥巴弄坏罢了。

所以至人的修养，超神入化到这个程度。庄子那么一写，就是中国后来道家的神仙思想，《封神榜》等等，都是从这里来的。“若然者”，人做到这个境界，“乘云气”，不必坐航空公司的飞机，手一招天上那朵云就来了，自己好像睡在台湾凉席上就去了，想到哪里就到哪里。“骑日月”，有时候要想买个摩托车，不要买啦，把太阳、月亮拿来当做摩托车就行了。“而游乎四海之外”，到这个宇宙外面去玩玩。人修道到这里“死生无变于己”，生死同他毫不相干，他已经不生不死，与物质世界的变化毫不相干，“而况利害之端乎”！更何况世间的利害是非，在他看起来是小孩子的争吵，毫不相干。等于我们看蚂蚁打架，或者看一批动物在笼子里自己在闹一样。这一段是说人的价值，由人籁而到达天籁。

《齐物论》最长，说了半天啊！一股邋遢，还是提到最高的道。道在哪里？每个人都有道，可是每个人自己丧失了。下面又讲一段事了，是说大家最容易犯的毛病。你读《庄子》要当心，真正修成功得了道的人，是乘云气，骑日月，而游乎四海之外；上面是“乘云气，御飞龙”，骑在龙背上玩玩的。现在有一个人，也是古代道家修成功的。

> 瞿鹊子问乎长梧子曰：吾闻诸夫子，圣人不从事于务，不就利，不违害，不喜求，不缘道；无谓有谓，有谓无谓，而游乎尘垢之外。夫子以为孟浪之言，而我以为妙道之行也。吾子以为奚若？

“瞿鹊子问乎长梧子”，这两个都是修道的，是《高士传》上的人，瞿鹊子提一个问题，“曰：吾闻诸夫子，圣人不从事于务”。瞿鹊子据说是孔子的学生，这里的夫子，据说也是指孔子。他就问长梧子说，我听我老师讲“圣人”，真正得道的人，“不从事于务”，他在这世界上，好像对于世俗的事务不需要管。这也就是我们一般修道人的思想。一般人学佛修道，学密宗，学瑜珈术，学各种古里古怪的都叫做修道了。据我积数十年之经验，发现凡是观念一沾到修道的人，有一个毛病，就是这个人成了废人，完了。第一先学到懒，以为什么事都不管就是道，哎哟！这个会扰乱我的道行，最好光修道什么都不管。第二，非常以自我为中心，自私又自利，因为修道本来是个自私的事啊！因为我要成道啊！也想骑骑太阳脚踏车。对不对你们去研究吧！但这都不是真道。所以庄子现在引用的瞿鹊子问长梧子的话，也是这个道理。他说，我听到老师说，学了道的人，不从事于世间的事务了。

“不就利，不违害”，表面很好听，有利的好的事情不沾边，坏的事情也不管，这个修养真正很高啊！绝对的自我主义，在西方文化，是真正的自由，个人自由主义发挥到极点。可惜我们一般人，“不违害”就做不到。有害的地方我就是要去，那就是中国文化。《礼记》上讲，士大夫知识分子，临危受命，譬如说国难当头，匹夫有责。这时不怕祸害，这一点我们做不到。“不就利”，我们修道的人，表面上万事不管，只要对我修道有利，只要你传我一个道，你叫我磕头，叫我龟孙子我也干，这就是就利啊！虽然看起来很诚心地学道，实际上这个存心是“就利”，对不对？你叫他牺牲一点精神生命，就是佛家讲的布施为别人，像宗教家、基督教，奉献给人家，嘿！嘿！这个我不干，这对我有害，对不对？

“不喜求”，不喜欢要求什么。大家注意，我们一般学道的人，要求可多得很呢！既要健康，又要长寿，还要发财，还要大家看得起我，还要，还要……多得很！总而言之，三根香蕉到庙子上拜拜，拜完了，要求完了，还要自己带回家吃，通通是喜求。“不缘道”，也不自己标榜自己在修道，没有装模作样装起那个修道的样子。

“无谓有谓，有谓无谓，而游乎尘垢之外。”他说，无谓有谓。你说他有所谓吗？在这个世界上活着有什么目的吗？他也无所谓，你说他无所谓吧！他在世界上很起劲。但是你仔细研究，他虽然身在世界，也照样做生意，照样骑摩托车，照样六点钟起来，匆匆忙忙赶啊！十二点才睡，忙得不得了，“游乎尘垢之外”，但是他的心跳出来了，心在世俗的尘渣外面。“夫子以为孟浪之言”，瞿鹊子说，我是听老师那么讲，可是我的老师说我太孟浪，好高骛远，怎么有资格问这个话呢？我被老师骂了一顿心里不服啊！

“而我以为妙道之行也”，我认为，这个是对的啊！真正得道的人是没有特定的样子，“吾子以为奚若”，他说老兄啊！你认为怎么样？他问老师得道的人是不是那样，老师没有答复他，还挨了老师的骂说是“孟浪之言”，你吹大牛，你没有资格问这个问题。他说，我认为我的问题很对，老兄啊，你说说看怎么样？

求道与成道

> 长梧子曰：是黄帝之所听荧也，而丘也何足以知之！且汝亦大早计，见卵而求时夜，见弹而求鸮炙。予尝为汝妄言之，汝以妄听之，奚？

长梧子说：老弟啊！你问的这个问题太大了。庄子所谓，盖！你盖得太大了，不要说你，就是我们那个老祖宗黄帝，是得道的人，“之所听荧也”，你问他，他也假装听不懂，不是不知道，是装起听不懂不会答复你。“而丘也何足以知之！”他说你的老师孔子，他哪里会知道！看起来庄子在骂孔子不懂，实际上也就是说，孔子以不知表示不懂，那是真懂。他说你的老师骂你孟浪，他说得对啊！怎么对呢？他说你老兄啊！“且汝亦大早计”，太急性子，太早了，牛吹得太早了！

注意哦，我们一般学道的人都是这样学佛的！“见卵而求时夜”，看到鸡蛋就想到哎呀！把鸡蛋放在旁边啊！明天早上不要闹钟了，公鸡会叫了，我会起床。你看到鸡蛋就想到公鸡了，有那么容易啊！“见弹而求鸮炙”，你看到打猎的那颗子弹，就想到我打到一只野鸭子，明天中午烤野味，请你来吃！其实你只不过子弹在手上，你还没有到山上，打不打得到还是问题。他说，你老师骂你孟浪难道不对吗？

这一段是描写千古以来的人，但我们现在修道的人差不多都是这样，打坐三天就想神通来，再不然气脉通，再不然明心见性悟道了！坐了四个礼拜都不悟道，然后来问说：老师啊！我在你这里坐了四个礼拜一点都没有什么！我说：这个楼上本来没有什么的嘛！谁叫你来坐？每个人看到蛋就想到公鸡，看到子弹就想到野味上桌了。他说你老兄挨老师的骂，是当然的。

“予尝为汝妄言之，汝以妄听之，奚?”长梧子一边骂他，又说：不过呢！你现在既然乱七八糟地问我，对不起，我也乱七八糟地答复你，怎么样?所以我们中国文化后来有一句成语：“姑妄言之姑听之”，典故就出在庄子这一篇。你们年轻人要知道，我们以前读书很注重根据，要是老师问你典故出在哪里，答不出来手心就要发肿。《聊斋》开头不是有一首名诗吗?是清朝王渔洋题给《聊斋》作者蒲松龄的。“姑妄言之姑听之，豆棚瓜架雨如丝”，第一句话，“姑妄言之姑听之”，大家晓得用姑听之。“料应厌作人间语，爱听秋坟鬼唱诗”，爱听坟里头的鬼讲话，这就是骂人的话，意思是说世界没有人，都是鬼。他说想来你讨厌人世间，社会上的话你都懒得听，所以写《聊斋》，都是写的鬼故事。蒲松龄写了《聊斋》，拿去给王渔洋看，王渔洋出十万代价要买他的稿子，叫他不要出名，写我王渔洋著，他不干。王渔洋晓得这部书一定是个流传巨作，所以写了这个序。王渔洋后来也仿照他再写一部，始终不及《聊斋》，名诗倒是传出来了。

旁日月，挟宇宙，为其吻合，置其滑涽，以隶相尊。众人役役，圣人愚芚，参万岁而一成纯。万物尽然，而以是相蕴。

这一段是最麻烦的，就是讲成道的境界，得道的境界。他说真正是得了道的，所谓超人的境界，是“旁日月”。“旁”就是邻近太阳、月亮，他把太阳、月亮两个拿来当弹珠玩，可以到这个境界。“挟宇宙”，他有时候把整个的宇宙，像夏天拿手巾擦汗一样的，挟在身边。下面很麻烦了，“为其吻合，置其滑涽，以隶相尊”，以文字讲起来，这是很讨厌的问题。我们晓得庄子上面提出来一个名称，叫做“滑疑”。上一次提到过“滑疑之耀”，对不对？那么他同样用滑疑多好呢？但这里不用滑疑了，上面这个字相同，下面要变一变。上次“滑疑”我们给他做的注解“非空非有”，所谓引用《楞严经》的“脱黏内伏，耀发明性”做说明。那么他这一次呢？他所提到“滑涽”，跟“滑疑”是一样的，只是程度更深一层，这个“涽”字啊！就是混合那个“混”字，混混然，那个宇宙涽涽，幽涽之涽，空空洞洞，比滑疑深一层。我们借用佛家的勉强做比方，就是同于佛学“寂灭”的那个境界。“为其吻合”修道修到那个境界，心物一元了，心跟物两个参合，吻合，融合为一，“置其滑涽”，已经到达了寂灭的境界。“以隶相尊”，我们简单地解释，就是完全平等，也就是《金刚经》提出的性相平等这个观念，到达这个境界。

如果专拿中国文化自己本身文字来解释这三句话，起码要写他几千字，或者万把字，看能不能解释得清楚。借用佛学来解释呢，就简单明了了。“为其吻合”，到达心物一元；“置其滑涽”，已经证到寂灭这个境界了；“以隶相尊”，万法平等、性相平等。这个得道的境界，并不是说离开人世间另外有个道，而是入世的。“众人役役”，就是形容社会一般人，活了一辈子，天天劳劳碌碌，干什么事都是为自己的欲望、身体做奴隶，做奴役。这就是众人，佛家叫凡夫。“圣人愚芚”，得道的人看起来笨笨的，什么都不做，他是最高的智慧，他是葆光，就是庄子前面讲的在天府中，自己在葆光，所以外面看似愚钝。

到达这个时候，“参万岁而一成纯”，他超越了时间的观念，无所谓长寿不长寿，一万年也就是一刹那之间，他活一万年也不过活一刹那，寿命的长短到了“万”跟“一”，空间的大小，时间的长短，都是合一的。合一就是不二，没有差别。“成纯”完全是一个纯清绝点，就是上面讲的吻合。“万物尽然，而以是相蕴”，这个时候，心物一元了，身心一体，心跟物合一了。“而以是相蕴”，蕴是含藏、含蓄。道在哪里？在心物中，在身心上；换句话说，“而以是相蕴”，解释这两个字，又只好借用佛学，最简单明了，就是无分别。相蕴，就是一点分别都没有。

说心物一元

上面提到这个瞿鹊子问长梧子的话，现在，我们正讲到长梧子答话，“姑妄言之姑听之”的道理，就是说，不敢讲太肯定的话，姑且那么一说。他说人可以自己修养到成为超人，这个在《逍遥游》已经说到过的，“旁日月，挟宇宙，为其吻合，置其滑涽，以隶相尊”。就是人的生命自己可以提高到最高的价值，那就是所谓至人、真人，最好的一个名字就是神人。他说我们这个肉体的生命，经过修养到达的境界，可以与太阳、月亮为邻，可以把握这个宇宙，与天地的精神合一了，跟宇宙合一了。下面两句“置其滑涽，以隶相尊”，是形容那个境界。这里产生庄子的文辞学术思想的一个问题，上面一个名词“滑疑”，这个“滑”字是现在大家方便念，严格讲，这个字读成“古”。

“滑涽”，我们用《楞严经》“耀发明性”一句话做比喻。所谓“滑”，拿现在的观念就是不定，没有个固定的形态，就是禅宗常用的一句话，如珠之走盘。“涽”就是冥想，所以滑涽就是空空洞洞，非常空灵，没有呆板。“以隶相尊”，到达这个境界，就是出于佛经一句话，“天上天下唯我独尊”。据佛经上说，释迦牟尼佛出生的时候，刚生下来就站起来走七步路，一手指天，一手指地，讲了两句话，“天上天下，唯我独尊”。我们听了这两句话，很有一般宗教性的、统治性的英雄气概，好像是一个宗教教主自我崇高的话，至少表面上看这个文字是这样。如果真透过内在的意义，所谓以佛学的意义来讲，就不是这个意思了。关于这个“我”字，佛学本来标榜“人”是无我的，我们这个身体是假借的一个房子，不是我们真我的生命；那个真我的生命，现在只是暂时在我们这个肉体上。

我们做个比方，像电力公司发的电能，通过了电灯泡的灯管，所以发亮；如果通过一个录音机呢！它发声。声、光是电能发出来，是作用的现象。可以说它本身不是电，也可以说它就是电，因为它发出来作用的现象。电的能量，通过这个光、热、力，用过了就消散归还本位。所谓“人”也是无我，就是我们这个身体上，等于电灯泡的电灯管，好的时候它还发亮，如果这个管子用坏了呢？这个电能并没有生灭，并没有死亡，而归回生命本来的那个地方。那个地方你叫它主宰也可以，叫它是神也可以，宇宙万物都是那个东西所变化，也就是西方哲学所讲的本体。

这个本体是“天上天下，唯我独尊”，大家所共有的体，是大公的真我，不是私心占有的小我。所以释迦牟尼佛讲这两句话，“天上天下，唯我独尊”，就是大家自己这个我。我是什么？我是这个心，心就是佛；所谓佛，不是宗教性的，也不是迷信的，更不是统治性的。庄子这个“置其滑涽，以隶相尊”的话，与“天上天下，唯我独尊”有同样的意义。长梧子答复瞿鹊子说，中国文化自古相传，人的修养可以到达得道圣人的境界，但是给你讲你不会信，所以姑“妄言之”，你也姑“妄听之”。

他说人修养到这个境界，自己把生命的真谛拿到手了，“旁日月，挟宇宙，为其吻合”，那么“置其滑涽，以隶相尊”。长梧子说因为恐怕你不信，所以他引用一段理由，“众人役役，圣人愚芚”。众人就是我们一般人，我们晓得中国文字，尤其庄子的文章，“役役”两个字，写得非常好的。上面这个役是动词，下面这个役是名词，就是奴役这个役。为什么叫众人役役？我们一般人活在这个世界上，这个生命，自己给物质做了奴隶，一天到晚都在奴役的生活中，一辈子劳劳碌碌。譬如我们现在，像这两天天气冷了，赶快穿衣服，一热赶快脱了，饿了就要吃，吃饱了就要屙，忙得不得了。大部分的精神、生命为这个身体做奴隶了，为了外界的物质环境做了奴隶。

圣人境界不同了，表面看起来很笨，“愚而芚”，这个芚不是钝，庄子这个芚是有生机的，外表上看起来笨笨的，自己内在的生命生机充满，是得道的人。“参万岁而一成纯”，到了这个圣人的境界，所谓得了道，就破除了时间观念，也没有寿命的观念，要活多久呢？一万年不过是一刹那之间，“参万岁而一成纯”，“参”不念“三”，是参合的参。活了一万年，在他不过是睡一觉一样，不过是一刹那之间，这破除了时间的观念。表面上这个文字是这样啊！如果我们拿掉了几个字，尤其青年同学注意！这就是中国文字的写作方法，“万岁而一成纯”，就是统一时间观念，活得很长，活一万岁。但是前面还有一个参字，“参万岁而一成纯”。参者参通、贯通、综合、融会，有这么多的意思，多了这一个字，“参万岁而一成纯”，寿命的长短都不在话下了，都不再考虑了。也许活一秒钟，这个生命也等于一万年；活一万年也不过一秒钟，因为时间的观念是人为的。

譬如我们人在快乐的境界里，一天觉得很短过去了；如果是遭遇痛苦的环境，半个钟头就像过了一年一样。所以这个时间观念，完全是人的心理自己制造的。参通了这个道理，时间、空间的观念，就是“参万岁而一成纯”；我们只好引用禅宗经常说的：“一念万年，万年一念。”念就是这个思想观念，我们一个思想，一个观念，想到从古人至今一万年，或者五千年历史，就在我们一念之间。就这个一念，就可以贯通上下古今万万年，都是人唯心所造。

到达了这个境界，时间、空间观念没有了，“万物尽然，而以是相蕴”。这九个字的意思怎么说呢？就是心物一元。“万物尽然”，人跟万物同一个本体了，不分彼此。但是，“以是相蕴”，到了修道成功，这个心物一元的境界，人不会再做物质的奴隶。物质世界一切万有，都包括在这个范围里面，蕴藏在这个范围里面。所以他不是为物质做奴役，万物乃至听他的指挥，到了“旁日月，挟宇宙”这个境界了。

这一段是长梧子答复瞿鹊子的话，就是人的生命是可以到达这个境界的，这就是中国文化，所以后世有道家修长生不老的方法，也是由这种思想一贯系统来的。下面他补充一个理由。

文字与言语

予恶乎知说生之非惑邪！予恶乎知恶死之非弱丧而不知归者邪！

这个“说”字读成“悦”，古文这两个字通用。这就是庄子的文章，所以后世很多人都是学这一套的，其实看起来有许多废话，啰唆的字蛮多，把它拿掉可以简化一点；但是你要晓得，现在白话文就可以简，结果用白话文一简，就更麻烦，比古文还要更多。古文不是念的，是唱出来的。我们写白话文，是嘴里讲话，就那么讲出来就是文字。言语随着时代三十年一变，言语用白话记录下来，几千年后就不通了。我们中国人，每个人只要认得两千五百到三千个字，就不得了啦！写什么文章都够用了；中国字以《康熙字典》到现在为止，增加到也只不过四五万个字，但是我们平常用到的只有一两千字。把文字和语言脱离关系以后，就没有时间的距离，几千年以后的人，看几千年以前的书是一样的；只要花半年一年时间，受这个文字的训练就会了。

说到言语与文字统一的问题，我经常告诉来学中国文化的外国学生，不要走冤枉路，最便捷的方法是先读《三字经》《百家姓》《千家诗》《千字文》这四本书。能够花三个月时间，对中国文化就会有一个基本的了解。《三字经》已经简要地介绍中国文化，连历史、政治、文学乃至于做人做事等，都包括在内了。尤其是认识了《千字文》以后，对中国文化的概念基本就有了。虽然只有一千字，但哲学、政治、经济等等都说进去了，而且没有一个字重复。这本书的作者是梁武帝时代的大臣，名叫周兴嗣，因犯了错误，武帝罚他要他一日一夜写出一千个不同的字，并且要成一篇文章，结果他写成了《千字文》。开头是“天地玄黄，宇宙洪荒，日月盈昃，辰宿列张……”四字一句的韵文。不要以为《千字文》简单，它从宇宙天文一直说到做人做事，“寒来暑往，秋收冬藏……”等都是生活。现代人能讲好这本书的恐怕还不多。现在如果要我默写几千字，我还要慢慢去想，也会花上好几天呢！

另有一本书《增广昔时贤文》，是一种民间格言，从前算是课外读本，个个都会念，其中也是做人做事的道理，也有一些要不得的话，如“闭门推出窗前月，吩咐梅花自主张”等等，不过多数好的话都收进去了。中国自南北朝到清代，历史上经过好几次外族的进攻，为什么中华民族始终站得住？就是因为文化的力量，进攻的民族反被我们的文化同化了。有个哈佛大学的教授来问我，说世界上许多国家亡了就亡了，永远起不来了，只有中国经过了好多次的大亡国，都没有垮，永远站得起来，是什么原因？我回答说，关键在“统一”这两个字，就是思想、文化、文字的统一。现在的欧洲就像我们春秋战国时代，交通不统一，经济不统一，言语也不统一。其实中国现在言语也都没有完全统一，福建、广东各省都有方言。但中国自秦汉统一后，全国文字已经统一了，甚至亚洲各国，如日本等，都使用了中国文字。

再说我们大家讲白话文，过去《水浒传》《红楼梦》这些白话文，你们青年现在看起来都变成古文了，都看不懂，连《红楼梦》都很少懂。我们过去对《红楼梦》白话文，像我们这一辈的人，有许多人都背得来；现在你们觉得背这个很无聊、说里头有些话不通，看不懂，用白话写就有这个毛病。所以关于文字写作方面，我们现在不多去研究讨论了，回到本文。

归回何处

他说“予恶乎知”，我怎么样晓得，怎么样知道，“说生之非惑邪”！一般人贪恋活在世界上，这不一定是聪明的事。这个话怎么讲呢？中国俗语有一句话，“好死不如恶生”，“恶”念“务”。人再好的死都不愿意，宁可最坏地活着。人因为贪恋这个世间，所以我们人生最大的问题是生死问题。每个人研究自己，真到了最后，就有许多害怕，没有钱也害怕，没有饭吃也害怕，生病也害怕，老了也害怕，有很多很多的害怕。一个总问题就是怕死，这就是佛学提出生死问题。禅宗标榜的第一个问题，先了生死，父母没有生我以前，这个生命究竟在哪里？我们究竟有没有？真的是唯物的吗？假使现在我们就死了，死了又到哪里去？有没有天堂？有没有地狱？有没有极乐世界？而且我没有办好入境证，去不去得了呢？这都是大问题，就是生死问题。

现在庄子提出来生死问题！他说，我哪里知道，“说生之非惑邪”！高兴活着一定是聪明的！生命活着难道是一定对的吗？看起来庄子好像鼓励我们去死一样！他说“予恶乎知恶死之非弱丧而不知归者邪”！他说，我哪里知道，一般人怕死，“弱丧”是没有胆子，没有勇气，他说没有勇气，“而不知归者邪”！也不懂活着是住旅馆，死了是回家的道理。这个是中国文化的讲法，我们上古的老祖宗，一位治水的大禹，是三代的圣王之一，讲过两句名言，“生者寄也，死者归也”！他说活着是住旅馆，死的时候是回家休息。等于说我们白天醒着坐在这里，还在研究《庄子》，这个也是住旅馆，晚上回到床上睡着了，是回去休息；生死就像白天夜里一样。青年同学应该读过一篇有名的古文，叫做《春夜宴桃李园序》，其中有一句“天地者万物之逆旅，光阴者百代之过客”，也是《庄子》这里来的。就是道家说的，整个宇宙是万物的旅馆，也是我们的大旅馆；几千年光阴，去年、今年、明年，百代之过客，过了就算了。过了去年，今年已经不是去年，去年过了永远不回来；明年不是今年，更不是去年，如流水一样，前一个浪头过去了，永远不回的，所以江水东流，一去不回头，永远不回来。光阴者百代之过客，只在旅馆里经过一番而已。

这篇文章是非常有名的，是李白作的，也是道家的思想；道家跟佛家就是这个道理。所以庄子说，“予恶乎知恶死之非弱丧”，一般人对自己生命看得非常重要，怕死！“而不知归者邪！”而不晓得这只是回去而已。但是这样看起来，庄子是劝我们早一点死吗？不然！我们晓得中国历史上许多忠臣，譬如有名的文天祥，“视死如归”，看死好像回去一样，这是我们文化上最有名的四个字，都是受道家的影响，所以能够为忠臣，为孝子。再看历史上多少忠臣，乃至战争打败了，死的时候身上满是刀伤，还是站在那里不倒。清兵入关的时候，明朝几位将领，战败了以后，尸体站着不倒，等这些清军的将领发现，马上叫人点香，点蜡烛，恭敬他是前朝的忠臣；因为清军将领也受中国文化的影响，就跪下来一拜，尸体才倒下去。这些历史上记载很多。元朝也有一个历史名将，叫董抟霄，战败了以后，一身是伤，被敌兵用刀刺进去，但却没有流血，而是白气冲天，身体也不倒。所以敌人的将领赶快把自己的阶级拿掉，跪下来磕头，恭敬他是忠臣，这也是很奇怪的！他们这种修养，与庄子道家思想都有关系，并不是因为佛教的传入，才能够把生死问题看到另外一面。下面庄子讲了一个非常滑稽的笑话，但也是真理，他说：

丽之姬，艾封人之子也。晋国之始得之也，涕泣沾襟。及其至于王所，与王同筐床，食刍豢，而后悔其泣也。予恶乎知夫死者不悔其始之蕲生乎！

“丽之姬”就是丽姬，一个名女人的名字，丽也是个小地名，因为她很美，后来变成她的名字，等于春秋时西施一样。丽姬是哪里人？是“艾封人之子也”。什么叫封人呢？封疆，是管地政；管地政事务所的是封人。丽姬是封人的女儿，中国古代男的叫男子，女的叫女子；所以男女兄弟姐妹之间，对于妹妹可以称女弟，姊姊可以称女兄。中国古代文化，倒是男女非常平等，男女搞得不平等是唐、宋以后的事情。

“晋国之始得之也，涕泣沾襟”，晋国的皇帝选妃子把丽姬选上了，古代一个家里有女儿的，听到皇帝、太子要选妃子，每家都着慌了，年满十六岁以上的女孩子，赶快出嫁，不然皇帝选入宫以后，那不得了，一辈子也见不到父母的面。所以“故国三千里，深宫二十年”，深宫二十年还是少的，有时候十六岁进宫到了白头，一辈子也没有出来过，就完了。所以啊！皇帝选妃子选上她，离开家里时，痛哭流涕，鼻涕眼泪沾襟，襟就是衣服的前面，哭得一塌糊涂。

“及其至于王所，与王同筐床，食刍豢，而后悔其泣也。”等她到了皇帝面前，被这个皇帝看上了，变成妃子皇后，家里也可以通来往了，你看多富贵！多舒服！然后想想当年从家里出来，说是怕嫁给皇帝，在家里哭得一塌糊涂；后来想想当时多窝囊，多愚蠢，多无知。

“予恶乎知夫死者不悔其始之蕲生乎！”庄子说，谁又知道死的时候拼命哭，如果死后，到了那边很好，觉得临死时的痛哭流涕，是不是很多余啊！这个我们没有经验，大家等到有经验的时候，也没有办法通信，通电话，反正庄子是那么说的。

我有个朋友，快到七十岁，过去也是带兵作战的人，前几个月来看我，他说他新发明一个道理，好久不见你，总要拿一点成绩给你讲讲：人家到我们这个年龄，怕到荣民医院，怕癌症，这个怕什么？要晓得，上帝已经给我们一个生命，这已经很了不起了，如果不给我们这个生命，连这个死的机会都没有，现在总算给我们一个死的机会，这个多可贵啊！我还有死的机会，还有得癌症的机会，这个机会到哪里找啊？所以我发明这个道理贡献给你！我说有道理，这就是很有勇气。

庄子这一段话，《齐物论》快到结论了，我们都晓得，万物不齐；生与死两个现象是最难齐的，生与死最不同，这是人生生命上的一个大转变。庄子这一段讲起来，生与死是一样，所以看透了生死；尤其他引用这个出嫁小姐的故事，在出嫁以前，怕做妃子哭得不得了，后来当了第一夫人，才想到自己出门时，那一场大哭很丢人，太窝囊，何必哭啊！晓得这样早应该哈哈大笑，坐上车子就去了。庄子说，假定我们死了以后，发现那一边比这里舒服的话，我们一定很后悔。他讲生死蕲异，薪异生死，就是四个字。

梦与醒

梦饮酒者，旦而哭泣；梦哭泣者，旦而田猎。方其梦也，不知其梦也。梦之中又占其梦焉，觉而后知其梦也。且有大觉而后知此其大梦也，而愚者自以为觉，窃窃然知之。君乎？牧乎？固哉！丘也与汝，皆梦也；予谓汝梦，亦梦也。是其言也，其名为吊诡。万世之后而一遇大圣，知其解者，是旦暮遇之也。

这一段文章很美啦！就是两个字“梦”与“觉”，一个梦字啊！梦来梦去，文学真美。中国文化里对梦的研究有很多资料，中国原来的医学，对梦的研究，认为与心理学大有关系。庄子这一段也是对梦的研究，他说，“梦饮酒者，旦而哭泣”，一个人夜里梦到有人请你喝酒很高兴，但不一定是好事，白天恐怕碰到倒霉的事，会大哭一场。嘿！中国人有一句老古话“梦死得生”，夜里梦到自己死掉装进棺材，或梦到坏的，往往白天遭遇是好事。但是也不一定，有时候夜里梦到很痛苦的事，“梦哭泣者，旦而田猎”，白天醒来有人请你去打猎，等于说有人请你跳舞，有人约去郊游。他说，这个梦跟我们白天生活显然两样，对不对？

但是他要我们注意！“方其梦也，不知其梦也。”我们在做梦的时候，绝不晓得自己在做梦，对不对？有人说，我晓得耶！你晓得是做梦就醒了嘛！所以你做梦的时候不晓得在做梦！“梦之中又占其梦焉”，这个大家都有经验，年轻的时候，经验更多，年纪大了就很少有这种事了。年轻的时候，经常梦中梦，梦中觉得自己在做梦，在梦中梦里头自己又在做梦，一醒来三重梦都没有了，这叫做三重梦。所以“梦之中又占其梦焉，觉而后知其梦也”。我们怎么晓得梦呢？醒了以后说，哎呀！我昨天做个梦，醒了以后才知道自己在做梦！这一段他交待得很清楚。

“且有大觉而后知此其大梦也”，第二句话他没有讲，文章就留了一手。换句话说，觉而后知其梦也！你醒了以后才晓得自己在做梦。再换句话说，我们现在白天也是在做梦。夜里的梦是神经没有完全休息，思想仍在活动，等我们眼睛一张开说，哎呀！我做了一个梦。我们现在的梦是张开眼睛做的，他说，人生就是一个大梦，醒的时候是做白日梦，睡觉的时候是做黑夜梦，两个梦的现象不同，但做梦是一样的。所以夜里的梦是白天梦里头的梦，如此而已！“梦之中又占其梦焉。”那么要什么时候我们才真正不做梦呢？除非得道，这个叫大觉。“且有大觉而后知此其大梦也”，到了大彻大悟、大清醒以后，才晓得人生是个大梦。

“大觉”两个字是庄子提出来的，后来唐朝翻译《华严经》，称释迦牟尼佛为“大觉金仙”，很多佛经翻译名词也是用庄子的。另外《三国演义》刘备去见诸葛亮的时候，诸葛亮假装睡觉，嘴里念这一首诗：“大梦谁先觉，平生我自知，草堂春睡足，窗外日迟迟。”这一首诗年轻同学可以背起来，爱睡觉的时候，爸爸妈妈老师干涉你，你说我学诸葛亮啊！草堂春睡足嘛！这些都是道家思想境界的文学。

“且有大觉而后知此其大梦也”，人真到了悟道，大彻大悟以后，才晓得我们活了一辈子是做了一场大梦。他说你没有悟道以前不会知道，因为不知道自己在梦中。

“而愚者自以为觉，窃窃然知之。君乎？牧乎？固哉！”他说，我们因为没有悟道，不知道自己现在就在做白日梦，“而愚者自以为觉”，笨人自己以为聪明，认为自己是清醒的。“窃窃然”，窃就是小偷一样，心里偷偷地私自地高兴。他说：我问你，你那个自己认为很聪明，自己很高兴，你那个心里“窃窃然知之”，“君乎”是谁知道？这个做主的是谁啊？君就是这个主宰。“牧乎？”牧就是一个被人家放牧的牛一样，鼻子给人家牵起来走的。禅宗经常骂人，哎呀！你不要搞错了，你的鼻子给人家牵了。禅宗祖师很会骂人，转个弯骂得多漂亮，说鼻子给人家牵，那是牛啊！那个牧牛的小孩子叫做牧童，你鼻子牵在人家手里。这个禅宗骂人多艺术啊！但是我们没有悟道以前，活着的生命，鼻子都是给别人牵的。给谁牵呢？无主宰，没有人牵你，是你自己被它牵住了。所以我们不晓得自己能够做生命主宰的“君乎？”这是问号。“牧乎？”你是被人家牵着你也不知道。“固哉！”他说你好顽固哦！不懂自己的人生。他这一段借用瞿鹊子跟长梧子的对话，下面引出孔子的话。

“丘也与女，皆梦也”，他说孔子说，我现在跟自己学生们，同你们大家，你以为我是传道讲学，嗨！都是在做梦！我跟你大家都是在做梦。“予谓女梦，亦梦也”，我现在讲你在做梦，这一句话，是我在说梦话，我也在做梦。

吊诡 机锋

“是其言也，其名为吊诡”，他说我这样讲的道理，这种逻辑不是正反合的逻辑，这就是禅宗祖师的讲话，是禅道的逻辑；不是普通的逻辑，也不是辩证法，也不是印度的因明；道家叫吊诡。“吊诡”两个字，是庄子的名称，借用禅宗的名词来说，就是机锋。什么叫机锋呢？中国人学武的有一句话，“箭在弦上，不得不发”，那个弓拉满了，箭在弦上自然射出去了，这就是机。机到那里时，两人相对非常锋利快速，不可以用思想，也来不及用思想就发机锋话语了。就像两个人对打，都拿起手枪，两个人子弹同时放，这个时候也是箭在弦上，不得不发；你怎么躲避子弹，也没得思考的，锋利无比，快速无比，就是机锋。

庄子所说吊诡的意思，就是这个东西。如果不借用禅宗佛学来解释吊诡的话，怎么解释怎么糊涂，越搞越不懂。他说我现在告诉大家的话，大家都在做梦，照孔子讲的，现在给你们传道讲学，也不是传道讲学，也在说梦话。大家现在听到了，姑妄言之姑妄听之，你也是在梦中乱听，实际上都没有一个真实的事情。他说这种说法和道理，不是普通的教育，而是机锋的教育。吊诡，谁懂呢？普通人都不懂。

“万世之后而一遇大圣，知其解者”，庄子说，现在讲给你们听，你们听不懂，只有等将来千年万年以后总会有人懂，碰到一个大智慧，大圣人，就懂了这个道理；“是旦暮遇之也”，这个人是早晚当面碰到的人一样，不稀奇的。你看庄子多会写文章！庄子没有骂人啊！换句话说，把天下人都骂了。你们通通不懂，只有千百年万年以后，有高明人会懂我的话。等于汉朝的司马迁写了《史记》以后，自序里头有两句话：“藏之名山，传之其人。”这也是骂人的话，他说我写的《史记》你们永远不会懂，所以我只有把它藏到山洞里去，“传之其人”，将来也同庄子说的一样，千秋万代以后，有个聪明人就会懂我的话。

所以我常常对有些朋友说，多买一点书啦！留起来！不是什么财产，因为我喜欢书，一辈子到处买书。有好几个朋友对我讲，他也晓得书是好的，但看不懂耶！现在建筑的房子小，买回去没地方放。我说你第二个理由马马虎虎，还成个理由，第一个理由不成理由。你把书留着，你看不懂，你的孙子也看不懂吗？你把孙子都看成那么笨！说不定你儿子就比你聪明，就看懂了。

说看不懂就不买书，这是很笨的事。

关于庄子提到“吊诡”这一段话，是不大合逻辑了！东一句，西一句，白天是梦，夜里也是梦，现在就是梦，我说这一句话也是梦，这个梦也是梦，大家都是梦；讲到最后说，这些话你不要听，“吊诡”，听了你也不懂！这是个什么逻辑啊？但是你说他不合逻辑吗？绝对有理，因此他转过来，为了提到“吊诡”这个话，又批评了惠子他们讲辩证逻辑的人。

> 既使我与若辩矣，若胜我，我不若胜，若果是也，我果非也邪？

我现在这个道理是说，道只能够悟，道没有办法用思想去思考，更没有办法用逻辑去推理，也没有办法从文字去追寻，所以只能悟。如果用文字思想去推理思考，离道越来越远。即使我现在跟你辩证这个道，“若胜我”，你假使胜过了我，“我不若胜，若果是也，我果非也邪？”这样一来，他说，你真的是对了，胜利了。能证明我真的是错了吗？

> 我胜若，若不吾胜，我果是也，而果非也邪？其或是也，其或非也邪？其俱是也，其俱非也邪？我与若不能相知也，则人固受其黮暗。吾谁使正之？

“我胜若，若不吾胜”，我假使胜了，你败了不能胜我。“我果是也，而果非也邪？”难道我真的对了吗？还是不对呢？“其或是也，其或非也邪？”实际上，或者假定是对的，假定是不对的。“其俱是也邪？其俱非也邪？”或者说，你我、主观客观双方都是错的。总而言之，天地间究竟哪一个是对？哪一个是错啊？天地间真正的是非没有办法下一个定论。“我与若不能相知也”，如果用我们人类的思想来判断一个真正的是非，没有办法下断语。因此也可以下一个结论，我与你通通是无知。“则人固受其黮暗。吾谁使正之？”所以如此说来，一般人认为是真正有学问聪明的，都是黮暗。庄子提出这个名词，叫“黮暗”，暗就是暗淡。黮是什么呢？白的里头有黑斑，有污点。黮暗是什么东西呢？只好引用佛学一个名词就懂了，就是无明。因为是无明，自己一片漆黑，被一片墨黑的乌云盖住了，所以现在的智慧不能悟道。当我们人类自己都在无明中，反而自认为有智慧，“吾谁使正之”，到哪里找一个大智慧的人，纠正我们思想上的错误呢？

谁是公评人

使同乎若者正之？既与若同矣，恶能正之！使同乎我者正之？既同乎我矣，恶能正之！使异乎我与若者正之？既异乎我与若矣，恶能正之！使同乎我与若者正之？既同乎我与若矣，恶能正之！然则我与若与人俱不能相知也，而待彼也邪？

这一段都是庄子讲这个逻辑问题，他说谁能够确定天地间的是非？“使同乎若者正之？既与若同矣，恶能正之！”假使一个思想与你相同的人，来做评论员，来纠正评定是非问题的话，既然你两个一样，已经有偏了，怎么能够正确评定呢？“使同乎我者正之？既同乎我矣，恶能正之！”假使同我思想一样的人做评判员，跟我一样就有偏啦！哪能公正呢？下面的文字是比方，都是相反的意见。

“使异乎我与若者正之？”假使找一个人，他的思想同你同我两个根本不相干，完全不同的做公正人，“既异乎我与若矣，恶能正之”，本来他同你我两人都走不同的路，他怎么可以确定呢？“使同乎我与若者正之？既同乎我与若矣，恶能正之！”假使找一个同你我思想一样的来做公正人，既然同我俩一样，也不能做公正人！庄子四面八方都给你兜住了，世界上没有办法找一个真正公正的判断。“然则我与若与人”，那么，我同你以及一般人们、人类，“俱不能相知也”，谁都没有真正得道的智慧，普通的常识大家都一样。所以我们要求真理，到哪里找呢？“而待彼也邪？”我们自己找不到，只有靠另外一个他，嘿！不知道，假设另外有一个他，那么这个他是什么呢？

何谓和之以天倪？曰：是不是，然不然。是若果是也，则是之异乎不是也亦无辩；然若果然也，则然之异乎不然也亦无辩。化声之相待，若其不相待。和之以天倪，因之以曼衍，所以穷年也。忘年忘义，振于无竟，故寓诸无竟。

“何谓和之以天倪？”庄子提一个名词，他是谁？只有天。这个天不是宗教的天，不是天主啊！天神啊！也不是科学上天体的天，这是中国文化所谓代表“本体”“道”这个天。所以我们自己中国人研究上古文化时，碰到几个大问题，一个“道”字，一个“天”字，每个字就有四五种的解释。譬如老子讲的，“道可道，非常道”，这个道字，或者是儒家书中的天字，有时候这个天字是代表天体，科学上有星星月亮这自然界的天；有时候这个天是宗教性的，神话的，等于上帝、神；有时候什么都不代表，就是一个代名词。道是抽象的，庄子这里所讲的是抽象的。“何谓和之以天倪？”真正的是非只有到道的境界时，自然空灵，所谓是非两平了，也可以讲是非两泯，无是也无非，不是也不非。所谓是非寂然，这就是庄子所提的“天倪”。

“曰：是不是，然不然。”他说：假使说是说然，说不是说不然，都是主观的形成。“是若果是也”，假使你主观认为这个是对的，是确定是的，你的客观也就是主观，任何人讲自己讲话很客观，只要一讲出来，这一句话已经是主观了。“则是之异乎不是也亦无辩”，所以中间是非善恶之辨别，没有办法辨别清楚，因为都是相对的。“然若果然也，则然之异乎不然也亦无辩”，对与不对之间也没有办法确定。

讲了半天，庄子的文章，就是后来佛学进入中国的四个字“不可思议”。最高的真理，不可用人类的思想知识去推测，不可用逻辑思想辩论来判定，所以叫做不可思议。但是我讲到佛学，经常告诉年轻同学要注意！“不可思议”是一个方法上的说法，但是看了这句话，我们马上主观上有一个错误观念，下意识把不可思议，当成不能思议，这就完全错了。这个不可思议是个方法，拿佛学来讲叫遮法，因为方法用错了，这个门这个路子就错了，所以把你遮起来，停止那个方法。但并不是个确定观念，不是说不能思议。

庄子现在讲到这个地方，同佛学这个理论完全相同，所以“亦无辩”，不可用思辨来推测形而上道。你们大家学打坐，修道的人也注意，你们觉得自己打坐，坐起来什么都不想，认为这个就是道，要晓得这已经犯一个错误，那个什么都不想，都不知道，你怎么晓得那个就是道呢？你认为是道，那是你认为的。所以中观，佛学里头以中观正论来看，你这个已经不是正见了。你认为我现在坐起来很空，那是你自认为的！违反了中观正见；所以学佛与研究道学是一样的。他说不要逻辑，但逻辑非常重要；用逻辑，他用过了马上推翻，高明也就在这个地方。因此他说：

“化声之相待”，他说一切人类的文化思想，都是由人的思想来的。论辩是靠人类讲出言语、文字，表达出来，这个谓之“化声”，变化声音出来。凡是化声见之于言语文字，都是相待，相待就是相对的。“若其不相待”，世界上一切都是相对的，没有绝对，你要求一个不相待，就是真正的绝对，就要“和之以天倪”，只有得道。庄子所讲天倪，是道的境界，因为人没有到达道的境界，不能得到天倪。

“因之以曼衍，所以穷年也”，曼衍、穷年，都是庄子的专有名词。因为人不懂这个道理、学问、思想，所以几千年来，东方、西方的文化，越来越复杂，思想越来越乱。譬如到了我们这个时代，人类真正的战争是什么？是思想的战争。严格说来，二十世纪的思想战争，就是唯物同唯心思想的战争，人类文明为什么如此？因为“曼衍”，一样一样衍开，越演变越多。曼就是“漫”，充满了，“衍”就是敷衍，越衍变越大，因之不能得道，千年万年一辈子也搞不清楚真理在什么地方。穷年是永远，无穷无尽的日子搞学问去吧！学问越搞越钻牛角尖，真理越找不出来。那么怎么样才能到达天倪得道的境界呢？

生命的主宰

“忘年忘义，振于无竟，故寓诸无竟。”民国初年一位佛学大师欧阳竟无先生，他的名字就是无竟这个观念来的。真的要得道，“忘年”，忘记了时间，“忘义”，要忘记了一切的理论、道理，乃至道家《庄子》《老子》、佛学都丢开，一切都丢掉。这个懒人哲学很好，尤其青年同学不肯念书，不肯写文章，坐起来又懒得想，然后你把四个字拿起来，我是学《庄子》“忘年忘义”，是学道的，一切都要丢掉，所以什么都考不出来。“振于无竟”，这个振就是自己站起来，站在无量无边无穷尽的境界里，所以最后只有一句话，告诉你无竟，宇宙万物无穷无尽。

这个时候佛学没有来，庄子提出来的无竟，就是后来佛学无量无边的观念。这个无竟的道理也就是《易经》的道理；譬如说《易经》用乾坤两卦，最后是火水未济，永远是无竟，无穷尽。庄子告诉我们天地间的道理，永远无穷尽。这个道理是什么呢？就是佛学唯识学所讲“流注生，流注住，流注灭”。研究唯识的道理，宇宙间的生命，一切等等，连我们的思想文化也是一样，像一股流水一样，永远在流；我们看到这股流水在流，好像它永远无穷尽。黄河之水天上来，永远无穷无尽，大洋里头的海水永远无穷无尽。

其实不然！当我们第一眼看到那个流水的浪头时，那个水分子已经过去了，它永远不再回转来，永远是那么过去，永远地过去。所以在《论语》上，孔子也指示了这个道理，孔子在川上看流水，他告诉学生，“逝者如斯夫，不舍昼夜”。他说你们看这个流水不断地过去了，就像流水一样永远地过去了，所以过去的不必回头。年轻人听了不要说这样很消极，不是的，是叫你不要留恋在今天，要不断地前进。留恋今天，今天已经过去了。下面这句话，“不舍昼夜”，你看流水一样，白天夜里，它永远不断地流向前面，也就是“苟日新，日日新”，不断地前进，也就是这个无竟的道理。无穷无尽，但不是灰心。因为无穷无尽，无量无边，所以修道学佛的境界是不断地前进，不断地扩展，不断地伟大，不断地成就。这个就是唯识学所谓“流注生，流注住，流注灭”，任何过程都有四个阶段，生、住、异、灭。异就是变异的意思。

佛学就告诉我们，我们是偶然的存在，譬如我们生命的存在，像白天的做梦，就是流注生、住、异、灭。看起来是生命停留在这里，但是，我们从第一秒钟坐在这里到现在，通通已经过去了。他讲了这个道理，指出来生命一个真谛，一个结论。《齐物论》快要作结论了，要注意把握《齐物论》开头，就是南郭子綦隐机而坐。那么一坐，然后这么一靠，学生颜成子游问他说，老师啊！你今天不对啊！你好像同以前都两样啊！那个时候他入定去了。那么学生一问他，他说你不懂，这个时候无我了。《齐物论》是从这样一个故事开始对吧？然后告诉他无我境界里头，发生宇宙万有是“吹万不同”，真达到无我的境界是万物皆齐，没有不齐的，那个是进入道的境界。中间讲吹万不同，讲宇宙万物的现象，这一篇是最长，我们拖了几个礼拜。庄子花样真多，各种各样都说完了，现在快要作结论了。如果你忘记了开头，这个结论就结不了啦！但是他也没有具体告诉你结论，现在提出一个东西。

罔两问景曰：曩子行，今子止；曩子坐，今子起；何其无特操与？景曰：吾有待而然者邪？吾所待又有待而然者邪？吾待蛇蚹蜩翼邪？恶识所以然！恶识所以不然！

罔两是什么东西呢？就是影子的影子。我们站在太阳底下会有影子，月光下最容易看出来。现在中秋快到了，月光下看自己的影子，尤其是在稻田、野外，有水的地方看自己的影子，影子外面还有一个圈圈，你们看到过没有？自己影子没有看到过？可惜啊！诸位青年同学都在都市里长大的，真可怜，连自己影子都没有看过。我们在乡下生长的啊！夜里走路，两边稻田，看自己的影子另有一番风味，影子外面还有一个光圈，那个叫“罔两”。所以我们的影子外面还有个圈圈，还有个影子的影子。

“罔两问景曰”，那个影子的影子问这个影子，喂！“曩子行”，曩就是过去刚刚，刚刚你在走。“今子止”，现在你又止，你又站住了。“曩子坐”，刚才你又坐着，在打坐。“今子起”，现在你又起来。“何其无特操与?”你这个人啊！怎么那么没有人格，没有人品，怎么像个小孩子！心思不定，中心没有自己的主张，一下动，一下这样，一下那样，像猴子一样。

“景曰：吾有待而然者邪?”影子说你哪里晓得我的痛苦啊！我不想坐，不想走，我后面还有个老板，“有待”，相对的，他要走我就要跟啊！他要坐，我就要坐，他要躺下来，我就躺。

“吾所待又有待而然者邪?”他说，我再告诉你，我那个老板也是可怜人，他也做不了主，他后面还有个总保险公司，他还有个老板，那个老板就是自己的思想。影子的影子告诉影子，你很可怜，我们这个影子说，你不要骂我可怜，我有个老板，老板就是这个肉体，你不要看我那个老板了不起哦！我那个老板，他也要听命于人，他后面还有个老板，就是我们里头有个思想；你看有三个老板！我们一辈子就是那么在磨。赚钱也好，做生意也好，做官也好，做学者也好，教书也好，绘画也好，跳舞也好，反正都不是你搞的，都是另外一个老板在弄。这个影子就告诉罔两，他说你看我是真可怜啊！我做不了主张。

“吾待蛇蚹蜩翼邪?”这个影子告诉罔两，你以为我什么了不起！我像蛇的肚子下面那个皮。据说蛇是没有脚走路的，对不对?但是蛇走得很快，就是肚子下面那个皮啊！粗粗的那个东西，它有弹性，所以走得很快，那个叫“蛇蚹”。“蜩翼”是夏天吱吱叫的知了，就是蝉，蝉的翅膀薄薄的，很轻。影子说你以为我很了不起！我还是帮人的，像蛇蚹蜩翼一样，是人家的附属品，附在这个身体上的。所以蜩翼、蛇蚹，都是庄子提出来的名词，中国文学几千年，很多诗词上都用到，以后你们看到好的诗词，蜩翼等等，就晓得出自庄子。

我曾引用过明朝憨山大师的诗，“身世蜩双翼，乾坤马一毛”，所谓“天地一指也，万物一马也”等的典故，也统统出于《齐物论》。所以学佛的同学要注意！古代佛教的高僧大师，儒释道三家的学问没有不通的，而且滚瓜烂熟；所以下笔为文，一出言一吐语，都是非常宝贵的。对于青年同学，我经常担心你们本钱不够，我说你读了庄子这篇以后，应该知道你那个思想都靠不住啊！都“免谈”了。但是你如果要读懂佛学，要懂真学问，如果中国文化诸子百家，儒释道三家的基本不通的话，就没有办法入手。现在这个影子的话，还没有说完。

“恶识所以然！恶识所以不然！”由影子这个话，所以天地这个真的主宰在哪里？生命主宰在哪里？庄子说，我也不知道，“恶识所以然”，谁知道！那个东西是什么？你真不知道吗？“恶识所以不然！”不一定不知道，世界上有人会知道，你如果有一天大彻大悟了，就会知道。一切都不知其所以然，你要知道了所以然的后面是什么，你就悟道了。下面是《齐物论》里有名的蝴蝶梦，庄子拿自己本身来作结论。

蝴蝶梦

> 昔者庄周梦为胡（蝴）蝶，栩栩然胡蝶也，自喻适志与！不知周也。俄然觉，则蘧蘧然周也。不知周之梦为胡蝶与？胡蝶之梦为周与？周与胡蝶，则必有分矣。此之谓物化。

他说，我过去做了一个梦，梦到我自己不知道我了，觉得自己是一只蝴蝶。像梁山伯、祝英台一样变成蝴蝶了，哎哟！那个飞呀飞的。就是我们青年现在作的白话诗，飞啊飞的！飞得真高兴，从那个山飞到这个树啊！就是那个样子，舒服极了，“栩栩然”！形容那个飞得飘飘然的。“自喻适志与!”在那个时候，自己梦到当蝴蝶，真舒服啊！“不知周也”，庄子的名字叫庄周，那个时候我不知道自己是庄周。“俄然觉，则蘧蘧然周也。”蘧蘧然是形容吓一跳的样子，他说，一下梦醒了，哎呀！我还是庄周。“不知周之梦为胡蝶与？胡蝶之梦为周与？”这一下我糟糕了，我搞不清楚了，究竟是蝴蝶在梦中化成庄周呢？还是我庄周做梦梦到化成蝴蝶呢？

你说说看！现在我们不管庄子的问题，想想我们自己，人生活着是个梦，是这几十斤肉现在做梦，梦到变成我吗？还是等到有一天我大醒，或者等到民权东路口那个（殡仪馆）的时候，才说我变成肉呢？这就不知道了，庄子没有下结论。庄子说，当我梦到是庄周的时候，是蝴蝶梦庄周？还是庄周梦蝴蝶？这个还不说，譬如大家青年同学，很多结了婚生了孩子，变成妈妈，你究竟由女儿儿子变成爸爸妈妈，还是由爸爸妈妈变成女儿儿子？想想看，还真是个问题。

是的，人生如梦，庄子在前面说，夜里做梦时喝酒，白天会流泪；夜里做梦死掉了，也许白天发了财，中了爱国奖券。梦境很难把握。我们现在活着这个生命的历程，前途的好坏，你有没有把握？也同梦境一样没有把握，这个大梦中究竟是哪个对？他下面提一个问题。

“周与胡蝶，则必有分矣。此之谓物化。”究竟是庄子变成蝴蝶，还是蝴蝶梦到庄子呢？这个中间一定有个分别，一定有个主宰的，有个道理的！譬如说，我们昨天夜里做个梦，哎呀！昨天夜里做个梦，吓死了！真好笑！对不对？大家都经过的，尤其是吃饱了消化不良，梦到被鬼赶，或者被人追，自己躲也躲不掉；或者有一样东西消化不了，这是身上有风湿，根本不要怕的，这些叫作病梦，也是生理上的问题。发炎的时候，梦到火烧；身上水分太多，有湿气梦到大水，这一类在《黄帝内经》上属于病梦，与生理都有关系。

你说昨天夜里做一个梦，把自己吓死了，真好玩，到底是现在在说梦话？还是昨天夜里在做梦？我们自己想想看，这是一个大问题。那么不管是昨天夜里在做梦，还是现在在说梦话，昨天夜里做梦的时候，你说自己知不知道是在做梦？有个青年同学答复不知道。但是你错了，当我们在做梦的时候，我们很清楚耶！对不对？你想想看，晓得那个是红烧肉，也晓得去挟！而且喜欢吃肥的一定选肥的，你说你在做梦，怎么会不清楚啊？你梦中喜欢的人，你看到高兴得不得了，你梦中并没有糊涂，对吧！我们现在醒着的，是真糊涂。你不要认为现在不像在梦中，不相信的话，昨晚睡一觉，今天起来了，昨天夜里做过的事，你想得起来吗？都糊涂了嘛！所以你白天自己认为这个清醒的主宰，是个大糊涂啊！梦中认为那个糊里糊涂的并不糊涂啊！很清楚！生死的道理，生命的道理，要在这个地方参究。庄子点题点得非常清楚，由忘我讲到最后结论，最后一句话“此之谓物化”，是中国文化道家的思想。

道家看宇宙万物，都是互相在变化，以道家的观念看，这个宇宙是个大化学锅炉，我们也不过是这个锅炉里头的化学品而已！现在我们的化学药怎么样呢？青菜、萝卜干、牛肉、番茄炒蛋装进去，还有什么菠菜啊！白菜装进去，又变化出来身上的细胞，头脑又会思想；当我们死了以后，我们的肉烂了变成肥料，又变成青菜、萝卜啊！又化成这些东西，彼此都在化，化来化去，“物化”。所以生与死，在道家不叫做死，道家对人死叫物化，是另一个生命变化的开始。死没有什么可悲，活着也没有什么可喜，所以在妇产科前，不必送喜幛，殡仪馆前也不要送挽联！他说都差不多，不过一个是睡觉去了，一个是来做梦，如此而已。

小结《齐物论》

我们注意，第一篇《逍遥游》，是讲怎么样能得逍遥，这篇《齐物论》则讲“物化”。普通人很可怜，众人役役，被物质所变化，我们只得接受物质影响我们的变化，我们做不了主。深深潜伏在海底的鲲鱼，一跃冲天，可能变为大鹏鸟；高翔天空的大鹏，也许一蹶不振，变成什么细小蛋白质的基因。得道的人，可以自由，做了变化之主才能够逍遥。《逍遥游》就是佛学讲的解脱。所以注意哦！我经常给朋友们讲笑话，学佛嘛是学解脱，学道嘛学逍遥，我经常碰到这些学佛学道的人，哎呀！可怕得很，一来就磕头叫老师啊！我最怕磕头，一磕头我也要跟着他磕，我说既不逍遥又不解脱，何苦来哉呢！不学倒还好，学了佛以后，很拘束，毫不解脱。学道的人，常有这样不合道，那样不合道。你晓得什么叫道？你也没有得道，你怎么知道什么合道？你说别人说的，别人他也没有得道啊！你看都在上当吧！学佛、学道的人，既不解脱又不逍遥，真可怜，不学还好，不学蛮清爽。所以庄子说，要怎么样才能够逍遥呢？要真把握了物化之主才能够逍遥。真把握了物化之主，接着才能够齐物，在宇宙万物不齐、不平等之间平等统一。这平等统一是什么呢？道！形而上的道。好啦！这两篇都连着的不能分，乃至内七篇都是连着的。

因懂了《逍遥游》，你又知道了悟道，《逍遥游》告诉你悟道的原则；懂得了《齐物论》，你说悟了道了，悟了道以后，为什么讲梦？真正悟了道的人，佛学禅宗是一样的道理，醒梦一如，白天跟梦是一样。所以你们研究禅宗的，有许多人学禅、念佛、打坐、做工夫，我只要问两个问题就都垮了。你念佛打坐很定，白天有人骂你也不生气，做梦的时候如何？还不行。好！梦中做不了主，你的工夫没有用！修道修得白天如此，梦中也在打坐，如果说偶然一次，瞎猫撞到死老鼠，还不算数啊！即使梦中能做主还不算，你有没有做到醒梦一如？白天跟梦境一样，梦境跟白天一样，如果没有达到这个境界不要谈禅宗！不能只讲理论，这是真正实际的工夫。如果做到了醒梦一如，还没有了生死，要真把握住物化才能了生死。

所以醒梦一如是初步的境界，真正做到了了生死是什么呢？"觉梦双清"，大彻大悟，悟了道以后来做凡夫，做个凡人那样。"觉梦双清"差不多达到道的境界了，所以工夫先要到醒梦一如；偶然做做工夫，蛮像修道的样子，梦中完全是凡夫的样子，那就是两回事了。庄子还梦到变蝴蝶哩！我们梦到的是变成蝴蝶的弟弟糊涂，那就不对了。（问："觉梦双清"是不是就了生死了？师答：差不多，还没有到完全了生死。"觉梦双清"几乎达到道的境界了。你们年轻人不要随便禅啦！什么青蛙"扑通"一声跳下水也是禅，那是什么禅？一个青蛙跳下水，那是不〔扑〕通！）

养生主第三

庖丁为文惠君解牛，
手之所触，肩之所倚，
足之所履，膝之所踦，
砉然响然，奏刀騞然，莫不中音。
合于桑林之舞，乃中经首之会。

少知道 少烦恼

接下来就是《养生主》了。注意啊！我曾说孔子讲《论语》廿篇是连贯的，庄子的内七篇也是连贯的。《逍遥游》讲解脱以后，才能谈齐物，齐物以后才养生，这个题目次序我们先要了解。我和外国同学讨论时，经常把自己文化吹高一点，我说你们西方的文化只讲卫生是消极的，卫生是防御性的；中国讲养生是积极的，是超过防御，没有病先保养。要想不死，先要养好才不死嘛！所以才要养啊！可惜我们只懂这个名词，对于生命不懂得养生，还尽量在消耗，向死亡路上走。这就是庄子《齐物论》上讲过的一句话，“不亡以待尽”，虽然是活着，只是在那里等死，因为自己不晓得养生。要想真活着不等死，就要懂得养生了。以庄子的观念来讲，大家打坐学佛修道，不管你修大乘小乘佛法，也不过是养生而已。立场不同，解释就不同了。

吾生也有涯，而知也无涯。以有涯随无涯，殆已。已而为知者，殆而已矣。

这两句话，“吾生也有涯，而知也无涯。以有涯随无涯，殆已。”青年同学抄起来，有依据可以不读书了，也可以不要联考了！他说我们生命是有限度的啊！学问知识是无穷尽的啊！拿有限度的生命，研究那个无穷尽的知识，多危险啊！你看这个真好吧！不要联考，也不要念书。有同学写日记、写信也提到过，他说：庄子说的生也有涯，你嘛！偏要我们研究学问，而知也无涯啊！下面两句，老师您忘记了。我一点都没有忘记（众笑），“以有涯随无涯”，以有限生命跟着无穷的学问知识去追！“殆已”，这太危险了。

这个话是养生的道理，像我们抗战的时候，在大后方，碰到老年的朋友问说，你身体好不好？说，好啊！我很讲卫生，第一卫生不看报纸，看到报纸又气、又伤心、又烦恼。这个也就是庄子养生的道理。所以，无知识是幸福。但是不要被庄子骗了。庄子既然这样说，那你又何必写那么多啊！对不对？可见他的话是骗你的嘛！等于白居易写了一首诗讲老子，“言者不如智者默，此语我闻于老君”，像我们天天哗啦哗啦上课吹自己，大家写文章也这样的。言者不如智者默，没有智慧才说话，真有智慧不讲话了。白居易讲这一句话是老子说的，“若说老君是智者”，那么老子说这个话，他一定是大智慧人，“如何自著五千言”，他怎么还写五千言《道德经》呢？所以我看老子碰到白居易，会被他问得一句话都答不出来。你既然说不说话是大智慧，你为什么写一部《道德经》，写了五千言？现在我们看庄子的《养生主》，他告诉我们知识无穷，不要去追，那他为什么写《庄子》？所以不要上他的当啊！

"已而为知者，殆而已矣。"以有尽的生命，跟着无穷尽的知识后面追，这是很危险的。知识是无限度的唷！我们拿到一点点知识，自己认为学问了不起，"已而为知者"，自己认为是智慧很高，有了不起的学问，这是一个自找麻烦的危险分子，"殆而已矣"。这话真有道理，道理是什么？学问到了极点，道理都明白了，要能"入乎其内，出乎其外"。进得去跳得出来，然后把自己脑子中一切书本丢开了，成为白纸一张，到这个境界时，可以养生了，可以谈道了，可以学禅了。所以经常有许多人说禅，站起来跟我讲：老师啊！你不要叫我们看书嘛！我说不行啊！你学识不够。他说那个六祖呢？一个大字不认识呀！我说你该不是七祖吧？六祖以前没有六祖，六祖以后也没有找到七祖啊！六祖是六祖，你是你啊！那么六祖总不会超过释迦牟尼佛吧！释迦牟尼佛从小到大，世间学问都学遍了啊！你为什么不学释迦牟尼佛，而一定要学六祖呢？所以庄子讲这个话是对的，学问到了最高处，然后把所有的学问丢下来，那才是高明的人。自己没有学问，本来是一张黑纸，冒充一张白纸是不对的。

讲到养生，民间有两句话，不过不大好，消极一点，可是还是要告诉你们。我们小时候五六岁开始读书就先背这些，背了几十年，摇头晃脑摇进来的，那些是童子功，现在摇出来啦！"知事少时烦恼少"，知道的事情少，烦恼就少。"识人多处是非多"，认识人太多的地方，碰到就讲是非嘛！可是这些话，我们几十年肚子里知道，嘴巴不敢讲，太消极了一点。但是话说回来，为了养生的话，这两句话真是名言，也是《庄子》里出来的道理，所以知识越高痛苦越深，学问越深烦恼越大。这也是深深体验到的，有时候自己看到书啊！恨不得把它烧掉，就是被你害的，但是书并没有害人啊！历史上南北朝的梁元帝，最爱读书讲书，最后亡国了，十四万卷的图书，用一把火烧光了；他说我读书几十年，结果还弄得亡国，都是被书害的。你说他笨不笨！所以学问并不害人，要懂这个道理。

“生也有涯，知也无涯，以有涯随无涯，殆已！”这个道理就是说，人如何做到少烦恼，因为知道的越多，烦恼越深。现在有一本很流行的古书，就是《菜根谭》，这本书是明朝的一位儒家洪自诚先生作的，不过后来国内没有了，反而是日本人保留下来。民国初年，有人到日本留学发现了，同时买了很多中国失传的古书回来，《菜根谭》才流行起来。《菜根谭》的原文有几句话：“涉世浅，点染亦浅，历事深，机械亦深，故君子与其练达，不若朴鲁，与其曲谨，不若疏狂。”“涉世浅”，年轻人刚刚出来，入世不深，污染也不深；“历事深”，人生经历的事情太多，机械亦深。这个机械，就是代表那个有心计较的妄想，所谓机关用尽，那些烦恼也越多。所以他下面说的：“故君子与其练达，不若朴鲁，与其曲谨，不若疏狂”，就是我们普通喜欢讲做人，人生经验都要通达，但反而不如有些地方马虎一点的好。

练达这个话，《红楼梦》这本书就有，我们小学的时候已经偷偷地在看《红楼梦》了，书上的好句子都会背，那个时候，认为《红楼梦》已经黄得不得了的，现在看起来觉得清白得不得了，现在的书更黄了。《红楼梦》的主角贾宝玉，这个活宝，不大肯读书，他的父亲在他书房里挂了一副对子：“世事洞明皆学问，人情练达即文章。”实际上这两句话，一个人一辈子的修养如果能够做到的话，就是非常成功了。世事都很洞明，都看得很透彻，这是真学问；练达就是锻炼过，经验很多，所以对于人情世故很通达，这是大文章。本来这一副对子，是人生哲学的最高名言，可是我们这位少爷贾宝玉，最讨厌这一副对子，也就是道家庄子的这个思想。真洞明，真练达了，就会由极高明而到达平凡。这一类的思想在中国哲学里，是非常特殊的。西方文化也有这样的思想行为，但很少构成文字系统。而这一类的文字的系统，对于每一个人影响都很大。比方到了清朝以后，有名的这几个名士，如袁子才与郑板桥等等，都受这种思想的影响。

袁子才与郑板桥

像袁子才年轻考取功名，在康乾盛世，天下绝对太平那个时候，考取了进士就外放做县长，他的老师主考官是乾隆时代名臣尹文端。他来辞行的时候，老师问他，你年纪轻轻，出去做地方官，你有什么主意呀？等于现在问，你的政策是怎么样？他说：老师啊！到那里再说啦！也没有什么政策，不过我口袋里准备了一百顶高帽子。他老师听了很不高兴。老师是讲理学的，就训他，年纪轻轻怎么讲这个话！他说，老师啊！社会上的人如果像老师一样，就不需要准备这些了。尹文端一听，胡子一抹，嗯！他说，还是有些道理，不过不可以这样做啊！他出来后，同学们问他怎么样？他说高帽已经送掉一顶。这是袁子才有名的故事。

太平盛世做官是很舒服的，“一任清知府，十万马蹄银”，不需要贪污，绝对一毛钱不贪，收入就有那么多，不像我们现在待遇苦。所以袁子才做了两任县长就不干了，回去当名士，买了《红楼梦》的那个大观园，改名叫小仓山房。两三百年前那个时候，他的房子已经用透明的红色玻璃了，进口货很贵啊！小仓山房就在山里头，树木、林园美得很，像他们这些人生的哲学，就是走这个路线。

另外一位很清苦，与他相反的，就是有名的郑板桥，功名没有考取以前很可怜，是教书的。讲到教书啊！同我们一样，古今中外都很可怜，外国的教授也一样可怜。郑板桥教书的时候，饭都吃不起，尤其古代的教书，请到家里教，有些刻薄的主人家，早晨吃的稀饭，有人形容，“鼻风吹动浪悠悠”，鼻子呼吸起来，稀饭都起波浪了，所以有人说：“命薄不如趁早死，家贫无奈做先生。”他是江苏人，因为过年过节人家来收账，还不起，只好逃到外省在杭州教书。当然后来功名考取就做了官。

这个人非常有趣的，也非常高雅，同袁子才一样，做了一任县长以后就不干了，回家读书。他有几句名言，青年人不要学，学了不好，画虎不成就变成狗了。“聪明难，糊涂亦难，由聪明而转入糊涂更难。放一着，退一步，当下心安，非图后来福报也。”绝对的聪明人，最后通达了，再学到绝对的糊涂，这个是真难了。他说人生做人处事，要万事放人家一马，退一步，当下心里头就很安详。并不是像宗教家那个样子，求来生要得个好福报，这就不对了。像这一类的思想充满在文化中，中国的文学家，也就是哲学家，以及历代许多文人，一生走这个路线的非常多。因此像郑板桥、袁子才（枚）他们，在家里又讲究吃，讲究穿，讲究玩。这个在康熙、雍正、乾隆三代，一百多年之间，文人知识分子，充满了这种状况。因为太平社会太安定，安定到人活着不知道如何打发日子。

现在我们归结下来，就是庄子所讲的，少知识少烦恼，知识学问愈高，痛苦烦恼愈大。尤其生当乱世的时候，知识学问愈高的人，心里随时都在忧患痛苦中。

诸恶莫作 众善奉行

为善无近名，为恶无近刑。缘督以为经，可以保身，可以全生，可以养亲，可以尽年。

“为善无近名，为恶无近刑”，看到庄子这两句话，如果说是教育，我们历代的教育家之所以不去采用，是因为它非常的消极，消极到接近滑头了。对于人生处世虽然滑头而逃避，不过有它的道理。譬如第一句话："为善无近名"，等于他的格言，就是说做善事应该做到没得名气，人家不晓得你在做善事。"为恶无近刑"，做坏事，有时人也难免，世界上没有一个真正的善人，每一个人内在私心，或生活上总有些不对的地方，但是不会达到犯法的边缘，不会达到打击、痛苦、失败到极点那个边缘。换句话说，就是善恶之间恰到好处。你说这个人好吗？好不到哪里去，坏吗？也不坏，也不算太好，表面上看起来还是这两句话。

所以有人研究了《庄子》，认为道家都是逃避的，消极的，实际上不是这样。"为善无近名"，中国文化不仅庄子的思想如此，诸子百家都是如此。过去大家讲做好事有四个字，叫做"阴功积德"，不晓得你们年轻人听过没有？我们小时候受的教育，这个道理灌输得很牢，做人一辈子要做到阴功积德。阴，是暗的，偷偷做了好事别人不知道，这就是阴功。因为真正的阴功才是真正的积德。如果做好人做好事，是为了给人家表扬，为了让人家说我们是好人，这个不算是善事。

我经常提到一本小说《聊斋志异》，因为最近在座满眼看到有许多新来的青年同学，他们也许没有看过这部说鬼的小说；但是很多同学对于这本书也很欣赏，我往往问第一篇是什么？很多人答不出来，《聊斋》这一部书说鬼怪，说狐狸精，它的宗旨在哪里你就不懂了！现在我给你们做答案，第一篇是《考城隍》。我们台北市到了成都路，不是有一个城隍庙吗？城隍也就是阴间的地方官。这一篇很妙，有一个读书人，做梦梦见接到一个通知，叫他参加一个考试。他莫名其妙，心里想，还没有到联考的时间，也不是普考，为什么要马上去考试？一到那里看见上面坐的主考官是关公，这个多吓人！我们中国人素来对关公是尊重得不得了，那比包公还威严。

题目发下来，他就作了一篇文章，中间有几句很要紧的话："有心为善，虽善不赏；无心为恶，虽恶不罚。"一个人有心去做善事，故意有心的，为了做好人去做善事，他说这个人虽然做了好事，也不赏他，因为他有个目的是好名、求名。无心为恶，这个人无意做坏事，譬如说：家里一块破铜烂铁，向窗外一丢，结果伤了人，他是无意的，他无心为恶，虽然做了坏事，不罚。所以关公当场阅卷，拍案叫好，录取了他，要他马上去做城隍。他一听去做城隍，糟糕，那要死了以后才做的。他说我还不能死啊！最后只好向关公请求说：我妈妈年纪大，只有我一个儿子，你叫我马上去做阴间的官，我死了，谁孝养我妈妈啊？关公说：你有此心真是好极了，马上叫人看他妈妈还有几年阳寿。判官（秘书）把簿子翻开一查，还有九年。关公说：可以，就等你九年吧！那个职位先叫判官（秘书）代理。

这个故事就是说明"为善无近名"的道理，表面上看是逃避，但也是教你做善事是要真善，不求神知，不为名利，也不要为了因果报应。我常常碰到许多学宗教的朋友，好像他做了许多好事，已经磕了好多头，拜了好多佛，念了好多经，好像他也天天上教堂做礼拜，为什么他的爸爸妈妈会死掉呢？这个问题我是答不出来的，只好看着他，张开嘴巴，没办法答。这种心理就是伪善。如果拿历史来证明，有很多忠臣孝子的做法，"为善无近名"的太多了，所以暂时到此就不补充了。

"为恶无近刑"这可不是鼓励我们去做坏事的。我们要把这个文字了解了，这也等于孔子的思想《论语》里头，子夏说的"大德不逾闲，小德出入可也"。人们常常把这两句，解释成做人道德在大的原则标准上，绝对不要超过范围，小地方有时候马虎一点是可以的。在我的看法，这样解释也对，但是这两句话也另有含义，就是道德的大原则绝对不能违反，小地方呢，不是叫你可以违反，“出入可也”，是在两可之间的时候，要慎重考虑的意思，最好连小德都不违反。有时古人的批注，还是值得商榷的，不要认为古人一定是很高明。“为善无近名，为恶无近刑”，也就是“大德不逾闲，小德出入可也”。

归纳下来，庄子这两句话，说明人生要止于至善，基本的含义分成两段共有三点。第一是养生，把自己的身心修养到不烦恼不痛苦，很安详平凡，很快乐地过一生。有学问、有思想、有知识、有经验，要不被其所困，要能够解脱这一切；换句话说，要提得起放得下。第二就是在善恶之间，在人生的行为上，绝对要走至善的路子。不过他的文学的气氛，“为善无近名，为恶无近刑”两面一说，我们往往被他文章的气势弄迷糊就搞错了。

打通督脉

第三点呢，“缘督以为经”，这个大麻烦来了，这一句话严重得很。所以庄子讲的养生，后来道家修神仙之学，炼丹、长生不老、祛病延年的这一套，成为中国特有的学问，笼统就叫做养生之学。修道的人都是走养生之学的路子。道家这些养生之学的观念，就是取自庄子这一篇的，这个我们首先要了解。了解了这个，我们特别要提的是，中国文化里特有的养生之学，西方文化里是没有的。西方文化也讲人的生命可以长生，譬如后来演变成西方的宗教，所谓升到天堂去就得永生，那是讲这个肉体死后，精神的生命可以得永生、长生。只有中国文化认为，我们这个肉体生命，经由一种学问，一种方法，可以修养到永恒的存在。这就是长生不死之学。人是能够修成神仙的，也就是庄子所讲的真人。研究全世界的文化，可以说没有任何民族文化曾大胆假设，生命经过修炼，可以永远活下去，就只有中国文化才有。

那么修炼的方法呢？青年同学们看武侠小说，就知道人身上有奇经八脉。奇经这个“奇”字，应该念成“只”，单数谓之“奇”；八脉是阴跻、阳跻、阴维、阳维；冲脉、带脉、任脉、督脉。奇经八脉单独统摄全身气血的运行，尤其道家、密宗流行讲气脉，便特别注重任督二脉的气。另外中医所讲的把十二经脉，处分为六条阴脉，六条阳脉，上下左右，头面手足互相交叉贯通，统摄了西医所讲的心、肝、脾胃、肺、肾、大小肠、膀胱等内脏，以及肌肉神经系统。学中医的要特别注意，现在西医说法，十二对脑神经也是左右交叉的。譬如我们经常说，发现这个人，左边手臂肩膀很痛，或者发酸，可能病根是在右边；也很可能是阳明经脉不通。胃不舒服，并不一定是胃上有癌啦，而是气的运行不通。譬如腿有时候不舒服，走路站不住，发软无力啦！也可能是胃不好引起，不过胃不好的情况有很多种原因。

奇经八脉的主脉就是督脉，这里“缘督以为经”，这个督脉是什么东西呢？就是在我们身体的背脊。人体是以一个背脊骨为中心，心、肝、脾、肺、肾五脏六腑都挂在这个背脊骨上，人是站立的，顶天立地，这是我们人的优点。动物跟我们人不同，它的背脊骨是横放的，五脏是横挂的，所以佛学把它们叫做傍生，也叫做横生、畜生。我们人是直立的，以督脉为主，神经系统沿着背脊骨一直到头，所谓中枢神经系统，是我们人体健康活着重要的依靠。

到了前面自舌头以下，就是肺啊！心脏啊！肝啊！胃啊！横膈膜啊！大肠啊！小肠啊！一直到下面，这个系统，在医学旧的翻译是自律神经的系统。所以有些人中风了，嘴歪了，讲话做不了主，中枢神经系统仍好，只是自律神经出了毛病。这些都牵涉到医学，讲起来很啰唆。所以督脉，就是背脊神经系统。我们这个身体，像盖房子一样，一个骨干，前面两个出来是手，上面加一个东西是头，下面两个叉叉是脚，但主要是这个督脉，督脉是中枢系统。那么督脉是背脊骨的中心吗？这是千古以来道家、密宗讨论得非常厉害的问题，到现在还在讨论。西医过去不太承认有这个东西，现在已经开始慢慢承认了，所以科学还是要慢慢进步的。

那么，许多人的讨论，认为督脉是什么呢？我们背脊骨这样一节一节串拢来中间是空的，所以我们有时候生病到医院去，医生就抽脊髓化验，一个空针管打进背脊骨的骨节的缝里，把脊椎骨的脊髓抽出一点化验。猪骨头里，也有一条白白软软的就是脊髓。这一条一条连上，直到我们头顶，中间脊髓有液体，其中一条很细的路线，一直到后脑的，就是督脉。这是印度瑜珈以及有些道家那么认定的。

另外有些道家，有些密宗，认为这样说法还不对，太粗浅了，认为督脉是每一节脊骨的中间，那个白白的脊髓，这个脊髓的中间的中心，细到比我们头发丝还细的，那么一条空的路一直上到脑。这个是“有相”，有这么一个现象；“而无形”，脊髓中间是空的。所以也比方它如芭蕉树，如香蕉树，你看到是一个筒状，但中间没有心。所以我们年纪大了，背脊弯起来了，就是督脉的生命力量不够了，于是头就低下来了，督脉闭塞不通了，乃至坏了。所以修道的人讲打坐，第一重要就是打通督脉。

讲到督脉的修炼方法，各家名称不同，道理都一样。可是一般学佛、修密、学道的很可怜，学问不能融会贯通，而被许多宗派的术语名词困惑了，始终在那里解释术语，搞名相，搞各宗派经验所发现的理论，都在边缘上摸，摸了半天更搞不清了。实际上不管古今哪一宗哪一派，道是那个道，身体也是这么一个身体，不会说道家同佛家的身体不同，更不会是现代人身体比古代人身体有大变化，都是一样的。对我们来讲呢？因为道家用的术语，讲起来比较方便，但是不要被这些名词术语困住就对了。

督脉的三关

道家经常讲到，后三关、前三关，督脉有三个部位最要紧。腰的部位叫尾闾关，从下面起来，尾闾就是腰的这个部位。譬如说有些女性经常腰酸背痛，因为生孩子或其他原因，气脉破损衰弱，甚至于闭塞没有恢复，所以腰没有力量。女性本来腰比较没有力量，我经常给大家讲，男人走路跟女人走路不同，男人走路是两个膝盖头弯起来这样走的，男人年纪大了，膝盖头弯得不灵便了，这就很讨厌了，越年轻，膝盖头越灵便。女人走路是屁股在动，因为腰在扭，这是生理气脉的关系，不是骨头的关系。女人生命的重点是中间这一圈，叫做带脉，带脉的气足不足非常重要。督脉的这一节打不通，男女都一样，坐起来都是勾腰驼背的，腰这里叫他直一点，哎呀！要命了，这里都很衰弱。那么这两边呢？

背脊骨两边腰部，在中医是命门火所在，是生命的根本，也是针灸的重要穴道。所以老年人腰酸背痛，要捶腰捶背！如果实在是很痛，只好找人按摩推拿，叫人家捶打才痛快。所以腰酸就是督脉的尾闾关不通，督脉最难打通的就是尾闾关。尤其年轻人，打坐练气功，讲修养做工夫，往往到达这一关，一百人有五十双通通垮掉了。男女都一样存在的问题，刚刚打坐有一点精神，这一关还没有走通，身体出毛病了，乃至于发生遗精啊！各种各样的毛病，据我所知是非常普遍。很可惜！我们这个民族，因为传统礼教的文化关系，个个有这个病，人人不敢说，身体都没有调整好。许多修道也好，练工夫也好，第一关尾闾，包括腰部以上，通通没有打通，所以影响肠胃、肾脏、膀胱等，百病丛生。如果这一关通过，就健康多了，那么人体内脏胃以下半部，应该没有病了，而且不管男女，生理上保持年轻，像儿童的身体一样。

这一关通了以后，向上就是夹脊关，道家叫做夹脊，夹就是肩胛骨两块向脊椎夹拢来，那里有一条窝窝的地方，与心、肺、呼吸系统、肝胆、脾胃连带关系很重要，做工夫修养能够把背脊这一关打通的人，就不同了。平常坐在那里，会挺起腰来，自然很直的，你叫他弯腰很不舒服。再看我们年纪大了的人，总喜欢弯腰，一坐下来喜欢把两个腿跷起来，现在是二十几岁已经在跷腿了。老了的人坐在办公室，最希望是靠在椅子上，两个腿都要放到办公桌上去，只要有机会，两个腿非抬高不可。以中医来讲，这是下元亏损，夹脊这一关通不过。前面所谓中宫胃气，一切都不充足，呼吸系统的毛病啦！胃口不好啦！各种各样的病多得很，这是后三关的第二关。

再上来那就更难过关了，叫玉枕关。玉枕就是后脑，所以有许多人打坐、修道做工夫，不管你修净土，或者基督教天主教静坐闭静，或者道家修炼，在我的经验上，很少有人能够到达这一关，尤其这一关能够走通的人更是非常少。如果有人静坐修道，到了这个脑的部位会非常痛苦，除了童体童真入道以外。童体就是女性第一次的月经以前，男性是性知识完全没有开窍的，像这样的人修道才不会有这种痛苦。可是童体不会有这个智慧，除非天才的天才。

要打通脑这部分气机很不容易，因为人脑到十几岁超过童体年龄后，脑神经大部分衰败，气脉或闭塞，或死亡。譬如说会近视老花，就是衰老了、退化了，这些都属于道家所谓的玉枕关这部分的气脉，气脉到了这里通不过，所以普通人或修道的人，在气脉要通过时，常常头痛得不得了，或者眼睛痛、牙齿痛、耳朵鼻子出毛病，各种毛病都来了。再看了报纸上的医学知识，有一点毛病，就怀疑是这样是那样，外加恐怕自己是癌症，结果嘛！又找医生又吃药，并没有勇气把自己的生命拿来试验一下。当然，我也不主张人家这样试验，结果工夫整个的退回去，等于没有用。

或者有些学佛的人到这里，有眼通了，能够看到这样，看到那样，实际上都是玉枕关没有通，那个气刺激了视觉神经或听觉神经，在将通未通之间发生许多的怪象。然后自己认为有神通了，再加上心理的牵强附会，好一点嘛，大神经变成了小神通，小事还看得蛮灵，严重一点的呢，大神经、小神通都没有了，完全成神经了。所以有许多人，打坐修道疯了，武侠小说上说是走火入魔，就是这个原因。实际上也没有火，也没有魔，就是“缘督以为经”，是经脉的气没有打通，没有真正地恢复健康。如果玉枕这一关头脑气脉打通了，不管你年纪多么大，思想不会疲劳，身体不会倦怠，记忆力不会衰退，也不会耳朵聋，也不会眼睛近视老花，应该说比年轻人还要行，这就是讲督脉这一部分。如要参考，可看我讲的《静坐修道与长生不老》一书，此书已有八国不同文字的翻译，在世界上流行。

当然我们今天在讲《庄子》，不是讲气脉之学，为了解释“缘督以为经”，而说身体督脉这个系统。再说怎么叫“缘”呢？佛学有个名称叫攀缘，等于人爬楼梯一阶一阶，连续地慢慢爬上来，一圈连带一圈，这一圈又钩住那一圈，这样谓之攀；像爬山一样，两个手一步一步抓到藤子，抓到石头慢慢爬上去叫做攀。缘就是沿着这条道路，一节一节慢慢向上连锁的关系。所以“缘督”以督脉为主，保持健康，是我们养生之道，以生命的气化使健康一节一节向上爬。“以为经”不是奇经八脉的经，应该做“常”字解释，要真想保持整个身体中心的健康，则“缘督以为经”，必须督脉保持绝对的健康。

要名利 要成仙

接着是所谓奇经八脉中，督脉前面的任脉，刚才我们讲自律神经系统都叫任脉，环绕腰部这一条是带脉，身体中间有象而无形的是冲脉，也就是后来密宗道家所认为的中脉。不过有人辩论，说冲脉不是中脉，大家都为名词为这个作用在辩论，我们暂时不去管它。反正人体这四条脉，加上两足两手到头脑上下，这八条脉是非常非常的重要。所谓打通了气脉，是没有缺陷，没有病痛，没有闭塞，那是绝对的健康。

庄子讲到这里，只提到督脉的重要，为什么不讲下去说任脉、带脉呢？因为他有一个“缘督以为经”，其他任脉也好，带脉也好，总而言之，背脊骨这一条到脑中枢神经的这个督脉最重要，这是主干。至于修道、修密宗认为中脉才是最重要的说法，那是后来的事，因为督脉、任脉都不通的话，中脉没有办法通。中脉真正的通了，这奇经八脉当然通。所以必须先要以督脉为主，这个打通了，后面才能一路跟上来。如果以督脉为基础，其他跟着督脉的作用，打通了，身体恢复健康了，那么据我的想像，不能说我的经验，长生不老，慢一点老，不是完全不老，绝对做得到。不过要专修才行。不能像我们一般人学佛修道，地皮也要炒，房地也要有，汽车、黄金、美钞，多少总要一点点吧！名片上总要印一条官衔吧！董事长啊！那是“长”的，再不然来个什么“员”的啦，如果这些都想有，然后又想做到“缘督以为经”，修到长生不老，奇经八脉打通！据我所知是不可能的。那真是庄子在前面讲过的，属于人生的大梦，也就像我们历史上的秦始皇和汉武帝，又要名利，又想成仙。

有一点你们青年同学要注意！人的欲望跟着年龄、知识、经验在升高，非常可怕的。假使这个人的欲望不跟着这些升高的话，那差不多可以修道了，甚至于减退更好。实际上我们许多学佛修道的人，讲起来是看空，我看啊！只比我空得大一点点！不大容易真看得空的，包括我们大家都在内。这样一来不能专修，想“缘督以为经”，想长生绝对不可能。所以跟着欲望的升高，当了皇帝的人，秦始皇要做神仙，汉武帝要做神仙，唐朝、明朝好几个皇帝也要做神仙，多得很。人到了权位最高处，还要想另外一个超越，一超越就把他搞死了。

汉武帝有一位大臣叫汲黯，另一个是道家的神仙东方朔，两人讲话会影响他。东方朔素来很滑稽，他经常搞得汉武帝哭笑不得，皇帝一点办法都没有。汲黯这个人是忠臣，当面批评汉武帝，“内多欲，而外施仁义”。内在欲望那么大，外面讲大仁大义，又想修道成神仙升天。那个天上你还爬得上去吗？历史上汲黯这个人很憨，就是傻头傻脑的，但是个忠臣，他当面批评皇帝，汉武帝也一声不响！因为晓得他忠心耿耿，讲的是老实话。其实历史上岂止汉武帝，大概我们所有学佛修道的，都是汉武帝的徒弟，都犯了这个毛病，内多欲而外施仁义，所以要想修道成功，“其可得乎？”这怎么办得到？所以真正能够做到无忧无虑无求，“缘督以为经”这一句话，就成功了。

但是庄子还没有说完，刚才他只讲了一个督脉。督脉打通的时候，你看下面几句话来了，“可以保身”，身体的健康长寿是绝对的，可以袪病延年。“可以全生”，怎么叫“全生”？就是这一生，这一辈子很幸福、很快乐地活着，全始全终。“可以养亲”，不会死在父母的前面，当然可以孝养父母照应家庭。“亲”

还不只是说照应父母，乃至照应你的家庭子女。所以三个条件，“缘督以为经，可以保身，可以全生，可以养亲”，第四句“可以尽年”，就是可以活到真正该死的时候才死，尽了你的天年。我们许多人死亡，没有尽了天年，在佛学里头，都叫做横死。

照中国道家的说法，人活一万年是很普通的，道家有一本书把这个账算得很妙的，最短命是活一千年。我们普通人把活到一百岁当作高寿，在道家看起来那是不通的。人本来有万年的寿命，为什么变短呢？他有个会计的算法：高兴哈哈大笑一下少了半年，发了一顿脾气少了五年到十年，哭了一场又扣了好多年。那一本账很有趣，我哪一天把这个道书找出来，交给会计把它统计画一个表，看一扣以后剩多少。现在人生七十就算古来稀了，这个不算尽年，所以真正的尽年是规规矩矩活到千年万年，然后嘛！还不叫做死亡，道家有个名称叫“登遐”。登就是上升，遐就是很高远的另外一个世界去了，等于佛家说往生到其他的佛国了。

庄子下面要讲的这一段，提出来三个故事，这三个故事要特别留意啊！故事的内容很简单，可是经过庄子的笔法一写，就很漂亮。中国的文学以及各方面，两千多年来，引用庄子这些故事，作各种说明的地方太多了。如果现在人用白话，高度的文学手法，再把每一个故事描写出来，应该是更好。

解牛的技艺

庖丁为文惠君解牛，手之所触，肩之所倚，足之所履，膝之所踦，砉然嚮然，奏刀騞然，莫不中音。合于桑林之舞，乃中经首之会。

“庖丁为文惠君解牛”，这是第一句，是题目，这个庖丁是给皇帝管厨房的，庖是职务；丁就是这个男人，所以叫庖丁。男人叫丁，女人叫口。这个人是哪个皇帝的厨师呢？文惠君，就是孟子见梁惠王那个惠王。庖丁为文惠君解牛，就是给他杀牛。当然现在有更好的杀牛机器了，但他是手艺啊！是当时的一种技术。

“手之所触”，庄子一定学过杀牛的，至少曾在那里观察了很久。这个牛一拉来，把绳子一转，乡下杀牛你们看过没有？我们看过杀猪、杀牛，因为我是乡下长大，听到杀猪杀牛，赶快跑去看，很热闹，比戏还好看。杀牛人把绳子转到鼻子旁边，手在牛背上一拍，普通拍一拍，是表示很爱护，碰到杀牛的一拍，已经是很倒楣了。

“肩之所倚”，绳子一拉牛，那个牛鼻子给他拉歪了，然后他那个肩膀这么一靠，有工夫哦！就是柔道摔跤，这个牛就被他靠到地上去了，牛就跪下来了。“足之所履”，然后这个右脚一抬，就压到牛身上。“膝之所踦”，膝盖头顶到一个穴道，后来我研究晓得，牛身上那个穴道同人体一样，牛被他一顶到穴道一定发麻了。“砉然嚮然，奏刀騞然，莫不中音”，就是那个刀啊！在牛的颈项上面轻轻一拉，就倒下来了。这几句话描写他的那个技术，那个动作之干脆利落，皮套里头刀一拿出来，一刀下去，牛哼都不哼一声，一条生命就回老家了。“合于桑林之舞”，看起来他不是在杀牛，简直在跳舞一样，手这么一拉，这么一拍，肩膀一靠，膝盖头一顶，腰里头抽一把刀，嘶……就下来了。不像医生开刀啊！还要穿上白衣，带上绿帽，好几个人上麻醉药，搞了几个钟头。那个庖丁却快得很，几分钟就完了，而且那个动作“合于桑林之舞”，“桑林”是商汤的时候，有名的歌舞艺术。

“乃中经首之会”，他那个刀一下去，牛身上的这个十二经脉分离了，头上轻轻拉一下，整个的皮都脱开了。他对于解牛技术之熟啊，高明到这个程度！我们无以名之，只好叫做杀生的艺术。杀生已经到达了艺术境界了。实际上也使被杀的牛痛苦减少了，我想那个牛灵魂出窍的时候，一定会回头告诉他，你的技术真高明，我不大痛苦啊！因为古代那个杀头，看得真是害怕，犯人上了刑场，对刽子手说，拜托！来生我们做个朋友，给我利便一点，就是快一点。那刽子手杀人就看这个头，这么咚！一拍！也像杀牛一样，并不是画上画的，拿把刀切胡瓜那么砍，可见那个画画的没有看过杀头。刽子手把犯人的头发这么一抓，这样一靠就完啦！快得很呢！我们年轻的时候都看过。

庄子讲得好好的，教人养生活得长，活得舒服，可是为什么弄一段杀牛的来讲？你说怪不怪！固然描写这个杀牛的技术很美啦！总是不好。读书要注意这些地方。

文惠君曰：谑，善哉！技盖至此乎？

这一段是古文，给会写白话文小说的编个剧本一定漂亮了。梁惠王站在那里看他杀牛，看完了，口里惊叹，“谑!”就是这样一声，“善哉!”好哇！大概还在鼓掌，可惜他没有描写。“技盖至此乎?”你这个杀牛本事怎么这么大！你这个杀牛真利落，杀得好，皇帝在庖丁面前赞叹杀生。孟子看到的话，一定要骂他的。

庖丁说法

庖丁释刀对曰：臣之所好者道也，进乎技矣。始臣之解牛之时，所见无非全牛者。三年之后，未尝见全牛也。方今之时，臣以神遇而不以目视，官知止而神欲行。依乎天理，批大郤，导大窾，因其固然。技经肯綮之未尝，而况大軱乎！良庖岁更刀，割也；族庖月更刀，折也。今臣之刀十九年矣。所解数千牛矣，而刀刃若新发于硎。彼节者有闲，而刀刃者无厚；以无厚入有闲，恢恢乎其于游刃必有余地矣，是以十九年而刀刃若新发于硎。

听到文惠君那么一讲，“庖丁释刀对曰：臣之所好者道也，进乎技矣”。“释刀”，杀牛的把刀一摆，那个姿态之优美！就说，报告殿下，我真正喜欢的是修道，因为我学道，所以会杀牛。你们年轻同学不要学道啊！打坐坐死了，比杀猪杀牛的还糟糕！（众笑）刚才是讲的一句笑话啦！这个庖丁说，我啊！因为好学道！由道的精神来做任何事情，技巧都高明，所以超越了，已经不是形而下，而是形而上了。就像我们这个大艺术家陈教授，石膏泥巴到他手上一捏，就是不同，让我们捏起来，泥巴还是泥巴！“所好者道也，进乎技矣。”他说这个就是养生的道理，也就是告诉我们，人生做生意也好，做官也好，读书联考也好，都像庖丁杀牛一样，那就好了！进考场也无所谓，解答题一拿来，随便一画就是了；考完了把笔一丢，出来，很有把握，再来一杯冰淇淋，这就是庖丁解牛了。要有这样的修养才行啊！要修养到道的境界，任何技术都可以达到超神入化，就是这四个字“进乎技矣”。做生意做到这个程度嘛！无所谓发财，就是爱发就发，不发就不发这个样子。这是讲原则。

你看这位杀牛的给梁惠王传道！庄子以杀牛在说法。拿佛家来讲啊！“应以何身得度者，即现何身而为说法。”他以杀牛身而说法，因为他是杀牛，梁惠王是杀人；当皇帝也爱杀人，认为杀牛、杀人，差不多！所以他在传道！他说：“始臣之解牛之时，所见无非牛者。”他说开始我学杀牛的时候，我看到什么都是牛，都想杀，像杀牛一样杀。

这里先讲个笑话，年轻人练武功的、学拳的，现在什么跆拳道啊！柔道啊！学了两三个礼拜，这个手发痒，到处看到人都想动一下，看到柱头都要打两下。等于小孩啊！小狗啊！长牙齿的时候，看到臭鞋子都要咬它两下，不然牙根发痒。学技术开始的时候，也是什么都要动，就像庖丁开始看到什么都是牛一样。我们小的时候，听到乡下人学剃头，剃头店老板教这个徒弟怎么拿刀怎么刮，绝对不能拿人的头给他做实验，先拿个胡瓜学刮那个皮。以前学徒都要做家务，这个老板娘就是师娘啦！煮饭了，叫他打一点水；这个学剃头的，把刀在胡瓜上“咚”一下插着，就进去拿水了。然后出来，就又把刀拿出来慢慢刮啊！刮！搞惯了。后来师父叫他给人剃头的时候，师娘又在里头叫他打水，他就把剃头刀在人家头上“咚”一下，这个人就完蛋了。这是个大笑话，古代学剃头的，习惯到达“忘”了，任何时间都是会如此做的。

说到剃头，我小的时候，喜欢给一个挑担子的剃头，坐在那个矮凳上，那个剃头的会作诗，他一剃头就谈起诗来，所以我也很喜欢他来剃头。尤其夏天叫他刮得光光的，热水一洗，那个清凉的味道比在冷气电风扇底下还舒畅。我问他你这两天作什么打油诗，念给我们听，后来许多剃头店的对子，都是他念给我听的，有一副是“毫末生意，顶上功夫”。我都还记得，这都是童子功，一边给他剃头，有意思的诗就把它背来。还有一副，后来知道是左宗棠的，“问天下头颅几许，看老夫手段如何”。一个个把你头都砍下来。这是左宗棠少年时候的气派！后来变成理发店的一副名对。

这个剃头匠，我常常让他剃头，跟他谈诗，过后我有点害怕，他一边给我讲诗，一边在我头上乱刮一顿，万一他讲忘了，也在我头上咚的一刀，那就不得了啦！后来我长大出门以后，回忆在柳树底下刮个光头，夏天用一盆热水洗了凉快凉快，现在追想那个境界，比冷气底下喝一杯咖啡还痛快，但“岂可得乎”！永不可得了。回想他剃头时，已经到了庖丁解牛的境界了，把我们的头不当人头了，眼睛都不看的，随便在那里刮两下就光了。许多师大的同学在快要毕业那年去试教，上台两个腿都在发抖，对不对？你们师大同学都有经验，慢慢上课久了，上到讲台以后，下面一个人都看不见，目中无学生了，等于目无全牛了。

所以庖丁开始三年，他说所见无非全牛者，“三年之后，未尝见全牛也”，三年后看到牛都不是牛啦！眼睛里头没有牛了，技术和经验到达那么高的境界了。等于我们开始学打坐的人，只晓得自己两个腿痛，所以始臣之学打坐也，所见无非腿也！三年之后，未尝知坐也。坐得啊！昏沉、睡觉忘记了腿，腿的痛苦感觉没有，坐在那里睡觉了，所以始终也没有学好打坐。

“方今之时”，这个庖丁讲，三年以后到现在，拿现在讲就是几十年经验。“臣以神遇而不以目视”，这就是我向大家报告的，我小时候那个剃头师父，他一边跟我讲话，眼睛还看到书上，用剃刀在我头上乱刮，刮得比西瓜皮还青，那是“以神遇”。他那个刀啊！跟他的意识跟我的头皮合一了，叫做三身合一，刮得进入精神的境界，“而不以目视”，不要眼睛看而到达这个境界。注意哦！任何艺术家、文学家写一篇好文章，一首好诗，也是这样的。自己过后一看，这是我写的吗？我也有几次经验，说这个写得蛮好啊！问这个同学是谁写的，他说，老师这是你写的嘛！他们还以为我作假，其实我早忘了；我心里笑一笑，我当时怎么写出来的真不知道，就是“以神遇而不以目视”。

“官知止而神欲行”，官就是五官，眼睛看到牛身上的毛，已经刮得蛮干净了，技术搞熟的时候，觉得这个猪皮牛皮已经不要再刮了，可是刀顺手了以后，又再来一刀，这一刀是神遇之刀，这一刀下来是彻底干净。所以“官知止”，五官、生理的机能有意停止，但停止不了；“而神欲行”，那个精神的境界自然还来一下，很优美。

人生的关键和枝节

庖丁解牛的故事说完了，道理还没有完。最重要的一点，他说那个杀牛的技术，已经是达到道的境界。任何一种专长的技术，进化到神化的境界，是不用头脑不用肉体的官能，完全是神行，是精神一致自然来的。譬如大的艺术家，大的文学家，乃至高明的外科医生，他的医道到了最高明的地方，下刀不一定都是用眼睛盯着看的，刀到了多少深浅程度，他的意识已经感受到了。他说“方今之时，臣以神遇而不以目视”，只用神，而不用眼睛了。这个神不是眼神的那个神了，是精神的神，超乎物质官能的。所谓“官知止而神欲行”，他说技术到了最高近乎道的境界，进入精神的领域里头，四肢官能想停止，而这个神的境界“欲行”，连绵不断了。

“依乎天理，批大郤，导大窾，因其固然。技经肯綮之未尝，而况大軱乎！”这个庖丁以杀牛的技术，说明了一个大道理。他说当我技术到“官知止而神欲行”的时候，这个刀下去到牛身上，不是呆板的，不要用普通的脑筋思想，那个刀顺着牛身体的结构，依乎天理而欲行，很自然就滑下去了。“依乎天理”，这个天理就是人要有天理良心这个俗语。实际上所谓天理，就是天然的这个道理；一个物质天然的纹理，都是顺其自然，依乎自然。“批大郤，导大窾”，就是牛身体大关键的地方。

譬如说膀子啊！肚子啊！腿子啊！在这些大关节空隙的地方，顺着经脉的流行，一刀下去把它解脱开了。

总而言之，统而言之，一句话“因其固然”，那些生理有它当然的关键地方，自然解脱开了。大要紧的关键解脱开了，细节自然解脱开了，所以他讲一句结论，“技经肯綮之未尝”，技术所经过的，就是这个刀下去经过枝节的地方。这个技也代表技术，也代表枝节的地方，就是现在我们讲神经丛，一个大关节的要紧的地方，“肯綮”是关键。他说当技术已到这个境界的时候，哪一条神经，哪一块肉，“之未尝”，我脑子里都没有注意了，顺着刀势就下来。等于一个雕刻家，顺那个石头的纹理，木头的纹理，自然就刻下来了。“而况大軱乎！”他说大的骨头，大的阻碍的地方，刀子在旁边一溜就转过去了，解脱了。现在大致解释这几句文字，重点要注意庖丁讲杀牛的道理，实际上与做人做事道理一样。

所以人世的道理，到达超越的境界，不管你怎么样做事，做领导人，或者被人领导，要解决一个问题，也就是依乎天理，用自然治世。“批大郤，导大窾”，关键要点的地方解开了，整个事情就办好了。但不是勉强做的，是“因其固然”而来，所以这些枝节的地方根本不理。不是不理，是顺其自然，枝节的地方跟着关键的地方就解开了，也根本就没有阻碍了。

“良庖岁更刀，割也；族庖月更刀，折也。”他批评杀牛的人，“良庖”，很好技术的，“岁更刀”，他们一年要换一把刀，这个刀用一年非换不可。等于现在医院开刀的医生，开刀以后那个刀就要换，就怕有问题。他说最高明的庖人，一年要换一把刀。下面一句注解“割也”，他说他们不是杀牛是在割牛，慢慢地割，牛被杀得也痛，他自己也痛苦。“族庖”，地方上有些高明杀牛的，月更刀，一个月换一把新刀，那是“折也”，硬砍的！那不是在杀牛，那是砍剁这头牛。

“今臣之刀十九年矣，所解数千牛矣，而刀刃若新发于硎。”庖丁告诉梁惠王说，我现在这一把刀，用了十九年，没有换过，这一把刀杀了数千头牛了。他说你看我这个刀刃，锋面像新的一样，没有缺口，锋利得很。这个道理说明得很深刻，就像我们小的时候，学写毛笔字，不会写字的嫌笔不好，不听话，换一支最好的笔，买来几千块的进口货，写了几个字好讨厌，我要向这一边，它偏要向那一边。同样道理，这个庖丁解牛，不会杀牛说刀不利，如果技术到了最高点，修养到了最高点，最坏的笔，可以写最好的字。真的书法家还喜欢用坏笔写，写出来神韵还超过那个新笔写的，那已经不是写字了，就是庄子说的：“官知止而神欲行”，到了神化的境界。

他现在讲到杀牛这一把刀，也是同样一个道理，同时也说明会写文章的人，怎么写都好；写不好的人，挖空心思也写不好。一个才俊高的人，处理国家大事也好，处理个人的事也好，乃至做菜也好，都会做得很好。会做菜的人，随便一个蛋一点油，一点盐巴，炒出来都很好吃；像我们不会煮菜，花生米都炒焦了的。这个意义很深，要我们自己去体会。所以说，在乎自己意境的造诣高不高，不靠工具的好坏；做人处世是看你智慧高不高，修养高不高，不靠环境条件的帮忙。下面他加以发挥。

“彼节者有闲，而刀刃者无厚，以无厚入有闲，恢恢乎其于游刃必有余地矣。”庄子的文章，影响我们文化最深厚，所谓文学、诗词，乃至写大文章，像“刀刃若新发于硎”这一句成语，“游刃有余”这四个字，都是出在《庄子》。“彼节者有闲”，他说牛身上那个关节，不管多严密的，都有空隙。古书上这个“闲”字，和“间”通用。“而刀刃者无厚”，可是这把刀的锋利，在我手里已经变成没有厚度了。譬如我们两个指头捏得很紧，都没有缝，你说有没有缝？还是有！厚的东西在这个指头缝过不去，可是非常非常薄的，在这里一拉就过来了，就是这个道理。所以任何严密的事情，都有缺点，都有空隙，同人体上的、生物身上的关节一样。“而刀刃者无厚”，而我用的这个刀呢？在我手里变成没有刀了，那么空灵，没有空隙的地方都可以进去，何况还有一点点空隙可进！所以他说：“以无厚入有闲”，我以这一把无形没有厚度的刀，进入那个空间的地方去，“恢恢乎其于游刃必有余地矣”。

“恢恢乎”，是形容词，那是舒服、潇洒、从容。他说，我这一把刀随便在哪个关节没有空隙的地方，“游刃”，那个刀好像在物体上游泳一样，很轻松很自在地就过去了。“是以十九年而刀刃若新发于硎”，因此这一把刀我用了十九年，还同刚刚出炉的新刀一样。

这句话就是重点，我们为人处世，永远保持刚刚出来的那个心情。譬如现在你们是年轻人，我们老年人也都是年轻过来的，年轻人一出校门满怀的抱负，满怀的希望，但是入世一久了，挫折受多了，艰难困苦经过了，或者心污染了变坏了，或者本来很爽直的，变得不敢说话了，或者本来很坦白的，变成很弯曲的心理，本来有抱负的，最后变得很窝囊。一般认为，社会的环境影响了一个人，实际上懂了庄子这个故事的道理，就是说，社会的环境不足以影响我们，如果自己有独立的造诣修养，使精神超神入化，在任何复杂的世界，任何复杂的时代环境，恢恢乎其于游刃必有余地，也永远保持开始出来那个心情，这是最高的修养。

中国儒、释、道三家，有个名称叫做永远保持“初心”，就是最初在开始的那个心理状况，人能够永远保持“初心”，很纯洁，不受外界环境影响染污，永远保持那个光明磊落、坦白纯洁，如老子所讲的“如婴儿乎”！那就是庄子所说的这一把刀，永远不坏，永远常新的道理。他说明了这个要点，同时我们要了解这个原则，对于我们生命的修养也是一样。

我们人为什么容易苍老呢？因为受了外界一切的影响，而产生情绪的变化，慢慢由青年到中年，到老年了。所以修道处世就是庄子庖丁解牛的道理。虽然处在很复杂的世间，批大郤，处理大关键要看大要点，自己始终保持头脑清醒，像这一把刚刚出炉的刀一样，不硬砍，不硬剁，不硬来，永远保持生命的健康，永远保持自己的青春。下面接着借用庖丁的话。

谨慎的人

> 虽然，每至于族，吾见其难为，怵然为戒，视为止，行为迟。动刀甚微，謋然已解，如土委地。提刀而立，为之四顾，为之踌躇满志，善刀而藏之。

上面庄子借用杀牛的庖丁，讲修养的造诣，修养的境界，和他处世的方法原则。下面一段更重要。但是，“每至于族”，当我到了一般杀牛匠那里，“吾见其难为”，我看到那个杀牛的人，看这一头牛一来，那个小心啊！把刀磨得很快，非常慎重地准备，我看了那个情形“怵然为戒”，自己不免警觉起来，“视为止”，把我所看见的，作为自己的榜样。他上面讲自己技术那么高明，等于杀牛不要用眼看，那个刀拿起来一挥，随便一下就解决了。可是看到一般技术差的人，并没有看不起他，因为看到他那样慎重，我反而更看得起他。因此我对于自己，更加警惕，他就是我的一个老师。所以不要认为自己学问好，自己本事大，技术高明，人生做人处世，随时随地都要那么小心，那么谨慎。“视为止”，我以他作为我的榜样。

这几句话一方面也描写普通一般杀牛的人，看到牛来了，“视为止”，那个眼睛都瞪直了，看着这头牛。“行为迟”，走路都慢慢的，不敢一下子靠到牛的身边去。但是呢！一方面也形容这个高明的庖丁自己，他说我看了，反而以他做榜样，行为迟。因此啊，本来自己很轻松，可是看了这个情形，他说，我走路都不敢乱走，慢慢走到前面。

“动刀甚微，谍然已解，如土委地，提刀而立，为之四顾，为之踌躇满志，善刀而藏之。”“动刀甚微”，他自己技术本来很高明，他说，可是我现在也学学他们，看他们把这个刀慢慢地、很小心地、很仔细地划下来，“谍然已解”，一声“啪嗒”，把牛整个的四肢都解开了。这个时候啊，他们普通一般杀牛的，“如土委地”，那个牛一身散开了，好像泥巴一样倒在地上了，他自己呢？也累了，把刀一丢坐在地下，一坨泥巴一样，休息下来，然后威风又来了，提刀而立，把刀一拿起，在那里一站，“为之四顾”，像大英雄打了胜仗一样，站在高台上四面看看别人，觉得自己是英雄，“为之踌躇满志”，觉得自己是天下第一，胜利了。“善刀而藏之”，把刀擦得干干净净，抹上防锈的油，再用布把刀包好，好好放起来。这一段描写得很有趣。

前面他讲自己技术之高明，眼睛里头没有看到牛，那个刀随便这么一挥，一条牛一下就解决了，那个高明已经不是技术了，而到达神化的境界了。你看他的文章里头有一点怪，意思是学问修养到了最高境界的人，而以最平凡、最底层最肤浅的人，做自己的老师，做自己的榜样，你就大成功了。如果你技术学问一切到了最高处，自认是天下第一，那注定失败了。所以要小心更小心，谨慎再谨慎。因此他说，虽然如此，我常常到一般的杀牛匠家里去看，见到他们那个杀牛之难。一方面就是描写他们杀牛困难的态度，一方面他也描写自己，看到这样困难，反而跟他们学，也学那个小心，以最高明而恢复到最平凡。文学上有一句话描写一个人生，由最绚烂而归于最平淡，由最高明而归于最平凡，那样才是成就。这样的成就就是养生之主。像我们大艺术家陈教授的雕塑，他技术那么高明，但他小心得很耶！好像初学的徒弟一样，这是最高明的，所以他有成就。

换句话说，这个就告诉我们人生一个道理，儒家道家同一个道理，子思在《中庸》上所说："极高明而道中庸。"人生由绚烂而归于平淡，由伟大崇高而归于平凡，那么就对了。庄子说了以后，还吊了几句尾巴，描写这个人生，那么小心把牛杀完了，那个牛好像泥巴一样摊在地上，自己也像泥巴一样坐在地上。哎哟！总算完成了工作，一阵休息过后，人又不同了。我们大家都有这个经验，当事情做成功了，或者做生意发了财，先是觉得困难害怕，睡了一觉起来，提刀而立，我还是英雄；站在那个台上，为之四顾，踌躇满志，你看，我多英勇啊！这就是在描写人，描写人生，很幽默，人都是这样，过后愈想自己愈英勇，在当时，却痛苦得很。

可是庄子最后还加了一句话，很像禅宗的话，要透过文学以外去参，他说虽然如此啊，善刀而藏之。这是要点了。要把刀包好藏起来，等于我们有大钱的人，把那个美钞、黄金一定包得好好的，藏起来，还装起没有钱的样子。他说了这一段故事，内容包括了几个层次，这也是我们人生的道理。

文惠君曰：善哉！吾闻庖丁之言，得养生焉。

梁惠王听庖丁讲完了，就说：我听了你这个道理，我懂得人生了。庄子用道家的思想，优美的文字，借用这么一个故事，写出人生的道理。如果拿儒家来讲呢，还是我们常讲的一句话：

“诸葛一生唯谨慎”，不恃才、不傲物。人不要有了学问、聪明、本事而恃才。庄子用不同的方法来说明这个道理。这个谨慎不是自卑，也不是胆怯，也不是自我的颓废，而只是小心谨慎，这就是养生的道理。接着是第二个故事。

独立自主的生命

> 公文轩见右师而惊曰：是何人也？恶乎介也？天与，其人与？曰：天也，非人也。天之生是使独也，人之貌有与也。以是知其天也，非人也。

“公文轩见右师而惊曰”，公文轩是个人名。庄子所引用这些名字，据后人的考据，都出在战国时候宋国的故事。右师也是一个人，不过这只是他职务的名字，这是另一说法。公文轩看见右师很惊讶地说：“是何人也?”他说这是个什么人?“恶乎介也?”怎么只有一只脚啊！“天与”，这个人是天生下来一只脚吗?“其人与?”还是因生病而变成一只脚残废了呢?人像一棵树一样，奇怪！怎么搞的啊！一只脚站着。这像是一个话剧，一幕戏剧，描写公文轩这个人走过来，看到右师这个人畸形地站在那里，因为这个人形体上有缺陷，所以公文轩一看到，就惊讶地叫出来。

“曰：天也，非人也。天之生是使独也。”右师听了回答他说，这是天然的，换句话，不管是人为变成这样也好，车子撞成这样也好，或者发烧得了麻痹也好，或者病腿割掉了也好，都是天命，这是自然的；“非人也”，都不能归之人为。是天命要我一只脚来活着，我就一只脚来活着。他说，这个上天要我这样，我就这样。这个上天不是宗教性的，是自然的。

“人之貌有与也”，他说你不要看我这样一只脚站在这里，你觉得很奇怪，每个人身体的形态相貌虽不同，但各人有独立的精神。这一句话很深刻，一切都是相对的，你认为我一只脚不好看，我还看你两只脚很怪呢！各有各的天然生命；你认为我这个鼻子长得歪了，我还正认为你的鼻子长得太直了，不够漂亮；各人看法不同。但是告诉我们一个原则，人的生命活着，顺其自然，有自己生命的形态和价值，不要受任何外界的影响。我就是我，说我驼背，驼背有什么难看！你笑我驼背，对不起，你还没有呢！不相信，你驼驼看。你笑我歪嘴，对不起，你还歪不了呢！除非你去动手术开刀才歪得起来，歪起来又怎样呢？这个天生的，绝没有什么关系。这是外形，不能妨碍我们精神生命独立的人格。所以，“人之貌有与也”是相对的，精神独立的人格，生命的价值，不在于外形。因此我告诉你，我晓得了这个原则，所以我答复你，“以是知其天也，非人也。”是天命，不是人为，自然得很，这又有什么大不了的！

泽雉十步一啄，百步一饮，不蕲畜乎樊中。神虽王，不善也。

庄子这几句话，在中国的文学故事里很多，尤其在《高士传》上，引用的也很多。“泽雉”就是江河边上、旷野里头的野鸡，“十步一啄”，它走十步路，就在地上找吃的，抓虫来吃。“百步一饮”，描写那个野鸡吃东西是这样，不晓得大家看过山鸡野鸡没有！走几步路这个脖子一伸，在地下一啄，不晓得啄到虫啊，石头什么的，再走几步路，走远一点，它又找一点水喝。“不蕲畜乎樊中”，蕲就是蕲求，但它绝不蕲求自己关在笼子里。你看它蛮可怜的，为了找饮食，为了肚子吃饱，一天到晚到处跑，找虫子吃，找水喝。虽然如此，它很自然活着，活得很快活，活得很高兴。“不蕲畜乎樊中”，它不愿意关在笼子里，关在笼子里天天有米吃，有配合好的各种维生素的饲料，还有水喝。但是整天关在笼子里不舒服，它宁可肚子饿了外面找虫吃，找水喝喝，这自由啊！这多舒服啊！这个是它的生命，所以它并不希望关在笼子里，为什么？

“神虽王，不善也”，这个“王”字，等于这个“旺”字。你看关在笼子里的野鸡、动物，还有那个孔雀，它把脖子一伸开，那个脖子一歪，哎唷，这是孔雀王，很了不起。再了不起也是关在笼子里啊！他说“神虽王”，那个精神，虽然看起来像一个王一样，“不善也”，并不好。庄子讲的这一段，其实我们大家都关在笼子里，这个宇宙就是个大笼子。

你看我们现在的建筑，我们坐在这里也了不起。譬如我坐在上面，给诸位讲《庄子》，人都希望自己看起来好像很了不起一样，有什么了不起？外头对面看来，这个房子像火柴盒，里头就关了我们这一堆。虽然我们这一堆坐在这里，还翘头翘脑，自己觉得还在称王，“不善也”，这个不好，生命就是这个道理。我们人有时候觉得自己顶天立地，功成名就，或者发大财，大老板出来那个肚子挺得特别大，因为表示有钱，但是照样的关在笼子里。所以庄子说“不善也”。这是第二个故事。

《养生主》只有三个故事，第一个故事，庖丁解牛告诉我们，立身处世的心情，生活的方法，要解脱，不要被外境所拘，自己的造诣要达到超凡入圣；虽然生活在物质的世界，精神要超脱。第二个故事就告诉我们，生命活着，每个人各有他独立的生命价值，不需要受别人、受外境的影响。而真正的生命价值呢，要效法天然，超越这个樊笼之外，要打破这个环境，自己要有打破环境的能力，创造天然的生命。第三个讲到生死问题。

崇高必有堕落

> 老聃（聃）死，秦失吊之，三号而出。弟子曰：非夫子之友邪？曰：然。然则吊焉若此，可乎？

“老聃死，秦失吊之，三号而出。”他说老子死了的时候，这是庄子讲的故事，不过老子几时死，老子有没有死，这是中国文化史上素来的一个谜案，据说老子是永远不死的。这里说，老子有一天装死了，他的朋友秦失来吊丧。照一般人说来，看到朋友死了，不流眼泪嘛！至少也掉两颗，嘿！他不，他看到老子的尸体，“三号而出”，大叫三声，既不是哭，也不是笑，哈哈，叫三声就走了，他这已经是很大的敬礼。“弟子曰”，老子的学生问，这个家伙是谁啊？“非夫子之友邪？”不是我们老师的好朋友吗？似哭不哭，似笑非笑，好像来讽刺嘛！“曰：然。”秦失一听到老子的学生们那么讲，就答复他说，是啊！我是你老师的好朋友耶！“然则吊焉若此，可乎？”老子的学生问，我们的老师死了，你来吊丧，又不行个礼，又不掉眼泪，大声干吼几声，这个就可以吗？

> 曰：然。始也吾以为其人也，而今非也。向吾入而吊焉，有老者哭之，如哭其子；少者哭之，如哭其母。彼其所以会之，必有不蕲言而言，不蕲哭而哭者，是遁天倍情，忘其所受，古者谓之遁天之刑。

“曰：然。”这个秦失讲，当然可以啊！这是最高的礼貌。然后他就讲，“始也吾以为其人也，而今非也。”他说我听说你们老师死了，来吊丧，我还以为他是个了不起的人，现在到了这个地方一看啊，看到你们这些学生，都跟他学道的，结果学成这样，我认为他不是人，他没有资格做人，没有得道。

“向吾入而吊焉，有老者哭之，如哭其子；少者哭之，如哭其母。”他说：我以前对于你们老师很敬佩，认为他够得上是个人，等到我老远赶来吊丧的时候，看了你们这个情形，我认为他还不是道友，不够是个人。为什么呢？他说刚刚我进来吊丧的时候，看到有些年纪大的人来吊丧，哭得不得了，好像死了自己的儿子一样伤心；许多年轻人来吊丧，哭得好像死了自己的妈妈一样伤心。为什么他们看到老子死了，哭得那么伤心呢？年纪比他大的也哀他，年纪比他小的也哀他。哭是真情的流露，“彼其所以会之”，所以他们动了情感讲不出来，必然会哭，“必有不蕲言而言，不蕲哭而哭者”，因为没有言语可以表达出他们的情感而哭。可是这是普通一般人的感情，而你的老师老子呢？不应该是普通人，他是教导人超越人情、物理环境而超神入化的人，不但说“哀乐不存于胸中”，连七情六欲，都已经不动心了。

换句话说，得道的人，生死也不入于胸中，生死是一体了，活着是张开眼睛做梦，死了是闭起眼睛做梦，反正是梦中在游戏。结果呢！你们跟他学道的动了真感情，他死了以后，你们那么大哭大叫大闹的，可见你们没有得道；换句话说，老子没有把你们教好。所以他认为老子不是人，违反天然，“是遁天倍情”，这个天，不是普通的天，是违反形而上道。

人的感情有喜怒哀乐，不错啊！很自然就有，可是一定要哭得像唱歌一样大声，把喉咙哭哑了，才叫伤心吗？他说这个感情已经作假了，不是真感情；“忘其所受”，忘记了生命的本来。生命的本来是什么？“积聚皆消散，崇高必堕落，合会终别离，有命咸归死。”能积聚拢来，必定会有散开；到了最高处，必定要掉下来；有相会就有别离；有活着的生命，自然有归宿的一天，这是必然的道理。所以“生者寄也，死者归也”。生命的本性动一动，自然就有静一静的道理。“古者谓之遁天之刑”，他说，人啊，对于生死看不开，违反自然，在庄子的观念这是逃避天刑。人有生必有死，有合会终有别离，就是这个道理。

> 适来，夫子时也；适去，夫子顺也，安时而处顺，哀乐不能入也，古者谓是帝之县解。指穷于为薪，火传也，不知其尽也。

他说一个人生来活在这个世界上，顺这个生命自然之势来的，年龄到了要死的时候，也是顺着自然的规律。所以，老子也提到“物壮则老”，一个东西壮盛到极点，自然要衰老；“老则不道”，人老了，这个生命就结束了，另一个新的生命要开始了。换句话说，真正的生命不在现状，现状看到有生死，我们那个能生能死的那个东西，不在肉体的生死上，所以我们要看通生死。

“安时而处顺，哀乐不能入也”，这才是最高的修养。《养生主》最后的结论，重点在这一句，把生命的道理看通了，“安时”，随时随地心安理得。“而处顺”，即使人生除死无大事，把生死的问题看空了，看自然了，“安时而处顺，哀乐不能入也”，自己不被后天的感情所扰乱了。哀乐不入于衷，这个“衷”是内心，内心不被哀乐所困扰。

“古者谓是帝之县解”，中国古代的文化，一个“道”字，一个“天”字，一个“帝”字，有各种解释。“帝”代表宗教性的上天的主宰，也代表哲学性形而上的一个本体、本来。这个帝字，不要当做真的有个有形的“上帝”解释，不过作这样解释也可以，就是有一个生命的主宰。“县解”这个“县”就是“悬”字。这个形而上生命的主宰，无法用世间的学问，世间的文字、语言来解释，要最高的智慧去理解，理解了这个道理啊！就了了生死了。

无尽相传的薪火

了了生死以后，“指穷于为薪，火传也，不知其尽也”。庄子这里用的这个“指”，人们争论得很厉害，为什么用这个指头的指？这个指是代表肉体，有人解释这个指头的指就是宗旨的“旨”。换句话说，我们真正的生命就像火柴一样，把它点燃了，这个火传到蜡烛上去。火柴烧完了，火柴的形象没有了，蜡烛接上那个光明，这一点光永远传接下去，所以叫“薪尽火传”。火柴烧完了，但光辉永远绵延不断，“不知其尽也”，精神的生命永远是亮的，而且无穷无尽。

庄子用这个方法来讲，表达道家的思想同佛家、儒家的思想一样。我们一个人肉体的生死是现象，生灭生死是两头的现象。我们生命的根本，不在这个生死的现象上，那个能生能死的生命的光辉，是永远不生不灭，无尽无休的。我们了解了这个道理，就对身体的死亡，以及生死之间，看得非常解脱，非常轻松，非常自在。因此，哀乐也就不入于胸中了。

现在这三个故事讲完了，我们再回转来看看，《养生主》第一个故事，提出来庖丁解牛，叫我们对于人生的生活，要超神入化，要造诣到解脱现象，如庖丁的杀牛一样；虽然如此，做人做事还是要处处谨慎小心。跟着第二个故事，说明人活着，有超然不可拔而独立的人格，不受外貌外形外境界的影响。残废的不需自卑，用右师说明一只脚的人，还要顶天立地活在世界上，天上天下唯我独尊，绝不受外界的影响。

我们每一个人都有自卑感，任何的英雄都有自卑感，受不了环境的刺激，环境的打击，自卑感自然就产生了。所以，常常一个非常傲慢的人，就是因为他自卑感太重。自卑感太重，自然就傲慢，因为那个傲慢，是对于自卑的防御，深怕别人看不起我，所以自己要端出那个架子来。如果没有自卑感的话，就很天然，你看得起我，我还是我，看不起我还是我，我就是我，我就是那个样子。你看得起我也好，看不起我也好，他说一切都很自然的，就是这个道理。

到达这个境界，真的认识了自我，顶天立地，古往今来，无非一个我。因此活着时能够看破了生死，在年老病苦，生死来去的时候，就一点无所恐惧，很自然地接受一切。换句话说，对于生死也不自卑。我们为什么怕死？自卑，觉得死了不晓得到哪里去。他告诉我们，死了没有到哪里去，我的那个能生死的生命，永恒常在，薪尽火传，精神的生命永远是光辉的，永远是亮着的，“不知其尽也”，是无穷无尽的。

人间世第四

夫柤梨橘柚，果蓏之属，
实熟则剥，剥则辱；
大枝折，小枝泄。
此以其能苦其生者也。
故不终其天年而中道夭，
自掊击于世俗者也。
物不莫若是。

讲完了《养生主》，接着就是《人间世》。人间世这个名词，也是庄子提出来的，我们常常用在文学上。注意啊！《逍遥游》过了，是《齐物论》，这个我每次重提注意，希望大家把它连贯起来。因为《逍遥游》是解脱，真得了解脱，才能够达到形而上道；证到道才能够平等、自在、齐物；真能够齐物以后，才懂得真正的养生；懂得真正的养生以后，才可以做人，可以活在这个人世间。庄子所说的人间世，就是如何以出世之道，转而逍遥自在地生活在这个人世间。

颜回想当王者师

颜回见仲尼，请行。曰：奚之？曰：将之卫。曰：奚为焉？曰：回闻卫君，其年壮，其行独，轻用其国，而不见其过。轻用民死，死者以国量乎，泽若蕉。民其无如矣。

这个故事是假托的寓言，庄子特别借孔子来讲入世做人处事的道理。因为孔子的学说主张，是偏重在人道，偏重入世的，所以庄子就采用了借婆婆的苦口婆心，向外公说拜年的吉利话。那是讥刺呢？抑是“正言若反”呢？就靠读者自己去参究了。孔子的学生，第一了不起的是颜回，所以借颜回与孔子的对话来表达。

颜回有一天向孔子请假，他说，我想离开这里出国去，不再求学了。孔子问他，你到哪里去？他说我准备到卫国去。孔子跟卫国的上大夫们交情很好。“曰：奚为焉？”孔子问颜回，你到卫国去干什么呢？颜回讲一个道理，他说我听人家说，卫王这个人“其年壮”，年龄正在壮年很可贵，大有可为。“其行独”，但是听说卫王这个人治国啊，做人啊，他的行为作法，非常独裁，自以为是。“轻用其国”，他太聪明，又值壮年，对于国家政治很随便，想怎么办就怎么办，不加考虑；“而不见其过”，自己不反省自己的过错。这是庄子借颜回说卫王，说出做人做事的道理。我们套用这一句“轻用其国”来说，有些人在自己家里，轻用其“家”，而不见其过；做事业，或开个公司，轻用其“商”，而不见其过。这句话就是说，不管大小范围，都是一样的道理。

“轻用民死”，因为卫王正值壮年，壮年的人有勇气，有冲劲，但智慧不足，经验不够，因此卫国政治搞得很糟糕。作为一个国家的领导人，壮年独裁，凭自己的意志决定了一切，轻用其国，以致“民死”，老百姓受灾难受罪的多啦！“死者以国量乎”，死的人太多了，多得可以拿国家来衡量。“泽若蕉”，他这样搞下去，等于一条大河烧了一样，把水都烧光，这个国家太危险了。“蕉”字借同“焦”字来用。“民其无如矣”，颜回说我可怜卫国的老百姓，所以我要去救他们。

回尝闻之夫子曰：治国去之，乱国就之。医门多疾。愿以所闻思其则，庶几其国有瘳乎！

他说，老师啊，我跟你学了那么久，受了你的教育，你平常教我们“治国去之”。颜回说孔子的教育，是说治理好的国家不要去，好的国家去干什么？光吃现成饭，当公教人员拿高薪水，没有意思。“乱国就之”，他说，老师教我们，有危难的国家一定要去，要救世救人；现在卫国很乱，所以我要去救他们。“医门多疾”，一个好的医生门口，病人就很多，到卫国去可以看到许多有政治心理病的病人，所以我要到这个有政治病的国家去看看。

颜回说，同时我想去弘扬我在老师这里所学的道理原则。如果用佛教的话来讲，就是去度众生，去传道；拿儒家来讲，就是到那里救世救民。“庶几其国有瘳乎！”他说卫王的国家毛病太多了，我去了也许能把这个国家救好，把他的病治好。你们注意啊，庄子假托了颜回的思想，其实就是青年人的思想，我们也经过青年来的，年轻时一点也看不惯别人，好像只要自己站出来一定有办法。唉！可惜自己没站出来，如果用了自己，早有办法了。你们诸位男女青年，都有这个心理，对不对？颜回代表了青年心理，与孔子的代沟就出来了，这是老师跟青年学生代沟最好的说明。

仲尼曰：譆，若殆往而刑耳。夫道不欲杂，杂则多，多则扰，扰则忧，忧而不救。

“仲尼曰：譆”，这个“譆”字啊！我们念成“西”。真正的不是这样念，孔子一听，就幽默他去卫国的心思说，“若殆往而刑耳”，嘿！你去吧！你去了就会被杀头。孔子接着就讲一个道理，“夫道不欲杂”，孔子这里说的道，不是修道的道，也可算是另一个原则的道；人生的大原则大道理，都是同样不能杂，要专一。这句话很重要，你们修道打坐，想证果位，要一门深入，方法不要学多了。方法多了，你没有智慧不能融会贯通，结果一样都无成。做人做事这个道，这个法则之道也是一样。“杂则多”，道杂了思想就多了；“多则扰”，思想多了就困扰自己；“扰则忧”，困扰自己就烦恼忧虑；“忧而不救”，人有烦恼忧虑在心中，救自己都救不了，还能救人家吗？还能够救天下国家吗？孔子这样开始骂颜回。

古之至人，先存诸己，而后存诸人，所存于己者未定，何暇至于暴人之所行！

这一段完全是对青年人说的人生哲学，是孔子讲的青年人的修养哲学。他说我告诉你，我们中国的传统文化，在上古及中古时代都是要“先存诸己”，先要救自己，所谓己立而立人；对于学佛的人来说，先求自度，然后度人。“所存于己者未定”，你自己都度不了，救自己救不了，怎么能够救人！“何暇至于暴人之所行”，自己病都没有治好，你哪里有空去指责人家，暴露人家的缺点！所以道家的思想，同佛家儒家都一样，中国传统文化的人生修养的价值观，在《庄子》这里说了出来。

泥菩萨过江的颜回

且若亦知夫德之所荡，而知之所为出乎哉？德荡乎名，知出乎争。名也者，相札也；知也者，争之器也。二者凶器，非所以尽行也。

孔子说：并且你知不知道“德之所荡”，就是过分标榜的道德就不是道德了。等于说一个杯子装水，装得太满水就漫出来，桌子上也荡出水来了，所以道德是有范围的，超过了这个道德范围，就叫做荡德。“而知之所为出乎哉?”你自认为有学问、有智慧，但是，聪明太过就是笨，真聪明不会太过的。凭你只不过懂了一点点，就去教训人家，你这太笨了！

反过来说，一般人的修养道德，为什么不能守自己的本分，反而超过了这个本分呢？因为受心理的影响。什么心理呢？虚荣的名心！现在的说法是，为了莫名其妙的求知名度，所以不择手段去做，超过了道德的范围，那就是“德荡乎名”。因为有求名的心理，把人生的行为标准都破坏了。“知出乎争”，所知愈多，意见之争愈大，真学问也就没有了。为什么会这样呢？因为固执个人的所知所见，争强好胜，争就是好胜。我们看到历史上真有学问的人，他不是为了考功名，他不要功名，他为了自己读书，为了自己求道，所以他一生能成就，名留千古。

我们讲个笑话，从唐朝以后，考试制度流行了，明清这七八百年间，一般人只晓得作八股文考试的文章，已经不晓得什么叫真学问了。所以到了清朝的末年，有一个真实的事，不是笑话：一个考取了功名的举人，忽然有一天问朋友，唉！孔子当年是哪一科的举人？还有一个人，已经考取了举人，他到同一年考取的一个同年家里，看见这个同年的书橱上摆了一部《史记》，他说：《史记》，哎哟，这个书我还没有看过，是什么人作的啊？司马迁嘛！司马迁是哪一科的进士？那时就有这种人。

"名也者，相札也，知也者，争之器也。"他说人为了求名，不择手段去做，自己被名誉、名声困住了；为了好胜，为了榜上有名而读书，不是为了学问去读书。"争之器"，这是斗争心理的开始，不是说名和知识不是好事，而是说为了求名，为了好胜而求知识的话，这两样都不是好事。"二者凶器，非所以尽行也"，这两样都是杀生的武器，破坏自己的生命，这不是道德的行为，不是真正懂得人生生命的。

《人间世》这一篇有一个重点，由《逍遥游》讲如何解脱，由解脱成为超人以后，修到形而上道万物齐一而能平等，然后才能够懂得如何做一个人，如何养生，如何使自己这个生命有价值地活着，然后才可以入世。上次提到入世的这一段，刚开了一点头，就是孔子与颜回的故事，从历史上我们晓得，孔子的一生，与卫国及卫灵公的大臣关系非常好，非常深，而孔子的大半生都是在卫国度过的。

我们这个历史很妙的，中国历史特殊的地方，有个名称叫"谥法"，是我们历史特有的精神。不管皇帝大臣名人，一生所做的事对与不对，死后都有一个封号，叫做"谥法"。古人对这个封号，非常重视，不过谥法现在不保留了。像有些皇帝，我们随便讲一个，汉朝的皇帝汉哀帝，很悲哀的。汉朝最后被曹操所控制，结束的是汉献帝。献帝，当然不是这样解释，但是也可以说，把国家献给人家了。又如汉文帝、汉宣帝、周文王，历代能够谥得上一个"宣"字，一个"文"字的，很不容易。大臣中像清朝曾国藩，死后的封号"曾文正"，那都是最难得的。又如明朝的王阳明，谥封为"王文成"，还没有办法称文正。中国过去的读书人，就怕死后所谥的这个名称，那是永远没有办法改变的。

再如汉朝的汉灵帝，战国时候卫国的卫灵公，有一个灵字就不太灵了，有一点神经兮兮的。宋朝有一个皇帝叫宋神宗，就是有点神里神气的。所以中国的帝王大臣等的为人，尤其做事，要有对历史负责的精神，谁都没有办法逃过历史的公评，对就是对，不对就是不对。

现在我们了解了卫灵公，这位历史上的诸侯，用后世的话勉强说，这位卫国的皇帝很不错，并不太坏，只是有点吊儿郎当的这么一个人。可是他用的干部大臣都是一流的，像最有名的蘧伯玉，他是卫灵公的宰相，孔子都非常佩服他。所以孔子一生颠沛流离，可是在卫国反而住得很久，因为有蘧伯玉这一些人照应他。

又譬如晏子（晏婴），他是历史上有名的矮子，是齐国的贤相，跟孔子也是很好的朋友。但是孔子没有办法住在齐国，晏子也不希望他住在齐国，想办法要他走，这是历史上一个秘密。因为晏子是为了保全孔子，怕他在齐国住久了要出问题，有人会谋杀他。晏子虽是一国宰相也保护不了，所以孔子只好在卫国的时间多。但是卫国呢？皇帝已经是卫灵公的后人，也是很难弄的，颜回有没有向孔子要求到卫国去？历史上查不查得到？不知道。不过《庄子》书里现在出现了这个故事。

我们要特别注意，本篇题目叫《人间世》，一个知识分子，尤其我们青年人，每人都有为国家天下的热情，这就是陆放翁的一首名诗所描写的：

早岁那知世事艰　中原北望气如山
楼船夜雪瓜洲渡　铁马秋风大散关

现在中学里不知有没有教这些诗文！因为我不太留意课本了，过去我们才七八岁就先读这些诗了，现在好像是高中才念，将来恐怕要到研究所才念这种书了。这首诗就是说青年人，“早岁那知世事艰”，对人世间的艰难困苦，一点都不了解，所以那股气宇啊，好像天下国家只要我一出来就有办法。“中原北望气如山”，你看年轻人的心理，差不多每一个时代都一样。那个时候南宋正在与金朝作战，国家在战争中，陆放翁随时有复国的思想。“楼船夜雪瓜洲渡”，古代的楼船，就是现代所谓的海军，在长江的下游当海军。“铁马秋风大散关”，又想去西北高原，当陆军作战。陆放翁这种心情，凡是乱世时代的儿女，尤其是青年受过教育，有志气有抱负的，都有这样的气魄，可以说古今中外一律。

现在庄子描写的颜回，也是这种心理。看天下国家不安定，很想出来作为一番，这种心理代表了所有人们的心理。现在《人间世》就是讲这个道理。庄子虽然站在道家的立场，实际上，这个时候是儒道不分家的时代，不像后来把道家儒家分得很严重。那时所谓的道家，是包括儒家与道家，所以颜回怀抱这一种气概，要想去见卫君，要想教化卫君，使他成为一个贤明的领袖。孔子听了就训话教导颜回，这一段也就是教导天下所有的人，前面已经讲到这个重点。孔子说，你如果去，不但不能教化卫君，反而会送掉你这条命；因为人世间的道理不能乱，要专一，精神专一，有始有终有恒。欲望多，懂得多了就不能专，反而困扰了自己，也困扰了别人。思想多了，复杂了，烦恼痛苦也大；烦恼痛苦太多了，连自己都救不了，还能够救别人吗？这个就是人生大原则。

大概我们一般人，由年轻到年老，都犯了这个毛病，这是我们自己的经验，所以等到年龄大了，已经来不及了。我常常有个感想，如果青年人的勇气加上老年人的智慧，二者结合，天下事就很容易了。结果是人老了，智慧虽然成就，可是不但没有勇气，连躺下来睡觉都没有力气了，所以不能做事；青年人尽管有勇气，那个莽撞不懂事，毫无办法。所以如果说有代沟，这个代沟是没有办法弥补的。假使一个人能够具备了年轻的勇气，老年的成熟智慧，那倒是天下事不足为惧也。结果我们做不到，这就是对大家的一个警告。

所以孔子告诉颜回，再三地讲中国文化的传统，“先存诸己，而后存诸人”。先能够自己站得起来，再来辅助别人站起来。可是我们年轻时候总有一个毛病，自己还不会爬，就喜欢辅助人家站起来，觉得自己是非常高明也有很多主意。我几十年来跟年轻的同学们常在一起，因为我很怕自己老了不懂事，会落伍的。但跟着年轻人学习几十年的经验下来，觉得年轻人永远跟不上我们。问题是什么？因为等到我们把他们的学到了，他却没把我们的经验学走。所以年轻人能够存诸己而站起来的，非常少，如果有的话也是非常特殊的人，一定是智慧能力都非常强的人。学道的也是这样。你看庄子说的话，“古之至人，先存诸己，而后存诸人”；儒家说己立而后立人；佛家讲先求自度而后度人，都是一样。所以古今中外圣贤的哲学，都是同一个路线，没有两样。这是重复我们前面讲过的，前面讲得太匆促了，所以现在重复一下。

职业和事业

我经常和朋友谈天，说他们有个大问题，尽管活了几十年，自己的人生观没有方向，都跟着环境在转，这个就是犯了庄子所说“所存于己者未定”。譬如说，我一辈子要做一个睡觉的人，只要有觉睡就好，什么也不管，他的人生观是睡觉，也总算确定了，说睡得都快饿死了，没有饭吃也不管，因为求仁得仁嘛！那也可以，死后给他一个谥号，也称他灵公吧！或者称为神公吧！就怕连这样神经性的人生观都没有确定，只是跟着环境乱转，这是很悲哀的事，要千万注意！

譬如人的职业，都是求生存，当皇帝也是职业，讨饭也是职业，是职业的不同，而不是事业的不同。中国文化这个事业是什么呢？孔子也在《易经·系传》上讲，“举而措之天下之民，谓之事业”，一个人不管是当皇帝或者讨饭，或者做工，你的一生所作所为，“举”，就是你的动作，“措之天下之民”，使社会能得到你的福利，受到你的恩惠，而得到一部分的安定，这样的成就叫事业。我们看一部二十五史，多少皇帝，多少宰相，多少状元，现在我们脑子报得出多少个？二十个都报不出来！原因是什么？他们没有事业在人间，人世间那几十年，马马虎虎过去了，只是个职业而已。尤其古代那些太子当皇帝的人，对于历史上这一类人，我给他名称叫做职业皇帝，他天生要当皇帝，那没得办法，谁叫他七字不好，八字好呢！

清朝时候有一个笑话，有一个人去做县长，字都不认识，一二三四五六七，他写到七字的时候，应该向右边弯，他写成向左边弯。站在他旁边的卫兵说，大老爷，你这个七字写错了，七字是向这边弯过来，你怎么向那边弯？这个当官的县长受不了，他把笔一丢说，格老子七字写不好，八字好，你还是当兵，我还是做官，你管我写不写错字！那些职业皇帝，他就是八字好，可是他没有事业，在历史上没有贡献，为什么没有贡献？因为“所存于己者未定”，自己人生观没有确定，“未定”两个字特别注意。一个人把人生观确定了以后，富贵贫贱没有关系，有地位无地位，有饭吃没饭吃，有钱没有钱，都一样，人生自然有我存在的价值。所以孔子告诉颜回，你“所存于己者未定”，你对于自己人生观修养道德学问，都没有确定，“何暇至于暴人之所行”，你哪里有空去暴露别人的错误！

道是道 德是德

“且若亦知夫德之所荡”，“道德”两个字素来是分开的，不是合起来用的，道是道，德是德。譬如老子《道德经》，它分成两卷，上一卷讲道，下一卷讲德，他没有合起来用，道是体，德是用。那么古人所讲的德，同后代“道德”两个字连起来的观念，在内涵、在逻辑上有差别，我们特别要注意。

现在的人一提到道德就同窝囊差不多，所以讲道德的人，好像你打我左脸，我右脸还要送过去，这样才合于道德，这是很难讲的。古人所讲的道与德，不是后世的这种观念，它有分寸的，非常有范围。这个“德”字，与得到的“得”是一样，假使照中国古书的解释，就是“德者得也”。我们看了半天注解，不注解还好，愈注解愈糊涂。“德者”又怎么是“得也”呢？这就又要用思想了。德字就是说成果，一件事情做好要有成果。譬如说，有人口口声声讲仁义道德，但要有个仁义道德的成果出来，不然是空话，没有用。现在下雨，我要跑到街上去，你不要光在房间里叫我不要去，理论不要讲，你能有办法叫我不要到街上去，你的目的有一个成果，那你就“得”了。用一句古诗来讲：“事到有功方称德”，所以称为功德。一件事情做到了，由最高的劳苦功高得了成果，这个就是德。所以，有人说要做好人，你做好人不要讲，你要做出来。现在我们对于德字，先有这样一个了解。

孔子告诉颜回：“且若亦知”，看到这四个字，似乎毫不相关，好像古文乱七八糟。“且”是并且，“若”就是你。简单点就是我们白话文：“你知不知道？”“夫”就是变成问号了。“德之所荡”，讲道德是不错，但不要超越道德的范围。

我常讲一个故事，有位同学，夜里开计程车的，有一天在路上开，看到一个人被打伤了，因为他吃素学佛，讲道德，本来车子开过去了，忽然一想这不是学佛的心态，他又马上倒退回来，把这个人弄上车子，送警察局。因为我规定同学们都要写日记，我一看到日记这一段，就拿起红笔写“你不懂得道德的做法，会出毛病的”。他下一段日记，果然是出了毛病，人家家里的人找到他，说是他打伤的，后来麻烦透了。所以说，做好事有好事的做法，尤其今天的社会，做好事当然应该，但要智慧地处理，不合于智慧的处理，做好事反倒找来麻烦。“德之所荡”就是这个意思，道德有它的道德标准，也有它的做法，你不懂用智慧，就超过了这个范围，道德反而变成不道德了。或者应该说非道德，因为说不道德太严重；非道德是认不清楚，如说不道德，就太肯定了，非道德是还有商量的余地，这也是逻辑问题。

这位同学被我骂了几次以后，做好事小心一点了。他做好事很热心，结果热心得自己烦恼极了，这就是“德之所荡，而知之所为出乎哉？”也就是人生的名言。

道德的泛滥

我们看全世界人类的历史，尤其中国历史上，几千年来每一个朝代，皇帝前面的党派意见纷争，都犯了这个毛病，“德荡乎名”。所谓读书人想成大功立大业，但是名心去不掉，为了好名而超越了道德范围。历史上这样的故事太多了，都是为了名心的驱使，知识分子最容易犯这个毛病，千万要注意。

“知出乎争”，智慧知识愈高的人，他的意见愈多，争端愈厉害；你不要看读书人，教育受得愈高，学问愈好，愈难办，意见愈多。所以古人说，普通人没有受过教育的，也常常吵架，那很简单，是为欲望而吵架，欲望满足了就不吵了。知识分子欲望满足了照样吵，为什么？为了意见之争。因为意见不同，彼此就吵得不可开交了。所以历代的党祸，宋朝明朝，那个看了之伤心啊，统统都犯了这几个字的戒律，“德荡乎名，知出乎争”。所以我们深读了历史，再读《庄子》这一段，就看得很清楚。愈是知识分子，争名争意见愈厉害，这个斗争比什么都可怕，因为这里头牵涉到名心的问题。这个名心并不是求个知名度，这个名包括了名理学；战国时候的名理之学就是逻辑，包括逻辑观念的差别，那会固执得发生相争。

所以庄子借用孔子的嘴告诉颜回，“名也者相札也”，人最高的道德，能真把名心磨平了，就无所谓名，这个很难；所以庄子后面会提到，呼牛呼马，呼人人呼。人把虚名的心去掉了，随便人叫，到了这个境界才没有名心。我们看到学佛修道的人看破了名，自己名字都不要，取了代号叫法名，代理代理。结果自己名字不争，为了法名争得好厉害，也争得要命，这个也是名心，可见名心之难除。所以，以自己知识上固执的成见，“争之器也”，就是人生斗争的工具。“二者凶器”，“名心”和“成见”，这两样都是天下的凶器。“非所以尽行也”，这不是道德的行为，这也不是真正懂得人生。前面讲到这里，现在再补充一下孔子教训颜回的话，还没有讲完。

且德厚信矼，未达人气，名闻不争，未达人心。而强以仁义绳墨之言术暴人之前者，是以人恶有其美也，命之曰菑人。菑人者，人必反菑之，若殆为人菑夫！

他说，并且我们这个人，很容易犯这四个字，“德厚信矼”。知识分子自己受过一点教育，有一点知识，对于道德的规范看得很严重，根基很厚。在佛学里头有五种“见”，见就是观念。有一种见叫“戒禁取见”，自己立了一个教条，抓得牢牢的，违反了这个教条就认为不合道德的教化。比方，我们讲左道的鸭蛋教吧！不吃鸡蛋光吃鸭蛋，或者不吃鸭蛋光吃鸡蛋，我搞不清楚啦！他们认为吃别的就犯了戒，吃这个就对，这就是道德的固执，认为自己是道德。实际上是错误的，这叫做邪见，也叫做戒禁取见，但是他们抓得很牢。“信矼”，自信心太强，“未达人气”，有许多人学问道德的养成，自认为他那个就是道德，这一类就是方刚的人，所以很方正，很刚强，很道德。他这个道德的标准不能碰喔！方的就是方的，圆的就是圆的，道理讲得是非常对，可是他实在并没有懂，所以是“德厚信矼，未达人气”。

不通人情世故的人

他说，你对于人生的意味都不懂，生命的气息都不懂得，自己虽然也是个人，不懂做人的道理。“名闻不争，未达人心”，这是他讲颜回。颜回是孔子的学生中讲道德第一的，“一箪食，一瓢饮，在陋巷”，他穷得一塌糊涂，只有一杯冷开水，半个便当，在陋巷里住，公共汽车票都买不起，他还在那里自得其乐也，当然道德很好。不过孔子说颜回，“德厚信矼，未达人气”，不通人情。其实孔子没有讲颜回这样，这个话都是庄子借孔子的嘴巴讲的，也许孔子讲过，只有庄子听到，我们没有听到，其他的同学也没有听到，那不管啦！反正庄子是借题发挥，道理没有错。“名闻不争”，就是现在人讲的，你电视都没有上过，没有知名度，报纸上也没有常看到你的名字，所以大家不知道你。

"未达人心"，谁晓得你有什么了不起呢？别人心里不会服你。

换句话说，孔子讲他，你这个家伙，个性那么强，自己认为学问好，人方得比木头还要方，比冰库里那个冰块还要冷，然后嘛，自信得很厉害，脾气又杠杠的，你不通人情世故，你颜回不过二十几岁，你又算老几呢？名闻不争，未达人心，社会上谁也不认识你，你要去见卫君啊！"而强以仁义绳墨之言术暴人之前者"，你突然跑去对他讲我这一套学问，仁义道德。绳墨就是规矩，古代做木工用的。

孔子说，你嘛！年纪轻轻，要去教化卫君，而勉强用仁义绳墨之言，这一套理论，去出卖我这一套方法，"暴人之前者"，你不是当面给人家下不来，又暴露人家的错误吗？"是以人恶有其美也"，你想想看，那个人还会喜欢你吗？绝不会认为你是对的，这个事情太不美了，太糟了，你怎么搞的呢？

说实在的，这样莫名其妙的人，还真不少！我也常常碰到。先不讲别的，我常常被学生教训的。以前在大学也有，我最近也碰到好几位，一位是我在大学教书时的同学，气呼呼跑来前面一站，说，像老师你这个样子的人啊，应该要躲起来，什么人求你都不应该见，然后要如何如何……一大堆理论。我说你讲得都对，我想想看吧！过几天再答复你！你先去听我上课再讲。过几天上课下来，他也不讲了，我也不问了，他慢慢懂了。过几年以后，我说你当时跑来，站在我前面说的话，讲得很对很对。就有这样的人，现在都还在现场。

最近还有个学生跑来告诉我，老师啊！你这个地方，那么多听众，要加以科学管理。我说是是是，你看怎么管理法？你帮我设计一下好不好？他说：好，我给你设计。过几天我叫个同学去请教他，我这里啊，有些年纪大的，年纪轻的等等，给我计划一下怎么科学管理。他最后告诉那个同学，这个地方好像没得办法，不是管理的地方。我讲的都是事实，是年轻人的榜样。孔子所以对颜回说，你这样不但不讨人的喜欢，“恶有其美也！”大家都讨厌你不美、不漂亮。

“命之曰菑人。”你这个人还会有灾难的，“菑人”是倒楣鬼，你一定要倒楣。他说，你去见卫君讲他的不对，上海话叫触霉头。你把这个倒楣的话都抖出来了，触了人家的霉头，你变成倒楣鬼了。“菑人者人必反菑之”，反过来，是你倒楣，不是那个卫国的君王倒楣。“若殆为人菑夫！”你愿意做一个倒楣鬼吗？

且苟为悦贤而恶不肖，恶用而求有以异？若唯无诏，王公必将乘人而斗其捷。而目将荧之，而色将平之，口将营之，容将形之，心且成之。是以火救火，以水救水，名之曰益多，顺始无穷。若殆以不信厚言，必死于暴人之前矣！

“且苟为悦贤而恶不肖”，并且你去当然很喜欢讲忠臣的一面，哪个人对，哪个人有道德，而政治上坏人的一面，你一定打击得很厉害。这样“恶用而求有以异”？我告诉你，这样的做法同普通人没有两样。普通人都喜欢好的一面，讨厌坏的一面。你问任何一个人，喜欢交好人做朋友，还是喜欢交坏人做朋友？连小孩子都会告诉你，愿意交一个好人做朋友。历史上皇帝前面那些奸臣，在当时所看到的都不是奸臣；如果奸臣那么容易给你看出来，还叫奸臣吗？所有的奸臣，在当时做的比忠臣都好，比忠臣还可爱，奸臣不是专做坏事的啊！他们也会做好事的。

历史上奸臣本事大得很耶！拿唐朝来讲，前面用的宰相，都是第一流的人材，后来唐明皇用了一个坏宰相李林甫，用了十几年，唐朝就垮下去了，安禄山造反，杨贵妃也被吊死了。杨贵妃等于是李林甫害死的，唐明皇还被迫逃难。当皇帝的逃难，同慈禧太后一样，很可怜，肚子饿了，老百姓给他一点红薯干吃，哎哟！这个是什么东西，怎么那么好吃？唐明皇也做过这个事。当时只有一个半大不大的太监高力士跟着他，两个人躺在路上，他说，皇上啊！你做了几十年的皇帝，哪几个宰相是好人？他说某人好人，某人好人。高力士一听，就说皇上啊！你一点都不糊涂，都很清楚呀！那李林甫是不是好人啊？唐明皇说，李林甫这个家伙是坏透了的人。他说，皇上你也知道啊！唐明皇说，我当然知道。那你怎么用他十几年啊？用了他把国家亡了。唐明皇说：你不懂，不用他我用谁啊？这一句话大家一定不懂了，没有当过皇帝的就不懂，当了领袖就懂了。明知道他坏，但他会办事啊！用好人？好人不会做事怎么办！找个人又好又会办事，天下找不到。他认为坏是坏一点啦！少坏一点，替我做点事，总是不错吧！结果上了当了。皇上也知道的啊！不是不知道。所以读历史要懂。

再看乾隆皇帝用和珅，他明知道和珅是坏人，大家都讲，皇上你不应该用这个人。乾隆也实在了不起，只有一个坏人在旁边，要他跟着玩的。当皇上的要买香蕉吃，这个不好办啊！如果下个条子买香蕉，算不定会计上要报销五十万！给和珅一讲，你溜到外面去帮我买一根香蕉，一毛钱就买到了，皇上偷偷地一吃也没有人知道。不然皇上也不能随便吃，当皇帝很苦咧！所以大家讲和珅不对，乾隆就讲，哎呀！你们真是不懂，你晓得吗？朕（皇帝自称）很苦！皇帝不好当，你们这些好人我都用了，总要留一个人陪我玩玩吧！当皇帝的说这个话，说到了家了。人嘛！总要有一个人跟着玩玩，老是叫我一天到晚当皇上，坐在那里当菩萨，日子很不好过。

有人批评年轻人不行，年轻人并不完全是错的，有很多的好意见，但是没有用处，好意见就是那么一点，不能称之为整个的。就像我们写的文章，有好句没好篇，几句好而已，全篇都好的很难，除非学理修养到家。我们每一个人脑子里都有灵感，不管有没有受过教育，经常会冒出几句很美的；但叫他写一篇诗，写一篇好文章，就不行了，因为学养不够。所以年轻人有好意见要贡献给老辈子，或者给社会才好。颜回也是年轻人，古人认为，年轻人讲得很重要的话，因为年轻变成没有份量，这个必须知道。当然这样一学，会把人学滑头了，所以千万不要学滑头，而是要知道处世的方法。

这一篇，庄子告诉我们在人世间为人处事的方法，如果不向坏的方面研究，你就得到好处，这就是人生的艺术。现在庄子告诉我们人生的艺术，做人做事怎么做法，下面孔子又再训话。

周围嫉妒的人

“若唯无诏”，这一句话就很麻烦了，所以要多读历史才会懂得。孔子说，你自己跑去见卫君，写个信，写个报告，拿个名片，见不见得到还不知道，还要在门房那里登记。除非皇帝有诏书，有命令要你去见他，皇帝没有命令给你，也没有召见你，你跑去见他，“王公必将乘人而斗其捷”，皇帝面前这一些形成力量的大官大员，现在不是什么“长”，就是什么“员”，古代是什么尚书啊！大夫啊！等等。他说左右大臣，看到你这个青年人，尤其又晓得是我孔老二的学生，一气之下嫉妒心就来了，必将乘机会斗争你，整你。

譬如孔子周游列国，就是给人挤走了，也就是“王公必将乘人而斗其捷”。孟子去见梁惠王，也给人挤跑了，这是必然的，是古人的名言。我也常常告诉青年同学们做人的道理，“士无贤愚”，一个知识分子读书人，不管你好与坏，是贤人或坏人，“入朝见嫉”，他只要进到一个团体，大家就嫉妒。等于你一个青年刚刚大学毕业，一进公司，那些老的同事看你一个新的小职员，一定侧目而视之，眼睛斜着来看你，总要整你两下的，称称你的分量。所以士无贤愚，入朝即见嫉。“女无美丑，入宫见嫉”，女人到皇帝面前，皇帝一旦重用了她，其他的宫女就妒嫉了；这可要命了，皇帝被她抢走了。这是当然的道理，历史上很多。

宋朝有一个宰相吕蒙正，大家都知道他是青年才俊，穷人出身。这个人没有得志的时候，两夫妻穷得一塌糊涂，过年拜灶君糖果都买不起，他作了一首诗，所谓：

一炷清香一缕烟　灶君今日上青天
玉皇若问人间事　为说文章不值钱

他说，现在的文章不值钱，我也没有钱来拜你，只有一炷清香送送你了，所以灶君您上天尽管上天吧！

那个时候他去砍柴，带个便当，碰到下雨，便当和雨水泡饭吃。后来当了宰相，宋朝那个宰相出门，旁边的秘书、副官要给他打伞的，雨伞没有打好，雨滴下来滴到手上，手就青了。他就骂这个秘书、副官，怎么那么不小心，回到家里还发脾气，骂这个秘书、副官。他的夫人说，相公啊！想当年你在山上砍柴的时候，那个雨打下来泡便当吃，手都不会青，现在怎么一滴雨手就滴青了？太太那么一讲，他傻了。可见人不能富贵，富贵了自己会堕落。

吕蒙正考取了功名，后来当宰相第一天上朝，文官武将排好站在两边，他这个宰相才到，旁边有（尚书）部长就偷偷骂，什么穷小子，他都当起宰相来了。吕蒙正听到不理，一直向皇帝前面走上去。后面跟个副官，在旁边听到了，吕蒙正叫他不要回头看。下朝后，这个副官就问他，人家骂你，你怎么叫我不要回头看？吕蒙正说，第一次上朝嘛！回头一看，你知道是某人骂的，我们修养不高，心里就会记恨，将来在一起做事就不好办了。管他是什么人骂的，不要管啦！吕蒙正就有这种道德修养。年轻人要记住，所以他在宋朝始终是个太平宰相，国家的事治理得好好的。

所以说一个人到了某一个阶段，不要说是做官，连你到公司做一个小职员，那些原来的老职员，都还要看看你的。“王公必将乘人而斗其捷”，捷就是敏捷不敏捷，那些老职员就要把你斗一斗，看你灵光不灵光。

孔子说，你一到那里，左右的人一定会找机会斗你一下，人与人之间，描写到透顶了，比剧本都描写得好。“而目将荧之”，看到新来的人，那个眼睛瞄他一下，“而色将平之”，眼睛看到你就走过去了，哼！这个家伙！表面喊老兄，样子还很好看。“口将营之”，嘴巴嘛！表面上给你讲得很好听，转过来就给另外人讲，老王啊，你看看那个家伙！一定是“容将形之”。然后下来大家就批评，今天来一个新签到的，这个新青年，看他愣头愣脑的，不晓得他会耍什么宝！“心且成之”，心里头成见就来了。处社会的环境，庄子一描写，把人世间的那个外皮都扒掉了，这个内容好难看啊！这就是人情。

“是以火救火，以水救水，名之曰益多。”孔子说，你去有什么用啊！你不要去，你去到卫君前面，结果是什么样子？孔子有神通似的，他说我早已经看到了，一定像是拿火去救火，火愈烧愈厉害，拿水去救水，水愈流得厉害。这个“名之曰益多”，现在话就是，你太多事了。他说我告诉你，大家对你态度不好，又有成见，“顺始无穷”，顺始就是顺下去，这个样子发展下去，你就糟了，你就成为前途有限，后患无穷了。

“若殆以不信厚言”，孔子说，你如果不信我这个做老师的好话，“必死于暴人之前矣”！必死于这个暴虐的君主前面。你去吧！你去就死掉，死在那个卫君前面。

庄子的话不一定要听，不过庄子是道家，孔孟儒家的话是讲幕前的，道家则是注意幕后。譬如今天开会，或者演话剧，又或者设一个讲演台，台前一定是弄得好好的，庄严肃穆；儒家认为这个场合影响心理，要庄严。但是道家不同，道家不管前台，专要拉开幕后给你看看。这个幕后拉开不能看啊！垃圾啊，桶子啊，什么都有，堆在后面。但是幕前幕后你都要懂，不懂的话，就跟道家学坏了，懂了以后才会明白道家讲的道理对。因为懂了幕后，才知道自己站在幕前应该怎么站。所以儒道两家要真透彻了，才懂得人生。现在先交代这个过节，下面他引用历史的话。

笨的好人 聪明的坏人

> 且昔者桀杀关龙逢，纣杀王子比干，是皆修其身以下伛拊人之民，以下拂其上者也，故其君因其修以挤之，是好名者也。

他说，历史上的经验，从前夏朝的暴君桀，杀了他的忠臣关龙逢，因为这个臣子太忠了，夏桀这个暴君受不了，所以把他杀了。殷朝的暴君纣王杀掉王子比干，比干还是他的叔父呢！这两人是古代有名的忠臣，历史上称他们为大忠臣，圣人。为什么他们会被杀呢？忠臣反而保不住性命！就因为他们“修其身以下伛拊人之民，以下拂其上者也”。他说，他们讲学问道德都好得很，对部下也爱护，对老百姓也好，但是对下面好，就违反了上面的意见，结果他这一条命就送掉了。这个是因为不通达人情世故，只晓得做好的一面，忽略了另一方面的想法。

“故其君”，夏桀与商纣这两个暴君，“因其修以挤之”，既然你自己认为讲究道德，我就拿道德来整掉你。这种人“是好名者也”，好什么名呢？愿意为道德而死。古代很多忠臣是这个思想，认为死不要紧，我要在历史上留名，这就是好名者也，不是真的道德。譬如纣王，杀他的叔叔比干，纣王当然很坏，但也是很聪明的人啊！中国外国一样，凡是坏的领袖，都是第一等聪明人。历史上记载，纣王的武功不得了，九条牛他用一只手都可以挡开，又聪明，文武都好，什么都懂。

你要晓得，第一流的坏人，就是因为聪明过度，但没有道德的修养，结果就变成坏人了。所以世界上的人性很怪的，聪明跟坏，聪明跟滑头，都是不隔一纸的；老实跟笨也是一样。如果老实而不笨，聪明而不滑头，那就是圣人。王子比干是忠臣，他对纣王说，这样不可以，那样也不好，纣王听得很烦了，就说叔父啊，你这样子好像是圣人，我听说普通人的心只有七个窍，古人讲圣人的心有九个窍，你既然是圣人，把你的心拿出来看看吧！就这样把比干杀掉了。这就是“因其修”，你认为你讲道德，他就拿道德来打击你。古代历史上的例子很多，常常有皇帝发脾气说，你想当忠臣啊！好，我就成全你，就把他杀掉了。庄子说这个原因“是好名者也”，还是不懂人生，不懂世界上的人常常是为了这个“名义”，这个“名”，也不一定是指好名誉的名；包含“义”的一个观念，认为这样就是正，那样就是不正，不正就是歪，这些人都是为了这个“名义”的观念而死。

昔者尧攻丛枝、胥、敖，禹攻有扈，国为虚厉，身为刑戮，其用兵不止，其求实无已，是皆求名实者也。而独不闻之乎？名实者，圣人之所不能胜也，而况若乎！虽然，若必有以也，尝以语我来！

“昔者尧攻丛枝、胥、敖”，这几个是小民族小国家，据说尧曾经出兵打过他们。“禹攻有扈”，有扈也是个小国家小民族，夏禹的是大国。他说，历史上的经验，圣人皇帝尧跟禹，他两个总是好的吧！可是圣人的皇帝也曾经用过兵，换句话说，也打过别人，也侵略过别的小民族。发动战争有什么好处呢？“国为虚厉”，国家打穷了；“身为刑戮”，一般人死得很多，虽然皇帝本身没有危险。“其用兵不止”，结果国家出兵战争不止，为了什么？“其求实无已”，因为他要实现一个观念，要达到天下归一的这个理想。“是皆求名实者也”，这都是为观念所蒙蔽，思想所蒙蔽。“而独不闻之乎？”孔子告诉颜回说，这些历史的经验，你难道不懂吗？

“名实者”，天地间的道理，一个观念，是非善恶，就是名，名就是名理，名理就是逻辑。“实”就是实际的成果，所以“名实者，圣人之所不能胜也”，历史上的圣君贤相，都不能做到完全合乎道德的标准，“而况若乎”！他说，颜回啊，何况是你呢！这就是孔子教训颜回的一段话，把他骂得大概昏头昏脑的。不过呢！孔子会做老师，骂了以后，还要安抚一下。“虽然，若必有以也”，但是，你既然有勇气想去纠正人家，你一定有你的道理。“尝以语我来”，把你的意见告诉我，究竟你有什么想法？这一段孔子骂颜回的道理，都是人生普通的道理，也是做人的道理。现在他对颜回说，你既然有勇气这样做，你一定有理想啦！你把你的计划报告来，我听听看。

颜回的修养

颜回曰：端而虚，勉而一，则可乎？

“端而虚，勉而一”，这六个字就很难做到，颜回讲自己的修养，“端而虚”，已经打坐得了定。他说，我啊，学问道德很端正，坐得也很端正，同你们大家盘起腿来一样打坐时，“虚”，心里头没有思想，空空洞洞的，达到空的境界。“勉而一”，心念只有正念存在；由开始心里乱七八糟乱想，然后慢慢地勉强把乱想去掉，没有了，空了；空掉以后，专一，这个正念专一了。

譬如你们诸位学佛的，只有这一个阿弥陀佛，信上帝的只有主啊！上帝啊！神啊！你保佑我，只有这一念。勉而一，他说我已经修养到专一了，这六个字的修养很高了。身体每天端正不歪，没有邪气，心里头思想空空洞洞的，正念永远专一，做到这个修养的工夫，了不起了，很高了。“则可乎？”他说，老师啊！你晓得我颜回本来有这个修养，我凭这个修养的道德去感化人家，总行吧！颜回被老师骂一顿，心里头并没有太服气；我的程度已经不错了嘛！老师，你还不放心，不放我出门，我已经到了这个程度，可以了吧？

曰：恶！恶可！夫以阳为充孔扬，采色不定，常人之所不违，因案人之所感，以求容与其心。名之曰日渐之德不成，而况大德乎！将执而不化，外合而内不訾，其庸讵可乎！

“曰：恶！恶可！”孔子说：不行啊！这怎么行啊！凭你这

一点修养，还可以出门办事吗？你还想到美国白宫那里晃啊晃啊！他说，不行！

“夫以阳为充孔扬”，这句话完全讲内在打坐修养的工夫喔！一个人达到端而虚，四肢身心端端正正，换句话说，气都充满了，炼精化气，炼气化神，这个人心里头一个念头都没有了。勉而一，只有一个正念存在，这个正念是无念，是空的。孔子说，这个境界是阳极的境界。拿阴阳来代表的话，正是阳气，所以身上的气机气脉，都亢阳起来，都在流通。但是你这个正念不能柔和下来，阳刚之气不能转为阴柔，身体没有软化，也就是你没有忘掉身，没有忘掉心；不忘身，不忘心，阳气充实更充实。这就是孔扬愈来愈大，太过于阳刚了，过刚则折，完了！这不是道，这只是过程，你不要当成究竟。

“采色不定”，他说，你到达的这个境界，不是修道的究竟，你的修养没有到达最高处，外面的气色神采，一下好一下坏，气色不定，只有阳刚没有阴阳合，没有柔合的境界。“常人之所不违”，你这个情况比起一般人，好像是有道，一脸的正气。拿我们现在讲，看到打坐的人红光满面，实际上是血压高，这样再坐下去，就变成脑充血，最后没有病就死了。红光满面不一定是道啊！那就叫做“为充孔扬”，不对的，太过于阳刚了，所以采色不定。与一般人比起来，你还可以多打一两点分数。“因案人之所感”，你凭这一点本事修养，以为好像有道了，有感通了，你想追求和人家心念上的感通，“以求容与其心”，想给他来心心相印，想感化别人，不行啊！

“名之曰日渐之德不成，而况大德乎！”你这个工夫，拿后世说法来比方，算是渐修的工夫，不是禅宗的顿悟；你这样渐修的一点小工小夫小道德，还想去感化别人，那怎么行啊！甚至渐修的工夫你都还没有完全完成，更何况顿悟的大道！注意啊！像颜回这样修养的人，世界上不少，不管修瑜珈、修道修佛的，很多都是采色不定，闭眉闭眼的煞有介事，好像有道的样子；然后都想去教化别人，都是这一套，这也就是孔子骂颜回走的路线。他说，你到这个地步就是“将执而不化”，永远不会进步了，因为你固执这个就是道，固执而不变化。“外合而内不訾”，外表看起来像有道之士，内在并不对，这还是外道。“其庸讵可乎！”他说，你凭这一点本事，去应帝王，为王者师，那是不行的。工夫、修养、学问都没有到家嘛！他说，你不行，不能为人之师。颜回听他讲到这里，被孔子一骂嘛！好像又进步一点了。

外圆内方

然则我内直而外曲，成而上比。内直者，与天为徒。与天为徒者，知天子之与己皆天之所子，而独以己言蕲乎而人善之，蕲乎而人不善之邪？若然者，人谓之童子，是之谓与天为徒。

“然则我内直而外曲，成而上比。”颜回被当场一骂，有一点领悟了，他说，那么，老师啊，我这个内在道的工夫不表现出来，我外面圆一点，去跟他们和蔼地接触，我里头还是修我的道，外面转个弯慢慢地把他向形而上道引导，总可以吧？这就是儒家所说的，外圆内方。颜回比孔子没有骂以前进步一点，颜回提出来这个，孔子又批驳了。

“内直者，与天为徒”，孔子说，你以为你这个就对了，你还是没有对。其实颜回很进步啦！孔子教导颜回，也就是庄子告诉我们后人，修道、做人要进步，“内直”是对的，脑子里头一天到晚空空洞洞，没有杂念，没有妄想。所以儒家讲四个字“清明在躬”，永远是清明的；拿佛家来讲，心里头是空的，清清净净的，这就是内直，直心是道场。学佛嘛！第一步要直心，这才叫做修道。

孔子说：这是初步的工夫，“内直者与天为徒”，这样才可以天人合一，就是效法天了，也就是老子所讲“人法地，地法天”。“知天子之与己皆天之所子”，古代皇帝称为天子，就是把皇帝与普通老百姓都看成平等，看人世间一切都平等。一切地位、名气，有钱没有钱，官高不高，都不相干；你也是人，我也是人，与天为徒，都是天下的人。既然达到人境界的平等，内在已经修养到万缘都空了，等于佛家说的三个字“人无我”；已经做到无我无人，修到这个空的境界了。那么孔子说：“而独以己言蕲乎而人善之，蕲乎而人不善之邪?”你自己内心既然经常是空的，你还何必要人家听你的话，相信你的意见呢？你是要求人家认为你是对的，还是要求人家认为你是不对的呢？对与不对，两边都落入偏见了。既然有了偏见，你内在修养已经不空了嘛！已经不直了嘛！空，只是真正的因明逻辑，其他两面论辩，逻辑一有分别，你这个境界就又错了。

我们也常常看到青年同学们，刚刚得了一点清净境界，虽然在老师面前不敢多讲，我看他那个采色不定，洋洋然如有所得的样子；然后就在我面前装起老师一辈的人，很想出去教化人家，就想把这一点空，传给别人那个样子，这个就是犯了错误。你既然还有一点东西要传给人家，就已经不空了嘛！不空了，已经不对了，堕落在一边了，当然就是错了。你看孔子论辩，两面一翻，缺点就暴露了。注意啊！若有所得者，不必做此想。现在不是我讲的，是庄子说的。

“若然者，人谓之童子，是之谓与天为徒。”如果这样的话，高明人眼睛一看，你不过是个小孩子，得少为足，就是禅宗祖师骂人的话，得到一点点就自以为了不起。等于穷人一得宝，就发了疯了；穷人中了爱国奖券，马上进疯人病院，就是这个味道。他说，结果人家看到你不过是个小孩子，这个叫做与天为徒。这句话就是我们现在说转弯骂人的话，就是说老弟啊！你也太天真一点了吧！天真是好听啦！天真的反面就是幼稚！有时候不好意思讲一个人幼稚，只好说你好天真唷！人家听得也很高兴，所以这个转弯骂人是很好的艺术。天真跟幼稚是一样的啊！他说，你太天真了，这是孔子批评颜回天真的一面。

外曲者，与人之为徒也。擎跽曲拳，人臣之礼也，人皆为之，吾敢不为邪！为人之所为者，人亦无疵焉，是之谓与人为徒。

“外曲者，与人之为徒也”，什么叫外曲呢？虽有高度的修养，但是千里做官只为财，有什么办法呢！只好走外曲之路。外曲者就是与人为徒，行为也要同一般人一样。“擎跽”，就是看到皇帝上朝，行礼鞠躬。“曲拳”，就是两手合掌，或者学佛人的问讯，学印度的礼貌。或者跪下来，行人臣之礼，“人皆为之，吾敢不为邪！”你看到别人是这个礼貌，自己不能不做，以免给人家挑剔，这个叫做外曲；也就是有一句土话，上了那一个坡，就要唱那一个歌。到那个环境，你就要跟那个环境学。到了美国去嘛！只好看到人就拉手；到中国去看到人穿长袍，只好作揖；有些地方去是吐舌头的礼貌，你只好把舌头吐得长长的。每个地方礼貌都不同。虽然心里不愿意，环境是这样，你就要照这个规矩。他说，这个叫做外曲。那么还有第三点呢！

学古人好吗

成而上比者，与古为徒。其言虽教，谪之实也。古之有也，非吾有也。若然者，虽直不为病，是之谓与古为徒。若是则可乎？

他说：怎么叫做“成而上比者”呢？就是彼此使人家升华，“与古为徒”是专门效法古道而行。譬如以中国文化为标准来说，现在常常听到口号讲中国文化，我就在想，中国文化是个什么？大家给个答案看看。中国文化是青菜炒萝卜呢？还是故宫博物院的画呢？如果说中国文化是孔子，这答案又错了。中国诸子百家太多了，孔子是诸子百家的一家耶！我们大家现在都拼命讲中国文化，其实讲的人也同颜回一样，都在莫名其妙地叫，就像《庄子》第二篇里所谓吹万不同，风吹进那个穴里，呜啊呜地叫，叫得毫无意义。所以谁能够对中国文化下一个定义呢？我看非常难，这是现代青年值得深思的一个问题。

有些人只想“成而上比，与古为徒”，只想复古，“其言虽教，谪之实也”，教化理论上是对的，但是这是谁的话呢？“古之有也，非吾有也”，是古人说的话，但是历史永远向前演进，古人所有的，不是我们今天有的。因为环境不同，时代不同；今天有的也不是古人所有的。所以，孔子的孙子子思，在他所著《中庸》中也讲到：“生乎今之世，反古之道，如此者，烖（灾）及其身者也。”做个现代人硬要复古，走古人的路线，那要出毛病有灾难的，就算不是疯子也要送精神病院。

孔孟思想并不是那么迂腐复古的！大家一提到孔孟思想，好像就要复古，所以都是没有读通孔孟思想的书！你翻开《孟子》

看看，孔子是“圣之时者也”，他是主张跟着时代走的。孔子在《易经》上说“与时偕行”，要把握时代，也就是跟着时代的脚步走才可以。所以庄子这里也说：“古之有也，非吾有也。若然者，虽直不为病。”江水东流是一去不回头，历史是不回头的。像我们走路一样，是走前面这一步路，不是回头向后面走。如果在古代，直爽的风格是可以的，所以说“是之谓与古为徒”。“若是则可乎？”我学古人的做法可以吗？

这段是孔子说的，不要认为是颜回说的。有许多注解把这段话说成颜回说的；有些人注解认为是孔子说的。只有最后一句，“若是则可乎”才是颜回说的。

《庄子》从《逍遥游》《齐物论》《养生主》，现在到了《人间世》。这一篇是讲为人处世之道，一个有道的人如何处世。上一次孔子跟颜回谈话还没有完，讲到与人为徒，就是人道，像现在社会上一般人走的路子，一个很好的人乘之道。这里是讲颜回要出来，想为王者师，就是想做历史上的张良、诸葛亮，或者是姜太公等等，改变领导人的思想作风。孔子对颜回一番的教训，说他是不对的。现在孔子又说，“成而上比者，与古为徒，其言虽教，谪之实也。”我们看历史上有许多人，成而上比，拿许多现成的事实来批评，是很难的，所以要看历史上许多名臣的奏议、谏疏。

谈到这里，我们先岔过来说，我们要了解中国文化，不是拿一点孔孟之学，四书五经口头来说教，就代表了中国文化，这个问题很大。尤其我们想了解中国的历史，即使把二十五史都念完了，还是没有懂历史，必须要看历史的反面文献，也就是看历史名臣的奏议与谏疏。这些奏议谏疏，等于现在大报纸的社论，像十九世纪的中期、初期的英国泰晤士报等，那些社论，足以影响世界政治和社会。

所以历代的大臣，有许多上严重的奏议给帝王，持反对的意见，一边写报告，一边写遗嘱，甚至把棺材都买好准备死的；因为第二天的报告一上去，说不定就被杀头。这是中国文化知识分子的精神，为国家，为老百姓，为了对历史交代，以生命换取千秋，对天下人负责。这是中国文化给知识分子的教养，也是非常特别的地方。尤其自明朝以来，读书人受宋朝理学、儒学的影响，到了国破家亡，社会变乱的时候，以生命换取千秋的特别多。但是很有意思的一桩事是，明朝自从朱和尚朱元璋当皇帝以后，他的子孙，没有一个够格当皇帝的。我经常看明朝的历史，想想明朝那些皇帝，只能在中山北路酒店里当酒保，跑跑路可以，不要说当皇帝，连当老板的资格都没有。可是明朝许多儒家及知识分子，有忠贞之气的反而特别多。所以明朝二百七十年的历史，准确地代表了中国知识分子对生命的认识，对生命的贡献，表现出一种忠贞的精神。

现在再回到《庄子》的本文。“成而上比者，与古为徒”，所以古人上奏议，对急迫的事要讨论的时候，怎么办呢？你们青年同学写社论，写批评的文字也要注意，成而上比者，引古鉴今，就是把历史的事实做比喻说明，所以庄子借用孔子教训学生颜回的话，你假使出去，为王者之师的话，成而上比者与古为徒，这样好不好呢？这一种做法就是人臣之道。

君道 臣道 师道

这里又要岔进来了，讲到人臣之道，共有三道，君道、臣道、师道。譬如孔子，乃至后世的教主，像印度释迦牟尼佛，西方的耶稣，走的都是师道的路线，不走君道。尧舜禹汤这些人，走的是君道的路线，历代名臣走的是臣道的路线。这三道是中国文化教育人成就的目标。

拿现在来讲，一个人赤手空拳白手起家，当了一个公司的大老板，这要学君道，就是如何领导人，如何包容人，如何用人，好人坏人都能够用，有本事没有本事的人，也都能够使他动起来，这是君道的学养。臣道是当伙计的，做一个干部的，要知道如何以臣道自处。所以现在孔子告诉颜回，你走的是师道的路线，成而上比者，与古为徒，引古鉴今。“其言虽教（音效）”，他说你所建议的道理，虽然发生效果，“谪之实也”，可是行不行呢？不行，因为其中含有讽刺的意思，人家是受不了的。

譬如现在很多青年，很有趣的，尤其在台湾几十年来，很多人喜欢看《贞观政要》。这一本书是记载唐太宗怎么当皇帝，所以大家读得津津有味。可是大家却忘记这本书是教皇帝怎么去做皇帝，怎么做领袖！唐太宗的大臣魏徵，是历史上有名专门纠正皇帝错误的臣子，以唐太宗的精明，有时也受不了。《贞观政要》记载唐太宗对于魏徵等人的奏议，不管是正面或反面的意见，都是言听计从；记载了唐太宗的伟大，是历史上有名的。

唐太宗欢喜玩鹞子，喜欢养鸟玩，一个大英雄到了天下无事的时候，精神没有寄托了，玩一玩鸟，等于我们老百姓养几只鸽子来玩玩，这个也没有什么啦！有一次，他正玩鸟的时候，看到魏徵来了，晓得魏徵一定要讲话，当皇上怎么像小孩子一样，玩这一套！没有办法，就把那只鸟往怀里头一塞，再跟魏徵谈话。魏徵已经看到了，但是他也不讲，本来几句话报告完了，就该走，他偏不走，还故意找些事情来讲了半天；结果魏徵走了以后，唐太宗把鸟拿出来一看，已经闷死了。他那个气啊！指着他的背后说，总有一天杀了你这个土包子。古代不叫土包子，叫田舍翁。《隋唐家语》记载有这一段事实。

魏徵常常给唐太宗碰钉子，这一次把鸟闷死了，他回到后宫就骂。皇后一听，你今天又在外面受了哪一个大臣的气了？他说，那还有谁啊！就是那一个田舍翁。又有一次，皇后看见唐太宗为了魏徵生气，进去换了礼服出来。唐太宗一看，你那么严重干什么呢？这是上朝的礼服啊！皇后说：恭贺你有那么一个好的大臣，只有你这个肚量，才能够培养出国家那么好的干部。几句好听的话给唐太宗一讲，心里火也消了。但是魏徵死后，唐太宗还是把他的墓碑打掉了，因为碑文使他想起很多的事，所以借一个题目把它拿掉，把过去都推翻了。

所以说，一个做领袖的人，修养真能够达到容人之量，除非是得道的人，达到了空，不空是做不到的。因此孔子告诉颜回，“其言虽教，谪之实也”。你引古鉴今，向上面讲话，你的话虽然见到了效果，但是他心里感觉，你还是在讽刺他，况且拿历史的经验，来说明现在的事实，“古之有也，非吾有也，若然者，虽直不为病，是之谓与古为徒”。颜回说：我拿历史的经验讲，也没有错嘛！古代有嘛！历史上有很多大臣讲话，我们要学习的啊！他说，非吾有也！不是代表我的意见，是古人的意见，我拿来讲没有错啊！若然者，我如果用这个方法来处理这一件事，虽直不为病，虽然讲话直一点，总不会出毛病吧！这一种办法是走人臣之道，所以与古为徒，这个样子，可不可以？

仲尼曰：恶！恶可！大（太）多政法而不谍，虽固亦无罪。虽然，止是耳矣，夫胡可以及化！犹师心者也。

孔子说：“恶！恶可！”上面“恶”是形声的字，是叹气！用白话说是：唉！“恶可”是俗语，就是你这样做法不可以，也行不通的。“大多政法而不谍”，这是孔子教颜回如何走人臣之道，如何行师道。这个为政之道，也就是现在工商业时代，领导一个公司，做一个事业，办法不能太多，事情要简化。老子也讲过这个话，“法令滋彰，盗贼多有”，法令规章越多，法律越严密，漏洞越大，人犯法的机会越多。这个道理就是“大多政法而不谍”，处理这个法令问题，没有办法周详。这个谍字，不是谍报间谍的意思，而是言语没有办法解释那么周详。

“虽固亦无罪”，虽然说我依法办事，没有什么错啊！我常有感想，许多大专毕业生当公务员，办事的确很认真，或者拼命根据法律条规来办事，或者没有法令根据而不办，都是一种不负责的做法。也就是这一句话，“虽固亦无罪”，办错了，嘿！我是照第几条第几款办的嘛！虽然没办成，好像自己并没有犯错，但这并不是尽忠于国家的做法。“虽然，止是耳矣”，他说，虽然如此，充其量当一个混饭吃的公务人员而已！自己没有做到人应该做的事。如果拿教化来讲，“夫胡可以及化”！光是依法办事，不是大政治家应该做的，因为这违反教化天下的原则。一个大政治家，也就是师道中的大教育家，影响了一个时代，影响一代的历史，因为教育有教化的作用。所以说，如果认为依法办事就对了，“犹师心者也”，那就是师心。

师心就是自己的主观，认为自己很高明，所以孔子批评颜回是师心，也不好。

颜回曰：吾无以进矣，敢问其方。

颜回本来要出去教化卫君的，挨老师这一顿骂下来，他说：“吾无以进矣，敢问其方。”只好说：老师你这样一讲，跟您学的满肚子本事，都没有用了，再进一步我就不懂了。颜回说请老师指示一下方向，到底应该怎么走？

我们注意《人间世》这一篇，孔子与颜回的对话，由外用之学讲到内养之学，也就是由外王之道讲到内圣，现在孔子提出来内圣的修养。

在这一段里，现在人和古人，很有趣的争议，哪几句是孔子说的，哪几句是颜回说的？我们都已讲过了。究竟是谁说的？是庄子。不信，可以死后去找庄子问个究竟（众笑）。再说《红楼梦》上有林黛玉批贾宝玉读《庄子》的一首诗，很有趣，说得很透彻。

无端弄笔是何人　作践南华庄子因
不悔自家无见识　却将丑语诋他人

读了，就可再一笑了事。

心斋是什么

仲尼曰：斋，吾将语若！有而为之，其易邪？易之者，皞天不宜。

孔子说："斋"，大家都晓得吃素又叫做吃斋。孔子叫他要再进一步学，你先去斋，就是古代礼貌，"斋戒沐浴"，要洗个澡，换了衣服干干净净，还要熏香，外表上要清洁，包括吃素斋，先清净心。"吾将语若"，我再告诉你。等于人家来问佛法一样，匆匆忙忙跑来，然后说，老师啊！我要问你问题。我说，我没有空。那不行耶！我还是美国来的，下午两点飞机就要走耶！好像我欠了他什么一样。我心里说，你走你的，同我什么相干？现在这样的人很多啦！我们也搞惯了，假使像我年轻的时候，早就理都不理，眼睛一闭，去你的，我又没有欠你。现在不行啊！这些都是“有而为之”，心里头以有为的心理来求道，以功利主义来问道，“其易邪”？那么容易吗？所以孔子要他先斋戒沐浴。“易之者，暤天不宜”，太容易传给你啊！是上天所不许可的。所谓上天，是指违反天道，那是自然规律不许可的。

颜回曰：回之家贫，唯不饮酒不茹荤者数月矣。若此，则可以为斋乎？曰：是祭祀之斋，非心斋也。回曰：敢问心斋。

颜回一听啊！同我们的观念一样。他说：老师啊！你晓得，我的家穷得不得了，也喝不起酒，肉也买不起，不吃荤几个月了。这个“荤”字不是代表肉哦！不吃荤同不吃肉是两回事。这个荤是草头，五荤是葱、蒜、韭菜、薤白、兴渠，也叫做五辛。佛家戒吃这五荤，因为这一类东西，刺激荷尔蒙的生长，尤其刺激了性荷尔蒙的分泌，对修持很有妨碍。中国古代与印度的古文化，同一道理，持五辛不吃荤，并不是讲不吃肉，不过如果真持斋，当然包括了不杀生，不吃肉。在《论语》上，孔子本人也有这个经验，“三月而不知肉味”！所以颜回说：“若此，则可以为斋乎？”我这样不是天天持斋吗？在座的很多学佛吃斋的注意啊！真正吃斋吃素是怎么样呢？下面孔子有一个道理。

孔子说：“是祭祀之斋，非心斋也。”你这个怎么叫吃斋？这个是拜拜用，摆样子的，是宗教的形态，而且是祭祀时对鬼神用的，这是外在的斋。真正的持斋叫心斋，这个我们要注意！现在我代表庄子说话，庄子所代表的中国文化心斋的观念，就是佛家的持戒、修定、修慧，乃至于说得了九次第定，证得菩提，也不过是心斋的成就而已。

颜回说：“敢问心斋。”那么老师你就传了我吧！怎么样叫做心斋呢？持，是保持，心里头真的持斋，不是吃素，持斋就是念佛。

> 仲尼曰：若一志，无听之以耳而听之以心，无听之以心而听之以气。听止于耳，心止于符。气也者，虚而待物者也。唯道集虚。虚者，心斋也。

这段等于密宗黄教宗喀巴所提倡的修奢摩他（止）、毗婆舍那（观）的路线，也就是佛教天台宗智者大师提的大止观和小止观的六妙门。如果研究起来就很奇怪了，庄子这个时候，佛教绝对没有进入中国，这个就是列子所提到孔子的话，“西方有圣人，东方有圣人，此心同，此理同”，大家的方向完全一样。

孔子现在传止观的法门，“若”字就是你，“一志”，先把心念专一起来，思想专一，“无听之以耳，而听之以心”，不用耳朵来听，拿心来听声音。这两句话，就是《楞严经》所讲的，“反闻闻自性，性成无上道”。这是佛学名词，代表了观音法门。“反闻闻自性”，不用耳朵来听声音，把耳朵习惯听外面声音的作用回转来，听自己内在的心声。这并不一定是听心脏血液流动的声音。

你要晓得，当我们静下来，譬如打坐的人，你以为他在打坐吗？实际上心里头在讲话，开讨论会；不晓得这样对了没有？这样静不静？很像！哎呀！可惜了，动了念头，啊！差不多啦！已经成佛了。自己里头都在说话。所以要回转过来，“无听之以耳，而听之以心”。心怎么可以静得下来呢？孔子说：“无听之以心，而听之以气。”这个气就是后世所讲的息，佛法里修禅观的出入息法。“息”又是什么呢？一呼一吸之间那个叫息。实际上我们一呼一吸之间，中间有一段是不呼不吸的，这个之间很短促，很难把握，这个叫息。庄子这里没有用息的名词。

“听止于耳，心止于符。”耳朵听觉不起作用，停止了，同外界脱离了关系，不像我们平时耳朵向外听东听西，所以叫他也不要听了，入定去了。“心止于符”，心里头什么念头也不动，自然同这个道符合了。用中国古代的名词，就是与天心符合了，与天心和合了。“气也者，虚而待物者也”，这个时候呼吸之间是空灵的，等于没有呼吸了，身心内外是一片虚灵的。“虚而待物者也”，什么叫“待物”呢？同外物还是相对待的，就像我们昨天，刚刚上了唯识的课，是意识上的清净了，好像看起来空了。你要知道，这只是你意识天地的空，外面并没有空，我还站在你的前面，太阳照样东边出来西边下去，都没有空。虽然内心虚灵，但与外面物理世界还是相对待的。这是第一步的修养，你先能够达到内心的虚灵就对了。

“唯道集虚”，集虚这个“集”字，要特别圈起来，集就是累积，你把内心意识虚灵、空灵的境界练习久了，累积久了，接近形而上的道就快了，所以注意这个“集”字。“唯道集虚”，你能够做到内心意识不动，心里很宁静，耳根也不向外听了，就完全返归内在了。

“虚者，心斋也。”这时内心真正在持斋了。很多学佛的人受了八关斋戒，八关斋的那个斋，就是这个东西。达到了这个样子，叫做八关斋的成就，并不是说过午不食就是持斋了。为什么八关斋有“过午不食”这一条呢？因为过午不食，使你的气息容易走通，虚灵，容易达到心斋的境界。所以融会贯通了，就一通而百通，都是同一个道理，只是说法不同而已。他说这个样子才叫做真正的持斋。

庄子这一段话，是借孔子的嘴讲的，不管儒家、道家，显教、密宗，天台、华严，随便哪一宗派，乃至天主教、基督教的闭静，都是同一个道理，这个叫做心斋，叫做宁静。到了这个境界，初步的闭关可以了，不到这个境界，是不可以闭关的！闭关会发疯的。这一段内圣修养初步的工夫，心斋持斋的道理，孔子传给了颜回。

但是我们要特别注意啊！这一篇叫做《人间世》，是《庄子》内七篇的第四篇。为什么不把孔子传颜回这一段，放在第一篇《逍遥游》，也不放在第二篇《齐物论》，也不放到第三篇的《养生主》，偏要放到第四篇的《人间世》？这是什么理由？又是个话头！你们很多同学要学禅宗，参话头，这就是个禅宗，就是个话头。为什么要在《人间世》这一篇，传这个内圣之道呢？喜欢打妄想用心思的，不妨去用一下。参话头就是要你打妄想，用心思，去研究思维。好！我们出这个题目放在这里。

八风吹不动

颜回曰：回之未始得使，实自回也；得使之也，未始有回也；可谓虚乎？

颜回听了这个话，中间已经去做工夫了，不过文章没有记载。颜回听了孔子一传这个方法，就去打坐做工夫了。坐了一下，起来向孔子报告，“回之未始得使，实自回也”。他说，老师啊！你教我这个方法，我就开始上座。等于你们打坐一样，开始上来，“未始得使”，不习惯，气跟心配合不拢来，耳朵叫它不听偏要听；尤其听到流行歌曲的时候，虽然说我现在在打坐，不想听，但那个心里已经跳起舞来，肩膀都摇起来了。那个时候我没有入道，“实自回也”，我还是我。“得使之也”，慢慢我上了路，心跟气两个合一了，“未始有回也”，忘掉我自己了，都没有我自己了。我们一般青年同学，还学不到颜回这一步喔！他说他那个时候，心也没有，呼吸也没有，也忘掉了我，我是不是颜回，都忘掉了。“可谓虚乎?”他说老师啊！这样是不是达到空灵的境界?

夫子曰：尽矣。吾语若！若能入游其樊而无感其名，入则鸣，不入则止。

孔子一听颜回的报告说：“尽矣。吾语若!”好了，对了！第一步到了，我再告诉你进一步，“若能入游其樊而无感其名”，“入游其樊”，进了这个樊门樊篱。他说你工夫做到这一步，达到无我的境界，不过只是入门而已。“而无感其名”，但是我告诉你，还没有到家的喔！内心的感应还会有。虽然你很空灵，如果有人碰你，你还会动念，你现在这个清净这个空是靠不住的。

像我们在座的诸位，打坐的、学佛的、修道的、修密的，好像各路英雄，各路神仙都有，大家平常瞎猫碰到死老鼠的时候，这种小小的经验，偶然都经历过，但是不能永恒；碰到了就有，两腿一放就没有了，那是修腿不是修道。有时候它来撞你，你就有道，你要找它，就找不到，对不对?追不到这个道，比追求男女爱情还痛苦，对不对?身体健康的时候，有这个境界；一生起病来，就靠不住了，只晓得痛苦，不能够心宁，当然也就不能够空灵了。这就叫做“若能入游其樊而无感其名”，你还是受外界牵引的，这个“名”字代表了外面的事理，一切事，一切理，一切外物，都还能够牵引动你。

“入则鸣”就是佛经上一句话，“境风吹识浪”，外境界的风一来，这个心波就被吹动了。袁世凯的儿子袁寒云，有一首名诗，中间有两句更好，“波飞太液心无住，云起魔崖梦欲腾”。

这是讲他的父亲袁世凯，要想当皇帝是不对啦！“太液”是道家的话，是天上神仙的池水，指这个心池。波飞太液就是境风吹识浪。外境界的风一来，吹起心里的波浪，不能停止，所以说“波飞太液心无住”。当妄念一来的时候，就像“云起魔崖”，妄念本身就是魔，哪里有什么外魔！“梦欲腾”，你那个梦啊！好像自己要飞起来了，都控制不住。所以袁世凯看了儿子的这些诗，气死了，就骂儿子的老师许地山，都是那个许地山教坏的。你们书院的同学，应该好好背住这两句诗，是无上咒，心里动念的时候，你把这两句一念，大概可以降魔。所以说无感其名，也就是这个道理，外境界的风一吹，你心中这个定境，这个清净境界就被吹散了。

“入则鸣”，外境界一进来，你心里就起共鸣。佛经上讲，大阿罗汉习气没有断都不行。譬如头陀行第一的迦叶尊者，禅宗的第一位祖师，他多生累劫爱好音乐，所以迦叶尊者入灭尽定的时候，天人在奏音乐，他一边在打坐，一边随音乐摇动起来。有的同学打坐，气脉动了也会摇，算不定也是音乐听惯了！旁边的人看见迦叶尊者在摇，就问佛说：迦叶尊者怎么搞的啊！他还在定中吗？佛说：还在定啊！他听到音乐拍子就摇动，因为多生累劫爱好音乐的习气没有改，这个习气的业力，在第八阿赖耶识种子里没有变掉，由此可知修行之难。

所以《维摩诘经》上说，天花掉在大阿罗汉身上都沾住了，虽然见色而不爱色！但习气的根根没有拔掉。平常守“心斋”戒不敢动的人，目不斜视，好像已经空了到了家，实际上那个根根一旦爆发就不得了。但是天花落到大菩萨身上，不会沾住，自然就掉下来，因为习气已经断了，当然就不会“入则鸣，不入则止”。好比有人住在高山顶上，不要说看不见人，连鬼也看不见！自我觉得现在好空啊！然后看世界上一般人，多愚痴啊！这些众生忙忙碌碌，像我这样多清净啊！那是空话，自欺欺人的话；下山以后，他会变得比普通人还愚痴，还坏！

无门无毒，一宅而寓于不得已，则几矣。

他说内圣的修养工夫，要做到什么呢？“无门”。无门这个“门”就是方法，也就是说，那些真正修养到家得道的人，并没有用什么方法入门。什么炼气啊！看光啊！观想啊！止观啊！都没有。所以禅宗后来标榜的“无门为法门”，也就是佛在《楞伽经》上说的，真正佛法的最高境界是无门，有个法门就已经不是了。那么庄子借用孔子的话说到无门，是不是孔子的话不知道，至少在别的书上没有看到。庄子这里记载说，孔子讲，这个时候不需要用一个法门，等于佛学讲六根大定，眼耳鼻舌身意都没有了，就是大定。“无毒”，就是无治，政治的治，是古代借用的字。无治的意思，是不需要一个方法来对治妄想，对治烦恼，什么方法都不需要。“一宅而寓于不得已”，我们的心在这个身体里，就像在一个空壳房子里一样，而生命的存在，只是借住在这个身体里，不得已地活着而已。心中无事了，“则几矣”，他说见地能够到这个地步时，修养工夫差不多了，这样还不算到家，不过差不多啦！

自欺 欺人 被人欺

绝迹易，无行地难。为人使易以伪，为天使难以伪。闻以有翼飞者矣，未闻以无翼飞者也；闻以有知知者矣，未闻以无知知者也。

再进一步，内圣的修养就到了“绝迹易，无行地难”。大家到社会上做人做事，或者去做生意也好，卖菜也好，开垃圾车也好，当皇帝也可以，要内圣而后出来外王。你出家也好，出家也是外王，外用之一！不管你怎么样入世，就是这几个字，“绝迹易，无行地难”。等于我们走路，地上一定有足印。当小偷的为了不留手印脚印，可以穿袜子戴手套；工夫再高些像武侠小说一样，飞行绝迹，踏雪无痕，踏在地上没得痕迹。他说这些还算是容易，是可以练成功的。

但是“无行地难”，两只脚不着地而在空中飞的，这个困难了！行走总要踏在地上走，就是在空中飞也还是在行啊！你也还是要飞啊！等于《逍遥游》中，列子御风而行，庄子说这有什么了不起！人可以腾空驾云在空中飞，那还是要飞呀，能不飞才好啊，对不对？坐最快速的飞机，几十个钟头，可以绕世界一周，坐太空船的话更快，但是还是要进入太空船才行；不如你坐在这里，一念之间可以环游十方世界，那不是更高明吗！

所以这七个字，“绝迹易，无行地难”，我们处事做人，做到不着痕迹，就是佛家说的不着相。不着相还容易，但是还不是最高明的，虽说无行地难，你还是在做在行，要完全做而不做，这就真的很难。也就是说，你要不要入世？这一篇是《人间世》，刚才我们出了一个问题，现在已经答复了，一个人要想大道的成功，只有入世去修，出世是小乘法，不入世磨炼是不行的。入世磨炼修出来，才能成就大乘道；大乘道修成功了还不是顶高，也不过绝迹易，无行地难。所以禅宗的话，成佛容易，成魔就很难了。叫你真的变成魔啊！还真不容易；但是要魔佛两边都不住，有时候偶然玩玩可以，那么必须到人世间来磨炼。所以孔子又讲：

“为人使易以伪”，“为人使”是替别人工作，因此做事要听人家的，假使做大臣就要听领袖的，一人之下，万人之上，也是“为人使”啊！听人家指挥，听命办事的时候，“易以伪”，还容易作假，容易推托，还可以用手段。“为天使难以伪”，为道啊！我们没有办法自欺，换句话说，为人使，可以欺人。所以我常说，明朝末年有一个读书人，叫什么名字我忘掉了，讲人生的境界有三件事，那真是说绝了。他说世界上任何人，一辈子只做三件事，不是自欺，就是欺人，再不然就是被人欺。

你看世界上的人，能不能逃出这三样事？能逃出了这三样的话，就跳出三界外了。你说我什么都不求，只要有青菜萝卜吃，在山上打坐，一切无所求，你以为对了吗？那正是自欺。然后像我们一样，坐在这里，又讲《庄子》，又讲佛法，算不定就在欺人。再不然呢！两样都不干，我规规矩矩吃人家的饭，拿薪水吃饭，还是被人家欺。除了三样以外，还有什么？所以说为人使易以伪，易以伪就是在自欺欺人，也被人家欺。可是“为天使难以伪”，是要自己对自己负责的，修道的人不能自欺，也不能欺人，更不可以被人欺；即使是圣贤说的话，也还要求证一番，不能轻易相信。没有求证到的，存疑可也。

所以就像宋儒讲的话，“六经皆我注解”。这句话的意思是说，熟读了四书五经等，都是我的注解而已。换句话说，一个真正学佛的人，三藏十二部，显教密宗，也都是他的注解而已。但是这个必须自己求证到，才是真的；不然的话，还是落在一个嫌疑，被人欺。所以修道的人，“为天使难以伪”，不能作假。

“闻以有翼飞者矣，未闻以无翼飞者也，闻以有知知者矣，未闻以无知知者也”，境界到了最高的时候，孔子做个比喻说，你应该听到过，有翅膀的东西会飞，但是你从来没有听过，不要翅膀而能飞的。没有翅膀而能飞，这个就是奥秘，就是密宗啦！你不要觉得稀奇啊！大家都会无翅而飞，就是在心里头飞，就像袁寒云的诗一样，“云起魔崖梦欲腾”。我们有时心里的妄念，妄想登天，念头飞得好厉害，这就是没有翅膀而会飞。梦中的富贵，梦中的空花，爱怎么想就怎么想！这是很可怕的。所以孔子说“闻”，你总听到过“有知知者”，透过知识学问，而知道道理；但你从来没有听过“无知”才是“知者”，到达了一切无知，那个才是大智能的成就，是“无知知者也”。我们先停留到这一段。

看了庄子这一段，你会发现因庄子的影响，中国文化产生两个东西，一个是影响了道家的隐士思想。我经常说，从二十五史看下来，对社会真正发生作用的是隐士，是道家的人物。历史时代到了拨乱反正的时候，都是道家人物隐士之类出来，历史上很多这类的人，自三代以来，一直到秦汉，唐宋元明清，没有一代不出现这种人物。创业的时候，或天下大乱，都是他们出来帮忙，过后他们隐姓埋名，历史上不见了，这些人是真正的做到了无行地。

另一个庄子思想的影响是，产生了政治与隐士之间的名士，历代有许多的名士，像宋代陆放翁还出来做了事，另有一个诗人名士朱敦儒，他的一首词《鹧鸪天》：

我是清都山水郎　天教懒慢带疏狂
曾批给露支风敕　累奏留云借月章
诗万首　酒千觞　几曾著眼看侯王
玉楼金阙慵归去　且插梅花醉洛阳

朱敦儒有个性，有学问，有修养，他始终不出来做官。“天教懒慢带疏狂”，这是我最喜欢的词句。他说“诗万首”，当然没有一万首，吹牛的啦！这些人是真正所谓名士派，受庄子的影响最大。名士都喜爱老庄的思想，自然有超脱的一面，这是我们这个民族的文化特性。

我们经常发现社会上，很多不论职业或者阶级，都有这类的人物。像显明法师讲经的时候，有几位老先生来，几十年我看他们，始终穿那么一件衣服，满头白发，怪里怪气，我非常注意那些人，他们就有一些名士的味道。那个眼睛好像没有光彩，谁都没有看到，谁也不在他眼里，就是“几曾著眼看侯王”！我拼命拍这些人马屁，因为怕他看不起我（众笑）。但是中国文化这一类的人非常多，是这个民族的特性，所以研究我们中华民族很难，看法不能那么简单。固然社会有很坏的一面，但绝对有极高的一面，“绝迹易，无行地难”，有很多人都做到了。

下面，我们再继续讲孔子教颜回，这个老师传徒弟衣钵，快传完了，所以大家要注意。以无知而知，这个才是大知，就是内在修养的工夫，你们学打坐，就要先学到这一步，才能再进一步。

内圣的修养

瞻彼阕者，虚室生白，吉祥止止。夫且不止，是之谓坐驰。夫徇耳目内通而外于心知，鬼神将来舍，而况人乎！

“瞻彼阕者，虚室生白，吉祥止止。”这三句话，就是大密宗，也就是大禅宗了。能做到的话修养就到家了。“瞻”，就像我们看东西一样，远远地看到。“阕者”，就是那个圆咚咚的圆圈，这是形容看到那个圆满清净的地方。“虚室生白”，这个虚室是指内心，闭着眼睛，但是却在一片亮光中，所谓自性的光明发现了。有些人打坐的经验，夜里在没有灯光的房间里打坐，亮光忽现，张开眼睛，什么东西都看得清楚，这一类也是虚室生白；但是还不究竟，要内在到了虚室生光，自性发光，身体内部五脏六腑，每一个细胞，自己都看得很清楚，那才算真的接近虚室生白。

像白骨观修到了家的人，"瞻彼阕者，虚室生白"，空灵到极点，自性的光明发生，这个时候才对啦！然后"吉祥止止"，这才是大止，得了大定，止算是定，还没有观喔！所以你们修《摩诃止观》的，修密修禅修道的，注意！不到达这个境界，你妄念停不了。"吉祥"是大吉大利，所以后来说"皇上吉祥"这类的话。"止止"，前面一个止是动词，后面是名词。修止修到这里，就是真正得止了，也真正得定了。

"夫且不止，是之谓坐驰"，大家打坐，人坐在那里，心里头在跑，唉哟！这个念头又来了，我怎么又想钞票！某人欠我十块钱！打坐都想起来了，心中在那里开运动会，坐驰！注意啊！大家打坐都犯了这个毛病。

"夫徇耳目内通而外于心知，鬼神将来舍，而况人乎！"他说，你要晓得修养的方法，我们平常眼睛喜欢向外面看，耳朵喜欢向外面听，真正修养做到了，眼睛对外面见而不见，看到的同我不相干。就是佛学的话，内心意识不起分别，虽在闹市中，随便怎么吵，没有听见。佛经上记载，有一次佛在恒河边上，吃完饭以后，偶然坐一下。这时有一个商队过河，车马很多，那个车声马叫声，搞了很久，结果他老人家出定后，看见地上都是乱七八糟的水，就问这些弟子们，这个地方怎么啦？弟子说，刚才很多马车过来。佛说他自己一点都不知道。这个时候释迦牟尼佛不是昏沉，不是睡着了，而是"徇耳目内通"，眼睛不向外看了，内观；耳朵也不外听，内通。就是《楞严经》上说观音法门，"反闻闻自性"，用耳根修的"入流亡所"。

你们注意啊！尤其年纪大一点的，最好用观音法门，用耳根回转来听自己，可以长寿。为什么可以长寿？因为耳通气海，耳也通肾海，用观音法门修持，反闻闻自性，性成无上道，到达了入流亡所；耳朵、眼睛回转来，进入那个法性，自性之法流。亡所，亡掉了所听所闻的境界，也就是庄子所讲的吉祥止止。这个时候，耳目内通，“而外于心知”，怎么叫外于心知？就是不要起心动念，一个念头也不动，妄念不动，第六意识不用，而能够天上人间无所不知；把能够知道一切的能知之智，及所知之境都空掉了，之后出来的叫般若，佛学叫大智慧，大智慧能通一切法。拿佛学的道理讲，就是第八阿赖耶识，转成了大圆镜智，照天照地。他说到达了那个境界，“鬼神将来舍，而况人乎！”连鬼神都站在你面前听命，更何况是人呢！“舍”就是到这里停止，停在你的面前。

是万物之化也，禹舜之所纽也，伏戏几蘧之所行终，而况散焉者乎！

这个万物之化就是道。以道家来讲，包括儒家、道家、道统。就是《易经》上孔子所说的，到这个境界是“参赞天地之化育”，人的生命功能价值到了最高处，弥补了天地宇宙的缺陷。我们生活的这个娑婆世界，是有缺陷的，人修道修养到了这个境界，天地的缺陷可以弥补了。这就是我们传统的道统，尧、舜、禹三代传心的法要，“禹舜之所纽也”。所谓儒道两家所标榜的内圣外王，上古三代圣王尧、舜、禹，他们内圣的修养，关键就在这里。

“伏戏”就是伏羲，我们那个画八卦的老祖宗。“几蘧”是上古的圣王，明主。“之所行终”，他们为什么能够天人合一呢？

他们是人世间的帝王，等于佛经上说治世的转轮圣王。就是因为他们内圣修养到达了万物之化育的境界，所以可以达到天人合一。这个是传统文化的道统，内圣的道统。“而况散焉者乎!”其他我们的老祖宗，黄帝、伏羲、神农等等，都得到了这个道统，内圣而后外王；历代的名臣名相，有功业留在历史上的，都是因为他内圣做到了，然后出来外王。

佛家讲度人度世，这个度人的意思就是外王。千万不要说，皈依你了，拿个红包给你，听你念一句阿弥陀佛，你就是又度了一个人了。如果是这样，你要小心！本欲度众生，反被众生度，这是我从四川峨嵋下山以后，几十年对自己的结论。我本欲度众生啊！到现在我感觉到，反被众生度我了。所以要小心，不要随便讲度人，除非你内圣做到了，才能外王。好了，《人间世》第一段故事，到此为止。

孔子教育颜回的这个故事，我们再检讨一下，开始就说到春秋时代诸侯并起，那个时候，中央天子势力已经薄弱了。颜回听说卫君不是一个好领袖，想教育他，使他变成一个明主，所以想去做王者之师，因此向孔子请假，说自己要到卫国去教训卫君。孔子说，你去吧！去了，你吃饭的家伙就掉了，就是这个脑袋要被人家砍了，你这一点本事怎么行！

这个故事，就说明一个人，做学问也好，修道也好，常会犯的错误，就是得少为足，稍稍得了一点就满足了。也犯了孟子所讲的，“人之患在好为人师”的错误。像我们一样就完了，给人家叫一声老师，马上就倒霉了，反被众生度了，就是被学生度了的，所以千万不能当人师。这个是第一段的道理。后来孔子对颜回的训话，就是教育我们出社会做人做事，应该有的态度；做领袖的是哪一种态度，帮人家又该如何。

颜回听了不满足，孔子再告诉他，进一步你真想出去度人，拿佛家的话，对世界对社会有所贡献，必须要完备内圣的修养，做到了圣人的境界，然后出来外用，才能够起作用。不然的话，目前看起来很辉煌，是很光明灿烂的人生，死后呢？四个字再加上一个字，“与草木同腐”，埋在土下腐化而已！所以，我常告诉青年同学，你们看历史上多少皇帝、宰相、状元，能记得几个名字？在当时他们是了不起，过后都被历史遗忘了，因为没有功德留在人间，就是因为内圣没有做好而出来外用的。这些人都能够争取到一时，不能争取到千秋。所以事业是分两方面来看的，这些圣人们，教主们，说真的也是在争唷！不过争的是千秋，不是一时。

大使的痛苦

叶公子高将使于齐，问于仲尼曰：王使诸梁也甚重，齐之待使者，盖将甚敬而不急。匹夫犹未可动也，而况诸侯乎！吾甚栗之。

庄子笔下再写孔子的故事。古代的叶国，就是民国以来的河南叶县，“叶公子高”，名“诸梁”，是楚庄王的玄孙。叶公子高是一般通称，诸梁是本名，从前人的名字有官名，有小名，父母老师可以叫小名，自己对老师要称本名。叶公子高这个人，“将使于齐”，要被派到齐国去当大使。这一篇是外交官的学问，我们将来假使写一部外交官的修养，或外交官的哲学，就要把春秋战国外交官的资料找出来参考。这一段是孔子教导办外交的方法。叶公子高很害怕去当大使，就来问孔子“王使诸梁也”，大王派我去齐国当大使，这个任务“甚重”，太重了。

我们看历史上的外交官，许多都把自己这个头，当苹果那么玩的才敢去，有时候有去无回。什么苏武牧羊，那还是小事，有时候当场就被杀掉了，在古代中国外国都一样。就看五代时历史上骂的冯道，他几次出来当大使，都是战战兢兢，有没有命回来不知道，所以他的诗说："几人路死掩风沙"，跟去的人半路死掉了，收埋在荒山野地，这就是当年当大使的痛苦。大使在中国古代历史上称为行人之官，也就是现代所谓外交官。你们如果读过《李陵答苏武书》，苏武牧羊十九年回来以后，还不是外交部长，只是外交部里头一个官员而已。

叶公子高又说："齐之待使者，盖将甚敬而不急。"他说，到了齐国以后，他们对待我这个大使一定很有礼貌，这还好办；若到敌国的时候，就没有礼貌了。"甚敬而不急"，虽然很有礼貌，但并不被重视。齐国在当时是一个强国，做外交官的痛苦是"弱国无外交"，虽然是一个大使，在那里只算是有这么一个分子而已，并不被重视。他说，要我达到外交的任务，说动齐国的负责人齐王，"匹夫犹未可动也，而况诸侯乎"！连一个普通人的意志都难改变，何况一个国家的领袖呢！"吾甚栗之"，所以我心里头很害怕，这是他给孔子讲的。

> 子尝语诸梁也曰：凡事若小若大，寡不道以欢成。事若不成，则必有人道之患；事若成，则必有阴阳之患。若成若不成，而后无患者，唯有德者能之。

这几句话都是人生最高的哲学，也就是做事的最高境界。他对孔子说，老师啊！你平常告诉我的话，凡是做人做事，不管大事小事，"寡不道以欢成"。很少有事情是完全成功，或是高兴圆满的。这就是佛学的道理，娑婆世界，万事都有缺陷，没有一个圆满的人，没有一件圆满的事。现在孔子说的也是这个话，就是事情很少能合于一个法则，合于什么法则呢？“欢成”，永远是欢喜快乐的结果，才称为“欢成”。

所以人世间，做人做事之难，“事若不成”，尤其政治上或外交上的任务，事情如果不成功，大家都不好，“必有人道之患”。或者给皇帝杀了，或者给敌人杀了，或者去坐牢，或者有其他的祸害出来，或者路上有人行刺啦！譬如美国的总统，给人打了一枪。“事若成，则必有阴阳之患”，有时候国家的大事成功了，你觉得当时非常辉煌，但在历史上可能是一个很糟的事，有阴阳之患，在冥冥天道中，会受很坏的果报，或遭到四周其他人的妒忌。“若成若不成”，不管成功也好，失败也好，“而后无患者，唯有德者能之”，如果能做到没有后患的话，只有最高道德得道的人，才能做得到，普通人是做不到的。

《人间世》这一篇，先讲到孔子告诉颜回，想去纠正一个人主是不可能的；与其入世为帝王之师，还不如退而自修。这是第一个故事，讲入世之难，几乎比出世修道还要难。所以要颜回重视自己的修养，由自修做工夫的方法，提出来心斋这一段。

第二段故事，庄子再引用积极入世的人，叶公子高出使齐国这桩事，说明动乱时代当大使入世之难。尤其在古代，敌我两国互为仇敌时，当大使的人，经常出去就不准备回来了。在战国这个战乱的时代，代表国家的外交官是第一线的战士，随时有危险。这一段是拿历史故事，说明人生入世的道理，就是孔子平常教诲的话，凡事不管大小，朋友之间，做人做事之间，很少有圆满成功的，或是很痛苦的成功，“寡不道以欢成”，这是第一句话。第二句“事若不成则必有人道之患”，第三句“事若成则必有阴阳之患”，这是入世的名言，这也就是人间世。

宋真宗与寇准

凡是我们中国人，应该懂中国历史，尤其在宋真宗这个阶段，最有名的一个宰相叫寇准。那个时候，宋朝也等于南北朝，跟金国正在战争的外交状态，结果寇准主张皇帝御驾亲征。那么谁来保驾呢？寇准说我去。老实讲，宋真宗是很不愿意去亲征。宋朝自赵匡胤开始，一直到他的子孙，北方并没有统一，而且实在也怕统一，不想统一，这是宋代史上最妙的事。

一个领袖如果是绝对的军人出身，好办！要嘛绝对的文人也好办；由军人而变成文人，像赵匡胤两兄弟啊！就难办了。所以宋朝，严格地讲不成其为一个朝代，因为宋朝三百年始终是南北对峙。北方的国家是辽、金、元，西北还有一个夏，南方勉强维持称为宋朝。自从宋太祖黄袍加身当了皇帝以后，因为自己身为军人，深知战争的痛苦，战争的残酷和战争的冒险，因此把燕云十六州，在地图上一画就不管了。所以辽金始终雄霸于北方，同时宋朝的土地非常小，所谓云南大理是另外一个政权。等于南边也没有，北边也没有，这样维持了三百年。不过宋朝在文化的发展上，反而是满光辉的。

宋真宗，历史后来封他这个“真”字的谥号，是很妙的。因为他不想打仗了，但是全国知识分子总想统一国家，所以宋真宗拼命提倡宗教，又信道教，自己认为是天命要他好好修道，不要再打了。当时的宰相王旦，不同意皇帝的想法，宋真宗就请宰相吃饭。皇帝很不容易当，古代皇帝很民主喔！吃完了以后，皇帝说，我看你这个宰相府上也很清廉，没有什么家用的东西，这里有一点小小礼物送你带回去。皇帝请宰相吃了饭，还给宰相礼物，在宰相的立场，皇上所赐，“情”字的道理只有接受。结果回来打开一看，好几罐，大概是我们江西最好的瓷器，装的都是黄金。皇帝送红包就是叫他不要反对啦！所以王旦考虑了一夜，实在睡不着，怎么办呢？他只好不说话，后来他就宣布，我老了应该退休了。

后来寇准要真宗御驾亲征，到了前方，隔着黄河，看到金国精锐的部队也是摆两边，宋真宗心里还是在害怕。他在最前线，叫人打听宰相寇准在干什么！寇准这个人很有趣的，派去的太监发现宰相在行辕打麻将，而且一边打麻将，还一边喝酒，红中白板，叫啊叫的，玩得很高兴。真宗一听比较心安一点了，寇准还在玩啊！大概不危险；如果说寇准还在办公，或是正拿电话在听消息报告，那真宗的心脏病恐怕要发了。寇准也晓得这个皇帝的心理，所以故意装得很轻松。

寇准是宋朝的大忠臣，是为国家为天下尽力的大臣。但是寇准这个做法，“事若不成，则必有人道之患”，这种事情搞错了，那不止一个人枪毙，是灭九族的！全家要杀光的；事情成功了呢！“必有阴阳之患”。我们看宋朝的历史，寇准后来很有功劳，封莱国公，澶渊之盟时，他军事外交一手包办了，有很光荣的外交胜利。可是胜利是胜利，双方订的还是和平条约。结果回到南方后，寇准始终遭到朝廷大臣的妒嫉，这就是阴阳之患。

历史上还有一件有名的故事，宋朝一位了不起的文人名臣，是四川省的张咏，他是地方首长，官位也很高。寇准后来事情成功后就要下台了，有一次正好在陕西碰到张咏到中央来述职，寇准当时的声望很高，晓得张咏学问很好，就问他：“你看看我啊，有什么指教？”张咏就说：“相公啊！你太谦虚了，样样好，何必问我呢？不过啊，有一篇书还是要念一下，就是《汉书》的《霍光传》。”寇准想，奇怪，《汉书》我又不是没有读过，他怎么讲这个话？可能读得不仔细，马上回去读《霍光传》。

霍光在汉朝功劳很大，刘家的天下是他一手救过来的，传记上把他一生的功劳都说了。写汉书的是班固父子父女，三人共同完成的，最后对于霍光下了一句评语，说他样样都好，就是书读少了，四个字结论“不学无术”。寇准最后读到不学无术，哈哈一笑，知道张咏是在骂他，说他不学无术。

郭子仪的境界

那么这个“不学无术”的“学”，是什么呢？像我们看“若成若不成，而后无患者，唯有德者能之”。不管做事成功或者失败，而没有后患的，只有有大德的人才能做到。我们从历史上来讲，只有唐朝郭子仪一个人做到了。研究郭子仪的一生，那的确漂亮极了，他对人事的处理，那是高明到极点，恐怕二十五史里找不出第二个人。历史上讲这个人出将入相，几次当大元帅，而且唐德宗喊他尚父。这个尚父的称呼，只有周武王喊过姜太公，等于是干爹，不但是干爹，还有老师的意义，这个名称是珍贵极了。郭子仪由唐明皇开始，到唐明皇的儿子唐肃宗，孙子唐代宗，乃至到曾孙子唐德宗，四朝的皇帝，都是郭子仪一手保驾的。唐代到后来，所有文官武将，都是他的部下，地位都很高。可是每次皇帝下命令，要他不要干，他就规规矩矩移交清楚回家，脸色都不会摆一下的；等国家有难，边疆敌人又打过来的时候，一声命令叫他来带兵，他就又出来打仗。

有一次到了唐代宗时，又同唐明皇一样，天下大乱，在叛兵快要打到长安的时候，皇帝下命令叫他出来，他立刻就出来，一个部队都没有，只有身边四五十个老弱残兵，而叛军的部队有十万之多。这怎么打？勉勉强强把没有经过训练的后备兵，凑了五千人，去抗拒敌人十万大军。到了前方一看，他跟儿子讲这不能打。那怎么办呢？他说我一个人去！就骑上了马；第三个儿子也当司令官的，他说爸爸你不能去，那多危险，把他的马拉住。他拿起马鞭，把儿子手一鞭打开，就是说，你滚开，我告诉你，打也败，不打也败，只有我一个人去，死也只死我一个人，你们还有办法；如果一打，统统没有办法，我们父子统统没有了。结果他一个人驰奔到前线，一边喊道郭令公来了！敌人说那个郭大元帅早死了。他把军帽拿下，满头白发，把身上的衣服都解开，手上的武器丢下来，大家一看果然是他，敌人就都向他敬礼了。令公啊！大家都说你死了，所以我们造反，不好意思了。后面还有部队来吗？郭子仪说没有部队，就我一个人来。此时他儿子也带了几百人过来，他回头看见，手一挥，你们滚回去！他一个人把敌人将领的手一拉，然后几句话给他一讲，就不打仗了。

可是呢，你看他不只一次，经过多少次的危急，有那么大的功劳，等到天下没有事了，皇帝又叫他回去，他就下台一鞠躬，立刻就回家，绝无怨言。后来活到八十岁，八个儿子七个女婿，几十个孙子来向他请安问好，连家里的用人一共三千多人口，所以叫“大富贵。有寿考”。

我们晓得做人做事，大事小事一样，孔子讲的“若成若不成，而后无患者，唯有德者能之”。只有那个郭子仪做到了，他的功劳之高，比皇帝伟大得多了。“功盖天下而主不疑”，上面没有怀疑他有野心，出将入相几十年，全国高级干部都是他的学生部隶，而自己没有骄傲，这两点是他人所做不到的。第三点更难，他私人的生活很奢华，换句话说，他生活有点吊儿郎当，蛮不在乎！可是社会上，上面是政府，下面是民间，没有一个人批评他不对。这三点，都是人所不能做到的，而他做到了。所以历史也认为他是古今以来第一人。

因此我常常告诉同学们，学军事的，学政治的，应该以他为榜样。他最了不起的长处是度量大。当时皇帝面前最吃香，权力很大的一个太监鱼朝恩，曾用各种花样来整他，但他并没有记恨，而包容了人家。最后鱼朝恩没有办法，把他的祖坟挖了。当然他也晓得是鱼朝恩干的，连皇帝也知道，但他也不动声色。这是一般人所不能做到的，结果有一次皇帝问起要追究一下。他告诉皇帝，我带兵几十年，我的部队在外面，挖人家坟墓的事情也一定很多，我也管不了那么多啦！你看，他有这样大的量，所谓量大福大。所以，庄子并不是只讲出世思想，而是告诉我们做人处世的道理。

天下两件大事

> 吾食也执粗而不臧，爨无欲清之人。今吾朝受命而夕饮冰，我其内热与！

“吾食也执粗而不臧”，“执粗”等于说吃素的。叶公子高现在临危受命，个人也很难过。他说平常生活很简朴，又不想求名，也不想求利，饮食很简单。“爨无欲清之人”，古人的解释，爨是厨房里煮饭烧的火，古代用木头烧火，要执爨。“无欲清”，不想清凉，火烧起来不想清凉，这是什么意思？古人解释庄子这一句，是说他只想生活清淡，并不想火烧得那么热，烧冷灶都不要紧，乃至一天都没有人来看我，我都很高兴，只想清净，不求名，不求利。

古人这样解释这一句话，我不同意！各人见解不同；我认为，“吾食也执粗而不臧”，他是说自己的生活很简朴，有口饭吃就好了，青菜淡饭就够了。“爨无欲清之人”，家里也用不起人，虽然做官，家里做饭都是自己跟太太两个人，太太上街买菜，自己在厨房开煤气，就煮饭了，也不想找一个帮忙清洁的人，一切自己来。就这么简单一句话，他们东解释西解释，就愈弄愈不懂了。“爨”煮饭，“无欲清之人”，不要求人家来清洁，一切自己干。现在有很多公务员，尤其美式化的生活，非自己干不行啊！请人请不起。他跟孔子讲，我本来生活很简朴的。

“今吾朝受命而夕饮冰，我其内热与！”现在皇上下命令，要我担任这个艰难的外交官。“朝受命”，上午发表了这个命令，急得我肝火发了，眼睛也红了，赶快看眼科，心脏紧张赶快要吃镇静药。所以没办法，心里忧愁得发热又发冷，好像吃了冰块一样。梁启超写一部书叫《饮冰室文集》，就是这一段来的。我早晨接到这个消息，心里急得没有办法，“我其内热与”！我岂是热衷于功名富贵的人啊！这个地位是高，权力也大，可是这个任务多么危险啊！

吾未至乎事之情，而既有阴阳之患矣；事若不成，必有人道之患，是两也。为人臣者不足以任之，子其有以语我来！

“吾未至乎事之情”，还没有完成这个任务，我自己先就生病了，“而既有阴阳之患”，已有阴阳之患；“事若不成”，万一我这次任务完成不了，“必有人道之患”，国内有人会对付我。“为人臣者不足以任之”，这叫做进退两难，虽然我为一人之下，万人之上，可是我觉得挑不起这个担子，体能吃不消，情绪上也吃不消，任务太重了。“子其有以语我来”，老师啊！求求你，告诉我怎么办啊！就像你们办事一样，有一点事情就回来找老师。我倒常常想饮冰吃冰淇淋，一点小事都要来问；人家叶公子高是有大事才来问孔子，他说老师啊！你怎么说呢？怎么教导我呢？好，注意喔！你看孔子怎么说。

> 仲尼曰：天下有大戒二：其一命也；其一义也。子之爱亲，命也，不可解于心；臣之事君，义也，无适而非君也；无所逃于天地之间，是之谓大戒。

“仲尼曰：天下有大戒二”，孔子说我告诉你，天地间有两条大戒律，不管你出家在家，都要遵守。“其一命也；其一义也。”第一条大戒，认命了，知道天命。这个“命”解释就很麻烦，不是算八字那个命，也包括算八字那个命。这个天命，也包括人生的价值。第二条戒是义，所谓义所当为，包括两个义：一是合于真理的，哪怕这个头掉下来，都不回头看一眼的，只要合理的就要去做。所以文天祥啊！岳飞啊！头该掉的时候就掉，毫不犹豫。第二个义，就是我们朋友之间的道义，人与人之间的义。中国这个“义（義）”字怎么写法呢？大家注意！上面是个“羊”字，下面是个“我”字，这个“羊”是代表吉祥，大吉利，所以义就代表我的吉祥。仁义的“仁”字，是人旁边一个二，二人之间谓之仁。推己及人，想到我的吉祥，也想到你的吉祥，我需要什么，你也需要什么，这就是仁义。

“子之爱亲，命也，不可解于心”，孔子说你要知道做人的道理，做儿女的要爱父母，爱父母就是孝。你说要做孝子，孝子干什么？就是爱父母。爱的解释很简单，我们生下来，妈妈爸爸怎么样把我们连屎带尿拉把大的。像我是最爱干净的人，当抱着孩子，跟孩子玩的时候，把孩子一举，大便连尿一声哗哗哗拉下来了。家里人都笑，看你怎么爱干净！也不讲究了，也不骂了。个人经验如此，大家经验也如此，这就是父母爱儿女之心。反过来，父母年纪老了，儿女也回转来爱父母，这就是孝。孝这个字是名词，孝的内涵就是爱。很多同学说孝不起来，换句话，你也爱不起来，这就是爱的哲学。

所以中国人说，“求忠臣于孝子之门”，这就是中国文化！凡是大忠臣，必然是大孝子。换句话说，忠是什么呢？就是扩充了爱父母的心，而爱国家，爱天下，爱别人。佛也讲孝道，所以佛家也有《父母恩重难报经》，并不是说学佛的人不讲孝道喔！“子之爱亲也，命也”，儿女爱父母是天性；假使这个子女对父母不爱，而觉得很讨厌，也是命；有些天性禀赋是坏根器、劣根性，简直不可救药了。“不可解于心”，是没有道理可讲的意思。

有个学生告诉我，他出生以来多少的痛苦。他现在不在这里，我可以讲，当时我一边听，一边都替他掉眼泪了，但我不敢把眼泪掉出来，只是我心里头有一句定论，这一对父母就不是好父母。但是当着这个学生的面，我不敢讲这个话。你们要注意，这是有分寸的，他父母再坏也是他的父母！虽然他是我的学生，我不能当着他的面骂他的父母，这就是人与人之间应有的分寸。所以我只好叹两声，作为结论。这个学生还说，他爸爸有时候还向他要钱，他父亲一去他就烦得很。这也难怪呀！我只告诉他一句话，我觉得你爸爸也是个可怜人。我这个可怜的意思包括很多，这是一两年前的事。最近我想起来问他，你爸爸最近还找你吗？找我啊！还是要钱。我说那你最近对你爸爸……他说我那一次跟老师谈话以后，老师一句话影响我，我爸爸也是个可怜人。所以啊！我现在看到他也觉得他蛮可怜，我还是对他好啦！总归是我的爸爸。对了！这就是人性，这是我亲自经历的故事。

所以子之爱亲啊！命也！不可解于心！没得理由的，这是第一条。“臣之事君，义也”，古代是君主时代，在所谓中国的五伦中，君主代表了国家，这就是古人对于帝王要尽忠的缘故；不是对帝王尽忠，而是对君主，因为君主是一个国家民族的代表。

所以爱君尽忠，也就是爱国家民族。“臣之事君，义也”，这是人生的结论。“无适而非君也”，我们生在这个世界，生在国家土地上，整个国家就是我，任何地方都是我的国家。“无所逃于天地之间”，你逃避不了的，就算是出国去了，说我不爱我的国家，我看不惯，所以逃到别的国家。老实讲，你的心里终究是中国人，每一个国家的人都是一样。

我的朋友之中，也有许多蒙古的朋友，那个蒙古沙漠有什么可爱呢？当然没有我们江南可爱。江南山明水秀，鱼米之乡，山青水绿。在台湾没有真看到过绿的水耶！我们江南，山是青的，水是碧绿的，一清到底，几条鱼在下面游，都看得清清楚楚，那多漂亮！蒙古那个沙漠，多讨厌，可是沙漠来的朋友，讲了半天，沙漠那个烤肉，骑在马上，一脸的油，那个灰沙，问他那个味道好不好？那真好啊！真想啊！还是爱自己的家乡，这就是人性。所以自己生长在哪里，还是爱哪里，那是必然的。这就是说，只把身体逃到别的地方，可是乡土的感觉仍在，还是没有办法丢掉。“是之谓大戒”，孔子训话，告诉叶公子高这两条是大戒。

忠与孝

> 是以夫事其亲者，不择地而安之，孝之至也；夫事其君者，不择事而安之，忠之盛也。自事其心者，哀乐不易施乎前，知其不可奈何而安之若命，德之至也。

“是以夫事其亲者”，所以一个孝子爱自己父母，“不择地而安之”，不是说，爸爸妈妈，我现在不管你啦！你自己想办法，等到我跑台北赚了钱，我盖三十层的洋楼，再请您来孝顺。那等不及了，他已经入土了。所以儿子孝顺父母，不等时间、空间，不等环境，只是尽自己的力量。今天住一个草棚，就在草棚孝顺父母；只有买得起一根油条的力量，我不吃，先买给爸爸妈妈吃，“孝之至也”，这就是孝顺。

“夫事其君者，不择事而安之，忠之盛也。”什么叫为国家尽忠呢？上面有一个任务交待给你了，不管是什么任务，没有什么选择的余地。等于是说，你做人家的伙计，做人家的职员，这个老板交代一个任务给你，就要听命。如果不能听命，又不能命令，自己理想又高，既不能当老板指挥别人，又不听人家的指挥，那是废人！所以“臣之事君，不择事而安之”，不管什么任务交代给你，你都要做到，“忠之盛也”，这就是尽忠于职务。你要认清楚人生就是这样，就是这么一个人生。

“自事其心者，哀乐不易施乎前”，他说，所以你要明心见性，这是办事的明心见性，是入世做人的。你了解了人生的价值，对于自己心性之道懂了，那么“哀乐不易施乎前”，也没有什么叫悲哀，什么叫痛苦，也没有什么叫快乐，人生该做的事情就去做了，不因环境因素而影响你的心情，这就是真理。

“知其不可奈何而安之若命，德之至也。”明知道无可奈何，算不定去了就送命，但安之若命，把脑袋装在皮箱里，就上飞机了，“明知其不可奈何”，而必须要这样子做。孔子本身就是如此的，一心一意要救世救人，明知救不了，还是努力了一生。释迦牟尼佛也是这样，要度尽一切众生，他明知道众生度不尽，他非要度不可。都是庄子这一句话“知其不可奈何而安之若命”，这就是道德；换句话说，现在派你这个任务，没有话讲，只有一个字答复，去！没有什么理由的，你去就是了。

为人臣子者，固有所不得已。行事之情而忘其身，何暇至于悦生而恶死！夫子其行可矣！

“为人臣子者”，他说一个为天下、国家担任公职的，有时候的任务，实在是“有所不得已”。因为不得已，不得不做，“而忘其身”，把自己生命身体，都奉献出去了。这就是担任国家公职的人，应当有的态度。“何暇至于悦生而恶死！夫子其行可矣！”在这个真理原则之下，哪有时间让你贪生怕死！死就死，生死要看空了，这就是行为上的了生死，不是那种靠打坐了生死。像有些人希望死的时候没有痛苦，只要把腿一盘，阿弥陀佛！我走了，那还是小乘的了生死；为公奉献而死的是大乘的了生死，是在行动上显示的。

所以大家学禅就知道，达摩祖师讲的两门，一门是理入，就是参究，打坐用功；一门是行入，庄子借用孔子所讲的这些，就是从行门入。能真正做到了，这也就是不计生死。因为生死已经不在乎，这一条命布施出去了，像其他宗教所讲的奉献一样，孔子这个话也就是教他奉献。“夫子其行可矣！”孔子讲完了，对学生客气一番，先生啊！你就赶快给我去吧！这个时候还有什么考虑呢！这是这一段的结论，接着他又对叶公子高说外交之道。

外交政治哲学

丘请复以所闻：凡交近则必相靡以信，远则必忠之以言，言必或传之。夫传两喜两怒之言，天下之难者也。

我们要注意，念到“丘”字，现在是民主时代，我也很大胆地念，我小的时候不敢这样念的，这样念，头上准备起个汤圆了，老师的手指头一弯，咚！在你头上就敲下来，不管你痛不痛，什么脑震荡，没有这个考虑的。圣人的名字可以随便叫吗？你敢叫孔丘，先给你头上丘一下再说。那么“丘”字要怎么念呢？要念成“某”字，代表了丘。写到这个“丘”字时，右面少一竖“乒”，是忌讳，对先人，对父母的名字也是如此。那么现在我们是民主时代，丘就丘吧！“丘请复以所闻”，孔子说我要告诉你一个道理，现在孔子要教叶公子高外交政治的哲学了。

办外交的人要注意，中国外交上的经验，有句名言“远交近攻”，这虽是一句名言，不过也看在什么时候用。那么“远交近攻”，在君国的时代，国与国之间发生敌对的时候，差不多是一个不能变更的大原则。但是孔子现在讲的，纯粹是外交上的大原则，“凡交近则必相靡以信”，与邻近的国家相交，处处要讲忠实信用。“相靡”是指私人相处非常好，在公事上，彼此也比较能够坦诚，当然有时必须为国家守秘密的时候，并不是对朋友不坦白，那是不得已。远交呢？“则必忠之以言”，诚意地劝告，拉感情地劝告，但必须对自己所言有信用。

办外交是代表国家的，外交官说话很难，因为任务非常重大。“言必或传之”，这句话有两层意义，一个是把元首的意旨传达到，但是有些时候，自己国家的元首心情不好，对国事发脾气，随便骂另一个国家的元首混蛋，你这个外交官就不能讲了。“或传之”，这三个字要特别注意，外交官说的话代表了国家，对历史负责，两国双方都有记录的，讲话特别小心，因为马上就会传开了。大使及夫人，不能闹一点笑话或缺点，传出去是丢国家的脸面。“或传之”这三个字，有权衡得失的意味，这是第二层的意思。

“夫传两喜两怒之言，天下之难者也。”这个大概只有当过外交官的人，或者当过外交系主任的人，才有这个经验，才能了解。给两家调和事情，在中间传话，太难了。张家说李家老子是混蛋，李家说张家的父亲下流，这是两怒，两怒之言不能传。两喜之言也不能传，两方过分的希望和要求，明知办不到，也不能传，因为中间的裁定非常难。所以第一流的外交官，那个脑筋之灵活，说话之动听，发了脾气，都像是好听的音乐，大概上帝那里选来的吧！所以啊，“传两喜两怒之言，天下之难者也”，那是最困难、最痛苦的。

夫两喜必多溢美之言，两怒必多溢恶之言。凡溢之类妄，妄则其信之也莫，莫则传言者殃。

你看，孔子多会办外交啊！你们学外交及外交哲学的，这一段拿去，就够你写外交博士论文了。再加上什么心理学、言语学、第六感，都加上去，就是一篇好论文，包你外交官考第一名。现在文章并不难写，就是小题大作，抓到两句话，写个几十万字，苏格拉底这么说的，丘吉尔那么说的，这样就是学问渊博，就好了。

孔子说，两边光说好话就过分了。像古代老式的媒婆，传两喜之言，“两喜必多溢美之言”，过分吹捧人的话，将来不兑现，那是要命的。“两怒必多溢恶之言”，两边相互讨厌的心理也不能表达，即使稍有表达，对于外交上都有绝对的妨碍。总之，当外交官在中间传话，不能“溢”出事实。溢是过分了一点，欢喜的话也不能过分；比方说，我们部长对你是钦佩得不得了，这个话就过分了，只能说对你也很钦佩，这就差不多够了。太过分的话，有时候收不回来，就麻烦了。

总之，过分的话，就是犯了佛家的妄语戒。一打妄语“则其信之也莫”，人都有灵感的喔，你打了一点妄语，别人就不会相信了。“莫”不是完全的否定，意思是仿佛、也许、不真实。

“莫则传言者殃”，如果别人不相信你的话，首先倒霉的是中间当外交官传话的人。

故法言曰：传其常情，无传其溢言，则几乎全。

老子也用到这个“法言”，法言两个字，就叫做建言。所谓老子庄子说法言是什么呢？就是古人的格言，也就是古人的名言。什么叫格言呢？就是永远不能变的一个标准，话说到了头谓之格，这个话是不能变的。“故法言曰”，就是我们上古文化格言说的：“传其常情，无传其溢言，则几乎全。”所以，外交官传达两方面意见的时候，脑子要很快地整理内容，做翻译官也是一样，“传其常情”，很正规，很平常；“无传其溢言”，过分的话不能说，好坏都不能加一点。“则几乎全”，能够做到这样，可以保全自己，也可以完成了这个使命。这是一段关于外交官的修养和态度，以及办外交的哲学。

其实啊，我们不要只盯到外交，那就搞错了！做人也是这样，这就告诉我们怎么做人，不要认为只是外交官用的，我不须学，那你就白学《庄子》了。一个人平常就是如此，如果过分的话，倒霉的是你自己。下面又讲一个人生的道理。

阳谋 阴谋

且以巧斗力者，始乎阳，常卒乎阴，大至则多奇巧；

“且以巧斗力者”，什么叫以巧斗力呢？就是谋略学，兵法也都是用巧斗力，以寡击众，以弱击强，这个就是最高的谋略，也是最高的兵法。以巧斗力就是用智慧。要搞政治也好，军事也好，总而言之，人生处世，都要用巧力，要用智慧，这个巧是代表智慧。以智慧来斗力，“始乎阳”，开始的时候是阳面的，是正面的意图；但是用智慧用谋略，必然会走到阴谋。所以对于用谋略的人，中国文化始终称他们为阴谋家。譬如说陈平帮助汉高祖统一中国，汉高祖当上了皇帝，陈平一辈子也不过六出奇计，出了六次计划，奇计就是阴谋。但是在司马迁的《史记》陈平传中，记载他自己讲过的“阴谋者，道家之所忌，我其无后乎！”你们注意啊，现在有很多年轻人都想学谋略学，都想学鬼谷子，要学学好的嘛！为什么跟鬼学呢！要学也学天谷子嘛，不要乱学！陈平讲修道人最忌讳用阴谋，所以我的后代是不会昌盛的啊！他用阴谋帮助汉高祖平了天下，万古流名，到了孙子那一代，功名富贵就绝了。所以“以巧斗力者”，开始是阳谋，最后就变成阴谋，那是修道人最忌讳的。

所以庄子也说，“大至则多奇巧”，用谋略斗智，挖空心思整人，故意骗人讲好话给人家听，最后害了人家，自己还在那里偷笑呢！越聪明的人，鬼心思越多，最后总是害了自己。这还只是在阳面上来讲；以佛家来讲，最后只有下地狱去了，因为这种谄曲的心思，要不得。所以孔子说不可以，这是讲人生的哲学。

为什么孔子提出来这一段呢？大家要注意啊！有一点聪明的人，最容易犯的毛病就是玩巧；专门在那里玩聪明，自以为高明。要晓得你玩巧，碰到一个诚恳的人，就完了；这个人直直的，诚诚恳恳的，笨笨的，你怎么玩他还是这样，你就完了。你巧来巧去，像猴子一样，蹦来蹦去的，最后一拳头就被人打死了。所以人不可以走阴柔的路，还是要走阳的道路才是。

以礼饮酒者，始乎治，常卒乎乱，大至则多奇乐，凡事亦然。

“以礼饮酒者”，看喝酒的人你就知道了，喝酒的人开始都很礼貌，哎呀！我们兄弟俩好久没有喝一杯了，然后你哥子，我兄弟，你不喝我怄气，那个好得很耶！好有感情耶！喝到最后喝醉了嘛！妈啊娘呀，十八代祖宗都可以搬出来骂，变成冤家。所以孔子说，开始以礼貌饮酒，“始乎治”，很有节制，“常卒乎乱”，最后是乱得一塌糊涂；所以酒肉朋友不能交，就是这个道理。喝酒的人“大至则多奇乐”，喝得好高兴，越喝越高兴，进入了疯狂的状态。疯狂叫做奇乐，那个乐不是正常的快乐，是奇怪的快乐，因为神经受了酒精的麻醉。

换句话说，人生的境界，第一不能玩巧，第二不能玩奇乐，你自己认为很得意很高兴，哼！乐极生悲。你认为这两天很高兴，蹦啊跳啊，玩自己的花样，你倒楣就在明天。上帝早给你看牢在那里，阎王更给你登记起来，菩萨是不管事的耶！闭目在那里打坐。“凡事亦然”，孔子告诉你，这个不但是外交官应该注意的，平常做人做事都是这个原则。

始乎谅，常卒乎鄙；其作始也简，其将毕也必巨。

“始乎谅”，人与人之间做朋友，开始好得很啊！唉啊！你这个人真好啊！我就是喜欢跟你来做个朋友，彼此能互相原谅。唉啊！说我这个人脾气坏，没有关系，让你一点就好了。尤其男女讲恋爱，我就是喜欢你脾气坏，你正好管我一点，那好听得很！什么骗人的话都说得出来。“常卒乎鄙”，后来啊！认为你最美丽最漂亮的都不对了，想起来就讨厌。当年看到他那个窝囊相，原谅他，现在反过来说受不了那个窝囊相。感情坏了就是这样，开始是多种原谅，最后是多种鄙视。做事情也这样，刚开始都没有关系，只要你老哥来担任这个事，随便你怎么做都可以，都听你的；最后啊，任务越来越艰难，“其将毕也必巨”，快做完的时候，更加艰难，这就是人生。

为什么庄子这一段放在外交方面来说呢？凡是一个人，从他爬出妈妈肚子这一天，就在办外交了，这就是外交哲学。你知道吗？婴儿要奶吃，第一个办法就是哭，然后就是笑，这一哭一笑，都是外交的工具。人生出来就办外交的，对不对？问我们外交官，他同意了。办外交就是哄人的，外交官也是要哄人的，一颦一笑之间，都是办法，这就是人生。庄子把人生的内幕，都拉开给你看，然后告诉你如何如何。

你们学佛的注意，不要以为这个是世间法，这都是佛法，属于佛法《普贤行愿品》。你们读了《庄子》，才懂得《普贤行愿品》。“众生无尽，我愿无穷”，光念一念是不够的，愿要起行才行！行就要先懂这个道理，这些都是戒行，是庄子借用孔子嘴巴来讲的。

祸从口出

言者，风波也；行者，实丧也。夫风波易以动，实丧易以危。

“言者，风波也”，一个人讲话要特别注意，有时一句话是两面刀，害自己也害别人。“一言可以兴邦，一言可以丧邦”，你以为自己会玩主意，会用嘴巴，倒楣统统是自己玩嘴巴玩出来的。所以佛家讲口业之重要，庄子这里已经明白地告诉你了。有人说犯了口过会下地狱，下地狱谁看到了？其实现生就可以看到了。话讲不对马上就起风波，不要等到下地狱，儒家道家都现身说法。“行者”，这个行为，“实丧也”，这个行动错了，结果不对，立刻就出问题，马上有果报的。

“夫风波易以动”，风一来，平静的水面就起了波浪，所以叫风波。一句话说不对，人与人之间就出问题，有时候就是因为领导人的一句话，就引起了世界大战。“风波易以动”是讲动态，风一吹，波浪就起来。“实丧易以危”，行动错了是很危险的，所以要懂得《易经》所讲人生的境界，只有四种，就是“吉凶悔吝，生乎动者也”。只要一动，讲一句话就是动，做一件事、一个行为就是动；动的里头，四分之三的情况都不好，其余四分之一的吉，也是没有把握的，所以“动辄得咎”。

故忿设无由，巧言偏辞。

“故忿设无由，巧言偏辞”，这几个字怎么讲？千万要注意哦！这是庄子的格言，一个人为什么会愤怒、发脾气？人的心地本来都是很平静的，只因某一句话没有说对，“忿设无由”，没有来由地挑动了心理的愤怒。为什么挑动呢？“巧言偏辞”。智慧高的人，不愿听巧言，你要些花样，他一听就知道，恭维太过就是假话，他一听也知道。你说，他这个人不喜欢恭维，我就骂他好不好？也太过了，他不是你该骂的。所以不要巧言，不要施巧，青年同学千万要记住！不要玩手段。这一百年以来，人类历史经验的教训，玩聪明、玩手段、玩花样，一个高似一个，连现在的小孩都不笨，手段、本事、聪明，都比我们高明。将来全世界人类，都因为太聪明、太高明，太会玩手段了，最后成功的就是诚恳老实的人。

尤其像我就喜欢那个笨笨的，老实的。你说他笨，我就是爱他笨。我们太聪明了，缺点就是太不老实了，当然那个老实的人好呀！有些同学也讲，每一个人都喜欢老实人，可见老实人一定成功。这个是真理，所以头脑聪明的人要反省，要清醒了。“巧言偏辞”的偏，就是过分，过分恭维也不对，过分批评也不对，所以巧言偏辞会引起别人的忿怒。一个人引起别人的忿恨、生气，你不要怪人家，只反省自己，都是自己的巧言偏辞所引起的。

有善心 不刻薄

兽死不择音，气息茀然，于是并生心厉。克核太至，则必有不肖之心应之，而不知其然也。苟为不知其然也，孰知其所终！

“兽死不择音，气息茀然，于是并生心厉。”这就是叫我们不要杀生喔！你看那个鸡啊，牛啊，猪啊，要杀的时候，唉唷……这样叫，它也不管这是不是音乐。那个猪啊鸡牛要死的时候，那个声音，等于我们人快要被人家逼死的时候，那个妈呀娘呀，什么怪声音都叫出来了。任何一种生物被人家欺负，要死的时候，都很愤怒，一愤怒血都变色，当时把血液抽出来化验，血里面就有毒，很毒；所以发怒的心（嗔心）是有毒的。如果你平常恨人、愤怒，就是你心里的毒，毒的习气就很重，这是贪、嗔、痴三毒之中的毒。

所以庄子说，一个动物死的时候，不管什么声音乱叫，“气息”，那个“呃呃”就“茀然”，“并生心厉”，临死时候的那个心念，那个愤怒的一念，变成了厉鬼，凶极了，这是一个现象。为什么讲这一段呢？就是说一个人，你无理地逼迫别人，欺负弱小的人，那个受欺负者，没有办法抗拒，这条命已经被你控制了，临死的时候生起了嗔恨心，变成厉鬼，要你的命。

到底有没有鬼啊？研究孔子写的《春秋》，左丘明的《左传》，其中鬼神的事好多好多！那个公子彭生、颖考叔等故事，在后来的京戏上都演出来，到了倒霉的时候那些鬼都来了。所以曹操这些大奸大恶的人，临死的时候都看到鬼魂来要他的命，只得求饶了；鬼神之事就是这样，都是真的啊！你以为偷巧害了别人，哼！临死的时候“并生心厉”。所以人不会被别人骗了的，最笨的人被骗了，到了断气的时候忽然聪明了，我上了当，这一念之间心生嗔恨，变成报复之心，果报就是这样建立的。

“克核太至，则必有不肖之心应之，而不知其然也。”所以一个人不要刻薄，如果对自己道德的要求太严格，或者要求别人太严格，就是“克核太至”。历史上有几个皇帝，譬如明朝亡国的皇帝，我们小时候听的古老相传，明朝李闯、张献忠造反，国家被清朝顺治皇帝一锅端走了，形成清朝三百年天下。明朝最后一个皇帝崇祯，上煤山吊死了，临死还说：朕非亡国之君，臣乃亡国之臣。崇祯皇帝还自认是个好皇帝，怪罪臣子亡了国。

但是老实讲，崇祯就是亡国之君，他刻薄多疑，一个当领袖的，做人刻薄多疑就完了，那就是克核太至。多疑刻薄太过的人，“则必有不肖之心应之”，就变成了心理变态了，心思就怪。所以你们学佛修道学宗教的人，就是常常这样，对自己要求严格，一学宗教对别人要求更严格，看别人这一点也不对，那一点也不对，你注意啊，都犯了这个毛病，克核太至。

“则必有不肖之心应之”，这个不肖真是不肖，就是那个怪心理就起来了。所以西方心理学大多认为，宗教心理病几乎没有办法治疗。这一段很重要，研究心理学的人，或者有心研究心理医学的人，要特别注意。“而不知其然也”，你对自己的心理变态都会莫名其妙起来。我最近这三个月，每天晚上用两个小时时间，就把二十五史（到清朝），到民国史，重读了一遍。可是以我头发也白了，快要入土之人，读历史不禁感叹，替有些皇帝、有些人，真是着急，读兵书而流泪，替古人担忧啊！其实不是替古人担忧，是替未来的人担忧。历史上好几个皇帝，秦汉唐宋元明清，有些帝王真不是东西。很多领袖，“克核太至，则必有不肖之心应之”。这一段文章，又可以写一篇博士论文，你们说写论文找不到题目，其实多得很，从中国文化的垃圾里都抓得出来好题目。

“苟为不知其然也，孰知其所终”，由于自己克核太至，莫名其妙地变成不正常心理，这种变态心理的结果就难说了。所以，很多学佛修道的人，不管出家在家，都是克核太至。真的啊！这是行门，一点都不欺骗你们。我现在是“真语者、实语者、如语者、不诳语者、不异语者”。但是我不是佛，只是讲老实话。我常常发现你们的心理，都有一种克核太至，现在严重的告诉你们，平常我不太讲，你们看起来都像个修行人，宋明理学家也都犯这个毛病，就是克核太至。

所以你看历史上，真成功的人都有豪侠之气。中东这个领袖萨达特，我觉得他这个人很可爱，可爱之处就是没有克核太至；他有侠气。你看他讲话笨笨的，嗝嗝嗝……但是说了就算数的啊！就是这一股味道，那不是假装的，他可爱就在这个地方。

所以你们注意，做人是要学儒家的原理，不能学宋明理学家的那个态度，那都是神经病。学佛也是一样，要知道学戒行，但是戒行是要求自己，不能克核太至，更不能要求人家。你们往往拿戒行来要求别人，这样不对那样不对，你自己早就不对了，早就完了，已经进入变态心理状况，自己都不知道。这是我今天讲得很坦白的老实话，你们搞修养之所以不能成就，就是这个原因。佛殿被称为大雄宝殿，佛是大英雄，那个气度多光华！你再看看佛的一生历史，哪里像我们大家这样小家碧玉似的，绝不是这样。所以孔子说：

不迁怒 不二过

故法言曰：无迁令，无劝成，过度益也。迁令劝成殆事，美成在久，恶成不及改，可不慎与！且夫乘物以游心，托不得已以养中，至矣。何作为报也！莫若为致命。此其难者。

“故法言曰：无迁令，无劝成，过度益也。”你们做公教人员，做官的，乃至做负责人、做班长，甚至我们这里王班长都要注意。“无迁令”，这个迁令怎么去懂呢？我告诉你，《论语》上有一句话“不迁怒”，对不对？孔子讲颜回最好的修养就是不迁怒。什么叫不迁怒？这个人正在不高兴时，你来找他讲话，他就对你发脾气了，骂你讨厌，把怒气发到你身上，这就是迁怒。人做到不迁怒很难。不迁怒就接近不二过；犯了一次过错，已经晓得了，不会再犯。所谓忏悔者，就是不二过，不再犯错。不像我们，老师，今天我不对了，我忏悔了，明天又不对了，老师，我又要忏悔了，永远在忏悔中，那还叫忏悔吗？

“无迁令”，就是上面给你的命令要照办。我常发现跟我做事的同学，比如我说陆健龄啊，你到楼下把我那一本书拿上来；陆健龄到了楼下说：曹砺铁啊，老师说叫你把那一本书拿上去。这已经是混字下面加个蛋，就叫迁令，就不对了。“无劝成”，不要勉强人家成功，要求人家去办成功，而不要求自己，这是“过度益也”，都是太过度了。学宗教的人，往往对别人过度地要求，因为对自己很慈悲，对人家很克核，克核就变成刻薄了。就说过午不食吧！像我们那个师父，连锅粑都锁起来；我就讲这个不对了，人家饿得胃出血，怎么办呢？那就要放松一点，假装看不见就行了！就是这个道理。所以“迁令劝成殆事”，这两点是千万不能犯的错，做事情不能迁令，当主管的不能劝成。“殆”是危险，如果又迁令又劝成，做事情就危险了。我们注意这些话，究竟是孔子代表庄子说的呢？还是庄子代表孔子说的呢？也就无从考证了。

叶公子高与孔子的谈话，还没有结束，孔子继续告诉他，“美成在久，恶成不及改，可不慎与！”“美成在久”就是我们俗话所讲，好事不要急，成就好的事情，不是短时能够做到的；坏的事情容易成就，但是一旦成就了，就来不及改正了。这也就是说，为人处世要慎重地考虑。

“且夫乘物以游心”，孔子继续告诉叶公子高一个人处世的原则。“乘物以游心”就是有修养的有道之士，以大乘之道的精神和原则，处理世间的事务；生活在这个物质世界，保持一个超然的观念，这就是现在流行的一句名言，“以出世的精神，做入世的事业”，抱着一种游戏人间的心情去做事。所谓游戏不是吊儿郎当，是自己非常清醒，心情非常解脱，不要被物质所累，该做就做了，也就是佛学所谓的解脱，那样才是“乘物以游心”。

“托不得已以养中”，人世间的事，有两个大戒，孔子上面也讲，一个是认命，一个是义所当为。这个认命，是认天命，做应该做的事，明知道这一条命要赔进去，为国家为天下，乃至宗教家说为救人救世，像耶稣被钉十字架，文天祥被杀头等等；他们都很坦然，这是“托不得已”，命之所在，义之所在，不得已而为之。但是下面“以养中”，这个中是指内心的道，自己的修道。他说天地之间的两大戒，一是命，二是义，这个人生的价值和任务都做到了，就是自己内心的道，也就是“养中”。

“何作为报也！莫若为致命。此其难者。”这三句连起来，简单地说，是说人生的行为，能做到认识天命的必然和自然如此的原理，尽其在我地做所当为地去做到，并非是为了现在或后世将来的好果报；只是“穷理尽性以至于命”而已。但是说容易，真懂得，真明白，真做到，就太难了！

这两个故事，一个是孔子答复颜回，一个是孔子答复叶公子高，都是以孔子的讲话说明一些道理。第三个故事又来了，他又转了一个方向。

太子的老师

颜阖将傅卫灵公大（太）子，而问于蘧伯玉曰：有人于此，其德天杀。与之为无方，则危吾国；与之为有方，则危吾身。其知适足以知人之过，而不知其所以过。若然者，吾奈之何？

卫灵公的太子叫蒯聩，在历史上是一位并不高明的人物，也是很暴虐的人。现在颜阖这个人奉到一个命令，去做太子的老师。这不是我们现在的老师，古代帝王时代，太子的老师责任很大！一直到清朝末年，都还有些官名，太子太保、太子少保等。当然啦！不是现在的太保，那是很大的太保，当官当到了太子太保、太子少保，都到了极点，功名位子，有时候比宰相还大，因为是辅助新皇帝的人。

颜阖接到了这个任命，心中很害怕，就去问卫国的贤人蘧伯玉，也是孔子最佩服的一个人。孔子有几位好朋友，一个是齐国的晏婴，历史上有名的那个矮子宰相，另一个就是卫国的蘧伯玉。卫灵公在位的时候，卫国很乱，因为有蘧伯玉等好几位贤人的辅助，而使卫国不致亡国，在国际上还站得住。现在颜阖来请教他，对他说，“有人于此，其德天杀”。他讲有一个人，就是卫国的太子，“其德天杀”，这个人好杀，权力在手，动辄发脾气要杀人。谁叫他是太子呢！“与之为无方，则危吾国”，如果帮忙他，教育他，只做个挂名的国师，万事不管，你好我好大家好，开开会，看看报，抽抽烟，聊聊天，然后下班，就好了嘛！这样一来呢，将来这个国家会亡在他的手上。

“与之为有方，则危吾身”，如果正规地教育他，改正他，那我本身就会危险，可能会被杀头，他将来可能恨我。历史上教育太子的国师，最后处境危险的有很多，好几个大臣、名人也是遭遇同样的情况，其实古今都是一样。我们做人家伙计的，做人家干部的，差不多都遭遇这个状况。如果贡献好意见跟他的想法相反，他就不高兴你，讨厌你；如果你不贡献给他好意见，只拿薪水的话，自己良心上过不去，所以为人做事很难办。

他说这位太子很聪明，聪明到“适足以知人之过”，看人家的缺点、毛病，看得很清楚，“而不知其所以过”，可是他永远看不到自己的缺点毛病。这几句话，看起来很简单，但是查查我们的二十五史，这样的领袖，这样的皇帝，这样的皇太后，这样的皇后，多得要命，差不多是人的通病。同时也可以说，是一般社会上做那些小领导人的通病。“若然者，吾奈之何？”你看我现在遭遇到这样一个问题，碰到这样一个老板，你看我怎么办？

蘧伯玉曰：善哉问乎！戒之，慎之，正女身哉！形莫若就，心莫若和。虽然，之二者有患，就不欲入，和不欲出。形就而入，且为颠为灭，为崩为蹶。心和而出，且为声为名，为妖为孽。

“蘧伯玉曰：善哉问乎！戒之，慎之，正女身哉！”当然蘧伯玉很清楚这个太子。他是大臣，也是老臣。他说你问得好，“善哉问乎”！他说你这个任务太难了，你必须要随时戒备自己，讲话要非常谨慎，“戒之，慎之”，就是说你要随时警戒自己，处事随时要谨慎。戒之慎之的“之”是虚字，不相干。但是我们做人做事，“戒慎”这两个字一辈子就是做不到；这一篇是《人间世》，言行处处要戒之慎之，就是这两个字。“正女身哉！”第一，你自己要站得正，就是我们普通话，你要思想纯正，站得正，做得正，你要做一个正人君子。怎么样是正呢？哪个人是歪的做人啊？谁都做得很正，而且谁也不会承认自己是歪的，尤其处在这样一个政治环境，要做一个正人君子，要把事情做好，那是非常困难的。

冯道的境界

我们历史上有一个人，就得了《庄子》这一段的秘诀，可是在历史上永远留了一个万代骂名，就是五代之间的冯道。我很替他不平，如果有姓冯的朋友在这里啊，应该要替他伸伸冤。冯道一生，经过五代七八十年的政治变动，活到了七十几岁。他是所谓五代的五朝元老，经过五次亡国，每一次他都是在最高位子，不但地位愈来愈高，最后还被封王。

由唐朝变乱起的七八十年之间，在五代的历史记载中，这个上来当皇帝，那个上来当皇帝，一个上来十几年或几年就下去了，换一个不久又下去了，这个被砍了头，那个被砍了腿的，只有冯道随便哪个来当皇帝，都非请他出来不可。所以宋朝的欧阳修，修唐代的历史，把他骂得一塌糊涂，说他是中国读书人里最不要脸的东西，无耻之极。因为中国读书人最讲气节，而且读书人的气节，最高的就是赔了自己的头，这个头最后是准备一定要割下来，才叫气节高；如果这个头还连到脖子上，不行！这是中国文化很特殊的地方，专门教人杀头的。对与不对，是人生大哲学的问题。

冯道因为年纪很大才死，所以称为长乐老人。我们小时候读历史，受老前辈的影响，说冯道丧尽读书人的气节。后来人生的经历多了，中间回想起来，要再找一个冯道很不容易。再读历史，发现冯道真了不得，后来又看到苏东坡和王安石两个人，对冯道都熏香膜拜。王安石讲，五代的冯道啊，是佛位中人，说他是活佛；苏东坡讲冯道，是菩萨再来人也！

这三个人都是宋朝的人，欧阳修那么骂他，王安石与苏东坡又那么赞叹他。再一研究，我倒投了王安石和苏东坡的票，不但投他两个的票，我还为冯道伸冤。所以我在讲《论语》的时候，为他翻案，把历史上的这个案子，彻底平反了。我同时发现，很多人的冤枉都带到棺材里头了；只有冯道，我总算替他辩护伸冤了。我一辈子做了三次辩护人，一次替冯道，一次替孔子，就是讲了《论语别裁》，替他两个伸冤。还有一次替关公伸冤，在关公的传记上，写了一篇文章。

再说这个冯道，那真是了不起，大家要他尽忠，读书人最高就是尽忠报国，但他在五代几十年中间，多是野蛮民族、外族人来当老板皇帝，他为谁去尽忠啊？但是五代八十年之中，中国文化能够保留住，却是他的功劳。每一次政权改变，每一次天下的大动乱，都是非请他出来不可。当然他有本身的条件。那个时候政治的变动之中，岂止领袖被杀，左右大臣都要杀掉，但是刀锋绝不会到他身边来，杀不到他，也不忍心杀他，就可见这个人的品性不平凡了。

乱世攻击人的缺失，只有两件事情，一是男女的问题，一是钱财问题。世界上批评人，不是说好色，就是说好财，不管上至皇帝，下至挑葱卖蒜的人，你骂他都是这两件事，这两件事也都是很难有对证的。你说他贪污，你看到了没有？看到不叫做贪污。但是冯道呢！什么都没有，冰清玉洁，没有任何缺点抓在别人手里，他本身非常正，做事也公正，没有嗜好，真正是个学佛的人。

有一次他的儿子买了一条活鱼来，这个一人之下万人之上的宰相，把儿子叫回来说，这条鱼不要杀，把鱼放生了。他一生的著作很少流传，只有几首诗，其中两句："但教方寸无诸恶，狼虎丛中也立身。"站在豺狼虎豹野兽中间，都不会害怕，他没有把五代这些皇帝看成人，自己认为是站在狼虎丛中，这真是下地狱的精神。所以你们研究冯道，他在乱世之中，不但不乱，反而很正，他本身的行为没有一点缺点，一个人能做到这样，太难太难了。

冯道还有一桩故事，在那个乱世之间，有救国抱负的青年，性情急躁的也很多。他当宰相的时候，有一个青年才俊，刚好在他手里考取功名，考取以后来拜见，他是宰相，当然衣冠整齐会客。冯道坐在那里，把腿那么跷起来，行礼以后，大概问了一下，就没什么话谈了。这个学生没有话谈就找话谈，他在跪下行礼时，看到这个相爷脚上穿的一双鞋子，与他刚刚买的一样，他就问："相爷啊！你这双鞋子多少钱啊？"手一指，指冯道脚上，冯道说："五百。""嘿！糟糕，我的买一千耶！好可恶哦！现在商人好没有信用。"冯道把脚一换，另一只拿上来说："这一只也五百。"你看他教育之妙，训练一个后进的青年，你认为你有本事，这个乱世要担当天下，那么急躁没有定力，没有耐心，你何以处事？就在鞋子上，他就很轻微地教育这个青年，天下事不要那么急，问话问清楚，做事也清楚，否则五百不够，变成二百五就糟糕了。所以历史上要找出一个人物，就是一个冯道，那真是得了庄子的秘诀。

如何教育领导人

“形莫若就，心莫若和”，蘧伯玉继续对颜阖说，做大事业，处于混乱局面的时候，“形莫若就”，外形方面要显得随和，跟他在一起也很亲近，将就他；“心莫若和”，可是你的内心不同，要外圆内方，自己要非常平和，不能随便，更要调和，不能他做坏事，你也赞成，那就不对。要想改变一个人是很难的，但是心里不能够随便，要用平和委婉的方法引导，所以要内方外圆。

“虽然，之二者有患”，上面两句话，任何人都很难做到，要是做到了也有毛病。“就不欲入”，比方外形跟他同流合污，你要怎么样我也跟你怎么样。你说要打麻将，陪你打两圈，三圈就不来；你要喝酒，一杯可以，两杯我就不行啦！这个“就不欲入”，不能深入，恰到好处。“和不欲出”，你自己内在心地要光明磊落，要端正，还要跟他保持和平祥和，但是外表绝不能表露出来！你的正道也不能够暴露在外。

“形就而入”，他说处在这样一个环境，碰到这样一个人物，你外表上跟他也常常在一起，就是菩萨道的四摄法，布施、爱语、利行、同事。四摄法是要慈悲人家，俗话说“逢人且说三分话，未可全抛一片心”，对人总要和蔼招呼，就是爱语；利行的意思是行为都是帮助别人的；同事，这个人喜欢打牌的，拿《观音菩萨普门品》来讲，“应以何身得度者，即现何身而为说法”，现在应以打牌身得度者，即现打牌身而为说法，应以跳舞身得度者，即现跳舞身而为说法，这个就是“同事”的道理。所以“形就而入”，就是同事。但是，形态虽是同事，你不要真的同进去了。你本来是陪他打牌的，“且为颠为灭，为崩为蹶”，结果你染上了牌瘾，比他的瘾还大。那样他完蛋了，连你也都完蛋了，就变成颠倒灭亡崩垮了，最后为“蹶”，就要跌死了。

“心和而出”呢？外表跟人家一样，内在自有道德的标准，然后表现那个不得已。他爱打球，我实在不愿意打球，也只好陪他玩玩；他爱打牌，我爱打坐，我这一打同他那一打不同，不过呢，现在没有办法，只好在牌桌上陪他，他打牌我打坐。如果向人家表达自己，严重的宣传自己，“为声为名”，好像自己表示有学问有修养，那你完了，结果变成“为妖为孽”，变成外道、妖怪了。本来你是正道，为了一点名利心的驱使，你遭遇的后果，说不定连你的脑袋都要落地了。

彼且为婴儿，亦与之为婴儿；彼且为无町畦，亦与之为无町畦；彼且为无崖，亦与之为无崖。达之，入于无疵。

这几句话，一共是四点，蘧伯玉说，怎么样教你当个好少保辅助太子呢？那是真要做少保，将来可以做太子太保。他说，他这种生来的职业太子，八字好一定会当皇帝，可是你要把他教育成为一个好皇帝，一个为国家有贡献的好皇帝。现在他是一个婴儿，就是代表他幼稚，他幼稚你要跟着他幼稚，“彼且为婴儿，亦与之为婴儿”，你怎么领导他呢？如果他是幼稚园里的一年级，你不过就是幼稚园里的二年级，比他刚刚好一点；跟他一样的话，就领导不起来了。他嘻嘻……你就哈哈……不过你笑得比他好一点就够了。如果他嘻嘻，你说他那是小孩子的笑法，笑应该哈哈大笑，那就完了，就不行了；所以他幼稚，你也要幼稚。

“彼且为无町畦”，町畦也就是方向，无町畦就是没有方向没有正路，像那个田地，都没有边际的，就是傻不棱登的白痴一个。“亦与之为无町畦”，那你也就要像白痴，不过你白得好一点点，有时候清醒一下，这样才能够领导。“彼且为无崖”，崖就是一个山崖，有一个高高的标准。像太子这一类的人，没有什么标准的，或者标准不高，譬如明朝有几个皇帝都是如此。明朝朱元璋的后代子孙，好几个皇帝都是一塌糊涂，比这个卫灵公的太子还差，但是仍然当了皇帝！你们看电影看小说的，那个到山西洪洞县去的明武宗，正德皇帝，就是这么一个家伙。卫灵公太子像没有标准，你也要跟着像没有标准。这三点你能做到才行，但是你不能糊涂。“达之，入于无疵”，你做人做事要通达圆融，不要古板；但是啊，一个人太圆融会出毛病的，太圆就变成滑头了，所以又不能滑头，要做到没有一点瑕疵。

在座有很多人都当过领袖的，当过长官、当过总司令的，这一套的法宝拿在手里，无往而不利。要做到这样，但不是滑头！这样才能够在一个混乱的时代，混乱的团体，混乱的局面，混乱的社会中，把这个坏的领导人带上了正道，扭转情势，拨乱而反正。这是传的密宗，做人的密宗，处世的秘诀，是真的密啊！这也是大学问。老实讲，打坐成佛并不难，处于乱世把坏人改正了，尤其把一国之主改正带上正道，那真比成佛还难。

所以佛经上，佛再三赞叹治世的转轮圣王。你不要以为佛经光讲出世法，大乘佛法是主张入世的啊！所以才再三赞叹转轮圣王，是等同佛的功德。所不同的，就是一个悟道，一个不悟道。转轮圣王是入世行道，成佛是出世悟道成道，不一定说哪一个方法才算是行道。实际上入世之道更为艰难，为此之故，佛在《华严经》上说，只有十地以上的菩萨，才能做转轮圣王，就是这个秘密，也显示了入世之难。

不自量力的螳螂

汝不知夫螳螂乎？怒其臂以当车辙，不知其不胜任也，是其才之美者也。戒之，慎之！积伐而美者以犯之，几矣。

中国文学有一个典故，叫做“螳臂挡车”，就是庄子这里描写而来的。他说你晓不晓得螳螂？这位颜阖当然知道，恐怕在座很多青年同学们不知道，都市长大，大概没有看过螳螂，要到小动物园、昆虫学会去看一看。我们小的时候，不像现在小孩子那么可怜，螳螂啊，小螃蟹都是我们最好的玩具，但都是把它们玩死了的。蘧伯玉说：螳螂在路上，听到车子卡卡卡的响，那个螳螂发脾气，“怒其臂以当车辙”，两个臂膀举起来，想把车子挡住。“怒”就是发怒，也是努力，它用尽力气，想把车子挡住。“不知其不胜任也”，这叫做啊，不自量力，自己不估量自己，只是一个小螳螂而已。“是其才之美者也”，虽然如此自不量力，但它有勇气，所以人要效法螳螂。其实，螳螂不一定是有这个勇气，可能是生物本能的反应。

我们历史上有一个故事，越王句践打吴王失败以后，回到越国要想复国。十年生聚，十年教训，经过了二十年的痛苦，越王有一次出来，看到路上有一只癞蛤蟆，当越王车子过来的时候，这个癞蛤蟆生气了，肚子鼓得好胀好胀，威风好大。越王句践看到了，立刻停车下来，向这个蛤蟆敬了一个礼，左右大家就问越王，这是什么意思？越王说，我们要复国，要效法蛤蟆这股英雄气概。就是这个道理。你不要看到这个螳螂，动作很愚笨，“是其才之美者也”，这个勇气还是很难得。

这个话怎么插在这里呢？上面这一段蘧伯玉告诉颜阖，为人处世，如何辅助一个老板，这个大原则讲完了，下面讲，如果你不照这个方法去做，一定想要把他改正过来，那就像螳螂用臂挡车一样，最后自己完了。不过完了是完了，历史上留了名。

从前宋朝有位皇太后，请老师教太子，有一天老师处罚这个太子严厉一点，太子就不肯上学了。宋朝这些理学家老师，有他的权威，就马上叫太监报告皇太后，应该请太子出来上课！他要见太后。太后口信带出来说，我们家里的孩子，太子嘛，不管书读得好不好，都要当皇帝，等他当了皇帝，还不是把你的头要杀就杀掉！这个当老师的告诉太监，去报告皇太后，你说是我的意见，有学问，就做圣贤尧舜那样的皇帝，没有学问，做桀纣一样亡国的皇帝。太后一听，对啊！立刻送太子出去读书，要听老师的话。慈禧太后也干过这样的事。所以说，螳臂挡车是有这个事。但是，这样的做法，只能做个忠臣，做个烈士。

"戒之，慎之！积伐而美者以犯之，几矣。"蘧伯玉说所以啊，你去要小心谨慎，你只能慢慢教育他，改正他。怎么叫"积伐"呢？就是自伐，自己认为了不起，骄傲自己有功，叫做自伐。这种人自尊心很强，傲慢渐渐累积起来就是积伐。"而美者以犯之，几矣"，你慢慢地奖励、多多地鼓励他，哎哟，这个好，这一句说对了，他都听得很顺耳；有时候告诉他，这一点不太好，再把它改一改，你就成功了。"几矣"，这一点你再做好了就对了。所以说，为人处世多难啊！做一个大臣更难！

虎性 马性 人性

汝不知夫养虎者乎？不敢以生物与之，为其杀之之怒也；不敢以全物与之，为其决之之怒也；时其饥饱，达其怒心。虎之与人异类而媚养己者，顺也；故其杀者，逆也。

接着上面两段一正一反的理论之后，蘧伯玉又告诉他心理养成的事。他说，你有没有见过养老虎的人？要喂老虎吃牛肉的时候，宁可煮熟给它吃，不敢给它生的肉吃。如果丢一只鸡进去，它必须要把这个活的生命弄死了才吃，“为其杀之之怒也”，这样会养成它杀生的习惯，而且有时候也养成它斗争的习惯。同时也“不敢以全物与之”，宁可先剁开，给它到嘴巴里就吃了。“为其决之之怒也”，如果给它一整个的，还要用牙齿啃咬，用爪子按那个东西，有时候咬不下来，发了脾气，就会出毛病。个性坏的人，就像这个老虎一样。“时其饥饱，达其怒心。”养这些动物很麻烦，要晓得它什么时候饿，什么时候饱，更要了解它怎么样会发脾气，怎么样才不会发脾气，养老虎就要注意这些问题。

“虎之与人异类而媚养己者，顺也；故其杀者，逆也。”老虎是动物，动物脾气都很坏，嗔心也大，这就是变成动物的原因。老虎跟人不是同类，但是它对于养它的人蛮好、蛮乖，因为给它吃的嘛！而且养老虎的人，顺着老虎的性情兴致而养，有时候老虎发了脾气也会吃掉养它的人；惹到它的毛病时，不管养不养照样吃，此之所谓禽兽。这一段对于研究心理学的人，发挥起来就很多。其实庄子讲得很客气，老虎与人不同类，并没有说人比老虎好啊，人里头有兽性，兽里头也有人性。

上一次在那个宗教展示中心，有一位同学就问了，为什么密宗塑的佛像，多半不似人样，而像动物的样子？我们显教的佛像，塑得三十二相，八十种庄严，看什么样子漂亮，就照那个样子塑。密宗的佛像，有时候是人的身体，野兽的脑袋，或者脸，又有爪子。他问这是什么道理？我说这很简单嘛！告诉你人性里头就有兽性，兽性里头就有人性，究竟是人性善良，还是兽性善良，不可知。这个话头你去参一参看！

你不要认为人这个样子才叫做漂亮，另外世界的众生看到我们人这个样子，认为很难看。别人四只脚，我们人只有两只脚，别的动物，圆的，后面还有两只眼睛，我们人这个动物，扁的，只有前面两只眼睛，后面都看不见。所以人这个动物笨得要死，只看前面，不能够看全面。因此说密宗那个佛像，是个大话头，里头有道理的。那个同学听了，好像有点恍然大悟的样子，是不是真的大悟了，我也搞不清楚。

夫爱马者，以筐盛矢，以蜄盛溺。适有蚊虻仆缘，而拊之不时，则缺衔毁首碎胸。意有所至而爱有所亡，可不慎邪！

“夫爱马者，以筐盛矢，以蜄盛溺。”古代的时候，那些喜欢养马的人，看见马尾巴一翘，就晓得它要大便了，立刻把箩筐放在马后面接大便。马粪也有用处，还是药呢，也可以做燃料。马要屙尿的时候，用海边那个蛤壳（蜄）来接它的尿。马尿也是药，也有用处。嚇！你看人为了马，又要给它洗澡，又要给它剪毛，又要给它喝酒，又要给它吃豆子，那个爱它真不得了，那比爱自己的爱人还爱。

“适有蚊虻仆缘，而拊之不时”，人们这么爱这个马，这么照应它，马对人也好，看到你，它把脸贴到你的身上擦两下。人说，你看这个马多可爱啊！它好爱我啊！人就是爱被人家骗的啦！马这样亲他两下，就说多可爱啊，多好！结果有个蚊虻来咬这个马，这个人看到了，“而拊之不时”，为了爱这个马，拿那个苍蝇拍，啪……打到马身上去。马被他一打，咚，头转过来一踢腿，就把他踢死了。马屁拍到马腿上，因为他打的地方不对了。“则缺衔毁首碎胸”，然后马把那个缰铁也咬断了，马后腿这么一踢，踢在他的胸前，他就受伤了，云南白药都吃不好了。

“意有所至而爱有所亡，可不慎邪！”这两句话要注意，是做人的道理。任何一个人，各有自由的意志，老虎、马、各种生物也是一样，他那个习气来了，就是第八阿赖耶识习气的根发起了，什么都转不了。“意有所至”，心意专注在那一点上，一个人着迷的时候，你要劝他回头是岸，他说岸在哪里啊？苦海茫茫，回头岸如何去？什么般若呀！真如呀！都没有用。所以“意有所至，爱有所亡”，明知道你爱他，有时候因为他自己的需要，那个力量一来，就忘记你爱不爱他了。

所以夫妇之间，父子之间，兄弟朋友之间，人与人之间，真的很难相处。人跟马跟老虎，没有什么两样，总是“意有所至，而爱有所亡”。我们再看，历史上的大奸臣，譬如曹操、秦桧，清朝的和珅、明珠宰相等等，这些最有名的人物，为什么会成为大奸臣？有些在皇帝前面一当权都几十年耶！那个皇帝硬是离不开他，因为他就是懂得这个巧妙，“意有所至，爱有所亡”。历史上奸臣杀忠臣，真的是奸臣要杀的吗？都是那个老板要杀他。要杀岳飞的，并不一定是秦桧啊！是那个宋高宗受不了，只是皇帝不好明讲，而那个奸臣已经懂了，是皇帝的意有所至，想这样办，那我秦桧就给你办了。所以皇帝越来越舒服！嘿！他真懂事。

奸臣很难当哦！当然我们不要学奸臣啦！奸臣太懂别人的心理了，所以大奸臣也好，大忠臣也好，历史上有个名言，就是要“揣摩上意”，上面领导人的意思，要好好地研究揣摩，揣摩就是研究。不要说上面的人，有时候学生们没有弄懂我的意思，我就骂了，老虎脾气我也发了；告诉你再说再说，那就是不一定同意。有时候我说好好，因为我正在忙，那个好好好是大不同意啊！他一听就说，老师说好，答应了；那我那个马头不冲过来吗？那个马腿不一脚踢过去吗？所以揣摩上意多么重要啊！

不要说揣摩上意，两夫妻、两个好朋友，要真懂得对方的意思，才不容易哪！之所谓知己之难，你懂得这个道理，就可以入世做人了，也可以做大事业了。有些青年朋友埋怨，自己的才俊是如何的了不起，就是运气不好，这些长官不认识我。不是长官不认识你，对不起，是你不认识长官，你不懂得长官“意有所至，爱有所亡”耶！这两件事是重点，也是最难的。

《人间世》是庄子的密宗哪！传给你的是人道上面的密法，所以说“可不慎邪”！他说你要谨慎啊！三段故事讲完了，庄子的妙就是他东一下西一下，禅宗后来都学他的这一套，东一段故事摆在那里，西一段摆在这里，都不做结论；如果他做了结论，就没有价值了。庄子的三段故事说下来，你怎么样去看？像一个水晶球摆在那里一样，四面八方去看，角度不同，颜色也就不同，理解就不一样，这就是《庄子》之妙。虽是三段，但是每一段并不独立，是连贯的，你要仔细去读，仔细去参。从颜回开始，三段都连带下来，一个层次一个层次转捩不同，每一段又是不同单元的故事，所以《庄子》是千古的妙文。现代年轻人的白话文，都是这个方法，可惜不是庄子的文章，上不及老子，下还不及孙子呢！那就是诸子百家中的“倪子”吧！所以上有老子，中有儿子，下有孙子，三代都有。

齐国的大树

匠石之齐，至于曲辕，见栎社树，其大蔽数千牛，絜之百围，其高临山十仞而后有枝，其可以为舟者旁十数。观者如市，匠伯不顾，遂行不辍。

这个“石”，古代有好几种解释，不过这个不太重要。“匠石”是个人名，他也做工的；也有人说匠是个工程师，这个工程师姓石，有很多种说法。管它呢！庄子的话，十之八九都是寓言，反正有那么一个人，是个工程头子；他到齐国来选木材，到了曲辕这个地方。后来有人考据，曲辕就是孔子的家乡曲阜，是不是？不知道。

他看到一棵树，名叫栎社树。“社”古代是个土地庙一样的庙子，拿我们现代讲，就是忠烈祠，就是代表我们国家社稷的一个庙子。“栎社树”是这个神庙里头的一棵大树，日本叫这种树为神树、神木。我在日本看见他们保留了中国上古的文化，像是一块圆圆的石头，上面打了四个洞，社稷坛前面的神灯等等。

这一棵树啊！大得可以“蔽数千牛”，夏天热了，那些水牛在这个树下一站，水牛整个都被遮住了。还有人站在旁边荫凉，手拉起来量一下，树干有一百围那么粗。高呢，有十仞之高，七尺为一仞，就是有几丈高。后面还有些旁枝散出来，那些树枝的根部砍断了，可以做一只独木舟。我们到日本京都时，有个地方我忘记叫什么，那里有个神社，有些树就是这个样子，来参拜这个神树的人多得很呢！

弟子厌观之，走及匠石，曰：自吾执斧斤以随夫子，未尝见材如此其美也。先生不肯视，行不辍，何邪？

再说这个买木头的匠石，到了曲辕，经过那棵大树，眼睛都不斜一下，看都不看就走过去了。“弟子厌观之，走及匠石”，可是这些跟着师父的弟子们，看到了这个树都围上去，在那里看个饱。“厌观之”，看足了，看够了。回头看师父呢，师父没有停下来看，跑掉了，在前面。这些弟子们就拼命地跑步追赶，赶到师父那里，就跟师父说：“自吾执斧斤以随夫子，未尝见材如此其美也，先生不肯视，行不辍，何邪？”徒弟说：自从我们拿把斧头跟你学手艺以来，那么多年，跑遍了江湖各地，没有看到过那么好的木材，一棵大树那么漂亮，老师啊，你走过树旁时，连看都不看一下，“行不辍”，一步都不停，只管向前走，这是什么道理啊？

> 曰：已矣，勿言之矣！散木也，以为舟则沉，以为棺椁则速腐，以为器则速毁，以为门户则液樠，以为柱则蠹。是不材之木也，无所可用，故能若是之寿。

这个师父说：哎呀！你们这些笨蛋，不懂。“已矣”，算了吧！你们不要啰唆啦！这个是“散木也”，用这个木头做船吧，放到水里会沉下去；拿来做棺材吧，埋到地下，棺材很快就烂了；拿来做家具呢，很快就坏；一拿来做门窗啊，那个木头吸水太多，不容易干燥；拿来做柱头吧，生白蚂蚁很快坏的。这个木头啊！同读书人一样，百无一用是书生，没得用处，它是“不材之木”，不成材，没有用。因为它没有用，“故能若是之寿”，所以它活到那么大年纪，懂吗？这位匠石，给学生上了一课，学生信不信不知道，年轻人没有经验，总是听着而已。

树神说法

> 匠石归，栎社见梦曰：女将恶乎比予哉？若将比予于文木邪？

匠石夜里睡觉的时候，做了一个梦，梦到一个白胡子的老头子来了——他没有讲，我给它加上的啊，不要搞错了。他梦见栎社树骂他说，你这个家伙，你算老几啊？你白天对你学生讲些什么狗屁的话，你拿什么来比我啊？要求我干什么啊？你想把我比作那个楠木呀，红木呀，文木呀，最上等的木吗？你搞错了！这个老头子树神就训他一顿。

> 夫柤梨橘柚，果蓏之属，实熟则剥，剥则辱；大枝折，小枝泄。此以其能苦其生者也。故不终其天年而中道夭，自掊击于世俗者也。物莫不若是。

他说你看那个水果树，橘子、梨子、柚子等等，还有瓜果之类的树，这些都是木头之属，你看这些水果树，苹果树、水蜜桃树，这些树多好呢！会开花会结果，就因为它开花结果，所以不许它长高，长高了将来不好摘，长高一点就剪掉，只许它横长，不准向上长，横长叶子多了一点，像是有了头发，又把它剃了光头，你说人类对这些植物多刻薄！他说因为这些果树有用，会开花结果，所以大枝的折了，小枝嘛泄气枯了，把自己的这个生命搞得很痛苦。

这些好树木，专门生长水果给人家吃，长得愈多愈好愈辛苦，所以活不到几年，树也老了枯了，枯了以后还被人家砍做柴烧。“故不终其天年而中道夭”，树木本来的寿命很长，但这些树活不到几年就完了，短命而死，中途夭折。“自掊击于世俗者也”，这都是给世俗一般人害了的。“物莫不若是”，所有有用的东西都是因有用而死，你能干嘛，就把你能干得累死。所以啊，我们女同学当太太的呀，懒一点是蛮不错的啦！就是这个道理，不懒嘛，就很可怜了。（众笑）

> 且予求无所可用久矣，几死，乃今得之。为予大用。使予也而有用，且得有此大也邪？

他说，这个树神梦中告诉他，我，修道就修到没有用，我这个道已经证果了。证果了就得道，也就是一点道都没有，修到了百无一用，修了好多年工夫才做到的啊！中间人家几乎要把我砍掉，总算我表示没有用，所以没有砍掉。“乃今得之”，所以现在嘛，做到了，人家来上香拜拜，哈！每天磕头上香的，不知有多少。“为予大用”，你说我没有用是不是？哼！这个就是老子的大用处啊！这个老头子又讲，“使予也而有用”，假如我也同那些桃子树、梨子树，那么有用的话，“且得有此大也邪？”我还会长得这么伟大吗？还会活了几千年，还会活到现在吗？

且也，若与予也皆物也，奈何哉其相物也？而几死之散人，又恶知散木！

他说老兄啊！我跟你两个，你不要认为自己了不起，认为是人；人跟木头差不多，都只是天地间的东西。我是天地间一个东西，你也是天地间一个东西，大家都是个东西。你，专门来看木头，怎么不看看你自己啊！你说我是“散木”这一句话，几乎把我的秘密在你徒弟们面前揭穿了。揭穿了就不是秘密，是显教，那就完了。你骂我是散木，你就是个散人；你不过是一个快要死的散人，我是个没有用的木头，你这个散人怎么会懂我这个散木？匠石这家伙被树神骂了以后，他这个梦也醒了。

匠石觉而诊其梦。

吓！他梦醒之后吓死了，就来圆梦，来解梦了。等于我们同学们做了梦，早晨起来就来问我，老师啊，昨天夜里做一个梦，然后就来跟我讲梦话，你说痛苦不痛苦！我是清醒的人，硬要听大家讲梦话，这是多痛苦的事啊！可是这位匠石老师，梦清醒了，叫徒弟来说梦话，叫一班徒弟来开会。他说：昨天啊！讲错了话，得罪了那棵神木的神了，树神托了一个梦给我。

弟子曰：趣取无用，则为社何邪？

弟子说老师啊，怪了，你昨天不是讲过吗？这是根无用的木头耶！嘿！既然是无用的木头，他还会成精，修道几千年变成妖怪，还会变成一个树神，托梦给你，这好奇怪呀，你说他没有用吗？

曰：密！若无言！彼亦直寄焉，以为不知己者诟厉也。不为社者，且几有翦乎！且也彼其所保与众异，而以义誉之，不亦远乎！

匠石说，这是秘密，密宗密宗，不要讲，不要讲，声音轻一点，密密密！不要给这个树神听到了。哈哈！这位师父哈哈大笑。他说我告诉你，“彼亦直寄焉”，他既然成了神，为什么托梦给我？是叫我带口信，传话给世界上的人啊！给他宣传，要我在电视上给他广播一下，报纸上给他登一下呢！因为他也很寂寞，没有知己。“以为不知己者诟厉也”，虽然我骂他一顿，骂也是知己才骂啊！他梦中对我谈这一番话，虽然说觉得我不懂他，实际上晓得我很懂他，他骂世界上的人都是笨蛋，不懂他，只有我一个人懂他，所以才托我再替他说明一下。你以为，他来叫我买一只鸡去拜拜他吗？不是这个意思。

“不为社者，且几有翦乎！”匠石又说，你们刚才问得对，既然是没有用的木头，为什么会在庙子后面给人家拜拜呢？这也是栎社树活了几千年的道理。你们要晓得，有用的树木有人要砍，没有用的，被人砍得更快；既然没有用，留着干什么！但是，这棵大树，人们不砍掉是为什么？因为他在庙子后面，大家说，这一棵树是神耶！七爷八爷就在这个上面耶！也许城隍爷也在这个上面耶！动不得啊，只能够拜一拜！因此就保住了。

这个道理你们懂不懂？人生啊，你有用也倒楣，没有用更倒楣；要做到好像有用，又好像没有用，才是没有用的大用。如果一块木头，做成了马桶，多倒楣啊！现在这块没有用的木头，雕成菩萨了，供在上面，我们一天到晚拜他了。所以要做到这样才好，你懂不懂？因为他没有用，而做成社神，如果不做成社神，“不为社者，且几有翦乎”，它长到一半就给人家砍掉了。

“且也彼其所保与众异，而以义誉之，不亦远乎！”所以他保全自己的寿命，有他一套的办法；在这个社会上，那个没有用的，才能够保全寿命活下去。当然啰！既然没有用，就要装起一副好像修道的样子，人家一看是有道之士，那就行了；然后再说，我传你道，我讲的你不懂，是密宗；那就好了。人家问你密宗是什么？嗯！藏文藏文，再不然说梵文，你不懂；或者说我认得呀！那是上古的梵文。反正说来说去就行了，就可以保住你自己了，也可以永远传下去了。

所以学了庄子会学坏的，但是确实有人生的真道理。“彼其所保与众异”，他保全自己的办法与你们不同，与世界上的人也都不同，所以他能长寿，永远站住。“而以义誉之”，然后你还会对他喊万岁、神、菩萨，还要拜他。“不亦远乎！”这多么高深远大啊！这是密宗之密啊！他说你们怎么懂呢！这是庄子说的人生，玄了。

韩非子说的故事

庄子说了好几个故事，都与我们生活在人世间的道理观念有关。我们中国的诸子百家，有老子庄子、儿子孙子，还有一个韩非子。韩非子是法家，讲政治的，有一本书说，他也讲过两个故事，同庄子这个道理一样，也是对当领袖的人讲的。一个故事说有一个太子，国际上很有贤名，这个太子要周游列国的时候，来了一个糟老头子，穿了一件破棉袄，背了一把白伞，貌不惊人，言不压众。太子问他：老先生！你来看我有什么事？他说：我告诉你，你先在国际上培养声名，等到你上台以后，大家就晓得你当太子的时候，声望已经很高了；等到做君王，外交政治就样样都会成功了，所以你非求我帮忙不可。这个太子一听，就问他有什么本事，他说：我屁的本事都没有，就是这个样子，讲话也喳喳喳的。

太子问说：那我拜你为师有什么好处？老头子说：周游列国嘛！你就带我去，每到一个国家，像美国大总统里根呀树根呀，来接你的时候，你就让我站在前面，他们要先向我敬礼；国宴的时候，你要说自己不要紧，让我的老师坐上面，你处处推崇我。我呢，光晓得吃，光晓得睡，人家问到我，一问三不知。大家说这个太子已经是国际上有名的人了，还对老师恭敬，这是太子礼贤下士，又谦虚，又尊师重道，将来一定不得了。而且他的老师这个样子，一定是密宗，不晓得将来有多大的法宝，说不定他手一举，世界上的核子弹统统失灵了，你这不是成名了吗？这个太子一听，“曰：善。”对，就照这样办。后来这位太子就成功了。

韩非子里头故事很多啦！都是政治的最高艺术。第二个故事，说有条大蛇要过街了。大雨过后，有一条大蟒蛇，要过信义路到对面。有一条小竹叶青蛇很小，也要过到对街。大蛇说：老弟，慢一点走，民主时代，开个会议商量一下。你这样游过去，会被老百姓打死，我这样游过去，也会被老百姓打死，为了保全我们不被打死，还要老百姓在台北市给我们修一座龙王庙，跟那个民权东路的恩主宫比一下，我们要大摇大摆过街，这样一来老百姓还会摆起香案，跪下来拜我们，你干不干？这个小蛇说：有这样安全的好处，我听你的嘛！大蟒蛇说很简单，你爬到我头上，尾巴坐在我头顶上这样站起来，我呢，把半个身子也站起来，比复青大厦还要高一点，慢慢地在街上这么游过去。老百姓一看到，哎呀！龙王出来了，不得了啊！要拜啊！送到恩主宫太小了，送到圆山盖一个大的龙王庙，然后把我们送进去住，初一、十五还有鸡呀、鸭呀、香呀、蜡烛、水果啊，都来供我们拜我们。

所以，你们要做了不起的人，头顶上要顶一只小蛇。你们诸位是大蛇，我现在是那一条小蛇，虽然你们诸位叫我老师，实际上我是那条小蛇。这个故事与庄子说的栎社神树，是一个道理。有人说，中国的古书诸子百家不能学，会学坏的。我们小的时候，老一辈不让我们读诸子，连《三国演义》都不准看，怕学坏了。但是，想拥有大有为的人生，做大事业，这些道理都要懂；想做大政治家、大外交官、大元帅、大教育家，甚至你想做个大和尚，反正想成就事业，不论军事、政治、社会、经济，乃至教育，这些都要懂；大和尚就是这棵树，就要会托梦给人家，那才做得好。这是真的！也是人间世的道理啊！

我们还在研究《人间世》，还没有跳出人世的范围。在庄子的观点，就是告诉我们怎么样处世做人。老子处世为人的方法，就是“曲则全”三个字，拿现在的观念，也可以说是为人处世的一种艺术。上一次讲到一棵树的故事，这棵树就是社坛、神庙里头的杂木，等于台湾本地的榕树，榕树没有多大用处，但是可以给人乘凉，乃至作为庙子前面的标志。现在接下去有一个同类的故事。

奇才异能

南伯子綦游乎商之丘，见大木焉有异，结驷千乘，隐将芘其所藾。

商丘是地名。他说南伯子綦，就是前面《齐物论》所讲的那个南郭子綦，他看到一棵大树，这棵树大到什么程度呢？同一般的木头不一样。“结驷”，古人所谓驷，是四匹马并排拉一部车子，这叫做一乘。所谓千乘，形容有一千辆车子，共有四千匹马，站在这个树底下，树阴都把它遮住了。这个树阴有多大呢？我们都晓得，任何一种植物，一种树木，树叶子长到什么地方，地下的根就伸到什么地方；树根有多大，就看树枝的散开有多大。

子綦曰：此何木也哉？此必有异材夫！

现在南郭子綦看到这么一个大树，问说：这棵是什么树呢？我们曾经流行的一句话，四个字“奇才异能”，不过现在也不怎么用。说一个人有特别的地方，就是奇才异能之士，这也是由庄子的这个异材发挥的，就是特殊的一种材料。

仰而视其细枝，则拳曲而不可以为栋梁。

这棵树啊，头仰起看它，那个小的枝干，弯弯曲曲，树固然那么大，但是没有办法做栋梁之材。古代建筑房子，不像现在用的钢筋水泥，统统是用木头。尤其是古代修一个大房子，或者是修造帝王的宫殿，选择栋梁之木非常困难。每一次宫廷里头要建筑，就是老百姓的大灾难。因为大木头要到深山里特别去找，找到了砍下来，首都在长安，木头就运到长安，在北京就运到北京，这是非常痛苦的事。

有许多好木头，都在西康，在建昌。我们中国人有一句土话：“少不入广，老不入蜀。”年轻不到广东去，其中的意义，是广东风气比较开放、风流，年轻入广，就留连忘返了。“老不入蜀”，因为蜀道艰难，所以年纪大了不到四川。但年纪大的到四川有一个好处，有好棺材。为什么呢？四川、西康那一带，有些木头是沉木，我们现在所谓沉香木，有些香的，有些是不香的。一棵沉香木砍下来，长江那么大的水，这种木头一到水里就沉下去。可是古代帝王们要修好的宫殿，必须用这种木头。一根木头砍下来，经过多少省，运过几万里的路，到了京城，为了帝王的建筑享受，不知道要死多少人。至于经济上的损失，那更不用讲了。就因为我们古代的建筑都用木头，因此对于木头那么重视。现在南伯子綦看到这一棵大树，仰头一看，枝节是弯的，树木的枝干不直，不能作为栋梁之材。

俯而视其大根，则轴解而不可以为棺椁。

再看大树这个根根，如果把它锯开做棺材板，也不行。杂木做成棺木很容易烂，很容易生虫。而且，古代好的棺材板是一块板，不能两块并拢来，不能有缝，有缝的话，尸体就要腐烂，所以它不能做棺材用。

咶其叶，则口烂而为伤；嗅之，则使人狂酲三日而不已。

假使这个树叶子拿来舔一下，嘴巴会烂，舌头会受伤。闻它的味道，人会像喝醉酒那样子吐，三天都吐不完。这棵大树是这么一种木材，大呢大得不得了，一点用处都没有。这种木头，虽然样样都不好，可是它有个大好处，可以遮荫，“结驷千乘”。以现在来说，像一个上面有盖的停车场，几千辆汽车，都可以停在这个树底下，它有这样大的好处，所以是异材。

子綦曰：此果不材之木也，以至于此其大也。嗟乎，神人以此不材！

南郭子綦说，这个不成材的大树，无以名之，这叫做奇才异能。因为它很特殊，天生就特殊，能够照应那么多人，可是问它本身有什么长处，一无长处，一点用处都没有，所以这棵树木才能长得那么大。“嗟乎”是感叹，唉！“神人以此不材”，上天生了这一棵树，这一棵树的木材是一无用处，但又大有用处呢！

表面上看这个故事，跟上一个故事是一样的。上一个故事一棵大树木头也是没有用处，结果可以作神木；现在这一棵大树木，也没有用处，但能够挡住太阳，能够遮覆了天下人，大家都可以在下面乘凉，都得到它的好处。这是个什么树木呢？世界上最伟大的树木也是这样，最没有用的树木也是这样。这种树木是人里头的什么人呢？就是孤家寡人，是当皇帝的人。这个当大皇帝的是一无用处的，你叫他搬砖盖房子也不行，做任何事都不行，他只有一个本事，大家都可以躲在下面乘凉；他本身虽然没有用处，可是他又有这样大的用处。

这个故事，不要看成一个没有用的树木，它有大用的，因为有它的大用，它不成才，才是专才。譬如历史上最有名的汉高祖，那真是这块木头，他有三个兄弟，他是老幺，不是喝酒就是吊儿郎当的，他只有一个本事，会当皇帝，而且当得很不错。现在青年有很多人想当领袖，你看看自己会不会做到像这样一块木头？如果又精明又能干，连小指头都充满了精明，你不要想当这块木头了；那只能做个学者呀，或者做个电机工程师呀！再不然做个博士后，都算是了不起了；不过，想做这棵奇才异能的木材，那就要特别不同了。

现在第二层的道理，他没有说这棵大树做什么用，但是你一望而知，他在点题，题目先告诉你，它可以结驷千乘。千乘之国是天子之邦，所以说贵为天子的人，才有这个本事，这个题目的眼就点在这个地方。下面说明一个道理。

好就是不好

> 宋有荆氏者，宜楸柏桑。其拱把而上者，求狙猴之杙者斩之；三围四围，求高名之丽者斩之；

宋国这个地方，有一个姓荆的人家，他家有一块很好的土地，拿现在讲，非常有经济价值。他们种的树木，都是有用的木材，像楸木、柏树、桑树等。因为这些木材都非常有用，所以，“其拱把而上者”，这棵树干刚长到两手合起来这样粗，就被砍下了。为什么呢？“求狙猴之杙者斩之”，用来做捉猴子的机械跳板，就是“杙”。古代打猎用一个跳板，卡哒就把猴子捉住了。所以这种木材很有用。

再长大一点，到了三四围那样粗，也会有用而被砍。据说我们的手这么一搓，叫一围，四围就是四搓。千万注意，我们看古书，说关公腰大八围，如果是双手抱着这样围，这个房间大概坐他们三四个人就坐满了。所以只是说他腰很粗，比我们腰粗得多了。“求高名之丽者斩之”，名气大的人，发财的人，要盖个大房子，以前没有几十层高楼，只是盖好几进院子，一进一进的深宅大院，要特别漂亮的木头做大门，三围四围粗的树干，那个木材正好合用。

七围八围，贵人富商之家求椫傍者斩之。故未终其天年，而中道之夭于斧斤，此材之患也。

什么叫“椫傍”呢？你不要认为庄子时代已经有禅了，还没有的。古代“椫傍”，就是棺材一边的木材，所谓王侯达官贵人，选用上好的棺木，七围八围尺寸的树木，就是最为适合的，因此就把它砍了。这种木材也可以做名门大宅的匾额。

“故未终其天年，而中道之夭于斧斤，此材之患也。”以我们中国文化的五行来讲，东方属木，西方属金，木代表生生不已，草木的寿命很长，而且不大容易死亡，即使砍断了，还会再连续长起来。但是有些树木，因为太有用了，本来应该活得很久，结果是“未终其天年”，只要长高一点点，就会被砍掉；所以生命只活了一半，有时连一半也没有，就被斧头砍了，成为短命。一个好的人材也是这样。

庄子这个道理，其中有两层意思。前面这个故事，说这个是无用的大木，却是天下最有用的，它是代表了一个领袖的才能；真做一个领袖，实际上是一无所能，绝无所能。但是领袖的长处是能够包容一切，假使不能包容也不行，那就是个臭木头，只能在庙子前面靠菩萨保护，才可以活得长久。前面我们讲到大蛇与小蛇的故事，就是代表这个意义。

南伯子綦所看到的这个树木，是不靠菩萨不靠神，因为它能够包容了一切，庇荫天下的人。我们人也是一样，有才能的人，就用到累得早死，无用的人材呢，就活下去了，活得很长。譬如历史上有名的苏东坡，当然是这两种木头之一，其实也包括了王安石，虽然他们两个人互相反对，最后是苏东坡倒楣，但是他们都是有用的木头。因此苏东坡年纪大的时候，作了一首很妙的诗，希望人不要变成有用的人，也就是他的反调。他说：

人人都说聪明好　我被聪明误一生
但愿生儿愚且鲁　无灾无难到公卿

世界上每个人都喜欢聪明，他自己的一生都给聪明耽误了。他说希望菩萨保佑，生个笨儿子，笨到了极点，一辈子笨笨的，只要能够封王，做到第一流功名富贵。这一首诗是苏东坡对人生的感叹。

所以人的一生，聪明能干的话，就是庄子所讲的，“未终其天年而中道夭”。苏东坡晚年的大彻大悟，你说他对了没有？我后来看这首诗就笑了，因为苏东坡又被聪明误了，对不对？天下的如意算盘给他打完了，生个儿子又笨又傻，可是运气好，无灾无难到公卿，升到了部长、上将，多了不起啊！他不是打如意算盘吗？这个思想又是被聪明误了。我们拿苏东坡的故事，以及他一生的遭遇，说明世界上能干的人，都是自己把自己的生命糟蹋了。所以一切人，越能干、越多才，越自求速死。庄子下面有一个结论。

不祥就是大祥

故解之以牛之白颡者，与豚之亢鼻者，与人有痔病者，不可以适河。此皆巫祝以知之矣，所以为不祥也。此乃神人之所以为大祥也。

古代人迷信，认为牛马头上有一块毛是白的，不吉利。大家看过《三国演义》，一匹马头上有白色的毛，是带孝的，叫“的卢丧主”。“牛之白颡”，全身黑色的牛“白颡”，头上有块白色；小猪鼻子特别翘高的，像犀牛一样的，也不吉利，拜拜也不能用。人有痔疮的，不能祭河，河神不答应。等于我们以前到浙江普陀山，观世音菩萨的道场，女的如果是碰到经期，不准坐船去拜观世音，不然会碰到台风的。如果船遇到台风，马上就问，船上有没有女的？有女的，把她丢下水去，一定身上不干净，所以引得菩萨生气，吹起了台风，这是古代人的迷信。

“此皆巫祝以知之矣”，庄子现在引用了古代人的迷信、习惯，他说这些事情，是“巫祝”——四川话“端公”，台湾话“师公”，一般画符念咒的师公们都知道，斋公斋婆们也都知道的，“所以为不祥也”，都知道这些是不吉利。可是庄子说，“此乃神人之所以为大祥也”，说不吉利，那顶好不过了；如果我是马，我宁可头上带孝，别人就不敢欺负我，不敢骑我，一辈子没有人骑。我如果变猪，宁可鼻子翘得像犀牛角，不会杀我去拜拜，我可以好好活到老。他说，世界上的人认为不吉利的，在上天看起来，这是大吉大利的，好极了。

这一段，你看到庄子的幽默，人生到此让他看得透透的啦！人生求名求利求能干，要功名要富贵具足的人，都是不愿意好好地活着，忙忙碌碌地过一生，卖命换来的功名富贵，最后功成名就，自己也不见了，像苹果一样落下来了。所以庄子的观念认为，自己人的价值也没有发扬，没有好好活在这个世界上，都是自己找的麻烦。

支离疏者，颐隐于脐，肩高于顶，会撮指天，五管在上，两髀为胁。挫针治繲，足以糊口；鼓策播精，足以食十人。上征武士，则支离攘臂于其间；

“支离疏”，是一个人的外号、绰号，因为这个人名字也没有，外表长得不成样子，“颐隐于脐”，长得相貌很怪，两腮接近肚脐，“肩高于顶”，两个肩膀端起来比头还高，“会撮指天，五管在上”，这个头仰起，脖子裹起来好像没有脖子，鼻子、眼睛五官都朝天仰着，脊柱弯曲，两个大腿变成是他的两肋一样，人又矮，又难看。大概小时候受伤，或者是天生如此者。当年我们曾看到过这种畸形的人。

现在如果有这样的人，这个人一定命很好，因为是电视上的好材料，一定邀请他当名演员了；不过现在这种人反而难找。他说，这个人两个膀子同腰上身是弯的，腰股连在一起。这个人虽然不像人形，可是他活得很快活，他做什么呢？“挫针治繲，足以糊口”。他有专长，做我们缝衣服的针，坐着用手工做的，他这个身材正好做这个工作；“治繲”是做线，他做针线来卖，生活也够了。

中国过去的社会习惯，找一个天生盲眼的人，算命或者卜卦都特别灵。还有一套特别方法教盲人学卜算，只要记住就好了。所谓铁板数呀什么的，都是教这些人的。“鼓策播精”是卜卦用的，如果每天卜卦生意好的话，赚的钱可以养十口之家。这个人虽然长得不像人形，谋生的技能却比谁都好。“上征武士，则支离攘臂于其间”，国家征兵的时候，虽然区公所有他的名字，他可以免了兵役，国民兵也不要当；不但这样，政府大概还要救济，如果他没有饭吃，尽管到市公所领钱就是了。

上有大役，则支离以有常疾不受功；上与病者粟，则受三钟与十束薪。夫支离其形者，犹足以养其身，终其天年，又况支离其德者乎！

政府要征劳役时，因为他的情况户口上有记载，所以不会被征调。如果政府发社会福利救济金，他都领得到。你看他这样的人，实在很不好看，可是他在人生的旅途上，占的便宜可大了。“夫支离其形者”，这样形貌怪里怪气的一个人，“足以养其身，终其天年”，他可以自给自足，生活得很好，也很长寿。如果有人对于自己的学问、修养、道德，有些怪里怪气，那就是所谓“支离其德者”。

这个怪里怪气不是别的，像我们现在就是怪里怪气，好好的一个人，要学禅学道学打坐，要吃素拜拜敲锣打鼓，要信宗教上教堂，这都是“支离其德者”，不是正规的，看起来不太正常。人家批评这个人迷信，没有关系，迷信两个字戴在头上，是一顶很好的帽子，可以躲掉很多灾难；因为迷信的人没有什么用处，不要找他了，那么他就可以好好活下去。反正这个人信教吃素的，就可以原谅了他，就是“支离其德者”。究竟他心里吃不吃素，是另外一回事。

所以，庄子告诉我们，这个社会很妙，正常的人生活下来很困难，稍稍带一点怪，不要怪过头了，却活得挺痛快的，就看你能否善于利用，学到支离其德，把好处都占光。国家要兵役，他来报到了，医官一检验，你回去吧！不要当兵啦！政府发救济金，他尽管来领，要做到这个样子，就支离其德。

但是，要怪嘛，也要怪得有个样子，许多青年人本事没有，脾气非常怪，那个样子不行的，那会变成白额头的猪，上祭坛不能用，只好把你做腊肉火腿用了，就把你腌掉的。所以，像支离疏这样嘛，这个人就有用了。这是《人间世》的这个怪人，在孔子传记上找不到。看起来庄子拼命在骂孔子，实际上，庄子随时随地都在捧孔子。

孔子楚国之旅

孔子适楚，楚狂接舆游其门曰：凤兮凤兮，何如德之衰也！来世不可待，往世不可追也。天下有道，圣人成焉；天下无道，圣人生焉。方今之时，仅免刑焉。福轻乎羽，莫之知载；祸重乎地，莫之知避。

这一段故事在文化史上非常有名，就是孔子适楚。《庄子》上讲，孔子是到过楚国的，但是据一般的记载，孔子周游列国没有到过楚国。所以很多湖南湖北的朋友，常常说笑，说孔子都不敢去他们楚国，因为孔子周游列国，到了楚国的边境上，要过河时，车轮子坏了，就叫学生们去借工具来修。最勇敢最冒昧的冒失鬼就是子路啦！他说我去。

当时河边有个女人在洗衣服，子路很有礼貌地拱手，孔子的学生嘛，当然很有礼。这个女人看他是鲁国人，外国人嘛，子路说：大嫂！我问你借一样东西。这个女的说：好，我去拿来给你。子路傻了，还没有说借什么，这个女的就走了。等一下回来，拿了一把斧头一些铁钉，还有木头；古代的车轮子是木头做的啦！她说拿去。子路奇怪了，只说借一样东西，她竟然拿来了。子路就问：大嫂，你怎么知道的呢？她说：你不是孔丘的学生吗？一看这个样子的装束，道貌岸然怪模怪样的就知道了。她说你要借东西，东方甲乙木，所以你要木头，西方庚辛金，所以你要钉子要斧头，对不对？子路傻了，一点都不错。

回来向老师报告，夫子啊，我看我们车子修好，楚国不要去了。孔子问为什么？楚国连妇人女子都上通天文下通地理，都懂《易经》八卦，我只说借东西，她就晓得东方甲乙木，西方庚辛金，老师啊，我们这一套去楚国吃不开的。所以孔子听了，说我们车轮子修好，赶快走吧！因此没有到过楚国。当年我到了湖北，第一个告诉我这个故事的，就是湖北的朋友，他说，大家都骂我们湖北人，全国人都是吃我们楚国的醋，因为楚国是连孔子都不敢来的地方。

庄子所说的，孔子最倒楣也是在楚国。楚国有一个疯子，像支离疏这样的人，就是当时的楚国狂人陆接舆。后来很多有道的人，都被普通人称做疯子或狂人。这个陆接舆是道家的神仙；因为是神仙，故意装疯卖傻的，所以大家叫他楚狂。

孔子到了楚国，这个楚狂陆接舆一听老孔来了，去看看他。电铃都不按，就在门口讲一句话："凤兮凤兮，何如德之衰也！"凤凰，凤是凤，凰是凰。我们念《楚辞》，素来这个兮字，习惯念成"西"。从前，一位湖北学问渊博的老先生告诉我说，他是楚人，大家把《楚辞》里"兮"字都念成"西"，是错的。这个字古音是"啊"，就是凤啊凤啊，就是那么拉长声音。后来是宋朝朱熹注《诗经》时搞错了，兮啊变成西啊。唉！已经错了那么多年，将错就错吧！我认为他说的非常有道理，那就是人拉长声的尾音，等于我们白话文的啊、呢、吗、呀。所以，楚狂就是说，凤啊！凤啊！你呀，你的运气不好，"德之衰也"，怎么那么倒楣！在这个时候生到世界来。

"来世不可待，往世不可追也。"这是中国文化道家思想的历史哲学。楚狂说，你孔子所希望的人类道德的社会，是有啊！只有两个时代有，一个是过去几万年前，"往世不可追"，过去已经过去了；一个是将来，"来世不可待"，也许几千万年以后，已经等不及了。这也是我常说的，世界上只有两个好人，一个没有生，一个已经死掉了，所以现在我们自己都是不对头的人。接舆骂孔子也是这样，你所希望的这个世界，一个已经过去了，一个还没有来，所以我们碰到的时代，中国文化都叫做衰世。

我们讲的四书五经，其中一本经就是《春秋》了；《春秋》是讲历史哲学的，不光是历史，是历史哲学的批判，这也是我们文化里的一部大书。《春秋公羊传》讲三世，一种是衰世，比乱世好一点的，这个世界永远是衰世；好一点叫升平之世，应该是尧舜禹，普通说像周朝、商朝，就是升平之世；天下太平的大同世界，是太平盛世，所以称为三世。如此看来，我们任何一个历史的时代，都是衰世多，道德衰落，文化衰落。稍稍好一点就是小康，不算太平。到了齐家、治国、平天下那个太平，是大同之世，等于西方哲学家柏拉图的理想国，乃至于上帝的天国，佛家的极乐世界等等，慢慢去追求，那是“来世不可待”。

我们的命运很苦啊！都是活在一个比乱世稍微好一点的衰世，文化道德衰落。陆接舆对孔子说：你啊，命运不好，命苦生在这个世界上。你倒楣，虽然是个凤凰，生在这个时候，比野鸡都不如，这有什么用处啊！人家是外国来的孔子，这个疯子陆接舆，就站在门口把人家骂一顿。

“天下有道，圣人成焉”，真到达天下有道的时候，就是太平盛世，这是圣人的时代，圣人的世界。同样的观念，佛学里转轮圣王的时代，也都是太平盛世，是圣人成功的时候。但是拿佛学来解释，佛的化身、圣人，什么时候来？哲学家、宗教家什么时候来投生呢？在天下乱的时候，为救世而来，“天下无道，圣人生焉”。所以那些圣贤们，都是抱着救人救世的心情来的，命运注定是来受苦受灾难的。

“方今之时，仅免刑焉。”陆接舆继续讲孔子，你老兄怎么在这个时候来投生啊！这个时候来，你一辈子能够保住吃饭的家伙不掉下来，“仅免刑焉”，不被人家杀了头，就算是第一等福气了。他在孔子的门口，就骂了一大堆。你说他是骂孔子，还是爱护孔子？这个修道的家伙，陆接舆一流的人，说话疯里疯气的。

这是历史上有名的孔子凤兮之叹！就是拿凤凰生在不得时的时代，来比喻孔子。陆接舆的理论，是一个人生在衰乱之世，能好好活下去，半路不遭刑戮而死，已经是很不容易的事情了。一个知识分子在这种乱世，怀抱一种救人济世思想的，历史上可以看到很多。譬如南北朝、五代、元朝，以及清朝入关的时候，乃至碰到任何一个政治社会变动的时候，最不容易活着的是知识分子。像现代大陆“文化大革命”时期，知识分子很艰难的。陆接舆讲孔子，“方今之时仅免刑焉”，不受刑罚，不会被杀头，能活下去，已经了不起了；你还要周游列国，还要到处传播文化，要救世救人，你简直是不想活了。

“福轻乎羽，莫之知载”，人生都要求幸福，这就是历史哲学的名言，幸福啊，太难了！幸福这个东西，比羽毛还轻；换句话说，拿新的文学来写，幸福在我们的前面是轻飘飘地溜过去了，那永远是把握不住的东西。他用古文写，就是“福轻乎羽，莫之知载”，没有办法把它装起来。“祸重乎地，莫之知避。”那个痛苦、祸患，如同土地一样，随时离不开我们的脚跟。拿现在的白话文来说，人活在世界上，幸福是这样难于把握，因为太轻飘，一下子就溜过去了。所以做人一辈子，随时都在祸患之中。庄子说得很过分吗？这就是人生，不但是知识分子如此，每一个人都是这样。

已乎已乎，临人以德！殆乎殆乎，画地而趋！迷阳迷阳，无伤吾行！吾行郤曲，无伤吾足！

“已乎已乎，临人以德！”算了吧！算了吧！你老兄，何必到我楚国来呢！楚国的贤人很多呀！他想要把孔子赶跑。你到处传道“临人以德”，好像君临天下，到处散布道德的思想，文化的观念。“殆乎殆乎”，他说你危险极了，尤其到我们楚国来，楚国多高明啊！“画地而趋！”这四个字很重要，一般人的人生，都犯了这四个字的错误，自己画了一个范围在走。所以知识分子，读书人，就是那个书呆子的样子，画地而趋，在自己那个范围里钻，认为天下就是这个样子。

我们看了这四个字，觉得对自己是很大一个机锋；人生每一个人，都是画地而趋，所以佛家讲两个字很了不起，就是“解脱”。怎么样能够解脱呢？就是不画地而趋，自己不规定范围，而超越于一切，那才是真正好的人生。下面就引用楚国当年的土话，当年楚国最强大时，是湖南湖北，一直到安徽、广西、贵州这一带的边缘。

小结人间世

“迷阳迷阳，无伤吾行！吾行郤曲，无伤吾足！”这是楚国当年流行的俗语。“迷阳”是什么意思呢？现在看起来是高深的文学，含有很多文艺境界，当年就是土话。“迷阳”就是路上那些荆棘，那些有刺的草木，会割伤人的手脚。实际上迷阳迷阳，我们也可以说，到了湖南湖北一带，喜欢吃辣椒的，就是麻辣麻辣。“无伤吾行”，一边走路一边在念，这几个字是乡下人念的咒子，出门之前先念咒子，古代人很迷信的哦！就是说，我现在出门了，路上的荆棘，坏的东西不要伤到我的脚。“吾行郤曲”，我走得很慢很小心，这些有妨碍的东西，千万不要把我的脚伤到了。我们先了解了这四句俗语，全篇的东西都在这四句里头。下面一个结论，我们先了解。

山木自寇也，膏火自煎也。桂可食，故伐之；漆可用，故割之。人皆知有用之用，而莫知无用之用也。

他说，山上的大树，自然地活在那里很好，为什么没有都变成神木，永远活下去呢？“自寇也”，本身长得太美丽了，太好了，所以招来别人的砍伐。太有用的材料，一定有人把它砍掉的，所以山木是自寇也。“膏火自煎也。”那些能够燃烧的油脂，古代叫膏，像猪油、鲸鱼油等等，历史上的记载，把古代帝王的坟墓挖出来，里面铜锅里点的灯，千年不熄。那个灯里面是鲸鱼油，燃烧得非常慢，可以点个千万年。为什么这些动物身上有膏脂，会招来杀身呢？因为它有可利用的价值。“桂可食”，肉桂是补品可以吃，可以做药，“故伐之”；“漆可用”，现在油漆是化学的，古代就是漆树，这种树流出的汁，可以漆东西，有利用的价值，“故割之”。

所以一般人都知道，生命活着要有用处，有价值。其实啊，人生的价值，自己觉得没有用的，最有用；规规矩矩、老老实实活一辈子就好了，这是庄子的结论。看起来非常消极，对于社会、世界、人生是讽刺的；实际上，他一点都不讽刺，只是告诉我们四个字：“世路难行”。《人间世》这一篇的结论，是说世间这一条道路，很难走的；生命要很有价值，自己处理生命要很有艺术；要懂得在哪个环境，应该要怎么样做。如果不晓得自处，会招来侮辱，招来伤害。

我们再看《人间世》这一篇，由孔子的学生中道德、学问最高的颜回，要出来救世，想出来做帝王师开始，被孔子骂了一顿，说他哪有资格出来做帝王师！这一条命要玩掉的，自救都救不了，还想救世救人，不如先自救。所以教他如何修道，修心斋，如何自利而后利人的道理。接着讲了许多的故事，最后讲到孔子的本身。孔子善于教人，不善于教自己，所以自己也忧伤悲苦一生，结果碰到装疯卖傻的陆接舆，骂了他一顿，实际上也是恭维了他一顿。

孔子一生之所以为圣人，在哪里看到呢？不在四书五经上，而是在《庄子》上看出来。圣人之用心，明知不可为而为之，这就是救世圣人的观念。所以《人间世》全篇的宗旨，看起来像在讥笑孔子，实际上是非常捧孔子。所以后世的儒者，孔子的门徒们，尤其宋明理学家，都是采用庄子所说的来捧孔子。他们看出来庄子在捧孔子，但是表面上，因为宗教性的排他心理，仍然拼命地骂佛道两家，这是历史上非常不公平，文化史上也非常不合理的事。所以我们要把《人间世》的宗旨看清楚，其中告诉我们世路难行，并不是世路不可行，世路是可行的，要自己善于处理才行。

总结起来，这一篇告诉我们什么呢？三个字，守本分。人要守本分，在什么立场就做什么事，处什么态度；大家进了歌厅唱歌，你就唱歌；到了舞厅跳舞，你就要跟着跳舞；大家喝醉了，你也要装醉；大家清醒了，你也要醒过来。如果大家清醒了都在那里做工，你仍躺在那里睡觉，那成什么话呢？那不是疯，那已经蠢到极点了。

可是还有个大道理，《庄子》内七篇是连贯的，真正善于处世的人，世路固然难行，善于行世路的人是什么人呢？是得了道的人。知道了《逍遥游》，知道了《齐物论》，然后知道了《养生主》，这三个内容都做到了，就是得了道的人，也就是佛家讲的菩萨道，然后才入世。这个入世啊，随便他怎么玩法，都是他的游戏三昧。这四篇连起来，是一贯的宗旨，就是大题目大方向。

南懷瑾大學堂

庄子諵譁（下）

——南怀瑾 讲述

人民东方出版传媒
東方出版社

目　录

下　册

德充符第五

王骀是何等人
山不山　水不水
知止而后定
有始有终
有道者如何生活
你自以为是吗
安之若命的人
郭象注解之美
道德充满的人
向孔子说教的人
老聃怎么说

鲁哀公被迷住了
吸引人的是什么
再说修养
李泌的故事
才德双全
用师则王　用友则霸　用徒则亡
内在与外在
发挥四种观念
情与无情
什么是情　什么是性
有情　感情　妄情　无情

庄子曰：
道与之貌，天与之形，
无以好恶内伤其身。
今子外乎子之神，劳乎子之精，
倚树而吟，据槁梧而瞑。
天选子之形，子以坚白鸣。

我们前面讲过，春秋战国的文化，道德这两个字是分开的。现在由《逍遥游》《齐物论》《养生主》，讲到第四篇的《人间世》，说道的充实。道是体，就是内涵，是每人学问修养的内涵；德是用，得了道礼能够起用，是用世之道。世路固然难行，《人间世》讲的重点是，在难行中，如何以最高的智慧、最高的艺术去行，那必须要有德行的充实，德性的充满。德性要如何充满呢？庄子就在《德充符》这一篇，用寓言，用高度的文学笔调，用他艺术的手法，绘出来人生的一幅图画。

王骀是何等人

鲁有兀者王骀，从之游者与仲尼相若。

他说鲁国有一个“兀者”，没有两条腿的人，不晓得是生来的，还是后来受伤去掉的，这个人名叫王骀。跟他学的人很多，比孔子还多，他的名气跟孔子一样大。

常季问于仲尼曰：王骀，兀者也，从之游者与夫子中分鲁。立不教，坐不议，虚而往，实而归。固有不言之教，无形而心成者邪！是何人也？

常季是孔子的学生，也是朋友，是师友之间的人。“问于仲尼曰”，就问孔子，他说王骀这个人真怪了，两条腿没有了，可以说是残废的人，结果他的学生很多，名气之大和你一样。“中分鲁”，把鲁国分一半，你的名气一半，他的名气一半。

如果我们从幽默的角度来看，鲁国真的有很多人才，至少应该有三个，一个是庄子所说的王骀，一个是孔子，还有一个是抢孔子饭碗的，孔子上来就把他杀掉的少正卯，这三个人都了不起。不过少正卯是怎么样的一个人？他的学术没有流传下来，如果流传下来，一定非常麻醉人，因为他的思想非常奇怪。

现在是讲王骀，“立不教，坐不议，虚而往，实而归。”嗬！这个人可真了不起，拜门做他的学生吧，他没有上过课；也没有什么指责你、骂你、劝导你，都没有。“立不教，坐不议”，坐在他前面半天，他也没有说一句话。议就是讨论，没有跟你讨论过问题。可是怪了，只要你一见到他，“虚而往”，原来什么都不懂的人，一拜门跟他以后，“实而归”，都会非常充实地回来；满腹经纶，什么都懂了。

照这个形容，这个人是比孔子还高明一点，那我们愿意做他的学生，这多好呢！不要上课，不要考试，也不必看电视，也不要听录音机，他在那里一坐，你好像都懂了，一切学问都有了。

“固有不言之教”，用不着说话的教育，大概现在连科学的进步都达不到；至少还要视听教育，拿个录音机之类的；他用不着，是不言之教的身教。如果是身教，跟着他，岂不是两腿要断掉吗！所以我们只好跟他学打坐了，不用腿嘛！“无形而心成者邪!”外形一点不着痕迹，心里头悟道。常季问孔子，世界上真有这样善于教育、善于传道的人吗？“是何人也?”王骀这个家伙是什么人啊？他说真看不懂。

仲尼曰：夫子，圣人也，丘也直后而未往耳。丘将以为师，而况不若丘者乎！奚假鲁国，丘将引天下而与从之。

孔子说，你问他吗？他是真正的圣人，得道的人。“丘也直后而未往耳”，他说我孔丘心里早想去报名了，去做他的学生，“而未往耳”，不过还没有去，公共汽车没有搭上，他那里太挤了，我晚一步去。“丘将以为师，而况不若丘者乎!”我都准备拜他为师耶！何况一般还不及我的人呢！更应该拜他为师了。“奚假鲁国，丘将引天下而与从之。”岂止鲁国的人应该拜他为师，我准备号召全天下、全世界的人拜他为师。这个，越说越神了，王骀就是这么一个人。

常季曰：彼兀者也，而王先生，其与庸亦远矣。若然者，其用心也独若之何？

常季一听，这可怪了，“彼兀者也”，一个没有腿的人，“而王先生”，“王”是高于其他人，是世界上第一位，“而王先生”就是超过了先生你。“其与庸亦远矣”，这个庸就是用，照你这样说，他的作用高深远大。“若然者”，假定他像你老师所讲的这么了不起，这个人的道在哪里？“其用心也独若之何？”他传心的心法在哪里？他的学问中心是什么？孔子答复这个问题。

仲尼曰：死生亦大矣，而不得与之变，虽天地覆坠，亦将不与之遗。审乎无假而不与物迁，命物之化而守其宗也。

孔子说，世界上有一个大问题，就是人的生死问题。人类的生命从哪里来的？先有鸡呀先有蛋？西方哲学家问的，先有男的先有女的？今天不是刘教授上课讲比较宗教吗？西方的说法就是，上帝造了男人以后，没有事情做，把男人的肋骨挖出来一根，造了女人。刘教授讲得很好玩，可见上帝同我们女人毫无关系。这个生死究竟哪里来的？男人女人究竟哪里出来的？

所以禅宗标榜要了生死，父母没有生我以前，我这个生命在哪里？死了以后究竟有没有灵魂？到哪里去？所以“死生亦大矣”，这个问题在中国文化里，首先明显提出来的是庄子。禅宗所谓了生死的观念，就是庄子先提出来的，那时候佛学还没有进入中国。他说这位先生啊，已经了了生死，得了道的。“而不得与之变”，生死同他都没有关系。了了生死，得了道的人，就到了这个境界，道德达到最高的成就。

他说了了生死的人，生死的变化，同他没有关系了，因为他得了道。进一步说，不但生死了了，“虽天地覆坠”，这个世界毁灭了，地球都完了，同他也没有关系；“亦将不与之遗”，他可以超然而独立物质世界之外。我们生存的这个世界天地，是物质构成的，地球毁灭是物质的变化，他到了地球要毁灭的时候，大概两条腿都不需要动，就已经超越了，所以地球毁灭同他都没有关系。

“审乎无假”，这四个字很难讲，仔细来说，“审”和“无假”的意思是，透过了物理与精神的两面，能够参究到达智慧了解一切，不需假借其他的东西。人都依靠物质而活着，我们肉体就是个物质，这是假借来的，因为这个生命靠肉体，肉体假借给我们用几十年，用完了，肉体也化掉了。王骀这个人已经超越了，不需要一切的依赖，不需要一切的假借。“而不与物迁”，他如果不动，不会随着物理的变化而迁流；我们勉强借用佛学上一个名词，他已经到了不动地。密宗里头有一尊佛，叫做不动明王，他说这个人已经到达了不动明王这个境界了。不动明王可以王天下，这一尊佛所代表的，就是“而不与物迁”，不管物质世界如何变化，他在那里站着旁观。

“命物之化”，我们任何人，一切万物，一切的众生，生命都受物质变化的影响，而这位老兄王骀先生啊，不与物迁，不受影响，因为“守其宗也”。我们叫它是道，在西方的宗教可以叫它是上帝，是神；佛教呢，叫它是如来、涅槃、菩提，反正有这个东西，万变不离其宗。孔子把他讲到这个程度，把这个人推崇得不得了。这个常季一听更糊涂了。

山不山 水不水

> 常季曰：何谓也？仲尼曰：自其异者视之，肝胆楚越也；自其同者视之，万物皆一也。

他说：老师啊，你今天大概感冒了，你讲些什么话啊！孔子说了两句话回答：“自其异者视之，肝胆楚越也；自其同者视之，万物皆一也。”中国文化思想，包括文学、政治，尤其讲中国哲学思想，庄子用文学境界来描写。这两句话很啰唆啦！代表人的见地、见解，所谓智慧之学，我们现在不讲道啊，是讲道以下的第二义。

他说任何一件事，任何一个东西，任何一个人，“自其异者视之”，如果你戴了有色的眼镜来看，或从不同的角度来看的话，你的观念观点都不同。我们人体的内部，肝跟胆连在一起的，可是从不同的角度看呢，肝跟胆，犹如楚国跟越国一样。用春秋战国的形势来比方，楚越互相争强争霸，两个地区不同，国家国势也不同。拿现在来讲，犹如苏联跟美国一样，虽然都是白种人，中间有很多的矛盾，有很多利害的关系。“自其同者视之”，站在一个统一的观念来看，换一个角度来看，“万物皆一也”，万物是一体的，就是一个。

换句话说，人生也好，道也好，每一个人只抓住了一点，蒙蔽了自己的智慧，如果这样去看形而上的道，看形而下的万物，那就糟了；因为各有各的见解，越看越生气。如果得了道的人，从超然的立场，从另外一只智慧的眼睛来看，则天下的万物皆是一体，都很可爱，都同我自己一样，没有什么分别。怎么叫做得道呢？就是佛学所讲的，得道人的智慧，叫做无分别智。如果用有分别的观点来看呢，肝胆就是楚越，我们把他们看成冤家；假使用无分别智来看呢，矛盾的东西，都不矛盾，都是同一的。因为孔子认为常季不懂，再进一步给他解释道理。

夫若然者，且不知耳目之所宜，而游心乎德之和；

“夫若然者”，所以，你要懂得这个道理，那么就懂得修道了，懂得了道德。庄子在传道，而且借用孔子的嘴巴在传道，在说真正的修养，也就是孔子修道的工夫。“不知耳目之所宜”，你能够每天忘记了耳朵，忘记了眼睛，不被声色所转，不被外境所诱惑；譬如在座很多学佛打坐的，老实讲，你尽管在那里打坐，你还是被声及色这两个东西牵着的。耳朵听声音，不是指这个耳朵，而是喜欢听的习惯；所以念咒子有各种声音出来，因为习惯喜欢听声音。另一个是好色，闭着眼睛打坐，虽然不看外面，仍然看着前面黑洞洞的，白茫茫的，你还是习惯在看。

你能够忘记了声色两种外境，忘记了耳朵眼睛的用，然后也不要盘腿打坐，到这个社会上张开眼睛，张开耳朵，忘记了眼睛所看，见山不是山，见水不是水；闻听到声音，不是听不是看，但是都知道了。也都看见，也都听见，但同你的心理都不相干，就是“不知耳目之所宜”，忘记了声色耳目。

那么你的心在哪里？“而游心乎德之和”，心境永远是平静、安详的，不因外在的声色而扰乱了你的心境。如果看到某人就生气，看到某人就欢喜，都不对，那是被眼睛骗了；说得好听就好高兴，骂你就好生气，那是被耳朵骗了，就是不能得其和。“游心乎德之和”，你的心境是永远快乐安详，游戏于这个世界，就是道之用。这样你就不一定要去盘腿了，可以两条腿站起来没有关系，这个世界上你可以走了；不然的话，就同王骀一样，两条腿要锯掉了，坐在那里。

物视其所一而不见其所丧，视丧其足犹遗土也。

所以，修养到像王骀先生一样，他看世界上一切的东西，无分别，好的跟丑的，一样的都很好，既没有好看，也没有难看。你说他看到了吗？看到了，可是心中无分别，很和怡，很安详，很平和。而且看万物“视其所一”，他只看到了这么一个东西，没有美丑、善恶、是非的分别，都是一体。“而不见其所丧”，他没有看到任何的缺点，也没有看到任何的优点长处。你认为他是残废没有腿，但他忘记了自己有没有腿，他照样无腿可以走路，有神足通了。你看庄子引用得很怪吧！实际上打坐盘腿的，就正好没有两条腿，然后工夫也到了忘腿了；心境能够修养到这个工夫时，无腿也可以走路，就是佛家所讲的神足通。

常季曰：彼为己，以其知得其心，以其心，得其常心，物何为最之哉？

孔子的这个学生很难教，上一层的谈话他不懂，孔子用下一层第二义的谈话，总算把他教开悟了，常季总算懂了。“彼为己，以其知得其心”，常季说我懂了，他开悟了得了道了，他见到了自己本来的面目，认识了自己。我们人活了一辈子，不知道自己是什么！我们尽管能够想，能够用，但是我们那个能想的是什么？当我们睡觉时，我们那个自己是什么？这个肉体不是我耶！这是假借来用的。他说老师啊，我现在懂了，他已经悟了道，因此他有智慧的成就了。“彼为己，以其知得其心”，他明心见性了，他总算找到自己的心，因此他善用他的心了，“以其心，得其常心”，得了自己真正的常心了。这个心是永远不变的；也无所不在，无所在，这个心他把握住了。“物何为最之哉？”因此万物对于他不相干，也不会动摇他的心了。好像常季也悟了孔子这一番话，孔子也是教他，人能修养到不为眼睛所骗，不为耳朵所骗，此心永远安详，在这个世路难行之中，很幸福地行去。这就是道的用，就是德，修养到这个境界，才算有道德之人。

知止而后定

仲尼曰：人莫鉴于流水而鉴于止水，唯止能止众止。

佛学讲修止修观，而庄子、孔子早传了止观了。孔子说，光悟了道没有工夫不行，还要修止修观。他说“人莫鉴于流水而鉴于止水”，水流动的时候，没有办法当做镜子用，等水不流澄清了，可以做镜子用，反照我们自己的面孔。

圣人教主们，都是善于拿水来比喻，老子说上善若水；孔子也赞叹水，“逝者如斯夫”；庄子这里，又用水作比喻；释迦牟尼佛也曾拿海水来比喻；乃至唯识学讲的，“一切种子如瀑流”，也是用水比喻。所以关于这个水的比喻，要深入去体会。人的心理状况，永远像一股流水一样，心中的波浪，永远不能停止，所以就永远不能悟道，永远不能得道。

庄子借孔子的嘴讲出来，“人莫鉴于流水”，流水不能做镜，你心中像流水一样的杂念妄想不能静止，就永远不能见道；“而鉴于止水”，必须要把心波的识浪停止，静止，才可以明心见性。他说，“唯止能止众止”，唯有真达到止的境界、定的境界，才能够停止一切的动相。如果心念不能像止水一样澄清，就永远没有智慧，永远不能悟道；而生命之流，永远没有办法自己作主，永远没有办法了脱生死。所以我们修道要了生死，要打坐要修道，要死的时候，一笑就走了！再来生的时候也要有把握。禅宗很多祖师以及明朝好几个儒家都做到了。明朝罗近溪也是如此，已经说再见，坐在椅子上走了，学生们跪下来一哭，老师啊你多留一下；好嘛，好嘛，你们好讨厌，我多留一下嘛！又活了一日，然后说算了，不干了，重新又走了。就是这个本事，止定这个工夫。

这一篇首先提出来，王骀是个残废的人，但是跟他学的门生弟子之多，超过了孔子，以这个故事开始。所以有人怀疑而问孔子，这个人何以有这样大的成就！孔子就说，他已经是了了生死的人，然后以出世的成就，入世处理世间法。前面的重点讲到：

“人莫鉴于流水而鉴于止水，唯止能止众止。”讲到这个止，以及修止观的重要。我们由这一点能理解到，不但道家、佛家，凡是讲修养首先都提出来一个“止”，儒家更是注重。譬如我们所读《大学》，里头“止于至善”，“知止而后有定”，首先提到这个止。止就是心念专一、止于一，这个是最大的修养工夫。

我们人的思想紊乱、痛苦、烦恼，就是因为心念不能得止；心念得止是一个内在的基本修养，然后外在的行为也要做到止。所谓止，人生认定一个目标，一个途径，止于某一点，要做一个什么样的人！不是散乱，不是随便，不是做一件什么事业，而是要做一个什么样的人。如果要做一个了不起有道德的人，就是向道德的目标方向走；如果要做一个坏人，他认为这样做才对，这是止于坏。要做一个止于善的人，比做一个止于坏的人更难了；道理就是说，以善的行为，使恶的行为不会发生作用，而专注于至善；这个在曾子所著的《大学》里讨论得很多了。现在庄子也引用孔子的话，提出来止。前面我们讲了大要，现在再讲止的原理和修养。

受命于地，唯松柏独也在，冬夏青青；

植物是土地上长的，这一切的草木，唯有松树柏树，所谓“温不增华，寒不改叶”。夏天热的时候，没有特别青；到了冬天冷的时候，也没有凋零，它永远都是常青的。这个道理说明什么呢？止。松柏之性永远常新不变，人生的境界，自己也要找一个常道；要做个善人，做个好人，用哪一种善法，就向哪一条路上去做；也就是佛家所讲的，必须先要有个定力。所以它引松柏说明，“受命于地，唯松柏独也在，冬夏青青”，无论冬天夏天，它温不增华，寒不改叶，永远常青。

受命于天，唯舜独也正，幸能正生，以正众生。

由植物再讲到人，古代所谓受命于天地，植物矿物等，很多都受命于天，或受命于地，唯有人，是受命于天地之正气。“受命于天，唯舜独也正”，庄子这里没有提到尧，也没有提到禹，尧舜禹这三代的圣人，他只提到舜，这个里头就是一个问题了。尧的圣德固然很了不起，但是尧个人的身世没有大舜那么坚苦；大舜出身环境的痛苦，家庭不完美，父母都不好，兄弟也不好，在这个不好的家庭环境里头，他始终能够止定，认定人生走一条正路；最后能够君临天下，能够率天地以正。所以庄子特别提出舜来说，他认为人就是要以舜做榜样。

“幸能正生，以正众生”，重点就在这一句话，从上面一路下来到这里，是一个重要的关键。一个人，唯能够自正，才能够正众生。“幸能正生，以正众生”，就是说，一个人自己能够正，才能够正人；也就是儒家所讲的己立立人；佛家嘛，自度度他；所以儒释道三家，路线都是一样的。

那么，人如何能做一个正人君子呢？必须先要止，心境才能够定，见解也定；就是见地见解要正。用现在的话来讲，观念要确定，要不变，不受环境的影响，一个观念勇往直前。现在，他就提出一个理由。

有始有终

夫保始之征，不惧之实。勇士一人，雄入于九军。将求名而能自要者，而犹若是，

“保始”就是开始的起心动念，开始的动机，也就是所谓人

生观的开始，要做一个什么样的人。“之征”是后果，一个人要有始有终，就是孔子讲过的，“久要不忘平生之言”。我们有时候慷慨答应一件事，说一句话很容易，不能过了几天，把自己原先讲那句话的动机就忘了。所以孔子说，一个人经过长久的时间，不忘平生之言，讲的话一定做到，有始有终，能做到的话，就是了不起的人了。我们平常读到这一句，不觉得重要，如果人生的经验多了，就晓得“久要不忘平生之言”这句话，是非常难办到的。

譬如交朋友，或男女由爱情结成夫妻，过不了多久，都会发生问题，绝对不是最初相爱的那个样子，这就是久而忘记了平生之言。开始的时候可以为你死呀为你活呀，什么都做得到，最后为你半死半活都做不到。人就是会忘记平生之言，所以我们一个人讲一句话，不要轻易说话，更不要轻易发一个动机；因为“保始之征”很难，也就是有始有终很难。

“不惧之实”，在人生的途径上，无所恐惧，勇往直前。一个人什么都不怕，不怕死不怕鬼，都容易；但是很怕人生。生活的逼人，环境的压力，久了以后，你对于社会对生命，会产生一种恐惧，人会自然到这个地步；几乎没有一个人对人生的路途不产生恐惧的。古人的诗讲，“世事茫茫难自量”，人都有这个感觉，前途如何，后途如何，不知道，所以人生就有很多的恐惧。

我们要做到人生“不惧之实”，就是要实际做到不惧。“保始之征，不惧之实”，这两句话很重要，要想求好的结果，就要注意有好的开始，这就是保始之征。一个人确定了道德的途径，要不惧一切，不怕，无恐怖，这就是不惧之实；不管受什么挫折，都还是直正地走这一条路。下面他用勇士做比喻。

“勇士一人，雄入于九军”，在战场上作战的时候，一个大勇士，发奋前冲，千军万马在所不顾，一人一马就冲进去，所谓

"雄入于九军"，这在中外军事历史上非常之多。那么这些人为了什么？"将求名而能自要者，而犹若是"，为了成功，为了胜利，当时一股勇气，生死都不顾。最后呢？如兵法所谓"置之死地而后生"，他成功了，成名了，这是慷慨、专心、视死如归的一股勇气。

一个人在千军万马的战场上，忘掉了生死去拼命，博得成功而成名，那还算容易。但是，在人生的途程上，零割细刮地慢慢走，有时真受不了，会有恐惧之感。在这个时候能够不恐惧、不忧愁、不烦恼，有始有终，就是了不起的人。

这一节说明怎么样修止，怎么样得天地之正，就是《大学》讲的，所谓正心、诚意。怎么样得正？必须要有勇气，有决心，面对人生，面对自己确定的目的，一直地向前去，这样的人，没有不成功的。前面是说普通人，下面再进一层说。

有道者如何生活

> 而况官天地，府万物，直寓六骸，象耳目，一知之所知，而心未尝死者乎！

这更进一步了，前面说一个有勇气的人，已经了不起了，那是要有定力才行，在千军万马中，无所顾忌。凡是想成功的人，都要有这个决心，也要有这个定力。但是比人世间成功的人更伟大的，就是修道的人；因为修道的成果是"官天地"，官就是管，天地宇宙在他的手里，受他的掌握，而他并不受宇宙物理的法则所左右。"府万物"，"府"就是包罗的意思，是一个宫府，什么东西都可以放得进去。就像大房子，什么东西都可以容纳。"府万物"就是容纳了万物。我们普通人，只有被万物所左右，被天地的法则所管束，而这个修道的人，到了那个境界，了了生死，反过来管领了天地，容纳了万物。

“直寓六骸”，六骸是庄子所提出来的，等于佛法所说六根，眼耳鼻舌身意，就是整个的身体。庄子所讲的六骸是头尾，及两手两足四肢。他说，人到了“直寓六骸”这个境界，这个身体，自己并不当成身体了。这个“寓”字要特别注意，我们普通人，每天情绪好不好，精神好不好，都受这个身体支配。有道的人不受身体支配，这个身体，等于是个空壳，是租来用的房子，是个寄寓的地方，不是真正需要的；所以把身体看得轻松。

“象耳目”，眼睛耳朵，看东西听声音，只是象征性地用一用，不会被眼睛或耳朵骗了。我们普通一个人，并没有达到这个修养，所以被眼睛骗，被耳朵骗；譬如看到这个人，态度对我不好，心里头就生气了。对于有道之士而言，别人态度再不好，也只觉得自己在看电视，这个家伙怎么演成这个样子！好讨厌，好难看，看了哈哈一笑，耳目不被声色所左右。所以说，“象耳目”是形容有道的人的外形。

“一知之所知，而心未尝死者乎！”得道的人，智慧当然高得很，没有任何一点不知道，学问自然就渊博，就高了。但是，他为什么有那么高的智慧？那么高的学问？答案是，他只有一个东西，就是庄子现在提出来的，只有“一知”。这一知就是觉悟，普通叫做悟道；这一知，就是生命中本有的智慧，佛学上叫做根本智。一个人得了根本的这一个智慧后，宇宙万有一切的学问，一切的事理，都明白了。

所以修道人“一知之所知”，他得了根本智以后，这“之所知”，是讲差别智，这个根本智得到了以后，宇宙万有的一切学问都明白，差别智都有了，差别智也叫做一切智。所以“而心未尝死者乎”！他心里头了了生死，永远没有死，不生不灭，永远常在的，永远是活着的；就算是这个肉体死了，他也没有死。他说，一个人修养到这个程度，了了生死，就是有道之士。

彼且择日而登假（遐），人则从是也。彼且何肯以物为事乎！

有道的人活在世界上，是游戏三昧，是在玩的；等到有一天他选定了日子，就“登假”了。“假”就是遐，就是很空很远，向上升华了；所以有道之士，到死的时候，叫做“登遐”。在古代的文化，当帝王领袖死了，或者是父母去世，后代的不忍心讲他是死了，就说登遐。这个典故出在《曲礼》，庄子这里引用。这个假同遐通用的，后世都用遐，“登遐”就是升仙了，成仙了。这种有道的人，活在这个世界上，等到有一天，他不愿意玩了，就登遐升华而去。“人则从是也”，一般人所看到的只是他走了，不在这个人世间罢了。

“彼且何肯以物为事乎！”这种人，哪里会把人生这些境界、物理世界放在心里！他理都不理，看都不看。这一段，孔子说明王骀这个人，两个脚没有了，可是在鲁国影响之大，跟他的人，崇拜他的人，比崇拜孔子的人还多。所以有人问孔子，这个人有什么本事？孔子说，他一点本事都没有，就是得了道，了了生死；孔子说，连我都快要去拜门了，何况你们呢！庄子借用孔子的嘴巴讲这一段话，下面又说同样一个没有腿的故事，用不同的方式来表达。

你自以为是吗

申徒嘉，兀者也，而与郑子产同师于伯昏无人。

申徒嘉是个人，申徒是姓，嘉是名。“兀者也”，也是没有腿的人。“而与郑子产同师于伯昏无人。”“郑”是周朝分封诸侯的地名，郑国的宰相叫子产，这个残废的老兄申徒嘉，跟当朝的宰相郑子产是同学。他们的老师名叫伯昏无人，这是古人取的名字。中国上古的名字有四个字的，甚至有六个字的，后来慢慢变成固定的姓名。

子产谓申徒嘉曰：我先出则子止，子先出则我止。其明日，又与合堂同席而坐。

因为郑子产有这么一个同学，觉得很丢人，他自己是郑国的宰相，除了郑国的国王以外，他是一人之下，万人之上，现在跟这个缺腿的人一起进进出出，实在丢脸。他就对申徒嘉商量说，我出来的时候，你就不要出来了；如果你要出去，你先告诉我，我就不要出去，两个人各走各的路。到了第二天上课的时候，这个宰相来了，申徒嘉也来了，“合堂同席而坐”，又坐在一起。古人是没有椅子的，就是日本人学我们中国人的，坐在榻榻米上。

子产谓申徒嘉曰：我先出则子止，子先出则我止。今我将出，子可以止乎，其未邪？且子见执政而不违，子齐执政乎？

子产跟申徒嘉说，喂，我们两个人先讲好，不要同时出去，我要出去时，你就不要出去，你要走我就不走。现在上课完了，我要先出去，老兄啊，你慢一步好不好呢？“子可以止乎，其未邪？”你看，可不可以啊？讲话总算蛮客气。“且子见执政而不违”，老实说，你看看我，我是一个国家的执政耶！郑国的首相。所以子产说，照道理你是老百姓呀，看到我这个执政的人，跟我平起平坐，一点都没有恭敬礼貌，“子齐执政乎？”难道你的地位跟我一样吗？子产就这样讲申徒嘉这个同学。这个同学一定是穿得破破烂烂的，既残废又贫穷，人也是蛮可怜相的。

申徒嘉曰：先生之门，固有执政焉如此哉？子而说子之执政而后人者也？

申徒嘉说，对不起，我们老师的门下，有一位同学居然当了首相，但是却那么的差劲啊！这一句话，是当人家的面骂，等于说当面给首相难堪。“子而说子之执政而后人者也？”你认为做了国家的宰相，那就可以看不起任何人了吗？

闻之曰：鉴明则尘垢不止，止则不明也。久与贤人处则无过。今子之所取大者，先生也，而犹出言若是，不亦过乎！

“闻之曰”，我告诉你，据我所知道的。注意喔，这是做人一个很重要的经验。“鉴明则尘垢不止”，“鉴”是镜子，这个镜子擦得很亮的时候，一点灰尘在上面，就看到了；“止则不明”，如果这个镜子不亮的话，灰尘堆满了也看不见。换句话，一个人有道，头脑清楚，学问好，道德高，心如明镜台，自己有一点灰尘，有一点过错，就会看得很清楚。他骂郑子产说，像你官那么大，头脑不清，学问不够啦！就是骂郑子产这个脑子不明白。

明白的人尘垢不止，一点灰尘也没有办法停留，停留一点灰尘，就晓得脏了，马上擦掉。“止则不明也”，灰尘掉在镜子上都不知道，可见这个镜子是糊涂，看不见灰尘，看不见了，暗了嘛。他说老兄，你不明白，你没有得道。第二点呢，“久与贤人处则无过”，一个人常与好人做朋友，在一起相处，就不会有错误，自然学好了。“今子之所取大者，先生也”，现在我问你，你在这里干什么？跟我们老师学吗？古人称老师为先生，几千年来都是这样叫的。申徒嘉说，现在你所崇拜的是我们的先生是吗？结果你受我们老师的教育，“而犹出言若是”，你还讲这样混账的话，“不亦过乎”！你这不是犯了最大的错误吗？就骂他一顿。

子产曰：子既若是矣，犹与尧争善，计子之德，不足以自反邪！

子产说：哼！你还那么傲慢，你认为自己很了不起了！我不过是个宰相，照你这个器度看来，你连皇帝都看不上眼，“犹与尧争善”，好像尧、舜这些皇帝都不及你一样。“计子之德”，你估量一下你自己，“不足以自反邪”！我看你呀，一点反省的心思都没有。

申徒嘉曰：自状其过，以不当亡者众；不状其过，以不当存者寡。

庄子的文章，写得好极了，同样一句话，在他笔下那么美。这句话道理在什么地方？世界上的人，自己反省的时候，都认为自己是不该死的，该死的都是你，不是我；世界上的人都是这样，“以不当亡者众”。我不应该死，我的失败是不应该的。项羽最后打败的时候说，是“天亡我也”，哪里是我打败的！是老天不公平。人都是把过错推给别人，“自状其过，以不当亡者众”，社会上这一类的人多；“不状其过，以不当存者寡”，认为自己活在世界上是多余的，不应该的，这样反省的人少。

这两句话骂得很刻薄，但是社会上的人，差不多都是这样。没有学问、没有修养的人，想法都是一样，觉得自己该活着，别人都该死，错的都是别人。两个人吵架，或者是夫妇，或者是朋友，该死的都是他啦！还认为自己倒楣，碰到对方这种人，哎呀！天亡我也，就像项羽一样。

安之若命的人

> 知不可奈何而安之若命，唯有德者能之。游于羿之彀中，中央者，中地也；然而不中者，命也。

在这个矛盾的世界上就是这两种人，一种人是多数，认为自己没有错，应该活着；另一种是少数，自我反省，认为自己不该活在世上。我们生活在这两种人之间，是很无可奈何的；“知不可奈何而安之若命”，但是矛盾的世界，只好矛盾地活下去，也不觉得你是高明，也不觉得我是混蛋，很平常地活着，“而安之若命”。

这样的人生，“唯有德者能之”，只有最高道德的人才能做到。譬如孔子，明知道这个世界救不了，他还是要救；譬如佛，明知道众生度不完，他仍然要度尽众生；譬如耶稣，钉在十字架上流的血，还卖不到两毛钱，他硬要钉上去。这些都是“知不可奈何而安之若命，唯有德者能之”。除此以外呢？

“游于羿之彀中，中央者，中地也；然而不中者，命也。”“羿”是上古射箭最准的一个神话人物。羿的名字好几代都有，如果以神话为标准的话，他活了好几百年。我们中华民族的姑奶奶，首先登陆月球的那一位嫦娥，就是羿的太太。因为羿在尧的时候，是个大将，弓箭射得好，百发百中；可是他要修道去了，到了昆仑山上西王母那边。中华民族上古的文化，都在西北高原。羿到了昆仑山上，找到了西王母，得到一颗长生不死之药，他拿回来还没有吃，就被太太嫦娥偷偷地吃了下去。于是嫦娥忽然飞起来了，她的丈夫立刻在后面追，嫦娥飞向高空就飞到月亮上了。

多年前，美国人阿姆斯特朗第一次登陆月球的时候，有一位美国的中将，正在我家里。他看完了电视转播以后，哈哈大笑，就问我说，你看怎么样？我说这有什么了不起！月球的主权是我们的。他问是什么意思？我说，我们的姑奶奶嫦娥，三千年前就登陆月球了，而且还把国旗带上去了，不相信你上去看嘛！大家就大笑了一场。所以唐人有诗说："嫦娥应悔偷灵药，碧海青天夜夜心。"就是讲这个故事。

现在庄子形容，"游于羿之彀中"，彀是什么？是那个箭靶的标的圆圈里，箭总是射到中心。我们这个人生都是在箭靶的中心，都是你射我，我射你，一箭一箭射过来；你不射死我，我也要射死你，大家都没有脱离羿的靶彀中心。我有一个朋友写信给我说："我行年七十有九，犹游于羿之彀中。"为了生活，还在工作，七十九了，虽然当个顾问，总是拿薪水来维持生活；没有超然物外，还在羿的箭靶中间。

所以，我们在座的每一位，没有哪一位不在羿的彀中！都会受这一箭。"中央者，中地也"，就是那个箭靶打中的地方，可是人生在这个世界上，随时要挨一箭的，随时会被打中。被环境、遭遇，以及喜怒哀乐情绪的变化打中；因为我们就是箭靶。要想脱离箭靶，脱离羿的彀中，除非得道的人，不需要饮食男女，一切都不需要了，超出了这个物理世界。“然而不中者，命也。”不过，也有些人始终没有被箭射中，那是命好。这一段，是申徒嘉教训郑子产。

郭象注解之美

我们用的这一个本子，是郭象注解的，他是三国末期，晋朝开始时的一个名士。郭象注的《庄子》，好得很喔！不但文章美，哲学的理论高极了。如果在座有研究中国哲学史、历史的，可以看三国末期到东晋时期的两晋清谈，历史上叫清谈误国。我对这个说法非常反感，清谈并没有误国，倒是两晋的历史，误了清谈；的的确确，我可以讲出一百个一千个理由。时代没有过错，文化发展没有过错，是两晋人物的过错，误了我们的文化。再看郭象文章之美，这一篇注解的文章，等于第二篇《庄子》，尤其这一段里头，文章美得很啊！现在我们看郭象的注解。

> 羿，古之善射者，弓矢所及为彀中。夫利害相攻则天下皆羿也。自不遗身忘知，与物同波者，皆游于羿之彀中耳。虽张毅之出，单豹之处，犹未免于中地，则中与不中，唯在命耳。而区区者各有其所遇，而不知命之自尔。故免乎弓矢之害者自以为巧，欣然多己；及至不免，则自恨其谬，而志伤神辱。斯未能达命之情者也。夫我之生也，非我之所生也。则一生之内，百年之中，其坐起行止，动静趣舍，性情知能，凡所有者，凡所无者，凡所为者，凡所遇者，皆非我也。理自尔耳，而横生休戚乎其中，斯又逆自然而失者也。

“羿，古之善射者，弓矢所及为彀中。夫利害相攻则天下皆羿也。”人生活在世界上，随时遭遇利害相攻，天下到处都是羿这个人了。我今天吃晚饭的时候，一个同学告诉我，老师啊，我请三个月假。另外一个同学问我，老师他为什么要请假？我说他家里闹分家，上有祖母、母亲，下有兄弟姊妹，闹家务；人生处在父兄、子女、兄弟骨肉之间，做人是最难不过的。所以我今天晚上讲个笑话，我说我投胎的时候选过的，只有自己一个人，没有兄弟姊妹。我现在看人生看久了，我来生投胎时，还是要选父母只生我一个人；不过呢，我要选一个钱又多，两老又早死的人家；我想想还不对，顶好伯伯叔叔也没有孩子，然后遗产也交给我。

那么，这是讲什么呢？父子、兄弟、姊妹骨肉之间最痛苦，最难处理，没有一处不是利害。即使单独一个人，只要男女成立了家庭，夫妇之间，又是道义，又是感情，又是爱情；有时候也是利害相攻耶！“则天下皆羿也”，箭头都是射过来的！

“自不遗身忘知，与物同波者，皆游于羿之彀中耳。”这些文章我们现在这样念，一点味道都没有，如果摇头摆尾拉长声一字一字念，喝唷！比新诗好多啦！新诗，什么风啊慢慢地飘过来，那没有意思。

“虽张毅之出，单豹之处，犹未免于中地，则中与不中，唯在命耳。而区区者各有其所遇，而不知命之自尔。”人生的境界，都莫名其妙，前途茫茫，不晓得前途怎么办！到老了一看，自己也活了几十年，前途就是那么办吧！活到老了还要问前途怎么办？因为到那一边去，松江路一直去，到右边转弯的时候，不晓得怎么办！但是你不要问怎么办！这个文章就那么说，“而区区者各有其所遇”，各有各的遭遇，“而不知命之自尔”，这都是命，命运的安排，很自然的。

“故免乎弓矢之害者自以为巧”，可是世界的人啊，自己觉得像羿一样，没有被箭射中，认为自己有本事，以为自己安排得很好。“欣然多己”，认为你们很可怜，我活得最好，就是我有办法。“及至不免，则自恨其谬”，你不要吹了，任何聪明人都逃不了这一箭，结果最后免不了还是中箭，才觉得自己错了。“而志伤神辱”，最后晓得了，“而志伤”，意志消沉了；“神辱”，精神都没有，觉得人生很悲苦。“斯未能达命之情者也”。这是不懂得人生，不懂得生命的意义。

“夫我之生也，非我之所生也。则一生之内，百年之中，其坐起行止，动静趣舍，性情知能，凡所有者，凡所无者，凡所为者，凡所遇者，皆非我也。”你要知道，我们现在活着，哪里是“我”活着！这个我在哪里？身体也不是我，你说身体哪一部分是我？脑筋也不是我，我究竟在哪里？“非我之所生”，一切都是无我的，我们活在这个世界上，凡所有一切都不属于我，本来无我。“理自尔耳”，这是自然的道理。“而横生休戚乎其中”，而我们一般人没有悟道，不晓得本来无我，拼命要抓一个我，我要这样，我要那样；因为要抓住一个我，所以在世界上生出很多的烦恼。“斯又逆自然而失者也”，这是不懂得生命，不懂得自然。

这些文章好得很喔！不过给我这么一念，念得没有道理了。要慢慢地，烟抽够了，茶喝饱了，一个人在灯光之下，外面又在下雨，下得冷冷的，鬼都不想上门，深山空谷，摇头摆尾一念，喔……人忽然就得道了。

道德充满的人

回头再看庄子说申徒嘉教训郑子产的话，讲到人生游于羿之彀中。这个“羿之彀中”的典故，在我们中国文学上，经常用到的。

人以其全足笑吾不全足者众矣，我怫然而怒；而适先生之所，则废然而反。

他对郑子产讲，你晓得吗？大家看我都很奇怪，别人两条腿全的，“以其全足笑吾不全足者”，认为我是残废，少了两条腿，“众矣”，这种人太多了。每次有人看不起我的时候，“怫然而怒”，我恨极了，很气。这是当然，一个生理不健全的人，自然会养成对社会仇视、反感——其实一点都用不着，尤其这一段，是我们最好的参考；不管你手不对呀！脚不对呀！少一个眼睛，都没有什么了不起。他说，开始我也是受不了，“而适先生之所”，等到我跟我们老师学了以后，“则废然而反”。觉得我当时发脾气是多余的，这没有什么了不起。

不知先生之洗我以善邪！吾与夫子游十九年，而未尝知吾兀者也。

我跟伯昏无人老师学了以后，对于人不再怨恨，也不觉得自己丑陋，也不觉得自己是残废。那么先生教了我什么呢？他也没有教我什么，我跟他久了，他好像给我洗澡一样，把我心里头洗得干干净净——这就是学问，是自然的，他也没有教什么，我自然受到他的洗礼，自然就善良了。“吾与夫子游十九年，而未尝知吾兀者也。”我跟老师十九年了，在老师眼中，没有觉得我是一个残废人耶，没有觉得我是一条腿独自站着。他也是你子产的老师啊！你知不知道，你虽是宰相，但老师看我同看你一样，看你也同看我一样。

今子与我游于形骸之内，而子索我于形骸之外，不亦过乎！

老兄啊！你跟我是同学，大家都有一个形体，我们活着的生命，不在这个形体上面。形体长得漂亮长得丑，又有什么关系呢？形体不过是个工具嘛，不过你那个电瓶是玉做的，我这个电瓶是泥巴做的，你的比我的好一点，但都是用电而已嘛。“今子与我游于形骸之内”，你同我一样，生命都陷在这个身体里头了，如同孙悟空被压在五行山下一样。“而子索我于形骸之外”，你也忘掉了生命的本能，是被这个肉体所拘束。这已经很可悲了，你还在外形上，分辨我丑不丑，多两只脚，少两只脚，“不亦过乎”！老兄，你真是大错而特错，你何必到这里学道呢？就这样骂了他一顿。

这个郑子产是春秋时代的人，孔子也提到过，他是郑国有名的宰相，是很了不起的贤人；当时他被这个残废的同学一顿骂下来，大彻大悟了。

子产蹴然改容更貌曰：子无乃称。

子产被他一顿骂，汗流浃背，“蹴然”，赶快站起来，向他行个礼。“改容更貌”，脸色都变了，非常恭敬。“子无乃称”，他说老兄啊，不要说下去了，够了够了，已经把我骂够了，我也懂了。这是两个故事，都非常妙。

这一篇叫《德充符》，是说什么才是人生道德充满的境界；可是他用的，都是外形残废的人，这些残废的人都有道。所以说，一个人道德的充沛与否，不在外形的美与不美。有人外形很健康，身体很壮，像项羽一样，也同那个黑人拳王一样，打到他身上都叭叭叭的响，好像有几十斤肉那个样子；但是很蠢，里头灵魂的道德不充沛，又有什么用呢！所以这一篇是《德充符》。后面第三个故事，又是一个残疾的人。

向孔子说教的人

鲁有兀者叔山无趾，踵见仲尼。仲尼曰：子不谨，前既犯患若是矣。虽今来，何及矣！

鲁国有一个人，也是残废，少两条腿的，名字叫叔山无趾；“无趾”是外号，没有足趾头的意思。“踵见仲尼”，因为没有脚，只有用两个膝盖，跪在地下走路，大概挟了两个支架，去拜见孔子。孔子说，老兄啊！“子不谨”，你自己不小心谨慎，受了伤，变成这个样子。“前既犯患若是矣”，他大概本来有两条腿，因为自以为很勇敢，乱搞啊！孔子说你看你变成这样，现在来看我，“何及矣”！来不及了，已经受伤了，太迟了。

无趾曰：吾唯不知务而轻用吾身，吾是以亡足。

注意这个话，他是悟了道的，无趾说：因为我年轻不懂事啊！“吾唯不知务而轻用吾身”，自己不重视身体，认为什么都不怕，别人伤到我，没有关系；许多人都是这样。尤其有些人，车子撞来，那不稀奇，被人撞了才稀奇。这就是年轻人！这两天吃饱了没有事，老的少的坐在一起讨论，结婚好，还是不结婚好，分成两派，各有各的理由。有一位老同学，我看他这两天家庭痛苦到极点，结果他说，还是结婚好。我一听这些道理，都是“轻用吾身”；被汽车撞了，很容易办，两个人结婚在一起，人跟人撞了，比汽车撞了还受伤得厉害，你说对不对？无趾说，自己都是不知务而轻用吾身。年轻不懂事，对身体很随便，“吾是以亡足”，所以把两个腿都玩掉了。

今吾来也，犹有尊足者存，吾是以务全之也。

虽然我没有腿，我今天来，还看到有两条腿的人。他这就是讲孔子；意思是，你骂我，是啊！我是年轻不懂事，所以把自己两条腿玩掉了。不过，我现在来看一个人，他是两条腿还没有玩掉的人呢！这一棒，把孔子打得很厉害。“吾是以务全之也”，因为我看到你这个人，两条腿没有玩掉，所以，我是为了来保全你这位老兄，希望你这两条腿不要玩掉了。无趾对孔子讲得很好，因为孔子周游列国，也快要玩掉了。他说我为了保全你的两条腿，不要玩得同我一样。

夫天无不覆，地无不载，吾以夫子为天地，安知夫子之犹若是也！

这个天地生万物生人，非常仁慈伟大，总希望人与万物都好好的，很幸福地活下去。所以“天无不覆”，好的坏的，都在天底下。“地无不载”，地也很仁慈，好的坏的，它都承载着。“我以夫子为天地”，人家都说你夫子道德学问好，我想你的修养胸襟，也同天地一样的仁慈。“安知夫子之犹若是也”，结果你看到我，还讲这样的话，我失望了。他讲孔子，你原来不过如此，这就是我们普通说的“久闻大名，如雷贯耳；今日一见，不过如此”。

孔子曰：丘则陋矣。夫子胡不入乎，请讲以所闻！无趾出。

孔子被他骂了以后就说，对不起，非常抱歉，我太低级了，太浅薄了。“夫子胡不入乎，请讲以所闻！”孔子不敢叫无趾的名字，叫他夫子，请你进来，讲一点你所知道的道理给我听。无趾进了房间，他与孔子讲了些什么话，不知道，大概传了道吧！讲完了以后，无趾就走了。

孔子曰：弟子勉之！夫无趾，兀者也，犹务学以复补前行之恶，而况全德之人乎！

孔子告诉学生：“弟子勉之！”你们要努力才是啊！你们看，无趾这个人，是一个残废的人，虽然外形残废，心理精神是健全的。“犹务学以复补前行之恶”，他知道在学问道德上修养，以弥补自己以前的过失。他这个残缺的人，都能够懂得这样，“而况全德之人乎”，何况我们不残废的人呢！如果我们不晓得努力求学修养自己，那就很惨了。如说我们是“全德之人”，那只是身体完全。世界上全德之人很少，形体全不算是完全的一个人；还要精神修养，内心道德学问的成就，才算是一个全德之人。这是孔子受了无趾的教训，所说的话。

老聃怎么说

无趾语老聃（聃）曰：孔丘之于至人，其未邪？彼何宾宾以学子为？

无趾这位老兄，又跑去看老子了。老子就是老聃，也算是孔子的老师。他给老子讲，老师啊！我看那个孔丘——他叫孔子的名字，“孔丘之于至人，其未邪?”他恐怕没有得道，恐怕离得道还差一级，恐怕还没有到家。“彼何宾宾以学子为?”他为什么彬彬有礼，好像装起一副外表有道的样子。“宾宾”也就是彬彬，是形容词。他到处很谦虚有礼，满口之乎者也那个味道，从头到脚，充分表示了很有道的样子。这个不对，他还要跟你学，我看他不像。

彼且蕲以諔诡幻怪之名闻，不知至人之以是为己桎梏邪?

“彼”就是讲孔子，“蕲”就是希望，“諔”是讲话的巧妙修辞，如何讲得好、写得好。“诡”，思想要出奇，“幻怪”，说些人家不懂的道理，古里古怪的。无趾说，嘿！我看孔子虽然标榜为圣人。“彼且蕲以諔诡幻怪之名闻”，那不是真的有道啊！真正有道的人，讲话很通俗，用不着加上文学修辞。“不知至人之以是为己桎梏邪?”无趾说，我看他不明了，一个真正得道的人，把这些学问知识看成是自己的枷锁，都是人生的刑具，都是脚镣手铐，把自己捆住了。做人一定要讲礼，讲礼就把自己捆得很厉害，不自然了。

老聃曰：胡不直使彼以死生为一条，以可不可为一贯者，解其桎梏，其可乎?

老子一听啊，你这个学生不错，原来你已经去看过孔子了。你既然看过他，怎么不接引他呢？使他进一步了解“死生为一条”，了了生死，生也就是死，死也就是生，生死只是一个过程而已；生命不在一个有形的生死。

譬如我们死的时候，很痛苦，“哎哟哎哟”地叫，这是形体的生死；那个能叫哎哟，能叫痛的那个东西，不受生死的影响。所以了了生死的人，看生来死去是一样的，这样叫做了生死。千万不要搞错，以为打坐成功了，死后这个世界我不来了；不来你躲到哪里去啊？你躲到月球姑奶奶那里，也没有用啊！姑奶奶要叫你做工的呀！

所以死生为一条，生死没有什么了不起。处在这个人世间，“以可不可为一贯”，好与坏都差不多。得了道的人，对于生死看成一条了，好与不好，生活优越不优越，做人得不得意，都是一样，是一贯。如果你看了孔子，能带他一步，叫他了了生死，然后处世无可无不可，那样你把孔子的学问等等，一切外形的刑具不是解脱了吗！

无趾曰：天刑之，安可解！

无趾一听老子骂他的话，就说老师，算了吧！那个孔子爱做这种事，活该。“天刑之”，上天给他的刑罚，他那个痛苦刑罚没有受满，给他去周游列国，爱讲四书就讲四书，五经就五经，让他去讲吧！他要去受罪，坐在那里觉得在弘法传道，把自己害苦了。“安可解”，刑期没有满，帮不了他。这就是禅，所以庄子全篇是禅，像孔子刑期没有满，他活该受刑，这一类的话。下面是郭象的注解：

今仲尼非不冥也，顾自然之理，行则影从，言则响随。夫顺物则名迹斯立，而顺物者非为名也，非为名则至矣，而终不免乎名。则孰能解之哉？故名者影响也。影响者形声之桎梏也。明斯理，则名迹可遗，名迹可遗，则尚彼可绝，尚彼可绝，则性命可全矣。

“今仲尼非不冥也”，郭象说孔子并不是冥顽不灵，孔子也得了道，并不是不懂。“顾自然之理”，孔子的救世之心，同老子的出世法之道，并没有两样，都是合于自然。“行则影从”，一个人走路，有太阳照，影子就出来；“言则向随”，一讲话就有声音出来，这两句都是高深的哲学，也是科学。

“夫顺物则名迹斯立，而顺物者非为名也，非为名则至矣，而终不免乎名。”“顺物”是为了救世救民，并不是为了求名。郭象说孔子不是为了求名，是为了一种仁慈。不为名反而留万古之大名，这不是他原来所希求的；也就是释迦牟尼一样，每个圣人、教主都一样，开始只是一番救世之心，后来他的教化变成宗教，那是后世的人，假借他的招牌。

“则孰能解之哉？故名者影响也。影响者形声之桎梏也”。所以人世的虚名，都是“影响”，千万不要被自己的虚名所影响；名气高了就是现在所谓知名度，你会被知名度骗死了。你名气再大，如果不讲你就是那个人，谁也不理你。其实那个名同你自己，有什么关系嘛！毫不相干。所以，“故名者影响也。影响者形声之桎梏也”。你被自己的虚名所捆绑，结果是你自己在受罪，这叫做死要面子活受罪。何苦呢！

“明斯理，则名迹可遗，名迹可遗，则尚彼可绝，尚彼可绝，则性命可全矣。”懂了这个道理，就可以把这个虚名丢掉不要了。虚名不要，自己有安身立命之道，也不被外界的虚名所困，就是解脱了桎梏。

所以庄子借无趾的话，讲孔子“天刑之安可解”，上天要给他受罪，他的罪还没有受够。老师啊！（叫老子）我们不要使他得到解脱，让他去受罪吧。这几段都是残疾人的故事，最后来一个更大的故事。

鲁哀公被迷住了

鲁哀公问于仲尼曰：卫有恶人焉，曰哀骀它。

鲁哀公是鲁国的诸侯，孔子是鲁国人，鲁哀公就问孔子说："卫有恶人焉，曰哀骀它"，卫国有个人，是有名的坏蛋，名字叫做哀骀它。哀骀它是外号，就是可悲的意思，反正难看得要命。

丈夫与之处者，思而不能去也。妇人见之，请于父母曰：与人为妻，宁为夫子妾者，数十而未止也。

但是男人一旦跟他认识，就舍不得离开，每人都爱他。女的一看到他，嘿，就回家跟父母吵，如果把我嫁人，我情愿给这个人当小老婆。他说这样的女人，有几十个，后来登记的越来越多；不但男人受他的骗，女人也受他骗。女人不但要嫁给他做太太，还愿意做第二、第三、第四的姨太太，还排队登记。

未尝有闻其唱者也，常和人而已矣。

但是这个人这么厉害，他却从来没有做过宣传，既没有上电视，也没有登过广告，也没有自己弄个传单，挨家挨户叫人家投他一票，从没有这种事。他只不过对人都很好，人家对他也很好。

无君人之位以济乎人之死，无聚禄以望人之腹。又以恶骇天下，和而不唱，知不出乎四域，且而雌雄合乎前。是必有异乎人者也。

“无君人之位以济乎人之死”，“君人之位”是领袖人物，像当皇帝的人，可“以济人之死”；一个犯罪的人，要处死了，皇帝下个命令赦免，这个人就活了，这就是可以济人之死。这个人并没有这个权力啊！“无聚禄以望人之腹”，穷人肚子饿了，都想找有钱的人做朋友，想弄两个钱过生活，“无聚禄”，而他又没有钱，没有办法使人吃得饱，生活安乐。“又以恶骇天下”，他的面貌形态，又难看极了，大家看到他都觉得可怕。“和而不唱”，真奇怪了，你说他那么难看吗！一见到他的时候，就舍不得离开他，他也没有做宣传啊！他的智慧学问有多高呢？同我们差不多嘛！都是天地之间的学问，“知不出乎四域”，我们有的学问，他也有，他所知道的，我们也知道，他的知名度仅限于四境之内。“且而雌雄合乎前”，雌雄就是男女，不论男女老幼，都愿意跟随他，都听他的。“是必有异乎人者也”，我想这个人啊，一定有特别的地方，超越一般常人。

寡人召而观之，果以恶骇天下。与寡人处，不至以月数，而寡人有意乎其为人也；不至乎期年，而寡人信之。

鲁哀公说他想办法把哀骀它请来了，“果以恶骇天下”，这个人到了鲁国见面，果然丑，丑陋得不得了，真难看啊！“与寡人处，不至以月数”，可是呢，那么难看的人，才住了一个月，“而寡人有意乎其为人也”，就使我觉得他非常可爱，他做人好像没有什么缺点，样样都可以，都不错。“不至乎期年，而寡人信之”，住了一年，连我都迷信了他。

国无宰，寡人传国焉。闷然而后应，泛而若辞。寡人丑乎，卒授之国。无几何也，去寡人而行。

我心里头都没有主宰了，我要请他当鲁国的国王，愿意让位给他，把整个鲁国让给他；所以我就跟他商量。“闷然而后应”，当我告诉他，我退位，请他当鲁国的诸侯时，他闷声不响，也没有高兴，好像傻里傻气，停了半天，就是嗯，这么一声，也没有讲可以或者不可以。“泛而若辞”，后来他讲了一句话，不可以，我没有资格当……“寡人丑乎”，连我请他当国王，他都不要，我觉得很丢脸！心中也很惭愧。“卒授之国”，最后，我勉强把国家政权交给了他。“无几何也，去寡人而行”，他不到几天，就偷偷地溜掉了，离开了我，根本不要当国王。

寡人恤焉若有亡也，若无与乐是国也。是何人者也?

他离开我之后，我心里就像掉了一块东西一样，非常不安，心里难过极了。自从他走后，我没有快乐过一天；虽然当诸侯，富有国家，但是我不快乐。“是何人者也?”你看，这个人是什么样子的人？世界上，哪里有这样子的人啊！鲁哀公问孔子这是个什么人，大概孔子你也没有见过。如果孔子见了他，大概也要拜门了。这就是禅宗了，这就是个话头。

世界上有人做到这个样子的吗？有！当然没有到那个程度，人人都要跟着他。可是有人会这样，虽是很丑，但是很可爱；社会上不大看得到，修道人里就有。我经常讲，当年在大陆到处求道，年轻到处乱跑，看到过有道的人，那么可爱，也不洗澡不洗脸，虽然脏但就是不觉得他脏，反而样样都好；就是因为道德的充沛，确实有这样的人。我先点出来这个题目，再看孔子的答复，就很有道理了。

吸引人的是什么

仲尼曰：丘也尝使于楚矣，适见㹠（豚）子食于其死母者，少焉眴若，皆弃之而走。不见己焉尔，不得类焉尔。

孔子说：我曾经到过楚国，看到小猪吃老母猪的奶。当时这个老母猪已经死了，这些小猪不知道老母猪已经死去，仍来吃奶。“少焉眴若”，小猪吃了半天的奶，然后围着老母猪一转，看到这个老母猪与平常不同，眼睛也不张开，死了的样子，“皆弃之而走”，小猪哇……统统都跑掉了。“不见己焉尔，不得类焉尔”，小猪为什么跑掉？因为看到妈妈的样子变了，是死的样子，不像原来那个妈妈，而跟自己不一样，不同类，觉得不对劲，就统统跑了。孔子讲了这个故事。

所爱其母者，非爱其形也，爱使其形者也。

猪也好人也好，他们爱自己的父母，并不是爱父母的形骸，所爱的是什么？“爱使其形者也”，是使之成为形骸的，也就是形体后面的那个东西，那个东西如果跑掉了，就变成了死人，变成死猪；与活着的不再同类，当然就会害怕了。就像我们普通人，你的父母再可爱，你的情人再可爱，当他们死了，就不可爱了。所以你所爱的，不是外形，而是外形里头的那个才德。

战而死者，其人之葬也不以翣资；刖者之屦，无为爱之，皆无其本矣。

他说古代的礼貌，因打仗而死的军人，送葬的时候，不用军人的服装，因为军人是勇敢的象征，拿现在讲，战败觉得丢人，勋章都不给他戴上。古今中外的文化，是尊重英雄，尊重勇士，战败而死的人出葬，连表扬令都不能拿出来，只能普普通通把他埋葬了。“刖者之屦，无为爱之”，一个断了脚的残废人，或者五个脚趾头切掉的人，脚都没有了，还要鞋子干什么？“无为爱之”，所以不会爱鞋子了。“皆无其本矣”，因为无本，没有了主体，所以勋章鞋子都没有意义了。这是古代的文化。

为天子之诸御，不翦爪，不穿耳，取妻者止于外，不得复使。

古代进宫的女子，不准穿耳洞，指甲也不准修剪；所以古代的女性，指甲都留得很长。传说麻姑的指甲很长，背上痒了，都可以用指甲抓。有时候，指甲要用开水泡，慢慢慢慢，把它卷起来变成一个球一样，才能睡觉。“不翦爪，不穿耳”，是要形全的意思。“取妻者止于外，不得复使。”他说，古人夫妇之道，已经结过婚，“止于外”就是休妻到外面了，这种情况就不能够再结婚，因为不完美了。

形全犹足以为尔，而况全德之人乎！

为什么古代有这样的文化风格呢？就是说，一切求完全美好。不但求内心的美好，外形也要全好。如果内在的道德不美的话，外形再美，也是丑陋；如果内在的道德充沛了，外形虽然丑陋，也是世界上最美的。这是孔子答复鲁哀公的话，认为哀骀它这个人，是全德之人，道德真正修养到了家的，也就是至真至善至美。这个全德的名称，是庄子在这一篇提出来的。所以这一篇叫做《德充符》，一个人的修养，是道德的充实，精神的升华，这才是真正的美。

今哀骀它未言而信，无功而亲，使人授己国，唯恐其不受也，是必才全而德不形者也。

孔子说哀骀它这个人，用不着讲话，而是无言之教，人们自然就受他的影响；在佛家来讲，这个人已经得到不可思议三昧，凡是接触到他的人，坐在他所放射的功德范围之内，心就定了，清净了，就得救了，所以他是“未言而信”。“无功而亲”，他用不着有什么特别的表现，自然会使人感到可以信任，可以亲近。“使人授己国，唯恐其不受也”，所以他能使人情愿把国家交给他，人家还怕他不愿意接受呢。

他说这一个人“是必才全”，一定是才能、学问统统具备的全才。才能是天生的，譬如说一个人有绘画的天才，做人做不做得好，也是天才喔！有些人再教也教不好；有天才的人，一点就透，闻一而知十。才是才，学是学，孔子说，他这个人一定才能俱全，道德也全。但是才与德虽然都全，“而德不形者也”，他的道德内涵始终不外露，所以更美。有才有德，如果给人家看出来，这个才德虽然是好，还差一层。有才又有德，你还看不出来，方向在哪里也都摸不出来，那就更高了。

哀公曰：何谓才全。

鲁哀公听孔子这么说，就问了，怎么样才叫做“才全”呢？注意啊，才就包括了智慧、学问。

再说修养

仲尼曰：死生存亡，穷达贫富，贤与不肖毁誉，饥渴寒暑，是事之变。命之行也。

孔子这几句话都是相对的，“死生”相对；“存亡”就是得失，成功与失败；“穷达”，“穷”就倒楣，没有钱当然属于倒楣啦！“达”就是通达，样样得意；“贫富”，有财富与贫穷；“贤与不肖”，好人与坏人；“毁誉”骂你的，恭维你的；“饥渴寒暑”等等一切，这些外界的影响都属于世事之变；这些变化的现象，也都是人生境界会遭遇到的！这些就叫做人世。在人生的道路上，这些现象的变化，会随时现前。那么，这些遭遇到的人世变化，有没有主宰？是上帝给你安排的吗？还是菩萨给你安排的？还是阎王给你安排的？都不是，而是无主宰。那么你说自然而来吗？也不是“命之行也”，都是自己生命中的一股力量，而使自己遭遇到的。你们研究过佛学的就知道，这个“命”，就是佛学所讲的业；善有善业，恶有恶业。“行”就是佛学所讲的，色受想行识五阴的那个“行”；“行”也就是动，这股力量永远在运行转动。这股力量并无主宰，也非自然，而是一切唯心的，唯自己心所造的。所以生命是自己造的，这股力量永远在转动，在生命存在的途程上，使你自然遭遇种种的变化。

日夜相代乎前，而知不能规乎其始者也。

他说这些现象，白天过了是夜里，夜里过了又是白天，所以“日夜相代乎前”，日夜交替变化摆在我们前面，“而知不能规乎其始者也”，但是我们找不到生命力量及宇宙万有变化开始的起点。白天跟夜里哪里来的呀？上帝造的吗？没有，不是上帝造的。上帝是什么人造的呢？他说“而知不能规乎其始者也”，你的智慧没办法参透这个最初的动能是怎么来的！如果你参透了这个本源呢，就叫做得道了。

这一篇庄子所讲的故事，一般人根据后面的一篇所谓寓言，认为这些都是假托的；是不是假托呢？等讲到寓言的时候再来讨论。现在我们姑且把它当成一个假托。

故不足以滑和，不可入于灵府。

我们一般人，被时间空间所限制，自己心里永远得不到解脱，得不到自在，始终被外在的环境障碍住了，因此达不到“滑和”的境界，也就达不到一个祥和、安适的境界。勉强用佛学的名词来解释，就是达不到身体的自在和心灵的解脱；因此说，“不可入于灵府”。“灵府”在《庄子》这里才出现，一般人把它解释作心。不过，不是我们心脏的心，而是讲心的体，所谓包罗万象，都是唯心所造，庄子把它称做灵府。后来道家以及道教，就用了这个名称，把所谓天人的境界，得道的境界，叫做灵府。以后又加上宗教的色彩，在道教里，把灵府描写成天堂，再有各种各样的述说。实际上，庄子借孔子口中所讲的灵府，就是心灵的意思；所谓“不可入于灵府”，就是不能升华到心灵最高解脱的境界。

使之和豫通而不失于兑。

这个“兑”字就是“悦”。假使一个人的修养，到达了随时随地都在和平愉悦的境界，心中没有烦恼，没有悲忧痛苦，“和豫通”，流通和豫之气，与天地相通，入于灵府的境界。“而不失于兑”，一天到晚，都是愉悦的，那就是道家修神仙长生不老的名言：“神仙无别法，只生欢喜不生愁。”要学神仙，没有别的方法，只生欢喜不生愁。能够随时随地保持心境在愉悦的状态，没有忧愁烦恼在心中往来，自然可以到达神仙的境界。

《德充符》是讲道德的充实，现在由孔子的口中讲到才德，真正有道德的人，才德学三样具备。道德行为都修到充实，他的才能也是天才了，就是古人所谓的仙才。中国文化思想，认为人可以修成人仙，肉体生命永远存在，长生不老，这是中国文化特有的。至于这个仙才，在中国文化里也有一句话：“此身无有神仙骨，纵遇金仙莫浪求。”如果不是神仙的材料，纵使遇到金仙也不可以乱求。“浪”就是乱的意思。当然你求也无妨，不过不会成功的。

李泌的故事

说到仙才，从唐明皇时代开始，到他的儿子肃宗，然后代宗，一直到德宗，在这四代，有一位仙才宰相名叫李泌，不过普通历史书上不大说的。李泌与郭子仪齐名，一文一武，都了不起。李泌是有名的神仙宰相，这个人学道也学禅。你们研究禅的人，在《指月录》懒残禅师这一段，可以找到他的一点资料。历史上形容李泌，不但有仙才，也有仙骨。传记上记载他，骨节珊然，他走起路来很轻灵，“珊然”，那个骨头柔软得呀！不像是人的骨头，有一股特别的味道，也就是普通人所讲的仙风道骨。

李泌就具备了仙才的特质，他与懒残禅师有一段故事，这位禅师是所谓的再来人，李泌晓得他是有道的人，夜里向他下跪求法。这个懒残禅师很懒，鼻涕流出来挂到胸口，自己也懒得擦，又专门吃庙子上的剩菜剩饭，所以大家叫他懒残禅师。李泌在庙子里读书的时候，就看到这一个和尚，夜里听见他念经，犹如天籁之音。冬天，那个懒残禅师把牛粪抓来烧火，在上面烤芋头。这个李泌就跪在懒残前面，懒残禅师不理，等芋头烤好了，连鼻涕连芋头，自己吃得很有味，然后吃了一半，连鼻涕带芋头就给了李泌；这个李泌像得了什么宝贝一样，就吃下去了。所以求道很容易，肯不肯吃人家的鼻涕，是个问题；有这个精神，那才可以求道啊！

李泌吃完了，懒残就告诉他，你好好地记住，将来领取十年太平宰相。所以我们读历史，替李泌很可惜，应该吃一整个芋头才对，那样总有几十年太平宰相吧！结果只做了十年。不过他始终不肯真当宰相，一直以普通人的身份，帮助唐肃宗，配合郭子仪，把安禄山之乱平定下来。当时内部的计划战略，许多都是他出的主意。

到了代宗的时候，皇帝留他共睡一床，两个人无所不谈，但是他始终不肯做官，宰相也不肯做，只想修道；他已经到达辟谷了，同张良一样。最后大家逼他吃东西，他的道就掉了。所以只能吃芋头，不能乱吃的。这是历史上一则故事。

不过这种故事，在正史上多半不提。我们这个历史很有趣的，因为都是一般儒家的人物所写，有关于奇特一点的事情，都去掉不记。所以读中国的历史，光看正面不容易全部了解，要看反面才行。因此我常叫人家看历朝名臣的奏议等等，看反对的意见，才可以了解当时真实的情形。

才德双全

使日夜无郤，而与物为春，是接而生时于心者也。是之谓才全。

再讲庄子所提出来的全德与全才。一个能够成道的人，能够升华的人，或者要在这个世界做一番大事业的人，必须要具备两个东西，就是全才与全德。全才已经很难了，再加上全德就更难；有才无德也不行，有德无才也不可以。有德无才可以修道，但不能入世；有才无德入世很危险，不但危险了自己，也危险了世界，所以要才德两全才能入世。上面借用孔子的话，所以说一个人“使之和豫通而不失于兑”。

“使日夜无郤”，“无郤”不是退却的意思，而是昼夜心里没有杂念。拿佛家的话说，没有烦恼。所以，前面我们讲到佛学的道理，说到一个人的修养，所谓大阿罗汉境界，“身轻如叶，昼夜常明”，就是没有睡眠了。心中也没有烦恼，也没有梦，到这个境界，“而与物为春”，同万物相往来，是神仙的境界，身心永远是春天，永远年轻，永远愉悦的。

“是接而生时于心者也。”这个接是接天地之灵气，换句话说，是天人相交；宇宙的生命，互相交接在一起。“而生时于心者也”，随时生生不已，心境永远是春天一样，永远常春。元朝开始以前，成吉思汗曾为长春真人丘处机，修造一座长春宫，道理就是这个地方来的。事事长春，没有衰落，没有烦恼，“是之谓才全”，换句话说，这样才全的人，才能达到道德的充实。

何谓德不形？

鲁哀公又问怎样叫“德不形”呢？一个人内在道德的充沛，外形上看不出来，这个非常重要。有道德之士，如果外貌也摆出一个道德的形态，那就是有限的道德了。可以叫他有限公司。道德真充沛的人，外表很平凡，就像文学里讲的，“学问深时意气平”。一个人学问成就深沉了，他的意气也没有了。这句话看起来很平常，实际上很重要的。我们晓得古今中外的知识分子，他们的争论与心理上的战斗，比什么都厉害。普通人活着都在争，是贪心所起的争，是争利害。知识分子的争，比普通人所争更可怕，是所谓思想之争，更超过于利害之争。

所以真做到学问深时意气平，就是无诤，那就是圣人境界了，叫做得道的人。平常看这么一句话，“学问深时意气平”，好像很容易，做起来是非常困难，因为意气很难平和。知识分子能否够得上这个标准，全看他的意气能不能平。至于庄子现在所讲的“德不形”，是有道德而不形之于外，那比意气平的境界还要高。哀公问，怎么样才叫做德不形呢？有个道理。

曰：平者，水停之盛也。其可以为法也，内保之而外不荡也。

科学上、物理上，常用“水平”这两个字；水平这一句话，首先出现在《庄子》。“平者，水停之盛也”，他说这个水真正平了，就不流了，所以叫做水平。水有一点点倾斜就会流动。“其可以为法也”，所以打坐修道达到此心定下来，不一定盘腿，而是这个心像止水一样，不流动了。什么叫做定？什么叫做道的境界？古人形容只有四个字，“止水澄波”。像水一样停止不流，像秋天的寒潭一样平静。在台湾这里，我没有出去走过，没有看见，像我们江浙一带，水绿山青，古人的诗，“自爱名山入剡中”，就是形容这一带的山水。这种一清到底的水，就叫做澄波。有时候看到水不流，是碧绿的青颜色，但不是死水喔！死水的绿看不到底，那是有毒的。活的水发青绿色，同树一样，那非常好看。看了这一种水，心境自然会清凉了。

所以说，水平不流，如止水澄波，人能做到，“日夜无郤”，日夜都是在这种境界上，就是道德的修养。庄子很明显地告诉你方法，此心如水，不流了，杂念妄想都没有了；喜怒哀乐的水不流了，但又不是死的，而是活的；就像一面镜子一样，照见了喜怒哀乐，但是它止水澄波，不流。

佛经上告诉我们静坐的方法，开始像一杯水一样，这一杯水是浑浊的，慢慢自己感觉到了，不静坐还好，一静坐以后，思想杂念反而特别多。有人问佛，佛说这是当然，一杯水摆在那里，看不到泥渣，等到慢慢澄清的时候，就看到灰尘泥渣；慢慢澄清久了，灰尘泥渣都沉到底了，然后倒掉这些泥渣，水完全变清了。那是释迦牟尼佛在印度讲的，庄子的时间当然比他后一点，但那时中印文化还没有交流。庄子讲出这个方法，“平者，水停之盛也，其可以为法也”，要人们效法水平，止水澄波，心境慢慢地修养，道德就充实了。他这个说法，与释迦牟尼所说却是相同的。

“内保之而外不荡也。”内在的心境，永远保持这个境界，而不受外界的影响。外面的境界不管如何，骂你也好，恭维你也好，乃至看到得意失意也好，此心水平不流。如果说，打坐时或者做得到，做事的时候就做不到了，那不算数。要能够入世，要能够做事，喜怒哀乐都有，而自己那个心境的修养，等于一杯清水摆在那里，没有动过。所以有这种修养，可以出世，也可以入世，从外形上是没有办法了解的。玄奘法师有八个字说明，“如人饮水，冷暖自知”。

德者，成和之修也。德不形者，物不能离也。

道德的修养，到达这个“成和”的境界，就是《中庸》所讲的“中和”的状态；换句话说，这才真正成就了和平，心境的平和。修不是修道的修，而是这条修长的路，这个希望和前途；这个才叫做内德修养。所以，内在有这种道德的修养，“物不能离”，不管外界万物如何扰乱你，你始终没有离开这个凝定、祥和的境界。孔子讲到这里，回答了鲁哀公有关哀骀它的问题，告诉他，哀骀它是有道之士，说明了什么叫才全！什么叫德全！换句话说，在《庄子》的文章里，孔子在对鲁哀公说法。

用师则王 用友则霸 用徒则亡

哀公异日以告闵子，曰：始也，吾以南面而君天下，执民之纪而忧其死，吾自以为至通矣。

“闵子”，他是不是二十四孝里那个闵子骞？不知道，我们姑且把他当成是他了。有一天，鲁哀公遇到孔子的学生闵子骞，就对他说：“始也，吾以南面而君天下”，中国古代的皇帝或最高领袖，都是面南而坐；其次坐西面东，那是师道的位子。在国民革命推翻清王朝以前，谁的房子都不敢向正南，只有衙门、神庙，才可以向南。这一种几千年的民族文化，是根据《易经》所讲，南北极磁场的道理而来。等于埃及修金字塔一样。鲁哀公是个职业皇帝，他说，我当国王的时候“执民之纪而忧其死”，想有一个好的政治制度，就怕老百姓得不到好的生活，忧国、忧民、忧天下，我做国王是这个心思。“吾自以为至通矣”，我自以为自己是个好国王。

今吾闻至人之言，恐吾无其实，轻用吾身，而亡吾国。吾与孔丘，非君臣也，德友而已矣。

我现在听了你老师孔子这一番话，才晓得还不止这样，而是要懂得人生的价值。“闻至人之言”，得道的人为至人；庄子创造的这个名称至人、真人，影响了道家与道教。所以成了道的神仙，称为真人等；像吕纯阳真人、丘长春真人等。至人也就是真人，得道的人。不过，我们看到这个名称，可以想到，我们这些都不是真人，而是假人。鲁哀公说他听了至人的话，自己南面而王，忧心天下，只是一个空洞的理想，“恐吾无其实”。虽然也有忧国忧民等心思，但也只是“轻用吾身，而亡吾国”。最怕不爱惜自己真正的生命，而对社会国家没有贡献。如果这样下去，对国家并不好。鲁哀公因孔子一番话而懂得深一层的道理，知道得道的人不在于外形。这一段故事鲁哀公自己做了结论，就是得道的人，不在于外形的威德庄严；所谓真正的庄严，是在于内心的充实。

鲁哀公的结论，“吾与孔丘，非君臣也”，他与孔子，不是国王与臣下，而是“德友而已矣”。可以说是道友，道德的朋友。鲁哀公毕竟还是鲁哀公，庄子这一段话，也记得很真实。不过，研究孔子很难，只读四书五经，没有办法了解孔子。有几本书，我们需要看的，一本是《孔子家语》，那是在四书五经以外，所搜罗孔子的资料；还有一本是清代以来的著作《孔子集语》，记述孔子的这些话。看了这两本书以后，研究孔子才会有所了解。庄子记录的这些东西，是不是孔子当时真有过的事呢？考据上很难了，但是，对于了解孔子，是有所帮助的。

其次我们看到，庄子提到孔子时，很多地方是难堪的、挖苦的、幽默的。但是你仔细看完了，他很多地方是绝对捧孔子，这里也在捧孔子。另有一个问题，刚才我们提到鲁哀公的话，说他与孔丘“非君臣也，德友而已矣”，所以说，鲁哀公是个小诸侯，不能成其大者，是有原因的。中国历史文化的一个名言：“用师则王，用友则霸，用徒则亡。”这是中国历史的天经地义。用徒弟的下场不好，这是所谓唱京戏“末将听令”一类的臣下，大家都是唯命是从。鲁哀公到底有没有大帝王的器度呢？最后说是跟孔子德友而已，他没有说我师是孔子啊！

所以历史上用师则王，譬如汤用伊尹，周文王、武王用姜太公，这都是用师；汉高祖用张良，刘备用诸葛亮，这些是用友，朋友同僚之类，够不上以师道用之。总之，秦汉以后，没有用师道的，都是用友而已。刚才提到唐玄宗以下子孙四代对李泌，仍是用友而已，并不是用师，这是我们顺便提到的。现在庄子另外再提出来两个人，这一篇的每个故事都讲得很妙，每一个都是不像人样的人。

内在与外在

闉跂支离无唇说卫灵公，灵公说之；而视全人，其脰肩肩。瓮盎大瘿说齐桓公，桓公说之，而视全人，其脰肩肩。

“闉跂”“支离”，都是外号。闉跂这个人非常矮，个子很小，长得不像人样，两个脚踮起来走，脚跟不落地的，用足趾头走路。支离这个人身体奇怪，胸口不像胸口，腰干不像腰干，反正也是个怪样子，而且嘴巴无唇。但是卫灵公见到这个人非常喜欢，再看普通正常的人，觉得没有一个可爱的。“卫灵公说之”，“说”就是悦。“而视全人”，看一般长得正常的全人，“其脰肩肩”，反而不像人了，就是这么一个面孔，一个脖子这么长，好难看！还是那个人好。

“瓮瓷大瘿”，也是外号，他的脖子甲状腺很肿，好像一个水缸，肚子也很大，像一个有病的人。他去见齐桓公，齐桓公很高兴，认为他这个人才漂亮，很喜欢他。“而视全人”，而看一般正常的人，“其脰肩肩”，好难看，怎么人有个肩膀，有个脖子！越看越难看。

故德有所长而形有所忘，人不忘其所忘，而忘其所不忘，此谓诚忘。

庄子是正面讲，一个人，有道德不一定在外形！外形是看不出来的；所以“德有所长”，道德有所长的时候，欣赏他的道德学问“而形有所忘”，忘记了他外形好不好看。“人不忘其所忘，而忘其所不忘，此谓诚忘。”可是一般人，都像佛学所说的名词“颠倒”；人的思想观念，往往很颠倒的。人们认为是真理，是正确的，不一定是真理；我们认为是错误的，不一定是错误，也许是正面的。世界上的真理在哪里啊？很难讲。哲学家、科学家、宗教家，三家都在找这个真理，到现在还没有确定下来。佛家认为，一般人的观念都在颠倒；所以一般人，“不忘其所忘”，应该忘掉的事没有忘掉；“而忘其所不忘”，不应该忘掉的事情呢，偏偏忘掉，“此谓诚忘”。一般人都认为自己是意志清明，实际上庄子说，这是大糊涂。

不要忘记了郭象对《庄子》的注解，这一页里的小字，注解得非常好。我们晓得，尤其研究佛学的人都知道，鸠摩罗什的弟子——僧肇，所著的一本《肇论》，其中好几篇文章，都影响了中国哲学思想；研究中国哲学史、中国文化史，离不开《肇论》。僧肇这个出家和尚，年纪三十一岁就死了（公元三八四—

四一四年），他太聪明，文章也太好了。我们都认为，《肇论》的文章学《庄子》，文字之美啊，是很难超越的。实际上呢，僧肇的文章真正是学郭象，不是学庄子的。至于郭象嘛，倒是学庄子。历史上几个才气纵横的人，苏东坡，乃至清朝的金圣叹，都是学庄子与郭象的文章。郭象的文章，不但文字美，哲学思想也高。下面引用郭象的注解：

偏情一往，则丑者更好，而好者更丑也。……生则爱之，死则弃之，故德者世之所不忘也，形者理之所不存也。故夫忘形者非忘也，不忘形而忘德者，乃诚忘也。

“偏情一往”，人只要感情有了偏见，形成了主观，“则丑者更好，而好者更丑也”。虽然别人都觉得那个人很丑，他觉得好，越看越漂亮。如果对这个人感情偏见一来，或者意见不合，就是长得再漂亮，也愈看愈讨厌；大概男女之间、夫妇之间、朋友之间，都有这个经验。中国人有一句俗语，“牌打一张，色中一点”，漂不漂亮并没有一定的标准。当两人感情好的时候，愈看愈漂亮，骂他侮辱他，他还觉得对他好呢！等到感情有了偏见，你对他好死了，他还认为你想害他。就是这个道理。

“生则爱之，死则弃之”，一个人活着的时候很可爱，生病或者死的时候，就被抛弃了。“故德者世之所不忘也”，道德是世人不会忘记的，譬如经常听到说，某人很有道德的，这个人很好，是世所不忘也。人人都认为道德好，但是人真爱好道德吗？道德是个什么东西？没有看到过，都被外形所骗。所以“形者理之所不存也”。我们也都知道外形是假的，虽然个个知道，但是个个都会被外在的现象所骗。

所以说，一个人的真正修养，是忘了外在一切现象，但能透过现象而看到后面那个真的东西。可是一般人，虽然都知道这个道理，却做不到，“故夫忘形者非忘也”。相反的，“不忘形而忘德者”，因为一般人都被现象骗了，真正的道德，虽然重要，反而是丢了，所以这个是“乃诚忘也”。郭象的注解，我怕大家忽略里头的许多好东西，虽然只有一两句，你透彻把它了解了以后，对于人生，做人处事，应用无穷，所以特别提出来，请大家注意。现在再回来研究《庄子》本文。

发挥四种观念

故圣人有所游，而知为孽，约为胶，德为接，工为商。

这是发挥老子的观念了。当然庄子不一定发挥老子的观念，可是他和老子的思想是连续的；所以中国文化提到道家，都是老庄并称。“故圣人有所游”，圣人境界，得道的人，自己有他用心的地方，就是逍遥而游，自在而解脱。

“知为孽”，知识本来好的，但是知识愈高，造孽愈多。“孽”是罪孽的孽，不是佛家那个“业”。佛家的业是事业的业，包括善、恶，以及非善非恶的无记，共三种业。庄子这里这个孽，就是坏业，是佛家所说的恶业。所以知识愈多，有时候，反而变成在造恶业。

“约为胶”，“约”就是约束，就是许多道德的规范，观念上的戒条。越保守的人越有自己的范围，结果变成固执，变成黏胶一样，自己不得解脱，被它胶住了，就是佛家所讲的执著。“德为接”，道德本来是件好事情，可是，一般人用到反面去了，待人接物装起一副道德的样子，所以道德仁义变成可利用的工具了。“工为商”，这不一定是做工的工，是工于思想，工于技能，脑子特别好，造出来的东西叫做工。好的东西造出来以后，谁都要买，就变成商业行为，庄子从正反两面都讲了。

圣人不谋，恶用知！不斫，恶用胶！无丧，恶用德！不货，恶用商！

“圣人不谋”，真正得道的人，用不着对人家打主意，不需要用谋略。“恶用知”，不需要用知识，知识本身并不坏，可是它会使人颠倒，把它用在坏的一面，就变成谋略去害人。其实谋略也不是坏，只是变成了阴谋，就会偷偷地害人了，是私底下害人；所以，圣人不用权谋，因此也不需要智慧。

“不斫”是不雕琢，就是不装模作样，人生直道而走，该如何处便如何，不会故意把自己打扮伪装一番。“恶用胶”，所以自己用不着有个界限。“无丧，恶用德”，圣人处世，无所谓得失，不会说样样东西都属于我，“无丧”，就是没有失，没有感觉失去了什么。说钱，你要用就拿去吧！不会觉得是损失，或者不高兴，所以没有丧的观念。另有一个道德的名词，理论上叫做布施，认为布施有功德，这些都是人自己造出来的。直道而用之，无所谓什么布施啊，供养啊，所以是“恶用德”。

“不货，恶用商”，他不想做生意，他不好货。这个货代表一切物质，人都是好物质的，被物质所困扰。读古代的历史，某某帝王“好货”，就是说，他喜欢东西，看到这个茶杯好，最好属于我；看到戒指漂亮，就想要；所有好的东西都想要，就是好货。圣人境界，不好货，不好东西。

好货啊，那很厉害的，我们每一个人都会好货，看到好东西就要。譬如对面国际学舍，这两天，什么出口成衣呀，外销卖不掉的，又便宜又好看，有这个便宜机会可得，一定去好货。所以人生好货是免不掉的，都会被外面的东西所引诱。但是圣人不好货，何必要商呢？所以不需要做生意。

四者，天鬻也。天鬻者，天食也。既受食于天，又恶用人！

所以这四种，不需要谋略，不需要智慧，不需要自己弄个范围，不需要想办法把人家口袋里的钱弄到自己口袋来。“四者，天鬻也。”“鬻”就是养的意思，是天生天养，上天生一个人，总有机会让人活下去，除非人自己捣乱。“天鬻者，天食也。”靠天吃饭，如果顺其自然的话，正常的生命会自然活下去。“既受食于天”，天地生人，除了自己跟自己捣乱以外，正规的平常生活，每一个人都会活得很好；“又恶用人！”不须别人的帮忙，更不须妨碍别人，才使自己能生活下去。

我们人活在天地之间，没有不妨碍别人的，一定会妨碍了别人，才活得下去。就像夫妇父子，兄弟姊妹之间，都是互相妨碍！你把饭做好，我下班回来要吃饭；一定要妨碍了他人，自己才吃得到饭。人都不能自立，如果能够自立，就不会妨碍别人，这是天德，也就是庄子的观念。

情与无情

有人之形，无人之情。有人之形，故群于人，无人之情，故是非不得于身。

这是庄子对历史文化人类社会的批判。他说一般人“有人之形”，虽然形体是个人，“无人之情”，但没有真正的情感。所以庄子的观念，认为我们这些人是假人，不是真人；只有得道的人才是真人、至人。但是，至人活在世界上，“有人之形，故群于人”，因为他是个人，我们也是个人，大家形体都是人，所以聚集形成人群。既然大家都是同类，所以有人群形成，人群就是社会，大家就要懂得群体相处之道。

西方文化的社会学，几十年前严复（几道）翻译为群学，“群”字就是这个地方来的。商务印书馆有一本严复翻译的《群学肄言》，大概还买得到吧！照中国旧文化严格来说，严复的翻译观念并没有错。“无人之情，故是非不得于身”，也由于没有什么情绪感情，所以不会惹是非上身。

眇乎小哉，所以属于人也！

他说，我们一般人不懂人生的价值，所以本身的是非弄不清楚；就是佛家说的一切众生，皆为颠倒众生。所以庄子看人类，太渺小了。庄子的话翻成白话，就是渺小的人啊，你太渺小了，姑且叫做人吧！庄子自己也是人，他连自己也否定了。

謷乎大哉，独成其天！

“謷”是高大的意思，真正要做一个人，要想做一个伟大的人，先要了解人生的价值，有了伟大的人生价值观，才可能成为一个伟大的人。“独成其天!”更要有独立不移的精神，成什么天呢？这个天是道家的观念，就是自然，也就是佛家说的如来、真如。上面都是古里古怪的，找一些怪人来形容这个道理，下面加一点人话了。

惠子谓庄子曰：人故无情乎？庄子曰：然。惠子曰：人而无情，何以谓之人？庄子曰：道与之貌，天与之形，恶得不谓之人？

讲到情与无情这个道理，惠子是名家，专门讲逻辑的，他跟庄子也是好朋友。惠子对庄子说："人故无情乎？"照你这样讲，人要无情才叫做人吗？庄子说：对呀！惠子说，一个人，如果没有感情，怎么叫做人呢？这个情，我们一般人当做感情看啦！庄子说，"道与之貌"，生命的本来"天与之形"，那个本体给了我们人的相貌，上天给我们人的形状，"恶得不谓之人"？怎么不叫人呢！这一段，是庄子答复的话。再看郭象的注解，很值得一读了。

人之生也，非情之所生也，生之所知，岂情之所知哉！故有情于为，离旷而弗能也，然离旷以无情而聪明矣。有情于为贤圣而弗能也，然贤圣以无情而贤圣也。岂直贤圣绝远，而离旷难慕哉！虽下愚聋瞽，及鸡鸣狗吠，岂有情于为之亦终不能也。不问远之与近，虽去已一分，颜孔之际终莫之得也。是以观之，万物反取诸身，耳目不能以易任成功，手足不能以代司致业。故婴儿之始生也，不以目求乳，不以耳向明，不以足操物，不以手求行，岂百骸无定司，形貌无素主，而专由情以制之哉！

"人之生也，非情之所生也，生之所知，岂情之所知哉！"这都是哲学思想，逻辑论辩，所以庄子、郭象、僧肇三个人，不但文章好，文学境界也高。我们现在买一本逻辑的书，不管翻译的也好，中国人写的也好，常常看不下去；科学的书更看不下去，原因是什么？文学的境界不高。如果科学的书，讲逻辑哲学的书，有这样高的文学修养，我们国民的文化就提高了。由此可知文学之重要。庄子他们也是讲哲学，讲逻辑啊！可是你会被它文章的美迷住了，被文学的境界迷住了；其实里头讲的，都是逻辑与哲学。

什么是情 什么是性

"人之生也，非情之所生"，人生下来有生命的时候，不是因为情而生的呀！这句话提出来，什么叫做情？这是一问题。如果我们现在论辩，说男女有感情而结合才有人的话，为什么说非情之所生呢？"生之所知"，我们生来的时候，那一点灵知之性，那一点能知道的这个"能"，"岂情之所知哉"！哪里是情所能够知道的啊！

《礼记》中，始终把人分成两部分来研究，就是性与情两部分。性是人性的性，本性，灵知之性。我们人有思想，有知觉，这个不是感情的作用，这叫做性；而喜怒哀乐，悲欢离合，这是情。能知一切的灵知之性本身，并没有喜怒哀乐悲欢离合的，所以这两个要分开。现在郭象说的这个"性"，是"人之生"，所以说，"岂情之所知哉"！与情没有关系。

"故有情于为"，所以他说，一个人有情，被喜怒哀乐，悲欢爱恶的感情所困扰，就是我们现在讲爱，我爱你你爱我，爱得要死那个爱。这个爱就是情。"故有情于为"，这是有为的作用，心里有所为。"离旷而弗能也"，一个人被感情所困，心的那个光明伟大作用，困住在一小点上；虽然想要把它解开扩大，心境想要如何伟大，思想上要如何伟大，要空，要超出三界，都不可能！做不到的。"然离旷以无情而聪明矣。"如果我们修养到心境离开感情的困扰，心中不被喜怒哀乐爱恶欲，某一小点所困住，而非常旷达而逍遥，那时智慧就开了，这才真叫做大聪明。

“有情于为贤圣而弗能也，然贤圣以无情而贤圣也。”普通的人，只要被感情所困扰，心中有了喜怒哀乐偏见的感情，要想修行达到圣贤的境界，那是永远做不到了，就是“于为贤圣而弗能也”。那么所谓得道的圣贤，就根本是个无情的人啰！要做到无情才能成圣贤啰！

“岂直贤圣绝远，而离旷难慕哉！”因此，我们可以了解，真正的圣贤是很难做到的。圣贤之所谓无情，是没有欲界的这些情，没有世俗的小情；圣贤有的是大情，是大慈大悲圣贤的情；所以说“岂直圣贤绝远，而离旷难慕”，心境的开阔旷达，包罗天地万象，就是圣贤的境界。他说“难慕哉”！你虽然心中很仰慕，但是修养却很难到达这种境界。

“虽下愚聋瞽，及鸡鸣狗吠”，所以说，世上的一般笨人，五官不全，脑筋不好的，乃至于一般鸡鸣狗盗之徒，“岂有情于为之亦终不能也”。他们虽然想修道，因为自己心理不正常，加上情感的困扰，心里愈来愈狭小。但是，对于修道做神仙，超出三界，他们的兴趣也大得很，也想学喔！总而言之，世间的感情也要，也要成道成圣成佛，这就是第六世达赖仓央嘉措的诗所写的：“世间那得双全法，不负如来不负卿。”什么都想要，怎么办得到啊！

“不问远之与近，虽去己一分，颜孔之际终莫之得也。”他说，他们也不考虑考虑，修道要想超越，变成一个超人，要远近分开才行；也就是要远离私人情感的作用，亲近解脱清净智慧高远的境界。因为远近亲疏分不开，所以个人的私心，一点都没有除掉；虽然仰慕孔子、颜回的修养，“终莫之得也”。也永远不可能达到的。

“是以观之，万物反取诸身”，由这个道理看来，真正的修养，“反取诸身”，要自己求之于自身，要去实验；“耳目不能以易任成功”，光靠眼睛耳朵去找真理，是不会成功的。我们看书是靠眼睛，听课靠耳朵喔！光靠学来的这一点，靠耳目而来的一点点，是绝对不够的，所以“耳目不能以易任成功”，这是讲学理。

换句话说，你们年轻的，将来出去做事，乃至当校长，或者当什么长，前途无量，后途无穷，反正官位总是拿这两个来代表，不是员的，就是长的；至少家长你总会当到的。不管你当家长也好，当国家的大家长也好，当一个什么小主管也好，千万记住，“耳目不能以易任成功”，不要随便看到某一点，听到某一点，就判断一切事，那是靠不住的。自己的耳目都不可靠，何况下面各种人的报告呢！

所以当一个主管，如果亲信的人告诉你，老张不对，老李不对，那不一定！千万要记住，这就是圣人做领袖的道理。“手足不能以代司致业”，你不要相信自己的手与脚喔！你如果相信自己左右的人，乃至于相信自己手与脚，手足有时候都会错的。有时候自己拿杯子都会打破，所以做人的道理也是一样，尤其做一个伟大的人，一个伟大的领袖。你认为某人是我的耳目，那并不一定可靠；某人是我的手足，也不一定可靠；所以，当了皇帝，才自称寡人。只有自己的头脑，只有自己一个人，能真正地判断；任何人的是非报告，都有问题，都掺了感情的水，连那个酒都变成水了，所以你喝下去，都有问题，变成毒药了。这就是道家与儒家不同，看东西，看世间的事务，道家就透彻得很。

“故婴儿之始生也，不以目求乳，不以耳向明，不以足操物，不以手求行，岂百骸无定司，形貌无素主，而专由情以制之哉！”所以他举了一个例子，什么叫做不用情呢？人的心境能够修养到婴儿的状态，一百天以内婴儿，勉勉强强说一岁以内，头顶囟门还在跳，还不会讲话才算婴儿。婴儿长大一点，有了一点意识就不算了。“不以目求乳”，婴儿刚生下来，他不用眼睛看妈妈的奶，用眼睛看是后天的作用，婴儿是用人性天生那个灵感，晓得妈妈的奶在那里，就会偏过来吃奶，这就是灵府。“不以耳向明”，婴儿不需耳朵看东西；“不以足操物”，用不着脚当手用拿东西；“不以手求行”，不用拿手来当脚用；换句话说，婴儿他全身都是功能。

所以一个人，修养到心中没有杂念，没有妄念；情是妄情，佛家叫做妄想，意识没有这些后天加上的思想，完全恢复到婴儿清净无为的状态，这时生命的功能整个发出来了。《楞严经》讲六根都可以互用，那么鼻子可以当眼睛看，耳朵可以当眼睛用了，全身各种各样都是功能，这个就叫做神通。神通也就是神，生命的精气神，恢复到原始完全的状态，就是神通。

这一段文章，都是郭象的注解，这是千古的名注喔！对于庄子的道理，发挥得最好，别家都不如他。历代道家各家注解《庄子》的不少，始终以郭象的注解占第一，确实是有他的道理。现在恢复《庄子》的原文，庄子跟惠子的谈论。

有情 感情 妄情 无情

惠子曰：既谓之人，恶得无情？庄子曰：是非吾所谓情也。

惠子说，既然是人，怎么会无情！庄子就骂惠子说，所谓情，不是说人无知；知是知，情是情，那是两回事。前面提到婴儿吃奶，天生能够知觉的即是性，那是知；情是后天加上的意识，是第六意识所形成的，佛学的名称叫做染污，就是现在人说的污染；情就是后天加上去的污染。我们的思想，我们的学问，都是后天的污染。现在的人说得很妙，把佛学名词倒转来用，就变成最新的名词了。后天的染污越多，我们生命的天性就越少。现在庄子对惠子说：你不懂，我讲无情的这个情，不只代表了普通的感情，也包括了后天的妄情，一切后天加上的观念思想，都是妄情。

吾所谓无情者，言人之不以好恶内伤其身，常因自然而不益生也。

我所谓人要做到"无情者"，不是无知啊！他告诉惠子，你搞逻辑，完全把我的名词弄错了。我之所以讲，人须修养到无情，是不要偏见，不要后天加上的好恶，以免伤害到自己的本身。后天的好恶、情感、妄情加上去，是最伤害生命本身的。人要怎么样用知用情呢？"常因其自然而不益生也。"就是很自然地活下去。我们人天生眼睛会看，耳朵会听，手会抓东西，脚会走路，一切都天生自然的，不要加一分第六意识和后天的观念；那就是佛学所讲的，没有分别心。换句话说，就是佛经上经常讲的，不增不减，一切都是很自然的。惠子听了以后说：

惠子曰：不益生，何以有其身？

人总想给自己加一点，就是"益生"，今天办事多了，赶紧回去，把多种维生素吃一点，不然恐怕受不了。要不然这两天不对了，吃补吧！多炖一点什么当归鸡呀，麻油鸡呀，要进补。其实，越补越糟糕，会把人补死了的，所以也不可益生。惠子听了庄子反对的说辞，生命同身体一样“不益生”，要不加妄情，不加意见，不增不减，顺其自然，就可以长寿。惠子一听，那活着的身体“不益生”怎么行！我们对身体要补充的啊！不加上东西，不多吃维生素，“何以有其身?”这个身体常常用，不补充是会坏的。

庄子曰：道与之貌，天与之形，无以好恶内伤其身。

庄子说，你不懂！我说生命活着要顺其自然不增不减，是指心里没有妄念，没有妄想，清清明明，这样活下去才是神仙之道，可以长寿。要懂得上天给我们的道，这个道，就是我们的性，本性，自性。上天给了我们生命、形体，这已经很好了，人就要活得很自然，要一天到晚头脑清清楚楚，和蔼地活下去，不要加上后天的人情世故。因为一加上后，就有喜怒哀乐，和后天的爱恶欲望，而“内伤其身”，这个身体就受伤害而有病，所以活不长。

今子外乎子之神，劳乎子之精，倚树而吟，据槁梧而瞑。天选子之形，子以坚白鸣。

庄子骂惠子，也就是骂一般人，“今子外乎子之神”，你呀！把自己的神用到身体外面去，没有内养其神。“劳乎子之精”，这个精，不是精虫卵脏的精，是身体的精神。一天忙到晚，把这个精都外用了，就是把你生命的电能，都向外放射完了。所以像你又爱弹琴，像孙老师一样，弹古琴专家；“倚树而吟”，倚靠在树上吟诗；“据槁梧而瞑”。总之作好诗好文就用思想。那个七弦琴在手里，听到那个声音，精神都到了琴弦上去了，自己也忘了自己，你这不是跟自己生命过不去吗？

惠子当然不光弹琴作诗，那还好，那个伤害还没有太厉害；伤害最厉害的是用脑筋、搞思想、搞逻辑、搞哲学。“天选子之形，子以坚白鸣。”结果明明人生是很自然的，活着就活着，学逻辑的人偏偏要问，什么叫做活着？你给活着下个定义！等你定义下完以后，因为活着要吃饭，又问怎么样叫吃饭？有人也可以吃面呀！并且饭也可以变成米粉！面也可以变成面包啊！学逻辑的人，搞思想的人，一路追到底，你不是自己活得不耐烦了吗？故意说什么坚石非石，白马非马，拿逻辑来研究；你去逻吧！慢慢逻到底，一定把你逻死了为止。

《德充符》这一篇，庄子用自己跟惠子的辩论，作一个结论。本篇开始就是讲一个外形残废、内心有道的人的故事，对不对？中间描述的都是残废的人，他主要带领我们，不要看人的外形，要看内在道德的修养。扩大一点讲，不要被外面的境界，现实的环境困住，要修养到自己精神的升华。最后告诉我们，千万要精神升华到不制造麻烦的程度。像惠子一样，自己认为学问好，知识高；学问愈好，知识愈高，烦恼愈多，痛苦愈深。换句话说，跟自己生命过不去，自己往死路上走，所以那不是《德充符》。要真正道德的充沛，达到道的境界，就是顺其自然，心境很和平，滋养内在的精神，这个生命道德自然充沛了；身体的内在也充沛了。

现在《庄子》的内七篇，《德充符》是第五个阶段；由《逍遥游》开始，一路下来到《齐物论》，到《养生主》《人间世》，一直到了《德充符》，就是道德的充沛。这七篇都是一步一步连着的工夫！道德内养充沛了以后，第六篇《大宗师》，这才可以称为大师了。现在世界上大师太多了，都是要别人叫他大师的！什么叫大师？大宗师的名称是从《庄子》来的，内外修养到了，内在道德修养充沛了以后，才是大宗师。大宗师成功了以后，才是师道的成就，就是佛家所讲的天人师，然后可以《应帝王》，才可以入世；入世而出世，可以为王者师，所以这七篇是连起来的。

大宗师第六

方外人　方内人

圣人看生死问题

子贡、孔子都命苦

鱼忘水　人忘道

天之君子　人之君子

丧事　丧礼

生命是变也是梦

谈仁义　论是非

颜回的修行成就

谁是大宗师

泉涸，鱼相与处于陆，
相呴以湿，相濡以沫，
不如相忘于江湖。
与其誉尧而非桀也，
不如两忘而化其道。

《大宗师》这一篇，可以说分成两部分。上半部分是讲，人由出世的修养而超凡入圣，完全解脱，等于是《庄子》前三篇的总论。一个人能够做到了了生死，然后才可以入世做人做事。再加上《人间世》与《德充符》的引申、解释、结论，这样才算完成了一个人，人生的价值也就是这样。这样一个人，才够得上称为一个大宗师。

《大宗师》下半部分，等于儒家所讲有成就的君子，包括《礼记》所讲的儒行，说明一个儒者，一个知识分子，如何做一个人。一般认为《庄子》是道家的思想，表面上看起来跟儒家两样，实际上原则是相同的；尤其这一篇，主要是讲对生命的认识。这个命在哲学的理论是天命，在实际修证，就是认清楚生命的来源。如果研究命是什么，等于佛学里头所讲的业，这个业，就是生命的一股力量，叫做业力或业气。我们先了解了这篇的大纲，然后再来研究本文，比较容易透彻。

天命与自然

知天之所为，知人之所为者，至矣。知天之所为者，天而生也；知人之所为者，以其知之所知，以养其知之所不知，终其天年而不中道夭者，是知之盛也。

庄子首先提出来，对于自己生命的把握；人的生命是自己可以做主的，并不是说会那么短命的。人为什么短命呢？道家思想同佛家思想几乎相同，认为都是自己糟蹋的，自己活该，是自求快死的。我们先了解“知天之所为”，这是属于形而上的，关于这个天，往往包括好几种意义；有自然的天，就是我们仰头看到的天体，科学性的天；有宗教的天，有时候代表上帝，代表宇宙有个主宰；还有形而上的道体，也可以叫它天，叫它佛，叫它真如等等。儒道两家用天字做代号，代表形而上超越宇宙万有生命以外，另外的那个东西。“天之所为”，“所为”是个现象，天的作用；“天之所为”，不是天之“能为”，“能为”是天的体性。“能”跟“所”要分开。

要了解“知天之所为”这一句话，先要参考上古道家的《阴符经》，其中所说“观天之道，执天之行，尽矣”，这几句话把宇宙万有，以及生命的道理都讲完了。实际上《易经》及道家所讲的修养法则，都是效法于天道，是宇宙自然的法则。道家认为，我们人的生命，同宇宙自然法则是一样的，所以如果能够知天之所为，然后“知人之所为”，了解人为的各种人事道理；包括了我们生理的变化，精神、思想的变化等等。一个人的修养学问到了这个地步，“至矣”，到了家了。所以庄子所提的这两句话，也是同《阴符经》的说法一样。现在再看郭象的注解：

知天人之所为者，皆自然也，则内放其身，而外冥于物。与众玄同，任之而无不至也。

“知天人之所为者，皆自然也，则内放其身，而外冥于物。”中国道家老子所讲的自然，不是印度哲学的自然，也不是西方哲学的自然。西方学问里所谓自然，是指物理世界的，是有质有象的，就像我们讲的自然科学一样。另一个是印度的自然外道，那个自然也不是物理世界的自然，而是说生命的自然，不要去追究，随便它，像行云流水一样，一切是听其自然。印度这个哲学思想的自然教派，变成一个有主宰、有生命的这么一个理念世界的自然了。再看中国道家所讲的自然，也可以说概括了物理世界的自然，又概括了印度哲学的自然，它的代号就是道，也就是孔子在《易经》上所引申的形而上道，这个本体的力量。

所以我们看中国道家所讲的自然，同西方和印度哲学的观念，是不同的，千万要区分开来，不能混为一谈。我们后代翻译的物理、化学等学科，统称自然科学，这只是借用了古代自然这个名词，大家往往本末倒置，就把古书上的自然当作自然科学的自然。所以郭象的注解说，“知天人之所为者，皆自然也”，到达这个境界就是得道了。得道的人呢！“则内放其身”，没有身体的障碍，也没有身体的观念；“而外冥于物”，而外面呢，跟物理世界达到心物一元，两个混合为一了。

“与众玄同，任之而无不至也。”人跟物质世界的物，跟树木花草，行云流水一切混合为一了，不分彼此。“任之而无不至也”，放任其自然，一点都不用后天的心思；这样的话，这个道的修养就到了。所以这一段郭象的注解，是很重要的，他的意见也蛮对的。

“知天之所为者，天而生也。”这一句，郭象的注解说：

天者，自然之谓也。夫为为者，不能为而为自为耳；为知者，不能知而知自知耳。自知耳不知也，不知也则知出于不知矣；自为耳不为也，不为也则为出于不为矣。为出于不为，故以不为为主；知出于不知，故以不知为宗。是故真人遗知而知，不为而为，自然而生，坐忘而得。故知称绝，而为名去也。

“天者，自然之谓也。夫为为者，不能为而为自为耳”。“夫为为者”，上面这个“为”是动词，下面这个“为”是名词。有一种说法，认为宇宙间有一个主宰，叫做上帝、玉皇大帝，或者佛，给了一个代号；但是道家并没有这些！中国文化从《易经》开始，宗教外衣早已经脱掉了，反而是后人把它穿上。中国文化是最科学化的，没有穿宗教外衣，也不加哲学的粉刷，赤裸裸地直接表达有一个东西。“夫为”是能为的，意思是说能为宇宙万有主宰的“为者”，它所起的作用。“夫为为者，不能为”，宇宙万有生命的根源，是无为的，什么都做如不做。

比方来说，我们现在看到物理世界自然的虚空，是什么作用都没有，什么都没有做，空间有什么用呢？但是宇宙万物离开空间，就没得生命，就是这个道理。既然没有主宰，那宇宙万有一切的生命，怎么生出来呢？是自生自灭，“而为自为耳”，它自己本身构成一个生命的法则。“而为”，是“所”为的为，不是“能”为的为，这就是能所的问题了。

知与不知的问题

“为知者，不能知而知自知耳。”最高的智慧，到达了无知而无所不知，我们人类的智慧高，是了不起，但是最后还是空的；因为空，故名为无知。所谓“为知者，不能知而知自知耳”，那么我们人的思想，可知一切的作用，这个知不是什么上帝做主，不是佛做主，也不是鬼神做主，而是我们自己生命中本有的功能。“自知耳不知也，不知也则知出于不知矣。”因为我们人这个本性，也就是我们生命的功能，具备了无穷无尽的智慧宝库；表面上看起来，没有一个知和不知的东西，不像我们现在自己认为有个知的东西；因为它是知而不知的，而无所不知；所以真正的智慧最高处，一无所有。道家这一套思想，就是老子“为、无为”的道理，由此发挥成最高政治哲学，帝王领导学。所以一个在上位的人，不一定太精明，不一定太有为；即使很精明很有为，也要做到无所为的样子。因为他无所为，才可以使其他的人能够发挥长处，这一套就是道家的思想。

“自为耳不为也，不为也则为出于不为矣。”这个道理都一样。“为出于不为，故以不为为主”，因为一切万有的所作所为，它本身是出于道体的；换言之，生命最高的功能，是从无为而来。“知出于不知，故以不知为宗。是故真人遗知而知，不为而为”，所以得道的人，没得知，无知。一切的感情、感觉、知识、思想，都丢弃不要了，空掉了，“遗知”就是抛弃了。那么最高的智慧那个无所不知，也无所“不为而为”的作用，就发挥出来了。“自然而生，坐忘而得。”把身心都忘了，空了。“故知称绝，而为名去也。”所以这个得了道的最高智慧，是绝对的，不是相对的；那么一切的名相，叫做无为也好，叫做道也好，这些都沾不上。

郭象注解的《大宗师》，文字又美，虽然翻来覆去，就是为呀知呀这几个字，但是每一重的逻辑，都分析得很清楚，是科学化的逻辑思辨，又是文学化的表达。这是中国文学达到最高处的艺术，读起来很舒服，有时候自己会笑的，知呀知呀，为呀为呀，搞些什么名堂！但是大有道理在内的。

现在回到《庄子》的原文：

“知人之所为者，以其知之所知，以养其知之所不知。”退一步来说，不是进一步，一个了解道的人，知道人活着，包括了生理和精神两方面。如果我们了解人精神方面的法则，“知人之所为者”，就会知道疲劳一定要休息、要睡觉；睡足了一定要清醒。等于自然界的天地一样，白天过完一定是黑夜，春天过了一定是秋天等等。“知人之所为者，以其知之所知”，换句话说，我们的知识学问，得来之后，有时是非常可笑的。有了知识学问用来盖房子，发明机械，本意是想帮助人便利人，结果反而变成杀人的武器。换句话说，人类的知识学问，“知人之所为者，以其知之所知，以养其知之所不知”，应该是回转来找自己所不知的；我们所不知的是生命的本源。

我们的思想、知识，是这个生命能知的第二层投影；而这个能够思想、有知识、有学问的功用，有一个根本；如果知道了第一层这个根本，就叫做得道了。所以道，也是必须高度的智慧实证，实证的结果是什么？是无知而非知。有一个知存在，就非道也。

你想与天地同寿吗

“终其天年而不中道夭者，是知之盛也。”这个现有的生命，不会中途夭折死去，是智慧充沛的缘故。人活到六十岁或者一百岁，认为很长寿了，但在道家的观念，那是短命；道家认为人人可以与天地同寿，与日月同休，天地人三者寿命一样久长。结果人为什么做不到呢？道家的资料，认为是我们自己糟蹋的。前面曾说过，一切的喜怒哀乐，情绪心理的变化，都会使寿命减少。

这是中国道家特有的思想，不管准不准确，说是幻想也可以，理想也可以，但道家对生命的重视，是人类文化里所没有的，这是道家特别的地方。

佛家有一个比较相同的说法，认为人的生命本有八万四千岁，因为人类心坏，思想情绪太复杂，道德就坏了；每一百年减一岁，人也矮一寸，慢慢矮下来。将来我们人类，世间的知识最进步，但到末劫的时候，脑袋大，四肢手脚用不到，也变小了，手一按机械就可以了，十二岁就做了爸爸，活到一二十岁就死了。到了那个劫数里，草木都可以杀人，空气也可以杀人，最后人类统统死光，地球也打一个翻身。那时，人类只剩下五百个算是好人做人种，然后慢慢大家倒回去生活，做好人，不乱来，科学文明也废了，人还是靠劳力，规规矩矩做人。然后一百年再长一寸，加一岁，倒回原来活到八万四千岁，这样一个来回叫做一小劫。所以说人修行三大劫，我看我是等不及了，这太长了！这是佛学关于宇宙生命劫数的说法，同道家的说法非常接近。

刚才我们解释《庄子》的原文，“而不中道夭者”，不半路短命而死，以道家的看法，彭祖虽然年高八百岁，也算是短命，所以《庄子》提到八千岁为春，八千岁为秋，我们觉得是一万多年，在道家看起来，只是活了一年而已。下面看郭象的注解：

> 人之生也，形虽七尺，而五常必具。故虽区区之身，乃举天地以奉之。故天地万物，凡所有者，不可一日而相无也。一物不具，则生者无由得生；一理不至，则天年无缘得终。然身之所有者，知或不知也；理之所存者，为或不为也。故知之所知者寡，而身之所有者众；为之所为者少，而理之所存者博。在上者莫能器之，而求其备焉。人之所知不必同，而所为不敢异，异则伪成矣。伪成而真不丧者，未之

有也。或好知不倦，以困其百体，所好不过一枝，而举根俱弊，斯以其所知而害所不知也。若夫知之盛也，知人之所为者有分，故任而不强也！知人之所知者有极，故用而不荡也。故所知不以无涯自困，则一体之中，知与不知，暗相与会而俱全矣。斯以其所知养所不知也。

“人之生也，形虽七尺，而五常必具。”五常分两种，物理世界是金木火水土五行，人伦的五常是仁义礼智信，也是君臣、父子、夫妇、兄弟、朋友五伦，所以说人生五常必具。

“故虽区区之身，乃举天地以奉之。”“区区”形容小，我们这个生命，虽然七八尺之躯，几十斤肉而已，但不要看这个渺小的身体，“乃举天地以奉之”，整个的天地，都来奉养这个生命；如果没有空气，没有太阳，没有水、青菜、牛肉、萝卜，就活不下去，宇宙万物都要奉养人。

“故天地万物，凡所有者，不可一日而相无也。”所以天地万物的存在，每天都不可缺少任何一样东西。“一物不具，则生者无由得生，一理不至，则天年无缘得终。”所以宇宙万物，少了一样东西，这个生命就活不下去，尤其最重要的，日光、空气、水，少一样，或者多一点，生命就出问题，这个是讲物理。“一理不至”这个理，是精神世界的，跟物质一样的重要。精神生命有至理，这个理包括哲学性的，也代表了精神的那个法则，这是个代号；也就是知识所能够了解的理。什么叫做儒者呢？“一事之不知，儒者之耻。”一件事情不能透彻了解的，都够不上称为一个知识分子，这就是中国古代的文化。所以说，一个读书人，能通万理，无所不知。“一理不至，则天年无缘得终”，修道的人要高度的智慧，无所不通；有一点不了解，这个生命就做不到长生不老。

“然身之所有者，知或不知也；理之所存者，为或不为也。”他说我们生命里这个所有，这个身体上面所有，“知或不知也”。朱文光有一篇小文章，是报道科学上的证明。整个宇宙的万有，先不要讲唯心，先讲唯物的思想，这个宇宙是很渺小的一点，人的脑子之复杂，那么多神经像电缆一样，现在国外科学进步，头脑及身体内部，都可以用机器照相显现光色；凡是思想里头一动念，心里一起变化，都可以表现出来。心肝脾肺肾有任何毛病，颜色马上不对，将来科学再进步，诊断一个病人，只要从影像中看光色就行了。虽然中国古代中医没有那么科学化，但原理早已经有了。

所以他说，道家的思想，人体以内的所有，“知或不知”，有的知道，有的不知道。天地宇宙间，我们的精神生命，“理之所存者，为或不为也”。那些功能，哪些有作用，哪些没有，我们还不知道。这里要注意，郭象在西晋时候所注的《庄子》，早提出来“理”字，理就是道体。到了宋朝的理学家，也用理字，他们一方面用了人家的东西，一方面拼命骂道家外道，佛家异端；结果骂了半天，原来是东家邻居拿一点东西，西家邻居又搬一点家具，自己开个店面，卖的东西都是那两家偷来的，然后说自己的最对，他们两家都不对，实在可怜！这就是理学家。

谁真了解生命

“故知之所知者寡”，他又告诉我们，我们自认为学问很好，其实，人类的学问，我们所了解的很少，所知道身心、生命及宇宙的一切，不过一点点而已。“而身之所有者众”，但是我们身体上的功能，非常多非常富有。“为之所为者少，而理之所存者博。”所以我们用各种方法，养生之道也好，医药也好，修道也好，我们做得到的，能达到最高效果目的的太少。宇宙间的真理，有很多是我们所不知道的，仍保存在秘密的状态；不是天地间有意保存，而是我们自己知识达不到的。

“在上者莫能器之，而求其备焉。”因此啊，出人头地，高高在上者，“莫能器之”，没有办法把宇宙间的真理，变成一个可用的东西，因为理不通嘛！这个同科学道理一样，譬如说牛顿看到苹果掉下来，就发现了地心吸力，科学又进步了一层。但是我们已经吃了那么多的苹果，也不晓得掉下来是有个道理的；这个道理本来存在于宇宙间，好在被他发现了。这些科学家都是傻子一样，傻不棱登的，一下一个灵光来了，哎唷，这个里头有个东西；像文学家一样，突然冒出来的妙句。爱因斯坦发明相对论，也是一样，瓦特发明蒸汽机也是傻里傻气，鸡蛋煮成石头，煮那么久了也不知道；后来想到，这个东西这么一烧，这个水可以变力量耶！但是宇宙间这个理，“上者莫能器之”，它原来就存在，只是自己智慧不够没有发现；如果能发现生命这个道理，就可以把生命永远保存了。“而求其备焉”，我们想求其完备，做不到。这两句话，后来也应用在政治的最高领导哲学，“上者莫能器之”，当领袖的自己什么都不会，同汉高祖一样，样样不会。汉高祖会什么？喝喝酒，什么都不懂，但他善于用别人的长处，“而求其备焉”，结果都变成他的成功了。

“人之所知不必同，而所为不敢异”，这也是人类行为学所涉及的。我们讲西方的科学研究，新的名词特别多，其实把旧的东西找出来，也就应用无穷了。人类行为的原则，“人之所知不必同”，譬如你办一个工厂，所用的人，智慧才能，不必要一样，如果都一样，这个工厂就停摆了；如果大家一样聪明的话，连螺丝钉都装不上去了，所以“人之所知不必同”。“而所为不敢异”，人的智慧虽不一样，有些作为可要一样；人的思想聪明各人不同，但吃喝拉撒一定同，睡觉也一定同的。

“异则伪成矣。”人的所作所为必须要一样，人类的生存也共同，可是人类忘记向这个共同目标而努力，外加自己心理及各种的欲望，以致社会上有作伪，有虚假，有勾心斗角。“伪成而真不丧者，未之有也。”社会上有了伪造的东西以后，生命的真就丧失了。可是你们要注意，道家的东西是很圆的喔！下面讲的也是最高领导学，当领袖的道理，就是道德诚恳；有最高的诚恳，就是最成功的人。所以我常常告诉青年同学，不要玩花样玩手段，这一百年来我们看得清清楚楚，世界文化的交流发展，人人玩手段，玩聪明，一个高似一个。尤其我们老头子看来，现在年轻人越来越诡，手段越来越高，比我们这些老头子还老，老奸巨滑到了太上老这个程度。将来什么人成功呢？一个笨人，一个不玩手段，对人做事非常诚恳的人；这是天地的法则。

所以“伪成而真不丧者，未之有也”。社会上工商界有钱的大老板，他们所用的人，很多都是领十万块钱薪水的博士，还要听他指挥挨他骂。我说世界上的博士，都给“不是”用的呀！他什么都不是，格老子有钱，要听我的。你说他有什么本事呢？他有个本事，就是诚恳吃苦耐劳，所以他有钱了嘛！你博士又怎么样！你博士碰到他“不是”，就比你高一级啊！世界上的大学校长，都去募钱才培养了很多博士出来，那些大学校长向哪里募钱？向“不是”那里募钱耶！才培养这些博士。世界就是这么样一个世界，妙不妙！由这里就懂得了最高的诚恳，不作伪的道理。

“或好知不倦，以困其百体，所好不过一枝，而举根俱弊。”有些人“好知不倦”，同我们这些笨蛋一样，又读书又求知识，有一点不懂，就拼命去研究。“以困其百体”，结果身体搞衰弱了，眼镜戴一千度，头发也白了，背都弯起来，不是肝炎就是咳嗽！不过帽子戴上了，叫做博士，如此而已。“所好不过一枝”，你所知道的不过这么一点，“而举根俱弊”，你整个的身体六根，根部都烂了，不健康，这个有什么用呢？所以啊！“斯以其所知而害所不知也”，人类以很小的一点聪明知识，害了那个根本大智。

“若夫知之盛也”，真的智慧，最高的成就是什么？“知人之所为者有分，故任而不强也！”真懂得生命的重点，不用这些后天有限的知识才干，而是体任自然，不去强求。“知人之所知者有极，故用而不荡也。”人生了解的这一点知识，太有限了，如果不能了解宇宙，不能了解生命，有什么用呢？因此自己用而不荡，虽然在人生世界作用之中，但不乱来；自己反而觉得很笨，因为自己生命的来源都不知道。

“故所知不以无涯自困”，我们现有的学问，知识尽管好，仍属有限，因为学问是无涯的，但不要以这个把自己困住；“则一体之中，知与不知，暗相与会”，用现有的知识去了解生命的根本，达到最高道的境界无知，把有为的知识，都融入无为的境界里去；“暗相与会”，跟道的境界，自然冥合了，不分界限了，“而俱全矣”，这就是完全的境界。这也就是“斯以其所知养所不知也”。

郭象把《庄子》这几句话，解释得很好，他的注解像一篇论文，也是真正的博士了。古代考功名作文章，四书五经之中，随便抓出来这么一句，考试官临时出题，你的思想才能，就在文章里表达了，这也是很妙的。就像这一篇文章，把科学、人生、政治一切的道理，几句话的短文全部都发挥了。如果这些小字的注解溜过去不看，就不了解时代文化的演变。

所以两晋南北朝的清谈，不是偶然的，郭象在晋代，当时重视老庄的思想，而真正的历史渊源，开创祖师是曹操父子。这是告诉青年同学，一百年来所写的中国哲学史，都不大靠得住，都还有问题。现在再看《庄子》的原文：

知识学问非绝对

虽然，有患。夫知有所待而后当，其所待者特未定也。

《庄子》讲知与不知的重要，这个纲领先要把握，就是说人类的知识不算学问，我们有个大学问，就是无所不知的那个道体，也就是我们生命的根源。自己活了一辈子，连生命的根源都不知道，白做了一个人，所以很可怜。庄子的观念是，认识了自己生命的本源，才算是真人。譬如吕纯阳，道家认为他得道了，所以叫吕真人；当然我们同学，将来如果得道了，就是李真人，张真人，某真人。

但是这个道要如何得呢？有两个路线，一个是抛弃了自己的小聪明，而求那个真正无知之知的大道；另一个路线，把世间的学问知识参透到了极点，最后归到“一无所知而无所不知”，也就得道了。这是讲知的重要。那么真知又是什么呢？印度佛学叫做般若，《金刚经》全名就是《金刚般若波罗蜜经》，般若中有个实相般若，就是道的智慧，不翻成智慧而用译音，因为翻成智慧意义不完全。“实相般若”与“知而无知”，其实二者一样，所以印度文化，与中国文化搭配，就完全融会了。

现在庄子讲“虽然，有患”。但是，这个道理还有毛病。他提出理由，“夫知有所待而后当”，我们这个智慧，必须相对而知，看到黑的，比较起来，有一个东西叫做白；看到长的，就想到短的；知识都是对等，就是相对而了解的。唯识学把相对叫做比量，是比较而知。知识都是相对而求出的结论，是“有所待而后当”，然后才定一个恰当的名词，做一个恰当的了解，这是普通的知识。“其所待者特未定也”，知识都是相对的，比较性的，没有绝对的标准。

庸讵知吾所谓天之非人乎？所谓人之非天乎？

“庸讵知”是庄子的口头语，是当时的南方话，战国的时候所谓楚人，不全是后世所讲的湖南、湖北，而是当时的中原地带，当时的土话“庸讵知”，等于“怎么知道”的意思。“吾所谓天之非人乎？”我们所谓了解这个道，乃至这个天，不管是科学的，或者是形而上这个道体，怎么知道这不是人为的解释呢！譬如宗教家解释，天上怎么样，上帝怎么样，那是人为的解释。宗教非常有意思，西方人的天堂，跟东方的完全不一样；阿拉伯人的天堂，跟欧洲人的天堂也是两样，颜色不同，神的样子也不同；中国人的佛穿中国的衣服，汉朝人塑菩萨，穿汉朝衣服，什么王母娘娘，这个外婆，那个公公，西王母，东王公，配搭一大堆，各有不同。

再看那些有神通的，外国人也有有神通的人，你去问他，我前生哪里人？他说你前生是希腊人、印度人，但很少说你是湖南人；因为西方人不晓得有个湖南，他意识境界里头没有。我们中国人说到你是什么投生的，或说你是高雄呀，或者你前生是个鸡啊，鸭子啊，他也不晓得西方有个恐龙啊！所以不会讲你是外国人投生到这里；这些谈天说地的，都是人为的，没有一个知识是靠得住的。

“所谓人之非天乎？”我常常讲到中国政治哲学，或者哲学思想，什么人是哲学家？乡下那些老太婆，一辈子没有离家二十里范围，端个板凳坐在门口看下雨，看牛回来，看到田里水涨，一辈子也只看过那么个境界；也没有爬过阿里山，也没有到过中央饭店那个圆顶上，都没有；但是你问她，老太太，你怎么样？很苦哦！是我的命嘛！认命了！这就是哲学家，所有哲学家都不及她。

所以说政治哲学，中国古代讲的，“风调雨顺，国泰民安”，不管什么主义什么思想，都离不开这八个字；老百姓要求的是安居乐业，做到了“风调雨顺，国泰民安”就好。这都是哲学，都是人最起码的话，“所谓人之非天乎？”它合于最高的道及天理。知识分子及宗教家所解释的天堂，说你到我那里就没有罪了，你不到我那里就有罪啦！那些是挂羊头卖狗肉的，都靠不住，庄子早给你说明了。所以最平常的道理，最平常的东西，就是最高的真理。真理就在最平凡的地方，平凡就是最高的真理。

真人的行事风格

且有真人而后有真知。何谓真人？古之真人，不逆寡，不雄成，不谟士。

“且有真人而后有真知。”庄子说，得了道的人就是真人，到达真人这个境界“有真知”，那是真智慧。下面又把我们带到一个神话境界，但却是真的，把人的生命价值说得很清楚。“何谓真人？”什么叫得道的真人呢？“古之真人不逆寡，不雄成，不谟士”，“逆”就是迎，“寡”就是少。“不逆寡”就是顺其自然。

通常一个人的心理，从小孩开始，分糖也好，吃奶也好，都贪多的；真正得了道的人，少就少一点，就是刚才我所讲，乡下老太婆大哲学家说的“命嘛”！你怎么分得那么少？唉！我的命嘛！少就少吃嘛！无所谓，一切不贪求，这是“不逆寡”。什么叫做“不雄成”？雄是英雄，自己觉得了不起，你看，我比你行吧！我就了不起，我就成功，这就是机心，用心打主意。真人不打主意，一切的成功很自然，没有成功与失败的感觉，命嘛！就是这个样子，无所谓。

“不谟士”，谟同谋一样的；不谋就是不打主意。我们所有的人都打主意，想办法赚钱，想办法钻门路，想办法那样这样，乃至想办法修道，想拜佛多拜一下，罪业就少一点，都在那里打主意，都是做生意的思想。“不谟士”就是不求；认为向上帝祷告罪就没有了，那是自己欺骗自己，这是谟士。真人没有这三点，但这三点却是人生心理状况最严重的地方。人会打主意，真人不会；人会自己觉得了不起，真人不会；人贪多无厌，不好的地方不愿意去，钱少了不干，或者你看不起我，我就生气，这些都是逆寡；真人不逆寡。这三句话，现在的心理学发挥起来，就有三本大书了，古代很简单，三点而已。

若然者，过而弗悔，当而不自得也。

庄子说真人就是如此，做到了这三样，他也没有过错，纵然有过错也是无心的。“过而弗悔”，有错过去就过去了，今天的事过去就过去了，没有后悔，没有追恋。不像一般人为过去的事生气烦恼；当年我对他怎么样，他现在对我怎么样，那早过去了，那是去年，去年到现在三百六十五天，影子都找不到了。人大半的烦恼都是追悔过去，梦想将来；都在那里烦恼，不能把握现在。

生命只有现在，过去已经过去，未来还没有来，你去想那些干嘛！现在怎么样？现在就在这里看书，就是很简单，心中就没有烦恼。“过而弗悔”是两个观念，“过”，所犯的过错，也是无心而做的；“而弗悔”，没有什么，一切过去就过去。“当而不自得也。”为人处世也有两个观念，“当”就是现在，现在也没有觉得什么了不起，过去不追，未来不妄想。当在现在的时候，“而不自得也”，也不想把现在抓住。现在是抓不住的，马上就过去了；这样是得道的人，我们都做不到的。我们一般人的心理状况，都在三段里头追悔，追想昨天，瞎想未来，想要把握住现在，生怕把握不住，结果愈抓得紧，愈飞得快。所以得道的真人，他没有这样，也就是《金刚经》上讲的，过去心不可得，现在心不可得，未来心不可得。

若然者，登高不栗，入水不濡，入火不热，是知之能登假于道也若此。

人修养到这个境界，已经没有时间观念，没有过去、现在、未来。他爬高不会恐惧，不是不会恐惧，就是从万丈悬崖掉下去，他也没有觉得是掉下去，更不会坐车子呕吐的，因为没有觉得自己在车子上，同躺在床上一样，心理没有分别作用。到水里也淹不死，因为他忘掉这是水，到火里也不感觉热。

这其中是有道理的，讲起理论很难。先说一个案例，是我所晓得的，也是说老实话，不是说假话。我的老师告诉我，他的老师（我的太老师）是学禅的，有入水不濡的本事。他这个人到了什么都无所谓的境界，都是笑一笑。有一次，大约八十多年前，一个法国神父来跟他谈道，神父拿了一杯毒药，也不是太毒的啦！等于是这个杀虫剂，吃了可能会死。那个时候西药很少，很稀奇，太老师说有毒吗？哪有这回事！我看同茶水差不多嘛！不相信我喝给你看。他就喝下去了，结果一点事都没有。

他原是广西人，后来常住四川，有一天他从成都回新都家里，经过驷马桥，就是司马相如当年所说的，“不坐驷马高车，誓不过此桥”。那个河很宽，河水涨得很厉害，他夜里回家，手里拿着念佛珠，不晓得他念佛不念佛，结果路走错了，走到河里去了。他觉得怎么那么远，还没有到家，慢慢走吧！在河里走了一夜。早晨上游有船过来，看到河里一个人头游来游去在转，怎么搞的？这个人是不是自杀？过来一看，他还在念佛；问他怎么会这样，他说我回家呀！你怎么在水里？谁说的！我在走路。他忘掉了，入水到了这个境界，一切都忘掉了。

所以说真人到这个程度，入火也烧不掉，也没有觉得热，人的生命功能修养到这个境界，是得道了。“是知之能登假于道也若此。”“登假”就是登遐的意思，是超过无量无边，因为他心的境界已经达到无量无边，大而无外，小而无内，一切知觉感觉同他毫不相干；身体也忘掉了，这个叫真人。庄子所描写的，由心理转化到这个境界，是真的事实；心理能够修养到这个境界，就叫做得道的真人。

真人的生命现象

> 古之真人，其寝不梦，其觉无忧，其食不甘，其息深深。真人之息以踵，众人之息以喉。

“古之真人，其寝不梦”，就是道家所说的，夜睡无梦，睡了就睡了，醒来就醒来。“其觉无忧”，醒来也不做梦。我们一般人睡觉，睡着仍在思想的时候，眼睛因为闭着，就形成一个境界，我们叫它是梦。现在白天是张着眼睛在做梦，我们以为眼睛张开就是醒，其实也在做梦，是有悲欢喜乐的白日梦；夜里的梦也有悲欢喜乐。但是真人“其寝不梦”，他不做梦；换句话说，其醒也无梦，白日也不做梦，就是那么坦然，所以“其觉无忧”。“其食不甘”，吃东西无所谓，什么都可以，吃一点饱了就算了，没有什么叫做咸甜苦辣，好吃不好吃；因为饮食的欲念没有了，解脱了。这个食的欲念很严重喔！食欲还存在的话，气脉是不会通的。

“其息深深”，一呼一吸的中间，好像停了一样，叫做息。学佛的人修止观修到息，不是靠鼻子的呼吸，鼻子一来一往是呼吸，一呼一吸中间那一段是息。普通人息很短，得道有定力的人长一点，好像没有呼吸，停止呼吸了，那个是真息，是呼吸功能最初的能，所以他的息深深。大家不要搞错了，不是深到丹田；一般人叫你守小肚下面的丹田，那是装大小便的肠子，你守它干什么！搞久了以后，不是大便秘结，就是血崩，道也不是在小肚子上！这个“其息深深”，是深到无底，不是在身体上搞的；当然身体有感觉，就是呼吸自然到达足底心，到达足趾头。

“真人之息以踵”，得道的人，这个呼吸往来，那股保留元气的息，每一次都到达了足底心。“众人之息以喉”，我们普通人呼吸是靠肺部的，只是身体的一半，所以得道的人，工夫到了，呼吸不靠鼻子，自然在呼吸；每次都达到足底心，这就是真人的外表，慢慢地有资格做大宗师了。但是修养到这个境界，还不到大宗师的程度，中国后世道家，称这个就是神仙。神仙分五等，死后精灵不散，叫做鬼仙，是最低层的仙；其次是人中之仙，有定力的，心境很宽广的人；进一步地仙；再进一阶是天仙；再进一级就是大罗金仙。大罗金仙就是大阿罗汉，佛家讲大阿罗汉就是佛。

一个人到达“其息深深”“之息以踵”这个境界，就是地仙之份；这个人也就达到了昼夜长明，夜睡无梦，身轻如叶。所以道书上描写，中国有些老祖宗们得了道的，到八九十岁时，身体轻灵，行疾奔马，看他走路快速到与那个奔跑的马并排，却好像没有动过一样，这个就是所谓地仙之份。

屈服者，其嗌言若哇。其耆欲深者，其天机浅。

所谓“屈服者”，是心中有烦恼，不服气，我们任何人都是很屈服的，就是普通话说的都活得很窝囊，很委屈；为什么呢？心里头都有一股烦恼压在那里，无法跟人家讲，每人心里都有痛苦忧烦。“其嗌言若哇”，所以讲话，嗌嗌嗌……尤其向人家借钱的时候，不好意思，嗌了半天；像我们了解的，问他要多少钱你赶快讲嘛！不要啰唆啦！

所以人活在世界上，都会求人的，因此讲话就不会痛快。儿子向父母要钱，那很自然，那是睡倒了要，拿来，要去买东西！先生要向太太要钱，那是站着要；等到父母向儿子要钱，是跪着要。当父母向儿女要钱的时候，那就是“其嗌言若哇”；你有没有呀？够不够用？如果够用，我想拿一点！你看人生多么可怜，心里都很屈服。“其耆欲深者，其天机浅。”一个人，世间的欲望愈多，天机愈浅，人愈聪明，本事愈大，欲望也就愈大；物质文明愈发达，人的欲望愈多，则离道愈来愈远。

古之真人，不知说生，不知恶死；其出不䜣，其入不距；翛然而往，翛然而来而已矣。

“说”通“悦”字。古来得道的人，他也没有觉得活着很痛快，也没有怕死，死也无所谓，活着也无所谓，这两样他看成一样。中国人的思想，生死并不存在心中，我们老祖宗也用不着打坐用工夫去了生死。譬如大禹就讲过："生寄也，死归也。"活着是住旅馆，在这里玩玩，死了呢，回家休息。孔子在《易经》上讲："明乎昼夜之道而知"，你晓得白天跟夜里的道理，就会明白生死的道理。生命就像夜合花一样，夜里开花，白天收拢来；我们人的生命是白天开花，夜里就睡觉了，死生不过如此。所以上古的真人，把死生已经了了，不存在于心中，"不知说生，不知恶死"。

"其出不䜣"，由来得道的真人，"其出"是指生命的用，"不䜣"就是也没有什么高兴；什么留名万古，封侯拜相，乃至为帝王，也没有什么了不起；我们历史上，黄帝尧舜就到达这个样子。"其入不距"，收回来也没有觉得与外界有距离，也不会自叹知名度不高了，看到他都不向我打招呼，我没有地位了，活不下去了；没这回事。恭维也好，骂他也好，反正差不多，别人要说让他去说，同我没有关系。"翛然而往，翛然而来而已矣。"生命活着很舒服，如此而已。这个"翛然"，就是陶渊明的诗："采菊东篱下，悠然见南山"的那个味道。

我们年轻的时候，读书很调皮，我还记得有一个同学，跟我坐在一起，他说我告诉你，"采菊东篱下，悠然见南山"，我现在才发现，陶渊明啊，斜眼睛的。我说为什么呢？他说这个"悠然"，一定是斜眼睛，方向不对。听他一讲，另外一个同学更调皮，他说你搞错了，他不斜眼睛，他歪脖子。这是我们小时候的一批同学，调皮鬼，当然我也是其中之一啦！

人生所谓"翛然而往，翛然而来"，生命活着就活了，死了很自然就走了，何必那么痛苦呢！又上个氧气，被人家翻来覆去的，不干。所以活着也没有什么厌恶，也没有什么烦恼，过一天就算一天。我常说我们现在，多活一天好像是利息，赚来的，说不定今天晚上鞋子一脱，明天早上就不穿了，属于那个地摊当铺的，再不然属于那个垃圾箱的，都不知道，也没有什么关系。

不忘其所始，不求其所终；受而喜之，忘而复之，是之谓不以心捐道，不以人助天。是之谓真人。

这是人生真的价值了，“不忘其所始”，一切的作为，不要忘掉最初的动机，“不求其所终”，也不要追究结果是什么！无始无终，忘记了时间观念，忘记了空间观念，只对现有的生命，悠然而受之，冷了加衣服，热了脱一件，饿了就吃。“受而喜之”，假使痛苦来呢？高高兴兴地接受就是了；这就是理念的境界哦！你真做到就差不多了；把整个的人生，看成是一个游戏，这正是进入到游戏三昧。“忘而复之”，忘掉的，没有的东西，“复之”把它恢复了。忘掉了生命从哪里来，那个本有的生命的境界，就是我们婴儿时候那样。

现在要回复到婴儿的那个状态，一切都无所谓，婴儿抱在手上，你骂他两句，他算不定笑了，以为你逗他笑。但是婴儿的那个境界，被长大后知识污染而失去了，所以要恢复。“是之谓不以心捐道”，不用心去求道，“捐”就是求道，捐也就是减少。打坐的人，修道的人，都叫你空啊，空掉；空是个方法，是叫你用减法。教你眼睛瞪到天上看光啊！或念佛啊，念咒啊，那是用加法。所以佛法叫你不增不减，不要去加！也不要去减！可是普通人，“以心捐道”，都是用减法。如果有心去空才叫做修道，就不对了；有心修道不是道，捐道就不对了。

“不以人助天”，不要以人为的方法，去帮助自己的天机，就让它自然，就是这个自然样子，只是当下。所以后来禅宗把它浓缩了，经常用“当下即是”这句话；只有现在，生命就在现在这一下。当下即是，“是之谓真人”，这样才是得道的人。

若然者，其心志，其容寂，其顙頯；凄然似秋，煖然似春，喜怒通四时，与物有宜而莫知其极。

“若然者”，一个人能够修养到这一步时，“其心志”，他心中没有妄想，没有烦恼，“心志”是精神专一。“其容寂”，慢慢他内心的修养，影响他的外形，也很清净，就是我们讲的神仙菩萨那个样子。“其顙頯”，额头发亮，有光，很充满。这样的人，有没有情感变化呢？那是不是像个木头人啊？不然，他有情感变化；“凄然而秋”，当他看到别人很可怜的时候，他会很慈悲，会可怜别人，他同春夏秋冬四季一样，反应很自然。“煖然似春”，换句话说，他的态度虽然很严肃，像秋天一样，可是像《论语》上描写孔子，“望之俨然，即之也温”，跟他一见面一谈呢！很温暖，好像坐在春风中，很舒服，很温和。

“喜怒通四时”，同春夏秋冬一样，自然合那个时令；不是喜怒无常，是喜怒有常规，是很近人情的。一个佛，一个成功或有道的人，内外作为都很近人情，不是不近人情的。如果一个修道的人，一个眼睛瞪到外面看东西，古里古怪的，那已经是神经了，不是修道；修道的人非常平凡，喜怒通四时。“与物有宜而莫知其极”，他在这个世界上，与物理世界，一切万物之间，相处非常恰当相宜；可是你研究不出来他的意思和做法。而且处人处事都蛮高明，事后一看，恰到好处，恰得其分，恰得其所。“与物有宜”就是儒家所讲的仁义，也是真人的境界。

用兵的原则

庄子所讲的《大宗师》，照我们的观念来说，是先有出世的成就，就是普通观念所谓得道了。一个人能够得道，就是内圣成功了，庄子把得道的工夫、境界都说了；然后内圣以后外王。并不是说得道的人同这个世界没有关系，只有真正得道的人，才是圣人，才够得上是个大宗师，然后入世用世，所谓用世之道。

讲到用世，与《庄子》内七篇和外篇、杂篇等等，都有很大的关系。《庄子》这一本书，代表了道家，普通都讲老庄，又称为黄老；“黄”就是黄帝，“老”就是老子做代表，包括庄子。所谓黄老之道，包括了兵家、法家、谋略家，乃至诸子百家，渊源都出自黄老。在黄老的立场来讲，也认为儒家及诸子百家，都渊源于黄老。“老”并不是单指老子《道德经》，它包括了全部中国文化的道。

事实上，历史上国家有问题的时候，拨乱反正都是靠道家；天下治平的时候才用儒家。一般学者研究认为，孔孟之道的儒家，秦汉以后被帝王们利用，作为统治的权术。表面上看起来，这些学者们的话有些过分；事实上秦汉以后的儒家，唯一的谋生就是做官；这一个做官的风气，影响了中国三千年的教育，成为非常有问题的教育。

首先的问题是教育观念，习惯性的重男轻女，因此人人都希望能够生儿子，而且望子成龙。什么方法可以望子成龙呢？“万般皆下品，唯有读书高”，只有读书。读书可以做官，做官可以发财，这样一连串的观念就下来了。在座的诸位朋友，包括我们在内，开始的思想里头，尽管有忠君爱国的观念，大帽子的口号；事实上，开始读书，还是想升官发财，儒家就是如此。

历史上真正不同的人物，倒是道家；道家并不一定是打坐修道，而是包括全部文化天文地理等在内。那么道家用以拨乱反正的是什么呢？影响最大的是《庄子》这部书，大家平常都忽视了它，后来所谓谋国之道，军事思想，谋略的思想等等，都出于《庄子》。下面这一段，庄子讲外用之学，首先以军事哲学为基础。

故圣人之用兵也，亡国而不失人心；利泽施乎万世，不为爱人。故乐通物，非圣人也；有亲，非仁也；天时，非贤也；利害不通，非君子也；行名失己，非士也；亡身不真，非役人也。

所谓大宗师得道的人，假使来处世，对历史国家天下有所贡献，首先提出用兵的道理，这一句话在中国文化上，是一个很重要的关键。历代喜欢谈兵的是道家人士，所以军事哲学思想、谋略学，都出于道家；后代所标榜的神仙们，没有不喜欢谈兵的。如道家的代表作《淮南子》《抱朴子》，以及多数道家的大著作里，都附有兵法，以及政治的所谓权术一类的东西。

所以我们可以得一个结论，道家喜欢谈兵论兵，尤其是那些神仙们，更喜欢论兵，这在文化史上看起来，倒是很奇怪的。唯有代表儒家的孔孟之道，不大喜欢谈兵，甚至于避免谈兵。因此历代历史的转变，谈兵用兵与政治策略的变动，都与道家有密切的关系。这里庄子干脆就提出来，“故圣人之用兵也，亡国而不失人心”。这一句话不要念错了，并不是把自己国家亡了；是把人家的国家亡了的。不管你是侵略也好，“吊民伐罪”也好，亡了别人的国家，别人还要感谢，这个很难了。不管后人的怀疑如何，汤武革命，确实是使别人亡国，但最后万民恭维，还得到亡国人民的爱戴，做到了“亡国而不失人心”。

他说得道的人用兵，为什么会得到如此的结果呢？因为“利泽施乎万世，不为爱人”。这些文字看起来很顺，逻辑观念都是相反的；就是说得道的圣人用兵，亡他人之国，而被亡的国家，反而个个爱戴，个个拥护。原因就是，得道人用兵，不是为个人私欲，不是为侵略人家，而是为万民的利益。拿现在的话说，就是为人民造福利；这一种福利，不是我们现在的福利观念，是“利泽施乎万世”，这一点我们年轻同学更要注意。

讲中国文化，刚才我们批评读书为了做官，我们从小就要背《朱子治家格言》，这几乎是每个国民必读的。其中有：“读书志在圣贤，为官心存君国”，因为观念太深了，一辈子都受它的影响。过去知识分子读书人做官，任何的政策举动，都有一个很严重的观念，就是看政策是否有百年以上的效果；所谓国家百年大计，不是只顾目前。第二个最重要的观念，在个人方面，不能在历史上留下污点，而使子孙永远无法抬头。一般人的观念，岳飞是忠臣，秦桧是奸臣，清朝的时候，有一位秦姓诗人到过杭州西湖岳坟，在他的诗中有一句，“我到坟前愧姓秦”，因为历史上秦桧实在太丢人了。这种观念哪里来的呢？就是中国教育几千年的习惯，“为官心存君国”。这两种观念，在今天我们文化思想里，好像非常淡了，这是我们文化的悲哀，或者耻辱，或者是问题，必须重新检讨。所以讲文化复兴，中国文化究竟讲什么，这是问题。

看庄子所讲，亡人家的国家，而不失人心，因为他的利泽施乎万世，是千秋万代所仰慕的。“不为爱人”，并不是只为一点爱或仁慈的口号，也不会为爱某一个地区的人；换句话说，圣人所做的不为爱人，而是利泽施乎万世，不为时间空间所限制。这是“圣人之用兵，亡国而不失人心”一个总结论。《大宗师》所谓得道的圣人，是由出世的精神，做入世的事业。

内圣外王的成就

下面就是一条一条分析内圣外王的成就。内圣外王这一个观念，是宋朝理学家们所惯用的一个名词，实际上这个招牌是庄子的。他们拿来用了以后，反过来就骂老庄，这种学术的态度很不严谨，很不应该。

“故乐通物，非圣人也”，马上问题来了，所谓圣人的修养，如果只限于通达人情物理的，也不够圣人的资格。所以圣人不只了解人情物理，还有进一步更高的通达。

“有亲，非仁也”，这个“仁”字，与儒家解释仁义道德的仁，并不违反，而是对孔孟思想更扩大的注解。“有亲”，亲人的私情，所谓真正的仁慈，如果还带一点亲人的私情，已经够不上仁了。讲到亲与仁，儒家所谓的仁，同佛教的慈悲、基督教的博爱，都有相同之处；不过范围解释说法各有不同。

历史上宋明理学家常跟佛家的思想有争论，理学家说你们佛家讲慈悲，不错啦！慈悲就是我们儒家讲的仁，但是你们佛家讲慈悲，是莫名其妙空洞的口号，不着实际。佛家的慈悲是平等爱人，儒家的仁也等于慈悲，但它是有范围有层次的爱，是“幼吾幼以及人之幼”，先把自己小孩照应好，再把力量爱心扩大，爱社会上其他的孩子。“老吾老以及人之老”，把我的父母老人养好，有力量才养你的父母，养社会大家的父母。嘿！你们佛家呢！不然，慈悲平等爱一切众生，众生那么多，怎么爱啊？

理学家说假定释迦牟尼佛，跟孔子两人站在河边，看见两人的妈妈都掉到河里去了，请问释迦牟尼佛你怎么办？先救自己的妈妈，还是先救孔子的妈妈？如果先救自己的妈妈，那不够慈悲，众生平等，两个妈妈都是要救啊！儒家不同，孔子当时会毫不客气，先跳下去救自己的妈妈，再跳下去，救你的妈妈，是有一个程序的。所谓“亲亲”，把我的亲人先安置好了，再把我的心量扩大，就是叫公啦。“仁民”爱别人，爱社会，把人类都爱了以后，再“爱物”；所谓行人之道，有它的步骤次序。这个道理，我们要搞清楚了。

庄子这里，等于对儒家没有批判，可是下了一个注解，“有亲，非仁也”，所以仁慈是爱天下，没得私心，中间有所亲，有所偏爱，已经不是仁的最高目的了。如果是个大宗师，圣人之道，爱是普遍的，像下雨一样，并不是对于青菜、萝卜，或者人参、当归就多下一点；那些毒药、辣椒、麻醉药，就少下几点，不是如此，而是好坏一律平等。所以说，“有亲，非仁也”。

“天时，非贤也”，这也是春秋战国时代，对儒家的批判。当我讲《孟子》的时候，我一定替孟子辩护，现在对不起，我已经没有义务替孟子辩护了，我现在是讲《庄子》，我得了他的钱，就要站在他的立场说话。孔子在《论语》里提到，“贤者避世，其次避地”，儒家所谓圣贤之道，非其时不出来，社会环境不对不出来。但是庄子认为真正的圣贤，没有为己，所以不论天时合不合，都要出来，艰难困苦更要出来，这才是真正的圣贤之道。但是他又转过来说，“利害不通，非君子也”，这一句话，也有一点骂儒家人的味道，批驳儒家有点利害不通之处。历史上看到很多读死书的儒家人，都有这个味道，庄子在当时前后也看到很多，所以他认为这一般知识分子，没有得道，不懂利害的关键。

道家的所谓通利害，是怎么通呢？历史文化上常有诤辩，儒家理论主张所谓临危受命，时代愈艰苦，愈要站出来，救社会，救国家，救天下。可是在中国历史上的儒家人物，真做到临危受命的，并不太多，不得已的倒很多。道家表面上看来，好像不走临危受命这个路线，多半认为时代狂澜不能倒挽，而走隐士的路线。历史上儒家，经常标榜中流砥柱，或是倒挽狂澜，气派都很大。中流砥柱，等于说台风过后，石门水库的洪水流下来，一个人站在水中要抵挡水流，大概早就被水冲跑了，抵不住的。所以道家不做这种笨事，中流砥柱看起来很伟大，在那个时势的潮流下，除了一个人送命，历史上可以留名之外，对于社会没有贡献，对于国家没有补益。

道家认为要顺自然之势，就是所谓应用之道；明知洪流一下来，不是堤防能阻隔得住，所以要计算雨量多大，流程多远，等到水流到关键点，打开一条水沟，顺势把水就轻轻带走了。政治也是一样，所谓四两拨千斤，就把那个时代扭转过来了。所以说救世之道，必须要通利害，利害不通，非君子也。

站在道家的立场看，儒家是那么的窝囊！可是话又不能那么讲。我们回转来看《易经》孔子的思想，真正研究孔子，不能够只拿四书五经做代表，四书里的一部《论语》，有十分之二是关于学生的，只有一小部分是关于孔子的。要研究孔子真正的思想，《易经》之中，倒是孔子的思想为多；此外，要深通《春秋》，才了解孔子。

谈《春秋》 说《史记》

孔子自己也讲，“知我者春秋，罪我者春秋”。司马迁后来作《史记》，仿照孔子的思想，讲了两句话，“藏之名山，传之其人”，这句话非常傲慢，骂尽了当时这些人，看不懂，本子都不要翻，我只有藏之于名山，将来后代有一个聪明的人，他会看懂。因此人家说《史记》是汉代的一部谤书。可是司马迁很伟大，汉武帝也很伟大，乃至他的儿孙等，都很伟大，没有把《史记》毁了。

司马迁写刘邦跟项羽两个人，项羽传叫本纪，刘邦传也叫本纪，两人虽然一成功一失败，但从某方面说，两人是一样的。这种观念可以说是司马迁的了不起，他也看准了当时没有人懂，因为《史记》很难读懂。譬如说，他写一篇传记，讲那个人的都是好处；而坏的一面，只有与那个人有关系的人传记里才有。所以研究一个人，必须要把那一个时代有关的资料，都要读遍，这就不容易了。

孔子著《春秋》，最后却宣布，“知我者春秋”。《春秋》是一本书，怎么会懂得孔子呢？孔子的意思是说，将来你们要真正了解我，除非真正懂得《春秋》。“罪我者春秋”，将来你们够资格骂我的，也要把《春秋》研究通了才行。所以我们小时候，像《春秋》《战国策》以及小说的《三国演义》，都不准读的，旧式教育，认为看了以后会学坏。因为《春秋》就是大谋略，就是大兵法，所以孔子有“罪我者春秋”的说法。

为什么引用到这些呢？孔子在《易经》中说：“知进退存亡，而不失其正者，其唯圣人乎！”只有圣人才真正懂得利害关键，进退存亡之道，而不失其正。假使不知进退存亡之道，就不是圣人，这种观念同道家的完全一样。所以庄子说，“利害不通，非君子也”。这不是说君子比圣人差一点，如以学位比喻的话，圣人等于博士，君子等于是个硕士，大学毕业更差一点；我们这是随便做比方啦！

“行名失己，非士也”，历史上许多人为了好名、求名，所谓留万世之名，“失己”，亡失掉了自己；“非士也”，这够不上是一个知识分子。所以我常常跟青年同学讲，关于名利两个观念，我们不能不提到一个日本人，就是明治维新的大臣伊藤博文。在晚清中兴那个时代，他跟李鸿章是外交的对手，伊藤博文是日本第一批的留英学生，把西洋的风气引介回国，改变了日本。他有两句名言：“计利应计天下利，求名当求万世名。”这是全部中国文化思想，更充分表达了儒家的思想。所以说，如果只为个人一己之名，行名而失己的话，非士也，这是够不上称为知识分子的。

讲到这里，又要引用司马迁的思想。我常常说《史记》不是一本历史，而是一部历史哲学，尤其《史记》的学问重点，不是什么汉高祖、项羽等传记，而是里头的八书。就是关于天文的《天官书》，经济思想的《平准书》，还有《礼》《乐》《律》《历》《封禅》《河渠》。此外还有一篇《伯夷列传》，其中有“烈士徇名，夸者死权，众庶冯生”三句话，包括了很多的思想，是讲的人生哲学。“烈士徇名”，一看烈士这个字，不要就想到黄花岗七十二烈士，那就不必研究中国文化了；现代的这个烈士名称，是套用古文的，在古文当时所讲的烈士，等于现在所讲的英雄；时代不同，观念也就不同了。

所谓世界上的英雄，“徇名”，为了成名，生命在所不惜；把自己的命像赌钱一样押上，这才够得上称英雄。这个“徇”，等于打牌一样，把命拿出来作最后的赌注。“夸者”是狂人，有精神状态神经质的人，像近代的希特勒、墨索里尼讲独裁的这一批所谓的英雄人物，喜欢控制人，喜欢抓权的人。“死权”，为了权力的欲望，可以把自己的命赌上；换句话说，你们要不要成名？要成名就要拿命去拼，拿命去赌。你们要不要权力？要权力，不是坐着就来的，也要拿命去拼，“夸者死权”，算不定最后会当英雄，当帝王。

“众庶”，至于一般老百姓呢？像我们这些普通老百姓，就是“冯生”，不要找我麻烦，只要给我吃得饱，穿得暖，晚上有个好地方睡，这么样活下去就行了。这三句话，就是人生哲学。管你老张来也好，老李来也好，谁来都不要紧，少找我麻烦，少找我交钱，少来按我的门铃，少来检查我，就行了。所以“烈士徇名”，就是“行名失己”，庄子进一步批评，他这样“非士也”，不够知识分子的资格。

“亡身不真，非役人也”，什么叫“役人”？替人家服务的叫做役，“役人”是领导别人的；中间加一个“于”字，“役于人”，就是被人所领导的。人的分类，差不多只有两种。要嘛，我听你的，乃至夫妻朋友；要嘛，你听我的，不管是夫妻朋友，社会上的人；如果你不肯听我的，我也不听你的，就没有办法。所以古人有一句话，一个人既不受命，又不能令，这个人是废人，没有用。

照这个观念，不是我听你的，就是你听我的，没有中间路线，人总要听一个；那么人要如何役人呢？如何做个真正的领导人呢？他的结论是要“亡身”，就是无我，连自己都没有了，这一条命都不要了。如果“亡身不真”，不能做到真无身、无我，就不能够做一个领导人。这一句是结论。那么要如何才能够无我呢？《大宗师》里面所讲的，得道的人才可以真做到无我，因此下面提出一些人作为标榜。

庄子眼中的高士

> 若狐不偕、务光、伯夷、叔齐、箕子胥馀、纪他、申徒狄，是役人之役，适人之适，而不自适其适者也。

这些都是《高士传》里的人物。像“狐不偕、务光”，是黄帝时候的隐士，我们老祖宗前面最高的高人。“伯夷、叔齐”是周朝的高士。箕子名叫胥馀，这一班人，历史上标榜他们是隐士。

所谓隐士，顺便提到，研究中国哲学史文化史的，要特别注意，我看到近百年来著作，好像对于隐士方面没有搞清楚。中国文化几千年来，影响最大的并不是孔孟，也不是老庄，而是隐士。有一位同学依这个观念写博士论文，他写了六年，还没有完成，因为资料找不全，很痛苦。

何以证明隐士思想，对于历史文化有那么重要的影响呢？我们从三代以来，唐尧想禅位于许由的历史故事，一路看下来，都可以找到资料。

像汉高祖刘邦当了皇帝以后，因为他爱的妃子是戚姬，所以想把吕后儿子的太子位，换成戚姬的儿子如意，结果吕后去找张良想办法；张良说，没有办法，除非把商山四皓请下来，做太子的老师才行。汉高祖一看，商山四皓，那是高人耶！我都请不动，竟然被太子请来了！太子不能换了，将来皇帝位子是坐稳了的。汉高祖这么样的英雄，还受了这些老头子摆布。为什么呢？难道汉高祖流氓的态度，还真怕这几个老头子武功高吗！不是这个道理；这是隐士思想最大力量的缘故。以西方政治哲学来说，就是不同意主义；隐士思想，不是反对，但也不是赞成，只站在旁边看；照民主政治的说法，就是保留权的票不投。

中国隐士的思想，在历代都有这种作用，所以历代的帝王，就怕这一面；一直到清兵入关，康熙都想尽办法，收罗这些不同意派的人；康雍乾三代一百年之内，开了几次博学鸿词科，不要考试而请来这些人物。有些隐士不满意清政权的，最后都被康熙、乾隆挖出来了。有人写诗挖苦得很厉害说：

一队夷齐下首阳　几年观望好凄凉
早知薇蕨终难饱　悔煞无端谏武王

明朝这些遗老，本来都想做伯夷、叔齐，不投降的，最后都被清朝请出来了。他们就像伯夷、叔齐在首阳山上一样，吃草根吃不饱，所以一队伯夷、叔齐都下了首阳山，归顺清廷了。

这一类的隐士，代表了道家的思想，在历史上扮演很重要的角色，直到清朝都是如此。袁世凯要当皇帝的时候，也受了这个思想严重的打击；当时南通的张状元张謇，是袁世凯的老师，也是不同意的。所以，隐士的思想，在中国历代政权上，始终保留有否决权的一票，这样的力量，也就是文化的精神。

上面说到清朝康熙时代，征召一批原本想当高士，像伯夷、叔齐一类的学者名人，其中有一位诗人吴梅村，在文学上非常有名；他屡次拒绝清朝的征召，最后清廷挟持吴母威胁，他只好出来了。当然吴梅村很有他的道理，假使妈妈不在的话，他可以做忠臣；忠臣是很赔本的耶，可能赔一条命。他本来想做忠臣，现在妈妈仍在，做不了忠臣，因此他的诗说："浮生所欠唯一死，人世无繇识九还"，一生唯一的缺憾，是当时没有死掉，再想把国家民族救回来，也做不到了。

吴梅村不得已出来投降，要应召面见皇帝了，这比带上脚镣手铐还要痛苦。当时清朝发动江浙一带的名士学者，来欢送他，号称一千多人的欢送大会。正在千人会的时候，有一个年轻人，大概同你们现在一样调皮的年轻人，送来一封信，吴梅村打开一看，连这一千人脸都绿了，信上是一首诗：

千人石上千人坐　一半清朝一半明
寄语娄东吴学士　一朝天子两朝臣

吴梅村的家乡是在江苏娄东，有一块石头，叫千人石，欢迎会就在那里开。就是这样一封信把大家骂惨，一个个都溜走了。这个就代表了中国文化精神，所谓不同意权的隐士派思想，始终在这个民族里起着很大的作用。所以为大政治的人，这个道理应该要了解。西方文化的不同意权，就类似隐士派的思想。

"是役人之役，适人之适，而不自适其适者也"，那些历史上叫做高士的人，在正统的道家思想看起来，还是属于没有出息之类；一条命赔进去，既不能救国救天下，又不能成自己的道业，叫做莫名其妙。譬如人家失火，你不主动救火，可是你站在火光旁，拼命地叫，叫有什么用呢？“役人之役，适人之适”，人家正忙的时候，他也站在旁边忙，叫他进去参加，他又不参加，搞成不伦不类。“而不自适其适者也”，对于人生该怎么安排，他都不懂。庄子把这些高士们，批评得一文不值。我们特别强调一点，这里庄子是讲入世的《大宗师》思想，为了说明这几句话的道理，现在再提一个人。

严子陵与汉光武

东汉的时候，光武帝的同学严子陵，实际上他姓庄，因为要逃名隐姓当高士，改成姓严，后来历史上就惯称严子陵。汉光武刘秀当了皇帝，他不同意，也不反对，所以躲了起来，有他的理由，历史上可以找到资料。当时汉光武统治中国，还有两西没有统一，一个是西北陇西，一个是四川西蜀。当时西北一带以隗嚣为反对派的将领，有一次派部下马援代表西北，去看汉光武帝。马援和光武帝谈得很投机，回到西北，隗嚣问他光武刘秀比他的祖宗刘邦如何！马援说，我看不相上下。

你们注意啊！马援是隗嚣的部下，隗嚣是头子，是老板，派马援做政治协商代表去看汉光武，结果当老板问他，刘秀与刘邦相比如何，马援虽说不相上下，不过呢，他说有几点跟他祖父不同，第一，刘邦是豁达大度，气派很够，人很豪爽，这一点嘛，汉光武也是一样。第二点呢！刘邦不喜欢读书，喜欢骂人。刘秀喜欢读书，而且学问很好，辩才也很好，又不骂人。马援是部下，不能讲比你还高明，只好跟他的祖宗来比。还有一点很不同，他不喜欢喝酒。隗嚣一听就说，照这个样子看来，比汉高祖还要高明。本来是比汉高祖还要高明！不好直说，只好这样讲了，这就是马援之为马援，多会讲话！

汉光武有这样多的好处，最后天下成功，没有杀戮一个功臣，这多了不起！不像历代的帝王，不像汉高祖，杀戮功臣。可是严子陵，为什么还有不同意的地方？当然有他的道理。我们研究历史，就要在这种地方着眼；历史读通了，历史就是人生，我们才懂得做人的道理。严子陵后来做了高士以后，逃隐在浙江桐庐，垂钓于富春江上，汉光武当时为了找这位朋友，下命令，天下到处找；后来有人在桐庐县看到一个反穿皮袄钓鱼的人，才找到严子陵。现在街上最时髦的，是皮袄反过来穿，可是汉朝时，皮袄应该穿在里头的。

昨天有一位同学在香港给我买一件旧皮袄，我说不知道是哪个死人穿过的，穿就穿吧！穿了以后，我们判断是老百姓的，不是做官的。因为古代做官的穿皮袄，不敢露出来，皮袄里头要加一层里子，把皮盖起来，外面要套一件罩衫，表示谦虚。虽然是作假，但是这个作假的后面有中国文化，是痛恶浪费与奢侈，拿富贵来骄人。做官的皮袍，边上要露一点皮毛。老百姓不敢这样，所以皮毛没露出来，而且很短，不是长袍。古代要有功名、有地位才能穿长袍，所以读书人有功名回家，叫做士绅。“绅”就是大带子，衣服很长，老百姓是不敢穿那么长的。这些都是文化故事，不说一说，以后我们死了，你们不知道。

严子陵在钓台上，反穿皮袍被找到了，汉光武叫他做官，怎么样他都不干。皇帝说，我们今天晚上两个睡一床，还是同学。所以睡到半夜，严子陵故意把腿放到皇帝肚子上，把他压住来睡。汉光武动都不敢动，表示我不摆皇帝架子，我们两个还是同学，你总要来帮忙我嘛，第二天还是不帮走了。

这是严子陵，历史上都说他高，到了清朝有人说他不高。有个读书人考功名，经过严子陵的钓台，就题了一首诗：

君为名利隐　吾为名利来
羞见先生面　夜半过钓台

你啊，为了逃名当隐士，我为考功名而来，因此我没有脸看见你，只好半夜溜过了你的钓台。袁子才（袁枚）在他的《随园诗话》上再三赞叹这首诗好。可是有人提出相反意见，认为严子陵一点都不值钱，这个隐士是假的，有一首诗说：

一袭羊裘便有心　虚名传诵到如今
当时若著蓑衣去　烟水茫茫何处寻

他说你把皮袍反过来穿，分明是告诉大家你在这里。历史上，大家都说你高明，是隐士，我看你沽名钓誉，故意宣扬。你如果真想当隐士，当时规规矩矩穿个蓑衣去，烟水茫茫，何处去找你呢？

有人引用陆放翁的诗，讲隐士哲学，他对于隐士思想推崇得很高。

志士栖山恨不深　人知已是负初心
不须更说严光辈　直自巢由错到今

真的有志做个高人隐士，不求功名富贵，应该是入山唯恐不深，不会在这个世俗中；还在这个十一层楼讲《庄子》，那都是为了赚钱，不是高士！像严子陵一样，让一般人知道是隐士，已经与开始的动机不符了，辜负最初的诚心。大家何必批评严子陵呢？从上古隐士巢父、许由，已经一直错到现在了。

我们引用了这么多的东西，就了解中国文化对隐士思想的推崇，极为高远。这是代表文化精神的一个招牌；甚至历史上已经出名的高士、隐士，都受文化思想的批评，这个民族思想是非常特殊的。所以我们要了解，道家思想形成了隐士学派；三千年来，二十六代的历史上，占了非常重要的位子。而他们在国家时势危急的时候出现，拨乱反正，救世救人。等到天下太平了，有许多连名都不留就走了，就是老子所说的，“功遂身退，天之道也”，这是中国文化的另一面。我们青年同学研究中国文化，对于这个问题，应该密切注意。过去一百多年来，好像所有的著作，都没有提到这一方面，甚至于忽略，乃至说不了解。庄子所引用的这一段，隐士的理由何在，我们加了许多的闲话，做了一个说明。

真人的境界

古之真人，其状义而不朋。若不足而不承。

上古时代，够得上称大宗师的，由出世的修养成就，做入世的事业，能够救世救人，这些是真正得道的人，称做真人。庄子说，这些人“其状义而不朋”，他们入世的作为，表现得非常讲义。这里不提“仁”字，只提一个“义”字，是爱人作用的发挥。儒家解释孟子的“义”，“义者宜也”是做人的中庸之道，恰得其分，恰到好处。

墨子解释的“义”，带一点侠气，路见不平，拔刀相助，是义也。天下有难，摩顶放踵而利天下，自己的生命牺牲，在所不惜；这是墨家对于义的思想看法，同道家相近。庄子这里所提的义，近于墨家思想，不是儒家的“宜”；譬如火起来了要救，赶快去挑水，水挑不够再去挑，万一挑累了就算了，听之天命，我总算尽了力。所以“古之真人，其状义”，表现出的作为，可以牺牲自我，利世而利人，为仁义而为之；“而不朋”，但是他不结党，没有党派，不营私，没有私人的感情，而是为天下的；不希望你来恭维我，也不希望有个老张老李说我很好。所以说，有为而无为，做了就是做了，所谓救人救世，牺牲自我，义所当然，应该做的事做完了，也不需要你知道。

“若不足而不承”，道家得道的人，处人处世永远不会自满，永远是谦虚。“若不足”，好像永远不够，自己总觉得不够。“而不承”，而不接受什么，不想什么东西属于我的，只有自己拿出来。天下国家属于你的，我帮你弄好了，你好好去治理，我不要，功成名遂身退。道家在历史上有很多这样的人，他们说自己的圣德不够，你去搞就好了，永远是谦虚。

与乎其觚而不坚也，张乎其虚而不华也。

他说，做人的态度，看起来很有棱角，其实得道的人，内方外圆。虽然对人都很和蔼，无可无不可，他自己自有棱角，但是没有成见，不坚持自己的意思；天下人认为这样有利，他可以将就。所以“张乎其虚而不华也”，如老子所讲的，永远是虚怀若谷，像花一样地开开了，自己内在空空洞洞，没有东西，无主观、无成见，更没有虚华，不宣传，不炫耀。

邴邴乎其似喜乎！崔乎其不得已乎！

“邴邴乎其似喜乎！”面对人生是乐观的。“崔乎”也就是巍巍、高大的意思。“其不得已乎”，虽然崇高，站在最高的位置上，有最高的成就，但不是被欲望驱使而出来的，是为了天下的艰难痛苦，不得已而为之。

滀乎进我色也，与乎止我德也；厉乎其似世乎！謷乎其未可制也；连乎其似好闭也，悗乎忘其言也。

“滀乎进我色也”，就是对社会的贡献。“滀”是形容词，就是对社会贡献了一切。“进”就是贡献，有所奉献出来。“色也”，态度觉得很当然的，没有一点要人感谢的心态。“与乎止我德也”，与你共同做事，到了相当的时候，就退出了，停止了，这是德，因为不能再帮下去了。如果再帮下去，历史上有一句很了不起的话，就是功高震主，很多人因为不懂这个道理，最后都被杀头、抄家。本来是很好的，功劳太大，道德太高，学问太好，到某一个时候，赶快要溜，否则功高震主，下场就不好了。“与乎止我德也”，道家的人，到某一个阶段，他晓得该撤退了，就是恰到好处。天下事不能圆的，太圆满就要爆掉了，所以，功高就必须要退。

“厉乎其似世乎！”处世的态度很庄严，很慎重，态度做法一切都很严厉，表面上跟着一般世俗的走，但他不是为了自己，是为了世俗的需要。道家有这样修养得道的人来处世，所有的条件都具备。“謷乎其未可制也”，“謷乎”等于傲慢，真正的傲慢，但是傲慢到什么程度呢？到看不出来那个程度；像是绝对的谦虚。谦虚傲慢之间到了天子不能臣，诸侯不能友的程度；所以永远不出来的，永远不担任任何名义的，“未可制也”，他不属于任何范围。“连乎其似好闭也”，虽然如此，他做人做事“连乎”，处处自己有个范围，表面上看起来很固执，“其似好闭也”，实际上不是固执，是为人处世的方法。一个人处世，如果自己没有范围，结果当然是不好。因此得道的人，自然懂得人生，懂得处世。

“悗乎忘其言也。”“悗乎”，形容他使大家都佩服敬仰，所以忘记了他所讲的理论，因为道理已经深入人生，个个都做到了。因此之故，道家的人不著书，也不立说。不过呢！庄子也写了那么多，老子也写了五千言。所以，后世的人就笑过，所谓忘言之道，本来自己不要说话的，等于佛所说的，不可说，不可说，看来似乎只有释迦牟尼佛高明一点，自己没有动手写过一个字，要写的都是学生徒弟们写的；老子跟庄子都逃不了责任。白居易有一首诗就笑老子：

言者不智智者默　此语我闻于老君
若说老君是智者　如何自著五千言

肯说话写文章的人，是笨人，言者不智，没有智慧，真的大智慧的人，不说话。这个话是老子说的，假使老子真的是大智慧，为什么还要写五千言《道德经》呢？

汉宣帝与丙吉

下面一段非常非常的重要，我们先提一个历史的经验与理论。中国历史上的光辉时代，汉朝的“文景之治”，汉文帝、景帝父子两人，在政治上最了不起；唐代是唐太宗“贞观之治”。宋、元、明，没有特别可提的。到了清朝可提的是所谓康雍乾盛世。从康熙到乾隆，父子孙三代之间，在历史上文治武功都了不起，值得钦佩。可是历史上这些时代，真正思想的指导是道家，尤其是老庄。所谓文景时代，好用黄老，文景的政治，是黄老思想所指导。

历史的经验，内容太多了，在此我们只提出纲要，但是由此纲要就引出来另一个大问题。中国五千年的历史过程中，究竟是哪一家指导思想，使天下得太平，历史起光辉？这不是为了研究过去的历史，而是为了要展开二十一世纪的历史，这是一个承先启后的问题。青年同学们要特别注意，不是为了读《庄子》研究古书，古书何必研究呢？我们所谓温故而知新，是要启发未来的思想，那才是重要的。

其次我们提出来历史上一个关键之处，也是非常有意思的。先说汉朝有名的文景之治，在历史文化上，都认为政治思想的主题是黄老，实际上并非如此，而是八个字："内用黄老，外示儒术。"黄老是放在口袋里用，外面招牌上挂的是孔孟的儒家思想。这八个字就是我们中国政治思想史，是历史上的大秘密。它的重点在哪里？前面说过，就是最后谥号的定评。历史上谥号"宣"的好皇帝，像周宣王、汉宣帝、唐宣宗、明宣宗等，没有几个耶！死后封号"宣帝""文帝"，都是了不起。当然不希望将来再有献帝，国家都献给人家。还有哀帝就太悲哀了，那都是值得哭的；有些短命死了，就叫殇帝。所以看了帝王的谥号，就明白那个时代，读历史要懂这个。

汉宣帝是一个了不起的人物，他出生在牢里，在艰难困苦的时候出生；把他培养到当皇帝的，是历史上一个了不起的人，就是后来当他宰相的丙吉。这个宰相，看起来很窝囊，牛喘气了，他去管，其他的事他都不大管；如果读历史不深入，会以为丙吉没有什么了不起。丙吉一辈子没有管过大事，好像没有作为，但他是最了不起的人。我经常说，一个汉朝的丙吉，一个五代时的冯道，都是菩萨中人；拿王安石的话来讲，都是佛的化身。

丙吉当廷尉（犹如现在法院审判长）的时候，发现汉武帝的曾孙刘询（汉宣帝），因为宫廷的复杂关系，宣帝的祖父太子刘据，被汉武帝逼死，母亲也坐牢自杀，当时他未满周岁。汉武帝曾下令，要把监狱里所有的犯人，不管老小通通杀光，结果丙吉反对；他报告监狱里有一个小孩，是皇帝的曾孙呢！虽然有些人犯了罪，也不应该这样杀！汉武帝同意不杀，丙吉这才雇了奶妈把汉宣帝带大。后来在外面流浪江湖，处境很可怜，所以他很懂民间的疾苦，因为他是吃苦出来的。

后来汉宣帝当了十一年皇帝，只晓得自己出生很苦，至于怎么活下来，他都不知道；而丙吉虽然在朝中做官，却一声不讲。我们青年同学要学学哦！施恩勿念，自己有那样的大恩于人，皇帝等于是他培养出来的，但他从没有表示过。等到后来，那个奶妈的事情被宣帝知道了，下令调查，才查出他的幼年是丙吉的安排照料。

过了五年，汉宣帝忍不住了，这样好的人，提上来当宰相。这个时候丙吉已经很老了，心想既然找我当宰相，那就宰相吧。另有一个副宰相，对丙吉不太满意，所以丙吉一路都不大管政治的事，副宰相既然想抓权，就让他抓权吧！他自己只是看牛为什么喘气啦！气候好不好啦！他只管管这个事。可是丙吉不是糊涂，他是第一等高明，太平盛世做人做到如此，才真正是庄子所谓的道家。所以讲丙吉这一段历史，不要只当故事听，是要我们学如何做人的，这是“滀乎进我色也，与乎止我德也”两句话的说明。

《大宗师》这一篇，所提出来内圣之学，说得道的人，才是所谓真人。真人的一切修养境界和成就，前面已经描述；后面接着就是一个得道的真人，内圣以后，是不是要入世起用？换句话说，得道以后是不是要修道？应该怎么修？修道就是道的用，也就是入世的关系。

是庄子 不是老子

以刑为体，以礼为翼，以知为时，以德为循。

庄子提出来这四点，我们先从得道以后的修道去了解。所谓“以刑为体”，“刑”就是政治上这个“治”，也就是管理。所以后世道家讲到修道的，如佛家的引用，若要长生必须先学死，这个死，就是杀的作用。为什么要长生先要学死呢？就是把心里的烦恼、杂念、胡思乱想等，通通杀光；这样一来，生命的本能才能恢复本来的长生不死。

关于心里面这些烦恼，怎么把它杀死掉呢？必须要自己来治理；每当一个思想、观念、烦恼起来的时候，自己要警觉到，这都是不好的，要把它去掉。道家后来有两句俗话，“未死先学死，有生即杀生”。一个人要想得长生的话，“未死先学死”，不是自己吃安眠药去死，而是心念一生起，就要把这个心念杀掉，那么自己生命心性的本体，就可以得到清明了。

所以杀掉自己心念的修法，就叫做刑，刑也就是杀的意思。所以，修道的人，管理自己非常严格，就像法律上的刑杀一样，去恶存善，去掉恶业，只保存善业。这是以刑为体，讲修道的作用。但是，专注在杀死自己的念头，还只是消极的，不够的；所以要“以礼为翼”。礼就是中国文化所讲《礼记》这个礼。

有关礼的道理，现在很难解释，包括的意义很多。譬如中国四书五经的这部《礼记》，包括《周礼》《仪礼》《礼记》这三部书。《周礼》等于我们中国几千年来，政治哲学的法典，一直到民国的大宪法，以及一些政治措施，都曾以《周礼》为根据。

《仪礼》现在来讲，是社会的秩序，生活的艺术，生活的礼节等等，包含也很多。至于《礼记》呢！包含的内容非常多了，可以说中国诸子百家所有的思想学说，都是从《礼记》出来的。譬如《大学》《中庸》，乃至我们现在最熟的《大同篇》，都是《礼记》里的，后人抽出来，另外编成一本专书。

如果要解释礼是什么，勉强地说，就是文化的精神。这个说法对不对呢？不一定对，但是也没有办法，只好用现在比较流通、漂亮的名词来讲。真正的礼是什么？古人的解释，礼就是道理，换句话说，它包括了一切文化的原则。以新的观念来讲，是哲学；这个哲学，不是西方的哲学，哲学也是借用的名词。那么礼是讲什么呢？是中国各代的政治哲学最高原则，是讲礼治，不用法治。礼治是注重文化的教育，全民的教育。礼不够的话，教育道德就不够，那时只好用法了，就是"以刑为体"。

"以礼为翼"，礼的真精神是自然的道德。光把自己管理得很严，以刑为体修养这个心性，也是不够的，必须要以礼为翼，了解礼的真精神。我们引用《礼记》开头第一篇的一句话"毋不敬，俨若思"，来说明礼的精神。这六个字，就没有办法处理，这是中国文化的根本，讲一个人的修养程度，到了随时随地没有杂念，没有妄念，没有乱想，也没有恶念，随时随地对自己身心都是严肃的，这种形态就是俨若思。看起来，这个人好像在那里想一件事情，但是他没有想，因为他在静止状态；这六个字就是后世所讲的，随时在入定的状态。人到了心境永远在定境上，在清静无为的境界中，那也根本不需要管理自己了，不需像个刑法一样，去管理念头了。

所以说，光是以刑为体，还不够，必须要以礼为翼，以真正的定慧精神辅助自己；然后去处世。"以知为时"，这个知，就是智慧成就。所谓知，可以引用孔子在《易经》所讲的，"知进退存亡而不失其正者，其唯圣人乎！”所以圣人之道，是知进退存亡，这个知是智慧。所以得道的人，应该具备了“以知为时”，随时随地晓得自处之道，什么时候该进一步，什么时候该退一步。“以德为循”，随时在道德的行为上，知道人生的方向，自己走一条正路。这四点，我们特别说明一下。

为什么要特别说明呢？其中有个关键点。大家都晓得，在中国文化史上，真正伟大光辉的时代，那些帝王的政治思想，都是道家的黄老之学，尤其注重老子。实际上，是以老子做招牌，真正用的是《庄子》；因为《庄子》是道家的代表作。《庄子》等于儒家的《孟子》一样，老子则等于儒家的孔子。汉唐两代，所谓黄老的政治，实际上是以《庄子》为主的。

但是，我们看到后世的说法，尤其最近一百年来，有许多谈论中国政治思想的，所谓黄老之治，都以老子为根本。老子主张无为，因此认为那些辉煌朝代的帝王是无为之治。那么，什么才是无为？当皇帝什么都不管，那他管什么？大概只管吃饭。所以把无为解释成什么都不管，是很莫名其妙的话。

现在我们可以了解，所谓汉唐黄老之治的用法，就是《庄子》这一段的精华。所以说黄老之治，是道德的政治，这一点首先要了解。老子讲的我有三宝，佛家讲皈依佛法僧三宝，三宝的观念名词，是老子先提出来。哪三宝呢？“曰慈，曰俭，曰不敢为天下先。”做人做事，小之于个人，大之于天下国家，都一样。“曰慈”就是儒家所谓仁爱，这个很容易明白。“曰俭”，这个俭不是说省钱，包括节省钱，节省精神；一件事情的简单化，简单明了就把事办好，就是简的道理。“曰不敢为天下先”，不是说永远跟在人家后面，而是万事不要突出，要因势利导的意思。如果不知道因势利导的话，永远做不好事情。

譬如大水来了，没有办法挡住，你硬要挡这个水，会出更大的问题，一定要把水流疏导开了，然后顺这个水势一转，就把水灾解除；这就是因势利导。中间应用起来，方法当然很多，要能应用得很巧妙，就是太极拳原理，以四两拨千斤，也就是兵法上所讲的，以弱击强，以寡击众。这都是老子所讲的无为，由“不敢为天下先”这句话所引出来的道理。

像文景之治，实际上用的是什么呢？用的就是“以刑为体，以礼为翼，以知为时，以德为循”这四句话。所谓无为之道，是讲为人上者，作领导人的无为；而把国家大事，一切付之于法治，就是“以刑为体”。这是法治的精神，并不一定是讲法律！也就是现代所谓制度化的观念，将一切归之于制度。所以，上面的领导人，他在这个位置，等于一个手指头，只要按到一个电钮，整个制度就跟着动了起来，所谓损力少，成事多，这就是无为的道理。

法家与法治

但是我们不要看到“刑”字，就认为完全归之于法治。首先要了解历史，在我们历史的经验上很多，完全信赖法治会天下大乱；如不重法治，天下也大乱；这就是应用之妙了，所以要配合上面这四句话。历史上如汉唐的鼎盛时代，真正的引用，就是《庄子》这一段东西，也包括了《庄子》后面《外篇》和《杂篇》所有的内容。

在我们的文化历史上，还有个东西需要了解的，就是法家的学问；法家的学问也出于道家。法家是非常残酷的，历史上记载，刑法太严格的法治，就变成一个残酷的时代。所以在中国的历史上，由司马迁开始，把完全讲法治的人，另外归类，列入酷吏这个传记里；酷吏是专用法治的，他们非常之残酷。

看这些法家残酷的法治，有个问题就来了，法家怎么会出在道家呢？道家是讲道德、清静无为，讲慈悲的，为什么会发生如此严重的偏差呢？我们要知道，一个讲清静无为修道的人，一定非常注重道德；因为注重道德，对人对己的要求就非常严格。严格的结果，就是法治的精神。譬如佛家的戒律，我们学佛本来要解脱，一个学佛的人，自己性命也不管了，头发也剃了，衣服也换了，一切都放下不要了；本来还自在的一个人，结果出了家，反而觉得很不自在；为什么？因为必须要守戒律。

戒律是一个道德的规范，对自己要求的严格，管理的严格，于是就产生了法家的精神。所以说，法家，拿整个文化思想来讲，就是戒律；而且是对于整个社会全面的戒律；用之太过呢，就变成残酷了；用之恰当呢，法家就是治世最重要的规范。所以，庄子这里提出来，光“以刑为体”是不行的，还要“以礼为翼”。

由此我们再看儒家的两句话，孟子说得很彻底，“徒善不足以为政，徒法不能以自行”。光讲道德，劝人为善，那可以用于宗教，不能用之于政治；宗教就是这样，慈悲嘛！宗教家认为，宗教推行了，天下就可以太平，那是做不到的。只劝人为善，没有一个规范，属于很高的理想，实行起来不但做不到，还会搞得一塌糊涂。所以，必须要用法治作为辅导。如果光信赖法治，则“徒法不能以自行”，自己连路都走不通了，反而把自己困住。我们懂了儒家这两句话，再看《庄子》的“以刑为体，以礼为翼”，就明白了。所以儒家、法家也是相通的，下面庄子把这四点再加以引申。

以刑为体者，绰乎其杀也；以礼为翼者，所以行于世也；以知为时者，不得已于事也；以德为循者，言其与有足者至于丘也；而人真以为勤行者也。

我们不管个人的自修也好，或者国家的政治也好，为什么以刑为主呢？理由刚才说过了，现在讲他的做法。“以刑为体”不能过分，过分就成了酷吏的做法，“绰乎其杀也”。注意“绰”这个字，所谓“绰乎”，是很轻松自在，并不是严刑峻法。刑法过重，法令太严密，那就是严刑峻法，在我们的文化史上，素来认为那是错误的。严刑峻法，也不是法家的真正精神。“以礼为翼者”，是以文化的精神作辅翼，“所以行于世也”，足以永垂万世。

能出世 能入世

“以知为时者”，前面说过，以知为时是要知机，要知道进退存亡之时机。“不得已于事也”，事情到某一阶段，应该停止的时候，就要停止，是不得已只好这样做，也是不能不这样做。不得已有两个观念，一个观念，拿儒家来说，孔子想救世，明知道救不了的时代，他仍要去救，所以尽其一生去救；每个宗教家都是如此，这是不得已于事也，不能不那么做。另一个观念，知道事情没有办法做，只能适可而止，恰到好处，就是不得已于事也。所谓知，就是两方面的应用。

“以德为循者，言其与有足者至于丘也”，这个丘，不是指孔丘啊，是说这个地方堆起来像山丘一样。以道德为标准，依照道德的规范，“有足者”等于佛家讲的圆满，达到一个圆满的标准。而“至于丘也”，树立一个很高的，像山丘一样的标准。

上面我们费了很多时间解说，好像没有使大家清楚了解，重点是要了解后面这一句，所谓无为，修道的境界。怎么叫做修道？“而人真以为勤行者也”，譬如我们学佛的人，又要守戒，又要修定，又要修慧，又要吃素，又要拜佛；其他的宗教徒，星期天又要去做礼拜，还要上街，吹个喇叭去传道，好像忙得不亦乐乎。实际上，修道人外表上看起来忙得很，“以刑为体，以礼为翼”；其实他内心什么事情都没有，很逍遥，很自在，一天到晚忙，可是像没有事一样。一般人认不清楚，“真以为勤行者也”，以为他这个人修道很努力啊！这个样子才叫做修道，这是只看外形。这一句话，就是庄子在这一篇这一段里的点题，一个真正修道的人，入世处世，当了皇帝的境界，日理万机，一天有一万件事那么忙，但心中无事，这就叫做无为之道。因为一切他都有一个制度，有个规范，已经弄好了。因此下面就接着说：

故其好之也一，其弗好之也一。其一也一，其不一也一。其一与天为徒，其不一与人为徒。天与人不相胜也，是之谓真人。

“故其好之也一，其弗好之也一。”这两句话，庄子的优美文字，说明什么呢？世界上的事情，都有正反两面，有爱好的一面，就有不喜欢的一面，没有办法全是好的。“其一也一，其不一也一。”既然有爱好，有不爱好，两面各有一个偏见，有了偏见产生，一样一样就多了。庄子现在提出来，真正的所谓一，正反的两面，只有下面两个状况。

“其一与天为徒，其不一与人为徒”，归纳起来这两种状况，前面在《人间世》讲过。“其一与天为徒”，庄子这里所谓讲天，是天道。这个天，不是代表宗教性的天，也不是自然科学的天，是与天道为徒。徒不是做徒弟，而是朋友，合在一起，跟天道相合。“其不一与人为徒”，另一个就是顺应人道的方式做法。

“天与人不相胜也，是之谓真人。”两样不能兼得，只有真得道了，人道是自然附带了，并不是人道做好了然后接近天道。这种得道的人，重点是了了生死，没有生死。我们人生最大的也是最后的问题，就是生死。一切宗教、哲学，甚至于科学，之所以发展，都是为了找这个问题的答案；但是至今还没有找到答案。现在庄子提出来，一个得道的真人，他的生死问题已经不存在了。

死生，命也，其有夜旦之常，天也。人之有所不得与，皆物之情也。

我们讲过很多次了，生死问题是人类根本问题，没有人不怀疑它，没有人不怕它，尤其人越老越怕这个问题；已经来日无多了，不晓得死了到哪里去。如果有旅馆可订嘛，也可以预订一个，可是不知道在哪里！这是很麻烦的事。所以人类东西方的文化，通通在找这个问题的答案；只有我们中国老祖宗，在几千年前，已经把这个问题否定了。可是人很难了解，不容易相信，如果能相信的话，就得道了，了了生死。

那就是说，“死生”是“命也”。大家不要搞错了，这个命不是算命那个命。生跟死，是生命本源本来存在的两头现象；看起来有生有死，其实我们本有的生命，并没有死亡，也没有生出来过。“其有夜旦之常，天也。”譬如我们看这个虚空，头顶上这个自然界科学的天，夜里，这个天是黑的，天亮了仍然是这个天，所以黑夜与天明对虚空没有妨碍，而是一个自然的现象。“人之有所不得与，皆物之情也”，人对生死作不了主，也无法控制生死，这个不是本命的问题。“皆物之情也”，这个身体也就是物质；被外界物质所困扰，就引起我们心理上情绪的变化，所以觉得生死非常可怕，其实没有什么可怕。

彼特以天为父，而身犹爱之，而况其卓乎！

所以得了道的人，了了生死，不被物情所困，物理世界的环境，同生理的作用，引不起他情绪的变化，永远在清净中；所以他“以天为父”，他始终在天道这个境界。“而身犹爱之，而况其卓乎！”因为他的心理始终在得道的境界上，这个身体呢？“犹爱之”，不是去爱身体，是身体跟随这个道业，变好了。“而况其卓乎”！因此，得道的人在这个世界上，有卓然而独立的精神，超出于常情物理以外。

人特以有君为愈乎己，而身犹死之，而况其真乎！

可是一般人不知道，不认识自己生命的根本，“人特以有君为愈乎己”，“有君”就是有一个主宰。一般人都认为这个生命以外，另有个主宰的，“为愈乎己”，比我们人高明。所以宗教家就把这个高明的东西，叫做上帝，天帝，或者是佛，或者是神，好像有一个超人的力量存在。“而身犹死之，而况其真乎！”但是啊，不管你认为是否有一个东西存在，而身体还是死了，与这个是没有关系的；因为另外有一个生命存在。这两句话，可以说是对一般宗教信仰的结论。

我们常常讲笑话，但也是真理，就是从另外一面看宗教，所有的宗教有一个共同的外形，好像都在劝人不要怕死，我那里开了招待所，观光饭店，你现在先买票，将来死了以后到我那里来，我好好招待。譬如极乐世界啦！天堂啦！各有各的一个地方，而且每个地方都登了很大的广告，都在拉生意。也就是说，你不要怕死，快一点死，好好地死，死了到我那里来。这是宗教，所有的宗教都是管死的一面，只有中国文化不谈这个，尤其三代以上，没有现在后世的宗教形态。中国文化不站在死的一面看，站在死的一面看是夕阳西下，风雨凄凄，旅馆也找不到，雨伞又破了，雨衣抵不住，那个时候，身上一毛钱也没有，馒头也没有买，实在很悲惨。所以看天地是灰色的，看人生是悲哀透顶。《史记·伍子胥传》有一句话："吾日暮途远，吾故倒行而逆施之。"到那个时候，真的是什么希望都没有了。所以，宗教始终站在殡仪馆门口看，天天都看到抬进抬出。我们中国文化素来不在那里看，而是在妇产科门口，永远看到新生的，哇一个了，哇又一个了，生生不已。

所以，中国文化不谈宗教，无论道家、儒家，尤其是《易经》，都是面对早晨太阳方向看日出，光明普照大地，很高兴。你说死了痛苦吗？太阳落下去了很悲哀，他说，不要紧，睡一觉明天又出来了。所以，它看死没有什么关系，回去睡觉嘛！你总要睡觉的。活着像唱戏一样，你已经唱了几十年，总要下台一鞠躬嘛！这个台总要给别人上来唱一下吧！这是中国文化的不同之处。

可是一般人道理没有看通，只被生命两头现象拉起走了，总认为，生死以外有个作主的，这是有宗教信仰的人所要找的。庄子说"而身犹死之"，那个作主的有什么用！作主的那个主宰本身，会不会死亡呢？等于我们不要问主宰的本身会不会死亡，只要问上帝由哪里来，如果上帝是妈妈生的，上帝的外婆又是谁呢？所以他说"身犹死之，而况其真乎！"你研究生死之间，要找出什么是真实的，就很难了；要得到了那个真实的道才行，也就是真人的成就。

忠奸共处

前面讲历史上丙吉和汉宣帝的故事，丙吉问牛，大家都知道的，也是一个蛮长的故事。这几天电视在演《大汉天威》，受了电视的影响，刚才吃饭的时候，有个同学也提到汉武帝，讨论到汉武帝的为人。汉武帝旁边有一位历史上非常有名的大臣，就是憨直的汲黯。这位同学问我，汲黯是道家还是儒家？汲黯当然是道家。一般后世认为道家的人很圆滑，马马虎虎，那是错误的观念，事实上不是这样的；汉代许多道家的人士非常严肃，就是刚才讲的“以刑为体”的道理。

汉武帝这个人，当然有很多有趣的事情，好坏暂时我们不评论他。他也很聪明，但是后来有一个毛病；大凡历史上当帝王的，依我个人的研究，除了三代圣王以外，那个位子大概有神经病的传染因素，如果没有老庄孔孟之道的内养道德，在那个位子上坐久了会昏头的，会发生许多问题，那个位子很不好坐啊！

讲一个现代的故事。我们都知道大陆当年北平的皇宫，我小时候听到我一个老辈人说，民国以来，推翻了清朝，他这个前清的举人到了北京，皇宫正好开放可以进去游览。看到那个皇帝的位子，他硬跑上去坐一下过过瘾！结果在那里一坐啊，很怪，头会发昏的；所以，皇帝那个位子，是很难坐的。我现在想，皇帝的位子不会使人头昏的，头昏是自己的问题。我们看历史上的帝王，凡是政治清明的时代，领导人都来自民间，都从低层的社会过来的，所以他当了帝王以后，非常懂事。太平久了，皇帝的儿子孙子继位，这种的皇帝，我有个特别创作名称，叫做职业皇帝。好像一般历史学家没有用过的，我本来想去申请专利的，可是标准局又不准（众笑）！

这种天生来当皇帝的人，都是生于深宫之中，长于妇人之手，生下来就在宫廷里头生活，外面草地是什么样子都搞不清楚！什么是窝窝头、小米稀饭，大概是看过啦。他们长于妇人之手，除了宫女照应以外，就是在那些不男不女的太监里头长大的。所以，在三千年的历史中，这些职业皇帝，选不出三个了不起的，都是昏头的；好在他们都活不长，职业皇帝最多三十几岁，搞个几年就下去了。所以啊，上天有好生之德，叫他们早一点睡觉。至于汉武帝这个人，他一半一半，一半是职业皇帝，一半是民间。汉武帝本身也曾经在民间吃过苦头的，可是他当了皇帝以后，仍会受奸人的挑拨；像汉武帝这样精明的，为什么会受奸人的挑拨呢？

所以我常常给同学们讲笑话，我说你们要知道哦，历史上的奸臣都是非常可爱的，假使我当了皇帝，算不定也会吃这一包药。我们看京戏那个奸臣，像曹操、秦桧摆一个方的脸孔，肩膀那么端起来。中国的京戏，别有一套学问，它是象征的，曹操脸上是白的，表示白面书生，非常清秀漂亮。京戏里头有两个是白脸的，一个是天上的神仙，面如白玉，一个就是奸臣的脸也白，表示是绝顶聪明的读书人。为什么曹操、秦桧这些奸臣一出来，肩膀都是那么端起来呢？表示这个人用脑筋，就是光在办公桌上想，想得头都缩进去了，肩膀自然端了起来。

奸臣是很可爱的，奸臣不会讲话那么差劲，他要想害一个人时，一定先捧这个人，捧得非常好。他会先在皇帝面前说，某人真好耶，好得不得了，偶然一点小毛病没有关系，慢慢东一下，西一下，就会把人给害掉。汉武帝就中了这种箭，逼得太子好像造反，其实是自卫，结果这些太监奸臣们讲，太子果然造反；这时汉武帝正在生病，就气得要抓人来杀，太子只好带着妃子逃出去，后来逼得自杀，几个妃子也都自杀了。这个案子后来平了以后，与太子有关的，乃至太子的孩子都抓进去坐牢。汉宣帝是汉武帝的曾孙，他的母亲生了他以后自杀了，他只有一岁大，就住在牢里头。

历史上的记载，当时外面有流言报告给汉武帝，说长安的监狱里有天子之气；古人这种学问叫做望气，像看风水，看人的气，就会判断。汉武帝那个时候，年纪也大了，而且心里有点明白是上了当，但是发作不出来，所以脾气非常不好。他就下命令，把长安监狱这些犯人统统杀了，幸亏丙吉力争，汉武帝这才不杀，而且大赦天下罪犯。既然自己的曾孙也在牢里，为什么不赶快去抱回来啊？大概皇帝儿孙多得很，这个小孙子也不在乎；再说武帝年纪大了，所以没有再处理这件事。

再说汉宣帝

所谓文景之治的阶段，直到后来，都是流行道家老庄的学说，丙吉这个人素来道德很高，修道的人很仁慈，他觉得汉武帝的曾孙子可怜，没有人管，一个孤零零的孤儿需要喂奶。他自己掏腰包请奶妈喂这个小孩，总算把这个小孩慢慢带大。皇帝虽然也曾下诏要他认祖归宗，后来由宫廷边舍主管张贺收养，但也没有管他，还是丙吉托他特别照应这个孩子，读书生活这些钱，都是丙吉出的，这就是他的仁慈心。

张贺看到这个孩子，到底是龙种，相貌不同，将来有一天算不定不当皇帝也封王。等到那一天，他的兄弟们想起来，那是自己的血统，照古代的家庭制度，要把孩子找回去封王！封王也不得了，比现在省主席还要大得多；皇帝叫万岁，封一个王虽然没有九千岁，也有八千岁的样子，那还是不得了的。张贺就跟一个名叫许广汉的讲，我看你干脆烧冷灶，把女儿嫁给他，我愿意拿钱为他做聘金。许广汉是曾犯罪受过腐刑的人，在牢里很规矩成绩好，后来做牢里的小主管。

许广汉回去给太太讲，太太不答应，说我们家里已经倒霉了，不管如何他总是个罪犯。许广汉说，人家罪犯同我们家不同啊，人家是龙种啊，皇帝的后裔，总算把太太说服了，所以就把女儿嫁给他了。那时汉宣帝才十几岁，两夫妻也很可怜。后来他在民间东逛西逛，所谓下流社会啊，动刀动枪的，他都看过经历过；地方官的贪污，不好的好的，他也看得很清楚；不过他也很自爱，没有乱来。至于自己的身世已经搞不清楚，跟太太两个人感情很好，太太后来是有名的许皇后；他们的儿子，就是后来的汉元帝，也是在艰难困苦中出生的。

等到后来朝廷里头出问题了，考虑在刘邦的后代中，哪个当皇帝比较好。当时整个国家权力操纵在霍光手里，丙吉向霍光提议，刘家的后代只有这个汉宣帝懂事，在外面受过艰难，所以就把宣帝找来当了皇帝。他年纪轻轻当皇帝，战战兢兢，政治很清明，头脑很清楚，因为民间的疾苦，他都很了解。

霍光捧了这个皇帝出来以后，权力更大；他本身是很好，他的太太却是有名的泼妇，而霍光本人又最怕太太。这个太太说，皇帝你捧出来的，把我们女儿嫁给他作皇后；霍光说不行，他年轻在外面流浪的时候，已经有了皇后。所以文学上有一个典故“故剑难求”，就是汉宣帝的故事。当时汉宣帝当了皇帝，皇后还没有接进来，一般大臣都认为，皇后还没有选，每个人家里都有女儿，都有当国丈的希望，都打起主意来了，尤其霍光家里。

这时左右探听汉宣帝的意思，汉宣帝告诉旁边的人说，哪个人把我的故剑找回来，我就很感激了。汉宣帝为什么这样讲呢？他干脆讲，把我那个老婆找来当皇后就好了嘛！我们读历史要懂，刚刚接位的皇帝，旁边那些权政力量都大得很耶，政治环境还没有太清楚，不敢讲话，这就是他的高明了。像现在这些读到博士二十七八岁了，都不懂事。你看人家，二十来岁，他就会讲话，他不正面答复这个问题，只说我有把故剑，哪个人能帮我，把我落难时的那一把剑找回来才好。霍光一听就懂了，他还是要他原来的老婆。聪明就是聪明，像我们这些人，还真的去买一千伍百块钱一把剑给他，那只好拿剑把你砍了。人家讲一个故剑要求，霍光马上就懂了，所以这些大臣，赶快把他太太找来立了皇后。

霍光的太太一听，这不行，当然要我们的女儿当皇后，而且许氏是一个牢徒的女儿，做了我们国家的皇后，我们还要跪下来拜她，那算什么！一定要我们女儿嫁给他。所以霍光太太想办法把许皇后毒死了，临死的时候很痛苦，皇帝也怀疑皇后是被毒死的。若干年后，汉宣帝一直怀念，这是患难夫妻的可贵；后来发现是霍光的太太干的，当时霍光已死，宣帝气极了，把霍光的后代都杀了。

再说丙吉

再说宣帝当了皇帝以后，丙吉也没有什么太得志，不过总是在中央政府做事。丙吉的一生，所谓无赫赫之功，没有特别的成绩，也没有坏处；在那么高明的领导之下，天下太平，所以不须特别表现，也不须特别的忠臣了嘛。所以他也很平凡的，就是照阶级升进，最后也就升到皇帝旁边去啦！不过汉宣帝对他特别好，但是最早并不知道自己这条命是丙吉救回来的，也不知道从小是丙吉花钱给他请奶妈带大的，他只知道自己很惨，丙吉也从没有讲过。

历史上所讲的丙吉，“一生不念恩”，帮忙人家，有大恩于人，自己一辈子不讲。他不是忍着不讲，而是他那个道德修养，心中无所谓无记挂，这就是丙吉。再从历史故事来讲丙吉，因为领导人汉宣帝很高明，所以丙吉一生看起来都很平凡。不过汉宣帝对于自己患难时生的这个孩子，并不满意，觉得儿子太老实了；虽然道德不错，但是气魄不够，所以几次也想把这个太子废掉。只因为看到太子就想起许皇后，患难夫妻，又死得不明不白，心中难过，所以不肯换，后来就是汉元帝。

再说丙吉在宣帝幼儿时，为他请过几个奶妈，有个奶妈的丈夫，大概是乡下的流氓，就逼这个奶妈，到京城把事情闹出来，结果被抓，叫她拿证据出来，才供出一切是丙吉的安排。丙吉看到这个女人就骂，你还有脸来见我！真有功劳是前面两个奶妈，可惜她们都已经死了。丙吉在这个时候才讲出来，汉宣帝知道了，叫人把那个奶妈送到宫里来，另外跟她谈，这个奶妈就告诉他，丙吉的话不错，开始请过几个人，后来请到我，我是被他开除了的，都讲了老实话。汉宣帝处理得很好，没有封官，也没有封侯，国家的官位不可以拿来做私情，所以给她很多的钱，很多的礼物。但他对于丙吉没有表示，丙吉也没有再提这个事；这就是我们应该效法的丙吉为人的风范。

大概隔了五年的光景，汉宣帝其实也在看丙吉究竟怎么样。丙吉年纪比汉宣帝要大个几十岁，已经是老臣了，但是看到皇帝，还是要下跪的，所以后来汉宣帝就请他做宰相。在那个时代，宰相差不多是副皇帝，当时有正副两个宰相，另外一个副宰相是萧望之，才智很高，比较精明，他看丙吉这个老头子，老老实实的，也不大管他，就自己都作主了。这个丙吉呢，晓得这位副宰相很爱作主，反正国家政治也不错，皇帝也不错，他乐得不管，大问题他才注意。

历史上所谓丙吉问牛，就是说有一天，他去中央开会，车子走到街上，看见有人打架，死了人，躺在马路上，他不理叫车子继续走。遇到有老百姓牵一头牛，夏天很热，那条牛走得喘气，牛的口水白沫都流出来了。丙吉就问牵牛的人，多少时间没有下雨了？因为不下雨，天气太热了，水牛无法在水里滚，所以受不了而喘气。丙吉就估计当年农作物收成有问题了；这是国家大事，粮食第一，尤其在农业社会，所以历史上叫做丙吉问牛。实际上，他由牛的情形判断到气象，由气象联想到全国哪个地方下过雨，哪个地方没有下过雨，所有粮食的收成，都关系国家老百姓的命运。

有人就问他，为什么看到街上人死不问？他说，这个打架死人的事，由县长去管，那是他们的事，我的职务是国家的大政。问牛燮理阴阳，这个阴阳意思多得很，那是国家的大事，我怎么不问！所以丙吉问牛是这个道理。一方面也可以说，丙吉深知大体，一个宰相管理国家的大政，小事各有专管的人员去管，二方面，他的副宰相非常爱管事，何必两个人争权呢？这就是丙吉问牛高明之处。他年纪也大了，坐在那个位子也蛮好的，只要把他培养出来的皇帝位子看牢，不要歪了，不要给别人坐了去，就够了嘛。这是讲丙吉一生的长处，尤其是对他培养出来皇帝，一生不念恩，这个是做人最难的地方。

宋朝有个宰相吕端，与丙吉有相似之处。有一副对联说，“诸葛一生唯谨慎，吕端大事不糊涂”。诸葛亮一生没有别的长处，就是小心谨慎，一个人如果聪明绝顶，但对小事能够马虎假装糊涂，才是第一流的聪明人。像宋朝的吕端当宰相，他哪里是真糊涂啊！大事绝对的不糊涂，小事就马虎过去。那个时候天下太平，他乐得如此，做一个太平宰相。

丙吉的做法也是这个样子，所以丙吉个人的道德，与他的长处，应该很多。但是进一步的研究，历史上对于丙吉的好处写得并不多，可见这个人道德更高，看不出来他的道德好，给人的印象始终是很平凡的一个人。不像社会上那些塑造道德的人，说某人也是他帮忙的，报纸经常登载他捐了多少钱，哪个地方做了多少好事等等；这种人，要给他打个三折两扣才行。丙吉没有这样，一生只看到他平平凡凡，只看到他问牛讲几句话，其他没有事；所以他的道德之高，是非常值得我们青年效法的。

法家与道家共治

前面提到汉宣帝与丙吉之间的故事，为什么在这一段又提出来？因为那个故事还有一个尾巴没说，就是说汉宣帝的太子，也就是后来的汉元帝，他喜欢研究儒家的思想学问，所以对父亲汉宣帝的政治做法有意见。他对父亲表示，认为国家管理得太严肃了一点，能不能放宽一些，多用一般儒家讲仁义道德的读书人，那么就会好一点。汉宣帝听了大发脾气，但是他这一顿脾气，可以说把历史有名帝王政治做法的秘密，都揭穿了。他答复他的儿子说，汉家自有章法，王霸杂用，王道与霸道互用；就是法家、道家杂用，互相为用，绝不能偏向于哪一家的思想，否则天下事就走不通了。你这么不懂事，将来怎么能治理国家呢！

古代帝王制度，在家族的立场是父子，在公事的立场是君臣；父子也是君臣，夫妻也是君臣，那是很严重的。所以汉宣帝非常不高兴，看到儿子出去就皱眉头说，将来汉家天下在他手里就会下去了。这个话固然也不错啦！所谓中国的文化思想，儒家拼命讲王道，就是我们提到过《孟子》的话："徒善不足以为政，徒法不能以自行。"偏向任何一面都走不通的。实际上，历代的帝王所用的秘诀，大原则大政治，就是《庄子》这一段，"以刑为体，以礼为翼，以知为时，以德为循"。

所以讲中国哲学思想、政治思想的，这个就是关键；这些秘密帝王们尽管用，可用不可讲，讲了就不能当帝王，只能当教书匠了。如果你们学会了这个秘诀，想当了不起的人，或者当一个老板，也是可以用不能讲，这一点特别说明一下。

现在《大宗师》里，公然提出这一节；我们上次提到过两方面作用，个人的修养道德，做人做事也都是这个原则。之所谓大宗师者，可以出世，也可以入世；不限于出世，也不限于入世，唯有得道的人，能够做到这样。等于我们刚才跟这位朋友来讨论《庄子》的游于羿之彀中一样，唯有这样的人才可以入世，因为他身入世而心解脱，心是出世了。

由这个道理，我们讲到人这个生命，如果不得道，自己做不了主宰，被外在的环境，物理世界，以及自己身体所支配，当然就不能支配自己的生命；只有得道的人能够支配自己的生命，也才有资格入世，立大功，成大业。不过成功以后，也都是老子的路线，“功遂身退，天之道也”，所以一切的成功不必在我，帮助别人成功以后，自己偷偷地溜走了，这就是老子的原则，也是自然的法则。

话说人的一生

泉涸，鱼相与处于陆，相呴以湿，相濡以沫，不如相忘于江湖。

庄子这几句话，是几千年来文学上常用的，以后提到这种情形就晓得出在《庄子》。“泉涸”，池子里泉水干了，鱼没有水就跳到陆地上来，结果一堆鱼碰在一起，“相呴以湿，相濡以沫”，口里都出白沫水泡，彼此以水沫维持一点点残命，不然没有水，鱼就死了。你说鱼愿意这样吗？鱼绝对不想这样！

譬如我们金鱼缸里养鱼，现在养鱼很流行，还有电的设备，把水喷动，但是如果我们是鱼的话，宁可在江河里生活，绝不愿意在鱼缸里养着；所以下面一句话，不如“相忘于江湖”。鱼情愿在江海里自由自在，那是它本身生命的天地，靠人家的滋养，永远是靠不住。“相忘于江湖”这一句，我们后人常常引用，在江湖里头怎么相忘呢？忘记了有江有湖，忘记了有外力的管束，不受任何人的干扰。像我们的人生，所有的人都是离了水的鱼，都是靠一点口水来滋养生命；只有真得道的人，才是江湖里的鱼，才是“相忘于江湖”。接着，庄子再说到人生社会。

与其誉尧而非桀也，不如两忘而化其道。

人世间都恭维善人，讨厌坏人。历史上尧舜当然是贤圣的明君，是善人；桀纣当然是历史上的坏皇帝。过去的习惯，像我们小时的成语是“助桀为虐”，这几十年变成了“助纣为虐”，我总是不习惯，管他呢！桀也好，纣也好，我们研究《庄子》的人，要相忘于江湖，没有关系，反正懂了那个意思就好了。

庄子说与其恭维尧舜，又批评夏桀，还不如化掉是非善恶。是非太明并不是好事，善恶太分明，学问太好，知识太渊博，都是自找麻烦，人生是非常痛苦的，“不如两忘而化其道”，善也不作，恶也不作。当然你说善不作，那就作恶吧！既然善都不作了，当然更不作恶，而是善恶两忘而化其道。人生能够把是非善恶毁誉化掉，自己就可以相忘于江湖，相忘于天地，连生死都可以相忘了。

夫大块载我以形，劳我以生，佚我以老，息我以死。故善吾生者，乃所以善吾死也。

这句话就是庄子对于生死所参透的道理。这里有一个大问题，我们几次讲到佛家、道家的思想，威胁人的重要问题，就是生死问题。其他的宗教想尽办法来解决生死问题，只有中国文化的儒家、道家不解决生死问题；它以不解决为解决，等于禅宗讲的，无门为法门。换句话说，你为什么要讨厌活着呢？有些人为什么去自杀？死了以后究竟好不好？死了以后，如果觉得比现在还麻烦，那时后悔来不及了。同时也可以讲，何必要怕死呢？如果真到死的时候，很自然地就走嘛！因为我们现在怕死，是怕死了以后比现在差；万一比现在好，那不是会后悔现在的笨吗？这两个问题，庄子两边都讲透了。

现在讲“大块载我以形”，大块是庄子提出来的名称，大块就叫做宇宙，再明显讲，就是这个地球，这个天地；天地给我一个形体，给我一个人形。但是这个天地很公平，给你一个生命，“劳我以生”，这个字用得非常好，给你生命就要你忙忙碌碌，不忙忙碌碌的话，不叫生命。不但人如此，任何蚂蚁蚊虫等，都要忙忙碌碌过一辈子；所以在中国文学里头，有一个专有名词叫做“劳生”，就是出在这里。

“大块载我以形”，这个土地对我们的恩惠非常好，没有办法还报，所以老子叫我们效法地，“人法地，地法天，天法道，道法自然”。“法”就是效。人为什么效法天地？你看大地生长了万物，它只有付出，一点也不求报酬，我们还给它的是什么呢？最脏的都还给它，它也不生气，最后人们死了，一堆臭水、臭骨头，还要埋在土地里头，它也照样地收回去。所以人的道德修养，要效法天地那么伟大，只有付出，没有收回，这就是道。

“大块载我以形”，就是形容这个土地，那些汽车呀，飞机呀，高速公路，钢筋水泥的大桥，一切的一切，土地都照样负担着，一点也都不埋怨。但是天地很公平，“劳我以生”，让我们一生劳劳苦苦；“佚我以老”，老年是应该的，人有生就有老，老是给人休息耶！人不老就不肯休息。不过有些人同我们一样，老了还不肯休息，那是不合于这个原则啦！“息我以死”，就是给你一个长假，完全退休。生老病死是生命的阶段，在老庄的道家是顺其自然，至于后世修神仙的道家就不然了，他们是要跳出这个生老病死的范围。老庄的道家顺其自然，生命活到一个阶段，很自然地死了回去休息；所以啊，氧气什么都不要麻烦，要死就早一点休息，没有什么。

下面重要的结论。“故善吾生者，乃所以善吾死也”，一个人真认清了自己生命的价值，认清了生命的意义，生命的方向，生命活着的方式，才知道应该怎么样活着，这是一个大学问。所以说，善于生活的，才善于死亡，才知道如何面对死亡。

老庄的道家思想，并不代表老庄以后的道家，或孔孟的思想。春秋战国的时候，儒道是一家的，没有分；秦汉以后，儒家道家法家等等，都分家了。中国文化过去本来是一套的，所以我们看到孔子同样谈到了生死问题。当子路提出这个生死问题时，孔子讲“未知生，焉知死”。他说，你活着都不懂怎么活，还问死后到哪里去！孔子不是不懂，只是不答复他。这个道理也就是“故善吾生者，乃所以善吾死也”。

换句话说，看到文字很简单，他把所有人类都骂了，没有一个人活着的时候，能认清楚自己的人生；也可以说，我们是莫名其妙地活着。那只像佛家的解释，靠着因缘，闯到哪里活到哪里，自己做不了主。真能善我生者，就是得道的人，自己能够做主了，也能善吾死也。

因此他又提出一个比喻，庄子把比喻叫做寓言。在《杂篇》

里头也有一篇名叫《寓言》的。我们先提一下庄子所说的寓言，也就是印度因明所讲的“喻”。比喻是有意义的，不是没有意义，所以寓言这个“寓”，是庄子先提的名称，距离我们现在两千多年了。可是等到外国文化一来，那些神怪虚幻小说翻译过来，就有一本《伊索寓言》；后世年轻的同学们，因为儿童的时候读过那些寓言小说，所以一听到寓言，认为都是谎话，认为乱吹才叫做寓言。结果看到庄子的话，庄子自己也说嘛，他的都是寓言，所以以为庄子都是放狗屁，乱说，这是观念上的错误。因为当时翻译只是借用寓言这个名词。

寓言就是比喻，所谓因明（逻辑）的宗、因、喻，是由一个前题主旨，引申理由，最后讲不清楚，只好用个比喻说明；所以《庄子》里面处处是比喻，用比喻说明一个道理。下面有我们文学上惯用的、常用的、最好的东西。

庄子的比喻

> 夫藏舟于壑，藏山于泽，谓之固矣。然而夜半有力者负之而走，昧者不知也。

这个“藏”字是什么意思？借用一个名称来讲，就是贪欲、贪心。也就是佛学所讲的执著，抓得很牢；人的生命当中，一切都想抓得很牢，其实永远不可能。因为人要把握牢，“藏舟于壑”，怕船被风浪吹坏了，就把这个船抬起来藏到山谷里。“藏山于泽”，把山藏在哪里？只好藏在海洋里！泽就代表了海洋，“谓之固矣”；以我们人的观念看起来，这是牢固得很，这样就太可靠了。把船藏到山里，把山摆到太平洋里，这还有什么问题！他说，自己认为藏得很好，可是不知道“然而夜半有力者，负之而走”，半夜三更，有个气力很大的人，把太平洋同这个山都背走了。

所以有人说，庄子早懂得这个地球在转动，现在我们也都晓得地球是转动的圆形，古人也都知道。民国初年，西方文化一来，很多人骂自己中国文化，说天圆地方，根本就是错的；孔子的学生著《大学》的曾子，有一本书叫《曾子》，这本书现在还流传，提到天是圆的。后来所讲的天圆地方，并不是讲地球是个方块的啊，而是说地是有方位的。所以我们看旧书的时候，不要把自己的文化搞错了。

由此可以了解庄子所说的，半夜还有人把山海背走，其实那是转动！“昧者不知也”，可是一般人不晓得，以为自己坐在地球上很稳当，没有动。我们现在坐着也觉得很稳当，实际上地球在转动，如果懂得地球物理的，算不定这样坐着，还是倒转来坐着的。为什么不掉下来呢？因为有地心吸力。可是古代人们不知道这个道理；不过庄子知道，就是“夜半有力者负之而走，昧者不知也”。

藏小大有宜，犹有所遯。若夫藏天下于天下而不得所遯，是恒物之大情也。

我们要藏大大小小的东西，都想找到恰当的地方藏好，“犹有所遯”，“遯”就是跑掉的“遁”。天下事真藏得好吗？真能把握得牢吗？不可能！愈藏得好，愈把握得牢，愈靠不住。所以我们这些老人的朋友们，我昨天才讲一个朋友，你那个小孩被你爱得要死，你愈爱愈糟糕，爱的教育要有方法，爱得太过分，这个孩子被你害了。愈想爱得牢嘛，愈跑得快，天下事都是如此；“藏小大有宜，犹有所遯”，又逃掉了。那么要怎么样藏呢？真想要藏得好，看下面庄子怎么说。

“若夫藏天下于天下而不得所遯”，藏在什么地方最好？就藏在本位上；把天下藏在天下，这就没有一点问题了。一杯水藏在哪里？最好倒在水里，这样藏最好，就是藏天下于天下。“而不得所遯”，那就永远逃不掉了。“是恒物之大情也”，也就是物理自然的道理；所以叫人一切归之于自然，还到本位去，该如何便如何。如果想用私心，用个人的小观念，企图把它抓住，结果就愈抓愈抓不住了。

像庄子这些文章，一两千年来的诗词歌赋文章常常用到。不过古人写文章，不会把整句全用上去，那样就叫做文抄公了。可是千古文章一大抄，都是抄，不过抄的技术要高明才好。像这一段，有人写文章只要提藏山啊，所藏啊，几个字，就把庄子这一段的精神显出来了。所以我们看后世的文章、诗词歌赋等等，有许多好东西，都出在《庄子》里头。

郭象解释人生变化

下面我们再看郭象对“然而夜半有力者负之而走，昧者不知也”这两段的注解：

> 夫无力之力，莫大于变化者也。故乃揭天地以趋新，负山岳以舍故。故不暂停，忽已涉新，则天地万物，无时而不移也。世皆新矣，而目以为故；舟日易矣，而视之若旧；山日更矣，而视之若前。今交一臂而失之，皆在冥中去矣。故向者之我，非复今我也，我与今俱往，岂常守故哉！而世莫之觉，横谓今之所遇可系而在，岂不昧哉！

“夫无力之力，莫大于变化者也。”宇宙天地间最有力量的是什么？在宗教家说是上帝，是神，或者是佛；中国文化不谈这一套，而把这些名称叫做造化，是物理性的，没有宗教外衣。这个造化，也叫做变化；后来算命批八字，也叫做造化。我的命运不好啊，造化不好啊，也是这个。造化就是生命主宰的意思，这里头是变化，是“无力之力”。你看他好像没有力量，但对于万物，对于一切众生有主宰的力量；“莫大于变化”，这就是宇宙这个功能，这个造化的功能。

造化这个东西，宇宙的生命，“揭天地以趋新”，宇宙中间的万物，每天都有变化，所以苟日新，日日新，每一天都不同，不同就叫做新。谁在主宰呢？就是这个功能；“负山岳以舍故”，宇宙等于说背着这个地球，地球又天天在转动，昨天箭似的过去了，永远不断地向前，不断地过去。“故不暂停”，没有一秒钟停止。

“忽已涉新，则天地万物无时而不移也”，“忽已”，忽然之间，不知不觉之间，“涉新”，天地万物随时随地有新的变化，道家叫这个情形为变化，佛家的名称叫“无常”，不永恒，不断在变化。“世皆新矣，而目以为故”，世界上，时间与物理世界，随时向前趋新，只是我们人的知识不够，认识不够，“而目以为故”，眼睛看到今天的台北还是昨天的台北。其实今天的台北已经不是昨天的台北，明天的台北又不是今天的台北，一切都随时在变。

“舟日易矣，而视之若旧”，庄子前面提到船，这个比方非常妙，郭象也拿这个作比方。我们生命活在这个地球上，等于坐在一只船上。船每日也在变旧，看起来仍然像以前一样。“山日更矣，而视之若前”，我们看到前面的这个山，天天都是这个山。唐人的诗：“相看两不厌，唯有敬亭山。”其实啊，今天的敬亭山已经不是昨天的敬亭山，山天天在变，“而视之若前”，可是我们人没有得道，不知道，所以看起来还是从前那个山一样。

“今交一臂而失之，皆在冥中去矣。”“交一臂”前面已经解释过的，孔子告诉颜回说交臂失之，两个人对面走在相遇处，两个臂膀擦碰一下，你过来，我过去，就过去了。一切过去的事情就过去了，过去了永远不会回来，永远就是过去。“皆在冥中去矣”，都在冥冥之中，不知不觉中，生命就那么变过去了。

“故向者之我，非复今我也”，所以我们要了解，我们这个生命，昨天的我，不是今天的我，本来身体上的新陈代谢，随时变更。“我与今俱往，岂常守故哉!”我今天这个生命，同今天的时间，过一秒钟，就都过去了，“俱往”矣!“岂常守故哉”，岂能永远守在这里不动!不可能的。

“而世莫之觉，横谓今之所遇可系而在，岂不昧哉!”世界上的人，对于这个道理，永远不了解，看不通，总要把今天的成就抓得牢牢的，希望有成果，又要牢牢把握住这个成果，其实哪里做得到呢!“岂不昧哉”，多笨，多笨啊!

这是郭象的注解，千古以来注解《庄子》第一名，文字很美，而且比《庄子》更容易懂，因为跟后代接近一点。“藏小大有宜，犹有所遯”，郭象的注解认为:

> 不知与化为体，而思藏之使不化，则虽至深至固，各得其所宜，而无以禁其日变也。故夫藏而有之者，不能止其遯也，无藏而任化者，变不能变也。

“不知与化为体，而思藏之使不化”，我们因为不晓得造化随时在变，而想把一切永远把握得牢牢的，不让它变去，所以，想永远年轻，想永远保住得来的钱。

我的经济思想不同，我经常告诉年轻朋友，你们赚了钱吗？做生意发财，这个月赚了五十万。我说在口袋里吗？在银行，我说那不算赚，我认为钱放在口袋里都不算我的；算不定掉了，或者给扒手扒了，我说我赚多少钱，是用多少钱，把钱都用了才算是我赚的，放在银行都靠不住。因为我有经验，我年轻的时候，正碰到北伐，我们家里的钱放在银行，北洋政府被打垮了，银行也变了，钱也没有了，所以说银行也靠不住。铁柜也靠不住，会被小偷偷走，放口袋会被扒手扒走；反正很麻烦，出门还要摸一摸口袋，告诉扒手，我这里有钱！这个好麻烦啊！所以我的原则是把钱用掉，我用多少钱，那才是真赚了。这也就是说，我们要使用它，我们有这个权利使用，如果钱放在口袋里，或者永远包起来，我的使用权利没有了嘛！这样是天下笨事，我始终不干；所以我认为自己还蛮聪明的（众笑）。

"则虽至深至固，各得其所宜，而无以禁其日变也。"所以你藏得那么好，深藏得那么牢固，"各得其所宜"，这一回藏好放好了，"无以禁其日变也"，可是无法禁止它的变化，它永远要变去的。"故夫藏而有之者不能止其遯也，无藏而任化者变不能变也。"就是我这个原则，用了一百万，才算赚了一百万，这就是"变不能变也"，你再也没有办法变了，因为我本来空了嘛！空了还有个什么变呢！

对于庄子所说"若夫藏天下于天下而不得所遯，是恒物之大情也"，郭象的注解是：

> 无所藏而都任之，则与物无不冥，与化无不一。故无外无内，无死无生。体天地而合变化，索所遯而不得矣。此乃常存之大情，非一曲之小意。

“无所藏而都任之”，本来不需要藏，而任其各归本位，无所谓把一切抓住藏起来，“则与物无不冥，与化无不一”。所以与这个宇宙造化合一了。“故无外无内，无死无生，体天地而合变化，索所遯而不得矣。”这与天地合一了，已经了了生死了，那么要跑也跑不掉了。“此乃常存之大情，非一曲之小意”，郭象解释庄子的“大情”，就是把长生不死的道理，归之于空。空是死不掉的，因为空既不生，当然也不死，“此乃常存之大情”，这样叫做永远活着不生不死。“非一曲之小意”，这个道理太深了，不是你一点点弯弯曲曲见解所能懂的。你自认聪明懂了这个道理，其实不容易懂；这个道理就是藏之于空，由于空无所藏，所以不生也不死。

现在回过来看《庄子》本文。

修道 传道

特犯人之形而犹喜之。若人之形者，万化而未始有极也，其为乐可胜计邪！故圣人将游于物之所不得遯而皆存。

这个地方是个大问题，就是道家的思想。我们人，最高兴的是有了这个生命；所谓生命，也就是有了这个肉体，这是人的错误认识。生命不是肉体，肉体只是个机械，是生命通过它用一用的，等于这个电灯一样。真的生命那个道不懂，所谓“犯人之形”，我们犯了错误，得了个人形，结果忙死了，一天到晚为它忙，“而犹喜之”，还对这个身体保护喜爱得不得了。

“若人之形者，万化而未始有极也”，其实像人体这么样一个生命，是宇宙造化里的万化，是千万亿变化中之一而已，没有什么太可贵的。人的漂亮不及玫瑰花，香味不及兰花，笨不如猪，聪明又不如猴子，没有一样可取的，这个身体并没有什么了不起。猴子、猪、花、鸟啦等等，都是万化里头的一种。但是这个生命的根本，宇宙的那个道，生生不已，万有变化无穷无尽，永远变不完。可是，我们却把人的这个形体看得那么牢，希望永远不变。我们如果认识了这个真生命，知道真生命不是这个身体，那就真得道了，“其为乐可胜计邪”，那个快乐是没有办法估计的。

“故圣人将游于物之所不得遯而皆存。”所以真正得道的人，不一定认这一个肉体，他要得生命那个真谛，得了真谛则“游于物之所不得遯而皆存”。他同万化并存，那样就跑不掉了，永远存在，这个也就是得了道。再看郭象的注解：

> 夫圣人游于变化之涂，放于日新之流。万物万化亦与之万化，化者无极亦与之无极，谁得遯之哉！夫于生为亡，而于死为存，于死为存，则何时而非存哉？

“夫圣人游于变化之涂”，得道的人，游戏人间，游戏在变化这条路上，这个变化就是造化啦！“放于日新之流”，任其自然，一天一天只有明天，不管今天，这个生命永远万古常新。“万物万化，亦与之万化，化者无极，亦与之无极，谁得遯之哉！”所以顺着天地自然法则，道的自然变化而变，不勉强，不抗拒，一切过去的不想找回来，未来的也不抗拒，自然而来，自然而去。那个自然无所逃遁，这个就是道。

“夫于生为亡，而于死为存，于死为存，则何时而非存哉！”所以得了道的人，看到我们现在的生命，是可怜的，是失败的，所以庄子这一段所说犯人之形，是犯了罪才有这一个人的形体。“于生为亡”，生就是走向死亡，“于死为存”，那个死亡倒是存在；认识了那个死的存在，“则何时而非存哉”，所以我们永远是长生。当然他不是鼓励人家去自杀，这不是普通的死，这是了了这个生死，是得道的人。下面回到《庄子》本文：

善妖善老，善始善终，人犹效之，又况万物之所系，而一化之所待乎！

所以得了道的才会懂得自己的生命。这本书上“善妖”是用妖怪的“妖”字，古书上是没有“女”字旁的“夭”。夭就是短命，说得了道的人，无论寿命长短，怎么生，怎么死，都无所谓；这是天地自然之理，等于早晚的变化。“人犹效之”，所以人要效法。那么这一种得道的人，“又况万物之所系”，这个就是道体，形而上道的根本。万物都靠这一个道，靠这个功能变化出来。“而一化之所待乎！”万物的万种变化，就是“一化”，最后的功能只是一个，这一个就是道；也就是说本体只有一个。那么这个道怎么修法呢？接着他就讲了。

夫道，有情有信，无为无形；可传而不可受，可得而不可见；自本自根，未有天地，自古以固存；神鬼神帝，生天生地。

“夫道有情有信，无为无形”，这个道讲起来就很麻烦了，所以大家都要找明师传道，找不到的！而庄子现在传道了。他说道是“有情”的，这个情不是感情的情，而是有境界的情；“有信”，有征候的，有他的境界，做一步工夫，明白一步，就有一步的象征出来。但是“无为”，你愈去做工夫，离开道愈远；愈是心境清净，愈空灵，就是愈接近无为。虽然是无为的，又是

"无形"的，如果说无为无形是空的，看不见，可是你真能够心性修养到看不见的话，嘿！空就有空一步一步的境界，一步一步的征候，一步一步的工夫。关于这个工夫，庄子前面讲"心斋"时已经讲过了。

孔子也透露过了，孔子只讲原则，是说笃实的工夫，孔子说："吾十有五而志于学，三十而立"。我们小的时候说，孔子两个腿不大方便，三十岁才站得起来。"三十而立"是说三十岁才确定了这个道，征信才来。可是由十五岁求学，三十而建立了这个信念，再加十年的功夫，"四十而不惑"；不怀疑了，四十之前都还在动摇。再加十年，"五十而知天命"，才有点消息了。"六十而耳顺"，哪个人耳朵不顺啊？耳朵都顺的，一边听进来，一边出去。"耳"字古文用作语尾助词，就是"矣"、"吧"。"六十而耳顺"，是非善恶合一了。再加十年功夫，"七十而从心所欲，不逾距"，他才可以说得了道。

至于孟子，他是讲四十而不动心，也同孔子讲的四十而不惑差不多。但是孟子传道，讲做工夫说"养吾浩然之气"，怎么浩法呢？他又不讲了，又说"充塞于天地之间"，怎么充塞？一颗原子弹打下来，也做不到充塞于天地之间呀！但是孟子的真工夫修养是在《尽心篇》，你们诸位回去看，他几步工夫都给你讲完全了。他说"可欲之谓善"，譬如我们在座那么多学佛学道的，信各个宗教的，拼命喜欢到处找庙子，到处找老师，这只能说你是个善人，你对于道有一点想求，这个叫做善。但是你还没有见到道。"有诸已之谓信"，就是《庄子》讲的有情有信，道到身上来了，有消息了。到身上来还不行，身心要充实，"充实之谓美"，那就是孟子讲养气的"晬面盎背"，那是充实之美。再进一步，"充实而有光辉之谓大，大而化之之谓圣，圣而不可知之之谓神"。这是拿来注解"夫道有情有信，无为无形"的，但是都有进步征候的道理。其实啊，这几家的道理都是一样，各家的说法不同而已。

“可传而不可受，可得而不可见”，这两句很麻烦了，似乎是说，找明师传道没有用。“可传而不可受”，这个很妙，既然可传，为什么不可以受啊？千万不要被庄子的文字弄迷糊了，道当然可传！代代相传承是有的，但是不要有一个得道的观念；有了道的观念，那已经错了。所谓不可受，理由是有老师传我道这一念，已经违反了无为的观念，违反了无形的观念，所以叫做“可传而不可受”。什么又是“可得而不可见”呢？得到道了，因为是无形无为的嘛，当然不可见。

所以古人说某人“俨然有道之士”，真是形容得非常好；这个俨然，等于佛家如如不动的那个如。如来，佛学翻得很高明，好像来了，没有来过，也可以翻译成如去呀，那就没有意思了。一般不用如去，用如来，那味道无穷；来而不来，去而不去，就是这个道理。所谓“俨然有道之士”，看起来好像有道，但是道不在形象上。所以“俨然”这两个字用之高明啊，有时候真觉得古人实在聪明，我们没有古人的聪明。那么他说这个道，为什么是可传而不可受，可得而不可见呢？

因为“自本自根，未有天地，自古以固存”，明白告诉你，道不在老师那里，也不在菩萨那里，在你自己那里，自己本来有的根。所谓明师传道，不过把他的经验告诉你而已！你拿到他的经验，依照去做，你所得的道，是你自己本来有的，不是他给你的。这不是钞票，钞票是会花掉的；得到道是掉不了的，自本自根这个道，在没有天地万有以前，都永远长存，“自古以固存”。这个才是存在主义，永远存在的，没有天地以前已经存在了，天地宇宙毁灭了以后，还是存在，因为它自本自根固存的。

“神鬼神帝，生天生地”，鬼会来迷人，鬼靠什么来迷人呢？

就靠这一点灵光，是道的灵光变的。这个“神”字是形容词，不是名词，“神鬼”就是鬼得到一点灵光就变灵了，变成灵鬼了；不然就是个笨鬼，没有得道的鬼是笨鬼。神帝，这个上帝得了道才可以做上帝，不然就成下帝了；他一定要有这个道，所以这个道“生天生地”。

在太极之先而不为高，在六极之下而不为深，先天地生而不为久，长于上古而不为老。

这句话是老子观念的发挥，老子讲过道德，所谓“恍兮，惚兮，其中有物”，就是这个道理。“太极”是上古的名称，我们读了《庄子》，再看孔子著《易经系辞》，可见太极这个名称，也非孔子所创，也非庄子所创，而是上古留下这么一个名词。这个代表宇宙初生那个极点，就有那么一个东西，名称叫太极。至于“无极”呢，是我们中国文化后来的人所造的，太极上面又加它一个无极。据说列子是老子的徒孙，在他《列子》这本书上有太易、太初、太始、太素，共创了四个名词。原先这个太极就是最初的东西，所以这个道称为太极，等于现在讲物理那个动能，初动的那一下。

“在太极之先而不为高”，自己没有认为自己高。“六极之下而不为深”，“六极”就是六合，指空间东南西北上下。中国过去对于宇宙只用六合来形容，秦汉以后加了两方，成为八方；所谓“八方风雨会中州”，这是康有为很有名的对联。到了佛学入中国，又加成为十方世界。所谓十方，就是东南西北加上四个角，再加上下，就是十方。所以庄子说，在六极之下，有形的宇宙下面，而不为深；“先天地生而不为久”，天地还没有之前，道已经是永远长存的了；“长于上古而不老”，这个上古是无始以来，非常非常古老。但是，道无所谓老，这四句形容道的高深久长。《大宗师》这一段，差不多到了精彩结论的地方了。

有道古人的成就

狶韦氏得之，以挈天地。

这是讲中国上古史了，“狶韦氏”是人皇，研究中国远古史，才会了解一些，不过现在历史学者们都把这部分除掉了。像我们小时候读书，在旧的观念里知道，中华民族的文化已经有几百万年以上了；天皇、地皇、人皇，以后才是伏羲出来画八卦；在那以前没有文字的，那些都是有道的人。那个时候，我们世界跟天人来往，跟天来往，太阳、月亮是我们的电灯，挂在门口的。后来啊，人愈来愈坏了，地跟天就分开愈来愈远，所以现在只好用太空梭，慢慢再回去。那个时候人都会飞，同佛家的说法一样。我们人哪里来的？不是猴子变的，是从天上下来的，身上有光，飞来飞去；我们老祖宗下到地球来，后来吃了地味，就是盐巴，骨头重了，飞不起来，只好留在这个世界上。慢慢也是吃了苹果以后，又出毛病了，东西方文化的说法也是差不多的。

中国古老的故事，讲起来好远好远，现在都认为那些是神话，究竟是不是神话呢？那也是一个问题了。我前面讲过，美国的同学拼命找《山海经》，因为也有美国人研究出来了，大禹治水时到过美国的，现在变成有凭有据的事；传说纷纷，岂止宋朝唐朝，我们早已经有人到达美国。不过那种地方我们认为荒凉，不如中国山川秀丽。狶韦氏因为有道，才可以纵横天地之间，所以称为人皇。

伏戏氏得之，以袭气母。

到了伏戏（羲）帝出来，没有文字，开始画八卦。伏羲是得了道的，道是无形无相的，做工夫的方法则各有不同。伏羲得了道以后，“以袭气母”，“袭”是合的意思，“气母”是元气之母，伏羲修炼气而成功，达到长生不死。

维斗得之，终古不忒。

“维斗”是天上的北斗七星，北斗七星得了道，所以指挥天体。我们这个天体，夜观星象以北斗为标准，北斗有七个星，实际上不止七个，七个是中枢，把它连起来一画，就像一个舀汤的水瓢，古代叫做斗，也像古代熨衣服用的熨斗。现在是电熨斗，古代的熨斗是一个盒子，前面一个口，上面一个把子，里头生的炭火烫烫的，就是那个斗。北斗是后面四个星前面三个星，再前端还有两个亮的星，一颗叫做摇光星，后人又叫做招摇星，像眼睛一样亮的。所以我们现在讲的，这个人招摇撞骗，就是招摇这两个字。春夏秋冬，北斗的斗柄所指地球上方位不同；春天指东方，夏天指南方，秋天到西方，冬天到北方。我们小时候学的天文学，是夏天夜里书也不读了，可以乘凉了，躺在凉床上，一把大扇子扇蚊子，一边仰观天星，卧看牵牛织女星，就在那个境界，学会了这些小天文。

日月得之，终古不息；堪坏得之，以袭昆仑；冯夷得之，以游大川；肩吾得之，以处大山；黄帝得之，以登云天。

“日月得之，终古不息”，太阳、月亮因为得了道，有这个功能，所以永远挂在天体上。“堪坏得之，以袭昆仑”，堪坏是小小一抔泥巴，就是手这么一捧啦，堪坏就是一捧，一捧泥巴得道了，慢慢累积起来，就变成昆仑高山，后人称它为人面兽身的昆仑之神。“冯夷得之，以游大川”，中国神话中的冯夷，就是水神，太平洋、大西洋，天下的水都归冯夷管。冯夷得了道，可以游大川，他是水上的神仙，连海龙王都归他管。“肩吾得之，以处大山”，肩吾得了道，在高山上活着，永远不死。

由上古史一路下来，到了我们老祖宗黄帝了，“黄帝得之，以登云天”，所以中国旧的历史上讲，黄帝是得道的，得了道以后，才“鼎湖龙去”。所谓鼎湖，就是安徽的黄山上面。黄帝最后得了道，不当皇帝了要上天，天上飞下一条龙，他骑上龙背，白日飞升上天了。当时这一班宰相大臣，赶快抓住龙尾巴龙头，也就跟着上去了。有些地位差一点，阶级低些的，就抓住龙的胡子，结果胡子断了掉下来，留在世界上都变成神仙了，长久不死，这就是攀龙附凤。所以后来的人说，某人事业做起来了，就去捧他，或者依附权贵，都叫做攀龙附凤，也是这个典故来的。

颛顼得之，以处玄宫；禺强得之，立乎北极；西王母得之，坐乎少广。

“颛顼得之，以处玄宫”，颛顼是上古一个得了道的帝王，这个皇帝死后，在玄宫这个地方。“禺强得之，立乎北极”，禺强是北海的神，神话里说他是管北极深海的神。这个据说是中国人，所以北极的主权应该属于我们中国人，将来你们到北极探险的时候，找找他看，我们有个老祖宗在那里管事的。“西王母得之，坐乎少广”，少广是天的名称，佛经三界天人也有这个名称。西王母是女的，据说是玉皇大帝的母亲，就是上帝的妈妈。西王母永远是二十几岁的样子，她在昆仑山上的少广天，她的丈夫是东方的东王公，九年见一次面。

这两个人都得道了，生的儿子就是玉皇大帝，当中央的主宰，这是我们中国的神话。你们研究比较宗教，把各地的神话都收集起来，就发现这个天上非常热闹，西方人有西方人的区域，我们有我们的区域。因为这些人都得了道，所以能够成为神。

> 莫知其始，莫知其终。彭祖得之，上及有虞，下及五伯；傅说得之，以相武丁，奄有天下，乘东维，骑箕尾，而比于列星。

“莫知其始，莫知其终。”上古传下来的说法，我们这一班祖先们，的确得了道；他们不晓得活了多久，也不知道有没有生死。“彭祖得之，上及有虞，下及五伯”，至于后来跟我们比较接近的彭祖，是历史上可以考证的，他是唐尧时候的人，据说活了八百岁，照神仙传上的说法，彭祖到现在还在世间。彭祖是南方楚国人，是湖南湖北一带的祖先。五伯一直活到春秋战国的时候，上面讲的都是出世得道的人。你看庄子乱扯一顿，看起来像乱扯，把老祖宗的神话都拿来讲一讲，这些人在世间社会上功德做完了，好事做完了，国家治好了，最后走了，得道了，不生不死，这是上古的人。后世差一层的，得了道的，就当宰相。

“傅说得之，以相武丁”，傅说是上古殷王高宗的名宰相，也是得了道的，“奄有天下”，因此一统天下。“乘东维，骑箕尾，而比于列星。”据说傅说功成名遂身退，死了以后上天，称为星宿之神。这一段是庄子引证，说这些人都是得道的。庄子煞费苦心，宣传宗教，好像有人披一件白衣服，拿一本《圣经》

在街上叫一样，他在那里宣传他的道，叫完了以后，他引出一个人。

女仙的传授

> 南伯子葵问乎女偊曰：子之年长矣，而色若孺子，何也？曰：吾闻道矣。南伯子葵曰：道可得学邪？

“女偊”是女仙，南伯子葵问这位女仙，你的年龄非常大，但是你的脸色外貌仍像女孩子一样，什么道理呢？女仙告诉他，因为我得了道了。南伯子葵问说，道能不能学呀？这个南伯子葵当然是我的同宗啦，是不是双姓，不知道；他想学道，同我们现在一样。想学道的人注意啦！这个女仙告诉他：

> 曰：恶！恶可！子非其人也。夫卜梁倚有圣人之才，而无圣人之道，我有圣人之道，而无圣人之才，吾欲以教之，庶几其果为圣人乎！不然，以圣人之道告圣人之才，亦易矣。

“恶！”就是“唉！”“恶可！”不可以啊！道怎么可以学啊！“子非其人也”，你们要学道，没这个资格，你不是学道的人。“卜梁倚”是古代的人，也是神仙，他有圣人的才能，圣人的聪明，可以做哲学家，可以讲理论；“有圣人之才，而无圣人之道”，但是没有道德资格。这个女仙告诉他，“我有圣人之道，而无圣人之才”，所以出世和入世，两样想要合一的话，佛家讲除了十地以上的大菩萨，道家讲除了得了大道的人，不然只能走一边，不能两边兼得。

换句话说，孔子有圣人之才，恐怕还没有圣人之道；庄子有圣人之道，也无圣人之才，所以始终在农林公司管管植物园，做了一辈子的管理员。先不讲道，一个人有学问，不一定有那个才能；有些人学问好得很，道德也好，叫他做事，唉！那是窝字号的，窝字号者就是窝囊，不能做事。有些人做事办事，那真能干，但是他没有学问，连签名都签不好。

所以古代的帝王要用人，只用那个人的才能，不用他的道德；不管你贪污也好，乱七八糟也好，他都不问。因为你贪污多了，最后犯了法，把你满门抄斩，财产充公，等于给你过一过手，最后仍然要还回来。所以高明的皇帝很放手，让你去做，你贪污，他假装看不见，你搞了半天，还不是替他收藏！那就是说，有人有才而无道，有人有道有德而无才。才、道德、学问，三者兼备的几乎没有；如果有的话，那就不得了啦！这人就是得道了。

这段话叫大家注意，有圣人之才的人，道家、佛家、西方哲学家，什么新旧约《圣经》，都讲得通，学问又好，但是修道不一定成功；这就是有圣人之才，无圣人之道。有些人得了道了，你叫他弘法传道，他一句都讲不出来，这是有圣人之道，无圣人之才，两者不能兼备。这都是庄子讲的真话。这个女偊说："吾欲以教之，庶几其果为圣人乎！"像卜梁倚这个人，有圣人之才而无圣人之道，我嘛，有圣人之道，没有圣人之才。我来教教他，截长补短，两个人的本事合在一起，他也许可以得道。如果不是这样，"不然以圣人之道告圣人之才，亦易矣"。所以有圣人之道的人，找一个具备圣人之才的学生，传道给他，那么他会学成功，不然很难。

吾犹守而告之，参日而后能外天下；

像卜梁倚一样，他的聪明才智，有圣人的才能，是块材料，但他没有圣人之道；“吾犹守而告之”，女仙讲我有圣人之道，不是圣人之才，结果我就来教他，也许勉强可以成功，但是教得很辛苦。只教了三天，古人教了三天已经厌烦死了，我们教了多少年，还在教，你看多痛苦。她说我教了三天以后，卜梁倚“而后能外天下”，那个空的境界，空灵、虚灵的境界，超过了宇宙，宇宙都在他这个道心里了。

已外天下矣，吾又守之，七日而后能外物；已外物矣，吾又守之，九日而后能外生；已外生矣，而后能朝彻；朝彻，而后能见独；见独，而后能无古今；无古今，而后能入于不死不生。

把身体忘掉，空间忘掉，时间忘掉，“以外天下矣”，我们听听，多伟大多了不起啊！但是这个女偶讲还不够；三天以后，“吾又守之”，我又教了他“七日”，痛苦死了；七天以后“能外物”，不被物理世界所束缚了。因为你得了道以后，还没有脱开物理的环境，风、寒、暑、湿，感冒病菌，还会侵袭你的。所以等到了了外物，才叫跳出三界外，勉勉强强她说可以了，不过还在五行中。

“已外物矣，吾又守之九日”，我又教他，慢慢来呀，又教了九日，加上七天一算啊，十几天了，“而后能外生”，这才了了生死。等他一了了生死以后，“已外生矣，而后能朝彻”，这个时候才大彻大悟。“朝彻”就是早晨起来，太阳一上山，整个光明普照的意思，就是大彻大悟的境界。“朝彻，而后能见独”，等到大彻大悟以后还要修吗？还要修！修了以后“见独”，天上天下唯我独尊，孤零零的，把道这个东西找到了。“见独，而后能无古今”，能无古今就达到了不生不灭。

“无古今，而后能入于不死不生”，你看这个道多难办，一步一步地这位女仙都告诉我们，有境界有征候。从这位女仙，女菩萨的嘴里，就把这个道传出来了。所以庄子在《大宗师》里都说明白，如果你们想做大师的话，圣人之才及圣人之德要兼备。不过现在大师不值钱了，到处什么人都是大师，将来我看你们去当太师吧，要做太师就先把这一段自我反省。不过要加一句，现在时代不同，还要有圣人之德，品德还要好，然后才有资格修圣人之道。最后得道了，成了道，就“入于不死不生”了。

是寓言 是修道

> 杀生者不死，生生者不生。其为物，无不将也，无不迎也；无不毁也，无不成也。其名为撄宁。

怎么样才叫做“杀生者不死”呢？这个按佛法说，太严重了。其实不是真的叫你去杀生，如果杀了人，那你非死不可。这个生，不是生命的生，是念头生起来，思想念头一动，就要平静下去，就要把它空掉。后来道家修神仙之道的两句话，“未死先学死，有生即杀生”，就是根据庄子这两句话来的。所以我们打坐干什么？要先学死，念头一动，一生起来，马上把它空了，这叫做杀生，就在空灵的境界永远定下去，这就是学死了；这样的死，人就永远不死。永远不死是什么呢？所谓不死就是长生嘛！生生不已，永远是前进的。

所以“生生者不生”，你要长生不死，最好是不生，不生就是思想妄念情绪动都不动，不是压制下去的。孟子说四十而不动心，孟子是硬压下去，那很不得了，要很空灵才行，就是生生者不生。学佛的同学注意啊！佛家讲要到了八地菩萨，才得无生法忍；庄子讲的就是无生法忍。“杀生者不死，生生者不生。”生而不生，不生而生，这就是无生法忍。到达了一念不生处，无生法忍，“其为物，无不将也”，那时心能转物了，一切万物跟着你转，你不被物所转，要改变万物就可以改变。像我们普通没有得道的人，受物质环境的影响，改变了我们自己。修养到达了心能转变万物的境界，要毁灭它也可以，要成功它也可以。“无不迎也”是来者不拒。

庄子“将”“迎”这两个字后来被宋儒用了，宋朝的儒家，我非常佩服，不是讲笑话，宋明理学家像是佛家的律宗，品德做人那个严肃，没有话讲，那好极了。就是有一点，对学问主观太强，到处把佛家、道家的东西收来，然后再拼命骂他们异端，很不应该。异端的意思就是外道，儒家专门名称叫做异端，是借用孔子的。譬如程明道（颢）是有名的大儒，写的《定性书》，讲怎么样叫做打坐入定，其中第四、五句话，很有名的，“无将迎，无内外”，你说将迎两个字哪里来的？偷庄子的嘛！拼命偷道家的东西，连名词也偷，等于家里没有红包，到别人家里拿一个来，然后又骂人家家里没有红包，因为被他偷掉了嘛！宋儒就搞这种事。

《定性书》里头讲打坐做工夫，“无将迎，无内外”，是讲到了底。说打坐无将迎，不要故意把念头空掉。“无将迎”就是说不要把念头带来，念头来了不欢迎，自然就跑掉；跑走了也不送，就那么坐就定了。“无内外”，不要守在身体以内，也不要守在身外。他说的完全对，道家、佛家用功的精华他都拿到了，可是写完了书，他又骂道家、佛家是异端，只有他不晓得是哪一端。量太小了，那就是有圣人之才，无圣人之德，这也不厚道。拿了人家的就应该说是出在人家嘛！另外所谓内圣外王，也是庄子讲的，不是儒家讲的。

庄子说，得了道的，“无不将也，无不迎也，无不毁也，无不成也。”那就是心能转物。这样的境界，庄子给它定一个名称叫做“撄宁”。用佛家来比喻，“撄宁”就是自在，叫做观自在。但是自在是讲原则，是自由自在的；而撄宁是讲那个现象之舒服！所以这个道的境界叫撄宁。

撄宁也者，撄而后成者也。

什么叫做撄宁？一个人得了道成功了，还是在这个世界，不会离开这个世界，可是他摸到万物，等于小孩子摸到东西一样。小婴儿，出生不到一百天，拿一个东西，他好像拿牢了，可是他没有用力，所以婴儿一定是大拇指放在里头，握个拳头，叫作握固。这个里头学问大了，什么理由？很多理由！要讲密宗的话，说手印为什么要这样结？为什么婴儿要那么握住拳？人生下来就抓，什么东西都想抓，婴儿一天到晚都想抓，吃奶时两个手也想抓。到了什么时候不抓呢？到了民权东路殡仪馆的时候，就抓不住了；这就告诉你这就是人生，就是道。撄宁就是这个道理。小婴儿虽然抓成这个样子，而是若有若无之间，安详而平静，也把握得很牢，所以这个是自在，“撄宁也者，撄而后成者也。”庄子前面讲，道可传而不可受！现在他借用了这位女仙的话，传了道给我的同宗南伯子葵，都传给他了。

南伯子葵曰：子独恶乎闻之？

南伯子葵得了道以后，有一些怀疑，就问仙女：“子独恶乎闻之？”你这一套哪里来的呀？什么人传给你的？

曰：闻诸副墨之子，副墨之子闻诸洛诵之孙，洛诵之孙闻之瞻明，瞻明闻之聂许，聂许闻之需役，需役闻之於讴，於讴闻之玄冥，玄冥闻之参寥，参寥闻之疑始。

这个是一代传一代，就像我们听鬼故事一样，你讲的鬼吓死人，真的吗？看到了没有？没有，我表兄那里听到的；去问你的表兄，表兄说是我外婆说的；外婆说，我们娘家的老太太说的；找了半天，现在还在找。

“曰：闻诸副墨之子”，女仙说我是听副墨的儿子说的。这些名词都不可考了，后来道家都把这些名词，归于民间的说法，也是譬喻，算是庄子的寓言。那么什么叫副墨呢？下面郭象有一套注解，不过我并不太同意这个注解，因为他把所有的，都归之于庄子的寓言。实际上这个寓言是讲修道一步一步的工夫境界，庄子不过是在这里卖一个关子。

副墨之子就是黑漆桶；开始修道的时候，闭着眼睛黑洞洞的，所以称之为副墨之子。“副墨之子闻诸洛诵之孙”，慢慢宁静久了，耳根清净，一步一步工夫再修下去。静下去久了以后“瞻明”，就是庄子前面讲的，“瞻彼阕者，虚室生白”，有一点光明出现了。“瞻明闻之聂许”，聂许就是光明之间有个东西，“聂许闻之需役”，这个东西会动的。“需役闻之於讴”，於讴，我们拿佛家比方，就是耳根圆通。等到耳根圆通以后“闻之玄冥”，完全是空的境界，空到了极点，不过还不是道的究竟。“玄冥闻之参寥”，参寥就是非常广大、远大的东西，所以后代有一个学者自称“参寥子”，算是道家的神仙，他有很多的著作；参寥子是这个人的道号，就取自庄子这个地方。

“参寥闻之疑始”，到了这里为止，等于佛家一样，你看如果研究的话，推开这些都不讲，只研究东西方文化的比较，庄子这个时候，比佛教进入中国还早很多，连秦始皇都还没有出生！但是，庄子已经讲到无始之始，等于佛家讲宇宙开始的问题，是先有鸡，先有蛋的问题。

这个宇宙是个圆圈，所以佛家定个名称为无始之始，追究有没有一个起点，佛家有一个名称叫做“无始”。无始者，就是代表无始之始。庄子这里一个名称叫做“疑始”，也是同样的道理。我们研究比较东西方的文化，就是古人所讲的“东方有圣人，西方有圣人，此心同，此理同”。凡是得道的人，名称语言虽有不同，弘扬这个道，虽因地区不同，但是那个道理意义相同；真理就是一个，表达的方式不同而已。庄子在《大宗师》，道也传了，怎么样修道也传了，下面又从另一个角度来说明。

生命受身体的拘束吗

> 子祀子舆子犁子来四人相与语，曰：孰能以无为首，以生为脊，以死为尻，孰知死生存亡之一体者，吾与之友矣。

“子祀子舆子犁子来”这四个人是好朋友，也是同学道友，他们讨论世界上有谁能够“以无为首”，就是把空无当成头。拿人的身体来比方，空是我们的头，空是道的体。“以生为脊”，现在活着的生命拿背脊来代表，“以死为尻”，死嘛，像屁股一样，是最后了。换句话说，这个人随时在空灵中，活着也无所谓，就是那么活着，死了就把这个身体丢下来不管了。讲一句很透彻很土的话，等于屙一坨大便在这个世界上就跑掉了。一个人如果能够做到这样，把这个肉体一丢像排泄了一样，就走了，“孰知死生存亡之一体者，吾与之友矣”。谁能知道死生是一体，是道的过程，是个现象的话，就跟他做朋友。那是佛家唯识所谓的法相，是个现象，这个本能道体没有动过。假使世界上有人懂得这个道理，我们可以跟他做朋友，就叫他入会了；不然，没有资格入会。你看这四个人很可恶吧！傲视天下人，好像没有一个人够得上当朋友。这四个人站在四方就这么看天下。

四人相视而笑，莫逆于心，遂相与为友。俄而子舆有病。子祀往问之。曰：伟哉！夫造物者，将以予为此拘拘也！

这四个人啊，彼此回转来看，看不到有人懂得，就你看我，我看你，大家相视而笑，“莫逆于心”。逆就是反对，莫逆就是没有反对，彼此完全心同意合。所以后来中国文学，称交情好的朋友为莫逆之交，典故就是这里来的。“遂相与为友”，这四个人做了朋友。“俄而子舆有病”，后来子舆生病了，“子祀往问之”。我们探病，一定带一篮水果呀，或者送一束花呀，探病都是这样，但是子祀去了就说：“伟哉！”好伟大啊，人家生病，他来叫好伟大。

“夫造物者，将以予为此拘拘也”，他说，你现在好伟大，你快要高升了，好了不起！我来恭喜你。“造物者”，就是这个造化，生命的主宰。他说真是讨厌，造物者弄这样一个东西，把我们拘束住，“为此拘拘”，我看你现在刑期够了，快要解脱了，快要跳出牢笼了，哈！

曲偻发背，上有五管，颐隐于齐，肩高于顶，句赘指天。阴阳之气有沴，其心闲而无事，跰跹而鉴于井，曰：嗟乎！夫造物者又将以予为此拘拘也！

你看那个造物者，造化人的好可恶，就拿这个肉体几十斤，一个骨架子，就把我们扛住了。“曲偻”，我们人体不是完全直的，这个背脊骨那么弯的。“发背”，背上驼起来，上面弄一个头有五官。“颐隐于齐，肩高于顶，句赘指天”，下巴快接近肚脐，两个肩膀又比头还高，头面朝上。“阴阳之气有沴，其心闲而无事”，不过这个子舆虽然阴阳不调，生了病，但是他心中还洒脱不以为意。我看你快要升天了，伟大伟大。生病了嘛，刑期快要满了，我来恭喜你。

“跰𨇤”是一个形体不正跛脚的人，“而鉴于井”，他对着井水看自己的像，就很感叹地说，造物者要这样一个身体拘束着我！“造物”这个专有名词，在道家的学术思想，代表了天地造万物的功能，宗教家就叫主宰，哲学上所谓第一因。中国文化没有这一套，宗教哲学的问题都拔掉了，另外给一个名称，叫做造物者，能够创造万物的。

子祀曰：女恶之乎？曰：亡，予何恶！浸假而化予之左臂以为鸡，予因以求时夜；浸假而化予之右臂以为弹，予因以求鸮炙；浸假而化予之尻以为轮，以神为马，予因以乘之，岂更驾哉！

子祀问子舆，你讨厌自己这个身体吗？子舆说，你想到哪里去了！“亡，予何恶？”假使我们知道了没有我，这一切的变化，长得漂亮不漂亮，生与死这一切等等啊，都没有关系了。“浸假”，又是庄子用的词，这两个字是文学上特有的名词，“庸讵知”和“浸假”，都是虚字，语助词，等于我们现在讲话，这个……那里……有时候一个问题答不出来，这个这个，这个了半天，或者是哪里哪里，就是那么一个意思。浸假就是假使的意思。

假使你感觉讨厌自己的身体，受这个身体的拘束，他说一个得道的人就了解，这个并没有什么拘束；假使天地把我们的左膀子变成鸡，那很好嘛！我用不着买手表了！一叫就知道时间。古人没有钟表，就是靠鸡报时，夜里叫个两三次，白天叫个两三次。一个鸡叫的声音，一个猫眼睛的变化，古人就靠这两个天然的大钟知道时间。假定把我们右膀子又化成弹弓，“以求鸮炙”那么好了，打鸟去，鸟打来了以后，就烤着吃了，这样不是很好吗？随便怎么变化都可以。假定把我们背脊骨，从上到最下尾闾骨这里，变成了轮子，那好嘛，只要我精神还在，我就把我的精神当成马，拖着这个轮子，把车子就开走了，自己坐在车子上，不必另外叫计程车了！

庄子这一段，看起来讲得不伦不类，都是莫名其妙的话，但是中间有一个道理，一切的万有生命，都是自然的变化，万物与生命，人的身体心理，都自然在变化中。所谓“造物”，另外有一个名词“造化”，也是庄子所讲的。“造物”，是讲宇宙间有一个功能，有一个力量，能够创造万物，不是宗教家所讲人格化的东西，或者固定形体化一个全能的东西。这个功能无所谓能不能，因此定个名称叫“造物”，它创造万物，万物很自然都在变化中。

譬如我们人的身体上有植物、矿物、动物，什么都有，累积起来，就变成这个形体。所以我们有病吃的药，譬如西药里头，矿物植物什么都有，中药偏重于植物。药吃下去病就好了，这也是化学的作用；所以一切皆在变化中。这个变化是非常自然的，彼此相互为生命，彼此互相为生死。我们吃了菜，菜就可以叫做草。所以陈教授吃素的时候，他就说是吃草，也没有错，菜跟草本来都差不多。吃肉就叫做吃人，吃别人的肉，都是互相在变化。一切的变化非常自然，所以叫造化，造作万物，互相变化。因此，生来也是一个变化的现象，死去也是一个变化的现象。有了这个生命，也无所谓是拘束，没有这个形体也无所谓是悲哀，这个就是中国道家所谓的自然。这个自然并非是个主宰，也不是印度或西方哲学所讲的自然，而是很自然的变化。

他说，你这个人怎么不通呢！一切万物皆自然在变化，人由生变老，老了就是老了，老了就要老得好看。你说我老了很可怜，年轻人想要这个可怜还做不到呢！我有一个朋友，有一天跑来吃饭，他说现在我们年纪大了，碰到的都是老朋友，老朋友们一碰面啊，就是唐人的诗所讲的“访旧半为鬼”“相悲各问年”，问问老朋友一半都做了鬼，另外见面就问你几岁了！啊！七十九了，哦！我八十二了，相悲各问年龄。

他说，你们怎么这么讨厌！我们碰面谈谈别的嘛！一看到就问你血压高不高？心脏好不好？最近去检查过没有？这个多讨厌啊！那些老朋友讲，老了很难过，所以跑公保门诊医院，真是笨。他说，我觉得自己非常幸福，上帝如果不给我这个生命，我还没有死的机会；既然给了我这个生命，有一天会叫我死，我非常光荣，死的机会多难得！人生只得一次，你们老害怕那个死干什么？

虽然这个朋友一点都不学道，也不研究《庄子》，但他讲话素来很痛快。他说假使得了癌症，叫我去开刀也好，不开刀也好，都是很难得的机会，最后一个大机会就是死，这要看通嘛！在我没有死以前，什么东西吃了会得癌症，我照吃不误，总是个机会嘛！所以他说，最近跑到国外去走一趟，去看看女儿、儿子，我哪里想去呢！就是因为中华航空最近飞机失事，我一想就买张票去了。我问他这是什么意思？他说我很想找一个机会这么掉下去，不是简单明了吗？万一将来还要上氧气，这个多讨厌。

结果运气不好，也没有掉下去，在外国走了半个月，也不会讲洋文，上了飞机以后，一路就被人家带着走。

他在国内也蛮有地位的，当然不会洋文，他说几乎就挂了个牌子，我是哪里人，到哪里去；所以空中小姐看我实在不懂洋话，一个一个交待。到了地方，飞机一停，就想下飞机。旁边那个招呼的人受了拜托的，就说 NO、NO，他说 NO，我就不下飞机了。后来我问他飞机上吃东西怎么办？哎呀，就是这个讨厌，他说那个西餐啊，又难吃，我就把胡椒、辣椒酱一起都倒进去了。人家问我喝什么？我只会说咖啡，这半个月喝了一肚子咖啡。这个老朋友一来，总有笑话讲，都是现场的故事。所以我现在要勉励你们，不要出国去像他一样，喝了一肚子咖啡，至少菜单要认得啊！他这个人虽然不学道，不学什么，他的思想倒很通达。

庄子说不能胜天

> 且夫得者，时也，失者，顺也；安时而处顺，哀乐不能入也，此古之所谓县解也，而不能自解者，物有结之。且夫物不胜天久矣，吾又何恶焉！

庄子说，我们得到这个身体，活在这个世界上，“时也”，这个代表一个机会，一个时间；有了这个机会，有了这个时间，才叫我们活个几十岁。万一生下来就死呢！时间短一点就跑也行，没有什么舍不得，所以“得者，时也”，这是个机会。“失者，顺也”，生命结束了，要回去是应该的。本来这个世界上没有我嘛，忽然跑出一个我来，就在世界上玩了几十年，很够本了。当初什么都没有带，光光的来，又吃又住，又玩又骂人，又吵架，玩了几十年，蛮有趣的。回去就回去，应该的嘛，没有什么了不起。

所以后来中国文化有一句名言，“安时处顺”，这四个字是常用到的典故、原则，就是《大宗师》这一篇来的。所以他说“安时而处顺”，活着的时候，把握现在，现在就是价值，要回去的时候，很自然地回去了；所以一切环境的变化，身心的变化都没有关系，那是自然本来的变化。常常有许多朋友讲起，要这样那样，尤其到了晚年，孔子也讲，人到了老年有一个大戒，就是“戒之在得”。人老了以后，手抓得愈紧，思想也抓得愈紧，因为来日无多，日暮途远，太阳要下山了，前途茫茫，所以生怕把握不住。那些所谓平常不爱钱的，老了特别爱钱，平常很大方的，老了，儿子也是我的，女儿也是我的，孙子也是我的，因为他没得抓了啦！总想抓，这就不懂这个生命了，所以不知道处顺。

人一到老了，这个世界给你玩那么久了，已经很够本，要顺其自然；如果懂了这个道理，“哀乐不能入也”。所有喜怒哀乐没有什么，情绪都不动；情绪不动不是灰心喔！是自然就空了。有什么可喜欢的！当然不是叫你不喜欢，你高兴笑就笑一下，笑完了也算了，要哭就哭一场，哭完了也算了，“哀乐不入于心”。他说这个道理最难懂了，这就是道。佛家禅宗讲悟，就是要悟这个道理，要看通了人生。

“此古之所谓县解也”，古人这个“县”就是“悬”。什么叫县解呢？就是最高明的见解，勉强再加解释，形而上哲学的道理就是县解。如果严格地讲，像县解、造化这些题目，包含的意义都很多；简单地说，就是理解到了，懂得了这个就是道。所以后来有人写成这个“悬”，人应该个个有这个智慧，了解这个人生，而得道了。“而不能自解者”，但是人生自己得不到解脱，达不到悬解的解脱境界，“物有结之”，因为被物理的环境困惑了，被它拴住了。

我们在座研究佛学的朋友，你就看出来了，很多佛经上翻译的名称，什么“解脱”啦！心中的烦恼妄想叫做“结使”啦！套用庄子的特别多。所以有了高明的见解，悟了道的人，自己就得解脱了；人如果不能得解脱，自己就很苦恼。

“且夫物不胜天久矣，吾又何恶焉！”这是最后的结论，他说宇宙万物不能胜天，这个天就代表道，不是天体的天，也不是什么自然科学的天；万物离不开道的境界，就是物也不能影响心，心就是道。但是讲一个“心”字，我们容易把它降低了，好像把自己思想当成心了；这个心，包含了思想、精神、物理（生理），三部分一体。而古人尤其庄子不用这种字眼，他就用天，或者道这一类的字，就是代表心物是一体的；所以“物不胜天”。他说我们何必为外物困扰了自己呢！能够把万物看空了，看通了，不被困扰，就不被束缚了。所以，我们又何必讨厌这个身体，乃至于物理世界的东西呢！下面另起一个故事。

你怕死吗

> 俄而子来有病，喘喘然将死，其妻子环而泣之。子犁往问之，曰：叱！避！无怛化。

子祀、子舆、子犁、子来这四个好朋友，过一阵子，子来生病了，大概肺积水，或气管炎而气喘；“喘喘然将死”，气都出不来，快要死了。他的老婆儿子围着他哭。这个子犁“往问之”，就是探望他的病，看到他家里的人围着他，那么悲哀，子犁就骂人了。“叱！避！”你们通通走开，把他的家人都赶开。

“无怛化”，生病也好，死也好，一切都是天地物理自然的变化；生病的时候就生病，当然不是叫你不吃药，药还是要吃，何必心里恐怖！

我们先讨论这一点，关于子来生病，庄子只讲了三个字，“无怛化”。“怛”就是害怕，害怕变化，这就是生病的哲学了。上面讲一个生理变化的道理，我们生病，不管是中医、西医，在医理上有个最大的原则，学医的同学们更要注意，任何病只有三分，但是我们心理的痛苦加上去，变成了七分，好痛哦！好痛哦！尤其生病的人喜欢人家照应，等于小孩子一样，孩子见到娘，无事哭三场，没有事情都要哭一下的。人生病的时候最喜欢别人来看他，照应他，痛不痛啊？痛得很哦！有许多人就是小孩子脾气，其实并没有那么痛，喊痛都是自己心理作用。

譬如一个人感冒很痛苦，但是自己心理把它加重了，因为恐怖生病，下意识的心理作用；这个加上以后，使病的消除增加很多的困难。所以在医学上，可以看到很多的事实，往往有些人吃错了药，但把病吃好了，因为信赖医生，认为药吃下去，自己就会得救了；所以有许多医案，给病人吃的根本不是药。现在美国很多家庭，都是摆的药瓶子，非常相信药，当然医生生意也好，尤其是各种维他命，多得要命。

但是据我所知的资料，而且都有医学上最高明的资料，很多医不好的病，医生给他吃的是白糖，包起来像一颗药一样，他说，多半是安抚病人的心理；结果病人也活得好好的，因为心理病很严重。科学文明愈发达，一般人的心理病愈严重，要解除自己心理这个问题，就是庄子这三个字，“无怛化”，没有那么恐怖，对于生命看得空一点，生病就不那么恐怖，也不那么怕死了。因此，子犁这两句话骂子来家里的人，叫他们走开，你们怕什么呢？这是自然的变化。

倚其户与之语曰：伟哉造化！又将奚以汝为，将奚以汝适！以汝为鼠肝乎？以汝为虫臂乎？

子犁就靠在窗子旁，窗子叫做户。门是门，户是户，户是室内，房子以内的门叫做户，外门大门叫做门，等于说落地窗叫做户。子犁就靠在门窗给他讲话。“伟哉造化！又将奚以汝为，将奚以汝适！”他说好伟大的造化啊，不晓得要把你变成什么样子了！更不晓得要把你送到哪里去！因为生病了，生病下一步要死，“以汝为鼠肝乎？以汝为虫臂乎？”死后会变成为老鼠肝吗？或者一条虫的手臂吗？这里说的像生命轮回，其实鼠肝虫臂都是没有的东西。

子来曰：父母于子，东西南北，唯命之从。阴阳于人，不翅于父母；彼近吾死而我不听，我则悍矣，彼何罪焉！

子来说，宇宙天地等于我们的父母，是个大父母，宇宙万有就是阴阳所变。它“不翅”，没有翅膀，就是没有形象而飞得很快，万物的速度跟不上它，变化无穷，快速得很，庄子说这是我们的大父母。所以万有的生命，包括人，都是这个大父母阴阳所生，不翅于父母。

“彼近吾死而我不听，我则悍矣，彼何罪焉！”我这个大父母，宇宙主宰，阴阳造物的这个作用，如果认为我要死，我也无法抗拒，只好听它的。假使我不听命令，不顺其自然而死，就是反抗，“我则悍矣”。为什么要抗拒父母的命令，抗拒阴阳的命令？它要你死也不是罪过，要你生也不是恩惠，很自然的，就是这样一个规律。而且我们这个生命是它变出来的，我们必须还之于它，要听命于它才行。

夫大块载我以形，劳我以生，佚我以老，息我以死。故善吾生者，乃所以善吾死也。

中国哲学里常用到，造物、造化、阴阳、大块等。前面提过大块就是我们这个天地，天地“载我以形，劳我以生，佚我以老，息我以死”。这是生老病死。这里有个比较，过去佛家的哲学，对于人生四个阶段生老病死，非常看重，整个的印度哲学也都看重。印度哲学提出来的四个阶段很明显，中国本来也有；印度哲学是要从这四个问题跳出来，要脱离，要人如何解脱生老病死，因而创立了佛学的哲学系统，也就是佛教的基本宗教哲学。

如果拿掉了宗教的外衣，只拿文化精神来比较，庄子在这里的说法，代表了中国上古文化对于生老病死的看法，轻松得很！不像其他宗教看得那么严重。庄子说，这个大块天地“载我以形”，注意这个“载”字，我们上次也提到过，是说这个身体像车子一样，把“我”装在里面，就是“载我以形”的意思。所以说，身体不是我，我也不是身体，可是身体现在属于我用的，等于我的一部车子。有了形体，活着时“劳我以生”，活着忙忙碌碌；“佚我以老”，老了给我一个退休安详；“息我以死”，死了是让我休息。所以“故善吾生者，乃善吾死也”，真懂得生命的人，才能够真懂得死亡，生既不足以喜，死也不足以怕，这是一个很自然的阶段。

但是呢！所有的哲学，以及宗教哲学，都只讲到这里为止，死了以后还有没有呢？那么这又归到佛学里头去了。答案是还有。道家没有讲得那么明显，承认还有，还再来的，就是轮回。轮回就是重新回转来，又是生老病死，所以这个生命永远是连绵不断的，这是生命的现象。这个现象的后面有个东西，有个无比的功能，那就是宗教哲学所定的第一因。第一因另有各种名称，叫它是道也好，叫它是什么也好，庄子接着另有一个形容。

顺自然 逆自然

今大冶铸金，金踊跃曰：我且必为镆铘，大冶必以为不祥之金。

这个譬喻很妙了，庄子打一个比方说，“大冶”，有个打金的工程师，在锅炉中锻炼黄金，准备把金铸造成别的东西。岂知黄金一倒入锅炉里，这个黄金就高兴得跳起来讲，好啊！这一次轮到我了，我马上要变成一把“镆铘”宝剑了！古代冶炼名剑，都要五金混合而炼的；如果这个金一到锅炉里就跳起来叫，那个工程师一定认为这个黄金是妖怪，一定把这块黄金设法搞掉。

今一犯人之形，而曰人耳人耳，夫造化者必以为不祥之人。

现在我们这个生命，“犯人之形”，“犯”就是“范”，现在我们变成人的形状了，“而曰人耳人耳”，自己还叫着，我是人……我是人！所以生命的主宰，看我们这些人都是妖怪，是不祥之人，像这块金子一样。本来就是个人嘛，为什么要自己宣传呢？就是自己在作怪。

今一以天地为大炉，以造化为大冶，恶乎往而不可哉！成然寐，蘧然觉。

庄子这一段特别提出来说，我们要认清楚，整个宇宙就是个大化学锅炉，“今一以天地为大炉”，现在是以天地为大化学锅炉，天地间有一个功能，能创造万物，这个功能叫做造化；造化就是这个工程师，他要把我们变化成什么，就是什么。“恶乎往而不可哉！”不能说接受不接受，要顺其自然。本来晓得宇宙就是个大变化，我们让它变化，变化成什么都可以，你何必要叫！自己不要在那里对生命矛盾别扭。

这个道理就说明，我们对生命认识不清楚，所以自己对生命有怨恨，对人生有不满。其实任何环境人都可以生活，可是偏偏人对任何环境都不满意，都会怨恨，就像那个黄金跳到锅炉里，自己叫了起来，那就是妖怪。所以人要认清楚，自己生命就是那么变化，不必怨恨，也没有悲欢喜乐，一切很自然的。

“成然寐，蘧然觉。”造化在锅炉里打造了一个成品，就是我们人了，成品已经造成，人的生命也装到这个身体里了。“成然寐”，变成人这个东西就睡觉，糊里糊涂睡觉；就是佛经上讲长夜漫漫。这个夜很长，这一觉睡下来，算不定活了六十岁，就是睡了六十年。“蘧然觉”，等到有一天我们身体不行了，这个工具使用完了，我那个精神离开了这个身体工具，回到大自然，那就是梦醒的时候；非常舒服。

这一段故事，最后这两句话，说明我们活着生命装在身体里，这个是倒楣的时候，是我们大睡眠的时候；等到我们有一天梦醒了，这个身体就不能拘束我们了。

在庄子所讲有关生命的道理和寓言比喻之中，有一个非常重要的中心点，大家不要忽略，就是人如果懂了这个道，虽然在自然变化之中，自己却能够做宇宙之主，主宰自己的生命；这就是生命的升华，这种人叫做真人。真人可以说把天体上太阳月亮拿在手里，像汤圆一样玩的，这个真人比宇宙还要伟大，有无可比拟的生命功能。

《庄子》的内七篇里，表面上都是如何解脱，顺其自然；但是有一个违反自然法则的，可以不随这个变化走而超越了这个变化的；只有懂了道的人才办得到，这个才是中心重点。我们读《庄子》的时候，往往被他这个自然变化，又美又幽默有趣的文字迷糊了，而忘掉了中间有一个能够作主的。大凡一般研究《庄子》的，乃至我们喜欢《庄子》的人，据我的经验看来，古今以来各种注解，多半只注意到逍遥解脱顺其自然这一面，而忽视了逆行修道主宰生命的这一面。

以前我在西南一带碰到一位老朋友，是有名的天文学家，名字一时想不起来了，是四川人。如果活着，应该有百把岁多一点了。他是老牌英国留学生，学天文的，中国文学也好。自从我们中国文化接触到科学，这一百年来真学天文科学的人没有几个，一般都是学实用科学的多。所以我们一听学天文的，觉得非常了不起；而且他学的天文，不但懂得西洋的天文，对中国的传统天文也非常有研究。所以我们都笑他，昨天夜里又没有睡觉吗？他夜里经常不睡的，夜里研究天文，从前没有天文台，没有现在的科学设备，那是几十年前，他穿着很厚的皮袄，戴很厚的帽子披风，站在房子高楼的顶上，仰观天象。问他国家有什么变化？他讲得很准，比说寓言还要准，那是科学。某一个星座变了，世界上会怎么样变乱了。抗战时期我们问他，打仗还要打多少年？他说不是三年五载的，掐指一算，不是算什么子丑卯酉！他是算数学的，说总有十来年吧！八九年免不了的。

这个人看来怪里怪气的，因为我们大概太熟了，看他倒很自然，就是庄子所讲子桑、子舆这一流的。他走起路来眼睛都看着天，目中无人，好像非常傲慢。他说我很尊重每一个人，不过我看天文看惯了，看看人啊，非常渺小。他坐在茶馆里，或者是跟大家一起吃饭，也是这样往上看的。因为他是学天文的，看这个世界，看这个地球，像汤圆一样。况且我们这些人类，活在这个地球上，像汤圆上的蚂蚁，他说一点意思都没有；所以懒得看人，就看天。

他晚年的时候，最欣赏《庄子》，好像庄子的道已经传给他了那个味道。这种人做朋友很有意思，办起事情来是一塌糊涂，人情世故什么都不懂。家里又有钱，穿衣服怎么穿都不管，扣子也乱扣，朋友看到又扣错了，把他解开重扣上，他觉得这些都无所谓，还说你们怎么不读《庄子》！这个扣子，那个扣子，扣到就可以了嘛！所以这个人很自然。像这样一个朋友，他在《庄子》解脱逍遥的方面，顺其自然，研究得很透彻。他的生活就在天文的境界，宇宙的境界，我们称他活在《庄子》的境界里。但是他只晓得解脱，而忘了一个东西，一个从解脱中如何使生命可以作主的东西；所以今天特别提出来说明。

我们研究《庄子》，这是中国道家之道，道家之道主要有个精神，就是自己可以作主。你看《庄子》这里头，每篇之中都来这么几句，等于道家的密宗，秘密的；他讲了几句以后又不讲了，塑造一个得了道的人是怎么样的！真人又是怎么样的！然后不讲了；接着又是讲普通的俗话。这一点我们要特别注意一下。现在再说下去。

挑战无极的人

子桑户、孟子反、子琴张三人相与为友，曰：孰能相与于无相与，相为于无相为？孰能登天游雾，挠挑无极；相忘以生，无所终穷。

“子桑户、孟子反、子琴张”这三个是人名。这就是庄子的文章，所谓“相与”就是相同，哪个人能做到四件事？第一是“相与于无相与”，相同在无相中。学佛的同学注意，这个无相有相，庄子早提出来了，不等佛学传来。他说哪一个人能够做到彼此相同地活在无相之中？那就是不着相，活着的这个生命，一切不着相；不被现状所迷。第一句话是做到了不着相，不着相就解脱了；解脱了以后，万事不管吗？就是我报告学天文这个老朋友的样子，怪里怪气，我现在认为，前辈的高人怪朋友，现在几十年间这种人都找不到了。所以越想他们越可爱，可惜访旧半为鬼，或许当仙人去，不做鬼了。

第二件呢！“相为与无相为”，光解脱了也不行啊！要能够入世，能够有所作为。虽然入世，虽然还在做一个平凡的人，一切所作所为不着相；因此我们可以讲，道家始终处在出世入世中间。儒家是偏重入世的，譬如孔孟，绝对懂得这个道，悟了这个道，但是偏重于入世，以仁爱大悲的心情，明知这个世界不可救的，他硬要救世救人；不是他笨，是明知其不可为而为之，这是圣人之行。

佛家呢！老实讲，不管你大到什么乘，最后还是偏重于出世。道家则站在中间，可出可入，能出能入，要出要入都可以。道家始终是站在门的中间，你说进来吗？他抽腿就出去了，你说出去吗？他拔腿又进来了，始终在这个中间，这是道家之妙。大家研究禅宗的，往往说禅宗是受了老庄的影响，这倒不尽然，不过禅宗与老庄非常相合，尤其禅与佛学的很多名词，借用老庄的太多了。譬如刚才提到的“相”，庄子早就提出来了。这两句话，是两个重点的观念；“孰能”，孰就是谁，谁能做到相同在无相中间玩？这是游戏三昧，游戏人间。但是有些不是专求解脱，而是入世的，“相为于无相为”，就是入世的作为，这是两个观念。下面再提出问题。

第三件，“孰能登天游雾，挠挑无极”，他说哪一个人能到天上去？“登天”，这是指有形的天，“游雾”，在天上的云雾里去游玩，跳到游泳池里不好玩，要到太空云雾里头去玩玩。这还不算，还在那个虚空中腾云驾雾，“挠挑无极”。“无极”又是一个名称，代表无量无边的这个大宇宙，把这个空空洞洞的太空，无量无边的宇宙，用指头挑起来；像是我们玩铜板一样，随便在手里翻转，谁能够做得到？这是三个观念了，接下来是第四个观念。

“相忘以生，无所终穷。”能够忘了这个现象界的生命，“相忘以生”，这三个人现在的形体还是人啦！所谓子桑户、孟子反、子琴张，忘记了现象界的生命，“无所终穷”，抓住了生命一个真正的主宰，无量无边，无尽无止。但他没有说永远常在啊！而是无所终穷，也没有完，永远不完。这个生命的几个大原则，哪个人能够做到？所以许多人修道学佛的朋友，我看他性格相近的，就建议他去读《庄子》就好；读《庄子》比佛学好，读了佛学太宗教化太严肃，马上就要吃起草来了，不然就要拜佛啦！这是引用陈教授的笑话，我们一吃素，他就说我们是吃草，这个太严肃了。读了《庄子》呢！没有这样严肃，非常解脱，一边敲木鱼，一边念《庄子》，所有的烦恼都忘掉了。

《庄子》是道教的经典，道教念经是念《庄子》，也就是《南华经》。道家的大庙子很少有道士道姑敲木鱼念这些经耶，但是你若敲到木鱼念念《南华经》，也是别有味道，很解脱很轻松。可是你念得很轻松解脱当中，着了相，被文字骗了，执著解脱轻松这一面，反而忽略了中间最严肃的一面，就是生命可以自己作主的这个道理。庄子没有明说啊！他是暗中说的，秘密地说，“相忘以生，无所终穷”，这种的句子非常多，内七篇里头，到处提到了这些观念。

三人相视而笑，莫逆于心，遂相为友。

他们三个人提出来这个话以后，就是刚才我报告给你们诸位听的，像我那个老朋友一样，一天到晚眼睛看上面，目中无人。所以“三人相视而笑”，彼此你看我，我看你笑了一笑，“莫逆于心”，大家心里有数，他们三个人自己心里懂了，所以三个人做了好朋友。

方外人 方内人

莫然有闲（间），而子桑户死，未葬，孔子闻之，使子贡往待事焉。

“莫然”两个字等于现在用的“忽然”，忽然之间。“有闲（间）”，就是过了一段时间，结果“子桑户死”，这三个朋友中间死了一个了，“未葬”，还没有埋葬，没有送到殡仪馆。孔子够热心的，听说子桑户死了，就派他最有钱也最得力的学生子贡，你去看吧！“待事焉”，去看看啦，有没有什么事情要办；要钱出钱，要力出力，子贡都做得到。

或编曲，或鼓琴，相和而歌曰：嗟来桑户乎！嗟来桑户乎！而已反其真，而我犹为人猗！

结果子贡奉了老师的命令，进去一看啊！那两个朋友坐在旁边，既不流眼泪，也没有什么难过，在唱歌呢！一个在编曲，同我们现在出殡一样。所以我们中国人都是学道的，出殡时有洋琴钟鼓，什么都有，古今中外的音乐俱全。和尚、道士、端公、师婆，通通加上，一条街都摆满了。人家笑我们，我说这是中国文化，这叫做吵死人，死人在棺材里一定被它吵醒的。

子桑户的这两个朋友就这么玩，或者编曲，或者弹琴，唱的什么歌呢？“嗟来桑户乎！”这是古文，就是现在的哎呀呀，就是那么唱。他两个说桑户啊，哎呀呀，你总算回去了，可怜我们两个人，“犹为人猗”！我们可怜，还在当这个人，做人好讨厌，你好了，总算回到那个地方，我们现在还是一个假人。假的这个东西，叫什么名称呢？就叫做人。可怜我们还是人！

子贡趋而进曰：敢问临尸而歌，礼乎？二人相视而笑曰：是恶知礼意！

子贡是孔子的学生，多严肃啊！嘿！一看这个状况，赶快跑两步，跑到这两位先生面前。“敢问”，就是请问，他们是子贡的长辈，所以礼貌上用敢问。“临尸而歌，礼乎？”他说人死了，你不流眼泪鼻涕，还唱歌，这个合礼吗？如果这一幕演成电视剧一定很妙的。“二人相视而笑”，结果这两个人，大概一个寒山一个拾得那样子，一看子贡这个家伙来讲这个话，嘿嘿！你讲的什么话！这两个就面对面笑了。“是恶知礼意！”你这个年轻人，你还懂得礼啊！礼是什么意思啊？你懂吗？就把他这样骂一顿。子贡吃瘪了，挨了棒子。

子贡反，以告孔子，曰：彼何人者邪？修行无有，而外其形骸，临尸而歌，颜色不变，无以命之。彼何人者邪？

子贡挨了骂跑回来向老师报告，治丧委员还没有当上，已经挨了一顿骂，就问孔子，他们两个是什么人啊？“修行无有”，看他两个人平常人品都很好，好像得道之士，很讲究修行。你们学佛的同学注意！修行两个字又是庄子提出来的，后来佛学翻译修行都是用庄子的。“修行无有，而外其形骸”，他说“无有”，修到空了，他们两个修到了好像满不在乎，一切皆空，甚至于把人的生命形体形象都丢掉了，一天吊儿郎当。“临尸而歌”，在死人前面唱歌，颜色不变，还很高兴的。“无以命之”，他说我这就不懂了，老师啊！“彼何人者邪?”他们是什么人啊?

孔子曰：彼，游方之外者也；而丘，游方之内者也。

孔子说，你不懂，他们是方外人士。方就是范围，他们已经超过了一切的范围，跳出三界外，不在五行中；他们游方之外，跳出物理世界一切范围，什么都不能拘束他，所以叫做方外。后来佛学借用这个名词，出家人叫方外人。孔子说“丘游方之内者也”，像我嘛，还在这个范围以内。游于方之外，游于方之内，这个名称观念，也是庄子提出来的，所以我们后世中国文化，不管是道家的道士，佛家的出家和尚，都自称方外人，就是这个地方来的典故。下面这一段郭象的注解就高明得很。

夫理有至极，外内相冥，未有极游外之致而不冥于内者也，未有能冥于内而不游于外者也。故圣人常游外以弘内，无心以顺有。故虽终日挥形而神气无变，俯仰万机而淡然自若。夫见形而不及神者，天下之常累也。是故睹其与群物并行，则莫能谓之遗物而离人矣。睹其体化而应务，则莫能谓之坐忘而自得矣。岂直谓圣人不然哉？乃必谓至理之无此是，故庄子将明流统之所宗，以释天下之可悟，若直就称仲尼之如此，或者将据所见以排之，故超圣人之内迹而寄方外于数子，宜忘其所寄，以寻述作之大意，则夫游外弘内之道坦然自明，而庄子之书故是超俗盖世之谈矣。

“夫理有至极，外内相冥”，郭象的文字学庄子，可以说时代向后较晚，比较下来，文字的通、显、畅、达，比读庄子的还痛快。“理有至极”，“理”就是哲学、真理，有最高的真理。“外内相冥”，不在内，也不在外，当然也不在中间，内外混同。

“未有极游外之致而不冥于内者也。”这个“极”变成一个动词，也就是说一个人的修养真能做到游心于方外，解脱又逍遥，到了方外的境界，自然与内在真正的相通了。“未有能冥于内而不游于外者也。”相反的，如果内在真悟道了，内在真通了以后，自然就跳出三界外，游于方之外。

所以得道的圣人，常常“游外以弘内”，这个心（精神）能跳出了物质世界，在天地以外，可是内在还是弘扬这个道业。“无心以顺有”，虽然是无心，空的，可是仍在现有世界中游戏。拿我们现在漂亮的名词讲，真正得道的人，是以出世的精神做入世的事业。虽然在形体上做入世之事，他的精神永远跳出来，空灵的，不受拘束的。

“故虽终日挥形而神气无变，俯仰万机而淡然自若。”这就是儒家所标榜的尧舜这些圣王之道，所谓得道的圣君贤相，内圣外王的这个道理。所以得了道的人才能够入世。“终日挥形”，一天到晚事情多得不得了，忙得很，“而神气无变”，实际上他内在的修养，神与气，没有受外界影响，那么忙碌，内心没有变动。人要修到这个样子啊，可以做帝王，可以做帝王师，可以做领导人。“俯仰万机”，一天忙得呀，一万件各种各样的事，都是拖累，可是他内心是空空洞洞的，“淡然自若”。

“夫见形而不及神者，天下之常累也。”一般人只抓到了自己的外形，抓到了外界的一切事情，而不回转来找自己生命的那个真谛，所以感觉生命是痛苦，是拖累，是矛盾的。“是故睹其与群物并行”，因此这些人不懂道，自己不能得道，在这个人世间，虽然有个肉体，有个灵魂，自己没有找到灵魂的真谛，自己也变成一个机械人，“莫能谓之遗物而离人矣”，不能跳出物质世界的束缚，而真懂得一个人生。

“睹其体化而应务，则莫能谓之坐忘而自得矣。”如果能够了解了道，得了道，体会到宇宙万化的自然而变，虽然你做生意也好，尽管忙碌之间，办公桌上有八个十个电话通通响了，也无所谓。不过这要训练啦！如果十个电话一起响起来，你准备先接哪一个？你心里紧张不紧张？你们诸位青年也许将来会到这个境界，这个时候你怎么办？我们要研究一下，这个时候，不晓得哪一个电话最重要，一定是紧张的；如果体会到变化之道，则自然能够应付。“则莫能谓之坐忘而自得矣。”可以入道了。坐忘是庄子提出来的，就是佛家所讲入定，那就是杜甫讲诸葛亮的诗，“指挥若定失萧曹”，就是这个道理，指挥若定，就是入定一样，很自然。

刚才拿这句话来解释，当碰到万马奔腾的时候，看你能不能做到指挥若定，达到坐忘的境界。“岂直谓圣人不然哉？”所以你能做到了这样，才了解圣人是入世的，不一定是出世的，并不一定跳出了红尘才叫得道的人；也就是说，真正得道的人不一定跳出红尘。“乃必谓至理之无此是”，因为不懂这个道理，才会认为修道好像同现实生活脱离关系，这完全错了。真正的修道学佛，懂了以后更积极地入世，更积极地面对现实；所以大乘佛学也是如此，道家的道理也是如此，庄子这里的道理也是如此。“故庄子将明流统之所宗”，所以庄子把明白悟道的道理，归到一个宗旨里头，这个叫做道。这个道是要你智慧去理解的，去体验，“以释天下之可悟”，告诉我们道是可以摸得到的。

“若直就称仲尼之如此，或者将据所见以排之”，《庄子》这本书里头，经常可以看到对孔子的挖苦，事实不然。孔子的号叫仲尼，上古的人倒不避讳，对圣人直接叫名字，乃至对父亲也可以叫号。后世的人很奇怪，对父亲的名字都不敢叫，现在不相干了。但是子思著《中庸》的时候，他没有称夫子或者我的祖父，直接也叫祖父的名字，这是古礼，但是不能叫名，只能叫号。仲尼是孔子的号，因此郭象说，庄子其实没有挖苦孔子，而是非常捧孔子，他怎么捧呢？“若直就称仲尼之如此”，他直截地说孔子也是这个道；没有转个弯说，或者故意幽默他一下，“或者将据所见以排之”，不像一般人借口排斥，这就证明庄子是捧孔子的。

“故超圣人之内迹而寄方外于数子”，实际上孔子心里头早已游于方外，故意在嘴巴上这么谦虚地说。“宜忘其所寄，以寻述作之大意”，所以我们后世人研究学问读文章，不是只看字句，更要了解文章里所寄托的道理；要透过文字以外，真正懂得其中的含意。“则夫游外弘内之道坦然自明”，心跳出三界之外，行为仍在现实之中，这就是现实生活中跳出三界之外，懂了这个道理，才懂得道，“坦然自明”了。

“而庄子之书故是超俗盖世之谈矣。”这里郭象特别捧庄子，他说《庄子》这一本书，是前无古人，后无来者，他是捧得不得了地捧。“超俗”，超出世间一般所及，而是“盖世之谈”，当然不是盖世太保，就是我们这几年的新名词“你不要盖了”。历史很多都用“不要盖”，所以这个盖还是老话呢！

现在我们把郭象的这一段妙文也看了，有个重点，孔子告诉子贡说，他们是游于方外之人；像我呢！还在方之内；换句话说，还在羿之彀中，还在那个中心点，没有跳出轮回以外。下面再回到庄子的原文。

圣人看生死问题

外内不相及，而丘使女往吊之，丘则陋矣。

孔子说，唉！我刚才忘记了，只听到朋友死了而关心。实际上，方之内与方之外不同，出家人跟在家人“外内不相及”，他们已经得道了，结果我刚才忘记了，还以世俗的观念，叫你跑去给他办丧事吊丧，真丢人！惭愧惭愧！

彼方且与造物者为人，而游乎天地之一炁。彼以生为附赘县疣，以死为决疣溃痈，夫若然者，又恶知死生先后之所在！

孔子说，他们是得道的人，“彼方且与造物者为人”，他说这个天地赋予一个生命做成一个人，所附的人体是个累赘；现在这个人死了，累赘已经解脱了，“游乎天地之一炁”，回到天地同根万物一体的那个“炁”中。那个“炁”不是空气的气，等于现在讲的本能、能量，回到那个里头；所以他们对于现有形体的生命，看成是身上长的瘤子，应该割掉的。他们认为死啊，是把这个癌瘤割掉了，痛快得很呢！所以他们是这样一种人。“夫若然者，又恶知死生先后之所在！”他们已经解脱了生死，没有过去，也没有未来，也没有先后，一切都是很自然。

假于异物，托于同体；忘其肝胆，遗其耳目；反复终始，不知端倪；芒然彷徨乎尘垢之外，逍遥乎无为之业。彼又恶能愦愦然为世俗之礼，以观众人之耳目哉！

这些得了道的人，我们看他们肉体死了，其实是死是活同他们都没有关系。这里要传我们人生的秘诀了，“假于异物，托于同体”，就说我们这个肉体吧！是我吗？不是我！你分析看看，细胞、神经、骨头、头发，没有一样东西是真的我，都是假借来的，借来用几十年。不同于我的是“异物”，把“异物”凑到一起是同体，勉强说这就是我，是我的身体，跟我相同。所以你借来用就用了，不要看得那么严重。

身体也是个机械，现在科学发明了机械人，是我们人类指挥机械人。也许将来会被机械人指挥了，那就很可怕了！当然不是必然。不过外国有些神经病的科学家，正在向这方面发展，中国还谈不上，所以也有人写文章担心这个事。但这些神经病的科学家不了解，我们本来就是机械人，懂了《庄子》，就晓得我们祖先本来就是机械人；“假于异物托于同体”，我们手拿起来敬礼、拉手，就是机械的动作，我们的生命不在这个肉体上，躯体是我们机械。至于使用这个机械人的时候，“忘其肝胆，遗其耳目”，什么内脏一切都忘记了，眼睛、耳朵也忘记了。“反复终始，不知端倪”，忘了身体，也忘掉我了，在这个世界上舒服得很，既无欢喜也无悲，有什么了不起啊！他说“反复终始”，就是一个圆圈一样，佛家形容那个圆圈叫做轮回，像轮子一样，永远在转动。“反复终始，不知端倪”，一个圆圈的东西，你说哪里开始啊？哪里结束啊？它永远是个圆圈，没有开始，没有结束。

“芒然彷徨乎尘垢之外”，这些人，对于世界红尘里的事情，早就得了解脱，得了真解脱是真逍遥，“逍遥乎无为之业”。我们学佛同学注意！无为是老子提出来，庄子也在用，佛家翻译“涅槃”，正式应该是“无为”，所以后来玄奘法师研究了很久，最后还是采用了无为两个字。印度哲学里头“涅槃”这两个字，包括了六种无为，勉强相比的话，整个笼统的观念就是无为。无为并不是什么都不做，等于我们讲空，空不是没有。譬如这个虚空里头，有无比的财富，雷哪里来？电哪里来？是虚空里头来；电是最大的财富，这不过是虚空里头含藏的一种而已！尚未发现的还多着呢！无为里头有大有为。所以他们“彼又恶能愦愦然为世俗之礼”，你去给他讲世俗的礼貌，去吵死者，他们怎么接受嘛！“以观众人之耳目哉！”世俗的礼貌是给一般人看的，大家都在虚伪敷衍，这些人才不做这种虚伪事，没有时间虚伪敷衍。

《大宗师》这一篇主要的宗旨，就是后面提出的内圣外王之道，也就是自己如何先自养得道。得道的样子有一个模型的，在本篇前面以及前几篇都讲过了。本篇有个最重要的要点，有圣人之才无圣人之道，或者有圣人之道无圣人之才，都不能称为全才。因此这一段提到生死问题与圣人之道，以及无圣人之才的道理。这一段讲孔子派子贡去给子桑户吊丧的事，现在提出结论。

子贡、孔子都命苦

子贡曰：然则夫子何方之依？曰：丘，天之戮民也。虽然，吾与汝共之。子贡曰：敢问其方。

子贡问孔子，那你算什么呢？孔子说我啊，上天给我的刑罚是受罪的，所谓“天之戮民”，等于说被天杀戮，活受罪。我们可以讲，人大部分如此；有一句俗语说，“死要面子活受罪”，人都是这样。那么做圣人，像孔子一样，真是“天之戮民”！自己非常受罪的，因为要救世救人啊！这个重点反映本篇的中心，圣人之道与圣人之才，两者不可兼得。所以，由这里给我们一个人生观，就是唐代诗人李商隐所讲的：

中路因循我所长　由来才命两相妨
劝君莫更添蛇足　一盏醇醪不得尝

古今以来，有才能本事的命不好，由来才命两相妨，两样总是相妨碍的。这首诗也就是说明才命两相妨碍，有人有才而无运气，一辈子没有好命运。所以我经常说，中国文化的哲学思想，都在文学里头，尤其诗词里头，充满了哲学思想。像这些文学的句子，就包括了人生哲学的大观念，所以看通了以后，人生没有什么大烦恼。由来才命是两相妨，有才就无命，能干聪明本事很大，结果给你苦一辈子，坐在那里，死要面子活受罪，就是孔子说的："丘，天之戮民也。"

有些人命好，不劳而获，他七字不好八字好，就有这个命，你没有办法去妒嫉，也不要羡慕人家。拿佛家的道理来讲，人生的观念"欲除烦恼须无我"，一个人要去掉烦恼，必须要修养到无我的境界，才真无烦恼；"各有前因莫羡人"，每一个人都有他的前因后果，就是才命两相妨，也不必烦恼，也不要妒嫉。因为孔子提出来，"丘，天之戮民也"，所以说到这些人生哲学的问题。下面孔子的话。

"虽然，我与汝共之。"孔子说，但是啊，不只我一个人命苦，做了我的学生，志同道合，你跟我一样生来命苦；生在一个变乱的时代，为救世救人，一定是苦命的。讲到这里子贡就问了，"敢问其方"，他说老师您讲半天，中间这个道理，我没有摸到，您告诉我一个方向吧！孔子看子贡还没有懂，他只好用譬喻来讲了。

鱼忘水 人忘道

孔子曰：鱼相造乎水，人相造乎道。

孔子作了一个比喻，“鱼相造乎水”，这个“造”字，我们原来受的教育，要读“操”，曹操的那个操，音相同，意义稍稍不同。他说鱼在水里，不知道有水，等于我们人，天天在空气里头生活，不知道有空气，就是人相造乎气；鱼嘛，相造乎水。“人相造乎道”，我们大家都想修道求道，道不须去求，人本身就在道里头活着。所以在《中庸》里头也讲到，道并没有离开人，只是人自己离开了道。《中庸》说，“道也者，不可须臾离也”，没有一刹那离开我们，“可离非道也”，能离开我们的，因为修道才来的，那就不是道了。道是天然，自己本来就是具备的，所以人本来就在道中，而自己不知道。

相造乎水者，穿池而养给；相造乎道者，无事而生定。

孔子提出两个原则，一个人生活在道中，不知道有道，等于鱼活在水里，不知道有水。再引申来讲，鱼需要水，所以我们养鱼的时候，“穿池而养给”，故意挖个池塘放进水，才养得住鱼。人呢，本来有道，道本来在人这里，可是人自己找不到，就像鱼在水中看不到水一样，怎么办呢？“无事而生定”，真正打坐修定，就是说你的心里一天到晚觉得无事，心中无事嘛，就真正得定了。为了达到心中无事的境界，打坐是训练自己的初步方法，不要认为打坐就是定，就是修道；如果打起坐来，心中还是很忙，又念咒子，又搞什么气脉啊，守什么窍啊，这里守那里守，生怕身上跑掉一块骨头那样！这不是在修道，是坐在那里心中开运动会，坐驰！那就不是道了。所以孔子这一句话，把修道的方法也告诉你，“无事而生定”。

真正的定，所谓做到无事，是于事无心，于心无事；这才真得到定了。定啊！并不是说你万事不管，盘腿坐在山上，心中无事那叫道；那个是半吊子道，半道；要于事无心，能够入世做事情，心中没有事，这就是工夫了。一天到晚地忙，可是心中没有事，于事无心，喜怒哀乐，发而皆中节，过了就没有了；于事无心，于心无事，心中不留事，这样才是真做到无事。无事嘛，就是定了。子贡不是敢问其方吗？孔子就告诉他了，那么就要有定，有静定，而认得自己本有的道。因此孔子作一个结论。

故曰，鱼相忘乎江湖，人相忘乎道术。

又进一步了，开始说养鱼，必须要挖一个池放下水，给鱼在里头悠游自在。修道，必须要做到心中无事，才生定。进一步呢，等于鱼在水里头，不知道有水，水也不觉得有鱼了。就像我们在空气里生活，活了一辈子，也不晓得空气的形象，都没有看到过；除了天冷鼻子里出气，冒一点白烟，那个还不是真的气。所以真得了道的人，不觉得自己有道；如果说得了道的人，自己还有个道貌岸然，或者是俨然有道那个样子，满嘴的道话，一身的道气，那就有问题了。

所以人“相忘乎道术”，得了道的人，忘了自己有道；等于一个穷人中了奖券，或者分到两百万，七天七夜都睡不着，镇定剂都没有用。但是那个习惯有钱的人啊，身上从来不带钱，说今天又赚了二十亿，听听而已，并没有觉得欢喜。可惜大家好像没有这个经验，等你慢慢发了财就有这个经验了。真到了那个时候，看到钱又进来那么多，可能有点厌恶，你说真把它丢掉嘛！也舍不得；可是来了以后，同鱼相忘乎水一样。我们在座也有做大生意，大资本家的，他听到就笑了，可见我很懂他的心理，就是这个味道。

天之君子 人之君子

子贡曰：敢问畸人。

子贡接着又问，“敢问畸人”，“畸”跟“奇”字一样，“畸”就是单，所以学《易经》要晓得，畸数，常常写成奇数，这个字念基。“畸人”就是一个怪人，我们现在的讲法，修道的看起来是怪人，稀奇古怪的。“畸人”，单独，超乎常情的人。

曰：畸人者，畸于人而侔于天。故曰，天之小人，人之君子；人之君子，天之小人也。

畸者就是奇数，阳数为之奇，所以，得道人的行为与众不同，称为畸人。孔子说，得道的人为畸人，阳数充满，是纯阳之体。这一类的人，看起来都是怪里怪气，特别与人不同。“畸于人而侔于天”。他是不合于人世间要求的人，但他是合于天道。下面孔子有个结论，这个不光是讲修道，是讲做人的道德，人生哲学。

“故曰，天之小人，人之君子；人之君子，天之小人也。”不过这四句话先要声明，年轻人不要随便拿来用，有时候人家骂你，讨厌你，你说你是天之君子，所以被人家看不起。那些认为自己是君子，是了不起的人，在上天看来是个小人；做人做得很好，汤圆一样，到处都滚得圆圆的，逢人必笑，实际上不是那么一回事。这是“人之君子”，一般人叫做君子，但是他是“天之小人”，不合于道，心肠不直。

这四句话，我们看历史上很多的人物，古今中外，的的确确有许多人，道德非常高明，可是人呢，到处不合适；而且命运也不好，到处不得志。孔子当年就是这个样子，周游列国，一个便当都弄不到；哪里晓得，死后到处都是牛肉、冷猪头，拜祭他一大堆东西。所以我说死后给他冷猪头吃，还不如当年给他一个热便当多好，热狗也可以。可是当时很可怜，他是人中之小人，天之君子。我们年轻的时候，也会借用的，有时候给人家搞得烦了，同学之间，你不要看我是人之小人，被你们看不起，哼！人之小人，是天之君子。

实际上一个真正修道的人，往往不合于世法，被世俗看起来，很讨厌。但是你要知道，不是全才的人，不够格为大宗师，庄子所引的这四句话，不是指大宗师；如果是大宗师的话，是天之君子，也是人之君子，那就是有圣人之才，也有圣人之道。这里是讲，有圣人之道的人，无圣人之才，所以处世都是不高明的。

刚才我们讲的这一段故事，是由孔子派子贡，去给子桑户吊丧，看到他几个好朋友不但不哭，还在旁边高兴唱歌；子贡回来报告，那么孔子就说明，这些人是得道的人，你不要拿世俗的礼法去要求他，他们已经了了生死，所以生来死去，他们看得很自然，死不过睡长觉而已，没有什么了不起。因此引出来孔子讲自己，而讲修道的方向。现在又另起一段，稍稍不同的。

丧事 丧礼

颜回问仲尼曰：孟孙才，其母死，哭泣无涕，中心不戚，居丧不哀。无是三者，以善丧盖鲁国。固有无其实而得其名者乎？回一怪之。

颜回有一天问孔子说，鲁国有个名叫孟孙才的人，母亲死了，他也哭，但是“哭泣无涕”，没有眼泪鼻涕，就是嘴里哭啊哭啊，可见不伤心；“中心不戚”，内心好像没有真觉得妈妈死了；“居丧不哀”，办丧事的人，一点悲哀的形象都没有。如果说哭起来没有眼泪，一笑眼泪就出来，那是老人的现象，是老人的颠倒，老人有好几个颠倒，这是大颠倒之一。另外像坐着就想睡觉，躺下来睡不着；现在的事边说边忘记，几十年前的事却都记起来，这些都是老人的颠倒。

但是孟孙才并不是老人，可是哭起来没有眼泪；心中也不戚，不难过，又“居丧不哀”。“无是三者”，像这三件不合常情的事，与做人道理原则都相违反；结果“以善丧盖鲁国”，鲁国全国的人反而说，他对于母亲最孝顺，办的丧事最好。颜回说：“固有无其实而得其名者乎？”这岂不有名无实吗？外面宣传得很大，实际上不是这个样子，有这种道理吗？“回一怪之”，颜回说老师啊，我实在觉得奇怪。

仲尼曰：夫孟孙氏尽之矣，进于知矣。唯简之而不得，夫已有所简矣。孟孙氏不知所以生，不知所以死；不知就先，不知就后。

孔子说，你不要搞错了，社会上对他的恭维不是偶然的，孟孙才这个人，做人做到了顶，虽然生活在世间，但他是有道之人。“进于知矣。”这个知就是智慧的成就，得道了；“唯简之而不得”，办丧事虽够简单，但是他已经违反这个简的原则了；你看他也没有哭出来，也没有流鼻涕眼泪，实际上他已经超过了。

这里头有个什么道理呢？这里头有个大道理！中国文化三代以后，到周秦这个阶段，最重要的是养生送死而无憾；对年轻孩子的教养，对老年人照应，以及死后的丧事，这两头一定要办好，这是中国文化的精神，是非常重要的。其实不管哪一个国家的政治社会，一个人如果没有做到这些，至少在中国文化里认为他不是人。但是却产生一个问题，就是在三代至周秦之间，对于父母的丧事，办得太严重了。棺材外面要有椁，所谓衣衬棺椁，死者有几个女儿女婿，就要盖几条被子；古代又是多妻制的，如果有二十个女婿，死者的身上，就盖二十层被子。几个儿子穿几条裤子，所以棺材里头，春夏秋冬的衣服俱全，现在还要加上长袍马褂，军人又要军服，还要西装，那多极了，棺材里都装不下。棺材外面的东西就更多了，什么茶叶啦，石灰木炭啦，各种东西，你们看都没看到过，另外还有嘴里头含的什么，手里拿的什么，这个之多叫做一塌糊涂，非常复杂。

所以到了春秋战国的时候，最反对丧事过分的是墨子，他等于赞同伊斯兰教的葬法。伊斯兰教人的棺材，一个可以用几百年呢！那个棺材的底子，是个可以抽动的板子，人死了以后，白布包裹起来放进棺材，坟墓是挖一个坑，把棺材抬到那个坑上，然后板子一抽，尸体就下地了。尸体一定要接到土地，这有它的理由，人是地上的动物，天地生我，死后归之于地，也很有哲学的道理。尸体下地，封好泥土，这个棺材抬回来，第二次还可以用的。

当然伊斯兰教的葬礼，棺木方面简单，别的方面也不简单。丧礼太过，我也反对，这叫做吵死人，死人在棺材蛮好，把他吵死了。所以这里你就看到，孔子也反对丧礼过分；孔子在《易经系传》上也讲，“古之葬者……不封不树”，我们上古最古老的老祖宗，死了以后，也像伊斯兰教徒一样，就埋在地下，没有坟墓，也没有弄记号；后人因为所谓文化社会的进步，才建立了许多养生送死的花样，这是中国文化丧礼上一个大问题。

当然到我们现在很可怜，一个婚礼一个丧礼，今天没有一样是自己的文化；所以中国人自己讲是礼义之邦，到现在既没有礼，也没有义。婚礼嘛，七变八变，现在是爸爸拉着女儿带进礼堂，然后交给女婿，送给你了。你注意，就是手臂这么一挟，带进去了；走得很慢，如果我来带的话，很想走快一点，这个事情很多不合理啦！

关于丧礼，孔子在这里所说的，可见也反对繁缛之礼。所以为了“唯简之而不得”这一句，我们引出了很多历史上的道理，孔子认为孟孙氏已经办得够好了。生者寄也，死者归也，我们人活在世上是住旅馆，死了就回去了，所以丧礼应该简单。“夫已有所简矣”，他说孟孙氏的母亲死了，他能够这样办丧事，已经很合理了，你不要过分地要求。

我们中国古人所谓合理，如果八十岁以上去世，那叫高寿，福寿全归；你尽管送红的挽联，这是合古礼的，那不叫做死亡，叫做登仙，成仙了。假使父母活到一百岁，或者一百多岁，古人常有活那么长的，当儿子的七八十岁了，那个眼泪哭不出来，何必非要眼泪不可呢！所以啊，办丧事，孔子说，只要尽力就可以了，这是第一个理由。第二个理由，孔子说：“孟孙氏不知所以生，不知所以死”，他本人得道了，他已经了了生死，所以对生死已经不是问题了。

“不知就先，不知就后”，这种人也没有时间观念，没有过去，没有未来。人之所以不能得道，最痛苦就是被两样东西限制，一个是空间观念，一个是时间观念。所以你们打坐经常被自己的观念困住，有些人说，哎呀，老师啊，我只坐半个钟头，加一分都加不上去；因为他思想里头被时间观念所困，所以到了那个时间，就想睁眼看看，唉唷，还是半个钟头！他不能够“鱼相忘乎江湖，人相忘乎道术”；如果你把时间观念一忘掉，就不同了。

人不晓得多么自找痛苦，有些修道人，非要面对东方才能打坐，北方就打不得坐吗？哪一方不住人啊？哪一方不生人不死人啊？为什么一定要东方才是生起方？北方还叫做不空如来呢！对着北方不是更好吗？这是人自己智慧不够，很可怜，被时间空间困住了。所以孔子说孟孙氏，第一了了生死，第二忘记了过去未来，“不知就先，不知就后”，不晓得哪个在先，哪个在后。

生命是变也是梦

若化为物，以待其所不知之化已乎！

所以道家的观念，生死没有什么了不起！这个天地是个大化学的实验室，所有的生命都是这个大化学锅炉里的变化物；死后的肉体又变成其他东西了。我们的身体，也是其他东西变化而成的；当然很多素菜呀！豆腐牛肉呀！盐巴白糖，各种营养吃下去变化出来的这个身体，死后又经过一个复杂的程序，再变回去而已。

因此，中国文化对于生死叫做物化，一切皆在变化；学佛的人就叫做无常，无常也就是变化。没有东西是固定不变的，因此人死了就是“化为物”，外形变化了，因为生命的精神永远不生不灭，所以“以待其所不知之化”！下一个生命会变成什么，那是我们不可知的，得道的人就知道。“已乎”就是这样。

且方将化，恶知不化哉？方将不化，恶知已化哉？

这就告诉我们，现在大家都活着没有死，“且方将化，恶知不化哉”？新的生命，或者我们现在活着的人，怎么知道不变化呢？因为没有道，自己不觉得在变化，实际上，自己的身体随时都在生死，都在变化；前一秒钟的事情已经死掉了，现在脑子里是后一秒钟的事；昨天的我已经死掉了，今天的我不是昨天的我；前一秒钟的我也不是现在的我，随时都在变化中。“方将不化，恶知已化哉?”刚刚生下来的时候，你难道不知道是向死亡变化吗？你感觉自己是活着存在，却不晓得现在有一部分已经死去了吗？但也有另一部分又生回来。因为人不懂这个，悟不到这个道理，所以不能得道。

吾特与汝，其梦未始觉者邪！

孔子告诉颜回，我跟你都在做梦呀！瞪起眼睛做白日梦，没有醒；如果醒了就是开悟了。不做梦就醒了，醒了就开悟，得道了。我跟你两个人，都还在做梦，没有悟道，没有清醒。

且彼有骇形而无损心，有旦宅而无情死。

并且像孟孙氏这个得道的人来讲，看到的死亡是外形，我们看到这个人眼睛不张开，没有呼吸，这叫死了，就哭了起来了。这个是壳子耶！这个外形等于电灯泡一样，生命不是这个外形，电灯泡坏了，电能电源没有坏；换一个电灯泡又亮了。所以我们普通人，只看外形，认为躯体是生命的根本；得道的人看到死亡的是形骸，“而无损心”，那个生命的本心，没有死亡，也不因外形的死亡而死亡，它永远常在。而且他觉得“有旦宅而无情死”，“旦”就是早晨，“宅”就是住宅，实际上就是旦暮，晚上就要回家休息了。他说，生来与死去等于早晨跟晚上一样，那个生命真正作用的那个常在，那个真常真生命，没有死亡。所以他说你对孟孙氏，根本看错了。

孟孙氏特觉，人哭亦哭，是自其所以乃。

现在你去吊丧，孟孙氏已经搞得很好了，得道的人没有悲哀，也没有欢乐，不过呢！他总觉得自己还是在人世间，在做人嘛！人世间觉得死了人应该哭，所以他也张开嘴巴哇啦哇啦叫一下，他已经够好了，他总算肯应酬一下别人。“人哭亦哭，是自其所以乃”，因此乃不得已，因为大家要这样做，所以他无可奈何不得已而这么做。

且也相与吾之耳矣，庸讵知吾所谓吾之乎？

“且也相与吾之耳矣”，他说你们都那么做，他也只好跟着大家那么做，你们说天亮了，他也跟着说天亮了；碰到一堆疯子在一起，人家要他跳舞，他就跳了，不跳那个疯子要打死他，反而说他疯了；所以他只好这个样子。“庸讵知吾所谓吾之乎？”“庸讵知”就是你哪里晓得，换句话说，你不知“吾所谓吾之乎？”因为他得道了，无我了，所以他没有自己的我，一切都是大我，你认为你的我要这样，他就跟着你的我办吧！你要哭跟你哭，你要笑跟你笑，如此而已，他已经到达无我的境界。

如果是别的文字，像佛家嘛，直截了当，说一个无我就好了！庄子不然，用文字“庸讵知吾所谓吾之乎”，这样一“吾”

嘛，就搞得我们糊里糊涂了。实际上就是说，他已经到了无我，没得我，没什么一个我叫做我，就是这一句话；让他文字一写就写成这样子。再进一步说无我的境界，你看人生哪里找一个我？从你的头发一直到内脏，哪一处是我？没有一处是我的。由无我的境界就讲到人生就是梦，不是人生如梦，那是文学的形容词，人生就是梦！什么如梦！梦还如人生呢！不是如啊！这个如不能用的，因为人生就是梦。下面就讲这个梦。

且汝梦为鸟而厉乎天，梦为鱼而没于渊。不识今之言者，其觉者乎，其梦者乎？

“且汝梦为鸟而厉乎天”，当我们做梦的时候，梦到自己变成鸟了，飞得很高，飞到天上去；“梦为鱼而没于渊”，当我们梦到自己是一条鱼的时候，就躲进深水里去了，那个时候，也不觉得水的可怕，也不呛人；飞到天上也不要加棉袄，也不要穿毛衣，自己就上去了；梦中很舒服，这是讲夜里的梦。“不识今之言者，其觉者乎，其梦者乎？”现在我们眼睛张开了，觉得那些是梦，觉得现在是清醒，但是我们想想看！现在会思想会讲话，你认为自己真是清醒的吗？这是个问号，“其梦者乎”？难道现在不是睁开眼睛在做梦吗？这是禅宗所谓参话头，问题没有给你答案，你自己去找答案；你自己想想看，你认为现在是清醒吗？还是认为现在是在做梦？

所以，人生究竟现在是清醒，还是在做梦？这是个大问题。譬如我们，昨天白天的时候，大家做了很多事，你现在回想一下昨天的事，这不是现成的梦吗？是睁着眼睛做的呀！可是大家不了解，把自己闭着眼的精神思想活动，当做是梦，认为自己很笨，被梦骗了；其实现在更是笨，现在的活动是睁着眼睛在做梦。现在被什么骗了？被眼睛骗了；不信你闭上眼睛看一下，马上前面的梦就没有了。究竟那个样子是醒，还是现在这样子是醒？我也不知道，庄子也不清楚，孔子也不晓得，叫做和尚不吃荤，肚子里有素——心里有数。下面讲一个道理。

造适不及笑，献笑不及排，安排而去化，乃入于寥天一。

"造适不及笑"，人的自然情感，到了最舒服最得意的时候，笑都来不及笑了，当然也不会哭，就是舒服到极点，笑都懒得笑了，那真舒服。当爱笑的时候，要哈哈大笑，碰到一件好笑的事，"献笑不及排"，来不及安排的，有些时候，我们听人家说笑话，肚子也笑痛了，一边叫他慢一点讲，一边又捧到肚子笑，就是"献笑不及排"，来不及安排的，那个叫做真的笑。如果说讲个笑话让我笑，然后先哈……笑，那就是安排的笑，不是真笑。"安排而去化"，这个安排不要当成现在的观念，现在说的安排，是预先想办法弄好；譬如我们上课了，把位子摆好，这个是现在人的安排。庄子这里的安，就是平安，排就是自然，自然的排列，自然的法则，放任其自然，安于天地，自然的相排而去化。

变化以后进到一个什么境界呢？"乃入于寥天一"，这又是庄子取的名词叫"寥天一"，等于佛家的涅槃、菩提、得道。"寥天"就是这个天上面没有一个什么，而是空空洞洞的，无量无边的天，空得无量无边，无尽无止。但是要空到哪里去呢？还是在这里，天地与我合一，万物与我一体的这个境界；"安排而去化，乃入于寥天一"，就是佛家所讲的涅槃。这一段又是人的生死问题，颜回来问孔子，孔子由死亡的问题，讲到活着的问题，告诉我们，夜里做梦是梦，白天也是在大梦中；要把这个大梦参破了，就得道了。真正地清醒了，那生死都在梦中。接着又是另一个问题来了。

谈仁义 论是非

意而子见许由。许由曰：尧何以资汝？

意而子跟许由都是上古的高士、隐士。许由就是唐尧时候的人，唐尧曾想让位给他，但他不愿意当皇帝，仍然当隐士，这段前面曾讲过。“尧何以资汝”，许由问意而子说，那个尧啊，究竟给你讲些什么话呢？“资”就是补充给你，或者是送给你些东西。他到底给你说些什么啊？历史上记载尧来找过许由，请他来当皇帝。现在许由反问意而子，尧向他说过什么话。

意而子曰：尧谓我：汝必躬服仁义而明言是非。

这一点很重要，所谓后世中国文化的儒家，非常注重这个是非仁义，尤其是唐宋以后的儒家。意而子说，尧告诉我，叫我一定要实行仁义之道，“躬服仁义”就是亲自实践仁义，“而明言是非”，一个人一定要明辨是非，人世间的是非，一定要搞得清楚。

许由曰：而奚来为轵？夫尧既已黥汝以仁义，而劓汝以是非矣，汝将何以游夫遥荡恣睢转徙之涂乎？

许由说糟糕了！“而奚来为轵？”他怎么给你弄一个陷阱，

弄一个轨道给你走呢！“夫尧既已黥汝以仁义”，人生来像个小孩子一样，本来很干净很纯洁，什么仁义啊，是非啊，哲学啊，宗教啊，艺术啊等等，都是白纸上涂的颜色；人天生本来很干净，尧已经给你脸上刺青了。“黥”就是犯罪的人，脸上给他刺了字。他说，尧已经把你破了相，本来一个很干净的脸，刺上了字；“而劓汝以是非矣”，古人有个刑法，犯了罪把鼻子割掉，这个人永远看起来就是个犯罪的人。尧叫你明言是非，等于割了你的鼻子。

人有了仁义善恶是非的观念，就是价值的问题来了。所以这个问题，我也经常说，大家老一辈人在一起，看年轻人，愈看愈看不惯。老了的人蛮讨厌的，当然我也是一个老人，看年轻人这样不对，那样不对；不是鼻子歪，就是耳朵大，总归是没有一样对。事实上大家都认为，尤其现在年轻人，不讲道德，这个社会多坏，其实大家都在说梦话。所以说道德的观念，不管古今中外都有的，只是说法不同而已。

中国古人的道德是宗教性的，如果不道德，怕背因果；哎呀，不得了，将来死了阎王那里问案，或者菩萨会处罚，下地狱啊，有因果报应。现在这一套年轻人不信了。但是，年轻人有没有道德价值观念？如果说有价值的事才去干，这是利害观念，也是一个道德标准，不能说没有标准。凡是人一定有一个标准的，就算是一个动物，也都有它的一个标准，只是形态不同，思想语言观念不同罢了。不要看他变成什么样子，再变来变去啊，那个人也都晓得张开嘴巴吃饭，冷起来晓得穿衣服；除非把这两样都变掉。所以说，这是文化意识形态的不同而已。他说人的真正的天生的本性，像一张白纸，干干净净的纯洁得很，尧舜教你道德是非仁义，那你可就完了。

“汝将何以游夫遥荡恣睢转徙之涂乎？”你完了，你不得自由了，不得自在了，不得解脱了，不能得道了，不得逍遥了啊！你受了这个后天染污的拘束了。许由这样批评意而子，但是意而子的观念不同。

意而子曰：虽然，吾愿游于其藩。许由曰：不然。夫盲者无以与乎眉目颜色之好，瞽者无以与乎青黄黼黻之观。

意而子说，唉！这个道理我也懂啦！但是嘛，“吾愿游于其藩”。我愿意买个门票站在这个门口，“藩”篱，站在门边、不深入。许由一听这个话啊，很感叹了，“不然”，他说不是这个样子，你一定要这样做，我替你可惜。“夫盲者无以与乎眉目颜色之好”，他说，一个眼睛看不见的瞎子，永远没有办法看到人的颜色相貌，也看不到人的眼睛眉毛长得好不好。“瞽者无以与乎青黄黼黻之观”，瞽者跟盲者不一样，盲者是眼睛完全看不见；瞽者是眼睛坏了，只看见迷迷糊糊的亮。有些病人眼坏了，看不清楚，只看见一点点亮光，分辨不清颜色，就是瞽者。许由会讲话，我们想要学讲话就要学这些人，他在骂人，骂人不带脏话的。他说：瞎子嘛，看不清楚，我已经告诉你了，你这个头脑不清。

意而子曰：夫无庄之失其美，据梁之失其力，黄帝之亡其知，皆在炉捶之间耳。

“无庄”是古代一个漂亮的美人，最后年纪大了，美丽失去了；“据梁”是古代一个勇士，到了相当的年龄，体能到达了极限，拳王的宝座就垮掉了；黄帝是我们大家的老祖宗，智慧最高，“黄帝之亡其知”，年纪大了老了，智慧也没有了。这三个人，漂亮的，漂亮没有了；有力量的，力量没有了；有智慧的，智慧没有了，这三样东西都是人生最重要的。人漂亮可以骗死人；有力量可以控制人；漂亮使人爱，有力量使人怕，有智慧使人迷糊，这三样也是英雄创业不可少的。

但是一个人有特长的，最后丧失了，这是多么可怜！为什么丧失呢？“皆在炉捶之间”，像一块铁一样，在炉子里头锻炼，挟出来再用铁捶打，就是“炉捶”。这个“炉捶”代表人生的经验多了，就把天性的纯洁破坏了；所以年龄愈大，离道愈远，因为干净的心地不干净了；学问愈好，知识愈多，也就愈不能得道了；因为心里不干净，乱七八糟的东西太多了。“炉捶”这两个字，后人经常用到，你们将来看到古书上，提到炉捶这个道理，就知道出在《庄子》。这代表了人生的磨炼太多，原来的天真智慧，自然就丧失了，所剩的是后天的渣滓，所以学道愈来愈困难，愈来愈远了。

庸讵知夫造物者之不息我黥而补我劓，使我乘成以随先生邪？

所以啊，天地很公平，给我们一个生命，给我们一个纯洁的头脑，干净的心地，可是又再给我们造了生命以外的许多环境，磨炼我们。等于一块顽铁，要很多的锤炼；结果嘛，就像在我们脸上刺了字，鼻子也割了，使我们自己很悲哀。

这个是什么道理？像我们人生，你们年轻同学们没有办法懂，因为我曾同你们一样，也年轻过来的。我十七八岁的时候，人家问我多少岁，我讲二十九。我二十一岁已经出来做事，别人一问我，我已经四十五了；而且胡子还留起来。现在啊，天天刮，恨不得一天刮七八次才好呢！愈年轻的时候愈想装老，喜欢看相算命；给我看相算命的很多啊，我那个时候也觉得自己前途无量，后途无穷的。有些朋友说，你将来到了走眼运如何，到了中年四十几走鼻运又如何；唉唷，我说这样好了，我把鼻子当给你，就少当一点钱，到鼻子的鼻运，我不要了，统统给你了。

看相算命靠不住的啊！大丈夫能造命，不要听这一套！年轻人有很多搞这一些的，我一辈子玩这些，自己也学，学完了都不看，什么相啊，命啊，人不可以貌相，你不要相信，没有这回事。尤其是女孩子们，找先生，千万不要相信这一套，相信这一套，不知道多少人上当。现在讲到这个道理，说起人在年轻的时候，觉得前途无量，后途无穷，到了中年，心就慢慢灰起来了，到了老年啊，愈想愈难过。

其实这是没有看通，这就是庄子这里的话，上帝、上天、菩萨随便哪一个啦，反正给你年龄大了，精力不够了，由漂亮变成衰老难看，难看正好休息！让别人的眼睛也可以多休息，自己也可以多睡觉，对不对？老了，人家看不起，我还正懒得跟你应酬呢！这个来拜访，那个来拜访，外国人也来，什么名满天下呀！我说我的天下就是那么大，我也从来没有出过天下呢！这些都不要听。

上天让你老，是让你休息耶！让你眼睛老花看不见，也不必戴眼镜，正好躺下睡觉，书也不看，你只要那么一想，人就合了道了嘛！已经让你漂亮过了呀，也出过名了，现在也要让别人漂亮漂亮；永远让你漂亮，别人怎么办呢？只要这样一想，你就得道了，就通了。“使我乘成以随先生邪？”我受的刑罚可能就是造物者给我机会学道，才得以认识先生您。

许由曰：噫！未可知也。我为汝言其大略。吾师乎！吾师乎！韲万物而不为义，泽及万世而不为仁，长于上古而不为老，覆载天地刻雕众形而不为巧。此所游已。

许由说，我不确定你的想法对不对，不过我现在给你讲一点点道的道理。“吾师乎！”这个老师不是指一个人，是说这个道，“师法于道”这个道，但也可以代表人。譬如佛家叫做如来，道家叫做太上，再不然嘛，来个广成子；有没有广成子这个人不知道，不过《神仙传》上有，是黄帝的老师，传道给黄帝。实际上有没有这个人，不要去管他了。《封神榜》有这个神仙，说他会打“翻天印”，他手里有块印，一打出来，宇宙天地都没有了，变成天翻地覆，这个道理就对了，就是心印。

广成子，看他的名字就懂了，要想得道最后是不要学问，不要知识，有了知识，就有染污。可是在你没有得道以前，什么都要会，要“广成”了以后，变成一无所知，就得道了。许由说的老师是指广成子，或是讲太上，就不管了。他说我那个老师（道），“䪡万物而不为义”，“䪡”就是渍，把一切揉拢起来，像韩国的泡菜叫渍成菜，“䪡万物而不为义”，万物都是他制造出来的，他造了就造了，也没有觉得自己是了不起的仁义，或者是艺术，当做是应该做的。

“泽及万世而不为仁”，那个老师，那个道，千秋万代都靠他，万物才得其生命，他没有觉得自己仁不仁，慈悲不慈悲！那些都是你们叫的，他只觉得是应该给出来；造了天地万物，造了就好了，所以“长于上古而不为老”，这个天地还没有开辟以前，这个道就存在了，他也不老，也不少，永远是这样。“覆载天地”，这个天地都是他造成的，“刻雕众形而不为巧”，万物都是他造的，草是那么绿，树是那么青。造了我们人，有男有女，有白种红种黑种，各色人种，都有鼻子眼睛，又各不相同。这个本事多大，他并没有觉得自己技术高明，或者是个艺术家，哪一天开展览会，要你们来看看。“此所游已”，他说你想要懂得道啊，就要超越于这个境界，这个道就是这个东西。

所以后来到了南北朝，有一位禅宗大师傅大士，他就把这个道，简单地用老子、庄子这个意义，归纳起来作了一首诗：

有物先天地　无形本寂寥
能为万象主　不逐四时凋

“有物先天地”，有一个东西，这个是道，天地宇宙没有开辟以前就存在。“无形本寂寥”，它无形无相，本来空空洞洞。“能为万象主”，造作万物，为万有的主宰。“不逐四时凋”，它不随着气候而有生死存亡。这是综合刚才庄子所讲的意义。讲到这里，把道讲得那么大，要怎么得道呢？孔子跟颜回又有对话了。

颜回的修行成就

颜回曰：回益矣。仲尼曰：何谓也？曰：回忘仁义矣。曰：可矣，犹未也。

颜回听到这里，就说“回益矣”。老师我懂了，这一下懂得道了，好修道了，他说我已经进步了。孔子说，哦？你懂了道，进步了？“何谓也？”把你的心得报告看看。颜回说“回忘仁义矣”。现在我心里头放下了，什么文化呀，艺术呀，学问呀，文学呀，仁义道德这些，都放下了，我心里头都没有了，进入道了。孔子一听，说“可矣，犹未也”。你是放下了一点，只放下了仁义道德，还没有完全，才刚刚入门。等于你们修道一样，有时候瞎猫撞到死老鼠的时候，心里就空空洞洞的，以为悟了；那是耽误了的误，不是真的悟。那比颜回这个还差一点，颜回是真的放下了仁义。孔子说：可以啦！还没有完全。颜回听老师批驳还没有完全，又去用功打坐了。

它日，复见，曰：回益矣。曰：何谓也？曰：回忘礼乐矣。曰：可矣，犹未也。

不晓得搞了几天，颜回又来见孔子，说“回益矣”。老师啊，我真的懂了道了，进步了。孔子说，你讲讲看，报告一下。颜回说“回忘礼乐矣”。我更放下了，脑子里把所有这些文化精神，中国文化传统的观念，一股邋遢都丢得光光的，没有了，放下了，放下了就是道。孔子说“可矣”，可以啦，“犹未也”，还没有完全。

它日，复见，曰：回益矣。曰：何谓也？曰：回坐忘矣。仲尼蹴然曰：何谓坐忘？

颜回听老师这么讲，又回家去打坐了，是不是回去打坐不知道，是我加上的。有一天又来看孔子。这一回，你注意哦，过了三关了，跟禅宗说的过三关一样。“回益矣。”我悟道了，这一下不是耽误的误。那么孔子说，怎么讲呢？颜回说“回坐忘矣”。什么都放下了。你们打坐就要做到这样，“坐忘”，也不晓得自己坐在这儿，也没有我，也没有身体，也没有人，也没有时间，也没有空间，什么也没有，天地什么都放下了，连那个放下的还要放下！不是那么一股死相坐在那里，好像比长途赛跑还要吃力的样子。

看你们打坐坐在那里，有些人，两个手那么叉起来，不晓得干什么，像是角力比赛，说是结手印；结了手印就不怕魔，又不怕鬼。不晓得搞些什么，都不是道！真正的道要坐忘，真正地放下，时间、空间、身体都没有，更要忘记了两条腿。孔子听见颜回说"坐忘"，"蹴然"，古人在孔子那个时候，在榻榻米上席地而坐，孔子一听，本来屁股坐在两条腿上，一下子膝盖头就站起来问颜回说，你讲什么？"何谓坐忘？"你说说看，什么叫做"坐忘"？

颜回曰：堕枝（肢）体，黜聪明，离形去知，同于大通，此谓坐忘。

你们学禅宗也好，学什么宗都好啦，学端午节的粽也好，就要记得，工夫要做到这样才行。"堕肢体"，身体没有了，没有感觉了，有些人打坐坐得好，老师啊，今天气通了，两个手印好像分不开一样。你既然晓得分不开，可见还有身体的感觉，何必来报告呢！你说，我现在好像两个脚麻过了，也不痛，不过仍晓得有两个脚，可见没有"堕肢体"。"黜聪明"，没得思想，没得妄念，没得杂念；可是并不是不知道，什么都知道；知道没有思想，没有妄念。"离形"，没得形体，"去知"，也没有智慧，就是不叫做智慧，还有一个智慧就不对了。有人前面还看到一团光，何必要你看到呀？用一个电灯泡就发亮了，那个光有什么稀奇啊！那是你里头气血通过后脑神经，要通不通而发生摩擦的作用，那不是道！搞清楚！老实告诉你们，有时候骗骗你们，好啊好啊！光啊光啊！你去光吧！有什么用！那都不是的，所以要"离形去知"。

"同于大通"，与天地合一了，什么是大通呢？虚空是大通，四通八达；你到了那个没得身体，没得智慧，可是一切都清楚，比你清楚的时候还要清楚时，就是大通。现在我们只清楚到这个楼上，或者夜里静下来，只有这个东门一带的范围大概知道，那不是“同于大通”。要真坐到了坐忘的时候，整个台北台湾的事情你都知道，会那么大通，是谓之“坐忘”。

不过我这个话是形容的啊！你不要坐忘了以后，还说我台湾的事都还不知道呀！那已经没有“黜聪明”了，要放弃了这些聪明，那是形容给你听。所以说“同于大通，此谓坐忘”。你看庄子写文章很妙吧！这种话绝不从孔子嘴里讲出来，孔子讲就没有价值了，孔子是用憋的办法去教育学生；他的教育法是一路憋憋憋，绝不告诉你，憋到这样，颜回自己冲关了，颜回嘴里自己报告，孔子给他作了印证。

仲尼曰：同则无好也，化则无常也。而果其贤乎！丘也请从而后也。

你看孔子之伟大！他说你到了这个境界啊，“同则无好也”，如果同到虚空合一，宇宙合一的话，没有是非善恶，也没有好坏，大通了嘛！到了这个境界，叫做“坐忘”，也可以叫做“坐化”。

所以后来佛家的坐化有两种说法，一种是罗汉得了道，自己最后要走，宣布死了，我那天走，再见，然后坐在那里，不要殡仪馆帮忙，本身一入定那个三昧真火热能一动，也不要木材，身体化成一阵光就没有了；不会留给你舍利子，子舍利也不留；高兴则留几个指甲给你做做纪念，其他什么都没有，这个叫坐化。其次的坐化，就是坐在那里，肉体还在，也叫坐化。再其次的坐化就是打坐达到了坐忘，身体没有了，“堕肢体，黜聪明，离形去知，同于大通”，也就是“坐化”。这是三种坐化。

“化则无常也”，佛学翻译的“无常”又是借用庄子，我们佛门实在欠庄子很多。所以姓庄的到庙子吃饭绝不给钱的，因为佛学里借了他太多的名词了（众笑）。这个“化则无常也”，所以知道变化，一切万化无常。“而果其贤乎！”孔子说，颜回啊，你得了道啦！老实讲，你比我还高啊！“丘也请从而后也”，我以后要跟着你啦！孔子多谦虚啊！谦虚这一棒打下来，很痛喔！所以颜回得了道就不敢骄傲了。这就是孔子的教育法，他说，我还不及你呢！“请从而后也”，将来你在上面坐，我站在旁边，跟在你后面。

现在我们看到了吧！《大宗师》这一篇到这里，中间的要点，有圣人之才，有圣人之道，修到什么境界是圣人之道，通通告诉你；你不要另外去修密宗了，这里密宗都告诉你了。至于说，如何做得到呢？那我没办法，庄子也没办法，要你自己去体会了。怎么堕肢体？绝不要拿个刀来把肢体割掉啊！那要工夫做到的；换句话再告诉你们，为什么你们做不到呢？一般人打坐修道做不到，犯了一个错误，用聪明！通通在那里用聪明，所以不能得道；聪明是修道最坏的东西。现在孔子跟颜回两个也作一个表演，这个电视剧出来了，得道，这个最后的境界是如此，到了这个修养的境界，够得上做大宗师了，就是这么一个结论。下面另一个尾巴，做了大宗师以后，就更要了生死了，重点都在了生死。

谁是大宗师

子舆与子桑友，而霖雨十日。子舆曰：子桑殆病矣！裹饭而往食之。

子舆和子桑，这两个人是朋友。“而霖雨十日”，夏天下大雨，水涨得很高，等于台北夏天那个大雨，一涨水啊，路也过不去了。连续十天下雨。子舆一想，糟糕，我那个好朋友完了，家里没得吃的，被水困住了，怎么办呢？赶快带一个便当，先去救救他的命。

至子桑之门，则若歌若哭，鼓琴曰：父邪！母邪！天乎！人乎！有不任其声而趋举其诗焉。

到了子桑的门口，子舆看到他老兄子桑在里头，大概饿得没力气了，虽然在唱歌，听起来很难听，又像哭一样。你说他哭嘛，又像唱歌一样；一面还在弹琴呢！他说，是妈妈的罪过吗？是爸爸的罪过吗？为什么生我呢？还是天的罪过生了我？还是人的罪过呢？“有不任其声”，那个声音讲不出来，不成个调子，虽是在唱，但唱起来比哭都还难听。“而趋举其诗焉”，可是嘴里还不断在唱这个诗。

子舆入，曰：子之歌诗，何故若是？

所以子舆赶快就进去了，手里拿一个便当，这个电视剧本就是这样表示。他说，老兄啊，你还有力气唱歌作诗啊！可是你的声音为什么这样呢？你连声音都没有，气都没有了。

曰：吾思夫使我至此极者，而弗得也。父母岂欲吾贫哉？天无私覆，地无私载，天地岂私贫我哉？求其为之者而不得也。然而至此极者，命也夫！

这几句话是大家的问题。子桑说，老兄你来了，我想了十天了，我参不通啊，为什么我会饿饭？生命给我聪明，给我本事，给我学问，给我能力，可是我到处碰壁，到处都是此路不通的条子；运气不好，搞得自己饿饭，搞得自己有气无力，快要死了。“吾思夫使我至此极者”，我思想了很久，是上帝做主吗？有个上帝吗？真的有命运吗？还是妈妈爸爸？谁给我的这个生命？人人都有这个生命，你也有这个命，我也有这个命，为什么每人遭遇这样不同？他说，我找不出答案。

“父母岂欲吾贫哉！”哪个人的父母希望自己的儿女穷一辈子呢？都希望自己的儿女好，可是就做不到。你说上帝、天地要人这样吗？“天无私覆，地无私载”，天地无私的啊！很公平呀！你说我不努力吗？我也蛮努力，我正想出门，又碰到下霖雨，走不通了，怎么办呢？天地本来是无私的呀！活在这个世界上，人的命运怎么说呢！所以我们文章写“命运之神”，命运没有神，你自己就是神，只不过找不到。

“天地岂私贫我哉？求其为之者而不得也。”谁能够制造这个命运？每个人命运不同，是谁在做主？你说有个上帝吗？上帝的命运又是谁给的呢？想要找我命运做主的那个，可是找不到的呀！“然而至此极者”，今天总算饿了饭了，“命也夫”，找不到答案，只有一个代名词的答案，叫做命。命是代名词，你不要听了命，赶紧去算八字，不是你那个命！这是宇宙的大命，这是自然的一个规律。我们看《大宗师》最后一个命作结论，先要倒回去，看本篇开头的话。开头说：“知天之所为，知人之所为者，至矣。知天之所为者，天而生也；知人之所为者，以其知之所知，以养其知之所不知，终其天年而不中道夭者，是知之盛也。”

命运并不是不可知，这个命是生命的根本，就是佛家讲的，宇宙先有鸡先有蛋？那个生命的根本，不是不可知。何以求知呢？唯有得道的人，称为大宗师的人。一个自称为大师，或者自称为宗师的，如果连这个道理也不知道的话，那也是命！那只好算是他命中要称自己是大师，让他大去吧！要当大师者、宗师者，什么法师啊，老师啊，就应该了解《大宗师》开头的这几句话；所以你前后一对照就晓得了。这一句“命也夫”，非常幽默，是个幽默的代名词；《大宗师》正好到这里结束，下面就是《应帝王》了，大宗师要来入世了。

应帝王第七

尧舜以前
为何提倡仁义孝慈
上古人的生活和道行
民主自由是道德吗
天下如何治
如何成为领导者
聪明努力不一定行

真正的明王之治
神巫给壶子看相
壶子的境界
壶子说修道
列子闭门修行
入世应帝王
浑沌啊浑沌

尽其所受乎天，
而无见得，亦虚而已，
至人之用心若镜，
不将不逆，应而不藏，
故能胜物而不伤。

《应帝王》是《庄子·内篇》最后一篇，《庄子》的内七篇是一系列的，有连贯性的，从第一篇《逍遥游》如何解脱，到怎么样悟道、修道，然后到《大宗师》；由得道的完成，既可以出世，又可以入世。当然，重点偏向于出世，偏向于形而上道，但是它的用，偏向于入世，这就是道家和儒家的不同之处。这一篇是讲《应帝王》，不是应对的意思，帝王代表了治世的圣人，这是中国旧文化，上古最古老的观念，认为足以领导国家天下的人，非有道之士不可。只有有道之士才可以入世应世，成为齐家治国平天下的帝王，这与佛家有一个思想是相同的。

我们普通认为，学佛一定是偏重于出世，但真正大乘佛法的重点，是注重入世的，所以注重转轮圣王。转轮圣王的意思，是能够扭转乾坤的治世明王，同佛是一样的。转轮圣王是不世之出，几千年几百年“而后王者兴”，不是常常有的。所以佛说，要十地菩萨才能做到转轮圣王，等于成了佛的人转生入世，才能做治世的明王。同样有一句话，大魔王也要十地菩萨以上，才可以化身为大魔王，那是逆的教化；转轮圣王是顺的教育，这一种观念常常在佛学里被人所忽视，因此总认为佛学是完全出世的，这是错误的观念。同样的，道家的思想，也有相通的道理；尤其《庄子》内七篇，由第一篇的《逍遥游》，到第七篇的《应帝王》，是一个连贯的观念。

《应帝王》开头这一段，是讲人类历史文化的演变，这个观念也就是我们研究人类文化史、社会进化史以及历史哲学，特别要注意的地方。

尧舜以前

啮缺问于王倪，四问而四不知。

庄子的文章，经常会出人意表，出于大家意料以外的；这一篇文章更是如此，突然来一个啮缺问王倪。王倪是老师，啮缺是学生，都是古代所谓得道的真人。关于这两个人，在《齐物论》里已经出现过，现在再提到他们。啮缺问些什么问题呢？非常妙，《庄子》里头没有说，只讲了结果，“四问而四不知”。

这就值得研究了，为什么不三问三不知？而要四问而四不知？所谓四问代表四方，正反相对的，这就是一个逻辑问题了。任何一件事物，举其一就有正反的两面，也就是二，二有正反两面就是四了。如果拿《易经》的道理讲，太极生阴阳，阴阳生四象，四象生八卦，也是同样的道理。这个四问而四不知的答案，更妙的在下面：

啮缺因跃而大喜，行以告蒲衣子。

这位学生看到老师没有答复一句话，他反而高兴极了，跳起来，赶快跑去告诉一位得道的人，这个人叫蒲衣子。蒲衣子是什么人？是他的太老师，老师的老师，就是王倪的老师。

上古史有一个记载，蒲衣子才只有八岁的时候，舜准备让位给他，请他出来当皇帝。当然这些是幼年才俊啦！中国历史上好几位，所谓甘罗十二岁做秦国的宰相，蒲衣子八岁可以出来当皇帝。所以我们年轻人大可以自豪一番，可惜我们这里还没有八岁可以听懂《庄子》的。

蒲衣子曰：而乃今知之乎！有虞氏不及泰氏。

啮缺来告诉蒲衣子，那么这位太老师蒲衣子一听就说："而今乃知之乎！"这个"而"，指的就是你，蒲衣子说你到现在才懂啊！唐尧虞舜就是代表夏商周三代，我们有历史资料可查的。首先以孔子开始，对于上古史不敢碰，因为照古老相传，中国传统的文化已经有两百多万年了。我们这个民族史，上古有的许多说法，很多的神话，不敢确定，因为没有文字的记载可为依据；所以孔子把历史暂时切断，对上古的研究，是从唐尧开始的。

到了近代，西方文化来了，外国人有意毁灭中国文化，甚至我们自己的学者，把三代都切断了，认为都靠不住，好像自己民族的历史愈短愈进步，最好我们只有一百多年的历史才光荣的样子，这个是非常可笑的事。庄子这里提出来，三代以上"有虞氏不及泰氏"，泰氏是谁啊？这个"泰"字古代写的是"太"，太初。像我们的历史，任何一本古史，开始已经不晓得是谁了，天、地、人谓之三皇，三皇以后就是五帝，三皇五帝以后，黄帝开始才有文化，慢慢才到了三代。

现在这一句话，"有虞氏不及泰氏"，代表了什么思想呢？

我们现在有一句话，时代是进步的，这是我们现代人的话，而且是从西方文化观念过来的。但是站在中国文化传统的立场来讲，时代是退步的，人类是堕落的，文明一代不如一代。我们如何把进步和退步这两个观念统一呢？它的矛盾在什么地方呢？

所谓时代是进步的，是站在物质文明的立场来讲，社会的形态一天一天都在进步，后世的人比我们现在的人，还要进步，物质还更享受。认为时代是退步的，这是站在精神文明来讲；不但中国如此，西方也是这样。要研究西方文化，必须要推论到宗教方面去。任何一个宗教，都认为人类是在堕落，当然不只吃了苹果以后才堕落。这里提出来有虞氏不及泰氏，因为到了唐尧虞舜的时候，社会已经衰败，不行了。

由这一点可以知道，我们民族文化里最重要的理想的天下国家，是大同思想。大同思想是《礼记·礼运篇》里的一段，是孔子讲的。把《礼运》全篇都研究了，才晓得大同思想是认为人类在堕落，要回到我们原始老祖宗那个社会，那个才是大同的天下。这篇并不是说大同思想是我们努力的目标，而是说我们的文化本来就是这样的一个社会，这样一个非常安定的天下；后来是人类自己把社会破坏掉了。所以《礼运篇》一开头就说，孔子吃饱了饭，就站在走廊一个角落，在那里叹气；一个学生看到了就问他说，老师为什么叹气？孔子叹道，人类堕落，没有办法再回到那个境界！《礼运篇》是这样说的。我们读到这里，也认为孔子的感叹很多，就像宋朝词人辛稼轩的诗所描写的那个味道。

饱饭闲游绕小溪　却将往事细寻思

有时思到难思处　拍碎栏杆人不知

他这首名诗，代表了古今中外一切人的心理。人有时候思考一个问题，想不通了，拍碎栏杆人不知。由于蒲衣子说到泰氏（太初），才说到《礼运篇》大同世界，庄子在《应帝王》这一篇，首先引出来有虞氏不及泰氏的问题。

为何提倡仁义孝慈

有虞氏，其犹藏仁以要人；亦得人矣，而未始出于非人。

中国文化诸子百家所标榜的，最好的太平日子，是唐尧虞舜时代。但是在道家的观念，那个时候已经堕落了；不过虽然堕落，还保持我们传统文化一个道德的精神。那个时候的人，尤其是唐尧虞舜这两位圣帝，“其犹藏仁以要人”，“要”不是要求的要，是说没有标榜什么仁义道义的，用不着这些教育。这个仁慈爱人的心理，是人性中本来有的，用不着去教育人发挥仁爱，因为个个都很仁爱。所以这个时候，人性的仁慈爱人之心，还自然含藏在人性的天然里面，大致上一般人都是这个样子。“亦得人矣”，这个时候的人心，文化社会，都是良善的。“而未始出于非人。”唐尧虞舜这个时候，虽然在道家看来，已经算是堕落了，但是还不能说出于非人；就是说没有坏人，善恶是非还没有严格的分别；社会上也很少有不对的人，大致上都对。

讲到这个道理，我们研究哲学的、历史的，特别要注意；我常说，我们的这个民族性是一个问题，包括整个人类的人性，都是非常可怕。因为人性天生都很坏，所以各个宗教，各个文化，各个哲学都是教人如何做好。由于人性缺乏仁义孝慈，所以千古以来的圣人都要人学仁义道德，要孝要慈。我们标榜自己的文化怎么好，叫了几千年仁义道德，结果照旧。证明我们这个民族性不太高明，不仁不义，不慈不孝。

任何一个文化思想，都要先了解当时的时代，譬如我们经常讲民族要团结，可见这个民族不团结；尤其是在国外看到，两个中国人在一起就有三派意见。一个人的时候，自己还对自己埋怨一番，吵架一下；或对镜子砸茶杯，出出气。所以说，人性的问题很严重。一个道德的时代，人性不懂教育，所以说要教育；有些国家标榜人道，可见是很不人道，所以才需要人道。凡是一种思想、一种主义，都是药方子，某一种病吃某一种药。孔子开的方子是仁义，老子开的方子是道德，诸子百家都在开方子；可是这个历史永远是毛病百出，各种方子几乎都吃不好，这是人类的悲哀。

这里代表道家思想的蒲衣子说，三代以上还算好的，不算坏。三代以上，我们上古的老祖宗所谓泰氏，泰氏是哪一个？是天皇啊，地皇啊，还是人皇呢？就很难讲。其实这里所讲的泰氏，等于儒家孔孟经常提的先王之道，这个先王是哪一王？先王就是我们的祖先，我们老祖宗先王之道就是王道。

上古人的生活和道行

泰氏，其卧徐徐，其觉于于；一以己为马，一以己为牛；

蒲衣子继续说，我们上古老祖宗那个时候，政治文化是道的境界，还不是德！以道家的思想，道衰了才有德，德衰了才有礼，礼衰了才有仁，仁又行不通了才有义，是这样一路下来的。我们上古时候，人都自然不要修道的，个个都在道的境界。人在睡觉的时候，“其卧徐徐”，形容他舒服得很呢！睡得徐徐的，慢慢的。徐徐是怎么样睡法？不知道，其睡徐徐，好像睡得很悠然！现在人睡觉很不悠然，尤其是在外国文化生活之下，每一分每一秒都紧张，所以现在的人很可怜，连觉都睡不好。上古人睡觉徐徐，也没有限定时间，年轻人最欢迎，可以大睡七八天，没有关系，也没有什么八点钟上班上课啊，更不会讲《庄子》，庄子在那个时候还没有出生呢！“其觉于于”，于于是形容很舒泰，懒洋洋的这个样子。

这两句话代表什么？代表梦觉一如，就是佛学禅宗常讲的醒梦一如。人没有昏迷过，无所谓睡眠，睡眠也是清醒；醒来以后，也没有昏迷，道的境界就是醒梦一如的。所以那个时候的人，善恶是非没有什么了不起，就是佛家要我们学佛的人修到无我，那个时候不谈有我无我，因为个个无我。

无我到什么程度呢？“一以己为马，一以己为牛”，你叫我是狗就是狗，你叫我是马就是马，你这个家伙蠢得像牛，好好，牛就牛吧！你这人笨得像狗一样，不错，狗就狗吧！没有关系。就是说，人没有这些名相，没有这些是非善恶的观念，没有差别。所以古人很多的文学词句，或者诗词里常说，呼牛呼马，一任人呼。任人，就是随便你高兴。因为这些名词，什么张三李四，老师大爷，你兄弟你哥子，都是不相干的代号。所以上古的民族，呼牛呼马，一任人呼。那个时代，没有善恶是非，是心境一如的境界。

其知情信，其德甚真，而未始入于非人。

这三句话，这个知就是智慧的智。上古人们的智慧，感情纯真没有虚伪，换句话说，骂人也骂得纯真。恭维人也恭维得很自然，所以他的智慧，他的“情信”，都很值得信任，自然大家呼牛呼马都可以嘛！人没有什么不相信别人，也没有什么不相信自己，所以“其知情信”。那个时候没有什么道德观念，但是他的道德很真实，“其德甚真”。这个时候，“而未始入于非人”，也没有觉得别人是错的，我是对的。时代文化愈到后来，学问知识愈高了，我见愈强；除了我的以外，别人都是错的，都在非人，看别人都不对。他说上古的时候，别人没有什么不对，个个都对，社会自然安定，人类没有是非。

民主自由是道德吗

肩吾见狂接舆。狂接舆曰：日中始何以语女？

肩吾是古代一个神仙，有道之士。在《逍遥游》《大宗师》都见过他，他去看一个楚国的狂人接舆，这个狂是外号，他像我们小说上济颠和尚一样，假疯子。他名字叫陆接舆，他骂过孔子，教训过孔子，《论语》上也提到过这个人，只晓得他是楚狂接舆，狂就是目空一切，道德很高，什么人都不在话下的。道家也认为这位楚狂接舆，是神仙得道之士。狂接舆说：“日中始何以语女？”刚才懂得阴阳八卦的那些人，告诉你些什么？

肩吾曰：告我君人者，以己出经式义度人，孰敢不听而化诸！

肩吾说，他对我讲，“君人者，以己出经式义度人”，领导人要以自己推及别人，就是儒家所讲的推己及人。“经”是一个直道：推己及人，也就是忠恕之道。“式义度人”是用一个格式，划一个规范，让大家遵守。“义”就是义理，这个义理就是思想问题；所谓仁义啊，道德啊。这里说的“度”，不是佛家讲度人的度，度就是一个规范，规范人家；换句话说，他告诉我一个领导天下国家的人，要推己及人。自己所需要的，别人也需要，订出来一个办法直道而行，立一个大家都适用的规范，去管理一般人，从道的轨道上来做。这样的领导人，“孰敢不听而化诸！”天下哪个人不听你的，不服从你呢！自然受你的感化。

这个故事到底有没有，很难考证，不过庄子提出来《应帝王》的要点，就是告诉我们怎么样做领导人，做个好皇帝；君人是领导人，所以叫做应帝王。但是大家要注意啊！如果说这是教我们领导学的，做一个好皇帝，我们每一个人都是自己的皇帝；要如何把自己的思想领导起来，就是改正自己的思想，才可能成为一个领导人。

在古代的思想，君是年高有德的，所以称君子。“君”字篆字体的写法，上面这个“尹”字，是拐杖，年纪大了走路靠拐杖。我们现在的手杖是西方化的，只有身体的半截，古代老人拿的拐杖是高高的，那很长的。下面的口字，代表一个人，就是这个嘴巴；这个老人手里拿着拐杖，就是“君”。所以年高有德，足以为大家的榜样的，就是君。除掉做领导人的观念以外，真正的君人，是如何建立自己的人格，给社会上做一个榜样。

他说，一个人能够推己及人，我要吃，别人也要吃，我要穿，别人也要穿，我要发财，别人也要发财；人与人之间，目的都相同，都是相等。所以“以己出经式义度人”，由你自己所需要，想到大众也需要；也就是做一个家长，要教育孩子，就不要忘记自己当孩子的时候，这样才容易懂孩子。可惜我们当了家长以后，就忘记自己当小孩子的时候；所以这个道理，就是讲领导学。陆接舆一听，这是什么话！

狂接舆曰：是欺德也；其于治天下也，犹涉海凿河而使蚊负山也。

你看这个狂人疯子，立刻说这是欺骗了道德，不是真正的道德。他说真正的领导人，学问如何？“其于治天下也，犹涉海凿河而使蚊负山也。”他说用推己及人，忠恕之道来治世，想到我需要，你也需要，这就是自由平等；独裁专制当然谈都不要谈了，如果都讲民主自由，会是真正最高的领导哲学吗？在陆接舆的看法，所谓民主自由，是欺骗道德的思想。他说这样的领导，不会成功的。“其于治天下也”，这样要求世界大同天下太平，“犹涉海凿河”，像是在昆仑山，或喜马拉雅山慢慢挖一条河，挖到东海，那要搞到哪一年啊？永远做不到。

大海本来现成的，当然我们海边人看大海没有什么，如果跑到西北高原一带，告诉他们海有这样大，有这样好玩，他不会相信的。我们当年到了康藏一带，我说海边是我的家乡，海是怎么样，讲了半天都不信；海水舀上来这么一晒就变盐巴，他们说哪有这回事！他们盐巴好困难哦！送他一块小小的盐巴，那像宝贝一样。所以说，想到海里玩，还慢慢挖一条河到海里，那不行！还叫一只蚊子来背一个泰山，背得动吗？这种思想要想领导天下人，做不到的。等于说，推己及人是以民主自由，自我为中心出发，以人文为出发的，这还不好吗？但在道家的观念，这个是天下大乱，等于叫蚊子来背个山，从高山挖河通大海一样的不可能。

天下如何治

夫圣人之治也，治外乎？

他说一个圣人治国家治天下，这是代表中国文化，是先王之道。我们传统老祖宗，至少我们古书上认为个个都是圣人，所以我们都是圣人之后。我们老祖宗是圣人贤人，不过我们也是“剩人”，剩下来的剩，剩下来没有用；又是“闲人”，没得用了嘛！我们本来就是“剩闲之流”。我们老祖宗是真圣人。这个圣人之治是如何呢？不是在外形上要求的，所以真正要天下太平，每个人自动自发，要求自己成圣人，不是要求别人。

正而后行，确乎能其事者而已矣。

他说真正先王之道，是圣帝明王治天下，不是要求别人的，而是要求自己的。人人自治，真正的自治，每个人变成真圣人。“正而后行”，每人都很正，正己而后正人，这样起作用。“确乎能其事者而已矣。”就是一句话，很实在的，的的确确，做到能做一件事就好了。吃饭嘛，规规矩矩就是吃饭；穿衣服嘛，规规矩矩穿衣服；换句话说，没有那么多花样。人类的智慧聪明学识愈高，花样愈多，人也愈靠不住了。下面是陆接舆的话。

且鸟高飞以避矰弋之害；鼷鼠深穴乎神丘之下以避熏凿之患，而曾二虫之无知！

他说鸟一定高飞，飞得那么高，怕打猎的人用网去抓它。这些鼷鼠、田鼠，“深穴乎神丘之下”，不是在普通的山丘打地洞，而是在神丘下打洞。老鼠很精明，在神庙、教堂的山坡下面打洞，一般人不来破坏，不会有人来熏那个洞。打猎的人很高明的，兔子啊，小动物，在洞里不出来，就用烟来熏一熏，它受不了，就跑出来被捉了，所以小老鼠们田鼠们，懂这个道理，洞挖得深深的又在庙的地下。

“而曾二虫之无知”，你想想看，天生万物，都各自有他自己的聪明，不能说鸟同老鼠它们一点聪明没有，它们绝顶的聪明，都晓得避开祸害。可是虽然它已经够聪明，躲开了祸害，唯一不能躲开的是世界上的大混蛋——人。不管地洞打得多深，飞得多高，人都有办法把它抓到。所以我经常说，人讲自己是万物之灵，万物看人是非常讨厌。牛也比我们老实，猪也比我们老实。所以我们讲到中国历史、哲学，在明朝末年，就有人写很多幽默的文章，有一个状元杨升庵写的《二十五史弹词》，就是对历史哲学幽默的反面文章。

还有一本《木皮散客鼓词》，也是对历史一个反批。他从人类开始讲起，他说河里的游鱼犯下了什么罪啊！刮了鳞子还要加上葱花。有一些还要洒上辣椒、姜汁、酱油，把它拿来熏了吃。你看这个人类多讨厌！人最坏了。这个鸟跟老鼠二虫，你说它无知吗？它有最高明的智慧，可是有一个更高智慧的人，反而伤害它的生命。这是第二段，庄子在《应帝王》又挂了两个问题在那里，没有给我们作结论，他好像讲了一半又不讲了，又再来一个。

天根游于殷阳，至蓼水之上，适遭无名人而问焉，曰：请问为天下。

这个天根是什么人，就不要研究了，反正有这么一个人。庄子这个名称，天的根，地就是靠他来的，“天根游于殷阳”，殷阳在哪里呢？也不需要考证。阳是代表南方，光的一面谓之阳。天根到殷阳这个地方来玩，到了“蓼水之上”，这个水在哪里呢？也没有固定。这都是他假托的，是四个假托。他碰到一个没得名字的人，“无名人”，就向他请教了。请教什么呢？“请问为天下。”怎么样治天下？拿现在的观念来说，就是怎么样使社会安定，真正成为最好的社会。

无名人曰：去！汝鄙人也。何问之不豫也！

无名人说，去！就是滚你的。“汝鄙人也”，你这个脏得很的人。“何问之不豫也”，你问问题要问一个好一点的，怎么问那么一个脏的问题，多讨厌的一个问题！要是我们现在一听，有个年轻人请问如何做领袖，如何创事业，我们一定很奖励这个年轻人，认为他很有办法，很有出息，前途无量，后途无穷的。如果碰到这个无名人，嘿，你滚！你真脏得很，要问也问一个好的问题，怎么问治天下这样一个不痛快的问题！

如何成为领导者

天根问如何治天下，答复是一顿骂。下面讲了一个理由：

予方将与造物者为人，厌，则又乘夫莽眇之鸟，以出六极之外，而游无何有之乡，以处圹埌之野。

这是他的说法。他说我啊！现在自己正“与造物者为人”，与天地合一。这个造物是个代名词，代表能够创造宇宙万物的一个功能。他说我现在正跟能够造万物这个功能合一呢！换句话说，我正在恢复生命的本能。“厌”，有时候也烦起来，烦起来怎么办呢？“则又乘夫莽眇之鸟”，这个鸟是假设的，就是讲天地这个空间、太空。莽是苍苍莽莽，眇是看不见的，就是这么一个鸟。这个鸟并不是真的鸟，后世道家、佛家综合起来说，游于太虚之上，游于虚空之中。“以出六极之外”，六极就是古代所讲的时空的观念，宇宙的观念。东南西北上下谓之六极，超过这个时空以外，到什么地方去玩呢？“而游无何有之乡”，到达一个空都没有的地方，“以处圹埌之野”，“圹埌”也是假托的，有一个地方，什么都没有，到无量无边这个圹野里去玩。

这里有两段观念，第一是说我正跟形而上的道体，能超万物的那个功能合一，正在这个境界里头，懒得答复人世间的事情。得道的人永远都是很舒服吗？有时候蛮讨厌的。讨厌什么？讨厌自己！当我们讨厌自己时，到哪里去玩呢？他说到一个空空洞洞，四顾无人的那个境界里玩。

第二是讲修道的方法，永远做到空的境界。这个修道的方法，他这样形容，是讲什么呢？调心。任何悟道得道的人，有没有烦恼？有烦恼，圣人的烦恼。所以悟道以后必须修道。修个什么呢？调心而已；所以一切的方法，任何佛家、道家、儒家各种的方法，不管怎么样高明的方法，总而言之，一个名词，调心。调整自己的心境。庄子说了这两段的故事。

汝又何帠以治天下感予之心为？又复问。

“帠”字是讲道理。他说，你来问我“以治天下”，怎么治理天下的道理，你想用这个仁慈的观念，来感动我的道心吧！就把他骂一顿。这个人被骂了还不死心，“又复问”，又问无名人，他问了什么问题没有讲了。换句话说，他问怎么修道，无名人就讲了一个道理。

无名人曰：汝游心于淡，合气于漠，顺物自然而无容私焉，而天下治矣。

我们先来了解原文。世界上一切宗教、哲学，任何的学问，一切的知识，修养的方法，也都是一个名词“调心”，调整我们的心境，使它永远平安，就是这个作用。调心的道理，庄子用的名词是“游心”。

人的个性、心境，喜欢悠游自在，但是人类把自己的思想情绪搞得很紧张，反而不能悠游自在，所以不能逍遥不得自由。“汝游心于淡”，你必须修养调整自己的心境，使心境永远是淡泊的。淡就是没有味道，咸甜苦辣酸都没有，也就是心清如水。我们后世的形容，说得道的人止水澄清，像一片止水一样的安详寂静，这就是淡的境界。这一句话，后世有一句名言，是诸葛亮讲的，“淡泊以明志，宁静以致远”。

诸葛亮这两句话，影响后世知识分子的修养非常有力。但是这两句话的思想根源是出于道家，不是儒家；诸葛亮一生的做人从政作风，始终是儒家，可是他的思想修养是道家。因此我们后世人演京戏，扮演诸葛亮，都穿上道家的衣服，一个八卦袍，拿个鸡毛扇子；俗话说拿到鸡毛当令箭，就是从诸葛亮开始的。淡泊以明志这一句话，就是根据《庄子》这里来的，所谓游心于淡。

战国时候，道家思想兴盛，孟子提出来的养气，类同庄子所讲的“合气于漠”。孟子所讲的浩然之气，充塞于天地之间，是有形的；庄子所讲的合气于漠，比有形还要进一层，到达无形。“漠”是无量无边广漠之野。这个漠字，在《逍遥游》里已经提到过。但是这个“气”字，后世一提到道家的“气”字，都走入一个错误的观念，拼命练气功；靠鼻子呼吸之气，哼啊哈啊地练。这是有形的呼吸，不是气，这是空气的气。孟子的养气，与庄子的合气，是什么气呢？是意气；意志那个意，是心念；换句话就是生命的功能，看不见的。呼吸是它的外形，不是气的真形，真形是看不见的。在不呼也不吸的时候，那个静止凝定的阶段，就是气的功能。

大家要想练气的话，先要从这个地方体会。但是自己没办法体会，除非你是得定的人，那么你只有拿别人来体会。怎么体会呢？你看别人睡觉，睡得最熟的时候，呼吸来往常常像拉风箱一样，年轻人没有看到过啦！那也像吹笛子一样，吹进来吹出去，这个鼻子，呼啊吸啊！但是有一度很短暂，完全没有呼吸，那个时候才是真睡着了，一点呼吸都没有。一刹那之间又吸……这么一口，那是吸气了，吸气的时候，差不多脑神经已经清醒了；不过他马上忘记了，觉得自己还在睡觉。所以一个人的真正睡眠，只要有三分钟到五分钟完全睡着了，呼吸到达了完全宁静，比你几个钟头的睡眠还要好。我们虽然在床上睡五六个钟头，而真正睡着的休息，不过几分钟而已；其他的时候，只能算是睡眠中的浪费。而且，那是大昏沉的状态，不过我们习惯了大昏沉，还是觉得很舒服。

由于中国文化的影响，日本和韩国有一个气功，叫做合气道。什么是合气道？真的合气是不呼不吸，就是佛家讲止观的那个“息”字。不呼也不吸，等于呼吸暂停了，那个是合气。

他说游心于淡的修养方法，是合气于漠，是广漠之野，什么都没有，修养到这个时候，“顺物自然而无容私焉”，人就顺天地自然之理生活着，没有一点私心，无我相，无私心自然就是大公嘛！他没有叫我们要大公。只要人修养到无私，“而天下治矣”。天下自然太平了，何必要有什么方法领导治理天下！所以我们做一个领导别人的人，乃至当一个班长，做一个家长，反正你身上有个长字，有个员字的头衔，就要留意这个。

要如何领导得好呢？只要你做到这三点，第一点，淡泊以明志，游心于淡，自己没有要求，这点我们就做不到；人一定会要求别人的，要做到一切游心于淡才行。第二点，合气于漠，生命的本能修养到空、定的境界，然后起用。第三点，顺乎自然而无私，只要人人无私，这个天下自然大治了。

庄子这一篇很奇怪！三段都挂萝卜干一样，东挂一块，西挂一块，你怎么把它兜拢来做一盘菜呢？那就是我们自己的事了。下面又来一个。

聪明努力不一定行

阳子居见老聃（聃），曰：有人于此，向疾强梁，物彻疏明，学道不倦。如是者，可比明王乎？

阳子是姓，居是人名，阳子居去看老子，他是老子的学生。"有人于此，向疾强梁"，他描写有一个人，什么人就不管啦！张三李四都不问，有一个人"向疾强梁"，疾不是生病，是脑筋反应得快，第一等聪明，某一个地方一响，他闻一而知十，马上就反应出来。你划一个圈圈，他说是数学上的零，什么都懂马上都晓得。"强梁"，身体精神非常的健康强壮。这样的人很难找，反应快就是聪明人，反应慢就是笨人；其实天下人的聪明是相等的，没有哪个人笨一点。不过有些人，你一说当下他就明白了；有些人到死的时候才明白，就差那么远！最聪明的人，声音一响，他已经懂了。就像历史上汉高祖，张良用脚在桌子底下一踢，他就明白了。

"物彻"，任何东西，只要眼睛一看，都懂了，透彻得很；"疏明"，这个胸襟很开阔，万事很明白。这样一个人很可爱，如果我们碰到这样的一个人，一定是跟他的。而且，他不但聪明身体健康，胸襟阔大，气度高雅，又学道不倦。当然不是打坐的修道不倦，打坐哪里会疲倦呢！坐在那里本来是休息呀！这个道是活的道，治世之人真正的道，不是坐在那里死的，是起来能够做事的；在做事的时候，心境又游心于淡，合气于漠，顺物自然，这是道。

而且这个人又学道不倦，不勉强自己，随时提醒自己在修道，不是被动的，是主动的。这样一个人好不好？当然好。“如是者，可比明王乎！”这样可以做一个治世的圣人，治世的帝王吧！历史上所描写的唐尧虞舜，或者商汤，或者周文王、周武王，大概可以做到。等而下之的秦始皇、汉高祖、唐太宗等人，条件都还不够；因为治世的明王，有天生睿智，是铁打之士，这样才算是一个治世帝王的材料。

老聃曰：是于圣人也，胥易技系，劳形怵心者也。

老子说，这个马马虎虎，算是一个人就是了，如果说够得上圣人之道的，他还早呢！“胥易技系”，他说这一种人啊！他已经把人性中不是真的圣情，用过度了，变易了；看起来，与普通人很不一样；他的技术已经散了，不是整体；“劳形”，虽然聪明，这个生命不是完整的，自己很劳苦；庄子也讲“巧者劳，智者忧，无能者无所求”的名言。巧者，是指能干的人，聪明有学问的人，他们又劳苦烦恼又多。笨笨的一样都不能的，这个人最舒服，也一无所求。“蔬食而遨游”，吃饱了饭菜，一天悠哉游哉，睡睡觉，打打坐，什么事情都可以不干。“泛若不系之舟”，悠哉游哉，吊儿郎当，好像在没有人的船上漂来漂去。世界上有不少这样的人，不要修道，他已经是道了。懒惰的同学，很可以把这几句抄起来，如果老师叫你交报告的时候，你就写上这是庄子那里学的。所以这个老子就讲了，这样的人，还是“劳形怵心”，他心里头有忧患，随时都觉得不好。

真正的明王之治

且也虎豹之文来田，猨狙之便，执斄之狗来藉。如是者，可比明王乎？阳子居蹴然曰：敢问明王之治。

这就是老庄之道，道家的思想。这里庄子引用老子的话，老子有没有说过呢？不知道，不过《庄子》这里是这样说的。刚才老子已经讲过了，他说这样的人，比他为明王，他没有直说这个不行，老子没有下断语；换句话说，这样的人不是人性的自然，他已经把人性雕刻了，加上后天的做假，已经把人性支离破碎了。

再进一步说，“且也”，并且“虎豹之文来田”，老虎、豹子身上长的花纹，皮毛又好又美；“田”，古代叫做田猎，到野外去打猎。为什么猎人非要杀掉虎、豹不可呢？因为它身上的皮好，做了皮袄穿上很暖和，而且花纹很高明，所以老虎、豹子的这条命，是因为身上的皮毛引来残杀而送掉的。

“猨狙之便”，猨狙是猴子里的一种，猴子的种类很多，猨狙身体很灵便，在树上跳来跳去，猴子因为灵便，人把它捉来养，教它变把戏，或者关在动物园。“执斄之狗”，“斄”是斄牛，很笨大的动物，猎狗很精灵，鼻子一闻就找到猎物了。狗因为鼻子很灵敏，所以被人养成猎犬。虎、豹一身都有用，连虎骨、虎牙、骨髓、虎皮，没有哪一样不可以补人的；就像牛一样，从牛奶到牛皮、牛毛，样样有用，就是因为有用，才招来祸害。猴子因为太聪明被人捉了，聪明的小狗因为嗅觉好，所以被训练打猎，“来藉”就是被人家用绳子拴起来。

“如是者，可比明王乎?”老子说，这样就是高明的皇帝，就是圣帝明王。老子说的这个道理，只能够悟，不能够讲，讲出来很讨厌的。把人变成狗啊！把人变成什么啊！把天下事都变成猎物，这些都是道家的思想。所以逐鹿中原，把国家天下变成猎物，变成虎豹，谁有本事打猎打到了，这个就归你所有了，这一块肉归你吃了；而那些聪明的都变成猎狗，可以看门，能干的变成养的猴子，他所谓圣帝明王，就是一个动物园的园长，而且养些高明的动物。意思大致如此，我没有讲完，因为我实在讲不下去，这个内幕不能拉穿的，讲完了就拉穿了；对于历史哲学看通了，太没有味道，这样叫做明王啊！我向诸位声明，我留了一手。

“阳子居蹴然曰：敢问明王之治。”这个阳子居听到这里，很惊讶，眉毛也皱起来，就问老子，明王治天下怎么治？庄子描写越是高明的人，他用人的办法越是这样。老子讲什么叫明王，高明的领导，就是这个样子；所以听得阳子居很不是味道，请问他究竟明王治世之道如何。

老聃曰：明王之治：功盖天下，而似不自己，化贷万物而民弗恃；有莫举名，使物自喜；立乎不测，而游于无有者也。

这都是领导学啊！最高的领导学有好有坏，这还是上级的，不是最上层；最上层的庄子前面已经讲过了。这些治世的明王，秦始皇开始，拿中国历史来讲，秦汉唐宋元明清，都谈不上明王；如果我们拿教育程度来比喻，这一些明王，是我们这个政治研究所一年级的学生，至于上古那些明王，有虞氏、泰氏，是我们政治研究所毕业的学生；至于说秦始皇、汉高祖、唐太宗、朱元璋等等，是我们政治研究所开除的学生，就是这样一个比喻。所以现在老子讲的明王之治，那些还在政治研究所一年级的学生，已经那么高明了。

“明王之治”，我告诉你，“功盖天下，而似不自己”；譬如周文王、周武王，加上帮忙的姜太公，周公几个兄弟，就使周朝八百年天下太平。以功劳来说，为老百姓做事的功劳，第一是武功，第二是为老百姓做事，爱人爱天下的功劳，所以说是功盖天下。“而似”注意这个似字啊，妙就妙在这个似，好像自己不占有，就是老子所讲的，以身为天下先，身先天下，就是这个道理。“功盖天下而似不自己”，也就是我们现在民主思想的为民服务。民主思想是西方来的，为民服务，人人也为我服务，是同样道理。所以你肯牺牲自己的，天下自然归心；不肯牺牲自己的，你一个人也活不了。所以人能为大家而生活，自己才有生活，这就是功盖天下，而似不自己。

“化贷万物”，这个贷是假借。他说，他是借用道德的感化，是爱是仁慈及于万物，“而民弗恃”，人民觉得心理上没什么害怕，觉得这一位领导人，真是为我们，是爱我们的。“有莫举名，使物自喜”，他也用不着标榜自己的功德与声望，而天下个个都喜爱他。

下面一句最重要，历代帝王拿来做秘诀的四个字，“立乎不测”，究竟有多高、多深、多伟大，是你想象不到的，估计不了的。这就是说圣帝明王的心理，你是没有办法去猜测的，因为他立乎不测之地，唯有得道的才做得到立乎不测。“而游于无有者也。”那是真正的道了，真做到了那样可以学道了，游心于无有者也，最后游心在空灵的境界。

庄子对于《应帝王》，四段挂了四个问题在那里，他没有给你联起来。其实每一节他都给你联了起来，这个中间要用思想了，不要被庄子的文章所骗。庄子这一篇《应帝王》，等于是他最好的密宗，那秘密得很！但是他摆在那里你就不懂，你如果把这几段连起来，你就大彻大悟了。不是禅宗那个大彻大悟，对于《应帝王》这一道大彻大悟了，那么入世之道，历史哲学就都搞通了。

神巫给壶子看相

郑有神巫曰季咸，知人之死生存亡，祸福寿夭，期以岁月旬日，若神。郑人见之，皆弃而走。

郑国有一个最了不起的巫师，这个巫师太神化了，比什么教主、法师、活佛、大师，反正比什么老师都高明。这个神巫名叫季咸，能知过去未来。我们人生最需要问的几个问题，这个神巫都知道；“知人之死生存亡”，知道几时你会死，你来生到哪里投生，前生什么变的。他能够知道存亡、成功与失败，国家有没有问题，政权有没有问题，存在与灭亡，他都预先知道。“祸福”，会不会闯祸，买了股票会不会赚，利息会不会跌，这些祸福他清清楚楚。还有一个“寿夭”，活到多大，是不是活到九十九，或者是一百零一，哪一天会死，这几个都是人生大问题，他通通知道。

我们人天天担心的生死存亡，祸福寿夭，这位神巫通通知道。“期以岁月旬日，若神”，他只要告诉你，过十天就死掉，氧气都来不及上，打点滴打水桶也没有用，救不了的，他说你几时死就会死，断得准准的“若神”。所以郑国全国的人看到他就逃，深怕他说一句坏话，或是什么时候要死，所以都吓死了，看到他就逃。

列子见之而心醉，归，以告壶子，曰：始吾以夫子之道为至矣，则又有至焉者矣。

以道家传统来讲，列子是壶子的徒弟，“见之而心醉”，心里头就迷住了；相信一个人到入迷的程度，像喝醉酒一样，叫做心醉。后来文学有醉心于某人的字句，就是迷到你像喝醉酒一样，糊里糊涂的，又像吃了迷幻药，所以列子见了这个人像吃了迷幻药一样。“以告壶子”，回来给他老师壶子讲，老师，告诉你，这个人有神通。

“始吾以夫子之道为至矣，则又有至焉者矣。”他也很老实告诉壶子，老师呀！我找到一个好老师，我开始以为你老人家的道是最高的，世界上只有你第一！现在我又找到一个第一，你变成第二了；有一个人比你还高，这个人就是季咸，神巫。列子这个学生很老实，不像有些学生，不好意思说；他很直接讲，因为这样才是好学生嘛！这个老师壶子也很直。

壶子曰：吾与汝既其文，未既其实，而固得道与？众雌而无雄，而又奚卵焉！而以道与世亢，必信，夫故使人得而相汝。尝试与来，以予示之。

壶子说：这样哦！本来你认为我第一，现在我变成第二了。不过壶子说，老弟啊！我早晓得你这个家伙靠不住，我早就留了一手。我告诉你那个道啊！“吾与汝既其文，未既其实”，外表的道是传你一点，真道啊！我还放在口袋里；晓得你靠不住，所以没有传。“而固得道与?”你认为我传了你道吗?我真道没有传你耶!“众雌而无雄,而又奚卵焉”,我传你的道等于拿几个母鸡给你,没有给你公鸡,所以永远不会生小鸡,不会有结果的,修不成的,你以为你得道啊!

“而以道与世亢,必信,夫故使人得而相汝”,唉!你这个孩子,所以我不能传你道,你晓得吗?我早看你不对劲,所以留了一手。你认为学了道,“与世亢”,亢就是傲慢,一般修道人患这个毛病,认为学成世界上第一了,超越世界,这样就不能修道;佛也好,道也好,越学越谦虚越平凡,才可以学。你学一些道啊!与世亢,这样可以吗?“必信,夫故使人得而相汝。”因为你觉得自己有道有法,处处保持一脸道气,满嘴道话,嗄……你这个嗯……所以人家一看你就知道你是个修道的。等于我们这里一看,学佛的,一身佛味就来了,这个……很难受。你就是这样,所以给人家一看就知道。嗳!本来我第一,你既然找到另外一个第一,你把那个第一带来给我这个老二看一看。“尝试与来,以予示之”,你叫他来看我。

明日,列子与之见壶子。出而谓列子曰:嘻!子之先生死矣!弗活矣!不以旬数矣!吾见怪焉,见湿灰焉。

第二天,“列子与之见壶子”。列子就把这位第一的老师带来看壶子,才看了一眼,那个家伙就跑出去了。“出而谓列子曰”,告诉列子说,“嘻”!哎呀!不得了,“子之先生死矣”!你的老师要死了。“弗活矣”!活不了,不管中医、西医什么偏方,都治不了。“不以旬数矣”!不到十天,包死无疑!“吾见怪焉”,我看都不敢多看了,要死的人很奇怪,样子一股死相。“见湿灰焉”。像那个死灰一样!灰还淋了水,那还会变成水泥地,哪还有活的呀！

列子入，泣涕沾襟以告壶子。壶子曰：乡吾示之以地文，萌乎不震不正。

“列子入，泣涕沾襟以告壶子。”列子还有良心啦！管他第一老师第二老师，总归他叫过老师，所以回来很伤心，鼻涕眼泪一大堆，老师糟糕了，要办丧事了。壶子说，你哭个什么，不要怕。“乡吾示之以地文，萌乎不震不正。”你懂什么！不要怕，刚刚他来，我试他一下，给他看另外一个面孔，给他看一个工夫，就是把气停住了，呼吸也闭了，身上的光芒都收进去了，脸就变成死灰那个样子了；所以看起来没有道，背也驼起来了，一副怪像。我现一个神通的工夫给他看看，他就看不懂了。你不是说他能知过去未来吗？这一下他就不知道了嘛！我刚才显示的是地文之道。“萌乎”，现一点点东西给他看看，“不震不正”没有活动，死的；邪的不正，正的东西是活的，震的东西是永远在活动。要注意啊！反面就看出来懂了，这是庄子的密宗哦！不震，所以说你们打坐修道，不要认为身上抖动就是震，不是这个意思，震是代表活的。再看郭象对这一段的注解。

萌然不动，亦不自正，与枯木同其不华，湿灰均于寂魄，此乃至人无感之时也。夫至人其动也天，其静也地，其行也水流，其止也渊默。渊默之与水流，天行之与地止，其于不为而自尔，一也。今季咸见其尸居而坐忘，即谓之将死，睹其神动而天随因谓之有生，诚应不以心而理自玄，符与变化升降而以世为量，然后足为物主，而顺时无极，故非相者所测耳。此应帝王之大意也。

“萌然不动，亦不自正，与枯木同其不华，湿灰均于寂魄，此乃至人无感之时也。”所以工夫就是入定，到这个境界同外界，所谓内外隔绝了，无感之时也。“夫至人其动也天，其静也地，其行也水流”，做事的时候，行云流水。“其止也渊默，渊默之与水流，天行之与地止，其于不为而自尔，一也。”

“今季咸见其尸居而坐忘，即谓之将死，睹其神动而天随因谓之有生，诚应不以心而理自玄，符与变化升降而以世为量，然后足为物主而顺时无极，故非相者所测耳。此应帝王之大意也。”入定的人，像尸体一样，坐在那儿尸居，“坐忘”，他已经空了。尸居也是一种定喔！不是每一种定都是这样，这种在道家叫做入地文之定，地仙之定。他说今季咸看到壶子尸居，这个人像尸体一样坐在那里，坐忘，好像人已经阳神出窍了，离开了身体。因此你看相是看不出来的。

《应帝王》这一段，列子的老师壶子，我们拿普通的一个俗语来讲，正在与神巫斗法呢！拿小说的口吻来讲，壶子表示了一个修道的境界，给这位神巫看，神巫就说他马上要死了。下面回到《庄子》本文，壶子告诉列子。

壶子的境界

是殆见吾杜德机也。尝又与来。

“杜德机”是庄子造的名词，在庄子以前，中国其他的书上没有。所谓杜，就是关门。德，就是一切活动的作用，如果把这个机关关起来，这一切就关闭了。这个关闭的道理呢！如果我们拿实际修养的工夫来说，就是一个普通学道的人，达到气住脉停，气也住了，脉也停的程度。杜德机不止是气住脉停而已，譬如说把呼吸的气停止了，血液都不流行了，脉搏不跳了，这是生理上的工夫。这种生理上的工夫，不只得到禅定的人做得到，有许多练气功的，练武功或者练瑜珈术的人，也可以做到；可是不能算是气住脉停的最高境界，不能算是禅定的境界。

所谓禅定境界，气住脉停还算容易，但是思想念头都关闭了却很难；比气住脉停还要难。思想完全关闭了，呼吸几乎完全停止了，血脉也不流行了，全身脉搏都停止了。这种身心的配合，就是杜德机的境界。现在我们把杜德机实在的这个情形，向诸位解释清楚。杜德机这个名称，在中国的文学上，经常出现，很多诗词，以及古人写的文章经常引用。现在这个壶子告诉列子，那个神巫看了他就跑，因为当时我给他看的是地文境界，以天、地、人三个符号做标准，我这一次给他看我的工夫修养境界是地文。所谓地是阴的，纯阴的，不是阳的，因此他吩咐列子，“尝又与来”。他说你呀，再陪他来看我。

明日，又与之见壶子。出而谓列子曰：幸矣，子之先生遇我也！有瘳矣，全然有生矣！吾见其杜权矣。

第二天列子又陪他来看壶子。“出而谓列子曰：幸矣，子之先生遇我也！有瘳矣”，神巫出来对列子说，今天好了，很幸运，你的老师总算碰到我，这条命有救了；“全然有生矣”！今天看一下有了生机不会死，都是我的功劳，因为他看了我一下。这也是现在人常说的，是我的加被，是我的感应，或者我念个咒子把他弄好了；都是把功归之于自己的办法。神巫还说我现在看到他，“见其杜权矣”，杜权不同于杜德机。杜就是关闭，所以我们读古书，常常读到杜门谢客，就是关起门来不见客的意思。他说上次看到他快要死了，完全关闭了，今天暂时还有一条生机有救了。

列子入，以告壶子。壶子曰：乡吾示之以天壤，名实不入，而机发于踵。是殆见吾善者机也。尝又与来。

列子听了这个话很高兴，回来给他老师报告。壶子说，“乡吾示之以天壤”，中国文化许多古书上，这个“乡”字同“向”，有许多地方通用，就是刚刚。他说，我刚刚表现给他看的是“天壤”，就是向上升的，阳气上来向高空走，上天的境界。

“名实不入，而机发于踵。是殆见吾善者机也。”我们要注意！这就是修养三步的工夫，杜德机是地文之学，完全进入阴的境界，定下去什么都没有。像庄子那么明白地讲，对我们学佛修禅定的人有很大的帮助；换句话说，我们普通一个人修养很向往入定。其实真正的入定，拿中国文化的道理说，是阴境界，正是关闭。所谓修道成功，拿道家观念来讲，是要纯阳之体，是纯阳的境界；纯阳的境界不是关闭，是开发的，等于佛家所讲的大圆镜智，佛光普照的那个道理。

但是，要阳气真正地发起，必须要经过阴境界才行。因为阴极则阳生，所以静到极点，才能真正发起那个动；那个动不是大动，是静中自动，就是升华的境界。庄子写到这个地方，也等于说，把这些境界的实际情形，都泄露给我们了。他说到了这个境界是“名实不入”，这个名，代表一切外界的现象；实，代表外界一切我们认为真实的环境。换句话说，到了这个境界，所谓“名实不入”，不是内外隔绝，而是外面一切的境界影响，虽然过来，但这个心不动，是自然的不动念，不是有意的控制。

普通要修养到不动心，把念头完全控制到不动心，已经非常困难；即使做到了，也正是地文的境界，是阴境界。即使到达阴境界的最高点，对于道的修养还没有影子呢！只是初步摸到而已！等到了“天文”的境界，所谓“天壤”的境界，阴极阳生的时候，就是名实不入。如果再加上两个字，就是名实不入于中；不是心脏脑子这个中，这个中是抽象的，等于是本体自性。

名实不入于中，“而机发于踵”。这个时候的机，也包括了气。不过，气不完全是机，在这一句中的机，就是我们现在所讲的修气脉。普通我们修道学佛的，现在很流行注重修气脉；气是气，但是要注意，不是修鼻子呼吸的气；鼻子呼吸的气是气的最初步。因为这个气没有什么可修的，大家拼命练气功的要特别注意，因为这个气是往来的，是生灭的，一下进来，一下出去。吸进来尽力地把它控制不呼出去，呼出去了又要停住不吸进来，那样也不过多停留一点点时间而已！你工夫再高，停留时间再久，它仍然是一来一去。

所以，认为呼吸之气就是生命的气，完全错了。因为这个气，有生有灭，有来有往，所以修息修气，就是一生一灭。其间那个生灭的本能，那个作用才叫做气。原理上是如此，也是事实，大家自己去体会。所以机发于踵所指的这个气，就是我们讲气脉的气。

至于修脉呢，比气又更进一步了。脉不是血管，也离不开每一个微血管的神经，那是它的初步。真正的脉还不是微血管神经，而是我们生命同宇宙之间的交流、交通的，看不到，是无形无象的，可是有这么一个作用；只有拿自己本身做试验，修养工夫到达的时候，自然会知道。所以修气修脉，修成功了，就是庄子所讲的这个机了，机关这个机，就有把握了。“而机发于踵。”气脉，都是从脚底心发动的；这一点我们常常强调，非常重要。所以《庄子》内七篇之中，在《齐物论》《逍遥游》也都说过；普通人的呼吸只到肺部，或在喉咙，就是我们刚才讲的呼吸往来，所以普通人活到若干时间一定会死的。

但是至人，得道的人之息，每一呼吸都到达脚底心，这个就是机发于踵。所以我们这个脚后跟、脚底心非常重要。尤其是脚底心，古人讲的至理名言“精从足底生”这个精，不是指精虫卵脏那个精，而是精神的精，就是生命的本来。精从足底生，是精神的生命，所以说机发于踵。

列子的老师壶子讲，“是殆见吾善者机也”，他说这个人总算看到了一点，也懂一点了，看相嘛！这个人总算会看了；看到我善的好的一面。善是代表阳，我们中国讲修养的说，为善最乐，那不是理论，而是实际的事；人真正做了善事，会非常快乐的。快乐不是高兴喔！高兴还不算快乐。因为善的思想代表阳，阳机就充满，生机就充满。做坏事，忧愁苦虑，是代表阴，或者恶事越做越多，就会阴气越来越重。普通看相的也看得出来。所以他说这个人总算见到我善的一面，看到阳机发动了。因此，他又告诉列子，“尝又与来”，你再叫他来，这是第二次。

明日，又与之见壶子。出而谓列子曰：子之先生不齐，吾无得而相焉。试齐，且复相之。

第二天，列子又陪他来看壶子。看了壶子出来说，你这位老师啊，莫名其妙，这个人不正常，一下这样一下那样，不整齐，不划一，颠颠倒倒。“吾无得而相焉。”我看不透了，我没有办法看他的相了。“试齐，且复相之”，慢慢来，等他不颠倒了，正常的时候，我再来看。

列子入，以告壶子。壶子曰：吾乡示之以太冲莫胜，是殆见吾衡气机也。

列子就进来向壶子报告。壶子说三个了，一个杜德机，一个善者机，现在讲一个衡气机。他说，我刚刚表示给他看的是太冲。学中国医学的《黄帝内经》，有讲到冲脉，也可以代表密宗讲的中脉。“太冲”就是上下贯通，天人一贯，他说我刚刚给他看的是站在中道的道理。如果离开气脉身体的问题，拿哲学观念的中道来讲，既不是空，也不是有；所以他看不出来形而上道的境界。“太冲莫胜”，是没有任何可以超过它的；这就是空嘛！是真空。世界上所有东西都可以比较，只有空没有办法比较，空就是空了，没有比较了，所以说太冲莫胜。“是殆见吾衡气机也。”这个衡是平衡的意思，就是平等平等，平等圆满的意思。他说他刚刚总算看到，我在如佛家所说的万法平等，万念皆空的境界了。

庄子又说了一个故事，《应帝王》这一篇非常妙，一节一节都是故事，没有一个地方完全做结论的。其实结论就在这个题目应帝王；换句话说，结论也就在我们自己的心里，自己用智慧去做结论吧！应帝王也就是入世之道。

壶子说修道

鲵桓之审为渊，止水之审为渊，流水之审为渊。渊有九名，此处三焉。尝又与来。

这一节，壶子拿流水来形容，研究唯识学的同学，正好作一个参考。唯识学讲，我们生命根本的第八阿赖耶识，所谓“一切种子如瀑流”，如一股流水一样。我们现在插进来研究这个问题，拿水来做比方的，不但儒释道三家，很多宗教教主，讲到人性的问题，心理现状，乃至生命的问题时，都拿流水来作比喻，作解释。这又是个问题，也是非常有趣而且高深的问题。

现在来看本文，壶子告诉列子说，“鲵桓之审为渊”，这是大鱼在那里游动，“审”就是很准很久，在熟练的地方游动，慢慢这个地方形成一个深渊；因为鱼在游动，水在波动，每一秒都在动，由于波动的力量，慢慢把那个地方挖空了，挖得很深。水很深的地方就是一种渊。

“止水之审为渊”，还有一种水，是很有力的从上游下来，冲到最后最深的地方，由于水冲击久了，形成一个深潭，这两种，一个是活动的，一个是死的，等于呆的。

“流水之审为渊”，这一种渊是流动的水经过之处，在那个地方打转，水打转的地方也形成渊。譬如我们到新店，我记得好像有那么个地方，有发电机在那里，那里的水就是深渊。许多青年游水，碰到那个水流就沉下去了，水在旋转下面就是一个深渊。他形容了三个深渊，一个是活动的水，一个是止水，一个是旋转的水。他说，实际上流水构成的深渊，“渊有九名”，仔细的分别有九种，“此处三焉”。他说我只给你讲三个地方、三种现象。他又不作结论，让你自己参！自己去研究，去想。

壶子把水说了三种状况，表现了三种工夫、三种修养的境界；他告诉列子要注意，水变成深渊有九个，不过大原则提了三个。所以我们研究心性修养之术，也是最高的哲学，如果不做工夫，只作学术研究，这些东西非常有趣。

譬如中国的《易经》只讲到八卦，有一卦是卦不出来的卦，那是第九卦，没得卦；后人叫太极，叫真空。这个是讲八卦的现象。同样的，释迦牟尼佛讲心性之道，讲唯识的八识，实际上有九识，第九识叫阿摩罗识，白净识。那是七七八八，七八九，都很妙的。最近大家不是在研究唯识吗？唯识最重要的也是三渊，与庄子讲的三渊相通，“流水之审为渊”，相等于第六意识；“止水之审为渊”，等于第八阿赖耶识；“鲵桓之审为渊”是第七识。所以我们就深深地感觉到，所谓东方有圣人，西方有圣人，此心同，此理同。

世界上任何人，学问修养到了最高的境界，达到形而上那个真理的地方，只有语言、文字表达的差别，所得的道是一个。真理只有一个，没有两个，两个就不叫真理，真理是绝对性的。有一位同学写论文，把东方有圣人，西方有圣人，认为是宋儒的话，事实上是宋儒引用古人的话。列子这几句话，《淮南子》上也提到过，不过那个时候的东方西方，是以中国为中心的，现在这个空间更扩大了。接着还有一幕，“尝又与来”，你再叫他来。

明日，又与之见壶子。立未定，自失而走。壶子曰：追之！列子追之不及，反，以报壶子曰：已灭矣，已失矣，吾弗及已。

第二天，列子又陪这位有神通的神巫来了。“立未定，自失而走。”他一看到这个壶子啊，站都站不住了，慌了，回头就跑掉了；壶子叫他的徒弟列子，你去追他来。列子跑去追这个神通的人，追不到了，回转来向老师报告说：可惜了，追不到，跑掉了。这个文字里头很妙，嗯！“已灭矣”，就是这个人追不到了，走掉了，“已失矣”，丧失了，溜走了。为什么这么说呢？“已灭矣！已失矣！吾弗及已。”庄子好像专门在玩弄文字，仔细研究一下，这不是玩弄文字，而是三个阶段。换句话说，人生什么东西都同这个神巫一样，追不到的，已灭矣！没有影子了，每一件事情，我们讲的话也是一样；已失矣，永远不会回来了，怎么抓也抓不回来了！抓不到的。三个阶段，就是看不见，丧失，永远抓不回来。这也是代表一个现实，无论什么东西，神通你也追不到，神巫也追不到。所以庄子的文章，这一次这样讲，也许下一次另外一个方式来讲，又变了，如珠子走盘，非常妙。所以这三个阶段，也等于哲学上经常用的三支法，过去、现在、未来。

壶子曰：乡吾示之以未始出吾宗。吾与之虚而委蛇，不知其谁何，因以为弟靡，因以为波流，故逃也。

壶子就告诉列子，“乡吾示之以未始出吾宗”，我刚才给他表示，宇宙万有之前，“未始”就是无始以前的那个东西，形而上道，“吾宗”就是道的境界，至高无上道。“吾与之虚而委蛇”，我们文学上经常用的，给人家讲假话，应酬一下，就是用庄子虚而委蛇这四个字，虚而委蛇就是似真似幻。这个话真的解释起来，就是佛学的名词，如梦如幻，如真如实，也不真也不实。他说我给他看的是个影子，这也表示我们现实的世界，与我们现实的生命，以及我们现在活着的身心，都是虚而委蛇，都是个影子。他当然看不懂嘛！“不知其谁何”，就是参不透嘛！

所以啊，西方或者日本的朋友们，认为禅宗是穿了佛教的外衣，实际上是老庄的东西出来的；他们有些著作，也验之出处，有凭有据。这是什么道理呢？因为老庄这些术语，禅宗的大师们太熟了，文学境界又好，所以弘扬佛法的道理时，把那个术语改变成老庄的话来讲。譬如讲，从明朝以后清朝一两百年以来，禅宗所流行的参话头“念佛是谁”，就跟庄子“不知其谁何”这一句有关。

我们人的这个作用，能够讲话，能够听声音，吃饭走路，以及能够思想，这个东西是什么东西？究竟是谁？或者我是谁？实在找不出来我是谁！身体不是我，但是属于我的使用权，使用几十年，两百年，五百年都可以，毕竟是借来给我们用的，可是没有主权永远占有。那么这个我，究竟是谁呢？

我看过一本武侠小说，有一个人，就给这个话问疯了的，永远疯了，走路两个脚飘起来，头在下面似的，碰到人就问我是谁？我是谁？工夫都用不出来，参禅参疯了的。不知其谁何？你真能够找出来，天下问题都能找出来了，这个问题很难解决。像日本、美国，许多的学者，研究中国的禅，碰到这个的时候，都认为是庄子里头出来的。这一种理论最先是日本方面出现，因为日本有些老先生们，对于《老子》《庄子》，熟的人还不少。

十几年前，我在日本的时候，碰到好几位老教授，虽然我也不会讲日本话，他们也不会讲中国话，大家在一起谈得很开心，不过手里都是拿笔和白纸，古文一写，拿过去一看，他就懂了；他也拿来中国诗啊，都作得很好，觉得一点没有什么困难。由于他们对老庄很熟，所以认为禅受老庄的影响太大，这不能说完全没有道理。壶子接着说一个道理。

"因以为弟靡，因以为波流，故逃也。"这几句话更妙，他先讲说我刚刚给他看的，是无始以来形而上这个道。道是看不见的，他看到我变成影子了，看一切境界都是影子了，都是如梦如幻的境界。一个人看到如梦如幻，突然看到脱离现实太远，害怕了，逃掉了；他说他连自己都忘掉了，所以都吓死了。实际上，列子出去追不到人说的话："已灭矣，已失矣，吾弗及已。"意思就是这个神巫已经完全被壶子吓死了，追不到了。

"因以为弟靡"，什么叫"弟靡"？这是《庄子》里特有、独见的，其他所有文学里没有见到。弟靡这个东西，简单明了地说就是佛学一个名词，游戏三昧。他说懂了道的人，处在这世界如梦如幻，一切皆在游戏中，连生死都是游戏，现实的事更是游戏，没有哪一点不是游戏，不必那么去认真；换句话说，你认真也无妨，认真也是游戏，不认真也是游戏。你在这个世界上游戏一场，这是一个共有的、共同的波流。

在这个大汤圆的地球上，幸而生了我们这些生物，这些生物里头，也有我们这些穿衣服的生物，这些生物就在这里莫名其妙地搞了几千万年，实际上就是在这个儿童乐园里玩，都在游戏，没有哪个是究竟，所以“因以为弟靡”。“因以为波流”，这个生命懂了虚而委蛇，懂了道以后，并不可悲喔！像流水一样，那么优美，永远地过去了，不断地还有流水来。

不要听到流水就很悲观，这个水流去了，追不回来，但是这个水源永远有，黄河之水天上来。其实，最初那一点水从哪里来？同样道理，不知其谁何？还找不出来；最初那一点火从哪里来，也找不出来！最初那一点火若是从太阳来，那个太阳最初又是从哪里来呢？这个虚空里的太阳，多得很呢！最初那一个哪里来？最初的最初，你不要怕来源没有了，总归有来，也总归不断地去。所以啊！一切都是游戏，如幻三昧。“故逃也”，因此他逃掉了，他看不懂道的境界、道的作用；连有神通的人都看不懂的。

列子闭门修行

然后列子自以为未始学而归，三年不出。为其妻爨，食豕如食人。于事无与亲，雕琢复朴，块然独以其形立。纷而封哉，一以是终。

列子本来对于老师壶子有点怀疑，认为三个头白磕了，红包也白给了，很想离师别抱另外投师而去。现在壶子表示了这三关，这也等于禅宗的三关，这三个境界一显，道理一说，列子心中想糟了，原来老师的东西一点都没有学到！所以心中很难过。

这不是灰心，那就是惭愧也加不上了，觉得自己窝囊透了，等于白跟老师那么多年！干脆！不玩聪明了，回家去，老老实实闭关三年，给太太当下男去；就是什么都听太太的。所以说世界上怕老婆的第一等人，就是从列子开始的。回去给太太煮饭，当然那个时候没有电锅啦！什么都没有，很辛苦，他就是老老实实在家里做家务。

这是代表规规矩矩做一个人，该做什么就做什么，这就是道。如果说，我不会做饭，要想办法学会做；不会做衣服，那你就要想办法学会。人嘛，活到老就是这一些，老老实实，规规矩矩。列子三年做到什么呢？“食豕如食人”，无论吃肉，吃豆腐，吃菜，都是一样的，味道没有分别了，他吃到猪肉都觉得像吃人肉一样，很难过，所以他当然吃素了嘛！否则他学了三年，吃猪肉都觉得吃人肉一样，他干脆再过一年要去吃人了，不是比以前还更糟糕吗？所以是荤的素的没有分别了。学道最难是男女饮食，列子对饮食没有分别了，当然对男女也没有分别了，给太太做下男也无所谓，人人一切平等，不然自己觉得大丈夫，那个威风也没有了。

应帝王就在这里，入世就在这个地方；这里头是应帝王啊！上面说得天花乱坠，但是有很多好的道理，形而上的道，修养的道，都有。你说应帝王在哪里？他没有给我们下结论；其实结论就在这里。庄子所表达的，要有得道的境界，先从逍遥游开始，他把这个道形容得那么大，天都装不下，虚空都装不下。庄子吹牛之大，大得像水牛黄牛的皮都包不住的；讲到那个小，说得连影子都找不到。他道也讲了，怎么修养也讲了，最后是大宗师，但要道成功了才是大宗师！你当大师也好，大法师也好，都要救世救人，成了佛也要度众生，度众生就要入世。入世怎么样度人呢？就是庄子这里所说的，规规矩矩做一个人。下面告诉你入世的道理，也就是应帝王。

列子回家给太太煮饭，“于事无与亲”，这是应帝王第一个秘诀，入世的秘诀。有道之士到这个世界做人做事，做任何事都是无与亲，不亲。不亲是什么？就是佛学里的不执著，不抓得很牢。该做生意就去做，人生应该做的就去做，做完了，行云流水，游戏人间；一切善事都做，做完了不执著，不抓得很牢。对自己生命更不要抓得很牢；年纪大了，总有一天再见，再见就再见，没有什么关系，一切听其自然，万事不执著，这样才能够入世。

“雕琢复朴，块然独以其形立。”佛家讲不执著，讲无我，庄子讲无与亲，孔子也是一样啊！孔子同佛的说法相同；他说“毋意”，就是不要主观。“毋必”，不要必然；“毋固”，不要固执自己的成见；“毋我”，不要只有我；毋意、毋必、毋固、毋我，是孔子的四大法门。等于佛在《金刚经》上的，无人相，无我相，无众生相，无寿者相。所以以我看来，这三位老师，都是我们的老祖宗，因为都差不多呀！假使把孔老夫子的头发剃光，坐在释迦牟尼佛的位子上，讲孔子讲的这些话，不都是一样吗？他两位说法多么相同啊！

再说“雕琢复朴”，我们的人生都在雕琢这两个字上，一般的人生都在雕琢。人生下来本来很朴素自然的，后天的环境教育种种的影响，把自己雕琢了，刻上许多花纹，要变成这样那样。以修道的立场来看，许多后天的知识，一概都没有用，这是对形而上道的立场来讲。所以人生命本来很长，结果变成短命！活一百年已经认为很了不起了；活不长的原因，是把自己雕琢坏了。雕琢就是花样。我们的学问知识，今天讲《庄子》，听《庄子》，都是我们的花样。人的花样太多了，什么庄子、老子，又是唯识唯心，都是雕琢，都不对；把雕琢去掉，恢复到父母刚刚生的那个本来才对。老庄只讲到父母生以后，他不像佛法禅宗，提到了父母未生以前；要追究未生之前，那会把你找死了，人也找疯了。

老庄不愿意这样，再不雕琢你了，只讲父母既生以后，刚生下来那个婴儿冥然无知的状态。婴儿是无知吗？他是全知全能！那个是朴实的境界；所以老庄要把雕琢去掉，恢复朴实的境界。“块然独以其形立。”块然是个形容，我们这个身体就是一块肉嘛！骨头架子上很多的肉，并且又挂了些花样，叫做心肝脾肺肾，脸上也雕琢起来，刻了眼睛耳朵，反正都被雕琢了。我们要恢复到原来的一个人。块然，就是这一个，独以其形立，活着就是活着。

所以我们许多哲学的问题，到庄子都没有用了，对学问，对什么人生观啦，没有什么叫观的，人生就叫做人生。有一次在学校里讲哲学，同学给我出一个题目“人生以什么为目的”，要我去讲。我常常做冒昧的事，都不准备，因为准备很痛苦，自己要雕琢；等一上了讲台，我说这个题目出错了，人生以什么为目的？什么叫目的？今天我们大家来，诸位的目的来捧场，凑热闹，听《庄子》，我的目的在吹这个庄子，好听一点叫做讲《庄子》，这是一个目的。如果我们问你当时来投胎的时候，是以什么目的来的？谁也没有目的啊！所以这个题目错了。我说这个题目的本身就是答案，人生以什么为目的？人生以人生为目的，这就很好了嘛！这也讲完了，本来就是如此，这就是庄子块然独以其形立的道理。人生就是以人生为目的。如果你说人生应该如何如何，唉！你又来雕琢了嘛！不要雕琢吧！人生就以人生为目的，很快活的耶！既无欢喜亦无悲，这就好了。

“纷而封哉”，他说人不懂这个道理，不晓得人生就是人生，不晓得块然独以其形立。人家骂你好蠢，蠢跟聪明本来差不多嘛！也没有关系，你聪明也不过是吃饭，我笨一点也是吃饭。而且笨人比聪明人还好一点，免得生胃病，也不会得神经病，所以何必纷纭呢！都是自己找些烦恼纷扰。一纷扰，找些雕琢东西，“纷而封哉”，自己把自己封闭了。关到一个范围里去了，封闭了。“一以是终。”所以自己不要加上烦恼，不要雕琢纷纭，不要把自己封锁在一个固定的形态。我们把固定的形态，叫做人格，自己不要把自己画成一个格格，规到一个范围里。

如果说没有人格，那就乱来吗？更不能乱来！乱来就更纷了嘛！更混乱了。所谓善者不可为，恶事更不做，因为恶是更乱了。所以恶给自己的烦恼损害，比善还要厉害；雕琢得也更为厉害。懂了这个道理，善不可为，恶业更不能为。所以不可以纷而封，一以是终，就是一以贯之，开始就是这样，现在还是这样，也就是刚才我们所讲的，人生以人生为目的，就是这样，开始如此，始终无始无终。

无为名尸，无为谋府；无为事任，无为知主。体尽无穷，而游无朕。

“无为名尸”，这个尸字是尸体的尸，人死了没有灵魂，叫尸体。我们中国文化骂人，如果拿薪水，什么事都不做，我们形容他“尸位素餐”，就是死人占据那个位子，光晓得吃饭，饭桶一个。如果讲难听一点，像乡下人骂人，说这个家伙占到茅房不屙屎。大家在外面要进去，你老是在厕所里，关着门，这就叫尸位素餐。无为名尸就是不要为了求名，为了名利，而成为虚名的奴隶。我们现在社会上的明星，或者追求知名度的人，出名之后就变成尸体了，到处请你去亮相，天天对着那个摄影机，照得眼睛都坏了，这就是被名困住了；千万不要为名尸啊，不要被名困住了。

“无为谋府”，“谋”就是谋略，千万不要打主意，动脑筋。动脑筋就是雕琢，你就要短命，所以不要打主意动脑筋去整人家。这个“府”字就是很大很深，千万不要打主意谋算别人，人生要很自然地活下去。“无为事任”，不要为任何的事情勉强去做；不是叫你不要挑责任，是说叫你不要执著，应该做的事情还是要做，如果什么事情都不挑责任，那你干什么的啊？列子还会跑去给太太做饭呢！做饭也是责任啊！这个“任”，就是应该做的事情做了，就是不执著。“无为知主。”这个知就是智，不要认为自己学问高，又聪明。“体尽无穷”，要体会这个生命，是无穷无尽的；任何人不管有知识，没有知识，每人的生命都很宝贵，都是无量无边，无穷无尽。能够晓得自己那个真正的生命，是无量无边，无穷无尽的，那么你来入世可以为应帝王了。

“而游无朕”。古代皇帝都自称朕，朕就是“我”，古人的吾、余、我、朕都是同样的字。所以中国字，有人很讨厌，因为言语文字不同，有些话到现在我们也不懂，像湖北话、湖南话、广东话、北方话，言语没有统一过；可是各地有各地的我字，等于山东人叫“俺”，什么“咱”，都是代表我。古代这个朕字也是代表我，中原、西北高原一代的音，现在念成朕啦，而游无朕，就是无我，做事处事都要无我。

入世应帝王

尽其所受乎天，而无见得，亦虚而已，至人之用心若镜，不将不逆，应而不藏，故能胜物而不伤。

这样一来，这个人生有什么意思呢？大有意思！因为这样的人，才真认清楚自己的人生，才会尊重自己的生命。“尽其所受乎天”，上天给我们一个生命，多么宝贵呢！我们要善于让这个生命，很自然地活下去，活到我们该走路的时候赶快就跑路，不要占着位子不走。“尽其所受乎天”，把上天给我们这个生命很自然、很舒服、很珍惜地活下去。“而无见得”，但是，活是活下去，我们光屁股来的，最后走的时候还是光光的走。赤裸裸的，来去无牵挂，而无见得，也没有什么属于我的，一切都归之自然。不但外物是天地生的，最后还归于天地，就是我们的生命，我们的肉体，也是天地生的，最后也要还之于天地，这是自然之理。“亦虚而已”，就是很空灵、很自在地生活在这个世界。

内七篇到这里，一篇大结论，但是，你不要看着容易，觉得这个道理很有意思，你就是做不到！我们人生，我经常说有十二个字：“看得破，忍不过，想得到，做不来。”这就是我们人。这十二个字是我的咒语，是无上咒，是无等等咒，能除一切苦，真实不虚。你看庄子这些道理，我们一听非常有理，只是做不到。要怎么样才能做得到呢？对不起，从《逍遥游》第一篇开始，就要有这个道的修养；有这个道的修养，才能真正做到这样，所以说很难。相反地说，你如果在道理上认通了，一个人没有道的修养，但是能够做到这个样子的话，至人之道也都得到了，自然就会成功了。所以正反是一样的道理。现在庄子作结论。

“至人之用心若镜，不将不逆，应而不藏，故能胜物而不伤。”这是道的最高境界。至人，得道的人，“用心若镜”，心如明镜台，本来无一物，何处惹尘埃，就是这样。所有事物到镜子前面一照，一定有影像，但是如梦如幻。镜子照人，你马上就体会那个境界。自己看镜子里头的我，立刻会忘掉自己这个身体；不过要注意，不要常看，如果昼夜看镜子，只要七天七夜，这个人马上会离开这个身体了。这个不是绝对，而是非常可能，这是道家有的一个法门。这个法门不能轻易用，一个人在镜子里看自己，只要看镜子的影子，就体会到我们现在这个生命，的确是如梦中生。

现在这个秘诀露了，本来不露的，被一位朋友问了半天，才说出来，他去一试验，也体会进去了。所以用镜子处世，这个道理是什么呢？就是叫我们处世做人，有八个字“物来则应，过去不留”；照镜子就有，一切事物过去了，镜子不留痕迹，这个就是佛家讲的大圆镜智了，也就是明镜亦非台的道理。“不将不逆”这四个字，儒家程明道《定性书》也用上，得道人处这个世界，不将不逆。既不执著，也不欢迎，也不拒绝。你说我今天倒楣，遭遇一件很不痛快的事情，其实也没有什么倒楣，你天天都很舒服啊，不差一件不痛快的事情，否则生活太单调了。那个不痛快来了也不拒绝，因为人需要一点不痛快点缀，不痛快过后来个痛快，你不晓得多高兴呢！所以一定要这么调剂一下。

“应而不藏”，就是镜子照东西一样，物来则应，过去不留，心中不藏。因此一切恩怨是非，过去不留；不是没有是非善恶，而是过去不留，此心很平静。“故能胜物而不伤”，能修养到这样才能入世。这一段很重要，尤其现在工商业的社会，大家生活忙碌，自己已经不是一个真人了。我们这些在工商业时代的人，二十一世纪的人，父母生下来那个人，一长大，那个原来的人跑掉了，后来活着的是假人，不是至人；都被物质环境忙碌得昏了头。要想真抓住自己是个人，应付二十一世纪的时代，必须要懂庄子这一段《应帝王》，入世能够“胜物”，不被物质所打垮，不被物质环境所诱惑。“胜物而不伤”，不会伤害到自己，我还是我。

这一段就是《庄子》的精彩部分，我们平常研究《庄子》，一翻开来，总把一条鱼变成大鹏鸟，看起来很精彩，其实那个一点都不精彩！那是电影广告，是序幕，真正的精彩在《应帝王》这一段，把出世之道，入世之道，都讲完全了。下面庄子的习惯，还有个话头，吊在下面给你参。

浑沌啊浑沌

南海之帝为倏，北海之帝为忽，中央之帝为浑沌。

现在一般人讲话，你这个事情太疏忽了，现在写成疏远的疏，照古文写，应该写这个“倏”，太倏忽了。倏忽是句俗语，来源是说“南海之帝”，庄子很少提到“东西”，所以东西是我们提出来的，南子提“东西精华协会”，像东西；庄子只提南北，“南海之帝”，南海有个皇帝。帝者，就是代表主宰，他的名字叫“倏”，北海呢！这个主宰名字叫“忽”，这两个都是宇宙的主宰，不过分在南北极，分区而治，他们不要竞选的，天生就是如此。

“中央之帝为浑沌”，中央有一个皇帝，这个主宰为浑沌，不是我们吃的馄饨，这是道家所讲的浑沌。这个浑沌就是阴阳混在一起。其实我们吃的馄饨，原始就是这个观念来的。所以肉啊，菜啊，面粉包在一起，就是浑沌的意思，这种样子叫浑沌。

倏与忽时相与遇于浑沌之地，浑沌待之甚善。

南北方这两个倏忽，听起名字，这两个人很倏忽，很冒昧；换句话说，我们把倏的别号叫冒，忽的别号叫昧，两个人合起来就叫冒昧，冒昧就叫倏忽。这两个冒失鬼啊，经常在中央老板浑沌那里碰面。“浑沌待之甚善”，他们来，这个浑沌当然就请吃馄饨啦！那就感情很好。两个人就觉得这个浑沌太好了，倏与忽就讲了：

> 倏与忽谋报浑沌之德，曰：人皆有七窍以视听食息，此独无有，尝试凿之。日凿一窍，七日而浑沌死。

两个人就说这个浑沌，天天对我们那么好，吃了那么多了，我们总要报答他，想了半天，想到了，“人皆有七窍以视听食息”。世界上的人多聪明！人为什么脑筋聪明，因为头上有七个洞，有脑筋思想，脸上眼睛可以看，耳朵可以听，鼻子可以呼吸，嘴巴可以吃，这些多重要呢！浑沌这个家伙啊，像个汤圆一样圆的，他没有开窍，我们唯有一个办法报答他，就是使他开窍。“此独无有”，他可惜啊，我们这位老兄浑沌就是太浑沌了，也就是混蛋的意思。“尝试凿之。”倏忽他们要给浑沌开一个窍，所以这两位老兄，就到工具店买一个工具箱，开始工作。“日凿一窍”，一天给他开一个窍，“七日”，七天眼耳鼻舌身都开了窍，七个洞都开了。“而浑沌死。”而浑沌就死掉了。浑沌死掉就变面包了。这一下完了！庄子呀！就是那么幽默；所以读《庄子》，有时候我们读得会笑，他的文章就是这样。你要写风趣的文章，就要学庄子。

这一段也是非常有名的故事。所以，你们打坐的人，有时候静到气脉浑然入定了，第一步，就要得浑沌的境界，这是道家的术语。真得到浑沌境界的时候，那是真正定，不是昏沉定，六根不动了，内外隔绝了，本身里头的气脉也不动了，气脉都通了嘛，再不能打开了。如果你想再把气脉什么的，使它河车转动啊，任督二脉打开啊！那中间浑沌就死掉了。修道入定，必须要进入浑沌的境界，才是修道的基础，然后慢慢才能够阳神出窍。所以一般修气，转河车，修三脉七轮，为了什么？为了回到那个卖“浑沌”的家里去；那样，得道的基础就有了。

东方出版社南怀瑾作品

论语别裁
孔子和他的弟子们
话说中庸
原本大学微言
孟子旁通（上）
梁惠王篇　万章篇
孟子旁通（中）
公孙丑篇　尽心篇
孟子旁通（下）
离娄篇　滕文公篇　告子篇

维摩诘的花雨满天
静坐与修道
金刚经说什么
禅与生命的认知初讲
药师经的济世观
禅宗与道家
圆觉经略说
定慧初修
楞严大义今释
如何修证佛法
楞伽大义今释
学佛者的基本信念
禅话
大圆满禅定休息简说
禅海蠡测
洞山指月

老子他说（初续合集）
我说参同契
庄子諵譁
中国道教发展史略述
列子臆说

易经系传别讲

易经与中医（外一种：太极拳与静坐）

小言黄帝内经与生命科学

漫谈中国文化

金融　企业　国学

廿一世纪初的前言后语

易经杂说

新旧教育的变与惑

南怀瑾讲演录 2004—2006

南怀瑾与彼得·圣吉

关于禅、生命和认知的对话

历史的经验（增订本）

中国文化泛言（增订本）

文言趣读

上册

陈春贵　陈光辉◎编著

江西人民出版社
Jiangxi People's Publishing House
全国百佳出版社

图书在版编目（CIP）数据

文言趣读：全 2 册 / 陈春贵，陈光辉编著 . -- 南昌：江西人民出版社，2023.12
ISBN 978-7-210-14183-9

Ⅰ . ①文… Ⅱ . ①陈… ②陈… Ⅲ . ①文言文—中学—教学参考资料 Ⅳ . ① G634.303

中国版本图书馆 CIP 数据核字（2022）第 198052 号

文言趣读（全 2 册） 陈春贵 陈光辉 编著
WENYAN QUDU（QUAN 2 CE）

责 任 编 辑：杨 帆 李旭萍
书 籍 设 计：游 珑

江西人民出版社 Jiangxi People's Publishing House 全国百佳出版社 出版发行

地 址：江西省南昌市三经路 47 号附 1 号（330006）
网 址：www.jxpph.com
电 子 信 箱：jxpph@tom.com
编辑部电话：0791-86899133
发行部电话：0791-86898815
承 印 厂：江西润达印务有限公司
经 销：各地新华书店

开 本：787 毫米 ×1092 毫米 1/16
印 张：24.5
字 数：480 千字
版 次：2022 年 11 月第 1 版
印 次：2023 年 12 月第 2 次印刷
书 号：ISBN 978-7-210-14183-9
定 价：60.00 元
赣版权登字 -01-2022-471

序一

一趣破三难：文言教学的有效传承与发展

祝安顺

受陈春贵老师的要求，我有机会好好拜读陈老师多年来撰述的一系列著作。抛开出版物的内容不谈，就其最闪耀的特色而言，我觉得就是一个字“趣”，用一句话说，就是“选编古今中外有趣的故事，运用有趣的编写体例，提升学生学习文言文的兴趣”。正如陈春贵老师在他的简介中所说：“有感于初学文言文时，多数学生对这种陌生的文体感兴趣却找不到一本充满趣味的文言文启蒙读物，兴趣因此很难持久，故历时三十多年，数易其稿，终成此书。”由此可见陈老师的心志和情趣，也能看出作者的起心动念和著书目的。

陈春贵老师以一线语文教师的高度责任感为出发点，用“趣”来解决学生学习文言文所遇到的难题，虽说起初出于自发，但仔细领略，他却在自觉完成中华优秀传统文化的创造性转化和创新性发展的艰巨任务和时代难题。这种“双创”工作，可以说破解了文化传承尤其是文言文传承的三个难题，那就是文化传承里遇到的古今之异、雅俗之别和道术之裂。

先说古今之异，那就是文言文与白话文的古今巨大差异。由于历史发展的众多原因，加上言文一致的语文发展的内在需求，中国传统文化的语言和文字在近现代发生了从繁体字到简体字、从文言文到白话文的剧烈转变，当然这种转变不是完全与过去决裂，而是有所继承的变异。然而，对于后来者尤其是青少年来说，文字与语言的古今差异还是很大，字形、字义、语法和结构都发生了巨大变化。如何缩小这种差异带来的断裂感，让文言文能在我国继续传承下去，已经成为一个社会发展尤其是教育传承的重大问题。而陈春贵老师利用古今中外有趣的故事，尤其是运用文言范例来模仿现代生活的事例，的确能有效削弱这种差异带来的断裂感，有利于解决文字与语言古今差异问题。

其次说雅俗之别，那就是文言文过去主要是由文人，尤其是由士大夫阶层掌握的一种文体，古时候称之为雅言，就是正统的得到官方认可的言文；而且过去士大夫阶层大多数认可这种雅言承载着传道的功能，即富有深刻的教化功能，不是一般的记载事物的文体。在当今教育世俗化之后，语言和文字更多成为生活和工作以及思想交流的工具，其功能不断扩大，使用频率大大增加。在这种现代性世俗化大潮下，如何传承雅致的文言文，的确是一个巨大的挑战。而陈老师在教学中，用好的文章作为范本，根据生活中的事例反复模仿之，在不知不觉中，就将高雅的文言文带入寻常生活中，让传道的问题具有人间烟火的气息，特别是书稿中的很多动物形象、搞笑人物都非常具有典型特征。

再说道术之裂，就是文言文作为文化传承的人文素养与中考、高考之间的分离。学习文言文，能帮助青少年掌握其基本体例、语法，以便将来有一部分人在工作或学习中遇到文言文的时候可以灵活运用；但对于更多人来说，学习文言文可能主要是作为一种民族文化素养的训练。那么，如何有效提升青少年文言文素养就成了一个难题，因为如果没有中考、高考的升学压力，青少年很难有时间和兴趣去读文言文，尤其是佶屈聱牙的文言文本。但陈春贵老师利用人物形象和故事情节，特别是一系列具有反讽意味的故事情节，架设了学习知识与领悟做人做事的道理的桥梁。这不仅能帮助学生有效地应对考试压力，还能帮助学生树立正确的世界观和人生观，应该说，这也是“趣”字的功劳。

总之，在古今话语差异巨大的当下，如何理解古人，传承文化，实现文化自觉到文化自信，文言文的学习是关键一环。在这样的环节，能有这么一位孜孜不倦的人师，有这么一本趣味盎然的读本，我想这是传承中华优秀传统文化的幸事，也是我们当下学生的幸事，值得珍惜和爱护，宣扬和鼓励。如果这本书能真正进入语文课堂，进入学生的学习和生活中，那更是一件值得期待的美事。

是为序。

2020 年 11 月 13 日于深圳大学粤海校区六合苑

序二

一套难得的文言启蒙读物

骆祥发

大约是2000年年初吧，陈春贵老师带着一本他花了近20年时间撰写的文言小故事文稿来找我，说打算提供给中学生阅读，要我帮他看一看，提提意见。如获认可则请写则小序。

我虽然长年从事中国古代文学的教学和研究工作，但由于思想只集中在自己喜爱的课题上，对文言语法之类，其实并不了然，但既然收下了，总得看一看。谁知粗粗一翻，我就被深深地吸引了。因为他撰写的这些故事，有的是初中课文中文言故事的延伸，有的是从古代文献中选取典型的资料加以改写的，更多的是从现代生活中取材编撰的。这些故事内容新颖、文字流畅，读后或让人忍俊不禁，或发人深省，饶有趣味；且行文均从中学生的阅读能力与兴趣出发，使其于兴趣浓浓的阅读中温故知新，达到培养阅读兴趣、提高阅读能力的目的，的确是一本难得的好教材。有鉴于此，我写了一则小序寄给他。不久，该文稿以“野人国”为书名，由中国文联出版社出版。

中华民族有着几千年的历史文明。这股文明之水由小到大，终于汇聚成奔流不息的滚滚长河，一直滋润着人们的心田，成为中华民族取之不竭的精神财富。然而记录这一文明的书面符号，是清一色的文言文。随着社会的发展，这种书面文字与人们日常生活中使用的口语已严重脱节,因而才有“五四”期间提倡白话文的运动，目的是要将口头语言和书面语言统一起来，以突破文言文对人们思想文化交流的束缚，这当然是社会的一大进步。然而时至今日，问题又转向另外一端：不是文言文阻碍社会的进步，而是因人们普遍不懂文言文而影响到对中华优秀传统文化的继承与吸收，世界上罕有其匹的中国历史文化长河有断流的危险。古人创造的历史文化，是中华民族宝贵的财富，处处闪耀着夺目的光华，尽管有其时代的局限，但毕竟是长期凝成的精华，是先人智慧的结晶。认真吸取和借鉴这些历史文化，对个人品格和能力的提升、对国家的发展和民族的振兴，都有极大的裨益。可惜这一切，都因人们看不懂文言文以致不能随意取用而让人叹息。由于不能从中华优秀传统文化中汲取精神素养，许多人在现实生活中随波逐流，失去了立身的标杆。今日社会出现的众多病象以及传统道德的缺失，也是后果之一。

有鉴于此，许多有识之士多年来一直呼吁，希望能创造条件提高学生文言文的阅读能力。早在1995年的中国人民政治协商会议八届三次会议上，赵朴初、夏衍等九位知名人士就联名提出《建立幼年古典学校的紧急呼吁》的提案，希望通过幼年古典学校的教育，培养出一批能使用文言文的人才，使中华民族这条悠久的历史文化长河始终碧波浩然、川流不息。近年来，在多方的呼吁推动下，各级学校对文言文的教学有所重视，小学增加了古诗文朗读之类的内容，中学的古文教学也有所加强，大学的多数专业也开有这方面的必修或选修课。但总因教学内容繁杂，中学生忙于应付没完没了的考试，再加上一些认识上的问题，文言文教学随处可见“诲尔谆谆，听我藐藐”的尴尬情状，学生学习文言文的能力并没有明显提高。

陈春贵先生是一名中学语文教师，他深切地体会到上述问题的严重性。在多年的教学实践中，陈老师感到初中段文言文教学，如果只局限于几篇课文，学生至初中毕业也无法拥有阅读浅易文言文的能力。因为课文中的基础知识不是系统完整的，出现频率也不高，许多必须掌握的句法与词法知识在初中三年也只出现一二次，学生极易遗忘。陈老师想：文言文与白话文有传承的关系，无论是词法或语法知识都有许多相同的内容，为什么不利用这一条件，用新编和改编的办法写出一些适合当代学生阅读口味，又能让他们自己看懂的“新文言”呢？一种强烈的责任感与使命感，促使他数十年如一日不断地撰写。在原《野人国》收录的两百多篇故事的基础上，近七年来又增加了六百多则，写成《文言趣读》一书。陈老师在这件事上所作的努力，可谓殚精竭虑，令人起敬。

陈春贵老师精心编撰的这本《文言趣读》，在一定程度上解决了文言文教学中出现的难题：生动有趣的内容能吸引学生自己挤时间阅读，而较系统较完整的文言文基础知识又可帮助学生较快地提高阅读文言文的能力。但愿这本精心编写的文言读物，能在帮助学生提高文言文阅读能力方面发挥出独特的功效。

2010年8月23日

自　序

写这本书，耗时三十多年了，之所以这样执着，是因为坚信现代儿童在学文言文初期，需要一本能够吸引其自觉阅读的启蒙读物。在古代,老师用《三字经》《千字文》《弟子规》等识字明理的启蒙读物，教学生识字、对句，使学生记住一些历史文化知识，并懂得一些为人处世的基本道理，这一阶段叫作“通小学”。通小学时，老师花费了几年的时间，让学生一个字一个字地“识别”“记忆”,上课时又满口“之乎者也”。这样，既为学生提供了学文言文的鲜活语境，又为学生今后能看懂其他文言文打下了坚实的基础。过了通小学的阶段，学生需要的是指导作文而不是指导阅读的启蒙读物了。现代儿童不可能像古代儿童那样花费几年时间只学一门“语文”。仅靠现在这样选出一些范文，让学生一字一字地“识别”“记忆”，而后达到能够阅读浅易文言文的目标，其实是很困难的（时间有限，选文有限，课文中涉及的基础知识也有限）。中学文言文教学的目的是培养学生具备阅读浅易文言文的能力。对此，刘国正先生曾经作过很具体的解释，他说：“能够凭借工具书，大体读懂《史记》《梦溪笔谈》《聊斋志异》一类旨在普及的今人的选注本”（刘国正《重在培养阅读能力》，载

《中学语文教学》1983年第11期）。“能够凭借工具书，大体读懂……”这句话恐怕被许多人忽视了。具备了能够阅读浅易文言文的能力的时候，也只要求“能够凭借工具书，大体读懂……”而已。中学段的文言文教学，尤其是在前期，怎么能够要求学生对选文“字字落实、句句清楚”呢？放手让学生自己阅读，不断地在阅读中养成使用工具书的习惯，培养能自觉阅读的兴趣，才是事半功倍的正确途径。

问题是儿童初学文言文时，还缺乏能够吸引他们自觉阅读的启蒙读物。但是文言文与白话文有传承的关系，无论是词法还是句法都有许多相同或相近的内容。我们的学生是快升初中时才开始学习文言文的，为什么不利用这一特点，用新编与改编的办法，写出一些理想的启蒙读物呢？笔者虽然资质驽钝，但想到职责所在，还是竭尽所能，写成了这本书。

也许有人会说，文言文的启蒙读物也应该从古人的文化典籍里摘录而成，何必要新编与改编呢？再说现代人写的文言文能媲美或者超越古人写的吗？

理想的启蒙读物，其文字要通俗，内容要符合现代儿童的阅读口味，基础知识要反复出现，而且要由浅入深，由易到难，从简趋繁。要满足这几条，若只是从古人的典籍中摘录篇、段组合而成，能力再好也是无法达到的。至于今人写的文言文能否媲美或者超越古人，笔者能力有限，当然不敢夸口。古人留下的文言文是汪洋大海，其中固然有许多经典，今人恐怕难以逾越，但也有许多是平庸之作，怎么能下不能“媲美”或“超越”的结论呢？

习近平总书记曾经说过，“优秀传统文化书籍作为古今中外文化精华的传世之作，思考和表达了人类生存与发展的根本问题，其智慧光芒穿透历史，思想价值跨越时空，历久弥新，成为人类共有的财富”“读优秀的传统文化书籍，是一种以一当十，含金量高的文化阅读”（摘自习近平2009年5月13日在中央党校2009年春季学期第二批进修班暨专题研讨班开学典礼上的讲话)。想方设法提高中学段文言文教学的质量，让祖国的下一代能看懂那些优秀传统文化书籍，是语文教师的责任。笔者希望语文教师献计献策，竭智尽力，让我们伟大民族的历史文化长河始终能碧波浩然、奔流不息。

这些年来，于丹等在《百家讲坛》上讲述历史而走红，他们的著作成堆地出现在书店里。这说明年轻一代很想了解历史，却看不懂古人留给我们的文化典籍。真诚希望小学五六年级以及已升入初中的同学能喜欢这本书，这是笔者为你们精心铺设的一段路、架设的一座桥。走过这段路，过了这座桥，你就可以进入一个无比浩瀚的古文化世界——那是一个取之不尽、用之不竭的文化宝库。

陈春贵

2013年9月10日于东阳横店

几点说明

一、本书收录的是新编或改编的寓言、笑话、故事（其中有报刊上的奇趣异闻）以及初中文言课文的续文、仿文。作者是一位已经退休的中学语文教师，为编写此书，花费了三十多年时间。

二、书中的部分内容，曾由浙江省东阳市教委教研室分别在1982年、1999年两次刊印，供中学语文教师参考。2002年，书稿以“野人国”为书名，由中国文联出版社出版，书前还有刘国正先生撰写的小引。2008年，部分故事曾在《语文教学与研究》（学生版）上连载。

三、本书分上、下两册。在上册，大多数故事中的生词、难词不超过6个，学习难度不大。附在上册后的“基础知识”以及附在下册前半部分（154—279则）文后的“基础知识述要”，对必须掌握的词法、句法等作了详细说明或者归类介绍，只要循序渐进，从未学过文言的人也能读懂。

四、上册共分153个小单元，每个小单元分别由正文、附文、断句三部分组成。可能造成阅读障碍的知识在正文以及附后的“基础知识”中有注解，若在附文与断句中出现，则不加注解。为了进一步巩固这些知识点，在后文重复出现时，特意加以提示。如“苟33”，如果读者忘了“苟”字的读音与意义，可以到第33篇的正文及后面的“基础知识”中去找，且可再重温那个故事。这样学习，没有反复记忆之苦，反有温故知新之效，可以收到事半功倍的效果。

五、上册是全书的基础，为给读者留出反刍的时间，也为使读者明白学习重点，且有“序”可循，作者把上册分成15个小阶段（每十则为一阶段，后141—153则为一阶段）。每个阶段结束时，作者设计了“阶段自测”专栏，把出现在该阶段正文（包括文后“基础知识”专栏）中应该记住的知识点按出现顺序一一标明，读者可以逐个自测或者查问。自测或查问时，说出该知识点出现在该文中的义项即可。知识点后附有序号的，是指还有两个或两个以上的义项，学到时也要求记住。15个“阶段自测”专栏，共收集600多个知识点（同一个词，若有几个义项收集其中，就算不同的“知识点”，按出现先后顺序标明序号）。这些知识点绝大多数在上册，也在本书中反复出现。在这些知识点中，阅读浅易文言文时常碰到的人称代词、人物称谓、表示年龄的称谓、表示时间的副词及其常用语、表示范围及程度的各种副词，以及在叙事述意时常用的语气助词、叹词、各类实词、固定结构、常用句式等，大多数都在本书中反复出现。读者若能认真掌握这些知识点，就能为阅读浅易文言文打下坚实的基础。

六、上册在每个小阶段后，附“扩展阅读”专栏，里面全是原汁原味的文言文。该专栏中的新知识点，属另外系统，不列入作者着意安排的“知识顺序”内。书后附的“基础知识索引”，对此也未作统计。

七、但是明白了这些常用虚词的常见义项后，就不能十分较真，多数情况下可以让学生自己感悟，悟错了其实也无关大局。

刚开始学习这些常用虚词时，很难找到一则同时出现某个虚词的常用义项的现成文言短文。可能很难找到一则某个虚词的各种常用义项会同时出现的现成文言文。而分散讲述虚词的各种常用义项，或分别找些例句来讲述，则混乱而又抽象，不便于记忆。为解决这一难题，作者在“上册”后附上“常用虚词初识”，分别介绍这些虚词的常用义项。每个虚词都配有一两个新编或改编的文言小故事或“常用虚词顺口溜”，该虚词的几种常见的义项会同时出现。读者在使用此书时，可以先学习这部分内容。这十来个常用虚词，出现在文中时，会造成阅读障碍的，加注解，但不作为知识点统计在“阶段自测”中，也不列入书后的“基础知识索引”中。

八、除“之、乎、者”等十来个常用虚词外，其他一些譬如表示时间、程度、数量、范围等虚词以及其他一些必要的词法与句法知识，在初学阶段应该尽快掌握。为了补苴罅漏，在“下册”的许多故事后，作者增设“基础知识述要”一栏。在此栏中，作者往往就故事中出现的某个“知识点”，或由此及彼，或举一反三，再作一些补充。考虑到新编初中语文教材中，文言语法知识已经淡化，本书在讲述时，将副词、介词、连词、语气词、助词、叹词、代词等都称为“虚词”。再者，书中新增加的“知识点”也不列入作者着意安排的“知识顺序”内。

九、凡可能造成阅读障碍的词、固定结构或句式知识，本书只在初次出现时加以注释，再出现就只有提示而已。之所以这样处理，除“逼”读者记住这些知识点外，更希望读者养成能够及时查阅的良好习惯。作者认为，中小学阶段的文言文教学，培养学生能及时查阅工具书的习惯与培养文言语感、阅读兴趣一样，是非常重要的。

十、为便于查阅，书后附有“基础知识索引”。索引以笔画为顺序，反复出现的都予以摘录。为使读者看懂该索引，作者以二画中的“乃”字为例：“乃 ①1②12③40”，圆圈内的数字是指“乃”字出现在本书中有三个义项，后面的数字是指这三个义项分别出现在第1、12、40则正文或正文后的“基础知识”专栏中。其他类推。

十一、因时过已久，有些改编的故事一时找不到出处，故未能注明。希见谅。

十二、用新编文言文的方式为学生学习古文架梯铺路，并非作者首创。三十多年前，钱梦龙先生就提出此法，并且认为“旧词句，新环境，容易触类旁通”“学生兴趣很浓”[①]。当时，这一方式叫“古文新编”，在语文刊物上风行一时。学习文言文，离不开课外阅读。对现代中学生来说，《聊斋志异》《阅微草堂笔记》《子不语》之类古文太难，而且内容又离现实生活太远，其中还有一些思想上不甚健康的东西；本书中新编与改编的文言故事，既融入了现实生活，又渗透了现代口语，亦古亦今，亦雅亦俗，既不难懂，又有趣味，非常适合初学者学习，相信读者一定会对它爱不释手。

---

① 钱梦龙．改进中学文言文教学的设想和试验［J］．语文学习，1980（3）：42-44.

目 录

阅读该册，不求字字落实，能口述故事即可，但不要走马观花，对各阶段自测中标明的知识点（共600多条，大多在文中反复出现）应用心记住。记住了这些，阅读下册就省力了。——**作者叮咛**

1.善忘者

两翁相遇，甲问乙姓氏。答曰①："姓张。"俄尔再问，复告之。俄顷复问。乙不说②，大声曰："吾③姓张！吾张姓！吾之姓，张也！"甲笑曰："王大爷毋④恼，吾乃⑤善忘者⑥也！"

注释：①曰（yuē）：说。②说（yuè）：通"悦"。③吾：我。④毋（wú）：禁止之词，不要。⑤乃：作判断动词，可译成"是""就是"。⑥者：意为"……的人"。

基础知识

常用词：俄、俄而、俄尔、俄顷、俄然

俄：副词，表示时间的短暂，可译成"不久""一会儿"等。"俄"经常与"而""尔""顷""然"连用，构成"俄而""俄尔""俄顷""俄然"等，仍表示时间之短暂。

附文

蝴蝶得冠

昆虫竞美，蝴蝶得冠。友送其一画像，乃一青虫也！蝶不说，俄然自语曰："毋恼，毋恼！友诫我莫忘本也！"

魂魄报警

一醉汉报警，曰："有人谋杀。"俄而众警至。汉醉如烂泥，见警，挣扎而起，曰："吾已死，报警者乃吾之魂也！"

师生作诗

一生作诗曰："一棵老枯树，两个大丫杈。"思之久而无下文。生不说。俄尔，师至，赞曰："初学作诗，出语不俗也。为师续两句，以为纪念，可乎？"续曰："春来苔是叶，冬至雪作花！"生大喜。

断句

初学作诗

一生作诗曰门前有棵树春秋一模样思之久而无下文俄而师至曰当改为门前有棵树春秋换新装生曰吾家门前乃樟树也师不说曰作诗当求新意毋死心眼也师去生疑之久

2.执竿入城

鲁[①]有执[②]长竿入城门者，初[③]竖执之，不可入；横执之，亦[④]不可入，计无所出。俄有老父[⑤]至，曰："吾非圣人[⑥]，但[⑦]见事多矣，何不以锯中截[⑧]而入？"遂[⑨]依而截之。

（选自三国邯郸淳《笑林》）

注释：①鲁：鲁国，公元前十一世纪时周分封的诸侯国，在今山东省的西部。②执（zhí）：拿；握；持。③初：开始；开始时。④亦：也。⑤父（fǔ）：对年老的男人的尊称。⑥圣人：旧时指道德高尚的人。⑦但：只；只是。⑧截（jié）：截断。⑨遂（suì）：副词，于是；就。

基础知识

文言文在组织句子时，经常使用一些固定的词语（或固定的词语搭配）来固定某种结构关系，这叫固定结构。"有……者"就是一种常见的固定结构，可译成"有……的人"。（注意：这种固定结构，常写成"人有……者"）上文中"鲁有执长竿入城门者"，意为"鲁国有个拿着长竹竿进城门的人"。

试翻译下列文言句：

①人有牵马而行者　②有善忘者　③人有初为人师者

④有算命者　⑤有初读文言而觉其文多趣者

附　　文

问"槐"字

人有以槐字问一老父者，答曰："鬼也！"曰："鬼字无木字旁也！"老父笑曰："吾非圣人，但识字多矣。此乃吊死之鬼也！"

一问三不知

有以成语"一问三不知"问其父者，父曰："不知"；问其母，亦曰："不知。"俄而忽大声曰："吾知矣——一问三不知者，父不知，母不知，儿亦不知也"。

断　　句

两翁相遇

两 翁 相 遇 甲 呼 乙 曰 大 伯 见 其 白 发 斑 斑 呼 己 为 伯 乙 不 说 不 应 三 呼 之 亦 不 应 遂 大 声 呼 曰 大 伯 乙 笑 曰 娃 娃 毋 恼 大 伯 年 高 眼 花 耳 聋 也

3.负米骑马

有跛[①]者，牵马而行，途遇老父一。问曰："君[②]艰于行步[③]，何不骑耶[④]？"对曰："马负[⑤]米囊[⑥]，人复骑之，恐不堪[⑦]。"父笑曰："甚矣，汝之不惠[⑧]。若负米骑马，则[⑨]马止[⑩]负人而已[⑪]，岂不两便？"跛者大喜，遂负米骑马。

注释：①跛（bǒ）：瘸腿。②君：对人的尊称，相当于"您"。③艰于行步：走路很不方便。④耶：表示疑问或反问的语气助词，相当于白话文中的"呀"。⑤负：背负。⑥米囊（náng）：盛着米的袋。囊：有底的布袋。⑦堪（kān）：胜任；忍受；能。"堪"与"不"连用，有不能、不能胜任或不能忍受的意思。⑧甚矣，汝之不惠：这是一句特殊的句式，可意译成"你太不聪明了"。甚：程度副词，很；十分；非常。惠（huì）：通"慧"，聪明。汝：你。⑨则：那么；就。⑩止：副词，只是；仅仅。⑪而已：罢了。

基础知识

"割裂姓名"是文言文的一大特点。所谓"割裂姓名"，是在行文时，再次提及一个人时，往往只称姓或只称名；复姓或者名是双音节、多音节时，可以只用其中的一个字来指称。譬如有人叫诸葛浩明，再次提及时，如出现"诸葛曰""浩明笑曰""诸曰""葛不语""浩不说""明曰"这样的文字——都是在指诸葛浩明怎么样。提及动植物名字时也可以如此。

附　　文

苍蝇与蜜

蜜罐破，蜜流一地，苍蝇闻香，嗡嗡而至。有蜜蜂大声阻之，曰："危矣，危矣！汝不要命耶！"蝇笑曰："吾但闻其香而已——蜜流于地，非复为君所有，君何嚷嚷耶？"扑之，遂为蜜粘。

吾孙汝祖

两翁相遇，甲问乙姓。答曰："孙。"问甲姓。曰："不敢，恐君不堪。"乙不说，曰："问姓而已，有何不堪？"甲曰："吾姓祖。"乙笑曰："君多虑矣！吾孙汝祖，汝祖吾孙而已，有何不堪？"

断　　句

螃蟹上网

两 蟹 相 遇 甲 问 乙 曰 何 事 唉 声 叹 气 对 曰 吾 儿 外 出 上 网 多 日 不 见 甲 笑 曰 毋 忧 也 指 树 上 蜘 蛛 曰 此 必 汝 子 也 乙 大 惊 曰 上 网 上 网 竟 成 如 此 模 样

4.此裤不破

有着[①]绸裤访客于城者，裤触长竿，洞穿焉[②]。其人赧[③]甚，欲[④]返。会[⑤]有老父至，喟然[⑥]曰："汝不惠甚矣。觅[⑦]纸片一，书[⑧]'此裤不破'四字贴之，则何羞之有[⑨]？"其人大喜，曰："君诚[⑩]智者也。"

注释：①着（zhuó）：穿。②焉（yān）：此字放在句子后面，往往作语气助词，可译成"啊"或"呀"。③赧（nǎn）：因惭愧而脸红。④欲：要；想要。⑤会：适逢。⑥喟（kuì）然：叹息的样子。⑦觅（mì）：找。⑧书：写。⑨何羞之有：有什么好害羞呢？⑩诚：确实。

基础知识

"何……之有"是一种常见的固定结构，可以译成"有什么……呢"。请比较下列白话与文言句：

①有什么功劳呢？（何功之有？）

②有什么可忧愁的呢？（何忧之有？）

③有什么可畏惧的呢？（何惧之有？）

④有什么可怨恨的呢？（何怨之有？）

附　　文

蚱蜢求食

冬日，蚁群翻晒库粮。有蚱蜢饿甚，四处觅食，见之，赧颜曰："吾将饿死，君能舍其一二否？"蚁曰："夏日，食物睁眼即是，君何不觅以防冬？"蚱曰："其时吾忙于唱歌也！"蚁曰："夏忙于唱，冬则喝西北风可也！"

甲乙两罐

两罐相逢于途。甲问乙曰："汝何能之有？吾前敢昂然而立？"乙曰："吾智囊也，腹中自有妙计千条。汝有何能，亦敢夸口？"甲曰："吾乃总经理也，吾之一生无事不成。"忽有车隆隆而至，两罐不知所措，俱为车碎。

断　　句

驴与蚱蜢

驴以鸣声不佳时有赧色一日闻蚱蜢鸣于草丛喟然叹曰吾之形胜汝千倍而鸣声之美反不能及吾有何颜苟活于世蚱笑曰甚矣君之不惠君之力万倍于我吾亦觅死觅活耶天下之物各有所长各有所短何怨之有驴转忧为喜

5. 弹簧擒鳄

人有简[1]动物小者，腹塞弹簧，抛于水中，鳄鱼见而欲吞。龟、鳖皆[2]阻之，曰："子[3]其[4]危矣！是[5]诱我也！"鳄笑曰："是物无钩无索[6]而香扑鼻，何危之有？"不听，吞食腹中。及[7]肉化，弹簧撑其腹。鳄欲沉不得，痛苦不堪，叹曰："是乃非洲，吾等[8]未得庇护。不慎如是，诚该死矣！"遂为人获。

注释：①简：挑选。②皆：都；全。③子：您，表示尊称的第二人称。④其：此处为表示肯定或猜测的语气助词。⑤是：这；这里；这样。在文言文中，"是"是指示代词，一般情况下不作判断词。⑥索：绳索。⑦及：到；到了。⑧吾等：我们。

附　　文

孔子牙签

某古董店欲简一店员，店主执木梳之一齿问应试者曰："此何物耶？"一年轻者对曰："是为文物也，当年孔子用以剔牙！"店主不胜喜，曰："得人矣，得人矣！"

甲乙相撞

有骑自行车途中相撞者，皆怒。起，捋袖捏拳。及两目相对，甲忽笑曰："君以车拦我，有何事急商？"乙亦转怒为喜，曰："欲与子交友而已。"一笑而散。

蠢猴捞月

众猴嬉戏树上。一猴见有藤蔓悬空而下，入一古井。会水中月影如镜，不胜喜，遂大呼众猴捞月。猴闻声而集。有老猴曰："事有可为有不可为者。可为而不为，是为懦夫；不可为而强为，乃蠢汉也。"是猴不听，曰："祖辈捞月不成，吾以为羞。今有此藤相助，何难之有？"老猴苦劝不听，遂去。众猴亦散。

断　　句

桃花争誉

油菜花盛开人大声赞曰黄金一地黄金一地也桃花慕焉曰吾若嵌镶其间人必赞我红宝石也欲下蜂阻之曰赞誉之词多言过其实子何必认真桃花不听纷纷飘落人见之喟然叹曰桃花飘落春将尽诚可悲也桃花大悔

6.纸鸢与鹰

纸鸢冲天，群雀以为妖魔，大呼救命，四散而逃。鸢见状①，摇头摆尾，洋洋自得。会鹰至，见而大怒，詈②曰：“汝辈③借风升天，何能之有？升降由人，何用之有？随风招摇，何智之有？竟敢装神弄鬼，欺我鸟类？”径④断其索，鸢遂堕⑤。

注释：①状：形状；样子。②詈（lì）：骂。③汝辈：你们。“辈”与“等”放在人称代词后面，就相当于“们”，表示复指，如“吾辈、吾等、汝辈、尔辈、汝”等。④径：直；直截了当。⑤堕（duò）：坠落；掉下。

附　文

乌鸦选美

凤凰告示曰：本王欲于某日，简一绝美者为世界小姐。是日，百鸟云集。中有一鸟，色彩斑斓，挺立高处，器宇轩昂。凤遂简为世界小姐。众鸟近而视之——乌鸦也，拾众鸟之羽，凑成华丽外衣者也。遂詈之啄之。鸦现原形，落荒而逃。

猴母荐子

狮王告示曰：六一儿童节，本王欲简一美且健者，为儿童形象。是日，众兽带儿孙云集。一猴之子，鼻扁嘴歪，跛而无毛。其母亦欲狮王简焉，众兽大笑。是猴詈曰：“何笑之有？母之眼中，世间万物健而美者，唯有儿也！”

猴着人衣

一猴拾人衣，不胜喜，着而学人正步行走。大声曰“一二一，一二一”——欲引他猴注目也。有老猴曰：“子不着衣，猴也；子着人衣，不人不猴！”猴大怒，詈曰：“汝找死耶？多言一句，吾断汝后脚！”

断　句

借　驴

有 向 其 邻 借 驴 者 邻 曰 驴 不 在 会 驴 大 鸣 其 人 曰 此 非 驴 之 鸣 耶 邻 大 怒 詈 曰 吾 所 言 者 汝 不 信 竟 信 畜 生 之 言 汝 之 眼 中 吾 不 若 畜 生 耶

7.一字搞笑

某君善搞笑。一日，有妇立于门前，其侧一狗卧。某谓众人曰[①]：“吾能以一字令[②]妇笑，一字令妇怒。”众不信。某前，跪于狗前呼曰：“爹！”妇果大笑。复跪于妇前呼曰：“娘！”妇转怒而詈。某顾[③]谓众人曰：“何如[④]？”

注释：①谓众人曰：对大伙儿说。②令：使；叫。③顾（gù）：回头看；看。④何如：怎么样。

基础知识

“谓……曰”与“语于……曰”是文言文中经常出现的固定结构，可译成“对……说”或“告诉……说”。

附　　文

刘关张相面

有为刘关张相面者，谓刘备曰：“君白面白心，胸怀坦坦，仁厚之主也！”谓关羽曰：“子赤面赤心，忠心护主，诚可敬也！”张飞大怒，詈曰：“如是言语，吾岂非黑面黑心者耶？”

渴　鸽

一鸽渴甚，见有清水，鼓翼而扑。一雀大声曰：“子其危矣！广告牌上，一画而已。”以去势甚急，鸽不能止，头破翼折，昏厥而跌。雀喟然曰：“欲令智昏者，可以为戒！”

断　　句

恭喜恭喜

公 交 车 上 有 人 大 声 谓 某 女 郎 曰 尔 踩 痛 吾 脚 也 女 郎 顾 而 笑 曰 恭 喜 恭 喜 其 人 不 解 曰 踩 痛 吾 脚 何 喜 之 有 对 曰 吾 未 着 高 跟 鞋 也

8.笋与雀

一笋破土，止数日而高于竹，笋不胜喜。会一雀至，因①语之曰:“雀，吾语尔:世传擎天柱者，得无谓我耶？”雀哂②其言，不语，竟遗③屎④于笋顶而去。

注释：①因：于是；就。②哂（shěn）：讥笑。③遗（yí）：遗失；遗留。译此词时要看具体的语言环境，不能死板。如“遗屎于笋顶”的“遗”，可译成“拉”，全句意为把粪拉在笋顶。④屎（shǐ）：粪便。

基础知识

“得无”亦写成“得毋”或“得微”“得非”，是一种常见的固定结构。它常常与语气助词“乎”“耶”或“邪”呼应，组成的句子用来表示怀疑与猜测，一般情况下可以译成“会不会”“莫不是”“该不会”“岂不是”等。

附　文

一蚂蚁

一蚁欲娶白蚁小姐为妻，其母曰：“白蚁懒惰成性，岂能娶以为妻？”子曰：“而今丰衣足食，但懒惰而已，何忧之有！”母不说，曰：“娶其为妻，必将乱我家风。”子默然，久之，喟然曰：“母言之有理！”

哄自个儿

有初为人父者，推婴儿车购物于超市。婴啼哭不休，其人俯而低语曰：“安得森，毋恼！安得森，镇静！安得森，毋急也！”一妇见状，谓其夫曰：“君为人父，亦当如是！”复问此人曰：“此子名安得森耶？”其人一脸尴尬，曰：“否！吾名安得森也！”夫顾妻而笑，曰：“何如？”

断　句

气球与蜂

气 球 大 声 曰 吾 肚 量 之 大 无 人 能 及 蜂 哂 曰 吾 试 试 何 如 气 球 怒 詈 曰 得 无 欺 我 忠 厚 耶 汝 敢 刺 吾 必 炸 炸 死 毋 怨

9.男孩啼哭

一男孩，井沿啼哭。问之，答曰："吾有银圆一，坠[①]入井中。"一老父悯[②]之，曰："毋哭。吾予[③]尔一枚可也。"男孩得钱大恸[④]。问其故[⑤]，曰："设[⑥]向[⑦]者未失，吾有银圆两枚哉[⑧]！"

注释：①坠（zhuì）：掉下。②悯（mǐn）：怜悯；同情。③予（yǔ）：给；给予。此词亦可作第一人称代词，希读者留心。④恸（tòng）：痛哭。⑤故：原因；缘故。⑥设：假如；如果。⑦向：先前；先前的；从前；从前的。⑧哉：语气助词，可表示感叹，也可表示疑问或反问。

基础知识

"故"是一个常用词，有三种义项在本书中反复出现：①原因；缘故。如上文"问其故"。②所以；因此。③旧有的；原来的；旧有的样子；原来的样子。

附　文

有溪边大恸者

人有溪边大恸者，会一故人至，问其故。曰："向者，吾闲坐于此。见人简溪边一石，囊负而去，后知是为翡翠原石也，价值连城。思及与富贵失之交臂，故悲之也！（会4、简5、囊3、是5）

蝙　蝠

凤凰寿，蝙蝠不至。问之，答曰："吾乃兽也，何贺之有？"他日，狮王寿，蝠仍不至。问之。曰："吾鸟也，毋用贺焉。"狮凤闻而喟然曰："此不禽不兽之物，无奈何也！"

断　句

众妇夸子

众妇闲谈皆夸子女之能一妇曰吾子才干世人莫及焉问何才干曰始呱呱坠地即能助我干活也众相顾而笑曰初生婴儿能干何活答曰助我挤奶也

10.一笋忧折

一笋破土，数日而已，高甚于竹。笋不胜忧，恒①喟然而叹。竹问其故。对曰:“吾长势过速,质脆易折,设遇骤风,将奈之何②？”竹曰:“世间万物，当顺其自然。竹老而花，花后必死，则无恨③矣！设笋忧其折，竹忧其花，则忧虑随身，何趣之有？”笋转忧为喜，迎风而立。

注释：①恒（héng）：经常；时常。②奈（nài）之何：对这件事（指遇骤风），该怎么办呢？③恨：悔恨；遗憾。

基础知识

1.固定结构“奈……何”组成的句子，是用来向对方询问办法或态度的，可以译成“拿……怎么办”“能把……怎么样”或“对……怎么样”，如《祝枝山题寿诗》中“然无以成寿诗，君将奈之何”。

2.固定结构“奈何”可以看成是“奈……何”的简缩，作用相同，可以译成“怎么办”或“怎么样”，如《祝枝山题寿诗》中“奈何老天雨滂沱”。“奈何”时常与“无”组合，写成“无奈何”或“无奈”，意思是“没有办法对付”或“没有办法处置”，如《气球升空》中“无奈何也”。“奈何”放在句首时也可译成“怎么”“为什么”，如《杞人忧天》中“奈何忧崩坠乎”。

附　　文

祝枝山题寿诗

有陶姓翁八十寿诞，为题寿诗者祝枝山也。时大雨滂沱，祝因书曰：“奈何奈何复奈何，奈何老天雨滂沱。”宾客耳语。翁笑曰：“君可谓善用奈何者也，然无以成寿诗，君将奈之何？”祝笑，续曰：“滂沱雨祝陶公寿，寿比滂沱雨还多。”满座叹服。

气球升空

有氢气球索断升空。时，一纸鸢已离地万丈，气球见近之，不胜喜。仰而呼之曰：“纸鸢，向者，君恒得意高空，而吾为短索所束，无奈何也。今吾索断，直冲九霄，吾无恨矣！君亦断其索，何如？”鸢叹曰：“吾辈当有所束。设无拘束，危矣！”俄而，气球凌空而炸。

断　　句

藤与小树

藤 谓 小 树 曰 与 君 交 友 可 乎 对 曰 可 旁 有 老 树 大 声 曰 交 友 不 慎 终 身 受 累 藤 哂 曰 此 老 朽 孤 独 难 熬 欲 与 吾 等 交 友 可 日 夜 听 其 唠 叨 也 小 树 亦 笑 任 藤 缠 绕 老 树 喟 然 曰 忠 言 逆 耳 良 药 苦 口 初 不 慎 言 慎 行 而 后 怨 天 怨 地 者 多 矣

第一阶段自测

1. 说[①]、吾、毋、俄、俄而、俄尔、俄顷、俄然
2. 执、初、亦、父、但、遂
3. 君、耶、负、囊、堪、甚、汝、惠、则[①]、止[①]、而已
4. 着、焉[①]、赧、欲、会、喟然、觅、书[①]、何……之有、诚
5. 简、皆、子、是、索[①]、及
6. 状、詈、辈、等、径、堕
7. 令[①]、顾[①]、何如[①]、谓……曰、语于……曰、语……曰
8. 因、得无、得毋、得微、得非、哂、屎
9. 恸、悯、坠、设、向、哉、故[①]、故[②]、故[③]
10. 恒、奈何、奈……何、恨

扩展阅读

狐假虎威

虎求[①]百兽而食之，得狐。狐曰："子无敢食我也！天帝使我长百兽[②]，今子食我，是逆天帝命也。子以我为不信，吾为子先行，子随我后，观百兽之见我而敢不走[③]乎。"虎以为然[④]，故遂与之行。兽见之皆走。虎不知兽畏己而走也，以为畏狐也。

（选自《战国策》）

注释：①求：寻找。②长百兽：做百兽的首领。③走：跑。④以为然：认为讲得对。

虎扑儿堕水

绍兴[①]西乡，溪水甚深。一儿戏溪上，见虎来，儿窜入水，泅[②]而出没，且觇[③]之。虎坐岸上，眈视良久，意甚躁急，涎流于吻[④]。忽跃起扑儿，遂堕水中。愤迅腾掷[⑤]，溪水为沸[⑥]，数跃数堕，竟不能起。儿获免而虎溺死。

（选自清代袁枚《续子不语》）

注释：①绍兴：市名，在浙江省。②泅（qiú）：游水。③觇（chān）：窥看。④涎流于吻：嘴巴上流着口水。⑤愤迅腾掷：气愤、快速地腾跃。迅：快速。腾掷：腾跃。⑥沸：沸腾。

11.山产子

山大声曰："吾将产子。腹中动矣！腹中动矣！"

飞禽走兽环而观之。或①曰："山之子也，其形必庞！"或曰："山之子也，其声必宏②！"

山呻吟不已③。

雾霏霏④亟⑤前助产，云悠悠止步不前。

翌晨⑥，果产一子——一鼠耳⑦！

注释：①或："或"有两种义项经常出现，一可译成"有的""有的人"，二可译成"有时"。此处取前者。②宏（hóng）：洪亮；大。③已：停；停止。④霏霏（fēi fēi）：雨雪或烟云很盛的样子。⑤亟（jí）：急；迫切。⑥翌（yì）晨：第二天早晨。⑦耳：语气助词，相当于"而已""罢了"；亦作表示肯定的语气助词，相当于"矣"。

基础知识

翌晨、翌日、翌月、翌年：相当于白话文中的"第二天早晨""第二天""第二月""第二年"。

附　文

海蛇食蚌

海蚌将死，张壳喘气。蛇趁机而入，曰："美哉，美哉！美味可餐也。"蚌惧，哀求曰："吾将死焉，死后尔食，何如？"蛇哂曰："死肉不佳，死肉不美！"蚌怒，曰："设吾合壳，尔将奈何？"蛇曰："蚌死壳开，尔奈我何！"遂撕食。蚌痛甚。会近有石窟，亟挣扎而入，觉上下相抵，始止。俄顷，蚌死，以石壁抵压，壳合如故。蛇亦死。（哂8、设9、遂2、会4）

蛛入锁眼

一蛛越网，与邻争食，忽遇壁虎，逃入锁眼。大喜，大声吟曰："铜墙铁壁，铁壁铜墙；壁虎壁虎，尔奈我何！"久之，闻邻大呼曰："壁虎去矣，此锁眼也，屋主启锁，子其危矣！"蛛以其欺，三呼而不应。邻曰："尔越网争食，此小事也；救尔生命，乃大事也，吾岂能相欺，速出毋迟！"三呼仍不应，邻喟叹而去。俄而屋主至，锁启蛛死。（喟4）

断　句

牛与车轴

牛 车 负 重 缓 缓 而 行 车 轴 轧 轧 呻 吟 愈 响 愈 厉 牛 转 身 曰 负 重 者 吾 牛 也 当 呻 吟 者 亦 吾 牛 也 汝 何 重 之 有 车 轴 曰 人 恒 知 己 不 知 彼 也 设 去 我 车 轴 汝 载 而 走 早 压 死 矣 牛 赧 然 不 语（负3、恒10、赧4）

12.蜗牛竞走

蜗牛语于兔曰:“与君竞走①,一较②高低,何如?”兔大笑,曰:“诺③!然则④何时竞走?”蜗曰:“自行车有迟速竞赛,吾等亦赛缓不赛速也!”兔曰:“如是,诚不若君也!”蜗大喜,乃⑤于门前悬一匾,曰“竞走冠军”,下有小字作注,云⑥:某日,余挑战快兔。兔不敢应战,曰“诚不若君也!”

注释:①走:跑。②较:比较。③诺(nuò):表示答应或赞同的声音。④然则:是一个常用的固定结构,可译为“既然这样,那么”或“如果这样,那么”。⑤乃:于是;就。⑥云:说;讲。(何如7、是5、诚4)

基础知识

“吾、我、余、予”是常用的第一人称代词,但要注意的是:“吾”不用在动词后面作宾语;“余”“予”经常出现在用来自述的句子中,而很少出现在对话的语句中。

附　　文

野猫食鸡

野猫得一雄鸡,曰:“尔恒半夜而鸣,扰人美梦,其罪滔天。今为吾所擒,罪有应得。”鸡曰:“人恒言‘鸡鸣则起’,吾之鸣叫,为报时也,何罪之有?”猫曰:“尔虽有理,然吾饥甚,岂能空腹?”(恒10)

农夫逮狮

一狮误入农场,农夫急关门欲逮而杀之。狮怒,扑杀场内牛羊。农夫见状,急开门,狮乃出。顾牛羊尽死,农夫大恸。其妻詈曰:“向者,汝见狼亦双腿发抖,而今不自量力,欲逮杀雄狮耶?”农夫追悔莫及,曰:“利令智昏,利令智昏也!”(状6、顾7、恸9、詈6、向9、欲4、耶3)

断　　句

蝇与蜜蜂

苍 蝇 谓 蜜 蜂 曰 与 君 一 较 嗅 觉 何 如 蜂 曰 诺 蝇 曰 人 兽 禽 虫 遗 屎 万 千 吾 闻 味 则 知 谁 所 遗 者 子 何 如 蜂 曰 然 则 君 觅 屎 克 螂 可 也 吾 等 闻 臭 则 避 恕 不 奉 陪

13.酒鬼夜归

夜，某酒鬼醺醺而归，误撞一树，以为人，遽①以拱揖曰："吾酒醉，冀②君见谅③也！"俄而，再撞一树，拱揖如前。俄顷，复撞一树，酒鬼拱揖毕④，坐于道侧，自语曰："奇哉怪也！今夜行人何其⑤多也？俟⑥夜深人稀，再行可也。"

注释：①遽（jù）：急；急忙。②冀（jì）：希望。③见谅：原谅我。④毕：完。⑤何其：多么。⑥俟（sì）：等待。

基础知识

1.拱（gǒng）、揖（yī）、长揖，古人见面或分别时的一种礼节。两手合抱致敬叫"拱"，也叫"拱手"或"打拱"；边拱手边弯腰致礼叫"揖"；拱手高举，自上而下叫"长揖"。这些是古时不分尊卑的见面礼。

2."见"与动词组成"见教""见笑""见恕""见怪""见谅""见怨""见弃""见饶""见允"等固定结构。"见"字相当于"我"，可移到动词后面，译成"教我""笑我""宽恕我""怪我""原谅我""怨恨我"。

附　文

龟兔竞走

兔语于龟曰："向者吾祖与汝祖竞走，吾辈蒙羞。今与子再决雌雄，何如？"龟曰："竞走一事，吾辈亦深以为羞。"兔言："是时汝祖获胜，何羞之有？"龟曰："设吾欲与子水底竞走，子将何如？"兔言："吾若应战，必痴呆者也"龟曰："然则，吾辈何荣之有？寓言故事而已，岂能当真？"兔大笑，曰："诺！"（向9、何如7、是5、设9、欲4）

岂有此理

一丐时得某甲施舍。一日，丐问甲曰："向者，君赐我恒以十文，后减至五文，复减为三文，今止以一文，何也？"对曰："初，吾无牵无挂，故赐君者亦丰；后娶妻，因减为五文；复生子，故减为三文；今者增一女，止能以一文相赐，冀见谅也。"丐大怒，詈曰："岂有此理！赐我之钱，汝岂能用以娶妻养儿！"（恒10、因8、止3、詈6）

断　句

彼此彼此

春 节 有 途 遇 聋 者 欺 其 聋 揖 之 云 拜 年 拜 年 冀 君 今 年 百 事 不 顺 聋 亟 回 礼 云 彼 此 彼 此 （亟11、云12）

14.醉鬼如厕

某经理赴宴，不胜酒力，欲解手而步履踉跄①。司机无奈，扶其如②厕。蹲坐便器以为登轿车也，大声谓司机曰："开车！"司机忍俊不禁③。某曰："汝未饮酒，何以形似木桩，畏罚款耶？"会有如厕者吸烟，某见烟头火光，骇④曰："吾诚醉矣，遇红灯岂能开车！"俄尔，司机递其手纸，某以为罚款单也，大怒，詈曰："吾未闯红灯，孰⑤敢罚款？"

注释：①步履踉跄：走路跌跌撞撞。步履：脚步。②如：到；往。③忍俊不禁：忍不住发笑。忍俊：含笑。不禁：不能自制。④骇：吃惊。⑤孰（shú）：谁。疑问代词"谁"与"孰"，意义相同，在文言文中用法不同。"谁"可以用在句中或句末，"孰"一般用在句子前面或中间。

基础知识

常用的固定结构"何以"，有两种常见义项：一是为什么，二是用什么、凭什么。"何以"作第二种义项时，可理解为是"以""何"两词的组合。

附　文

一蛙恋粪

一蛙雨后觅食，见某处牛屎泻地，中多蛆虫，不胜喜。食后乃闭目养神。一鼠大声曰："子其危矣！此大道也，子不见车辙牛蹄印乎？"时车辙蹄印皆积水。蛙四顾而笑，吟诗云："小溪长长，小潭汪汪。白蛆胖胖，黑粪香香。蛙非痴呆，岂肯他往？"吟毕安卧如故。翌晨，鼠至，蛙已为牛车压扁。

狼与羊

狼一腿断于兽夹，卧于路侧，饥渴难忍。会一羊近，遥而呼曰："羊兄，向者吾辈多有得罪，冀君见恕也！今吾将死，且饥且渴，君能不计旧恶，赐吾一杯水否？"羊曰："诺！吾先为君觅汲水器具，君且俟之。"俄尔，羊领狗至，狼大骇，詈曰："汝佛口蛇心，何其毒也！"羊哂曰："吾父母兄妹皆死于汝口，而今犹冀吾发善心耶！"狼挣扎欲逃，狗遽前而毙之。（诺12、哂8）

断　句

齐人哭子

齐 有 人 其 子 名 乐 子 死 大 恸 曰 乐 乎 乐 乎 吾 何 其 苦 也 苍 天 苍 天 汝 何 其 毒 也 有 误 其 意 者 疑 焉 曰 既 言 乐 复 曰 苦 且 怨 天 怨 地 得 无 癫 狂 者 耶（恸9、得无8）

15.醉鬼刮须

旧[①]时，以剃刀刮须者众。一汉酒醉，对镜刮须。上下力刮，依然如故。汉异焉，思之曰[②]："刀钝如斯[③]，当力刮耶？"旋[④]，闻妻笑声如喷。汉顾而问曰："卿[⑤]何事而笑？"妻曰："君醉矣！刀刮镜中人。"汉怒，叱[⑥]之曰："镜中人，镜外人，吾岂能不知？"伸刀再刮，则[⑦]皮破血流。

注释：①旧：以往；从前。②思之曰：心里想。"思之曰、计之曰"都表示心理活动。③斯：指示代词，这；这样。④旋（xuán）：一会儿。⑤卿（qīng）：古代称谓，用于君称臣，长辈称晚辈，朋友、夫妻之间互称。⑥叱（chì）：大声呵斥。⑦则：却。

基础知识

前面学到的表示时间的副词有：俄、俄而、俄顷。现在再学四个：既而、未几、旋、旋即。这四个词都是"一会儿"的意思，但用法略有区别："既而"往往承接前句；"旋即"比"旋"时间要短一些。

附　　文

熊与旅人

甲乙结伴旅行，途遇一熊。甲遽而上树，乙欲逃不能，遂仰而倒。熊至，嗅其全身，乙不敢少动。熊不食人尸，以为其死，旋即去。甲自树下，打趣曰："熊嘴亲卿久之，何语相告耶？"乙曰："熊言，临难相弃者，莫与相交。"（遽13、欲4、遂2）

蚱蜢忘形

猫头鹰夜出觅食，白昼恒呼呼入睡。一日，有蚱蜢至，大声歌焉。求其止，然愈求歌声愈宏。猫头鹰怒，然蚱匿于荆棘，无奈何也。旋得一计，曰："初，吾欲眠故求卿止，今睡意全消。闻卿之妙音，如闻仙乐，如饮美酒，不觉醺醺然也！吾有美酒一瓶，与卿同饮，何如？"会蚱亦渴，大喜，出。猫头鹰俟其近，遽啄食之。（恒10、何如7、会4、俟13）

断　　句

熨斗伤耳

醉汉某出门友见其双耳烫伤问何以如斯答曰妻将热熨斗置于电话机侧友不解汉曰铃声响误将熨斗压于左耳矣问然则何以伤及右耳答曰旋即铃声复响哉（然则12、何以14）

16.狼断门牙

驴草地觅食，狼暴[①]出，欲逃不能，乃伪[②]为跛者。狼问其故。答曰：“适[③]踩一钉，疼痛难忍。为汝所攫[④]，难免一死，然钉铁在焉，君若食吾，恐伤汝口，为吾取之而后食，可乎？”狼恒以善走自诩[⑤]，以为驴已近身，设欲奔走，亦徒劳矣，遂曰：“诺！”驴乃举后腿，其蹄粘满淤泥，狼近而觅钉，驴遽而踢焉，中狼嘴，遂逃。狼断门牙，血流不止，大恸，喟然曰：“吾何其愚也！父母止教吾作屠夫，何必学医哉？”

注释：①暴：突然。②伪（wěi）：假装；假。③适（shì）：副词，刚才。④攫（jué）：用爪抓取。⑤诩（xǔ）：夸耀；说大话。（恒10、设9、何其13、诺12、觅4）

附　文

一牛装病

牛马同居一室，牛耕作，劳苦不堪，而马止载主人出游而已。一日，牛谓马曰：“吾与汝体形相类，而吾何其苦也！”马曰：“吾有一计，子可安享清福。”问其计，曰：“主人在，君毋食，俟主人去，始食可也！”牛大喜。翌晨，牛不食。主人以其病，果得一日清闲。后三日亦如斯。主人见牛不食而食料日减，知其伪，曰：“此牛四日不食，病已甚，送屠宰厂可也！”牛遽起而吞食。主人哂之。（堪3、止3、俟13、翌11、哂8）

甲虫报仇

鹰窝恒筑于悬崖峭壁。一日，鹰止于窝侧，误踩甲虫。甲虫大声曰：“君踩痛吾矣！”鹰攫而视之，见甲虫，叱之曰：“敢近此窝者死，汝岂不知耶？踩死活该！”遽而甩之，甲虫滚下悬崖，几死。怨焉，俟鹰去，入鹰窝，将鹰卵尽推之窝外。鹰归，卵尽碎，知虫所为，觅而不得，喟然曰：“人恒言弱者毋欺！吾自作自受也！”（遽13、觅4、喟然4）

断　句

醉鬼看镜

有醉汉夜归见镜中己影急呼妻曰卿速来妻至汉指镜顾而问曰斯为何人耶妻笑曰君不识此人汉复顾镜曰适止一男旋即一男一女更深夜半斯狗男女欲抢劫耶（顾7、斯15、止3、欲4）

17.此洞无鼠

猫见鼠入洞，则伺[①]于洞口，久而不去。鼠忧焉，久思得计。俟猫出，觅空洞一，于洞口贴一纸，上书曰："此洞无鼠。"复潜[②]归旧居。猫果中计，去此洞而伺于彼洞焉。鼠不胜喜，语于其子曰："书中有'此地无银三百两'之说，今吾反其意而用之，猫果中计。尔等焉[③]能不读书耶？"

注释：①伺（sì）：窥探；等候。②潜（qián）：偷偷地。③焉（yān）：怎么；哪里。（则3、焉4、俟13、觅4、书4、等6、耶3）

基础知识

文言虚词"焉"常见的义项有三种：

①放在动词或能愿动词前面，作疑问代词，可译成"哪里""怎么""怎么会"或"怎么能"。如上文"尔等焉能不读书耶"的"焉"。②放在句后，作语气助词，可以表示感叹、疑问、肯定、陈述，译成"啦""啊""呢""呀"等，也可以不译。如上文"去此洞而伺于彼洞焉"的"焉"。③放在句后，作兼词，相当于"于此"或"于彼"等。如上文"鼠忧焉"的"焉"，可译成"对这件事"。

附　　文

鼠子觅食

鼠令子外出觅食。子不敢，曰："设遇猫，奈何？"鼠曰："鼠小猫大，可容吾辈藏身而猫无奈处甚多，若近是处觅食，平安无事也！"子曰："我匿其中，猫久候不去，奈何？"鼠曰："凡事当思进退；事关生死者，乃大事也！"子曰："儿知矣，儿先觅觅食之路！"欣然而去。

狮王伪病

狮王老而力衰，无力觅食，乃伪病。众兽闻之，先后入狮窟请安。狮日简其一食焉。一日，狐至，立于窟外，大声问安而已。狮王曰："本王恐不久于人世，有诸多大事欲与君商议，入内一谈何如？"狐曰："吾伺于洞外数日矣，但见日有动物入而不出，吾焉敢入见大王耶？"（伪16、简5、但2）

断　　句

一童取栗

某汉有子三一日汉执一瓶谓其子曰瓶中盛熟栗尔等人攫一次余者孰多孰得一子竭力攫之手为瓶颈阻焉不得出子不舍顾父而泣父顾谓妻曰此子性贪设为官必误终生（攫16、孰14、顾7、设9）

18.狐抚羔羊

狐伺机潜入羊群，牧羊狗见之，亟前。狐遽抚一羔羊，喃喃[①]低语曰："羊羔儿乖乖！"狗厉声问："尔欲何为[②]耶？"对曰："此子皮细肉嫩，令人垂爱，吾焉能相害，逗其乐乐而已！"狗哂曰："尔可抚羊，则鹰兔可以同窝矣！吾亦逗汝乐乐，何如？"狐骇而遁[③]。

注释：①喃喃（nán）：低语声。②何为：干什么。③遁（dùn）：逃。

基础知识

在文言文中，疑问代词"何、焉"等作宾语时，往往放在动词或介词的前面，译时应该移到动词或介词的后面。如"何怨""何虑""何往""何求""何为""焉在"等，可以译成"怨恨什么""担忧什么""往哪里""求什么""做什么""在哪里"等。

附　　文

咕咚来矣

兔子兄弟河边饮水，忽闻"咕咚"一声，大骇而走，且大呼曰："危乎哉！咕咚来矣！"猴闻之，亦骇而走。鹿、麂、羊、狐、狼、虎亦走，百兽乱成一团。狮王见状，喝令百兽止步。问曰："咕咚焉在？"问虎，虎不知。问狼、狐、羊、麂、鹿、猴，皆不知。问兔子兄弟，始知其情。狮王令其带路，兔子兄弟胆战战领至河边。会有木瓜熟，复堕入河中，"咕咚"一声。狮王大笑曰："斯为'咕咚'也！"众皆大笑。

狗失肉块

狗得肉块，衔之河边。见水中狗影，亦衔一肉，以为他狗，遽以扑之。张口欲夺，衔肉沉底。一蛙见而大笑曰："蠢哉，此狗！"狗大怒，曰："吾得吾失，何蠢之有？汝呱呱不已，欲充吾腹耶？"蛙大惊，仓皇而遁。

断　　句

蚂蚁自夸

一 蚁 失 足 堕 入 急 流 大 呼 救 命 会 狮 虎 河 边 竞 走 奔 跑 似 风 有 落 叶 卷 入 河 中 蚁 遂 以 叶 为 舟 安 然 得 生 其 后 蚁 逢 兽 则 夸 云 向 者 吾 堕 入 急 流 救 我 者 谁 狮 王 也 吾 与 狮 王 乃 生 死 之 交 也 且 离 妻 别 子 四 处 奔 走 欲 觅 狮 王 与 其 交 谈 焉（堕6、会4、走12、遂2、云12、向9）

19.熊逮鱼

熊出掌便捷[①]，兼[②]有利爪，为其所攫，鲜[③]有脱者。川流多鱼，熊恒坐于水中，伺鱼近，亟攫之，似拾自江干[④]，得之甚易。

熊性贪，欲多得之，且不忍遽食，故嗅之再三，而后塞于两股[⑤]间。鱼为股夹，竭力挣扎。熊恐脱之，护之以掌[⑥]。又有鱼近，熊遽起而攫。后鱼得而前鱼脱，熊不知焉。举而审[⑦]视，复嗅之，贮之……熊之逮鱼，诚可笑也。

注释：①便捷（jié）：灵便敏捷。②兼（jiān）：同时进行几桩事情或占有几件东西。③鲜：很少。④似拾自江干：像从江边捡来一样容易。干：江水或河水的旁边。⑤股（gǔ）：大腿。⑥护之以掌：用脚掌去防护。⑦审：详查；细究。（攫16）

基础知识

介词放在名词或名词性短语前面组成的短语叫“介宾短语”。在白话文中，介宾短语一般是放在动词前面作状语的，如“到北京去”“朝前面走”“在前方有”“向天上瞧”“从北京来”“往北面看”等，其中“到北京”“朝前面”“在前方”“向天上”“从北京”“往北面”就是介宾短语。而在文言文中，以介词“以”“于”“自”组成的介宾短语，往往放在它所修饰的成分后面作补语，这种句式叫“介宾短语后置”，翻译时一般要把它移到前面来。如本文中“拾自江干”“护之以掌”就是“自江干拾”“以掌护之”的意思。

请看下面文白对比句：

①喷酒于楼上四壁。（在楼上四面墙壁上喷上酒。）

②报以鱼肉。（用鱼和肉来报答。）

③蟹攫以螯。（蟹用螯抓。）

④千里之行，起自足下。（千里远的路程，也是从脚下一步一步地走出来的。）

⑤蛛结网于两木之间。（蜘蛛在两棵树之间结网。）

⑥蝶翩翩舞于四周。（蝴蝶在四周翩翩飞舞。）

⑦杂植竹木于庭。（在庭院里种上竹和树。）

⑧屠惧，投以骨。（屠夫害怕，把骨头投给狼。）

⑨设示敌以弱，可诱其深入。（假如以弱不禁风的样子出现在敌人面前，可以诱敌深入。）

⑩何不喻之以理，动之以情？（何不用讲道理的办法使他明白，用真情来感动他？）

附　　文

蛤蟆求王

沼泽地中，蛤蟆甚多，终日唠叨，无所事事，甚觉无聊。遂日求天帝遣一国王。帝不胜其烦，乃抛木段一。段木砰然而下，蟆皆潜入泥沼深处。段木卧而不动，寂然无声，乃出，近而审视。有胆大者，上而骑之，竟安然无事。旋即，蟆皆上，云："此蠢物焉能为王！"复向帝求王，呱呱不已。帝怒，遂遣鹭鸶前往。鹭至，觅呱呱声厉者食之。未几，蟆噤声，沼泽寂然。

得金罗汉

有掘地得一金罗汉者，初，大喜若狂，俄而不说，以指弹击罗汉之首曰："十八罗汉相倚为强，君岂能独来独往？其余十七尊焉在？"复曰："今晚托梦于我，明白相告，吾必设法使汝兄弟团聚也。"

与蛙赌气

一汉醉归，闻田间群蛙呱呱而鸣。汉以鬻瓜为业，遂大声曰："瓜早鬻尽，囊中唯有瓜钱而已。"蛙鸣如故，汉怒曰："尔等耳聋耶，瓜早鬻尽，唯有瓜钱而已！" 蛙仍呱呱不止，汉不胜怒，曰："吾无弹弓亦可取尔等性命！"遂以钱币为弹，闻蛙声而掷。甲蛙受惊止声，乙蛙仍鸣；乙蛙止声，丙蛙仍鸣……囊中钱尽，而蛙鸣如故。

螃蟹娶妻

螃蟹欲娶蜘蛛为妻，其父曰："蛛虽善网络，然时于网上猎取蚊蝇，其心险恶，岂能娶其为妻？"蟹曰："吾见其博客，貌美如仙，谈吐若流，岂能险恶？"父曰："吾儿切记，网上所见真伪莫辨，毋轻信也。"

断　　句

俟鳖死斗

人有端坐河干久而不去者或问其故对曰适见两鳖相斗俟其一死一伤吾可坐收渔利也然则鳖焉在对曰自然恶斗于河底设死者上浮伤者亦可下而捞之焉（或11、适16、俟13、然则12、设9）

驱蚊妙术

某父子皆好酒一夜蚊声嗡嗡驱之乏术难以入眠子问父曰蚊好酒乎父曰好子大喜曰然则驱之有术矣问何术曰喷酒于楼上四壁俟其登楼吃酒吾等潜而下遽去楼梯可安然而卧矣（潜17、遽13）

20.狐猎鹰

鹰好①食腐尸，其臭不可闻，狐、狼辈不屑②顾之者，鹰则食之无遗。狐乃借尸猎鹰。遥看云际③鹰影，则遽卧于尸侧，股直尾伸，与死无异。鹰近之，闻尸臭，垂涎欲滴，然见其侧有狐，盘旋④谛⑤视。去地丈许⑥，欲下而遽上者再三。见狐僵卧如故，以死无疑，乃欣然而降。方⑦啄食，狐暴起，遂为狐获。

注释：①好：喜欢。成语有"好学不倦"。②不屑：不愿；不值的。③际：边。④盘旋：旋转。⑤谛（dì）：仔细；注意。⑥许：约计的数量，如"些许""尺许""十许""少许""几许"等。⑦方：刚；刚要；将；将要。

附　文

驴蒙眼

驴初上磨坊，止三四圈，则止步不行。主人无奈，归，以布蒙其眼，复牵其上磨坊。驴神采奕奕，行不止步，薄暮始归。谓马曰："今主人带吾入神秘之地，干神秘之活也。事关重大，故须蒙双眼。吾深以为幸！"主人知其情，欲牵驴入磨坊，则以布蒙眼。

猪与绵羊

猪与绵羊同居一室，视为至交。一日，数人入而逮猪。猪大号，极力挣扎。绵羊笑曰："人亦恒入而逮我，是时吾闭目养神，不屑一语也。"猪怒曰："人逮汝，剪尔长毛，取尔乳汁而已。而今人将杀我而烹，尔竟安然处之，且哂我，交友如斯，吾眼瞎哉！"（恒10、哂8、斯15）

驴戴面具

驴得一面具，见其眼红鼻蓝，咧嘴露牙，神情可怖，不胜喜。思之曰："设戴以郊游，遇豺虎狼豹，吾无惧矣！"因戴而出。途遇一牛，谛视久之，怪焉，遂低头挺角直冲。驴大骇，呼曰："牛兄，吾乃驴也！"牛遽而止步，知其情，曰："适出声稍迟，汝腹洞穿矣！装神弄鬼，招祸而已。"驴赧而归。（设9、遂2、遽13、适16、赧4）

断　句

狼甲狼乙

两 狼 扑 杀 一 牛 犊 方 欲 食 之 猎 者 至 狼 皆 走 久 而 返 见 死 犊 如 故 狼 甲 欲 撕 食 狼 乙 阻 之 谛 视 久 之 曰 非 己 扑 杀 者 吾 辈 不 食 恐 人 下 毒 也 甲 迟 疑 乙 曰 猎 者 所 获 恒 狐 兔 而 已 此 犊 倍 于 狐 兔 而 弃 之 诚 可 疑 也 甲 曰 吾 饿 甚 不 信 有 毒 遂 撕 食 未 几 口 鼻 出 血 挣 扎 而 死 乙 叹 曰 生 死 攸 关 而 不 慎 之 又 慎 者 鲜 有 不 死 焉

第二阶段自测

11. 或①、已、亟①、翌（晨、日、月、年）、耳
12. 走、诺、然则、云①、余、予
13. 遽、冀、毕①、何其、俟、拱、揖、见教、见笑……
14. 如、骇、何以①、何以②、孰
15. “思之曰……”、“计之曰……”、则②、斯、卿、叱、既而、未几、旋、旋即
16. 暴、伪、适①、攫、诩
17. 伺、潜、焉②
18. 遁
19. 鲜、干、股、审、介宾短语后置
20. 好、不屑、谛、许、方

扩展阅读

一字笑

明，陈全误入禁地①，为中贵②所执。全曰：“小人陈全，祈③公公见饶。”中贵素④闻其名，乃曰：“闻汝善取笑，可作一字，能令我笑，即释⑤汝。”全曰：“屁！”中贵曰：“此何说？”全曰：“放也由公公，不放也由公公。”中贵笑不自制，因放之。

（选自清代独逸窝退士《笑笑录》卷四）

注释：①禁地：指皇家禁地，如皇宫花园等。②中贵：指宦（huàn）官。宦官，也叫太监，古代被阉割失去性能力后而在皇宫内侍奉皇帝及其家属的官员。人称呼宦官为“公公”。③祈（qí）：原指向神祈求，引申义为向人请求。④素：向来。⑤释：释放。（见饶 13、令 7、因 8）

诸葛恪

曾有白头鸟集吴殿前。孙权问群臣曰：“此何鸟也？”诸葛元逊①对云：“此名白头翁。”张昭②自以座中最老，疑戏之，因曰：“恪欺陛下，未尝③闻鸟名白头翁者。试令恪复求白头母。”元逊曰：“鸟名鹦母，未必有对。试使辅吴复求鹦父。”张不能答。

（选自明代冯梦龙《古今谭概·塞语部第二十五》）

注释：①诸葛恪：字元逊，琅邪阳都（今山东省沂南县）人，三国时东吴权臣，蜀汉丞相诸葛亮之侄，吴国大将军诸葛瑾长子。②张昭：字子布，三国时东吴名将。孙权称帝时张昭被封为辅吴大将军，故下文中恪称其为“辅吴”。③未尝：不曾。（云 12）

21.八哥报仇

一八哥，视某妪①为仇。妪出，则以屎为弹，俯冲而射，十中八九。妪无奈，出则以伞遮身，无敢少息。见无懈可击，乃移怒于翁。亦以屎为弹，翁亦遮之以伞②，无奈何也。妪云：向有一雏③，习飞院庭，以孙喜鸟，逮而入笼。其时有八哥屋顶哀鸣，妪不忍，旋即放飞。揣④雏已夭⑤，故结怨也。

注释：①妪（yù）：老妇人。②遮之以伞：介宾短语后置，意为“用雨伞来遮挡”。③雏（chú）：幼禽。④揣（chuǎi）：估计；忖度；猜测。⑤夭（yāo）：幼年而死。（云12、向9、旋15）

附　文

火苗求助

冬日，有弃烟蒂于小树林者，所产火苗，奄奄一息。知将夭折，不觉喟然。见四周小树皆秃身而立，心生一计，谓之曰：“尔辈何其苦也，朔风凛冽而身无一叶。”小树曰：“冬雪摧残，无奈何也！”火苗曰：“设与吾为友，吾将施温暖与尔等。君不闻温室者乎，如是寒冬而室内花鲜叶绿——顾吾四周何如？”小树审视，见其周边积雪果化，遂曰：“诚如是，枯叶乃吾等遗弃，君取之可也！”火苗大喜。旋成熊熊大火。树林尽焚，唯有幼苗为厚雪掩埋者，得以幸存。存苗恒以此告诫路人，曰：“能使尔等陷入灭顶之灾者，切莫与其交友。”（喟然4、何其13、设9、诚4、恒10）

一狼夜出

一狼夜出觅食，闻屋中婴儿啼，一妇叱之曰：“再哭，抛出喂狼矣！”狼大喜，遂于窗下俟之。婴儿啼哭不休，久之，复闻一翁曰：“毋哭！毋惧！爷爷猎手也，将缚狼剥皮！”狼大骇而走。途遇一友，知其故，笑曰：“子何其愚也！人言不足信，人言不足畏也！”（觅4、叱15、俟13、走12）

断　句

酒窝大道

甲乙导游各率观光团赴日本伊豆半岛旅游会雨后初晴道路泥泞坑洼甚多甲频频致歉曰坑坑洼洼犹如脸上麻子无奈何也旅客无不怨声而乙至此笑逐颜开大声曰诸君知否伊豆半岛三大景观一曰温泉二曰海景三乃此路曰酒窝大道也众皆大笑（会4）

22.血刃毙狼

因纽特人[①]于冬季时以血刃毙狼。其法：先以动物血涂刀刃，俟其冻，复涂之，如是者数。血冻裹刃，状如冰棒，而后倒插于狼出没之地。狼闻血腥，至，急舔食。舔愈速，腥愈浓，狼兴奋若狂。迨[②]锋刃毕[③]露，伤其舌，血流不止，犹狂舔不悟[④]，以为所舔食者乃血冻也。卒[⑤]血竭而毙。

注释：①因纽特人：主要分布在北美沿北极圈一带地区，在沿海一带的因纽特人主要从事海兽、鱼类的捕猎活动，内陆的以狩猎为主。②迨（dài）：等到。③毕：全；尽。④悟（wù）：明白；醒悟。⑤卒（zú）：终于；结果。（俟 13、是 5、状 6）

附　　文

生复何趣

少妇某，投河自尽，为渔翁所救。问其故，曰："夫死子夭，生复何趣。"翁曰："卿未婚时，境况何如？"对曰："是时无牵无挂，无忧无虑。"翁曰："今复无牵挂，何以觅死？"妇悟，死念顿消。（卿 15、何以 14）

帅哥迷功

某火车站。女郎某方出站，一帅哥迎面而来，遽而拥之。女羞甚，揣其误，以其帅，欲言而迟迟。俄，帅哥手松，一笑而去。女茫然若失。久之，始觉钱囊已空，乃悟一拥一笑——盗之迷功也。（方 20、遽 13、囊 3）

白云与山

白云谓山坡曰："吾与子作头巾，何如？"山坡怒，詈曰："尔与吾比高耶？尔辈无根无底，水气一团而已，亦敢与吾相较？"

白云谓高山曰："吾与子作围裙，何如？"高山大喜，曰："俗言'若欲高，云拦腰'，君能相助，诚美事也！"

白云叹曰："吾今乃知古人何以远小人而近君子也！"

断　　句

鹳鸟取骨

一 狼 骨 鲠 于 喉 痛 苦 不 堪 会 鹳 鸟 至 曰 君 若 为 吾 取 骨 必 报 以 鱼 肉 鹳 令 其 张 口 取 焉 问 曰 鱼 焉 在 狼 咧 嘴 露 牙 曰 汝 之 头 安 然 出 自 吾 口 犹 不 知 足 耶

23.买豚者

有少年如市，鬻[①]一豚[②]归。路人时问其价。始答之，再答之，三答之……不胜其烦，因弗[③]应。俄而，一汉问曰："豚值几何[④]？"不应。再三问，终不见答。怒曰："得微聋哑者耶？"少年亦怒。卒相殴[⑤]。

注释：①鬻（yù）：买或卖。②豚（tún）：小猪。③弗（fú）：不。④几何：多少。⑤殴（ōu）：打。（如14、因8、得微8、卒22）

附　文

合作酒

有兄弟，欲共一大瓮作酒。兄谓弟曰："吾出水，汝出米，何如？"弟曰："然则，何以算账？"兄曰："酒熟时，瓮中之水归吾，其余归汝可也！"（然则12、何以14）

一妪问医

一妪问医曰："天冷，吾左腿何以疼痛异常？"医曰："是为老寒腿也，与年岁有关！"妪曰："然则，吾左右腿同时而生，右腿何以不疼？"

鬻报者

一日，吾闻有人大声曰："卖报，卖报！惊人诈骗案，受骗者八十一人！"欲知其详，因鬻之。然无诈骗案例。俄顷，复闻此人大声曰："卖报，卖报！惊人诈骗案，受骗者八十二人。"

猴鬻眼镜

一长尾猴，年老眼花，亲朋相遇，若不出声，近而谛视犹不辨其人，不胜其苦。闻人言：设有眼镜，则可与年轻辈较视力之高低也。大喜，如市鬻眼镜半打而归。归则弗知何以用焉，乃按于额，挂于尾，攫于爪，而视力如故；抚之，舔之，嗅之，视物依然模糊。卒喟然叹曰："眼镜者两片玻璃而已，何用之有？吾闻而不察，花费钱财，鬻此无用之物，何其愚也！"

断　句

"日"与"曰"

有 为 人 父 而 不 识 一 字 者 忽 发 雅 兴 令 子 教 其 识 字 初 教 以 日 字 翌 日 示 以 曰 字 仍 读 日 子 曰 误 矣 此 读 曰 父 大 怒 詈 曰 吾 眼 瞎 耶 矮 胖 而 已 岂 能 他 读

24.瓮中取鱼

某翁居于河干，好冬泳。每日昧爽[①]，携[②]小鱼篓，裸身入水，归则鱼虾半篓。人莫名[③]所以，问之。云："瞎摸而已。"一日酒醉，始吐真情。盖[④]沉酒瓮些许于河中，冬日，鱼恒团聚瓮内，犹人之团聚以求暖焉。瓮中逮鱼，囊中探物也。

注释：①昧爽（mèi shuǎng）：天刚亮。②携（xié）：携带。③名：指出；说出。④盖（gài）：句首语气词，一般用于承接前句，表示原因。（干19、云12、些许20、恒10、囊3）

基础知识

固定结构"所以"有两种义项：

1.表示"……的原因"，如下面的"断句"中"问其所以"就是"问他在河边寻找的原因"。

2.可以把"所以"看成"以所"，"以"作介词，"所"字作代词，译成"用这个"或"拿这个"，如"母年高体弱，事母尽心尽力，乃儿所以报养育之恩也"。

附　　文

修水管

某晨起，见院内积水盈寸，盖水管漏水也。求助于修理工，答曰："稍俟片刻。"然日暮始至，且笑而问曰："情况何如？"某答曰："托君之福，合家大小皆会游泳矣！"（俟13、何如7）

少女白发

时下染发之风日盛，少男少女，或为金发，或为红发，然鲜有染白者。少女某，为引人注目，一夜，竟染成银发，欣然而归。其母方卧，骤见爱女白发满头，大骇而起，忽砰然僵仆，俄而气绝，盖脑溢血也。少女大恸，追悔莫及。

或戏言云："白发人送黑发人，焉能不悲？"（鲜19、方20、恸9）

断　　句

某翁晨觅

某翁居于河干每日昧爽则沿河寻觅问其所以笑而不答妪知其故一日笑谓子曰汝父诚老矣夜必有梦梦必见河边有获故日日寻觅焉然于其身有益毋阻之也（干19、诚4）

25.杀天儆[①]邻

雨不止，农夫某指天怒詈，且引[②]刀欲杀之。其妻跪劝，始止。归，妻让[③]之曰："天宁[④]能杀之？所以劝汝者，恐人以为笑资也！"农笑曰："卿误矣，近邻时有轻吾之意，特[⑤]作态使其知畏也。"

注释：①儆（jǐng）：告诫；警告。②引：拉开弓叫"引"，引申为"拉、取"。"引"是一个常用动词，译时要看具体的语言环境，可以译成拉、拉着、拉上来、拉过去、取、拿过来等。③让：责备。④宁：副词，岂；难道。⑤特：只是；只不过。

基础知识

1."以……为……"是固定结构,可译成"把……作为""用……作为""凭借……为"。

2."以为"亦是固定结构，有两种义项：一是同白话文中的"以为"相同，可译成"认为"；二是与"以……为"意义相同，如上文"恐人以为笑资也"，可译成"恐怕别人会把这件事当作笑料啊"。

3.请口译下列文言句：

①恐人以为笑资也。　②人以为谈资而已。
③吾以为是乃轻吾者也。　④兔不敢应战，蜗以为荣。
⑤彼乃吾兄也，吾恒以为荣。　⑥狗见其影，以为他狗也。
⑦设以为药，君之疾必愈。　⑧人垂钓，以蚓为饵。

附　　文

祸出不测

人有骑电动车而玩手机者，途遇一翁，大声曰："前已塌方，汝不知耶？"其人大惊，见前为弯道，亟下而行。弯道尽，平坦如故。其人呆立久之。喟然自语曰："骑车玩机，祸出不测焉。翁出语以儆，爱吾者也！"（亟 11）

龟哭龟叹

一龟偶仰，见天蓝云白，鹰击长空，浮想联翩。思及一生爬行，不觉大哭。会一鹰至，知其故，笑曰："送汝畅游云海，可乎？"龟喜。鹰遂抓龟，腾空九霄。俄而松爪。龟知中计，喟然曰："吾怀非分之想，诚该死焉。"卒为鹰食。（会 4、遂 2、喟然 4、诚 4、卒 22）

断　　句

牙医妙答

病人谓牙医曰君拔一牙特三秒钟而已三秒钟赚三美元赚钱之速无人能及医曰君若见允一天拔一牙亦可（见允 13）

26.蛙与蟹

有牛蹄迹深寸许，积水盈盈，一蛙沐浴其间。遥见牛，忽生嫉[①]意。会蟹至，因语之曰："吾孰与牛大？"蟹饿甚，闻而不屑，弗之应[②]。蛙乃鼓腹如瓮，复语之曰："蟹，吾与牛孰大？"蟹见状，顿生恶念。近而审视，曰："略逊[③]而已。吾子[④]竭力鼓腹，必能胜之。"蛙大喜，屏息而鼓，腹胀如球。蟹遽攫以螯[⑤]。蛙腹裂，肠出，卒为蟹食。

注释：①嫉（jí）：妒忌。②弗之应：意同"弗应之"，不回答他的问话。③略逊：稍微差一点。略：稍微。逊：逊色；差一点儿。④吾子：表示对对方的尊敬，此词相当于前面所学到的"君""子""卿"。⑤螯（áo）：节肢动物变形的步足。末端分歧，开合如钳。（因8、不屑20、弗23、状6、审19、遽13、卒22）

基础知识

用固定结构"……孰与……"或"与……孰……"组成的句子，作"与……（比）谁怎么样"讲。上文中"吾孰与牛大"就是"吾与牛比，孰大"的意思。

请看下面的文白对比句：

①吾孰与徐公美？（我与徐公谁美？）

②吾与尔等孰能？（我与你们相比，才能谁大？）

附　　文

几何歌

有几何歌曰："人生岁月有几何，几何岁月乐几何？若问能做几何事，做了几何是几何。"或反其意而勉之曰："人生岁月有几何，转眼皱纹白发多。日问做了几何事，天下难事有几何？"

某君趣闻

某君，某公司职员也。一日中午，忽见一汉匆匆而入，语之曰："君乃李先生耶？汝女车祸，送某医院急救矣！"某大惊，急出打的，及至医院门口，方欲入，忽自语曰："吾未婚，何女之有？"旋，复自语曰："吾陈姓，非李先生也！"赧而呆立。（及5、方20、欲4、旋15、赧4）

断　　句

白发三万丈

某诗人谓友曰吾之诗孰与李白友曰李白诗仙也吾子何能其人曰否吾十倍于李白友笑曰愿闻其详曰李白诗云白发三千丈吾有诗曰白发三万丈岂非胜其十倍皆大笑

27.一蟹贪饵

人以蚓为饵[1]，垂钓于河干[2]，蟹欲攫之。蚌阻之曰："止！取饵为食，吾子行将就[3]釜[4]矣！"蟹笑曰："吾左螯箝[5]钩，右螯碎而食之，其奈我何？"人提饵，蟹急释[6]之，果无恙[7]。遂欣欣然语于蚌曰："鱼、鳖取饵所以就釜者，盖莫能究物理[8]也。"蚌曰："贪蝇头小利而冒生[9]死之险，吾子匪[10]智者也。"蟹弗听。人复垂饵，蟹取食如故。人遽引竿，蟹亟松螯已出水丈许，竟堕于河干，遂为人获。蟹大恸。

注释：①饵（ěr）：钓饵。②垂钓于河干：介宾短语后置，意为"在河边垂钓"。③就：靠近；近。成语有"行将就木"。④釜（fǔ）：古代的一种炊具，可置于灶口，用来蒸煮，有铁制的，也有铜制或陶制的。成语有"釜底游鱼""釜中之鱼""釜底抽薪"等。⑤箝（qián）：夹住。⑥释（shì）：放开；放下；放弃。⑦无恙（yàng）：平安无事。⑧究物理：推究事物的道理。⑨生：生存。⑩匪（fěi）：非；不是。（注意：古代"匪"字不作"土匪"讲）（攫16、吾子26、遂2、盖24、弗23、遽13、亟11、许20、堕6、恸9）

附　　文

泥鳅有三

泥鳅有三，人将其置于抽水马桶，以桶堵塞，冀其疏通焉。鳅甲、鳅乙大怒，曰："奇耻大辱也！吾等宁死不从，其奈我何？"鳅丙曰："世所至贵者，性命也！吾等为人所获，行将就釜。疏通而下，或能生焉。岂能以受辱而弃生就死耶？"甲乙遂悟。（冀13、奈……何10、悟22）

咏钟诗

某凉亭，题诗甚多，中有《咏钟诗》云："吾村一口钟，其质本为铜；覆置像只碗，一敲嗡嗡嗡"。旁有一诗评批曰："吾村一诗翁，其下有屁孔；对钟撒一屁，居然嗡嗡嗡。"评批措辞欠雅，然入木三分。

断　　句

七月儿

有孕八月而产者其父日忧子夭一翁曰无忧也吾祖亦七月儿其人问曰然则尔祖无恙乎翁笑曰人言忧能伤神君出此言揣忧虑过甚而神昏意乱耳其人悟赧颜而笑（夭21、揣21）

28.与贼竞走

后生某，以善走自矜[①]。一日，家中遭窃，盗[②]去不远，遂逐[③]之。盗见情急，行步如飞。某见状，大怒，曰："汝敢与吾竞走？"乃竭力奔走。少时[④]，遇一友。问："君奚[⑤]往？"曰："逐盗耳！""盗奚在？"某笑曰："此盗不自量力，竟敢与吾竞走。"戟手[⑥]后指曰："早落身后矣！"

注释：①矜（jīn）：骄傲；夸耀。②盗（dào）：小偷。"盗""贼"两词的古今义正好相反。文言文中的"盗"就是现在的"贼"，即"小偷"；文言文中的"贼"是指现在的"盗"，即"强盗"。③逐（zhú）：追；赶。④少时：一会儿。⑤奚（xī）：疑问代词，哪里。⑥戟（jǐ）手：戟是古代的一种兵器，手像戟一样指向前方叫戟手。其形是：大拇指与食指直伸几成直角，其余三指屈或稍屈。

基础知识

在文言文中，疑问代词作宾语时，宾语往往前置（疑问代词"何、焉"作宾语时宾语前置，已在18则正文后的"基础知识"中作过详细讲解）。上文中出现的疑问代词"奚"，及后面要出现的"安、曷、乌、恶"等，均可以同样处理。（安48、曷75、乌126、恶121）

请口译下列文言句：

①汝辈何为耶？　　②和尚焉在？

③君奚往？　　④贼奚在？

⑤吾儿焉在？　　⑥尔欲何为耶？

⑦盗何在？　　⑧茫茫宇宙，天帝奚在？

附　　文

鹰与母鸡

鹰高空翱翔，或逐风戏云，或上下盘旋，逍遥自在，然终有栖止之时。一日，止于稻草篷上。有母鸡哂之曰："孰言鹰无上尊贵？亦两脚两翅一头一尾而已，且止于稻草篷顶，吾辈犹嫌其低也！"盖草篷近晒场，母鸡觅食厌倦，恒跃上休憩也。雀闻而哂曰："鹰之飞翔，诚有时低于尔等，然尔等至死亦无能直上云霄也！"（或11、哂8、孰14、盖24）

断　　句

邢秀才遇贼

邢 秀 才 身 矮 一 日 途 中 遇 贼 劫 尽 其 财 且 欲 杀 之 方 举 刀 邢 大 声 曰 人 呼 吾 为 邢 矮 设 去 其 头 不 更 矮 乎 贼 大 笑 释 刀

29.拇指争能

拇指以粗而多力，恒以此自矜。一日，谓小指曰："吾辈同居一掌，然主人有赞誉之辞，必竖以拇指，而示不屑，则伸小指，尔不亦羞乎？"小指曰："五弟，四哥面前亦自夸耶？"拇指异其言[①]，曰："孰为汝弟耶？"小指曰："汝居掌末而弗自知耶？"食指接口曰："五弟，吾乃大哥也！"中指曰："吾乃二哥也！"无名指曰："吾乃三哥也！"所以众口同声者，盖不满拇指矜持之态也。拇指忿然[②]，曰："吾粗壮而为弟，尔等弱小反为兄，宁有此理？"小指曰："吾等皆有三节而汝二节而已，所以为汝兄也，且缺吾辈，汝何用之有？"会主人欲进餐，四指皆屈而不动，拇指竭尽全力亦无可奈何。众指皆曰："何如？"主人闻之，笑曰："拇指粗壮有力，诚为大哥，然为兄长者能鄙[③]视自家兄弟耶？"拇指赧颜，曰："吾知错矣！"四指皆笑，曰："大哥，适所言者，戏谑[④]而已，冀大哥见恕也！"

注释：①异其言：对这话感到诧异。②忿（fèn）然：愤怒的样子。③鄙（bǐ）：轻视；看不起。④谑（xuè）：开玩笑。（孰14、弗23、盖24、宁25、何如7、诚4、适16、冀13、见恕13）

基础知识

以固定结构"不亦……乎"组成的句子，常用来表示反问，语气虽然委婉，表达的意思是肯定的。其中的"亦"字，只是凑足音节，起到舒缓语气的作用，没有意思；后面的语气助词"乎"，也可以换成"邪""耶"或"哉"。上文中的"不亦羞乎"可译成"不感到害羞吗"。

附　文

蛛开网吧

蜘蛛欲开网吧，蝙蝠曰："汝等布网，意在猎获，此世所共知也。子开网吧，恐门可罗雀。"蛛笑曰："子多虑矣。今成网虫者众，既成虫类，必无头脑，不知深浅也！"

断　句

蝉鸣"治疗"

蝉树上高鸣治疗治疗蜂忿然语于蝶曰此辈吸树液汁而口鸣治疗佛口蛇心诚可恶也蝶喟然曰世上名为救人实则害人者多矣岂独蝉也哉

30.狼逐黄羊

黄羊①善走，狼不及也。狼见黄羊，先于近处徘徊②，羊亦不惊不走。薄暮，羊觅背风草厚处安卧，狼亦于近处俟之。羊虽熟寐③，狼犹不前，盖羊虽寐而听觉嗅觉与醒无异，稍一惊动，则如风而去。翌日昧爽，羊醒。羊之醒也，必先立而撒尿。经宿④，膀胱早胀。羊立，狼暴出逐之。羊无暇⑤撒尿，奔走似风。旋，膀胱⑥破裂而后股抽搐⑦，遂为狼食。

注释：①黄羊：亦称“蒙古羚”。哺乳纲，牛科，体长可达 1.3 米，角短，尾短，股细长，善走。②徘徊（pái huái）：走来走去。③熟寐（mèi）：熟睡。寐：睡。④经宿：经过一夜。宿：一夜。⑤暇（xiá）：空闲；闲散。成语有“目不暇接”“自顾不暇”。⑥膀胱（páng guāng）：贮尿的囊状器管，功能主要是贮藏与排泄小便。⑦抽搐（chōu chù）：肌肉突然而迅速抽动的现象。（俟 13、翌 11、昧爽 24）

附　文

黄羊尿床

一黄羊，醒亦伪为熟寐而后尿湿一床，他羊皆笑之，羊亦不屑置辩。后娶妻，亦令妻尿床。妻不解，羊告以故，且曰：“此防狼之绝招也！”妻曰：“然则见狼俟于四周则可，设不见狼踪，招他羊哂笑耳！”羊曰：“遭他羊哂笑，小事也，为狼所擒，大事也。设不久而成习，稍有疏忽则命休矣。岂可以小耻而置生死弗顾耶？”妻曰：“诺！”（不屑 20、设 9、哂 8）

张三请客

张三拙口钝辞，应对时有失误。一日宴邀四友。李四、赵五、钱六如期赴约，唯孙七久候不至。张曰：“当至者不至。”李四不说，思之曰：“言外之意吾不当至耶？”不辞而去。张知而叹曰：“不当去者去矣！”赵五忿然，自念：“揣其意，当去者吾也！”忿忿而去。张急，追曰：“赵君乃不当去者也！”钱六大怒，曰：“然则，当去者唯我而已！”亦拂袖而去。

断　句

书纸条

某夫妇失和互不言语一日夫与妻一纸上书云明日公出七时火车六时叫吾醒翌晨六时夫尚熟寐妻徘徊久之后亦书一纸置于床前上书早已六时速起毋睡

第三阶段自测

21. 妪、雏、揣、夭
22. 迨、毕②、悟、卒①
23. 鬻、弗、几何、殴
24. 昧爽、携①、盖、所以①、所以②
25. 儆、引、让、宁、特、"以……为……"、以为
26. 逊、吾子、"……孰与……"、"与……孰……"
27. 就、釜、生、匪、释
28. 矜、盗、逐、少时、奚①、戟手
29. 忿然、鄙①、谑、不亦……乎
30. 寐、暇、宿

扩展阅读

周 处

周处[①]年少时，凶强侠气[②]，为乡里所患[③]。又义兴水中有蛟[④]，山中有白额虎，并皆暴犯百姓。义兴人谓为三横，而处尤剧。

或说[⑤]处杀虎斩蛟，实冀三横唯余其一。处即刺杀虎，又入水击蛟。蛟或浮或没，行数十里，处与之俱。经三日三夜，乡里皆谓已死，更[⑥]相庆。

竟杀蛟而出，闻里人相庆，始知为人情所患，有自改意。

乃入吴寻二陆[⑦]。平原不在，正[⑧]见清河，具以情告，并云："欲自修改，而年已蹉跎[⑨]，终无所成。"清河曰："古人贵朝闻夕死[⑩]，况君前途尚可。且人患志之不立，亦何忧令名不彰邪[⑪]？"处遂改励，终为忠臣[⑫]孝子。

（选自《世语新说 · 自新》，此文曾选为初中文言课文）

注释：①周处：晋义兴（今江苏省宜兴市）人。②凶强侠气：凶暴强悍。③为乡里所患：被地方上的人认为是祸害。④蛟：传说一种能发洪水的动物。⑤说（shuì）：劝说。⑥更：更互；互相。⑦二陆：指陆云、陆机兄弟，都是著名的文学家。陆机，因为曾经做过平原内史（官名），人称陆平原；陆云曾经做过清河内史，故称为陆清河。⑧正：通"诚"。周处年纪比清河大，真心诚意地向清河求教，所以用"诚"。⑨蹉（cuō）跎（tuó）：原意是失足跌倒。这里指虚度光阴，把时间白白耽误了。⑩朝闻夕死：出自《论语 · 里仁》中的"朝闻道，夕死可矣"，意思是早上知道了真理，当晚死去都值得。⑪何忧令名不彰邪：何必担忧美好的名声不能远扬呢。令名：美好的名声。⑫终为忠臣：后来周处在晋朝任御史中丞，朝廷派他到边境作战，英勇战死。（并 45、皆 5、或 11、冀 13、云 12、欲 4、令名 132、遂 2）

31.系足之狗

齐人得良狗[①]，系[②]其后足，欲其捕鼠。狗不得已，乃捕鼠为食。居[③]一月，鼠已尽矣，然系之如故。狗饿甚，顾索而泣。猫见而笑曰："甚矣，汝之不惠。啮[④]索可也，何悲为？"狗曰："断索而遁，易也。吾所以不欲为者，为语于吾主也：天下万物，各有长短，用长舍短则物尽其长；用短舍长，物何以堪[⑤]？"卒不食而死。

注释：①齐人得良狗：此则寓言续《吕氏春秋·士容论·士容》。原文是："齐有善相狗者，其邻假（通"格"，来；至）以买取鼠之狗。期年（过了一年，期读jī）乃得之，曰：'是良狗也！'其邻畜之数年，而不取鼠，以告相者。相者曰：'此良狗也。其志在獐（zhāng）、麋（mí）、豕（shǐ，大猪）、鹿，不在鼠。欲其取鼠也则桎（zhì，束住犯人两脚的刑具，常'桎梏'两字连用）之。'其邻桎其后足，狗乃取鼠。"②系（xì）：拴缚。③居：停留；固定。此处可译成"过了"。④啮（niè）：咬。⑤何以堪：凭什么才能忍受呢？何以：凭什么。（顾7、索5、遁18、堪3、卒22）

基础知识

疑问代词"何"与语气助词"为"组成的固定结构"何……为"与"何以……为""何用……为"，往往用于表示反问，应译成"为什么……呢"或"有什么……呢"。上文"何悲为"，可译成"为什么要悲伤呢"。

请看下面的文白对比句：

①彼死，轻若鸿毛，何厚葬为？（为什么要厚葬？）

②吾为社稷而死，何以怨为？（有什么可怨恨呢？）

附　文

小树与雪

雪纷纷不止，小树不胜喜，谓草曰："瞧我，瞧我，一树梨花，何其美哉！"草曰："雪诚为汝增美，然物极必反，今纷纷不止，吾子何以喜为？"树曰："为吾增美而忧其过甚，不亦愚乎？"未几，始觉不堪重负，然无奈何也。后果夭折。（何其13、诚4、吾子26、未几15、夭21）

断　句

蛙与鼠

蛙与鼠交友一日谓鼠曰吾居沼泽中多美食与君一游何如鼠曰吾不善游奈何曰无忧也以索之一端系汝后股一端系吾腰可也鼠喜遂系而从之未几鼠欲沉呼蛙救命蛙反潜于水中鼠遂毙会一鹰空中盘旋见死鼠下而攫之以系故蛙亦带上九霄蛙喟然曰俗言算人一百五十及己吾设计害友诚该死矣

32.齿与舌

齿尝①伤舌，念念无忘，语于舌曰："曩②吾不慎而啮子，恒耿耿于怀。冀吾子见恕也。"舌笑曰："无心为恶，虽恶不罚，子何耿耿若斯耶？且吾等同居一室，骨肉至亲也。纵③不慎而互伤，亦宜④彼此相忘，何叨叨不已耶？"言毕，主人进食，齿细嚼，舌遽佐⑤之。

注释：①尝（cháng）：曾经。②曩（nǎng）：以往；从前。③纵（zòng）：即使。④宜：应该。⑤佐（zuǒ）：帮助；辅助。（冀13、吾子26、见恕13、斯15、遽13）

基础知识

"向""曩""昔"及后面要出现的"乡（见119）"是四个表示时间的副词，都有"先前""从前"的意思。"向"所表示的时间可以较短，即便是隔了一二个小时，也可说"向"或"向者"。

附　　文

蜻蜓扑网

蜻蜓觅食，见蜘网中粘一苍蝇，嗡嗡挣扎，蛛蠢蠢欲食，不胜慕焉。大声曰："妙哉！以网捕食，何其乐也！"蛛闻而笑，曰："吾得食甚易，网中蝇可以相赠。"蜓大喜，扑向蛛网。忽觉四脚为粘，始觉不妙，拍翅欲起，翅亦粘。蛛遽而前，吐丝粘之。蜓大恸，詈曰："汝口蜜腹剑，何其毒也！"蛛哂曰："天上宁有掉馅饼者乎？贪财贪食，自扑罗网，如此蠢物，不死何为？"（何其13、遽13、恸9、詈6、哂8、宁25）

断　　句

鼻与眼镜

眼镜恒以鼻为马鼻不堪重负一日让之曰汝何能之有恒以吾为马得无欺我忠厚耶眼镜曰吾焉敢欺子眼短视无奈何也耳亦曰吾等同为五官骨肉至亲也眼短视诚宜佐之眼镜两脚不亦架于我身乎鼻忿然曰眼短视与吾何干尔以当脚架为荣吾以作马骑为耻眼镜吾语汝复敢骑我必甩而碎之眼镜无奈遂下焉会主人外出以未戴眼镜绊路石而跌鼻伤甚悔而大恸（恒10、让25）

33.试墨之纸

有人作画，恒试墨之浓淡。一日，画纸语于试墨之纸曰："吾侪[1]皆宣纸也，然吾贵汝贱，得毋怨乎？"试墨之纸曰："吾始为宣纸，亦冀名贤题诗作画，以流芳千古，不幸为鼠所啮，齿痕累累，遂供主人试墨。夫[2]人生于世，或贱、或病、或残，苟[3]匪人力所及，何以怨为？况主人不以吾卑鄙[4]，以吾试墨，使吾病残之躯，亦为人所用，其乐何如哉！何怨之有？"

注释：①侪（chái）：同辈；同类的人们。②夫（fú）：句首发语词，表示将有议论。③苟（gǒu）：假如。④卑鄙（bēi bǐ）：低微鄙俗。（恒10、得毋8、冀13、匪27）

基础知识

等、辈、曹、侪、属：在文言文中，表示单数的人称代词，如"吾、余、予、汝、尔、公、彼"等，若在后面加上"等、辈、曹、侪、属"，组成"吾等、吾辈、吾曹、吾侪、吾属，尔曹"等就表示复指，相当于白话文中在表示单数的人称代词后面加上"们"；它们在用法上略有区别，"侪"往往用在第一人称后，"曹、属"用在第一、第二人称后都可以，"辈、等"则可以用在第一、第二、第三人称后。（等6、辈6）

附　　文

猫买相机

一猫如市鬻相机，薄暮空手而归。子问其故，曰："父欲买者，旧式黑白照相机也，而今鬻者皆数码相机。"子曰："数码相机，所摄皆彩色照也，远胜旧式相机，何以弃优求劣？"父曰："吾曹与虎孰威？"子曰："焉能与虎相较？"父笑曰："苟为黑白，吾辈稍作修饰，人恒以为虎，而成彩照，远不如虎焉。"子笑而不语。（鬻23、何以14）

断　　句

赌不语

昔有夫妇恒让对方叨叨不已一夜将寐夫谓妻曰为夫妇者切忌多嘴多舌曩者吾等恒以此相责今夜一赌何如妻曰何以赌之夫曰言毕不复出声先出声者多舌者也妻曰诺遂不出声俄尔有盗至将室内财物席卷囊中夫妇相顾不语盗异焉遂于夫前犯其妇妇忿而詈曰贼欲犯我汝亦不言耶其夫笑曰吾与汝孰多嘴多舌耶（让25、寐30、诺12、忿29）

34.弓与矢

矢[1]谓弓曰:“人所以引弓，为发吾也。苟无吾，汝属何用之有？”弓忿然，曰:“尔恃[2]吾力以中的[3]，倘[4]无吾，尔曹与枯竹何异？且吾与人者，力也，无尔，引弹亦可；尔，恃人力者也，何以自矜若此？来！吾语尔:恃人不如自恃。岂不闻古人云‘恃人者不久’耶？”矢语塞[5]。

注释：①矢（shǐ）：箭。②恃（shì）：依靠；凭借。③的：箭靶。成语有“有的放矢”“无的放矢”。④倘（tǎng）：假如。⑤语塞：说不出话来。（忿然29、何以14、矜28、云12、耶3）

基础知识

“……何异……”，或“何异……”，或“……何异”是用来作比较的固定结构。如上文中“尔曹与枯竹何异”，意思是“你们与枯死的竹子有什么不同呢”。

附　　文

坝石争雄

为拦溪水入水渠，人砌石坝阻水流。成，迎惊涛，斗骇浪，巍然屹立者，石坝也。叠坝之石皆欣欣然。然物以类聚，人以群分，石亦如斯。坝石之巨者，见垫脚之石亦喜不自禁，哂曰：“此可谓贪天功为己有者也，苟无吾辈，区区垫脚小石，早不知踪影矣！”垫脚之石忿然，相谓曰：“设无吾侪垫脚，彼等东歪西斜，立犹不能成形，而今狂妄如斯。吾等耻于为下，远遁何如？”其一急阻之曰：“止！倘无吾辈垫脚，巨石固然无用，然石坝安危宁能不顾？任劳任怨可也。”巨石知事关安危，亦噤口不言。（干19、斯15、哂8、宁25）

断　　句

芙蓉自诩

芙蓉盛开人见人赞一树芙蓉一园花也受此赞誉芙蓉沾沾自喜谓无花果曰瞧我芙蓉烂漫一树何其美哉吾子终生不花不亦羞乎无花果曰子花而无实吾不花而实孰优孰劣旁人自有评说何以叨叨自诩耶芙蓉语塞（孰14、诩16）

35.多言“寿”字

有呆女婿欲祝岳父寿，临行，妻嘱之曰：“见岳丈，宜多言‘寿’字。”呆子颔之[①]。进门，见岳父，即跪拜曰：“祝岳父大人寿比南山！”时宾客盈门，岳父见其知礼，甚喜。呆子起，指屋内物事[②]曰：“此寿联也，此寿酒也，此寿桃也，此寿面也。”宾客见其憨态可掬[③]，皆莞尔[④]。呆子忽指岳父衣装曰：“此寿衣、寿帽、寿鞋[⑤]也！”

注释：①颔（hàn）之：点头。下巴叫“颔”，因点头时下巴也跟着上下动，所以点头也叫“颔”或“颔之”。②物事：物件。一件事物叫“一事”。③憨（hān）态可掬（jū）：天真而傻气。傻气叫“憨”。“掬”是捧的意思，如成语“笑容可掬”。④莞尔（wǎn ěr）：微笑貌。⑤寿衣、寿帽、寿鞋：人死后入殓（rù liàn）时穿的衣服、帽子、鞋子。（宜32）

附　文

鼠比高低

一鼠，伺牛不备，遽上牛背，复上牛头，脚攫牛角，大声曰：“瞧，吾孰与牛高？”牛大怒，俯而冲，以角撞树。鼠急跃下，恐牛伤己，亟语之曰：“牛，吾与汝孰低？”（伺17、攫16、“……孰与……”26、遽13）

适得一谜

宾客大宴，有好戏谑者曰：“适得一谜，请诸君猜射，不中者罚酒一杯。”曰：“天不知地知，尔不知吾知。”罚遍。问其谜底，举其足曰：“吾鞋底一小孔耳！”众皆莞尔。（谑29、适16、耳11）

狮王选相

狮王欲简相国，一夜，集众兽于前曰：“时已近午，然日如弯月，昏暗如夜，众卿中有能知其所以者乎？”众兽见明月如钩，而狮王言“时已近午”，皆莫名所以。唯老狐前而奏曰：“此乃日食也，幸未全食。”狮王大喜，遂简老狐为相。（简5、名24、所以24、遂2）

断　句

四重唱

羊驴狗牛登台演四重唱猴为指挥羊声脆驴声浊狗声急牛声缓无以成调卒轰下台羊驴狗牛皆怨曰吾侪所以败者盖猴为指挥也猴性急恒坐立不安行走亦与吾侪大相径庭岂能指挥耶倘为夜莺指挥吾侪必一举成名矣（盖24）

36.吾、汝、渠

一生甚愚，其师诲①其“吾、汝、渠②”三字，久而不解其意。师喻③之曰：“吾乃汝师也，汝为吾徒也。”指其妻曰：“渠乃师母也！”还④家，父问其所学，遂以“吾、汝、渠”对。问其意。曰：“吾乃汝师也，汝为吾徒也。”指其母曰：“渠乃师母也。”父忿然，曰：“谬⑤矣！吾乃汝父也，汝为吾子也，渠乃汝母也！”翌日，师复问之。生对曰：“吾乃汝父也，汝为吾子也。”指其师母曰：“渠乃汝母也！”

注释：①诲（huì）：教导；教授。②渠（qú）：第三人称代词“他”。③喻（yù）：晓喻；开导；打比方。④还：回。⑤谬（miù）：错；错误。（遂2、忿然29）

附　　文

鸡诲鸭崽

一稚鸭，以父母双亡，抱头大恸。鸡悯焉，谓之曰：“为我养子，何如？”鸭大喜。鸡诲之曰：“为我养子，当循为鸡之道。毋近池塘，水火无情；倘遇菱藕水稻之类，毋闯入觅食，人以为毁其庄稼，易遭不测之祸，记之毋忘。汝嘴扁，爪有薄膜，取食行走亦成难事，吾必费重金，为汝整容，届时必与吾侪无异！”鸭闻之，骇而远遁。（恸9、何如7、诲36、侪33）

书生改口

书生某，言必之乎者也。夜诵古文，为蝎所蜇，痛不可忍，遽曰：“贤妻，速燃银灯，乃夫为毒虫所蜇哉！”妻不通文，以为诵古文。书生复曰：“贤妻也，银灯速燃焉。乃夫为毒虫所蜇者也。”妻不闻如故。书生忿然，詈曰：“乃夫三复斯言，汝岂不闻耶？”妻莞尔，曰：“背书而已，何气汹汹耶？”书生悟，改口曰：“老婆子，快点灯，我让蝎子蜇了。”（遽13、詈6、斯15、悟22）

断　　句

猎狗对答

猎 狗 追 兔 不 及 返 猎 者 顾 而 哂 之 云 蠢 狗 也 体 形 之 庞 数 倍 于 兔 而 奔 走 不 及 狗 答 云 吾 之 得 兔 冀 得 饱 腹 而 已 而 彼 乃 舍 命 而 逃 岂 能 相 较（顾7、哂8、冀13）

37.愚人觅伴

有愚人十二，垂钓河干，日暮欲归。或曰："吾侪近水而钓，得微有溺[①]者乎？"急数其伴，止十有[②]一人。愚人大恸。一老父至，知其故，曰："吾可令溺者还，然老夫苦[③]贫，公[④]等能解囊相助否？"愚人曰："可！"老父令愚人一字而立，依次[⑤]批[⑥]其肩曰："一、二、三……"卒扯一人而前曰："此十有二也！"愚人莞尔，皆出囊钱。

注释：①溺（nì）：淹没。②有（yòu）：用在整数与零数之间，相当于"又"。③苦：愁。④公：旧时对年长男人的尊称。⑤次：次序；顺序。⑥批：用手击。

附　　文

百里十里

某山村，有甘泉，久饮可得长寿。国王闻之，令村人日送。村去王城百里，众人疲苦，皆欲移居。中有智者曰："尔曹莫忧，吾当禀告大王，改百里为十里。十里而已，往来必不疲矣。"即往。王允其请。村人大喜，安居如初。（据《百喻经·送水》改）

速还吾帽

海边沙滩，一妪与孙闲坐，忽一巨浪，将孙卷走。妪大骇，跪求苍天。复有巨浪将其孙卷回。妪亟抱而谛视，孙完好，然缺一帽。妪怒詈苍天，曰："苍天，苍天！速还吾帽！"（亟11、谛20、詈6）

不敢争先

甲好谦，言谈举止，皆以谦让为美。一日，与友相遇，言及老年困境，友喟然曰："吾辈生不逢时，度日艰难，今已风烛残年，百无一用，宜入土为安，孰先享此福耶？"甲急拱手曰："在下何德何能，此事不敢争先！"

断　　句

魂入井中

有 井 沿 大 恸 者 问 之 则 曰 吾 之 手 机 坠 入 井 中 手 机 乃 吾 之 魂 也 问 者 笑 曰 无 魂 者 行 尸 走 肉 也 亦 跃 入 井 中 觅 尔 灵 魂 可 也

38.多疑者赴宴

有多疑者赴宴，方欲动箸①，忽含怒推案②而去。饭菜狼藉一地。主人不解，遣人询③之。其人曰："汝不见其家之犬乎，立于吾侧，眈眈逼视，此主人使其然④也。夫令犬慑⑤客，焉能不怒？"

注释：①箸（zhù）：筷子。②案（àn）：桌子，这里指饭桌。③询（xún）：询问；问。④然：指示代词，这样；那样。成语有"知其然，不知其所以然"。⑤慑（shè）：震慑；使其屈服。（方 20、欲 4、夫 33）

附　　文

旱日遭咒

久旱不雨，日时遭人诅咒。月忿忿，语于日曰："公光耀大地，万物生灵皆受恩泽，且风雨匪吾辈左右，受此耻辱，不亦悲乎？"日曰："造物主令吾属光照万物，吾属则为万物之公仆也，宜以公仆自律，任劳任怨。功过自有评说，何悲之有？"（忿29、匪27、宜32）

"高"字王国

"高"字王国，点为国王。横、竖、横折、横折钩皆忿忿不平。横曰："小小一点，宁能为王？吾乃高国栋梁，国王非吾莫属。"竖曰："支撑天地，唯我而已，吾若称王，天经地义。"横折曰："横为栋梁，竖撑天地，二者所长吾皆有之，吾不称王，情理难容。"横折钩曰："吾形体之巨，有目共睹，吾为国王，合情合理。"各执己见，争论不休。于是至今点仍高高居上，为"高"国国王。（宁25）

（据孙三周寓言集《大撇和小撇·"高"国的故事》改编）

断　　句

娃娃亲

旧时婚姻父母作主设子女童稚即许婚姻者俗言则谓娃娃亲也有为一岁女定娃娃亲者归欣欣然语于其妻曰女儿有主矣吾已定娃娃亲也妻问曰男方几岁曰五岁矣妻大怒戟手而詈曰宁能嫁如此老翁夫不解曰男五岁何老之有曰渠已五岁吾女一岁年长五倍倘吾女十岁渠已五十矣岂不老哉（戟手28）

39.一雪花

一雪花语于风曰："吾飘飘欲降，冀子相助。"风曰："助子何如？"对曰："吾降于山则山披银装，降于地则地铺玉屑。苟降于江河湖海，则瞬息[①]泯然[②]。冀吾子相助。"风曰："子固[③]水也，泯然何伤[④]？"雪花曰："天下万物，悄然而来，悄然而泯，悲莫大焉。百花争艳，是以[⑤]有春；硕果喷香，是以成秋。今吾为雪，倘无以为大地增色，吾心何安？"

注释：①瞬息（shùn xī）：一转眼一呼吸之间，形容极短的时间。瞬：一眨眼间。②泯（mǐn）然：消失的样子。泯：消失。③固：本来。④何伤：有什么损害。伤：损害。⑤是以：是一个常用的固定结构，相当于白话文中的"所以"，译时可以看成两个词，作"以是"解。以：因为。是：这；这样。

附　　文

两石狮

两石狮左右对蹲，一缺两耳，一断门牙，恒互揭其短。一曰："人言聋者必哑，汝双耳皆残，居然能言，奇哉怪也！"一曰："汝门牙已断，焉能捕食？饥肠辘辘，其能久乎？"风闻之，曰："敬人者人亦敬之，损人者人亦损之，公等日夜相见而不知彼此敬重，不亦愚乎？"石狮悟，遂互敬焉。

蛙母呼儿

一蛙跃入水池，众蝌蚪以为妖魔，骇而四散。蛙大恸。会蟹至，问其故。蛙曰："向者，吾产卵于斯，今儿女辈见我而遁，是以悲也！"蟹曰："汝产卵犹如遗屎，见汝而遁乃情理之中矣！然儿女恋母，天使然也。大声呼儿可也！"蛙转悲为喜，遂大呼曰："蚪——娘亲来矣！"众蝌蚪果闻声而集。（恸 9、会 4、向 9、斯 15、遁 18、遂 2）

天牛获奖

为奖励农事，天帝欲简一牛为耕耘能手，令天下耕牛自述功绩。然呈文千篇一律，日日审阅颇觉倦怠。一日，见一呈文曰："吾，天牛也，天下农田皆有吾之足迹。"天帝见其名不俗，大喜。天牛遂获殊荣。（简 5、审 19）

断　　句

某君让天

某 黑 夜 吸 烟 失 火 柴 一 急 划 火 柴 觅 之 划 之 九 始 得 喟 然 叹 曰 天 耶 天 耶 何 其 不 公 吾 惜 物 如 斯 何 以 一 贫 如 洗 （让25、觅4、何其13）

40.蜗得破碗

蜗得破碗于草坪之中，以为玉质浴池也，遂大宴宾客，且缘①碗漫游，吟诗作赋②，其喜洋洋者矣。

一蚁嫉之，会牛至，乃语之曰："得一破碗而欢乐如斯，诚可笑也。夫子③蹄而碎之，以惊其春梦可乎？"牛曰："天下至乐固因人而异④。虎得全羊而不以为意，若⑤等得一羊骨，则举国相庆。彼以为乐，吾属何嫉为？且乐⑥人所乐，亦可自得其乐；苟无端生嫉，或巧设机械⑦，则害人害己。"语未毕，蜗语于牛曰："牛，吾等得此玉池，其乐何如哉！俟吾等浴毕，亦请足下⑧一浴，何如？"牛莞尔，曰："诺！"

注释：①缘（yuán）：沿着。②赋（fù）：一种文体。它讲究文采、韵节，兼具诗歌与散文的性质。③夫子：对男人的尊称。因为孔子曾为鲁国大夫，他的学生称他为"夫子"，后来学生也称老师为"夫子"。④天下至乐固因人而异：对于天下什么是最快乐的事，因其对象不同而看法也有所差异。⑤若：你。⑥乐：名词作动词用，可译成"享受"。⑦机械（jī xiè）：害人的计谋。⑧足下：对对方的尊称，相当于"您"。（斯15、何……为31、苟33、俟13、毕13、莞尔35）

基础知识

"汝、尔、而、若、乃"与"君、公、卿、子、吾子、夫子、足下"都是第二人称。前者是一般的称呼，后者是尊称。"汝、尔、君、公、卿、子、吾子"等在前面已经出现。"而、若、乃、夫子、足下"五词也将反复出现。

附　　文

结拜兄弟

甲乙相逢于途，三四语后觉情投意合。甲曰："吾侪年相仿也，与足下结拜为兄弟何如？"乙大喜，曰："诺！"甲曰："足下几岁？"曰："二十有一。"甲曰："如是，足下乃大哥也。小弟方二十。"乙曰："非也，足下二十，乃大哥也。小弟二十一而已。"甲不解，乙曰："人之生也，有先后之别，先生者为兄，后生者为弟。一岁生后始生二岁，二岁生后生三岁……二十岁生后生二十一，足下先我而生，岂匪大哥耶！"

问足下

甲乙相逢于途，甲问曰："请问足下——"乙跛脚，以为讽己，詈曰："吾跛脚，不问亦知，而瞎眼耶？"

断　　句

甲乙酒醉

甲乙酒醉缘铁轨踉跄而行甲曰奇哉怪也地上何以铺长梯耶乙曰是为栏杆也吾等虽醉有栏杆相护亦无忧矣（何以14、是5）

第四阶段自测

31. 系、居、啮、何以……为、何……为
32. 尝、曩、纵、宜、佐、昔
33. 夫（读fú）、苟、卑鄙、侪、曹、属
34. 矢、恃、倘、“……何异”、“……何异……”、语塞
35. 颔之、物事、掬、莞尔
36. 诲、渠、谬
37. 有、公、次、批
38. 箸、案
39. 泯、固、是以
40. 缘、夫子、若、机械、足下

扩展阅读

宋定伯捉鬼

南阳宋定伯，年少时夜行逢鬼，问曰：“谁？”鬼曰：“鬼也。”鬼曰：“卿复谁？”定伯诳[①]之，言：“我亦鬼。”鬼问：“欲至何所？”答曰：“欲至宛市。”鬼言：“我亦欲至宛市。”遂行。数里，鬼言：“步行太迟，可共递相担[②]，何如？”定伯曰：“大善！”鬼便先担定伯数里。鬼言：“卿太重，将[③]非鬼也？”定伯言：“我新鬼，故身重耳。”定伯因复担鬼，鬼略无重。如是再三。定伯复言：“我新死，不知鬼有何所畏忌？”鬼答言：“唯不喜人唾。”于是共行。道遇水，定伯令鬼先渡，听之，了无声音。定伯自渡，漕漼[④]作声。鬼复言：“何以有声？”定伯曰：“新死，不习渡水故耳，勿怪吾也。”行欲至宛市，定伯便担鬼，着[⑤]肩上，急持之。鬼大呼，声咋咋[⑥]然。索下。不复听之。径至宛市中，下，着地化为一羊。便卖之，恐其变化，唾之。得钱千五百，乃去。

（选自东晋干宝《搜神记》）

注释：①诳（kuáng）：欺骗。②共递相担：互相轮流肩负。递：轮流交替。担：扛在肩上。③将：抑或。这里可译成“莫非”。④漕漼（cáo cuǐ）：形容涉水的声音。⑤着（zháo）：放在。⑥咋（zé）咋：大声。（卿15、遂2、故9、耳11、因8、是5、令7、何以14、执2、径6）

41.忧甚杞人

有沈姓者赴墟①听书，闻杨文广②围于柳城，内乏粮，外阻救，忧叹不已。其友扳③其归，犹念不已，曰："是乃杨家名将，围于柳城，何由得解。"竟④夜忧叹。翌日，其妻劝其出游，冀其忘却文广。忽见有负竹入市者，复思之曰："竹末甚锐，苟伤及行人，如之何？"归，寝⑤食具废。其妻为之请巫⑥，巫知其所以，乃戏之曰："汝来世必为女人，夫牛姓，驼且丑而瞽⑦者也！"沈病益剧。妻欲延⑧医治之，沈曰："毋庸⑨医也，倘文广解围，负竹者安然入市，牛姓夫作休书⑩见付，吾病必愈⑪！"

（据明代刘元卿《贤弈编》改）

注释：①墟（xū）：集市。②杨文广：北宋名将杨业之孙，著名的将领。③扳：拉着。④竟：从开始到结束，可译成"整整"。有"竟夜，竟日，竟年，竟世"等。⑤寝：睡；卧。⑥巫（wū）：以装神弄鬼替人祈祷为职业的人。⑦瞽（gǔ）：眼瞎的人。⑧延（yán）：请，聘请。⑨毋庸（yōng）：不用。⑩休书：在封建社会里丈夫要与妻子离婚，只要写一文书就可，此书就叫"休书"。⑪愈（yù）：病好了。（已 11、冀 13、苟 33）

基础知识

固定结构"如……何""若……何"的意义和用法与"奈……何 10"相同，可译成"拿……怎么办"或"把……怎么办"。与这三个固定结构意义相近的还有"如何""若何""奈何"。后面这三个固定结构若用在句末，主要是用来询问办法或态度，可译成"怎么样""怎么办"；若用在句首，则用来询问原因，可译成"为什么""怎么"，一般情况下用来反问，并不要求对方回答。

上文中的"如之何"，也可以改成"奈之何"或"若之何"。

附　文

皇帝衣冠

一丐还自京城，自诩"尝见皇帝"。或问之曰："皇冠皇袍何如？"丐曰："皇冠为白玉雕就，皇袍乃纯金打成。"曰："金固可薄如纸，然作皇袍何以拱揖？"丐哂曰："而可谓孤陋寡闻者也，既为皇上，焉用拱揖？"

断　句

各抒己见

部长夫人产一男婴众官围观各抒己见国防部长曰此子成人可当将军瞧其踢足伸缩有力总理曰瞧其紧握双拳之状日后可任银行家也总统曰否宜任总统也瞧尿湿裤子犹笑逐颜开

42.粗月而已

人有甚谦者，每与人言，无不以粗自称。一日，客至。设酒杀鸡作食，然谓客曰："贫寒无以①待客，粗菜粗粮而已，冀见谅也。"客知其过谦，笑指鸡肉曰："好鸡！"对曰："粗鸡而已！"曰："好酒！""粗酒而已！"客窃②笑，曰："此碗、此杯、此箸、此酒壶，无不精美绝伦③也！"对曰："粗碗、粗杯、粗箸、粗壶而已！"客乃举头望月，曰："今夜好月！"其人对曰："不敢当，是乃寒舍一粗月耳！"

（据清代石成金《笑得好·粗月》改）

注释：①以：作语气助词，无实在意义。②窃（qiè）：副词，偷偷地；暗中。③精美绝伦：精美到了极点，别的无法与此相比。（冀13、见恕13、是5、耳11）

基础知识

"无以、有以、能以、得以"这四个固定结构中，"以"作助词，无实在意义。这同固定结构"何以、是以、所以"的"以"有区别，后者是"用""因为"或"凭"的意思，译时可把"以"移到"何""是""所"的前面。"何以"可译成"用什么、因为什么、凭什么"；"是以"译成"因为这样，所以"；"所以"可译成"因为这样"或"用这"。

附　　文

醉汉抬轿

两轿夫入酒店，出则醺醺然。将空轿抬归，前者向后，后者向前，面面相对；此进彼退，此退彼前，如是甚久。甲曰："奇哉怪也，行走半日，犹见酒店招牌。"乙笑曰："招牌何在，招牌何在？是乃幻觉也，君诚醉矣！"路人见状，无不大笑。

断　　句

狗入牛舍

冬 日 狗 入 牛 舍 以 寒 冷 不 堪 遂 以 草 为 窝 呼 呼 入 睡 俄 顷 牛 至 呼 狗 曰 起 不 请 而 入 吾 舍 复 以 吾 食 为 窝 汝 不 知 羞 耶 狗 大 怒 曰 欲 尝 爪 牙 之 利 耶 此 吾 之 舍 此 吾 之 窝 汝 何 不 请 而 入 牛 怒 欲 前 耳 侧 有 牛 虻 遽 曰 甚 矣 汝 之 不 惠 与 恶 人 论 理 与 其 伦 比 矣 牛 悟 默 然 而 退（堪3、遂2、遽13、惠3）

43.不孝之罪

邑令①之子问其父曰:"儿闻欲加之罪,何患无辞②,斯言可真?"父曰:"无此手段,何以招财进宝?"遂坐轿出,令子从③之。时雨后初晴,方出衙,见一汉赤脚携履④匆匆而行,遂令衙役⑤枷⑥之。汉曰:"吾何罪之有?"令曰:"汝之双脚,何人所授?"对曰:"授之于父母!""汝之双履,何人所做?"曰:"出自吾妻。"令勃然⑦曰:"父母所授者,汝不知珍惜;妻妾所做者,汝视若珍宝,不孝如斯,敢言无罪!"

注释:①邑(yì)令:县令。旧时一县中主政的长官叫"令",相当于后世的县长。邑:县。②欲加之罪,何患无辞:想给别人强加罪名,哪里要担忧没有理由呢?患:担忧。辞:言辞,这里指理由。③从:跟从。④履(lǚ):鞋。⑤衙(yá)役:旧时官署称"衙",在官署里当差的人叫衙役。⑥枷(jiā):古代加在罪犯颈项上的刑具。⑦勃然:因发怒或心情紧张而变色的样子。(斯15、方20、携24)

附 文

马戏"英雄"

马戏团公演。观众甲谓乙曰:"戴草帽者,真英雄也!"问其所以,曰:"向者,驯狮出笼兽性大发,此团中未受伤者唯其一人而已。"问渠有何术,曰:"是时,渠遽入狮笼,反锁笼门,狮能奈其何?"(向9、渠36)

一钱亦可

一令性贪,见衙役鬓插一钱,欲取无计,乃伏案,伪为熟寐。俟役至,作梦呓曰:"一钱亦可!"既醒,召役至前问曰:"适我梦中,似有梦呓,为何言耶?"役以实对。令乃取其鬓插之钱,曰:"吾取之应梦大吉耳!"(伪16、寐30、俟13、适16)

断 句

悬履为志

昔有愚人恒于室外悬履为志一日昧爽而出及午忽暴雨其妻收履薄暮愚人归不见履徘徊不进妻见之曰是而家也何以不进愚人曰吾以履为志无履匪吾家也妻让之曰而不识我耶愚人曰吾但知家门前悬履而已(恒10、昧爽24、是5、而40、让25、匪27)

44.谁杀陈他

某甲欲谒[1]邑令，问其左右曰："令何所好？"曰："好《公羊传》[2]。"后入见，令问曰："君平日何所好？"曰："好读《公羊传》。"令试问曰："杀陈他[3]者谁？"甲默然久之，乃曰："禀[4]告明府[5]，晚生[6]实不杀陈他！"令知其诳[7]，戏曰："君不杀陈他，孰杀陈他？"甲大恐而走。

（据《明史·青文胜列传》改）

注释：①谒（yè）：拜访。②《公羊传》：即《春秋公羊传》，儒家经典之一。③陈他：又作"陈佗"，春秋时陈国桓公的兄弟，曾杀太子自立为陈国国君，后被宋国人杀掉。此事《公羊传》中有详细记载。④禀（bǐng）：旧时指下级向上级报告，如禀报、禀告等。⑤明府：对县令的尊称。⑥晚生：旧时文人在长辈前面对自己的谦称。⑦诳（kuáng）：欺骗。（好 20、孰 14、走 12）

基础知识

固定结构"何所""有所""无所"常在文言文中出现，此时的"所"是个"指事之词"（指出动作行为的对象），"何所"可译成"什么"，"有所""无所"可译成"有什么""没有什么"。

附　　文

女郎醉酒

一女酒醉，踉跄而行，忽号啕大哭，曰："酒能伤身，今伤及吾腿，奈何，奈何！"俄而，止哭为笑，曰："妙哉，妙哉！左摇右摆，飘飘欲仙，得无成女铁拐李耶！"众人见其错着一履，左为平底，右乃高跟，无不大笑。

邑令审案

某令好酒，恒醉眼蒙眬。一日临审，有金鑫、水淼为争鱼池而讼。即不问情由，令杖责金鑫。金呼冤。令醺醺然而斥之曰："渠名多水，若名多金，无水安有鱼池？分明仗势欺人，夺人鱼池。若既多金，罚银三百！退堂。"

断　　句

再打三斤

某令好酒一日酒醉忽闻击鼓声知有诉讼者勃然大怒上堂即大声曰本县酒方酣何方狂徒胆敢于此时击鼓鸣冤喝令左右与本县打左右曰杖责几何令醺醺然曰再打三斤

45.但图对属

秀才某，献百韵诗[①]于邑令，其间有句云“舍弟江南殁[②]，家兄塞北亡[③]”。令恻然[④]悯之，曰：“不意[⑤]君家凶祸，重并[⑥]如是。”某遽起自解曰：“实无此事，但图对属[⑦]亲切耳。”令曰：“下官为汝续几句，何如？”某大喜，曰：“能得明府续诗，晚辈[⑧]三生有幸。”续曰：“大儿贫作丐，小女沦为娼。”某勃然变色，呐呐欲言。令笑曰：“秀才莫恼，下官但图对属亲切耳。”

（据宋代邢居实《拊掌录》改）

注释：①百韵（yùn）诗：一种篇幅较长的律诗。如张清凌曾有《七言排律（变体）·丙戌岁暮十七岁生日寄天狼一百韵》，十句一平韵，十句一仄韵，此诗共一百韵，故亦可称为“百韵诗”。②殁（mò）：死。③亡：死。④恻（cè）然：凄惨；伤痛的样子。⑤不意：想不到。⑥并：一起；一同。⑦对属（zhǔ）：即对仗，诗词中的对偶叫对仗。⑧晚辈：在长辈面前对自己的谦称。

基础知识

“家”“舍”“令”是旧时常用的谦辞和敬词，可用七字诀“家大舍小令外人”区别三者。

“家”是对外人称呼自己长辈和年长的平辈的谦辞。如称父亲为“家父”“家严”；称母亲为“家母”“家慈”；称兄长为“家兄”；称叔叔为“家叔”等。

“舍”是对外人称呼比自己年少的家里人的谦辞。年龄或辈分比自己小的都应冠以“舍”字，如“舍弟”“舍妹”“舍侄”等。

“令”是敬词，凡是称呼对方的家人，无论辈分大小、男女老少，都得冠以“令”字。如称别人的父亲为“令尊”或“令丈”；称别人的母亲为“令堂”；称别人的妻子叫“令正”（古时以嫡妻为正室，所以称为“令正”）；称别人的亲属为“令兄”“令弟”“令妹”“令亲”；称别人的儿子为“令郎”；称别人的女儿为“令嫒”“令爱”等。

附　　文

难辨雌雄

甲问乙曰：“身后一人理短发、着牛仔裤，男耶，女耶？”对曰：“此乃舍妹也！”甲曰：“吾实不知情，大叔莫怪。”对曰：“吾亦女儿身，何以称大叔？”

断　　句

名　片

两鼠相遇甲递乙名片上书曰世界珍稀动物集团公司总裁乙笑曰吾辈子民触目皆是亦珍稀耶甲笑曰名片名片明骗而已

46.秀才鬻薪

秀才某赴墟买薪[1]，途遇一汉，荷[2]薪而行。遂曰："荷担者止步。"汉见状，释担。秀才曰："此薪荷诸[3]墟乎？毋庸赴墟，鬻于吾何如？"汉不解，呆立。秀才思之曰："吾言之甚详，渠何以茫然？得毋聋哑者耶？"遂指薪大声曰："此薪价几何？"汉揣其问价，乃告之。秀才曰："斯薪也，外实而内虚，烟多而焰少，宜损[4]价者也。"汉复茫然。秀才曰："乃聋哑者耶，痴呆若斯！"汉懂聋哑痴呆四字，勃然大怒，遽批其颊[5]。秀才痛而却[6]步，曰："止求损价而已，竟凶狠若斯。不可理喻，不可理喻！"

（据明代赵南星《笑赞·秀才买柴》改）

注释：①薪（xīn）：柴草。②荷（hè）：挑。③诸（zhū）：之于。④损（sǔn）：减；减少。⑤批其颊：打他的耳光。颊（jiá）：脸部的两侧。⑥却：退；后退。（墟41、状6、释27、揣21、宜32、渠36、乃40、批37）

附　　文

布谷哀怨

夏日，布谷鸟"咕咕咕"怨声不止。斑鸠问曰："子何怨为？"答曰："今春，吾产卵数枚，出于无奈，悉产于他巢，然恒耿耿于怀——为父母者孰不如是？而今儿女记恨，不认娘亲，是以怨也。"鸠曰："春日，子何事忙碌？"曰："是时，吾忙于呼农夫布谷也。"鸠曰："养儿育女乃父母之天职，而汝曹弃之。今儿女不认，亦情理之中，何以怨为？"（孰14、是5、是以39）

手机贴膜

有设摊于墟者，其招牌云："祖传手机贴膜。"余前而让之曰："须贴膜者，智能手机也，问世十余年而已。手机贴膜，岂能祖传？"其人笑曰："欺诳愚人而已。君匪痴呆，何以问焉？"（让25、匪27、何以14）

断　　句

患失患得

某 翁 放 高 利 贷 者 也 一 日 巨 款 为 盗 翌 月 案 破 警 察 将 钱 归 还 某 大 恸 问 其 故 曰 失 利 息 巨 矣（翌11、恸9）

47.喜得句

馆师朱野航，痴①于攻诗。馆②于王氏。一日，与主人晚酌③罢④，主人就寝。俄而月上，朱忽得句云："万事不如杯在手，一年几见月当头。"喜极发狂，大呼"东翁"！举⑤家惊骇，以为火、盗，颠倒衣裳⑥而出。及出问，始知。为助兴，复取酒更酌。

（据明代冯梦龙《古今谭概·痴绝部第三·喜得句》改）

注释：①痴：入迷。②馆（guǎn）：名词作动词，意思是在姓王的人家"坐馆"。在书塾（shú）里教书，叫"坐馆"。馆：文化、娱乐、饮食、旅居的场所，如书馆、茶馆、旅馆等。③酌（zhuó）：饮酒。④罢：停；结束。⑤举：全；全部。⑥颠倒衣裳：慌乱得连衣服也穿错了。

基础知识

中国旧时私人开办的学校叫私塾，老师称"塾师"或"馆师"，馆师称主人为"东家"或"东翁"。每所私塾一般只有一个老师，采用个别教学，没有固定的教材及学习年限。

附　　文

言师饮茶去

一师喜坐茶馆，学生问字，恒不见影。一日，复出。其徒将贾岛诗"寻隐者不遇"，改写置于案上。诗云"书塾问童子，言师饮茶去；只在此城中，巷深不知处。"师归，见众生窃笑。俄尔见诗，不觉赧颜。（恒10、案38、窃42、赧4）

南瓜豆腐

某师坐馆，每饭，菜止两碟，南瓜豆腐而已。如是年余。岁末，为东家书春联云："白玉满碟粗豆腐，黄金大块老南瓜。"横批："富贵人家。"

断　　句

一味足矣

一 先 生 开 馆 以 其 初 到 东 家 杀 一 鹅 款 待 酒 酣 先 生 曰 东 翁 来 日 方 长 饮 食 务 须 从 俭 指 盘 中 鹅 曰 日 后 酒 菜 止 此 一 味 足 矣

48.萝卜对

东家供先生饮食甚薄，菜惟①萝卜一味而已，先生怨而不言。一日，东家曰："犬子②功课何如？"对曰："对课③二言尚可。"东家曰："明日请先生小酌④，吾欲考其功课。"先生遂嘱学生曰："令尊席前若令汝对课，汝看吾箸夹何物，即以何物对之。"学生曰："诺！"

翌日设席。菜四碟：乃萝卜片、萝卜条、萝卜丝、萝卜块也。数言后，东家令其子对课。出题曰："核桃。"学生见先生箸夹萝卜，遂对曰："萝卜。"东家曰："不佳。"复曰："绸缎。"先生复夹萝卜，学生仍以萝卜对。东家不说，曰："绸缎安⑤能对萝卜？"先生曰："可。令郎所对乃丝罗之罗，布匹之布。"东家见远处有庙，遂曰："钟鼓。"见先生仍夹萝卜，仍对曰："萝卜。"东家忿然曰："钟鼓岂能以萝卜对？"先生曰："甚佳，此乃锣鼓之锣，铙钹⑥之钹也。"东家沉思片刻，曰："岳飞。"复夹萝卜，亦对萝卜。东家怒曰："岳飞宁能对萝卜？"先生曰："萝卜者叶青根白，乃青白之体，以对岳飞有何不可？此对甚妙！"东家勃然大怒，曰："先生腹中得无惟有萝卜哉？"先生曰："自至君家坐馆，每餐惟有萝卜。今日难得小酌，仍为萝卜四碟。吾双目所见萝卜也；腹中所藏，萝卜也；授以令郎者，亦萝卜也。"

（据清代小石道人《嘻谈初录·卷上·萝卜对》改）

注释：①惟：只。②犬子：对自己儿子的谦称。③对课（kè）：亦称"对句"，旧时塾师教学生学习写诗的一种方法，即老师出上句，学生按虚实平仄对应下句。一个字对一个字，叫"一言"，如老师出"红"，学生对"绿"；两个字对两个字，叫"二言"；依次类推。④小酌（zhuó）：小宴，意思是喝点酒。⑤安：疑问代词；怎么；哪里。⑥铙钹（náo bó）：两种金属乐器。钹：一种常用乐器，铜制，圆形，四周平，中间部分形同两个半球。（箸 38、诺 12、翌 11、宁 25、得无 8）

基础知识

"焉、岂、安"都可作疑问代词，是"哪里""怎么"的意思。如"岂有此理"，亦可写作"焉有此理""安有此理"。

断　句

学师喷嚏

一生言行举止皆仿馆师一日其父宴师令坐于师侧与师共餐见师食亦食师饮亦饮师侧身亦侧身师不觉失笑搁箸而喷嚏生亦笑亦搁箸但喷嚏不可强为乃谓父曰吾师此等妙处其实难学奈何

49.军人布施

有军人着布衣[①]游寺，僧轻之，倨[②]不为礼。遂谓之曰："汝取缘簿，吾欲布施，使吾佛增辉。"僧大喜，急起奉茶，意甚恭敬。军人执笔书曰"总督部院"，僧以为大官私行，惊惧而跪。既而书曰"标下左营官兵"，知为兵丁[③]，愠[④]而起。军人笑而睨[⑤]之，复书"布施三十"，以为纹银三十两，转愠为喜，复跪如初。军人卒书"文钱"两字，大笑出钱，掷笔而去。

（据清代石成金《笑得好·看写缘簿》改）

注释：①布衣：麻布做成的衣服。因古代平民穿麻布做成的衣服，布衣也就成了平民的代称。②倨（jù）：傲慢。成语有"前倨后恭"。③兵丁：士兵。丁：男人。④愠（yùn）：含怒；怨恨。⑤睨（nì）：斜着眼睛看，表示漫不经心或轻视。（着4、遂2、执2、书4、既而15、卒22）

附　　文

师赞徒

为明教诲有方，师恒赞其徒。东家不信，命其对课。师曰："蟹！"生对："伞！"师赞叹不已。东家不解。师曰："蟹乃横行之物，令郎对伞，有独立之意，岂不妙哉！"东家乃自命题曰："放风筝！"对曰："拍马屁！"东家勃然大怒。师曰："妙哉！放风筝者，志在蓝天；拍马屁者，可左右逢源。令郎志存高远，可喜可贺！"（诲36、恒10、令郎45）

鸡毛甲乙

鸡毛甲乙，恃风力，去地而飞。甲不胜喜，谓乙曰："昔，吾侪为鸡所累，为其遮风挡雨，日与尘土为伍，劳苦不堪。今日得以自由哉！"乙喟然曰："子何其愚也！鸡身即吾曹之家也。有家，虽受其牵累亦乐在其中；今失家室庇护，漂泊无定，何以喜为？"言未毕，风力已损，飘然而下，无能自主，卒堕于污水池中。（恃34、昔32、不堪3、何以……为31、损46）

断　　句

风雨对

一塾师好酒恒酒后失态或胡言乱语或手舞足蹈此乃俗言撒酒疯者也一日师生对课师曰雨生对以风师曰催花雨生曰撒酒疯师曰园中阵阵催花雨生对席间时时撒酒疯师忿然曰顽童不知尊卑对课无礼生曰为师欠懂礼仪饮酒失态

50.虎避疯狗

虎父子出游，遇一疯狗，父嘱子远避。子曰："父为百兽之王，遇一疯狗而避，何也？"父问曰："胜此疯狗，可引以为荣乎？"曰："一疯狗而已，何荣之有？""倘为其所啮，虽止一口，若将如之何？"曰："必中狂犬病毒，无奈何也。"父曰："如是，盍①不避焉？吾儿切记，避祸就福者，智者也！"子悟，曰："儿谨②受教！"

注释：①盍（hé）：何；何不。②谨（jǐn）：表示郑重和恭敬，如谨启、谨赠。（倘34、啮31、若40、如……何41、就27、悟22）

附　　文

毙敌游戏

玩具手枪为男童所爱。一孙喜与祖玩毙敌游戏，孙举枪对祖，曰："砰！"祖必应声而仆，无敢少动，苟违其意，则啼哭无已。一日，与孙出游，之城中广场，内有鬻玩具手枪者，孙鬻其一。遽以枪对祖，大声曰："砰！"祖恐不堪，扑通倒地。众人围观，笑声雷动。（苟33、遽13、堪3）

医入蟒腹

有行医者为蟒所吞，急开药箱，将所携泻药四撒。旋闻蛇腹鸣声如雷，将其泻出腹外。医者大喜，方欲行，忽忆药箱未出，遂谓蛇曰："将吾复吞入腹，可乎？"蛇哂曰："若辈为蝇头小利，置生死而不顾耶？"（哂8、若40）

南风先生

一富翁，极吝啬，欲延师诲其子而虑花费钱财，尝语于人曰："苟能不饮不食者，必良师也！"或戏之曰："先生某，毋用饮食，唯喝南风一味足矣。"翁大喜，欲延为师。谋诸妻，妻思之久，曰："不可！冬季恒刮西北风，非一二日可止，是时以何物供其饮食耶？"（延41、诲36、尝32、诸46、恒10）

断　　句

孙玩花圈

时下独子渐多为祖父母辈者恒百依百顺故谓为小皇帝也一日有祖孙出游途经一花圈店孙见其灿烂可爱强祖购之祖无奈遂鬻其一恐为人误乃觅一纸板上大书曰寒舍人无恙小皇帝欲购之无奈何也举而从孙行（遂2、鬻23、书4）

第五阶段自测

41. 墟、扳、寝、竟日、竟年、巫、瞽、延、毋庸、愈、如……何、若……何
42. 窃、无以、有以……
43. 邑、令[2]、履、勃然
44. 谒、禀、诳、晚生、何所、有所、无所
45. 殁、亡、恻然、不意、并、家、舍、令[3]
46. 薪、荷、诸、却、损[1]
47. 痴、坐馆、酌、罢、馆师、塾师、举、东家、东翁
48. 犬子、对课、对句、安
49. 布衣、倨、丁、愠、睨
50. 盍、谨

扩展阅读

卖蒜叟

南阳县有杨二相公①者，精于拳勇，能以两肩负粮船而起。旗丁②数百，以篙刺之，篙所触处，寸寸折裂，以此名重一时。率其徒行教常州，每至演武场传授枪棒，观者如堵③。

忽一日，有卖蒜叟④，龙钟伛偻⑤，咳嗽不绝声，旁睨而揶揄⑥之。众大骇，走告杨。杨大怒，招叟至前，以拳打砖墙，陷入尺许，傲之曰："叟，能如是乎？"叟曰："君能打墙，不能打人。"杨愈怒，骂曰："老奴能受我打乎？打死不怨。"叟笑曰："老人垂死之年，能以一死成君之名，死亦何怨。"乃广约众人，写立誓券⑦。令杨养息三日⑧。

老人自缚于树，解衣露腹。杨故取势于十步外，奋拳击之。老人寂然无声。但见杨双膝跪地，叩头⑨曰："晚生知罪矣。"拔其拳，已夹入老人腹中，坚不可出。哀求良⑩久，老人鼓腹纵之，已跌出一石桥外矣。老人徐徐负蒜而归，卒不肯告人姓氏。

（选自清代袁枚《子不语》）

注释：①相公：旧时，上层社会中的年轻人尊称为"相公"。②旗丁：指船上的满族士兵。旧时汉人称满族人为"旗人"。丁：男人。③堵（dǔ）：墙。④叟：老翁。⑤龙钟伛偻（yǔ lóu）：老态龙钟且驼背。⑥揶揄（yé yú）：开玩笑；嘲弄。⑦誓券：字据，指打死不怨的字据。⑧令杨养息三日：叫杨休息三天后再来比试。⑨叩头：俯首到地行礼。⑩良：很；甚。（负 3、叟 110、睨 49、骇 14、走 12、许 20、是 5、但 2、卒 22、晚生 44）

51.冬瓜明目

有延师诲其子者，供师饮食甚薄，菜唯冬瓜而已。师语于东家曰："君颇①嗜②冬瓜乎？"曰："然③！其味固美，且有明目之功。"一日，东家至书斋中，师凭窗远眺，若不之见。东家自后呼之，乃谢④曰："适看都城演剧，不知东翁驾到，有失远迎，冀见恕也。"东家讶⑤曰："寒舍去都城甚远，都城演剧，安能之见？"笑曰："自食君家冬瓜，目力颇胜。"

（据清代俞樾《一笑》改）

注释：①颇：副词，表示程度大小，可译成"很""相当地"等。②嗜（shì）：特别爱好，如"嗜酒""嗜烟"等。③然：对。成语有"不以为然"。④谢：道歉。⑤讶（yà）：惊奇；惊讶。（延 41、诲 36、固 39、适 16、冀 13、安 48）

基础知识

常用句式：否定句宾语前置。

文言文中，凡是带有"莫""不""毋""未"等否定词而宾语又是代词的否定句，宾语往往前置，这叫否定句宾语前置。例如：《童区寄传》中"彼不我恩也"（"我"是"恩"的宾语）；《卖柑者言》中"吾子未之思也"（"之"是"思"的宾语）。上文中"若不之见"即"若不见之"的意思，"之"是"见"的宾语。请看下列文白对比句：

①古之人不余欺也。（古时候的人没有欺骗我啊。）

②彼不余听，奈何？（他不听我，怎么办？）

③人莫予毒。（没有人能够加害于我。）

④欲言莫予和。（想要说，但是没有人会赞同我的。）

⑤自古及今，未尝之闻。（从古到今，不曾听说过有这样的事。）

⑥吾毋尔诈，尔弗吾欺。（我不欺骗你，你也不要欺骗我。）

这种句式保留在成语中的有"时不我待""时不我与""岁不我与""人莫予毒"等。

断　　句

鱼笑鱼泣

群鱼嬉戏浅水一狗近焉有鱼大呼曰危乎哉狗来矣群鱼远遁独一鱼不动笑曰何危之有吾历事多矣未闻狗能逮鱼者也狗哂之扑而得鱼曰吾肉食者也而之肉吾焉能不食鱼大恸曰吾不听同类之忠言未察听闻之真伪诚该死矣

52.华山遇仙

有登华山者，初遇一老父，曰："吾善术者也①，为君一卜②，何如？"登山者颔之，遂报以生辰八字。老父掐指而算，竟十言九错。登山者哂曰："荒谬如是，亦善术耶？"其人不说，曰："何处荒谬？"登山者一一批驳。其人语塞，赧颜而却。登至半山，复遇一道，须眉皆白。谓登山者曰："夫子天庭③饱满，诚有福也！"登山者惑④其言，亦请其算，竟事事言中。登山者大喜，曰："道长诚仙人也！"赉⑤以百元。其人摸囊中手机而笑。久之，登山者悟，悔甚。

注释：①术：术数；道术。指推测人生凶吉祸福的法术，如算命、看相、占卜等。②卜（bǔ）：原指占卜，古代的一种迷信活动，这里指预测凶吉。③天庭：两眉之间，前额的中央。④惑（huò）：迷惑；诱惑。⑤赉（lài）：赐；赠送。（父 2、哂 8、赧 4、却 46、夫子 40、诚 4）

附　　文

富贵无边

有得牡丹一盆者，归，其妻见花止一朵，虽大似盘盂，然四周花瓣残缺，不说。让之曰："牡丹，富贵花也。花瓣残缺，富贵不全，得之不祥。"其人笑曰："谬矣，周边残缺，乃富贵无边也。宏福之兆，何凶之有？"妻转怒为喜。（让 25、谬 36、宏 11）

枇杷与桑

一日，枇杷谓桑树曰："世人誉松竹梅为岁寒三友，而吾与梅同时而花，彼之香虽浓，然花而不实；吾之香虽淡，而硕果累累。然世人誉梅者众，赞吾者鲜。人之论物，不公甚矣！"桑曰："人植我培我，吾等但怀感恩之心，图以回报可也！耿耿于名利得失，必忧怨随身，冀吾子不之取也！"枇曰："善！"（鲜 19、但 2、冀 13、吾子 26）

断　　句

身　热

小儿患身热延医治之服药竟死其父赴医家怒詈不已医不信自往验之抚儿尸让儿父曰向者令郎身热似烫服吾药幸已凉爽似冰乃不吾德反报以怨安有此理（已11、乃40、安48）

53.无童磨墨

有一世家①子，颇能文。初赴童试②，讫③。父令其诵应试之文，谓必首选④，及揭榜⑤竟不录，父以之让邑令。令检视原卷，则⑥用墨淡似薄雾，乍⑦有乍无，不可辨识。父怒，归，罚其子跪于阶⑧下，厉声责问。对曰："以无童竖⑨磨墨，就砚⑩蘸水而写，是以淡了。"

（据清代石成金《笑得好·不磨墨》改）

注释：①世家：指门第高，世代做官的人家。②童试：即"童子试"。③讫（qì）：完；完毕。④首选：第一名。⑤榜：告示；公布的名单。⑥则：是。⑦乍（zhà）：忽然。⑧阶：台阶。⑨童竖（shù）：家童，童仆叫"竖"。⑩砚（yàn）：磨墨器，亦称"砚台"。（颇51、及5、让25、邑43、是以39）

基础知识

童子试：明清两代取得生员资格的考试，亦称"童试""郡试""小考""小试"。应考者无论年岁大小，皆称"童生"，或称"文童""儒童"。考中的称"生员"，俗称"秀才"，呼为"相公"（旧时，尊称上层社会中的年轻人为"相公"）。童子试包括"县试""府试""院试"三个阶段，三年内举行两次。文中的"童子试"由县尹主持，是"县试"阶段，应考者取得资格后才能参加"府试"。

附　　文

妹妹吾思之

某邑童子试，以"昧昧吾思之"为题。语出《书经·秦誓》，昧昧而思者，乃深思、静思也。一生误书为"妹妹吾思之"。邑令莞尔，评批曰："哥哥而错矣！"（莞尔35、"而错矣"的"而"40）

英雄、天才

二稚童斗殴，问其故。一曰："渠称我天才。"一曰："彼呼我英雄。"人异焉，曰："'英雄''天才'乃美誉也，何以怒为？"答曰："非也。'天才'乃'天生蠢材'，'英雄'乃'英国狗熊'也。"渠等就读于某小学，该校视创新为时髦，释词亦然。曲解原意，别出心裁者，师皆褒之。久而久之，曲解成风焉。（殴23、渠36、何以……为31）

断　　句

项羽拿破仑

清 末 某 邑 县 试 以 项 羽 拿 破 仑 合 论 为 题 有 不 知 拿 破 仑 者 遂 答 曰 项 羽 力 能 拔 山 举 鼎 宁 有 遇 破 仑 而 不 拿 者 乎

54.秀才见舅

秀才某，满口之乎者也。一日，闻舅得疾①，亟往探之。见舅卧榻，前曰："舅，外甥至焉。"舅恶其迂②，不应。某见榻前小几③有碗，问曰："啖④粥乎，进药乎？"舅闭目不言。某前而谛视，舅竟屏声息气。某揶揄⑤之曰："得毋赴阴间见阎王者耶？"舅大怒，遽掷以枕。某伪为不堪受击状，大呼曰："一枕似石，扑面飞来，危乎者也！"舅不觉莞尔。

注释：①疾：病。古时"疾""病"两字含义不同，"疾甚"曰"病"。②迂：拘泥固执，不切实际。③几：桌子。④啖（dàn）：吃。⑤揶揄：开玩笑；嘲弄。（亟 11、谛 20、遽 13、伪 16、不堪 3、状 6、莞尔 35）

附　　文

论鸦片之害

某邑县试，试题为"论鸦片之害"。一生不知鸦片为何物，作文曰："鸦之为害谷物大矣哉，只鸦之害且甚矣，况成片乎？"

蛇兔竞走

蛇欲与快兔竞走，言非夺冠军不可。无脚丑类，居然狂妄如斯，兔皆忿然，应战曰："裁判、时间、场地皆由蛇定夺。若输于蛇，吾属不称快兔！"孰知蛇画跑道于陡坡，自山顶直至山脚。快兔傻了眼，兔辈后股长于前股，自上而下，行且艰难，何况竞走？而蛇则滑行如飞，眨眼而至。（股19）

张打雷

有张姓者，产一双胞胎，求秀才某命名，曰："其声宜宏，有震耳之感。"秀才曰："名张大喇叭、张大鼓，何如？"对曰："声固宏矣，然喇叭大鼓者，贺亦用之，吊亦用之，且为人驱使，不妥，不妥！"秀才曰："然则名张大炮、张打雷，何如？其声震地，其威无敌。"张大喜。（宜32、宏11）

断　　句

不敢娶也

清 末 某 邑 童 子 试 一 生 冀 获 庇 护 于 卷 末 书 曰 吾 乃 中 堂 李 鸿 章 大 人 之 亲 妻 （戚） 也 邑 令 见 其 可 笑 旁 批 曰 本 县 是 以 不 敢 娶 （取） 也

55.螳螂与蝗

蝗语于螳螂曰："与尔一试其勇，何如？"螂曰："何以试之？"时有农夫方烧一土肥而去，盖以枯薪间①土块，堆积似冢②，其上覆以细土，而后燃之而成者。蝗曰："此土肥烈火环绕，然顶端土厚，尚可居留。敢跃入其中，居有顷乎？"螂曰："尔敢，吾必从之！"一蛙闻之，曰："甚矣，汝曹之不惠！苟毁双翅，悔之何及！"螂与蝗皆曰："此懦夫也，呱呱噪耳！"蝗乃振翅，果落其顶；螂从之，亦安然无恙。举目四望，但见烈火环绕，焰烟迷漫；蛙居远处，以为皆葬身火海，呱呱悲鸣。螂与蝗闻之，相顾而笑。少顷，土热。蝗跃出，双翅为焚，顾螂，亦毁翅。相顾而泣。

注释：①间：夹杂。②冢（zhǒng）：较大的坟墓。（方20、盖24、若31、顾7）

基础知识

"有顷、有间、顷、俄顷、顷之、顷刻、少顷、少时（见 28）、食顷、移时"，这十个表示时间的副词，除"食顷"是指"吃一顿饭的时间"，"移时"是指过了大约一个时辰（即两个小时）外，其他的都可以译成"一会儿""过了一会儿"。

附　　文

家父善潜

有稚童三，闲聊江干。甲曰："家严善潜，摸鱼捉鳖，人莫之及。"乙曰："家父每潜于水，可以食顷，鱼鳖盈篓，始出水面。"丙曰："家父善潜，尝就此地潜之于水，已三年矣，犹未出焉。"（家严 45、尝 32）

鼠与松鼠

鼠谓松鼠曰："吾与君形相近也，貌相似也，君人见人爱，吾则不然，何也？"松鼠笑曰："吾声恰恰，其音亦甜，吾尾茸茸，其貌亦雅，而子何如？"鼠喟然曰："声容音貌可以惑人，吾诚不若君也！"

断　　句

馋　猫

众主妇排队购物有衣着华丽者挤往前买罐头一付钱讫笑谓后者曰吾挤前特买罐猫食而已冀诸君见谅后者笑曰汝既饥饿如斯吾等何话可说（讫53、特25、冀13、见谅13、斯15）

56.一驹涉河

一驹[①]欲涉河，未知水之深浅，问于牛。对曰："甫[②]没膝尔[③]。"驹喜，方欲涉，松鼠遽呼曰："子其危矣！吾友涉之而溺，未满旬[④]尔。"驹惧而却步，还[⑤]以告母。母曰："鼠矮而牛高，同涉此河，得毋异乎？天下事不思则罔[⑥]，志[⑦]之毋忘。"

（据彭文席《小马过河》改）

注释：①驹（jū）：小马。②甫（fǔ）：才；刚刚。③尔：语气助词，它的作用除与语气助词"耳"（见 11）相同外，还可以表示疑问。④旬（xún）：十天为一旬，一月中分上旬、中旬、下旬。⑤还：返回。⑥罔（wǎng）：通"惘"，迷惑。⑦志：记。如《聊斋志异》的"志"。

附　　文

雾吞泰山

雾遮天盖地，吞没泰山，洋洋自得，大声曰："泰山，吾与尔孰能、孰强、孰巍巍然屹立于天地间耶？"泰山不应。雾三复斯言，泰山若不闻焉。华山不平，谓泰山曰："公为五岳之首，受此奇辱而不出一声，吾辈深以为羞。"泰山笑曰："渠曹时而清醒时而发狂，何以辩为？"

乌鸦攫羊

鹰高空盘旋，忽俯冲而下，攫一羊羔直上蓝天。乌鸦见之，遂大声曰："鹰，而能攫羊，吾岂不能？且吾欲攫者公羊也，乌孰与鹰能，旁人自有公论！"亦俯冲而下，伸爪攫一公羊。然似抓巨石，扑翅难起，且爪为浓毛所缠，无以脱身，卒为牧人所擒。（……孰与……26）

点不着也

夏日，甲谓乙曰："足下嗜烟，有害无益，盍不之戒？"答曰："已数戒之矣，苦于烟瘾难熬。"曰："烟瘾发作，可以零食代之。今热，盍试以冰棍？"对曰："冰棍，吾早试矣，然点不着也，奈何？"（盍50）

断　　句

求夫暖足

有少妇夜寐双足似冰求夫以腹暖之夫不之允妇纠缠不已夫怒遂打110众警至啼笑皆非一警让之曰遇险始可报警若辈不之知耶夫愠曰若令渠以足压我腹必窒息而死岂非险哉（寐30、让25、若40、愠49、渠36）

57.雪人喜日

一雪人，头大似瓮，庞然大物也，见日似探汤[1]，不胜喜。或曰："子雪人也，天寒地冻，子可喜，今如探汤，何以喜为？人将吊[2]子矣！"雪人曰："吾固水也，遇寒为雪，不幸而成雪人，形似木偶，为人嬉戏；而水入江成流，之海作浪，升天为云，居山成雾，自由自在，顾[3]不如雪人耶？"

注释：①汤：热水。②吊（diào）：对遇到不幸的人表示慰问。成语有"形影相吊、吊死问疾"。③顾（gù）：难道。"顾"在此书中出现两种义项，一是"看"或"回头看"，二是"难道"。（或 11、固 39）

附　　文

暴雨砸叶

枝杆者，树叶之母也。一日，枝杆见树叶相依相偎：或喃喃细语，或轻歌曼舞，或挨挨挤挤嬉闹不休，或伶牙俐齿辩斗不止，颇觉欣慰。忽见黑云如涌，狂风骤起。方疑虑间，雷电交加，暴雨排山倒海，汹汹而来。雨滴似拳，直砸树叶。树叶或哭或号，乱作一团。枝杆遂大语曰："毋慌，毋惧！骤雨不终日，雨过天晴，可见彩虹横空也！"闻慈母呼声，众树叶心安神定，哭号立止，异口同声曰："骤雨骤雨，其奈我何？雨过天晴，彩虹横空！"

酒坛生子

有向其邻借酒坛者，及归还，坛中有一小坛。邻疑焉，其人笑曰："小坛乃大坛所生尔！"邻喜甚，欣然受之。他日，复借，亦欣然与之。久之，不见归还，问焉，其人曰："事可吊也，坛已死焉。"邻愠，曰："酒坛而已，岂有生死哉？"其人曰："曩者，渠为汝生一小坛，坛子可在？"邻悟，默然而退。（愠49、曩32、渠36、悟22）

断　　句

书一"滚"字

甲 执 水 写 笔 就 地 而 书 乙 前 见 其 书 一 滚 字 怒 形 于 色 甲 复 书 曰 滚 乙 勃 然 大 怒 夺 其 水 笔 甲 见 其 怒 目 而 视 莫 名 所 以 曰 吾 欲 书 滚 滚 长 江 东 流 水 也 与 子 何 伤 乙 闻 之 赧 而 呆 立 甲 沉 思 片 刻 书 曰 滚 滚 长 江 东 流 水 淘 尽 莫 名 其 妙 人 大 笑 而 去

58.墨与砚

墨语于砚曰:“吾与子,友邪[①],敌邪?”砚曰:“斯言何谓欤[②]?”墨曰:“苟为友，吾日磨日减，以至泯然；子日磨日损[③]，卒为人弃。苟为敌，何以夙夜[④]相伴，朝暮相依?”砚笑曰：“无事可为，悲莫大焉。为成一事，或损其身，或费其时，理所当然。子以为友邪，敌邪?”墨大笑。

注释：①邪（yé）：疑问语气助词，同“耶”。②斯言何谓欤（yú）：这话是怎么说的呢？欤：句末语气词，表示疑问或感叹。③损：损害。④夙（sù）夜：日夜。（斯15、苟33、卒22、泯39、何以14）

附　文

何为令尊

两秀才闲谈，言及令尊，有农夫在侧，问曰：“何为令尊？”秀才甲诳之，曰“‘儿子’称‘令尊’也！”农以为真，复问曰：“相公令尊有几？”甲一脸尴尬，曰：“吾无令尊。”农曰：“吾有子四，相公简其一以为令尊何如？”甲赧甚。乙叹曰：“侮人者自侮，辱人者自辱也，当引以为戒！”（诳44、简5、赧4、以为25）

母猪肉

有父子鬻母猪肉于集市，父嘱子慎言。有顷，一汉来，方挑肥拣瘦，儿急曰：“此非母猪肉也！”汉闻言，顿生疑虑，不鬻而去。父詈曰：“若愚痴者邪，安有如此言语哉？”少顷，一妪至，审视久之，曰：“皮厚如斯，得毋母猪肉邪？”儿笑谓其父曰：“何如？吾未出一语也！”（若40、审19、斯15）

师生趣问

一生问其师曰：“日与月孰大？”师答：“日大。”生曰：“何以三十日始成一月？”师亦问曰：“然则日与月孰近？”生乃以指蘸水，案上书“以子之矛”，师亦书“攻子之盾”，相视大笑。

断　句

鸡得钻石

稚鸡觅食得一钻石谛视之久曰人得之必欣喜若狂吾得之与砂砾无异吞之可助消化而已欲吞食母鸡遽以阻之曰止吾侪得而无用弃之可也汝吞之不怕人杀鸡取宝邪凡事不思或罔或危志之毋忘（谛20、遽13、侪33、罔56）

59.网鱼得狐

一翁持网，立于河干，见枯草一团，微微动焉，以有鱼，遂网之。竟为一狐，狼狈挣扎，且啮其网。翁大惊，遽引石猛砸，中其首。狐没水中，水泡频起，良久[①]起网，已毙。网鱼得狐，亦奇事尔。盖湖中多凫[②]，狐恒以枯草遮首，潜没水中，止露其鼻。伺凫近，遽以啮之。然螳螂捕蝉，黄雀在后[③]，卒死与鱼等[④]，诚可笑也。

注释：①良久：很久。良：甚；很。②凫（fú）：野鸭。③螳螂捕蝉，黄雀在后：成语小故事，出自汉代刘向所著《说苑·正谏》："园中有树，其上有蝉，蝉高居悲鸣饮露，不知螳螂在其后也；螳螂委身曲附欲取蝉，而不知黄雀在其旁也；黄雀引颈欲啄螳螂，而不知弹丸在其下也。此三者皆务欲得其前利而不顾其后之有患也。"后遂以"螳螂捕蝉，黄雀在后"比喻目光短浅，一心想图谋侵害别人，却不知有人也在算计他；或比喻一些人只贪图眼前小利而不知遗下后患。④等：同等；同样；相同。（遽13、引25、盖24、潜17、伺17、啮31、卒22）

附　文

我奚在

一差役甚愚。一日，解罪僧赴府。将行，恐忘物事，细加查点，且编为顺口溜曰："包裹雨伞枷，文书和尚我。"途中且行且诵。僧知其愚，醉之以酒，剃其发，以枷套之而潜逃。役酒醒，亟查所携之物。曰："雨伞包裹，有！"觉其肩重，摸之曰："枷，有！"觅其囊中文书，曰："有！"忽骇然曰："和尚奚在？"既而摸己之光头，喜曰："幸和尚犹在，然则我奚在？"（物事35、亟11、携24、奚28、然则12）

木桶甲乙

木桶甲乙，大小等，木质同，同为盛酒之器，故情深谊厚，以兄弟相称也。一日，桶乙归，甲闻其一身盐味，大骇，问曰："汝盛盐邪？"乙欣然曰："盛盐一次，得币十元，何乐而不为欤？"甲忿然曰："事有可恕而不可恕者，汝见小利而忘大义，此不可恕也。盛酒之桶岂能盛盐耶？"交遂绝。

断　句

卿来迟矣

歌舞团招舞蹈演员某女郎欲应聘寄照片一经理约其面谈方会面经理曰卿来迟矣女讶曰吾接通知即打的前来何迟之有经理执女郎照片笑曰卿何年拍此照片宜其时即来也（方20、讶51、宜32）

60.鼠啮猫像

一鼠得猫像，不胜喜，令子啮之，以增其勇。其邻说[1]之曰："危矣，汝之诲子也！猫啮鼠，古今皆然，故望之而遁，智也。今诲其啮之，倘见猫亦前啮，不亦危乎？"鼠曰："否，匪若是也！弱者欲存于世，所恃者勇也！勇而生智，智乃敢斗强梁[2]，故鼠可啮象，蚊敢噬[3]狮，螳能捕蛇。吾侪遇猫所以罹[4]祸者，多望而股栗[5]，盖无勇者也！"

注释：①说（shuì）：劝说；说服。②强梁：强横或凶暴的人。③噬（shì）：咬。④罹（lí）：遭遇。⑤栗（lì）：发抖。（然 38、恃 34）

附　　文

吊桶甲乙

甲、乙，吊桶也，甲愁肠百结，乙笑口常开。或问其故。桶甲曰："满满一桶而上，空空如也而下，入井取水，索然无味也。"乙笑曰："吾以为不然。空空如也而下，满满一桶而上，其乐无穷也！"

老鼠请客

鼠大宴，欲邀熊。其妻说之曰："攀附权贵，利与弊等，倘遭不测，将若之何？"鼠不听，曰："诚心相邀，岂能仇我！"遂邀熊。熊不屑，一笑而已。鼠邀之再三，极言宴食之丰。熊心动，颔之。至则见洞口止容掌入，大怒，詈曰："如是相邀，岂非诚心戏弄！"以掌扒洞，鼠洞立毁。顾鼠夫妇仓皇失措，乃扬长而去。（颔之35）

大河入海

大河入海，海怨曰："接纳而曹，本无怨言，然而等不知趣，携众多垃圾，坏我名声，吾岂能无怨？"河曰："海纳百川，所以成海，苟无吾属，而成死海矣！得大便宜反吹毛求疵，而不以为羞耶？"海赧而不语。

断　　句

蚊噬狮王

蚊 呼 狮 曰 狮 王 狮 不 屑 曰 吾 百 兽 之 王 也 汝 不 配 蚊 不 说 曰 人 且 畏 吾 三 分 况 汝 耶 狮 勃 然 大 怒 曰 吾 不 用 爪 牙 以 鼻 即 可 将 汝 吸 入 腹 内 蚊 亦 怒 曰 吾 先 噬 食 尔 鼻 尔 将 奈 之 何 遂 直 扑 狮 鼻 而 噬 口 口 见 血 狮 以 爪 拍 打 然 爪 爪 失 空 旋 即 鼻 血 如 喷 狮 无 奈 大 声 求 恕 （旋即15）

第六阶段自测

51. 嗜、谢、讶、颇、否定句宾语前置
52. 术、惑、赉
53. 讫、童子试、县试、府试、院试、相公
54. 疾①、几、啖、揶揄
55. 间、冢、有顷、有间、顷、少顷、顷之、食顷、移时
56. 甫、尔②、旬、罔、志①
57. 汤、吊、顾②
58. 邪、欤、损②、夙夜
59. 良、凫、等②
60. 说②、噬、罹、栗

扩展阅读

河中石兽

沧州①南，一寺临河干。山门圮②于河，二石兽并沉焉。阅③十余岁，僧募金重修，求二石兽于水中，竟不可得。以为顺流下矣，棹④数小舟，曳⑤铁钯，寻十余里，无迹。

一讲学家⑥设帐⑦寺中，闻之笑曰："尔辈不能究物理，是非木柿⑧，岂能为暴涨携之去？乃石性坚重，沙性松浮，湮⑨于沙上，渐沉渐深耳。沿河求之，不亦颠⑩乎？"众服为确论。

一老河兵⑪闻之，又笑曰："凡河中失石，当求之于上流。盖石性坚重，沙性松浮，水不能冲石，其反激之力，必于石下迎水处啮沙为坎穴，渐激渐深，至石之半，石必倒掷坎穴中。如是再啮，石又再转，转转不已，遂反溯⑫流逆上矣。求之下流，固⑬颠；求之地中，不更颠乎？"

如其言，果得于数里外。然则天下之事，但知其一，不知其二者多矣，可据理臆断欤？

（选自清代纪昀《阅微草堂笔记·姑妄听之二》）

注释：①沧州：今河北省沧州市。②圮（pǐ）：倒塌。③阅：经历。④棹（zhào）：摇船的用具，这里名词活用作动词。⑤曳（yè）：拉。⑥讲学家：指教书先生。⑦设帐：设立学馆，指教书。⑧木柿（fèi）：木片；木屑。⑨湮（yān）：埋没。⑩颠：颠倒错乱。⑪老河兵：指镇守河防的兵。⑫溯（sù）：逆流而上。⑬固：固然。（干 19、并 45、尔辈 6、究物理 27、是 5、携 24、耳 11、不亦……乎 29、盖 24、啮 31、已 11、遂 2、然则 12、欤 58）

61.肉斧斫卵

居夫某，墟市鬻肉，斫[1]肉之案，鲜有刀痕，人皆异之。或问其故。屠曰："吾之操[2]刀，轻重如意尔。"有欲难之者，鬻一熟卵[3]以授屠，曰："君操刀轻重如意，斫此卵，能壳破而不伤其肉乎？"屠笑曰："诺！"操刀斫之，壳裂而肉无刀痕。

噫[4]！古人云"为者常成，行者常至[5]"。设有心为之，何事不能成耶！

注释：①斫（zhuó）：砍；削。②操：持；拿。③卵：鸡蛋。成语有"危如累卵"。④噫：叹词，表示感叹。⑤为者常成，行者常至：语出《晏子春秋·内篇杂下二十七》。意思是：不断去做的事就能做成功，不停行走的人就能到达目的地。（鲜19、诺12）

附　　文

溪流许诺

人有溪边大恸者，盖河水暴涨，毁其住屋，溺其爱子，触景生情也。溪流喟然，曰："设吾成河，必潺潺而行，且乐人所乐，悲人所悲也！"山谷闻而哂曰："汝辈未得势，空许诺而已。曩者山洪暴发，汝辈成河，咆哮狂奔，摧山搅海。吾属亦罹奇祸，至今思之犹心惊股栗。"溪语塞。

苍蝇推车

夏日炎炎，两马拉一车，会坡陡，缓缓而前，盖车载盐，不堪重负也。苍蝇见之，大声曰："马，毋忧也！吾竭力相助。"遂嗡嗡而前，噬以嘴，搧以翅，推以脚，忙得不亦乐乎，且叨叨不已，谓马曰："吾竭力相助，汝曹不出一声，竟不我恩邪？"（盖24、噬60）

甲高乙矮

甲、乙、丙同行。甲高乙矮。甲谓乙曰："矮者与吾辈交谈，恒举头仰视，以示敬也！"乙曰："然则，汝辈与吾侪交流，时俯首而语，乃低声下气哉！"丙大笑，曰："斯言可谓投桃报李也！"皆大笑。

断　　句

猪入豪宅

某地一豪宅传闻多珍宝猪不胜慕焉遂潜入会宅中无人可任意游荡故日暮潜入翌晨始出或问曰可得珍宝猪喟然曰传闻之言十无一实焉吾始之马厩复入厨房卒至后院拱至嘴唇见血亦未见珍宝也（会4、翌11、卒22）

62.汤将泼雪

冬青树顶，有雪未融，皓①然似玉。汤将泼之，雪惧，语之曰："吾与足下，兄弟也，宜同舟共济。"汤曰："吾就釜，备②受煎熬，始成汤，旋即见弃，何其不幸？汝成雪，始遨游太空，复降乎③翠绿丛中，明妍④若斯，其幸何如？夫兄弟者，当患难与共，吾是以泼汝。"雪曰："日如探汤，吾辈行将泯然，何幸之有？且泼吾，必伤及冬青，足下何其忍⑤也？"汤曰："朔⑥风凛冽，万木萧然⑦，独冬青，郁郁青青，不泼尔曹，难消吾心头之怨。"

注释：①皓（hào）：白。②备：全；尽。③乎：常用虚词"乎"，放在句中时，有时与"于"意义相同。此义项后面会反复出现。④妍（yán）：美；美丽。⑤忍：狠心。⑥朔（shuò）：北方。⑦萧（xiāo）然：萧条冷落的样子。（足下40、宜32、夫33、釜27、旋即15、见弃13、泯39、曹33）

基础知识

常用词"怨"、"恨"（见10）："怨"作"埋怨"解，是后起义；在古汉语中，"怨"和"恨"不是同义词；"怨"表示仇视、怀恨；"恨"同"憾"，作"遗憾"解；只有"怨恨"或"恨恨"两字连用时，"恨"才有仇恨的意思。

附　　文

蛛与雄鹰

泰山之巅，一松屹立。一日，鹰盘旋而上，止乎树顶。极目四望，苍山如洗，大地似画，赞曰："伟哉，泰山！居泰山之巅，不亦快哉！"忽闻一蛛大声曰："鹰居泰山之巅，吾居鹰之顶，吾孰与鹰高！世间万物孰与吾高！"鹰仰望，果有一蛛于松叶尖端布网。适鹰之飞也，蛛攫其尾，扶摇而上焉。鹰弗之知，讶曰："尔无翅膀，何以居此高处？"蛛傲然不答。俄而鹰悟，叹曰："世有小人，恃权贵之势而升居高位，旋即目中无人者，即是蛛耳！"（……孰与……26、适16、攫16）

断　　句

杯　戏

忆童稚时观魔术台上一人置酒杯于案曰吾以此杯为戏然杯小人远须请人为证术人令予登台予取杯无他异案平实亦无他异术人令予立其侧而后举掌口中念念有词忽大声曰下以掌拍杯杯陷案中口与案平然俯视案底不见杯影少时取出案如故奇哉怪也

63.两蟋蟀

两蟋蟀斗毕归笼，两笼相比①，甲顾乙而泣。乙曰："女②既③胜我，何以泣为？"甲曰："吾侪一见则斗，胜则再斗三斗；败则股断躯伤，卒为人弃而毙乎鸡鸭之口。今日之子,即明日之吾也,吾是以悲尔。"乙曰:"死则死耳，何以悲为？吾侪既为斗士，胜而王，其功亦荣，败而亡，其死亦烈。譬如钢刃，与其见弃而锈腐，宁可斩石而断缺。今吾虽败于子，然胜碌碌无为辈多矣，吾死而无恨，子何悲为？"

注释：①比：并列；挨着。成语有"比膝而谈"，双音节词有"比邻"。②女（rǔ）：通"汝"，第二人称代词，你；你们。③既：已经。（毕13、何以……为31）

基础知识

固定结构"与其……宁可……""与其……孰若……"表示比较或选择，相当于现代汉语中的"与其……不如……"或"与其……宁愿……"。此种结构中前一个省略号表示的内容是要舍弃的，后一个省略号表示的内容是要选取的。请看下列文白对比句：

与其坐而待亡，孰若起而拯之。（与其坐着等待村庄毁灭，大家不如起来拯救我们的村庄。）

上文中"与其见弃而锈腐，宁可斩石而断缺"，可译成"与其被抛弃以致生锈、腐烂，宁愿用来斩石块而断折或残缺"。

附　　文

马去辔头

有骑士自诩其马甚良，或曰："苟去辔头，足下亦可驾驭乎？"士曰："可！"遂去而骑焉。马骤得自由，倍觉轻松，旋即狂奔如风。士大骇，手抓鬃毛，喝令马止，然如以手阻流，徒劳而已。卒，士堕而伤甚，马摔入深谷而死。士大恸，曰："当约束者任其自由，则害人害己也！"（诩16、苟33、恸9）

断　　句

赌钱不输方

有 设 摊 鬻 秘 方 者 中 有 赌 钱 不 输 方 某 少 年 嗜 赌 遂 以 重 金 购 之 启 视 之 唯 书 但 观 两 字 而 已

64.一鼠斗胆

一夕，余友造①访，促膝长谈。会停电，以谈兴方浓，且窗外霜月争辉，遂不烛②。顷之，觉右膝处有物爬抓，遽以手扪之，竟为一鼠，惊而呼，且猛按捏之，度③其已死，始释手。鼠堕。烛之，尚未气绝，股战战④不已，一稚鼠尔。时，余方戒烟，乃藏炒豆于裤囊，聊⑤以消瘾。寒冬腊月，裤有数重，鼠闻其香，竟缘间⑥而上。呜呼！稚鼠无知，斗胆如是。今人有见其利，乘其隙，百计钻营而不顾大害者，皆类⑦此也。

注释：①造：往；到。②烛：点蜡烛，名词作动词。③度（duó）：估计。④战战：发抖的样子。战：发抖。⑤聊（liáo）：姑且。⑥间：间隙；夹缝。⑦类：类似；类同。（会 4、遽 13、释 27、堕 6、股 19、方 20、囊 3、缘 40）

附　　文

鹿乳狼崽

鹿崽夭折，其母悲痛不已。闻有狼崽俩，嗷嗷待哺，盖父母皆死于猎者也，遂取而乳之。其友说之曰："甚矣，卿之不惠！卿乳狼崽，冀其日后杀吾属为食欤？"鹿曰："诚如君言，乳之或祸及己身，然吾乳汁盈盈，而今唯知施舍而已。有崽吸乳，亦聊以自慰也！"友喟然曰："卿此时此心，吾知矣。哀莫大乎乳期失子也！"

狐狸与狼

狐获一鸡，方欲食，忽闻狼呼叫，急出门。笑谓狼曰："狼友造访，寒舍增辉，不知何事见教？"狼曰："吾饿甚。此时欲捕食亦力不能及——四股发软，头昏眼花，牧羊狗凶残难敌。冀吾子相助，日后必攫一羊回报。"狐曰："饥火烧肠始思捕食，不亦迟乎？吾无妻子牵累，何处得食，何处饱腹，寒舍实无余粮。然有权宜之策可以相告。"曰："以干草为食，然后学牛饮水，即可饱腹矣。"狼退而叹曰："当今世上，以实惠助人者鲜，以空言慰人者多矣。"（冀 13、吾子 26、鲜 19）

断　　句

神庙显灵

有 人 昼 行 偶 尔 回 首 顾 其 影 相 随 以 为 鬼 魅 大 骇 而 走 遥 见 神 庙 遂 大 呼 曰 神 灵 救 我 狂 奔 入 庙 回 首 鬼 影 已 无 惊 魂 初 定 急 跪 拜 焉 移 时 始 出 会 天 阴 影 失 其 人 不 见 鬼 影 相 随 喜 不 自 胜 逢 人 则 言 神 灵 相 救 人 皆 信 之 一 传 十 十 传 百 斯 庙 香 火 盛 焉

65.斑马线

斑马线号啕大哭，痛不欲生，以车祸，有老妪下肢齐断，血流殷[①]地也。马路慰之曰："渠强闯红灯，故罹此祸，与吾子何干，何以悲为？"斑马线曰："吾之所司[②]，护人安危也！今祸惨如是，焉能不悲？且日久天长，以风吹雨淋，吾色彩欠明，亦难逃其咎[③]也！"马路叹曰："吾子严以责己，勇于承责，诚可敬也！"

注释：①殷（yān）：暗红色（红中带黑），这里是形容词作动词。②司：主管；掌管。如：司机。③咎（jiù）：加罪；罪责。成语有"既往不咎、咎由自取"。

附　文

货车怨恨

有雇雁、蛇、螃蟹拉货车者，雁向蓝天，蛇如草丛，螃蟹横行欲之池塘，竭尽全力，而车纹丝不动。雁、蛇、蟹皆出怨言。车曰："女辈来去自由，而吾受车主约束，无力自主。主人之愚甚矣，为其属下何其悲也！"

鼹鼠说鹰

鹰携伴侣，筑巢于参天古木之顶，冀夏日生子育女，以享天伦之乐也。鼹鼠闻之，股战战而进言曰："鹰，此木不宜筑巢，其根腐烂甚矣！"鹰勃然，叱之曰："若辈居乎泥底，双目几瞎，焉知宜与不宜？以危言吓吾，欲找死耶？"鼹闻声而遁。夏日，雌鹰巢内孵卵，雄鹰外出觅食。暴风骤起，鹰急归，树已倒，巢毁、卵碎、雌鹰亦死。鹰大恸。鼹闻之，曰："吾侪处于下层，知根知底。尔居高位，设能听吾一言，安有今日之祸！"

压其出气

有先贫寒而后富贵者，恒将钱塞入鞋底。或问其故，曰："曩，吾为其所压，今压其出气而已！"（恒10、或11、曩32）

断　句

好恶有异

有 携 放 大 镜 之 动 物 展 览 馆 者 昧 爽 则 往 日 暮 始 归 友 问 其 所 见 曰 蝴 蝶 甲 虫 品 种 繁 多 无 奇 不 有 也 友 曰 馆 内 有 白 犀 牛 世 所 罕 见 君 见 后 以 为 何 如 其 人 曰 吾 未 之 见 也 友 莞 尔 曰 君 可 谓 一 叶 遮 目 不 见 泰 山 者 也 庞 然 大 物 君 不 之 见 区 区 小 虫 审 而 无 遗 诚 可 笑 也 其 人 答 曰 好 恶 有 异 心 有 专 属 而 已 何 笑 之 有 （昧爽24、莞尔35、审19、诚4）

66.螳螂捕蛇

张姓者，偶行溪谷，闻崖上有声甚厉。寻途登觇[①]，见巨蛇围[②]如碗，摆扑[③]丛树中，以尾击柳，柳枝崩折。反侧倾跌[④]之状，似有物捉制之。然审视殊[⑤]无所见，大疑。渐近临之，则一螳螂据顶上，以刺刀攫其首，攧[⑥]不可去。久之，蛇竟死。视额上革[⑦]肉，已破裂云[⑧]。

（选自清代蒲松龄《聊斋志异》）

注释：①觇（chān）：探看；偷看。②围：此处指蛇的身围。③摆扑：摇动扑打。④反侧倾跌：翻转倾斜跌倒。反：翻转。侧：倾斜。⑤殊（shū）：极；很；完全；非常。⑥攧（diān）：跌。⑦革（gé）：去了毛的皮。⑧云：作文言助词。

附　文

狐狸言善

喜鹊父母死于猎手，雏鹊三嗷嗷待哺。狐仰而觇之，谓众鸟曰："养老育幼，善莫大焉！闻雏鹊嗷嗷，吾悲不自胜，惜乎莫能上树，徒悲泣而已。尔等岂能坐视不救邪？布谷，君方换毛，简些许为其铺窝可欤？百灵，吾子恒以慈母自诩，古人云'幼吾幼以及人之幼'，苟施母爱于雏鹊，不亦善乎？燕子，足下之捕蚊蝇，易如反掌也，盍捕一二，以喂雏鹊？夜莺，卿之歌喉妙不可言，盍之鹊巢，催其入眠以损其失双亲之痛耶……"狐叨叨不已。雏鹊以饿甚，挣扎出窝，堕于树下，狐遽而前，吞入腹中，匆匆而去。（诩16、盍50）

与熊交友

有远离亲朋故旧，隐居乎深山密林者，与一熊交友。其人寡言少语，熊恒默默无声，彼此情投意合，夙夜相伴。夏日，人与熊出游，缘溪涧，绕山谷。久之，人力困筋乏。熊曰："夫子少寐可也。有吾守护，巨如虎豹，小若蚊蝇，皆莫敢犯焉。"人大喜，卧，旋即鼾声如雷。俄尔有蝇近身，熊挥掌驱逐。蝇去而复至，如是者三。熊怒而俟之。旋，熊觇蝇落于人之鼻端，尽力一掌，蝇死，人之鼻亦碎焉。（恒10、夙夜58、缘40、俟13）

断　句

溪流与河

有 农 夫 临 溪 而 居 一 日 山 洪 暴 发 农 舍 冲 塌 家 中 所 有 席 卷 一 空 农 夫 忿 然 以 为 溪 流 必 属 大 河 管 束 遂 入 城 觅 河 欲 讼 焉 至 则 见 河 中 财 物 无 数 或 浮 或 沉 家 所 失 者 中 有 一 二 喟 然 曰 河 与 溪 流 分 赃 吾 何 以 讼 为 遂 返

67.蛛与雀

一蛛结网于两木之间。雀过而破之。蛛曰："吾之结网也，捕蚊虻①蜂蝶，与子何伤？"雀曰："吾往来其间，女意在得我，故破之。"蛛叹息曰："噫！人言弱者宜哑，信夫②！"复于枝间结网。成，雀再破之。蛛默然。良久，见树底乱草摇动，索索作响，度有蛇。遂结网于草巅③。成，雀鼓翅奋翼，复下而破之。蛇暴出，得雀。

注释：①虻（méng）：昆虫纲，成虫形体似蝇而稍大，如牛虻等。②信夫：确实是这样的啊。信：确实。夫：句末语气词，表示感叹。③巅（diān）：原指山顶，这里指草的尖端部分。（女63、噫61、宜32、良59、度64、暴16）

基础知识

"噫、嘻、嗟、信夫、悲夫、嗟夫、呜呼"是文言文中常用来表示感叹的词或词组。其中"嘻、嗟"可表示赞叹。"呜呼"是一个固定结构，表示感叹，常用来表示较强烈的感叹，人死亦可以讲"呜呼"，如"一命呜呼"。"信夫、悲夫、嗟夫"是词组；"信夫""悲夫"可译成"确实这样啊""可悲啊"；"嗟夫"是同义并列，表示叹息或感叹，相当于白话文中的"唉""啊"。

附　　文

巨石坐禅

久旱逢雨，巨石底下，有蚯蚓蠕动而出，旋即欣喜若狂，扭动身躯，且歌且舞。石笑曰："曩者，吾为足下遮挡烈日，使汝躲过一劫，今日汝不我恩耶？"蚓哂曰："宇宙之大，吾何处不可安身？汝属无心无肺，顽石一块而已，何恩之有？"竟缘而上，遗屎于石顶。石闭目，学老僧坐禅，自语曰："不气，不气！忘恩负义之辈，固宜如斯，何气之有！"（固39）

执箸简菜

有备酒菜宴友者，友去，其母曰："此人不可交结也！"问其故。曰："于细微处可以观人。此人执箸夹菜，就盘中反复简选。心无旁人，唯有自我而已。"子以为然，曰："儿谨受教！"（箸38、就27、简5、谨50）

断　　句

一鼠论猫

稚 鼠 欣 欣 然 谓 其 父 曰 吾 侪 无 忧 矣 无 忧 矣 盛 传 猫 已 为 狮 王 抓 捕 父 叹 曰 嗟 夫 汝 可 谓 年 幼 无 知 也 狮 焉 敢 与 猫 为 敌 爪 牙 之 锋 利 猫 乃 天 下 第 一 也

68.一蛛救翁

某翁，伐薪①山中。长指为蝎螫②，肿不能屈，急反③，中道④昏厥，半晌⑤始苏。见一蛛附伤口吮毒，颇德之⑥。未几，指伸屈自如，然蛛胀似丸，亦昏厥。度其中毒，遂携之溪涧，使其嘴沾水。俄，蛛果吸水而吐其毒。良久，蹒跚而去。

注释：①伐（fá）薪：砍柴。伐：砍伐。②螫（zhē）：蜂、蝎等刺人。③反（fǎn）：通假“返”。④中道：半路。⑤半晌（shǎng）：半天的时间。⑥德之：感激它。（薪46、未几15、度64、携24、良59）

基础知识

文言文中，词类时常活用。所谓词类活用，是指一个词就其语法功能来说属于某一词类，但是在具体的语言环境中，它又临时作另一词类用。如名词、方位词可作状语，起修饰作用，也可以用作动词；动词、形容词可作名词等。如上文中的“德”原是名词，这里是名词活用作动词，是“对……很感激”的意思。《巨石坐禅》中“今日汝不我恩耶”的“恩”也是词类活用。

请口译下列文言句：

①窗外霜月争辉，遂不烛。 ②日从吾南北游。

③夫子蹄而碎之，以惊其春梦可乎? ④有犬人立而啼。

⑤胡人兽聚而鸟散。 ⑥祖国河山瓜分蚕食。

⑦厚吾薄吾，吾心中有底。

附　　文

狮子分食

狮、狼、狗、狐比邻而居。一日，狮曰：“吾侪既为比邻，日后捕猎，当齐心协力，所获亦当均分！”众曰：“诺！”当日狼猎获一鹿，狮、狗、狐闻声而至。狮撕鹿为四，取其一。众欲取焉，狮曰：“止！吾首倡协力捕食，当获其二；吾为狮王，可得其三；其四，爪牙利于吾者，取之可也！”

断　　句

一蚊救人

夏日人有倚树熟寐者有五步蛇悄然近之欲噬蚊甲欲前而救之蚊乙遽阻之曰吾侪之声极微欲使人醒必叮之也人遭叮将何如足下不之知耶不之畏耶甲曰情急矣吾唯知救之而已前而叮之人果遽以拍打蚊死见五步蛇近人急去乙叹曰强梁临祸弱者或告或警竟恒遭不测不亦悲乎

69.狼狗赌气

某公司畜一狼狗，凶猛异常。一日，以逐啮客户，主人怒而笞[①]之。自是，生人入院，狗若无所视；盗贼光顾，亦不作声。主人无奈，鬻一稚犬，拟[②]取而代之。初，稚犬亦尽职。孰知居无何[③]，近墨者黑，亦装聋作哑矣。主人啼笑皆非。

注释：①笞（chī）：用竹板、荆条打。②拟：准备；打算。③居无何：没过多久。无何：不久。（逐28、啮31、是5、孰14）

附　　文

狮王护蜂

狮王集会，议简一兽为护蜂大元帅，盖蜂等喜嗡嗡议政，欲禁不能，欲罚则彼等势众，且有蜂毒，为其所螫匪同小可也。众兽皆曰："如此重任，非熊莫属。"熊亦自告奋勇。狮王大喜，遂拟旨云："奉天承运，狮王诏曰：蜂为弱小群体，不加庇护，易受欺凌。本王以仁爱治国，特令熊为护蜂大元帅，掌生杀大权。钦此！"（简5、盖24、匪27）

鸭延馆师

鸭冀其子善飞，欲延凫为馆师。凫曰："师吾可，为馆师不可！"问其故，曰："欲使令郎善飞，必先强其筋骨，饿其体肤，损其体重，岂能坐馆？从我出游，自觅其食，自避兽害可也！"鸭曰："设如夫子所言，吾儿危矣。夫子将飞翔纲要，编为习题，逼其强志可也！"凫曰"当今飞翔名师触目皆是！凫不敢受聘。"（冀13、延41、凫59、损46、夫子40、志56）

大象得宠

大象得狮王宠爱，百兽窃窃私语。狐曰："象之尾，长则长矣，然缺优雅之态，何以得宠，吾百思不解。"熊曰："苟有利牙尖爪，可为护卫。得宠如斯，莫名其妙。"牛叹曰："狮王老矣，或将象之长牙误为角也——为兽者岂能无角？"驴笑曰："而曹皆不之知，所以得宠，盖其耳似扇，吾属亦叹为观止也！"貌似褒贬他人，实则趁机自诩，岂止兽焉！（苟33、曹33、诩16）

断　　句

鸣呼诗

某生作文喜以呜呼起句复以呜呼作结其友写呜呼一诗以讽之诗曰起呜呼终呜呼长呜呼短呜呼呜呼复呜呼呜呼连呜呼但愿呜呼命呜呼从此长眠不呜呼

70.误邻杀猪

农夫甲乙，比邻而居。一夜，甲为杀猪声惊醒，谓妻曰："邻何以三鼓杀猪？"欲起而觇。妻不之允，搂其项①，曰："邻杀猪与吾等何干？"遂安睡如初。翌晨，闻邻叩②门，且大声曰："汝缘何③三更杀猪？后门半开，得毋有异邪？"急起。始知盗杀者，乃已家之硕④猪也。唯遗鲜血一地，猪肠一付。

噫！知甲乙皆畜硕猪，闻其声，或⑤相疑而不顾，盗可谓斗胆者也！

注释：①项（xiàng）：脖子的后部，亦泛指脖子。②叩（kòu）：敲。③缘（yuán）何：为什么。④硕（shuò）：大；高大。⑤或：或许；也许。（比63、觇66、翌11）

基础知识

击鼓报更计时：古人在夜间常击鼓报更，将一夜分成"五更"（亦称"五鼓"），每"更"（"鼓"）合现在的两小时，叫"一更、二更……五更"（亦称"一鼓、二鼓……五鼓"）。晚上七时至九时为"一更"，亦称"起更"或"初更"。"三更"是半夜。"五更"时天色快明了。

附　　文

丐遇财神

一丐携旧布囊，沿街乞讨。渐近初更，囊中犹空无一文。路侧有财神庙，遂入，指财神而怨曰："为富者，堆金积玉，而吾止求温饱而已，犹莫我肯顾。汝之为神，不公甚矣！"神曰："吾赉汝以金币，何如？"丐大喜，曰："如是，求多多益善。"神笑曰："汝举布囊而立，吾令币如流而入。然布囊旧矣，币固重，汝令止则止，苟囊破裂，复空空如也！"丐曰："吾匪贪得无厌，毋须多嘱。"方举囊，币自空而入。丐大喜，旋觉囊不堪负重，觉犹有余地，遂竭力举之，忽怦然一声，囊裂，币落地，化为乌有，手操一破囊而已。（携24、赉52、固39）

断　　句

青蛙产蛋

蛙 初 产 卵 不 胜 喜 大 声 曰 吾 产 蛋 矣 硕 大 如 斯 数 不 胜 数 鸡 鸭 闻 之 问 曰 蛋 焉 在 蛙 笑 而 指 之 曰 水 中 团 团 一 窝 女 曹 不 之 见 耶 鸡 笑 谓 鸭 曰 彼 所 产 者 称 蛋 吾 侪 所 产 可 谓 恐 龙 蛋 也 鸭 曰 初 为 人 母 者 孰 不 洋 洋 自 喜 汝 初 产 蛋 亦 咯 咯 咯 笑 不 已 也 且 吾 侪 一 蛋 一 崽 彼 亦 如 是 何 以 哂 为 鸡 悟 遂 大 声 谓 蛙 曰 可 喜 可 贺 蛙 呱 呱 大 笑

第七阶段自测

61. 斫、操、卵、噫
62. 皓、备、妍、忍、怨
63. 比[1]、女、既、“与其……孰若……”、“与其……宁可……”
64. 造、度、战战、聊、类
65. 殷、司、咎
66. 觇、殊、云[2]
67. 信夫、嘻、嗟夫、悲夫、呜呼
68. 伐、反、半晌、中道
69. 笞、拟[1]、无何
70. 项、叩[1]、缘何、硕

扩展阅读

晏子使楚

晏子[1]将使楚。楚王闻之，谓左右曰：“晏婴，齐之习辞者[2]也，今方来，吾欲辱之，何以也？”左右对曰：“为其来也，臣请缚一人过王而行。王曰：‘何为者也？’对曰：‘齐人也。’王曰：‘何坐[3]？’曰：‘坐盗。’”

晏子至，楚王赐晏子酒。酒酣[4]，吏[5]二缚一人诣[6]王。王曰：“缚者曷[7]为者也？”对曰：“齐人也，坐盗。”王视晏子曰：“齐人固善盗乎？”晏子避席[8]对曰：“婴闻之，橘生淮南则为橘，生于淮北则为枳[9]，叶徒[10]相似，其实[11]味不同。所以然者何[12]？水土异也。今民生长于齐不盗，入楚则盗，得无楚之水土使民善盗邪！”

王笑曰：“圣人非所与熙也[13]，寡人[14]反取病[15]焉。”

（选自《晏子春秋》卷六，此文曾选为初中文言课文）

注释：①晏子：字平仲，原名晏婴，春秋时齐国大夫。②习辞者：很会说话的人。习：熟练。辞：辞令；言辞。③坐：犯罪；定罪。④酒酣：酒正喝得高兴。⑤吏（lì）：一般指低级的官员。⑥诣（yì）：原意是“拜访”，这里特指“到尊长那里去”。⑦曷（hé）：疑问代词，何；什么。⑧避席：离开座位，表示郑重与严肃。古时把席子铺在地上坐，所以座位叫“席”。⑨枳（zhǐ）：亦叫“枸橘”，果实酸苦。“橘”与“枳”其实是两种不同的果树，当时人认为是同种植物，因水土不同所以果味有差异。⑩徒：只；只是。⑪实：果实。⑫所以然者何：为什么会这样呢？⑬圣人非所与熙也：道德高尚的人是不能与他开玩笑的。熙：通“嬉”，嬉戏；开玩笑。⑭寡人：帝王自称。⑮病：原指“污辱”，这里指“自讨没趣”。（方 20、何以 14、固 39、盗 28、圣人 2、得无 8）

71.某君吸烟

某君途中吸烟，划火柴二，悉[①]为风灭。复出火柴自语曰:“事不过三，使[②]此根亦灭，归家吸哉。”复为风灭。某不说，出火柴四，自语曰:“事不过七，此四根亦灭，今日不吸烟也！”咸[③]灭乎风。某怫然[④]怒，罄[⑤]其所携，曰:“管他三七二十一，何时点着何时吸。”

注释：①悉（xī）：都；全部。②使：假使；假若。③咸（xián）：都；皆。④怫（fú）然：大怒的样子。⑤罄（qìng）：尽；用尽。成语有“罄竹难书”。

基础知识

“悉、咸、皆、毕”是文言文中常用来表示范围的副词。“罄”也有“尽、用尽”的意思，但它是形容词，如文中“悉为风灭”与“咸灭乎风”不能改为“罄为风灭”与“罄灭乎风”。“毕”可作副词，也可作形容词。

附　　文

青蛙上山

春日多雨，一蛙上山，寻觅新居，盖久居沼泽，心生厌倦也。会山腰有洼地，清水盈盈，四周灌木遮掩。蛙大喜，曰：“此杭城之西湖也！”遂筑别墅。安居于斯，视野高远，灌木多虫，其乐融融。居无何，夏日降临，天久不雨，洼地将涸。蛙大恐，整日呱呱，诅咒苍天，曰：“苍天不雨，毁我别墅，毁我西湖，盍不暴雨连月，水满山腰耶？”呜呼！为营私利而置天下苍生不顾者，何止蛙也者！（盖24、会4、斯15、无何69、盍50）

甲乙醉酒

甲乙赴宴醉归，途有遗镜，甲持镜而觇，曰:“此何人也，似曾相识？”乙持镜审视，笑曰:“此乃吾也。若不我识，诚醉矣。”（觇66、审19）

断　　句

悬崖取金

某 公 司 拟 高 薪 雇 一 小 车 司 机 经 简 选 应 聘 者 唯 余 三 人 主 考 问 曰 设 悬 崖 边 有 金 块 女 驾 车 取 之 车 停 何 处 既 近 悬 崖 又 无 意 外 之 险 甲 曰 可 去 悬 崖 一 公 尺 乙 曰 半 公 尺 足 矣 丙 曰 吾 视 地 形 而 定 地 势 平 坦 亦 不 冒 一 公 尺 之 险 录 用 者 丙 也（拟69、女63）

72.托人买鼓

馆师某托友买鼓，方书函[1]曰：“鼓皮紧蒙，鼓钉宜密；晴亦咚咚，雨亦咚咚”。其徒见之，曰：“书‘紧蒙密钉，晴雨同音’八字可也！”师叱曰：“孺子[2]，汝何懂之有？‘咚咚’两字至关紧要，去其‘咚咚’，岂成鼓邪？”

注释：①函（hán）：原指信封，这里指信。②孺（rú）子：称呼儿童或后生。（宜32、叱15）

附　　文

索梦债

甲梦其借钱与乙，五更即起，叩乙之门。谓乙曰：“昨夜，吾借钱与尔，未得借契，今日补之可也？”乙讶曰：“昨以劳累，吾初更即眠，岂能借钱。足下得无做梦耶？”甲悟，然徘徊不去，曰：“借钱之事，吾记忆犹新。使非梦中为之，岂非吃亏？不补借契，情理不通！”（叩70、讶51、苟33）

吻　龟

稚童某，畜一龟。一日做题，倦甚。见龟对己凝视，遂去眼镜，释笔，揉眼，视之。复思闷坐书舍，唯龟作伴，心生感激，遂捧龟欲吻。孰知两唇方接，龟竟张嘴而啮。童痛而大号，父母闻声入，见龟啮儿下唇，如悬钟摆。大骇，亟前。父出剪刀，欲断龟颈，童泣而阻之。母端水一盘，使龟入水，冀其松口，然徒劳无功。童忽尖声大吼，声浪如喷，龟骇而松口。童左手抚唇，右手以两指敲击龟壳，詈曰：“龟儿子，龟儿子！”——父母相顾失笑。（释27、孰14、方20、啮31、亟11、冀13、詈6、顾7）

为人之道

孙问祖为人之道，祖张口以示，问曰：“吾齿存否？”曰：“无。”“吾舌存否？”曰：“存。”祖曰：“汝知所以乎？”孙悟，曰：“齿无，以其刚也；舌存，以其能屈能伸也！”祖笑曰：“孺子可教，此即吾所以教汝也！”（所以24）

断　　句

富人乞羊

楚 有 富 人 牧 羊 九 十 九 而 欲 百 其 邻 人 之 父 止 一 羊 富 人 往 乞 之 邻 父 莫 之 与 也 富 人 喟 然 曰 古 人 舍 己 成 人 今 人 舍 一 羊 而 不 肯 世 风 日 下 诚 可 悲 也 （喟然4）

73.甲妻乙妻

甲造访乙，会乙外出。其妻问曰："君贵姓？"曰："张！""立早章，抑弓长张？"曰："弓长张。"甲归，咸以告妻，亟[1]叹乙妻之贤。妻粲然[2]，曰："如此应答，何难之有？"居无何，乙造访甲，适[3]甲他出。甲妻问曰："君贵姓？"答曰："姓侯！"甲妻迟疑片刻，问曰："公猴耶，抑或母猴？"

注释：①亟（qì）：屡次；多次。另一种释义见11。②粲（càn）然：笑的样子，形容笑时露出洁白的牙齿。③适（shì）：副词，适好；刚巧。（造64、咸71）

基础知识

"……抑或……"是文言文中常用来表示选择的固定结构，相当于白话文中的"是……还是……"，也可写成"…… 抑……"，如"立早章耶，抑弓长张"。

附　　文

长须置于何处

某翁，长须垂胸。一日，重孙问曰："太公夜寐，长须置于被内，抑或被外？"翁茫然。是夜，为置长须，翁彻夜不眠：置被内，年老固难入眠，覆去翻来，磨损长须奈何？置于被外，群鼠猖獗，无所不噬，使毁于鼠齿，将若之何？如是三日三夜，翁不堪其苦，遂剪长须。（固39、噬60、使71、若……何41）

平凡为福

无花果与芙蓉比邻河干。蓉盛开，蜂蝶咸至。蜂嗡嗡而唱，赞蓉也；蝶翩翩而舞，誉蓉也。无花果觇河中倒影，自惭形秽，怨曰："苍天，苍天，何其不公，使吾有花，即小似粟粒，亦可自慰也！"夏日将尽，无花果始窃窃自喜，盖硕果一树，果香扑鼻也。一日，众小儿戏嬉河干，见而大喜，然枝干向河道倾斜，恐堕，遂操刀伐枝取果。果尽，止留残枝败叶而已。无花果悲不自胜，泣曰："平凡为福，向者吾何其愚也。"（干19、咸71、觇66、向9）

断　　句

手有苹果

有以饥渴昏迷于沙漠腹地者卒以获救营救者见其紧攥一苹果已干瘪不能食大惑不解俟其醒问其故答曰人所惧者绝望也曩吾命若游丝犹不忘自慰毋忧手有苹果可解饥渴也（卒22、惑52、俟13、曩32）

74.忍　产

有笃[①]信阴阳之术者，其妻坐蓐[②]，令卜者推一吉时，以为尚早，遂命妻勿生。妻痛而大号，其人慰之曰："卿腹痛，小事也；儿生于吉时，大事也。贫贱抑或富贵，俱决于是[③]，冀卿且忍片刻。"食顷，子母俱毙。

（据明代冯梦龙《古今谭概·专愚部·蠢父蠢子》改）

注释：①笃（dǔ）：坚定，引申义是"深；甚"。②坐蓐（rù）：妇人临产。③于是：在这个时候。（术 52、食顷 55）

基础知识

常用词：阴、阳。

古代思想家用"阴、阳"二字来概括自然界中两种对立和互相消长的物质、势力。如：男为阳，女为阴；正面为阳，背面为阴；白天为阳，晚上为阴；山的南面叫阳，北面叫阴；水的北面叫阳，南面叫阴；表面上为阳，暗地里为阴；活着在"阳间"，死后入"阴间"；等等。到战国后期，以邹衍为代表的"阴阳家"则把"阴阳"变成了和"天人感应"说结合的神秘概念，后人亦把相信"占卜""观相""风水"等都称为"信阴阳"。

"于是"是一个常用的固定结构。"于是"放在句子前面，用法与现代汉语相同；放在谓语之前或之后，可以看成是介词"于"与指示代词"是"组成的介宾短语，可以译成"对此、从此、因此、在这、从这"等。

附　文

蠢猴与龟

蠢猴捞月不止，久而无获。井中一龟，闻声而上，问曰："君欲何为耶？"猴告以捞月。龟笑曰："月沉水底，君止捞于水面，岂能有获。何不入水求之？"猴以为然，遂扑通入水。挣扎久之，幸古藤近水，始狼狈而去。或让龟曰："井中无月，人所共知。君何以如是？"龟曰："吃一堑，长一智也！使其知蠢而已，有何不可？"（让 25、何以 14）

断　句

乌鸦甲乙

乌 鸦 甲 乙 欲 下 而 觅 食 甲 问 乙 曰 稻 田 中 有 后 生 俩 真 人 耶 抑 或 稻 草 人 乙 曰 稻 草 人 也 何 以 知 之 乙 笑 曰 后 生 人 岂 能 昂 首 挺 胸 不 玩 手 机 耶

75. 甲鼻衄

甲伫立通衢[①]，仰望苍穹[②]。乙异焉，立其侧，亦仰望。丙、丁、戊……皆异焉，悉效[③]之。

有顷，甲见环而仰望者众，大疑，问曰："汝辈曷[④]为邪？"乙曰："见吾子昂首，故仰视耳。但见云山汹涌而已，吾子奚[⑤]视之久耶？"甲哂曰："吾以鼻衄[⑥]，岂观天者！汝辈何为耶？"

众惭，顷刻作鸟兽[⑦]散。

注释：①通衢（qú）：四通八达的大道。②苍穹（qióng）：苍天。③效：仿效；模仿。④曷（hé）：疑问代词，何；什么；怎么；为什么。⑤奚：疑问代词，什么；为什么。⑥鼻衄（nǜ）：鼻出血。⑦鸟兽：名词作状语，像鸟兽一样。（悉71、有顷55，吾子26、哂8）

基础知识

在文言文中，有许多义项大体相同的虚词。如表示"假设"的连词，在本书中已经出现"若""苟""设""倘""使"。又如疑问代词"何""安"以及上文中的"曷""奚"。这四个词作疑问代词时义项基本相同，除"安"外，都可以单独作"为什么"解。如"子何哭之哀也？"一句，可改为"子曷哭之哀也""子奚哭之哀也"；又如"何在"一语，可改为"安在""曷在""奚在"等。

附　文

令猪耕耘

一翁困于饥寒，久思得计，乃书于纸，作纸囊封之，书曰："奇计出售：令猪耕耘。纹银十两。"如市举示，观者环集。有富翁子欲知其详，购之。拆封审视，内云："于田中遍埋猪食，而后驱饿猪百许。猪拱土觅食，食尽则土已翻矣。且屎尿其中，肥亦可得。"众大笑。（如14、审19）

断　句

骡恋其母

人 有 买 骡 者 骡 极 驯 良 惟 道 逢 白 马 必 立 而 注 视 或 遥 见 白 马 必 竭 力 追 逐 后 与 原 主 人 谈 及 是 事 原 主 曰 骡 之 生 母 乃 白 马 也 噫 骡 且 恋 母 人 有 虐 待 其 母 者 不 如 畜 矣

76.一　鳖

同事钟海水，得一鳖，大小与马蹄等，以其稚，以水缸畜之。或曰："鳖善攀缘，此弹丸之地，焉能畜之？"钟笑曰："吾以鳖为友，且吾名海水，寒舍即水府泽国①，何谓②弹丸之地？"缸底砂砾，几掬而已，而鳖坦然安居，未尝③越雷池半步④。期年，鳖大如碗。一日，妻曰："鳖既大，明日婿至，盍以烹之？"钟颔之。旦日索⑤鳖，竟亡⑥。

注释：①水府泽国：指水里。泽：聚水的洼地。②何谓：为什么说。③未尝：常用的固定结构，可译成"不曾"或"从来没有"。④越雷池半步：此句乃套用成语"不敢越雷池一步"。雷池：古时雷水自今湖北省黄梅县流至安徽省望江县东南，积而成池，故名雷池。晋代庾亮《报温峤书》："吾忧西陲，过于历阳，足下无过雷池一步也。"这句话的原意是要温峤坐镇防地，不要领兵越过雷池到京都。后用"不敢越雷池半步"形容做事不敢超越一定的界限、范围。这里指不爬出旧木盆。⑤索：找。成语有"按图索骥"。⑥亡：逃；跑。（等59、掬35、盍50、颔之35）

基础知识

常用词：一周年叫"期年"，一周月叫"期月"。"期"读jī。

附　　文

洞穴长牙

冬日，洞口挂满冰凌。洞穴大喜，大声曰："今吾满口利牙，孰敢随意进出？"风莞尔，曰："此冰凌也，旋即泯然，以此慑人，不亦愚乎？"洞穴笑曰："曩者，人皆随意进出，无有问吾愿否，心中有怨，聊以自慰尔！"

稚犬救母

村民赵某，畜一犬，生稚犬两。甫二月，恒随母行。一日，有虎呼啸出林，遽衔犬母。赵知之，亟呼邻里壮丁，持矛逐之。见两稚犬噬住虎尾，虎带之走。虽荆棘刮身，鲜血淋漓，终不肯脱。虎以尾受累。卒为众人所毙。

断　　句

空心树

树苗甲乙高低粗细皆等也比邻而居甲得营养咸饰外表乙则先实内心居无何粗细高低甲悉优于乙时有路人曰甲何其优乙何其劣也甲洋洋自得乙说之曰路人徒见其表而已吾侪为百年计当首实内心若先饰其表设成空心树君将若之何甲不之听数十年后甲以空心摧于风暴人斫以为薪乙则成参天大树至今犹在（咸71、居31、说60、斫61、薪46）

77.庖　夫

庖夫①某，喜读书，好议论。一日入厨，见猫盗食烧鸡，诲之曰："止，孔子不饮盗泉之水②，廉者不受嗟来之食③，盗人食物，君子不齿④也！"猫仍啮食。某斥之曰："止，畜生！掠人食物，与盗贼何异？设为人类，必缚送官府矣！"猫啮食不止。某忿然曰："畜生，速止毋违！多行不义必自毙，古今中外，蔑⑤不如是也。"猫若不闻，啮食如前。某叹息曰："悲夫！朽木不可雕⑥也！孺子不可教⑦也！畜生难理喻也……"少时，猫啮食剩骨，某犹叨叨训之不已！

（据《克雷洛夫寓言·庖夫》改）

注释：①庖（páo）夫：厨师。庖：厨房。②孔子不饮盗泉之水：盗泉是泉名，在今山东泗水东北。据说有次孔子路过盗泉，因为厌恶盗泉之名，虽然口渴也不喝。③廉者不受嗟来之食：据《礼记·檀弓下》记载，春秋时齐国闹饥荒，黔敖在路旁施舍食物，对一个饥民说："嗟！来食。"饥民说，他正是因为不吃"嗟来之食"，才饿成这个样子。后用"嗟来之食"指带有侮辱性的施舍。④不齿：不能同列；不与同列。表示极端鄙视。齿：谓齐列如齿。⑤蔑（miè）：无。⑥朽木不可雕：出自《论语·公冶长》。相传孔子的弟子宰予能说会道，言辞动听，深得孔子赏识，但后来渐渐露出懒惰的毛病。一天孔子讲课，发现宰予没有来听课，原来宰予在睡觉，孔子便说了"朽木不可雕也"。后人便用"朽木不可雕"来形容一个人无法造就，已经不可救药。⑦孺子不可教："孺子可教"是成语，意思是这个年轻人有出息，可以教育。这里反用其意。

附　文

蜂与蝶

蝶语于蜂曰："与子结为兄弟，何如？"蜂思之曰："蝶游手好闲，与其深交恐有近墨之忧。"遂笑曰："子乃舞蹈大师也，在下布衣而已，且忙于采蜜，不敢高攀。"（何如7、布衣49）

母牛临宰

以闻腥味，知前乃屠宰场，母牛止步不前。屠无奈，遂牵其犊前行。母牛乃默然从之。犊顾母而泣。母牛曰："毋忧，毋惧！屠夫舍小求大，母往，儿必不死也！"

断　句

羚羊获奖

首 届 羊 群 奥 运 会 获 马 拉 松 长 跑 冠 军 者 一 羚 羊 也 问 其 所 感 答 曰 吾 所 以 善 走 恩 人 乃 恶 狼 也 众 异 斯 言 羚 羊 曰 吾 来 自 非 洲 大 草 原 是 地 恶 狼 成 群 吾 日 日 与 狼 竞 走 岂 有 不 胜 之 理

78.毋用而已

秀才某，与妻言，恒引笔书纸，而妻识字甚少，时谬解其意，某则以为得计[①]，闺房中时引为笑资[②]。一日，赴文社[③]饮，妻曰："有客将至，何以待之？"某引笔书曰："酒菜而已。"客至，妻不知"而已"为何物，思之久，见其末笔绝类鸭颈，以为鸭也，遂杀而烹之。某还，大悔恨。旋，揶揄之，曰："卿言'已'类鸭，然则'而'岂非卿之木梳耶？盍以木梳烹之？"居无何，复将出游。妻曰："倘有客至，何以烹之？"某复引笔书曰："毋用而已可也。"客果造访，妻不识"毋"字，见其字形颇似猪鼻，遂杀猪烹焉。某还，闻之，戚然[④]变容，不笑者竟日。

（据明代冯梦龙《广笑府·卷五·酒菜而已》改）

注释：①以为得计：认为自己的主意妙。②闺（guī）房中每引为笑资：与妻子同处一室时常把"谬解其意"的事拿来作为取笑妻子的材料。闺房：这里指妻子的卧室。③文社：旧时读书人组织的探讨文学的集会。④戚（qī）然：悲伤的样子。戚：悲伤。（谬36、类64、揶揄54、盍50、造64、竟日41）

附：原文

酒菜而已

一儒官[①]，当迎候上司，方乘马出，适乡人过访，不暇详曲[②]，草草[③]谓内人[④]曰："待以酒菜而已。"内人不解文语，不知"而已"为何物，既而询诸婢仆，认"已"为尾，猜疑为所蓄大羊也，乃宰羊盛具酒肴待之。去。儒官归，问其故，叹息无端浪费，惆怅不已。其后当出门时，辄[⑤]嘱内眷曰："今后若有客至，止用'酒菜'二字，切莫用'而已'。"

（选自明代冯梦龙《广笑府·卷五》）

注释：①儒（rú）官：旧时负责教育的官员，如"学正"等。儒：读书人。②不暇（xiá）详曲：没有时间详细地讲述。暇：见30。③草草：匆匆忙忙地。④内人：指妻子。旧时男主外，女主内，所以妻子叫"内人"。⑤辄（zhé）：即；就。（暇30、既而15、询38、诸46）

附　　文

取欢乐

松鼠枝端跳跃，不意堕而为狼所攫。鼠哀告曰："狼大爷，吾年幼无知，冀能见恕，饶我不死。"狼曰："饶汝亦可，然吾侪恒忧心忡忡，而汝曹奚能欢乐如斯？当如实相告！"鼠曰："吾窝中有欢乐，取之以献大爷，必笑口常开也。"狼释爪，曰："诺！"鼠上树，顾谓狼曰："吾曹无害人之心所以乐也，若辈害人恒千方百计，岂能乐邪？"（不意45）

鲇鱼钓鼠

一日，池边偶坐，见近岸水草丛中，有鱼尾出水，左右晃动。一鼠在侧，谛视久之，张口而啮。忽见鱼尾如扫，鼠堕水中，方挣扎间，有鲇鱼张口吞之。始知鲇鱼以尾为饵，钓鼠者也。（谛20、啮31）

酒　死

有以淡酒饮客者，客欲揶揄之，举杯即放声大哭。其人大骇，曰："子曷哭之哀也？"对曰："吾平生所爱者，酒也；今酒死矣，安能不哭？"其人笑曰："酒岂能死耶？"客曰："然则，何以酒气全无？"（揶揄54）

一蛛毙蛇

予尝见一蛛，布网壁间，去地三尺许。一蛇过其下，昂首欲吞而势稍不及。久之，蛇将行，蛛忽悬丝而下，蛇复昂首以俟。蛛乃还守其网，如是者三。移时，蛇意稍倦，俯首欲遁。蛛竟遽然而下，噬蛇之首，抵死不动。蛇反侧倾跌，亦无奈蛛何。翌晨前往，蛇竟死。（尝32、移时55、俟13）

蚁蝇对答

一蚁，负米粒一，蹒跚而行。蝇笑曰："甚矣，汝之不惠，少食些许，则损其重。"蚁曰："得食与家人共享，是乃家规也。无规无距，人将轻之也。"蝇赧而不语。（损46）

火焰成冰

有赴南极游者，归，言其地之冷，曰："点燃蜡烛，火焰旋即成冰。灭火，可以锤碎之也。"或曰："寒冷如斯，君赴南极游，焉得生还？"其人曰："无忧也。蜡烛成捆，皆点燃之，则火焰成球。俟其冻，怀中搂之，温暖似春。"

断　　句

一蚓干瘪

一 蚓 竟 日 忧 叹 友 问 其 故 答 曰 吾 侪 之 众 众 所 共 知 使 泥 土 食 罄 将 若 之 何 友 笑 曰 吾 侪 所 食 犹 沧 海 之 点 滴 也 且 遗 屎 久 亦 成 泥 失 得 相 半 何 忧 之 有 蚓 不 之 信 忧 叹 日 甚 居 无 何 得 疾 而 干 瘪 （竟日41、罄71、无何69）

79.蚌与蟹

蚌方曝[1]，蟹戏钳其肉。蚌遽合之，断蟹一螯。

蟹怫然曰："特相戏耳，而女凶残若斯。"

蚌嗤[2]之，曰："钳吾肉而曰相戏；断女螯，亦相戏尔。"

蚌与蟹是以成仇。各聚室[3]而谋[4]。蟹子、蟹孙皆计之曰："蚌无爪牙之利，其奈我何？伺其壳张，则伤其肝脏，是仇可报。"蚌子、蚌孙亦谋曰："蟹所恃者，双螯而已，若犯我则遽断之，方能避祸。"

虾、鱼、螺见之，皆劝其释怨，曰："吾属同居一池，宜和睦相处，女等彼此相敌，与自杀何异？"皆不之听。

居一年，蟹子、蟹孙或失一螯，或双螯俱亡，以艰于取食，死者过半；蚌以伤及肝脏，死者相藉[5]。

注释：①曝（pù）：晒太阳。②嗤（chī）：讥笑；嘲笑。成语有"嗤之以鼻"。③聚室：召集全家人。室：家，或指房间。成语有"十室九空"。④谋：商议；商量。成语有"不谋而合"。⑤相藉（jiè）：一个压着一个。（特25、女63、伺17、宜32、释27）

附　文

猴葬礼

有采药于深山者，忽闻猴群哀鸣，循声而觇，有猴七八，围而挖坑，旁有死猴一。食顷，坑成，深约尺许。众猴移死者入坑，以土掩埋。少顷，成坟状，然猴尾外露。众猴围而坐，似哀悼焉。忽风吹尾动，众猴以其复生，破涕为笑，匆匆将坟扒开。死猴出土，或执其爪，或抚其身，见僵死如故，复捧土掩埋，复围而坐。风起尾动，复破涕为笑，复匆匆扒土……如是者三四。移时，始戚然而散。（觇66、食顷55、移时55）

猿子塞创

有见猿猴抱子树上者，引矢而射，中猿母。猿子急拔矢，以叶塞创，鸣声哀哀。人戚然泪下，卒折弓矢，默然而去。（卒22、引25、矢34）

断　句

马擒盗贼

一汉醉归中道坠马卧道侧然手持马缰有盗至尽解其衣又欲盗马方俯首取缰马遽噬其人发髻盗大恐复惧伤于马蹄俯首无敢少动久之醉者醒取衣物马始松口盗狼狈而去

80.一鹦鹉

某城一翁，独居高楼。购一鹦鹉，欲其人言，然百计调教，止语“而为谁”三字。翁不之喜，欲售之。

一夜，有盗见其阳台左侧有落水管，遂缘而上。方至阳台，鹉见之，曰：“而为谁？”盗大骇，失手堕毙。

翌日，其事经电视传播，欲观鹉者接踵①而至。翁善贾②，遂以生财③，欲观者门票两元。见生人至，鹉恒曰：“而为谁？”闻者无不捧腹。期月，得钱万许。

注释：①踵（zhǒng）：脚后跟。②贾（gǔ）：做买卖。③以生财：凭这个生财。这句话省略宾语，应理解为“以之生财”。（缘40、期76）

附　文

神仙洞

余村前后皆山。前曰登龙山，新辟为旅游区。山巅有神仙洞——其实无洞，岩壁略凹而已。其侧新建石亭一，亭联颇妙。曰：“有门无门是为佛门，似洞非洞此乃仙洞。”以联发人遐想，兼是地林木葱茏，游人每留连忘反云。（反68、云66）

就此上梯

甲乙比邻而居。一日，甲欲斫枯木为薪，恐坏地面，且无斧，遂负而谓乙曰：“借斧一用，来往不便，故就君家院庭斫之，冀见谅也。”乙不说，碍于情面，允之。居无何，复往乙家借梯。乙笑曰：“君来往不便，就此上梯可也！”（比63、斫61、薪46、冀13）

伤肺伤胃伤心

有嗜烟酒者，其妻说之曰：“闻医家言，嗜烟伤肺，嗜酒伤胃，盍不之戒？”对曰：“苟戒烟酒，必伤吾心，心为五脏之首，焉能伤之？”（说60、苟33、盍50）

断　句

国泰民安

古 时 颂 为 政 者 之 德 恒 言 风 调 雨 顺 国 泰 民 安 某 令 任 期 恣 意 威 福 去 任 之 日 衙 署 中 三 班 六 役 列 队 送 行 令 问 曰 本 官 任 职 三 年 矣 众 议 何 如 答 曰 风 调 雨 顺 令 喜 曰 然 则 本 官 离 任 众 人 何 议 答 曰 国 泰 民 安

第八阶段自测

71. 悉、使、咸、怫然、罄
72. 函、孺子
73. 亟②、粲然、适②、“……抑或……”、“……抑……”
74. 坐蓐、笃、阴、阳、术、于是
75. 通衢、苍穹、效、曷、奚②
76. 泽、未尝、索②、亡①、期①（期年、期月）
77. 庖、嗟来之食、不齿、蔑
78. 戚、文社、内人、辄
79. 曝、嗤、室、谋
80. 踵、贾①

扩展阅读

歧途亡羊

杨子之邻人亡羊，既率其党①，又请杨子之竖追之。杨子曰：“嘻！亡一羊，何追者之众？”邻人曰：“多歧路。”既反，问：“获羊乎？”曰：“亡之矣。”曰：“奚亡之？”曰：“歧路之中又有歧焉，吾不知所之，所以反也。”杨子戚然变容，不言者移时，不笑者竟日。门人怪之，请曰：“羊，贱畜，又非夫子之有，而损言笑者，何哉？”杨子不答。门人不获所命②。

（选自《列子·说符》）

注释：①既率其党：已经领着他的朋友去找。党：朋友；有交情的人。②门人不获所命：他的学生没有得到想要知道的答案。门人：弟子；学生。（亡 76、既 63、竖 81、嘻 67、反 68、奚 75、戚然 78、移时 55、竟日 41、夫子 40、损 46）

永之氓

永之氓①，咸善游。一日，水暴甚，有五六氓乘小船绝湘水②。中济③，船破，皆游。其一氓尽力而不能寻常④。其侣⑤曰：“汝善游最也，今何后为？”曰：“吾腰千钱重，是以后。”曰：“何不去之？”不应，摇其首。有顷益怠⑥。已济者立岸上，呼且号曰：“汝愚之甚，蔽⑦之甚，身且死，何以货为？”又摇其首，遂溺死。

（选自唐代柳宗元《柳河东集》）

注释：①氓（méng）：百姓。②绝湘水：横渡湘江。③中济：江的中间。④不能寻常：游不了几尺远。古代八尺为“寻”，两寻为“常”。⑤侣：伴侣。⑥怠（dài）：疲惫。⑦蔽：遮蔽，这里指糊涂。（咸 71、皆 5、何……为 31、是以 39、有顷 55）

81.牧竖毙狼

二牧竖[1]入山探狼穴，得狼崽二。谋捉母狼，遂各抱一崽而攀巨木，二木相去数十步。

顷之，母狼归。入穴失子，意甚惶恐。一竖扭狼崽蹄耳，故令其嗥[2]。母狼闻声仰视，怒奔树下，号且爬抓。此竖遽止崽鸣，其一竖又于彼树致狼崽急嗥。狼辍[3]号四顾，见而舍此趋[4]彼，号抓如前状。而此树声遽止，前树复鸣，又转奔之。如是口无停声，足无停趾，数十往复。奔渐迟，声渐弱，既而奄奄[5]，卒僵卧不动。久之，下而觇，气已绝矣。（据清代蒲松龄《聊斋志异·牧竖》改）

注释：①牧竖：有钱人家雇来看牛羊的童仆。②嗥（háo）：野兽吼叫。③辍（chuò）：停；停止。常用词有“辍学”。④趋（qū）：小步跑。成语有“趋炎附势”。⑤奄奄：气息微弱的样子。（谋79、顷之55、卒22、觇66）

基础知识

竖、竖子、竖儒：旧时“家童、童仆”谓“竖”或“竖子”，由此引申，对人的蔑称也叫“竖子”，对读书人的蔑称为“竖儒”。

附　文

犬毙毒蛇

有夜行者，家犬随行，忽觉有蛇缠其左足。时月光如水，见蛇头扁大，知有剧毒，大骇。犬遽前，噬蛇数段，人无恙而犬以毒毙。其人大恸，抱犬归葬。（遽13、噬60、恸9）

鸳鸯殉侣

明成化六年十月间，盐城天纵湖渔夫见鸳鸯群飞，猎一雄者烹之。其雌随舟飞鸣不去。渔夫方启釜盖，雌者竟投身沸汤，挣扎而死。（釜27）

毋用翻译

某厂长与一外商洽谈。外商啧啧，会翻译亦啧啧。厂长不说，让之曰：“此音吾懂，毋用翻译。”（让25）

断　句

虎畏栗树

虎 饥 甚 觇 一 刺 猬 熟 寐 于 栗 子 树 下 遽 吞 之 方 入 口 刺 猬 竖 一 身 针 刺 虎 痛 甚 急 吐 之 口 腔 并 舌 已 血 流 如 注 欲 止 血 外 流 张 口 仰 首 忽 见 一 树 栗 子 以 为 皆 刺 猬 也 大 骇 而 走 自 是 遥 见 树 虎 必 徘 徊 久 之 恐 复 遇 一 树 刺 猬 也（寐30、并45）

82.双簪毙狼

一妇归宁①。途遇狼一，缀行②不止。妇思脱计，而荒野无人，身无寸兵③，惟携肉馒头数十而已。忽忆髻插双簪④，计遂得之。乃投馒头一。狼近而嗅之，有顷，始食。再投之，狼遽吞食。复投之，未着地，辄⑤张口以承。妇见状，窃喜，乃取一馒头抛于高空，似顽童之戏犬。狼昂首张口，人立而起，遽吞之。妇遂取两簪，出一馒头，纵横插入，复抛之。狼吞之如故。忽口张舌伸，摆⑥头伸颈，盖双簪撑其喉，馒头卡其咽，气不得出耳。未几，股直舌出，竟毙。

注释：①归宁：旧时妇人回娘家看望父母叫归宁。②缀（zhuì）行：紧跟。缀：连接。③兵：武器。④簪（zān）：古人用来插入发髻的一种长针。⑤辄（zhé）：即；就。⑥摆：摇动。（携24、遽13、状6、窃42、盖24、耳11、股19）

附　文

书生吟诗

众书生文社吟诗。一生大声曰："吾得一诗，请诸位指教——柳絮飞来片片红。"举堂大笑。或曰："得无异种乎？"或曰："岂有异种哉，眼花而已！"……该生复吟曰："夕阳方照桃花坞。"满座寂然。（文社78）

金鱼走阵

有畜金鱼为戏者，分红白二种，贮于一缸。取红白两旗，先以红旗摇动，则红者随旗往来游溯，紧转紧随，缓转缓随，旗收则鱼皆潜伏焉。摇白旗，白亦如是。复将两旗并竖，则红白错综，旋转前后，间杂如走阵然。良久，将两旗分为两处，则红者随红旗列为红队，白者随白旗归为白队。嘻！鱼亦有知矣，乐于垂钓者，得微有感乎？（并45、间55、嘻67）

断　句

石块思迁

人有生乎福中不知福者石块亦然有一石处花草丛中满眼娇艳蜂恒嗡嗡吟唱蝶时翩翩而舞盖蜂蝶皆艺术家也彼等以为花草唯呈娇媚之态有石陪衬则有刚阳之感也然日久生厌石见下方乃通衢大道人来车往热闹非凡不胜慕焉一日借助风雨之力滚入道中始知此非福地人踩马踢车轮恒压身而过居无何伤痕累累然无奈何忧叹而已（衢75、无何69）

83.黠盗盗猪

某盗甚黠[①]。邻村农户畜硕猪，欲窃[②]之，恐其嚎，潜入先食[③]以酒糟。伺其昏然而醉，乃脱长衫著[④]猪身，手抓前蹄，如负人状，背负而行。遇路人则怨声曰："劝而少饮，偏不之听；烂醉如泥，令人背，如负蠢猪。"路人不知其诈[⑤]，皆不之顾。卒安然抵家。

注释：①黠（xiá）：狡猾。②窃：偷。③食（sì）：同"饲"。④著（zhuó）：穿。⑤诈（zhà）：欺骗；欺诈。（硕70、潜17、伺17、而40、卒22）

基础知识

在文言文中"穿衣"往往写成"著衣"或"着衣"（着4）；而"穿"字，一般是"穿透、穿破"的意思。"著衣"或"着衣"写成"穿衣"，那是后起的写法。

附　　文

刺猬觅食

瓜果喷香，刺猬出穴觅食。之园圃入口，忽见一巨兽巍然矗立，大骇，亟奔入穴。如是者三。聚室而谋，皆曰："与其饿而待毙，孰若铤而走险？"遂接踵而出，近园圃，众口一辞，大声曰："与其饿死，孰若拼死！"巨兽若无闻焉。近而谛视——稻草扎成者也！（亟17、谋79、踵80、谛20）

锤不破

甲谓乙曰："铁锤锤蛋锤不破，信乎？"乙曰："安有此理！""曷以一赌？"曰："可！"遂取锤锤之，锤落蛋碎。乙粲然，曰："何如？"甲大笑曰："足下输矣！吾等所赌者'锤不破'也！"乙知其黠，喟然曰："事违常理甚者，必有隐情。吾不之察，诚输矣！"（粲然73）

断　　句

盗入室

盗入室主人受惊而醒思之曰此时捉拿盗两手空空俗言拿贼要赃拿奸要双盍觇其偷盗而后伺机捉拿遂不出声盗以为主人熟寐遂简室内物事反复审视以定取舍久之主人竟复入睡翌晨始醒室内物事贵重者已席卷一空（盍50、物事35、翌11）

84.鼠避瓶中

一鼠避瓶中，猫捕之不得，乃假寐[①]于前。鼠悟其诈，亦瞑目，意暇甚。久之，鼠于瓶中作跳踉[②]状，猫暴起，无获。顾鼠，犹居瓶中焉。甚窘[③]。鼠笑曰："吾居瓶中，而焉能寐乎？"猫知其黠，径去，鼠知其不远，乃跃出瓶，急复入内，顾猫，眈眈相向[④]矣。鼠大笑。猫计穷，终不得鼠。

注释：①假寐（mèi）：不脱衣服而睡；打盹儿。文中指假装睡觉。②跳踉：亦写作"跳梁"，腾跃跳动。③窘（jiǒng）：生活或处境困迫，没有办法。④眈眈（dān dān）相向：瞪着眼睛看着。眈眈：注视的样子。（寐30、暴16、暇30、径6）

附　　文

鸡鸦不分

有挑箩筐入城鬻乌鸦者，筐顶各系黑母鸡一，大声吆喝曰："卖大乌鸦！卖大乌鸦！"问其价，曰："一元一只！"人以其呆，出钱鬻之，其人则从筐内取鸦。或让其诈，其人曰："筐顶乃乌骨鸡也，汝匪痴呆，岂能鸡鸦不分？"（或11、让25、诈83、匪27）

蟒树争高

巨蟒谓大树曰："吾与汝一较高低，何如？"树曰："何以较之？"对曰："较吾孰与汝长。"树曰："如是，缘吾躯干而上，则可知矣！"遂缘而上，未及半，尾已离地。树笑曰："如何？"蟒曰："向吾言者，一较高低也。"树曰："吾之树梢，不堪重负，与吾较高，恐生不测。"蟒曰："汝不服输，吾必较之。"树不语。将近树梢，树曰："毋上，吾服输哉！"蟒笑曰："足下以空言慰我，吾受之有愧！"树曰："孰长孰短，孰高孰低，何必认真？即便贵为帝王，亦有不如人处。吾子何以固执如斯？"蟒不听，纵身飞跃，虽高于树，然砰然下堕，急以尾卷枝，始保一命。首、躯重伤，半年始愈。

断　　句

两牛相斗

沼泽地侧两牛相斗一蛙喟然而叹或问其故曰凡事当见微知著此处芦苇遮天设牛败者入苇吾曹危矣众不之信俄尔败者果入胜者穷追不舍旋即芦苇狼藉蛙死伤于牛蹄者甚众（喟然4、设9、曹33、旋即15）

85.狼

一屠晚归，担中肉尽，止有剩骨。途中两狼，缀行甚远。屠惧，投以骨。一狼得骨止，一狼仍从。复投之，后狼止而前狼又至。骨已尽矣，而两狼之并驱如故。屠大窘，恐前后受其敌。顾野有麦场，场主积薪其中，苫蔽①成丘②。屠乃奔倚其下，弛③担持刀。狼不敢前，眈眈相向。少时，一狼径去，其一犬坐于前。久之，目似瞑，意暇甚。屠暴起，以刀劈狼首，又数刀毙之。方欲行，转视积薪后，一狼洞其中，意将隧入以攻其后也。身已半入，止露尻④尾。屠自后断其股，亦毙之。乃悟前狼假寐，盖以诱敌。狼亦黠矣，而顷刻两毙，禽兽之变诈几何哉？止增笑耳。

（选自清代蒲松龄《聊斋志异·狼三则》）

注释：①苫蔽（shàn bì）：用草垫子遮盖。苫：草垫子。蔽：遮盖。②丘（qiū）：小山。③弛（chí）：放松，引申为放下。④尻（kāo）：脊骨的末端，泛指屁股。（并45、缀82、顾7、少时28、径6、暇30、暴16、悟22、盖24、诈83）

基础知识

本书第68则小故事中，讲到词类活用。《狼》一文中“苫蔽成丘”的“苫”、“其一犬坐于前”的“犬”、“意将隧入以攻其后也”的“隧”，都是名词作状语。“一狼洞其中”的“洞”，是名词活用作动词。

附　　文

顺流者死逆流者生

有父子溪边垂钓。父谓子曰：“溪水婉蜒而下，设吾等为溪中游鱼，会山洪暴发，当逆流而上耶，抑或顺流而下？”子曰：“逆流必精疲力竭，顺流可也！”父曰：“顺流者死，逆流者生。”子惊问其故。父曰：“顺流者必为急流左右，水撞岸石成浪花，鱼撞岸石则何如？”子悟，曰：“儿知矣，人罹灾祸，亦当竭力抗争也！”（使71、会4、抑或73、设9、罹60）

断　　句

喜鹊筑巢

喜鹊筑巢将成亲友咸集各抒己见八哥曰柴草太厚有损雅观鹊颔之遂减柴草鹦鹉曰设于巢底压一石块乃稳固如山鹊以为然遂压一石燕子曰苟涂泥于巢外则冬日暖和也鹊从其言冬日雨雪巢薄石冷涂泥掉落大半寒风飕飕而入鹊苦不堪言顽童仰视见有泥以为蜂巢捅之以竿巢堕鹊大恸懊悔不已（咸71、颔之35、然51、苟33、恸9）

86.诸生读《狼》

诸生读《狼》。甲谓乙曰："'场主积薪其中'之'薪'，吾子以为何物？"曰："课文有注：柴也！"甲曰："吾以为不然！查《辞海》'薪'条，一曰：'斩伐之木，供燃烧者也'；二曰：'草也'。吾以为草也。苟为燃烧之木，狼安能洞其中；且身已半入，止露尻尾，而屠倚其下，岂不之知？"乙曰："薪有虚实之别，使多茅蕨①之类，隧入亦易；而屠所以'转视积薪后'，亦必闻其声有异焉。"诸生闻之，或以为柴，或以为草，辩斗②不已。问于余。余笑曰："秸秆之类可以供炊者，亦称为薪。二三子③好质疑诚可嘉，然为学之道，犹食笋而去其箨④，宜细嚼者，其旨⑤也；斤斤于细枝末节，易失其大。志之毋忘。"

注释：①茅蕨（jué）：茅草和蕨类植物。蕨类植物，多年生草本植物，高一米左右，幼芽可吃，叫作"蕨菜"；根含淀粉，可吃，叫"蕨粉"。②辩斗：争辩；争论。③二三子：你们几位。④箨（tuò）：笋的一层层外壳。⑤旨（zhǐ）：意图；意思。这里指主要的意思。（吾子 26、伐 68、苟 33、安 48、好 20、宜 32、志 56）

附　文

盗泉盗村

孔子过盗泉，渴甚而不饮，恶其名也。村人羞之，拟以改名。智者止之曰："孔子，名人也，不饮盗泉之水，盗泉之名必闻于天下。吾辈可以之谋利焉，宜大张其事。"于是村更名盗村，山更名盗山；盗谷、盗沟、盗林、盗木——无不以盗名之。果名声大振，遂为旅游胜地。（拟69）

赌先后

张姓夫妇，超市购物归。夫谓妻曰："一赌何如？"曰："何以赌之？"曰："吾等疾走至家，卿自小区前门入，吾翻越小区后院围墙。后至者今日为厨师。"妻大喜，曰："善！"言毕竭力而走。妻先至，以为可坐享口福，窃喜。良久，不见夫影，方疑虑间，接小区保安电话。盖保安以其夫越墙，以为盗，扣之，欲其携身份证、房产证前往认领也！（窃 42、携 24）

断　句

一僧诵经

江 干 有 寺 一 僧 诵 经 佛 殿 忽 闻 风 声 大 作 亟 谓 其 徒 曰 风 骤 起 翻 船 沉 舟 自 然 难 免 必 有 可 用 之 物 飘 浮 江 中 而 等 速 往 打 捞 多 多 益 善 至 若 凡 人 生 死 有 命 毋 违 天 意 也 吾 醉 心 佛 事 无 暇 脱 身 阿 弥 陀 佛 （干19、暇30）

87.狼斗鹫雕

青海那棱格勒峡谷有鹫雕[①]者，高三尺许，恒攫狼而食。

鹫雕之逮狼也，始以左爪攫其尻，狼痛甚，必回首而龁[②]，雕就势以右爪攫其双目，即腾空而起。狼首尾为攫，且四肢去地，爪牙无以施其利，惟哀嚎而已。

然事有意外，尝见一狼嘴鼻沾血，方以狐兔辈果腹[③]，缓缓而行，意颇自得。一雕低空盘旋，见状，遽而下，左爪直插狼尻。前有荆棘，狼竟低首直冲棘丛。雕出不意，急以右爪抓棘，欲以脱身，然左爪似钩，攫入甚深，未能卒[④]脱，而狼奔甚速，雕立裂——半挂于棘，半附于狼。呜呼！生死于瞬息之间，生存之争，惨矣！

注释：①鹫（jiù）雕：大型的猛禽。②龁（hé）：咬。③果腹：填饱肚子。④卒（cù）：通“猝”，突然；很快地。（许20、恒10、攫16、尻85、尝32、不意45）

附　文

彘虎救母

童子刘某，浙江遂安人也。年十四，伐薪以养母。一日，负薪自山中归，且行且歌。将至家门，邻翁奔告曰：“虎方衔汝母，犹歌邪！”童大惊，弃薪引铁叉逐虎。近虎，以叉刺其尻。虎怒释母，反身龁童。童挺叉入虎口。虎跃，童亦跃；又益进，叉贯虎脑出，虎遂死。童急负母归。旋愈。官闻之，赐童钱十万。（伐68、引25、逐28、释27、旋15）

熊堕陷阱

熊觅食，堕入陷阱，猎人至，引弓欲杀之。熊怫然怒，曰：“忘恩负义者，莫过于人也。”猎人曰：“尔曹于人，何恩之有？”熊曰：“林中百兽，遇人尸而不食者，唯我而已。所以不食者，示敬重也，吾示人以敬，人见吾则杀，岂非忘恩负义？”猎人嗤之曰：“死人，尔敬之；生人，尔杀之。此乃假仁假义，犹敢以此自诩耶？”（怫然71、嗤79、诩16）

断　句

一丐行乞

一 丐 行 乞 求 某 汉 赐 钱 五 元 汉 曰 吾 身 无 分 文 丐 怒 嗤 之 曰 汝 堂 堂 七 尺 而 身 无 分 文 狼 狈 若 斯 有 何 颜 面 苟 活 人 世

88.饴糖擒虎

某年初夏，某地打麦场中，忽有虎来眠。夕阳衔山，虎必之焉。村人皆闭户塞窗，莫敢外出。场主忧之，曰："能捕此虎者，赉二十千①。"一童子，年方二七②。献奇计曰："可如是如是。"众然之③。时新麦登场，麦壳麦秸堆积一地。众人遂以饴糖④数百斤和⑤麦壳中。虎至打滚，壳沾其体，怒而挣扎，沾壳愈多。迨村人围观，已形同雪球，尚滚动不已。

（据清代俞超《见闻近录·擒虎巧计》改）

注释：①二十千：古时一千个铜板穿成一串叫"一贯"。二十千指二十贯铜钱。②二七：十四岁。③然之：认为他的计策很对。④饴（yí）糖：用麦芽制成的糖浆，性黏。⑤和：混合。（赉52、方20、"众然之"的"然"51、迨22）

基础知识

旧时称人的岁数时，十一岁到二十岁之间，双数称为"二六、二七、二八、二九"；单数称为"十有一岁……十有九岁"。二十岁以上，则称为"二十有一、二十有二……"，或不夹"有"字。提到数字时，整数与零数之间也往往加"有"，如"七十有四、五百有七"等。

附　　文

炒股忌语

有舒姓者从友炒股。友诲之曰："炒股要诀，吉利为上，'跌''亏'之类，切忌入耳。"舒颔之。归，其弟呼曰："哥！"舒不说，诲之曰："日后当呼'兄长'；'兄长'者'凶涨'也；'哥'音近'割'，炒股割肉，大不吉。"复诲其子曰："日后呼爹为'家长'，'家长'者，'加涨'也，'爹'音近'跌'，不吉！"子笑曰："然则，'家长'千万莫炒股也。"舒不解。子曰："吾曹姓舒，'小输'不行，何况'老输'？"（从43、诲36、颔之35、然则12）

断　　句

抓阄奇闻

农夫郭某与妻口角其妻负气出走五日未归竟日戚然忽思抓阄可断祸福盍试之复思童稚手净抓阄灵验遂书生死二阄令十有一岁幼女抓之卒得死阄郭大恸自思妻以我而死吾何以生为遂服安眠药自尽乡邻闻其女大啼始知其故或告其妻妻急自娘家归抚尸悲号（竟日41、盍50、卒22）

89.蚂蚁布阵

人有以蚁为戏[①]者，以竹管两畜红白二蚁。将戏，取红白小纸旗两，东西插几上，取管去其塞，分置两边。向管口各弹指数下，蚁随出，红白自成行列，分趋红白两旗，排列如阵。其人复出小黄旗一，作指挥状。红白蚁群纷纷齐进，两阵既接，举足相扑，两两互角[②]，盘旋进退，悉有节度。良久，白蚁返走，扰扰[③]若奔溃者；红蚁争进，其行如飞，俨然[④]战胜追奔也。其人复举黄旗挥之，胜者返，以次入管；败者亦络绎[⑤]奔至，争相入，无复成列者。俄尔，复出作戏如前，唯胜者白蚁，红蚁败焉。

注释：①戏：指歌舞、杂技、马戏等表演。②角（jué）：角斗。③扰扰：纷乱貌。④俨（yǎn）然：宛然，好像是真的样子。⑤络绎（luò yì）：往来不绝，前后相接。（几54、趋81、既63、悉71、次37）

附　　文

猎豹受惩

猎豹性残，且逐物如风，狐兔类深受其害。天帝为安抚臣民，遂令猎豹日与蜗牛三同——同吃、同往、同行，且令蜗日日禀报。诫豹曰：“设违此令，立斩不赦！”豹大骇，谋诸妻。妻曰：“强权之下，焉有真伪？令蜗如是禀报可也！”豹大喜，遂令蜗以三同禀报。慑于淫威，蜗诺诺而已。于是，天帝至今以为猎豹与蜗三同也。（逐28、设9、诸46、伪16、禀44、诺12）

黄牛撬石

农田中一巨石横卧，黄牛亟受其累：年年月月，遇石则提心吊胆，稍一疏忽，犁头断矣。一日，犁头复断，牛怫然大怒，以角撬石，石居然砰然而翻，牛大喜。撬之再三，巨石翻出田外矣。牛喟然曰：“与其受累而叹，孰若设法除弊？天下事蔑不如是也！”（亟73、怫然71、喟然4、蔑77）

断　　句

桶　戏

有 桶 戏 者 桶 可 容 升 无 底 中 空 亦 如 俗 戏 戏 人 以 二 席 置 街 上 持 一 升 入 桶 中 旋 出 即 有 白 米 满 升 倾 注 席 上 又 取 又 倾 顷 刻 两 席 皆 满 然 后 一 一 量 入 毕 而 举 之 犹 空 桶 奇 在 多 也

（选自清代蒲松龄《聊斋志异·戏术》）

上册

90.虾蟆教书

人有令虾蟆教书者，出一木匣，启其盖，取一物，状似木板；长尺许，广半尺，曰："此书案也！"近而谛视，果有四足焉。横列柜上。向匣中啾啾①数声，倏②有一蟆跃出，以前两足据案上，居中南向踞③坐。小蛙十余，一一跃出，依次以两足据案，北面踞坐。绝类学子正坐，聆听④其师教诲也。既定，其人取小板击案一下，蟆发鸣声一，诸小蛙亦齐鸣一声；蟆咯咯乱鸣，小蛙亦咯咯不已。久之，其人复取板拍击案，蟆鸣止，诸小蛙亦噤声矣。其人复啾啾呼之，蟆仍跃入匣中，小蛙亦相随入。

注释：①啾啾（jiū jiū）：凡杂乱的声音都可以用"啾啾"来形容。此处指呼虾蟆声。②倏（shū）：迅速；极快。③踞（jù）：蹲坐。④聆（líng）听：认真仔细地听。（状6、许20、案38、次37、类64、诲36）

附　　文

一盗"脱壳"

有何姓翁之商场购物，途见众人围一女郎。众怒形于色，女窘迫无助。翁前，女忽目指翁曰："舅！速还钱来！"一汉急攫翁衣领，曰："此贼头也！"众怒向翁，女因遁逃。翁急辩，众莫之信。会巡警至，再三查证，始知其冤。翁气难平，欲觅脱壳"金蝉"，数日不得，亲友力劝，乃止。（窘84、攫16、因8、会4）

百灵诈死

有畜百灵鸟者，以调教有方，鸟鸣婉转清朗。其笼悬于户外，游人时止步聆听。有达官见而喜甚，强买焉。鸟于笼中哀鸣不已，翌日竟死。官不胜嗟叹，开笼弃之，忽飘然高飞，始知其诈也。左右说之曰："鸟必归觅旧主，可返而索之！"官喟然曰："不忘旧主，忠也！听之任之可也。"

断　　句

蔬菜婚礼

近人有办蔬菜婚礼者颇有异趣稚童两扮卡通娃娃迎宾于酒楼门口一着礼服谓为青椒小姐一著西装名曰土豆先生门两侧大红对联曰本为园中一蔬菜化身人间俏佳偶横幅蔬菜婚礼婚礼始新郎新娘携手而出红毯两侧亲友急撒大红辣椒呼曰红红火火红红火火新娘登台手捧者亦菜花也乃以莴笋尖为叶西兰花青红辣椒萝卜缨为花现场装饰者悉为各类蔬菜酒席亦以素菜为主当今减肥已成时尚是以宾客无不叫好所以如斯者盖新娘舒氏新郎蔡姓取舒蔡谐音也（着4、著83、悉71、是以39、斯15、盖24）

第九阶段自测

81. 辍、趋、竖、竖子、竖儒
82. 归宁、缀、兵、辄
83. 黠、食、著、诈
84. 假寐、窘
85. 丘、尻
86. 二三子、旨
87. 龁、果腹、卒②
88. 旧时称人的岁数
89. 俨然
90. 啾啾、倏、踞、聆听

扩展阅读

耳中人

谭晋玄，邑诸生[①]也。笃信导引[②]之术，寒暑不辍。行之数月，若有所得。一日，方趺坐[③]，闻耳中小语如蝇，曰："可以见矣。"开目即不复闻；合眸[④]定息，又闻如故。谓是丹[⑤]将成，窃喜。自是每坐辄闻。因思俟其再言，当应以觇之。一日，又言。乃微应曰："可以见矣。"俄觉耳中习习然，似有物出。微睨之，小人长三寸许，貌狞恶如夜叉[⑥]状，旋转地上。心窃异之，姑[⑦]凝神以观其变。忽有邻人假[⑧]物，扣[⑨]门而呼。小人闻之，意张皇，绕屋而转，如鼠失窟。谭觉神魂俱失，不复知小人何所之矣。遂得颠疾[⑩]，号叫不休，医药半年，始渐愈。

（选自清代蒲松龄《聊斋志异》）

注释：①诸生：明清两代凡经过童子试取得秀才功名的生员。②导引：一作"道引"，"道气令和，引体令柔"的意思，是中国古代一种强身除病的养生方法。《一切经意义》称："凡人自摩自捏，伸缩手足，除劳去烦，名为导引。"后被道教当作"修仙"方法之一。③趺（fū）坐：佛教中修禅者的坐法，即双足交迭而坐。④眸（móu）：眼珠。⑤丹：原指道家依法精制的药物，这里借代为"仙术"。⑥夜叉：佛经中说的一种吃人的恶鬼，但也被列为守护佛教的"天龙八部"之一。⑦姑：姑且；暂且。⑧假：通"借"。⑨扣：敲。⑩颠（diān）疾：指精神病。颠：通"癫"。癫狂指精神失常或指行为荒唐。（邑 43、笃 74、术 52、辍 81、方 20、窃 42、是 5、辄 77、因 8、俟 13、觇 66、俄 1、睨 49、许 20、状 6、旋 15、遂 2、愈 41）

91.秀才逾沟

秀才某郊游，遇水沟一，宽可①半丈，无计逾越②，问一老农。对曰："书呆子，一跳可也。"遂竭力一跳，竟坠于沟底，双股几折。痛定思痛，恍然大悟，詈曰："蠢者，莫若老农也！跳者，双脚去地而上也；跃者，双脚去地而前也。水沟如斯，一跃可也，安能一跳？"

注释：①可：大概；大约。②逾（yú）越：越过。"逾""越"二字，同义并用。（坠 9、股 19、斯 15、安 48）

基础知识

"可、许、奇、强"是文言文中常用来修饰数字的词。"可"是"大约、约计"的意思，常用在数量词前面；"许"表示约数，常用在数词后面；"奇"表示零数，用在数词后面，常与"有"连用，如"二十有奇"；"强"是"有余、略多"的意思。

附　　文

欲擒故纵

女郎某甚怨其夫，欲设计伤其心而后离婚，谋诸心理医生。医曰："'将欲取之，必先与之。'天下事蔑不如斯也，先以蜜语温情使其爱之欲死，而后断然反目——此'欲擒故纵'之计也！"女以为然。

居数月，医问此女曰："汝欲离婚已半年许，今日何如？"女讶然曰："吾与夫君两情相悦，缘何离婚？"（诸46、蔑77、讶51、缘何70）

醉入蟒腹

某汉言：一日醉归，踉跄而行。时斜月渐没，山径莫辨。忽一失足，如陷地穴，觉周身炽热，腥秽刺鼻。扪之，软腻如脂，疑葬身鱼腹。急拔佩刀力划，才一举手，则觉跳踉翻滚，地转天旋，几近窒息。乃尽力举刀一刺，划然而开，如破壳然。径出，奔归。翌晨往视，一巨蟒长十丈许，死于涧边。蟒腹洞开，刀痕宛然，始知向者陷身蟒腹也。（跳踉84、径6）

断　　句

包不脱毛

一汉挑箩卖洗衣刷箩身书包不脱毛四字鬻之者众居数月汉复至有持脱毛刷而问罪者汉莞尔指箩曰箩身明书毛脱不包也（书4、鬻23、莞尔35）

92.雀胆启顽

余弟子有黄姓者，性顽劣而力倍于同窗，好凌①众生，女生尤为所苦。一夕，蔽于还家途中，俟女生至，遽出，学鬼之嚎。一生受惊得疾。余与之语，以为疾由惊起，黄不之信。是时，雀为四害②，遂令其捉活雀四五，黄欣然听命。

雀捕至，余令其杀一雀，取胆视之，其余则笼畜之。黄剖雀，寻觅良久，始得胆，小如粟粒，色淡紫。越③明日，复令黄生至。余手入笼，轻握一雀，出则立断其项。令黄取胆。胆大如米，其色黑紫。黄疑焉。余谓之曰："曩之雀，以受惊，胆汁四散，故小似粟。人受惊得疾，与此无异。"黄犹未信，遂令一雀受惊，再剖而谛视，胆复如粟，几不可见。黄乃知过，顽性渐泯。

注释：①凌：侵犯；侮辱。②四害：1958年至1959年间，以老鼠、麻雀、苍蝇、蚊子为四害。后遭到动物学家反对，1960年后，麻雀改为蟑螂。③越：到；及。（好20、俟13、疾54、良59、项70、曩32、谛20、泯39）

附　　文

口脚争

脚谓口曰："世间贪便宜者，以汝为甚。吾千辛万苦奔走所得，皆为汝所食。"口曰："毋庸争也。吾毋吃喝，汝亦毋庸奔走，何如？"（毋庸41）

周木问安

常熟周木，尝朝叩父寝室。父问谁，曰："周木问安。"父不应。顷之，又往，曰："周木问安。"父怒起，叱之曰："老人酣寝，何用问为？"

（选自明代冯梦龙《古今谭概·迂腐部第一·问安、求嗣》）

有戴姓者

有戴姓者，家徒四壁。一日暮归，探囊中，止余钱三文，辗转不寐。忽闻窸窣有声，一盗穴墙而入。时月光入室，戴伪睡，觇其所为。盗遍觅室中，无可携取，良久，喟然而去。戴急起出囊中之钱，追而与之，曰："家贫如斯，自惭形秽。区区心敬，聊以慰君。乞吾子归后，勿扬吾丑也。"

断　　句

孔子出谜

颜 回 子 路 为 一 字 辩 斗 夫 子 莞 尔 笑 曰 适 得 一 字 谜 二 三 子 请 射 回 曰 也 也 子 路 曰 非 也 夫 子 曰 也 也 直 在 其 中 也 众 大 声 曰 乜 也 非 也 也（辩斗86、夫子40、莞尔35、二三子86）

93.一瞽觅笠

幼时，见一瞽披蓑[①]戴笠，执竿探途，行于河畔沙地。方欲觅圯[②]渡河，风骤起，笠飞坠地，去瞽三丈有奇。瞽呼，求人觅之。余性顽，欲难之，故不应。瞽以旷野无人，遂抓砂砾，望空四撒。俄，辨声有异，径去，乃得笠。或曰：瞽者耳聪[③]，恒以耳代目，信然[④]！

注释：①蓑（suō）：蓑衣，一种雨具。②圯（yí）：桥。③聪：耳朵灵敏叫"聪"。成语有"耳聪目明"。④信然：确实是这样的。（瞽41、有88、奇91、径6）

附　文

讳言其聋者

甲善唱。一日，众人听其清唱。遥见一聋者将至，甲曰："此聋甚，然讳其聋者也。俟其至，可如此如此。"众笑而颔之。顷之，聋者至，甲止唱然双唇张合如初。聋者见众人伸颈聆听，且有以手拍板作按节状者。亦坐，亦以手拍节。良久，见甲唇止，赞曰："妙哉，吾久不闻是歌矣。"众大笑。

院中有木

秀才某，一日闲坐，见院中一槐，浓荫蔽日，忽有所悟，曰："院为方形，中有一木，此乃'困'也。"拟伐以为薪。友知其故，说之曰："相公砍伐此木，得毋无意功名，囚此陋室之中耶？"某愕然。友曰："设伐此木，院为方形，唯有人在，此乃'囚'也。"秀才大笑，遂罢。（相公53）

瞽者夜行

瞽者某，提灯笼夜行。或问曰："女瞽也，何以提灯？"答曰："此路通闹市，人来车往，吾属易为人撞，非如斯无以防范也。"（女63、无以42）

断　句

鱼跳舞

狐捕一鱼方欲烹食忽闻叩门声启而视之天帝也问曰足下以慈善闻名然庖屋有鱼跳跃此何故也狐笑曰无他欲开家庭舞会邀鱼跳舞而已帝赞曰足下友善惠及池鱼诚可嘉也笑而去鱼闻而泣曰不意天帝亦昏庸如斯也（庖77）

94.一瞽坠桥

有瞽者循①圯度②溪，失足而坠。急攫之，遂悬于圯侧。瞽者大号③。或告之曰："毋怖！溪涸④，女双足去地特三尺而已。"瞽者以为诳，号呼如初。久之力疲，失手而坠，果实地也。因叹息曰："噫！蚤⑤知如斯，何久自苦邪？"

（据明代刘元卿《贤弈编·盲人坠桥》改）

注释：①循（xún）：顺着；依照。②度：通"渡"。③号：大声地呼叫。④涸（hé）：水干。⑤蚤：通"早"。（攫16、女63、特25、诳44）

基础知识

阅读文言文时，应该注意文中时常出现的一些通假字。所谓"通假"，就是"通用、借代"，即用读音相同或相近的字代替原本应该用的字。据传秦始皇焚书坑儒后，有许多书之所以还流传下来，是当时的人根据记忆重写的。因重写的人记忆有错或水平有限，写了一些别字，久而久之，就积非成是了。例如本书前面出现的"说"通假"悦"，"惠"通假"慧"。上文中的"度"通假"渡"，"蚤"通假"早"，就是例子。

附　　文

瞽者引路

一瞽迷路，乞求指引，即有一人伸竿于前，曰："足下执其一端，吾引汝可也！"瞽大喜。两人并行，百步而已，皆跌入泥坑。瞽怨曰："吾与足下无冤无仇，缘何捉弄？"其人叹曰："吾亦瞽者也。"噫！后瞽逞强显能而强己所难，诚可笑也！（缘何70）

禁人顶缸

甲乙相殴而讼，官问其故。甲曰："吾鬻缸归，会天小雨，顶缸而行，乙无故引棍碎之，故而相殴。"乙曰："吾秃顶，彼以头顶缸，讥吾不毛也，是以碎之。"官嗤之，复叱曰："本县赴任三年，率民垦荒种植，业绩有目共睹，而汝以秃顶相见，岂非讥本县治理无方，地仍不毛耶？杖责二十！"

断　　句

曾国藩上书

初曾国藩伐太平军屡屡受挫不得已上表请罪中有臣屡战屡败一语其幕友曰屡战屡败宜改为屡败屡战屡战屡败乃无能也屡败屡战则其勇可嘉曾然之

95.戏言作真

迂公①比邻有杨太医者，一日，杨咏其《立夏诗》云：“昨夜春归去，今日景风生②。”公叩③其解。或戏而应曰：“令亲有名春字景峰者④，昨夜暴亡，幸今日再生⑤。杨太医作诗庆之耳。”公以为真，急走诣⑥春。春正啖饭，公涕⑦出如喷，夺其箸曰：“兄魂魄初复，饭宜少进，胡⑧不自爱？”春大怪疑，以为祟⑨，唾而詈之。公怒，遂与之绝交。

（据明代冯梦龙《古今谭概·专愚部第四·迂仙别记》改）

注释：①迂公：作者虚拟的一个人物。②今日景风生：今日的风景更美了。“景风”即“风景”；“生”通“胜”。③叩（kòu）：询问。④有名春字景峰者：有个名春字景峰的人。古人有名，有字。⑤生：活；活着。⑥诣（yì）：拜访。⑦涕：眼泪。⑧胡：疑问代词，为什么；怎么。⑨祟（suì）：鬼神作怪。（比邻63、令45、啖54、箸38、宜32）

附　　文

瞽者某

瞽者某，以算命为业。设来人问及父母，必含糊其辞曰：“父母双双不能克伤一位。”父母健在：则今日“父母双双”，他日“不能克伤其一”；皆已逝世：所以不能“双双”者，皆因“克伤一位”也；若一位亡故：“父母双双不能，克伤一位。”——出语左右逢源，乃算命之要诀也。

鼠甲鼠乙

甲乙，鼠友也。一日相遇。甲见乙愁眉不展，问之，曰：“吾尾断于鼠夹。”甲见其尾尚剩寸许，曰：“无伤也，设套以塑料软管，诈言学得武当神功，能以尾作鞭，横扫群猫。则可遮羞，他鼠对吾子亦必刮目相看矣。”乙叹曰：“吾辈生存于世，灾祸难免。苟伤及身躯，初时戚戚，日久自能坦然，安能装神弄鬼，自欺欺人。”甲笑曰：“吾子言之有理，适所言者，戏谑而已。”

断　　句

药　斗

病 儿 服 药 旋 腹 痛 甚 儿 父 走 问 医 家 医 者 曰 无 妨 此 吾 药 与 病 斗 也 言 未 毕 家 人 踉 跄 而 至 报 儿 死 矣 医 者 讶 曰 得 无 吾 药 无 能 斗 胜 耶 （旋15、毕13）

96.观棋不语

秀才某，凡书中所言皆笃信无疑，不敢逾越。一日，与兄之墟。某先还。俄，见其邻仓皇而至，曰："令兄家中失火，速唤归。"某大骇，还身①而走。甫数步，忽忆"欲速不达"一语，乃徐徐②而行。至墟，见兄与一翁弈③象棋，遂止步静观。良久，弈毕。谓兄曰："兄，家中失火，嫂令汝速归。"兄急起，批其颊，詈曰："竖儒！胡不蚤言？"某抚脸，曰："书中有言'观棋不语真君子也'，宁能以一时之急，而误千秋之义④哉？"

注释：①还（xuán）身：回转身。还：通"旋"。②徐徐：慢慢。③弈（yì）：下棋。④千秋之义：千年来大家都遵循的道理。"义"是指思想行为应符合一定的标准，成语有"舍生取义"。（笃34、墟41、令兄45、甫56、批37、颊46、竖儒81）

附　文

李白受骗

安徽泾县桃花潭，以李白诗名闻天下。相传白将至泾，邑人汪伦书函邀之曰："先生好游乎？此地有千树桃花。先生好饮乎？此地有万家酒店。"白至，伦曰："千树桃花者，此地有桃花潭也；万家酒店者，酒店主人姓万也。"白闻而一笑。临行，作诗曰："桃花潭水深千尺，不及汪伦送我情。"文人韵事，千古流传也！（邑 43、函 72、好 20）

以伞试狗

或曰："荒野遇狼，设手中有伞，俟狼近，可以伞顶对狼，遽以撑之，狼必骇而远遁。"一人信焉，思之曰："倘不灵验，必遭狼害，盍试之以狗？"遂持伞而前，见一狼狗，俟其近，以伞顶对狗，遽以撑之。狗大怒，倏龁其股，幸主人在，叱而止之。知其故，让之曰："狼居荒野，不知伞为何物，或可慑之；以此试狗，不亦愚乎？"某悟，赧甚。（俟 13、倏 90、龁 87）

断　句

弈神之墓

某 翁 自 幼 好 弈 然 悟 性 欠 佳 与 人 弈 负 多 胜 少 后 移 居 以 与 故 土 相 隔 千 里 无 有 知 其 根 底 者 遂 以 善 弈 自 诩 曰 吾 之 一 生 无 败 局 也 他 人 弈 必 袖 手 于 侧 或 颔 之 或 摇 首 似 有 深 意 焉 人 莫 测 其 深 浅 或 请 与 弈 则 淡 然 一 笑 似 不 屑 焉 人 皆 神 之 翁 死 好 弈 者 为 其 墓 立 碑 上 大 书 曰 弈 神 之 墓 呜 呼 此 墓 至 今 不 泯 不 亦 悲 哉

97.农夫杀牛

有躬①耕陇亩②者，薄③暮，疲甚，乃席地④而卧。虎自林间出，眈眈而视。牛辄跨立耕者之上，虎近，则以角抵，虎无奈牛何，乃去。当是时也，耕者熟寐，浑然未觉。及醒，见牛跨立己身，恶而笞之。归而问测字者，测字者曰："牛立人身，乃'朱'也。'朱'，红也，音近'诛⑤'，君必有血光之灾。"耕者大恐，问化解之术。测字者曰："此易事也，宰牛可矣！"耕者无奈，遂杀牛。

（据宋代马纯《陶朱新录》改）

注释：①躬（gōng）：身体，引申义为"亲自"。这里用的是引申义。②陇（lǒng）亩：田地。③薄（bó）：靠近；迫近。如成语"日薄西山"。④席地：以地作席。席：芦苇竹篾等编成的铺垫用具。⑤诛：杀。（辄82、寐30、笞69）

附　文

看守门户

昔有一人嘱其子曰："父母将远行，若之责守门、喂驴也，毋为贼盗。"其子曰："诺！"居有顷，邻村社戏，其子欲往，乃以索系门，置于驴背，负至戏场。戏散而归，其家财物，悉入贼手。父母归，问其子曰："吾家何以一空如洗？"对曰："儿之责守门喂驴也。门驴俱在，他物匪儿所知。"

觅语拾语

有愚人出游，闻人言"岂有此理"一语，爱之甚，默诵不已。既而登舟渡河，竟忘之，乃俯首寻觅。或问其故。曰："遗失一语耳。"其人曰："岂有此理，言语安能遗失？"愚人勃然，詈曰："女既拾此语，胡不蚤言？"

断　句

三人猎熊

三人欲猎熊夜宿林中木屋皆自诩其能翌日昧爽猎人甲见乙丙犹寐潜出欲立头功俄顷果遇大熊甲大骇还走熊自后追逐近木屋方欲进门觉背后气喘吁吁知熊近往左侧一闪熊扑空竟冲入屋中甲情急智生急反锁门大声曰吾已活逮一熊尔等宰杀莫坏熊皮吾复往林中逮熊也

98.揖　秽

秀才某，横行乡里①。一日郊游，内急。顾前后无人，遂遗于路侧。一汉②荷薪自左侧山坞出，见状止步，俟其毕，出。释担，先揖秀才，次揖路侧秽③物。秀才讶之，曰："此臭物也，缘何揖之？"汉曰："渠虽臭，然出自相公之腹，自然与相公等，安敢不敬。"秀才知其嘲弄，然自揣不敌，拂袖④而去。

注释：①乡里：乡、里都是古代的基层行政区域单位。古时以县统乡，以乡统里。传说我国周代以一万二千五百家为乡，二十五家为里。文中的乡里指在他的家乡。②汉：男人，多指成年男人。③秽（huì）：污浊；肮脏。特指粪便。④拂袖：甩袖；大怒的样子。古人衣着，手袖较长，甩袖表示气恼。（荷 46、释 27、等 59、揣 21）

附　　文

觅声音

有少年夫妇，以斗气，互不言语。数日后，夫欲和好，妻仍不理不睬，不言不语。夫乃乱翻衣橱、抽屉……妻忍无可忍，问曰："汝觅何物？"夫大声曰："谢天谢地，得矣，得矣！吾觅卿之声也！"

小处不宜随便

有登门强求字于当代名家者，会其心绪不佳，亦欲揶揄之，遂书"不宜随处小便"六字与之。求字者见字大如斗，且龙飞凤舞，气韵不凡，唯其辞难登大雅之堂。默然片刻，忽大笑曰："此乃警世名言也！归必悬诸中堂。"见名家茫然，复曰："君赐吾'小处不宜随便'六字，乃字字珠玑也。"名家大笑。（揶揄54、辞43、诸46）

厕　联

一日如厕，见一厕联颇妙。联曰："得大解脱，有小便宜。"此联嵌入"大解""小便"两词，一妙；可读为："得大解，脱；有小便，宜，"二妙；得一解脱，则有便宜之感，切情，三妙。（如14）

断　　句

问铁拐李

或 问 铁 拐 李 曰 君 负 葫 芦 云 游 四 海 敢 问 葫 芦 内 何 物 对 曰 仙 家 灵 丹 妙 药 可 治 百 病 然 则 何 不 治 君 之 瘸 腿 李 无 以 应

99.醉汉斗熊

甲乙皆醉。甲谓乙曰："吾有斗熊之胆，汝信否？"乙曰："动物园近在咫尺①，盍一试？"甲曰："诺！"醺醺而往。

时近傍晚，园内游人寥寥。至熊山，一黑熊熟寐，鼾声呼呼。甲大喜，欣然曰："瞧吾之拳脚。"近熊，就熊腹猛击一拳。朦胧中熊回击一掌，复睡，而甲早砰然偃仰②。见其狼狈，乙嗤之，曰："牛皮破矣！"甲怫然怒，起，猛踢熊腰。熊醒，怒。止一掌，中甲脸颊，应声而仆③，血喷如注。乙酒醒，大声曰："装死，毋动！"复大呼救命。甲亦醒，知熊习性，忍痛屏气。熊复挥掌，见甲不动，以为死，止掌而嗅。迨保安毕集，诱熊他处，甲始得救。伤重住院，数月始愈。

注释：①咫（zhǐ）尺：指距离很短或很近。咫：古代的长度单位，周制八寸为一咫。②偃（yǎn）仰：脸朝天向后倒，与"仆"相对。③仆（pū）：向前倒下。成语有"前仆后继"。（盍 50、觇 66、嗤 79、怫然 71、迨 22、毕 22、愈 41、呜呼 67、诚 4）

附　文

一蚓装蛇

一蚓，粗若小指，稚童某见而呼曰："蛇，蛇！"其父闻声而至，笑曰："勿惧，勿惧，蚯蚓而已。"蚓不说，谓其友曰："吾侪无爪牙之利，故人轻之；设伪为蛇，人必畏我，敬我。"友曰："善不可失，恶不可长。吾侪不伤禾苗，唯知肥田沃土，故人不我害。设伪为蛇，恐罹不测之祸。"蚓不听。会草丛有蛇蜕，遂钻入其中，摆动不已。稚童见之，复大呼曰："蛇，蛇！"其父复至，以为毒蛇，恐伤及子，倏砸以石，蚓遂死。

好先生

村夫某延师教读，有登门自荐者。某出联考之，曰："园中牛食菜"。对曰："山上鹿含花。"某曰："不佳！"其人惭而去。后一人至，某复出联曰："塘中鱼滚浪。"对曰："捉来可熬汤。"某大喜曰："真好先生也！"

断　句

鸟效人言

有 鸟 生 于 南 方 能 效 人 言 效 数 声 而 已 终 日 所 言 惟 数 声 也 蝉 鸣 于 庭 鸟 睨 之 曰 蝉 吾 与 子 孰 能 吾 能 效 人 言 蝉 对 曰 子 能 效 人 言 甚 善 然 子 所 言 者 非 发 乎 心 而 出 于 口 而 吾 乃 心 口 相 应 者 也 鸟 大 惭 （睨49）

100.丐胜馆师

童稚时,予村有秀公公者,善讲故事。予与其孙,为听故事恒萦[1]其前。癸卯年[2],予考入金华师范[3],欣然自喜。公谓予曰:"有一故事,汝愿听否?"予大喜。公曰:

昔有一师,以东家吝啬,餐餐食粥而粥稀不堪,遂撰[4]一"咏粥"诗曰:"撮米煮煮一大瓯[5],西风吹来荡悠悠;瓯口犹如青铜镜,一个先生在里头。"一丐见之曰:"此诗尚可推敲。撮米煮粥犹嫌米多,可易[6]为'粒米煮煮一大瓯'。西风若疾[7]可以折木,当改为'鼻风吹去荡悠悠'。"师不觉改容,曰:"请夫子不吝[8]指教。"丐曰:"青铜镜有厚实之感;瓯置于案,俯首而觑,止见一头而已。可易为'犹如一瓯西湖水,一个先生两个头'。"师大叹服。曰:"夫子才高如斯,何以为丐?"对曰:"曩者,吾亦为孩子王也,自思不如为丐,是以弃教。"

予知其意,默然而退。

噫!事隔四十余年,而今为人师者人皆敬之,公之孙亦为人师焉。公泉下[9]有知,作何感焉?

注释:①萦(yíng):缠绕。②癸卯年:公元1963年。③金华师范:在浙江省金华市。④撰(zhuàn):写诗文。⑤瓯(ōu):盆盂一类的瓦器。⑥易:换;改。成语有"千金不易"。⑦疾(jí):快。谚语有"疾风知劲草"。⑧吝(lìn):吝惜;舍不得。⑨泉下:即黄泉之下;地下,指阴间。(夫子40、曩32)

附　文

钓　爹

某汉嗜渔,其子三岁,亦具父风,时于室内"钓鱼"。鞋袜之类可以代鱼,而渔具须真,易假则号啕大哭。一日,父匆匆喝粥,子立身后舞弄钓竿。粥将尽,父持碗仰首而吞,忽觉咽喉痛甚,始知鱼钩入喉,而子手舞足蹈,大呼曰:"钓到大鱼哉!钓到大鱼哉!"

断　句

一字对

清 咸 丰 年 间 有 文 人 以 墨 字 为 上 联 求 对 有 对 以 泉 字 者 盖 泉 上 白 下 水 墨 上 黑 下 土 色 以 色 对 五 行 以 五 行 对 可 谓 妙 绝

第十阶段自测

91. 可、逾、奇、强
92. 凌、越
93. 圯、聪、信然
94. 号、循、蚤
95. 生、叩[2]、诣、涕、胡、祟
96. 还身、弈、徐
97. 躬、陇亩、薄、诛
98. 乡里、秽
99. 咫尺、偃、仆[1]
100. 撰、易、疾、吝

扩展阅读

于 江

乡民于江，父宿田间[1]，为狼所食。江时年十六，得父遗履，悲恨欲死。夜俟母寝，潜持铁槌去。眠父所，冀报父仇。少间，一狼来，逡巡[2]嗅之。江不动。无何，摇尾扫其额，又渐俯首舐其股。江迄[3]不动。既而欢跃直前，将龁其领[4]。江急以锤击狼脑，立毙。起置草中。少间，又一狼来，如前状。又毙之。以至中夜，杳无至者。忽小睡，梦父曰："杀二物，足泄我恨。然首杀我者，其鼻白，此都非是。"江醒，坚卧以伺之。既明，无所复得。欲曳[5]狼归，恐惊母，遂投诸眢井[6]而归。至夜复往，亦无至者。如此三四夜。忽一狼来，啮其足，曳之以行。行数步，棘刺肉，石伤肤。江若死者。狼乃置之地上，意将龁腹。江骤起锤之，仆[7]；又连锤之，毙。细视之，真白鼻也。大喜，负之以归，始告母。母泣从之，探眢井，得二狼焉。

（选自清代蒲松龄《聊斋志异》）

注释：①父宿田间：旧时庄稼将成熟时，怕被人盗，有的农户就宿在田间守卫。②逡(qūn)巡：有顾虑而徘徊或退却。③迄(qì)：终究。④领：头颈。⑤曳(yè)：拉。⑥眢(yuān)井：枯井。⑦仆：指狼"仆"地昏厥。(履 43、俟 13、寝 41、潜 17、冀 13、无何 69、股 19、既而 15、龁 87、状 6、伺 17、遂 2、诸 46、负 3)

101.肉钩钓狼

有屠人货[1]肉归，日已暮。欻[2]一狼来，瞰[3]担上肉，似甚垂涎[4]，随屠尾行数里。屠惧，示以刃，少却；及走，又从之。屠思狼所欲者肉，不如悬诸树而早取之。遂钩肉，跷足挂树间，示以空担。狼乃止。屠归。昧爽往取肉，遥望树上悬巨物，似人缢[5]死状，大骇。逡巡[6]近视，则死狼也。仰首细审，见狼口中含肉，钩刺狼腭，如鱼吞饵。时狼皮价昂，直[7]十余金[8]，屠小裕焉。缘木求鱼，狼则罹之[9]，是可笑也！

（选自清代蒲松龄《聊斋志异·狼三则》，标题作者所加）

注释：①货：出卖。②欻（xū）：火光一闪，指速度极快。③瞰（kàn）：远望；窥看。④垂涎：流口水，说明很想吃。⑤缢（yì）：吊死；上吊。今有双音节词“自缢”。⑥逡（qūn）巡：有顾虑而徘徊或退却。⑦直：通“值”，价值。⑧金：银一两，称“一金”。⑨缘木求鱼，狼则罹之：屠夫以肉为饵，在树上下钩，用这钓鱼的办法钓到了狼。缘木求鱼：成语，爬到树上去抓鱼，比喻方法不对。缘：攀缘。（却46、诸46、昧爽24、审19、罹60）

附　文

画巨松

有当街画巨松者，或笑之曰：“公之画当尽一锭墨也。”画者因题诗曰：“磨尽一锭二锭墨，画出一株二株松。”或揶揄之曰：“树粗，诗亦粗。”画者笑曰：“吾乃前粗后细也。”复书曰：“夜深老鹤忽飞来，踏枝不着空归去。”皆大叹服。

竹箸甲乙

竹箸甲乙，本为餐馆主人专用，故日日相伴，情同手足。一日，主人遗于餐厅之中，遂间于他箸。甲箸大恸。乙问其所以。甲曰：“吾侪兄弟，恒侍候主人，高他箸一等，今与他箸相间，此一悲也；将时与他箸相配，不能与君成双成对，此二悲也！”乙箸曰：“世间事不如意者十有八九，顺其自然可也。且他箸，皆吾侪兄弟也，自视高贵，必生隔阂，是乃自陷孤独也！”甲箸悟，止哭，颔之。（箸38、间55、所以24、侪33、悟22、颔之35）

断　句

易帽遮雨

甲 乙 如 市 皆 鬻 帽 而 归 途 遇 雨 甲 谓 乙 曰 与 君 易 帽 而 戴 何 如 问 其 故 对 曰 易 帽 遮 雨 则 所 戴 者 他 人 之 帽 也 毋 庸 心 疼

102.邑令昼寝

邑令某昼寝，忽惊醒，急索马入郡①，谒郡守②，谢曰："闻公欲赐责③，死罪死罪。"守讶其言，曰："无之。"令曰："公之王姓门人所言也。"守勃然，召王欲加杖。王苦诉无此语。时，令亦悟，请曰："毋庸责王，适仆④昼寝，得无梦中闻是语耶？"

（据《雅谑·梦糊涂》改）

注释：①郡（jùn）：春秋至隋唐时期的地方行政区域名。秦统一天下后，把全国分成三十六个郡。②守：郡一级的最高长官。③赐责：责罚我。赐：旧时指上级把财物给予下级，如赏赐、赐予等，也用于有求于人的敬辞，如赐教、赐复等。这里把上司将对自己的责罚说成是赐责，是表示对上司的尊敬。④仆：自称谦辞。（昼 5、索 76、谒 44、谢 51、讶 51、勃然 43、毋庸 41、适 16）

基础知识

古人自称爱用谦辞。常用的自称谦辞有：仆（意为地位低下）、愚（常用于表示自己的见解，如"愚意""愚见"等）、鄙（意为地位低微）、鄙人、在下、不才、不肖（若父亲已死，常用此谦辞自称，意为不像父亲、不贤惠。）、不佞（nìng）（佞：才能）、不敏（意为不聪明）、妾（妻子在丈夫前对自己的谦称）等。

附　　文

某汉相亲

某汉悦一女郎，欲上门相亲。或说之曰："此女好谦，忌狂妄自大，叨叨自诩也。"汉颔之。及见。女郎曰："好女子触目皆是，君舍优求劣，胡不自爱？"汉曰："在下无德无才，好女子不吾爱也。"女怫然，拂袖而去。（说60、诩16、颔之35、怫然71、拂袖98）

酒逢知己

酒鬼之妻让酒鬼曰："每逢进餐，君眼中唯有酒而已，妾在一侧亦熟视无睹。君自酌自乐，妾毫无生趣。"酒鬼曰："此吾所以敬卿也！"妻弗解。酒鬼笑曰："岂不闻'酒逢知己千杯少'哉！吾视卿为知己也，卿胡不知足耶？"（让25、酌47、弗23、所以24、胡95）

断　　句

富翁葬礼

某富翁葬礼一后生泪如泉涌抚棺大恸或问曰死者乃令尊耶对曰否在下所以悲也（恸9、令尊45）

103.祖孙拽裤

某翁有一孙，方五岁，顽劣不堪。每悖①人意，翁辄拽②裤批尻，满口“羞！羞！”虽③亲朋满座亦弗之顾也。孙衔④之。

一日，翁孙出游。至城中广场，会假日，游人如鲫⑤。孙遽拽翁裤，猛批翁尻，亦大语曰：“羞！羞！”事出卒然，翁茫然无措，骤见万目集视，旋闻暴笑雷动，竟双手蒙面，呆立久之而忘拽裤遮羞矣。

翁蜗居斗室⑥者期年。

注释：①悖（bèi）：违背。②拽（yè）：拉；拖。③虽：即使。④衔（xián）：怀恨。⑤游人如鲫（jì）：套用成语“过江之鲫”，形容游人很多。鲫：鲫鱼，一种常见的淡水鱼，喜欢成群结队地游。⑥蜗居斗室：躲在屋里不出来。斗室：小小的房间。（方20、辄82、批37、尻85、弗23、卒87、旋15、期年76）

附　　文

生发剂

有于通衢货生发剂者，其人年近四十，长发披肩，风度翩翩。曰：“此乃欧美最新科技成果也，设涂抹些许，未及旬，必生黑发。家兄留学德国，以家父秃顶，故携回些许。”或问：“令尊用后何如？”曰：“惟家母郁郁不乐也！”问其所以，对曰：“恐家父见弃耳。”时，有知其底细者潜而前，欻拽其发，发套落。其顶不毛，绝类寺僧。众大笑。（货101、旬56、见弃13、欻101）

易衣救火

工厂库藏失火，职工某急奔往宿舍。或曰：“库藏失火，何以直奔宿舍？”对曰：“不才一身新装，焉能救火？”（何以14、不才102）

莫如杀人

有恒以轮回报应说人者，曰：“为人之道，首戒杀生。今生杀一牛，来世必成牛；杀一羊，必成羊；杀飞禽走兽，莫不然也。”或对曰：“然则，莫如杀人。”其人骇然，问其所以，曰：“来世犹得为人也。”

断　　句

夜　啼

有苦小儿夜啼者延医治之用药讫日已西沉乃留其宿夜深寂然无声医窃喜解衣欲寐忽闻儿母大啼医疑焉曰奇哉怪也儿不啼儿母啼焉旋即悟惶惶而遁（延41、讫53、窃42）

104.守池待渔

某君远游，至天池①，遇一翁，踞株②而坐，面池沉思，似有俟焉。某曰：“夫子何俟？”

对曰：“昔，吾欲伐薪烧炭，方欲运斤③，风雨大作，树多为折，三年而枯薪未罄。”

某曰：“子诚幸者也。”

翁曰：“昔，吾狩猎，入山觅兽，骤遇一熊，方欲引枪，雷大作，熊为毙。”

某曰：“夫子亟得天助，乃天之宠子也。然则今复何俟？”

翁曰：“吾欲营④鱼粉公司，俟地震。地震则天池必毁，吾愿立就。”

注释：①天池：国内名“天池”的湖有多处，此指浙西天池，在浙江省杭州市临安区龙岗镇大峡谷境内。湖面积567000平方米，湖中游鱼成群。②株（zhū）：树桩。成语有“守株待兔”。③斤：斧头。成语有“运斤成风”。④营：经营。（踞90、俟13、罄71、亟73）

附　　文

汤与瓶水

汤将沸，渐发声。初似呻吟，复如悲泣，卒为吃吃笑不已。瓶水莫名所以，谓汤曰：“子就釜，吾为子吊；子呻吟，吾为子悲；子悲泣，吾亦欲泣。伤子之不幸，亦伤吾之为水，兔死狐悲耳。水之成汤，犹废纸拭墨，用毕即弃，子其危矣。今笑声吃吃，此何以邪？”汤曰：“吾始就釜，痛彻心扉，故呻吟耳；思及不复为水，是以悲泣也。然天下万物，苟能为人一用，乃大幸也。今吾为汤，人且用我，故笑耳。倘不为人用而泯然，足下以为何如？”（卒22、名24、釜27、吊57、苟33、泯39）

断　　句

郭老改联

某年春郭沫若游普陀潮音洞捡一日记本扉页书联曰年年失望年年望处处难寻处处寻横批春在哪里首页乃绝命诗也下署当天时日郭老心急如焚四处寻觅卒得诗主乃一小女也该女三考大学不中兼以失恋欲魂归普陀了此一生郭老曰姑娘之联语意欠妥吾改改何如知为郭老小女颔之遂改曰年年失望年年望事事难成事事成横批春在心中小女感悟死念遂泯噫事隔四十余年今之失意学子比比皆是惜郭老谢世久矣

105.大　鼠

万历①中，宫中有鼠，大与猫等，为害甚剧。遍求民间佳猫捕制之，辄被啖食。适异国来贡狮猫，毛白如雪，抱投鼠屋，阖②其扉③，潜窥④之。猫蹲良久，鼠逡巡自穴中出，见猫，怒奔之。猫避登几上，鼠亦登，猫则跃下。如此往复，不啻⑤百次。众咸谓猫怯，以为是无能者。既而鼠跳掷渐迟，硕腹似喘，蹲地上少休。猫即疾下，爪掬顶毛，口龁首领，辗转⑥争持，猫声呜呜，鼠声啾啾。启扉急视，则鼠首已嚼碎矣。然后知猫之避，非怯也，待其惰也。彼出则归，彼归则复，用此智耳。噫！匹夫按剑⑦，何异鼠乎！

（选自清代蒲松龄《聊斋志异》）

注释：①万历：公元1573年至1620年。②阖（hé）：关闭。③扉（fēi）：门扇。④窥（kuī）：本义是从小孔或缝隙中看，引申义为暗中察看。⑤不啻（chì）：不只是；不仅。⑥辗转：翻来覆去。⑦匹夫按剑：指动不动就动武，想用武力慑服他人。匹夫：古指平民中的男子。（辄82、啖54、适73、良久59、逡巡101、几54、咸71、硕70、疾100、掬35、龁87、啾啾90、噫61、何异……34）

附　文

酒醉忘话

费新我，书法家也。一日，宾客小酌后，对客挥毫，书孟浩然诗《过故人庄》，“开轩面场圃，把酒话桑麻”句漏一“话”字，宾客皆为惋惜，而费坦然自若。书毕，以小字落款，题曰：“酒醉忘话”。众皆称妙。

立志用功

立志用功如种树然，方其根芽，犹未有干；及其有干，尚未有枝；枝而后叶，叶而后花实。初种根时，只管栽培灌溉。勿作枝想。勿作叶想。勿作花想。勿作实想。悬想何益！但不忘栽培之功，怕没有枝叶花实？

（选自明代王阳明《传习录》）

断　句

好睡趣闻

有 好 睡 客 谒 好 睡 友 会 友 熟 寐 不 忍 惊 醒 亦 于 座 上 鼾 睡 俄 友 醒 出 见 客 睡 亦 不 忍 惊 对 面 坐 片 刻 复 睡 俄 顷 客 醒 见 友 睡 亦 复 睡 既 而 友 醒 见 客 尚 睡 仍 睡 及 客 醒 日 已 暮 矣 友 仍 未 醒 乃 潜 出 迨 友 醒 不 复 见 客 矣 （迨22）

106.梦受辱

齐庄公[①]时，有士[②]曰宾卑聚，梦有壮士叱之，唾[③]其面，怫然而寤[④]，竟夜而坐。翌晨，告其友曰："吾少好勇，年六十无所挫辱。昨夜梦有叱而唾吾面者，辱莫大焉。吾将索其形，期[⑤]得之则可；不得，将赴黄泉[⑥]索之。"遂日立乎通衢而索，三日不得，却而自刭[⑦]。

（据《吕氏春秋·离俗览第七》改）

注释：①齐庄公：（公元前794年至公元前731年）春秋战国时齐国国君，名吕购，在位64年。②士：商、西周、春秋时最低级的贵族阶层。③唾：用唾液吐。④寤（wù）：睡醒。⑤期：期望；要求。⑥黄泉：人死后埋葬的地穴，亦指阴间。⑦自刭（jǐng）：自杀。刭：用刀割颈部。（叱15、怫然71、竟夜41、翌11、索76、衢75、却46）

附　　文

唾面自干

有一翁，温良谨慎，其弟将为郡守，戒其与人为善。弟曰："兄毋为弟忧，设有人唾吾面，亦自拭之尔。"其人曰："为兄所以忧汝也，人唾汝面，怒汝故也，拭之悖其意，激其怒也；唾不久自干，笑而受之可也！"

天衣无缝

某歌唱家登台而唱，未半，忘其词，然其唇吻依然张合有度，其情仍如醉如痴，追忆及其词，始出声歌焉。事后，舞台工作人员连连谢曰："麦克风出故障，吾等皆出冷汗，幸旋复常。抱歉，抱歉！"（追22、谢51、旋15）

出语不祥

人有出语不祥而人皆恶之者。有富翁新造厅房，其人往观，见门紧闭，詈曰："此牢门何以紧闭？人死绝耶？"翁出，让之曰："造此厅屋，费吾千金。汝出此言，于心何忍？"其人曰："此破庙亦值千金？苟鬻之，五百金足矣！"富翁大怒，曰："吾未言卖，汝何以估价？"其人曰："劝汝速鬻，乃为好意，设焚于火，一文不值！"（让25、金101）

断　　句

草　包

某 邑 令 乘 舟 谒 上 官 上 官 问 舟 泊 何 处 对 曰 舟 泊 河 中 上 官 怒 叱 之 曰 真 草 包 也 对 曰 草 包 亦 置 舟 中（谒44、叱15）

107.王冕读书

王冕者，诸暨[①]人。七八岁时，父命牧牛陇[②]上，窃入学舍，听诸生诵书；听已，辄默记。暮归，忘其牛。或牵牛来责蹊[③]田。父怒而挞[④]之。已而[⑤]，复如初。母曰："儿痴如此，曷不听其所为？"冕因去，依僧寺以居[⑥]。夜潜出，坐佛膝上，执策[⑦]映长明灯[⑧]读之，琅琅达旦。佛像多土偶，狞恶可怖；冕小儿，恬[⑨]若不见。

（选自明代宋濂《王冕传》）

注释：①诸暨（jì）：县级市，在浙江省。②陇（lǒng）：通"垄"，田埂。③蹊（xī）：践踏。④挞（tà）：鞭打。⑤已而：旋即；不久。⑥依僧寺而居：住到和尚寺里。依：依托。旧时读书人为求清静，往往借住到和尚寺里。⑦策：通"册"，指书本。⑧长明灯：点在寺院中彻夜不熄灭的灯。⑨恬（tián）：安然；无动于衷。成语有"恬不知耻"。（窃 42、辄 82、痴 47、因 8、潜 17）

附　　文

冕母教子

初，王冕依僧寺而居。归，谓母曰："儿欲夜读，苦无灯火。"对曰："寺中有长明灯，盍不就焉？"曰："佛像可怖。"母笑曰："佛受人间香火，若有灵验，必庇护苍生；不然，乃木偶而已，何惧之有？况读书，心眼有所专属，既扑书中，安能见其狞恶？"冕悟，曰："儿谨受教！"

该死汉奸

汪精卫之任伪国民政府主席也，属下纷纷献联以贺。伪警察厅厅长申三立，邀某翁代书一联。联曰："昔具盖世之德，今有罕见之材。"申汪皆以为词工句丽，褒奖得体。汪悬诸中堂。识者窃笑。盖此联目视似褒，口读则贬。其"盖世""罕见"两词，乃"该死汉奸"之谐音也。（诸46、窃42）

动物抑或植物

某大学生物系，设动物、昆虫、植物三专业。一日，师生集会，主持者台上呼曰："动物居左，昆虫居中，植物居右。"一生大声问曰："敢问台上何物，动物抑或植物？"（抑或73）

断　　句

一屋不扫

陈 蕃 者 东 汉 人 也 一 日 父 之 友 薛 勤 造 访 见 其 独 居 一 室 内 杂 乱 无 章 问 曰 龌 龊 如 斯 缘 何 不 扫 陈 昂 然 曰 大 丈 夫 当 扫 平 天 下 岂 扫 一 屋 哉 薛 哂 曰 一 屋 不 扫 安 能 扫 天 下 陈 语 塞

（造64、斯15、缘何70、哂8、安48、语塞34）

108.王冕捉鳖

王冕，依僧寺而居。一日，左颊为胡蜂所螫，坟起①黍②许，口鼻皆歪。蜂结巢松枝，大似盘盂③。暮，冕乃潜出，以长竿束④薪，爇焚以火。蜂纷坠，翅尽毁，蠕蠕动焉。冕夹取囊中，归。寺僧让之曰："一蜂螫尔，尔灭全巢，忍哉，忍哉！"冕曰："非报怨也，以家母嗜食鱼鳖，故取之耳。"僧讶其言，问其故。曰："去寺里许有深潭，中多鱼鳖。若倾此蜂于潭中，鱼鳖吞食，螫其喉，必肿而闷毙。"寺僧曰："此法何人授之？"冕曰："吾颊坟起，故揣之耳。"寺僧叹曰："子举一反三，非常人也。"

注释：①坟起：肿起。坟：名词作状语，肿得像坟一样。②黍（shǔ）：黍子，去皮后叫黄米。古代有时借用黍作为长度单位。③盘盂（yú）：盘子和钵盂。钵盂是古代的一种圆口器皿，盛饮食或其他液体用，类似钵子。④束：束缚。（许20、爇101、让25、忍62、怨62、嗜51、讶51、揣21）

附　文

假人

人有鱼池，苦水鸟窃啄。乃束草为人，披蓑戴笠持竿，植之池中。鸟初回翔不敢下，后渐审视，下啄。久之，时飞止笠上，恬不为惊。其人乃窃去草人以自代。鸟下啄，飞止如故。人爇执其足。鸟不能脱，奋翼而声假假。人笑曰："向者假，今亦假耶？"（初2、审19、爇101、向9）

画猫驱鼠

道士某，云游四海，言能画猫驱鼠，求则慷慨见赠。画以水墨，数笔而已，仿佛似猫，然贴于群鼠出没之地，果不见鼠踪，人皆神之。世人害鼠患者少，畏神鬼者多，以猫画神验，求其画符驱鬼者日众。噫！其猫画所以灵验者，盖水墨中和以黄鼬之屎也。黄鼬，俗言黄鼠狼，鼠类天敌也。鼠闻鼬屎味，能不远遁乎？俟日久味泯，鼠出没如故，蚤不见道士踪迹矣！（蚤94）

断　句

张汤审鼠

张 汤 者 西 汉 人 也 幼 性 顽 一 日 父 外 出 嘱 汤 守 舍 汤 意 在 玩 父 出 亦 出 归 则 厨 中 藏 肉 咸 为 鼠 盗 父 还 怒 笞 之 汤 受 罚 迁 怒 于 鼠 遂 扒 洞 熏 穴 果 得 一 鼠 洞 中 尚 有 残 肉 汤 乃 撰 讨 鼠 檄 文 且 设 公 堂 以 肉 为 证 义 正 辞 严 责 鼠 盗 肉 判 以 死 刑 立 毙 堂 下 父 见 其 装 模 作 样 绝 类 狱 吏 窃 喜 遂 教 以 刑 律 后 果 成 名 武 帝 时 历 任 廷 尉 以 用 法 严 峻 名 重 一 时（咸71、笞69、撰100）

109.戏　童

王公随遇先生①，吾师也，一子曰芸，甚惠。己酉年②，公执教于南马一中③。一日晨，校长会属下计事④，以冬日可曝，遂移座于檐廊。芸方学步，蹒跚而来。同事某，倾椅靠墙，举足顶栏，戏阻其行，曰："欲行，出吾胯下⑤。"廊临池塘，无他途。芸力攀某足，如蜻蜓撼树。怒，竟拾其皮鞋，欻扔入池。某出不意，急起阻之，鞋已入水。无不绝倒⑥。

注释：①王公随遇先生：名湘，字展湘，号随遇先生，生于1938年，浙江省东阳市人，曾获全国优秀语文教师等多种殊荣。②己酉年：公元1969年。③南马一中：在浙江省东阳市。④校长会属下计事：校长召集全校老师商量事情。会：聚会。计：商讨。⑤胯（kuà）下：本指两股之间，这里指两条腿的下面。⑥绝倒：大笑不能自持的样子。（惠3、曝79、欻101、不意45）

附　文

蜻蜓甲乙

蜻蜓甲乙，林间熟寐，蚁群以其死，上而啮之。蜓痛醒，大惊，负蚁些许，冲天而起。蚁大呼救命。蜓甲笑谓乙曰："无故啮我，痛彻心肺，可恶可恶！直上蓝天，摔而死之！"乙曰："彼等以为吾侪已死，故相啮耳！无心为恶，虽恶不罚，吾子何以较真？下而纵之可也！"甲颔之，遂徐徐而下。（寐30、啮31、负3、许20、吾子26、颔之35、徐96）

缓棋索赂

某令，甚贪。邑有富商邓某，好弈，乃召与对弈，只令立待，每落子，则令邓退立于西面窗下，曰："俟本县算定，本县思路迟缓，冀能见恕也。"竟日下十数子而已。邓久立，饥倦不堪。如是数日。或喻之曰："县尊之意不在棋也！"邓悟，献以千金，遂免。（竟日41、金101）

断　句

牛不出头

有 陈 姓 者 谒 富 人 郑 生 恐 有 求 于 己 弗 之 见 陈 乃 于 其 门 上 大 书 午 字 而 去 或 问 其 所 以 曰 牛 不 出 头 耳 （谒44）

110.初学卖杏者

余一近邻，植杏抬许。某年，杏熟，会其子陈禹辍学，父欲其从贾，令以货杏始。

旦日[①]，禹荷担如市，赧颜呼曰："卖杏！"一妪遽来，问曰："尔之杏甜耶，抑或酸耶？"禹曰："甜！"妪曰："吾媳孕，欲啖酸杏。"掉头[②]而去。少顷，一叟[③]至，问曰："此杏甜耶，酸耶？"对曰："酸！"叟不语，径去。又一客至，问曰："杏甜耶，抑酸耶？"曰："亦甜亦酸。"客笑曰："吾喜甜，吾妻喜酸。亦酸亦甜，吾不之爱。"亦去……

闻其事者皆拊[④]掌而笑。余所以志之者，冀初学者有所得焉。

注释：①旦日：第二天。②掉头：回头。掉：回；转。③叟(sǒu)：老头子。④拊(fǔ)：拍；抚摩。(辍 81、贾 80、货 101、如 14、赧 4、妪 21、抑或 73、啖 54、径 6、志 56、冀 13)

附　文

以诗医疾

邑令孙胜，以忧虑成疾，延名医李颖治之。李知其所以，乃曰："容不佞再三斟酌，明日，必有妙方呈送府上。"重索酬金而去。翌日，果遣人送处方至。孙见上画一裸身男婴，背书"孙胜"两字，左侧有诗云："县令姓孙实不祥，呼爹唤爷度时光；开口比人少两辈，姓'儿'亦比姓'孙'强。"孙怫然大怒，气夯胸脯，吐秽物升余，顿感心舒气畅。竟愈。(不佞102)

顽童逐影

旭日东升，顽童西行，忽思超越身影，遂极力追逐，然汗流浃背，气喘如牛，黑影依然在前。或知其故，笑谓顽童曰："欲越身影，东走何如？"顽童依言，还身东走，其影后逐，终莫能前。嗟夫！世事亦有如斯者：极力追逐，反不能及；背道而驰，不期而至。(还身96、嗟夫67、斯15、期106)

断　句

罚人啖肉

有李载仁者不食猪肉一日将出其属下有相殴者李大怒急命于厨中取饼与猪肉令相殴者对面而啖复戒之曰若再犯猪肉倍之

第十一阶段自测

101. 货、欻、瞰、缢、逡巡、直、金
102. 郡、守、仆②、愚、鄙、鄙人、在下、不才、不肖、不佞、不敏
103. 悖、拽、衔
104. 斤
105. 阖、扉、窥、不啻①、辗转
106. 瘗、期②、黄泉、到
107. 陇、挞、已而、恬
108. 黍
109. 绝倒
110. 旦日、叟、拊

扩展阅读

南皮许南金

南皮①许南金先生，最有胆。在僧寺读书，与一友共榻。夜半，见北壁燃巨炬，谛视，乃一人面出壁中，大如箕②。双炬，其目光也。友股栗欲死，先生披衣徐起曰："正欲读书，苦烛尽，君来甚善。"乃携一册背之坐，诵声琅琅。未数页，目光渐隐，拊壁呼之，不出矣。

又一夕如厕，一小童持烛随。此面突自地涌出，对之而笑。童掷烛仆地，先生即拾置怪顶③，曰："烛正无台④，君来又甚善。"怪仰视不动。先生曰："君何处不可往，乃在此间？海上有逐臭之夫⑤，君其是乎？不可辜君来意。"即以秽纸拭其口。怪大呕吐，狂吼数声，灭烛而没，自是不复见。

（选自清代纪昀《阅微草堂笔记·滦阳消夏录六》）

注释：①南皮：县名，在河北省东南部。②箕：扬米去糠的器具，也叫"簸箕"。③顶：头顶。④台：用来插蜡烛的器具，称为烛台。⑤海上有逐臭之夫：见《吕氏春秋·遇合》中的"人有大臭者，其亲戚兄弟妻妾知（知道他的）识（认识他的），无能与居者，自苦而居海上。海上有人说其臭者，昼夜随之而弗能去"。（谛20、股19、栗60、徐96、携24、拊110、如14、逐28、其5、是5）

111.某画家

画家某，欲作一人见人喜之画，以传后世，遂拟①一稿，悬之于墟。画侧置笔，告示云："凡以为有欠佳之笔，可打'×'号为志②。"薄暮取画，见"×"号连缀——无一笔不叉也。某颇失望。其友说之曰："毁誉③本无定论，众口可以铄金④。吾以为妍，彼以为媸⑤，乃常事也。夫子再拟原稿，试之何如？"

依其言，复悬于墟，更⑥告示曰："凡以为佳笔，则打'√'号为志。"日暮取画，果无一笔不钩也。

（原作者：[英]奥列弗·戈尔德史密斯。译者：朝君）

注释：①拟（nǐ）：起草。（另一义项：打算，见69）②志：记号；标志。③毁誉：赞扬和批评。④众口可以铄（shuò）金：即成语"众口铄金"，意思是众人异口同声的言论，可以使金属熔化。⑤媸（chī）：丑。与"妍"相对。⑥更：改。成语有"更弦易辙（zhé）"。（墟41、缀82、说60、妍62、夫子40）

附　　文

画葡萄

一僧工画葡萄，好饮善啖，醉饱方肯落笔。一富室延之，饮食颇丰。其家先绷绢于画架，食毕，僧醺醺然以十指蘸墨，绢上乱点而去。主人茫然。翌晨复至，索笔画枝布叶——向所点者咸为子也。（啖54、延41、毕22、咸71）

姓陆姓柒

有伍姓县令，初赴任，问左右衙役曰："汝等何姓？"一曰姓陆，一曰姓戚。令不说，曰："吾与汝等孰大？"对曰："大人乃官也！小人乃奴也！焉能比大？"令曰："然则吾止姓伍而已，汝等何以姓陆姓柒?"

断　　句

民国钉子户

蒋介石之任中华民国大总统也欲将奉化武陵镇之老宅拆而扩建四邻知其意纷纷他迁中有周顺货千层饼者也按兵不动盖彼与蒋同年同月同日生乃童稚伙伴也曰瑞元蒋之乳名当皇帝令小民搬迁不敢悖其意然须亲口相告蒋闻而叹曰迁或不迁由他可也今蒋氏故居临剡溪之大院右侧嵌一民房乃向之周顺之房千层饼店也周可谓民国拆迁钉子户之最（货101、盖24、悖103、向9）

112.为　学

天下事有难易乎？为之，则难者亦易矣；不为，则易者亦难矣。人之为学有难易乎？学之，则难者亦易矣；不学，则易者亦难矣。

蜀①之鄙②有二僧，其一贫，其一富。贫者语于富者曰："吾欲之南海③，何如？"

富者曰："子何恃而往？"

曰："吾一瓶一钵④足矣。"

富者曰："吾数年来欲买舟而下⑤，犹未能也。子何恃而往！"

越明年，贫者自南海还，以告富者，富者有惭⑥色。

西蜀之去南海，不知几千里也，僧富者不能至而贫至焉。人之立志，顾不如蜀鄙之僧哉？

（选自清代彭端淑《白鹤堂文集》）

注释：①蜀（shǔ）：今四川省。因四川西部古为蜀国地，所以称"蜀"。②鄙（bǐ）：边境、边远的地方。③南海：指浙江普陀山，在浙江省东北部海上，属普陀区。④钵（bō）：和尚盛饭用的一种器具。⑤买舟而下：雇船沿着长江而下。买舟：雇船。⑥惭：惭愧。（恃34、越92、顾57）

基础知识

"鄙"的常见义项有四种：①边境、边远的地方。②庸俗，浅陋。③"鄙"或者组成双音节词"鄙人"，是"我"的谦称。④看不起，轻视（鄙29）。

为便于记忆，特编顺口溜：蜀鄙①富僧见识鄙②，鄙人③鄙④其少志气。

附　文

死错人

有丧妻母者，求馆师作祭文，竟按古本抄祭妻文与之。及祭奠，始知其谬也。其人大怒，遣仆往责馆师。师曰："此祭文按古本誊写，岂有错谬之理？是必错死人也。"（馆师47、谬36）

巧救醉汉

某汉赴宴，醺醺而归，见一变压器，以为戏台，竟攀而上，大声歌焉。时近三鼓，一翁不堪骚扰，出，方欲叱之，见状大惊，恐出不意，急报警焉。俄而众警至，见变压器架于两根电线杆之间，去地三米有奇。亟以木梯架于其下，欲登而救之，恐罹不测，乃扮歌迷，齐挥右手，众口同声曰："歌星，歌星，与我握手！"亦有登梯伸手求握者。汉见盛情难却，缘梯下焉。

蜀鄙富僧

蜀鄙富僧，闻贫僧恃一瓶一钵而之南海，大笑不已。语于他僧曰："西蜀之去南海，不知几千里也。吾数年来欲买舟而往，犹未能也。彼恃一瓶一钵，焉能之欤？居数月，必中道而归。吾且拭目以待。"

越明年，复谓他僧曰："贫僧恃一瓶一钵，能之南海乎？不知天下事之难易而为之，何异三岁稚童哉？"及见贫僧，趋而笑之曰："子中道而归乎？以吾之富，顾不如子止恃一瓶一钵哉？"贫僧曰："吾自南海还。"富僧犹未之信。（欤58、中道68、何异34、趋81）

王八吃鸡

某穷邑，新建大宾馆。开业之日，大宴宾客，官员云集。厨师为显手艺，作名菜"霸王别姬"——以王八与鸡为料也。迨报菜名，小姐思之久，赧然呼曰："王八吃鸡！"

铁拐李过桥

两木横卧作桥，以木有粗细，桥面高低不平。一日，铁拐李过此桥，高低适与长短瘸腿凑合，李大喜，曰："此桥与人方便，天下第一桥也！"返，复过此桥，长腿踏粗，瘸腿踏细，颠簸愈剧。遂叹息曰："架此桥者，天下第一蠢货也！"

文字笑话

乒谓乓曰："吾等为国捐躯，各断一股。然身残志坚，犹活跃于运动场上，奔跳不已也。"乓曰："为护卫家国，沙场上舍生取义者众矣，而吾等只断一股而已，且与吾子结为生死之交，可以终生相伴，其幸何如哉！"皆大笑。

断　句

声色利欲

吾 与 客 夜 坐 有 虫 绕 烛 纷 飞 驱 之 以 扇 既 去 复 来 如 是 者 七 八 卒 而 翅 焦 坠 地 客 喟 然 曰 声 色 利 欲 亦 类 火 也 今 有 蹈 之 而 不 疑 灭 其 身 而 不 悔 者 何 异 是 虫 欤

113.大鼋罹祸

洪武年间[①]，长江堤岸善崩，以猪龙婆[②]毁堤为窟之故也。时，有司[③]欲闻于上[④]，然忌“猪”犯国姓[⑤]，遂称大鼋[⑥]为害。上恶其音同“元”字，因命渔者捕杀务尽。渔人以香饵诱鼋，鼋重凡数百斤，一受钩即以前两爪据[⑦]沙，虽百人引之不能出。有老渔谙[⑧]鼋性，命于受钩时，以穿底缸从纶贯下[⑨]，覆鼋面，鼋以前爪搔缸，不复据沙，引之遂出。时人云“猪龙婆为殃，癞头鼋顶缸”，后人遂称“代人受过”为“顶缸”。

（据明代江盈科《雪涛小说·嫁祸》改）

注释：①洪武年间：公元1368年至1398年。②猪龙婆：即鼍（tuó），亦称“扬子鳄”，俗称“猪龙婆”。③有司：有关的官员。④上：文言文中，“上”作名词时往往指帝王，即皇上。⑤犯国姓：明代皇帝姓“朱”，因“猪”“朱”谐音，所以说犯国姓。⑥鼋（yuán）：动物名，亦称“绿团鱼”，俗称“癞头鼋”，属爬行纲，鳖科。⑦据：依靠；凭依。⑧谙（ān）：熟悉；识。⑨从纶贯下：穿过纶线贯穿而下。纶：粗短的丝线，常指钓丝。（有司65）

附　文

戒酒壶

有求锡匠铸锡酒壶者，匠曰：“用锡两斤。”嫌多，求其损之；一损再損，卒损至一两。其人大喜，问曰：“其状何如？”匠曰：“此名戒酒壶也。足下瘾至，盛酒些许，塞入鼻孔，闻闻可也！”（损46、卒22、足下40）

剃眉胡赖

除夕近，无赖某无钱度岁。会一剃头匠至其门前，遂生一计。呼入剃头，且曰：“吾眉疏而黄，剃除可也！”止剃一边，辄大呼曰：“岂有为人剃头而损人眉宇者？”欲扭其至官。剃者惧，以三百钱了事。归，妻见其眉去一留一，曰：“曷不尽剃之？”无赖曰：“余一眉至元宵佳节，自有妙用。”（辄82、曷75）

断　句

田喝水

蒲 琅 明 代 进 士 也 幼 聪 慧 童 稚 时 邻 翁 欲 难 之 问 曰 人 言 汝 聪 慧 吾 有 一 事 不 明 汝 知 之 否 问 何 事 曰 但 见 鸡 喝 水 不 见 鸡 撒 尿 此 何 故 也 适 有 农 夫 稻 田 车 水 琅 亦 问 曰 但 见 田 喝 水 不 见 田 撒 尿 此 何 故 也 翁 无 以 应 （适73）

114.有祖孙俩

有祖孙俩，将鬻驴于市。孙骑驴，祖步行，途遇一少年，叱其孙曰："孺子，下！汝祖老矣，趋步于前，岂有此理？"孙下，翁乃骑之。有顷，遇一妪，谓其祖曰："汝虽老犹健，而孙尚幼，使孙步[1]随，汝心安否？"祖然之，令孙亦骑之。行未里许，一农夫负犁牵牛，见而忿然曰："忍哉！祖孙并骑一驴，欲死而鬻之屠耶？"祖孙遽下而行。近墟，一翁抚髯[2]而笑，曰："甚矣，汝曹之愚！舍驴不骑。"祖孙相顾愕然，计之久，乃舁[3]驴入市。

注释：①步：名词作动词，可译成"走着"。②髯（rán）：腮边的胡须。③舁（yú）：抬。（叱 15、孺子 72、趋 81、有顷 55、并 45、墟 41）

附　文

懒夫妻

许氏言：有雇其为钟点工者，言住室止二十平方，一室一厨一卫而已，议以一日计，逢周日登门。许窃喜，以为逢善主，可轻松一日也。及进门，惊愕不已，除座椅、卧榻外，室内竟无一片净土：橱中积碗成筐，积锅十六，皆未刷，残汤剩菜，大多发馊。雇主，新婚小夫妻也，皆好烹调，下班归室，争露一手，然盘碟碗锅，皆欲对方洗刷，辩斗不决，是以雇钟点工也。

雨夜遇鬼

有赴宴夜归者，时天大雨，持伞而行。见一人投其伞下，并行久之亦不语。疑为鬼也，时，循圯行，乃倏挤之圯下而趋奔。会货饼者晨起，遽入其门，告以遇鬼。俄，复见一人，遍体沾湿，匆匆而至，号呼有鬼，亦欲入门。二人相视愕然，不觉大笑。（循 94、圯 93、倏 90、货 101）

断　句

逗儿止哭

有溺爱幼子者一日欲以捉迷藏逗儿止哭然卧室窄小睁眼即知藏身之所儿啼哭不已某情急出窗欲沿窗台跃入另一房间不意失足幸楼层不高止左臂脱臼左小腿骨折而已而幼子无知见父神秘失踪破涕为笑

115.陈太丘与友人期

陈太丘①与友期②行，期日中。过中不至，太丘舍去。去后乃至。元方③时年七岁，门外戏。客问元方："尊君在不④？"答曰："待君久不至，已去。"友人便怒曰："非人哉！与人期行，相委⑤而去。"元方曰："君与家君期日中。日中不至，则是无信；对子骂父，则是无礼。"友人惭，下车引之，元方入门不顾。

（选自宋代刘义庆《世说新语》）

注释：①陈太丘：即陈寔（shí），字仲弓，东汉颍川许县（现在河南省许昌市东）人，做过太丘县令。太丘：县名。以所在地的地名，来称呼该地的主要官员，是古人示敬的一种做法。②期：约定。③元方：即陈纪，字元方，陈寔的长子。④不（fǒu）：又读fōu，通"否"。⑤委：丢下；舍弃。

附　　文

吴起守信

昔吴起出，遇故人，而止之食。故人曰："诺。期返而食。"起曰："待公而食。"故人至暮不来，起不食待之。明日早，令人求故人，故人来，方与之食。起之不食以俟者，恐其自食其言也。其为信若此，宜其能服三军欤？欲服三军，非信不可也！（昔32、诺12、俟13、宜32、欤58）

（选自明代宋濂《龙门子凝道记》）

眉与鼻

眉语于鼻曰："汝孰与眼镜大？"鼻曰："此语何意也？"眉曰："彼以汝为马，汝不觉悲乎？"鼻曰："眼短视，无奈何也！"眉哂曰："人之五官各有其司，或嗅、或视、或闻。眼短视，与子何干？心有怨而无敢言，作人马而不耻，不亦悲乎！"鼻冷笑曰："汝曹为镜框所遮，恒以为恨，心怀怨毒无敢直言而唆使他人发作。吾非童稚，此中伎俩，心中了了。"眉语塞。

断　　句

骑驴坐尻

有执长竿入城门者横执之不得入竖执之亦不得入或曰去此十余里有李三老者甚惠曷不谋之会三老骑驴至众皆踊跃见其坐于驴尻恐坠则手执驴尾问何不居中而坐曰缰绳过长无奈何也（惠3、曷75、谋79、尻85）

116.黔之驴

黔①无驴，好事者②船载以入。至则无可用，放之山下。虎见之，庞然大物也，以为神，蔽林间窥之。稍③出近之，慭慭然④，莫相知⑤。他日，驴一鸣，虎大骇，远遁，以为且噬己也，甚恐。然往来视之，觉无异能者；益习⑥其声，又近出前后，终不敢搏⑦。稍近，益狎⑧，荡倚冲冒⑨。驴不胜怒，蹄之。虎因喜，计之曰："技⑩止此耳！"因跳踉大㘎⑪，断其喉，尽其肉，乃去。

（选自唐代柳宗元《柳河东集》）

注释：①黔（qián）：贵州。成语有"黔驴技穷"。②好事者：喜欢多事的人。好：喜欢。③稍：副词，慢慢地；逐渐。今义为"略微"，与古义不同。④慭慭（yìn yìn）然：谨慎的样子。⑤莫相知：不知道它是什么。相：表示一方对另一方有动作之词，现代词语中有"相劝""相烦"，就是"劝他""麻烦你"的意思。⑥习：习惯；熟悉。成语有"积习难改""习以为常"。⑦搏（bó）：抓；扑；捕捉。⑧狎（xiá）：亲近而不庄重的样子。⑨荡倚冲冒：形容狗对驴轻侮戏弄的样子。荡：摇动，碰撞。倚：靠；斜靠着。冒：犯；冒犯。⑩技：本领。⑪跳踉（liáng）大㘎（hǎn）：跳跃着，大声地叫着。㘎：虎叫声。（窥105、遁18、噬60）

附　文

止母诵佛

翟永龄，常州人，幼慧。其母信佛，日诵佛声不辍，翟苦之。伺母诵佛，大声呼之，母应诺，复呼不已。母怫然，詈曰："无事何须频呼？"翟曰："吾呼母三四，母便不乐，彼佛者，日为母呼千万遍，其怒当何如哉？"母不语，然诵佛声日减。（辍81、伺17、诺12、怫然71、詈6、何如40）

断　句

羊披虎皮

一羊披虎皮狼见之大骇远遁羊不胜喜以为不敢噬己也他日复遇狼蔽林间窥之觉有异稍出近之羊因仿虎跳踉露蹄狼不胜喜搏羊断其喉尽其肉乃去

117.黔之猴（一）

虎见驴，庞然大物也，以为神。驴一鸣，大骇，远遁。猴见之，甚恐，语于其妻曰："虎，百兽王也，犹远遁，吾侪何恃焉？"遂携①妻孥②，遁之西蜀。时西蜀多驴，人皆骑之，异焉。问于牛，始知其性善，大悔。复携妻孥自西蜀还。触③风雨，犯④寒暑，跋山涉川⑤，至黔，越明年矣。由是⑥怨驴。计之曰："驴无能而人莫之知，若得而骑之，则百兽之见吾敢不走乎？"遂索驴，日攀山越岭，穷搜不已。或问其故，则笑而不言，恐泄而为驴知也。如是数月，腹侧无膘⑦，尻毛尽落，终不得驴。

注释：①携：牵引，搀扶。②妻孥（nú）：妻子和儿子。孥：儿子。③触（chù）：受。④犯：冒着。⑤跋（bá）山涉川：跋山，翻山越岭；涉川，趟水过河。涉：踩；踏。⑥由是：所以。"由是"可以理解是两个词，即"由"和"是"由：由于，因为。是：这样。⑦膘（biāo）：牲畜小腹两侧的肉，常以其厚薄来判断它的肥瘦。（遁18、恃34、怨62、索76、尻85）

附　　文

好事者

黔无驴，好事者船载以入。至黔，遇一老父。异焉，问曰："何兽也？"曰："驴。""何能耶？"曰："能日行千里。"老父曰："吾止闻千里马，驴亦能千里乎？"会驴大鸣，好事者喜，笑睨老父曰："子闻其声乎，胜马甚焉。必能千里。"遂骑之。驴行甚迟，大窘。以手击其首，则止而不前。老父大笑曰："此驴也，安能千里哉！"好事者怒。下，自后推其尻。驴怒而蹄之。因伤其股。（睨49、窘84、安48、股19）

咏雪诗

书生某，自诩善诗。一日外出，忽见飞絮漫天，诗兴大作，大声吟曰："老天下雪不下雨，雪飘落地即成雨；既然雪要化为雨，老天缘何不下雨？"有老农笑而应曰："夫子吃饭不吃屎，饭至腹中即成屎；既然饭要化为屎，夫子缘何不吃屎？"时，观雪者众，无不绝倒。（诩16、夫子40、缘何70、绝倒109）

断　　句

鼠　猫

某人得一猫欲奇之乃名曰虎猫一客说之曰虎虽猛不如龙也请易为龙猫一客曰龙虽神于虎然龙升天须浮云盍以云猫名之又一客曰云可蔽天然风能散之故云不敌风也可命为风猫一客笑曰风遽起墙足以挡之风其奈墙何不如谓为墙猫又有客曰墙虽固鼠可穴之墙其若鼠何盍以鼠猫名之卒名鼠猫（说60、易100、盍50、固39、若……何41、卒22）

118.黔之鹿

驴漫[①]步山下，飞禽走兽从而观之。有鹿语于其妻曰："得毋麟[②]乎？"妻曰："尝闻先祖[③]言'麟有角而其尾类牛'。渠无角，无爪牙之利，且食草，无异能哉！"鹿曰："吾侪有角，反受其累，角何用之有？蚓[④]无爪牙之利，上食埃土[⑤]，下饮黄泉，无爪牙何伤？视其形也必有能，闻其声也必有德，且食草，为吾同类，可以恃之也。"遂慭慭而前，掉尾[⑥]乞怜[⑦]。妻鄙其所为，怒而去。

注释：①漫（màn）：随意。②麟（lín）：麒麟，古代传说中的一种动物。③先祖：死去的祖父。对上辈称呼中，前面加一个"先"字，则表示此人已经去世。④蚓：蚯蚓（qiū yǐn）。⑤埃（āi）土：尘土。⑥掉尾：摇着尾巴。⑦怜：爱怜。（尝 32、鄙 29）

附　　文

母女和面

有初学和面者，俄，问其母曰："面稀，如之何？"母方为影视剧所迷，漫应曰："增面粉可也——午餐止吾母女，面毋多。"俄而，女复问曰："面硬，若之何？"曰："宜加水也！"俄顷，复大声曰："奈何奈何，面复稀也！"母愠，亦大声曰："加粉，加面粉！"如是者三，面团盈盆。（如……何41、若……何41、愠49、是5）

甲乙打赌

甲谓乙曰："吾可以牙啮吾右眼，而信不？"乙曰："不！""赌十元何如？"乙颔之。甲遂取下右侧假眼以牙啮之。复曰："吾可以牙啮吾左眼，而信不？"乙自思甲行走自如，揣无左亦假眼之理，遂曰："不！""再赌十元何如？""诺！"甲取下假牙碰其左眼。（揣21、不115）

断　　句

初见电梯

某 翁 初 进 城 入 一 办 公 大 楼 见 一 妪 进 一 小 门 门 闭 缓 缓 而 升 徐 徐 而 下 复 开 出 则 妙 龄 小 女 也 翁 不 知 为 电 梯 异 焉 曰 早 知 如 斯 吾 必 携 老 妪 来 也（徐96、斯15）

119.黔之狗

黔无驴，好事者船载以入，至则无可用，放之山下。狗见之，庞然大物也，以为神，蔽林间而觇。少时，驴一鸣，狗愕然，思之曰："此必神兽也，吾当敬之。"稍出近之，惴惴①而前，然见其蹄类牛，疑焉，立而睨。久之，驴啮草。狗不胜喜，曰："食草者，何能之有？"乃荡倚冲冒，甚狎。驴不胜怒，蹄之，伤其首。狗痛而走。他日，复遇驴，遽蔽林间。

虎试驴。狗亦蔽林间窥之，以为必蹄而伤其首，甚喜。及虎断驴喉，亦欲前，然畏之，卒不敢。虎尽驴肉，乃去。狗得驴骨，不啻②无价宝也，行必衔③之，卧则怀之，问之，则曰："此神兽之骨也，虎见而远遁，然毙于吾口。"百兽不知其诈，见之则惴惴以避。一日，遇猴，问焉。复对以神兽之骨。猴曰："乡④时山下之庞然大物者乎？"狗颔之。猴胡卢⑤而笑，曰："此驴也，实无异能。"狗大怒，遽而前，啮猴之嘴。

注释：①惴惴（zhuì）：恐惧的样子，或忐忑不安的样子。②不啻（chì）：无异，与……一样。③衔（xián）：口含着。④乡（xiàng）：从前；过去。这个意义亦写成"向"。⑤胡卢（lú）：喉间的笑声。（觇66、睨49、卒22、诈83、颔之35）

基础知识

"啻"：仅仅，只有，常和不、岂等连用。如以"不啻"形式出现时，有两种义项：①不仅；不只（此义项已出现在105则）。②无异；与……一样。为加深理解，请辨别下列文言句中"不啻"的义项。

①好事者曰："此驴也，善走，不啻千里马也！"

②虎之力于人不啻倍焉！

③吾子之为，不啻抱薪救火也。

④吾之盼君，不啻饿婴盼乳，旱苗盼雨也！

⑤父嘱之又嘱，不啻十次。

附　　文

狗入魔屋

一室曰"魔屋"，四壁皆玻璃镜也。有流浪狗偶入其中，骤见众狗围绕，大惊，张牙舞爪、欲前而龇。群狗亦现怒容，亦欲前。狗畏而却步。忽忆先祖遗言：待以凶，步步险；示以善，处处安。遂掉尾示善。群狗亦掉尾示善。狗大喜，留恋久之。（龇87、却46）

观棋偏语

两人对弈，有旁观者频频指点，叨叨不已。其一大怒，起，遽批其颊。其人痛而却步，右手抚脸，左戟手棋盘曰："胡不叉士？"（胡95）

食糟饼

一人家贫，不善饮，每食酒糟饼二，即有酣状。一日，外出，遇一友，见其脸发红光，问曰："子晨饮耶？"曰："非也，食糟饼耳。"还以语妻。妻曰："贫寒人皆轻之，盍以饮酒对？"夫颔之。出，再遇此友，问如前，以饮酒对。问曰："热饮耶，抑或冷饮？"曰："烤熟而食。"友笑曰："然则子仍食糟饼也。"妻知其事，让之曰："酒安能说烤？答热饮可也。"复遇此友， 友未之问，即言曰："吾今晨之酒乃热饮也。"问："子食几何？"伸二指曰："两枚。"（盍50、颔之35、抑或73、然则12、让25、安48）

令问译者

元时，达鲁花赤为邑令，以不通汉语，临审，恒问译者。江南有一僧，讼寺田为豪强霸占。豪已厚贿译者。既入，达问僧讼何事，译者曰："僧言久旱不雨，欲自焚求雨以救天下苍生也。"达大称赞，即判可。僧不知也，方出门，豪已积薪以俟，数十人遽舁僧投诸火。（俟13、舁114、诸46）

炉火燃衣

甲性急，乙性缓。冬日围炉小酌，甲衣角坠炉中。乙见之，从容谓甲曰："有一事欲言，恐子性急；不言，又恐不利于子。然则吾言耶，抑或不言？"甲亟问何事。乙曰："火烧子衣。"甲遽曳衣而起，怒曰："既知之，胡不早言？"乙笑曰："人言子性急，果然！"

断　　句

煮石为药

清代名医傅青主精妇科一日有壮年汉求医汉言夫妻本情笃爱深偶为一事口角妻竟不吃不喝卧榻不起傅予药复令汉觅鹅卵石以文火煮之嘱以亲自煮烹不离寸步曰水当淹没卵石损则增之俟石软取锅中水为药引病必愈矣

汉归则于妻病榻前以炭炉文火煮石一连数日通宵达旦添水加炭双眼熬红无敢稍息妻感其情下榻代夫煮石然卵石依然无奈复问之傅知其情笑曰尊夫人病已愈矣石恶能软之盖以口角心生疙瘩而已吾令汝煮石者示其诚以释其怨也（笃74、设9、损46、俟13、盖24、释27）

120.黔之猴（二）

猴为狗啮，唇破齿露，不胜怒，然畏之，亦无奈何，计之曰:“自山下见驴，即无宁[①]日：始畏之——骇然而转徙[②]；复仇之——百计搜觅；卒为狗辱，耻莫大焉。驴，生死之仇也，此仇不报，何以为猴？”夙夜思之，忽得一计，曰：“此驴虽死，他驴尚在，倘复至西蜀，索一驴，强其入黔，则仇可报，耻可雪也。”乃聚室而谋。其妻谏[③]曰：“事有可为有不可为者，苟于己无益，于人无益，则不可为也。君再至西蜀，强驴入黔，于人于己，何益之有？”其子亦以为然。猴忿然，曰:“有仇不报，赧颜见人，与死何异？”遂弃妻别孥，复之西蜀。

注释：①宁：安宁。②徙（xǐ）：迁移。③谏（jiàn）：规劝君主，尊长或朋友，使其改正错误。（夙夜58、聚室79、苟33、赧4、孥117）

附　文

捕蟒妙术

某君得一古籍，内载捕蟒妙术云：欲捕洞中巨蟒，可执利刃，成一字形偃卧于洞口；蟒闻人气息必出，是时当屏息静气，毋惧，毋动。蟒以为人尸，以双脚已入洞口，必先吞。迨利刃入口，当尽力一剐，蟒口必裂。以倏受剧痛，蟒必吐入口之物，则可就势脱身，遽离险境。而蟒痛甚，唯有挣扎出洞，摆扑反侧倾跌而已。伺其力竭，捕之甚易。时蟒皮价昂。某大喜，欲依法捕之。其友大惊，谏曰：“甚矣，汝之不惠！蟒齿形似倒钩，舌齿相佐始能吞食，且蟒之捕食，恒先以躯缠绕，俟猎物窒息而死而后吞食，使先缠以躯，君将奈何？”某悟，汗淋股栗，曰：“苟无足下，不才葬身蟒腹矣！”噫！古人云“尽信书，不如无书”，信夫！（迨22、倏90、摆扑66、反侧66、伺17、俟13、使71、股19、栗60、苟33、不才102、信夫67）

断　句

买长生药

扬州有道士某闻蜀之鄙有能使人长生不老者遂买舟而往至言能长生者已死道士大恸曰悲夫悲夫天不我佑蚤而谒之必得长生矣（买舟112、恸9、蚤94、谒44）

上册

第十二阶段自测

111. 拟②、志②、媸、更
112. 鄙②、惭、鄙③、鄙④、鄙人
113. 有司、上、谙
114. 畀
115. 期③、不、委
116. 稍、慭慭然、搏、狎
117. 携②、妻孥、由是
118. 漫、先、掉尾、怜
119. 不啻②、惴惴、乡、胡卢
120. 徙、谏

扩展阅读

曹竹虚言

曹司农[①]竹虚言：其族兄[②]自歙[③]往扬州，途经友人家。时盛夏，延坐书屋，甚轩爽[④]。暮欲下榻[⑤]其中，友人曰："是有魅[⑥]，夜不可居。"曹强居之。夜半，有物自门隙蠕蠕[⑦]入，薄如夹纸[⑧]。入室后，渐开展作人形，乃女子也。曹殊不畏。忽披发吐舌，作缢鬼状。曹笑曰："犹是发，但稍乱，犹是舌，但稍长，亦何足畏！"忽自摘其首置案上。曹又笑曰："有首尚不足畏，况无首耶！"鬼技穷，倏然灭。及归途再宿，夜半门隙又蠕动，甫露其首，辄唾曰："又此败兴物耶！"竟[⑨]不入。

（选自清代纪昀《阅微草堂笔记·滦阳消夏录一》）

注释：①司农：官名，主管钱粮。②族兄：同一家族中的哥哥。旧时，出自同一祖宗的人住在同一个村，即视为同一家族。③歙（shè）：地名，在安徽省新安江上游。④轩（xuān）爽：宽敞清爽。⑤下榻：指寄宿。榻：原指窄而低的床，泛指床。⑥魅（mèi）：鬼魅；精怪。⑦蠕（rú）蠕：昆虫爬动貌。⑧夹（jiá）纸：双层的纸。⑨竟：终于。（延41、是5、殊66、状6、但2、案38、耶3、倏90、及5、甫56、辄82、唾106）

121.购纸分币

某翁，营酒肆①者也。一日，有丁壮者②前而问曰："有纸分币否？"翁尝闻集纸分币与古玩等值，已集三十有奇，遂曰："吾之所集无虑③三十，其价几何？"曰："每枚二十元。"翁窃喜，曰："三十，何如？"对曰："吾携之京沪④交易，特二十三四而已。君亦从贾，恶⑤闻愿贴钱者耶？"翁语塞。咸以售之。去，顾谓翁曰："鄙人居于某逆旅⑥，十日后返沪。冀君广而告之。"

暮，其子归，具告以情。子曰："此必诱我也。珍稀者，其价不赀⑦。岂能以二千倍之值，概⑧而购之？"居数日，其党⑨果至。见翁，出一纸，上书"卖纸分币。枚十有五元"。叩之，其人作聋哑状。翁窃笑，亦出一纸，引笔书曰："乡时，尔友下饵；今者，汝欲逮鱼耶？"其人愕然，遽退。未数步，低语曰："折本⑩哉！"

注释：①肆（sì）：店铺。②丁壮者：壮年男人。丁：男人。③无虑：约有。④沪（hù）：上海市的简称。⑤恶（wū）：疑问代词，哪里；怎么。⑥逆旅：旅馆。⑦不赀（zī）：不能计算；无法估计。赀：计算；估计。⑧概：一概；全。⑨党：同伙。⑩折（shé）本：亏本。（等59、奇91、窃42、特25、贾80、语塞34、咸71、鄙人112、乡119）

基础知识

"无虑"不是无忧无虑的意思，它是固定结构，常用来表示数量，是"大约""约有"的意思。

附　　文

施善于鸟雀

印度北鄙两村相邻，甲村时有盗贼黑夜光顾，村民时遭其害，轻者失财，重者罹祸，而乙村无恙。后，案破，盗贼悉擒。问其所以。答曰："攀墙入户，乙村必有宿鸟惊飞，吾侪恐房主惊醒。"盖乙村院墙，皆由匠人孟猜所砌，其墙多穴，以栖鸟雀。施善于鸟雀，报人以平安。孟之所虑，非常人能及也。

断　　句

怯兔觅死

兔 夫 妻 狼 口 脱 险 归 相 抱 而 泣 曰 虎 豹 豺 狼 狐 蛇 鹰 鳄 吾 侪 天 敌 无 处 不 在 与 其 竟 日 惴 惴 孰 若 一 死 求 安 耶 决 意 觅 死 遂 同 赴 池 塘 将 近 闻 扑 咚 声 响 见 众 蛙 受 惊 皆 跳 水 而 亡 兔 夫 妻 相 视 而 笑 死 念 遂 泯 （惴惴119、与其……孰若63、泯39）

122.塞翁失马

近塞[①]上之人，有善术者。马无故亡而入胡[②]。人皆吊之。其父曰："此何遽[③]不为福乎？"居数月，其马将[④]胡骏马而归。人皆贺之，其父曰："此何遽不为祸乎？"家富[⑤]良马，其子好骑，堕而折[⑥]其髀[⑦]。人皆吊之。其父曰："此何遽不为福乎？"居一年，胡人大入塞，丁壮者引弦[⑧]而战，近塞之人，死者十九[⑨]。此独以跛之故，父子相保。

（选自《淮南子·人间篇》）

注释：①塞（sài）：边界上的险要地方，也指边界。②胡：当时对北方及西北一带少数民族的称呼。③何遽（jù）：为什么就。何：为什么。遽：副词，就；竟。④将：率领；带领。⑤富：多。⑥折（shé）：亦可读zhé，断。⑦髀（bì）：大腿骨。⑧引弦：拉开弓弦。⑨十九：十分之九。这里是表示概数，言死者之众。（术52、引25）

附　文

西瓜觅友

西瓜欲觅友，途遇冬瓜，遂曰："冬哥，与子结为至交，何如？"答曰："家父言，纹身者，恶瓜也！"掉头而去。西瓜不说。少时，南瓜至。西瓜曰："南弟，与吾子结为好友，何如？"南瓜笑曰："汝越界矣，越界矣！"西瓜大疑，曰："吾侪何界之有？"对曰："汝西吾南，岂能无界"言毕，径往南走。西瓜见状，不觉戚然。少时，哈蜜瓜至，知其故，大笑曰："前者以貌取人，后者望文生义，与此辈交结，何益之有？君不我弃，吾侪结为至交，何如？"西瓜大喜，遂结为生死之交！（掉头110、毕22、径6、戚然78）

{据陈思涵（浙江省丽水市莲都小学学生）《西瓜觅友》改}

断　句

有丁壮者

近塞上之人有丁壮者闻塞翁失马故事不胜喜家有良马亦使其亡人笑之丁壮者曰毋忧也居数月必将胡骏马而归卒亡其马胡人大入塞丁壮者亦引弦而战胡人去恐其复来乃自堕折其髀以此终身跛

123.因福得祸

邑有黄姓者，年过不惑①犹孤身一人，相伴者唯一犬耳。黄嗜酒，囊有余钱，必以沽②酒。一日，忽中大彩，不胜喜，悉要③酒友，赴馆大宴。人逢喜事，面对"知交"，况无酒资之忧，于是搳拳④行令，起坐喧哗⑤，夜半始散。黄踉跄归，方入门，颓然⑥而倒。大呕，一地狼藉。时，犬已饥甚，遂大啖之。孰知秽物入腹，犬亦醺醺，舔及其主口鼻，以为佐酒佳肴，竟龁而啖之……翌日平明⑦，比邻见其门扉洞开，入而觇：黄已气绝，犬犹醉卧其侧。

注释：①不惑（huò）：四十岁。②沽（gū）：通"酤"，"买"或"卖"。③要：通"邀"。④搳（huá）拳：酒令的一种，也叫"豁拳"。⑤喧哗（xuān huá）：大声地说笑或叫喊。⑥颓（tuí）然：原指精神委靡不振，这里指酒醉的样子。⑦平明：天大亮的时候。（嗜51、悉71、啖54、孰14、扉105、佐32、龁87）

基础知识

"而立、不惑、知命、耳顺、古稀"等，是表示年龄的常用词。孔子曾说："吾十有五而志于学，三十而立，四十而不惑，五十而知天命，六十而耳顺，七十而从心所欲不逾矩。"（见《论语·为政》）杜甫有诗句云："人生七十古来稀。"后人就把三十岁、四十岁、五十岁、六十岁、七十岁分别称为"而立、不惑、知命、耳顺、古稀"之年。文中"年过不惑"就是"已经过了四十岁"。

附　　文

两匠迁居

某翁年过耳顺，二更眠三更则醒，而居所介于铜铁两匠之间。朝夕聒耳，苦不堪言。每谓人曰："此两家若徙居，吾必酒席宴谢。"一日，两匠并至曰："吾等皆欲徙居，足下何时宴谢？"翁大喜，盛宴待之。席间问曰："汝等将徙何处？"答曰："彼徙至吾处，吾徙至彼处也。"（徙120、并45）

断　　句

鼠画逼真

有书生善画作鼠画一轴献之邑令令初不知爱漫悬于壁旦日视之画轴坠地屡悬屡坠令怪焉昧爽而往画坠地一猫蹲其侧复悬之猫则跃跃欲上以试群猫莫不然也始知鼠画逼真（邑令43、漫118、旦日110、昧爽24、坠9）

124.戏言陷囹圄

法人有鲁西顿者，家豪富。公元1674年，鲁方九岁，就读于巴黎克雷鲁蒙中学。一日，国王路易十四驾临。校方不胜荣幸，遂易名为“路易大王中学”。以王秃，而法语“克雷鲁蒙”有“秃头”之意。鲁好谑，遂语于同窗曰：“王秃，而吾校固名‘克雷鲁蒙’，奚易名为？”闻者皆笑。讵[①]知闻于国王，王大怒，以大不敬罪囚之于巴士底狱。该狱处首府巴黎，所囚皆政敌也。

鲁陷此狱，莫敢问焉。陷囹圄[②]凡[③]六十九年，获释时，垂垂老矣！

注释：①讵（jù）：副词，相当于现代汉语中的“岂”“哪里”。②囹圄（líng yǔ）：监狱。③凡：总共；总计。（方20、易100、谑29、固39、释27）

基础知识

因为虚词“何”“奚”“恶”“安”的有些义项相同,所以固定结构“何以……为”“何……为”（见31）,也可以改成“奚以……为”“奚……为”,或“恶以……为”“恶……为”，或“安以……为”“安……为”。如上文中“奚易名为”可改成“奚以易名为”“恶易名为”“安易名为”等。

附　文

助蝶破蛹

予幼时，尝得一蛹，置之于掌，蠕蠕动焉。审视之，见一端破裂，知稚蝶方欲破蛹而出，遂置于书案，欲窥其动静。然自日初至正午，蝶困如故，唯露触须嫩足而已。蛹似囹圄而稚蝶何罪？予心不忍，乃助其破之。稚蝶既出，双翅耷拉，久不得飞。旦日视之，竟毙。

噫！致蝶不能飞舞于花丛草际者，非予之罪欤？所以作文以记之，冀天下为父母而怜其子者，莫效予之所为焉。（尝32、审19、窥105、冀13、怜118、效75）

断　句

另派用场

某男女方解除婚约男曰吾与汝之情书颇多今婚约已除请悉以归还女曰往事不堪回首此类情书汝有何用对曰此皆重金雇人撰写而成者也吾将另派用场

125.智子疑邻

宋有富人，天雨，墙坏。其子曰："不筑，必将有盗。"其邻人之父亦云。暮而果大亡①其财。其家甚智其子②而疑邻人之父。

（选自《韩非子·说难》）

注释：①亡：丢失。成语有"亡羊补牢"。（另一义项"逃亡"，见76）②甚智其子：认为儿子非常聪明。

附　　文

向氏问富

宋有向氏大贫，以齐之国氏大富。造而请其术。国氏漫应曰："吾善盗也。吾之为盗也，一年而自给，二年而足，三年而大富。"向氏笃信焉，遂暮出晨归，凿墙过室，手目所及，无不盗之。居数月，以赃获罪。或以之责国氏。国氏笑曰："嘻！渠不知吾之为盗也。吾闻'天有时，地有利'，吾盗天之云雨，盗地之草、木、禽、兽、鱼、鳖也。吾之衣、食、用，皆盗之于天，盗之于地，非盗之于人也。"（造64、漫118、笃74、渠36）

某翁独居

某翁独居。一夜，忽闻门扉喀扎作响，以为有贼撬门，甚恐。自思年已古稀，且无比邻，胡不以钱消灾？遂取百元币些许，自门隙出。钱去无踪，喀扎如故，复取百元币，如是者三，然响声依旧。愠曰："吾与汝无虑二千，犹不知足耶？"久之，寂然。旦日启扉，见门前柳树枝折，喀扎之声者，风吹折枝以叩门也。急四处寻觅，止得遗币三四——或贴墙根，或落阴沟……大悔！（扉105、古稀123、比邻63、胡95、愠49、无虑121、叩70）

一字师

郑谷，唐人也。诗僧齐己携诗造访，中有《早梅》诗云："前村深雪里，昨夜数枝开。"谷笑曰："数枝非蚤，不若更为'一枝'。"齐己叹服，叩地膜拜。时人谓谷为齐之"一字师"焉。（蚤94、更111）

断　　句

盗断母乳

宋 时 一 盗 将 斩 母 与 之 诀 盗 谓 母 曰 愿 如 儿 时 一 吮 母 乳 死 而 无 恨 母 与 之 乳 讵 知 盗 遽 啮 母 乳 断 乳 头 盗 告 刑 者 曰 吾 之 幼 也 盗 一 菜 一 薪 母 见 而 喜 之 遂 有 今 日 吾 怨 甚 故 断 其 乳

（盗28、恨10、讵124、啮31、薪46、怨62）

126.续《智子疑邻》

宋有富人，天雨，墙坏。不筑，暮而大亡其财。旦日，邻人之父吊之。富人疑焉，试之曰："盗亦有礼①！盗亦有礼！"邻人之父曰："此语何意？"富人不应。顷之，邻人之父悟，忿然曰："得无疑吾耶？吾之廉②，人皆知之，乌③能为盗？"富人睥睨而笑曰："子之廉，人皆知之，然吾未之知也。吾亦未尝疑子，恶以怒为？"邻人之父益怒，归，谓其子曰："邻亡财而疑吾，不辩，人皆以吾为盗也。志士恶盗泉之名而不饮④，况蒙盗之名乎？"遂偕⑤子出，环谒于邑人。其事遐迩⑥皆闻，然人皆疑邻人之父焉。

注释：①盗亦有礼：富人用谐音双关的话试探邻人之父，一是用成语"盗亦有理"，二是暗示拿"礼"来的人是"盗"。②廉（lián）：方正；廉洁；清白。③乌：疑问代词。可译成：哪；哪里；怎么。④志士恶盗泉之名而不饮："盗泉"是泉名，在今山东省泗（sì）水县。传说孔子有一次过盗泉，虽然口渴却不饮盗泉的水，因为厌恶它的名字。⑤偕（xié）：一起；一同。⑥遐迩（xiá ěr）：远近。遐：远。迩：近。

附　文

娘眼类羊

有妇盗其邻一羊，匿于床下。既而，其邻沿街叱骂。其子曰："家母未尝盗也。"妇恶其言，怒而睨之。子指其母曰："娘亲双眼，绝类床下羊眼。"（既而15、叱15、未尝76、睨49、类64）

驴亡谢天

某翁亡一驴，燃烛焚香以谢上苍。或曰："君家亡驴，祸也，安以谢为？"对曰："家有骏马，幸而未亡，故谢之耳！"

有骑马坠折其髀者，友吊之。其人笑曰："折其髀，跛脚而已，设断脊梁，瘫卧不起，始可吊也！"

噫！人之一生，灾祸难免，不幸临身，能以"幸未……"自慰，笑而受之，实明智之举也。（安……为124、坠9、折122、设9、吊57）

断　句

三十而立

甲乙两生相遇甲谓乙曰今读论语为政中有三十而立一语始知古人瘦弱三十方能行立也乙大笑揶揄之曰然古人聪慧四十不惑五十能算命矣

127.柏籽为棺

董三泉公由蜀西充[①]令升蓬州守[②]。宦[③]十数年，仅一青布袍，一革靴[④]。将赴任，诸子白公："平生志节，儿辈能谅，第[⑤]大人年高，蜀中多美材，可为百岁后计也。"公曰："诺。"既致仕[⑥]，诸子迎之。乘间[⑦]请于公曰："往者所言美材，颇择得否？"公曰："闻人言，杉不如柏[⑧]也？"子曰："今所具者柏耶？"公笑而谕："吾兹[⑨]载有柏籽在，种之可尔。"

（据明代冯梦龙《古今谭概·越情部第十·不爱钱》改）

注释：①西充：县名，在四川省东北部，位于嘉陵江与涪江之间。②蓬州守：蓬州，州名，辖境在今四川省林溪流域及迤东一带。③宦（huàn）：做官。④革靴（xuē）：用皮革做的高到髁骨以上的长筒鞋。⑤第：只；只是。⑥致仕：交还所掌握的政务，即把所掌握的政权交还给君王，相当于现在官员的退休。⑦间：空闲的时间。⑧杉不如柏：杉木不如柏木。杉树生长快，木材易加工，能耐朽，受白蚁蛀食的危害较少，往往用来做棺木；柏树木材细致，有芳香，其耐朽和防白蚁危害更胜过杉木，但生长速度远不如杉木。⑨兹：现在。（守102）

基础知识

"谏、说、禀、白、谕"是文言文中用来表示"说话"的常用词。规劝君主、尊长或朋友，使其改正错误或过失叫"谏（见120）"；劝说或说服他人叫"说"（见60）；下级向上级报告或陈述叫"禀"（见44）或"白"；上级对下级的陈述叫"谕"。

附　　文

董公诲妻

董三泉公为蓬州守。一日，其妻与诸贵妇会饮，众皆珠光宝气，公妻形同布衣。归，颇不乐。公知其故，问曰："卿坐何处？"曰："尊吾为首席。"公曰："既坐首席，复思佩金戴玉，富贵可兼得耶？"妻笑而颔之。

司　厕

衙役某性贪，遇物必取。其友戏之曰："设吾为邑令，必命汝司厕，汝乃一无所取也。"役莞尔，曰："吾若司厕，欲登厕者禁之不许，彼必贿我；无须排泄者强其登厕，彼无奈何亦必贿我。日进万金，岂不美哉！"（设9、司65、衙役43、莞尔35）

还磕头

某令治县以廉明称。一日，有武秀才某扭乡人来禀。问何事。云：“吾行街上，渠挑粪污吾衣。”令知其为人，然拍案责乡人曰：“挑粪遇相公岂能漫不经心？理应重责。”乡人哀求甚切。令沉吟，曰：“杖责恐误汝农事，罚汝向相公叩首一百下。”即令武生南向坐，乡人叩首于下，衙役数之。至七十下，令曰：“止！”问曰：“尔文秀才，抑或武秀才？”对以武。令曰：“误矣！文秀才值叩百下，武秀才五十足矣！当还叩二十。”又令乡人南向坐，某叩头于下。某不肯，两衙役按捺强其叩之。事闻遐迩，无不称快。

何物饲猪

农夫某以畜猪有方闻名遐迩。一日，有问农夫者曰：“尔以何物食之？”答曰：“吾所食者，果皮谷壳、残汤剩饭也！”来人曰：“吾乃民众健康视察员，尔食动物者以残羹冷饭，实属违法，罚款一万。”居有间，复有问农夫者曰：“尔之猪硕大如斯，食以何物？” 答曰：“鱼翅、鸡肝、海鲜而已。”来人曰：“吾乃国际食物学会视察员，世人受饥寒者甚众。尔则浪费如斯，罚款一万。”居无何，又有问农夫者曰：“尔以何物食猪？”农夫曰：“吾日与钱十元，欲食何物，任其简焉！”（食83、硕70、斯15、无何69）

公鸡讲师

禽鸟孵卵专科学院延公鸡某为讲师。将行，其妻谏曰：“君无能孵卵，焉得为师。”某笑曰：“卿多虑矣！世之禽鸟，以万千计，所产之卵，各不相类，即同类所产，亦有诸多差异，设以此讲学著书，不出三年，升为教授矣！”妻喟然曰：“将难事化易者，天才也，易事化难者，骗子也！以骗子为夫，吾以为羞。”忿然而去。（延41、谏120、类64、设9、喟然4、忿然29）

奇文独赏

文人好弄笔墨，附庸风雅者甚多。某君访友，见其案上陈书楚楚，中有一册，装订甚美，书名曰《奇文共赏》，作者即友人也。然翻至末页，亦未见一字。某讶曰：“奇文乌在？”友曰：“面对空页，仁者见仁，智者见智，奇思妙想，可接踵而至；若见于笔墨，言之凿凿，诵读多遍，终有倦时。”某笑曰：“然则书名当易一字。”问：“易何字？”曰：“‘奇文独赏’可也。”其人拍案曰：“妙哉，诚如君言。”（乌126、踵80、易100）

断　句

某　令

某令赴任为示其廉于堂前撰一联云爱民若子执法如山居无何民怨沸腾或续其联曰爱民若子金子银子皆吾子也执法如山钱山靠山为其山乎

128.四瞽摸象

昔印度有瞽者四，自命为智者。一日，四瞽遇于途，方寒暄[①]间，忽闻有声轰然而至，询诸人，知其为象也。一瞽曰："象之形究何如，曩者吾辈第臆测而已，今可实验而知矣。"众然之。于是相继至象前。一瞽立于象侧，扪其身；一瞽拊象之足；一握象鼻；一触象牙。皆欣欣然曰："吾知矣！吾知矣！"扪象身者曰："象之形如墙，广而平，岸然[②]而高者也。"拊足者曰："象之形如柱，汝以为似墙，不亦谬乎？"握象鼻者曰："谬矣，谬矣！象之形类软管，弯曲自如者也。"触象牙者曰："夫象者，其润如玉，触手可爱，特如一梃[③]而已。"四瞽辩斗不已，路人皆胡卢而笑。

（据《百喻经·盲人摸象》改）

注释：①寒暄（xuān）：问候起居寒暖的客套话。②岸然：高大的样子。③梃（tǐng）：棍棒。（询38、诸46、曩32、拊110、夫33、特25、辩斗86、胡卢119）

基础知识

"止、特、第、弟、但"是文言文中常用来修饰程度或范围的副词，是"只、只是、只不过"的意思。"弟"是"第"的通假字。"止、特"前面已学。文中"曩者吾辈第臆测而已"的"第"可以改用"止、特、弟、但"中的任何一个字。

附　　文

稚鼠断尾

一稚鼠，其尾断于鼠夹，母甚忧之，曰："儿成残疾，日后，娶妻成家难矣！"父笑曰："毋忧也！吾有一计，可使竖子成名。既成名鼠，娶美女为妻，亦区区小事也！"问："计将安出？"曰："吾友有居电视台、报社者，可令彼等帮衬。或曰'某处有一奇异动物，绝类稚鼠而无尾'，或曰'是乃断尾之鼠也'。虚虚实实，为此辩斗不休，吾儿必名闻遐迩。"其妻大喜，曰："此计大妙。"（竖子81、遐迩126）

断　　句

战犯求赦

抗 战 既 胜 国 民 政 府 欲 处 决 汉 奸 褚 民 谊 褚 于 狱 中 上 书 蒋 介 石 曰 愿 献 无 价 之 宝 以 求 赎 罪 且 曰 此 宝 为 吾 国 必 备 也 蒋 令 沈 醉 取 之 乃 孙 中 山 之 肝 脏 也 盖 先 生 以 肝 癌 逝 世 入 水 晶 棺 之 前 将 肝 脏 盛 于 玻 璃 皿 中 不 知 何 故 落 褚 之 手 盗 国 父 肝 脏 竟 欲 以 赎 罪 群 情 益 愤 卒 不 赦

129.蚓与蛙

蛙鸣不已，蚓嗤之曰："小人哉，小人哉！地被[①]冰雪，而辈屏息吞声，莫敢有言。大地春回，方出头露面，则呱呱不已。"蛙曰："公等默然而行，力行不辍，诚君子也。然寒冬蛰[②]伏，吾侪性也；言必呱呱，亦顺吾性也；而捕虫田间，吾侪无敢有惰。夫天下万物，或强或弱，或智或愚，或妍或媸，若顺其性，求其真，行利于己亦利于人，则至美也。若见其枝叶忘其本根，且以己之好恶，臧否[③]他人，乃大谬也！冀吾子不之取焉。"

注释：①被（pī）：通"披"。②蛰（zhé）：动物冬眠时潜伏在土中不食不动。③臧否（zāng pǐ）：褒奖和贬斥。臧：善。否：恶。这里是形容词作动词用。（嗤79、辍81、夫33、妍62、媸111、谬36）

附　　文

作枕书低

某生读书僧寺。一夜，呼童竖取书僧舍。会僧在，令竖以《汉书》进。俄而竖还，言："相公曰'低'。"又命进《史记》，复还，曰："低。"僧遂命进《左传》《离骚》，竖仍还，言相公曰"低"。僧大惊，走问曰："此数书者，使能熟其一，可谓饱学矣，相公何以曰'低'？"生笑曰："非读也，第以作枕而已。"（竖81、会4、相公53、走12、使71、第127）

聋甚者看友人疾

有聋甚者看友人疾，将行，思之曰："苟无病色，问其病情，必曰'将愈'。问其药，当以良药对。问其医——有阎正者，年近古稀，名闻遐迩，必延阎老医治也。"见友，友以高血压，脸呈红光。问曰："闻足下得疾，不佞寝食难安。今病情何如？"答曰："血压升高，心烦意乱耳。"聋者曰："如是甚好。用何良药？"友不说，曰："啖以毒药！"聋者曰："此药甚佳。延何人医治？"友人怒，曰："阎王爷！"聋者笑曰："妙哉！阎老到，百病了，毋庸再延医也！"（古稀123、遐迩126、延46、不佞102、啖54、毋庸41）

断　　句

集验方

俗言患大脖子者项肿似球如附气囊古时患者甚众有一医闻有良方即笔录之一日途遇贼伏林间见群贼杀一大脖子者首堕则项缩如常遂取笔书曰医大脖子验方断其项即可（项70、囊3）

130.爱　驴

某翁，富而吝，善贾，恒往反墟市，以年老，艰于途，遂鬻一驴代步。爱之甚，非甚困惫，不肯骑焉。驴居翁胯下者，岁①不过四五。

值②天暑，收债于远道，不得已与驴俱。中道翁喘，乃跨驴。驰二三里，驴不习骑，亦喘。翁惊，亟下，解其鞍。驴以为息己③也，望故道逸④归。翁遽呼驴，驴走不顾，追之弗及也。恐驴亡，又吝于弃鞍，因负鞍趋归。至，亟问驴在不。子曰："在！"翁喜而释鞍，始觉足顿背裂⑤，又伤于暑⑥，病逾月始愈。

（据清代乐钧《耳食录·卷四》改）

注释：①岁：年；一年。②值：逢；逢着。③息己：使自己休息。④逸（yì）：奔跑；跳跑。⑤足顿背裂：脚伤了，脊背仿佛裂开那么疼痛。顿：劳累困顿。⑥伤于暑：中暑。（恒10、贾80、反68、墟41、胯下109、亟11、趋81、不115、释27、逾91）

附　文

购彩趣闻

吾邑有少男某，一日，以拾元币购彩票，戏谓女友曰："倘中大奖，得五百万，将何以处置？"女曰："以百万购别墅，以百万创业。"男颔之。女复曰："舍弟将读大学，取二十万；家母多病，取二十万；家父欲……"言云毕，某勃然，曰："吾亦有父母兄弟，汝何以专为娘家计算？"女亦忿忿，曰："中大奖云云，做梦而已，计算梦中财物，恶能认真如是？"辩斗不已，语渐激烈，卒以分手。（颔之35、舍弟45、勃然43、恶121、卒22）

鱼鳃涂粉

有贩鲜鱼者，恒以红粉涂鱼之两鳃，以示鱼之新鲜也。受其愚者，不乏其人。一日，有某甲前来购鱼，贩者示以鳃。甲谛视良久，曰："吾欲买者，雄鱼，而君鬻者皆雌鱼也。"贩者悟，不语。旁有一人曰："鱼之雌雄何以分辨？"甲曰："两鳃涂红粉者，雌也！"贩者大窘。（谛20、良久59、窘84）

断　句

乱用成语

民国初年军阀李福林略知文墨而以为满腹经纶言谈喜用成语时牛头不对马嘴一日演讲于中山大学李曰校长阁下要我光临敝校深感侥幸犹似鹤立鸡群不觉飘飘然也无不绝倒李恼曰何笑之有吾大老粗言语狗屁不通然能赤膊上阵笑声更甚校长亦忍俊不禁（绝倒109）

第十三阶段自测

121. 肆、丁、无虑、恶、逆旅、不赀、概
122. 胡[2]、何遽、将[1]
123. 不惑、要、颓然、平明、而立、知命、耳顺、古稀
124. 讵、囹圄、凡、恶（奚、安）以……为、恶（奚、安）……为
125. 亡
126. 廉、乌、偕、遐迩
127. 白、第、谕、间[2]、兹
128. 寒暄、梃
129. 臧否
130. 岁、值、逸

扩展阅读

木 蛋

吾邑吴氏以鸡鸭蛋行致富。行中积蛋不知其几亿万也，而月终盘计，必少数百枚，既而旬日计之，无不少者。主人疑为司事窃取。

司事者不甘，早暮伺之。见蛇长数丈，身围如碗，高踞梁上，而下垂其头以吸蛋。相距尺许，蛋即自升而上。既吸十数枚，则环蟠[1]柱间，力束[2]其身以破蛋，如是而一餐毕矣。既而又至，亦如之。司事恍然曰："吾日受主人冤，贼乃在汝，吾必有以报[3]汝矣！"乃取坚木削为卵状若干，置之筐中，而以鸡子覆其上。明日蛇至，如前吸取，鸡子与木卵相间而入。吸毕，环柱盘束亦如故，而愈束愈紧，尾左右挥扫，若有甚不适者。久之，直窜庭中，旋滚不已。吴之宅畔[4]有隙地[5]，百草丛生。蛇又窜入草间，自起自落，踊跃倾跌，上下数尺许，而木卵不可化矣。如是者历三昼夜，乃死。

司事者招主人至，剸刃[6]蛇腹，得木卵，乃言其始终以自白云。

（选自清代黄钧宰《金壶七墨》）

注释：①蟠（pán）：环绕。②束：紧束。③报：报复。④宅畔：住宅的旁边。畔：边侧。⑤隙地：空闲的地。⑥剸（zhuàn）刃：剖切。剸：切割。（邑43、既而15、旬56、窃83、伺17、围66、踞90、许20、是5、毕13、卵61、间55、倾跌66、白127、云66）

131.赵钱两生

赵钱两生并聘于某蔬菜公司。未期年，赵三加薪[1]而钱如故。钱怨焉，遂问于公司经理。经理曰："若且至南街口，看有鬻蔬菜者不？"钱去，有顷，还。曰："有一翁，鬻土豆。""其价何如？"钱亡[2]以应，复去。少顷，还。曰："斤价三角。""渠有土豆几许[3]？"钱复茫然。经理曰："若且坐。"令赵至，曰："若至南街口，看有鬻蔬菜者不？"赵去，食顷始还。曰："一翁，鬻土豆。""其价何如？"对曰:"斤价三角。""渠有土豆几许？"曰:"无虑二百。翁言其村多地，村民皆植土豆，就而购之，斤价二角。""其质何如？"赵出土豆三，曰:"以植于沃野，硕大而光滑。"语未毕，钱已赧而退焉。

注释：①三加薪：多次增加薪水。三：文言文中"三"和"九"往往不是具体的数字，而是泛指多次。②亡（wú）：通"无"。③几许：多少。此词与"几何"意义相同。（并45、期年76、若40、不115、食顷55、无虑121、就27）

附　　文

岂有此理

某翁每与人语，恒曰"岂有此理"——此口头禅也。一日赴墟，途遇一叟，牵一羊，欲鬻之。翁问曰："羊价几许？"叟曰："八十元耳。"翁曰："岂有此理。安值八十？"叟曰："君若鬻之，损之亦可。"翁笑曰："羸老如斯，鬻之何益？岂有此理。"叟闻而愠，曰："是羊未期年，何老之有？"翁揶揄之曰："须长寸许，复言不老。岂有此理。"叟忿然，曰："羊生而有须，童叟皆知，汝得无愚瞽者耶？"翁捋袖相向，曰："乌能售羊而詈客哉！岂有此理，岂有此理！"（损46、期年76、揶揄54）

断　　句

恋画成疾

有 得 唐 伯 虎 仕 女 背 影 图 者 画 中 女 郎 倚 栏 面 湖 楚 楚 动 人 得 此 画 者 一 书 呆 子 也 恒 端 坐 画 前 想 入 非 非 日 日 如 是 神 魂 颠 倒 卒 以 成 疾 其 友 善 画 知 其 故 俟 其 睡 以 一 画 易 之 画 中 仕 女 已 还 身 含 笑 直 视 乃 麻 脸 者 也 书 生 见 之 茫 然 若 失 痴 情 渐 泯 病 亦 愈（恒10、卒22、俟13、易100、还身96、泯39、愈41）

132.人生四字诀

后生某，欲离故土，谋生他乡。少小离家，未免惴惴，其族中有一长者，素①有令②名，遂谒之。长者善书，方挥毫③间，闻其来意，笑曰："人之一生，唯四字是恃。今告子两字。他日，子归故里，吾复嘱之。"乃书横幅"毋怖"以遗④之。

光阴似箭，后生复归故里，双鬓早霜。再谒长者，已物化⑤多年。其子云："先父生前，尝遗⑥一函以俟吾子。"拆函视之，第"毋悔"两字而已。

其人喟然曰："思及往事，恒辗转反侧，寝不成寐。今悟矣：少年时毋怖，中年后毋悔，诚人生之要诀焉。"

（据王鼎钧《六字箴言》改）

注释：①素（sù）：向来。②令：善；美；佳。如令名、令誉、令人、令辰等。③毫：毛笔。④遗（wèi）：赠送；给予。⑤物化：亦写成"物故"，指人死。⑥遗（yí）：遗留。（惴惴119、谒44、先118、尝32、辗转105、寐30）

基础知识

在文言文中，有时为了强调宾语，往往在宾语与动词之间插上"之"或"是"，然后把宾语前置，常见的形式有"何……之有"和"唯……是……"。"何……之有"的句式在第4则故事中已作介绍。上文中"唯四字是恃"，就是"唯恃四字"的意思。这种结构，保留在成语里的有"唯利是图""唯利是求""唯利是从""唯你是问""唯命是听""唯命是从"等。

附　　文

撞　狗

司机某，喜食"免费"狗肉。一日，车至立交桥下，见两狗前后嬉戏，而左右无人，急抛羊肉串。两狗奔至，见肉串外裹塑料袋，围嗅不已。某大喜，加大油门，然狗似具灵性，车近身而倏逸。某遽转向而追，讵知转猛速快，轰隆一声，竟撞击桥墩。车头面目全非，某重伤，双股几折，幸路人急救，舁至医院，始保一命。（已11、倏90、逸130、讵124、舁114）

断　　句

驯　驹

马生驹数日即系于山半而驹处山脚母子哀鸣相应驹力挣而上始得乳渐系渐高驹亦渐登渐高未几驹跻峻险如履平川此乃驯驹之法也少年而图安乐者得无有感于是乎（跻117、于是74）

133.一翁中彩

一翁偶以拾元币购彩票五，竟中三奖，得钱千余，不胜喜。或曰："此期彩票，中特奖者，得五百万。"翁初以为诳，后见中彩公告始知为实。大喜，计之曰："尚有存款二千，盍倾囊购之？"归，谋诸妻。妻谏曰："中彩乃偶然也，当以小钱偶一为之。倾囊而为，乃弃必然而期偶然，不亦愚乎？"翁曰："子已及冠①，婚事在即，以区区三千多元，何以完婚？倾囊而鬻，得彩票凡一千五百有奇，抑或②中焉？"妻不之听。以存款为妻所管，翁无奈何，辄以中彩所得鬻之。卒，中末奖者五，计奖金拾元而已。翁木然③坐。妻慰之曰："得之偶然，失之何惜？倘以存款鬻之，若岂有脸面见吾母子邪？"

注释：①及冠（guàn）：二十岁。②抑或：或许。抑：表示轻微的转折。（"抑或"的另一个义项，表示选择。见73）③木然：失神呆呆的样子。（诳44、盍50、谋79、诸46、谏120、期106、凡124、奇91、辄82、若40）

基础知识

冠年、及冠、弱冠：古代男子成年（二十岁）时要举行加冠礼。冠礼在宗庙中举行，由父亲主持，并由指定的贵宾给行冠礼的青年加冠三次。所以男子二十岁叫"冠年"，也叫"及冠"。及：达到。二十岁左右的男子，虽然快到或者过了冠年，但年纪尚少，所以男子二十岁左右又叫"弱冠"。弱：年少。

名、字、号：男子举行加冠礼节时由加冠的贵宾给男子取一个"字"。所以古人有"名"，又有"字"，有的还有"号"。如诸葛亮，姓诸葛，名亮，字孔明，号卧龙。

附　　文

老君妄语

太上老君云："诵经千遍，身腾紫云。"道士某笃信其说，诵至九百九十九遍，乃沐浴登坛，告别亲友，俟候腾云。更诵一遍，仰视蓝天，万里如洗，自晨至暮，竟无片云。道士大失望，指太上老君像而叹曰："噫！老大年纪，亦出诳语。"（笃74、俟13、诳44）

断　　句

瞬息化灾

张 咏 北 宋 名 臣 也 官 至 礼 部 尚 书 镇 守 成 都 时 巡 视 军 旅 三 军 以 为 皇 上 驾 临 误 向 张 呼 曰 万 岁 时 外 臣 受 人 呼 万 岁 有 叛 立 之 嫌 乃 灭 族 之 灾 也 张 立 下 马 亦 三 呼 万 岁 瞬 息 之 间 化 灾 于 无 形

134.妙答二则

贵为政要[①]者，当长于言辞也！昔，有西方记者问吾国某一外交官曰："人行之路，贵国奚以马路称之耶？"某知其居心叵测[②]，答曰："中国人走马克思之路，简称'马路'也！"

里根之任美国总统也，研-52轰炸机，以所费不赀，议会反对，朝野哗然。有记者以此诘[③]难。里伪为愚惑，曰："B-52为轰炸机耶？吾以为维生素也。维生素为人体所需，由是以为B-52亦吾军人所需也。"

注释：①政要：从事政治活动而有权势、地位的人物。②居心叵测：居心险恶，难以测度。西方记者这样问，暗指中国人过着牛马一样的生活，所以讲他居心叵测。③诘（jié）：问；查究。（奚75、不赀121、伪16、由是117）

附　文

孔明胜诸葛亮

甲谓乙曰："三国时有孔明者，其智远胜诸葛亮也。"乙笑曰："君误矣！诸葛亮孔明同一人也。"甲曰："一姓孔，一姓诸葛，自然两人。"各持己见，卒以此为赌，输者出银圆一。问村中一秀才，秀才曰："一人恶有两姓？"甲大喜。他日，乙以此让秀才，曰："相公谓为博学，素有令名，何以昏庸如斯？"答曰："是时，吾言之未尽也。况君第出银圆一，彼则糊涂一世，孰亏焉？"（卒22、恶121、让25、素132、令名132、第127）

一蚓再生

农夫锄地，误断一蚓。蚓虽疼痛难忍，反侧倾跌，然大笑不已。蟋蟀异焉，曰："子被腰断，何以笑为？"蚓曰："吾属腰断之日，即再生之时也。吾可重长断尾，断尾可生一头，犹如妇人坐蓐，虽痛不堪忍，然痛后即为人母，焉能不乐？"蟀叹曰："不尝苦辣，不知香甜；未遭挫折，焉知艰辛？吾辈年轻后生，时为区区小事，生死相搏，盖未受'断尾'之挫，未知生命之重也！"

断　句

骑　鹤

庐 山 九 天 使 者 庙 有 道 士 忘 其 姓 名 体 貌 魁 梧 嗜 食 酒 肉 一 日 有 鹤 飘 然 而 降 徐 步 庭 院 人 近 之 亦 不 之 惊 道 士 大 喜 以 为 天 神 遣 鹤 召 其 升 天 也 急 焚 香 沐 浴 毕 命 童 子 助 其 乘 之 鹤 不 堪 重 负 毛 伤 骨 折 道 不 之 顾 按 压 久 之 竟 毙 翌 日 驯 养 者 知 其 情 讼 于 公 府 官 闻 而 大 笑 亦 不 之 罪 时 人 作 诗 讽 之 曰 嗜 肉 先 生 欲 升 天 奈 何 凡 体 重 千 斤 鹤 背 不 堪 负 俗 子 传 语 天 神 遣 大 鹏 （徐96、毕13、翌11）

135.茶壶诗

清张玉书，官至文华殿大学士[①]，文章冠绝一时[②]。老归林下[③]，一日郊游，值某翁祝寿，高悬某翰林[④]所书寿联。见张，翁骄然问曰："若何人耶？"答曰："诗翁也！"其人不屑，指案上土砂壶曰："能以此为题作诗否？"张随即题诗云："腰圆肢扁土砂包，才上红炉气便豪；小物不堪成大器，两三杯水作波涛。"——得翰林墨笔即骄然视物，所谓土砂包者，是翁之谓也。

注释：①文华殿大学士：清代文华殿大学士，为正一品，其职是辅助皇帝管理政务，统辖百官。②冠绝一时：当时无人能与其相比。③老归林下：指退休后离开朝廷。④翰（hàn）林：在翰林院任职的官员。翰林院是为皇帝起草机密诏制的机构。（值130、不屑20）

基础知识

"……之谓也（矣、乎）""其……之谓也（矣、乎）"是文言文中常见的固定结构。这种格式常常用于作者提出并判断某个内容，可译成"说的就是……啊"或"这就是……啊"。

口译下列文言句：

① "生当作人杰，死亦为鬼雄"，吾祖之谓矣！

② 见利而忘义，过河而拆桥者，汝曹之谓乎？

③ "其身正，不令而行"，其李将军之谓也！

附　　文

小王八

某令谒郡守。寒暄间，问守令郎有几？守曰："犬子有四。"回问邑令。令以为设以"犬子"应对则不知尊卑，遂曰："小王八有三。"

断　　句

治　驼

昔 有 医 者 自 诩 善 治 驼 曰 如 弓 如 虾 如 曲 环 者 延 吾 治 可 朝 治 而 夕 如 矢 一 人 信 焉 使 之 治 乃 索 板 二 一 置 于 地 令 驼 者 卧 其 上 复 以 一 压 之 讵 知 医 者 竟 上 而 踏 焉 驼 者 随 直 亦 随 死 其 子 大 怒 捆 而 讼 诸 官 医 者 呼 曰 冤 哉 吾 治 驼 但 令 其 直 而 已 岂 管 人 之 生 死 耶（诩16、延41、矢34、索76、讵124、诸46、但2）

上册

136.弈痴之死

某生嗜弈。一日，以妻得疾，适[1]墟延医。近墟，见途侧有巨木，其下有石凳石几——供路人休憩[2]者也。二翁坐而对弈，技痒步止，竟不以妻为念。东向者[3]须眉皓然，执红子，已处下风。某性急，指棋欲语。东向者颐指河界。某见河上书云“河干无寸草，莫做多嘴驴”，哑然禁口。旋见红方失一卒，复失一马。某益愤愤，情难自已，戟手欲言。东向者复指河干，某气忍声吞。旋，红方又失一卒。某不觉扼腕[4]，呐呐[5]欲聒[6]。东向者笑曰：“河干有草矣！”复下一子，竟失一车。某一声狂吼，砰然偃仰。二翁起视，已气绝矣。

注释：①适：到……去。②憩（qì）：休息。③东向者：面朝东坐的。④扼腕（è wàn）：用手握腕，表示情绪激动、兴奋或惋惜。⑤呐呐：说话结结巴巴，不清楚的样子。⑥聒（guō）：本指喧扰嘈杂之声，这里是硬要多嘴的意思。（疾54、延41、几54、皓62、干19、旋15、戟手28、偃仰99）

附　　文

胡氏救火

少妇胡氏，其夫以货瓮为业。楼上积瓮成丘。一夕，夫出未归，胡氏方寐，忽闻人大呼“火起”，骇而起，趋奔出门，则焰烟扑面，盖邻失火也。胡恐火及己家，还身上楼。是时，呼救声、火爆声、犬吠声、泼水声，百千齐作。胡骇绝，急抱瓮至窗，推下。情益急，力益足，瓮自窗口下，不知几许。及邻火渐灭，人声稍止，始悟。趋奔下楼，碎瓮成丘焉。（趋81、还身96、稍116、丘85）

蛇　癖

王蒲令之仆吕奉宁，性嗜蛇。每得小蛇，则全吞之，如啖葱状；大者，以刀寸寸断之，始掬以食。嚼之铮铮，血水沾颐。且善嗅，尝隔墙闻蛇香，急奔墙外，果得蛇盈尺。时无佩刀，先啮其头，尾尚蜿蜒于口际。（啖54、嗜51、掬35、啮31）

（选自清代蒲松龄《聊斋志异》）

断　　句

哪里哪里

法人某自诩谙熟汉语一日参与一华侨婚礼某赞新娘甚美新郎自谦曰哪里哪里某愕然以为言之欠详遂曰耳目口鼻眉发唇齿胸腰手足皆美之甚也无不绝倒（诩16、谙113、绝倒109）

137.姚崇计后事

唐开元间①，姚崇与张说同为相，而相衔颇深。崇病，诸子请示谕，崇曰："张丞相与吾不睦。其人素侈，尤好珍宝服玩②。吾殁，彼必来吊。汝等将吾生平所藏，咸列帐前。彼若不顾，汝曹危矣，宜早作生计③；反之，则视其所好，赍以求题神道碑④。设获其文，即呈御览，且速勒⑤石。彼决事如流⑥，思虑周全则略逊于我，数日后必悔而索之。是时，则告碑文已达上闻，且视以既成之碑。"崇殁，说果至，谛视其服玩珍宝久之。崇子悉如崇言，馈⑦以求之。说喜而诺。文成，叙致详周，语多令词，时谓极笔⑧。寻⑨，说果悔，遣使取本，曰："辞未周密，欲加删改。"姚氏诸子，引其视碑，且告以御览。使者复，说悔甚，喟然自语曰："死姚崇能算生张说，吾不之及也！"（据唐代郑处海《明皇杂录》改）

注释：①唐开元间：公元713年至740年。②服玩：服用和玩赏的物品。③：宜早作生计：应该及早做好逃生的计算。④神道碑：墓前石碑。神道：即墓道。⑤勒（lè）：雕刻。⑥决事如流：处理事情非常迅速。⑦馈（kuì）：赠送。⑧极笔：写得最好的文章。⑨寻：不久。（衔103、谕127、素132、殁45、宜32、赍52、索76、既63、令132）

基础知识

文言文中，凡是言及帝王的所作所为或所用的物品，均加上"御"字，表示敬称，如"御览、御旨、御用、御驾、御笔"等。

附　　文

痛饮黄泉

岳飞尝语于属下曰："直抵黄龙府，与诸君痛饮尔。"黄龙府者，敌国京都也。后人示克敌制胜之心时，恒以"痛饮黄龙"为典。有莫新荣者，民国初年为广东省长。一日，护国军前敌总司令李某，欲率师东征。军政要员，祝酒饯行。次及莫新荣，莫举杯大声曰："愿君此去，痛饮黄泉！"举座惊愕。李怒不可遏，拂袖而去。噫！一字之差，祝胜之语成示凶之辞，悲夫！（尝32、恒10、次37、黄泉106、拂袖98、噫61）

断　　句

脸长丈余

汉 武 帝 谓 群 臣 曰 相 书 云 鼻 下 人 中 长 一 寸 者 年 百 岁 东 方 朔 曰 世 传 彭 祖 八 百 岁 诚 如 陛 下 所 言 则 彭 祖 人 中 长 八 寸 以 此 推 之 脸 长 丈 余 矣 上 大 笑

138.神仙井

浙江桐庐县，旧有酒井。相传有道人来一酒肆饮酒，饮毕辄去，不留分文。酒家亦不以为意。一日，道人饮毕，出药两丸，谓酒家曰："贫道以此为报。"投井中。须臾[①]，井泉腾沸，酒香喷鼻，舀之皆美酒也。由是，酒家大富。后道人复来，酒家妇人曰："酒则美矣，奈乏酒糟饲猪，亦一憾事。"道人喟然，以手探井中，药即跃出。道人去，井复如旧。

（据明代冯梦龙《古今谭概 神仙井》改）

注释：①须臾：片刻；一会儿。（肆 121、毕 13、辄 82、由是 117、奈 10、喟然 4）

附　　文

白纸名画

画家某，自诩印象派也。尝作一画，白纸一张，第书"草地牧牛图"五字而已。或诘曰："草地安在？"对曰："悉为牛龁耳。""然则牛焉在？"画家笑曰："草既尽矣，牛或归栏反刍，或觅食他处，或嬉戏山野，或耕作田间矣！此画不着一笔，尽得风流，乃吾平生得意之作也！"（诩16、尝32、第127、诘134、安48、悉71、龁87、然则12）

之乎者也

一酒肆初开张，请馆师某题联。师年近知命犹童生也，有鄙之者，嘲曰："人言夫子但知之乎者也而已，能得佳句否？"师笑曰："诚如是，则'之乎者也'难缺也！"遂书曰："入座三杯醉者也，出门一拱歪之乎？"其人服其联，尤服其量，长揖而谢。（知命123、鄙29、谢51、夫子40）

断　　句

嘲叛臣

明 末 大 臣 洪 承 畴 素 以 忠 臣 自 命 尝 撰 一 联 曰 君 恩 深 似 海 臣 节 重 如 山 后 兵 败 降 清 时 人 遂 改 其 联 曰 君 恩 深 似 海 矣 臣 节 重 如 山 乎

139.卖油翁

陈康肃公尧咨[①]善射，当世无双，公亦以此自矜。尝射于家圃[②]，有卖油翁释担而立，睨之，久而不去。见其发矢十中八九，但微颔之。

康肃问曰："汝亦知射乎？吾射不亦精乎？"翁曰："无他，但手熟耳。"康肃忿然曰："尔安敢轻吾射？"翁曰："以吾酌[③]油知之。"乃以一葫芦置于地，以钱覆其口，徐以杓酌油沥[④]之，自钱孔入而钱不湿。因曰："我亦无他，惟手熟耳。"康肃笑而遣之[⑤]。

（选自宋代欧阳修《欧阳文忠公文集》）

注释：①陈康肃公尧咨（zī）：即陈尧咨，字嘉谟，北宋将领，善射，自号"小由基"。由基：养由基，春秋时期楚国大夫，亦善射，能百步穿杨。"康肃"是谥（shì）号（封建社会达官显贵，或帝王死后按其生前事迹评定褒贬给予的称号叫"谥号"），在人名前加上谥号是对德高望重的尊长的敬重。②圃（pǔ）：种植蔬菜瓜果的园子。③酌（zhuó）：本义是斟酒，文中指倒油。④沥（lì）：滴下。这里指注入。⑤遣（qiǎn）之：打发他走。（矜 28、尝 32、释 27、睨 49、颔 35、徐 96、因 8）

附　文

自诩善弈

有自诩善弈者。一日与人弈，连负三局。知其事者故诘曰："乡与某人弈，胜负何如？"对曰："初局吾不忍赢；再局渠不肯输；三局吾欲和之以示友善，而渠好强如初，其奈之何？"（诩16、诘134、乡119、渠36）

童子鬻油

吾友金某，弃教从贾，遂成富翁。一日相会，神采飞扬，笑谓吾曰："夫子，从吾下海何如？"吾胡卢而笑，曰："尝闻一童子持碗鬻油，碗既满而油未尽。卖油者曰：'余油沥于何处？'童子乃覆其碗，指浅底曰：'沥此可也。'童子归，父异焉，曰：'钱十文，油何其少也？'童子复覆碗，曰：'油在焉。'——吾之弃教从贾，何异此童子之鬻油欤？"（夫子40、贾80、胡卢119、何异34、欤58）

断　句

宋笺宋画

有家藏宋笺数幅者或说之曰某公善书画乃当代名家也今方来君藏宋笺盍不求其墨宝耶其人曰汝欲坏吾纸耶吾之宋笺当求宋人书画若求今人着墨何异以玉盘而盛粪土耶

140.一崔氏后生

或曰："自欧阳修作《卖油翁》，卖油翁名闻遐迩。人欲观其技，争鬻其油，遂成富翁。"一崔氏后生，窃慕焉。亦置一葫芦于地，徐以杓酌油而沥，夙夜习之。如是三年，技亦精矣，遂营是业。人鬻其油，必彰①其技。然围观者众，买油者鲜。崔莫名所以。后遇卖油翁，两鬓斑斑，依然一油担而已。问焉，始知曩所闻者伪。大悔。

注释：①彰（zhāng）：明显；显著。成语有"欲盖弥彰"。这里是形容词用作动词，可译成"显示"。（遐迩126、窃42、夙夜58、鲜19、所以24、曩32、伪16）

附　文

输者呼爹

甲乙打牌，久觉无聊。甲曰："呼赢者为爹，以增其乐，何如？"乙笑曰："诺！"俄，甲输，无奈呼之。顷之，复输，复呼。既而，输者仍为甲也，甲赧颜呼之。有旁观者应曰："诺！吾儿乖矣！"甲大怒，会身侧有梃，竟引而击之。遂相殴。众人力劝，始止。（会4、赧4、诺12、梃128）

虎二则

山农恒编藤为箩，轻且固。一童如市鬻盐，途中坐而小憩，戏以藤箩覆首。一虎暴出搏童，张口噬首，箩入虎口。以入口既深，且随口张合，不得脱，虎仓皇失措，童得免。数日后，虎饿毙。

一虎深夜衔猪跳墙，虎牙深入，而墙高难越，虎与猪竟夹墙而挂，其家闻声有异，起，遂获虎。（如14、憩136、暴16、搏116、噬60）

（据明代冯梦龙《古今谭概·非族部第三十五·荆溪三虎》改）

断　句

鸡识字

清陈其元言道光年间余偕友至元氏县城外见农家畜一鸡云能识字余往观之见以千字文散置于地呼令取某字来则应声衔至余戏令取鸡田赤城四字而故匿其城字则衔鸡田赤三字列于前而侧首以觅城字不得若有躁急状余与友皆大惊笑嘻禽兽亦有知焉如黄雀演戏乌龟算命虾蟆教书蚂蚁排阵等时现于街衢若无知恶能教而成耶（偕126、衢75、嘻67、恶121）

第十四阶段自测

131. 几许、亡[3]
132. 素、令、遗、物化、物故、唯……是……
133. 及冠、抑或[2]、木然、冠年、弱冠、名、字、号
134. 诘
135. “……之谓也”（矣、乎）
136. 适、憩、扼腕、聒
137. 勒、馈、御、寻
138. 须臾
139. 谥号、圃
140. 彰

扩展阅读

陈　五

京师闾阎[1]多信女巫[2]。有武人陈五者，厌其家信祟[3]之笃，莫能治。一日含青李于腮，绐[4]家人疮肿痛甚，不食而卧者竟日。其妻忧甚，召女巫治之。巫降，谓五所患是名疔疮，以其素不敬神，神不与救。家人罗拜[5]恳祈，然后许之。五佯[6]作呻吟甚急，语家人云：“必得神师入视救我可也。”巫入案[7]视。五乃从容吐青李视之，捽[8]巫批其颊而叱之门外。自此家人无信祟者。

（选自明代冯梦龙《智囊·杂智部小慧》）

注释：①闾阎（lǘ yán）：里巷的门，这里借指平民百姓。②巫（wū）：旧读 wú，指装神弄鬼替人祈祷为职业的人。③祟（suì）：古人想象中的鬼怪或所谓鬼怪出而祸害人。④绐（dài）：欺骗；谎言。⑤罗拜：四面围绕着下拜。⑥佯（yáng）：假装。⑦案：查究。⑧捽（zuó）：揪。（笃 74、竟日 41、素 132、云 12、批 37、颊 46、叱 15）

141.卖油翁论诗文

扬州一韩姓秀才，善诗文，以此自矜。尝语于人曰："吾读《柳河东集》[①]但微颔之，今人之精诗文者，惟我而已。"卖油翁闻而谒之，谓之曰："吾欲与子论诗文。"韩他顾而笑曰："而辈岂懂诗文欤？"翁曰："子先观吾酌油一'文'，何如？"韩异其言，允之。翁乃取一葫芦置于地，以钱覆其口，自钱孔沥油入葫芦而略不[②]沾钱。韩异焉，既而难之，曰："更以高处，何如？"翁曰："无风则可。"遂于室内竖一梯，于梯顶徐以杓酌油沥之，油似线，悬空而下，油尽而钱不湿。韩乃叹服。翁曰："见吾酌油者，皆以吾技之精矣，然吾未敢自诩，四海之大，精于酌油者知有几何焉？况吾亦无他，惟手熟耳。吾闻柳河东者，唐代名家也，古今皆仰[③]之。而子之诗文，去扬州则无闻焉。闻子言'读《柳河东集》但微颔之'，自矜若此，无乃不可乎[④]？"韩惭而他顾。

注释：①《柳河东集》：唐代文学家柳宗元的文集。柳宗元是唐代河东解（今山西运城市解州镇）人，故后人称其为柳河东。②略不：毫不；一点也不。③仰：敬仰。④无乃……乎（或"毋乃……乎"）：一个常用的固定结构，表示委婉商量的疑问语气，可译成"恐怕（只怕，大概）……吧"。（矜28、谒44、更111、诩16）

附　文

一臂之力

张玉书者，香港亿万富翁也，本窘于衣食。一日，游维多利亚公园，见一妇助其子荡秋千而力不从心。陈前助之，秋千如飞，母子大说。彼此交谈，知妇乃印尼华裔，其夫就职于印尼驻港领事馆。居无何，陈遇一印尼华侨，告之曰："彼有货物不赀，欲运之印尼，而领事馆商业签证迟迟，一筹莫展，心焦如焚。"陈思及助荡秋千一事，遂毛遂自荐，曰："愿助其签证。"翌日，陈携证书求见，妇受礼，引其见焉。其夫知情，助之。事毕，印商予陈五万以为谢礼。时，五万酬金为普通工人十年之薪金也。陈以此为本，涉足商海，卒成亿万富翁。古人曰："莫以恶小而为之，莫以善小而不为。"信夫！（窘84、无何69、不赀121、信夫67）

断　句

武术迷

有 父 子 俩 皆 痴 迷 武 术 一 日 游 植 物 园 子 问 父 曰 仙 人 掌 属 何 门 何 派 武 当 抑 或 少 林 父 笑 曰 斯 乃 无 门 无 派 自 号 沙 漠 独 立 侠 也

142.首入汤罐

有少年八九，自墟所归。途遇凉亭，入而少憩。内有黄生者，鬻一铜汤罐①，倒扣于顶，曰："此铜盔也！"罐闪闪有光，众粲然。有好事者潜而近之，倏以手力按，首陷汤罐。众大笑。黄笑而起，作拳击之状曰："吾为铜头将军矣，孰敢一战？"众起，觅竿击罐，铮铮有声。黄失视，类瞽者，不能敌，遂求免。然欲去罐，竟不得脱。众始不之信，见黄狼狈，亦助之。百计求脱，罐扣如故。盖其扣也速，觉痛则首已入罐，而其出则缓，始用力，黄号痛不已；且耳鼻高耸，入而顺，出则逆，卒为所阻。路人止步而观者百许，皆计无所出。少年咸丧气，扶之归。后不得已，以钢锯毁罐，始出。观者如堵②，皆笑焉。

注释：①铜汤罐（guàn）：旧时一种安装在土灶上用来烧热水的器具，形状似瓮，但与瓮比，口略大。②堵（dǔ）：墙。（憩136、粲然73、潜17、倏90、盖24、咸71）

附　　文

过犹不及

一师诲生曰："近朱者赤，近墨者黑，至理名言也，二三子志之毋忘。"一生曰："然则釜近火，火红也，何以漆黑如斯？"师曰："过犹不及，凡事须适到好处也。"噫！面对诘难，犹因势利导，善教者，是师之谓也。（诲36、二三子86、志56、然则12、诘134、釜27、"……之谓也"135）

不责盗

某君，性极宽厚。一夜，寤，见盗入门，窃其器具，某默然而觇。后见盗将取釜，始曰："曷留此以备家母晨炊耶？"盗赧然而去。（寤106、觇66、曷75、赧4）

断　　句

吾母方淫

昔 有 塾 师 讲 书 至 淫 字 曰 淫 者 女 人 之 大 病 也 一 生 志 之 后 以 母 病 数 日 不 至 师 诘 其 故 对 曰 吾 母 方 淫 师 骇 然 细 询 其 状 始 知 其 情 大 怒 将 笞 之 童 泣 对 以 向 所 闻 于 师 者 师 喟 然 自 责 曰 以 讹 传 讹 者 吾 之 谓 也（笞69）

143.梦其子为相国者

鄞县①有富人某，子始龀②，方延师。忽梦其子为相国③，喜不自已，竟宾客大宴。且诈称曰："是夜妻亦梦之，妾亦梦之。"宾客愕然，贺声盈耳。富人素骄横，由是益甚。时，王文公安石④为鄞县令，闻而大怒。曰："苟其子果为相国，百姓死者相藉矣。"会富人殴仆至残，仆之父讼焉，遂坐⑤其罪，收⑥于狱。

注释：①鄞（yín）县：县名，在浙江省宁波市。②始龀（chèn）：刚开始换牙，指七八岁左右。③相国：唐宋时辅佐皇帝的最高官职丞相。④王文公安石：指王安石。王安石（公元1021年至1086年），北宋著名政治家，谥号"文"，故称为"王文公"。⑤坐：入罪；定罪。⑥收：逮捕。（已11、诈83、素132、由是117、相藉79）

附 文

赳赳武夫

武夫某，自愧不文，延馆师诲其子。一日大宴宾客，为炫子能，令其以赳赳武夫为题作文。子把笔良久，书曰："观赳赳之武夫，诚武夫之赳赳者也。夫武夫之赳赳，不得谓赳赳之武夫也！武夫且既赳赳者，始谓赳赳之武夫也！"客皆赞赏。某大喜。馆师复评批曰："妙趣横生，思如泉涌，非良师之循诱，学者之苦力，安得杰作如斯哉！"（延41、诲36、良久59、诚4、安48、斯15）

剃 头

一汉剃头。剃者草草了事。剃毕，竟倍与钱而去。他日复往，剃者大喜，加倍功夫，事事周到。既已，与以半价。剃者惑焉，问曰："乡时草草，犹蒙厚赐；今乃格外用心而子吝啬如斯，无乃不可乎？"汉曰："今之所与，乃向者之资也。"一笑而去。（惑52、乡119、斯15、无乃……乎141）

断 句

海洛因云云

有王姓农夫垂钓河干得一鲤重可十斤不胜喜欲要酒友共酌忽生奇念发一信息云有海洛因无虑十斤亟待处理今晚请赴王家别墅一聚此信息惊动公安王与其友皆为刑警所请后确认海洛因云云实子虚乌有然王坐干扰罪依法拘留（可91、要123、无虑121）

144.贪廉受骗

一夕，从兄①偕予游西湖。至断桥处，有翁持一皮鞋，恂恂②而前，问曰：“皮鞋要否？”从兄引而谛视，见鞋面稍损，然其底颇坚。问其贾③，曰：“五元。”其时皮鞋皆牛皮为之，甚贵。讶其廉，问所从来，则仓皇四顾，其言呐呐，不知云何。予疑为赃，从兄虽以为然，而贪其廉，且试之以足，恰合，卒买之。旋至岳王庙④前，是处灯火辉煌，复审视。见其底有异，扳之，似老松之皮，应手而落。盖以柏油和木屑粘压而成者也，从兄大窘。

噫！世之为欺者不寡矣，然其所以得逞者，皆以人之贪也。

注释：①从兄：堂兄。②恂恂（xún xún）：顾虑，担心的样子。③贾（jià）：通“价”，价格。④岳王庙：在浙江省杭州市西湖西北栖霞岭中有岳飞陵墓，为全国重点文物保护单位。（讶51、谛20、呐呐136、和88、窘84）

基础知识

称呼前加“从”字的是指堂房的亲属。如堂兄、堂弟称“从兄、从劣”，堂叔、堂伯称“从伯、从叔”，父亲的兄弟称“从父”，母亲的姐妹称“从母”，兄弟的子女称“从女、从子”等。

附　　文

古　瓶

富翁某，嗜古成癖。一日，有贾人肩一古瓶求售。翁视瓶古色斑斓，而质甚轻，疑为秦汉以上物。问其价，索三千金。还以半数，不允。翁爱不释手，卒以二千金购得。大喜过望，亟为贮水养花。置酒邀宾，相与赏玩。酒酣，一客起，近瓶侧谛视。讶其渗漏，以手举之，应手断烂。客大骇，细辨瓶质，盖熏染硬纸而成者也。翁大窘，急命人弃之。（嗜51、贾80、金101、亟21、谛20、盖24）

断　　句

纹“刀”

汉 某 右 臂 纹 一 刀 字 或 说 之 曰 古 人 云 君 子 有 三 戒 及 其 壮 也 血 气 方 刚 戒 之 在 斗 刀 乃 凶 器 也 君 右 臂 纹 刀 无 乃 不 可 乎 汉 赧 甚 曰 吾 易 怒 故 欲 纹 一 忍 字 无 奈 纹 时 疼 痛 难 忍 半 途 而 止 也

145.杂交鸭

有鬻雏鸭[1]者，余雄雏数百，不得售。盖人皆欲畜以产卵，故其雄者，虽价贱而问津[2]者鲜。邻翁曰："吾有一计，售于市，价可倍焉。"问其计，曰："岂不闻'人心好奇，重难轻易'乎？"鬻雏鸭者不解，再三叩之。翁出一纸，乃某信息致富报也，上载"杂交鸭"云云。曰："可如是如是。"遂依计，尽去爪膜[3]。复捉一硕鹅，亦去膜，作相片以附。适他邑而售，曰："此杂交鸭也。爪似鸡而其躯类鹅，肉味胜鸡然长速胜鹅，乃某某大学之科技成果也；唯幼崽易腹泻，然无忧，吾畀[4]之药足以治之。"其药，鱼粉和草灰而已。价三倍于常而人争鬻之。

嘻！天下之诈术亦多矣，可不慎乎？

注释：①雏（chú）鸭：幼小的鸭。②问津（jīn）：本指问渡口，引申为问及此事。津：渡口。③爪膜（mó）：鸭、鹅之类爪指之间的薄膜。④畀（bì）：赠送。（鲜19、叩95、硕70、适136、和88、诈83）

附　文

"下"字有怨

上下两字，孪生兄弟也，上为兄，下为弟。一日，下怨而谓上曰："吾曹笔画相等，体形相类。然世人言及吾等，恒先汝后吾。且皇帝曰'上'，达官显贵为'上等之人'，神机妙算为'上策'……而卑贱之辈为'下人'，低劣之计，为'下策'……吾受此歧视，能无怨乎？"上曰："古人造吾等为字，为表意也，一字一意，乌能随意更改？且阴阳相背，祸福相依，善见恶从，誉至毁随，方为大千世界，吾子何怨为？"下悟，聊以解嘲曰："古人云'下下人有上上之智'，由是可见吾辈兄弟亦可平起平坐也，况名贤作文，谓'下笔如有神'，岂能更为'上笔如有神'耶？"上大笑。（乌126）

令女立长

昔有国王，产一女，谓国医曰："与我良药，令吾女立长。"医曰："去吾国千里，有奇树，产仙果，可使婴儿立长；然此果离枝片刻，则失奇效，奈之何？"王则令乳母抱女与国医同行取药。及反，十二年矣。王见女高与己等，明艳照人，以为已食奇药，大喜，赐国医以珍宝。（反68）

断　句

此头尚嫩

有 为 人 剃 头 者 方 举 手 所 伤 已 多 乃 停 刀 谓 主 人 曰 此 头 尚 嫩 不 堪 受 刀 俟 老 而 剃 何 如

146.甲短乙短

夏日，有少年七八，操农事[①]毕，倚巨木而坐。时值晌午，各出所携食物啖之。有好事者，携馒头十许，畏蚁龁，以一索附钩悬诸树，取而啖之。或乞馒头，好事者曰："吾以馒头置于钩，能跃而以嘴取之者，吾赏以'大团结'[②]。"乃出钱示之。众皆踊跃。议以长短为次，短者先。有甲、乙身短，当先。甲辞[③]之曰："吾短，力不及也。"众哂其怯。乙矜其善跃，奋力跃而取之，馒头入嘴而钩穿上颚，手急抓索，脚蹬蹬不已。众大惊，遽抱之，解索而下。钩入颚甚深，无敢脱之，促其就医，乙捂嘴捏钩而奔，众随之。路人闻其所以，无不绝倒。

夫少年之好事者，逞勇作无益之戏而伤其身，诚可悲矣；而如甲者，知其短，藏其拙，虽遭哂亦安然处之，可谓智者也。

注释：①操农事：从事农活。②大团结：指十元面值的人民币。早期十元面值的人民币，有一版本正面是各族人民大团结的图案，故以"大团结"借代十元人民币。③辞（cí）：推辞。（诸46、啖54、次37、哂8、矜28、已11、绝倒109）

附　文

笑　斗

马来半岛萨凯族人，若尊严受辱，怒火冲天，可与对方决斗。决斗利器非刀非剑，乃一孔雀翎——孔雀尾羽也。斗时上身赤裸，手执羽梗，以羽尾末端触及对方，形同搔痒，先出笑声者则输焉。其始也，恒有忿忿而至，怒目相对者，然倏来倏往者，乃美若"仙眼"之羽尾也，久而久之，怒火渐泯，卒以忍俊不禁，笑而认输。

噫！人之在世，与人冲突在所难免，今以泄一时之忿，而铸成终生遗恨者，何其多也！读此文者，无乃有得乎？

断　句

王翦将兵

秦伐楚使王翦将兵六十万始皇自送至灞上王翦行请封美田宅园甚众始皇曰将军功成岂忧贫乎翦曰为大王将有功终不得封侯故斗胆请于大王为子孙计耳始皇大笑翦近楚关复遣使五还请善田左右谏曰将军之乞封毋乃不可乎翦曰汝辈未之知也今王空秦国甲士而专委于我设不多请田宅为子孙计则令王疑我祸将不测也左右乃悟（谏120）

（据明代冯梦龙《智囊·术智部谬数卷十四·王翦等》改）

147.某邑县试

旧例[①]：县试[②]须简三人以上，以赴府试，其答卷，邑令须详加评批。清道光年间[③]，某邑县试。是邑为穷乡僻壤，兼之兵祸连结，百姓窘于衣食，应试者凡三人也。试毕，审卷，令哑然失笑：一生止书“若夫[④]”两字；一生唯誊[⑤]考题而已；一生乃白纸一张，无敢动笔。遂依次评批云：“但观‘若夫’二字，知其满腹玑珠[⑥]，名列第一”；“誊题无误，足见其材可造，宜列第二”；“此生谨慎，不轻着墨，名列第三可也”。——可谓妙批。

注释：①旧例：以往的规矩。②县试：童子试的第一阶段。③道光年间：公元1821年至1850年。④若夫：助词，常用在一句或一段的开头以引起下文。⑤誊（téng）：抄写。⑥玑珠（jī zhū）：也可写成“珠玑”，泛指珍珠，比喻文学才能很好。（童子试53、简5、窘84、凡124、次37、宜32）

附　　文

问姓罹祸

甲乙相逢于途。甲问乙曰：“君贵姓？”答曰：“姓姚。”甲曰：“左一男盗女娼之女，右一不祥之兆之兆？”乙不说，曰：“君何姓？”曰：“姓李——木子李也！”乙曰：“上为棺木之木，下乃断子绝孙之子。尔之姓不祥甚矣，得无祖辈男盗女娼耶？”甲勃然大怒，曰：“老子面前尔敢喷粪！”遽批其颊。乙亦大怒，曰：“一死而已，何惧之有？”倏出刺刀。

甲重伤致残，乙坐罪收于狱。（批37、倏90、坐143）

鬼　物

吾友独居旷野，四周乱冢累累。一夜忽闻异响，音浊，若出自瓮中。就窗窥之，见一物往来庭中，身似黄狗，而其首巨且长，几与身等。家人以为鬼物，皆有惧色。友素不信鬼，潜出，以梃猛击其首，响腾瓮碎，一犬狂吠而逸。盖其首误入油瓮而不得出也。举家大笑。（冢55、窥105、潜17、梃128、逸130）

断　　句

僧骗牛

一僧见农家牛肥硕伺牛在野则置盐于顶诱牛舐之日久成习一夕至农家泣告之曰君家之牛前世即吾父也昨夜以梦告吾欲赎之农家驱牛出僧即跪于前牛则舐僧之秃顶遂以为实以牛与之

148.笑声难止

明有李大谏者，幼慧。某年童子试，名列前茅；次年乡试，中举；而后会试，进士及第[1]。其父，老农也，以喜讯连年，逢人必夸其子。言及中进士第，必纵声大笑。久而久之，竟得怪疾：不时发笑，笑则难以自已。历时十年，延医无数，皆无奈何。是以李寝食难安。一日，某御医造访，谓李曰："令尊之疾，可如是如是。"李然之。即遣仆赴老家报丧，曰："老爷得暴疾，不治而亡。不日将扶柩[2]而归。"闻此噩耗，李父大恸，昏而复苏者四。自是不复发笑。不数日，复遣一仆告其父曰："老爷得一太医妙手回春，已死而复苏，今康复矣！"李父转悲为喜。然历此一波一折，深知人生无常，祸福难测，遂复常态。

注释：①进士及第：也称"进士第"。科举制度中，在童子试、乡试、会试中考中叫"及第"，考不中叫"落第"。殿试中第一甲，共三名，称进士及第。②柩（jiù）：装有尸体的棺材。（延41、是以39、造64）

基础知识

阅读浅易文言文，应了解科举制度中的"童子试、乡试、会试、殿试"。经童子试获得生员（俗称"秀才"）资格后，可以参加乡试。乡试：明清两代每三年一次在各省省城（包括京城）举行的科举考试，凡获得生员资格的人均可应考，考期在农历八月份，分三场，考中的称举人。会试：明清两代每三年一次在京城举行的科举考试，考期原定为农历二月，后改为三月，分三场，考中的称贡士。殿试：科举制度中，皇帝对会试中考中的贡士在殿廷中亲发策问的考试，也称廷试。经殿试后，参考贡士分为三甲：一甲三名，第一名称状元，第二名称榜眼，第三名称探花，均称"进士及第"；二甲均赐进士出身；三甲均赐同进士出身；赐进士与同进士民间均称进士。

断　　句

误报中举

某乡试归日盼捷音放榜之日伫立门前会同里同姓同名者中报录者误入其家邻人咸从之入百口称贺某大喜登楼更衣命其妻为之着靴顾而矜之曰何如语未毕楼下大呼曰误矣中举者乃某村某某也众一哄而散其妻仰视而揶揄之曰何如闻者莞尔

（着4、咸71、顾7、矜28、揶揄54、莞尔35）

149.秀才岁考

秀才某嗜酒，时酩酊大醉①。会岁考，学政见其醉意浓浓，让之曰："汝为秀才，何以烂醉如斯？今先对对，若胡乱对答，罚为末等。"出上联曰"五经四书②百家论"，对曰"头曲三花二锅头③"。学政叹曰："朽木不可雕也！"秀才以为对句，曰："美酒乌能辞乎！"学政恼，叱曰："一派胡言！"秀才急，对曰："两坛老酒！"学政大怒，顾左右曰："杖责伺候，打！"秀才笑容可掬，曰："再打三两，何如？"

注释：①酩酊（mǐng dǐng）大醉：形容醉得厉害。酩酊：沉醉的样子。②五经四书：也叫"四书五经"，儒家学说的经典著作，儒生学子必读之书。四书指《论语》《孟子》《大学》《中庸》；五经指《诗经》《尚书》《礼记》《周易》《春秋》，简称"诗、书、礼、易、春秋"。③头曲三花二锅头：头曲、三花、二锅头都是酒的名称。二锅头是北京的传统名酒，三花酒产于广西桂林。（让25、对句48、乌126、辞146、掬35）

基础知识

"岁考"与"学正、文宗、宗师"：清代学政每年对所属府、州、县的生员、廪生举行的考试，称岁考，也称岁试。凡府、州、县的生员、增生、廪生都须应考。清初定为六等黜陟法，一、二、三等皆有赏，四等以下或罚或黜革。道光年后稍宽，四等以下很少出现。学正，亦称学台，人称"文宗"或"宗师"，明清两代由朝廷派往各省的按期到所属府、厅主持考试的官员。

附　　文

及地（第）落地（第）

某举子赴京会试，仆挑行李随后。至旷野，风骤起，吹落担中头巾。仆大呼曰："落地也！"某不悦，嘱曰："赴京会试，当讳不吉之辞。日后如斯，言及第可也。"仆领命，拴妥行李，曰："担中之物，皆已稳妥，而今行遍天涯海角，亦不复及第矣。"

断　　句

书生弃考

书生某赴京会试中途借宿农家问农姓氏时农方执木棍乃置之于地指之曰此吾姓也书生曰木姓者耶农不应思之久终不解农笑曰此木依土尔不知耶书生悟曰杜也旋戚然曰吾不若老农矣何颜赴京竟还身而反农见状喟然叹曰一谜不射则反身弃考此亦读书人耶（反68）

150.学步与学文

许君国申，弱冠从教，培桃植李，呕心沥血，岁月似流，匆匆已近知命矣。论及今人之学文，慨而慷之曰：

“学文犹如学步也。

“人皆须学者，行路之步焉，而艺人之台步、舞步，武人之马步、弓步，军人之正步、齐步，岂必人皆学之欤？

“人之学文也，当学自由之文始。何谓自由之文？所视、所闻、所思，皆能述之以文，而人阅之，亦能知其之所视、所闻、所思也。而句毋能达意，文毋能句读①，且错字连篇者，皆毋为自由之文者也。至若作家之小说、秘书之文牍②、学者之论文……岂必人皆学之欤？

“学行路之步乃学步之本也，无闻有毋能行步而可学舞步、马步、正步者也；学自由之文乃学他文之本也，无闻毋能述所视、所闻、所思，而可为小说、文牍、论文者也。

“垂髫始龀，总角束发，其所急者学自由之文也，字而词，词而句，句而段，段而章，此乃学文者必循之径。而今之中、小学生，未能作自由之文者十七八，却授以语法、修辞、逻辑……小说之结构、文牍之格式、论文之技法……是乃何异于毋能行步而先训之以舞步、马步、正步之法哉？”

余深以为然，爰③以志之。　（据许国申老师同名论文改）

注释：①句读（dòu）：亦作“句逗”。古时称文辞停顿的地方叫句或读。连称句读时，句是语意完整的一小段，读是句中语意未完、语气可停的更小的段落。“文毋能句读”是指尚不能正确地加标点符号。②文牍（dú）：书籍；文书。③爰（yuán）：于是。（弱冠133、知命123、志56）

基础知识

“垂髫（tiáo）、始龀（chèn）、总角、束发”是文言文中常用来表示儿童年龄的词。垂髫又称髫年。髫是古代儿童头上下垂的短发，所以用来借指童年。始龀，又称龆龀、龆年。龆（tiáo）和龀都指儿童换牙——脱掉乳牙，换上恒牙，所以也用来借指童年。总角借指童年语出《诗经》，如《诗经·卫风·氓》：“总角之宴”。“总角”是指儿童头顶上的头发扎成的小髻。束发指十五六岁的青少年。（始龀143）

151.范进主考

上遣范进为浙江学政，临行，其妻谏曰："向公落魄，赧颜进出；亲朋白眼，莫我肯顾；垂髫始龀，亦揶揄之。此中滋味，冀公莫之忘也。今为学政，顾齿落鬓衰[1]尚恂恂就考者，曷一引手，使其扬眉吐气耶？"进笑曰："俗言'妇人见鄙'，信夫！夫人之老也，如木之将朽，何用之有？而后生来日方长，彼等竭力图报，即吾子孙，亦可引以为援。且上命差遣，当庶[2]竭驽钝[3]，简拔[4]英才，以报皇上之殊遇[5]。"妻乃悟。

注释：①衰（shuāi）：衰退，指鬓发变白。②庶（shù）：副词，表示可能或期望。③驽钝（nú dùn）：有限的本领。驽：指劣马或劣驴。钝：不锋利的刀，借代"有限的本领"。④简拔：挑选提拔。⑤殊（shū）遇：特殊的待遇。（上 113、谏 127、向 9、揶揄 54、恂恂 144、引 25、鄙 112、信夫 67、夫 33、简 5）

基础知识

"冀（jì）、愿、庶、庶几"这四个词意思相近："冀、愿"是能愿动词，可译成"希望"；"庶、庶几"是副词，表示可能或期望，可以译成"但愿"。

附　　文

赔　礼

有夫妻俩，不善言语。从兄有子女各一，不幸子得病而夭，求其夫掩埋。其人曰："一个抑或二个？一个，畚箕背可也；二个，非扁担不可。"从兄怒而斥之。妻知其事，登门赔礼曰："吾家男人不善言语，冀大哥大嫂见谅也。侄女设有不测，千万毋求其掩埋也！"（从144、夭21、抑或73）

断　　句

善术者

有儒生四赴京城会试途经华山闻山上有善术者拟谒之内有王生云鄙人即善术者也胡舍近而求远众笑或曰足下既善术且言子之前程若何王曰不识庐山真面目只缘身在此山中也众笑复问曰然则吾等三人何如王乃书一天字问其意曰此乃天机不可泄也旋一儒生曰吾知矣天二人也中二人二人不中皆中之天从人愿皆不中难于登天子诚善术也众拊掌而笑（拟69、谒44、胡95、若何41）

152.胡屠户之死

胡屠户与陈公半山比邻。陈，鸿儒①也，令名彰彰，屠素敬畏。及范进中举，屠往贺。返，遇于途。气昂昂语于陈公曰："吾婿有将相之材，必为社稷②重臣；今已中举，若知之乎？"公曰："老夫未之闻也。"屠忿然，唾其面。

越明日，屠适市鬻肉。有衣紫者与公同舆③，异焉。叩其从人，则曰："相国使吾主访陈公半山，将载以归。"屠变色，两股战战，曰："相国与半山公有旧④乎？"曰："曩尝同窗，一砚、一灯、一窗、一榻⑤，晨起不辨衣履⑥也。"语未终，屠骇绝，僵仆。视之，已毙。

注释：①鸿儒（hóng rú）：大学问家。②社稷（jì）：国家。"社"指土地神，"稷"是五谷神。土地和五谷是国家的根本，所以"社稷"代称国家。③舆（yú）：车。④旧：故交；老交情。⑤一砚、一灯、一窗、一榻（tà）：用同一块砚台，用同一盏灯，在同一扇窗下，睡同一张床。⑥晨起不辨衣履：早晨起来，分不清那是谁的衣服，那是谁的鞋。形容同睡一床，交情特别深厚。（令 132、彰 140、素 132、适 136、叩 95、曩 32、榻 54、履 43）

附　　文

下气通

清初，某官为浙江学政，临行告别恩师——其师乃社稷重臣也。师曰："汝至浙江，当……"言未尽，忽觉腹中有气冲动，恐当面撒屁不雅，起身急往内屋。某异焉，问曰："恩师有何要事？"匆匆曰："下气通……。"某默而志之。及院试，果见考生中有名夏气通者，某大喜，遂简其为第一。

医　对

一医冀获讼胜，诈称儒生。官出对试之曰："唐宋元明古今字画。"对曰："云贵川广南北药材。"官疑其为医家，再出对曰："李千株，桃万树，遇景以开。"对曰："姜二片，枣三枚，带温而服。"官怒其诈，叱之曰："混帐王八蛋。"医遽对曰："伤筋狗皮膏。"

断　　句

吕公雅量

宋人吕蒙正少有才名三十有三举进士第四十有九授参知政事时以同平章事为宰相参知政事乃副相也一日入朝有大臣隔帘指戳吕公谓旁人曰黄口小儿居然立朝参政吕若不闻同列中有愤而不平者诘问帘内诋毁吕公者曰阁下何人吕遽止之至退朝同僚犹忿忿不平悔未追根究底吕笑曰知其姓名恐终生耿耿于怀不若不闻也时人皆服其雅量

153.梦左丘明

一日，吾欲授《曹刿论战》，恐误人子弟，遂遍查资料，颇觉倦怠。忽闻叩门声，启而视之：一叟也。衣着甚古，皓须垂胸，双目似电。倨不为礼，拽杖而入，坐。吾疑甚，惴惴而问："夫子为谁？"叟曰："老夫乃左丘明[①]也！"吾大惊，曰："夫子非瞽者耶？"叟哂曰："老夫尝为乐正[②]，乐正恒以瞽者为之，故亦称为'瞽'。或误以老夫为瞽，后人亦谬传矣。"吾大喜，曰："晚辈欲授《曹刿论战》，'惧有伏焉'之'焉'，或说'语助'，或说'兼词'，未知确论，望夫子赐教。"叟怒，詈曰："读书者，会意即可，纵为学者，亦忌拘泥[③]。今之学子，每为影视所迷，兼以所学颇杂，读吾辈之文，固已费时有限，而汝曹复导以寻行数墨[④]，是以收效甚微，厌学已甚。可恶，可恶！"吾曰："夫子息怒。今以考分论师之优劣，而试题答案唯教参是瞻。譬如夫子，教参注为'瞽者'，若告学生曰'夫子不瞽'，设此题见于试卷，岂非误人子弟。"叟大怒，曰："吾瞽与不瞽，与汝曹何干？与国计民生何干？师者，传道、授业、解惑[⑤]而已，汝既为名利所缠，且昏庸如斯，岂能为师！"起，以杖击吾。惊而醒，始知一梦也。

注释：①左丘明：姓左，名丘明（一说姓左丘，名明），生于公元前556年，卒于公元前451年，鲁国史学家，《左传》与《国语》的作者，相传是个瞽者。②乐正：周代乐官之长。③拘泥(jū nì)：固执；不知变通。④寻行数墨：指读书拘泥于一字一句，专在文字上下功夫，不顾通篇大义。墨：这里指一个一个的字。⑤师者，传道、授业、解惑：出自韩愈《师说》，意思是老师是传授道理、讲授业务、解答疑难问题的。（叩70、皓62、倨49、拽103、惴惴119、哂8、纵32、兼19、固39、唯……是……132）

附　文

某摄影师

一女士谓摄影师曰："向者，君为吾摄影，所得照片皆风流潇洒；而今大多不如人意，此何故也？"答曰："向者，吾年富力强，凡事得心应手，而今年过不惑，力不从心，冀君见谅也！"

百虫竞王

初，天帝以为：鸟有凤凰，兽有狮王，独虫无王，遂令百虫竞王。于是蜜蜂自名"唐太宗"，意为"糖太重"也；屎壳郎则名"秦始皇"——"擒屎王"之谐音也；蜣螂号"姜太公"；蜈蚣称"赤脚大仙"……为得王位，蔑不冠以赫赫大名。帝知其情，喟然曰："渠曹固宜为虫也！沽名钓誉者，岂能竞王？"由是，虫无王者。

愚人傻瓜

有兄弟为争祖产而讼。知令贪，兄贿以鱼，弟贿以瓜，中皆藏银四锭。以所贿之银等，临审，令默然良久。兄性急，曰："小民乃一愚（鱼）人，望老爷据情而判。"弟遽曰："小民乃一傻瓜，望老爷以理（礼）而断。"令忿然，曰："汝兄弟，一为愚人，一为傻瓜，何以讼为？"立令左右，轰出公堂。（等59、忿然29、何以……为31）

借梯救火

书生某，好射谜，乐此不疲；家贫，惟茅屋一间而已。一日，以燃爆竹，火落屋顶，欲借梯上而熄之，遂趋谓邻翁曰："欲借贵府中'两根之长长，数根之短短'，以解燃眉之急。"会邻翁寂寞独坐，知其癖好，遂胡乱猜射，以逗其乐；迨知其借梯救火，火已冲天，无奈何矣。（会4、趋81、迨22）

送白菜

时下凡事图吉利者日众。有刘姓女，欲徙居，谓搬家公司曰："搬迁之日，请送大白菜。"以白菜者，百财之谐音也。公司遂以红纸裹白菜，上书曰"乔迁之喜，送君百财！"刘大喜，加烟一条，以为酬谢。受其启示，公司遂以为常。此南京城内已成习俗矣！白菜一到，搬家工人即大呼曰："送百财！送百财！"乔迁屋主则点燃鞭炮，如迎新妇，喜不自禁。（徙120）

断　　句

书联护寺

会 试 得 头 名 者 谓 为 会 元 明 代 霍 韬 正 德 年 间 会 元 官 至 礼 部 尚 书 一 年 见 某 寺 庙 风 物 宜 人 拟 改 为 私 宅 令 知 之 强 令 寺 僧 他 迁 寺 僧 无 奈 遂 题 一 联 于 壁 联 曰 学 士 家 移 和 尚 寺 会 元 妻 卧 老 僧 房 霍 闻 而 羞 私 念 遂 消 寺 庙 乃 安

第十五阶段自测

141. 略不、无乃（毋乃）……乎
142. 堵
143. 始龀、坐、收[1]
144. 从、恂恂、贾[2]
145. 问津、畀
146. 辞
147. 若夫、玑珠
148. 及第、落地、乡试、会试、殿试
149. 学正、学台、文宗、宗师
150. 爰、垂髫、髫年、总角、束发
151. 庶、庶儿、驽钝
152. 舆、社稷

扩展阅读

童区寄传

童区寄①者，郴州荛牧儿②也。行牧且荛，二豪贼劫持，反接③，布囊其口，去逾四十里之虚④所卖之。寄伪儿啼，恐栗，为儿恒状。贼易之⑤，对饮酒，醉。一人去为市⑥；一人卧，植刃道上⑦。童微伺其睡，以缚背刃，力上下，得绝⑧；因取刃杀之。

逃未及远，市者还，得童，大骇，将杀童。遽曰："为两郎僮⑨，孰若为一郎僮耶？彼不我恩也；郎诚见完与恩⑩，无所不可。"市者良久计曰："与其杀是僮，孰若卖之？与其卖而分，孰若吾得专焉？幸而杀彼，甚善！"即藏其尸，持童抵主人所，愈束缚牢甚。夜半，童自转，以缚即炉火烧绝之，虽疮手勿惮⑪；复取刃杀市者。因大号。一虚皆惊。童曰："我区氏儿也，不当为僮。贼二人得我，我幸皆杀之矣。愿以闻于官。"

虚吏白州⑫。州白大府。大府⑬召视儿，幼愿⑭耳。刺史⑮颜证奇之，留为小吏，不肯。与衣裳，吏护还之乡。

乡之行劫缚者，侧目⑯莫敢过其门，皆曰："是儿少秦武阳⑰二岁，而讨杀二豪，岂可近耶？"

（选自唐代柳宗元《柳河东集》。此文曾选为初中文言课文）

注释：①童区（ōu）寄：有个叫区寄的儿童。②郴（chēn）州荛（ráo）牧儿：郴州打柴放牧的儿童。郴州：指柳州，现位于湖南省。荛，打柴。③反接：反背着手捆起来。④虚：通“墟”。⑤易之：看轻他。⑥去为市：到集市里寻找买主。⑦植刃道上：把刀插在路上。⑧绝：指缚着的绳断了。⑨为两郎僮：做两位主子的僮仆。郎：旧时奴仆对主人的尊称。⑩见完与恩：保全与恩待我。⑪虽疮手不惮（dàn）：虽然烧伤了手也不害怕。⑫虚吏白州：管理集镇的官员把这事报告给州里的官员。⑬大府：这里指州府里的主要官员。⑭幼愿：幼稚老实。⑮刺史：唐代地方上分“州”与“县”两级，刺史相当于现在的省长。⑯侧目：不敢正视，形容内心恐惧。⑰秦武阳：战国时燕国的亡命之徒，十三岁时就杀死人。（伪 16、栗 60、恒 10、伺 17、因 8、遽 13、良久 59、白 127）

常用虚词初识

“之、乎、者、也、其、而、以、为、何、乃、于”等十来个常用虚词，使用频率高，用法也非常复杂。《中学文言文基础知识学习手册》（李强编著，广西师范大学出版社，2009年2月版）一书把“之”分成9个义项，把“乎、者、也、其、而、以、为、何、乃、于”分别分成5、8、7、11、12、22、9、9、9、11个义项，11个常用虚词共分成112种义项（112页至138页）。作者以为，开始学文言文时，明白这些常用虚词各有哪些常用义项即可。学生明白了常用义项后，可以自己感悟，悟错了其实也无关大局。在初中阶段，尤其是初一、初二年级，教师不能把这些虚词分析得过细：分析得过细不但劳而无功，还会把学生学习文言文的兴趣“分析”得干干净净。

很难有一则文言短文中会同时出现某个虚词的各种主要常用义项；而分别找些例句来讲述，又因为抽象，不便于记忆。为解决这一难题，作者在“常用虚词初识”中，分别用一个新编或改编的文言小故事，或一段文言顺口溜来讲述虚词。虚词的几种常见的义项，将会同时出现在一则文言文。

初次接触文言文的学生，可以先学这部分知识。

1. 之

海鸥（一）

海上之人有好鸥鸟者①，每旦②之海上，从③鸥鸟游。鸥鸟之至者，百数而不止④。其父曰：“之鸥鸟也，皆⑤从汝游。汝取来，吾玩之。”明日之海上，鸥鸟舞而不下也！

（选自《列子·黄帝篇》，有改动）

注释：①海上之人有好鸥鸟者：住在大海边上有一个喜欢海鸥的人。好：喜欢。鸥鸟：海鸥。此句中含固定结构“有……者”。②旦：早晨。③从：跟。④百数而不止：数以百计的海鸥不停地飞到他身旁。⑤皆：都。

虚词“之”，常见的义项有四种：

①常作第三人称代词，可以代人、代物、代事，可译成“他”“她”“它”或“这”“这样”“那”“那样”。如上文中“吾玩之”的“之”，代鸥鸟。

②作指示代词，可译成“这”“这些”或“那”“那些”，如上文“之鸥鸟也，从汝游”的“之”。

③作结构助词“的”，如“海上之人”的“之”。

④作动词“到”或“往”，如“每旦之海上”“明日之海上”的“之”。

⑤表示音节，不用解释，如“鸥鸟之至者”的“之”。古人读书时常摇头晃脑地“唱读”，为使“唱读”时顺口，有时在句子中或句子末加上“之”或“者”字，“唱读”便更加顺口。这时候的“之”多数情况下仅作音节，不用解释。

2. 者

海鸥（二）

海上之人有好鸥鸟者，每旦之海上，从鸥鸟游。鸥鸟之至者，百数而不止。其父曰：“鸥鸟者，皆从汝游。汝取来，吾玩之。”明日之海上，鸥鸟若知其意者，舞而不下也！

（选自《列子·黄帝篇》，有改动）

虚词“者”不能单独使用，它总是出现在与它组合的词语后面，常见的义项有三种：

①可以代人、代物、代事，译成“……的人（事、情况）”，如上文中“好鸥鸟者”（喜欢海鸥的人）和“之至者”（停在他身边的海鸥）中的“者”。

②与动词“若”“似”“如”呼应，组成“若（似、如）……者”的词组，可以译成“像……的样子”或“好像……似的”，如上文中“鸥鸟若知其意者”的“若……者”。

③放在句子中间，表示提示或者停顿，不用翻译，如上文中“鸥鸟者，皆从汝游”的“者”。

3. 其

癞蛤蟆

蛤蟆甲乙相遇。甲谓乙曰①：“吾有妙计，可食天鹅之肉矣！”乙曰：“计将安出②？”。甲出一手机，笑曰：“可用微信也！简③其弱智者，诱之以利，约其会面，其能无获乎？”乙亦笑曰：“其计大妙！”

注释：①甲谓乙曰：甲对乙说。②计将安出：用什么妙计。③简：挑选。

虚词“其”经常出现的义项有四种：

①作代词，可代人、代物、代事，可译成“他、她、它、他们”或“他的、她的、他们的”。如上文中“与其相恋，诱其会面”的“其”，代天鹅，可译成“它”。

②作指示代词，可译成“这、这些”或“那、那些”，如上文中“其计大妙”的“其”。

③作指示代词，可译成“其中、其中的”，如上文中“简其弱智者”的“其”。

④放在句子开头或中间，作副词，表示推测、反问、期望或命令的语气，如上文中“其能无获乎？”的“其”。

请阅读下面的顺口溜，记住上述“其”字的四种义项

顺口溜“其”

君知其（③）一不知其二也，其（②）人虽俭，然其（①）妻好珍宝服玩[①]，以此为贿，其（④）能无获乎？

注释：①服玩：服用和玩赏的物品。

4．何

猫钓大鱼（一）

猫狗相遇。狗见猫拖一巨钩，蹒跚[①]而行，异焉[②]。问曰：“此何钩也？子欲何往？”猫曰：“此钓大鱼者也。吾欲之海上，钓一大鱼！”狗大笑，曰：“子其危矣！”猫愕然[③]，曰：“何也？”狗曰：“拖此钩尚气喘吁吁，以此钓鱼，必为鱼所钓矣！”猫悟[④]，木然呆立[⑤]。

注释：①蹒跚（pán shān）：腿脚不灵便，走路不稳的样子。②异焉：对这件事感到很奇异。（此句结构类同第7则“慕焉”）③愕然：吃惊的样子。④悟：醒悟；明白。⑤木然呆立：像木头那样呆呆地站着。

虚词“何”，常见的义项有三种：

①表示反问，可译成“为什么”“怎么”，如上文中“何也”的“何”。

②表示询问，可译成“什么”“哪里”，如上文中“此何钩也”“子欲何往”的“何”。

③表示程度深，可以译成“多么”“怎么”，如上文中“子何其愚也”的“何”。（作此义项时，常出现在固定词语“何其”中）

虚词“何”如果以“何往”“何在”“何忧”“何愁”的形式出现时，可以把“何”字移到后面，理解成是“往何”“在何”“忧何”“愁何”的意思，译成“到哪里”“在什么地方”“担忧什么”“愁什么”。

5. 也

猫钓大鱼（二）

猫狗相遇。狗见猫拖一大钩，踆踆[①]也而行，异焉。问曰：“此何钩也？子欲何往？”猫曰：“此钓大鱼者也。吾欲之海上，钓一大鱼！”狗大笑，曰：“子其危矣！”猫愕然，曰：“何也？”狗曰：“拖此钩也尚气喘吁吁，以此钓鱼，必为鱼所钓矣！”猫悟，木然呆立。

注释：①踆踆（cūn）：脚步迟重的样子。

虚词“也”常见的义项有三种：

①用在句末，表示肯定或否定，或者表示请求、命令、禁止的语气，可以译成“啊”“呀”“吧”，也可以不用译，如上文中“此钓大鱼者也”的“也”。

②用在句末，表示疑问的语气，可以译成“呢”“吗”，如上文中“此何钩也”与“何也”的“也”。

③用在句中，使句子的语气有所停顿或舒缓，以提醒对方注意下文，也可以不译，如上文中“踆踆也而行”“拖此钩也尚气喘吁吁”的“也”。

6. 然

蚂蚁兄弟（一）

蚂蚁兄弟觅食于巨木底下[①]，弟谓兄曰：“人言蚂蚁可摔而不死。吾欲上巨木之巅，一跃而下，以练其胆。可乎？”兄曰：“诚[②]然。然子知其以乎？”曰：“未之知也[③]！”兄曰：“以身如落叶，飘然以下也。然为风左右，无力自主，设[④]堕于池塘，则有入鱼腹之险。以身试险，智者不为也！”弟以为然，曰：“诺[⑤]！”。

注释：①觅食于巨木底下：在大树底下找东西吃。②诚：确实。③未之知也：同“未知之也”，意为“不知道啊”。④设：假如。⑤诺（nuò）：表示答应或赞同的声音。

虚词“然”常见的义项有四种：

①附在描写声容情态的词语后面作词尾，是“……的样子”的意思，如上文中“飘然以下也”的“然”。

②作指示代词，可译成“这样、那样”，如上文中“诚然”的“然”。

③可译成“是的、对的、认为……是对的”，如上文中“弟以为然”的“然”。

④作为转折关系的连词，一般情况下用在句子开头，可译成“但、但是、可是、然而”等，如上文中“然知其以乎”“然为风左右”的“然”。

7. 以

蚂蚁兄弟（二）

蚂蚁兄弟觅食于巨木底下，弟谓兄曰：“人言蚂蚁可摔而不死。吾欲上巨木之巅，一跃而下，以练其胆。可乎？”兄曰：“诚然。然子知其以乎？”曰：“未之知也！”兄曰：“以身如落叶，飘然以下也。然为风左右，无力自主，设堕于池塘，则有入鱼腹之险。以身试险，智者不为也！”弟以为然，曰：“诺！”。

虚词“以”最常见的义项有四种：

①作动词，可以译成“用、拿、认为、以为”等，如上文中“以练其胆”“以身试险”的“以”。

②作介词，可以译成“为了、因为、由于、依据”等。如上文中“以身似落叶”的“以”，可译成“因为”。

③作连词，可表示并列或修饰关系，可译成“和、又、与、而”等，也可以不译。如上文中“飘然以下也”的“以”，可译成“而”。

④作名词，可以译成“原因”，如上文中“子知其以乎”的“以”。

作者在前面曾提到，虚词“以”的义项可以概括成二十二条。若觉得主要义项只概括成四条过于简单，也可以凭借顺口溜，记住“以”字的七种常用义项：

①作介词，可以译成“把、在、被、对、跟、用、拿、将、凭、靠”等。

②作介词，可以译成“为了、因为、由于、依据”。

③作连词，可表示并列或修饰关系，可译成“和、又、与、而”等，也可以不译。

④作连词，可表示目的或结果，译成“以便、以致”或白话文中意思很虚的“来”。

⑤作动词，一般情况下可译成“认为、以为”。

⑥作名词，可以译成“原因”。

⑦作语助，没有实在意义，如固定结构中“有以、无以、得以”中的“以”。（注意：“有以、无以”中的“以”若译为“原因”或“缘故”，则是两个词，不能作为固定结构）

读顺口溜，说一说“以”字的七种常用义项

顺口溜“以”

彼所以大成，盖有以（⑥）也。以（②）其立志以（③）专，终生不易；以（①）夜继日，不畏辛劳；慎终如始①，略有疑义，必追根究底；亲朋以（⑤）事成则利国利民，亦竭力相助，使其无衣食之忧，以（④）成是事。彼亦深感其德，云：“设吾半途而废，则无以（⑦）回报也”。

注释：①慎终如始：成语，指谨慎到最后，也像开始时一样。

8. 而

蚂蚁兄弟（三）

蚂蚁兄弟觅食于巨木底下，弟谓兄曰：“人言蚂蚁可摔而不死。吾欲上巨木之巅，一跃而下，以练其胆。可乎？”兄曰：“诚然。然而知其以乎？”曰：“未之知也！”兄曰：“以身如落叶，飘然以下也。为风左右，必无力自主，而堕于池塘，则有入鱼腹之险。以身试险，智者不为也！”弟以为然，曰：“诺！”

虚词“而”常见的义项有四种：

①作连词，表示顺连。连词的基本作用是“过渡”，即由“甲”过渡到“乙”。顺连时，甲乙之间的意思或相近，或相同，或相承；有时甲与乙是修饰与被修饰的关系，此时“而”可译成“和、同、与”等或不译，如上文中“一跃而下”的“而”。

②作连词，表示逆连。逆连时甲乙之间的意思相悖，可译成“但、但是、可、可是”等，如上文中“人言蚂蚁可摔而不死”的“而”。

③作假设关系的连词，可译成“如果、假如、假使”等，如上文中“而堕于池塘”的“而”。

④作第二人称代词，可译成“你、你的”，如上文中“然而知其以乎”的“而”。

读下面的顺口溜，记住“而”字的四种常见义项

顺口溜“而”

而（④）翁衣短褐，而（②）汝锦绣衣；
而翁食糠糟，而汝食鲜肥；
而翁饥寒死，三日而（①）汝知；
苍天而（③）有意，汝当遭雷毙。

注释：①褐（hè）：兽毛或粗麻制成的短衣，古代贫贱人所服。②糠糟：指米糠酒糟之类勉强可以入口的食物。③鲜肥：肥美鲜美的食物，即鱼、肉等。

9. 为

一蚁

一蚁，为蚁狮[①]所伤，断一足。一日，负米粒一蹒跚[②]而行。其友曰：“君[③]断一足，艰于行步，可为可不为者，可不为也！”蚁曰：“君为吾计，诚[④]吾友也！然吾乃工蚁也，为工蚁而坐享其成，吾以为羞。”

注释：①蚁狮：是蚁蛉的幼虫，常在沙地里造成漏斗形的陷阱，吃掉入阱中的蚂蚁为生，故称为“蚁狮”。②蹒跚：腿脚不灵便，走路不稳的样子。③君：您。④诚：确实。

文言虚词“为”常见的义项有六种：

①作介词，表示主语是谓语动词行为的被动者、受事者，可以译成“被”。此时“为”成为被动句的标志词，如上文中“为蚁狮所伤”。

②作介词，有时可表示动作或行为所涉及的对象，可译成“给、替”等，如“君为吾计”的“为”。

③作介词，有时表示动作或行为的目的或原因，其用法与白话文中的用法相同，可译成“为了、因为”等，也可以不译。

④作动词，用法非常灵活，到底该译成哪个词，应联系上下文；尤其要仔细分析它所涉及的宾语，才能得出结论，不能死记硬背。一般情况下可译成“做、当、当做、作为、变做、成为”等，如上文中“可为可不为”的“为”。

⑤作判断动词，可译成“是”，如上文“为工蚁而坐享其成”的“为”。

⑥作名词，可译成“行为、表现”等。

读下面的顺口溜，记住“为”字的六种常用义项

顺口溜“为”

为（④）非作歹，自以为能；为（②）虎作伥，亦以为荣；所作所为（⑥），为（①）人不齿——为（③）一己之私其为人神共愤者，实为（⑤）人中禽兽也。

10.乃

太史公

山人[①]某，自负有才，目中无人。途中闻乞儿化钱甚哀，前曰：“如此哀求，能得几何？唤乃公[②]一声‘太史公[③]爷爷’，赏汝百钱！”乞儿呼三声乃止。某乃倾囊中钱与之。乞儿问人曰：“太史公乃何物也，值钱乃尔[④]？”

（据明代冯梦龙《古今谭概·痴绝部第三·太史公》改）

注释：①山人：隐士称“山人”。②乃公：傲慢的自称语。犹今言“你老子”。③太史公：《史记》的作者司马迁，世称“太史公”。④乃尔：竟然这样。尔：这样。

虚词“乃”常用的义项有五种：

①作副词，可以译成“于是、就”，如上文中“某乃倾囊中钱与之”的“乃”。

②作副词，可以译成“才”，如上文中“乞儿连呼三声乃止”的“乃”。

③作副词，可以译成“却、竟、竟然”，如上文“值钱乃尔”的“乃”。

④作判断动词，可以译成“是、就是”，如上文中“太史公乃何物也”

的“乃”。

⑤作第二人称代词,可译成“你、你的”,如上文中“唤乃公一声”的“乃”。

读下面的顺口溜，记住“乃”字的五种常见义项

顺口溜“乃”

吾乃（①）作揖[①]曰：“向者[②]，吾知乃（⑤）翁与家父[③]有怨，故见则避之。而足下乃（③）以诚待吾，救吾于危急之时。吾今乃（②）知足下[④]高风亮节，乃（④）至诚君子也。”

注释：①作揖（yī）：古人见面或分别时的一种礼节。两手合抱致敬叫“拱”，边拱手边弯腰致礼叫“揖”，这是古时不分尊卑的见面礼。②向者：以往时；从前的时候。③家父：我的父亲。④足下：您。

11. 故

击邻家子

有粗心大意时丢三忘四者，其父斥之者数[①]，依然如故，故怒而笞[②]之。其邻人之父亦举木而击之。问其故，曰：“吾之击也，顺其父之志[③]也。”

（据《墨子·鲁问》改）

注释：①斥之者数：多次斥责他。斥（chì）：斥责。②笞（chī）：用竹鞭子打。③志：心愿。

“故”有三种常用义项：

①可译为“原因、缘故”，如上文“问其故”的“故”（这一义项属名词）。

②可译为“所以、因此”，如上文“故怒而笞之”的“故”。

③旧有的可译为“原来的、旧有的样子、原来的样子”，如上文中“依然如故”的“故”。

12. 于

东海黄公

安期生得道于之罘[①]之山，持赤刀[②]以役虎[③]，左右指使，进退如役小儿。东海黄公见而慕焉[④]，谓其神灵之在刀焉。自思其乡多狼，狼逊[5]于虎甚矣，窃[6]而佩之。一日山行，困于群狼，出刀以格[7]之，弗[8]胜，遂[9]为狼食。

（据明代刘伯温《郁离子·安期生》改）

注释：①之罘（fú）：又写作“芝罘”，山名，在今山东省烟台市西北，为半岛。②赤刀：红色的刀。③役虎：把老虎当作奴仆一样随意使唤。④慕焉：对此很羡慕。⑤逊：差；不如。⑥窃：偷。⑦格：格斗。⑧弗：不。⑨遂：于是，就。

虚词“于”主要有三种义项：

①作介词，介绍行为发生的处所、时间、对象、原因，可译成“向、在、在……方面、从、从……中、到、给、对、对于、与、跟、同、因为、凭、凭借”等，如上文中“安期生得道于之罘之山”的“于”。

②作介词，用在被动句中引出行为的主动者，可译成“被”，如上文中“困于群狼”的“于”。

③作介词，用在形容词后面，表示比较，可译成“比、跟……相比”，如上文中“狼逊于虎甚矣”的“于”。

介词“于”在文言文中用得特别广泛，它所组成的介宾短语往往放在动词的后面作补语，译成白话文时应该把介宾短语移到动词前面作状语。如上文中“得道于之罘之山”“狼逊于虎甚矣”“困于群狼”都应该理解成“于之罘之山得道”“狼于虎逊甚矣”“于群狼困”。

13. 则

伯姬守则

伯姬[1]之舍[2]失火，左右曰：“夫人当出，少[3]避火也！”伯姬曰：“妇人之义，傅母[4]不在，则宵[5]不出堂。”火急，左右曰欲扳[6]其出舍，伯姬怒而詈[7]曰：“傅母不在，宵不出堂，此则妇人之大义也！尔等则陷我于不义！”拒不出堂。遂[8]死于火！

（据《穀梁传·襄公三十年》改）

注释：①伯姬：宋国第二十五任君主宋共公的夫人。②舍：房屋。③少：稍，暂时。④傅母：保姆或家庭教师。⑤宵（xiāo）：夜。⑥扳：拉。⑦詈（lì）：骂。⑧遂（suì）：副词，于是；就。

文言虚词“则”有四种常见义项：

①用在单句或并列关系的复句中，表示判断，可译成“是、就是、便是”，如上文中“此则妇人之大义也”的“则”。

②作表示假设或顺承关系的连词，可译成“那么、就、于是、原来是”，如上文中“傅母不在，则宵不出堂”的“则”。

③作表示转折关系的连词，可译成“可是、却、但是、然而”，如上文中“尔等则陷我于不义”的“则”。

④作名词，可译成“准则、法则”等，如上文中“伯姬守则”的“则”。

14. 乎

牺　牛

或聘于庄子①，庄子应②其使曰：“子见夫③牺牛④乎？衣以文绣⑤，食以刍菽⑥，是⑦牛也，昂昂乎⑧以为得无上之荣乎！及牵而入乎太庙⑨，虽欲为孤犊⑩，其⑪可得乎？”

（据《庄子·列御寇》改）

注释：①或聘于庄子：有人来聘请庄子。②应：回答。③夫（fú）：那。④牺牛：古代供祭祀用的牛。⑤衣以文绣：披着纹彩锦绣。⑥食以刍（chú）菽（shū）：吃着干草和豆混合成的上等饲料。刍：干草。菽：豆。⑦是：这。⑧昂昂乎：神采飞扬的样子。⑨太庙：帝王及诸侯的祖庙。⑩虽欲为孤犊：即使想做一头孤独的小牛。⑪其：用于加强反问语气，没有实在意义。

文言虚词“乎”有四种常见义项：

①作表示疑问或反问的语气助词，相当于“吗、呢”，如上文中的“子见夫牺牛乎”“其可得乎”的“乎”。

②用于感叹句或祈使句，可译为“啊、呀”等，如上文中“以为得无上之荣乎”的“乎”。

③作词尾，可译成“……的样子”或“……地”，如上文中“昂昂乎”的“乎”。

④作介词，相当于“于”，如上文中“乃牵而入乎大庙”的“乎”。

15. 所

坐井论天

有蛙十所，井底团坐①，论及天为何物，一老蛙曰：“天乃妖物也。其形之巨，不可言宣②；日月乃其眸③也；雷霆乃其吼也；飓风乃其喘④也……

饥则以大小动物为食，一餐所食以兆亿⑤计；以巨爪无能入井，吾侪⑥得以平安无事也！”众蛙皆曰：“幸以此井为所，幸甚，幸甚！

注释：①团坐：围着坐。②不可言宣：不能用语言来表达。③眸（móu）：眼珠。④喘：急促地呼吸。⑤兆亿：形容数量无法计算。旧时以一百万亿为“兆”。⑥吾侪（chái）：我们。

虚词“所”有三种常用义项：

①用在动词、介词或动词性的词组前面，组成“所”字结构，如“所食”“所言”“所见”“所爱”“所存”“所恶”“所以”等，此义项也常在白话文中出现。

②用在数量或数量词后面，表示估计、约略，可译成“左右、上下”等，如上文中“有蛙十所”的“所”。

③作名词，可译成“处所、地方”，如上文中“幸以此井为所”的“所”。

参考答案

文言趣读

下册

陈春贵　陈光辉◎编著

江西人民出版社
Jiangxi People's Publishing House
全国百佳出版社

图书在版编目（CIP）数据

文言趣读：全 2 册 / 陈春贵，陈光辉编著 . -- 南昌：江西人民出版社，2023.12

ISBN 978-7-210-14183-9

Ⅰ . ①文…　Ⅱ . ①陈…　②陈…　Ⅲ . ①文言文－中学－教学参考资料　Ⅳ . ① G634.303

中国版本图书馆 CIP 数据核字（2022）第 198052 号

文言趣读（全 2 册）　陈春贵　陈光辉　编著

WENYAN QUDU（QUAN 2 CE）

责任编辑：杨　帆　李旭萍

书籍设计：游　珑

江西人民出版社 Jiangxi People's Publishing House 全国百佳出版社　出版发行

地　　址：江西省南昌市三经路 47 号附 1 号（330006）

网　　址：www.jxpph.com

电子信箱：jxpph@tom.com

编辑部电话：0791-86899133

发行部电话：0791-86898815

承　印　厂：江西润达印务有限公司

经　　销：各地新华书店

开　　本：787 毫米 ×1092 毫米　1/16

印　　张：24.5

字　　数：480 千字

版　　次：2022 年 11 月第 1 版

印　　次：2023 年 12 月第 2 次印刷

书　　号：ISBN 978-7-210-14183-9

定　　价：60.00 元

赣版权登字 -01-2022-471

目录

想在中考时文言文部分得高分的同学，下册中提到的「词法」与「句法」知识应该掌握，设计的思考题也应该认真完成。

——**作者建议**

154.螃蟹称王

南阳诸葛庐下，有方塘半亩，水清冽①而甘甜。诸葛孔明耕读之日，塘中鱼虾相戏，龟蚌共眠。及刘备三顾茅庐，诸葛之出山也，一蟹横来，舞六爪而举二螯，昂昂乎②令鱼虾龟蚌曰："寡人乃尔曹之圣主也，其不遵寡人之令者，斩勿赦！"鱼闻而惧，潜乎石隙。虾闻而疑，默然而觇。龟伸颈谛视，既而叹息曰："悲乎，圣人去而小人至焉。"蚌居龟侧，张壳而曝，若无闻焉。蟹忿然，欲攻龟，然计之曰："龟受敌则首缩，其壳似甲③，无奈何也；蚌方曝，肝脏毕露，可以毙之。与其攻龟而受蹶④，孰若斩蚌而惊龟？"遂伪为攻龟，舞螯而前。近蚌，欻伸螯以攻。蚌壳遽合，钳其螯。蟹痛甚，欲退乎不得，六爪急攫蚌壳。龟粲然，以爪拊蟹壳曰："以区区二螯亦欲称王乎？"虾至，故以螯逼⑤蟹目，戏之曰："蚌断其双螯，吾毁其双目，任其横行可也！"作势欲钳。蟹大骇，奋力挣扎，双螯立断，仓皇而逃。众大笑。

注释：①冽（liè）：清澈。②昂昂乎：神采飞扬的样子。③甲：铠甲。④蹶（jué）：挫折。⑤逼：靠近。（觇 66、谛 20、曝 79、毕 22、伪 16、欻 101、遽 13、攫 16、粲然 73）

思考题

多数语法书上讲虚词"乎"有五种义项：①表示疑问或反问的语气助词，相当于"吗、呢"。②用于感叹句或祈使句，可译为"啊、呀"等。③作词尾，可译成"……的样子"或"……地"。④作介词，相当于"于""对"。⑤用在句中表停顿，没有什么实在意义。

《螃蟹称王》一文中出现的"乎"分别含有这五种义项，请一一找出来。

155.一指制蟒

某君昆仲①，滇②人也。一日，猎于原始老林。一蟒暴出似风，兄闻声而顾，弟自项至踵，已为蟒躯缠绕，唯双手可自由耳。蟒尾上翻，蟒首高昂，睛荧荧，牙灿灿，舌吐缩不已。兄大骇，方欲引枪，忽思先祖遗言，亟呼曰："捅其后窍③！"弟恍然④悟，遽执蛇尾，以一指猛捅其窍，缠势立松。复力捅之，蟒滑落似索，仓皇欲遁。兄引枪击之，蟒首裂，其躯尚反侧倾跌久之。

其先祖言：蟒之猎物，必暴出以躯缠之。若为其缠绕，旋即窒息，既而骨碎躯软，卒吞食之；唯捅其后窍，可以自救。

注释：①昆仲（kūn zhòng）：称他人兄弟的敬词。昆：兄。仲：排行第二。②滇（diān）：云南省的别称。③后窍（qiào）：指肛门。窍：小洞或小窟窿。④恍（huǎng）然：猛然明白。成语有"恍然大悟"。（项70、踵80、先118、遽13、反侧倾跌66）

156.造"来船"

昆山①周用斋，诸事愦愦②，独工时艺③，后成进士。一日舟行，见来船过舟甚速，讶而问曰："此舟行迟，彼何其速也？"仆曰："彼来船也！"周笑曰："造舟者何其愚也！倘尽造'来船'，岂不快哉！"

又，往吊王司马④凤洲，误诣王学士宅。学士锦衣出迎。周不审视，言"令尊仙逝"者四。学士曰："家父无恙。"周曰："公尚未之知耶？"学士曰："得无吊凤洲乎？"周始知误，急解素服⑤而谢。

（据明代冯梦龙《古今谭概·专愚部第四·周用斋事》改）

注释：①昆山：县级市，在江苏省苏州市。②愦愦（kuì kuì）：混乱，糊涂。③时艺：指当时科举考试时所采用的文体。④司马：官名，官府、军府中的高级幕僚。⑤素服：吊念死者时穿的孝服。（诣95、谢51）

表述假设关系的常用虚词

文言文与白话文相比，就语法方面来说，要特别注意的是虚词的古今差异。虚词的数量虽然远不如实词，但是组词成句，联句成章，表达多种关系、情态和语气时都离不开虚词。学习虚词，作者以为应该注意两点：其一，对“之、乎、者、也、其、而、以、为、何、乃、于”等十来个常用虚词，刚开始接触文言文时，知道其主要义项即可，不能纠缠其中；但是认真学完了“上册”以后，就应该根据语法或者任教老师的要求，将出现在“上册”或“下册”中的这十来个常用虚词“字字”落实一番，现在中考还将其列为必备知识，这不是你我可以左右的。其二，除这十来个常用虚词外，其他一些譬如表示时间、程度、数量、范围等虚词必须尽快掌握；这类词，虽然出现也较频繁，但词义变化不大，容易记忆。为此，作者将在此栏中，就故事中出现的某个虚词，由此及彼，举一反三，作一些补充讲解。

表示虚假关系的可以译成“假如”“如果”的常用虚词，有“设 9、苟 33、使 71、倘 34、若、借、令、假、而”等；而同一用法的两个虚词，还可以连用且意义不变，因此表示假设关系的虚词还有“倘若、倘使、倘令、假使、假若、假令、假而、借使、借令、借若、若使”等。上文中“倘尽造‘来船’”的“倘尽造”，可改成“借使尽造”“倘令尽造”“苟尽造”等。

157.锤渔、扫渔、梦渔

予友张某，军人也，从戎①十年，戍②于西藏北鄙。一日，遇于途。既寒暄，问及是地异趣。友曰：“足下好渔，愿闻吾侪之猎鱼乎？”予曰：“猎鱼何如？”友曰：“吾侪猎鱼，可以锤，可以扫，假寐河干亦可得之，可谓锤渔、扫渔、梦渔者也。”予异其言，曰：“锤渔何如？”曰：“藏民鲜有食鱼者，故大江小流鱼虾甚多。若水浅，乱石半露水面，其下缝隙必有鱼焉。以锤猛击石顶，鱼则晕而上浮。”

“扫渔何如？”

曰：“冬日寒甚，江河冰冻盈尺，可行人。若砸一窟，以多氧气，其下鱼集，遽以帚扎，必有跃至水面者。倘艳阳可曝，徐风拂面，则可假寐河干，身侧置些许食物——以芳者为佳。鱼嗅其香亦可跃至身侧，此非梦渔者耶？”

予喟然叹曰："神州之大，无奇不有，苟以己之阅历，臆测[3]世事之有无，大谬也夫。"

（据曾有情《西藏边防奇趣·鱼趣》改）

注释：①戎（róng）：军事。②戍（shù）：防守。③臆（yì）测：凭空想象。（鄗112、寒暄128、假寐84、鲜19、使71、曝79、臆测128、谬36）

基础知识述要

语气词的连用

文言文中，为加强语气，"乎""者""也""焉""耳""哉""夫""矣"等语气词可以两个连用，连用时侧重后一个。常见的组合形式有"者也""乎哉""也哉""焉耳""矣哉""矣夫""也夫"等。

如上文结尾的"大谬也夫"，可改成"大谬也哉"或"大谬者也"等。

158.气泵穿肠

民工甲乙，工棚小憩。时值盛夏，闷热似炉。以无电风扇，甲遂开启高压气泵，果有凉意。乙顾而笑曰："冲吾臀部，吹吹何如？"遂低首崛[1]尻，俟甲效劳。甲大笑，曰："诺！"掉转气泵。忽见乙仆地号呼。谛视之，其后窍处裤已洞穿。甲大骇，急送其就医。医者云："若迟片刻，必有生命之忧。"盖肠已吹裂，腹腔充血。

注释：①崛（jué）：突起。（憩136、尻85、俟13、谛20）

159.玉帝远见

一日，太白金星[1]奏曰："启奏万岁，人类科技，一日千里；长此以往，天庭恐无宁日。臣[2]深以为忧。"玉帝笑曰："卿多虑矣！泰极而否[3]，祸福相倚，为至理名言也。譬如手机，其功能日众，然后生辈低头玩机者亦日众矣。其耳目颈椎皆为手机所累，久而久之，必百病缠身，届时祈救吾神为其赐福者将数以兆亿[4]，何忧之有？"金星悟，笑曰："陛下[5]远见。臣无忧矣！"

注释：①太白金星：传说中玉皇大帝的特使，负责传达各种命令。②臣：臣子对帝王的自称。③泰极而否：指事物发展到一定程度，就要转化到它的对立面，好事会变成坏事。“泰”“否（pǐ）”都是周易中的卦名，“泰”是好卦，“否”是坏卦。④兆亿：指数量极多。古代一万亿为一兆。⑤陛（bì）下：臣子对帝王的尊称。陛：原指皇帝宫殿的台阶，臣子对帝王进言时不敢直呼帝王，而是说站立在陛（台阶）下的人有话要说，后来就成了对帝王的尊称。

思考题

1.请指出上文中“为”字的义项。（固定结构“以为”除外）

2.请将“臣无忧矣！”改成两个语气词连用的文言句。

160.瞽者善卜

瞽者朱化凡，居吴江[①]，善卜[②]，门庭若市，家道从容。一日薄暮，有青衣传主人命，欲延朱舟中问卜。朱辞以翌晨，青衣不可，曰：“吾主，贵人也，性急，且所卜之事不得缓。”固[③]请同行。步良久，至一舟中。但闻舟人甚众，坐定。谓朱曰：“吾辈实劫富济贫者也，今夜拟劫一大姓，为图吉利，借汝为魁[④]耳！”朱大恐，言盲人无用。曰：“无他，但安坐堂中，以木拍案，高叫‘快取宝来’即可。得财当分，不然，斫汝数段以食鱼也。”朱惧而从之。夜半至一家，朱坐堂中，且拍且叫。群盗罄其家所藏而去，朱犹拍呼不已。主人之妻初疑贼尚在，不敢出。久之，窥视止一人而其声颇似习[⑤]闻者，出而烛之，夫也。惊问其故，始知所以。夫妻相抱而泣。

（据明代冯梦龙《智囊·杂智部狡黠卷二十七·卜者朱生》改）

注释：①吴江：区名，属江苏省苏州市。②卜（bǔ）：古人用火灼龟甲，以为从灼开的裂纹中可以推测出行事的凶吉，后来用其他方法来推测凶吉的都叫“卜”。③固：坚持。④魁（kuí）：首领。⑤习：熟悉。（辞146、拟69、斫61、食83、罄71、窥105）

161.十喻联姻

有十某与喻某联姻。十谓喻曰："弟姓'十'，笔画甚稀，且不入《百家姓》，姻翁[1]姓'喻'，嘴吊于侧，叨叨不已。将'口'馈予姻弟，弟可姓'古'，何如？"喻不说，思之曰："是乃嫌吾女多舌也"。遂曰："姻翁唯有薄田几亩，儿孙渡日维艰[2]。盍不纳'十'于'口'，姓'田'，何如？"

十不语。

（此文为作者与李民中老师共同创作）

注释：①姻翁：旧时，两亲家间，称对方为"姻翁"，自称"姻弟"或"弟"。②维艰：艰难。维：只有。（馈137、说1、是5、盍50）

162.黄鼬与兵

长白山某哨所。

一年冬日，战士齐晓东得黄鼬一[1]，后股为兽夹所伤，已奄奄一息。齐为鼬去铁夹,以药敷伤,谨饲之。营中伙伴亦视为宠物。居无何，鼬伤愈，敏捷如初，遂携之密林而纵[2]焉。鼬留连[3]久之，始去。未及旬，复至军营。营中战士，如迎故友。鼬去。旦日，竟偕伙伴，徙至军营，与战士比邻而居。今营中黄鼬无虑三十。鼬颇通人意，战士畜鸡些许，鼬友之，时绕鸡嬉戏。见著军衣者，则近出前后，拊之亦不之惊。而见未著军装者，必欻入地穴。逢年过节，闻战士燃鞭炮，辄倾巢而出，欢奔雀跃。寂寞军营，倍增趣味。

注释：①黄鼬（yòu）：俗称"黄鼠狼"。哺乳纲，鼬科。②纵（zòng）：释放。③留连：留恋；滞留。（股19、谨50、旬56、旦日110、偕126、徙120、比邻63、无虑121、著83、拊110、欻101、辄82）

表示时间的虚词及常用语

上册中出现过许多表示时间的虚词及常用语，它们有：

欻101、遽13、倏90、忽179、倏忽179、瞬息39、俄1、俄而1、俄尔1、俄然1、俄顷1、旋15、旋即15、须臾138、顷55、顷之55、少顷55、有顷55、有间55、未几15、无何69、既而15、已而107、食顷55、移时55、鼓70、更70、寻137、旦日110、昧爽24、平明123、平旦123、夙夜58、旬56、期月76、期年76、岁130。

此处再补充一些常用的虚词及常用语：晌午（中午）、日中（正午）、隅中（快要到中午）、日昃（zè）、日仄（zè）、日侧（日昃、日仄、日侧都指太阳已经西斜）、食时、晡时（古人每天吃两餐，吃早餐时叫“食时”，吃晚餐时叫“晡时”）。

163.严公营宅

严公讳纳①，字敏卿，号养斋，营大宅于城中，以一民房错②入，未得方圆。其人货酒兼营豆腐者也，司工者厚价乞而不得，愤而诉诸公。公曰：“先营三面可也！”既兴③，公命每日所需皆取此家，且先付其直。其人拮据，得直，以日不暇给，募人为助。已而鸠④工愈众，获利愈丰。所积米豆，充实屋中，缶什俱增数倍，屋隘不足以容之；颇感公德，自愧其初之抗也，遂书券⑤以献。公以他房之相近者易焉。房稍宽，其人大悦，不日而徙。嘻！势取不得，以惠取之；我不加费，人反诵德。严公之术，其妙绝佳！

（据明代冯梦龙《智囊·术智部谬数卷十四·严养斋》改）

注释：①严公讳纳（nà）：即严纳，明嘉靖年间官至吏部尚书兼武英殿大学士。②错：镶嵌（xiāng qiàn）。③兴：起。这里指开始动工。④鸠（jiū）：聚集。⑤券（quàn）：契约。这里指房契。（字133、号133、货101、既63、司65、直101、易100、徙120）

表示程度的常用虚词

文言文中表示程度的常用虚词可以分为三类：

①表示程度较轻，相当于现代汉语中的“稍、稍微”等，这类常用虚词有“稍、略、少”等。如上文中“房稍宽”可改为“房少宽”。

②表示比较程度的，相当于现代汉语中的“更、更加、越、愈、尤其”等，这类常用虚词有“更、愈、越、尤、益、弥”等。如上文中“已而鸠工愈众，获利愈丰”可改为“已而鸠工益众，获利尤丰”，或“已而鸠工越众，获利更丰”。

③表示程度很高，相当于现代汉语中的“很、最、特别、非常、极”等，这类常用虚词有“颇、甚、殊66、良59、至、极、绝、孔”等。如上文中“颇感公德”，可改为“甚感公德”“殊感公德”；“严公之术，其妙绝佳”，可改为“严公之术，其妙尤佳”“严公之术，其妙颇佳”。

请注意：在这类虚词中，有许多与现代汉语中用法相同或相近的虚词。

164.醉　鬼

钟馗[①]者，啖鬼之神也。奉玉帝旨意，赴阳间捉鬼。居无何，阳间之鬼，悉为所收，唯醉鬼未获。询诸属下，曰：“此鬼无时不饮，无饮不醉，醉则撒酒疯，东奔西窜，行踪无定，实难擒获。”馗曰：“且将众鬼烹而啖之，先回奏玉旨[②]，再捉不迟。”行至中途，忽为一人扭住衣襟，自称醉鬼。馗大喜曰：“吾固欲捉汝，竟送上门来。”醉鬼曰：“汝为何人？”馗曰：“吾乃啖鬼之钟馗也。”醉鬼曰：“汝姓钟[③]耶！大钟乎，抑或小钟？”馗曰：“此话怎讲？”醉鬼曰：“设为大钟，与汝搳三十拳；设为小钟，与汝搳五十拳。”言毕，又开五指曰：“梅花开来——”

（据清代《笑林广记·醉鬼》改）

注释：①钟馗（kuí）：中国古代传说故事人物。相传唐明皇于病时梦见一大鬼捉小鬼啖之。问之，则自称钟馗，生前曾应武举未中，死后决心消灭天下妖孽。唐明皇醒后，命画工吴道子绘成图像。旧俗在端午节多悬钟馗之像，说是能驱鬼和驱除邪祟。②玉旨：玉皇大帝的旨意。③钟：古代的一种圆形的壶，用来盛酒或粮食，所以醉鬼这么问。（收143、询38、旨86、固39、抑或73、搳123）

基础知识述要

表示全部范围的虚词

表示全部范围，可译成“都、全、全都、共、总共、统统”等的虚词，有“皆5、尽、咸71、悉71、举47、遍、俱、毕22、备62、悉举、悉皆”等。其中“悉举”“悉皆”是由两个意义相同的虚词并用的，语意不变。但每个词的用法亦有差别，上文中“阳间之鬼，悉为所收”，可改为“阳间之鬼，皆为所收”“阳间之鬼，尽为所收”“阳间之鬼，悉举以收”或“阳间之鬼，悉皆收之”，不能改为“阳间之鬼，备为所收”或“阳间之鬼，毕为所收”，阅读时应细心体会。

思考题

上文中有一个表示假设关系的虚词，请找出来，并想一想可以把这个虚词改为哪几个词。要求答出四个以上。

165.西红柿

西红柿者，原野生于南美洲之秘鲁，土人[①]谓为“狼桃”，以为有毒也。

十六世纪，英人罗达拉里公爵游至，见其叶似牡丹，硕果似花，喜不自禁，遂携而归。自是，西红柿始繁衍于异国，然人皆以为有毒，特观赏而已。

至十八世纪，有画家某——法人也。为其果色所惑，啖之。觉酸甜可口，然思及有毒云云，不免心惊肉跳，遂盛敛[②]而卧，以俟死神，竟无恙。其事广为流传，西红柿遂为果腹佳品。

注释：①土人：指当地的老百姓。②盛敛（liàn）：“敛”通“殓”，把死人装入棺材叫“殓”，“盛敛”指为等待死神而穿好服装。（特25、惑52、俟13）

基础知识述要

表示个别范围的虚词

表示个别范围，可以译成“只、只有、只是、仅、仅仅、单”等的虚词，有“但2、第127、弟、特25、直、徒、止3、唯、惟、独、才”等，其中“弟”是“第”的通假字。“唯、惟、独”在白话文中也经常出现。

如上文中“特观赏而已”，可改为“第观赏而已”“但观赏而已”“止观赏而已”……

思考题

上文中有一个表示全部范围的虚词，请找出来并改成另一个词，使句子意思不变。

166.效　颦

西施病心①而颦②其里③。其里之丑人见而美之，归亦捧心而颦其里。其里之富人见之，坚闭门而不出；贫人见之，挈④妻子⑤而去之走。

彼知其颦美，而不知颦之所以美。

（选自《庄子·天运》）

注释：①病心：害心痛的病。②颦（pín）：皱着眉头。③里：旧时县以下的基层行政单位。古时以县统乡，以乡统里。管辖一里的官，叫里正，明以后改称为里长。④挈（qiè）：带领。⑤妻子：妻子和儿女。

167.东施悟颦

东施见邻之富人坚闭门而不出，贫人挈妻子而去之走，思之曰：“得无恶①我之效颦邪？”乃复常态，乡里遂不之怪。会比邻之女助西施浣纱②溪畔，挽袂③露足立于水，貌甚媸而人誉之。遂悟。西施固贫女也，织纺井臼④，少有闲暇，东施乃竭力效之。居一年，乡人论西施之妍，必及东施之勤焉。

（此文为作者和许国申老师共同创作）

注释：①恶：厌恶。②浣（huàn）纱：洗纱。浣：洗涤（dí）。③袂（mèi）：衣袖。④织纺井臼（jiù）：指织布，纺纱，提水，舂（chōng）米。（得徽 8、固 39、妍 62）

基础知识述要

表示时间刚好、巧合的虚词

表示时间刚好、巧合，可以译成“刚好、刚巧、正逢”等的虚词，有“会、适、适会”等（实词“值”也可以译成“正逢”）。如上文“会比邻之女助西施浣纱溪畔”中的“会”，可改用成“值”“适会”等。

168.令鸭猎兔

昔有一人，适墟见鸭，以为鹘[①]也，不胜喜，鬻之。归则携而从猎。原[②]上兔起，掷之使击。鸭应手而堕，再掷再堕，如是者三。鸭怨曰：“吾，鸭也，杀而烹之，乃其分[③]也，奈何加我以掷堕之苦耶？”其人曰：“而乃鸭耶？吾以为鹘，可猎兔者也！”鸭乃举掌而示曰：“以此猎兔，无乃不可乎？”

（据宋代苏轼《艾子杂说》改）

注释：①鹘（gǔ）：一种鹰类猛禽，驯化后可作猎鹰。②原：平原。③乃其分：是我的职责。（昔32、适136、携24、无乃……乎141）

基础知识述要

表示顺承关系的常用虚词

多数情况下，表示承接的可以译成“于是、就”的常用虚词，有“乃、遂、因、即、辄82、然则12”等，其中“乃”与“遂”可以连用。如上文“鸭乃举掌而示曰”一语，可以改成“鸭遂举掌而示曰”“鸭因举掌而示曰”或“鸭即举掌而示曰”。

169.畜生可好

蒙人相见寒暄，恒问：“畜生可好？”盖以畜牧为业，一年生计，咸赖于牲畜，故视牲畜为生命攸关也！南人某君，尝与蒙人札萨德为友。一日相逢于途，札依蒙人之礼问曰：“数年未见，畜生可好？”某怫然大怒，拂袖而去。

基础知识述要

常放在句首的发语词

文言文中常放在句首的发语词有“夫33、盖24、惟350、且”等，其用法各不相同。“夫（fú）”表示将有议论。“盖”放在句首作发语词时，表示将发议论，可以不译；或者表示下文是推测性的论断，不作肯定，可译成“大概”“大约”；或者是承接前句，表示原因，可译成“原来是”。“惟”（亦可以写成“唯”或“维”）作发语词时，表示期望或祈求，可译成“希望”“请”；放在表示时间或朝代的词语前，没有实际意义，可不译。“且”放在句首作发语词时，表示将有议论，可不译。

还有放在一段之首，表示下文有所叙述的虚词，常有“若夫147”“至若”等。这两个发语词在名篇《岳阳楼记》中有，可以看成是两个虚词并用的词。“若夫”中的“若”可译成“假如”，“夫”不用译；“至若”中的“至”可译成“至于”，“若”译成“像”。

170.无赖哭丧

一无赖饥火烧肠，忽闻有丧家号啕大哭，喜曰：“有计矣！”遂入，对柩顿首①，大恸。众皆不识此人。无赖曰：“此翁与不肖最善，数月不见，竟先我而去，不亦悲乎？”其家感其情，留其饮馔②而去。寻，复遇丧家痛哭。遂入，恸哭如前。叩之，对曰：“死者与不肖最善！”言未毕，众拳皆至其脸矣。盖其家所丧者，乃少妇也。

（据清代陈皋谟《笑倒·误哭遭打》改）

注释：①顿首（dùn shǒu）：磕头，头叩地而拜。②馔（zhuàn）：鲜美的食物。（柩148、恸9、不肖102、寻137、叩95、盖24）

171.假溺鬼

某翁，居于江干，小有积蓄。

一夜将寐，忽闻窗外语曰：“明日浣衣妇，即吾之替身也。”另一曰：“恭喜！恭喜！”翁素信神鬼，意此必溺鬼也——溺水而死者，谓溺鬼。据传：溺鬼必找人替代，而后可投胎托生焉。翌晨，果有妇来浣，翁亟阻之。夜，忽闻门外群鬼曰："此即救人者也！"一曰："杀之！不然吾等无托生之日矣。"一曰："拽其入水，以代浣衣妇可也。"翁大惧。倏有群鬼破门而入，石片沙砾落似雹雨，翁蒙以布衾[1]，不敢少动。已而，鬼去，急起视之，所蓄席卷一空矣。乃悟乡之所见，皆盗之诡计耳。盗亦黠矣。

（据清代无闷居士《广新闻》改）

注释：①衾（qīn）：大被子。（干19、浣167、素132、亟11、拽103、倏90、已而107、乡119、黠83）

172.枭逢鸠

枭[1]逢鸠[2]。鸠曰："子将安之？"曰："我将东徙。"鸠曰："何故？"枭曰："乡人皆恶我鸣，以故东徙。"鸠曰："子能更鸣，可矣；不能更鸣，东徙犹恶子之声。"

（选自汉代刘向《说苑》）

注释：①枭（xiāo）：猫头鹰。②鸠（jiū）：斑鸠、雏鸠等的统称。（安48、徙120、更111）

基础知识述要

疑问代词

疑问代词可以分为以下几种情况：

①问人，问事物。可以译成"谁、什么、哪个"的疑问代词有"谁、何、孰"。

②问原因，问情况的，或问处所。可以译成"什么、怎样、为什么、哪里"的有"安48、何、胡95、曷75、焉17、乌126、恶121、奚75、盍50"。（注意："胡"不能用来问处所；"安、焉、恶、乌"常出现在反问句中；"盍"是个合音词，等于"何""不"两字的合音，使用时又往往"盍不"两字并用）

③问数目。可以译成"几、多少"的有"几、几何23、几许131、几多"。

疑问代词使用频繁，许多时候它们可以交换使用。由于可以互用，又涉及由它们组成的固定结构与特殊句式，因此，初学者容易困惑。作者将先讲疑问代词的义项，到讲述固定结构与倒装句时，再作补充。

173.猫与枭书

猫顿首①，从兄枭足下：

昨逢鸠，云足下将东徙，以乡人恶鸣云，鄙人闻而悲焉。窃②思足下与鄙貌相近也，而捕鼠之才犹胜于鄙。然鄙人居此颇为遂③心，以无贵无贱，无智无愚、无长无少，皆愿与鄙为友也。庖中肥鲜，盘里珍羞④，皆可得而食之。冬日潜于锦衾之中，酣睡于人之侧，亦不之怪。所以然者何⑤？善解人意、顺乎人心也。鄙见人恒曰："妙乎！"人乌能不喜？而足下自命清高，见人则避，且其声逆耳，恒夜半扰人春梦，人其能无恶哉？愿足下思之。

奉⑥书⑦草草，冀足下自重⑧！

注释：①顿首：旧时写书信，或在开头，或在结尾，常写上"某顿首"三字，这是礼貌用语。"某"是写此信的人。②窃：常用来表示个人意见的谦辞，可译成"私下、私自"等。③遂（suì）：顺；顺利地做到。④珍羞（xiū）：稀有的食物。⑤所以然者何：为什么会这样呢？⑥奉：敬辞。⑦书：信。⑧自重：自己保重。（从兄144、足下40、云66、鄙人102、庖77、衾171、乌126）

174.枭答猫书

枭顿首，从兄猫足下：

得书之日，吾已徙于林壑①矣！

乡逢鸠，今者复得足下之书，窃②以足下与鸠，皆爱我者也。然吾所重者，心也。顺吾性情，言吾欲言，何其快哉？倘窥人颜色，揣人喜恶，言不由衷，何乐之有？非吾不能，实不愿也。宇宙之大，何处不可容身？徙于林壑之中，栖于巨木之巅，万事不到胸次③。携春风而友白云④，其乐何如哉！

承蒙赐教，不胜感激！然性愚顽而不可遽改，冀足下见谅。

注释：①林壑（hè）：长满树木的山沟。壑：山沟。②窃：常用来表示个人意见的谦辞，可译成"我"。③胸次：心中。次：处所。④友白云：把白云当作朋友。（乡119、何其13、窥105、揣21）

基础知识述要

常用的敬辞与谦辞

称呼或询问对方时，常用的敬辞有“令、高、贵、贤、谨、幸、蒙、赐、拜、惠、奉、伏”等，如令堂、令尊、令爱、高寿、高堂、贵庚、贵姓、贤弟、贤兄、谨受教、谨记、幸会、幸蒙、赐教、拜读、拜会、惠存、奉告、伏闻、伏惟（下对上有所陈述时常用“伏维”，表示有所听闻时用“伏闻”）等 。

自称时，常用的谦辞有“窃、仆、愚、鄙、鄙人、在下、不才、不肖、不佞、不敏”等。这类词多数情况下可译成“我”，详见102。

175.儒医诊脉

一学台患病，延医诊视。医本儒[①]者，以不惑之年犹就童子试，遂弃学从医。知其为宗师，股栗难止，脉诊竟按其手背焉。学台大怒，令左右挞之。医狼狈出，曰：“渠脉息俱亡，虽凶似虎狼，庸[②]能久乎？”

（据清代陈皋谟《笑林广记·医按院》改）

注释：①儒：读书人。庸（yōng）：难道；哪里；怎知。（学台149、延41、不惑123、就27、童子试53、股19、栗60、挞107、亡131、“其能久乎”的“其”5）

基础知识述要

表示反问语气的常用虚词

文言文中常用来表示反问语气，可以译成“难道、怎么、怎能、哪里”的虚词，有“岂、其、宁 25、顾 57、讵 124、庸”等。两个用法相同的虚词可以连用，表达同一个意义，如“岂其、庸讵、其庸、庸何”也表示反问。

上文中“其能久乎？”可以改成“宁能久乎？”“庸能久乎”“岂其能久乎？”“其庸能久乎”等。

176.阴阳学台

有欲延师者，恐师品学不佳。其友曰："欲简有真才实学者，可以此法试之：延众秀才赴宴，俟其酣饮之际，令人报曰'明日学台至矣'，座中秀才必惊惶失措。安坐如初者，品学必佳。"从其教，遂延秀才七八，设筵①以待。酒方酣，忽有人报曰："明日学台至矣。"众秀才多惊惶失措，唯一人寂然不动。欲延师者大喜，曰："此真吾师也。"近而谛视，已气绝焉。大恐。友曰："吾有起死回生之术。"遂俯其耳侧大声曰："阴间学台至矣！"死秀才乃活。

（据清代小石道人《嘻谈录·阴阳学台》改）

注释：①筵（yán）：竹制的垫席，古人在席上举办酒席，所以"酒席"叫"筵席"。（延41、简5、俟13、谛20）

177.困龟得哺

光绪十七年①，余邑有农夫舒基星者，伐薪山中，倚岩小憩。忽闻沙沙声，循声以视，见身侧棘丛②中有两龟，大如碗。其一仰面夹于二棘之中，去地尺许；其二口衔小虫，方哺夹龟，遂捉之。二棘径③寸，夹龟固不可下，伐而得之。见其二侧，夹痕深二黍许。以二子素不和，遂持之归，语于二子曰："此二龟，一雄一雌，或为兄妹，或为夫妻；一龟受困，另一哺之。龟且如是，人顾不如龟耶？"二子大惭。

此事逾百年，二龟尚存，其大如盘。舒之后裔④，亦成旺族，因名其村，曰"得龟村"。村口古松下，有石碑，详载其事。村人视二龟，不啻连城宝也。百年之久，是村鲜有争殴者。

注释：①光绪十七年：公元1891年。②棘（jí）丛：荆棘丛，即有刺的灌木丛。③径：直径。④后裔（yì）：后代。（邑43、憩136、循94、黍108、素132、顾57、逾91、不啻119、鲜19）

178.抱犬殉国

中日甲午之战，邓世昌[①]舰毁人亡之际，有僚属[②]将救生木推于邓。邓志在必死，不之顾。有二犬急趋之，衔邓左右臂，令其不沉。推之再三，犬坚衔不舍，遂抱犬同沉。嗟夫！生当作人杰，死亦为鬼雄，邓公之谓也！

注释：①邓世昌（1849—1894）：原名永昌，字正卿，清末海军爱国将领。②僚属（liáo shǔ）：属下的官员。（趋81、嗟夫67、……之谓也135）

基础知识述要

用在句首，表示感叹、惋惜或斥责的虚词

文言文中，常用在句首或句末表示感叹、惋惜或斥责的虚词，有“嗟夫、嗟乎、乌、乌夫、乌乎、呜呼、噫、恶、哑、嘻、熙”等。这些词都可以译成“啊”或“唉”。“乌夫”、“乌乎”或“呜呼”常用来表示悲伤之情。

179.醉汉戏蟹

一汉宴客。醉，厨中出一活蟹曰：“瞧我，瞧我！”持蟹近嘴，伸舌以逗。蟹伸螯以钳，汉舌亟缩。蟹收螯。汉复伸舌。蟹螯遽伸，汉舌倏收，如是者三。众皆莞尔。汉大笑，曰：“蟹耶，蟹耶！其奈我何！”复伸舌，蟹欻伸螯以钳。汉痛而大号。一客急前，断蟹螯，然钳如故。汉抚舌，血如注。众皆掩口胡卢。（亟11、遽13、倏90、莞尔35、欻101、胡卢119）

基础知识述要

表示时间短促、速度极快的虚词

表示时间短促、速度极快，可以译成“突然、赶快、急忙、急速、飞快地、很快”的虚词，有“暴16、亟11、急、遽13、倏90、欻101、疾100、忽”等。这些虚词也可两个连用，表达同一个意思时，往往用“倏忽”“忽忽”等。

180.鼓与爆竹

鼓侧有爆竹些许，以贺学台寿也。鼓谓爆竹曰："吾辈贺宗师寿者，皆以声也。子噼啪一声，吾咚咚不已。"爆竹以鼓无状[①]，遂曰："汝皮厚腹空，懂懂不已，何懂之有？"鼓闻而默然，良久乃曰："吾诚卑鄙，不若子身著红袍，昂昂乎——"爆竹闻而喜。"直上青天，赫赫乎[②]——"爆竹笑，洋洋自得。"叱咤风云，威威乎——"爆竹大笑曰："知吾者，子也。噫！微宗师者，吾谁与归[③]！"鼓他顾而哂，徐曰："噼啪一声，命呜呼——"爆竹大怒，几欲裂腹。

注释：①无状：没有礼貌。②赫赫乎：声名赫赫的样子。③微宗师者，吾谁与归：如果没有宗师，我同谁归属在一类呢？微：如果没有。（学台149、昂昂乎154、卑鄙33、著83、哂8、徐96）

基础知识述要

可以译成"确实""真的"的虚词

表示情态，可译成"确实""真的""本来"的虚词，有"诚、实、真、固"等。如上文中"吾诚卑鄙"，可改为"吾实卑鄙"或"吾固卑鄙"。

181.鹩哥吟诗自救

杭城[①]金翁，年逾古稀，畜鹩哥[②]四，恒与其应答，教其吟诗，且以兄弟相称。翁呼鹩为"哥大、哥二、哥三、哥四"；鹩呼翁为"金弟"。翁虽独居，有鹩哥四，自晨至暮，称哥唤弟，其乐融融。

一日，有远亲要翁赴宴，薄暮醉归，解衣欲寐，忽思之曰："向者外出而归，院内鹩哥争呼'金弟'，今者何以默默无声？"急披衣出，始知鹩哥悉为人盗。翁心急如焚，急报案。以金住所四周，鲜有摄像头，警查而无获。翁计之曰："盗得鹩哥，多售之于花鸟市场，盍不赴墟寻觅？"

居无何，果于吴山花鸟市场[③]，见有摊主将哥三出售。翁大喜，遂呼曰："哥三，哥三！"笼内鹩哥亟应曰："金弟，金弟！"翁曰：

"床前明月光。"鹩曰："疑是地下霜。"……翁竟忘其所事，与鹩哥吟诗应和，其喜洋洋哉矣。

追摊主问其所以，始具以情告。摊主知盗鸟者细底，详告于警，盗遂坐其罪。鹩哥有四，复与翁称兄唤弟也！

注释：①杭城：杭州市，在浙江省。②鹩（liáo）哥：又名"秦吉了"，善效鸣，观赏鸟。③吴山花鸟市场：在杭州市吴山广场附近。（要123、迨22、坐143）

182.张祜好侠

唐人张祜，以侠[1]自许。一夜，闻叩门声，启视之：一佩剑武士，拎革囊，囊渗鲜血。问曰："张侠士可在？"张见其不凡，延入客厅。武士曰："小人为仇家所逼，不得已隐匿江湖十年，今夜得报大仇。"指革囊曰："此仇敌首级也！"张肃然起敬，急令烹饪置酒。两人举杯豪谈，相见恨晚。将醉，武士曰："素闻张君义薄云天，今日一见，果如其言。小人尚有一事相求，不知可否？"张曰："古人重义轻生，君有何求，但言无碍。"武士曰："此去三里，有一义士于小人恩重如山，若能借黄金百两，酬谢义士，则小人今生一仇一恩皆可了了，而后赴汤蹈火，唯君是听。"张拍案曰："此快事也！"遂慷慨相赉。武士大声曰："快哉，快哉！天下豪杰，舍君其谁！"留下革囊，如飞而去，曰："鸡鸣必归！"昧爽不见踪影，启囊视之：猪首也！祜恨恨不已。

（据唐代冯翊子《桂苑丛谈》改）

注释：①侠（xiá）：旧称扶弱抑强、见义勇为的人为"侠"或"侠客"。（叩70、革66、囊3、延41、素132、薄97、唯……是……132、赉52、昧爽24）

183.书呆献策

张香帅之调任两江①也，有竖儒某贸贸②投辕③，称有奇策上献，曰："制军④设能采用吾言，倭冠可以立破也！"巡捕⑤索策阅之，某不肯泄，遂入白香帅。帅爱才若渴，即令传入。某长揖不拜⑥，出策以呈。帅略一翻阅，掷地大笑曰："尔真可谓书呆子也！"某呐呐欲言，帅已拂袖入内。某乃拾策，踉跄而归。有见其策者言，内有一计，曰：可令军士各携水一桶，遇倭⑦则以水泼之，盖倭以火器攻我，水可克火也！复有一计云：可令军士各携竹竿，遇倭即委⑧于地，俟其踩竿倾跌，则可擒而杀之。某尝见西洋兵正步而行，以为洋人腿直，一经倾跌，必困⑨于起立也！

（据俞小红《晚清官场百态·书呆献策》改）

注释：①张香帅之调任两江：张香帅，即张之洞，1894年张之洞由两广总督调任两江总督。两江总督，官居一品，总管江苏（含上海市）、安徽、江西三省的军民政务。"书呆献策"大概就在这个时候。当时张之洞正广纳人才，广取善策，以应对日本侵略者对长江口岸的虎视眈眈。②贸贸（mào）：亦写作"眊眊（mào）"。蒙昧不明貌。这里指书呆不知天高地厚，糊里糊涂的样子。③投辕（yuán）：到总督衙门口要见张香帅。辕：领兵将帅的营门或官署的外门。④制军：清代总督尊称为"制军""制宪"或"制台"。⑤巡捕：清代总督、巡抚、将军的随从官。⑥不拜：不行跪拜之礼。⑦倭：我国古代对日本的称呼。⑧委：丢弃。⑨困：窘迫。（竖儒81、使71、索76、白127、长揖13、呐呐136、拂袖98、携24、俟13、倾跌66、尝32）

思考题

1.“制军使能采用吾言”中，哪一个是表示假设关系的虚词？

2.请在上文中找出三个含有表示承接关系的虚词的语句。

3.请在上文中，找出一个含有表示轻微程度的虚词的语句。

184.慈禧西逃

光绪二十六年[1]，八国联军攻占北京。慈禧偕光绪西逃，惶惶如丧家之犬。甘肃布政使[2]岑春煊，率兵勤王[3]。自昌平[4]始，护銮驾[5]直至西安，一路殷勤，无敢少怠。慈禧感激莫名。后果恩遇无已。怀来县令吴永，见慈禧止穿葛衫，即献裘[6]服御寒。时慈禧逃亡三日，共食三颗鸡卵而已。吴急备宴，且令夫人为其梳头。慈禧即擢[7]吴为典史[8]，往东南各省催办粮饷[9]。徐世昌官职微寒，罄其所有，之西安觐[10]见。后果官运亨通，数年之间擢至一品总督。嘻！此辈皆知人之患难，易为情动。是时老佛爷，实"可居"之"奇货"也。

注释：①光绪二十六年：公元1900年。②布政使：清代省行政长官巡抚的僚属，管一省财赋、民政等。③勤王：为王事辛劳。④昌平：区名，属北京市。⑤銮（luán）驾：皇帝车驾。⑥裘（qiú）：皮衣。⑦擢（zhuó）：提拔；选拔。⑧典史：无品级，负责管理制钞等技术性事务。⑨粮饷（xiǎng）：指粮食。饷：原指给在田间劳作的人送的饭。⑩觐（jìn）：朝见帝王。（偕126、名24、罄71）

基础知识述要

常用虚词"无"

虚词"无"，可以表示否定，译成"不""没有"；也可以表示禁止，译成"不要"；也可以放在句子末尾，表示疑问，其作用如同"否"。

"无"与其他词可组合成"无状、无虑、无论、无算、无伤、无为"等固定结构时。有些固定结构容易与白话文混淆，产生误解，希能留心。

这些固定结构有以下几种：

①"无状180"：没有礼貌。

②"无虑121"：大约；大概。

③"无论"：不要说。

④"无算"：指数量多，无法计算。

⑤"无伤"：没有关系。

⑥"无为"：可译成"不用""不要""不值得""不以为"。

⑦"无宁"：可单独用，亦可与"与其"呼应，组成"与其……无宁"的格式，可译成"宁可"或"不如"。

⑧"无何""无几""无日"：表示时间短暂，可译成"不久"或"过了不久"。

185.两小儿辩日

孔子东游，见两小儿辩斗。问其故。

一儿曰："我以日始出时去人近，而日中时远也。"

一儿以日初远，而日中时近也。

一儿曰："日初出大如车盖①，及日中则如盘盂，此不为远者小而近者大乎？"

一儿曰："日初出沧沧凉凉②，及其日中如探汤，此不为近者热而远者凉乎？"

孔子不能决也。

两小儿笑曰："孰为③汝多知④乎？"

（选自《列子·汤问》）

注释：①车盖：竖在车上的遮阳伞。盖：伞。②沧沧凉凉：清凉的样子。③为（wèi）：通"谓"。④知（zhì）：通"智"。（辩斗86、盘盂108、汤57、孰14）

基础知识述要

可以译成"等到"的虚词

可以译成"等到"的虚词，有"迨""及"与"逮"，常接表示时间的词语。上文中"及日中则如盘盂"一语，可改为"迨日中则如盘盂"或"逮日中则如盘盂"。

186.子诲子路

孔子东游，见两小儿辩斗，问其故。一儿以日始出时去人远，而日中时近；一儿以日初近，而日中时远。问于孔子，亦不能决。两小儿笑曰："孰为汝多知乎？"仲由——仲由者，孔子弟子也，字子路，忿而斥之，曰："竖子，安敢轻吾师？"子①不说，曰："由，诲女知之乎？知之为知之，不知为不知，是知也。"

注释：①子：先生，这里指孔子。（竖子81、女63）

187.一童毙虎

一童采薪山中，为虎所攫。

初，童昏然不知人事。少时复苏，觉身仆巨木之下，旁坐一虎，霜牙凛凛，金睛荧荧。童骇绝欲遁，然思遁亦何易，速死而已。见阴囊[①]微露，知为雄虎；旁有树根，粗如拳，弓出地表[②]，遂得一计。乃拊其背，既而拊全身。虎驯如猫。侧卧，伸股，瞑目掉尾，任童所为。

童阴解[③]裤带，一端系于树根，一端系虎阴囊。再拊之，倏而上树。虎觉之，咆哮跃起，囊裂丸出，血流不止。虎痛且怒，跳踉大嘶，然树高不及。久之，跃渐缓，声渐弱，乃毙。

（据清代程麟《此中人语·童子获虎》改）

注释：①阴囊（yīn náng）：人和哺乳动物外阴部下垂的皮肤囊，内含睾丸、附睾、精索等。②地表：地面。③阴解：暗中解下。（攫 16、拊 110、掉尾 118、倏 90、跳踉大嘶 116）

思考题

请找出文中的被动句。

188.赫耳墨斯与雕像者

赫耳墨斯[①]欲知其在凡间之尊卑，化为凡人，之雕像者店肆，指宙斯[②]之像曰："是鬻几何？"雕像者曰："银圆一枚。"复指赫拉[③]之像，对曰："略贵于宙斯。"赫以为己为神使，兼为商贾[④]之庇护神，必贵于赫拉，遂问曰："此乃赫耳墨斯也，其贾何如？"雕像者笑曰："足下若鬻宙斯与赫拉，此为添头，白送。"

注释：①赫耳墨斯：希腊神话中掌管旅行和商业的神。②宙斯：希腊神话中地位最高的神。③赫拉：宙斯的妻子。④商贾：商人。古时运货贩卖的叫"商"，囤积营利的叫"贾（gǔ）"，后来两字渐渐没有区别。（肆121、贾144）

思考题

上文中"略贵于宙斯"一语，用了一个表示程度较轻的虚词，请换一个虚词，使语义不变。

189.水杀猪

屠夫甲，所宰之肉，鲜嫩如玉，人争鬻之。甲秘其技，宰必闭户[1]塞窗，相助者，第其子而已。屠乙疑焉，遂效梁上君子[2]，潜入而觇。见甲缚猪前肢，令其人立而捆之于柱。以塑料管插入猪腹，一端接水龙头，遂灌以水。猪声哼哼，已而，腹鼓如瓮。甲少憩。食顷，复灌之。如是者三。视其气将绝，始操刀耳。乙效之。其肉倍鲜嫩，重增二成许。乙鄙其所为，遂异于市，大书曰："水杀猪肉，廉价而售。"且告以故。一墟哗然。

（据徐志英《屠场惊奇·杀猪用水不用刀》改）

注释：①户：单扇的门，泛指门。②梁上君子：见《后汉书·陈寔传》，"有盗夜入其室，止于梁上。寔阴见，乃起自整拂，呼命子孙，正色训之曰：'夫（fú）人不可不自勉，不善之人，未必本恶，习以性成，遂至于此。梁上君子者是矣！'盗大惊，自投于地"。后称窃贼为"梁上君子"。（第127、效75、觇66、食顷55、操61、鄙29、异114）

基础知识述要

常用的指示代词

用来表示近指与远指的词叫指示代词。这类词古今差别较大，又经常出现，初学者应该留心。

①表示近指，可以译成"这、这个、这里、这种"，如"是5、斯15、此、兹、之"。"此、兹"两词，在白话文中也经常出现。另外，可以译成"这样"的词有"然、尔"。

②表示远指，可以译成"那、那里、那样、那个"，如"彼、夫、其"。

190.山日辩斗

山语于日曰："子近吾大如车轮，远吾则小似盘盂；近吾则万目瞻仰，远吾而人莫之理。苟无吾，而以为何如？"日笑曰："足下所以蔚然[1]深秀者，以有林木花草也；所以生机盎然者，以有飞禽走兽也。然林木花草，赖[2]吾而荣；飞禽走兽，赖吾而生。而无禽兽林木，足下以为何如？与人一利，则洋洋自喜；得人百利，而昏然[3]不知，足下之谓也！"

山大惭。

注释：①蔚（wèi）然：草木茂盛的样子。②赖（lài）：依赖。③昏然：糊里糊涂的样子。（辩斗86、盘盂108、"……之谓也"135）

191.售书妙计

作家某，其处女作[①]不得售，甚忧之。百思得计，乃作广告，刊诸报曰："有女郎某，年方二九，貌若罗敷[②]，家富敌国。欲求年岁相仿，且气质、风度、才学、皆如某男者为伴侣焉——某男，某某小说所描绘之主人公也……"由是，人争鬻之。讵知是书行文若高山流水，或汩汩细流，或一泻千里，或满目青翠，或异峰突起；写人状物仿佛目前，叙事言情含不尽之意，读之几[③]忘身之所在。于是洛阳纸贵[④]，期年间版之再三[⑤]焉。

注释：①处女作：初次创作成的作品。②罗敷（fū）：古时的美女，见《陌上桑》。③几：几乎。④洛阳纸贵：《晋书·左思传》载："（左思作《三都赋》）於是豪贵之家竞相传写，洛阳为之纸贵。"后以"洛阳纸贵"称誉著作风行一时，流传很广。⑤期年间版之再三：一年当中多次再版。再三：第二次、第三次，亦泛指多次。（诸46、二九88、讵124、期年76）

基础知识述要

兼 词

文言虚词中有几个兼词。兼词是一个单音词，却兼有两个词的意义与作用。兼词虽然只有几个，但是了解它们的意义与作用非常重要。分别讲解如下：

①诸46：放在句中是"之于"的合音，这个语义本书中已多次出现；放在句末是"之乎"的合音，如"虽有粟，吾得而食诸"（《论语·颜渊》）。

②焉：放在句末，有时是"于之""于是"或"于彼"的合音，如"惧有伏焉"（《曹刿论战》）。有的专家认为"焉"是语气助词，也有的专家认为"焉"是兼词。

③"盍50"与""曷75"都是"何不"的合音。"盍"也可以与"不"连用，即"盍不"。

④"叵"是"不可"的合音，成语有"居心叵测"。

⑤"旃（zhān）"是"之焉"的合音，这时"焉"作语气助词，如"人之为言，苟亦无信，舍旃，舍旃"（《诗经·唐风·采苓》）。"旃"作兼词，在记叙文中很少出现。

192.贼喊有贼

一人贫甚，而邑有同名者，家殷实[①]。贼误焉，潜其室。见其家徒四壁，止以薪刍[②]铺地，夫妻枕薪而卧。床头瓮一，探之，米也。贼讶甚，绕室搜觅。其时，夫早寤，见贼痴如斯，窃笑之。贼搜觅良久，无获，乃怏怏然[③]解衣铺地，欲裹米而去。夫见情急，遂伸手拽贼衣，垫于枕下。贼不之觉，抱瓮倾米，哗然一地。夫胡卢而笑，思之曰："人言'偷鸡不着蚀把米'，贼乃'偷米不着蚀一衣'也。"贼释瓮，俯而索衣，不得；左右摸索，皆不得，大疑。低声自语曰："吾衣奚在？吾衣奚在？"妻醒而惊，捏其夫之臂，曰："有贼！有贼！"夫伪为初寤，欠伸[④]不已，曰："家贫似洗，恶有贼？"贼竟应答曰："适吾衣为盗，岂能无贼？"

（据清代石成金《笑得好·藏贼衣》改）

注释：①殷（yīn）实：富足；富裕。②薪刍（chú）：柴草。③怏怏（yàng yàng）然：恼恨的样子。④欠伸：疲乏时的动作。欠：打呵欠；伸：伸懒腰。（薪46、刍14、寤106、窃42、胡卢119、释27、索76、奚28、恶121、适16）

思考题

上文中"见贼痴如斯"一语中，有一个表示近指的指示代词，请找出来并换成另外一个词。

193.雪　灾

道光二十年[①]冬十一月，大雪。江浙一带平地积四五尺，山坳处可丈矣；湖港俱冻，翌年正月始解。北方尤甚。时奉天之锦县[②]有娶亲人途遇大雪者，相率[③]入路侧古庙避之。雪甚，封山，迷不得出。女方以为夫妻已合卺[④]，男方以为雪甚必改期，皆不为意。期月，始遣人四处寻觅，则新妇及送迎之男女凡七十余人，皆饿毙庙中。惨矣！

（据《清朝野史大观·第五册·卷十一·雪灾》改）

注释：①道光二十年：公元1840年。②奉天之锦县：奉天省的锦县，现为辽宁省凌海市。奉天：旧省名，1929年改名辽宁省。③率：率领。④合卺（jǐn）：古时一种结婚仪式。（可91、翌年11、期月76）

194.谐音戏谑

汉字同音者多，故时有谐音戏谑者。清代名臣纪晓岚①能言善辩，世称铜牙铁嘴。一日，尚书某邀纪相聚，忽见一狗溜达②于院内，时，纪任礼部侍郎。尚书故③指而问曰："是狼（侍郎），是狗？"纪笑曰："可看其尾也。下垂为狼，上竖（尚书）是狗。"皆大笑。

又，某君入饭庄④。店主前，忽闻其汗臭熏天，邻座皆顾之而颦，顿生厌恶，故问曰："客官⑤，是一人耶，抑或数人？"

"是一人。"

"十一人？"

某笑曰："汝误听矣！非十一人，而是一人。"

"二十一人？"

某不说，曰："其实是一人。"

"七十一人？"

某怒，曰："就是一人。"

"九十一人？"

某大怒，詈曰："二百五，是一人。"

店主笑曰："二百五十一人。敝店小，寥寥几桌而已，请客官另觅他店。"

座中无不捧腹。

注释：①纪晓岚（1724—1805）：名昀，字晓岚，一字春帆，晚号石云。直隶献县（今河北省沧州市）人。清代著名政治家、文学家。②溜达（liū da）：散步貌。③故：故意。④饭庄：旧时"饭店"称"饭庄"。⑤客官：旧时店主对顾客的尊称。（颦166、抑或73）

基础知识述要

表示选择关系的虚词与固定结构

表示选择关系的虚词与固定结构分为三类：

①可选前者，也可选后者。常用的虚词与固定结构有"抑73、抑或73、或"。

②肯定前者（取前者），否定后者（舍后者）。常用固定结构有"宁……不……"。

③肯定后者（取后者），否定前者（舍前者）。常用固定结构有"与……宁……"、"与其……宁可……"或"与其……孰若……"（见63）。

195.米芾好洁

米芾[①]与周仁熟相契[②]甚厚。一日，谓周曰："吾得一砚，世所罕见，殆[③]天地秘藏，待我识之也！"周曰："公虽名博识，所得之物，真赝[④]各半，特善夸耳。"芾方发笥[⑤]检取，周知其好洁成癖，索巾涤[⑥]手者再，若欲敬观状。芾喜，出砚。周赞赏不已，曰："诚为尤物[⑦]也，不知发墨[⑧]何如？"芾取水，未至，周亟以唾磨墨。芾变色，曰："何前恭而后倨？砚污矣，不可用。"周遂取归。

（据明代冯梦龙《古今谭概·怪诞部第二·洁疾》改）

注释：①米芾（1051—1107）：湖北襄阳人，北宋时著名书法家、画家。②相契：意气相合，志趣相投。③殆：大概、恐怕。④赝（yàn）：假的；伪造的。⑤笥（sì）：竹箱子。⑥涤（dí）：洗。⑦尤物：奇异的、突出的物品。⑧发墨：指磨墨时砚台所呈现的情况。发：显现。（特25、耳11、方20、索76、诚4、亟11、倨49）

基础知识述要

表示测度的虚词

文言文中有许多可以译成"大概、恐怕、或许、也许、会不会、是不是、莫非是"等表示测度的虚词，有"殆、殆乎、殆于、其、得无 8、得毋 8、得微 8、得非 8、似、可、盖 24"等。

如上文中"殆天地秘藏，待我识之也"可改为"殆乎天地秘藏，待我识之也""得无天地秘藏，待我识之也"或"盖天地秘藏，待我识之也"。

思考题

1. 请给"特善夸耳"换一个虚词，使其基本语义不变。
2. 请给"周亟以唾磨墨"换一个虚词，使其基本语义不变。
3. 请给"周遂取归"换一个虚词，使其基本语义不变。
4. 请写出一句句末是语气词连用，语义与"砚污矣"相同的文言句。

196.牛擒鱼

乌苏里江产鳇鱼①，重可千斤，肉鲜美。一日，有荛牧儿②牧牛江干。牛饮水，一鳇暴出，吞牛首。牛大骇，负痛而却。角卡鱼颚。鱼摆尾击水，巨浪腾起，卒以不敌牛力，拽之江岸。荛牧儿闻声而至，以梃奋击，鳇毙，牛首得脱。此鳇长近二丈，嘴宽三尺有奇。鬻之，得币二千许。尝闻蛇吞象云，以为颠③，而今乃信。

注释：①鳇（huáng）：鱼名。鱼纲，鲟科。形体与鲟相似，唯左右鳃膜相连，长可达五米。②荛（ráo）牧儿：砍柴和牧牛的孩子。荛：砍柴草的人。③颠（diān）：通“癫”，癫狂，原指精神失常。这里指行为荒唐。（暴 16、却 46、拽 103、梃 128、奇 91、云 66）

基础知识述要

表示约数的虚词

文言文中表示约数的虚词有“殆、约、几、率、大率”等。“殆”与“率”都可以表示约数，可译成“大概、大约、大体”等。“率”可与“大”连用成“大率”，语义不变。另外“可、许、奇、强”四字也常用来表示约数，此四字在91则“基础知识”中已讲述，不再赘述。

197.牛犊报仇

某畜一牛，以跛不能耕，鬻于邻。邻，屠也。牛有犊，方断乳。视宰其母，哀鸣数日。后见屠即奔避，奔避不及，则伏地战栗，若乞命状。屠以为笑谈，不以为意也。犊渐长，甚健壮，然畏屠如初。及角既坚利，一日，顾屠侧卧凳上，一触而贯①其心。逸，莫知所往。屠遂毙。

注释：①贯：穿；穿透。（跛3、方20、栗60、逸130）

基础知识述要

表示时间，可以译成“刚才”“正在”等的虚词

可以译成“才”“刚才”“正”“正在”的表示时间的虚词有“正”“方20”“甫 56”“鼎”“才”等。其中“正”“才”两词，在白话文中也经常出现；“鼎”可译成“正”“正在”“正要”。

如上文“方断乳”可改成“甫断乳”“才断乳”等。

198.断角示悔

吴翁，畜一牛。良甚，耕耘陇亩，左右如意。吴善视之：夏日农忙，则喂以米酒，夜则燃以蚊香；冬日夜长，恒夜半而起，添水增食，无敢少怠。

一日，牧牛山野。牛啮草，吴欲归，俯而捡索，牛侧首驱蚊[①]，左角戳吴右颊，深可指许，血流如注。牛狂奔至家，吴子见其角沾血，方惊骇间，牛还走。子急从之，至则见父昏迷，急舁而赴医。牛颓然而从，归则不饮不食，仿佛悔甚。翌日，忽夹左角于栏栅，力折断之。吴翁闻之，涕流不已。

嗟夫！牛，畜也，误伤主，断角示悔，然人有恩将仇报而自以为不愧不怍[②]者，不如畜甚矣。

注释：①侧首驱蚊：用头向身体的一侧驱赶蚊子。②不愧不怍（zuò）：光明正大，问心无愧。怍：惭愧。（陇亩97、恒10、索5、许20、还96、舁114、颓然123、嗟夫67）

基础知识述要

表示频率，可以译成“经常”“时常”的虚词

文言文中,可以译成“经常”“时常”“多次”的表示频率的虚词有“恒、时、常”等。上文中“恒夜半而起”可以改成“时夜半而起”或“常夜半而起”。

表示否定的虚词

文言文中，常用来表示否定的虚词有“不、未、弗、莫、勿、靡、无、匪、毋、非、亡（wú）”等。这些词用法略有差别:“毋”表示禁止,可以译成“不要”“不能”；“亡”通“无”，语义与“无”“毋”相同；“匪”通“非”；“靡”与“莫”用法相同，可以译成“不”“不要”“没”“没有”，常常与“不”连用（靡不）。

思考题

1. 上文中“嗟夫！牛，畜也”一语中，“嗟夫”一词可以换成“嗟乎、噫、恶、哑、嗟”等词吗？

2. 上文中有两个表示约数的虚词，请找出来。

3. 用表示否定的虚词写出四句与“无敢少怠”语义相同的文言句。

4. 用表示否定的虚词写出两句与“归则不饮不食”语义相同的文言句。

199.虐牛罹祸

有俞姓老农，尝畜牛三，轮回耕作，颇遂心意。庚辰年①初，虑所费不赀，鬻其一。居无何，一牛病毙。旋即双夏②。而是村陇多地散③，畜牛耕耘者止俞翁而已，不得已，日夜耕作。是年七月二十七日，大暑已过，村中水田耕耘殆④尽，虽得利颇丰，而人困牛乏，其中甘苦，难以言喻。

是日晌午⑤，一村民复乞耕耘，言秧苗已拔。时，牛方入水小憩，牵而不动。俞怒，以钩刀⑥柄猛敲其背，不动；笞之，牛不得已，出水。至田头，强其负轭⑦牵犁，牛行甚迟。复笞之，讵知逼之太甚，牛亦大怒，角一挑，将俞触倒，继而角戳足踩。始，俞尚能大呼救命，然他人无敢近之。民警至，遂以枪毙牛。俞伤甚，尚未就医，已气绝矣。

役⑧牛者，当以此为鉴⑨。

注释：①庚辰年：公元2000年。②双夏：夏天，农活繁忙，要抢收抢种，俗称“双夏”。③陇多地散：田埂多，地很散。意思是土地多，但是每块土地的面积不大，而且很分散。④殆（dài）：几乎；近于。⑤晌午：中午。⑥钩刀：一种砍柴用的刀。刀形好像弯月，一端有一尺左右长的刀柄。⑦轭（è）：驾车时套在牲口脖子上的曲木。这里指牛轭，形似弓杆，两端系着粗绳，绳的另两端又系在犁上。⑧役（yì）：役使。⑨鉴（jiàn）：借鉴。（不赀121、陇107、笞69、讵124）

思考题

上文中“颇遂心意”“遂以枪毙牛”都有“遂”字，哪一句中的“遂”可以换成“乃”或者“遂乃”？

200.狗申冤

某地，有男尸出于井，无伤痕，疑为自尽。一妇骤至，抚尸大恸。言昨暮夫妻口角，夫负气以出，不意自觅短见也。少时，警车至，众警下而审视，见死者赤足，乃令抽尽井水。井涸①，但得一履而已。问妇，妇茫然。忽一犬衔一履至，取而视之，乃死者之履焉。是时，众人环堵，内有一汉，见而色挠②，还身欲遁。犬狂吠而扑，龁其衣角。众警急前，反接③其手——盖以妇人，谋杀其夫者也。是夜，舁尸于井，途失一履，反复觅而不得，遂罢。讵知为犬所衔，而冤白天下。天网恢恢，作恶必毙。信夫！

注释：①涸（hé）：干涸。成语有“涸泽而渔”。②色挠：改变了脸色。③反接：反捆。（恸9、不意45、审19、履43、堵142、还身96、遁18、訾87、盖24、舁114、罢47、讵124、信夫67）

201.南瓜捉猴

猴敏捷，行走如飞，攀峰越谷，顷刻而聚，眨眼星散，活捉极难，然可以南瓜捉之。其法：简南瓜些许——以成熟者为佳。每瓜挖小窍一，大小仅纳猴爪。去瓜子，中填以炒栗，置于群猴出没之处。人备锣，衣赤①或持殷赤②之布，蔽于四周。猴至，争往瓜内取栗。然其爪可入，执栗则不得出焉。蔽者③暴起，或鸣锣，或著赤衣，舞殷赤之布，直奔猴。猴魂飞魄散，盖畏人、畏锣声、畏殷赤也。然其爪不得出，遂提南瓜踉跄而行，活捕则易尔。

或喟然曰：“舍栗则其爪可出，猴何其愚也。”嘻！贪小利而忘大害者，何止猴也哉。

注释：①衣（yì）赤：穿红色的衣服。衣：名词作动词。赤：形容词作名词。②殷赤：红色和红黑色。③蔽（bì）者：指埋伏在四周准备捉猴的人。（简5、窍155、殷65、著83、盖24）

202.驱　猴

予村环山。据先祖母云，民国甲子年①秋，群猴忽至，约百许。山地多植黍菽②，猴群所至，遍地狼藉，唯余秃秆残叶而已。村人苦之，相约逻守③。猴至，或鸣枪，或鸣锣，或燃爆竹……然陇多地散，顾此失彼，且旦旦④如是，无有宁日。有冷竹太公者，年已古稀，思得一计。曰：但活捉其一，可如此如此。众然之。翌日，丁壮者设计获之。公大喜，令去其毛，以彩漆绘为虎纹。头似鬼蜮，青面獠牙，狰狞可畏。俟猴群至而纵焉。群猴见之，骇然而走，此猴则穷追不舍，以猴性喜群居也。猴患遂绝。

注释：①民国甲子年：公元1924年。②菽（shū）：豆类的总称。③逻（luó）守：巡逻和守护。④旦旦：天天。（先118、黍108、陇107、丁壮者121、俟13、纵162）

基础知识述要

表示因果关系的虚词

表示原因或结果，或者用来连接表示目的的部分，且可以译成“因为、所以”等的虚词，有“由、缘、故、是故、是以、由是、因、以”等。

203.昏官审案

宣统三年[1]，昭文县[2]有汉李三醉而殴父，父告其忤逆[3]。邑令问李何以殴父。孰知李醉而未醒，无声无言。令以其无状，勃然大怒，令衙役笞之以鞭，而李仍默无一言。令怒不可遏，令役笞之毋止。良久无声，下而谛视，早气绝矣！令顾左右曰：“且舁入大牢，明日再审。”翌晨，遣役告其父曰：“逆子畏罪，已自缢矣！”

（据愈小红《晚清官场百态·大度包容》改）

注释：①宣统三年：公元1911年。②昭文县：清代江苏省苏州府所辖的一个县。③忤（wǔ）逆：不孝顺。（邑43、无状180、笞69、良59、谛20、舁114）

基础知识述要

表示转折关系的虚词与固定结构

表示转折关系的常用虚词有“然、然而、而、顾 57”。其中“顾”常出现在反问句中，可以译成“可是”或“难道”。若用在文章的段落、层次之间，起到转折过渡作用时，常用固定结构有“至于、至如、至若、若夫”等。上文中“而李仍默无一言”，可改成“然李仍默无一言”或“然而李仍默无一言”。

204.猴诈死

某猴戏者，畜一猴，闲暇则栓[1]之。每喂食，群鸦云集。猴捧食细嚼，一鸦伺机抢之，猴怒而逐，群鸦遽下，得食而四飞。猴顾此失彼，且困于链[2]，每瞠目咧牙，恨恨不已。

一日，食至。猴则颓然而寐，既而肢伸尾挺，目闭口张，仿佛僵毙，鸦惑焉。久之，鸦下，渐近食，猴僵卧如故。鸦啄食，猴暴起，遽执一蹼[3]。是鸦拍翅骇鸣，猴则尽拔鸦毛，望空四撒，鸦血淋淋。未几，毛尽鸦死。余鸦早飞，遂不复至。

注释：①栓（shuān）之：用木栓子拴住猴。栓：名词作动词用。②链：铁链。③蹼（pǔ）：原指某些水栖或有水栖习性的动物趾间的薄膜，这里指乌鸦的脚。（戏89、暇30、伺17、逐28、颓然123、寐30、惑52、暴16）

205.猴骗钱

予尝见一猴戏者。猴羸[1]甚，装束[2]似七品官，从容[3]步游，作拱打揖，居然人状。观者如堵，哗声盈耳。少时，猴戏者持一长竿，顶端横一木，似“丁”字状。猴上，故伎重演：或目使气指[4]，或忸怩作态，仿佛京剧丑角也。未几，猴崛尻伸股，欲拉屎状。猴戏者遽以叱之。猴惊而堕，砰然有声，挣扎片刻，忽股直尾挺，僵卧不动。事出卒然，猴戏者大惊。试拨以竿，再拨以足，复俯身谛视。既而大戚，汪然出涕曰：“吾止此一猴，日从吾南北游[5]，既跌而毙，吾将奈何？”众悲之，或投以硬币。闻投币声，猴尾翘然一动。猴戏者收涕，曰：“是畜假毙，得毋诈钱耶？”观者大异，纷纷投之。猴乃掉尾不止，然目瞑股挺如故。俄顷，客有投以银圆者，猴倏然而起，频频作揖。众人无不骇然。

注释：①羸（léi）：瘦弱。②装束：打扮。③从容：不慌不忙。④目使气指：用目光和神气来表示对别人的差遣。⑤南北游：方位名词作状语，闯南往北。（尝32、堵142、崛158、堕6、卒87、谛20、戚78、涕95、掉尾118、倏90、揖13）

206.生死联

淞沪会战[1]既罢，伤而为敌所虏者三百有奇，皆囚于九华山清源禅寺[2]。一日，倭将山田次郎携一长衫老者至，谓众战俘曰：“是乃私塾先生也。吾慈悲为怀，给汝曹一线生机：吾有一上联——

‘日本东出，光芒照射中原大地’，设此老能对下联，汝曹可免一死，然此老必死；对不上，此老免死，汝曹必死。”言毕，出示上联，顾而笑之。

老者凝思片刻，挥笔书曰：“佛祖西来”，山田急止之曰：“先生莫急，先至藏经阁有要事相告。”老者曰：“不必！”续其联曰：“神灵普渡[3]北海浮世[4]。”书毕，放声大笑，大步迈上清源禅寺灵峰岩，纵身而下。

“佛祖西来”势压“日本东出”；黑云蔽日反自诩“光芒四射”[5]，恶魔缠身[6]急需“神灵普渡”！山田张口结舌。慑于战俘公约[7]，丧气而去。

注释：①淞沪会战：1937年8月13日至11月12日中国军队抗击侵华日军进攻上海的战役，又被称作“‘八一三’淞沪战役”。这场战役是整个抗日战争中进行的规模最大、战斗最惨烈的一场战役。②清源禅寺：位于安徽省青阳县境内的九华山下。③普渡：佛教术语，意为广施法力，使众生得以解脱。④北海浮世：原指北海道，这里借代为日本。北海道是日本四岛中最北的岛屿。⑤黑云蔽日反自诩“光芒四射”：日寇犯我中华，烧杀抢掠，犹如“黑云蔽日”，反而自吹是为了“建立大东亚共荣圈”。⑥恶魔缠身：其时日本为战争狂魔把控，犹如“恶魔缠身”。⑦战俘公约：指1929年7月27日各国在日内瓦订立《关于战俘待遇的日内瓦公约》。

207.狗阵破倭

昔田单摆火牛阵[1]，千古许为奇谋。未闻以犬代牛者，有之者，刘大将军[2]也。刘大将军之镇守台南，闻倭寇占据台北，率兵前往。令先锋节节败退，诱寇深入。后出台兵数万，将倭寇团团围住。寇出不意，方惶遽[3]应战，忽见战狗数百，汹汹[4]扑来，大骇，急开枪射之，讵知狗身皆捆以火药，触火即燃。旋即寇营焰烟冲天，且着火之狗，几近疯狂，爪抓齿啮。寇阵大乱。台军乘势杀入，倭寇全军覆没。快哉，快哉！孙子云：“故善出奇者，无穷于天地[5]。”刘大将军之谓也！

（据薛冰《晚清洋相百出·狗阵破倭》改）

注释：①田单摆火牛阵：公元前279年，齐将田单用一千多头牛守即墨城，牛角缚以尖刀，牛尾捆以浸透油脂的干草，点燃后使牛冲向敌阵，大获全胜。②刘大将军：刘永福，字渊亭，广西人。甲午战事起，随台湾兵备道唐景崧赴台。后唐景崧惧敌逃亡，台湾军民即拥刘永福为首领。③惶遽：惊惧慌张。④汹汹：形容喧闹纷乱的样子。⑤故善出奇者，无穷于天地：所以说善于用奇兵奇计制服敌人，取得胜利的人，其战术的变化就像天地万物那样无穷无尽。（详见《孙子·势篇》）（倭183、讵124、“……之谓也”135）

208.考猴、儆猴

凡得野猴，欲简其敏捷可驯之以为猴戏者，当考之，儆之。

考猴之法：置群猴于室中，强其顶砖而立[①]，令毋动，乃出而觇。猴视人去，或顶砖呆立，或弃砖戏嬉。是时，可操刀遽入。戏嬉者见之，或复取砖顶立，或惊恐失措，或依然故我。始终顶砖而立者，愚笨者也；惊恐失措者，胆怯者也；依然戏嬉者，顽劣者也，皆弃而不取。惟复取砖顶立者，可以驯之。

驯猴当先儆之以泯其野性。其法：视猴首之大小，为一铁箍。令猴与鸡共居一室，先以箍套鸡之项，鸡且惊且怒，挣扎而箍脱。乃伪为大怒，复套以箍，鸡复挣扎脱之。即以刃[②]立断鸡项。鸡倒地，双翅摆扑血淋淋不已。是时授猴以箍。猴骇绝，即持箍力扣，虽鼻伤耳疼亦莫之顾也——此乃俗云“杀鸡吓猴”者也。箍既入项，终无能脱。复以链牵之，令其东则东，西则西，皆可遂人之意焉。

注释：①顶砖而立：头顶着砖站在那里。②刃：原指刀刃，这里指代刀。（简5、儆25、觇66、操61、遽13、泯39、项70、伪16、摆扑66、已11、遂173）

209.沐猴而冠

有于通衢猴戏者：双狗拉四轮轿车一乘，一猴执策①而御②；两猴坐车内，一著男衣，一着女服，俨然排场阔绰，携妓③而游之达官也。车后一猴，作揖再三，作傔④送状。车行，中途遇一猴店，即停轮，车中两猴并肩出，入店饮荷兰水各一杯，著男衣者作势⑤令取雪茄烟一支，复携女衣者昂然而出。忽闻人大声叱曰："岂有此理！"众目之，一官停舆，怫然而下，骤见猴戏者乃西人⑥也，转怒为喜，曰："嘻！沐猴而冠⑦，诚有其事也！"

（据薛冰《晚清洋相百出·车中猴》改）

注释：①策（cè）：鞭。②御（yù）：驾驭马车。③妓：妓女。④傔（qiàn）：侍从。⑤作势：打手势。⑥西人：西方人，即洋人。这是清末人写的文章，旨在讽刺当时对洋人奴颜婢膝的达官。⑦沐（mù）猴而冠：猴子戴着帽子。这是成语，常用来讽刺依附权势、窃取名位之辈。沐猴：猕猴。（衢 75、著 83、着 4、俨然 89、携 117、舆 152、怫然 71、诚 4）

210.巧传马铃薯

马铃薯者，本产于南美洲，以其高产抗病，法人①欲广植之。有司恐不可户说②，先遣人荷薯种，招摇过市而后植；复遣士卒日夜逻守。植稼而已，乃有士卒卫戍，农人皆以为异。伺士卒疏于防守，盗而植之者日众。人心好奇，且重难轻易，而况得之不易，皆精心栽培，收获颇丰。烹而食之，口味颇佳，遂广而植焉。

（据张玉庭《土豆》改）

注释：①法人：法国人。②户说：挨家挨户地劝说。（有司113、荷46、卒221、逻守202、戍157、伺17、悉71）

基础知识述要

表示递进关系的常用虚词与固定结构

表示递进关系的常用虚词有"且、而况"，固定结构有"尚……况……""不唯……抑……”“非唯……抑亦……”。如文言课文《史记·廉颇蔺相如列传》中的“臣以为布衣之交尚不可欺，况大国乎”，《三国志·隆中对》中的“然操遂能克绍，以弱为强者，非唯天时，抑亦人谋也”。

211.三尊金佛

一方丈[①]出金佛三尊，集众僧于前曰："老衲[②]年老多病，自知不久于人世。金佛有三，乃老衲珍藏，各有其名，尔等凝视须臾，即能知之者，日后可得老衲衣钵[③]。”众僧见金佛大如拇指，闭目禅坐，如出一模，皆不明所以。唯有一僧曰："金佛各有三窍，两耳一口。吾揣耳窍去向，略不相类：中有一佛，耳窍相通，闻若未闻，谓‘无心佛’也；一佛耳窍直通口窍，以耳代目，言多失实，谓‘惹祸佛’也；一佛耳窍入肚，毁誉荣辱，不为所动，唯知闭目禅坐，修身养性，乃‘真佛’也。”方丈大喜。

注释：①方丈：主持寺院的僧人。②老衲（nà）："衲”的意思是缝补、补缀。僧人的衣服常用许多碎布补缀而成，因此“衲”成为僧衣的代称，也成了僧人的自称或代称，如“老衲”“贫衲”“衲子”等。③衣钵：佛教名词，指佛教僧尼的袈裟和食器。中国禅宗师徒间道法的传授，常付衣钵为信，称“衣钵相传”。文中“可得老衲衣钵”的意思是“我死后，可让他来做方丈”。（须臾 138、窍 155、揣 21、略不 141、类 64）

212.悬木击熊

予友某，以养蜂为业，走南闯北，所见甚广。尝悬木击熊，可谓趣闻，故志之。

熊嗜蜜，嗅其味必至，毁巢取蜜，肆无忌惮。蜂之螫熊，犹蚊之叮牛，殊无畏惧。友恒受其害。欲除之，而计无可施。一日，见一古木，粗[①]可三人合抱。中空，去地五尺许，有窍可纳蜂箱。遂生一计，谋诸伙伴，皆曰可。乃取一蜂箱藏诸树洞，而后斫一枯木，粗若瓮腹，长二尺许，悬于枝干，如悬钟摆[②]。悬木去洞口寸许，拨开方可取蜜。

是日薄暮，熊果至。友偕伴蔽而窥之。熊见窍有蜂出，乃人立[3]而起，以掌拨木，方取蜜，悬木回荡，中其首。熊怒目回视，尽力一掌，木去似飞。复取蜜如故，砰然有声，再中其首。熊受再击，怒不可遏[4]，遽以双掌猛击，悬木飞离愈远。熊瞠目视之，吼声嗷嗷，似壮夫之叱敌，雄赳赳焉。倏，砰一声，竟中其鼻，应声而仆。友及伴，畏其未死，无敢近视。良久，果苏，踉跄而去，遂不复至。

注释：①粗：大。②钟摆：旧式摆钟中用于运动系统的重要零件，靠它不断左右摆动才能准确计时。摆钟有三种，挂在墙上的叫“挂钟”，可以放在桌子上的叫“台钟”，放在地上的叫“落地钟”。③人立：像人一样站起来。④遏：阻止；阻拦。（志56、殊66、恒10、窍155、诸46、斫61、偕126、窥105、倏90）

基础知识述要

词类活用

文言文中，词类时常活用。所谓词类活用，是指一个词就其语法功能和作用来说属于某一词类，但是在具体的语言环境中，它又临时作另一词类用。词类活用是词在句子中的临时功能，离开了具体的语言环境，这种功能就不存在。词类活用时，既要保留这个词的原来意义，又要增加新的意义。

词类活用有以下几种形式：

①名词作状语。

在文言文中，常有名词直接用在动词前面，在句中起状语的作用。如上文“熊见窍有蜂出，乃人立而起”一语中的“人”在这里作状语，应该译成“像人一样”。

②名词活用为动词。

这个词是名词，但是它利用本身所具备的能力或在借助外力的情况下，会发生某种“动作”，在文言文中常常直接拿来作动词。例如“拳其身矣”的“拳”，“天雪”的“雪”，“怒而梃之”的“梃128”。

③形容词活用为名词或动词。

名言“老吾老，以及人之老；幼吾幼，以及人之幼”（《孟子·梁惠王上》）。前一个的“老”与“幼”是形容词作动词用，分别译成“孝敬”和“抚养”；后一个“老”与“幼”是形容词作名词用，可译成“老人”与“幼儿”。

思考题

请将下列句中活用的词写在句后横线上，并指明它属于哪一种形式。

例：其一犬坐于前。“犬”名词用作状语。

1. 数码相机，远胜旧式相机，何以弃优求劣？ ________________

2. 子终生不花，不亦羞乎？ ________________

3. 夫子蹄而碎之，以惊其春梦可乎？ ________________

4. 苟为友，吾日磨日损。 ________________

5. 网鱼得狐，亦奇事也。 ________________

6. 设吾为河，必潺潺而行，乐人所乐，悲人所悲也。 ________________

7. 窗外霜月争辉，遂不烛。 ________________

8. 闻有狼崽俩，嗷嗷待哺，遂取而乳之。 ________________

9. 吾无妻子牵挂，何处得食，何处饱腹。 ________________

10. 向者，吾为足下遮挡烈日，汝不我恩耶？ ________________

11. 见一蛛附伤口吮毒，甚德之。 ________________

12. 养儿育女乃父母天职，而汝不巢、不孵、不育。 ________________

13. 众惭，顷刻作鸟兽散。 ________________

14. 鹬曰：“今日不雨，明日不雨，必有死蚌。” ________________

15. 狼昂首张口，人立而起。 ________________

16. 一狼洞其中。 ________________

17. 虎方衔母，犹歌耶！ ________________

18. 牛大喜，再角三角，巨石翻出田外。 ________________

19. 翁蜗居斗室者期年。 ________________

20. 一日，左颊为胡蜂所螫，坟起黍许。 ________________

21. 翌晨，比邻见其门扉洞开。 ________________

22. 且以己之好恶，臧否他人，乃大谬也！ ________________

23. 辄倾巢而出，欢奔雀跃。 ________________

24. 西施固贫女也，织纺井臼，少有闲暇。 ________________

25. 旁有树根，粗如拳，弓出地表。 ________________

26. 见甲缚猪前肢，令其人立而捆之于柱。 ________________

27. 猴敏捷，顷刻而聚，眨眼星散。 ________________

28. 吾止此一猴，日从吾南北游。 ________________

29. 众目之，一官停舆，怫然而下。 ________________

30. 居无何，取食自如，遂鲸吞如故。 ________________

213.虎熊斗

熊遇虎必人立而起，以防不测也。虎亦知难而退，然饿甚，亦猎熊为食！

虎欲猎熊也，必先徘徊①其侧，或卧或坐，意暇甚。初，熊人立，怒目以俟，久之，见无敌意，意少懈②。虎伺机遽前而啮。熊为虎啮，怒而挥掌。熊之挥掌，势速而猛，且意在虎首，苟中之，易伤双目；虎知不敌，早距熊丈许，唯四爪按地，嘶声雷动，作势欲扑而已。熊知虎便捷，岿然③挺立，举掌以俟。相持片刻，虎望空猛扑，自熊顶而过，竟奔走远遁矣。熊为虎啮，意欲决一雌雄，见虎遽然而逝，怒不可遏，竟以双掌击木，以泄其愤，追气喘吁吁，乃止。

虎伺之久，见熊休憩，复出。熊遽而人立，怒目以视，吼声若雷；虎则低首崛尻，欲扑而止之者四——戏之，怒之也。久之，故伎重演④，望空猛扑，自熊顶而过……见虎再遁，熊吼声嗷嗷，复移怒于林木，或击、或拔、或啮……四周狼藉。

虎之三出也，熊出掌已缓，掌力早衰，而虎养精畜锐，势不可挡，熊知不敌，仓皇而遁。然熊之数步，虎一跃可也，卒为虎食。

注释：①徘（pái）徊（huái）：来回地行走。②懈：松懈。③岿（kuī）然：原指山高峻独立的样子，这里指熊高高地站立着。④故伎重演：成语，老花招再耍一次。（俟 13、伺 17、遽 13、啮 31、苟 33、嘶 116、便捷 19、遁 18、追 22、休憩 136、崛 158、尻 85、卒 22）

基础知识述要

使动用法、意动用法与为动用法

使动用法、意动用法与为动用法是文言文中一种简洁的特殊的表达方式，也是词类活用的一种特殊形式。

1. 使动用法。

使动用法的基本结构形式是：名词、动词、形容词后加上宾语，形成“名 + 宾”“动 + 宾”“形 + 宾”的结构时，可以译成使宾语怎样或怎么样，或者译成让宾语怎样或怎么样。

例如：

①上文“戏之怒之也”中的“怒之”,可译成“使熊发怒”,就是形容词“怒”的使动用法。

②“驯猴当先儆之以泯其野性”中的“泯其野性”，是形容词“泯”的使动用法，“泯其野性”可译成“使它的野性消失”。

③“蟹计之曰:‘渠曹无爪牙之利，可以臣之’”中的“臣之”，是名词“臣”的使动用法，可译成“使他们臣服”。

④“可以惊神鬼，泣天地”中的“惊神鬼，泣天地”，是动词“惊”与“泣”的使动用法，可以译成“使神鬼受惊”“让天地哭泣”。

2. 意动用法。

意动用法的基本结构形式是：名词、动词、形容词后加上宾语，形成“名+宾”“动+宾”“形+宾”的结构时，可以译成把宾语怎样或怎么样，或者译成认为宾语怎样或怎样以，或者译成以宾语怎样或怎么样。

例如：

①成语“鱼肉百姓”是名词“鱼”与“肉”的意动用法，可译成“把百姓当成鱼肉”。

②“书生某，为高自位置，居室称为书院，自封院长，借助网络，广而告之”中的“高自位置”,是形容词“高”的意动用法,可译成“把自己的位置抬得很高”。

③“以斫此卵，能破壳而不伤其肉乎？”中的“破壳”是动词“破”的意动用法，可译成“把蛋壳砍破”。

3. 为动用法。

为动用法的基本结构形式是：名词、动词、形容词后加上宾语，形成“名+宾”“动+宾”“形+宾”的结构时，可以译成为宾语怎样或怎么样。

例如：

①“居庙堂之高则忧其民，处江湖之远则忧其君”中的“忧其民”“忧其君”，是动词“忧”的为动用法，可译成“为他的百姓担忧”“为他的君王担忧”。

②“遂序其诗”中的“序其诗”，是名词“序”的为动用法，可以译成“为他的诗作序”。

③“知其情，吾哀之”中的“哀之”，是形容词“哀”的为动用法，可译成“为他悲哀”。

思考题

请把下列句子中的使动用法、意动用法或为动用法找出来，填写在句后横线上并指明是哪种用法。

1. 彼感其情，慷慨解囊。________________
2. 吾友之如兄似弟也。________________
3. 众警急前，反接其手。________________
4. 竟罹此奇祸，众人悲之。________________
5. 智其子而疑其邻人之父。________________
6. 闻本帅之耳者，受上赏。________________
7. 欲使汝子善飞，必先损其体重。________________
8. 彼恩将仇报，戚然吾心。________________
9. 凫曰："师我可，坐馆不可。"________________
11. 子轻人而重己，吾不以为然也。________________
12. 吾妻之美我者，私我也。________________
13. 邑人奇之，稍稍宾客其父。________________
14. 项伯杀人，臣活之。________________
15. 早年夭折，亲朋哀之。________________
16. 登泰山而小天下。________________
17. 以多鼠患，市之归。________________
18. 且乐人所乐，悲人所悲也！________________
19. 鼠外窜，则竭力毙之。________________
20. 无丝竹之乱耳，无案牍之劳形。________________
21. 治国之法，当强兵足食也！________________
22. 春风又绿江南岸。________________
23. 王天下而鱼肉百姓者，岂能久耶？________________
24. 公曰："可如是如是。"众然之。________________
25. 以其小而劣之。________________
26. 秋风正愁余，落日益增悲。________________
27. 故戏之，怒之，亦无奈何。________________
28. 闲暇则栓之。________________

214.困蝎逾狱

某君下岗待业，窘于生计，恒长吁短叹①。一日，闻畜蝎可以致富，以所费无多，聊以试之。遂购种蝎数十，畜之以琉璃②鱼缸。旦日视之，蝎皆亡。幸置之于斗室，或藏之衣柜，或潜于箱底，悉复得之。缸深尺许，且腹鼓如瓮，蝎何以逾之？某惑焉。复畜于缸而觇。昏暮，见蝎聚于一隅，有蝎倚壁倒立，一蝎缘其背而上，以两螯钳下蝎之尾，亦倚壁倒立。如是者八九，旋成一蝎梯。余蝎缘梯而上。俟缸底蝎尽，梯蝎亦依次缘而上。未食顷，缸空如洗。某君呆立良久，忽大悟曰："蝎受困计生，人受困岂能戚戚于贫贱耶？"自是，愁容尽扫。期年而小康焉。

注释：①长吁（xū）短叹：不断地叹息。吁：叹息。②琉璃：玻璃。（窘84、旦日110、亡76、悉71、逾91、缘40、螯26、旋15、俟13、戚78、期年76）

215.瓜皮猎凫

幼时，尝从从兄守瓜。瓜地近湖，湖中凫鸟成群。是日，暴雨初晴，从兄遥瞰湖面，忽曰："猎一凫何如？"予作引枪射击状，曰："砰！得之矣！"从兄笑曰："今猎凫何用枪哉？水浊，一瓜皮足矣。"予异其言。从兄乃简一瓜，大如瓮，引刀去其一端①，复去其瓤②，且挖二孔如双目，作头盔状。嘱予曰："慎勿声③。"遂以瓜皮作帽，潜之于水。瓜皮近凫，群凫异焉，遽避之。久之，遂不之惊。一凫以为瓜皮可食，啄之，从兄遽执其足，凫大惊，奋翼击水，水花四溅。从兄一手执凫，一手抚脸去其水迹，曰："何如，何如？"予拊掌大笑。

注释：①端（duān）：事物的一头。②瓤（ráng）：瓜、桔等内部包着种子的肉。③慎勿声：小心，不要发出声音。（尝32、从兄144、瞰101、凫59、简5）

思考题

文中有两处意动用法，请找出来。

216.黄鼬叩门

农人某，建新宅于旷野。是处本乱冢累累，学大寨[①]时移冢为地，后复荒废，蓬、蒿[②]渐满。初，亲朋以为不吉，亟谏阻之。某贪其近公路，不之听。

大厦成，合家迁居。翌日，熄灯欲寝，忽闻叩门声，急且乱，初以为好事者戏谑，不之理，卒以不堪其扰，启扉而觇，寂然无人。如是者三，妻孥惶惶，以为鬼蜮。某素不信鬼神，乃以石灰遍撒于门前，旦日视之，皆黄鼬踪迹也。盖黄鼬数十，穴居是处。今失巢穴，故骚扰之。

注释：①学大寨：大寨，村名，在山西省昔阳县中部，太行山脉虎头山麓。新中国成立后，大寨群众艰苦奋斗，在改造自然、发展农业生产方面取得一定成绩。②蓬蒿（péng hāo）：这里泛指野草。蓬：是一种多年生的野草，叶像柳叶，开白花，子实有毛。蒿：是二年生的一种野草，叶如丝状，有特殊的气味，花小，黄绿色，可入药。（冢55、亟73、谏127、叩70、谑29、卒22、扉105、妻孥117、素132、旦日110、盖24）

217.羊角剖腹

农夫金某，腹有裂痕，自脐[①]至胸，似刀剖焉。询之，则曰，伤于羊角也。某年盛夏，金躬耕陇亩，以暑热，袒胸露乳。忽闻人大呼，见一野羊，窜入农田。时值农忙，操农功[②]者众。皆辍农事，环而搏之。羊情急，跃入深沟。此沟深丈许，阔约七尺。众大喜。或入沟之两端，或立于沟堤逻守。度羊已入牢笼，无处遁焉。两端人渐逼之，羊彷徨四顾，欲上跃。金立堤岸，处其顶，见状，急跃下，其腹适压羊头，方欲搏之……忽一声惨叫，起立，而羊竟跃而踩其肩，翻沟[③]而遁。金即偃仰，众视之，已腹裂肠露，盖为羊角所伤也。

困兽必斗，怯弱者亦如是。

注释：①脐（qí）：俗称肚脐。②操农功：指从事农活。③翻沟：从沟底跃上来。翻：越过。（询38、躬97、陇亩97、辍81、搏116、逻守202、度64、遁18、适73、偃仰99）

218.枭啄贼目

一叟，家殷实。一日之市，见荛牧儿售雌雄稚枭，以患鼠，市[1]之归，畜于楼侧积薪中。初，叟食以蛙、虫、鱼、虾，枭渐长，遂搏鼠为食。自是，长夜卧床，未尝闻作作索索之声；鼾声呼呼，不复畏胡龇乱窜之鼠。叟窃喜，视枭为友。

一夜，有贼入室，叟惊而醒，则刃已加颈。贼以黑布蒙面，止露双目，低声曰："毋怖，钱囊安在？"时月明似水，叟见贼乃丁壮者，且熊腰虎背，诚非敌手，战战而起。以钱柜蔽于楼顶，遂登而取之。贼紧从。甫登楼，思及一生积蓄，将付贼手，颓然而坐。贼狠批叟颊，詈曰："若欲死耶！"微闻有声呼呼，贼遽弃刃，双手捂目，暴跳惨叫。以脚踏空，坠于楼下。叟大号，一村皆惊，来者甚众。视之，贼昏绝，双目血涌——啄其目者，双枭也。众皆骇然。

注释：①市：名词作动词，买。（殷实 192、荛牧儿 196、枭 172、食 83、未尝 76、刃 208、安 48、丁壮者 121、诚 4、战战 64、甫 56、颓然 123、批 37、若 40）

219.畜犬罹祸

犬解人意，招人怜，然终为畜生，或谬解人意，或失分寸，或因妒生怨，畜犬罹祸者时有所闻，不可不防。

吾友畜一犬，颇温驯。一日，客至，寒暄移时，客欲去。友强留而客坚辞，方扯曳间，犬欻而啮，盖以客主相殴也。

有邵姓女郎，畜一犬，爱之甚，恒抱以亲吻。一日，赴友宴，醺醺而还。门方启，犬掉尾而迎。邵喜极，抱而吻之，而犬竟啮其唇。邵大号，父兄见其唇亡血流，大骇，急就医。幸落唇犹在，植而活，然谛视，补痕可见。

有一后生，善贾。以独居，为防不测，遂购一狼犬驯之。未期年，左右皆遂意；虽趋奔之间[1]，令其止，立止。生宝之，与形影不离。后生婚娶，忙于应酬，无暇顾犬。翌日，与新娘亲热移时始出，亦忘呼犬随之。孰知日暮还家，新娘竟毙于血泊之中，盖犬受冷落而移怒于新娘也。悲夫！

倘陌路逢犬，莫注目之，眈眈相向——犬以为敌视者也；邻里之犬，亦莫拍其首、尻，或肆意戏之。俗言云："狗翻脸不认人。"不可不慎。

注释：①虽趋奔之间：即使是在奔跑的时候。虽：即使。（怜118、谬36、罹60、寒暄128、移时55、辞146、欻101、盖24、恒10、掉尾118、亡131、谛20、贯80、期年76、合卺193、遂173、趋81、尻85）

220.开锁助产

旧时，蜀鄙之人多信"天人感应①"之说。若妇人分娩②，产道痉挛③，交骨不开④，接生婆必命其家人将室内紧闭之物悉以开启。于是开门开窗，开柜开箱，开罐开缸……

据传，一妇坐蓐，室内万物皆开，而产道犹闭。忽见接生婆戟手而呼曰："车！"盖室外一自行车紧锁也！夫急前，将钥匙插入锁眼。孰知拨动过猛，钥匙断而车锁未开。以为不祥，顿时昏厥。其邻见状，急以铁棍猛撬，锁开，产道亦洞开，胎儿露头矣！

注释：①天人感应：中国哲学中的一种神秘学说。此学说认为天能干预人事，而人的行为也能感应上天。②分娩（miǎn）：指胎儿包括其附属物（胎盘、胎膜、脐带、羊水）排出子宫时的整个过程。③痉挛（jìng luán）：卷曲不能伸。④交骨不开：交骨指耻骨或骶尾关节。古人认为产前其骨合，临产时其骨开，若此骨不开，则引起难产。（鄙102、悉71、坐蓐74、戟手28）

221.善思者得益

章凤英，农妇也。一日，其夫还自墟所，以二珠示之。云："见一媪①，货观音像，高可二尺许，铜铸者也。媪言此观音世代相传，恒祈②其福。今夫卒③子亡，惟一孙，亦病夭，祈之无益，故鬻焉。

吾审视之，见双目乃以珠嵌。乃贸[4]其珠。”妻闻言，曰：“目以珠嵌，躯恶有铜铸者邪？”急促夫之市。妪未去，卒得全像。持就炉火，未几，铜熔，躯内果间以金锭[5]——时值“文革”，视观音为四旧，挖其目，毁其身亦不以为罪。

人言：善思者得益，信夫！

注释：①媪（ǎo）：对年老妇人的尊称。②祈（qí）：向鬼神祷告恳求。③卒：死。④贸（mào）：买。⑤锭（dìng）：古时重五两或十两的金银货币。⑥四旧：指“文革”所说的旧思想、旧文化、旧风俗、旧习惯。（墟41、货101、夭21、审19、恶121、卒22、就27、间55、信夫67）

思考题

上文中有一例为动用法，请找出来。

222.妙笔藏针

某督军[1]，目不识丁。以军功得简拔，披阅案牍[2]，唯秘书诵后画圈而已。然画毕，必躬洗余墨，归笔于匣，视笔不啻无价宝也。其秘书亦未知其故。一日，拨银万两以供军需。库吏禀曰：“乡拨银万两，亦供军需而未满一旬；今库中剩银不足此数。”督军疑焉，自思已有月余未拨款。遂令取曩之文牍审阅。视其书后亦画一圈，绝类己之画者。默然良久，叩其秘书。秘书曰：“诚有是事。大帅事繁，故忘之耳。”督军不语，开匣取笔，作蘸墨欲书状。忽往秘书面部掷之，中颊，笔立如矢，鲜血淋漓。秘书股栗，面色似灰。督军令其取笔视之。盖毫中阴藏一针也。督军冷笑曰：“本帅批文，皆有标志。倘为钱物，何时批，拨几何，针痕落于何处，皆于本帅心中。汝复何说？”

秘书汗流浃背，伏地请罪。

注释：①督军：官名，主管一省军政。原称都督，北洋军阀统治时，改称为督军，继而又改称为督理。②案牍：指各类公文。（简拔151、案38、文牍150、躬97、不啻119、禀44、乡119、旬56、曩32、叩121、诚4、矢34、栗60、盖24、阴74）

223.疑人窃履

昔楚人有宿于其友之家者，其仆窃友人之履以归，楚人不知也。适使其仆市履于肆，仆私其直①而以窃履进，楚人不知也。他日，友人来过，见其履在楚人之足，大骇曰："吾固疑之，果然窃吾履。"遂与之绝。逾年而事暴②，友人踵③楚人之门，而悔谢曰："吾不能知子，而缪④以疑子，吾之罪也。请为以如初。"

（选自明代王守仁《王阳明全集·卷六·文录三》）

注释：①私其直：打算把主人叫他买履的钱贪为私有。②事暴：指仆人偷履的事情暴露。③踵：名词作动词，到，走到。④缪："谬"，错误，荒谬。（昔32、履43、适73、市218、肆121、固39、谢51）

思考题

上文中有一例意动用法，请找出来。

224.封禅趣闻

开元间，上东封泰山①。历城②令杜丰办供应。杜以为从幸人多，设有不测，仓卒③不备，必获罪焉。遂造凶器④三十具，置诸行宫⑤，光彩赫然。刺史⑥闻而大怒，曰："主上封岳⑦祈福，竟造此不祥？"将索丰治罪。丰闻而大骇，遂诈死，令子赴州报丧，事乃寝⑧。

（据明代冯梦龙《古今谭概·迂腐部第一·迂腐有种》改）

注释：①开元间，上东封泰山：封禅泰山是古代帝皇表明自己受命于天的盛大典礼。从秦始皇开始到宋真宗止，共有六帝十次封禅泰山。开元间的封禅大典是指公元726年，唐玄宗率百官、贵戚及外邦客使东至泰山的封禅大典。②历城：历城在山东省，北靠泰山。③仓卒：亦写成"仓猝"或"仓促"，临事匆忙，慌乱。④凶器：指棺材。⑤行宫：皇帝封岳时要居住的宫廷。⑥刺史：官名，州一级的主要长官。刺史应该是管辖历城的州官。⑦封岳：指封禅泰山，因为泰山是东岳。⑧寝：停止；平息。（上159、令43、设9、卒87、诸46、索76、诈83）

225.旗开得胜

秀水①有无赖子，史姓，豪于饮，终日酣醉，人以酒徒称之。

道光壬辰②，王师征台匪③，满洲将军瑚松额率军泊舟王江泾④。酒徒自他处醉归，风吹钦差旗拂其面，酒徒曰："此何物，遽上乃公面耶？"手裂之。

将军大怒，令捽⑤酒徒至船上，诘之曰："何故毁吾旗？"酒徒酒已醒，曰："为将军报佳兆耳。愿将军旗'开'得胜！"将军遂释之。由是，史酒徒之名益著。

（据清代陆长春《香饮楼宾谈·史酒徒》改）

注释：①秀水：地名，属浙江省嘉兴市。②道光壬辰：道光十二年，公元1832年。③王师征台匪：道光十二年，台湾土匪张丙等作乱。瑚松额授为钦差大臣，赴台剿匪，及抵福建，匪首已擒，台湾略定；道光十三年春，仍受命渡台搜捕余党，擒各路匪首二十余人。④王江泾：地名，属今浙江嘉兴市。⑤捽（zuó）：揪。（遽13、诘134、释27）

226.冯铁头

吾邑新市镇有冯允昌者，以卖腐①为业，勇力过人，而其头甚坚劲，每与人斗，辄以撞之，罔②不披靡③。由是气凌一乡，无敢与抗者。

其邻有与之昵④者，谓之曰："子头诚有力，倘以石击之，恐亦不能当也！"冯拾一石大如碗，掷于空中而以头承之，崩然有声，石迸去而头不伤。人大骇，遂以"铁头"著名。

一日，冯偶泼水于街，适陕西皮货客张姓者过，误溅其衣。张微詈之，冯恶声相应而出，挥之以拳。张不与较。冯从后赶上，以头撞之。张不回顾而微侧其身，冯头适入其肋间，为张所挟，极力摇拔，不可脱。张笑曰："吾知汝为冯铁头，然不知汝头果似铁否？吾当试之。"于是骈⑤两指就肋间擦之。冯觉若利刃刊⑥

其头骨者，痛不可忍，不觉失声而号。张曰：“若然，则非铁头矣！且放汝去，再加纯钢铸炼，吾当复来与较也！”遂释之，缓步而去。

冯之头红肿者旬余，自是深自敛⑦迹，顿改故态。

（据清代徐承烈《听雨轩笔记·冯铁头》改）

注释：①腐：豆腐。②罔（wǎng）：无；没有。③披靡：本指草木随风偃倒。此处比喻冯用铁头撞人，没有人能抵抗。成语有“所向披靡”。④昵（nì）：亲近。⑤骈（pián）：并列。⑥刊：砍；削。⑦敛（liàn）：收束；约束。（辄82、凌92、适73、释27）

227.误典为奠

二十年前，吾辈犹不知手机、电脑、网络为何物。是时，传递信息最速者，电报也！电报以字数计费，遣词不当者，时有所闻。山西省神池县，有边姓医师，接包头①来电曰：“姑家为子举行奠礼，明日速来！”接此噩耗，边家悲不自胜②，急备祭品，拟翌晨搭车前往。讵知近晚复接急电，云：“姑家为子举行典礼，明日速来！”始知姑家为长子举行婚礼也。后知拍此电文者，姑家三子也——彼辍学从贾，文理欠通，幸能自知，请教二哥，方知“奠”“典”之误也。噫！设边家携祭品赴婚礼，将何以堪？

注释：①包头：包头市，属内蒙古自治区。②胜：承受。（讵124、贾80）

228.剖石得龟

有闲步江干者，见一石临水，有龟头半露，如石中出，见人，欻然回缩。奇而谛视，石大如臼①，有一窍似卵，异焉。取锤剖石，中空，内有一龟大如盘盂。揣稚龟入窍，穴居其中，稍长，竟不得出。幸有鱼虾入窍，可守株待兔，且穴如碉堡，天敌难入，遂成是龟桃源！时倭寇入侵，民遭涂炭②。其人触景情生，喟然曰：“毁汝家园，吾之罪也！”乃从于水。

（据薛冰《晚清洋相百出·剖石得龟》改）

注释：①臼（jiù）：旧时用来舂米的石制家具。②涂炭：亦作"荼炭"，比喻处在极端困苦的境地。涂：泥淖。炭：炭火。（干19、数101、谛20、窍155、卯61、盘盂108、揣21、稍116）

基础知识述要

通假字

94则《一瞽坠桥》的"基础知识"中提到文言文中的通假字。所谓"通假"，就是用读音相同或相近的字代替原本应该用的字。通假是文言文的用字现象之一。因此，我们在阅读文言文时，若遇到一个字，不管是从哪个角度来考虑（从本义、引申义、比喻义或者词类活用），语义都无法明白的时候，你就得考虑是否用了通假字。

例如上文末句"乃从于水"的"从"，无论从哪个角度来考虑，用在此句都不通顺，可以断定"从"是通假字。查《通假字典》或者根据句子意思来判断，可知"从"通"纵"，可译为"释放"。

思考题

下列文言句中都含有通假字，请写出以下文言句中的通假字。虽然句子多数是作者编写，但句中的通假字在中学段的文言课文中都出现过。

1. 坐中何人泪汪然？（　　）通（　　）
2. 子不说，怒曰。（　　）通（　　）
3. 天雪，山被银装。（　　）通（　　）
4. 辟祸就吉者，知者也（　　）通（　　）　（　　）通（　　）
5. 火伴皆惊曰。（　　）通（　　）
6. 甚矣！汝之不惠。（　　）通（　　）
7. 当距敌于国门之外。（　　）通（　　）
8. 四支僵硬，无能动也！（　　）通（　　）
9. 夜则然以蚊香。（　　）通（　　）
10. 牛还走，子急从之。（　　）通（　　）
11. 孰谓汝多知乎？（　　）通（　　）
12. 曹军无能抵当。（　　）通（　　）
13. 涂遇一翁，笑曰。（　　）通（　　）
14. 吾大丈夫也，岂能诎于小人之下？（　　）通（　　）
15. 气息蚤无，四肢已强。（　　）通（　　）　（　　）通（　　）

16. 蚌方暴，蟹戏钳其肉。（　　）通（　　）

17. 以木为舟，可衡度江河。（　　）通（　　）（　　）通（　　）

18. 飞娥扑火而已。（　　）通（　　）

19. 陛下，臣皇恐。（　　）通（　　）

20. 彼虽少年，然莫气沉沉。（　　）通（　　）

21. 男大当取，女大当嫁。（　　）通（　　）

22. 问其贾，曰："三文可也。"（　　）通（　　）

23. 见熊掌未孰，怒而杀之。（　　）通（　　）

24. 事出卒然，遂为敌禽。（　　）通（　　）（　　）通（　　）

25. 遂赴虚市鬻之。（　　）通（　　）

26. 翁大窘，亡以应。（　　）通（　　）

27. 至山下，林阴蔽日。（　　）通（　　）

28. 白头似霜，笑文一脸。（　　）通（　　）

29. 小荷栽露尖尖角。（　　）通（　　）

30. 悉要亲朋赴宴。（　　）通（　　）

31. 岂能官高奉厚而无为。（　　）通（　　）

32. 雨后虹见，色采缤纷。（　　）通（　　）（　　）通（　　）

33. 失道寡助，亲朋畔之。（　　）通（　　）

34. 属予作文以记之。（　　）通（　　）

35. 得鱼腹中书，固以怪之矣。（　　）通（　　）

229.令雁入笼

学童甲乙，比邻而居。一日，甲谓乙曰："吾有一计，可逮活雁。"乙曰："雁受保护，岂可活逮？"曰："戏之而已，旋即纵之？"乙问其计，甲曰："倘有雁群栖止[1]，吾必得之。盍赴河干验之？"乙颔之。

时值四月，河水骤涨，近岸草地已成泽国。夕阳西下，果有北归雁群，飘然而下。甲谛视之久，曰："得之矣，得之矣！"乙讶曰："囚雁焉在？"曰："雁群久飞劳累，焉能惊之扰之？翌晨以告。"

翌日昧爽，甲偕乙至河干。俄，雁群冲天而起。甲乙急前，果有一雁囚于铁丝笼中，振翅欲飞，水花四溅，为笼所阻而不得脱。甲大笑，助其出笼，纵之。囚雁冲天，唳声凄厉②。乙出笼视之，形似漏斗；周身之孔，大如鹅卵。甲曰："飞雁栖止，异于他鸟。两掌落地，双翅蚤收，似收指成拳，始能拳击耳；故置笼于草丛之中，略加伪装，雁入笼犹不之知；及雁之飞也，必振其双翼，而笼身狭小，双翼见阻，故不得脱。"乙亟叹其妙。甲曰："非吾之谋，梁晓声书中有言③，验之而已。"

注释：①栖（qī）止：鸟类停歇、歇宿。②唳（lì）声凄厉：大雁高亢地鸣叫着，声音凄惨尖厉。唳声：鸿雁类高亢的鸣叫声。③梁晓声书中有言：梁晓声《你在今天还在昨天》一书中讲到一个十四岁的孩子。这个孩子因父母无力交学费，面临辍学，到河边痛哭。傍晚，有雁群栖止河边草丛之中，见到雁落地姿势，他想出一个捕雁的办法，于是为交学费每年捕一二只。后来这孩子成了企业家，投巨资改造那条河流，使北归雁群习惯了的中途栖息地成了一个人造湖。（比邻63、抑或73、盍50、领之35、泽国76、谛20、讶51、焉17、翌晨11、昧爽24、纵162、蚤94、亟73）

思考题

在上文中各找出一个使动用法的句子和一个通假字。

230.商季子悟道

商季子笃信道，挟资游四方，但遇黄冠士①，辄下拜求焉。偶遇一猾②觊③其资，自炫④得道，诱之从游。季子时求其授道，猾以未得便，诺诺而已。一日，江干游，猾云："道在是矣！"问："何在？"曰："在舟樯杪⑤也，若自升求之。"乃置资囊于樯下，遽援樯而升。猾仰首连呼："升，升！"至杪犹呼曰："升！"季子升无可升，忽大悟："道者，当得之于天，得之于天也！"遂抱樯欢呼，曰："得矣！得矣！"猾挈资疾走。季子下，犹欢呼不已。观者曰："彼，猾也！挈若资走矣！"季子曰："否！否！真吾师也！此亦以教我者也！"

（据明代冯梦龙《古今谭概·专愚部第四·商季子悟道》改）

注释：①黄冠士：指道士。道士头戴黄冠。②猾：狡诈的人。③觊（jì）：希图；冀望。④炫（xuàn）：炫耀；自夸。⑤樯（qiáng）杪（miǎo）：桅杆的末梢。杪：原指树木的末梢。（笃74、辄82、诺12、若40、挈166、疾100）

231.初闻输血

国人初闻输血，甚以为奇。清末，有人作文以记曰：客有信西医术者，为言一事，殊骇听闻，爰为表[1]之。美国某医院，有一少妇，气息奄奄，喘甚急，冷汗直流，势将不起。医生令一壮夫坐其侧，袖中出皮管一具，粗如手指，两端有银针，空其中，以一端刺壮夫臂，一端刺入琉璃瓶——瓶以橡皮为盖，集血一瓶；而后高悬其瓶，复出皮管一，一端刺入瓶，一端刺病妇臂。未几，瓶中血悉入妇体，妇亦起，病若失。盖妇本患血枯之症[2]，医者识其病源，故施其妙手，将壮夫之血，吸一瓶与妇也。神矣！得无西人之华佗耶？

（据薛冰《晚清洋相百出·西国扁卢》改）

注释：①表：表彰。②血枯之症：根据文中描述，少妇之病当属于因贫血致血红蛋白降低而引起的血液携氧能力减退。输血可有效地改善这一状况，所以被当时人看成了立竿见影的神技。（志56、殊66、爰150、琉璃214、悉71、盖24、得无8）

232.初见升空

西人范达山，出其新法，制一气球，大可五六丈，高约八丈，以布为之，上圆下锐，中有铁链，悬铁桶，桶盛油，以巨束棉绳为蕊。燃火，球旋扶摇[1]直上，但见球下系一巨圈，复悬长索，令西女名华利者，拽之而上，直薄云霄。列子御风[2]，无以过也。西女于半空作种种身势，以显其奇。迨升至四里之遥，竟欻而下跌，众大惊失色！忽见其顶有巨伞开张，女持之，徐徐而下。此其神妙，为何如哉！是日观者，蜂屯猬集[3]，无不翘首企足[4]，一恢[5]眼界，诚大观也，不可不志。

（据薛冰《晚清洋相百出·气球奇观》改）

注释：①扶摇：自下而上。②列子御风：《庄子·逍遥游》中有列子御风的故事。御：驾驭。③蜂屯猬（wèi）集：像蜂屯聚在一起，像刺猬的硬刺丛集一样，比喻众多。④翘（qiáo）首企（qǐ）足：抬起头，踮起脚。⑤恢（huī）：宽广。（链204、薄97、迨22、歘101、诚4、志56）

233.犬学鸡鸣

邑有丁姓翁，畜一犬一鸡。其鸡之报晓也，有金玉之音，且雄赳赳惹人怜爱，翁恒食之以鱼。犬慕焉，闻鸡报晓，辄谛视。一日，忽学鸡鸣，声颇类。唯鸣叫无时，每半夜而鸣，邻人怨焉。翁以为不祥，拟杀之。

会邻村有许生者，窘于衣食，闻而大喜，以重金鬻之。训未及旬，鸣止唯许生之为听[①]。许窃喜，携犬广游墟市。闻犬能鸡鸣，观者如堵。客若出钱一元，则令犬鸡鸣一声。犬低尻引项，颇滑稽，观者无不粲然。许所获颇丰，止三年，家中新楼巍然耸立矣。

注释：①鸣止唯许生之为听：鸣叫或停止叫，都只是听许生的指挥。（邑43、怜118、食83、恒10、辄82、类64、拟69、会4、窘84、鬻23、墟41、堵142、尻85、引25、项70、粲然73）

234.鼠口夺粮

庚子年[①]，大凶[②]。余十有四岁，方读初中。衣囊中恒藏米数颗，饥之甚，则取其一嚼之。是时，嚼米一粒无异今之得一酥饼也。

己丑晦[③]，昧爽，余与父之村四里之山坞中。盖家中粮罄，欲觅粮于鼠洞也。是坞有一梯田，石坎高与人等，以巨石叠成，中多鼠洞。家父乃泥水匠[④]也，善叠石坎，故敢与鼠夺粮。恐村人非议，是以四鼓而往。铁锹[⑤]毁坎，鼠洞毕露，鼠外窜，以雪厚盈尺，毙之亦易；或玉米或豆，每洞可得二三斤。以鼠洞相连，坎将毁尽，忽见硕鼠五六，外窜四走。余遽搏其一，鼠啮指，血淋淋，亦不之顾，急毙之而欲搏其他。鼠洞尽而布囊鼓，卒得粮二十斤许，毙鼠十有六只。及石坎重叠，已薄暮瞑瞑。欣欣而归，举家欢腾；时先祖母病卧，思食肉，得豆与鼠，不啻得无价之宝也。事隔四十年矣，至今思之，犹如昨日。

注释：①庚子年：公元1960年。②凶：庄稼收成不好。③己丑晦（huì）：公元1960年农历十二月二十九日。晦：农历每月的最后一天。（那一年，十二月月小）④泥水匠：从事盖房屋、叠石坎等行业的人叫泥水匠。⑤铁撬：又叫“撬棒”，一种劳动工具，可以用来拨开或挑起石块等重物。（方20、昧爽24、盖24、罄71、等59、家父45、四鼓70、硕70、遽13、搏116、卒22、有37、先118、不啻119）

基础知识述要

固定结构

文言文中经常使用一些固定的词语（或者固定的词语搭配）来固定某种结构关系，这叫固定结构。这些固定结构中，有一些词语与现代汉语中的词语同形同音，但意义和用法不同。了解这些固定结构，对正确理解文言文非常重要。

在本书中，绝大多数常见的固定结构已经反复出现，如下：

有……者（2）、何……之有（4）、谓……曰、语于……曰（7）、奈何、奈……何（10）、然则（12）、所以（24）、以为、以……为……（25）、“……孰与……”（26）、“……孰……”（26）、不亦……乎（29）、何……为（31）、何以……为（31）、是以（39）、如……何（41）、若……何（41）、无以（42）、有以（42）、能以（42）、得以（42）、何所（44）、有所（44）、无所（44）、与其……宁可……（63）、与其……孰若……（63）、“……抑或……”（73）、“……抑……”（73）、何异……（34）、无虑（121）、奚以……为（124）、奚……为（124）、恶以……为（124）、恶……为（124）、安以……为（124）、安……为（124）、唯……是……（132）、“……之谓也（矣、乎）”（135）、其……之谓也（矣、乎）（135）、于是（74）、无乃（毋乃）……乎（141）、略不（141）等。

有关固定结构的知识中，有几点值得注意：

1. 文言文中，虚词用法的分歧情况非常严重，同一用法的虚词可以用不同的文字来表示。有一些所用的虚词不同，而语义与作用仍然相同的固定结构，应该分外留心。

①“如……何”“奈……何”“若……何”这三个固定结构，虽然前一个虚词不同，但三者的语义与作用都是相同的。这些固定结构组成句子时，可以译成“对（拿、能把）……怎么办，或怎么样”；中间的省略号也可以换成“之”，变成“如之何”“奈之何”“若之何”的形式，其语义仍然不变。文言文中，作宾语的“之”往往可以省略，如“如之何”“奈之何”“若之何”可压缩成固定结构“如何”“奈何”“若何”。这些固定结构主要用来询问办法、态度或原因，询问办法时可译成“怎么办”；询问态度时可译成“怎么样”；询问原因时可译成“为什么”。其中“如何”往往写成“何如”。

②固定结构“何……为”“何以……为”可改用为“奚……为”“奚以……

为”“恶……为”“恶以……为”“安……为”“安以……为”，其作用与表达的语义仍然相同。

2. 一些表示选择关系的复句，是用不同的固定结构来表示不同的选择，例如：

①“……孰与……”“……孰……”，这两种固定结构组成的句子，有两者选择其一的意思（也可以都不选）。

②“非……则……”这种固定结构组成的句子，两者则必选其一。

③“与其……孰若……”“与其……岂若……”“与其……宁……”“与其……毋宁……”“……孰若……”，这些固定结构组成的反问句，前半部分是要舍弃的，后半部分是表示肯定并要选用的。

④“宁……不……”“宁……无……”，这两种固定结构组成的句子，也分成前后两部分，前半部分是肯定的且要选用的，后半部分是要舍弃的。

⑤“……抑或……”“……抑……”，这两种固定结构组成的表示选择的疑问句，也分前后两部分，可选前者，也可选后者，决定权在对方。

思考题

1. 口译下列文言句，并在横线上写明用了哪种固定结构。

①不知天下事之难易而为之，何异三岁稚童哉。________

②啮绳可也，何悲为？________

③奈何老天雨滂沱。________

④人垂钓，以蚓为饵。________

⑤然则何时竞走？________

⑥贫寒无以待客，粗菜粗粮而已。________

⑦譬如钢刀，与其见弃而腐朽，宁可斩石而断缺。________

⑧而示不屑则伸小指，尔不亦羞乎？________

⑨苟非人力所及，何以怨为？________

⑩汝辈借风升天，何能之有？________

⑪所谓土沙包者，是翁之谓也。________

⑫立早章抑或弓长张？________

⑬苟伤及行人，如之何？________

⑭然则君觅屎壳郎可也！________

⑮人以为奇，问其所以。________

⑯将军之乞封，毋乃不可乎！________

⑰日后将唯命是听。________

⑱百花争艳，是以有春。________

⑲吾孰与牛大？________

⑳设遇骤风，将奈之何？________

㉑吾之所集无虑三十，其价几何？________

㉒富贵抑或贫贱，俱决于是。________

㉓设成空心树，君将若之何？________

㉔与其饿而待毙，孰若铤而走险。________

㉕吾亦未尝疑子，恶以怒为。________

㉖少年而求安乐者，得无有感于是乎？________

㉗自钱孔沥油入葫芦而钱略不沾湿。________

㉘令何所好？________

㉙狗若无所视。________

㉚畜犬罹祸者时有所闻。________

2. 请在横线上写明下列句子中的固定结构，并说明这个固定结构的含义。

①设令尊见责，奈何？________

②民不畏死，奈何以死惧之？________

③吾欲与子一决高低，如何？________

④彼乃吾子之师也，如何不敬？________

⑤吾欲之南海，何如？________

⑥非国家之利也，若何从之？________

⑦事关国之安危，子将若何？________

235.决斗定妻

赵林两生同恋李姓女郎。一日，三人会于临江公园，谋以定夺。时值寒冬，朔风凛冽，闻有浪花声响，见一汉戏水江中。女忽得灵感，曰："男子汉大丈夫，以勇气为先。今冬泳既为时尚，其中不乏古稀老人，汝两人曷不效此汉入水，以勇者胜。"皆欣然相允。下水久之，李见赵神色有异，急呼林扶其出水。及上岸，赵已气绝。呜呼哀哉！（古稀 123、曷 75、效 75）

236.油污衣诗

予甫十岁时，过衢州①白沙渡，见岸上酒店败②壁间，有题诗两绝③，其名曰《犬落水》《油污衣》。《犬》诗太俗不足传，独后一篇殊有理致。其词云："一点清油污白衣，斑斑驳驳使人疑；纵饶④洗遍千江水，争⑤似当年不污时。"是时甚爱其语，今六十余年，尚历历不忘，漫志于此。

（选自宋代洪迈《容斋随笔·容斋三笔·卷五》）

注释：①衢州：衢州市，在浙江省。②败：败坏；破旧。③绝：绝句。④纵饶：即使；尽管。"纵""饶"同义并用。⑤争：通"怎"。怎能；怎么。（甫56、殊66、漫118、纵32）

237.马姥姥

余童稚时，比邻有马姥姥者，年逾古稀，夫早亡，其子安居于黑龙江北鄙。姥不胜寂寞。辛丑年①，秋，忽得其子书，云"至岁末，将偕妻孥，还乡探母。"姥闻之，不啻捧连城璧也，持之以示左邻右舍，乡邻为之动容。是年大凶，民多饥色②，姥廪③米面以俟其子，而恒以糠菜果腹。秋末，复得一书，求余诵读，亦言春节将归云。姥求余诵之再三。余虽幼，视白发老母思子之切，不觉涕零④。岁将尽，一日，红日西沉，姥复持一书，欣然而来，笑谓余曰："春节将至，归则归矣，何用书为？"余拆函诵之，言事繁，且远隔千里，往返不易，不能还乡探母，冀慈母见谅云云。诵未毕，遽见姥神色大异：人僵立、目直视、口微张，呼之不应。余骇而大啼。乡邻闻声而至，环而呼之，如无闻焉。两人扶之，人行亦行，人止亦止；至其室，按其坐，坐；使其卧，卧；形似木偶，唯心下丝丝气动。旦日气绝，而目瞪口张如故。

注释：①辛丑年：公元1961年。②饥色：面黄肌瘦的饥饿颜色。③廪（lǐn）：米仓。这里名词作动词用，指用米仓储藏。④涕零：眼泪像雨一样往下掉。（逾91、古稀123、鄙112、书173、偕126、妻孥117、不啻119、俟13、果腹87、云66、涕95、何用……为31、函72、冀13）

238.积习难改

予进食甚速，甫动箸，转瞬告罄。或说予曰："狼吞虎咽，不利消化，易伤及胃、食道。"予一笑而已。不惑年，忽频频噎食，恒捶胸良久，俟气顺始能再食。疑为癌变，大恐。赴医诊之，无大凶。医者曰："进食过速，伤胃、食道、贲门①，易病变；吾子已不惑，设不更改，无乃不可乎？"决意更改，苦思得计，更为左手执箸，以取食不便，果细嚼慢咽，予心大快。居无何，取食自如，复与右手无异，遂鲸吞②如故。呜呼！积习难改，信夫！

注释：①贲（bēn）门：与食管相连的胃上端的口。②鲸（jīng）吞：像鲸一样大口吞食。（甫56、箸38、罄71、说60、不惑123、俟13、无乃……乎141、更111）

239.先祖母言

先祖母言：某父子伐薪山中。近午，采山果充饥。其子谓父曰："若贵为皇上，每餐必食玉米饼，且佐以干菜汤，其味无穷也。"父笑曰："汝年少，可谓寡闻鲜见也。若为皇上，食玉米饼，必佐以盐菜炒肉，岂特以干菜汤哉！"

或曰：人生如饮水也，或掬而饮、或以陶、或以瓷、或以金玉之器，人之富贵贫贱特如盛水之具耳。设未尝饥渴之味，焉知水之甘甜耶？先祖母生于光绪十六年①，中年孀②居，抚二子、二女，家道贫寒，朝不虑夕③。晚岁虽逢治世，然国家草创④，百度伊始⑤，民多艰辛。先祖母则欣欣然以为已逢舜尧⑥，言樵夫父子，非笑其孤陋，特以诫儿孙辈当知足也。噫！如先祖母者，乃以手掬而悉知水之甘甜者也。

注释：①光绪十六年：公元1890年。②孀（shuāng）：寡妇。③朝不虑夕：早上不能为晚上的事预做计算，形容生计非常窘迫。④国家草创：指中华人民共和国成立不久。草创：开始做。⑤百度伊始：各种制度刚确定。度：法度、制度。伊始：刚开始。⑥舜尧（shùn yáo）：舜帝和尧帝。舜、尧都是传说中父系氏族社会后期部落联盟的领袖。舜：姚姓，有虞氏，名重华，史称虞舜。尧：陶唐氏，名放勋，史称唐尧。舜、尧是传说中的圣君贤主。成语“舜日尧年”或“舜日尧天”均比喻升平盛世。（先118、佐32、鲜19、特25、掬35、设9、噫61、悉71）

思考题

1.写出一句与下面句子所用的叹词不同而语义相同的文言句。

噫！如先祖母者，乃以手掬而悉知水之甘甜者也。

2.“设未尝饥渴之味，焉知水之甘甜耶？”此句中的“未尝”是固定结构吗？

3.请给“若贵为皇上，每餐必食玉米饼”换五种不同的表示假设关系的虚词，使文言句语义相同。

240.僧妙瑞言

去予村七里许，尝有“招福寺”。寺早毁，一僧曰“妙瑞”，就废址结庐①，半僧半俗，娶妻生子。僧自幼习武，好解人之危。据传：有甲乙两村，结怨甚深。某年势成械斗，甲强乙弱。乙邀僧相助，欣然允之。村甲闻之，宴请僧。僧知实欲探其功力也。席间，指一八仙桌——桌上摆满菜肴——曰：“是桌置于此，有碍往来。”遂以两指力撳，平端而起，去地尺许，移数步而后置之。桌上有汤盈碗，未溢半滴。指痕入木。一座骇然。僧曰：“冤冤相报，宁有穷期？老衲为汝等解之：毋斗！村乙欲强斗，僧助汝等；反之，亦然。”械斗遂止。

甲戌年②，邻翁病故，邀僧超度③。时，僧已耄期④，然面呈童颜，神观爽迈⑤。视其暇，叩之曰：“闻大师功夫甚深，可示一二否？”僧笑曰：“倘无功夫，胡能至焉？”僧巧用“功夫”两义，闻者粲然。言及佛法。僧曰：“几多佛经，概而言之，一‘善’字而已。劝人为善，勉己为善，我即佛也。”

注释：①庐（lú）：简陋的房屋。②甲戌年：公元1994年。③超度：佛教、道教用语。僧、尼、道士为人诵经拜忏，说是可以度死者超越苦海。④耄（mào）期：老年。耄：老。《礼记·曲礼上》：“八十、九十曰‘耄’。”⑤神观爽迈：精神看上去很爽朗，很充沛的样子。（尝32、者1、宁25、老衲211、暇30、叩95、胡95、粲然73）

思考题

1.给下列文言句换一个虚词，使语义不变。

示例：结怨甚深。（“甚”可改用“颇”）

①遂以两指力撳。（ ）

②宁有穷期。（ ）

2.上文中用了一个通假字，请找出来。

241.卖牛屎

人心好奇，古今皆然。有樊傻儿者，获罪见逐，远走他乡，身无分文而饥火烧肠，遂生一计。之闹市中，铺一白布，上置干牛屎，标高价而鬻。人见之，皆以为奇，环而观之。樊踞其侧，神色安然。众数①问其故，笑而不应。有间，观者云集。一黄发儿忽曰：“此犀牛屎也。曩余祖病剧，便血不已，服之即愈。”樊始笑曰：“孺子亦识货耶？犀牛之角，凉血解热，去毒安神。犀牛之屎，功能颇类。凡高热昏迷，吐血便血，神昏发狂者，服之即愈。是得之不易，吾宝之②。昨为贼劫持③，囊空如洗，今不得已而售焉。”语未毕，人争鬻之。顷刻告罄。黄发小儿，第助数言，亦馈钱若干。嘻！樊名傻儿，何傻之有？而今货假药以赢利者，皆卖牛屎者之流也。

注释：①数（shuò）：屡次；多次。②宝之：把它当成宝贝。③劫持：绑架。（见逐 13、逐 28、踞 90、曩 32、愈 41、孺子 72、类 64、罄 71、第 127、馈 137）

242.烟嘴虏敌

王飞者，我军特工也。一日，奉命入丰城①探敌情。王著长衫，戴礼帽，貌若士绅，昂然而前。守门卒查其身无寸兵，纳之②。会内线③断，久无所获。方徘徊于小巷，闻车铃响。遥望有自行车，翩翩而来——一军官也。王计之：谍④无踪，逮此为“舌头⑤”可也。遂伪为醉者，踉跄而行。俟敌近，故撞之。官砰然偃仰，怫然怒，起欲发作。王逼其身，右手蔽于衣内，持一硬物直抵其腰，低声曰：“毋动，动则毙若。”官出不意，大骇，茫然无措。王令曰：“上车，载吾出城，免若一死。”官无敢违，诺之。

官上车，王坐其后。以一手搂其腰，一手仍处衣内，以“枪口”逼之，令曰：“伪为醉者，咏而歌之。”官不得已，亦诺。

车近城门，守门卒见之，持枪致礼。出城里许，王缴其枪，令下。官下而顾之，见王手自衣内出，坚硬似枪者，一烟嘴也。

注释：①丰城：县名，属江西省宜春市。②纳之：让王飞进城。③内线：在敌人内部，获取情报的人，即指下文的“谍”。④谍（dié）：从事侦查工作的人。⑤舌头：指抓来招口供的敌人。（著 83、兵 82、伪 16、俟 13、偃仰 99、怫然 71、若 40、诺 12、顾 7）

243.斫　蟒

胡田村胡姓者，兄弟采樵，深入幽谷。遇巨蟒，兄在前，为所吞；弟初骇欲奔，见兄被噬，遂怒出樵斧，斫蛇首。首伤而吞不已。然头虽已没，幸肩际不能下。弟急极无计，乃两手持兄足，力与蟒争，竟曳[1]兄出。蟒亦负痛去。视兄，则鼻耳俱化，奄将气尽。肩负以行，途中凡十余息，始至家。医养半年，方愈。至今面目皆瘢痕，鼻耳惟孔存焉。噫！农人中，乃有弟弟如此哉！或言：“蟒不为害，乃德义所感。”信然。（噬 60、斫 61、凡 124、信然 93）

（选自清代蒲松龄《聊斋志异》）

注释：①曳（yè）：拉。

244.亭前遇鬼

余村近岭，循岭行，有凉亭。内设长凳数条，供路人休憩者也。逾岭五里许，一墟所曰横店。予幼时之横店，尝遇“鬼”于亭前。

是时约四鼓，斜月一痕，道路依稀可辨。余孤身独行，将至亭前，倏见二鬼，长丈许，头似车盖，一前一后，屹立于前。怖心骤起，踟蹰[1]不前。忽思之："苟为鬼，必目光荧然[2]，而此鬼绝无，岂瞽者欤？"遂引石猛击，砰然中鬼，如击木然。胆益壮，复引石。前鬼中石偃仰，后鬼亦然。近视之，盖荛牧儿以长凳为躯，以薪刍为头，竖途中以吓路人也。不觉失笑。

注释：①踟蹰（chí chú）：亦作"踟躇"，徘徊不进；犹豫。②荧（yíng）然：发出微弱的光。（循94、憩136、逾91、墟41、倏90、车盖185、苟33、瞽41、引25、偃仰99、盖24、荛牧儿196、刍192）

思考题

1. 给下列文言句换一个虚词，使语义不变。

①倏见二鬼。（　　　　　　）

②竟曳兄出。（　　　　　　）

③岂瞽者欤？（　　　　　　）

2. 上文中有一个通假字，请找出来。

245.墨子过宋

子墨子止楚王攻宋[1]，反，过宋。会天大雨，欲入城，守门卒不之纳也。御者[2]忿然曰："夫子有大功于宋，吾前，具以情告，令其倾城以迎！"子墨子曰："止！事有可忘有不可忘者。人有德于我，不可忘也；我有德于人，当忘之也。"竟不入。

注释：①子墨子止楚王攻宋：出自《公输》一文，摘自《墨子》卷十三。大意是：巧匠公输盘为楚国制造了攻城的云梯，楚王准备凭借云梯去攻打宋国。墨子听到这个消息后，赶到楚国去劝阻，终于逼使楚王放弃了攻宋的打算。"子墨子"中，前一个"子"是"夫子"，即"先生""老师"的意思；后一个"子"，是古代对男子的尊称。墨子（约前468—前376）：名翟（dí），春秋战国时期的思想家、政治家，墨家的创始人。②御者：指替墨子驾车的人。（反68、会4、卒221、夫子40）

基础知识述要

倒装句

所谓倒装句，是指句子成分的顺序与现代汉语相比较出现了前后颠倒的情况。倒装句可以分为以下几种情况：

1. 主谓倒装。（亦称谓语前置或主语后置）

在一些疑问句、感叹句或祈使句中，为了强调谓语，把谓语提到主语前面。如：

甚矣，汝之不惠！　　伟哉，泰山！

悲哉，足下也！　　止，畜生！

2. 介宾短语放置动词后面作补语。

在白话文中，“在”“朝”“往”“到”“向”“从”“被”等介词，与后面的名词或代词组成的短语叫“介宾短语”。介宾短语一般放在动词前面作状语，如“到北京去”“朝前面走”“在前方有”“向天上瞧”“从北京来”“往北面看”等，其中“到北京”“朝前面”“在前方”“向天上”“从北京”“往北面”就是介宾短语。而在文言文中，介词“以”“于”“自”组成的介宾短语，往往放在它所修饰的成分后面作补语，翻译时一般要把它移到前面作状语。如“设此题见于考卷”，应改成“设此题于考卷见”后，再译成白话“假如此题在考卷上出现”。这种句式叫“介宾短语后置”或称为“状语后置”。如：

吾尾断于鼠夹。　　以长竿束薪，遽焚以火。

待以酒菜而已。　　有问寿于算命先生者。

渠虽臭，然出自相公之腹。

3. 宾语前置。

在现代汉语中，动词在前，宾语在后，这是一种基本格式。而在文言文中，在一定的条件下，宾语必须放在动词前面。这些条件是：

①凡是带有“莫”“不”“毋”“未”“弗”“勿”等否定词，而宾语又是代词的否定句，宾语必须前置，这叫否定句宾语前置。如：

吾不之信！　　亲朋白眼，莫我肯顾。

时不我待也！　　村人未之知也！

虽朋满座亦弗之顾也！　　设不吾救，奈何？

②疑问代词“何、安、曷、胡、奚、焉、恶、乌、谁”作宾语时，宾语必须前置，这叫疑问句宾语前置。如：

衣食何在？　　子将安之？

吾衣奚在？　　　　吾侪何恃焉？

其人焉往？　　　　吾敢谁怨？

③有时为了强调宾语，会用助词“之”“是”等作标志，将宾语前置。

如：“如子之言，我且贤之用，能之使，劳之论；我何以报子？”（《韩非子·外储说左下》）这句话中的“贤之用”，即“用贤”；“能之使”，即“使用能人”；“劳之论”，即“论赏有功劳之人”。

④有时用固定结构“唯……是……”将宾语前置。这种形式还保留在几个成语中，如“唯命是从”“唯利是图”“唯你是问”等。

4. 定语后置。

现代汉语中，定语往往在中心词的前面。而在文言文里，定语如果对中心词起限制性作用时，往往移到中心词的后面；但应该注意的是，定语若移到中心词的后面时，必须用“者”收尾。请比较下面几组文言句：

有执长竿入城门者——人有执长竿入城门者

有着绸裤访客于城者——人有着绸裤访客于城者

有初为人父者——人有初为人父者

前者是定语在前，中心词（“者”译成“的人”）在后，这样的句式在文言文里往往以后者（定语后置）的形式出现。

有的定语后置句，除用“者”收尾外，还要在中心词后加一助词“之”。如“宾客知其事者，皆素服以送之”，前半句文言句是定语后置，“知其事”是中心词“宾客”的定语，也可以改成“宾客之知其事者，皆素服以送之”。

思考题

1. 请把下面的倒装句，分别还原。

①师凭窗远眺，若不之见。________________

②甚矣，汝之不惠。________________

③危矣，汝之诲子也！________________

④友不之信，烛之。________________

⑤今人有见其利、乘其隙、百计钻营而不顾大害者，皆类此也。

____

⑥欲起而觇，妻不之允。________________

⑦汝辈曷为者邪？________________

⑧待以酒菜而已。________________

⑨翁不之喜，欲售之。________________

⑩劝汝少饮，偏不之听。________________

⑪猫捕之不得，乃假寐于前。________________

⑫人有以蚁为戏者。________________

⑬渠虽臭，然出自相公之腹。________________

⑭虽亲朋满座亦弗之顾也。________________

⑮以长竿束薪，遽焚以火。________________

⑯甚矣，汝曹之愚！________________

⑰蚓无爪牙之利。________________

⑱遇猴，问焉，复对以神兽之骨。________________

⑲冀吾子不之取焉。________________

⑳且视以既成之碑。________________

㉑亲朋白眼，莫我肯顾。________________

㉒价三倍于常而人争鬻之。________________

㉓一笋破土，止数日而高于竹。________________

㉔夜则燃以蚊香。________________

㉕中填以炒栗。________________

㉖令衙役笞之以鞭。________________

㉗讵知狗身皆捆以火药。________________

㉘问计于冷竹太公。________________

246.方城之害

农妇某，好方城之战①。一日，邻妇要之曰："四缺一，亟待汝矣！"妇有子，甫周岁，方熟寐。以近在咫尺，哭声可闻，遂欣然赴战。未食顷，忽闻砰然一声。妇曰："吾儿醒矣！床头有瓮，瓮盖翻坠也！"以战方酣，遂不之顾。久而疑焉，曰："胡不啼耶？"起而离席。方入室，见瓮口露两足。妇大号，盖瓮盛麦粉，儿倒插其中。出而视之，蚤气绝矣。

注释：①方城之战：指搓麻将。（要 123、亟 11、甫 56、寐 30、咫尺 99、食顷 55、胡 95、盖 24）

思考题

1. 给下列文言句换一个虚词，使语义不变。

①甫周岁。 （ ）

②亟待汝矣。 （ ）

③胡不啼耶？ （ ）

2. 上文中有两个通假字，请找出来。

3. 上文中有一个倒装句，请找出来。

247.羿射河伯

河伯①化为白龙，游于水旁，羿②见，射之。眇③其左目。河伯乃上诉天帝，曰："为我杀羿！"天帝曰："尔何故得见射？"河伯曰："我时化为白龙，出游。"天帝曰："使汝深守神灵④，羿何从得犯汝？今为虫兽，当为人所射，固其宜也，羿何罪与⑤？"

（摘自《楚辞·无向》）

注释：①河伯：黄河之神。②羿（yì）：古代神话中的人物，善于射箭。③眇（miǎo）：一只眼瞎。④使汝深守神灵：假如你在水府里守住神位。⑤与：通"欤"。（使71、固39、宜32、欤58）

思考题

1. 上文有一例使动用法，请找出来。

2. 上文中有一个通假字，请找出来。

248.续《狼》

旦日，场主取薪，见血流殷地，大骇。乡邻闻焉，接踵而至。众说纷纭①，满场哗然。内有一翁，性黠诈，好嗤人之失，乃曰："吾闻北方有妖，朝寐夕醒，时蔽积薪中，暴出伤人，今其事信而有证矣。积薪有洞，此必妖寐其中，吾等虽众，亦将为其所伤也。"言毕遽走。时，阴云密布，朔风大作。微闻积薪中，似有鼾声。众人相顾失色，皆走。

场主大恐。忽思：妖寐其中，胡不枪杀？乃引枪射击。枪声隆然，火光迸裂。有顷，积薪火起，欲前，然两股战战，终不敢近。俄顷，火光冲天，烟焰迷漫。乡邻以为火患，来者益众。屠亦至，知其故，大笑不已，具以情告。时火已剧，且呼呼风作，虽人有百手，亦无奈何。成丘积薪，顷刻为灰，场主惜之不得，叹气而已。

注释：①纷纭（yún）：亦作“纷云”，多而杂乱貌。（般 65、踵 80、黠 83、诈 83、嗤 79、寐 30、暴 16、胡 95、丘 85）

249.诗　厨

一厨子善烹调且好吟诗，所成菜肴[①]，皆有诗句，由是名闻邑里。秀才某嫉之。一日，携一蛋而难之曰：“尔以此蛋为菜，内藏古诗一首——除却佐料，毋庸他物，可乎？”厨子颔之。未几，菜上：一为绿葱数茎缀蛋黄两点，曰：“两个黄鹂鸣翠柳”；二乃蛋白片片列成一行，曰：“一行白鹭上青天”；三为一葱横斜，其上蛋白点缀[②]，曰：“窗含西岭千秋雪”；四乃鲜汤一碗，上飘蛋白半爿，曰：“门泊东吴万里船”。某大叹服。

注释：①肴：荤菜。②点缀：略加衬饰。缀：装饰。（由是117、佐32、毋庸41、颔之35、缀82）

250.雀跃缘由

据传：古时麻雀皆踱[①]步而行，其行甚缓，然其态极雅，不争不抢，有君子之风。不知起于何时，一雀以食量倍于他雀，跃而抢食。初，他雀无不忿忿，以为逆情悖理[②]，众口交攻[③]。然此雀我行我素，变本加厉，竟以跳跃代步。以其行也甚速，食亦大饱。娶妻生子，亦令妻孥以跳跃代步。向者雀类以飞低行迟，恒受鹰隼[④]猫狗伤害，而此雀以跳跃故举家平安。后，他雀竞相仿效。久之，卒无有踱行者。

注释：①踱（duó）：慢慢地走。②逆情悖（bèi）理：成语，指违背常规与正常的逻辑。③众口交攻：成语，众人一齐用语言攻击。④隼（sǔn）：鸟纲，隼科各种鸟的总称，我国有小隼、游隼、燕隼等。属于隼科的各种鸟，都是些凶悍的猛禽。（妻孥117、恒10、卒22）

251.采山得菌

有采山①而得菌②者，菌大盈箱，其叶层叠，其色如金，其光四照。归，谓妻孥曰："此所谓神芝者也，食之者仙。吾闻仙必有分③，天不妄与④也。人求弗能得，而吾得之，吾其仙乎？"乃沐浴，斋⑤三日而烹食之，入咽而死。其子曰："吾闻得仙者必蜕⑥其骸⑦，人为骸所累，故不得仙。今吾父蜕其骸矣，非死也！"于是，同室之人分食其余，皆死。

（据明代刘基《郁离子·采山得菌》改）

注释：①采山：到山上寻找野菜、草药之类的东西。②菌（jūn）：不含叶绿素的低等菌类植物，这里指蘑菇。③分：缘分。④不妄与：不会随便送给与成仙无缘分的人的。⑤斋（zhāi）：斋戒。信佛的人在礼佛、祭祀前整洁身心，如吃素等叫"吃斋"。⑥蜕（tuì）：脱去皮壳。⑦骸（hái）：指人的躯体。（妻孥117）

252.念错经文

旧时宁波①风俗：凡遇喜庆之事，于先一日晚，盛设祭筵②，享祀祖宗，必请道士前来诵经，名曰："食先。"有某为子完婚，请一道至家，循③例"食先"。道士适为某家操丧事道场而归，醉眼蒙眬，随口喃喃，忘其所事。不意某亦略懂经文，听道士所诵，乃超度亡魂经句也，勃然变色，大喝一声，道士初以为天神下凡，魂飞天外；后知其所以，自知罪过，磕头谢罪。某怒不可遏④，欲饱以老拳，众人再三劝解，乃止。

注释：①宁波：市名，在浙江省东部沿海。②祭筵：为祭祀设置的酒席。③循：依照。④遏：阻止；阻拦。（筵176、循94、适73、不意45、超度240、谢51、遏212）

省略句

在文言文和现代文中都有句子成分的省略现象，而文言文的最大特点是行文简洁，所以省略的情况更为普遍。主语、谓语、宾语以及句子中的介词、量词都可以省略。为方便举例，先学二则摘自《韩非子·外储说左上》中的寓言：

画鬼最易

客有为齐王画者。齐王问曰:“画孰最难者？”曰:“犬马最难。”“孰易者？”曰：“鬼魅最易。夫犬马，人所知也，旦暮罄（显现）于前，不可类之，故难；鬼魅无形者，不罄于前故易之也。”

卜妻亡鳖

郑县人卜子妻之市，买鳖以归。过颍水，以为渴也，因纵而饮之，遂亡其鳖。

句子成分的省略现象可分以下几种形式：

①省略主语。

②省略谓语。如:（客）曰:“（画）犬马最难。”（齐王又问）“（画）孰易者？”这两个句子中，“客”“齐王”都是省略的主语，“画”“又问”都是省略的谓语。

③省略宾语。

④省略介词。如：（卜妻）过颍水，以为（鳖）渴也，因纵（之）（于）（水）而饮之，遂亡其鳖。在这个句子中，“鳖”是“以为”的宾语，“之”是“纵”的宾语，“于”是介词，“水”是介词“于”的宾语，都可省略。在文言文中，省略“以”“于”等介词和省略介词宾语“之”是很常见的，容易忽略。这类题出现在考卷中时，考生应格外留神。

⑤省略量词。文言文中，省略量词的情况较普遍。如：

月攘一（只）鸡，以待来年，然后已。（《孟子·滕文公下》）

齐人有一（个）妻一（个）妾而处室者。（《孟子·离娄下》）

253.日洗几马

杨文懿公守陈[①]，以洗马[②]乞假[③]归。行次一驿[④]，其丞不知为何官，与之抗礼[⑤]，且问公曰:“公职洗马，日洗几马？”公曰:“勤则多洗，懒则少洗。”俄而，报一御史[⑥]至，丞乃促公让驿[⑦]。公曰:“此固宜，然待其至而让未晚。”比[⑧]御史至，则公门人[⑨]也，长跽[⑩]问起居。丞乃蒲伏[⑪]谢罪，公卒不较。

（选自明代张岱《快园道古盛德篇》，标题系编者所加）

注释：①杨守陈（1425—1489）：字维新，号晋庵，明朝鄞县栎社杨家人，1451年（景泰二年）中进士，谥号文懿。②洗马：原称“洗（xiǎn）马”，后人误为“洗马”。洗马是辅佐太子，教太子政事、文理的官员。③乞假：告假，相当于今人的请假。④驿（yì）：即驿站。驿站是古代供传递官府文书和军事情报的人或来往官员途中食宿、换马的场所。负责的官员叫驿丞（chéng）。⑤抗礼：亦叫“亢礼”，以彼此平等的礼节相待。⑥御史：专门作为监察性质的官职，负责监察朝廷、监察诸侯官吏的言行。⑦让驿：把居住的宿舍转让给御史。⑧比：等到。⑨门人：学生、弟子或守门的人都叫“门人”。⑩长跽：亦称“跽”或“长跪”，旧时的一种礼节，挺直上身，两膝着地，表示对对方的尊重。⑪蒲伏：同“匍匐（pú fú）”，伏地而行。（固39、卒22）

254.邑令善忘

邑令某善忘。有商贾得罪其门子[①]，令方坐堂，门子即差衙役拘之。俄而役禀拿某人到，门子即抽签[②]命责三十板，讫，叱之令去。令直目而视，不知所以。既退堂，召门子问曰：“适商人缘何拘之？”曰：“老爷令拘之，是以拘之。”“缘何杖责？”对曰：“老爷目视签筒，是以知 之。”令俯仰寻思，心中恍惚，睨视门子曰：“得毋无事生非，公报私仇耶？”门子急跪曰：“小人焉有此胆？”令笑曰：“本县亦揣汝不敢肆行如斯！”

（据明代赵南星《笑赞》改）

注释：①门子：守门人，亦称“门人”。②签（qiān）：旧时官府交给差役拘捕或责打犯人的凭证。（商贾 188、禀 44、讫 53、适 16、缘何 70、睨 49、揣 21）

255.牛姥姥

幼时，予村有牛姥姥者，不知其名。寝起食毕，必环村而行，且喃喃自语，其音极微，不知云何。闻家父言：如是者，二十年矣。

牛姥姥三十孀居，有遗男[①]，曰“宝星”。夜操织纺，昼事耕耘，母子相依，聊以卒[②]岁。是年，宝星十九，与众人伐薪山中。欲归，坐地少憩。一从兄，力大似牛，所负之薪，常倍于人。忽笑谓宝星曰："吾之担，汝能荷之归否？"宝星迟疑。从兄复笑曰："倘负之归，吾输一银圆，何如？"乃出囊中银圆示之。宝星年少气盛，遂曰："可！"荷其担，踉跄而立，步履维艰③，强而行。约百步许，弃担而仆。众大惊，急扶归，乃卧床不起，寻，以病殁。

子殁，未及旬，母忽得颠疾，大呼子名，环村而走。亲朋劝阻，皆不之听。日复一日，声稍弱，步渐迟，然环行不辍。其从兄，悔恨无及，乃以母事之④，供其衣食所需。

呜呼！一时戏谑，乃成悲剧。生者见而涕零，倘死者有知，亦悔恨含悲于九泉矣。所以志之者，以诫后生辈也。

注释：①遗男：父亲死时还未出生的男孩。②卒：完毕，结束。③步履维艰：走路困难。维：作语气助词。④母事之：侍奉母亲一样。（寝41、孀239、岁130、憩136、从兄144、荷46、寻137、殁45、颠196、稍116、辍81、涕零237、志56）

256.老鹿救子

予村陈树金，年逾古稀而甚健。壮年从猎，遇一鹿舍命救子，遂弃猎从耕。是时，陈偕从猎者十人许，逐二鹿，一老一稚，逼之一径山。一径山者，三面峭壁，崖高千仞①，其阳坡②，一径③似线，蜿蜒至顶，故名之。见鹿循径而上，皆大喜，欲活捉之，尾随而行。至山巅，留一人守径口，余则环而进。逼之西侧悬崖。其西，一峰与一径山对峙，山顶平夷④。二峰相去约十丈许。鹿虽善跃，亦无可逾越。众人愈喜，渐逼之。二鹿相视片刻，乃耸身西跃。稚鹿略先，老鹿从之，而其势稍低，适处稚鹿之下。

众人喟然相顾，度二鹿必死无疑。至中途，稚鹿下坠，老鹿似竭力耸身上跃。稚鹿后蹄，适落于老鹿之背，一蹬，复往前跃，乃逾沟谷；而老鹿下之愈速……众皆愕然。稚鹿转身，下瞰谷底，嘶嘶哀鸣。或欲引枪，陈阻之，且注目稚鹿，呆立良久。

自是，乃弃猎。陈之爱子亦倍于往昔，年老尤甚。语及弃猎一事，必曰："人之老也，当为儿孙尽力。鹿且如是，况人耶？"

（据沈石溪《斑羚飞渡》改）

注释：①仞（rèn）：古时的长度单位。古时以七尺或八尺为一仞。②阳坡：朝南的山坡。③径：小路。④夷（yí）：平。（逾 91、古稀 123、偕 126、逐 28、循 94、适 73、喟然 4、顾 7、度 64、瞰 101、引 25）

基础知识述要

判断句

对人或事物的性质、情况，或与其他人、事物之间的关系，作出肯定或否定判断的句子叫判断句。在现代文中往往用“是”“不”或“不是”来表示肯定或否定的判断。文言文中判断句虽然只有两种形式，但在表达上要比现代汉语复杂一些。文言文中常见的判断句有以下几种形式：

一、表示肯定的判断。

1.用“者”“也”等表示判断。

①“……者，……也”。如：陈胜者，阳城人也。

②“……，……也”。如：陈胜，阳城人也。

③“……者也”。如：陈胜，揭竿而起，讨伐暴秦者也。

④“……者，……”。如：揭竿而起者，陈胜、吴广。

2.用“唯、为、乃、即、则、系、亦、必、诚”等词来表示肯定的判断。

如：王公随遇先生，乃吾之师。“乃”字可以换成“系”“为”“即”。

要留意的是“唯、为、乃、即、则、系、亦、必、诚”等词，所含的语义略有不同，所构成的判断句的语义也有差别。仔细体会，下面三个判断句所表达的语义是有差别的。如：

①君乃智者也！

②君诚智者也！

③君亦智者也！

3.依靠主语和谓语的前后关系表示判断。

文言文中的判断句，有时不用联系词，也不用“者”“也”，只靠主语在前、谓语在后的意义关系表示判断。如：

①农，天下之本。

②秦，虎狼之国。

二、用否定副词“不”“莫”“未”“弗”“非”，或“非”的通假字“匪”表示否定判断。如：

①城非不高也，池非不深也，兵革非不坚利也。

②六国破灭，非兵不利，战不善，弊在赂秦。

思考题

《老鹿救子》一文中，有一个表示肯定的判断句，请找出来。

257.游巴黎蜡人馆

光绪十六年春闰二月甲子①，薛庸庵公福成②游巴黎蜡人馆。方入室，见巴黎一友，目炯炯③似有所语。公趋而呼之，不应；复呼之，又不应。迨以手扪之，始知其为蜡人也。公默叹，以为妙绝。时游人比肩继踵。馆内蜡人，间于其中：或立或卧，或坐或俯，或画或弈、或笑或哭……有好事者，亦仿蜡人，僵立不动，游人以手扪之，乃暴笑如雷，盖以此为乐也。公见一翁，须眉皓然，倚墙瞑目，寂然而立。以为古之名医，留像于此。问于译者，译者大笑。翁亦张目睨之。乃知其为生人，倚墙小憩者也。

注释：①光绪十六年春闰二月甲子：公元1890年阴历闰2月24日。②薛庸庵公福成：薛福成，字庸庵。光绪年间曾出使英、法、意等国。其作品《观巴黎油画记》曾选入初中语文教材。③炯（jiǒng）炯：明亮；光亮。成语有“目光炯炯”。（趋81、迨22、比63、踵80、间55、弈96、盖24、皓62、生27、憩136）

258.解缙巧对

解缙，字大绅，明代人也，多才思，善辞令①，名闻遐迩。尝从上游内苑②。上登桥，问曰：“此为奚语？”对曰：“此谓一步高一步也。”及下桥，复问之。对曰：“此乃后者高于前者也。”上大说。一日，上谓缙曰：“昨夜后宫有喜，卿可作一诗。”缙吟曰：“君王昨夜降金龙，”上遽曰：“乃女儿也，”即应曰：“化作嫦娥下九重③，”上曰：“已死矣，”应曰：“料是世间留不住，”上曰：“投诸水矣，”应曰：“翻身跳入水晶宫。”上诈言有喜云，本欲以难之，既得诗，深喜其敏。

（据明代冯梦龙《古今谭概·机警部第二十三·解缙》改）

注释：①辞令：酬应的言辞。②内苑（yuàn）：指皇宫内的花苑。③九重：指天。传说天有九重。（遐迩126、从43、上113、奚28、说1、诸46、诈83、云66）

思考题

上文中有一个兼词，请找出来。

259.伤仲永

金溪[①]民方仲永，世隶耕[②]。仲永生五年，未尝识书具[③]，忽啼求之。父异焉，借旁近与之，即书诗四句，并自为其名。其诗以养父母、收[④]族为意，传一乡秀才观之。自是指物作诗立就[⑤]。其文理[⑥]皆有可观者。邑人奇之，稍稍宾客其父，或以钱币[⑦]乞之。父利其然也，日扳仲永环谒于邑人，不使学。

余闻之也久。明道中[⑧]，从先人[⑨]还家，于舅家见之。十二三矣。令作诗，不能称[⑩]前时之闻[⑪]。又七年，还自扬州，复到舅家。问焉，曰："泯然众人矣。"

（选自宋代王安石《王文公文集》）

注释：①金溪：地名，即今江西省金溪县。②世隶（lì）耕：祖祖辈辈都务农。隶：属于。③书具：纸、笔、墨、砚等文具。④收：收拢；聚集。文中是“团结”的意思。⑤自是指物作诗立就：从此后指着现成的题材叫他写诗，他立刻就能写成。就：成；成功。成语有“一蹴而就”。⑥文理：文采和义理。⑦币：礼物。成语有“币重言甘”。⑧明道中：明道年间。明道：宋仁宗年号，公元1032—1033年。⑨先人：这里指已去世的父亲。⑩称：相当；适合。（注意，此为前鼻音四声，读chèn）⑪闻：传闻。（未尝76、扳41、谒44、先118、泯39）

260.仲永之邻

仲永之邻，一方姓秀才也，性黠诈而貌似良实[①]。仲永啼求书具，其父往借。方异焉，亦之仲永家。见仲永书诗四句，并自为其名，大惊。方亦有子，年十七，犹不通文理。嫉之。计之久，乃贺之曰："有子如是，比邻有福矣。盍扳仲永环谒于邑人，使人知耶？"仲永父然之。自是，恒宾客其父。妻叩其故。方笑曰："十年后，汝不问而知矣！"

仲永年十五，方秀才为小吏[②]，亲朋往贺，宾客大宴。酒酣，方曰："尚有一事，供诸君一笑耳。"遂简仲永诗之劣者，一一指摘[③]。众宾哗然，皆曰："山鸡焉能成凤凰哉。"仲永闻之，忿然而已。会父死，无以为生，遂事耕耘，不复闻焉。

注释：①良实：善良；诚实。②吏（lì）：一般指低级的官员。③指摘：挑出毛病。（黠83、诈83、嫉26、比63、盍50、叩95、简5、会4）

261.邑人晏廉

仲永生五年，指物作诗立就，文理皆有可观者。邑人晏廉，亟叹其诗之奇妙，遂宾客其父，时以钱币乞其诗。妻叩其故。廉曰："汝知晏殊[①]乎？殊生七年，知学问，为文章，乡里谓为神童，今官至卿相[②]。夫非常之人，必有非常之才。仲永世隶耕，未尝识书具，尚能如是，其才尤胜晏殊，何忧令名不彰耶？今得仲永一诗，能费几何？俟其官为卿相，其值不啻倍焉。"妻谏曰："聪与敏可恃而不可恃也，自恃其聪与敏而不学者，自败者也。妾闻其父日扳仲永环谒乎邑人，不使学，则其聪与敏焉能久欤？如是几年，必泯然众人矣。且宾客其父子，以钱乞其诗，冀以之而获厚利；夫子名廉，求利若斯，亦谓廉耶[③]？"廉大惭，遂止。

注释：①晏殊（991—1055）：字同叔，宋代著名文学家，幼有文学名，景德初（公元1004年），以神童召试学士院，赐同进士出身。晏殊是今江西临川人，与方仲永同乡。仲永五岁时，晏殊任枢密副使（宋代以枢密院为最高军事机关，掌军国机务、兵防、兵备、军马等政令。其长官叫枢密使，副长官为枢密副使），所以晏廉讲其"官为卿相"。②卿（qīng）相：泛指爵位很高、权力很大的官员。③求利若斯，亦谓廉耶：谋取金钱到这种地步，也能称为廉吗？（亟73、夫33、令名132、彰140、俟13、不啻105、谏127、妾102、冀13、夫子40）

262.仲永父子

一日，仲永读《乐羊子妻》[①]，以告父曰："古有乐羊子者，远寻师学，以怀思，中道而归。其妻方织，乃引刀趋机以断其织。学亦如机杼[②]之织，不可中道而止也。今父日扳儿环谒于邑人，已有年矣。儿欲寻师而学，抑或有成也。"父笑曰："若尝言《卖油翁》。康肃公尧咨善射，当世无双；卖油翁自钱孔沥油入葫芦而钱略不沾湿，皆以手熟耳。今儿日指物作诗，不亦熟乎，何以学为？况人宾客吾父子，或贻[③]吾以钱币，利莫大焉，安可遽止？"卒不使学。

注释：①《乐羊子妻》：出自《后汉书》。②机杼（zhù）：指织布机。杼：织布梭子。③贻（yí）：赠送。（中道68、趋81、抑或133、沥139、略不141、安48）

思考题

请换用一个虚词，写出三个与"何以学为"语义相同的固定结构。

263.途逢棺材

甲乙两生，同窗友也。皆文思敏捷，才高八斗[①]。乡试中举，赴京会试，以为必得。中道，逢人出殡[②]。甲颦而他顾，思之曰："出门逢殡，时运不佳，得毋落第之兆耶？"及临卷，持笔凝思，犹戚然不乐。乙则欣然，以为"官""财"当继踵而至，故以手触柩而过。及试，文思若涌，挥毫立就。榜放，乙及第而甲无名。俗云："畏惧魔鬼者入地狱，以为逢仙者进天堂。"信夫！

注释：①才高八斗：成语，形容人文才极高。②出殡（bìn）：出葬。（乡试148、会试148、颦166、落第148、柩148、及第148）

思考题

上文中有一句表示肯定的判断句，请找出来。

264.伯乐之死

伯乐暮年，有衣褐者造访，曰："吾有骏马鬻于市，逾三日而人莫之知。子若环而视之，去而顾之，愿献马价之半。"乐贪其利也，颔之。旦日，如其言。人见之，争鬻其马。马价十倍。鬻马者，一将军也。以为得千里，不胜喜。迨引刀挟矢驰于野，乃知其驽。将军怫然，移怒于乐，恣情辱之。事闻遐迩，要乐相马者日减，寻，郁郁而终[①]。

注释：①终：死。（造64、逾91、颔之35、迨22、矢34、驽151、怫然71、遐迩126、要123、寻137）

思考题

1. 上文中含有倒装句和表示肯定的判断句，亦有通假字，请各找出一例。

2. 上文中"子若环而视之，去而顾之"可以改成"子若环而顾之，去而视之"吗？为什么？

265.狼逮熊

熊、狼出没处多蚁，其巢巨者类冢。狼见蚁巢，必四处觅熊，见之，则近出前后，咆哮跳踉，意甚狎。熊怒，逐之。狼顾而前走——熊之攻敌，恒以掌，苟中之，非死即伤，狼之遇熊，犹鼠之遇猫也；然狼行甚速，熊不逮①也，故戏之，怒之，亦无奈何。狼近蚁巢，悄然而遁。熊好食蚁，见之，喜不自禁。先环巢而嗅，似度蚁有几何，既而口张，舌伸，涎滴……若人得珍果不忍遽食也。有顷，始以掌破巢，蚁涌若泉，遽舔食之，啧啧有声。舔食三成②，意犹恋恋。是时，狼早得他巢，复诱其近之。熊吞食如故，如是者三。迨腹鼓气喘，步履踉跄，群狼始出而攻之。见群狼至，熊怒而挥掌，然前狼退而后狼进，后狼却而左狼逼；转击之，右狼又上……熊四面受敌，奔转不已，未几，口吐白沫，颓然倒地，卒为狼食。

注释：①逮（dài）：及；达到。②舔食三成：熊、穿山甲等舔食蚁巢，止食三分之一左右。这样，等蚁群恢复到原样时又可以再吃。（冢 55、跳踉 84、狎 116、逐 28、顾 7、苟 33、遁 18、度 64、迨 22、却 46、颓然 123、逼 154、卒 22）

基础知识述要

被动句

同现代汉语一样，凡主语是谓语动词所表示的行为的被动者、受事者的句子，都称为被动句。文言文中的被动句，有以下四种形式：

1. 用虚词“被”“为”“见”等词直接表示被动，形成“被—谁—动”的形式。例如：

①《熊逮鱼》中的“熊出掌便捷，兼有利爪，为其所攫，鲜有脱者”。

②《慈禧西逃》中的“此辈皆知人之患难，易被情动”。

③《令雁入笼》中的“而笼身狭小，双翼见阻，故不得脱”。

2. 用“为……所……”或“被……所……”的句式介绍动作行为的主体。例如：

《虎避疯狗》中的“倘为其所啮，虽止一口，若将如之何”。（“为”可换成“被”）

3. 用介词“于”“乎”表示被动，这时被动者或受事者成了“于”“乎”的宾语，组成的“介宾短语”往往放在动词的后面。例如：

《某君吸烟》中的“复出火柴四，咸灭于风”。（“于”可换成“乎”）

4. 没有“被”“为”等标志词，只能从意思上判断它是被动句。例如：

《此裤不破》中的“有着绸裤访客于城者，裤触长竿，洞穿焉”。

266.狼逮蠢猪

狼入猪圈，见猪肥硕，乃犬卧其侧。猪初骇甚，吼声嗷嗷，见无恶意，敌意渐泯。猪多虱，痒甚，兼[1]以蚊蝇，寝无宁时。狼近而拂之以尾，蚊蝇为逐，猪乃安然而卧。狼复轻舒前爪，为其搔痒。猪友之，瞑目伸股，怡然[2]自乐。狼始轻龁其耳，令起，以尾为鞭，轻击其尻，并驾而行。出圈，蚊蝇减，屎臭消，猪大振奋。狼鞭之渐急，猪走而甚速。至山壑林下，狼大嗥，立断猪喉，饱啖之。

注释：①兼（jiān）：同时进行几件事或同时占有几样东西，可译成"加上"。②怡然：和悦；愉快的样子。（硕70、泯39、寝41、逐28、龁87、尻85、并45、壑174、啖54）

思考题

在上文中各找出一个倒装句、被动句，以及一例意动用法。

267.二驴负物

有好事者欲矜其驴，令其负棉且虚其囊，望之成丘。驴负之，悠然自得，掉尾徐行。路人止步，目有视，视其驴；口有道，道其驴，啧啧之声盈耳。会其邻之父，亦令驴负盐于后。盛盐之囊仅二，驴气喘如牛，汗流似雨。为速其行，邻人之父怒叱不绝，且鞭其尻。路人皆曰："是驴，何其驽也。"

前驴果良耶？后驴果驽耶？世事类此者多矣，呜呼！（矜28、囊3、丘85、掉尾118、徐96、会4、父2、尻85、驽151）

思考题

在上文中找出一例使动用法。

268.生死烛光

二战时，法国第厄普市有一伯爵夫人，其夫从军，马奇诺防线[1]失守时，生死不明。痛国破家亡，夫人与一子一女（子名雅克，时年十二；女名杰奎淋，时年十岁），以家室为连络站，传递地下情报。

一日，内线予夫人一细铁管，粗短类人小指，中间绝密情报。为防德寇搜查，夫人将其塞入蜡烛，而后插之于烛台，近而视之，亦与常烛无异。

一夕，德寇有三，入室休憩。时法人之室，德寇视为家也，可随意而入。日已暮，一寇面桌坐，怀中出报纸一，而后燃烛谛视。两寇促膝谈心，滔滔不已。夫人见状，取一油灯，燃后置之于桌，笑曰："此灯明亮！"随即口吹灭烛。寇曰："多一灯，何妨？"复烛之。夫人默然而却，心急如焚，以后半截烛蕊已无，不堪久燃，设灯灭，铁管必露。目视雅克，克知意，俄而前，谓坐寇曰："天冷，吾入橱为叔叔生火盘。"言毕手执烛灯。寇夺其灯，叱之曰："橱房近在咫尺，何用灯为？"克无奈，默然入橱。未几，端炭火一盘，置于坐寇背后。坐寇还身取暖，闲聊两寇，亦移座。三寇伸手近火，搓指驱寒。炭火殷红，似血将凝。

杰奎淋惴惴而前，问曰："叔叔，吾欲睡，可执灯上楼否？"

见杰一脸畏惧，其声呐呐，坐寇触景生情，顾谓夫人曰："吾有一女，幼愿[2]亦似令爱也！"曰："可！"

杰持烛登楼。甫入卧室，灯灭。

［据《生死攸光的烛光》(《良友》2001年5月12日）改］

注释：①马其诺防线：法国在第一次世界大战后，为防德军入侵而在德国、卢森堡和比利时相邻的边境构筑的筑垒配系。第二次世界大战时，马其诺防线因德军袭击其背部而失守。②幼愿：幼稚老实。（内线242、间55、憩136、谛20、状6、咫尺99、惴惴119、呐呐136、甫56）

269.邻翁评联

余有书箱一，自撰一联云："茫茫书海兮汲涓滴，馥馥佳酿兮醉余心。"邻翁问曰："此联何意？"余曰："兮，语气词；汲，取水；涓滴，点滴也；馥馥，浓香；佳酿，美酒也。"翁曰："更为'茫茫书海啊取点滴，喷香美酒啊我心醉'岂不明白？"余笑而不应。

思考题

上文中有一例使动用法，请找出来。

270.杞人忧儿

常戚，字忧，号戚翁，杞国人也。其远祖，盖世传忧天倾者①。生而啼，经三日夜，犹幽咽②不已。有善术者曰："是儿忧虑一生，畏笑；笑则去泉路③近矣。"五十有一，果未尝笑焉。是年，始得子。乃大笑曰："有子万事足焉。"旋，复戚然。妻叩其故。曰："忧吾儿也！年逾知命，来日几何？倘吾身殁，吾儿谁倚？东邻，凶强侠气④，为乡里所患，苟犯吾子，奈之何？西邻，良医也，然相衔甚深，设吾儿有疾，孰医吾儿？南山，多行劫缚者⑤，使吾儿为劫，则如之何？北坞，有白额虎，若祸及吾儿，复如之何？子弱冠，必为其妻，吾儿孰妻？闻上庄有妇，貌妍心毒，竟杀其夫；设吾媳如是，奈何？子娶妻，何时得子？得毋类父？闻下庄有翁，亦年逾知命始得子，子未龀而殁……"戚翁把妻手，絮絮不止。妻初闻愕然，既而变色，旋，汪然出涕。夫妻相对呜咽，夙夜忧叹，寝食俱废。寻，俱忧虑而死。

注释：①忧天倾者：担忧天倒塌下来的人。中国古代有则寓言，叫"杞(qǐ)人忧天"，说杞国有个人，一天到晚老是担忧天会倒塌下来。②幽咽(yōu yè)：低声地哭。③泉路：走向死亡之路。④凶强侠气：行为霸道，不讲理。⑤行劫缚者：搞绑架、抢劫等活动的强盗。（盖24、旋15、戚然78、知命123、倘34、殁45、苟33、衔103、设9、使71、弱冠133、妍62、得毋8、龀150、夙夜58、寻137）

271.张耳陈余

张耳、陈余[①]皆魏之名士。秦灭魏，悬金购二人首[②]。两人变姓名，俱之陈，为某吏监门[③]。吏尝以小过笞余，余怒欲起。耳蹑[④]其足，使受笞。吏去，耳乃引余之桑下，责之曰："初，吾与足下约为刎颈之交[⑤]，今君见小辱而不忍，欲死于一吏耶？"

（据明代冯梦龙《智囊·上智部见大卷一·张耳》改）

注释：①张耳、陈余：魏国名士，张耳年长于陈余。详见《史记·张耳陈余列传》。②首：头。③监门：监守门户。④蹑（niè）：踩。⑤刎（wěn）颈之交：即生死之交。（尝32、笞69）

思考题

上文中有一例为动用法，请找出来。

272.司帑拒付

绍兴三十一年，杨存中罢兵权[①]，封为郡王[②]。一日郊游，遇一测字者。杨以所执杖就地书一画，相者再拜[③]曰："王何为微行至此？宜自尊重。"杨愕然，诘其所以。曰："土上一画，乃王字也！"杨笑，赉相者钱五百万。乃用常所押字[④]，令往王府取之。翌日，司帑[⑤]持券熟视[⑥]，叱曰："汝何人，敢作我王伪押相诈？"相者具言本末，且大声，冀闻王耳，司帑止予以五千钱。相者大恸，痛骂而去。他日司帑乘间白杨。杨怪问其故，对曰："若赉其五百万，彼必遐迩其事，为王招谤[⑦]。"杨悟，抚其背曰："言之有理。"即以余钱赉之。

（据明代冯梦龙《智囊·上智部远猶卷二·杨王司帑》改）

注释：①绍兴三十一年，杨存中罢兵权：公元1161年，杨存中交出兵权。杨存中：本名沂（yí）中，字正甫，"存中"是宋高宗赐给他的名字，北宋名将杨业的玄孙，当时与岳飞、韩世忠等齐名。罢：免去；解除。②郡（jùn）王：古代爵位名，地位仅次于王。③再拜：古代的一种礼节，拜二次，表示礼节隆重。④押字：指在赠款的文书上签字。⑤司帑（tǎng）：掌管王府钱财的小官。⑥熟视：注目细看。⑦谤（bàng）：毁谤。（宜32、诘134、赉52、券163、冀13、恸9、间127、白127、诘134、遐迩126）

273.邑令善谄

江河为患，古今皆然，堤防疏浚[1]乃治国大事。清代设河道总督，简称河道，每年竣工，必巡视沿河州县，以验工程。某令，昏庸贪鄙[2]，民怨沸腾，然工媚善谄[3]，口吻生花[4]。一日，河道勘验，至其县，令设宴款之。酒酣，河道拟一上联曰："童子打桐子，桐子落，童子乐。"令遽应曰："何道开河道，河道深，何道升。"盖此河道乃何姓者也。闻之大喜，未期年，保此令为知府矣。

注释：①堤防疏浚（jùn）：筑堤防水与疏通江河。浚：加深。②贪鄙（bǐ）：贪婪卑鄙。③工媚（mèi）善谄（chǎn）：擅长于谄媚。④口吻生花：成语，比喻谈吐文雅。（拟111、期年76）

274.鼠　喻

一日，予弈于友人所。一捕鼠者至，谓友曰："今夕，吾欲就子所[1]捕鼠。子管食宿，吾不计值，可乎？"友人方患[2]鼠，闻而喜，既而诘曰："子以捕鼠为业而未计值，焉能久乎？"客曰："吾处有蛇场，购生鼠。"——盖以电猫捕鼠，鼠触电，昏厥而已，良久则苏。友复问曰："一夕可获几许？"客曰："少则数十，多则百许。""然则鼠可尽乎？"客曰："为吾捕者，十止一二而已。"友曰："其雄且健者，售于吾，可乎？"客问其故。友曰："吾剖其阴囊，纳豆缝合而纵之。豆胀囊肿，此鼠必毙其同类而后死——此则以鼠灭鼠之计也。"客大笑，揶揄曰："此计大妙。然鼠尽，断吾生路，奈何？"友曰："鼠盗人之食，毁人之物，吾欲尽灭之，公也；子虑生计而患鼠绝岂非私乎？"客曰："今衣食丰足，残羹冷炙[3]，比比皆是，鼠食之何伤？而蛇以鼠为食，其毒、胆、皮、肉皆吾人之必需。捕鼠养蛇，不亦公乎！"

予笑曰："今之人恒以公私论其是非。某人某事，或曰公也，则皆褒之；或曰私也，则皆非之。吾则不以为然。世之阳为公阴为私，名利双收而尽取之于人者，不乏其人。世事褒贬，当循名责实[4]，求其名而不责其实，乃大谬也！"

友与客，皆颔之。

注释：①所：处所；住所。②患（huàn）：担忧。③残羹（gēng）冷炙（zhì）：指残剩的饭菜。④循名责实：依照名称或名义来考察实际内容（弈96、就27、诘134、焉17、盖24、几许131、阴囊187、纵162、揶揄54、恒10、诚4、颔35）

基础知识述要

虚词“则”

文言虚词“则”，常见的义项有三种：

①用在单句或并列关系的复句中，表示判断，可译成“是、就是、便是”。

②作表示假设或顺承关系的连词，可译成“那么、就、于是、原来是”。

③作表示转折关系的连词，可译成“可是、却”。

思考题

上文中，含有“则”字的三种义项，请分别找出例句。

275.风化石

将军某，炫其力于泰山日观峰下，举一巨石，直上峰顶，色未变，气不喘，诚神力也。将军以此自矜，遂书“神勇石”三字而去。是时，从而观之者不知几何，及去，人皆环而观石，啧啧而赞石，竟有对石拱揖、稽首[①]者。

万口赞颂，人尚飘飘然，况石乎！此石居泰山之巅，瞰汶水[②]若带，徂徕[③]似丘；巍巍天门，亦在其下，且号为神勇石，遂昂昂乎以为功昭[④]日月，千古无双矣。

暮，游人去，石尚洋洋自得，忽闻忧叹声，视之，寂然无人；复视之，一草耳。石以其卑鄙，不屑一顾。草语之曰：“石，吾为汝忧，汝不之知邪？”石忿然曰：“吾赫赫乎居泰山之巅，为万人瞻仰，何忧之有？”草嗤曰：“汝色丹[⑤]，乃风化石也，宜居山脚泥底，以苟全[⑥]性命，然不度德量力[⑦]，居泰山之巅，冒风雪，犯寒暑，人且吊子矣！”

是夜，果阴风怒号，大雨滂沱。石骇然失色，但觉寒气透骨，肤若刀刮，痛不欲生，始知处是非之地而未之知也。

自是夙夜忧叹，寝食具废……后人至此，惟见芳草萋萋[⑧]耳。

注释：①稽首（qǐ shǒu）：古代表示对对方最尊敬的一种跪拜礼，叩头到地。②汶（wèn）水：即大汶河，流经山东省泰安市入运河。③徂（cú）徕：山名，在山东省泰安市东南。④昭（zhāo）：明显；显著。⑤丹（dān）：红色。⑥苟（gǒu）全：苟且；保全。⑦度（duó）德量力：估计自己的德行和力量。⑧萋萋（qī qī）：茂盛的样子。（诚4、矜28、拱13、揖13、瞰101、丘85、昂昂乎154、卑鄙33、不屑20、嗤79、宜32、度64、吊57、夙夜58）

276.从伯言

陈公寿山，从伯也！毕生从猎，仙逝多年。余幼时，尝谓余曰：易获者，兔也。见此辈，鸣枪则可，纵不中，亦为枪声所吓，而伏于丛莽[1]，心跳突突，气喘吁吁。趋而前，每可活捉。次为獐、麋、麂、鹿，一枪不中，或止轻伤，亦呆立片刻，仿佛思之曰："吾与人无仇，人何以毙我？"可复引枪。难获者，狐、狼也。稍一惊动，转瞬而遁。倘遇野猪，当审时度势。其多年者，皮坚似盾，一枪未毙，辄循烟奔扑，易遭其害。而虎，若非人多势众，猎者惟持枪戒备而已。盖虎威不可凌[2]也，且虎目似炬[3]，为其逼视，怯者已股栗矣。

野兔怯而麋鹿痴，狐狼黠而野猪勇，或捉或毙或免；虎则使猎者胆寒。揣其意，亦深长矣，是以志之。

注释：①丛莽（mǎng）：草丛。莽：泛指草。②凌（líng）：侵犯；侮辱。③炬（jù）：火把。（纵32、趋81、瞬39、遁18、倘34、审19、度64、辄82、循94、股19、栗60、黠83、揣21、是以39、志56）

277.鞭爆毙狼

有胡棨者，吉林新城人，以负贩[1]为业。宣统辛亥年[2]，贩鞭爆十余万归。途经凤鸡山，日将西沉。是处狼群为患，入暮则百十群行于途，行人遇之，无幸存者。胡恐罹其祸，顾一祠庙，门扉虚掩，推入觇之，止泥塑神像而已，遂荷担入。少顷，忽见侧墙与人等高处有洞窍，几可容人进出。怖心骤起，自念：既见祠庙，村落必不远矣。复荷担行。

甫行十数步，忽闻狼嗥，遥见狼数十头，自谷中出。急反，见祠前有巨木，粗可合围。胡计之：与其居祠庙受困，孰若上巨木求安。遂弃担，遽而上。狼闻人气息，汹汹而至，以为胡避入祠中，悉蜂拥而入。有狼躯触门扉，扉自阖。胡见之，欻而下，扃[3]之。复燃长鞭爆，自洞窍掷入。群狼入祠，忽闻"砰叭"连声，且火光四溅，烟尘熏目，骇绝，竟自相噬龁，嗥叫之声几与鞭爆之声争鸣。数狼挤于神像前后。神像动，相继仆，砸狼。狼益增恐惧，自相残踏，噬龁益剧。而胡童心大作，前串未熄，后串早燃，迨鞭爆告罄，始知贩担已空，本利俱无，思及妻孥见责，怅然[4]呆立。

时近三鼓，月明似水，庙内寂然无声。恐罹兽害，复上树待曙[5]。翌日平明，就窍觇之，见群狼相藉，无有动者。启扉谛视，蚤气绝矣。数之凡三十有八。大喜。时狼皮价昂，每具可值十余金，胡小康焉。

（据徐珂《清稗类钞》改）

注释：①负贩：挑担贩卖。②宣统辛亥年：公元1911年。③扃（jiōng）：原指门窗箱柜上的插关，引申为"上闩、上锁"。④怅然：惆怅的样子。⑤曙（shǔ）：天刚亮。（罹60、扉105、等59、荷46、甫56、反68、悉71、阖105、欻101、噬60、龁87、迨22、罄71、妻孥117、三鼓70、蚤94、凡124、金101）

思考题

1.请在上文中找出一句表示选择关系的句子。
2.请在上文中找出一句表示递进关系的句子。
3.请在上文中找出一个通假字。

278.书生李某

书生李某，胆素壮，且雄健而习技击[①]。尝语于人曰："天地人鬼，咸不足畏。"其友戏之曰："天地人鬼，子不之畏。去村四里有废宅[②]，人言有鬼，子敢就宿乎？"李欣然曰："男鬼，吾友之；女鬼，吾妻之；何畏之有？"日暮，果持弓矢欲往。友笑曰："友之，妻之，安用弓矢？"李大笑，释弓矢，竟持一书一烛而往。

李居陋室[③]中，闭户引窗而读。初，尚闻山风乱耳，有鼠作作索索[④]，意在读，遂不之闻。四鼓，神小疲，释卷伏案。鼾声稍起。忽隆然一声，惊而醒，见一白色巨鬼，毁户而入。长丈许，头似桶，躯类柱，不言不语，徐而行。既而近李。时明月穿窗，月光似水。李见案底有木板，长四尺，伺鬼近，乃引而奋击。中鬼腹，如击木然，砰然僵仆。鬼遽呼，声类友。烛之，果友也。盖以木板缚身，缠以缟素[⑤]，扮巨鬼吓李也。为解束缚，各大笑。

注释：①技击：指武术。②废宅（zhái）：没有人居住的房屋。③陋（lòu）室：简陋的房子。④作作索索：鼠发出的声音。⑤缟（gǎo）素：白色的丝织品。（素132、尝32、咸71、矢34、安48、释27、户189、案38、稍116、伺17、盖24）

思考题

1. 请找出文中使用了词类活用的句子，并指明活用的是哪个词。
2. 请找出文中的倒装句，并指明其特点。
3. 请找出文中使用了意动用法的句子。
4. 请找出文中使用了固定结构的句子。
5. 请找出文中的一个判断句。

279.照相趣闻

民国初年，照相为稀罕之举。有刘某者，前清举人也，自思年事已高，拟留真容以慰后世，遂遣人赴城要一照相师为其照相。或说之曰："照相乃摄人魂魄者也。"刘不之信——是时，相机以黑布作盖头，曝光亦迟，快门乃一橡皮囊，照相师须钻入盖头，数一——二——三，一捏快门方可①。坐对三脚木匣子，眼观颇类"枪口"之镜头，思及摄人魂魄之语，刘不觉惴惴股栗，复恐遗笑于乡邻，乃强坐。照相师见状，遂要刘之爱妾头入盖头观像，问曰："何如？"妾出，曰："老爷之相，大小盈寸。"刘始心安神定。照相师一捏橡皮囊，曰："行！"刘大喜，起，欠伸毕，则欲看相片。相师曰："须冲洗方可。"刘不说，曰："老夫昨晚已沐浴，毋须冲洗。"相师曰："适老爷之影已摄入胶卷，冲洗于暗室后谓为底片，复冲洗之始得相片也。"刘曰："然则先看胶卷亦可。"相师以"曝光"为由拒之。刘哂曰："老夫见多识广，相片乃一硬纸而已，其胶卷岂能曝而光之？"相师曰："设胶卷曝光，不才所摄皆化为乌有②，岂有老爷之影？即不曝光，冲洗后之底片，亦为黑白颠倒之体也。"刘之爱妾接口曰："木匣子内老爷之头果朝地也。"刘勃然大怒，戟手而詈曰："是可忍，孰不可忍！老夫乃清白之体，尔欲冲之洗之；老夫乃前清举人，堂堂正正，尔曰黑白颠倒且欲化为乌有；尔居心何在？"相师急扛机落荒而逃。

注释：①一捏快门方可：原始摄像机都有三脚木架子，摄取景物影像要分为三步：先使景物形态通过镜头在感光片（亦称"胶卷"）上曝光，构成潜影；再将曝光后的胶卷在暗室内经过显影和定影等化学处理（即冲洗）后，得到明暗程度与景物相反的负像（即底片）；最后用感光纸通过底片曝光再经显影和定影等化学处理才能得到正相（即相片）。②乌有：虚幻；不存在。（要 123、说 60、惴惴 119、栗 60、欠伸 192、说 1、适 16、然则 12、哂 8、设 9、不才 102、戟手 28、詈 6）

280.滥竽充数

齐宣王①使人吹竽②，必三百人。南郭处士请为吹竽，宣王说之，廪食③以数百人。宣王死，湣王④立⑤，好一一听之，处士逃。

（选自《韩非子·内储说上》）

注释：①齐宣王：齐国国君，田氏，名辟疆，约公元前 319 年至公元前 301 年在位。②竽（yú）：古簧（huáng）管乐器，形似笙而较大，管数也比笙多，战国时流行于民间。③廪食：吃国家的粮食，即由国家供给他的费用。④湣（mǐn）王：齐湣王，一作齐愍王、齐闵王，齐宣王之子，田氏，名地（一作遂），约公元前 300 年至公元前 284 年在位。⑤立：帝王登位叫“立”。（廪 237）

281.南郭后传

湣王死，襄王立①，南郭请见，说襄王曰：“臣善竽，尝得幸于宣王。王崩②，臣不复吹竽，以为学竽之道莫过明理，理之不明，犹驴马之罩眼，驱驰于磨坊③也。故广集古今乐谱，探求其理，发愤忘食，孜孜于是者，二十有一年矣。今所得弥多，所知弥深，愿为大王效犬马之力。”襄王大说，封为太常④，且令曰：“历代先王皆好竽，以为吾国之粹⑤也，寡人欲发扬光大之。日后乐工皆师从南郭，以明竽理之深浅，论其优劣，定其薪俸。”于是南郭令众乐工穷搜乐谱，反复考证。能标新立异或故玄其说⑥者皆以为优。居无何，国中不闻笙竽之声，而奢谈⑦乐理者遍野。及秦灭六国，令乐正广求乐工，田齐⑧之民竟无有善竽者。

注释：①湣王死，襄（xiāng）王立：齐湣王死后，齐襄王登上王位。襄王：齐国国君，湣王之子，田氏，名法章，约公元前 283 年至公元前 265 年在位。②崩（bēng）：帝王死叫“崩”。③磨坊：经营土法磨粉的作坊，一般是利用人力、畜力、水力或风力来推动石磨，利用畜力时常将驴、马等戴上眼罩。④太常：官名，周代为九卿之一，掌宗庙礼仪。⑤粹（cuì）：精华。⑥故玄（xuán）其说：故意让自己的学说显得深奥难懂。玄：深奥；玄妙。⑦奢（shē）谈：大讲特讲。奢：过分；过多。⑧田齐：即齐国。因国君姓田，故称“田齐”。（说 60、尝 32、于是 74、弥 163、说 1、无何 69、乐正 153）

282.攘　鸡

今有人日攘[①]其邻之鸡者，或告之曰："是非君子之道。"曰："请损之，月攘一鸡，以待来年，然后已。"如知其非义，斯[②]速已矣，何待来年！

（选自《孟子·滕文公下》）

注释：①攘：偷。②斯：则；就。（注意："斯"作代词已在本书中反复出现）（损46）

283.攘鸡者

攘鸡者，失其姓氏，父母早亡，家贫，年过而立犹孤身一人。其邻乃一士绅也。有善术者谓士绅曰："若将院庭之门更为东向，辟一途交通[①]川流[②]，则财源无尽矣。"更向辟途，须令攘鸡者他徙。然谒之再三，三厚其贾，亦不之允。绅素有令名，强之恐邑人非议，甚忧之。其妻曰："妾有一计。"绅大喜，曰："何以为计？"曰："若令其盗，坐其罪，得其宅则囊中探物也。"绅曰："彼固良实人也，乌能为盗？"妻曰："可畜鸡百许，任其外出啄食，则彼之园圃无宁日矣；彼日遭其扰，抑或盗之。"绅以为然。鸡初啄苗毁禾，攘鸡者诉之于士绅，绅阳为应诺而已。攘鸡者不胜其扰。一日，见一鸡啄苗，怒投以石，中其首，竟毙。忽思之曰："鸡恒食吾苗，吾曷食鸡以示惩戒？"遂烹食之。后习以为常，绅窃喜。

一日，士绅率丁壮者数十遽至。是时，攘鸡者方烹鸡而食，见状，大窘。绅令从人遍掘园圃，鸡之毛、骨遍地。邑人哗然，闻于官[③]。其宅遂为士绅所毁。

噫！绅之诱人入彀[④]可谓毒矣。攘鸡者之失当以为鉴。

注释：①交通：交错相通。②川流：水道；河流。川：水道；河流。川、流同义并用。③闻于官：告诉官府。④彀（gòu）：牢笼；圈套。（而立123、更111、谒44、贾144、素132、令132、坐143、固39、良实260、乌126、圃139、抑或133、恒10、曷75、窘84）

284.刀劈蝇头

——仿《卖油翁》

雍正年间①，武将某以善射自矜。恒于演武场中，缚一卒，令其胸插寸木。某于百步之外，把②酒临风，且饮且射，矢矢中木，从无虚发。喝彩之声雷动，某则畅然自雄③，以为当世无敌矣。惟所缚之卒，惊魂丧魄，鲜有面不改色者。

为彰其技，将军之“射卒”也，农工渔樵皆可入场观之。一日，有剃头翁释担而立，睨之，俟喝彩声毕，语曰：“手熟而已，何以自矜若此？”左右皆失色。某怫然怒，詈曰：“皓首老奴，安敢轻吾射？”翁曰：“将军矜矢，老奴恃刀，敢试老奴之刀乎？”某哂曰：“剃头小刀，第去毛发而已。”翁曰：“昔者郢匠④斫鼻，运斤⑤成风，今老奴之刀，庶几近乎郢匠也。”某他顾而哂。有顷，谓左右曰：“郢匠斫泥，运斤成风，此老斫发，得毋‘运刀成风’乎！且瞧其‘运刀’。”左右皆笑。

时逢盛夏，蚊蝇遍野，翁欲抑⑥其矜，掌中阴沾以蜜。甫动手，蚊蝇萦绕。有蝇直逼将军双目，翁遽以刀劈之，几中目。某骇然。翁曰：“勿怖，吾劈蝇头耳！”断头蝇蚤去无影——盖蝇去头能飞须臾也，而某以翁慑己，方欲叱止，骤见剃头布罩有蝇头一。谛视，尚有血。方疑虑间，翁曰：“请将军昂首，老夫欲剃之也。”言讫，复有蝇扑某脸面，翁遽劈之。蝇头渐多，以血腥，来蝇益众，翁劈之益急，但见寒光闪闪，蝇血斑斑，顷刻之间，某衣襌⑦汗湿。思曩之缚卒，疚心起。剃毕。赧颜谢曰：“吾知罪矣！”乃厚遣之。复召曩所缚卒，皆厚赏焉。

注释：①雍（yōng）正年间：公元1723至1735年。②把：拿着。③畅然自雄：自以为了不起的样子。④郢（yǐng）匠：楚国郢都的巧匠。《庄子·徐无鬼》：“郢人垩（è）漫（沾）其鼻端，若蝇翼，使匠石斫之。匠石运斤成风，听而斫之，尽垩而鼻端不伤，郢人立不失容。”⑤运斤：挥动斧头。⑥抑：抑制。⑦襌：内衣。（矜28、鲜19、彰140、俟13、詈6、皓62、安48、哂8、第127、斫61、庶几151、斤104、得无8、甫56、逼265、盖24、蚤94、须臾138、谛20、讫53、曩32、赧4、谢51）

285.卖油翁毒“鬼”

卖油翁独居一楼。楼上为室，底层置巨瓮盛油。是年，翁七十有五，自觉步履维艰，乃辍业。一夕，赴邻翁饮，醺醺以归，和衣卧榻。忽闻履声踏踏，疑邻翁至，呼之，声止。俄而踏踏声复起，乃起而烛之，声遽而下焉。翁疑盗入，下楼视之，则门闭而未扃，以为盗隐于室内。乃引梃启门而守之，且大号。一村皆惊，来者甚众，翁告以故。众持火入，然遍室寻觅，无获。翁愕然。众人以翁醉焉，遂归。

翁复上榻。顷之，踏踏声复起，叱之，声止；烛之，复急而下。翁思之曰：“人之老也，行将就木①，固宜鬼之为伴也。”遂安然而卧。

自是，每睡则闻踏踏声，翁亦不之怪。一夕，踏踏声复起，翁戏之曰：“鬼兄，吾独居寂寞，共榻何如？”语出而声止。翁叹息曰：“汝藏头缩尾，亦非磊落者也。”

一日，翁食鱼有余而置之于案，晨起则盖翻鱼尽矣。翁大疑：鼠无力掀盖，猫是村方绝迹。乃思之曰：“得无鬼亦食人间烟火耶？”遂生一计。以肉为丸，中间毒鼠之药，复置之于案。旦日，肉丸复尽。乃遍室搜觅，于灶侧得一死鼠，其大似猫；尾端一泥丸，大似拳，固不可去。乃悟乡之鬼者，此鼠也。盖鼠盗油，倘瓮中油浅，则以尾蘸食，然其行也则尾拖地，土沾，反复如斯，泥丸日大焉。翁辍业，油罄，遂上楼觅食，泥丸击梯，其声踏踏耳。后果不复闻焉。

注释：①行将就木：不久将要到棺材里了，比喻接近死亡。（辍 81、步履维艰 255、榻 152、遽 13、梃 128、扃 277、固 39、宜 32、案 38、得无 8、间 55、旦日 110、悟 22、乡 119、盖 24、倘 34、斯 15、罄 71）

常用词顺口溜

强

敌卒一万余，我军二千强①。敌强②而我弱，强③战必遭殃。当令弓箭手，挽强④将敌拦。

义项：①强：有余；略多。如《木兰诗》：“赏赐百千强。”②强：强大；强盛。如《隆中对》：“然操遂能克绍，以弱为强者。”③强：竭力；尽力。如《大铁椎传》：“将军强留之。”④强：弓有力。如杜甫《前出塞》：“挽弓当挽强。”

286.季姓秀才

欧阳公修守扬州①时，一秀才谒之，乃蜀鄙季姓秀才也。延入座，问其所以，禀曰："愚读《卖油翁》，欲献疑②于公，遂买舟而下③，月余，始得见焉。"扬州之去西蜀不止千里也。公愕然，惊谢曰："老夫素驽钝，作文有谬。足下不远千里见教，不胜感激。"季曰："《卖油翁》云：'陈康肃公尧咨善射，当世无双，公亦以此自矜。尝射于家圃……其发矢十中八九。'愚甚疑之也。愚闻古之善射者，楚之养由基④也。去柳叶百步，百发而百中。今康肃公发矢，第十中八九耳，岂善射者欤？况今强敌压境，引弦而战者何止万千，其发矢十中八九者，焉敢以此自诩，谓为当世无双耶？愚闻康肃公尧咨，自号小由基，诚善射者也。然则公之文……鄙人是以献疑焉。"公笑而问曰："去柳叶百步，百发而百中，然远其射⑤，则何如？"季语塞。公曰："观人之文，当据其文字，揣其旨意⑥也。康肃公欲矜其技，必远其射，且十中八九者，中靶心也，其难亦似自钱孔沥油而钱不湿，岂非善射者欤？况卖油翁为去其矜，见其发矢十中八九，故微颔之以激其怒；若百发而百中，翁何以献其技哉？"季悟，赧颜告退。

噫！一语有疑，遂不远千里，献疑于作者。其如季秀才者，何事不能成耶？然事非三思而行，其如季秀才者，又何事能成耶？

注释：①守扬州：做扬州城的太守。守：郡一级的最高长官。②献疑：提出疑问。③买舟而下：雇船沿着长江而下。④养由基：亦作"养游基"，春秋时楚国大夫，善射，能百步穿杨。⑤远其射：把要射的目标放得更远一些。⑥旨意：主要的意思，即"中心思想"。（蜀鄙 112、延 41、禀 44、愚 102、谢 51、素 132、驽 151、钝 151、谬 36、第 127、诩 16、诚 4、鄙人 102、揣 21、矜 28、颔之 35、赧 4、其 5）

常用词顺口溜

素

女儿服缟素①，娘亲灵前哭。情素②化涕泪，涕泪湿素③服。娘亲素④爱儿，可知儿在哭。

义项：①缟素：原指白色的丝织品，这里指丧服。如《唐雎不辱使命》："伏尸二人，流血五步，天下缟素。"②素：真诚。如《移居》："闻多素心人，乐与共晨夕。"③素：白色。如《三峡》："春冬之时，则素湍绿潭，回清倒影。"④素：见 132。

287.思乡曲

——仿《木兰诗》

唧唧①复唧唧，老夫长叹息。问我何所思，问我何所忆？我思我爷娘，我思我妻女。

去杭②三十里，有山临小溪。陋室三四间，门前柳依依。陇亩我躬耕，桑麻妻纺织。爹娘相媚好③，阿囡④牙牙语。

夜半犬吠急，梦醒手反接。以我为壮丁⑤，当应河阳⑥役。妻号爷娘泣，阿囡仆地啼。

不闻爷娘唤儿声，唯闻阴风凄雨声悲泣。不闻贤妻唤夫声，唯闻炮声隆然弹声急。不闻阿囡唤爷声，唯闻檐下乳燕声戚戚。

每战必败绩⑦，兵溃疾如飞。刚屯⑧江河⑨间，又临东海滨。逾海至孤岛，一居三十年。

江河日夜流，少年成白头。昨夜中秋节，把酒再浇愁。举头望明月，低头涕泪流。忽见故园⑩近，且喜且奔走。

依然旧时溪，依然旧时柳。爷娘相扶将，迎我归故里；白发一头雪，笑纹满脸栖。贤妻见我归，喜极反悲泣；别时红颜女，重逢成老妪。阿囡见我归，门前立踟蹰；怀中亦抱女，绝类旧时妻。

梦中疑为梦，不敢唤爹娘，不敢唤妻女，恐醒涕湿衣。

辛酉年⑪秋日

（备注：戊辰年⑫秋，余得此诗。作者乃台湾一翁也，遵其嘱而隐其名）

注释：①唧（jī）唧：秋虫声。②杭：杭州市，在浙江省。③相媚好：互相谄媚讨好。这里指夫妇间互相取悦，无贬义。辛弃疾《清平乐》：“醉里吴音相媚好，白发谁家翁媪。”④阿囡（nān）：吴地一带对小孩子表示亲昵的称呼，一般称小女孩。⑤壮丁：壮年男人。解放战争时期，国民党部队为补充兵源，强迫青壮年入伍当兵，当时叫作“抽壮丁”。⑥河阳：古地名，在今河南省孟州市，此诗中借指战场。⑦败绩：大败。⑧屯（tún）：军队驻扎。⑨江河：长江和黄河。文言文中，“江”有时是“长江”的专称，“河”时常是“黄河”的专称。⑩故园：家乡；故乡。⑪辛酉年：公元 1981 年。⑫戊辰年：公元 1988 年。（陋室 278、戚 78、陇亩 97、躬 97、反接 200、疾 100、逾 91、把 284、将 122、踟蹰 244、类 64）

288.口 技

——仿《口技》

余邻翁，亦善口技者也。十年前，还自京城。一夕，亦献其技。于室内施屏障，邻翁坐屏障中，乡邻团[1]坐。

少时，微闻山风渐起，林木细语；涧水潺潺，间以娇莺恰恰[2]，鸣蝉声声；复闻鸡鸣犬吠，其声益遥。既而莺声近，宛转争鸣。一雀至，喳喳不止。俄而，群雀至，声大作。当是时，风吹呼呼声，林木细语声，娇莺恰恰声，群雀喳喳声，一时齐作，众妙毕备。乡邻无不伸颈、侧目，微笑，默叹，以为妙绝。

忽闻群雀惊飞，莺鸣亦止。有人奔至，倚树喘息。未几，人渐众。有妻语夫，其声极微。一儿啼，母急乳儿，儿含乳啼。一人咳嗽，遽掩其口……乡邻异焉，相顾变色。

忽一人大呼："倭寇至矣！"顷刻百千人呼，百千人走，百千儿哭。中间砰砰枪声，呼母声，呼子声，呼妻声，呼夫声，百千齐作。一妇中弹僵仆，其夫大号，其子悲啼……乡邻无不变色离席，两股战战，几欲先走。

忽然抚尺一下，群响毕绝。撤屏视之，邻翁僵坐[3]而已。

乡邻尚胆寒。或曰："子之技亦精矣，然不知口技之道。口技之道，亦似为文，贵在首尾一贯也，而子之口技何如？始闻山风流水，娇莺鸣蝉，吾等舒心悦耳；而后枪声砰然，夫号儿啼，令人丧气。"翁默然不应。

是时，文革内乱，奸臣得意，山河多娇而民无宁日。邻翁之意实深长焉。

注释：①团：四周围着。②恰（qià）恰：拟声词，形容黄莺的叫声。③僵（jiāng）坐：笔直地，一动不动地坐着。（还36、间55、倭183、顾7、股19）

附：

口 技

京中有善口技者。会宾客大宴，于厅事[1]之东北角，施八尺屏障，口技人坐屏障中，一桌、一椅、一扇、一抚尺而已。众宾团坐。少顷，但闻屏障中抚尺一下，满坐寂然，无敢哗者。

遥闻深巷中犬吠，便有妇人惊觉欠伸[2]，其夫呓语[3]。既而儿醒，大啼。夫亦醒。妇抚[④]儿乳，儿含乳啼，妇拍而呜之。又一大儿醒，絮絮不止。当是时，妇手拍儿声，口中呜声，儿含乳啼声，大儿初醒声，夫叱大儿声，一地齐发，众妙毕备。满坐宾客无不伸颈，侧目，微笑，默叹，以为妙绝。

未几，夫齁声[⑤]起，妇拍儿亦渐拍渐止。微闻有鼠作作索索[⑥]，盆器倾侧，妇梦中咳嗽。宾客意少舒，稍稍正坐。

忽一人大呼“火起”，夫起大呼，妇亦起大呼。两儿齐哭。俄而百千人大呼，百千儿哭，百千犬吠。中间力拉崩倒[⑦]之声，火爆声，呼呼风声，百千齐作；又夹百千求救声，曳屋许许[⑧]声，抢夺声，泼水声。凡所应有，无所不有。虽人有百手，手有百指，不能指其一端[⑨]；人有百口，口有百舌，不能名其一处也。于是宾客无不变色离席，奋袖出臂，两股战战，几欲先走。

忽然抚尺一下，群响毕绝。撤屏视之，一人、一桌、一椅、一扇、一抚尺而已。

（选自清代林嗣环《虞初新志》。此文曾选为初中文言文课文）

注释：①厅事：大厅；客厅。②欠伸：打呵欠，伸懒腰。③呓语：说梦话。④抚：抚摸；安慰。⑤齁（hōu）声：打呼噜的声音。⑥作作索索：象声词，老鼠动作的声音。⑦力拉崩倒：古代救火，有时为了隔断火源，把刚开始着火或已经着火的房屋拉倒。⑧许（hǔ）许：众人拉房屋时一起用力的呼声。⑨端：一点或一件。（会 4、欠伸 192、叱 15、毕 22、稍 116、间 55、曳 243、名 24）

常用字顺口溜

将

将[①]兵三千戍河阳，
将[②]行回首意彷徨。
白发父母相扶将[③]，
娇妻弱子涕汪然。
上命驱将[④]违不得，
将[⑤]军念之欲断肠。

义项：①将：率领；带领。②将：将要。③将：扶；持。如《木兰诗》中的“爷娘闻女来，出郭相扶将”。④将：作助词，放在动词后面，没有实在意义。如《卖炭翁》中的“宫使驱将惜不得”。⑤将：将军。

289.读《口技》

读《口技》，似登一奇山也。始见半山以上，云雾弥漫，不知山高几何。初登，即入佳境：山花古木、奇岩怪石、鸣鸟惊兽，目不暇接。既而云渐淡，雾稍收，乃觉已至一巅，极目东瞰，众山尽小，以为山峰无出其右①者。稍觉股酸身软，会山巅有石似榻，遂假寐其中，回味胜境，欣然微笑，以为妙绝。忽闻同游者欢呼，惊起回首，云雾尽消，但见一异峰突起，高耸入云。山花似霞，古木参天，削壁千仞……虽人有百手，手有百指，不知先指何境；人有百口，口有百舌，不知先赞何处也。于是奋袖出臂，奋力攀登。未几力竭步止，遂倚岩小憩，不觉陶醉其中，似诗人忽得佳句，竟闭目遐想，啧啧而叹曰：“妙哉，妙哉！”忽然鸟雀无声，万籁俱寂②，张目而瞰，浓雾突起，山峰为罩，不见路径。

注释：①无出其右：古人以右为上，意思是没有能超过他的。②万籁俱寂：指周围环境十分宁静。万籁：自然界万物发出的各种声音。（暇 30、瞰 101、稍 116、榻 54）

290.大漠弱者

有甲乙，探险于荒漠。水罄。甲渴甚，力竭难行。乙曰：“吾子少憩。吾当竭力觅水。与吾子期：逾午，逢未正、申正、酉正①则鸣弹一，吾可循声而归。”乙去。甲依而鸣之。过酉。时，繁星早见②，明月如钩，甲已奄奄，自思：荒漠觅水，何异大海觅针；且人皆私也，渠得水未必再履险地，抑或已觅归途；今近戌正，禽兽至将如之何？与其受爪牙之残，孰若饮弹而亡？遂鸣枪自毙。少顷，乙循声至。甲既气绝，而体尚温。

注释：①逢未正、申正、酉正：在下午两点、四点、六点。汉太初（公元前104年至公元前101年）以后，用十二地支记时，把每天分成十二段，每段为一个时辰（合现在的两小时）。半夜十一点到一点是“子时”（十二点是“子正”），中午十一点到一点是“午时”（正午十二点是“午正”），余类推。十二地支是子、丑、寅、卯、辰、巳、午、未、申、酉、戌、亥。③见：通“现”。④奄奄：气息微弱的样子。⑤戌正：晚上八点。（罄71、憩136、逾91、渠36、抑或133、既63、期115）

291.鬼　楼

广西岑溪市陈某，以25万元，购得五层楼一。未期年，每临夜静，楼内辄出呜呜之声，似泣似怨。陈大恐，众邻亦惧。遂称为“鬼楼”。白昼人多惶惶，黑夜更少人近之。陈无奈，廉价而鬻。后得者初不知情，迨夜半闻声，询诸他人，始怨。再降价而售，如是者三。卒降至5万，亦无人问津。

有陈姓昆仲，素不信鬼，2007年进岑打工，闻之，喜不自禁，急购之。父母亲朋劝阻，亦未之听。其得新居也，工友某登门贺之；以某亟叹租屋不易，乃要其同居，某恐遭不测，婉言拒之。

夜半，声起，遂循声觅“鬼”。一至五楼，怪声皆清晰可闻。屏息谛听，闻一楼稍响，五楼稍弱，乃知声源必出自底楼，遂于一楼谛听。怨泣之声似来自卫生间。耳贴排污管听之，其声愈剧。如是数日，揣排污管下，必有怪异，乃撬开瓷砖，缘排污管撬向屋后化粪池；复撬开池盖，见污水内有怪物游动。以网兜捞捕，居然得鲇鱼十条。中有两条，重可十斤，雌雄各一，其余斤许。始知怪声者，鲇鱼觅食之声也——鲇鱼者，亦称革胡子鲇鱼，俗称塘角鱼，可生存于低氧、浅水或污水之中，且昼伏夜游，夜深觅食，是时必出异特之声。夜深人静，万籁俱寂，虽密封于池内，其声亦清晰可闻也。

后知初购者陈某嗜食鲇鱼，尝有两条稚鲇，失踪于卫生间内，以其稚，不以为意，孰知缘排污管而入，居然青梅竹马，卒成配偶，而后子女成群，且出“鬼声”，吓走四任楼主也。

真相大白，楼价大增。是年该楼即可售百万之巨。

事出怪异，吠声者多，辨实者寡①，陈姓昆仲，富亦宜矣。

注释：①吠声者多，辨实者寡：随声附和的人多，能辨清实际情况的人少。吠声：一只狗叫，许多狗跟着叫，比喻随声附和。辨实：辨清实情。（期年76、辄82、迨22、询38、诸46、卒22、问津145、昆仲155、素132、亟73、要123、循94、谛20、揣21、缘40、可91、许20、万籁俱寂289、嗜51、宜32）

292.酒　友

后生甲、乙，酒友也。一夕，甲要乙曰："吾挖藕，得一鳢[①]，重可三斤，乃天赐佐酒物也！乡时吾等聚饮，长舌妇[②]恒叨叨不已，难以尽兴，今幸清静——时，以夫妻口角，甲妻怄气，归宁已有月余——今夕，与吾共榻何如？"乙大喜，曰："善！"

是夜皆大醉。甲忽涕泣曰："夫妻成仇，生何聊赖[③]？"出安眠药一瓶，曰："近日，非此不能入睡，每欲尽此瓶，以了残生。"乙漫应曰："欲死亦难，吾尝吞服五十有奇，竟不得死！"甲怒，曰："与汝至交，亦揶揄耶？"乙曰："吾不子欺。子不吾信，一赌，何如？"甲曰："汝若服之，吾亦从之。"遂取药百粒，均分之。乙曰："尽三盏白干，再服不迟。"遂各饮三盏。乙取药，作势欲吞。甲醉眼朦胧，信以为实，径吞之。乙急阻之，然舌已僵，其言呐呐，难以达意，旋即玉山倾倒[④]，烂醉如泥。

翌晨，乙寤，乃觉席地而卧。笑谓甲曰："昨晚，吾等大醉矣！"甲未之应。乙起，踢其尻，绐[⑤]云："嫂子归矣！"甲仍似无闻，见其侧有药瓶，方忆及服药一事，扑而呼之，蚤气绝焉。乙追悔莫及，以头抢[⑥]地，号啕大哭。

注释：①鳢（lǐ）：亦称"乌鳢""黑鱼"，性凶猛，以其他鱼类为食，为淡水养殖的害鱼之一。②长舌妇：多嘴的妇人。③聊赖：依赖，指生活或感情上的凭借。④玉山倾倒：一说南宋刘义庆《世语新说·容止》中说嵇（jī）康风姿特秀，体态佳美。人们用"玉山"比喻他，后遂用"玉山"写美男佳姿。又一说，嵇康善饮，饮后常醉，醉后摇摇晃晃常自倾倒，遂以"玉山倾倒"形容醉酒、醉态。⑤绐（dài）：欺骗；谎言。⑥抢：撞；碰。（可91、佐32、乡119、归宁82、涕95、漫118、奇91、揶揄54、径6、旋即15、尻85、诳44、呐呐136、寤106、蚤94）

293.慈禧争后

咸丰二年①，皇太后为上立后。有满人②钮祜禄氏（后为东太后慈安）与叶赫那拉氏（后为西太后慈禧）者，皆貌若天仙，端庄淑雅③。孰为皇后，孰为贵妃，上意未决，遂诏见于寿康宫。

慈禧耻为贵妃，决意争后，自思较于慈安，唯其齿略胜，于是应答言辞，悉简能使“红杏出墙”者④；慈安则反之。

上问慈安：“卿何姓？”慈安曰：“姓钮祜禄。”

问慈禧，对曰：“姓叶赫那拉氏——”

问慈安：“年有几何？”对曰：“十五。”

问慈禧。慈禧时年十六，以“六”字未能露齿，遂曰：“年十七——”

问慈安：“家有何人？”对曰：“父与母”。

问慈禧。以父已亡，答“母”字未遂其意，遂曰：“有母与姨——”

问之久，上意犹未决，遂自语曰：“孰为皇后，孰为贵妃？”

慈禧着意于简选言辞以应答，遂对曰：“吾为贵妃——”

于是上立慈安为后。

注释：①咸丰二年：公元 1852 年。②满人：满族人。满族，中国少数民族之一。③淑雅：美好。淑：美好。雅：好。淑、雅同义并用。④“红杏出墙”者：自出宋代叶绍翁《游园不值》“春色满园关不住，一枝红杏出墙来”。后人以“红杏出墙”比喻春意盎然，或比喻美好的人或物争着露面。这里指慈禧选用能够露出洁白牙齿的言辞来应答。（上 113、较 12、悉 71、简 5、“未遂其意”的“遂 173”）

常用词顺口溜

志

终生郁郁不得志①，尽志②狐鬼幽冥事。

切莫妄言妄听之，事虽虚幻尽言志③。

义项：①志：志向。如《陈涉世家》：“燕雀安知鸿鹄之志哉。”②志：记；记叙。如《聊斋志异》的“志”。③志：心愿。如《尚书·舜典》：“诗言志。”

294.核桃相斗

有于街头表演气功者，左右手各握核桃一，曰："吾左手发功，可令核桃跃起与右手相斗。"言毕，平展手掌，左手作发功状，且移向右，忽大声叱曰："斗！"左手核桃果跃至右手。其人搓动两核桃曰："发此功貌似平平，实费力不少。少憩片刻，可右手发功令两桃相斗！"少时，右手发功，核桃果应声而跃。众皆神之。唯有一人笑曰："此魔术也。肉已挖空，一置铁粒，一置磁铁而已。"其人怫然怒，曰："吾乃守法公民，不然，必以气功取尔性命！"忿忿而去。

295.爱莲说

水陆草木之花，可爱者甚蕃①。晋陶渊明独爱菊，自李唐②来，世人甚爱牡丹。予独爱莲之出淤泥而不染，濯③清涟④而不妖⑤，中通⑥外直，不蔓不枝⑦，香远益清，亭亭⑧净植，可远观而不可亵玩⑨焉。

予谓菊，花之隐逸者⑩也；牡丹，花之富贵者也；莲，花之君子者也。噫！菊之爱，陶后鲜有闻。莲之爱，同予者何人？牡丹之爱，宜乎众矣。

（选自周敦颐《周元公集》）

注释：①蕃（fán）：通"繁"，多。②李唐：唐朝。因唐朝皇帝姓李，故称"李唐"。③濯（zhuó）：洗涤。④清涟（lián）：清水。涟：水面上被风吹起的波纹。⑤妖：妖艳。⑥通：贯通。⑦不蔓（màn）不枝：莲茎不蔓延，也不分枝。蔓：藤蔓。枝：丫枝。"蔓""枝"在这里名词作动词。⑧亭亭：高高直立的样子。⑨亵（xiè）玩：玩弄；戏弄。亵：亲近而不庄重的样子。⑩隐逸（yì）者：隐居的人。

常用词顺口溜

遽

吾友乘遽①来，见其神色遽②。"敌寇大入境，烽火欻然起。"
言毕目视我，问我意何如？"吾侪丁壮者，何遽③得安逸？"
提刀行色遽④，为国捐身躯。

义项：①遽送信的快车。②遽：恐惧；窘急。如《世说新语·雅量》："孙、王诸人色并遽。"③遽：副词，就；竟。如《塞翁失马》："此何遽不为福乎。"④遽：急忙；匆忙；仓促。如《掩耳盗铃》："恐人闻而夺己也，遽掩其耳。"

296.爱稻花说[①]

——仿《爱莲说》

水陆草木之花，可爱者甚蕃。或爱菊，或爱牡丹，或爱莲，予独爱稻花。晋陶渊明爱菊，以菊为花之隐逸者也。噫！百花零落，独吐幽芳，幽诚幽矣，芳亦尤芳，然春归大地，万物欣然，争奇斗艳，理所当然，其隐逸者，何誉之有？牡丹，花之富贵者也，大如盘，美而艳，且清风送芳，爱之者宜乎众矣，然富贵似云，古今多证，见花思人，吾不之爱。或曰："莲出淤泥而不染，濯清涟而不妖。"予独以莲藉清涟以示高洁，而其本[②]实赖淤泥；茎虽直然易折，且随风而动，腹中空然；既花，虽亭亭灼灼[③]，然可望而不可即[④]，故贬之者不乏其人。稻花者，近午始开，暮则零落；花小似粟，不艳，不芳，爱之者宜乎鲜矣；然花落而实[⑤]，众人赖其生。夫有大功于人，而不艳，不芳，不闻，水陆草木之花，其如稻花者谁？

注释：①"爱稻花说"题注：咏物言志或借物抒情的文章，对所咏或所借之物，多取其一点或一个侧面，而就其这一点，站在不同的角度看也会有不同的结论，因而对同一事物甚至同一特征也会有褒贬之别，取舍褒贬全看作者抒情议论的需要。本文贬菊与莲而赞稻花，正是为了说明这一道理。②本：根。③亭亭灼（zhuó）灼：指花高高耸立又明艳可爱的样子。亭亭：高耸貌。灼灼：明艳可爱的样子。④即：靠近。⑤实：果实。

常用词顺口溜

令

为令[①]二十年，有令[②]令[③]利民。
令[④]名昭日月，依然官七品。

义项：①令：县令。如《陈涉出家》："陈守令皆不在。"②令：命令。如《周亚夫军细柳》："军中闻将军令。"③令：使。如《鸿门宴》："令沛公先破秦入咸阳。"（《鸿门宴》）④令：美好的。如《周处》："何忧令名不彰邪？"

297.愚公移山

太行王屋二山，方七百里，高万仞。本在冀州①之南，河阳之北。

北山愚公者，年且九十，面山而居。惩②山北之塞，出入之迂也。聚室而谋曰："吾与汝毕力平险，指通豫南，达于汉阴③，可乎？"杂然相许。其妻献疑曰："以君之力，曾不能损魁父④之丘，如太行、王屋何？且焉置土石？"杂曰："投诸渤海之尾，隐土之北。"遂率子孙荷担者三夫，叩石垦壤，箕畚运于渤海之尾。邻人京城氏之孀妻有遗男⑤，始龀，跳往助之。寒暑易节，始一反焉。

河曲智叟笑而止之曰："甚矣，汝之不惠。以残年余力，曾⑥不能毁山之一毛⑦，其如土石何？"北山愚公长息曰："汝心之固，固不可彻，曾不若孀妻弱子。虽我之死，有子存焉；子又生孙，孙又生子；子又有子，子又有孙；子子孙孙无穷匮⑧也，而山不加增，何苦而不平？"河曲智叟亡以应。

操蛇之神⑨闻之，惧其不已也，告之于帝。帝感其诚，命夸娥氏⑩二子负二山，一厝朔东，一厝⑪雍南。自此，冀之南，汉之阴，无陇断⑫焉。

（选自《列子》）

注释：①冀（jì）州：古地名，《书·禹贡》中指今河北省东南部，山西省、河南省黄河以北，山西省、陕西省黄河以东地区。②惩：苦于；为……所苦。③指通豫（yù）南，达于汉阴：一直通向豫州的南部、汉水的南面。豫州：古地名，在今河南省黄河以南。汉阴：汉水的南面。汉：汉水。④魁（kuí）父：小山名。⑤京城氏之孀妻有遗男：有个姓京城的寡妇有个遗腹子。孀妻：寡妇，就是死了丈夫的女人。⑥曾（zēng）：用在否定副词"不"前，加强否定语气，可译为"连……都……"或者"还……"。⑦毛：草。⑧匮（kuì）：竭；尽。⑨操蛇之神：神话中的山神，手里拿着蛇，所以叫操蛇之神。操：持。⑩夸娥氏：神话中力气很大的神。⑪厝（cuò）：通"措"，放置。⑫陇断：山冈的阻隔。这里取其比喻义。（仞256、室79、谋79、损46、诸46、荷46、叩70、始龀150、易100、反68、惠3、孀235、苦37、亡131、已11、阴74、遗男255、陇107）

298.续《愚公移山》

愚公挖山不止，操蛇之神闻之，告之于帝，帝感其诚，命夸娥氏二子负二山，一厝朔东，一厝雍南。河曲智叟闻而太息曰："以愚公之力，曾不能毁山之一毛，若太行、王屋何？然心诚则感于帝，信然！"是夜，辗转反侧①，三鼓方寐。忽闻砰砰数声，有物破庐而入。大骇而起，但见黄金锭锭，散落一室。疑为幻，引而审视，始知其为真也。喜绝。骤见一翁，貌媸甚，眈眈视金，以为盗，惊呼而醒。妻尚熟寐，鼾声如雷；明月入窗，似水泻地……

注释：①辗转反侧：亦写成"辗转反侧"，翻来覆去睡不着，形容心事重重，难以入眠。（信然 93、三鼓 70、寐 30、辗转 105、反侧 66、庐 240、引 25、审 19、媸 111）

299.甲乙两生

甲乙两生读《愚公移山》。甲释卷而叹曰："甚矣，愚公之愚！"乙问其故。对曰："年且九十，山高万仞，荷担者三夫，助者始龀，投置土石，寒暑易节，始一反焉。如是，山安能移？子孙虽无穷匮，山亦不加增，然子子孙孙专事移山，衣食安在？且愚公之移山也，以面山而居，惩山北之塞，出入之迂也。然则，移居可也，焉用移山？茫茫宇宙，天帝何在，焉能相助？'夸娥氏二子负二山'云，实愚公不能移山之证也。甚矣，愚公之愚！"乙笑曰："否！非若是焉。《愚公移山》乃列子之寓言也。寓言者，借此喻彼，借远喻近，借古喻今，借小喻大。其事皆为幻①者矣。故所言者为物，则物能言语；所言者为人，则其所作所为，非必信而有征②焉。子以此相责，无乃过甚③乎？"

甲悟，颔之。

注释：①幻：虚构。②征：证验；证明。③甚：过分。（释 27、安 48、然则 12、云 66、颔之 35、无乃……乎 141）

300.一智叟

予尝见一人，年方十九，人皆呼其为“智叟”。问其故。或曰：“彼恃小惠，怠①于学而耻于问，且好为人师，恒患人之不知。”予乃故以成语“众寡悬殊”问之。其人思之久，笑而睨曰：“斯意甚明，汝未之知耶？众，多也；寡，寡妇，古人谓为孀妻者也；悬，悬梁；殊，死也。众寡悬殊，即众寡妇悬梁而死焉。”予伪为大悟，复献疑曰：“然则众孀妻何以悬梁而死耶？”“智叟”笑曰：“甚矣，汝之不惠。古之妇人，从一而终，每夫死亦死。夫孀妻者，或有遗子，孀妻弱子何以为生？恶能不死？”予情不自已，他顾而笑。

注释：①怠（dài）：懒惰。（尝 32、方 20、恃 34、恒 10、睨 49、斯 15、伪 16、悟 22、然则 12、“夫孀妻者”的“夫”33、恶 121、已 11、顾 7）

301.弃婴抢馍

吾邑风俗：新屋落成必简一吉日，于屋顶抛馒头，乡邻围抢视为吉庆，俗谓“抢馒头”也。然今衣食丰足，区区馒头不足为饵①，遂效法彩票，中间奖券，凭券领奖。一富翁，以拾万元为奖。是日，万人云集。少妇某，抱一婴趋之。少时爆竹齐鸣，则见馒头纷飞，众人争抢，颇似鸭群遽入蝗区，亦类猴群骤入桃园。某情动，亦跃跃欲试，苦于一婴在手，无奈何也，作壁上观②。忽见馒头一双迎面飞来，某不自禁，欻弃婴而扑，迨双馍在手，始闻婴儿大啼——诚可笑也。

注释：①饵：这里用其引申义“引诱”。②作壁上观：这是句成语。原来比喻坐观成败，不帮助谁。这里指在一旁观看。（简 5、效 75、间 55、趋 81、欻 101、饵 27）

302.智叟传

(一)童生叟

智叟者，河曲人也。生于永乐十五年十二月晦①，卒于弘治四年五月望②。生而有须，人以为异。父名智童，字不幼。工书善画，尤精于诗文，然滑稽善辩，类东方生③之流。数逆权贵，由是屡困文场④，虽年近知命，犹操童子业⑤。衣食所恃，惟鬻书画而已。见子貌异，大呼曰："呜呼！金乌⑥东堕，玉兔⑦西升；父垂老犹童，子始生似叟。悲夫！悲夫！"复强笑曰："此子名叟，及冠，字不老可也。"

注释：①永乐十五年十二月晦：公元1417年12月月底。②弘治四年五月望：公元1491年5月15日。望：阴历每月15日。③东方生：姓东方的读书人。这里指汉武帝时的东方朔，他言辞诙谐，敢直言讽谏皇帝。④屡困文场：屡次参考，皆考不中。⑤操童子业：还是童生。旧时没有考中秀才前的，都称为童生。⑥金乌：太阳。古代神话，太阳中有三足乌，故用为太阳的别称。⑦玉兔：神话传说中月亮里有白兔，故用为月亮的别称。（卒221、类64、由是117、知命123、鬻23、及冠133、字133、晦234）

(二)嘲申有

智叟早惠，未龀，才名已闻遐迩。一日，赴文社饮。内有申有者，字不朽，多才思，然行多不饬①，而心气颇高。见叟垂髫飘须，窃笑之。移座近叟，笑而睨之曰："夫非常之貌，必有非常之才。子貌非常，非常之才乌在？"叟对曰："称不朽之人，当具不朽之功。君字不朽，不朽之功可有？"众人相视而笑。申以其无状，立见愠色，曰："吾有一联，请汝属对：乳臭飘须，不童不叟。"叟笑而应曰："甲壳露头，有鳖有龟。"——"甲壳露头"者"申"也，盖嘲申有为"鳖"为"龟"者也。众皆莞尔，申忿然而已。

注释：①饬（chì）：谨慎。［遐迩126、文社78、垂髫150、窃42、睨49、夫33、乌126、无状180、见290、属对（即"对属"）45、盖24、莞尔35］

（三）申屠辰

有申屠辰者问于智叟曰："尊君[①]名童，子曰叟，何故耶？"对曰："人所以名者，供呼唤也。借[②]子无名，而呼之曰：'嗾[③]！呔[④]！'此非呼鸡唤狗叱畜生耶？"辰笑曰："子误矣，吾非问人何以名之，问尊君何以名童而子曰叟也。"智叟曰："吾父之名，吾祖为之；吾之名，吾父为之。何以名之，当问吾祖、父。而子之名有灭族之灾，吾子未之思耶？"辰愕然，诘曰："吾名何以灭族耶？"智叟曰："甚矣，汝之不惠。申者，申明也；屠者，杀也；辰属龙。汝之名：申明汝父子意欲谋反，旨在屠龙[⑤]也。"辰强笑曰："嘻！子之言也，过甚其辞，过甚其辞！"声颤股栗。

注释：①尊君：称对方父亲的敬词。②借：假如；假使。③嗾（sǒu）：呼唤狗声。④呔：促使对方注意的吆喝声。⑤屠龙：封建时代以龙为皇帝的象征，所以"屠龙"，也可以说是"意欲谋反"。（股 19、旨 86、栗 60）

（四）智叟论贪

河曲有富民殷氏，家多黄白[①]。弘治元年[②]七月晦，河伯[③]肆虐，村人皆弃家而逃。殷嘱妻孥先走——盖虑黄白也。方埋诸地，水至，遂为洪水所困，后登一巨石。石渐没，旋如巨鳖，出水止尺许而已。殷大恐。遥见一舟，舟子乃丁壮者也。大喜，遽呼曰："救命！"丁壮者驾舟前来。然风阻浪回，殷以为迟，遂大语曰："吾巨富，救我，赉百金！"既而再大语曰："救我，赉千金！"俄，复大语曰："救我，赉二千"，"救我，赉三千"……然呼之愈急，舟行愈迟。忽一浪排空而来，殷遂殁。

智叟闻而叹息曰："悲夫，殷氏之死也！初，丁壮者之救人，未必为财，殷乃激其贪也。夫以财填贪，犹抱薪救火也！唯财是饵者当以殷氏为鉴！"

注释：①黄白：指金银。②弘治元年：公元1488年。③河伯：河神。（妻孥117、盖24、诸46、旋15、许20、赉52、百金101、殁45、夫33）

（五）智叟之墓

去河曲二十里，有空平山者，蔚然而深秀。其南麓，林壑尤美。山行一里许，崖限当道[①]。其下古木森然，曩有智叟墓也。清初，往吊叟者，尚接踵而至。雍正七年[②]，有工书者误以为《列子》寓言之智叟即空平山中之智叟也，乃书《愚公移山》碑于智叟墓前，此书气韵不凡。临摹者伙[③]，赞愚公贬智叟者亦伙矣。后善诈者谓智叟；性愚者谓智叟；好为人师者亦谓智叟……人过叟之墓，则恣意诋訾[④]，或足损其土。河曲人以为羞，阴毁碑石，且平叟之墓。

智叟者，善辞令，精诗文，生前名重一时，卒后几百年，竟受同名之累，而遭人非议。呜呼！

壬寅年[⑤]，余与友人乘风雪，觅智叟墓之遗迹，至崖下。时无鸟兽音踪，而雪与人膝齐。

注释：①崖限当道：像门槛挡路似的山崖横在路上。②雍正七年：公元1729年。③伙：多。④诋（dǐ）訾（zǐ）：用语言攻击、诬蔑。⑤壬寅年：古时以天干地支记年，要配合其他诸如朝代、帝王年号等资料才能知道确切的时间。《智叟传》一书，既不知道作者是谁，也不知道成书于何时，所以“壬寅年”到底是哪一年，也无从知道。（蔚然190、林壑174、曩32、损46、卒221、辞令258、觅4）

303.盖　被

后生金某，好谑，尤喜闹新房，乡里倘有夫妻合卺，金必至，至则一室粲然。

某日，金亦婚。有胡姓友谓之曰：“子善谑，今夜新婚，敢与新娘戏谑者乎？”问曰：“何以谑之？”对曰：“令新娘开口可也。”——是地习俗：合卺之夜，新人忌言语。金笑曰：“此何难之有！特止令新娘言语，索然无味，与子一赌，何如？”胡曰：“可！借令新娘一语，吾输银圆一枚；二语，二枚，以此类推。”新娘与胡舅家比邻而居，知其寡言少语，且易羞，苟遇生人目之，立见赧色；兼以世俗忌言，故敢赌。金未之知也，大笑曰："如是，子将倾家荡产矣。若新娘不言，旦日，子悉邀亲朋好友，一醉方休。"胡亦笑，曰："然子合卺，是否言语，何以为证？"金曰："无妨也，新房隔壁，有斗室一，以木板间隔，有缝隙可窥，虽喃喃细语亦历历闻也。"

婚宴毕，金入洞房，见新娘盛装，端坐床沿。乃笑曰："累熬人也，人累熬也！"至新娘前，长揖曰："累熬者吾新娘子也。"新娘赧甚，不语。金曰："夫妻合卺，倘不发一语，何趣之有？此系洞房，无人知晓，但言无妨。娘子累否？"新娘仍不语——金虽绞尽脑汁[①]，百般打趣，新娘乃端坐不言，若无闻焉。

金乃解衣而卧，床上布衾，新娘嫁妆也，金引而横向盖之。故作讶态曰："噫！此被何其短耶？"上引覆首，曰："双膝悉露矣！"下拽而没踵，曰："上体尽裸矣！"如是上引下拽，且喃喃自语，"此短被，盛夏尚可，寒冬奈何？"冀新娘答理，孰知新娘知其善谑，竟瞑目而坐，若无视焉。

友胡卢而笑，几出声。

是时，男女婚嫁皆父母作主，非至合卺，皆不知彼此妍媸也。金乃问曰："汝岂哑姑耶？"新娘思之："吾嫁与汝，非一日二日，哑与不哑，日后自知。"仍不语。

金乃大声詈之，曰："吾之岳父母，诚可恶也！以哑者诳吾，且吝惜如斯，吾聘金颇丰而布衾却何其短也！"

新娘怫然怒，曰："汝横向盖哉！"金大喜，曰："银圆一枚！"新娘讶之，曰："银圆恶在？"金大声曰："银圆两枚！"新娘以为问价值，曰："此被一元足矣！"金复大声曰："银圆三枚！"友遽咚然叩壁，曰："休问矣！吾已倾家荡产哉！"

注释：①绞尽脑汁：挖空心思，想尽办法。（谑29、合卺193、粲然73、特25、借302、比邻63、苟33、见290、赧4、旦日110、悉71、窥105、长揖13、衾171、引25、讶51、何其13、拽103、踵80、冀13、胡卢119、妍62、媸111、詈6、诚4、诳44、斯15、怫然71、恶121、遽13、叩70）

304.还欠款四千

“还”字多音多义。李白诗：“醉起步溪月，鸟还人亦稀[①]。”此读 huán，义同“归”也。辛弃疾词：“而今识尽愁滋味，欲说还休，欲说还休，却道天凉好个秋[②]。”此读 hái，义同“犹”也。有甲乙两君，皆从贾。一日，甲以阮囊羞涩[③]，求助于乙。乙慷慨解囊，借其五千。居无何，甲还一千，曰：“其余四千，期年必还。”乙出故券，曰：“毋庸重拟，就原契志之可也。”甲窃喜，遂书曰：“还欠款四千，某月某日。”期年至，甲还一千，曰：“已还欠款四千。”乙忿而讼焉，然无他据，法院判乙败诉。

噫！人心叵测，巧设文字机械，营私害人者时有所闻，凡立契券者，不可不慎！

注释：①鸟还人亦稀：出自李白《自遣》：“对酒不觉暝，落花盈我衣。醉起步溪月，鸟还人亦稀。”②却道天凉好个秋：出自辛弃疾《丑奴儿·书博山道中壁》：“少年不识愁滋味，爱上层楼，爱上层楼，为赋新诗强说愁。而今识尽愁滋味，欲说还休，欲说还休，却道天凉好个秋。”③阮囊羞涩（sè）：出自宋代阴时夫《韵府群玉·阳韵·一钱囊》：“阮孚持一皂囊，游会稽。客问：‘囊中何物？’曰：‘但有一钱看囊，恐其羞涩。’”后人遂以“阮囊羞涩”表示“贫穷”。此处指缺钱。（贾 80、无何 69、期年 76、毋庸 41、拟 111、机械 40）

305.止见此子

农妇甲、乙、丙、丁，汲水于井，且寒暄焉。一翁井侧小憩。既而，众妇言及其子。甲曰：“吾子雄健，善技击。”乙曰：“吾子善歌，其声珠圆玉润。”丙曰：“吾子好读，手不释卷。”丁默然。或问之曰：“汝子何如？”丁曰：“平庸无奇耳。”少时，四妇荷担而行，翁尾随。以去家甚远，众妇虽休憩再三，卒以力不从心，步履踉跄，水花四溅。忽闻笑语声。村口古木荫中，甲子舞剑，寒光闪耀；乙子为舞者伴歌，其声如怨如诉；丙子倚巨木而读，书声抑扬顿挫。见其母荷担，皆若无视。唯丁子匆匆而前，为母荷之，默然而去。甲、乙、丙亦之荫下小憩，见翁至，皆笑曰：“吾子何如？”翁遥指丁子曰：“老夫第见此子而已。”

提示：（寒暄 128、憩 136、卒 22、技击 278、第 127）

306.嫉者小传

方明，孪生，杞国人也。其兄曰聪，未周年则牙牙善语，父母爱之甚，而明至龀，未尝言语，遂呼为“哑儿”。一日，兄以疾暴亡，父母悲号，曰：“苍天，苍天，何其不公，聪明而夭，愚哑则健？”明忿然曰：“儿何愚之有？何哑之有？”父母大异，问之。曰：“儿与兄共胞，彼早吾而生，儿嫉甚，故不言。”父母骇然，遂更名为“无忌”，意“无嫉”也。

名虽易然性难移也。自是：人善走，彼嫉之；人善读，彼嫉之；人善书，彼嫉之；人善文，彼嫉之；人有从仕①，善贾，乃至婚嫁，产育……凡逾于己者皆嫉之甚焉。嫉而生怨，怨而伤身，由是垂髫鹤发②，束发齿亡，未及冠而呜呼矣！

殁而见帝，帝曰：“世之嫉者，无出尔右③。来世，尔欲何为？”对曰：“官、财，吾所欲也！”帝曰：“汝若为官，纵为相国，亦必图篡位④。毋官！金盈廪，银充栋⑤，可乎？”方大喜。帝笑而睨之曰：“尔邻之富，朕⑥欲倍汝。何如？”方闻而扼腕，既而以头抢地曰：“若然，吾心何安！吾心何安！”帝笑曰：“毋忧！朕使汝失聪失视可也！”

注释：①从仕：走上仕途，即做官。②鹤发：像白鹤一样白的头发。③无出尔右：这里套用成语“无出其右”，意思是“没有超过你的”，古人以右为上。④篡（cuàn）位：指谋夺帝位。⑤充栋：充满房间，指物品堆积得碰到了栋梁。⑥朕（zhèn）：帝王自称。（龀 150、未尝 76、何其 13、夭 21、忿然 29、更 111、逾 91、由是 117、垂髫 150、束发 150、亡 131、及冠 133、殁 45、纵 32、廪 237、睨 49、扼腕 136、抢 292、聪 93）

307.“拍马屁”缘起

近塞上之人，中产之家皆畜马，视马为命。苟得良马，则以为荣。每引马与人遇，恒互拍马尻，曰：“良马也！”盖马肥则尻肉隆起，拍其尻，以示其赞叹之意也。然附炎趋势者与权贵遇于途，其马虽羸亦拍其尻，曰：“良马也。”此类人众，人皆谓之“拍马屁”云。

308.某广告商

广告商某，卒而见帝[①]。帝问之曰:“欲升天堂乎？抑或地狱？”某曰：“天堂何如？地狱何如？”帝不说，曰：“人皆知之，汝岂不闻耶？”对曰：“耳闻为虚，眼见为实耳！”帝颔之，曰：“汝审视之。”某还身，但见一城郭[②]，城门上端，大书“地狱之门”四字。门两侧，牛头马面[③]手执铁叉，齿森森如刃，目闪闪似炬。城中人皆蓬头垢面，戴枷带链，更有恶鬼在侧，且笞且叱。怒詈声，号呼声，悲泣声……惨不忍闻。某股栗。忽仙乐四起，城郭已易:“天堂之门”——金字耀光。守门卒乃二忠厚长者，鬓发皓然，神观爽迈，笑容可掬。城中有湖，水光潋滟[④]。湖畔重峦叠翠，奇葩[⑤]争艳，树环亭阁，水傍楼台……红男绿女，笑逐其间。某大喜，语于帝曰:“臣愿入天堂！”语未毕，牛头马面，反接某手，径趋“天堂之门”。方惊愕间，满目仙境，顿为乌有。人戴枷，鬼执策，悲号之声震耳——某大骇，曰：“误矣！吾欲入天堂，非下地狱也！”牛头马面笑曰:“此诚汝之天堂也！适所见者，特广告而已。”

注释：①帝:指天帝。②城郭（guō）:外城叫“郭”。“城”“郭”两词连用就指城。③牛头马面：民间传说中阎罗王手下的两个狱卒，一个牛头人身，一个马头人身，故称“牛头马面”。④潋滟（liàn yàn）:水满而波光闪动的样子。⑤葩（pā）:花。（卒221、说1、颔35、审19、还96、炬276、笞69、詈6、栗60、易100、皓62、神观爽迈240、反接200、径6、趋81、策209、特25、逐28）

309.一试题

一试题以测逻辑思维，良[①]多趣味，附记于此：

有王姓者婚。周姓者、钱姓者为宾客，二人所着衣履皆同。

李姓者其从兄赵姓。

郑姓者夫妻赴京，送行者，赵、吴、周之爱人也。

李、吴、周尝同居一室。时，姓孙者乃室中常客。

赵、钱、孙、李、周、吴、郑、王乃四对夫妇也。

问：孰与孰结秦晋之好[②]？

若久思未解，请阅题解。

注释：①良：确实。②秦晋之好：春秋时，秦、晋两国世代互为婚嫁，后称两姓联姻，婚配的关系为“秦晋之好”。（履43、从兄144）

题解

据“王姓者婚，周、钱为宾客，所着衣履皆同”，可知“周、钱为同性者也”。据“李、吴、周尝同居一室”，可知“李、吴、周、钱乃同性者也”。据“赵、钱、孙、李、周、吴、郑、王乃四对夫妇也”，可知“赵、孙、郑、王亦同性也”。据“李姓者其从兄赵姓者也”，可知“赵、孙、郑、王为男，李、吴、周、钱为女”。据“李姓者其从兄赵姓者也”，可知“赵与李非夫妇也”。据“郑姓者夫妻赴京，送行者赵、吴、周之爱人”，可知“赵与吴、周非夫妇也”，由是可知“赵姓者之妻为钱”。据“郑姓者夫妻赴京，送行者赵、吴、周之爱人也”，可知：“郑与吴、周非爱人也”，由是可知：“郑姓者之妻为李”。据“王姓者婚，周、钱为宾客”，可知“王与周非夫妻也”，由是可知“王姓者之妻为吴”，由是可知“孙姓者之妻为周”。

310.某授《周处》

同事某，执教已三十余年。一日，某授《周处》[①]，余见其作谜一则，令弟子猜射。谜曰：

周处入吴寻二陆，平原不在见清河[②]。
清河伸展大耳朵，倾听周处说坎坷[③]——
“人生唯患志不立，毋庸忧虑年几何。
向使[④]成一大事去，不枉人间来一遭。”
清河言罢仆地死，死时献出珠二颗。
尚留一对大耳朵，永听人间善美歌。
——打一动物。

余阅后不觉莞尔，曰：“谜底得毋珠蚌耶？”某颔之。余笑曰：“《周处》一文，有‘乃入吴寻二陆，平原不在，正[⑤]见清河，具以情告’云云。子藉[⑥]斯意，杜撰[⑦]成谜，巧则巧矣，然将清河喻为珠蚌，毋乃不可乎？”某正色[⑧]曰：“古人云‘知之者不如好之者，好之者不如乐之者[⑨]’，吾执教，唯知诱弟子‘好之’‘乐之’而已矣。且以物喻人，有何不可？”

注释：①《周处》：出自《世说新语·自新》。讲晋代义兴（今江苏省宜兴市）人周处，字子隐，因为缺乏家庭教养，养成了凶暴好斗的恶习。义兴人把周处与山中的白额虎、水中的蛟龙称为“三害”。后来周处迷途知返，改恶从善，终于成了朝廷重臣，最后战死在战场上，成为忠臣。②平原不在见清河：周处知道自己为乡里人痛恨，有了自我悔改的打算，于是到吴郡（今江苏省苏州市）去寻访陆机和陆云两兄弟。陆机、陆云都是当时著名的文学家，因为陆机曾任平原内史，陆云曾任清河内史，故又有陆平原、陆清河之称（用所居之地或任职之地的名称称呼人，是古人示敬的一种方法）。谜中的“平原不在见清河”，语含双关。③坎坷：原指路不平。这里指世路不平。④向使：假如；假使。如白居易《放言》：“向使当时身便死，一生真伪谁复知。”⑤正：通“止”。⑥藉：凭借。⑦杜撰：凭空臆造。⑧正色：很认真，很严肃的样子。⑨知之者不如好（hào）之者，好之者不如乐（lè）之者：语出《论语·雍也》。好：爱好。乐：乐意。此句中的“知、好、乐”均指学习的态度。（莞尔35、得毋8、领之35、颠196、毋乃……乎141）

311.醉牛发疯

黔有吴姓老农，以贩牛为业。一日，见一水牯牛①，毛色干涩②，神劳形瘁③。卒以廉价购之。归饮以烈酒，复赴墟鬻之。牛既饮酒，血循环加快，毛色油光，奔走虎虎生风。忽闻高音喇叭声，牛大骇，脱缰狂奔，路人躲避不及，舁至医院者八，重伤者二，一古稀老人，不治身亡。吴倾家以赔，犹嫌不足。

注释：①牯（gǔ）牛：公牛。②干涩（sè）：干燥而不润泽。③神劳形瘁（cuì）：指精神和身体都极度劳累。（黔116、卒22、墟41、鬻23、既63、舁114、古稀123）

312.杀马求驯

金陵①自张香帅创设自强军②，延德、比国洋员任教习。分马、步、枪、炮四队，悉听其调度。前日，有马队教习某洋员，所乘之马系口外③新到，倔强性成，不受羁勒④，洋员屡乘屡蹶⑤，忿然曰：

“是非良马也！”某日行至中途，马又直立不前，策之，仍不稍动。洋员怒以手枪击毙，而另易他马乘之。讵知马不畏威，依然倔强。洋员复欲毙之。御者谏曰：“马由口外初来，野性难驯，非驯练数次，不受节制也。”乃止。呜呼，悖洋人之意，罹不测之祸者，岂独马也哉！

（据薛冰《晚清洋相百出·杀马求驯》改）

注释：①金陵：南京。②张香帅创设自强军：张香帅，即张之洞，晚清洋务派的领袖人物。光绪二十一年（公元1895年），张之洞创办“江南自强军”。这支军队与胡燏芬在天津小站编练的“定武军”（袁世凯“新建陆军”的前身），是中国近代最早的新式陆军。③口外：这里指内蒙古。④羁勒（jī lè）：约束。马笼头叫“羁”，带嚼子的笼头叫“勒”。这里取其引申义。⑤蹶（jué）：跌倒。（延41、悉71、策209、易100、讵124、谏127、悖103、罹60）

313.弄璋弄瓦

邑有“五保”户[①]——瞽者也，胡姓，尝以善术名闻遐迩。“五保”后，以衣食无忧，遂现身说法，言所谓命运云云，皆子虚乌有，特藉以诳人钱财耳。

胡言：幼时从师学艺。某日，闻一红脸汉谓其师曰：“吾媳初孕，敢问弄璋[②]乎，弄瓦[③]乎？”此汉乃邑中豪强[④]，师无敢妄言，默然久之。胡不知何为“弄璋”“弄瓦”，见其师窘态，遂前而言曰：“璋亦弄，瓦亦弄。”豪强捧腹。师怒，猛批胡颊，斥之曰：“汝初从师，何知之有！”豪强嗤之，曰：“昏昏如是，亦敢断人祸福。”立令其师徒辍业。后，其媳竟产龙凤双胎。豪强喜，宾客大宴，要胡上座，谓其有“仙气”，且赉其白银二十两。由是，胡名闻邑里。

注释：①五保户：中国农业合作化时期在乡村实行的一种社会保险制度。对生活没有依靠的鳏、寡、孤、独，实行“五保”，即保吃、保穿、保住、保医、保葬（孤儿为保教）。②弄璋（zhāng）：“璋”是一种玉器。《诗·小雅·斯干》：“乃生男子，载寝之床，载衣之裳，载弄之璋。”所谓“弄璋”，是说生个男孩后，让他玩弄“璋”，希望他有玉一样的品德。后称生男孩为“弄璋”。③弄瓦：让女孩玩弄“瓦”，希望她长大后能胜任女工。《诗·小雅·斯干》:“乃生女子，载寝之地，载衣之裼（xī，婴儿的衣被），载弄之瓦。”瓦：纺锤。后称生女孩为“弄瓦”。④豪强：有权势、横行乡里的富人。（瞽41、尝32、术52、特25、云66、藉310、诳44、批37、嗤79、辍81、要123、赉52、由是117）

314.“吹牛皮”缘起

西北近塞之地，多川流，水急滩险，横绝[①]者，皮筏也。盖以牛羊皮为之，充以气，轻且固。羊皮筏充气，可以口吹，牛皮则不能。而出大言者，其口气大焉，或可胜任。故谓大言不惭为“吹牛皮”。

注释：①横绝：横渡。

315.吾可有夫婿

夏日，几女郎寒暄街头，一瞽者以竿探途，施施[①]而至，目之，胡也。胡衣食无忧，不耐寂寞，仍行走邑里，以说邑人破迷信信科学为务。

众扶胡坐。一女郎曰：“子善术，名闻邑里，复为吾一占[②]，何如？”胡曰：“欲占何事？”女郎曰：“吾可已有夫婿？”胡令其白生辰八字[③]，辄念念有词，掐指而占。良久乃曰：“以汝之命，虽未合卺，然庚帖[④]已换，夫婿已定，且汝之夫婿，品貌极佳，诚可贺也。”此女赤绳初系[⑤]，未尝及旬，众讶为神。胡笑曰：“命运云云，实子虚乌有，同八字者吾邑即可百数，而贵贱贫寒略不相类。吾为瞽者，虽失视，然可闻，可问，可嗅——此三可，犹中医之四诊[⑥]也。若言中要害，设非瞎猜则必得于是也。适女子问曰‘吾可已有夫婿’，安有未婚女子于广众之中如是问及夫婿者？且其夫婿必遂心，故吾言人品极佳。”众女子始恍然悟。

注释：①施施：慢慢行走的样子。②占：占卜，本指古时用龟甲等来推算吉凶的一种迷信活动，引申为“预测”。这里是引申义。③生辰八字：一个人出生的年、月、日、时各有天干地支相配，每项有两个字，四项就是八个字。旧时迷信根据这八个字，可以推算一个人一生的祸福。④庚帖（gēng tiě）：旧俗男女订婚时要交换八字帖，也叫庚帖。这里指已订婚。⑤赤绳初系：婚事刚确定。唐代李复言《续幽怪录·定婚店》载：有个叫韦固的少年，看到月光下有一个老人，“倚囊而坐，向月捡书”。老人说他主管天下婚姻，囊中都是红绳，若把它系在男女双方的脚上，即使是仇敌或相隔千里也会结成婚姻。后人就用“月下老人”“月老”等称媒人，用“赤绳系足”“赤绳”等指婚姻。⑥四诊：中医学术名词，即望诊、闻诊、问诊、切诊等四种诊断方法。四诊是中医辨证的重要依据。（注意：中医“闻诊”是用鼻嗅，上文中的“闻”是指用耳听）（说60、术52、白127、辄82、合卺193、诚4、讶51、殊66、类64、设9、于是74、适16、安48）

316.诗谜两则

（一）

一日，余授崔颢《黄鹤楼》[①]，见其题解，忽得灵感，曰：“吾有一谜，供诸君猜射，何如？”众皆踊跃。遂书曰：

李白吟诗黄鹤楼，
一步一吟环楼游。
“眼前有景道不得，
崔颢题诗在上头。”
低吟千声仍一声，
环楼万匝复环楼。

——打一日用物。

书毕，举手欲答者众。忽有一生大声曰：“吾得之矣！或摆或挂，嘀嘀嗒嗒，报时者也。”众大笑。

注释：①《黄鹤楼》：“湖北省武汉市武昌西有黄鹤山，山西北有黄鹤矶，峭立江中，旧有黄鹤楼。站在楼上，可俯瞰江汉，极目千里。”旧传有仙人曾乘黄鹤过此楼，故名黄鹤楼。《黄鹤楼》是诗人崔颢（hào）登楼抒怀之作，格调优美，最为传诵。传说诗人李白见此诗，曾说：“眼前有景道不得，崔颢题诗在上头。”

（二）

只缘遇见大铁椎①，自羞不敢称将军。
门生弟子遣散尽，志在陇亩学耕耘。
学牛苦无牛筋骨，自羞自责弃耕耘。
躲进陋室攻诗文，力求成名天下闻。
刚记子曰忘诗云，自羞自责弃诗文。
人生生死似绿叶，且图享受效富翁。
身披坚甲像将军，尝耕陇亩存美名，
曾攻诗文白书生，优哉游哉类富翁。

——打一动物。

注释：①大铁椎：初中语文教材曾收录《大铁椎传》一文，文中有“工技击”。“七省好事者皆来学”的“宋将军”，在观看大铁椎与响马贼决斗时“屏息”“股栗”。此谜据此而编，谜底见参考答案。

317.桃花源记

晋太元①中，武陵②人捕鱼为业。缘溪行，忘路之远近。忽逢桃花林，夹岸数百步，中无杂树，芳草鲜美，落英③缤纷。渔人甚异之，复前行，欲穷其林。

林尽水源，便得一山，山有小口，仿佛若有光。便舍船，从口入。初极狭，才通人。复行数十步，豁然开朗。土地平旷，屋舍俨然④，有良田美池桑竹之属。阡陌⑤交通，鸡犬相闻。其中往来种作，男女衣着，悉如外人。黄发⑥垂髫，并怡然自乐。

见渔人，乃大惊，问所从来。具答之。便要还家，设酒杀鸡作食。村中闻有此人，咸来问讯。自云先世⑦避秦时乱，率妻子邑人来此绝境，不复出焉，遂与外人间隔。问今是何世，乃不知有汉，无论⑧魏晋。此人一一为具言所闻，皆叹惋。余人各复延至其家，皆出酒食。停数日，辞去。此中人语云：“不足为外人道也。”

既出，得其船，便扶⑨向路，处处志之。及郡下，诣⑩太守，说如此。太守即遣人随其往，寻向所志，遂迷，不复得路。

南阳刘子骥，高尚士也，闻之，欣然规⑪往。未果，寻病终。后遂无问津者。

（晋代陶渊明）

注释：①晋太元：公元376年至395年。②武陵：郡名，汉高帝置。治所在义陵（今湖南溆浦南）。辖境相当今湖北长阳、五峰、鹤峰、来凤等县。③落英：落花。④俨然：整齐貌。⑤阡陌（qiān mò）：田间小路。南北向叫"阡"，东西向"陌"。⑥黄发：指年老的人。⑦先世：祖先。⑧无论：更不必说。⑨扶：沿着。⑩诣：见95。⑪规：规划；谋划。（缘40、交通283、垂髫150、并45、怡然266、要123、咸71、妻子166、延41、志56、志111、寻137、问津145、终264、先118）

318.续《桃花源记》

南阳刘子骥，高尚士也，恒留连于山水草木之间。闻武陵渔人得桃花源云，欣然诣之。见渔人，乃一黄发翁，终世守贫，相伴者，惟一网一舟耳。问所言，具答之，且曰："太守遣人随吾往，寻乡所志，已迷，不复得路。"刘要其复往。渔人默然，良久乃曰："可。"

复缘溪行，果逢桃花林，夹岸数百步，中无杂树，芳草鲜美，落英似霞。渔人指乡所志，仍历历可见。刘窃喜。

林尽水源，便得一山。高万仞，而半山林霏[①]迷茫。渔人曰："仿佛此山中。"舍船登山，往来视之，惟见青树翠蔓，奇岩怪石耳。刘丧气，渔人默然而已。

坐船上，渔人曰："此景如画，小憩可乎？"言未毕，卧右膝，屈右臂支船，瞑目假寐矣。溪水清冽，落英飘浮，时有锦鳞[②]，悠然其间。两岸桃林灿烂若霞，青山如洗……刘欣然动容，乐而忘反。顷之，渔人起，顾子骥曰："昔武陵大旱，赤地千里。百姓大饥，赋敛之毒尤甚。悍吏似虎，隳突[③]乡里。号呼而转徙，饥渴而顿踣[④]者不绝于途。"俄而复自语曰："是年吾妻死子鬻——子方乳，不鬻亦死。"言之，汪然出涕。刘闻而愕然，既而叹息。

渔人复瞑目假寐。刘遽然悟，其桃花源云云，盖渔人以讽世事也。

寻，刘病终，其事遂无人知。

注释：①霏（fēi）：雾气。②锦鳞：美丽的鱼。"鳞"代"鱼"。③隳（huī）突：骚扰。④顿踣（bó）：跌倒。（恒10、留连162、乡119、仞256、假寐84、反68、有顷55，顾7、鬻23、涕95、遽13、盖24）

319.得桃花源记

武陵太守，闻渔人得桃花源云云，即遣人随其往。既而，喜不自已，遂作《得桃花源记》，其文曰：

“去武陵四十里，有水逶迤于群峰之间者，武陵溪也。缘溪行，不知路之几何，夹岸灿烂若霞者，桃花林也。林尽水源，望之蔚然而深秀者，桃花山也。山有小口，仿佛若有光，从口入，行数百步，豁然开朗——土地平旷，屋舍俨然，良田美池，阡陌交通，黄发垂髫并怡然自乐者，桃源胜地也。

前有衙役开导，后有属下①簇拥，赫赫乎临此绝境者，太守也。红男绿女，伛偻提携②，接踵比肩者，迎太守也。备佳酿，罗肥鲜，山肴野蔌③，杂然而前陈者，宴太守也。或丝④或竹⑤，或倭堕髻⑥，或缃绮裙⑦，翩翩乎舞于前者，乐太守也。苍颜白发，颓然乎其间者，太守醉也。太守为谁，武陵王青云也。”

太守书毕，觉意犹未尽，复拟勒石为铭⑧，遂撰其辞曰：“溥⑨天之下，莫非王土；率土之滨⑩，莫非王臣。而今而后，桃源归晋！”

注释：①属下：指下属的官员。②伛偻（yǔ lǚ）提携：借代老人和小孩。伛偻：弯着腰。提携：由大人搀扶着走。③山肴（yáo）野蔌（sù）：山中的野味，田间的蔬菜。蔌：蔬菜。④丝：指弦乐器（琴类）。⑤竹：指管乐器（箫笙类）。⑥倭堕髻（wō duò jì）：又叫“堕马髻”，是东汉时期女子梳的一种时髦发髻。⑦缃绮（xiāng qǐ）裙：用黄色的绸缎做的裙子。缃：浅黄色。⑧铭（míng）：古代的一种文体。刻于碑版或金属器物上，或以称功德，或以申鉴戒。⑨溥（pǔ）：通“普”。⑩率土之滨（bīn）：古人认为中国大陆四周环海，因此海滨即为边界。率：沿着。之：到。（蔚然 190、踵 80、比 63、肴 249、颓然 123、勒 137、撰 100）

320.即此滋味

民国初年，一督军创办军校，欲育人才，为其所用。某君，失其姓氏，时年十七，报考得选。甫入学，校方复简十人，言欲面试云尔，某亦于其中焉。

十人先处一室，依次而试。去者惴惴，不知面试若何；留亦惴惴，思虑何以应答。

次及某。见一老者，约五十许，凤眼，鹰鼻。倚案而坐，左右四五人。衣着皆如布衣。老者令其坐，问姓名、籍贯，何以报考云云。某一一答之，语颇得体。老者颔之，令其前立。老者起，绕案徘徊，似有所思。良久，立于某之前遽批其颊，问曰：“此何滋味？”某一愣，亦猛批问者之颊，且大声曰：“即此滋味！”左右骇而起，老者止之，叱曰：“大胆狂徒，本帅面前，竟敢肆行如斯！”某闻言，始知老者，乃督军也。大骇，然昂然僵立。督军问：“若知罪乎？”某对曰：“学生无罪。”“批本帅之颊，敢言无罪？”对曰：“大帅此题，舍此无以答之，故无罪！”督军曰：“愿闻其详。”曰：“设学生有过，挨批之味，且痛且惭；苟于平日，无故挨批，其滋味，且痛且怒；今为面试，骤然挨批，学生斗胆，请大帅示谕：此中滋味，当何以名之？”督军抚某之肩曰：“孺子有胆有识，好自为之。”乃顾左右曰：“余则不必试矣。”

某遂得简拔。

（据徐行《最准确的回答》改）

提示：（督军 222、简 5、惴惴 119、次 37、案 38、布衣 49、颔之 35、遽 13、批 37、斯 15、盖 24、若 40、苟 33、名 24、孺子 72、设 9、简拔 151）

321.知足翁小传

距圆明园二十里，有村曰知足庄，中有知足翁者。知足翁，非翁，黄生自号也。黄父，清咸丰年间[①]秀才，止此一子，冀其饱读诗书，以登仕途。然黄性好知足，闻一则欣欣然，不欲知十。年十有五，尚不通文理，父母俱郁郁死。黄之生计日蹙[②]，冬无寒衣，食半糟糠，且以典当度日。年及冠，止剩破屋一间尔，然仍知足。尝仿《陋室铭》曰：“树不在高，有花则艳；斯是陋室，惟吾德馨。床前有明月，何异燃巨烛？薪刍拥身暖，清泉入口甘。春风摇绿树，为吾调素琴；夏蝉声声鸣，为吾放歌喉；秋菊一堆金，冬雪遍地银。赫赫帝王城，巍巍相国府。知足翁曰：‘何慕之有？’”

同治十年[3]，破屋毁于风雪，黄无奈何。幸面山而居，山有穴似穹庐[4]，遂居之。复洋洋自得。以炭代笔，题诗赋于其上。或曰："风雨不动安如山。"或曰："此地本为桃花源。"——然人非草木，安能不衣不食耶？光绪元年[5]，卒于饥寒。时年二十有七。

薛庸庵公福成[6]，闻而愕然，遂诣其穴居，以辩真伪。但见黄生右手执炭，倚壁僵毙。壁上一"尸"字，其大如斗，知其意在书"足"，尚欠一捺。呜呼黄生，竟不足仙逝。

公摇首叹息，爰书一联，以昭炯戒[7]。

联云：知足若斯生有何乐　为人如是死固宜然

注释：①咸丰年间：公元 1851 年至 1861 年。②窭（cù）：穷困。③同治十年：公元 1871 年。④穹庐：指古代游牧族居住的毡帐。⑤光绪元年：公元 1875 年。⑥薛庸庵公福成：即薛福成（1838—1898），字叔耘，号庸庵，江苏无锡人，官至右副都御史。其作品《观巴黎油画记》曾选为初中语文教材中的文言课文。⑦炯（jiǒng）戒：明显的告诫。（冀 13、仕途 306、文理 259、及冠 133、薪 46、刍 192、卒 221、诣 95、但 2、爰 150、昭 275、炯 257、斯 15、固 39、宜 32）

322.神　相

齐王好谈相[1]，士之以相进者，接踵于朝[2]。有自称神相者见齐王曰："臣，唐举[3]之受业师[4]也，臣之术可知矣！王亦闻之乎？"王笑曰："寡人[5]乃今日而闻君矣，试视寡人何如？"答曰："臣相人必熟神竟日而后言，言无不中。"于是拱立殿上[6]以视。

俄有使者持檄[7]入白，王色变。相者请其故，王曰："秦围即墨[8]三日矣，当发援兵。"相者仰而言曰："臣见大王天庭[9]黑气，必主[10]刀兵。"王不应。

须臾，有人著械[11]入见，王色怒。相者问其由，王曰："此库吏，盗金帛三万，是以囚之。"相者又仰而言曰："臣见大王地角[12]青色，必主失财。"王不说，曰："此已验之祸，请勿言。但言寡人终身休咎[13]何如。"相者曰："大王面部方正，不是布衣之士。"

齐王大笑，相者惭而退。

（据明代陆灼《艾子后语》改）

注释：①谈相：谈论相术。②士之以相进者，接踵于朝：因懂相术而得到齐王重用的读书人，接连不断地出现在朝庭中。③唐举：战国时人，善相术。④受业师：学习相术的老师。⑤寡（guǎ）人：古代君王的自称。⑥拱立殿上：拱手立于殿上。拱手而立以示对齐王的尊敬。⑦檄（xí）：古代用来征召、声讨的文书。⑧即墨：齐国的重要城市，在今山东省。⑨天庭：人的前额。⑩主：预示。⑪械：即“枷”，刑具。⑫地角：人的下颚。⑬休咎：吉凶福祸。休：吉庆。咎：灾祸。（踵80、竟日41、拱13、须臾138、是以39、布衣49）

常用词顺口溜

卒

一卒④弓矢尽，卒①为强敌擒；俯首作人囚，何颜见乡亲?

卒②然迎敌刃，中胸胸洞穿；卒③时脸含笑，慨然卒⑤一生。

义项：①卒：终、最终、结果。（见22）②卒：通“猝”，突然。（见87）③卒：死。④卒：士兵。⑤卒：完毕、结束。

323.岐黄、悬壶、杏林、青囊

上古传说，黄帝与其臣岐（qí）伯，皆善医，为医家之始祖，故善医，亦谓善岐黄之术。

据《后汉书》云：东汉有费长房者，一日之市，见一翁鬻药，悬壶于座，市罢，即跳入壶中。古时鬻药者亦医者也，故后人谓“行医”为“悬壶”。

三国有董奉者，隐居庐山，精岐黄之术。悬壶问世，不取分文。唯求病愈者上山植杏，疾重者植五，轻者植一。居数年，山上杏树成林。董医德高尚，世人重之。故后人以“杏林春满”或“誉满杏林”赞誉医家焉。

古名医有曰华佗者，曹操头有疾，华佗为之治，曰“以刃破头见血，疾可愈”。操大怒，以为佗欲害己也，遂坐其罪。狱卒善待之，佗感其德。临刑，以一青囊付于狱卒，囊内尽医书也。故后人复以“青囊”借代医术。

提示：（鬻23、罢47、坐143）

324.扁鹊见蔡桓公（一）

扁鹊①见蔡桓公，立有间，扁鹊曰："君有疾在腠理②，不治将恐深。"桓侯曰："寡人无疾。"扁鹊出，桓侯曰："医之好治不病③以为功！"居十日，扁鹊复见，曰："君之病在肌肤，不治将益深。"桓侯不应。扁鹊出，桓侯又不悦。居十日，扁鹊复见，曰："君之病在肠胃，不治将益深。"桓侯又不应。扁鹊出，桓侯又不悦。居十日，扁鹊望桓侯而还走。桓侯故④使人问之，扁鹊曰："疾在腠理，汤熨⑤之所及也；在肌肤，针石⑥之所及也；在肠胃，火齐⑦之所及也；在骨髓，司命⑧之所属，无奈何也。今在骨髓，臣是以无请也。"居五日，桓侯体痛，使人索扁鹊，已逃秦矣。桓侯遂死。

（选自《韩非子·喻老》）

注释：①扁鹊：姓秦，名越人，渤海郡鄚（今河北省任丘市北）人。因他医术高明，可同黄帝时代的神医扁鹊相比，所以称他为扁鹊；后到秦国，秦太医令李醯（xī）妒贤忌能，派人将他杀死。②腠（còu）理：中医指皮下肌肉之间的空隙和皮肤的纹理。③好治不病：喜欢治没有疾病的人。④故：特意。⑤汤熨（tàng yùn）：汤，通"烫"，热水捂叫"烫"。熨：用药物热敷。⑥针石：作针刺用的金属针和玉石针。⑦火齐（jì）：火剂汤，清火治肠胃的汤药。齐：通"剂"。⑧司命：传说中掌管生死的神。（有间55、好20、还96、是以39、索76、寡人322）

325.扁鸦见蔡桓公（二）

桓公体痛，使人索扁鹊不得。或言："扁鹊已逃秦矣。"遂遣人持千金，驰①往秦。或云："扁鹊居赵。"复遣人持千金，往赵。或曰："扁鹊未去蔡。"乃令曰："得扁鹊者赏千金。"会齐人扁鸦，诈称扁鹊，医于蔡。人以为真，强其见桓公。桓公闻扁鹊至，不胜喜，及见，乃知其诈也。桓公忿然，将杀之。遽曰："君之疾在肠胃，非臣莫能救也。臣实胜扁鹊，惟扁鹊名已彰，而臣未彰，臣是以诈称也。"桓公喜，使之治，朝治而夕死。

注释：①驰（chí）：骑着马奔走。（会4、诈83、忿然29、遽13、彰140、是以39）

326.邑无良医

某邑有悬壶问世者十人，一人实能而九人徒有虚名。实能者何如？曰："某病也，必针石；某病也，必药。"病者曰："针石痛而药苦，奈之何？"曰："病必针石则针石，必药则药，安有治病而畏针石与药者耶？"徒有虚名者反之，曰："某病也，可针石。"病者曰："针石痛，如之何？"曰："药亦可也。"病者曰："药苦，若之何？"则曰："药亦有甘者也。"是以徒有虚名者常用，而实能者时不用。一日，邑令病，问左右之言可者，召其九人之一人焉。居数月而病不愈。再召其一，复召其一，又召其一……而后叹息曰："邑无良医！邑无良医！"或禀曰："某有实能者。"令忿然曰："有名者尚不能治，无名之卒焉能治之？"

提示：（邑43、安48、奈……何10、如……何41、若……何41、是以39、邑令43）

327.公仆铭

——仿《陋室铭》

位不在高，廉洁则名；权不在大，为公则灵。斯是公仆，责实循名①。凡事从民意，足迹遍乡村。谈笑皆布衣，往来无私情。可以承重任，受怨谤，无悔无憾。无谎报以媚上，无虚言以抚②民。兰考焦裕禄③，赢得万民心。百姓云："名实相称"！

注释：①责实循名：成语，亦称"循名责实"，意思是依照"公仆"这个"名"来要求自己名副其实。循：依照。责：求。②抚：安抚。③焦裕禄（1922—1964）：山东省淄博人，1946年1月加入中国共产党，曾任副区长、区长、中共区委副书记、县委书记等职。1962年12月，调到河南省兰考县任县委书记。时，兰考县饱受风沙、盐碱、内涝之患。为治理兰考，焦裕禄身先士卒，任劳任怨，身患肝癌，仍忍痛坚持工作，终因劳累过度，1964年5月14日去世，是人民公仆的光辉典范。（斯15、布衣49）

纵

我爱纵[1]情歌，纵[2]死亦不休。
阴间路纵[3]横，我当放歌走。
冤鬼循纵[4]来，欣欣皆忘忧。
阎王笑纵[5]我，复往人间游。

义项：①纵：放纵；放任。②纵：即使。③纵：与横相对。④纵：通“踪”⑤纵：释放。

328.黔之蚁

黔多蚁。一圆尻者，凶强侠气。一日，东游，见群大头蚁环一鼠首。圆尻者曰：“此吾所遗也，孰敢劫[1]之？”大头蚁怒，张颚[2]欲斗。忽鸣声似雷，声振林木，众蚁骇然。惟见一虎北遁。圆尻者异焉。思之曰：“虎，百兽王也，缘何远遁？盍往一观乎？”弃鼠首而行。

遥见驴，庞然大物也，以为神。计之曰：“倘立于其顶，则百兽之见吾敢不走乎！”遂趋之。久之，始上驴股，既而之背，顷之居首。极目四望：但见驴毛似林，驴耳似峦[3]。伸颈，默叹，其喜洋洋。

未几，虎至。近出前后，慭慭然。蚁不胜喜，以为虎亦畏己也。久之，欲寐，乃以驴耳为室，酣然入睡。少顷，一大头蚁至，六股战战，禀曰：“大王之威，胜于虎。臣等得一鼠首，请献于王。”有顷，大头蚁不知几何，果献鼠首：或负、或推，或拽……圆尻者大喜，然叱之曰：“斯固寡人之遗弃，安用尔曹献之？”众蚁丧气，伏地寂然。

忽一虎至，跳踉大㘎。群蚁尽走，圆尻者惧，欲遁，然股若断，身似僵。惊而寤，已入虎口，遂死。

注释：①劫：抢劫。②颚（è）：蚂蚁的上下颚，就像锋利的剪刀，是防御或进攻的武器。③峦（luán）：山峦。（凶强侠气 270、黔 116、尻 85、孰 14、骇 14、遁 18、盍 50、趋 81、股 19、但 2、未几 15、寐 30、慭慭然 116、有顷 55、斯 15、固 39、安 48、尔曹 33、跳踉 116、㘎 116、寤 106）

（一）

先祖本为牛皮客，
是以皮厚腹中空。
曹刿问战于庄公，
庄公不懂我懂懂。
——打一文娱用品。

329.甲乙同窗

有同窗甲乙，共一砚、一灯、一窗、一榻，晨起不辨衣履也。后乙科甲①从仕。甲窘于衣食，闻之大喜。致函贺之，且言将往谒云。月余，得复函。视之，一画而已。画中一松挺拔，枝端有丝斜垂；一蛛缘丝，跃跃欲上。右上侧赫然六字："攀枝欲入云乎。"甲忿然，气结②良久……后乙复得函。原画而已。惟老松下端，一蠹③尚露半身，洋洋自得。画右侧已成一联："攀枝欲入云乎？嘱汝慎避风也！"乙阅而变色。由是，交遂绝。

注释：①科甲：经科举考试录取者称为科甲。②气结：气得转不过气来。③蠹（dù）：蛀虫。（从仕306、榻152、履43、函72、谒44、缘40、由是117）

330.李广百骑退匈奴

李广为上郡①太守，尝从百骑出，卒遇匈奴数千骑，见广，以为诱骑，皆惊，急上山列阵。广之百骑皆大恐，欲驰还走。广曰："吾去大军数十里，设驰而还走，匈奴追射我立尽。今我留，匈奴以我为大军之诱，必不敢击我。"遂令诸骑曰："前！"未到匈奴阵二里所，止。令曰："皆下马解鞍！"其骑曰："虏多且近，即②有急，奈何？"广曰："虏疑我为诱骑，今解鞍下马，示我不走，可坚其意也。"胡骑果不敢击。有白马将护③其兵，出。广率十余骑，奔，射杀白马将而复还。至即下鞍，坐卧如初。日渐暮，胡兵终不敢出。天黑，恐汉有伏兵趁夜黑而袭，皆引兵而去。

（据宋代司马光《资治通鉴·卷十六》改）

注释：①上郡：秦初设立的三十六郡之一，郡治在肤施县（今陕西省榆林市东南）。②即：如果；假如。③护：临领。（卒 87、还 96）

331.搜捕盗贼

一日，与从兄言及扑克魔术。余曰："玩此类魔术者，或藉手之敏捷，或恃扑克之异常而已。"从兄曰："亦勿尽然。君出扑克牌，吾变一魔术何如？"余笑曰："吾非童稚，亦未昏老，子欲使诈，无乃不可乎。"遂予之，曰："毋用洗牌，子能变何魔术？"从兄藏牌于衣囊，谓余曰："此魔术曰'搜捕盗贼'。设其中一牌为盗贼，君搜吾捕。如：君曰红桃三为盗贼，吾一拍衣囊，即取之以示。"余曰："善！吾以黑桃五为盗贼，子速捕之。"从兄曰："未搜索安知孰为盗贼？红、黑、方、草，君先搜其二类。"余曰："吾搜红桃、方块。"曰："红桃、方块中君搜其一类。"对曰："方块。""余下红桃。红桃中君搜其七张。"曰："自一至七。""红桃一至七中，君搜其四张。"曰："四、五、六、七。""四、五、六、七中，君搜其二张。"对曰："五、六。""余下四、七。君搜其一张。"余曰："七。"从兄曰："大善！红桃七即盗贼也！看吾捕之。"遂念念有词，以手作势，似望空搜索，俄而一拍衣囊，曰："盗贼红桃七。"立出一牌，果红桃七也。余讶甚，思之久，不得解。从兄笑曰："阳为君搜，实为吾定①——此魔术，知其底牌即可为之。"余乃悟。

噫！笑谈中巧设机关，诱其入彀而人不自知。斯术可以为师焉。

注释：①阳为君搜，实为吾定：哪张牌是盗贼，表面上是由您来搜捕，实际是由我决定的。（从兄 144、藉 310、恃 34、诈 83、无乃……乎 141、设 9、安 48、讶 51、悟 22、彀 283、斯 15）

诗谜

（二）

曾经秦汉魏晋隋，又历唐宋元明清。
人间有我多羞耻，百姓缺我苦黄莲。
正邪自古同冰炭，我何又方又为圆？
——打一日用品。

332.牛腹治伤

民国二年孟春[①]，“北海道神团”拳师某，身中数镖，奄奄一息，舁至田和医院。一道士随之。田和医院者，居于苏北之雉水，日人吉田果二所建也。吉为日本广岛医大博士，尝赴德、美诸国留学，恒以此自矜。吉嘱护士麻醉。拔镖。讵知方出一镖则血流如注，百计止之久而始止。吉手足无措，无奈何也，曰：“渠死无疑！”

忽一人纵声大笑，视之，尾随之道士也。叩之，曰：“贫道吴兰坡也。”——吴兰坡者，威灵观[②]之道长也，精岐黄，名闻杏林，吉略有所闻。乃曰：“道长何以笑为？”对曰：“贫道治之，移时必苏。”吉嗤之曰：“西医且无奈何，中医其奈之何？”吴不说，曰：“汝居弹丸之地，岂知我中华医术之深。”吉忿然曰：“与吾赌一命何如？”乃出一倭刀[③]曰：“彼活，吾即剖腹；彼死，汝饮以刀。”吴哂之，曰：“诺！”

吴乃令牵一黄牛至，强牛仰卧，捆牛四肢于柱，丁壮者力按之。吴操刀剖牛腹，掏去肠肚。速去镖，急置拳师于牛腹中。少顷，拳师苏而呻吟矣。

吉大骇，战战举刀。吴急止之曰：“赌命云云，特戏言耳，何至于此！此举非贫道首创，《元史》尝志其事焉。盖牛血可止人出血，且伤者失血过量，体温骤降，置身牛腹，可升温焉。”

吉大叹服。

（据徐珣《敢与洋人赌命的医道》改）

注释：①民国二年孟春：公元1913年初春。孟春：春天的第一个月。②威灵观：江苏三大观之一。自建观以来，高道辈出，精于医道者更时有所闻。文中的吴兰坡，其师曹寿征在光绪年间曾出任皇家大光明殿掌医。吴兰坡曾赴法国巴黎作过“中华针灸医术现场体现会”的表演，擅长用秘方抢救垂危病人。在这方面，有些病例已被日本东京医术会社收入《东亚回春妙方集成》一书。③倭（wō）刀：古代日本所制的佩刀，以锋利著称。（舁114、尝32、恒10、矜28、讵124、渠36、叩95、移时55、嗤79、说1、倭183、诺12、有顷55、特25、盖24）

333.狼套项铃

忆童稚时，与顽童七八得一硕鼠，议何以毙之。或曰：“尾束以棉，蘸以油，燃之何如？”众称善。恐火患，遂至村口通衢。方欲燃。忽一人至，遽以足毙鼠，且叱之曰：“竖子何为耶？”众目之，树仁太公也。公已耄耋[①]，须发似雪，人敬畏之。公曰：“鼠诚可恶，然毙之可也，何以虐为？太公十五而孤[②]——家父死于狼口，乃虐兽之报应也。”言之喟然。众欲知其详，环公而坐。公曰——

家父善猎。光绪十七年[③]，冬，猎友四五，饮于酒肆。酒方酣，店主谓家父曰：“闻君喜以奇计获兽，今毋用枪、刀、兽夹，就店之所有，能获一兽乎？”家父环顾，指一物曰：“藉此可乎？”众目之，一旧扉也，扉有一窍，大如拳。众异焉。店主曰：“可。冬日夜长，以夜半为限，君若能获一兽，今日所费，吾不取焉。”家父笑曰：“诸君且俟之——特腹中尚饥，允吾携羊肉些许。”乃负扉而去。

俟家父去远，中有一人谓店主曰：“汝为其所欺矣！”问其所以。曰：“吾侪从猎，狐巢兔穴，皆知些许。就其穴居，逮一稚者，亦易事耳。且四脚行走者即兽也，获一稚鼠吾子将如之何？”店主曰：“然则渠用门扉何为？”对曰：“故弄玄虚[④]耳。”店主信焉，深悔失言。或曰：“渠乃猎中佼佼者，必不相欺。”居移时，忽降大雪，纷纷扬扬，俄而地白。店主度已夜半，方欲促归，忽闻狼嗥，声急且怒，渐近。见家父负扉踉跄而至，扉外一狼挣命——盖近处有一废阱，家父蹲其中，以扉覆阱口。以携羊肉，狼闻腥而至，以一足探窍中欲攫食，家父即攥[⑤]狼足。狼隔扉板，爪牙无所施其利，挣扎而已。众叹为奇，急以索缚窍中狼足。家父释重负，拂沾衣雪花，纵声大笑。

狼掷于地，竟啮所缚之股，欲断足而遁。众急以链自口至项，反复绕而缚之。如马衔口铁，狼口张，毋能合，干嗥而已。店主见状，笑曰：“吾平生痛恨者，狼也。锁其口，欲其备受饥寒而死耶？”家父曰：“吾有一计，毋庸锁其口，纵之，任其行走自如，亦必成饿殍[⑥]！”众问其计。曰：“设套以项铃，动则铃响，群狼畏而远之，走兽闻声而潜，其何以得食？”众粲然，曰：“此计大妙！”遂依而纵之。

居月余，吾从父行猎。忽见溪谷僵卧一兽，审视，狼也。见其铜质项铃，闪闪有光。父顾谓吾曰：“惜乎！揣此畜饿莩日久，今日始见，肉必腐矣！”荷枪而前。近之，见其股伸目瞑，然无异味，异焉，曰：“冬日天寒，得无未腐耶？”俯而曳之。狼暴起，遽啮家父之咽。吾大骇，急以刃毙狼。然父喉骨已断，血如泉喷，须臾而亡。

公言毕，汪然出涕。良久复曰：“后剖狼腹，中多鹰毛。盖狼为项铃所困，恒诈死以取食矣。兽亦有知，不可肆虐，汝辈切记。”

吾性顽，得幼禽稚兽，恒百计玩弄，自是遽改。

（据马文秋《系着铜铃的狼》改）

注释：①耄耋（mào dié）：指老年；高龄。②孤：幼年死了父亲叫“孤”。③光绪十七年：公元1891年。④故弄玄虚：故意玩弄花招，使人莫测。⑤攥（zuàn）：握住。⑥饿殍（piǎo）：原指饿死的人，这里指饿死的狼。（硕70、何如7、衢75、遽13、竖子81、诚4、喟然4、肆121、顾7、俟13、特25、吾侪33、吾子26、然则12、渠36、悟22、移时55、度64、负3、盖24、窍155、攫16、索5、释27、啮31、股19、遁18、项70、备62、设9、潜17、粲然73、审19、揣21、荷46、曳243、须臾138、毕13）

诗谜

（三）

核舟一双谁人雕，鬼斧神工颇奇妙。
舟头舟尾白如雪，船舱犹如黑葡萄。
舱中一人颇类我，屏息静气将我瞧。
——打一物。

334.口气宜大

一师诲生曰："文者，气之所形①。观其文可以知其人。昔，朱洪武②令众皇子对句，洪武帝曰'风吹马尾千条线'，太子③对'雨洒羊毛一片毡④'；燕王⑤对'日照龙鳞万点金'。前者何其鄙，后者何其伟⑥哉，故燕王登基为永乐皇帝也。夫童子作文，当气吞山河，胸襟⑦万里。日积月累，受其熏陶，必能大成⑧。二三子志之毋忘！"

一生故悖其意，会师令其对句。师曰："荷叶鱼儿伞"，生对："棉花虱子窝"。师不说，复曰："长空万里大雁天鹅展雄姿"，生对："淤泥一片河蚌螺蛳遗秽物"。师怫然，曰："金銮殿⑨前呼万岁，万岁万岁万万岁"，生对曰："十字街头叫老爷，老爷老爷老老爷"。师大怒，曰："孺子不可教也！"

后，此生中举；会试、殿试、进士及第；始为翰林⑩，后为太守。衣锦还乡，拜谒师长。或诘其师曰："向者，斯人对句，何其鄙也！夫子尝言'孺子不可教也'，今则何如？"师悻悻⑪曰："设是时气吞山河，今日早已入朝拜相⑫矣！"

（据民间故事改）

注释：①文者，气之所形：文章是人的气质形成的。见苏辙《上枢密韩太尉书》。②朱洪武：明太祖朱元璋，开国年号为"洪武"，故称"朱洪武"。③太子：指朱元璋死后登基的惠帝朱允炆，登基二年后即失去皇位。④毡（zhān）：毡子，用兽毛制成的片状物，可做防寒用品。⑤燕王：明成祖朱棣，公元1401年，从朱允炆手中夺取皇位。⑥伟：宏大。⑦胸襟：胸怀。⑧大成：指事业、学问等有大的成就。⑨金銮（luán）殿：太和殿，俗称金銮殿。民间则把皇帝的宫殿都称为金銮殿。⑩翰林：为朝廷撰拟文书的官。掌修国史，记载皇帝起居，草拟制诰。⑪悻悻（xìng xìng）：怨恨失意貌。⑫入朝拜相：在朝做丞相。（鄙112、二三子86、志56、悖103、对句48、怫然71、会试148、殿试148、谒44、诘134、卿相261）

335.训犬盗猪

己卯年①冬，榆树市②大冈乡大冈村，有硕猪十余头为盗，盛传皆狼为之。有张姓老农，畜二猪，均重四百许，亦落盗手。时大雪初晴，雪地留踪，止兽迹二行：一为猪，一似狼。循踪行，至公路，唯见车辙人迹焉。疑为人盗，遂报警。民警审视久之，亦疑焉，以无他据，未决③。

居无何，有贩猪者四五驾一四轮车至大冈乡，为首者乃双城区④同心乡胡姓屠户也。胡携一青色狼犬，双耳耷拉⑤，貌极笨拙。会村支书欲鬻一种猪，以凶猛难擒，要张助之。猪獠牙外露，叫声嚎嚎，众人畏其乱啮，无敢近之。方狼狈间，狼犬人立而起，目视胡，似求战。胡难自已，遂语曰："大青，逮猪！"语未毕，犬似离弦之箭，飞奔而前，遽啮猪之左耳。猪痛甚，叫声嗷嗷，俄而，噗的一声，猪耳断。猪狂奔，甫数步，犬追至，啮其右耳。是时，种猪气消胆夺⑥，卧似绵羊，无敢少动。犬以尾作鞭，令起并行，居然令其登车。观者无不啧啧，而张疑虑顿起，悄然报警。民警旋即而至，胡遂落法网。

初，胡畜一母犬，产稚犬八。为得其凶猛者，乃据民间传闻，将稚犬畜一圈内，断其粮，任其弱肉强食。旬余，唯余此青色犬矣，遂依法训之。为避人惹眼，幼即以胶布粘耳，使其耷拉，形似笨拙。胡尝为乡农机厂工人，下岗后，以屠宰为业，以欲壑难填，遂训犬盗猪。自以为天衣无缝，孰知为盗千日，必有败时；机关算尽，卒陷囹圄。爰为志之，以诫为人而不循正道者也。

（据兰英《抓住训狗偷猪的贼》改）

注释：①己卯年：公元1999年。②榆（yú）树市：在吉林省长春市东北部，临近黑龙江省。③决：决断，这里指没有下结论。④双城区：在黑龙江省哈尔滨市，与榆树市比邻。⑤耷（dā）拉：下垂的样子。⑥气消胆夺：形容极度恐惧。（硕70、许20、循94、审19、无何69、会4、鬻23、要123、啮31、已11、遽13、甫56、旋即15、尝32、卒22、囹圄124、爰150）

336.促销奇招

某日，临江[1]火车站前人如潮涌，一窈窕淑女[2]，立于八层楼顶，欲觅短见也。貌似罗敷，正当妙龄，纵身一跳，即香消玉碎。万人仰视，众心似焚。是时，楼下有鬻西瓜者——一美貌小年也，遽抱一瓜，拨开人群，缘梯而奔，从者如流，皆欲上楼劝止。

女郎见楼下万头攒动，方踌躇间，忽见少年率众上，惨然曰："汝等再前一步，吾即下跳！"少年止步，大语曰："尔决意觅死，吾侪安能止之——汝且看此瓜，再跳不迟！"言罢，将瓜高举，猛掷于楼顶水泥地里。立碎，汁、瓤殷红一地，去女郎止三四尺许。少年曰："汝纵身一跳，头即似此瓜。"女郎闻言，目注碎瓜，戚然变容。

少年曰："揣姑娘之意，必为无耻男儿所欺也。然汝之一跳，适合彼意，渠乃无情无义之贼，岂会介意。为其而死，何其愚也。姑娘花容月貌，再简白马王子，重结良姻，岂非胜负心贼千倍！"少年且言且前，渐近女郎，女郎亦为其言所动，忽涕而前，遽执少年之手。

翌日，少年西瓜摊中，增一相助者——乃欲跳楼之女郎也。少年出奇计，西瓜救美女，其事不胫而走。欲买瓜者皆舍近求远，至少年摊前以一瞻为快。买者环堵，而女郎绽桃花一脸，甜声蜜语，为"捷足先登"者欣然递瓜。

是年，临江西瓜，堆积成丘，翘足引领[3]以俟买瓜者比比皆是，而少年摊前始终人来人往。至瓜季终，鬻西瓜凡五十二万许，获利六万八千有奇。

后知悉，女郎少年，固恋人也，为鬻西瓜，故演此跳楼奇招。噫！商海诡计，无奇不有，此少年女郎可谓佼佼者也！

（据吴模定《奇招》改）

注释：①临江：临江市，在吉林省。②窈窕（yǎo tiǎo）淑女：容貌美丽的好姑娘。③翘（qiáo）足引领：形容热切盼望。（觅 4、罗敷 191、鬻 23、遽 13、缘 40、安 48、戚然 78、揣 21、适 73、渠 36、简 5、涕 95、翌日 11、堵 142、丘 85、凡 124、奇 91、悉 71、固 39、淑 293）

337.婺州斗牛

金华人喜斗牛，不知始于何时也。余在婺州①十有六年，每逢春秋佳日，恒有斗牛之会。是时，邑之人往观者万千。

辟水田四五亩为斗场，沿田塍皆搭台，或置桌凳，以待客及村之老幼者。红男绿女，伛偻提携，卖果者，卖瓜者，卖饼者……接踵而至。牛之来也，鸣锣前导，角挂金花，身披红绸，人簇拥而护之者数十。既至，两家各遣丁壮者四，令牛更相注视。是牛固好斗，且饮以烈酒，旋即尾搐②股间而角接。但见泥水四溅，彼退此进，此伏彼腾，而黄发垂髫，红白黛绿③，无不纵情而呼。迨其一败迹已彰，胜负早分，始将其拆开，复簇拥而去。

牛之胜者，怡然自得，徐徐步归。亲友则欢呼从之，若奏凯歌状。负者则俯首垂尾，丧气而归，主人及其左右亦默然而从焉。小负之牛，尚可养成气力更决雌雄；大负则杀而烹之，盖锐气已挫，不复再斗矣。

斗胜之家则宾客大宴。主人指手画脚，自矜其牛之能，曰："彼之角如何来，我之角如何往；彼如何攻，我如何战……"言之津津，几忘我之为牛，牛之为我矣。

其畜牛也，卧以青丝帐，食以白米饭，饮以糯米酒。宴亲朋好友，主人必嘱曰："毋以饮牛之酒也。"乍闻之，以为敬客之意，殊不知饮牛之酒乃上上品，客不得饮之也。

（据清代陈其元《庸闲斋笔记·婺州斗牛俗》改）

注释：①婺州：浙江省金华市的古称。②搐：收缩。③红白黛绿：指穿各色服装的青年男女。（恒10、邑43、伛偻提携319、固39、旋即15、但2、黄发317、垂髫150、迨22、彰140、怡然266、徐96、盖24、矜28、殊66）

诗谜

（四）

桃源胜境，历历在前。
欲入其中，易如反掌
——难于登天。
——打一日用品。

338.汉代泥封

西安，古名长安，西汉、前秦①、隋、唐，皆建都于此，地下文物颇丰。有农人某于汉长城遗址北侧，承包一菜圃，建塑料大棚以植黄瓜、西红柿。当其筛土也，得形如纽扣者十许，疑为古文物，遂携之西安书院门——是为仿古街，兼作墟所。旋，有两人至，问其贾，农人曰："五元一枚。"其一曰："至西安不易，且鬻两枚以为纪念。"俄而，两人携一翁匆匆至。谓农人曰："尚余几何？吾侪悉以鬻之。"农人始知奇货可居，乃收回囊中，作势欲去。翁急阻之，曰："一枚一百元何如？"农人曰："始，吾乃低贾钓鱼，以期识货者也。实贾为一枚一千。"三人面面相觑②，卒倾钱囊而鬻。农人得币一万有奇。翌日，知其情者皆赴是地筛宝，复得九十许。为得高贾，携往京城鬻之，一枚欲售五万。后闻于公安局，以地下文物为国家所有，悉以收之。

此物乃汉代泥封也。昔者，朝廷欲传圣谕或军政要务，即以此压函封火漆③，地方有司验其泥封，确信无伪，始能信之——有此物犹如印有当今国务院之钢印也。据云，国外墟市，一枚可抵一辆豪华小轿车。

（据张敏《西安文物的"拍案惊奇"》改）

注释：①前秦：十六国之一。公元350年，氐（dī）族贵族苻洪称"三秦王"；352年其子苻坚称帝，建都长安，史称前秦。②面面相觑（qù）：指互相对看，形容束手无策的样子。③火漆：封口用的一种物料，用松香熔融后加上某些颜料拌匀后而成。通常用来密封信函、药瓶、仪表等，用时加热熔化将其涂在待封处，必要时在未硬化时加盖印。（旋15、携24、贾144、悉71、期106、卒22、奇91、许20、谕127、有司113、墟41）

诗谜

（五）

曾助屈原作《离骚》，尝为愚公移太行。
醉翁设宴醉翁亭，我献佳肴杂然陈。
陈胜号称陈胜王，我代利兵伐暴秦。
居家人人神色扬，出外个个面色黄。
甘受艰辛甘受难，耻于安逸度时光。
——打一植物。

339.《智囊》选读

（一）冯子论智

冯子[1]曰：人有智，犹地有水；地无水为焦土，人无智为行尸。智用于人，犹水行于地。地势坳则水满之，人事坳[2]则智满之。周览古今成败得失之林，蔑[3]不由此。

冯子曰：凡任[4]天下事，皆胆也，其济[5]则智也。知水溺故不陷，知火灼故不犯。其不陷不犯，非无胆也，智也。若自信入水必不溺，入火必不灼，何惮[6]而不入耶？智藏于心，心君而胆臣[7]，君令则臣随。令而不往，与夫[8]不令而横逞者，其君弱。故胆不足，则智炼之；胆有余，则智裁之。智能生胆，胆不能生智。刚之克也，勇之断也，智也[9]。

（选自明代冯梦龙《智囊·自序》《智囊·胆智部总序》）

注释：①冯子：冯梦龙自称。②人事坳(ào)：指人事不顺。坳：原指低洼地区。③蔑：见77。④任：承担；担当。⑤济：成功。⑥惮：害怕。⑦心君而胆臣："心"是君王，"胆"是臣子，意思是胆应听从心的指挥。⑧夫：那；那些。⑨刚之克也，勇之断也，智也：过于强硬的时候能够克制自己，能够果敢地作出决断，都是"智"的表现。

（二）汉高祖封雍齿

高帝已封大功臣二十余人，其余日夜争功不决。上在洛阳[1]南宫，望见诸将往往相与座沙中偶语，以问留侯[2]，对曰："陛下起布衣，以此属[3]取天下，今为天子而所封皆故人，所诛皆仇怨，故相聚谋反耳。"上忧之曰："奈何？"留侯曰："上平生所憎，群臣所共知，谁最甚者？"上曰："雍齿数窘我。"留侯曰："今急先封雍齿，则群臣人人自坚矣。"乃封雍齿为什方[4]侯。群臣喜曰："雍齿且侯，吾属无患矣。"

（选自明代冯梦龙《智囊·捷智部应卒·张良》）

注释：①洛阳：我国古都之一，在今河南省西部。②留侯：指汉初大臣张良。③此属：这些人。④什方：亦写成"什邡"。县级市，在今四川省成都平原北部。（上113、陛下191、布衣49、诛97、耳11、奈何10、窘84、吾属33）

（三）夏翁尤翁

夏翁，江阴[①]巨族，尝舟行过市桥。一人担粪，倾入其舟，溅及翁衣。其人旧识也。僮辈怒，欲殴之。翁曰："此出不知耳，知我宁肯相犯。"因好语遣之。及归，阅债籍[②]，此人乃负三千金无偿[③]，欲因以求死。翁为之折券[④]。

长洲尤翁开钱典[⑤]。岁底，闻外哄声，出视则邻人也。司典者[⑥]前诉曰："某翁衣质钱[⑦]，今空手来取，反出詈语，有是理乎？"其人悍然不逊。翁徐谕之曰："我知汝意，不过为过新年计耳，此小事，何以争为？"命检原质，得衣帷四五事[⑧]。翁指絮衣曰："此御寒不可少。"又指道袍曰："与汝为拜年用。他物非所急，自可留也。"其人得二件，默然而去。其夜竟死于他家，涉讼经年[⑨]。盖此人因负债多，已服毒，知尤富可诈，既不获，则移于他家耳。或问尤翁何以预知而忍之。翁曰："凡非理相加，其中必有所恃。小不忍，则祸立至矣。"人服其识。

（选自明代冯梦龙《智囊·明智部知微》）

注释：①江阴：县级市，在江苏省南部。②债籍：即借契。③无偿：无法偿还。④折券：销毁借券，不再索偿。⑤钱典：即"当铺"。⑥司典者：主管典当的人。⑦衣质钱：用衣服等物件来当钱。⑧衣帷四五事：四五件衣服与帷帐。帷帐：如蚊帐等。事：见35。⑨涉讼经年：为此事打官司长达一年。（宁25、徐96、谕127、盖24、恃34）

诗谜

（六）

曾为罗敷巧梳妆，尝助木兰贴花黄。
可叹天生聋哑汉，开口极易应答难。
——打一日用品。

340.宋太祖以愚困智

宋开宝年间①，南唐尚存，李后主②遣徐铉使宋。铉，习辞者③也，名显汴京④。宋欲遣官押伴⑤，然朝臣皆以辞令不及为惮，莫敢为使。宰相艰于其选，请于太祖⑥。太祖曰："姑退，朕自择之。"有顷，宣简宫中卫士貌昂昂而目不识丁⑦者十人，以名入⑧。御笔点其一，曰："此人可。"朝臣莫知所以，不敢复请，遂遣之。及见，铉口若悬河，滔滔不绝，而其人亡以应，诺诺而已。铉不知所以，久之，亦默然矣。

（据明代冯梦龙《智囊·上智部见大一卷·选押伴使》改）

注释：①宋开宝年间：公元968年至公元975年。②李后主：李煜，五代时期南唐国的国君。公元975年，宋兵攻破金陵（今南京），灭掉南唐；李煜成了俘虏，被押送到汴京，后被宋太宗赵光义毒死。③习辞者：长于言辞的人。④汴（biàn）京：即汴州（今河南省开封市）。五代梁、晋、汉、周及北宋等都定都于此，人称其为"汴京"。⑤押伴：指遣官员陪伴徐铉。⑥太祖：宋太祖赵匡胤，北宋开国君王。⑦目不识丁：形容人一字不识。⑧以名入：按名单上的名字顺序，一个个进去见宋太祖。以：依；按照。（朕306、有顷55、简5、御137、所以24、及5、亡131、诺12、所以24）

341.鸟口余生

马文秋言：丙辰年①，吾偕友游河西走廊②。一日，至祁连山麓，见一汉负帆布包袱，持长短棒些许，匆匆而行。近之，有浓腥；谛视，见血迹。疑而问焉。乃哈萨克族人，曰别克苏勒坦。曰："腥血者，猪内脏也，吾以之捕鹰。"吾等闻而异焉，欲觇其详，从之。

登一峰顶。其西侧峭壁千仞，与一峰对峙，相距约百武③。西侧之峰略低；峰顶有巨石，形似倒锥。别克曰："斯谓陀螺④石也，时有山鹰栖止。"遂于近西侧悬崖处，缚短棒，成井字；四角以长棒支地。覆以帆布，且置诱饵。别克匿于架内，令吾等蔽于他处。

有顷，云际来一鹰。近之，盘旋而下。鹰立架顶，方啄食，别克欻拽其腿。鹰立陷“井”内，遂为帆布所裹，唯叫声嘎嘎。

吾等急前。别克已缚鹰翅及双胫[5]。余曰：“鹰遨游云际，以为非枪弹莫及，孰知捕之甚易。吾代子复捉一鹰何如？”别克曰：“可！出手当敏捷，设一失手，鹰必怒而攻之。尝有人双眼为啄，慎之！”

支架略高于人。吾躲于内，日光下彻[6]，架内略暗而已。倘有鹰至，可见其影。仰视良久，无有鹰踪。觉颈酸疼，方俯首按摩，忽觉架内遽暗，仰视之，有巨鸟止于架顶，啄帆布。再啄，三啄，帆布洞穿。吾见其喙[7]甚巨，其爪粗若人指，不觉骇然。是何怪鸟，硕大如斯？

鸟以为布内无异，遂啄食。吾伺机遽攫双胫，欲拽入架内。鸟大惊，振翅嘎嘎。忽觉帆布蒙头，吾已腾空而起。大骇。以近悬崖，不敢释手。方疑虑间，觉冷风嗖嗖，去地已有数丈。

吾虽短而瘦，亦逾百斤，兼以帆布蒙身，鸟虽已腾空，其力难支，遂藉风力，向西侧俯冲。吾见状大惊——得毋撞崖，与吾同归于尽耶？鹰耶，鹰耶，盍痴如斯？近地，吾必释手，吾不尔敌，尔不吾伤，岂不两全！忽见陀螺石赫然在前，度鸟必擦石而过，以撞击毙我。情急智生，俟石近，吾遽以释手，张臂扑往巨石。砰然有声，虽胸脯为撞，痛若刀刮，然已怀抱大地。受鹰喙之慑，罹堕毙之险，虽止片刻，然感同返自阴曹地府[8]，涕如泉涌，难以自已。

仰视蓝天：鸟释重负，飘然去远，忽折而复返。渐近渐巨，盘旋头顶。见鸟躯几与吾等，展翅竟有丈许；目似炬，喙如钩，吾急起。揣鸟为吾所执，亦历生死之险，必攻吾，以泄其愤。然吾困于岩顶，欲逃无路;友与别克，已隔一谷，莫我能助。呜呼！鸟翱翔空际，人繁殖大地，同为宇宙生灵，缘何巧设机械，诱而捕之？捕鸟反成鸟口之食，岂非报应？绝处求生，乃人之本能，吾急以帆布蒙身，且双手高擎。计之曰：俟其啄，急攫其头，翻身下岩，或能幸免。

久之，竟安。鸟奚不下啄？得无盘旋头顶，伺吾气馁，而后攻之？鸟亦黠矣！念此，股渐栗。风嗖嗖，寒气透骨。幸闻友与别克，大声驱鸟，可以壮胆。

忽闻友大声曰："鸟去矣！"去帆布而瞰，蓝天如洗，果无鸟影。及红日西垂，友与别克，始至岩下。以枯木助吾下岩。别克曰："此乃金雕⑨也，以狐兔麂狍为食。为其所攫，恒腾空，使猎物堕毙，而后啄食。"

（据马文秋《鸟口逃生》改）

注释：①丙辰年：公元1976年。②河西走廊：亦称甘肃走廊，在甘肃省西北部祁连山以北，合黎（lí）山和龙首山以南，乌鞘（qiào）岭以西，又因在黄河以西，故名河西走廊。东西长约1000千米，南北宽约100~200公里，平均海拔1400米。③武：计长度的单位，古以六尺为"步"，半"步"为"武"。④陀螺（tuó luó）：一种玩具，形似倒锥，用绳子抽它，可以不断旋转。⑤胫（jìng）：人的小腿，亦指禽兽的腿。⑥日光下彻：日光穿过帆布。彻：贯通。⑦喙（huì）：鸟兽的嘴。⑧阴曹地府：亦叫"阴司"，迷信传说阴间的官府。⑨金雕（diāo）：鸟纲，鹰科，雌鸟体长约一米，成鸟头顶羽毛为金褐色，故名金雕。多栖于山地，筑巢于高山、悬崖、大树上，性猛力强。（偕126、谛20、觇66、仞256、盘旋20、遽13、拽103、设9、尝32、硕70、斯15、伺17、攫16、逾91、藉310、盍50、释27、慑38、罹60、堕6、揣21、度64、瞰101、机械40、俟13、奚75、黠83、栗60、恒10）

342.戏谑起祸

闻先祖母言：吾村尝有陈生者，与舒生相善。陈早孤，独居。其宅处旷野，宅后数百步则古冢累累，狐兔出没其间。陈素胆怯，要舒共寝，由是情好日密。然好相谑，恒搜索枯肠，彼此戏弄，以至怒目相向者数矣。

吾村前有溪，拱桥通之。宣统元年①盛夏，一夕，先祖于桥头说聊斋。陈先至，见环而坐者众。惟一石磴，以有牛屎，其侧尚可落脚。遂不避其臭，坐焉。舒后至，方觅座，陈指牛屎呼曰："来！一叟方去，尚遗双履，坐此可也。"时月色昏黄，牛屎绝类双履。旁人掩口匿笑。舒意在听，不辨真伪，遽坐之，牛屎满尻，拊之则秽及双手。众皆捧腹。舒狼狈不堪，恨恨而去。

旋，陈疚心起，亦归。备酒食，俟舒共榻。良久，未至。恍惚欲寐。忽闻叩门声，初以为舒至，喜。既而觉声有异。门有窍如卵，距地尺许。就而窥之：惟见月色朦胧，门前木石依稀可辨，空旷无人，而叩门声如故。大怖，欲号。复思去村甚远，无裨②于事。烛火如萤，昏暗欲灭，思及聊斋神鬼，益增恐惧。俄而叩门声益急益乱，仿佛百手齐叩。陈骇极，计穷，遂毁窗出。竭力奔走，不辨东西，及见乱冢累累，始知去村益远，骇绝还走。足绊乱石，砰然而仆。

作恶者，舒也。舒还家易衣，恨恨不已。会是日捕得黄鳝数条，遂生一计。取其血些许，伺陈还家，潜以血涂其门。时值盛夏，地处旷野，蝙蝠极众，以腥故，尽扑其门。舒涂毕，复至桥头。迨吾祖言毕，遂笑曰："陈生今夜亦遇聊斋矣。"问其故，具以情告，且曰："曷往一观乎？"好事者皆从之。稍近其宅，则闻蝙蝠撞门声矣。众大笑。舒亦大呼曰："得无遇女鬼抱而乐耶！"不应；复呼之，又不应。及见其窗毁，知有异。毁户入，一烛堕地，尚有余光；窗下一椅，足迹历历，知其破窗走，相顾愕然。时地湿，足迹可辨，众人持火，循迹行。未几，见陈僵仆，早气绝矣。舒痛不欲生，抱尸悲啼。由是亦得颠疾。时呼陈名，环村而走。越明年，亦死。

去吾村里许有荒丘，其阳坡，两墓相比者，盖其墓也。好戏谑者，宜往顾之。

注释：①宣统元年：公元1909年。②裨（bì）：补益。（冢55、素132、要123、由是117、方20、觅4、履43、类64、尻85、拊110、旋15、俟13、寐30、穷155、卯61、叩70、还56、易100、会4、伺17、潜17、毕13、曷75、稍116、户189、顾7、越明年112、比63、盖24、颠196、阳坡256）

343.三足鼎

吾村一叟，年逾古稀，家殷实，儿孙俱孝。每日平明，即缘阡陌，从容步游。叟曰："逢太平盛世，唯愿高寿以享天伦之乐焉。"

一日，缘谷行，见一丁壮者，负布囊，仓皇四顾。叟近之。丁壮者憨憨而前，自言黄姓。踟蹰片刻，出一牛皮纸，半折，执之以示叟曰："老丈识此山乎？"叟视之，乃水墨画也：群峰攒聚，绝类荷花；一峰居中，巅稍夷，其西侧有寺，寺前古松一，参天耸立，其下一石突兀。画纸泛黄且已破损，揣其岁月已久。叟笑曰："此荷花蕊也。足下何以问焉？"黄指画中山寺曰："烦老丈告知，此寺奚在？"叟默然，良久乃曰："寺毁于倭寇炸弹，是时老夫始龀焉。"黄曰："虽然，此峰安在？"叟遥指一峰曰："斯即荷花蕊也，去此止二三里耳。"黄审视之，曰："得无诳乎？何以不类荷花耶？”叟粲然，曰：“‘横看成岭侧成峰，远近高低各不同’耳。”黄茫然。叟笑曰：“此东坡之诗，足下懂否？”黄曰：“吾闻西侧有寺，东坡犹有寺耶？”叟大笑，曰：“老夫无事，陪足下一游何如？”黄大喜，曰：“如是，吾必有酬谢！”

遂上。山顶平夷，草莽丛生，寺余断壁残垣[①]。碎砖烂瓦，堆积成丘。叟喟然曰：“吾村去此七里，于村口视之，此处绝类荷花之蕊也。寺毁，古松粗可合围，亦为人盗。惜夫！”黄环视良久。出百元币一，曰：“区区百元，聊为烟酒之费。老丈请自便。”叟疑焉，拒之，诘曰：“足下语类楚声[②]，非吾邑人也，缘何至此？当具以情告。”黄踟蹰久之，复出牛皮纸，曰：“公乃龙钟老者，告之亦无妨——且看此函。”叟展视，画右侧有一函，曰：

荷花蕊法云寺僧智空顿首，德忠吾弟惠鉴[③]：

今倭寇投弹毁寺，寺僧伤亡殆尽，老衲亦罹其祸，断一股。自知不久于世，有一物可作传家之宝，遂埋之；吾寺前有老松一，松下一石人立，其西侧是焉。毁衣裹足，倚石强坐。仰视蓝天，云路万里。往事如烟，不堪回首，怆然涕下。情缘未了，故函寄吾弟。

叟愕然，曰：“足下可自取宝，老夫只求一觑何如？”黄不语，囊中出一小镢[④]，掘之。入地二尺许，得一三足鼎。高二尺许，口圆，径尺。黄大丧气，曰：“悲夫！宝已为人盗，此物必盛宝之器也；非缸非罐，其形何其怪异。”叟窃笑。审视之，见有篆文九，知为周鼎[⑤]，心大动。遂诳之曰：“此乃寺中香炉也！童稚时老夫见其置佛案中，以其形怪异，故志之耳。”

黄怅然曰：“徒手往返，空为人笑，此物亦可聊以自慰。”遂裹之于囊。叟曰：“吾侪已有公议，欲重建此寺，斯固寺中之物，亦宜置于寺内。时近晌午，屈驾[⑥]寒舍，吾助足下资斧[⑦]，此炉且留吾地可乎？”黄曰：“如是笨重，吾携之何益？老丈肯助吾往返资斧，大善。”叟大喜。

至其室，见室内装饰华丽，知翁家颇丰。止一妪，皓发鲐背[⑧]。叟曰：“此拙荆[⑨]也，失聪已甚。”近而大语，妪匆匆入厨。饭毕，翁出币四百，曰：“此足以供往返。寺重建之日，佛前香火，亦有足下之功德也。”黄曰：“此事吾已踌躇。公等既欲重修山寺，设此为香炉，公必张扬其事。吾从公入村，村人问吾为何人，公对曰‘友也’，然则匆匆而避——得无诳乎？吾疑之甚也。”叟大窘，曰：“重建云云，以所费不赀，尚无确论。若难以成事，此炉吾欲私为纪念，故不愿张扬，以吾地而言，斯亦可谓文物也。”黄曰：“既为文物，当以文物鬻之。”叟怫然，曰：“倘远离故土，有何价值可言？”黄笑曰:“如是，告辞！”起，欲去。叟急，强留之，三厚其贾，卒以二万元得之。黄复畀之以牛皮纸，曰:“此取宝图也，公且留为纪念。”欣然而去。

儿孙归，翁示以鼎，众皆以为得宝，举家欢腾。媳见牛皮纸有夹层，拆之，内夹一纸条，上书曰：“聪明反为聪明误，假鼎而作真鼎鬻。”

众皆愕然。

注释：①垣（yuán）：矮墙；亦泛指墙。②语类楚声：说话像楚地的口音。指湖北、湖南一带的口音。③惠鉴（jiàn）：请您看的意思，古代书信的习惯用语。④镢（jué）：一种挖土的工具。⑤周鼎：周代的鼎。鼎：古代烹煮用的器物，多用青铜制成，圆形，三足两耳，也有方形四足的。⑥屈驾：邀请人的敬辞。⑦资斧：盘缠。⑧鲐（tái）背：背皮如鲐鱼，指年老。鲐：一种鱼，即河豚。⑨拙荆（jīng）：向别人介绍自己的妻子时的谦称。（平明 123、古稀 123、缘 40、阡陌 317、负 3、顾 7、憨憨 116、踟蹰 244、类 64、夷 256、揣 21、倭 183、始龀 150、审 19、诳 44、粲然 73、足下 40、丘 85、邑 43、函 72、顿首 173、殆 199、老衲 211、觍 66、何如 7、许 20、窃笑 42、志 56、聪 93、毕 13、设 9、不赀 121、鬻 23、怫然 71、畀 145）

344.片刻遗恨

一汽车司机，载油罐驰于西北草原。油尽，车止。欲出驾驶室，往车厢取焉。门甫开，饿狼有七，骤然而至，急扃门。时，建国初期，草原多狼；为防不测，司机可以携枪。遂将挡风玻璃卸下寸许，就其缝隙，引枪猛击。砰然两声，两狼立毙，余狼骇而四散。司机意自得，持枪远眺，冀余狼复至，再毙一二。有顷，见饿狼四处涌来，争食死狼，盖狼之嗅觉百倍于人，嗅及血腥犹蝇之见血也。是处狼群为患，人皆闻而色变，而司机自恃有枪，亦不之畏。复引枪，砰砰连声，数狼复毙。然余狼争食死者，殊无畏惧。或引颈长嗥，似呼妻唤子。饿狼接踵而至，顷刻之间，增至百许。始怖，乃速射，应声而毙者计三十许，而狼有增无减。遽然悟：

狼所以蜂拥而至者，盖有死者可食也，且弹尽奈何？遂止。未几，死狼泯然，余狼犹环车逡巡。司机大窘。

久之，狼或得以饱食而卧，养精蓄锐，虎视眈眈；或跃上车顶，俯视司机，冀得入口；或人立车前，爪挡风玻璃，龇牙咧嘴。一狼两爪入隙，既而前股尽入，玻璃亦下近尺，司机急引刀刺之，中其亢①，立仆。司机惧，遽合挡风玻璃。薄暮，狼益汹汹。司机胆寒，股栗不止。忽忆幼时上学，一师谆谆嘱曰："人难得者，机②也；易失者，亦机也。得机者功成；失机者遗恨。"曩毙两狼，余狼远遁，倘不失时机，往车罐取油，则狼奈我何？念及此，汪然出涕。

旦日，司机复卸挡风玻璃，往空鸣枪，冀有闻声来救者。一鸣则闭合之，久之，复鸣。暇则引笔，将事之始末，尽志之。然至弹尽，其回声，狼嗥而已。

越数月，始一车至。见其车，玻璃粉碎，驾驶室内，碎布片片，皆染血。座下遗书尚存，取视，言之甚详。文后一语，字大如丸，语曰："片刻之误，遗恨终生；寄语后人：机不可失！"

注释：①亢（háng）：喉咙。②机：时机；机遇。（甫56、扃277、就27、冀13、有顷55、盖24、恃34、殊66、许20、逡巡101、窘84、栗60、曩32、涕95、志56、恨10）

345.孔乙己外传

（一）慑语成名

孔乙己，非孔姓者也。生五年，从其父学书。时童子描红，恒书"上大人孔乙己"六字，孔亦然。五岁稚童执笔战战，描红不易。然其父操之过急，庶其速成，且诲之甚严，略不遂心，辄叱责无已。如是经月，"上大人"三字居然可观，而"孔乙己"则涂鸦①而已。父愁然，令其唯书"孔乙己"三字耳。童好动，一日，伺父去，欣然如鹄②之脱笼，辍笔戏鸡逐猫矣。父还，大怒，曰"孔乙己"——意其"孔乙己"三字尚未书就，遂牵其耳，责归座，且引针扎执笔之手，针针见血，竟至百针。自是，父见其嬉戏，辄大语曰“孔乙己”——以诫其不忘习字也，而子亦骤然改容，诺诺连声。父甚喜，以为诲之得法矣。呜呼！孔所以失其姓氏，源于斯也。

注释：①涂鸦：指书法恶劣。②鹄（hú）：天鹅。（恒 10、庶 151、诲 36、遂 173、辄 82、伺 17、辍 81、逐 28、斯 15）

（二）孔乙己示“富”

咸亨酒店，内设佳座，富者专焉。一日，孔乙己居然踱入，择座而坐，且欣欣然颇自得。座中人皆疑焉。或以其卑鄙，叱之曰：“此岂尔坐者耶！”店主闻声，欲逐之。孔捻须而笑，曰：“得无谓我少钱耶？”探手入怀，出一钱囊，掷于案头，锵然有声，囊中青蚨[①]度有百许。众皆愕然。一多髯者厉声诘曰：“孔乙己，此钱何来？”孔不之理。举杯独酌，复以爪蘸酒书诗，且书且吟曰：“天生我材必有用，千金散尽将复来。”一座哗然。多髯者大声曰：“苟不为盗，恶有此钱？斯可谓‘天生盗材必有用，千金散尽复盗来’。”皆大笑。孔忿然，曰：“何以凭空污人清白？此钱乃……”欲言忽止。店主亦揶揄之，曰：“此钱乃窃书所得。窃者，非盗也。”孔大怒，曰：“吾自幼习字，颜筋、柳骨、赵肉[②]，无不得焉。今偶一为之，即得百金[③]，日后一字千金，区区孔方兄[④]，何足道哉？”众讶其言，欲诘其详。忽一黄发翁自外而入，径趋孔，猛批其颊。止一批，颊上指痕历历。众目之，乃赵公也——名审，字一清，以鬻书画而富者也。赵指孔怒詈，曰：“此穷酸竟以己之涂鸦，伪为名家题词，老夫几为其所欺。”言毕，夺其钱囊，复向众人作揖道别，恨恨而去。孔茫然而立，默无一语。

孔以窃书遭殴，生计愈窘。一日，以数日粒米未进，僵仆于赵府前。赵知孔书学颜柳，颇得其妙，其书绝类康熙年间某一名家。尝欲孔为赝品[⑤]，以谋暴利，然虑其为人，谋未决。今见其将死，乃令仆负入救之。俟其苏，语于孔曰：“子非无才，以不得其用也，故狼狈若斯。老夫有一计，可令子无衣食之忧。夫子岂有意乎？”具以情告。孔曰：“然则，以老夫之名可也，恶用诳？”赵嗤之，曰：

“俗云‘人微言轻’，非独言而已，其字亦然。借以夫子之名亦可，则毋用老夫救汝也。”孔乃颔之。

赵喜，宴以酒肉，孔大饮啖。饥肠得慰，神采飞扬，铺纸引笔，龙飞凤舞，果然一手好字。赵甚喜，与钱百文。再三嘱之曰：“此事须秘，倘泄漏，祸及老夫，志之毋忘。”是夜，赵寝不成寐。旦日，阴令其子窥孔所为。有顷，子还，言孔往咸亨酒店。赵恐其酒后失言，遽趋之。至则果然……

孔深悔失言，喟然曰：“其命也夫！其命也夫！”众大笑，曰：“其命也夫，挨批也夫！”店主知孔已失青蚨，聊以慰之曰：“今日所费，十九文耳，赊之可也。”——呜呼！孰知至死未之还也。

注释：①青蚨（fú）：指钱。《搜神记》云：南方有虫曰青蚨，形似蝉而稍大，味鲜美，可食。生子必依草叶，取其子，母即飞来，不以远近。若以母血涂钱八十一文，以子血涂钱八十一文。欲买物，或先用母钱，或先用子钱，皆复飞归，轮转无已。此文流传甚广，后人遂谓钱为“青蚨”。②颜筋、柳骨、赵肉：颜、柳、赵，分别指唐代著名书法家颜真卿、柳公权和元代书法家赵孟頫。颜字多筋，柳字多骨，世称颜筋柳骨。赵字圆转遒丽，亦称赵肉。③百金：这里指一百个铜钱。孔乙已好面子，把百文钱也称为“百金”。④孔方兄：指钱。古时钱币用铜或铁铸成，外圆而内孔方；因为人见人爱，故称其为“孔方兄”。⑤赝（yàn）品：假的；伪造的。（卑鄙33、苟33、恶121、斯15、揶揄54、讶51、径6、趋81、批37、詈6、窘84、尝32、类64、俟13、夫子40、诳44、嗤79、颔之35、借302、啖54、志56、寐30、寝41、遽13、旦日110、窥105）

（三）孔乙己仙逝

孔乙已倚墙而坐，瞑目，待毙。

居所乃土地庙也，久废。庙中土偶断臂折足，耳鼻皆残。椽瓦存者未半。时，野外积雪齐膝，庙中雪厚者亦盈尺。

孔倚东北隅，双足没诸雪中。

初，足虽折，然以手代之，仍可移身庙外。或哀其不幸，与以食物。孔以为：人未嗟①之，己未乞之，遂欣然受焉。后，大风雪，困于庙中，无奈何也。饿甚，则捏雪成饼，聊慰饥肠，如是三日。

忽锣声雷鸣，三骑翩翩而至。中有白衫儿[②]，大呼曰："孔老爷高中黄甲[③]！"话声甫落，携酒者，持衣物者，牵羊捉鸡者……贺客盈门。孔恍惚若梦，曰："吾果高中耶？"及二报、三报至，皆乞赏银，始知为实，大喜，乃捏雪为锭，曰："且受之，日后赏银大小如斯。"皆欢呼雷动。忽报："丁举人至！"一红脸汉率奴仆数人，踉跄而入。是乃丁举人也。长跪不起，曰："曩得罪兄长，自知作孽深重，夙夜惶恐。今携礼请罪，冀兄见恕也！"孔欲不睬，然股战战而起，口呐呐而应。丁大喜，曰："吾固知状元兄恢宏[④]大度，不吾罪也。"俄，有骑骤来，一黄衣使者，手把文书，大声称敕[⑤]。盖上以孔为庙堂之器[⑥]，遂飞马传旨，令其即刻进京。孔伏地谢恩，三呼万岁。复以爪代笔，大书三字："吾中矣！"——字留雪地，龙飞凤舞；身躯既倒，魂腾九霄。

注释：①嗟（jiē）：不礼貌的呼唤声。《礼记·檀弓篇》："齐大饥，黔敖为食于路，以待饿者而食之。有饿者……黔敖左奉食，右执饮，曰：'嗟！来食。'""嗟！来食"的意思是"喂，来吃吧"！饿汉拒绝了黔敖的施舍。成语有"嗟来之食"。②白衫儿：穿着白衣衫的人。③黄甲：殿试录取进士分为三等，叫"三甲"，榜用黄纸写，所以称为"黄甲"。"一甲"只取三人，第一名称状元，第二名称榜眼，第三名称探花。联系下文意思，孔乙己梦见自己中了第 一甲第一名，即"状元"。④恢宏（huī hóng）：宽阔；广大。⑤敕（chì）：皇帝的命令。⑥庙堂之器：在朝廷里当国家重臣的材料。（诸 46、甫 56、锭 221、斯 15、曩 32、夙夜 58、冀 13、股 19、呐呐 136、固 39、盖 24、上 113）

（四）孔乙己遗作

自鲁迅作《孔乙己》，孔名闻天下。鲁镇人迎朋接友，饮酒品茗[①]，皆以其为谈资。有孔姓者，竟审阅家谱，冀得孔乙己之名而未果。或谏曰："孔乙己非孔姓者也，鲁迅先生言之凿凿[②]。且孔氏为人，作笑谈之资可也，若为先祖昆仲，于颜面何光？"孔姓者笑曰："吾所以审家谱者，疑先生笔误也。至若名之丑恶，与吾辈何伤？君不见西太后[③]乎，生前祸国殃民，忠志之士恨不得食肉寝皮，今欲觅其踪，津津乐道者何其多也？况孔乙己非大凶大恶之辈，倘与吾祖有缘，必有裨益。"

有赵姓者闻之，持一轴谒之，曰："此乃孔乙己之遗作也。"见其落款处复有几行小楷注云："斯为吾镇孔乙己之手迹也。孔自幼习书，尽得其妙，然以名微，不得售，遂冒名家，事泄为人所嗤。寻，毙于饥寒。光绪丁酉④秋日鲁镇赵审一清甫⑤志。"赵姓者言：赵审一清者，盖其先祖。问其贾，曰："壹万。"孔以其贾昂，未受。孰知名家、鸿儒，闻风而至。考证再三，皆以为孔氏真迹也，于是身价日高，拍卖之日，人山人海。卒得钱三十万矣。

噫！孔乙己泉下有知，当纵酒放歌，漫卷诗书，喜欲狂矣。

注释：①茗（míng）：茶。②凿凿：清楚、显明的样子。③西太后：指慈禧太后。④光绪丁酉：公元1897年。⑤甫（fǔ）：男子的美称，多放在表字后，"赵审一清甫"就是"姓赵名审字一清"。（审19、谏127、先祖118、昆仲155、谒44、斯15、嗤79、寻137、贾144、鸿儒152、卒22、漫118）

346.奇　案

民国初年，吾村有陈树达者，与柏坞金伯津相善。柏坞去吾村虽十里许，而止间隔一岭。陈与金，少同学；长，虽各事耕耘，然农事余暇，则偕从商贾，故情似手足。后，陈有子，金得女，亘偕子女往来。一日，陈之金家。时，陈子始龀，金女垂髫，两童绕膝追逐，笑语盈耳。金有感焉，因语于陈曰："青梅竹马①，人间佳话。吾与汝结为亲家，何如？"陈大喜，归，语于妻。妻闻言喜溢眉宇，遂取金钗一，以为聘礼。

岁月不居，时光如流，及陈子冠年，金女及笄②。二老作主，遂合卺焉。金女啼泣，逼于父命，亦无奈何。而婚后未及一月，即归宁，殊无返意。父母促归，亦不应。金虽怏怏，然时值盛夏，农事繁忙，无暇往返，且娇女在侧，亦助一二。如是经月。

一日晌午，金逼女归。女言逾岭畏惧，乞父送之。盖岭中有白云寺，曩香火甚盛，寺中僧有四五。后以战乱，寺僧非死即亡，遂废。近，盛传寺中有鬼，金亦略闻。计有余暇，遂颔之。

岭侧重峦叠嶂，蔚然深秀。时有苍鹰，空谷盘旋，伺机捉食，而黄雀欢跃丛林，怡然自乐。一蛙半入蛇口，呱呱哀鸣，闻人声，蛇没草际。金偕女行，渐至寺前。寺门洞开，庭院乱草丛生。惟寺前巨松，仍展枝迎客。树底石几，浓荫遮蔽。女如厕。金视红日似火，乃坐几少憩。忆及向时盛况，为之喟然。久之，女不归，遂呼之，三呼不应，疑焉。入寺之厕寻觅，空无一人。怖心骤起，环而呼之，忽闻寺后乱冢中，似有悲泣。骇而趋视，则见一冢，无碑，穴洞开，女困其中，掩面悲泣。大恐，转视四周，则衣裤狼藉。金股栗，持衣裤纳诸穴。女著衣毕，甫出，即踉跄而走，去寺甚远，始抱父大号。

女言，方至厕，恶风骤起，辄浑然不觉，闻父大呼，已于冢中矣。且哭且诉，捉父衣，欲与父还。时烈日依旧，蓝天一空，唯风扫丛林，喧哗不已。

金左右徬徨，自思：女之出嫁，犹水之泼地，焉能久居娘家？纵有三长两短，亦宜归于夫家。遂不之听，强其偕行。

陈出迎，视金父女神色惨然，问其故，具以情告，合家惊骇。陈妻素信神佛，家供观音，朝暮跪拜。急燃烛焚香，诵佛不已。近暮，殊无异，心稍安。坐对愁城，至夜半，始各就寝。

金忧心忡忡，白日情景，反复脑际。夜鸟秋虫，一时啾唧，寝不成寐，鸡鸣，始入梦境。闻亲家母呼唤，方寤。红日临窗，万籁俱响。陈甫起，欠伸不已。盖一家惶惶，入睡皆迟。亲家母起备晨炊，顾二老醒，遂呼儿唤媳，不应；复大呼，仍寂然无声。趋之，则儿媳门扉内扃。就隙窥之，忽一声惨呼，砰然偃仰。陈与金大骇，奔至，以肩撞门，门扉内仆。视室内惨状，皆昏厥。左邻右舍闻异，奔至，则见三老昏迷，金女口塞布囊，反捆诸椅。陈子已亡其头，血殷布衾。众人忙乱，救老者醒，女衣之。

问其故，女且羞且悲，呜咽不语。再三诘问，始言尝遭噩梦，身不由己。醒时手已反接，口则布囊，欲呼不得，时，天色微明，顾郎惨死，则昏厥矣……

吾村不足百户，闻此噩耗，咸来问讯。睹此惨状，莫不骇然。及知女尝遇难寺中，皆以为妖杀，哗然不已。有善术者欲玄其事[③]，乃曰："吾晨起食牛，时天色未明，闻呼呼声响，似有物自顶飞过，得无妖持人首，往白云寺耶？"众闻而愕然。好事者十许，欲观其异，持刀、引梃、荷枪而往。移时，众人还，果于寺前松下得人首矣。言松下石几已殷红云。

吾村为邑之边鄙，众山环绕，外人罕至，兼以倭寇入侵，民生涂炭，是以村内汹汹，而邑之官吏殊无所闻。树达夫妻痛子惨死，寻，相继去世，其事遂无人问津。

十年后，土改工作组④居吾村，无处可居。或曰："曩树达夫妇，痛子为妖所杀，相继亡故，人莫敢居。苟不之畏，可居之。"组长张姓，尝为连长——时土匪未绝，工作组长恒为军人。素不信鬼，乃笑曰："可。诚有妖，吾必擒之。"遂居焉。张每于工作余暇，详问始末。或云金女尚在柏坞，后夫，同村一屠也。张遂疑焉。

一夕夜半，张以事繁，未有睡意，而饥肠难熬，遂令警卫备炊。有顷，警卫左手端菜，右手端饼，推门而入。风骤起，吹乱案头文牍。张遽曰："急扃门！"警卫乃以背推门，弯腰回首，嘴拨门闩，竟扃。张遽然悟。自语曰："妖可擒矣！"

次日，令警卫索金女。暮，警卫将金女至，方入室，门辄内扃。金见一军人坐案一侧，案上一烛，荧荧欲灭。以目示意，令金女坐。金惴惴就座，茫然四顾：床榻有人卧之，似一男一女；一椅置于室中——向之木椅也。金女股栗，强止之。忽闻叩门声，声极微。床榻女郎悄然而起，而男犹侧身面壁而卧，女急启扉。一丁壮者持屠刀入，径至床前，手起刀落，卧者首离。乃囊裹之。复见女郎以手示意，丁壮者乃释刀，将女郎反捆诸椅。事毕，乃引囊持刀出，以手引门。女郎旋即背负椅，匍匐⑤至门，以嘴扃之。金女视之，魂飞魄散，不觉起立，战战欲走。

忽闻叱声雷鸣，军人拍案大怒曰："借妖杀夫，情理难容！汝知罪否？"金女伏地求恕，卒服罪。

世无鬼神，而借鬼神以售其奸者甚众，若坚信鬼神为子虚乌有，则此辈虽机关算尽，亦止"误卿卿生命⑥"而已。张初闻此事，则疑金女为凶手。所以不决者，以为彼捆诸椅，门难以内扃耳。

注释：①青梅竹马：出自李白诗《长干行》："郎骑竹马来，绕床弄青梅。同居长干里，两小无嫌猜。"后以"青梅竹马"指小儿女天真无邪，嬉戏之状，也指小时就相识的侣伴。②及笄（jī）：指女子可以插笄的年月，即成年。笄：古代盘发用的簪子。③玄其事：把这件事弄得玄妙。④土改工作组：旧时的土地制度极不合理。占农村人口约百分之九十的贫农、雇农和中农，只占有全国可耕地面积的百分之二十至三十，而占全国人口百分之十的地主和富农却占有可耕地面积的百分之七十至八十。

为此，在1950年6月，中央人民政府颁布了《中华人民共和国土地改革法》，在全国范围内开展土地改革运动。为开展此运动，当地政府派到各村的工作组叫“土改工作组”。⑤匍匐（pú fú）：伏地爬行。⑥误卿卿生命：《红楼梦》第五回中有“机关算尽太聪明，反算了卿卿性命”一语。后一“算”字，现在往往写成“误”。“机关”指“权术”；“卿卿”是古代夫妻或朋友之间的爱称。此句有讽刺意。（始龀150、垂髫150、居31、何如7、冠年133、合卺193、殊66、怏怏192、晌午199、逾91、盖24、曩32、颔之35、蔚然190、伺17、怡然266、几54、如14、向9、趋81、栗60、甫56、辄82、纵32、宜32、素132、旋即15、寤106、门扉105、扃277、偃仰99、诸46、反接200、顾7、咸71、梃128、荷46、移时55、鄙112、倭183、寻137、问津145、苟33、诚4、索76、惴惴119、径6、囊3、释27、卒22）

347.书捕虎者

家父言：辛卯年，父谋生于湘南①。一日，行于大别山麓，迷途，及薄暮，犹未见人烟。群山环合，林木森然。有枭鸣叫，如鬼哭狼嚎，恐甚。忽见一汉，自林中出——虎背熊腰者也。时，匪患未绝，父大骇。汉曰：“毋惧！吾乃猎者也。”见其止持一布囊，父疑焉，曰：“徒手而猎，无乃不可乎？”汉笑曰：“吾猎猛兽，一拳一索一布囊足矣！”父以为诳，然见其面善，神稍安。父负布囊，恐见疑，遂曰：“君得无饥乎？吾囊中止麦馍数十，可以果腹。”汉大喜，曰：“如是甚妙。吾平生所虑者，此橡皮肚也。”父笑而解囊。汉取馍而食，狼吞虎咽，顷刻告罄。父骇然，盖囊中之馍，拟数天路行之食②也。汉见囊空，歉然曰：“吾生而饕餮③，垂髫始龀，所食即数倍于人。出此谷十余里，始有村落。此处有猛虎伤人，吾为子前导，以报君赐。”父大喜。

汉自言：何姓，名广位，祖籍安徽宿县。今受湘人之约，来是地捕虎。父见其孑然一人，不之信，恐拂④其意，诺诺而已。

汉察其意，问曰：“子语类吴声⑤，岂江浙人耶？”对曰：“然。”汉曰：“江、浙鲜有虎踪。湘、鄂、陕、陇及中州⑥，若有虎豹为患，多邀吾捕之。”俄而，复曰：“三年前，有一巨富，英人也，闻吾能徒手捕虎，数遣说客，以重金约吾赴英。言可使吾捕虎擒豹之技，风靡全球云云，吾未之允也。”父见其健谈，然言辞颇豪⑦，以为好自大者，复诺诺而已。

未几，玉兔东升，星汉[8]灿烂，树荫如剪，百步见人。汉顾而笑曰:“吾来是地，湘人未之知也。子且缓行，观吾猎虎何如? ”复展其布囊。囊奇大，内有短索。父见其囊甚异，疑焉，然见其神色坦然，揣捕虎云尔，必子虚乌有，且虑独行无友，遂允之。

汉大喜，曰 :“前有山涧，循此涧，山行六七里，茅蕨满山，虎喜出没其间。吾前行，子后随可也。”

至其地，见一巨木参天。汉曰 :“吾等可倚树少憩，倘见虎，子当遽缘而上。”父揶揄曰:“君欲守株待虎耶? ”汉曰:“豺狼虎豹，皆攻人者也。”言未毕，忽语曰 :“子速上，畜来矣! ”父色变，遽而上。然汉竟前行丈许，弃囊而立。

月光似水，野色苍茫，忽闻叫声嘎嘎，有雉鸟[9]四五，惊飞冲天。其一几与家父相撞。视其惊起处，果见一斑斓大虎。父大骇，急呼曰:“有虎! ”虎闻声仰视，双目似炬。忽低首崛尻，啊声雷动。复有雉惊飞起。父股栗欲堕，而汉乃昂然不动。

虎复前行。未几，近之。汉忽大声叱曰:“畜生! ”虎闻声而止，呆立片刻，忽腾空望汉扑来。利爪方近，汉竟猛击一拳，正中虎鼻，虎砰然而仆，汉就势复猛踢一脚，亦中其鼻，虎立昏厥。汉即以索缚其四肢于项背。瞬息之间，已成囊中之物。

汉大笑，顾谓家父曰 :“可下矣! ”父已目瞪口呆，似失聪。汉三呼，父始战战而下。

汉曰 :“适所见者，吾捕豺狼虎豹之秘技也，此辈鼻端不堪重击。”父曰 :“此技得之于师耶，得之于祖、父辈耶? 初，何以敢冒生死之险以试之? ”

汉曰 :“虎虽昏厥，久之必苏，当急负之下山，再聊可也。”虎重二百许，汉负之，竟似壮夫负羊，健步如飞——真神力也。父急从之。至某村口，村人熟寐，寂然无声。汉释囊，略无倦意，曰 :“小憩可也! ”——气喘吁吁者，乃家父也。

汉曰 :“吾生于宣统元年[10]，昆仲有三，吾为昆。十有二岁，父为豪强殴伤而死。以家贫无依，为人佣作，虽力超壮汉，然食数倍于人，遂屡遭驱逐。十有四岁，一游侠收吾为徒，习技击，且卖艺。十有七岁，献艺于长沙，以不堪丘八[11]暴虐，怒而梃击，虽杀出重围，乃不知吾师去向，遂浪迹天涯。一日昧爽，独行于群山丛中，忽觉脑后生风，方回首，一虎已扑而至。以求生本能，吾即挥拳猛击，恰中其鼻，虎立昏厥，毙之，于是从猎。”

父曰："然则，以刀枪可也，子止恃一索一囊，倘一失手，奈何？”

汉笑曰:"虎豹为珍稀动物，吾恒为动物园捕之。至若豺狼辈，吾视之如狐兔也。"

父然之，亦大笑。

家父今已八十有五，言及何广位捕虎，即神采飞扬，指手画脚，言之津津，如再履其境，情难自已。

注释：①湘南：古县名，治所在今湖南省湘潭市西。②路行之食：供路上吃的自备的熟食，如馍、炒粉等。③饕餮（tāo tiè）：贪于饮食。④拂（fú）：违背。⑤吴声：江苏、浙江一带的口音。江、浙一带历史上曾经是吴国的领土。⑥湘（xiāng）、鄂（è）、陕（shǎn）、陇（lǒng）及中州：指湖南、湖北、陕西、甘肃及河南一带。中州：古地区名，即“中原、中土”。狭义的中州是指河南省一带，因其地在古九州之中。广义的中州是指黄河流域。这里指河南一带。⑦豪：原指气魄大，不拘束。这里指口气特别大。⑧星汉：即银河。⑨雉（zhì）鸟：野鸡。⑩宣统元年：公元1909年。⑪丘八：旧时称兵，含贬义。（枭172、索5、诳44、果腹87、罄71、盖24、拟69、诺12、类64、鲜19、玉兔302、何如7、揣21、循94、遽13、缘40、揶揄54、炬276、崛158、尻85、嘱116、项70、聪93、适16、熟寐30、释27、囊3、昆仲155、昆155、技击278、昧爽24、梃128、然则12、恃34、恒10）

348.续安徒生童话《皇帝的新装》

上回朝，御聘织师①奏曰：“臣等为陛下成神异之衣，万民得睹陛下风采，愿已足矣；是衣日著日新，毋须更易，且臣等非庙堂之器，耻于坐糜廪粟②，愿陛下赐归故里。皇恩浩荡，臣等不胜受恩感激！”

上默然。

监察大臣赫斯克夫奏曰：“为成新衣，织师尝数求陛下予以生丝，然臣间[3]令属下察之，皆未之用也——为新衣而毋用丝织，岂非无米而作炊耶？愿陛下斩此二贼之首，且诛其九族[4]，以惩其欺君之罪。”

此语出，朝臣愕然，更相耳语。

御聘织师色挠，其一遽奏曰：“臣等诚罪该万死，然成神异之衣当以神异之丝也。去吾国千里，有愚人国者，产异丝，成五彩，而愚人皆不之见。臣等迢迢千里而进之者，以为神异之衣非陛下莫著也；况成是衣亦非易事，此情此心望陛下明鉴。且神异之丝，臣等室内尚余些许，艳似霞，光耀目，监察大臣尝令属下察之，得无未睹此异丝耶？敢问属下为谁？愿陛下察其愚智。”赫语塞。

丞相贾欧里斯——尝为钦差大臣而首探织衣者也——出班奏曰：“吾国地处赤道，无有霜雪，陛下著此神异之衣，四时如沐春风，此乃陛下之幸，万民之福也。臣闻‘为政者以富民为本’，吾国人众地寡，百姓窘于衣食，臣夙夜忧叹而计无所出，今闻织师之言，茅塞顿开。若遣使之愚人国，广集异丝，而后令国民皆著神异之衣，一则共沐皇恩，再则可禁桑麻，使其地更植稻菽，男女共事耕耘，则衣食丰足，百姓孰不感激涕零而尽忠耶？老臣病躯，著此俗衣恒以为累，故斗胆请陛下先赐于臣，臣必以残年余力，供陛下驱驰[5]，万死不辞！两织师虽有罪，然臣以为其功可赎。”

上颔之，曰：“金银生丝乃朕赐织师以慰其劳者也，织师何罪之有？相国忧国忧民，诚国之干城[6]也！衣食所安[7]，朕何敢专焉，况此为富国之举耶！”

织师三呼万岁，起，觉衣襌汗湿。

大臣戚里古鲁——亦尝为使探织衣者也——奏曰：“臣闻‘为大事者不拘小节’。相国之言，固[8]富国之本，然吾国方七百里，民十数万，若人皆著神异之衣，而能成衣者今特二人而已，则此功何时可成？以臣愚见：此乃改革弊政，更易风化，恩泽万民，名垂汗青[9]之革命也。一宜速行，二宜矫枉过正。臣有一计，先令国民盼著神异之衣，似久旱盼雨，饿婴盼乳也。”上曰：“计将安出？”对曰：“可以今日为限，令国民尽焚俗衣，旦日，无论黄发垂髫，壮士蛾眉[10]，权[11]裸居裸行，违令者斩；复遣织师简耳目聪明者千人，速习成此衣之术，而后简良辰吉日，举国著之，则革命必成，吾国必富。望吾皇明鉴！”

上大说，曰：“贾欧里斯，戚里古鲁，乃天所以赐朕者也！”方欲传旨，赫复出班奏曰：“臣以为不然。臣闻：‘贵贱须别，以防乱也，’是以陛下著皇袍，其上绘虎绘狮以显无上之尊；臣等拖长绅⑫，或绘狼，或绘狗，或绘龟绘蛇以示尊卑有异，而布衣者著褐而已。今若千人一衣则贵贱之别安在？况国人皆著之，当遣人之千里广集神异之丝，必费重金，何富之有？臣斗胆明言。愿陛下察纳雅言⑬，则吾国幸甚！”

上曰：“何谓千人一衣？朕请监察大臣明言。”

相国曰：“陛下所著，虎威威而狮赫赫，更胜昔日之皇袍也，此智者共睹；吾等虽著神异之衣，然质同章⑭异，何忧贵贱无别？如监察大臣者，岂冀衣如老夫者耶？之愚人国广集异丝，虽费时日，然是衣日著日新，则可世代相传，一劳永逸，此不富国，何以富之？监察大臣尝遣人察织师之为而未睹异丝，今复言‘千人一衣’，臣以为此乃无睹新衣者也。望陛下明鉴！”

上曰：“朕著新衣固为陟罚臧否⑮也。为监察大臣而无睹异丝，此其罪焉。赫斯克夫贬为庶民⑯。”左右即去其冠绅。赫谢恩，狼狈而去。

又一老臣伏地不起，呐呐而奏曰：“臣闻圣人云‘童子之心，素⑰也’，垂髫始龀，恒言其欲言，而如老朽者则瞻前顾后，言不由衷。今知而不谏，非忠也，臣故冒死进言：向从陛下游，闻一童子曰……” 上大怒，曰：“人皆忠于朕，独汝言不由衷，此何忠之有？”立命斩之。斯大臣曰：“如是革命，老夫死复何恨！”昂然而去。

复有老臣伏地奏曰：“臣年老病眩⑱，诚无所见，始知乃昏庸之材也。乞陛下赐归故里，以尽天年。陛下万岁！万万岁！”

上怒曰：“汝居庙堂多年，而今始知昏庸，其误国误民之罪，朕岂能赦之？”亦命斩之。群臣相顾，无敢多言。

相国回府，其妻闻而昏厥，救而复苏，泣谓之曰：“天地之始，男女裸行。而以叶蔽体，以兽皮遮羞，再植桑麻，用机杼，乃由野蛮而趋文明者也。今者舍文明而就原始——出此谋者当千刀万剐。”相国喟然曰：“是乃老夫之谋也，老夫居于相位，首探织衣真伪，苟不为此下策，必从织师而死；且诛灭九族，尔等亦死无日矣！况皇上不羞，皇后不羞，吾辈何以羞为？”

旦日，国中悬梁、自刭、投河者以千计，蛾眉尤甚；然贫寒而无衣者亦比比皆是，闻之莫不欣然踊跃，以为上察下情，皆裸行，且歌且舞曰“革命万岁！”“皇上万岁！”见怪不怪，举国渐安。

是地炎日非常，国人肤渐黑，皮渐厚，毛渐长。或曰，是乃大西洋间一岛国，国名“嗯卡尔梯未特雷斯坎恩雀”，意为“野人国”焉。

夫专制之国，上好之则必有佞⑲臣竭力怂恿，是以荒谬如斯，亦举国而从。呜呼哀哉！

注释：①御聘织师：指那两个骗子，皇帝曾封他们为“御聘织师”。②坐糜廪（lǐn）粟：白白地浪费国家的俸禄。糜：浪费。“廪粟”原指“国库里的粮食”，这里指代“俸禄”。③间：暗地里。④九族：指自身以上的父、祖、曾祖、高祖，以下的子、孙、曾孙、玄孙。另外一种说法指包括异姓亲属而言，以父族四、母族三、妻族二为九族。⑤驱驰：原是“策马疾驰”的意思，这里指为皇上效劳。⑥干城：原来比喻国家的保卫者，这里是指国家的栋梁。干：盾。⑦衣食所安：衣、食等养生的物品。⑧固：固然。⑨汗青：史册。⑩蛾眉：指姑娘。⑪权：权且；暂且。⑫长绅：本指封建士大夫用的大腰带，这里借代官袍。⑬察纳雅言：鉴别采纳正确的意见。⑭章：图案或花纹。⑮陟（zhì）罚臧否（zāng pǐ）：奖励好的，惩治坏的。⑯庶（shù）民：平民。⑰素：真诚。⑱眩：眼睛昏花。⑲佞（nìng）：谄媚；奉承。（上113、陛下159、是5、著83、毋1、庙堂之器345、廪237、尝32、诛97、色挠200、遽13、诚4、得无8、窘84、夙夜58、菽202、襌284、恒10、领之35、朕306、所以24、特25、谏127、宜32、旦日110、黄发317、垂髫150、简5、聪93、说1、是以39、布衣49、冀13、固39、呐呐136、向9、斯15、诚4、顾7、机杼262、趋81、苟33、自刭106）

349.陈树芸

从兄树芸，瞽者也，博学多才。吾时以诗文请教，彼以耳代目，贬褒得体。惜其谢世[①]，失此良师。彼之双目，弱冠为人所挖。究其因，特一戏语耳。为昭炯戒，作文志之。

芸生于富室，其父从贾，精于谋算，止此一子，不啻掌上明珠也。生五年，为其延师。十有五岁，就读于杭城[②]某中学，同窗皆已及冠，而芸恒列前茅，为众信服。尤长于诗文，时有新作为报刊简用，署名“芸芸”，取其“芸芸众生[③]”之意也。

一日，得一函，函自东北某县。拆函展纸，不觉失笑。函者乃东北一大学生也，姓常，名恒，字如一。自云初入大学，亦喜弄笔，见芸芸大作，钦佩莫名，冀能函来信往，以文结友云云。字颇秀丽，语极殷勤。然望名生义，曰：“见‘芸芸’芳名，度君必为女性也；故称为‘芸妹’。”函内夹一七律：亦借题发挥，以示羡慕之意耳。芸年少好奇，欲以戏之。遂复一函，亦言愿以文结友，冀其指教云云。函内亦夹一律。末曰：“声气相投，何分黄骊[④]？称鄙人为芸妹，未免从俗，直呼芸芸可也。”中引九方皋相马一典，暗示其牝牡失误也。而恒得函，以为：倘志趣相投，则何分其男女？即复函，于芸律诗，反复推敲，一一评说。芸阅后，深为感佩。函中复夹恒习作，亦字字斟酌，深恐一字失当，为其所笑。如是函来信往，不觉三年。

善弄笔墨如芸者，得遇恒，无异于伯牙之遇钟子期[⑤]也。芸得恒书，恒当众拆视与同窗共阅。或代拆之，亦不之怪。盖函中所言非诗即文，且以芸芸相称，天长日久，芸已忘相戏之事矣。

一日，芸方书一函，忽得电报，言：“父病速回”，此函遂托同窗舒生代发。事亦有巧，芸去未半日，东北又来一函。舒亦代拆之。内夹小照[⑥]——一英俊少年也。言：“神交三年，未敢言及男女私情，以学业未竟，恐误前程也。然无时无处不思及贤妹之形象，冀得贤妹玉照，以慰思念”云云。舒生见而窃笑。会其兄以照相为业，遂简其貌若罗敷者，函之。芸返，舒亦未之告。

恒得函，欣喜若狂。遂将玉照放大悬诸室。父母见此佳丽，亦颇欣慰。亲朋得知，无不贺之。后芸得复函，见恒复以“芸妹”称之，且有“蒙贤妹不弃驽钝，以玉照见赠”云尔，莫名所以，问于舒。舒大笑，具以情告。芸且怨且恨，急复函，告以误。是时，兵连祸结，邮寄不便，恒得复函，去得玉照之时，几半年矣。

恒得知，无异于巨雷轰顶也。阅后呆若木鸡，既而低吟蔡琰⑦《悲愤诗》“见此崩五内⑧，恍惚生狂痴”，再吟之，复吟之，竟吟之不已——急延名医治之，虽得愈，然街头巷尾，皆以此为笑。恒父，尝为东北巨匪，止此一子，见此情景，怒火中烧。间令徒属赴杭，挖芸双目而去。

呜呼！第一戏语，罹此奇祸。爰为志之，以诫少年之好戏谑者也。

注释：①谢世：去世；辞别人世。谢：辞别；辞去。有成语“闭门谢客”。②杭城：指浙江省杭州市。③芸芸众生：成语，指尘世凡人。芸芸：众多貌。④黄骊（lí）：此处引用典故。《列子·说符》载：伯乐年老，把九方皋（gāo）推荐给秦穆公，为其寻找骏马。过了三个月，九方皋从一个叫沙丘的地方找来一匹骏马。“穆公曰：‘何马也？’对曰：‘牝而黄’。使人往取之，牡而骊。”（雌性鸟兽叫“牝”（pìn）。雄性鸟兽叫“牡”（mǔ）。骊（lí）：纯黑色）秦穆公因此很不高兴，责问伯乐：“你推荐的人，连马的雌雄、颜色都弄不清楚，怎么能够相马呢？”而伯乐认为，九方皋相马，是“得其精而忘其粗；在其内而忘其外；见其所见，不见其所不见；视其所视而遗其所不视”，已经达到了非常高深的地步了。此马果然是天下最好的千里马。后人就用“牝牡骊黄”等比喻事物的表面现象。陈树芸引用此典故是暗示对方把性别弄错了。⑤伯牙之遇钟子期：比喻两人之间的文字交，是心心相印的知音。出自《列子·汤问》：“伯牙善鼓琴，钟子期善听。伯牙鼓琴，志在高山。钟子期曰：‘善哉，峨（é）峨兮（xī）若泰山！’志在流水，钟子期曰：‘善哉，洋洋兮若江河。’伯牙所念，钟子期必得之。”⑥小照：照片。下文的“玉照”专指年轻女性的照片。⑦蔡琰（yǎn）：汉末女诗人，著有《悲愤诗》、琴曲歌辞《胡笳十八拍》等。⑧五内：五脏。（从兄144、瞽41、弱冠133、特25、昭275、炯257、志56、贯80、不啻119、延41、及冠133、恒10、简5、函72、名24、冀13、度64、鄙人102、盖24、窃笑42、会4、罗敷191、诸46、驽钝151、间348、第127、罹60、爰150）

350.千文寺

吾邑舒宅，北倚山壑，缘谷行里许，有千文寺者，殿宇弘敞[①]，古木森然，境颇幽。寺名千文者鲜矣，查《舒宅舒氏宗谱》，盖有以[②]也。

千文寺旧名传法寺，地隘寺陋，特一僧而已。宋庆历四年[③]春，寺僧圆寂[④]。寻，又一僧至。有舒瑞峰者，年幼好异，遂诣之。见禅扉洞开，一僧须眉皓然，方引笔凝思。室悬条幅，或诗或联。舒擅[⑤]入，立僧侧。见其垂髫，僧不以为意，凝思如故。舒遂审瞻悬幅，或草或楷：楷则端庄雄伟，草乃笔走龙蛇，不觉如醉如痴。良久，僧问曰："小施主[⑥]亦知书乎？"舒知失态，急还身，欲与稽首，骤见僧书已矣，悬诸壁，乃一"静"字，其大如斗。益肃然起敬，急趋于前，长跪不起，曰："不才欲学书，惟[⑦]大师不弃驽钝，纳为弟子。"僧见状，乃曰："小施主欲师老衲，先书几笔何如？"舒起，环顾四壁，忽得一联，乃书曰："未临沧海难言水，已入巫山始知云[⑧]。"僧笑而不语，凝思良久，曰："孺子可教也，然一事须依老衲。"舒请之。乃曰："书一字，犹作一文也，起承转合[⑨]，心中了了，方可落笔。苟信笔而书，久而成习，则一世涂鸦，不可成矣。老衲醉心佛事，鲜有余暇。经书数卷，乃老衲手书。小施主可于老衲室内，反复揣摩，就老衲纸笔，一日止书一字。倘多书一字，与老衲十文；多书二字，与老衲百文；多书三字，与老衲千文。暇则采樵，供炊则可。"舒曰："谨受教！"

舒之父，秀才也，精于诗文，然不善书，每以为羞。恒语于舒曰："字，学者之衣焉。设腹藏珠玑，而其书涂鸦，则无异实璧玉于顽石也。"闻之，甚喜。自是，晨起从父攻读，午后至寺习字。僧则以向所书，任其翻阅。舒乃简其结字之法[⑩]相同者，再三斟酌。书毕，僧或褒或贬，且以此及彼，讲述义理。评批一字，如评一文，舒渐有得焉。居一月，寺中积薪亦成丘矣。

某日，近暮，字成。以为颇得其法。兴起，下署"瑞峰书"以为落款。僧评批讫，谓舒曰："曩有言，多书三字，与千文。愿子莫之吝也。"舒大窘。归，谋诸父。舒家生计艰难，然亦无奈何，就旁近借之。僧欣然受焉。

舒性敏好学，其书日进，未经年，略得其法。一日，僧语于舒曰：“子之字，已具根基，持之以恒，自能大成。禅寺非子久恋之地，老衲亦欲外出，自是请止。”复出一囊曰：“向子多书三字，老衲取之千文，非特信而已矣，亦以戒子也。为学之道，欲速则不达。且书后题名，自足之情已露端倪⑪，此学者之大忌也。汝家度日不易，是以璧还⑫。”舒闻之，不觉涕零，坚辞。

僧强之，且笑曰：“此寺寒陋，老衲恒以为恨；子尘世⑬中人，当竭力进取，倘有余力，修葺⑭此寺，光我佛门，庶几不负为师之愿也。”

至和甲午年⑮，舒以甲第⑯登仕途。后十年，还自京城，诣传法寺。时僧物化已久。三尺孤坟，荆棘环合。忆曩音容，不觉涕下。乃重修僧墓。大舍金帛，建殿宇，塑金身，置寺产，且更名为千文寺。自是，香火盛焉。今寺西侧，有巨柏二，粗可两人合抱，乃舒手植于僧墓两侧者也，惜墓已泯矣。

注释：①弘敞：大而广敞。弘：大。②以：原因。③庆历四年：公元1044年。④圆寂：僧死叫圆寂。⑤擅（shàn）：自作主张。⑥施主：僧人对施舍财物给寺僧者的尊称，对平时到寺院来的客人也往往尊称为“施主”。⑦惟：句首语气助词，无意义。⑧未临沧海难言水，已入巫山始知云：唐代元稹（zhěn）《离思五首》中的“曾经沧海难为水，除却巫山不是云”，意思是经历过沧海和巫山的水和云，对别处的水和云就难以看上眼了。舒瑞峰模仿此句，意思是：看了老和尚写的字以后，才知道什么叫作书法了。⑨起承转合：诗文写作结构章法方面的术语。“起”是开端；“承”是承接上文加以申述；“转”是转折，从另一方面来立论或阐述；“合”是结束全文。老僧的意思是：写一个字，怎样起笔，怎样承接，怎样收笔，应该心中有底。⑩结字之法：书写楷书时结字的法则。如清末书法家黄自元就有专著《间架结构摘要九十二法》。⑪端倪（ní）：头绪；苗头。⑫璧还：即还璧归赵，指原物奉还。⑬尘世：即人世。宗教徒常用此来与“天堂”或“仙界”相对。⑭修葺（qì）：原指用茅草覆盖房屋，泛指修理房屋。⑮至和甲午年：公元1054年。⑯甲第：科举制度考试中的最高等级，犹言考中第一等。（邑43、罄174、缘40、许20、鲜19、盖24、特25、寻137、诣95、扉105、皓62、垂髫150、审19、还身96、稽首275、诸46、趋81、老衲211、孺子72、苟33、暇30、谨50、恒10、设9、珠玑147、向9、简5、毕13、丘85、讫53、曩32、窘84、恨10、庶几151、涕95、易100、泯39、物化132）

“基础知识述要”索引

基础知识索引

十画

十一画

附录：

明确目标，抓住重点，以长补短，造梯助攀

——改革初中段文言文教学的建议

初中段文言文教学所花的时间与精力已在语文教学中占了三分之一（每册六单元，文言文占了两个单元），教学效果却远远不如人意。究其所以，我认为教学目标不具体，没有抓住重点，教学中反客为主，应该是主要原因。

先说教学目标不具体。中学段文言文教学的目的是要培养学生具有阅读浅易文言文的能力，这是人所共知的常识。但是要使学生具备这一能力，到底该分几步走？先学什么？再学什么？后学什么？到底该让学生掌握哪些具体知识（指词法与句法知识），才算是具备了阅读浅易文言文的能力？这些问题至今没有一个具体的答案。而没有弄明白这些问题，"培养学生具有阅读浅易文言文的能力"也就成了空中楼阁。况且在初中阶段，入选教材的文言课文有限，如果只限于课文，即便是"字字落实，句句清楚"了，学生也不可能具备阅读浅易文言文的能力——初中段文言文教学必须拟定一个明确具体的教学目标。

再说教学重点。文言文中词法与句法知识可分为两大类：一是与白话文相同或相近的；二是与白话相差较大，会给学生造成阅读障碍的。现代学生用于学习文言文的时间是非常有限的，应该把有限的时间用在刀刃上。在初学阶段（指初一、初二年级），第一类知识就不能占用宝贵时间。但是现实如何呢？"字字落实"！即便是一些与白话文差异甚微，不会成为阅读障碍的知识，也应作为教学重点。举个例子，七年级上册文言文《童趣》。一本有权威性质的辅导用书在设计的课后作业中，在"解释词语"一栏，选了六个词，有四个分别是"果如鹤唳云端"的"果"、"以丛草为林"的"林"、"兴正浓"的"兴"、"方出神"的"方"。把"果、林、兴、方"等作为重点要学生牢记，不是在浪费宝贵的时间吗？有人会说"这只是教辅用书而已"，不错，这是教辅用书；但是多少教师，多少练习卷，多少试卷，不都是在配合教辅用书？第二类知识中可以分为三类：一是出现频率极高的近二十个文言虚词。二是在叙事述意中经常用到，但是不加注解或详细讲解就成为阅读障碍的知识（为了方便叙述，我把这类知

识称为A类知识）。譬如“吾、汝、渠”“吾侪、汝曹”等用来表示人称的代词，“咸、悉、亟、会”等各类副词，“俟、冀、詈、哂、赧、恸、泯”等表示喜怒哀乐或某种情态的动词，以及各种固定结构和一些与白话文相差甚大的句式。问题是课文内容太少，A类知识只能涉及一小部分。即便是涉及部分，出现的频率也不高，若不反复强调，学生容易忘记。如常用词“俟（作‘等待’解）”“会（作‘适逢’解）”，常见的固定结构“得无（作‘会不会’‘莫非是’解）”“何……为（常用于表示反问，可以解释成‘为什么……呢’或‘有……呢’）”，“俟”在现行的初中文言文教材中只出现一两次[①]，“会”则分别在《岳阳楼记》《公输》中出现一次[②]。三是在文言文中极少出现的一些难词或一些指具体问题的术语，如《小石潭记》中“近岸，卷石底以出，为坻，为屿，为嵁”的“坻、屿、嵁”。对于这三类知识，应该有取有舍，有先有后。譬如二十来个文言虚词，有了文言语感，一看到叙事性的文言句子就能明白大概意思的时候，要求字字落实是不难的，但一开始学就要求字字落实只会事倍功半。而那些极少出现的难词或某些术语也可以一带而过，教学的重点应该放在A类知识上，但是现状如何呢？配合教材的辅导用书、各种各样的练习册、数不清的试卷，紧紧抓住A类知识了吗？

谈到反客为主的问题，摆到桌面上来，大道理大家都懂：无论教授什么课程，都应该让学生处于主动的地位，教师只能起到引导与点拨的作用，切忌牵着学生鼻子拉着学生走，“灌注式”“填鸭式”的教法是早已受抨击，被唾弃的。而在文言文教学中，教师却逐字逐句地串讲（再加上一些古汉语知识的介绍，或对作者、对作品的一些认识），学生则忙于记词义、记译文，做老师布置的作业，这不是反客为主，又是什么呢？

要使初中段文言文教学有重大突破，上述三个问题不容忽视，我的建议是：

将初中段文言文教学的目标拟为“培养学生具有阅读浅易文言文的浓厚兴趣”。

孔子说：“知之者不如好之者，好之者不如乐之者。”学习任何一门功课，兴趣才是最好的老师。刚升上初中的学生，都是些十几岁的孩子，这个年龄段的学生好奇、好胜、好异，对文言文这种陌生的文体大多是有兴趣的。如果我们把“培养兴趣”作为教学目标，在怎样引导、诱发这种兴趣，怎样使其在潜滋暗长而后欲罢不能中狠下功夫，初中段文言文教学必然大有起色。退一步说，

---

①“俟”出现一次：《送东阳马生序》中的“俟其欣悦，则又请焉”。“会”出现两次：《口技》中的“会宾客大宴”，《陈涉世家》中的“会天大雨”。

②《岳阳楼记》中的“览物之情得无异乎”，《公输》中的“夫子何命焉为”。

迫于升学考试的压力，通过现在这种教法，有的学生在初中毕业时确实具备了阅读浅易文言文的能力，但若无阅读兴趣，脱离学校后就束之高阁，那么获取的能力也会渐渐消失的。

怎样才能培养学生具有阅读浅易文言文的浓厚兴趣呢？我的建议是：在初一、初二年级，文言文教学方法应该彻底改革。在这一阶段应该放手让学生自主阅读，老师只提供阅读材料且起到点拨、引导与释疑的作用。阅读兴趣要在不断地阅读中才能培养成功，而且功夫该花在前期，如果学了两年后对阅读文言文还是不感兴趣，而后要想再培养这方面的兴趣是非常困难的。所以在初一、初二年级，应该选用大量通俗易懂且学生感兴趣的文言故事，让学生自己阅读，对所读的文言，只求学生能口述就可以。教师的主要精力，应该用在两个方面：一是搜集材料让学生自己阅读（每次可以搜集四五则），然后就这几则文言文中出现的A类知识作概括、作讲解，并要求学生记住；二是在学生阅读的过程中，起到点拨与释疑的作用。在这个阶段，可以断句为主要作业，考试也以断句、译词和释句（指含有A类知识的词与句）为主要内容。至于二十来个常用的文言虚词，只要求学生懂得大体用法即可。对与白话文差异不大的句式，如“被动句”“省略句”等也可不讲或略带过，更不能出现在试卷中，这些知识应该放到初三去解决。为了腾出时间，初一、初二年级中入选的文言文教材建议淡化，作为一种让学生自己阅读的材料，教师该强调的只是出现在文中的A类知识。诸如“作者与作品简介”“中心思想与写作特点”“对某词某句的理解”等，都可以让学生自己领悟，不能为读懂之外的问题浪费时间。需时时记住初学文言文，要解决的首要问题是让学生“读懂”。要解决这个问题的时间已经是非常有限的，怎么能再为那些可有可无的其他内容占用时间呢？

这样教势必会出现两个问题：一是材料何来；二是阅读文言文方面的能力，对教师有更高的要求。

先说材料。提供的阅读材料，要使学生感兴趣并能主动阅读，既要适合当代学生阅读的口味，又要通俗易懂，每则故事中造成阅读障碍的、必须加注的词最好控制在十个以内。这样的现成文言篇段确实难找，尤其是刚开始学习文言文时候。我的建议是：可以充分利用学生已经具有阅读白话文的能力这一长处，利用文言文与白话文的传承关系，用改编与新编的办法“创造”出一些新的文言文，为帮助学生学习文言文铺路架桥。

用改编的办法“创造”新的文言文，主要目的是把文言化难为易。譬如下面这则文言故事：

东食西宿

齐人有女,二人求之。东家子丑而富,西家子好而贫。父母疑不能决。问其女:"定所欲适,难指斥言者偏袒,令我知之。"女便两袒。怪问其故。云:"欲东家食,西家宿。"(选自唐代欧阳询《艺文类聚》)

这则文言虽短,却有一定难度。但如果改编成以下的文字呢?

东食西宿

齐人有女,两家求之。东家子丑而富,西家子好而贫。父母不能决,问其女。曰:"东家食西家宿,可乎?"

这样一改,只要给"其、曰、乎"三词加上注解,初次接触文言文的学生自己阅读后也能口述这个小故事了。至于改编的材料——古代笑话、明清时期的许多文言小故事,诸如《聊斋志异》《阅微草堂笔记》等,只要用心去找,可以找到很多的。

新编的取材更加广泛了,如寓言、笑话、各类故事、报刊上登载的许多奇趣新闻,凡是不会对学生产生负面影响而又使学生感兴趣的,均可以改成文言文。用改编和新编的办法,就可以有意识地把A类知识不断地编入其中,就能让学生在充满兴趣的自学中不断接触并逐渐掌握A类知识。譬如我根据笑话改写的一则故事:

某君吸烟

某君,途中吸烟。连划火柴二,悉为风灭。复出火柴自语曰:"事不过三,倘此根亦灭,归家吸哉。"复为风灭。某不说,出火柴四,自语曰:"事不过七,此四根亦灭,今日不吸烟也!"咸灭乎风。某怫然怒,罄其所携,曰:"管他三七二十一,何时点着何时吸。"

"悉、咸、罄"三字是在阅读浅易文言文时经常碰到的常用词。把它们编在同一则故事中,便于学生记忆,也容易辨别它们的差异。譬如"悉、咸"是文言文中常用来表示程度的副词。"罄"也有"尽、用尽"的意思,但它是形容词,如文中"悉为风灭"与"咸灭于火"不能改为"罄为风灭"与"罄灭于风"。另外,"倘"是表示假设关系的常用词,"说"常用来通假"悦","怫然"常用来表示大怒的样子……短短一则故事中,就有多个A类知识。又如文言虚词"而"通常作连词,表示顺连、逆连、假设关系,也可以作第二人称代词。当然可以在现成的文言文里分别找到例句，但是学生容易忘记，如果可以新编文言，主动权则掌握在学生手里。我曾为教授“而”字的四种含义，编了以下这则小故事：

山日辩斗

山语于日曰：“子近吾大如车轮，远吾则小似盘盂；近吾则万目瞻仰，远吾而人莫之理。苟无吾，而以为何如？”日笑曰：“足下所以蔚然深秀者，以有林木花草也；所以生气盎然者，以有飞禽走兽也。然林木花草，赖吾而生，飞禽走兽，赖吾而活。而无禽兽林木，足下以为何如？与人一利，则洋洋自喜；得人百利，而昏然不知，足下之谓也！”

山大惭。

故事不难。我先向学生讲述了“而”字的四种不同用法，再要求学生从上文中分别找出含义不同的四个例句。我要讲述的要点是抽象的，但有了这则故事，抽象的知识即有了形象的配合，教学效果很好。

总而言之，改编或新编文言，不仅可以给刚开始学文言文的学生提供足够丰富有趣且难度适中的材料，还可以让学生在轻松愉快的阅读中逐渐增加文言语感并积累基础知识。随着语感的增强与基础知识的积累和丰富，学生阅读文言文的兴趣会越来越浓，到那时再阅读原汁原味的古文，也就不感到难懂了。

这种做法，还有一个更大的作用：可以使课堂教学紧紧围绕重点。譬如我为初学文言的学生编写了以下这则小故事：

善忘者

两翁相遇，甲问乙姓氏。答曰：“姓张。”俄尔再问，复告之。俄顷复问，乙不说，大声曰：“吾姓张！吾张姓！吾之姓，张也！”甲笑曰：“王大爷毋恼，吾乃善忘者也！”

如果我把“向学生讲解文言文中常用的第一人称”定为教学重点，那么在讲解了“吾、余、予”这三个人称代词后，就可以把文中“吾姓张！吾张姓！吾之姓，张也！”改成“吾姓张！余张姓！予之姓，张也！”，并向学生提出问题：“这样改动行不行？”讨论一番后，可以对学生讲：在同一篇文章中，一般情况下都用同一个词，但在上面这篇文章中，这样改动也行。因为乙对甲的善忘不满，故意变换着用词来捉弄他。又如，我要把表示时间的常用副词“俄、俄而、俄尔、俄顷、旋、旋即、少时、少顷、顷之”作为教学重点，就可以在“俄尔再问，复告之。俄顷复问”一语中做文章。如果这节课我想突出“何……

之有”这个知识点，这篇短文的结尾句可以改成：“甲亦不说，曰：‘王大爷，吾乃善忘者也，何恼之有？’”简而言之，教师可以在一节课中，把一点或几点A类知识作为教学重点，再利用所提供的材料想方设法使学生记住。根据我的经验，如果能让学生掌握六七百条A类知识，那么学生阅读《聊斋志异》之类浅易文言文时，就能读懂大部分故事且可以口述。而这点知识，有初一、初二年级两年时间的训练，掌握起来就不会有困难。

当然，这样做对教师本身阅读文言文的能力有更高的要求。解决的办法是：可以考虑在中学阶段，设专职教师——由专职教师来教授文言文，这样就不需要对所有的语文教师进行文言文教学业务培训。而文言文专职教师也有时间、有精力通过阅读大量古籍来提高自己的古文修养。时间一长，教师对文言文就会了如指掌，而教学效果也会越来越好。

不知大家是否记得，因为担心世界上罕有其匹的中国历史文化的长河有断流的危险，早在1995年，赵朴初、夏衍等九位知名人士在中国人民政治协商会议八届三次会议上，提出《建立幼年古典学校的紧急呼吁》，遗憾的是这一提案最后不了了之。究其原因，可能是“此路不通”。我想如果在中学里有文言文的专职教师，那么就不需要设立“幼年古典学校”了，中国历史文化的长河也不会有断流的危险。所以，无论是从现实教学出发，还是从历史的高度着眼，中学设立教授文言文的专职教师都势在必行。

学无定法，教无定法。我提出上述建议，不是标新立异，而是坚信这是一条学习文言文的有效捷径。我毕生从事初中段的语文教学，而且对文言文情有所钟，现在退休了，还是对文言文教学念念不忘。我提出上述建议，给同事、给有关领导参考，也极希望能得到方家的指教。

后　记

拙稿初创于二十世纪八十年代，近四十年来数易其稿。动笔之初，恩师王湘先生热心支持；浙江省东阳市中学语文教研员吴美进、杜伟中老师多次垂询书稿情况，并提出一些指导性的建议；东阳市教委教研室分别在1982年、1999年将我撰写的一百多则文言小故事印发给全市初中语文教师参考。2001年，原浙江省中学语文学会会长卢瑞宝先生，古典文学专家、浙江师范大学原校长骆祥发教授，本与我素昧平生，见到书稿后，都予以好评。骆校长还热心联系，后经教育部国家督学、人民教育出版社原社长马樟根先生推荐，使当时的二百三十多则故事得到语文界泰斗刘国正先生的肯定。第二年，经刘国正先生过目的部分，以《野人国》为书名，由中国文联出版社出版。2010年12月，书稿《文言趣读入门》由浙江教育出版社出版，其间编辑王华女士又推敲文字、斟酌标点，花费了大量心血。图书正式出版后，受到一线语文教师的欢迎。内蒙古赤峰市翁牛特旗乌敦套海中学的温晓宏老师，认为此书特点可用三十二个字来概括，建议再版时印在封面，还建议“断句”的参考答案应该由用标点断句，改用“/ ”断句，以便与中考、高考接轨。我高兴地接受了温老师的建议。成书期间，先有许国申老师，后有内蒙古鄂尔多斯准噶尔旗世纪中学的王云霞老师提出过许多宝贵意见。书此以示谢意。

2016年2月，《文言趣读入门》修正本由江西人民出版社出版。这次更名为《文言趣读》出版，我还是请恩师——初中时期的班主任、全国优秀语文教师、 浙江省特级教师王湘先生题写书名。我原有的四个哥哥，全在一二岁时夭折。因此，祖母、父母把我当作珍宝，他们的过分宠爱使我少时非常任性。读初一时，我任班长，因为班主任批评过我，就故意与他对着干。初二时，班主任改由恩师来担任。是恩师教我怎样做人，也是恩师引我爱上语文、迷上写作。我参加工作后，恩师的著作《鲁迅怎样读书写作》与《教学偶得》相继出版（《教学偶得》后又译成蒙文出版）。那时我便暗下决心，也要就自己在教学中的所感所得，为学生写一本书。书稿付梓，得以如愿。饮水思源，理所当然。

陈春贵

2022年6月1日于横店

参考答案